William R. Stanek

**Microsoft Windows 7 –
Taschenratgeber für Administratoren**

William R. Stanek

Microsoft Windows 7 – Taschenratgeber für Administratoren

Dieses Buch ist die deutsche Übersetzung von:
William R. Stanek: *Windows 7 Administrator's Pocket Consultant*
Microsoft Press, Redmond, Washington 98052-6399
Copyright 2009 by Microsoft Corporation

Das in diesem Buch enthaltene Programmmaterial ist mit keiner Verpflichtung oder Garantie irgendeiner Art verbunden. Autoren, Übersetzer und der Verlag übernehmen folglich keine Verantwortung und werden keine daraus folgende oder sonstige Haftung übernehmen, die auf irgendeine Art aus der Benutzung dieses Programmmaterials oder Teilen davon entsteht.

Das Werk einschließlich aller Teile ist urheberrechtlich geschützt. Jede Verwertung außerhalb der engen Grenzen des Urheberrechts ist ohne Zustimmung des Verlags unzulässig und strafbar. Das gilt insbesondere für Vervielfältigungen, Übersetzungen, Mikroverfilmungen und die Einspeicherung und Verarbeitung in elektronischen Systemen.

15 14 13 12 11 10 9 8 7 6 5 4 3 2 1
11 10 09

ISBN 978-3-86645-665-5

© Microsoft Press Deutschland
(ein Unternehmensbereich der Microsoft Deutschland GmbH)
Konrad-Zuse-Str. 1, D-85716 Unterschleißheim
Alle Rechte vorbehalten

Übersetzung: Detlef Johannis, Kempten, Michael Ringel, Bonn
Korrektorat: Claudia Mantel-Rehbach, Entraching
Fachlektorat und Satz: Günter Jürgensmeier, München
Umschlaggestaltung: Hommer Design, Haar (www.HommerDesign.com)
Layout und Gesamtherstellung: Kösel, Krugzell (www.KoeselBuch.de)

Inhaltsverzeichnis

Einführung **17**
    Für wen ist dieser Taschenratgeber konzipiert? 18
    Wie ist dieses Buch aufgebaut? 18
    In diesem Buch verwendete Konventionen 19
    Support 19

1 Einführung in die Windows 7-Administration **21**
    Überblick über Windows 7 22
    Grundlagen der 64-Bit-Architektur 27
    Installieren von Windows 7 29
        Vorbereiten der Windows 7-Installation 29
        Installieren von Windows 7 32
    Ausführen von Windows 7 36
        Arbeiten mit dem Wartungscenter und Aktivieren
        von Windows 37
        Verwenden von Windows 7 in Gruppen und Domänen 41
        Energiesparpläne, Ruhezustände und Herunterfahren 47
    Architektur von Windows 7 49

2 Bereitstellen von Windows 7 .... **59**
    Arbeiten mit Windows PE 59
        Grundlagen von Windows PE 59
        Konfigurieren von Windows PE 62
        Vorbereiten einer Buildumgebung 64
        Erstellen eines Builds: Die Grundlagen 69
        Erstellen eines startfähigen USB-Flashlaufwerks 78
        Starten eines Abbilds von einer Festplatte 79
        Hinzufügen von Windows PE-Abbildern zu den
        Windows-Bereitstellungsdiensten 80
    Arbeiten mit Windows RE 80
        Erstellen eines angepassten Windows RE-Abbilds 81
        Erstellen eines Windows RE-Wiederherstellungsmediums ... 82
        Hinzufügen von Windows RE-Abbildern zu den
        Windows-Bereitstellungsdiensten 83
        Bereitstellen von Windows mit einem angepassten
        Windows RE 84
    Erstellen von Windows-Abbildern für die Bereitstellung 88
        Grundlagen von Windows-Abbildern 88
        Erstellen eines Windows-Installationsabbilds 90
    Konfigurieren und Benutzen der Windows-Bereitstellungsdienste 95
        Einrichten der Windows-Bereitstellungsdienste 95
        Importieren von Abbildern 97
        Windows aus einem Abbild installieren 99
        Aufzeichnen von Abbildern 99

Verwalten des Zugriffs und Vorabbereitstellen
von Computern 101
Anpassen von Windows-Abbildern 103

3 Konfigurieren von Benutzer- und Computerrichtlinien 107
Grundlagen von Gruppenrichtlinien 107
Bearbeiten und Benutzen der lokalen Gruppenrichtlinien 109
Öffnen und Benutzen von Richtlinien für Standorte,
Domänen und Organisationseinheiten 112
Konfigurieren von Richtlinien.......................... 115
Anzeigen von Richtlinien und Vorlagen 115
Aktivieren, Deaktivieren und Konfigurieren von Richtlinien .. 116
Hinzufügen oder Entfernen von Vorlagen 117
Arbeiten mit Datei- und Datenverwaltungsrichtlinien 118
Konfigurieren von Datenträgerkontingentrichtlinien 118
Konfigurieren von Systemwiederherstellungsrichtlinien 120
Konfigurieren von Offlinedateirichtlinien 121
Verwenden von Zugriffs- und Verbindungsrichtlinien 128
Konfigurieren von Netzwerkrichtlinien................. 128
Konfigurieren von Remoteunterstützungsrichtlinien 130
Verwenden von Computer- und Benutzerskriptrichtlinien 132
Steuern der Skriptausführung durch Richtlinien 133
Zuweisen von Computerskripts für das Starten und
Herunterfahren 135
Zuweisen von Benutzerskripts für An- und Abmeldung 136
Verwenden von Anmelde- und Startrichtlinien 136
Klassische und einfache Anmeldung 137
Einstellen der Autostartrichtlinien 138
Deaktivieren von Ausführungslisten
durch Gruppenrichtlinien 138

4 Automatisieren der Windows 7-Konfiguration 139
Grundlagen von Gruppenrichtlinieneinstellungen 139
Konfigurieren von Gruppenrichtlinieneinstellungen 141
Arbeiten mit Verwaltungsaktionen..................... 141
Arbeiten mit Bearbeitungszuständen 143
Arbeiten mit alternativen Aktionen und Zuständen 145
Verwalten von Einstellungselementen 145
Erstellen und Verwalten eines Einstellungselements 146
Konfigurieren von Optionen auf der Registerkarte
Gemeinsam 147

5 Verwalten von Benutzerzugriff und Sicherheit 151
Grundlagen von Benutzer- und Gruppenkonten 151
Grundlagen von lokalen Benutzerkonten 152
Grundlagen von Gruppenkonten 154
Domänenanmeldung und lokale Anmeldung 157

Benutzerkontensteuerung und Anhebungsaufforderungen 157
    Ein zweiter Blick auf Standardbenutzer- und
    Administratorkonten 158
    Optimieren von Benutzerkontensteuerung und
    Administratorbestätigungsmodus 160
Verwalten der lokalen Anmeldung 165
    Erstellen lokaler Benutzerkonten in einer Heimnetzgruppe
    oder Arbeitsgruppe 165
    Gewähren der lokalen Anmeldung bei vorhandenem
    Domänenkonto 166
    Ändern des Typs eines lokalen Benutzerkontos 167
    Festlegen von Kennwörtern für lokale Benutzerkonten 168
    Wiederherstellen der Kennwörter von lokalen
    Benutzerkonten 170
    Kontrollieren der Anmeldung: Willkommenseiten und
    klassischer Anmeldebildschirm 171
    Löschen von Konten und Sperren des lokalen Zugriffs auf
    Arbeitsstationen................................. 173
Verwalten gespeicherter Anmeldeinformationen 173
    Hinzufügen von Windows- oder generischen
    Anmeldeinformationen 174
    Hinzufügen von zertifikatbasierten Anmeldeinformationen .. 176
    Bearbeiten von Einträgen im Windows-Tresor 177
    Sichern und Wiederherstellen des Windows-Tresors 178
    Löschen von Einträgen im Windows-Tresor 179
Verwalten lokaler Benutzerkonten und Gruppen 179
    Erstellen von lokalen Benutzerkonten 179
    Erstellen lokaler Gruppen für Arbeitsstationen 182
    Verwalten der Mitglieder lokaler Gruppen 185
    Aktivieren und Deaktivieren lokaler Benutzerkonten 186
    Erstellen eines sicheren Gastkontos 187
    Umbenennen lokaler Benutzerkonten und Gruppen 188
    Löschen lokaler Benutzerkonten und Gruppen 189
Verwalten des Remotezugriffs auf Arbeitsstationen 190
    Konfigurieren der Remoteunterstützung 191
    Konfigurieren des Remotedesktopzugriffs 194
    Herstellen von Remotedesktopverbindungen 197

6 Konfigurieren von Windows 7-Computern **199**
Support für Windows 7-Computer 200
    Arbeiten mit der Konsole *Computerverwaltung* 200
    Ermitteln von Grunddaten über System und Leistung 203
    Abrufen von ausführlicheren Systeminformationen 208
    Arbeiten mit der WMI-Steuerung 209
Verwenden von Systemprogrammen 212
    Arbeiten mit der Datenträgerbereinigung 213
    Überprüfen von Systemdateien
    mit der Dateisignaturverifizierung 215

Verwalten der Systemkonfiguration und
der Systemstartoptionen 217
Verwalten der Systemeigenschaften 224
Die Registerkarte *Computername* 224
Die Registerkarte *Hardware* 225
Die Registerkarte *Erweitert* 226
Die Registerkarte *Computerschutz* 238
Die Registerkarte *Remote* 243
Konfigurieren der Energieverwaltung 243
Verwalten von Energieoptionen in der Befehlszeile 244
Verwenden von Energieplänen 247
Einstellen und Optimieren von Energieplänen 252
Erstellen von Energiesparplänen 254
Einstellen der Netzschalteroptionen und
des Kennwortschutzes bei Reaktivierung 256
Verwalten von Energieoptionen mit Richtlinieneinstellungen . 257
Einstellen der Aktionen bei niedrigen Akkuladezuständen . . . 258

7 Anpassen von Desktop und Benutzeroberfläche 263
Optimieren von Windows 7-Menüs 263
Anpassen des Startmenüs 264
Anpassen von Menüs und ihren Optionen 267
Arbeiten mit Menüs, Desktops und Autostartanwendungen 271
Erstellen von Verknüpfungen für Menüs, Desktops und
Autostart 271
Erstellen von Menüs und Menüoptionen 275
Hinzufügen oder Entfernen von Autostartprogrammen 275
Anpassen der Taskleiste 277
Funktionsweise der Taskleiste 277
Verknüpfungen an der Taskleiste anheften 277
Ändern der Größe und Position der Taskleiste 278
Automatisches Ausblenden, Fixieren und Steuern
der Sichtbarkeit der Taskleiste 278
Steuern der Anwendungen im Infobereich 279
Optimieren der Symbolleisten 281
Anzeigen von Symbolleisten 281
Erstellen persönlicher Symbolleisten 281
Verwenden von Designs 282
Anwenden und Entfernen von Designs 282
Anpassen und Erweitern von Designs 284
Löschen benutzerdefinierter Designs 284
Optimieren der Desktopumgebung 285
Einstellen des Desktophintergrunds 285
Verwenden der Standarddesktopsymbole 287
Bildschirmschoner 289
Konfigurieren eines Bildschirmschoners mit Kennwortschutz . 289
Verringern der Ressourcenauslastung
durch Bildschirmschoner 290

Einstellen der Energiesparoptionen für Monitore   291
　　Ändern des Erscheinungsbilds und der Grafikeinstellungen   292
　　　　Konfigurieren von Fensterfarbe und -darstellung   292
　　　　Optimieren der Lesbarkeit   295
　　　　Konfigurieren von Grafikeinstellungen   297
　　　　Beseitigen von Anzeigeproblemen   304

8　Verwalten von Hardwaregeräten und Treibern   307
　　Arbeiten mit dem automatischen Hilfesystem   308
　　　　Benutzen von Hilfe und Support   308
　　　　Anpassen von *Hilfe und Support*   314
　　　　Arbeiten mit den Supportdiensten   319
　　　　Verwalten von Diensten mithilfe von
　　　　Richtlinieneinstellungen   327
　　Installieren und Warten von Geräten: Die Grundlagen   328
　　　　Installieren vorhandener Geräte   329
　　　　Installieren von internen Geräten, USB- und
　　　　FireWire-Geräten   331
　　　　Installieren von Drahtlosnetzwerk-, Netzwerk- und
　　　　Bluetooth-Geräten   334
　　　　Installieren von lokalen und Netzwerkdruckern   337
　　Einführung in den Geräte-Manager   342
　　Arbeiten mit Gerätetreibern   344
　　　　Grundlagen der Gerätetreiber   344
　　　　Verwenden von signierten und nichtsignierten
　　　　Gerätetreibern   345
　　　　Überprüfen der Treiberinformationen   345
　　　　Installieren und Aktualisieren von Gerätetreibern   346
　　　　Aktivieren und Deaktivieren bestimmter Gerätetypen   350
　　　　Einschränken der Geräteinstallation durch
　　　　Gruppenrichtlinien   351
　　　　Wiederherstellen der Vorversion eines Treibers   352
　　　　Entfernen der Gerätetreiber für ausgebaute Geräte   353
　　　　Deinstallieren, erneutes Installieren und Deaktivieren von
　　　　Gerätetreibern   353
　　　　Aktivieren und Deaktivieren von Hardwaregeräten   354
　　　　Beseitigen von Hardwareproblemen   354

9　Installieren und Verwalten von Programmen   359
　　Verwalten der Anwendungsvirtualisierung und der
　　Ausführungsebenen   359
　　　　Zugriffstoken und Ortsvirtualisierung   360
　　　　Anwendungsintegrität und Ausführungsebenen   361
　　　　Festlegen der Ausführungsebenen   363
　　　　Optimieren der Virtualisierung und die
　　　　Anhebungsaufforderung bei Installationen   366

Programminstallation: Die Grundlagen 367
    Verwenden von Autorun 368
    Anwendungsinstallation und Kompatibilität 369
    Bereitstellen von Anwendungen für ausgewählte Benutzer
    oder für alle Benutzer 371
    Bereitstellen von Anwendungen mithilfe von Gruppenrichtlinien . 372
    Konfigurieren der Programmkompatibilität 374
        Besonderheiten bei der Installation von 16-Bit- und
        MS-DOS-Programmen 374
        Erzwingen der Programmkompatibilität 375
    Verwalten von installierten und laufenden Programmen 379
        Verwalten aktuell ausgeführter Programme 380
        Verwalten, Reparieren und Deinstallieren von Programmen . . 381
        Festlegen der Standardprogramme 382
        Verwalten des Befehlspfads 383
        Verwalten von Dateierweiterungen und Dateiverknüpfungen . 386
        Einstellen der automatischen Wiedergabe 389
        Hinzufügen und Entfernen von Windows-Funktionen 390

10 Verwalten von Firmware, Startkonfiguration und Systemstart **393**
    Firmwareoptionen 393
        Firmwareschnittstellentypen und Systemstartdaten 394
        Systemstartdienste, Laufzeitdienste und andere Elemente 395
        UEFI 396
    Start- und Energiemodi 398
        Arbeiten mit Firmwareschnittstellen 400
        Aufbau der Firmwareschnittstellen 401
        Energiesparmodi und Energieverwaltung 404
    Analysieren und Beseitigen von Startproblemen 407
        Problembehandlung für die Startphase 1 409
        Problembehandlung für die Startphase 2 409
        Problembehandlung für die Startphase 3 411
        Problembehandlung für die Startphase 4 412
        Problembehandlung für die Startphase 5 414
    Verwalten der Systemstartkonfiguration 414
        Einstellen von Start- und Wiederherstellungsoptionen 415
        Verwalten der Systemstartkonfiguration 416
        Arbeiten mit dem BCD-Editor 419
    Verwalten des BCD-Speichers 421
        Anzeigen von BCD-Einträgen 421
        Erstellen und Auswählen des BCD-Speichers 424
        Importieren und Exportieren des BCD-Speichers 424
        Erstellen, Kopieren und Löschen von BCD-Einträgen 425
        Einstellen der Werte von BCD-Einträgen 426
        Ändern der Optionen für DEP und PAE 431
        Anpassen der Reihenfolge, in der Betriebssysteme
        angezeigt werden 432

Ändern des Eintrags für das Standardbetriebssystem 433
Ändern des Standardzeitlimits 433
Die Startreihenfolge kurzzeitig ändern 434

11 Arbeiten mit TPM und BitLocker-Laufwerkverschlüsselung 435
Einrichten von TPM 435
TPM: Die Grundlagen 436
Aktivieren und Benutzen von TPM 437
Initialisieren eines TPM für den ersten Einsatz 439
Ein- und Ausschalten eines initialisierten TPM 441
Löschen des TPM 443
Ändern des TPM-Besitzerkennworts 444
BitLocker-Laufwerkverschlüsselung: Grundlagen 445
Funktionsweise der BitLocker-Laufwerkverschlüsselung 445
Bereitstellen der BitLocker-Laufwerkverschlüsselung 448
Verwalten der BitLocker-Laufwerkverschlüsselung 452
Vorbereiten der BitLocker-Laufwerkverschlüsselung 453
Aktivieren von BitLocker auf anderen Volumes
als dem Systemvolume 457
Aktivieren von BitLocker auf USB-Flashlaufwerken 458
Aktivieren von BitLocker auf Systemvolumes 461
Verwalten von BitLocker und Beseitigen von Problemen 465

12 Verwalten von Festplattenlaufwerken und Dateisystemen 469
Grundlagen der Datenträgerverwaltung 469
Verwenden der Computerkonsole 473
Verwenden der Datenträgerverwaltung 473
Verwenden von FSUtil und DiskPart 476
Optimieren der Laufwerksleistung 477
Funktionsweise und Verwendung von Windows-ReadyBoost . 477
Aktivieren und Konfigurieren von ReadyBoost 478
Funktionsweise und Verwendung von Windows-ReadyDrive . 481
Funktionsweise und Verwendung von Windows-SuperFetch . . 481
Basisdatenträger und dynamische Datenträger 483
Verwenden von Basisdatenträgern und dynamischen
Datenträgern 488
Bedeutung der Laufwerksbezeichnungen 488
Installieren und Initialisieren neuer Festplattenlaufwerke 490
Ändern des Partitionstabellenstils bei einem Datenträger 491
Kennzeichnen einer Partition als aktiv 491
Konvertieren eines Basisdatenträgers in einen dynamischen
Datenträger, und umgekehrt 493
Verwenden von Datenträgern, Partitionen und Volumes 495
Partitionieren und Vorbereiten von Festplattenlaufwerken 497
Erstellen von Partitionen, logischen Laufwerken und
einfachen Volumes 497
Erstellen von übergreifenden und Stripesetvolumes 501

Erweitern und Verkleinern von Volumes 503
Formatieren von Partitionen und Volumes 505
Zuweisen, Ändern oder Entfernen von Laufwerksbuchstaben
und Laufwerkspfaden 506
Zuweisen, Ändern oder Löschen einer Volumebezeichnung . . 507
Löschen von Partitionen, Volumes und logischen Laufwerken . 508
Konvertieren eines Volumes nach NTFS 509
Wiederherstellen eines einfachen, übergreifenden oder
Stripesetvolumes 511
Verwenden der Datenträgerspiegelung 512
Erstellen von gespiegelten Volumes 512
Aufheben der Spiegelung 513
Entfernen eines Spiegelsatzes 513
Einbauen eines dynamischen Datenträgers
in einen anderen Computer 514
Häufiger auftretende Datenträgerprobleme 515
Reparieren von Fehlern und Inkonsistenzen auf Datenträgern . 519
Prüfen auf Laufwerksfehler 521
Defragmentieren von Datenträgern 523
Neusynchronisieren und Reparieren eines Spiegelsatzes 525
Reparieren eines gespiegelten Systemvolumes,
um den Systemstart zu ermöglichen 526
Arbeiten mit Wechselmediengeräten 527
Arbeiten mit Daten-CDs und -DVDs 529
Brennen von Medien: Die Grundlagen 529
ISO-Abbilder auf Disk brennen 531
Gemasterte Disks brennen 531
Disks mit Livedateisystemen brennen 533
Ändern der Standardbrennoptionen 534
Verwalten von Datenträgerkomprimierung und
Dateiverschlüsselung 534
Komprimieren von Datenträgern und Daten 535
Verschlüsseln von Laufwerken und Daten 537

13 Verwalten der Dateisicherheit und Ressourcenfreigabe 545
Optionen für die Dateisicherheit und Dateifreigabe 545
Kontrollieren des Zugriffs auf Dateien und Ordnern mit
NTFS-Berechtigungen 551
Bedeutung und Verwendung der Standardberechtigungen . . . 552
Zuweisen von speziellen Berechtigungen 557
Dateibesitz und Berechtigungszuweisung 561
Vererben von Berechtigungen 563
Ermitteln der effektiven Berechtigungen und
Problembehebung 567
Freigeben von Dateien und Ordnern im Netzwerk 569
Kontrollieren des Zugriffs auf Netzwerkfreigaben 569
Erstellen einer freigegebenen Ressource 570

Erstellen und Verwalten von freigegebenen Ordnern
mit Gruppenrichtlinien 576
Verwenden von freigegebenen Ressourcen 578
Verwenden von freigegebenen Ordnern zur Administration .. 581
Problembehandlung für die Dateifreigabe 583
Verwenden und Konfigurieren der Freigabe öffentlicher Ordner .. 584
Verwenden der Freigabe in öffentlichen Ordnern 585
Konfigurieren der Freigabe öffentlicher Ordner 586
Überwachen von Datei- und Ordnerzugriff 586
Aktivieren der Überwachung für Dateien und Ordner 586
Konfigurieren und Analysieren der Überwachung 587

14 Verwalten von Datenzugriff und Verfügbarkeit **591**
Konfigurieren von Windows-Explorer-Optionen 591
Anpassen des Windows-Explorers 591
Konfigurieren erweiterter Windows-Explorer-Optionen 595
Verwalten von Offlinedateien 599
Grundlagen der Offlinedateien 599
Dateien und Ordner offline verfügbar machen 601
Offline arbeiten 603
Verwalten der Offlinedateisynchronisierung 604
Konfigurieren von Datenträgernutzungslimits
für Offlinedateien.................................. 609
Verwalten der Verschlüsselung für Offlinedateien 610
Sperren der Offlineverwendung von Dateien 611
Konfigurieren von Datenträgerkontingenten 611
Verwenden von Datenträgerkontingenten 612
Aktivieren von Datenträgerkontingenten auf NTFS-Volumes . 614
Anzeigen von Datenträgerkontingenteinträgen 615
Erstellen von Datenträgerkontingenteinträgen 616
Aktualisieren und Anpassen
von Datenträgerkontingenteinträgen 617
Löschen von Datenträgerkontingenteinträgen 618
Exportieren und Importieren von
Datenträgerkontingenteinträgen 619
Deaktivieren von Datenträgerkontingenten 621
Verwenden von Branch-Cache 621

15 Konfigurieren und Problembehandlung von TCP/IP-Netzwerken **625**
Überblick über die Netzwerkfunktionen von Windows 7 625
Netzwerkerkennung und Netzwerkkategorien 626
Verwenden des Netzwerk-Explorers 627
Verwenden des Netzwerk- und Freigabecenters 628
Verwenden der Netzwerkübersicht 630
Installieren der Netzwerkkomponenten 631
Verwenden von TCP/IP und des dualen IP-Stapels 631
Installieren von Netzwerkadaptern 634
Installieren der Netzwerkdienste (TCP/IP) 635

Konfigurieren von LAN-Verbindungen 636
   Konfigurieren statischer IP-Adressen 636
   Konfigurieren dynamischer und alternativer IP-Adressen 639
   Konfigurieren mehrerer Gateways 640
   Konfigurieren der DNS-Auflösung 641
   Konfigurieren der WINS-Namenszuordnung 644
Verwalten von LAN-Verbindungen 646
   Aktivieren und Deaktivieren von LAN-Verbindungen 646
   Überprüfen von Status, Geschwindigkeit und Aktivität von
   LAN-Verbindungen 647
   Anzeigen der Netzwerkkonfiguration 648
   Umbenennen von LAN-Verbindungen 649
Problembehandlung und Testen von Netzwerkeinstellungen 649
   Diagnostizieren und Beheben
   von LAN-Verbindungsproblemen 650
   Diagnostizieren und Beheben von Internetverbindungs-
   problemen 650
   Durchführen von einfachen Standardtests 651
   Beheben von IP-Adressierungsproblemen 652
   Freigeben und Erneuern der DHCP-Zuweisung 653
   Registrieren von DNS-Einträgen und Leeren
   des DNS-Auflösungscaches 655

16 Verwalten von mobilen Netzwerken und Remotezugriff 657

Konfigurieren des Netzwerks auf Laptops 657
   Verwenden des Windows-Mobilitätscenters 658
   Konfigurieren von dynamischen IP-Adressen 659
   Konfigurieren von alternativen privaten IP-Adressen 660
   Verbinden mit Netzwerkprojektoren 662
Mobile Netzwerke und Remotezugriff 663
Erstellen von Verbindungen für den Remotezugriff 666
   Erstellen einer Wählverbindung 666
   Erstellen einer Breitbandverbindung zum Internet 673
   Erstellen einer VPN-Verbindung 674
Einstellen der Verbindungseigenschaften 676
   Einstellen der automatischen oder manuellen Verbindungen . 677
   Einstellen des Proxys für mobile Verbindungen 678
   Einstellen der Verbindungsanmeldungsinformationen 681
   Einstellen der Wahlwiederholung und der automatischen
   Verbindungstrennung 683
   Einstellen der Wählregeln für eine Verbindung 684
   Einstellen der bevorzugten und der alternativen
   Rufnummern 684
   Einstellen der Identitätsprüfung 685
   Einstellen der Netzwerkprotokolle und -komponenten 686
   Aktivieren und Deaktivieren der Windows-Firewall
   für Netzwerkverbindungen 688

Herstellen von Verbindungen 689
    Verbinden mit Wählverbindungen 689
    Verbinden mit Breitbandverbindungen 691
    Verbinden mit VPN 692
Drahtlosnetzwerke 694
    Drahtlosgeräte und Drahtlostechnologien 694
    Sicherheit im Drahtlosnetzwerk 696
    Installieren und Konfigurieren eines Drahtlosadapters 698
    Verwenden von Drahtlosnetzwerken und
    Drahtlosverbindungen 699
    Verbinden mit Drahtlosnetzwerken 701
    Verwalten und Problembehandlung von Drahtlosnetzwerken . 703

17 Erledigen von Wartungs- und Supportaufgaben 705
Verwalten automatischer Updates 705
    Windows Update: Die Grundlagen 705
    Konfigurieren der automatischen Updates 708
    Suchen nach Updates 710
    Anzeigen des Updateverlaufs und der installierten Updates .. 711
    Entfernen von Updates zur Problembehebung 711
    Ausblenden verfügbarer Updates 711
    Wiederherstellen abgelehnter Updates 712
Verwenden der Remoteunterstützung zur Problembehebung 712
    Funktionsweise der Remoteunterstützung 712
    Erstellen von Remoteunterstützungseinladungen 715
    Anbieten von Remoteunterstützung oder Beantworten
    einer Remoteunterstützungseinladung 716
Erkennen und Beheben von Windows 7-Fehlern 717
    Verwenden der Ereignisprotokolle zur Fehlerüberprüfung
    und Fehlerdiagnose 718
    Anzeigen und Verwalten der Ereignisprotokolle 719
Planen von Wartungsarbeiten 720
    Funktionsweise der Aufgabenplanung 720
    Anzeigen und Verwalten von Aufgaben auf lokalen und
    Remotesystemen 722
    Erstellen von geplanten Aufgaben 724
    Problembehandlung für geplante Aufgaben 725
Sichern und Wiederherstellen eines Computers 725
    Sichern und Wiederherstellen von Dateien und Ordnern
    mit Vorgängerversionen 726
    Wiederherstellen nach einer fehlgeschlagenen Reaktivierung . 726
    Reparieren eines Computers, um den Systemstart
    zu ermöglichen 727
    Sichern und Wiederherstellen des Systemzustands mit der
    Systemwiederherstellung 729
    Erstellen und Verwenden einer Datensicherung 733
    Wiederherstellen persönlicher Daten 737
    Reparieren und Wiederherstellen eines Computers 738

Problembehandlung für Systemstart und Herunterfahren 739
      Schwierigkeiten mit dem Neustart und dem Herunterfahren
      des Systems 739
      STOP-Fehler und ihre Bedeutung 740

Stichwortverzeichnis **743**

Der Autor **783**

Einführung

Das Schreiben von *Microsoft Windows 7 – Taschenratgeber für Administratoren* war mit viel Spaß, aber auch mit viel Arbeit verbunden. Als ich mit der Arbeit an diesem Buch begann, wollte ich als Erstes herausfinden, was sich in Windows 7 gegenüber Windows Vista und Windows XP geändert hat und welche neuen Möglichkeiten im Bereich der Systemverwaltung zur Verfügung stehen. Wie bei jedem neuen Betriebssystem, bei Windows 7 aber besonders stark, waren umfangreiche Recherchen und eine intensive Beschäftigung mit den Interna des Systems nötig, bis ich herausgefunden hatte, wie die Dinge genau funktionieren.

Wenn Sie Ihre Arbeit mit Windows 7 beginnen, werden Sie sofort sehen, dass es sich von seinen Vorgängerversionen unterscheidet. Was allerdings nicht sofort ins Auge fällt, ist, wie stark sich Windows 7 von seinen Vorgängern unterscheidet. Viele der deutlichsten Änderungen am Betriebssystem wurden hinter den Kulissen vorgenommen. Diese Veränderungen wirken sich auf die zugrunde liegende Architektur aus, aber auch auf die Benutzeroberfläche, und gerade diese Änderungen waren am schwierigsten zu recherchieren und zu beschreiben.

Ein Taschenratgeber sollte ein kompaktes Format haben und gut zu lesen sein. Er sollte ein Buch sein, mit dem sich Probleme lösen und Aufgaben bewältigen lassen, unabhängig davon, wo sich der Leser gerade befindet. Unter dieser Vorgabe habe ich den Text nochmals sorgfältig durchgesehen, um sicherzustellen, dass alle wichtigen Bereiche der Windows 7-Administration beschrieben werden. Das Ergebnis meiner Arbeit liegt nun vor Ihnen, und ich hoffe, Sie finden ebenso wie ich, dass es sich um einen der besten und praktischsten Taschenratgeber für Windows 7 handelt. Dieses Buch enthält alles, was Sie brauchen, um grundlegende Administrationsaufgaben auf Windows 7-Computern durchzuführen.

Mein Ziel bestand darin, umfangreiche Informationen in Form eines handlichen Taschenratgebers bereitzustellen. Auf diese Weise müssen Sie sich nicht durch Hunderte von Seiten irrelevanter Daten kämpfen, um die benötigten Informationen zu finden. Stattdessen erhalten Sie genau die Informationen, die Sie benötigen, um eine bestimmte Aufgabe durchzuführen oder ein konkretes Problem zu lösen. Kurz gesagt: Das vorliegende Buch soll die Referenz sein, in der Sie nachschlagen, wenn Sie Fragen in Bezug auf die Windows 7-Administration haben. Daher werden in diesem Ratgeber täglich anfallende Administrationsaufgaben, häufig eingesetzte Verfahren, dokumentierte Beispiele und Optionen aufgegriffen, die repräsentativ, aber ohne Anspruch auf Vollständigkeit sind.

Ein weiteres Ziel bestand darin, den Inhalt dieses Buchs übersichtlich zu halten, damit dieser Ratgeber kompakt und leicht zu handhaben ist und gleichzeitig möglichst viele Informationen bereithält, die ihn zu einer wertvollen Informationsquelle machen. Statt einer dicken 1000-seitigen Dokumentation oder einer leichten 100-seitigen Kurzreferenz erhalten Sie einen nützlichen Taschenratgeber, der Ihnen bei häufig durchzuführenden Aufgaben, bei der Problemlösung und der täglichen Arbeit schnelle und einfache Hilfe bietet.

Für wen ist dieser Taschenratgeber konzipiert?

Microsoft Windows 7 – Taschenratgeber für Administratoren behandelt alle Editionen von Windows 7. Er wurde für folgende Zielgruppen konzipiert:

- Windows-Systemadministratoren
- Fortgeschrittene Benutzer mit Administratoraufgaben
- Administratoren, die ein Upgrade von Vorgängerversionen auf Windows 7 durchführen
- Administratoren, die bisher auf anderen Plattformen gearbeitet haben

Um so viele Informationen wie möglich zur Verfügung zu stellen, wird davon ausgegangen, dass Sie Grundkenntnisse im Bereich des Netzwerkbetriebs besitzen und über ein grundlegendes Verständnis von Windows-Betriebssystemen verfügen. Deswegen werden den allgemeinen Windows-Grundlagen, der Windows-Architektur oder den Grundlagen der Vernetzung von Windows-Computern keine ganzen Kapitel gewidmet. Dagegen werden Themenbereiche wie die Anpassung des Desktops, Vernetzung von mobilen Computern, TCP/IP-Konfiguration, Benutzerprofile und Systemoptimierung erläutert. Im Bereich der Problembehandlung ist das Buch sehr ausführlich, wobei ich versucht habe sicherzustellen, dass der Haupttext in jedem Kapitel (sofern sinnvoll) durch Richtlinien und Erläuterungen zur Problembehandlung ergänzt wird. Ratschläge zur Problembehandlung sind in alle Kapitel des Buchs integriert, sodass sie nicht als Nachtrag in einem separat angehängten Problembehandlungskapitel zusammengequetscht werden. Ich hoffe, dass Sie den Computer, nachdem Sie diese Kapitel gelesen und sich mit den Details beschäftigt haben, für Ihre Benutzer zu einem besseren, leistungsfähigeren und angenehmeren Arbeitsgerät machen und Ausfallzeiten verringern.

Wie ist dieses Buch aufgebaut?

Microsoft Windows 7 – Taschenratgeber für Administratoren konzentriert sich auf die täglich bei der Administration anfallenden Arbeiten und ist daher eher aufgabenbezogen als nach Windows 7-Funktionen geordnet. Die Bücher aus der Taschenratgeber-Reihe sollen nicht unterhalten oder bilden, sondern nützlich sein.

Schnelle Informationsvermittlung und einfache Handhabung stellen wesentliche Merkmale des vorliegenden Ratgebers dar. Das Buch verfügt über ein ausführliches Inhaltsverzeichnis und einen umfangreichen Index, um bei der Problemlösung schnelle Hilfe zu bieten. Ebenso wurde eine große Anzahl weiterer Referenzinformationen eingefügt. Hierzu zählen beispielsweise Schrittanweisungen, Listen, Tabellen mit Kurzinformationen und umfangreiche Querverweise.

In diesem Buch verwendete Konventionen

Ich habe versucht, den Text klar und leicht lesbar zu halten. Code und Listings werden in nichtproportionaler Schrift dargestellt, es sei denn, Sie werden aufgefordert, einen Befehl einzugeben. In diesem Fall erscheint der Befehl in **Fettformatierung**. Menüs und andere Elemente der Benutzeroberfläche werden *kursiv* geschrieben. Bei der Einführung und Definition neuer Begriffe werden diese ebenfalls *kursiv* hervorgehoben.

Des Weiteren werden folgende Arten von Hinweisen verwendet:

HINWEIS Details zu Punkten, die einer weiteren Erklärung bedürfen.

TIPP Stellt hilfreiche Hinweise oder zusätzliche Informationen zur Verfügung.

ACHTUNG Warnt vor eventuell auftretenden Problemen.

PRAXISTIPP Liefert praxisbezogene Tipps bei der Erörterung weiterführender Themen.

Ich hoffe, dass *Microsoft Windows 7 – Taschenratgeber für Administratoren* Ihnen sämtliche Informationen bietet, die Sie zur schnellen und effizienten Ausführung aller wesentlichen Windows 7-Administrationsaufgaben benötigen. Anregungen und Kritik sind immer willkommen und können an folgende E-Mail-Adresse gesendet werden: williamstanek@aol.com. Vielen Dank.

Support

Es wurden alle Anstrengungen unternommen, um die Richtigkeit dieses Buchs und der zugehörigen Inhalte sicherzustellen. Microsoft Press stellt allgemeine Supportinformationen für seine Bücher und Begleit-CDs auf der folgenden Website zur Verfügung:

http://www.microsoft.com/germany/mspress/support

Nach Korrekturen für dieses Buch können Sie anhand der ISBN unter folgender Adresse suchen:

http://www.microsoft.com/mspress/support/search.asp

Mit Anmerkungen, Fragen oder Verbesserungsvorschlägen zu diesem Buch können Sie sich an Microsoft Press wenden:

- Per E-Mail:
  presscd@microsoft.com
- Per Post:
  Microsoft Press
  Betrifft: *Microsoft Windows 7 –
        Taschenratgeber für Administratoren*
  Konrad-Zuse-Straße 1
  85716 Unterschleißheim

Weitere Supportinformationen zu diesem Buch finden Sie auf der Supportwebsite von Microsoft Press unter:

http://www.microsoft-press.de/support.asp

Sie können eine Frage auch direkt in die Microsoft Press Knowledge Base eingeben. Besuchen Sie hierzu die folgende Website:

http://www.microsoft.com/mspress/support/search.asp

Weitere Informationen zu den Softwareprodukten von Microsoft erhalten Sie unter folgender Adresse:

http://support.microsoft.com/

1 Einführung in die Windows 7-Administration

Übersicht über das Kapitel:
Überblick über Windows 7	22
Grundlagen der 64-Bit-Architektur	27
Installieren von Windows 7	29
Ausführen von Windows 7	36
Architektur von Windows 7	49

Wie Windows Vista unterscheidet sich auch das Betriebssystem Windows 7 deutlich von Windows XP und älteren Windows-Versionen. Windows 7 ist nicht nur wesentlich vielseitiger als Windows XP, es basiert auch auf der richtungsweisenden Architektur von Windows Vista. Die wichtigsten Änderungen der Architektur sind:

- Benutzerkontensteuerung und Erhöhung der Rechte
- Modularisierung und Abbilddateien
- Vorinstallations- und Pre-Boot-Umgebungen

Dieses Kapitel beschreibt, wie Sie Windows 7 installieren und wie sich die Änderungen an Steuerung und Rechten auf Ihre Arbeit und die Verwaltung des Computers auswirken. Kapitel 2, »Bereitstellen von Windows 7«, zeigt, welche Auswirkungen die anderen Architekturänderungen auf die Bereitstellung von Windows 7 haben. Im Verlauf dieses Kapitels und des ganzen Buchs wird immer wieder ausführlich von den Änderungen an der Verwaltung die Rede sein, die praktisch alle Aspekte der Computeradministration verbessern. Der Schwerpunkt dieses Buchs liegt zwar auf der Windows 7-Administration, aber die beschriebenen Tipps und Vorgehensweisen sind für jeden von Nutzen, der für Windows 7 Support leistet, dafür Software entwickelt oder damit arbeitet.

Vergessen Sie bitte nicht, dass dieses Buch für die gemeinsame Verwendung mit *Windows Server 2008 Administrator's Pocket Consultant, Second Edition* (Microsoft Press, 2010) ausgelegt ist. Neben vielen Administrationsarbeiten beschreiben die Taschenratgeber für die Windows Server-Betriebssysteme die Verwaltung der Verzeichnisdienste, der Daten und des Netzwerks. Dieses Buch konzentriert sich hingegen auf die Benutzer- und Systemadministration. Folgende Themen werden ausführlich behandelt:

- Anpassen des Betriebssystems und der Windows-Umgebung
- Konfigurieren der Hardware und der Netzwerkgeräte
- Verwalten des Benutzerzugriffs und globaler Einstellungen
- Konfigurieren von Notebooks und mobilem Netzwerkzugriff

- Verwenden der Remoteverwaltung und Remoteunterstützung
- Beheben von Systemproblemen

In diesem Zusammenhang ist wichtig, dass Sie praktisch alle Konfigurationsoptionen im Betriebssystem Windows über Gruppenrichtlinien steuern können. Statt bei jeder Beschreibung darauf hinzuweisen, dass Feature A oder B nur konfiguriert werden kann, wenn die gültigen Gruppenrichtlinien dies erlauben, setze ich voraus, dass Sie genau wissen, welche globalen Auswirkungen die Gruppenrichtlinien auf Systemkonfiguration und Verwaltung haben. Außerdem gehe ich davon aus, dass Sie mit der Befehlszeile und Windows PowerShell vertraut sind. Auf diese Weise kann ich mich auf die wirklich wichtigen Administrationsaufgaben konzentrieren.

Überblick über Windows 7

Windows 7 ist die neuste Version des Windows-Betriebssystems für Clientcomputer. Die wichtigsten Editionen von Windows 7 sind:

- **Windows 7 Starter**   Eine preisgünstige Edition von Windows 7 für Gelegenheitsnutzer und Länder mit niedrigem Einkommensniveau. Sie ist zu den neusten Anwendungen und Geräten kompatibel und dabei zuverlässiger und sicherer als ältere Windows-Versionen. Im Vergleich zu den anderen Editionen ist sie allerdings stark eingeschränkt.
- **Windows 7 Home Basic**   Eine preisgünstige Edition von Windows 7 für Privatanwender. Sie bietet Grundfeatures für den Unterhaltungsbereich, aber keine Funktionen für den Beitritt zu einer Domäne.
- **Windows 7 Home Premium**   Eine erweiterte Edition von Windows 7 mit umfangreicheren Unterhaltungsfeatures, aber ohne Funktionen für den Beitritt zu einer Domäne.
- **Windows 7 Professional**   Eine Grundversion von Windows 7 für den geschäftlichen Einsatz. Sie umfasst grundlegende Verwaltungsfunktionen und erlaubt den Beitritt zu einer Domäne.
- **Windows 7 Enterprise**   Eine erweiterte Edition von Windows 7 für den geschäftlichen Einsatz. Sie umfasst erweiterte Verwaltungsfunktionen und erlaubt den Beitritt zu einer Domäne.
- **Windows 7 Ultimate**   Eine erweiterte Edition von Windows 7, die alle für den privaten und geschäftlichen Einsatz verfügbaren Funktionen umfasst und den Beitritt zu einer Domäne erlaubt.

Windows 7 unterstützt nativ die Installation und Bereitstellung auf Basis von Abbildern. Dank der hardwareunabhängigen Architektur, die im Verlauf dieses Kapitels noch ausführlicher besprochen wird, unterstützen alle Windows 7-Versionen mit Ausnahme von Windows 7 Starter 32-Bit- und 64-Bit-Hardware. Das bedeutet, dass jede Edition des Produkts mit Ausnahme von Starter auf Computern mit 32-Bit- oder 64-Bit-Architektur benutzt werden kann. Computer mit einer 32-Bit-x86-Architektur können mit bis zu 4 GByte RAM ausgestattet sein. Computer mit einer 64-Bit-Architektur können in der Edition Home Basic über 8 GByte RAM verfügen, in der Edition Home Premium über 16 GByte RAM und in den Editionen Professional, Enterprise und Ultimate über mehr als 128 GByte. Außerdem unterstützen die Editionen Professional, Enterprise und Ultimate mehrere Prozessoren.

Tabelle 1.1 bietet einen Überblick über die Unterschiede zwischen den verschiedenen Windows 7-Editionen. Eine ausführlichere Liste finden Sie unter *www.williamstanek.com/windows7/*.

Tabelle 1.1 Unterschiedliche Features in den Windows 7-Editionen

Feature	Home Basic	Home Premium	Professional	Enterprise	Ultimate
Abgedeckt im Premier Support				X	X
Abgedeckt in Software Assurance			X	X	X
Benutzeroberfläche Aero		X	X	X	X
Benutzeroberfläche mit mehreren installierten Sprachen				X	X
Bereitstellen von Drahtlosnetzwerken			X	X	X
BitLocker-Laufwerkverschlüsselung				X	X
Complete PC-Sicherung			X	X	X
Datei- und Druckerfreigabeverbindungen	10	20	20	20	20
Desktopbereitstellungstools			X	X	X
Geplante Datensicherungen	Eingeschränkt	X	X	X	X
Jugendschutz	X	X			X
Lizenzen für virtuelle Computer (4)				X	X
Netzwerk- und Freigabecenter	X	X	X	X	X
Netzwerkzugriffsschutzclient			X	X	X
Richtlinienbasiertes Quality of Service für Netzwerke			X	X	X
Subsystem für UNIX-Anwendungen				X	X
Tablet PC		X	X	X	X
Unterstützung für 2 Prozessoren (mit jeweils mehreren Prozessorkernen)			X	X	X
Verschlüsselndes Dateisystem			X	X	X
Volumenlizenz				X	X
Windows-Fax und -Scan			X	X	X
Windows Media Center	X	X	X	X	X

Während es in Windows XP und älteren Versionen des Betriebssystems Windows nicht möglich war, ein Upgrade von einer Edition auf eine andere durchzuführen, bietet Microsoft in Windows 7 einfache Upgrademöglichkeiten von den Grundversionen auf die erweiterten Editionen an. Dafür können Sie entweder *Windows Anytime Upgrade* oder das Tool zur Abbildverwaltung für die Bereitstellung (Deployment Image Servicing and

Management Tool, DISM) verwenden. Tabelle 1.2 bietet einen Überblick über die Upgradepfade. Wie aus der Tabelle hervorgeht, führen innerhalb jeder Version viele Wege von den einfachen zu den erweiterten Editionen. Mit welcher Version von Windows 7 Sie arbeiten, stellen Sie fest, indem Sie im Startmenü mit der rechten Maustaste auf *Computer* klicken und den Befehl *Eigenschaften* wählen. Ihre Windows 7-Edition wird im Abschnitt *Windows-Edition* angezeigt.

Tabelle 1.2 Upgradepfade für die Windows 7-Editionen

Windows-Version	Upgrade auf	Upgrade auf
Home-Version	Windows 7 Home Premium	Windows 7 Ultimate
Windows 7 Home Basic	Ja	Ja
Windows 7 Home Premium		Ja
Professional-Version	Windows 7 Enterprise	Windows 7 Ultimate
Windows 7 Professional	Ja	Ja
Windows 7 Enterprise		Ja

Mit Windows Anytime Upgrade können Sie in einem Geschäft einen Upgrade-Datenträger erwerben, einen gültigen Product Key für ein Upgrade eingeben oder das Upgrade mit der integrierten *Windows Upgrade Anytime*-Funktion online kaufen. Sie nutzen die integrierte *Windows Anytime Upgrade*-Funktion, indem Sie im Startmenü auf *Systemsteuerung*, dann in der Systemsteuerung auf *System und Sicherheit* und schließlich auf *Windows Anytime Upgrade* klicken. Folgen Sie den angezeigten Schritten, um das Upgrade durchzuführen. Sie brauchen dafür den Windows 7-Datenträger. Der Datenträger enthält die Komponenten aller Windows 7-Versionen. Der Product Key, den Sie eingeben, schaltet die Funktionen der gekauften Version frei und installiert sie.

HINWEIS Für die 32-Bit- und 64-Bit-Versionen von Windows 7 werden separate Installationsmedien zur Verfügung gestellt. Um die 32-Bit-Version von Windows 7 auf einem x86-Computer zu installieren, müssen Sie das 32-Bit-Installationsmedium verwenden. Wollen Sie dagegen die 64-Bit-Version von Windows 7 auf einem x64-Computer installieren, brauchen Sie das 64-Bit-Installationsmedium. Wenn Sie bereits ein 32-Bit-Betriebssystem haben und stattdessen ein 64-Bit-Betriebssystem installieren wollen (sofern die Hardware beide Architekturen unterstützt), müssen Sie den Computer herunterfahren und vom 64-Bit-Installationsmedium neu starten. Dasselbe gilt, wenn Sie ein 32-Bit-Betriebssystem auf einem Computer installieren wollen, der bisher unter einem 64-Bit-Betriebssystem läuft. Beachten Sie auch, dass Microsoft eine separate Edition für Computer mit IA64-Prozessoren entwickelt hat. Diese Edition heißt »Windows 7 für Itanium-basierte Systeme«.

Das Tool zur Abbildverwaltung für die Bereitstellung (Deployment Image Servicing and Management Tool, DISM) ist in den Unternehmens-Editionen von Windows 7 enthalten (Professional, Enterprise und Ultimate). Mit DISM können Sie Online- und Offlineabbilder des Betriebssystems Windows verwalten, darunter Abbilder für die Bereitstellung und für virtuelle Computer. Für die Bereitstellung von Windows 7 werden Windows-Abbilddateien (*.wim*) eingesetzt, für virtuelle Computer dagegen Dateien für virtuelle Festplatten (*.vhd*). WIM- und VHD-Dateien werden mit denselben Befehlen verwaltet.

Wie Sie in Kapitel 2 genauer beschrieben, können Sie mit DISM folgende Aufgaben erledigen:

- Hinzufügen und Entfernen von Paketen; solche Pakete sind beispielsweise Language Packs, Patches oder Dienstprogramme.
- Aktivieren und Deaktivieren von Windows-Funktionen
- Hinzufügen und Entfernen von Gerätetreibern, die von Fremdherstellern zur Verfügung gestellt werden

Gehen Sie folgendermaßen vor, um DISM in einer Eingabeaufforderung mit Administratorrechten auszuführen:

1. Klicken Sie im Startmenü auf *Alle Programme* und dann auf *Zubehör*.
2. Klicken Sie mit der rechten Maustaste auf den Menüeintrag *Eingabeaufforderung* und wählen Sie im Kontextmenü den Befehl *Als Administrator ausführen*.

   Falls eine Eingabeaufforderung der Benutzerkontensteuerung angezeigt wird, müssen Sie wie üblich fortfahren, um die Anwendung mit Administratorprivilegien auszuführen.
3. Geben Sie im Eingabeaufforderungsfenster den Befehl **dism /?** ein, um die verfügbaren Optionen für DISM anzuzeigen.
4. Welche Befehle für die Verwaltung von Onlineabbildern zur Verfügung stehen, zeigt der Befehl **dism /online /?** an.

DISM wurde zwar in erster Linie für die Arbeit mit Offlineabbildern und bereitgestellten Abbildern entwickelt, aber mit einigen DISM-Befehlen können Sie auch wichtige Informationen über das aktuell auf einem Computer laufende Betriebssystem abrufen. Tabelle 1.3 beschreibt die Unterbefehle aus dem *online*-Kontext von DISM, mit denen Sie laufende Betriebssysteme verwalten. Zum Beispiel zeigt der folgende Befehl eine Liste der Windows-Editionen an, auf die Sie bei Ihrem Computer ein Upgrade vornehmen können:

```
dism /online /get-targeteditions
```

Windows 7 enthält Windows PowerShell 2.0. Wenn Sie PowerShell für den Remotezugriff konfiguriert haben, haben Sie mehrere Möglichkeiten, Befehle auf Remotecomputern auszuführen. Beispielsweise können Sie eine Remotesitzung mit den Computern aufbauen, mit denen Sie arbeiten wollen. Das folgende Beispiel und der Ausschnitt der Ausgabe zeigen, wie Sie prüfen, welche Windows-Edition auf den Remotecomputern jeweils läuft:

```
$s = new-pssession -computername engpc15, hrpc32, cserpc28
   invoke-command -session $s {dism.exe /online /get-currentedition}
```

```
Tool zur Abbildverwaltung für die Bereitstellung
Version: 6.1.7350.0

Abbildversion: 6.1.7350.0

Aktuelle Edition : Ultimate
Der Vorgang wurde erfolgreich beendet.
```

Tabelle 1.3 Unterbefehle aus dem *online*-Kontext von DISM für laufende Betriebssysteme

Unterbefehl	Beschreibung
/Disable-Feature /featurename:Funktionsname	Deaktiviert die angegebene Funktion. Bei den Namen der Funktionen wird zwischen Groß- und Kleinschreibung unterschieden.
/Enable-Feature /featurename:Funktionsname	Aktiviert die angegebene Funktion. Bei den Namen der Funktionen wird zwischen Groß- und Kleinschreibung unterschieden.
/Get-CurrentEdition	Zeigt an, welche Edition von Windows momentan installiert ist.
/Get-DriverInfo /driver:Treibername.inf	Zeigt Informationen über den angegebenen Fremdherstellertreiber an, der im Treiberspeicher installiert ist. Bei den Treibernamen wird nicht zwischen Groß- und Kleinschreibung unterschieden.
/Get-Drivers	Zeigt Informationen über alle Fremdherstellertreiber an, die im Treiberspeicher installiert sind.
/Get-FeatureInfo /featurename:Funktionsname	Zeigt Informationen über die angegebene Funktion an. Bei den Namen der Funktionen wird zwischen Groß- und Kleinschreibung unterschieden.
/Get-Features	Zeigt Informationen über die installierten Windows-Funktionen an.
/Get-Intl	Zeigt Informationen über die Standardsprache für die Benutzeroberfläche, Systemregion, Standardzeitzone, Tastatursprache und installierte Sprachen an.
/Get-PackageInfo /packagename:Paketname	Zeigt Informationen über das angegebene Paket an. Bei den Paketnamen wird zwischen Groß- und Kleinschreibung unterschieden.
/Get-Packages	Zeigt Informationen über die installierten Windows-Pakete an.
/Get-TargetEditions	Listet die Windows-Editionen auf, auf die ein Betriebssystemupgrade durchgeführt werden kann.

HINWEIS Beim Befehl *New-PSSession* legen Sie mit dem Argument *–ComputerName* fest, mit welchen Remotecomputern Sie arbeiten; dabei können Sie die Zielcomputer anhand des DNS-Namens, des NetBIOS-Namens oder der IP-Adresse angeben. Wenn Sie mit mehreren Remotecomputern gleichzeitig arbeiten, müssen Sie die Computernamen oder IP-Adressen durch Kommas voneinander trennen. Weitere Informationen zur Arbeit mit Windows PowerShell 2.0 und dem Remotezugriff finden Sie in Kapitel 4, »Using Sessions, Jobs, and Remoting«, des Buchs *Windows PowerShell 2.0 Administrator's Pocket Consultant* (Microsoft Press, 2009).

Grundlagen der 64-Bit-Architektur

Seit die 64-Bit-Architektur für die Windows-Betriebssysteme eingeführt wurde, hat sie sich entscheidend verändert. Computer, auf denen 64-Bit-Versionen von Windows laufen, bieten nicht nur bessere Leistung und höhere Geschwindigkeit als ihre 32-Bit-Gegenstücke, sie sind auch besser skalierbar, weil sie mehr Daten pro Taktzyklus verarbeiten, mehr Arbeitsspeicher ansprechen und numerische Berechnungen schneller durchführen. Windows 7 unterstützt zwei unterschiedliche 64-Bit-Architekturen:

- **x64** Diese Architektur basiert auf den 64-Bit-Erweiterungen für den x86-Befehlssatz, wie sie in AMD Opteron-Prozessoren (AMD64), Intel-Prozessoren mit 64-Bit-Erweiterungstechnologie (Intel 64) und anderen Prozessoren implementiert sind. Diese Architektur bietet native 32-Bit-Verarbeitung und zusätzlich 64-Bit-Verarbeitung über die Erweiterungen, sodass 32-Bit- und 64-Bit-Anwendungen parallel ausgeführt werden können.

- **IA64** Diese Architektur basiert auf der Prozessorarchitektur EPIC (Explicitly Parallel Instruction Computing), die in Intel Itanium- (IA64) und anderen Prozessoren implementiert ist. Diese Architektur bietet native 64-Bit-Verarbeitung, sodass 64-Bit-Anwendungen optimale Leistung erzielen.

64-Bit-Verarbeitung wurde mit dem Ziel entworfen, Operationen auszuführen, die viel Arbeitsspeicher benötigen und aufwendige numerische Berechnungen durchführen. Bei der 64-Bit-Verarbeitung können Anwendungen große Datengruppen vollständig in den physischen Arbeitsspeicher (also das RAM) laden, sodass keine Speicherseiten auf Festplatte ausgelagert werden müssen. Die Leistung verbessert sich dadurch ganz erheblich. Der EPIC-Befehlssatz befähigt Itanium-Prozessoren, bis zu 20 Operationen gleichzeitig auszuführen.

Die momentan relevanten Firmwareschnittstellen sind:

- BIOS (Basic Input/Output System)
- EFI (Extensible Firmware Interface)
- UEFI (Unified Extensible Firmware Interface)

Itanium-Computer unterscheiden sich in vielen grundlegenden Punkten von Computern, die auf Basis der x86- und x64-Spezifikationen entwickelt wurden. Während Itanium-Computer EFI und den Festplattentyp GPT (GUID Partition Table) nutzen, verwenden x86-Computer ein BIOS und MBR-Festplatten (Master Boot Record). x64-Computer wiederum arbeiten mit UEFI, das auf BIOS oder EFI aufsetzt; mehr dazu im Abschnitt »Firmwareoptionen« in Kapitel 10. Daher gibt es Unterschiede bei der Verwaltung von Computern mit diesen Architekturen, insbesondere in den Bereichen Setup und Festplattenkonfiguration. Weil sich UEFI aber zunehmend durchsetzt und Windows 7 in der Lage ist, unabhängig vom Firmwaretyp sowohl MBR- als auch GPT-Datenträger zu nutzen, hängt es nicht mehr unbedingt von der jeweiligen Prozessorarchitektur ab, welchen Firmwaretyp und welche Festplatten ein Computer einsetzt. Diese Entscheidung wird von den Hardwareherstellern getroffen.

HINWEIS Techniken für die Benutzung von MBR- und GPT-Datenträgern sind in Kapitel 12, »Verwalten von Festplattenlaufwerken und Dateisystemen«, beschrieben. Im Allgemeinen verwenden BIOS-basierte Computer MBR für Systemstart- und für Datenfestplatten, GPT dagegen nur vereinzelt für Datenfestplatten. EFI-basierte Computer können sowohl mit GPT- als auch MBR-Datenträgern arbeiten, aber Sie brauchen dann mindestens eine GPT-Festplatte mit der EFI-Systempartition (EFI System Partition, ESP) sowie eine primäre Partition oder ein einfaches Volume, von dem das Betriebssystem gestartet wird.

In den meisten Fällen ist 64-Bit-Hardware kompatibel zu 32-Bit-Anwendungen. Allerdings ist die Leistung von 32-Bit-Anwendungen besser, wenn sie auf 32-Bit-Hardware laufen. Die 64-Bit-Editionen von Windows unterstützen sowohl 64-Bit- als auch 32-Bit-Anwendungen; dazu implementieren sie eine x86-Emulationsschicht namens Windows on Windows 64 (WOW64). Dieses WOW64-Subsystem isoliert 32-Bit-Anwendungen von 64-Bit-Anwendungen. Das verhindert Probleme mit Dateisystem und Registrierung. Das Betriebssystem bietet Interoperabilität über die 32-Bit/64-Bit-Grenze hinweg, damit COM (Component Object Model) und einfache Operationen wie Ausschneiden, Kopieren und Einfügen über die Zwischenablage funktionieren. 32-Bit-Prozesse können aber keine 64-Bit-DLLs (Dynamic-Link Library) laden, und 64-Bit-Prozesse umgekehrt auch keine 32-Bit-DLLs.

Wenn Sie auf die 64-Bit-Architektur umrüsten, werden Sie wahrscheinlich feststellen wollen, welche Computer im Unternehmen 64-Bit-Betriebssysteme unterstützen und auf welchen bereits 64-Bit-Betriebssysteme laufen. Mit Windows PowerShell können Sie folgende Informationen ermitteln:

- Feststellen, ob auf einem Computer ein 64-Bit-Betriebssystem installiert ist. Dazu fragen Sie die Eigenschaft OSArchitecture des Objekts Win32_OperatingSystem ab. Hier ein Beispiel:

```
get-wmiobject -class win32_operatingsystem | format-list osarchitecture
osarchitecture : 32-Bit
```

- Feststellen, ob ein Computer ein 64-Bit-Betriebssystem unterstützt. Dazu werten Sie die Eigenschaften Name und Description des Objekts Win32_Prozessor aus:

```
get-wmiobject -class win32_processor | format-list name, description
name        : Intel(R) Core(TM)2 Quad CPU      @ 2.66GHz
description : x64 Family 6 Model 15 Stepping 7
```

Das erste Beispiel verrät Ihnen, dass auf dem Computer momentan eine 32-Bit-Version von Windows läuft. Die Ausgabe im zweiten Beispiel zeigt, dass der Computer einen x64-Prozessor hat. Folglich können Sie bei diesem Computer ein Upgrade auf eine 64-Bit-Version von Windows 7 durchführen.

Statt jeden Computer einzeln zu überprüfen, können Sie auch ein Skript verwenden, das diese Aufgabe erledigt. Beispielskripts und vollständige Anleitungen finden Sie in Kapitel 9, »Inventorying and Evaluating Windows Systems«, des Buchs *Windows PowerShell 2.0 Administrator's Pocket Consultant*.

Installieren von Windows 7

Nur die Windows 7-Editionen Professional, Enterprise und Ultimate sind für den Einsatz in Active Directory-Domänen gedacht. Wenn Sie Windows 7 auf einem Computer installieren, der bereits ein Betriebssystem hat, haben Sie die Wahl, entweder eine Neuinstallation oder ein Upgrade auszuführen. Die wesentlichen Unterschiede zwischen einer Neuinstallation und einem Upgrade sind:

- **Neuinstallation**   Bei einer Neuinstallation ersetzt das Windows-Setupprogramm das vorherige Betriebssystem auf dem Computer vollständig. Alle Benutzer- und Anwendungseinstellungen gehen verloren. Eine Neuinstallation sollten Sie durchführen, wenn kein Upgrade des Betriebssystems möglich ist, wenn das System mehrere Betriebssysteme starten soll, wenn eine standardisierte Konfiguration benötigt wird oder wenn momentan kein Betriebssystem installiert ist.

- **Upgradeinstallation**   Bei einem Upgrade bleiben Benutzereinstellungen, vorhandene Anwendungen und ihre Einstellungen erhalten. Die grundlegende Systemkonfiguration braucht nicht durchgeführt zu werden. Eine Upgradeinstallation sollten Sie durchführen, wenn Ihre Computer unter einer Windows-Version laufen, die das Upgrade auf Windows 7 unterstützt, und wenn Sie die Arbeitsunterbrechung so kurz wie möglich halten wollen. Auf diese Weise bleiben die vorhandenen Einstellungen, Benutzerdaten und Anwendungskonfigurationen erhalten.

Auf welche Weise das Upgrade abläuft, hängt davon ab, welches Betriebssystem bisher verwendet wird. Führen Sie ein Upgrade von Windows Vista durch, nimmt Windows Setup ein In-Place-Upgrade vor. Auch für Windows XP wird ein Upgrade angeboten, in diesem Fall ist aber kein In-Place-Upgrade möglich. Wenn Sie von Windows XP aus ein Upgrade starten, müssen Sie Ihre Dateien und Einstellungen zuerst mit Windows-EasyTransfer übertragen und dann Windows Setup ausführen. Windows Setup führt daraufhin eine Neuinstallation des Betriebssystems durch. Sobald dieser Vorgang abgeschlossen ist, müssen Sie Ihre Anwendungen neu installieren.

Vorbereiten der Windows 7-Installation

Bei der Installation von Windows 7 haben Sie die Möglichkeit, vom Windows-Installationsmedium zu starten, Setup aus Ihrem aktuellen Windows-Betriebssystem heraus zu starten, eine Befehlszeileninstallation auszuführen oder eine der automatischen Installationsmöglichkeiten zu verwenden.

Es gibt für die Installation von Windows 7 zwei grundlegende Ansätze: interaktiv oder automatisiert. Die meisten Leute sind mit der interaktiven

Installation vertraut; dabei gehen Sie den Setupprozess schrittweise durch und geben etliche Informationen ein. Diesen Prozess führen Sie mit dem Installationsmedium aus (indem Sie entweder vom Installationsmedium starten oder Windows Setup in einer Befehlszeile aufrufen). Wenn Sie von einer im Handel gekauften Windows 7-DVD starten, läuft der interaktive Installationsprozess ab, bei dem Sie während des Vorgangs mehrmals aufgefordert werden, Konfigurationsinformationen einzugeben.

Für das automatisierte Setup stehen mehrere Arten zur Auswahl, bei denen der Administrator festlegt, wie viel Benutzerinteraktion erforderlich ist. Die simpelste Form des automatisierten Setups ist eine unbeaufsichtigte Installation, bei der ausschließlich Antwortdateien verwendet werden. Eine Antwortdatei enthält entweder alle oder einen Teil der Konfigurationsdaten, die Sie bei einem Standardinstallationsprozess von Hand eingeben. Antwortdateien für die unbeaufsichtigte Installation erstellen Sie mit dem Windows System Image Manager, der im Windows Deployment Toolkit (herunterzuladen unter *www.download.microsoft.com*) enthalten ist. Mithilfe der Windows-Bereitstellungsdienste können Sie das unbeaufsichtigte Setup noch stärker automatisieren; mehr dazu in Kapitel 2.

Das Standardsetupprogramm für Windows 7 ist *Setup.exe*. Sie starten *Setup.exe* aus einer vorhandenen Version des Betriebssystems Windows, um ein Upgrade durchzuführen oder um Windows 7 in einer anderen Partition zu installieren. In einem BIOS-basierten x86-System können Sie das System vom Installationsmedium starten, um den Setupprozess einzuleiten. Auf einem IA64-Itanium-System starten Sie Setup über die EFI-Shell, indem Sie das Setupstartladeprogramm *\IA64\Setupldr.efi* von der DVD (oder dem verwendeten Medium) ausführen. Abgesehen von der Partitionierungsmethode arbeitet das Setup für ein IA64-System genauso wie die 32-Bit-x86- und 64-Bit-x64-Versionen.

Wenn Sie mit Windows 7 auf einem x86-System arbeiten, müssen Sie die speziellen Laufwerksabschnitte kennen, die vom Betriebssystem benutzt werden:

- **Aktiv** Die aktive Partition beziehungsweise das aktive Volume ist der Laufwerksabschnitt für Systemcache und Systemstartcode. Auch manche Wechseldatenträger werden unter den Laufwerken aufgelistet, die eine aktive Partition haben.
- **Start** Die Startpartition beziehungsweise das Startvolume enthält das Betriebssystem und die zugehörigen Dateien. System- und Startpartition beziehungsweise -volume können identisch sein.
- **System** Die Systempartition beziehungsweise das Systemvolume enthält die hardwarespezifischen Dateien, die gebraucht werden, um das Betriebssystem zu laden. Da Systempartition oder Systemvolume einen Teil der Softwarekonfiguration bilden, können sie nicht in einem Stripeset oder in einem übergreifenden Volume liegen.

Partitionen und Volumes sind im Wesentlichen dasselbe. Es werden allerdings zwei unterschiedliche Begriffe verwendet, weil Sie Partitionen auf einem Basisdatenträger anlegen, Volumes dagegen auf einem dynamischen

Datenträger. Auf einem x86-Computer verwenden Sie das Snap-In *Datenträgerverwaltung*, um eine Partition als aktiv zu markieren.

Aktive, Start- und Systemvolumes oder -partitionen sind zwar im Wesentlichen identisch, sie werden aber alle drei benötigt. Wenn Sie Windows 7 installieren, analysiert das Setupprogramm alle Festplattenressourcen, die zur Verfügung stehen. Gewöhnlich legt Windows 7 Start- und Systemdateien auf dasselbe Laufwerk und dieselbe Partition und markiert diese Partition als aktive Partition. Diese Konfiguration hat den Vorteil, dass Sie nicht mehrere Laufwerke für das Betriebssystem brauchen und die Betriebssystempartitionen auf einem zusätzlichen Laufwerk spiegeln können.

Bei der Installation auf einer IA64-Itanium-Hardwareplattform gibt es einige Unterschiede. Das Extended Firmware Interface der IA64-Plattform lädt beim Systemstart zuerst ein Startmenü, das in der Firmware definiert ist. IA64-Datenträger haben eine Partitionsstruktur, die als GUID-Partitionstabelle (Globally Unique Identifier) oder GPT (GUID Partition Table) bezeichnet wird. Diese Partitionsstruktur unterscheidet sich grundlegend von den MBR-Partitionen einer 32-Bit-Plattform.

GPT-Datenträger haben zwei obligatorische Partitionen und optional bis zu 128 weitere Partitionen, die als OEM- oder Datenpartitionen bezeichnet werden:

- EFI-Systempartition (EFI System Partition, ESP)
- Microsoft-reservierte Partition (Microsoft Reserved Partition, MSR)
- Mindestens eine Datenpartition

Das IA64-Startmenü bietet mehrere Optionen an, eine davon ist die EFI-Shell. Die EFI-Shell stellt eine Betriebsumgebung zur Verfügung, in der die Dateisysteme FAT und FAT32 sowie Konfigurations- und Dateiverwaltungsbefehle unterstützt werden. Der Befehl *Map* zeigt die Liste der Partitionen auf einem IA64-Computer an. In der Ausgabe des Befehls *Map* sind unter *blk* die Partitionsblöcke und unter *fs#* die lesbaren Dateisysteme aufgeführt. Sie wechseln in eine andere Partition, indem Sie die Blocknummer der Partition gefolgt von einem Doppelpunkt eingeben. Der Befehl *dir* listet die Dateien in der Partition auf. EFI enthält einen Systemstartwartungsmanager (engl. boot maintenance manager), mit dem Sie das Startmenü konfigurieren können.

Wie in Kapitel 2 beschrieben, erstellt das Setupprogramm bei der Installation von Windows 7 automatisch eine Partition für die Windows-Wiederherstellungsumgebung (Windows Recovery Environment, Windows RE) und installiert darin zusätzliche Komponenten, die bei Wiederherstellung und Problembehandlung zum Einsatz kommen. Daher stehen die Windows-Wiederherstellungstools auf einem Windows 7-Computer immer zur Verfügung. Die wichtigsten Wiederherstellungstools sind:

- **Systemstartreparatur** Repariert Probleme, die verhindern, dass Windows startet. Falls der Start-Manager oder eine beschädigte Systemdatei den Systemstart verhindern, wird das Tool automatisch ausgeführt, woraufhin es versucht, den Computer zu reparieren.

- **Systemwiederherstellung**   Stellt den Zustand wieder her, den Windows zu einem früheren Zeitpunkt hatte. Wenn eine Konfigurationsänderung oder eine Anwendungsinstallation den Systemstart verhindert und Wiederherstellungspunkte zur Verfügung stehen, können Sie Windows mithilfe dieses Features in den Zustand zurückversetzen, den es vor der Änderung hatte.
- **Systemabbildwiederherstellung**   Führt eine vollständige Wiederherstellung des Computers aus einem Systemabbild durch, das vorher angelegt wurde. Wenn es Ihnen nicht gelingt, den Computer mithilfe von Systemstartreparatur, Systemwiederherstellung und anderen Problembehandlungstechniken wiederherzustellen, Sie aber ein Systemabbild für die Wiederherstellung verfügbar haben, können Sie den Computer mithilfe dieses Features aus dem Datensicherungsabbild wiederherstellen.
- **Windows-Speicherdiagnose**   Überprüft den Arbeitsspeicher des Computers. Sofern Hardwarefehler am Arbeitsspeicher (RAM) den Systemstart verhindern oder andere Probleme im Computer verursachen, können Sie das Problem mit diesem Tool identifizieren.

Als Administrator können Sie diese Tools einsetzen, um Computer wiederherzustellen. Gelingt es einem Benutzer an einem anderen Standort nicht, Windows zu starten, können Sie ihm beschreiben, wie er Windows RE startet und die Wiederherstellung einleitet. Dazu erklären Sie dem Benutzer, wie er auf das Menü *Erweiterte Startoptionen* zugreift, wie in Kapitel 17, »Erledigen von Wartungs- und Supportaufgaben«, beschrieben.

Installieren von Windows 7

Bevor Sie Windows 7 auf einem Computer installieren, sollten Sie überprüfen, ob die vorliegende Hardware die Anforderungen erfüllt, die an den verfügbaren Arbeitsspeicher, die Rechenleistung und die Leistungsfähigkeit der Grafikkarte gestellt werden. Microsoft hat eine Mindestanforderung und eine Empfehlung formuliert. Die Anforderungen an das Grafiksystem und den Speicher werden in Megabyte (MByte) und Gigabyte (GByte) gemessen, die Anforderungen an Prozessoren in Gigahertz (GHz).

Der Einsatz von Windows 7 setzt folgende Ausstattung voraus:

- Ein 32-Bit- (x86) oder 64-Bit-Prozessor (x64) mit mindestens 1 GHz
- Mindestens 1 GByte RAM (32-Bit-System) beziehungsweise 2 GByte RAM (64 Bit)
- Ein DirectX-9-fähiger Grafikchip mit einem Treiber, der mindestens WDDM 1.0 unterstützt

HINWEIS   Microsoft empfiehlt, dass auf dem Computer mindestens 16 GByte (32-Bit-Version) beziehungsweise 20 GByte (64-Bit-Version) Festplattenplatz frei sein sollte. Durch verschiedene Windows 7-Funktionen kann der Platzbedarf der Installation schnell ansteigen, beispielsweise durch Systemschutzpunkte, mit denen alte Versionen von geänderten Dateien und Ordnern aufbewahrt werden. Damit die Festplatte immer optimale Leistung liefert, sollten stets 15 Prozent ihrer Kapazität frei bleiben und genug Platz für die Auslagerungsdatei zur Verfügung stehen, die doppelt so groß werden kann wie das RAM des Computers. Sofern Sie ein In-Place-Upgrade durchführen, speichert außerdem der Ordner *Windows.old* die Ordner und Dateien der bisherigen Installation.

Ein Computer, der diese Hardwarevoraussetzungen erfüllt oder übertrifft, kann Windows 7 ausführen. Eine interaktive Installation von Windows 7 führen Sie mit folgenden Schritten durch:

1. Starten Sie das Setupprogramm von Windows 7. Dafür stehen folgende Möglichkeiten zur Wahl:
   - Für eine Neuinstallation schalten Sie den Computer ein und legen den Windows 7-Datenträger ins DVD-ROM-Laufwerk des Computers ein. Wenn Sie dazu aufgefordert werden, drücken Sie eine Taste, um das Setupprogramm von der DVD zu starten.
   - Bei einem Upgrade starten Sie den Computer und melden sich mit einem Konto an, das über Administratorrechte verfügt. Legen Sie den Windows 7-Datenträger in das DVD-ROM-Laufwerk des Computers ein. Das Setupprogramm von Windows 7 sollte automatisch starten. Falls das Setupprogramm nicht automatisch startet, müssen Sie im Windows-Explorer zum betreffenden Laufwerk navigieren und *Setup.exe* mit einem Doppelklick anklicken.
2. Klicken Sie auf *Jetzt installieren*, um die Installation zu starten. Setup kopiert zuerst temporäre Dateien und startet anschließend. Wenn Sie die Installation auf einem vorhandenen Betriebssystem starten und mit einem Netzwerk oder dem Internet verbunden sind, können Sie wahlweise bei der Installation Updates anfordern. Klicken Sie entweder auf *Verbindung mit dem Internet herstellen, um die neuesten Updates für die Installation herunterzuladen* oder auf *Die neuesten Updates nicht für die Installation herunterladen*.

   TIPP Sie brauchen bei der Installation keine Updates anzufordern. Wenn Sie sich gegen Updates entscheiden, können Sie den Computer später mithilfe der Windows Update-Funktion aktualisieren.

3. Lesen Sie die Lizenzbedingungen. Aktivieren Sie das Kontrollkästchen *Ich akzeptiere die Lizenzbedingungen* und klicken Sie auf *Weiter*, wenn Sie einverstanden sind.
4. Wählen Sie aus, ob Sie eine Upgrade- oder eine benutzerdefinierte Installation durchführen wollen. Klicken Sie auf *Upgrade*, wenn Sie eine bereits installierte Windows-Version auf Windows 7 aktualisieren möchten. Wählen Sie andernfalls *Benutzerdefiniert (erweitert)*, um eine Neuinstallation von Windows 7 durchzuführen.

   HINWEIS Wenn Sie eine Neuinstallation von Windows 7 auf einem Computer durchführen, auf dem bereits eine ältere Windows-Version installiert ist, verschiebt Setup Ordner und Dateien der älteren Version in einen Ordner namens *Windows.old*, und diese ältere Version kann nicht mehr ausgeführt werden.

5. Wählen Sie das Festplattenlaufwerk aus, auf dem Sie das Betriebssystem installieren wollen, und klicken Sie auf *Weiter*.

   TIPP Auf der Seite *Wo möchten Sie Windows installieren* können Sie während der Installation eine Eingabeaufforderung öffnen, indem Sie die Tastenkombination UMSCHALT+F10 drücken. Daraufhin startet eine MinWinPC-Umgebung, die Setup benutzt, um das Betriebssystem zu installieren. Hier haben Sie Zugriff auf viele Befehlszeilentools, die auch in einer Standardinstallation von Windows 7 verfügbar sind.

6. Sofern es auf dem Laufwerk, das Sie ausgewählt haben, bereits eine Windows-Installation gibt, erscheint eine Meldung, in der Sie darauf hingewiesen werden, dass die vorhandenen Benutzer- und Anwendungseinstellungen in einen Ordner namens *Windows.old* verschoben werden und dass Sie diese Einstellungen in die neue Installation übernehmen müssen, um sie benutzen zu können. Klicken Sie auf *OK*.

   Nun beginnt Setup mit der Installation. Im Verlauf dieses Vorgangs kopiert Setup das Laufwerkabbild von Windows 7 auf das Laufwerk, das Sie ausgewählt haben, und entpackt es. Anschließend installiert Setup auf der Basis der Computerkonfiguration und der erkannten Hardware die gewünschten Funktionen. Dieser Vorgang erfordert einige automatische Neustarts des Systems. Sobald Setup die Installation abschließt, wird das Betriebssystem geladen und für die Benutzung eingerichtet.

7. Wählen Sie Ihr Land oder Ihre Region, Zeit- und Währungsformat sowie Ihr Tastaturlayout aus. Klicken Sie dann auf *Weiter*.
8. Sie müssen nun ein lokales Konto erstellen, das als Administratorkonto des Computers eingerichtet wird. Geben Sie dazu einen Benutzernamen ein.
9. Geben Sie einen Computernamen ein und klicken Sie auf *Weiter*.
10. Geben Sie ein Kennwort ein und bestätigen Sie es. Geben Sie einen Kennworthinweis ein. Klicken Sie auf *Weiter*.

    TIPP Kennwörter von Benutzerkonten sollten ziemlich komplex aufgebaut sein. Sie müssen dafür sorgen, dass Kennwörter nur schwer zu erraten und zu knacken sind. Verwenden Sie daher eine Kombination aus allen verfügbaren Zeichentypen, also Klein- und Großbuchstaben, Ziffern und Symbole.

11. Bei den Handelsversionen von Windows 7 müssen Sie gewöhnlich einen Product Key eingeben. Geben Sie den Product Key ein und klicken Sie auf *Weiter*, wenn Sie zur Eingabe aufgefordert werden. In der Standardeinstellung aktiviert der Computer Windows automatisch, sobald Sie das nächste Mal eine Verbindung zum Internet herstellen. Klicken Sie auf *Weiter*.
12. Wählen Sie eine Option für Windows Update auf dem Computer. Normalerweise sollten Sie die empfohlenen Einstellungen übernehmen, damit Windows 7 automatisch alle verfügbaren Updates und Sicher-

heitstools installiert, sobald sie verfügbar sind. Wenn Sie sich für *Später erneut nachfragen* entscheiden, wird Windows Update deaktiviert.
13. Überprüfen Sie die Einstellungen für Datum und Uhrzeit und nehmen Sie bei Bedarf die erforderlichen Änderungen vor. Klicken Sie auf *Weiter*.
14. Wurde bei der Installation eine Netzwerkkarte erkannt, werden die Netzwerkkomponenten automatisch installiert. Klicken Sie je nach der Art Ihres Standorts auf *Heimnetzwerk*, *Arbeitsplatznetzwerk* oder *Öffentliches Netzwerk*. Anschließend bereitet Windows 7 Ihren Desktop vor.

Es kann aus verschiedenen Gründen vorkommen, dass bei der Installation von Windows 7 Probleme auftreten. Hier kurz einige Lösungen für öfters vorkommende Probleme:

- **Sie können nicht vom Windows 7-Installationsmedium starten** Die meisten Computer können zwar von DVD starten, aber manchmal ist diese Möglichkeit in der Firmware deaktiviert. Stellen Sie die Startreihenfolge in der Firmware so ein, dass das DVD-Laufwerk vor den Festplattenlaufwerken und anderen startfähigen Medien aufgelistet ist. Weitere Informationen finden Sie in Kapitel 10, »Verwalten von Firmware, Startkonfiguration und Systemstart«.

- **Sie können während des Setups keine Festplatte auswählen** Das Windows 7-Installationsmedium enthält zwar Treiber für die meisten Festplattencontroller, aber unter Umständen haben Sie einen Controller, zu dem kein Standardtreiber verfügbar ist. Legen Sie das Medium ein, auf dem die erforderlichen Treiber gespeichert sind, und klicken Sie auf der Seite *Wo möchten Sie Windows installieren* auf *Treiber laden*. Befindet sich der Treiber auf einem internen Festplattenlaufwerk, können Sie auch die Tastenkombination UMSCHALT+F10 drücken, um eine Eingabeaufforderung zu öffnen, und dann mit Xcopy die Treiberdateien auf einen USB-Speicherstick oder einen anderen Wechseldatenträger kopieren. Klicken Sie dann auf *Treiber laden*, um die Treiber von diesem Medium einzulesen.

- **Sie haben vergessen, als Vorbereitung auf die Installation die Festplattenkonfiguration zu ändern** Klicken Sie auf der Seite *Wo möchten Sie Windows installieren* auf *Laufwerkoptionen (erweitert)*. Mit den nun angebotenen Optionen können Sie nach Bedarf Partitionen erstellen, löschen und formatieren. Falls Sie eine Partition verkleinern oder vergrößern wollen (auch während eines Upgrades), können Sie mit der Tastenkombination UMSCHALT+F10 eine Eingabeaufforderung öffnen und dann mit dem Dienstprogramm DiskPart die Partition bearbeiten. Sie können Partitionen auf diese Weise vergrößern und verkleinern, ohne sie zu löschen. Außerdem bietet DiskPart die Möglichkeit, den Laufwerkstyp und den Partitionstyp zu ändern. Weitere Informationen zu DiskPart finden Sie in den Kapiteln 10, 11 und 12 des Buchs *Windows Command-Line Administrator's Pocket Consultant, Second Edition* (Microsoft Press, 2008).

Ausführen von Windows 7

Nach dem Start des Betriebssystems können Sie sich anmelden und auf den Desktop zugreifen. Standardmäßig speichert Windows 7 Benutzerprofile unter *%SystemDrive%\Users\%UserName%*. Im Ordner der Benutzerprofile wird für jeden Benutzer, der sich auf dem System anmeldet, ein persönlicher Ordner angelegt, in dem sich etliche Unterordner befinden. Diese Ordner sind die Standardspeicherorte für bestimmte Daten- und Dateitypen. Die wichtigsten Unterordner sind:

- *AppData*   Benutzerspezifische Anwendungsdaten (in einem ausgeblendeten Ordner)
- *Desktop*   Der Desktop des Benutzers
- *Downloads*   Programme und Daten, die aus dem Internet heruntergeladen wurden
- *Eigene Bilder*   Die Bilder des Benutzers
- *Eigene Dokumente*   Die Dokumentdateien des Benutzers
- *Eigene Musik*   Die Musikdateien des Benutzers
- *Eigene Videos*   Die Videodateien des Benutzers
- *Favoriten*   Die Internetfavoriten des Benutzers
- *Gespeicherte Spiele*   Die gespeicherten Spielstände des Benutzers
- *Kontakte*   Kontakte und Kontaktgruppen
- *Links*   Die Internetlinks des Benutzers
- *Suchvorgänge*   Die gespeicherten Suchvorgänge des Benutzers

HINWEIS   *%SystemDrive%* und *%UserName%* stehen für die Umgebungsvariablen `SystemDrive` und `UserName`. Im Betriebssystem Windows gibt es viele Umgebungsvariablen, die für den Zugriff auf benutzer- oder systemspezifische Werte verwendet werden. Wenn in diesem Buch der aktuelle Wert einer Umgebungsvariablen verwendet werden soll, gebe ich die Variable mit folgender Syntax an: *%Variablenname%*. Falls Sie eine ältere Windows-Version auf Windows 7 aktualisiert haben, enthält der persönliche Ordner eines Benutzers auch symbolische Links (die wie Verknüpfungen aussehen) zu den Ordnern und Einstellungen, die in dieser älteren Version verwendet wurden. Ein symbolischer Link ist ein Zeiger auf eine Datei oder einen Ordner. Ein solcher Link wird oft erstellt, um die Abwärtskompatibilität für Anwendungen zu gewährleisten, die an einem bestimmten Speicherort nach einem Ordner oder einer Datei suchen, der verschoben wurde. Sie erstellen symbolische Verknüpfungen mit dem Befehlszeilenprogramm Mklink. Geben Sie in einer Eingabeaufforderung den Befehl **mklink /?** ein, um sich die verfügbaren Optionen anzeigen zu lassen.

Neben den persönlichen Ordnern verwendet Windows 7 auch persönliche Bibliotheken. Eine solche Bibliothek ist lediglich eine Sammlung mehrerer Dateien und Ordner, die zusammengefasst und in einer gemeinsamen Ansicht aufgelistet werden. Es gibt folgende Standardbibliotheken:

- *Dokumente*   Vereinigt die Daten aus dem Ordner *Eigene Dokumente* des Benutzers und dem Ordner *Öffentliche Dokumente*.

- *Musik* Vereinigt die Daten aus dem Ordner *Eigene Musik* eines Benutzers und dem Ordner *Öffentliche Musik*.
- *Bilder* Vereinigt die Daten aus dem Ordner *Eigene Bilder* eines Benutzers und dem Ordner *Öffentliche Bilder*.
- *Videos* Vereinigt die Daten aus dem Ordner *Eigene Videos* eines Benutzers und dem Ordner *Öffentliche Videos*.

Sie können neue Bibliotheken anlegen, die verschiedene Datensammlungen anzeigen. Klicken Sie dazu im Windows-Explorer mit der rechten Maustaste auf den Knoten *Bibliotheken*, wählen Sie *Neu* und dann *Bibliothek*.

ACHTUNG   Wenn Sie mit Bibliotheken arbeiten, dürfen Sie nicht vergessen, dass es sich dabei lediglich um Auflistungen der gesammelten Daten handelt. Windows 7 erstellt zusammengefasste Ansichten aller Dateien und Ordner, die Sie zu Bibliotheken hinzufügen. Die Bibliotheken selbst enthalten keinerlei Daten. Alle Aktionen, die Sie mit einer Datei oder einem Ordner innerhalb einer Bibliothek ausführen, wirken auf die Quelldatei beziehungsweise den Quellordner.

Windows 7 stellt Designs zur Verfügung, mit denen Sie ganz einfach das Aussehen von Menüs, Fenstern und Desktop anpassen können. Sie wählen ein Design aus, indem Sie im Startmenü auf *Systemsteuerung* klicken, dann im Fenster *Systemsteuerung* unter *Darstellung und Anpassung* auf den Link *Design ändern* klicken und das gewünschte Design auswählen. Windows Aero stellt gut aussehende Designs und ausgefeilte dynamische Effekte für die Benutzeroberfläche zur Verfügung. Wollen Sie dagegen eine einfachere Oberfläche, sollten Sie die Designs *Windows – klassisch* oder *Windows 7-Basis* verwenden.

Ob ein anspruchsvolleres Benutzeroberflächendesign auf einem Computer verwendet werden kann, hängt allerdings davon ab, welche Windows 7-Edition installiert ist und welche Hardwareleistung der Computer bietet.

Arbeiten mit dem Wartungscenter und Aktivieren von Windows

Der Desktop von Windows 7 wurde neu gestaltet und um viele zusätzliche Anpassungsmöglichkeiten erweitert. In der Standardeinstellung zeigt das Betriebssystem nach der Anmeldung im Infobereich der Taskleiste ein Symbol für das Wartungscenter an. Dieses Symbol stellt eine Fahne mit einem X in einem roten Kreis dar. Das Wartungscenter ist ein Programm, das den Status wichtiger Sicherheits- und Wartungsbereiche überwacht. Ändert sich der Status eines überwachten Elements, ändert das Wartungscenter das Benachrichtigungssymbol, sodass es den Schweregrad der Warnung widerspiegelt. Sobald Sie den Mauszeiger auf dieses Symbol bewegen, bekommen Sie eine Zusammenfassung aller Warnungen angezeigt. Wenn Sie das Symbol anklicken, zeigt Windows ein Dialogfeld mit einer Zusammenfassung aller Warnungen oder Elemente an, die Ihre Aufmerksamkeit benötigen. Klicken Sie auf den Link einer Warnung oder eines Elements, um Ihren Standardwebbrowser zu öffnen und eine mögliche Lösung anzuzeigen. Klicken Sie auf den Link *Wartungscenter öffnen*, um das Wartungscenter anzuzeigen.

Falls Sie die Benachrichtigungen des Wartungscenters in der Taskleiste deaktiviert haben, können Sie das Wartungscenter folgendermaßen starten:

1. Klicken Sie im Startmenü auf *Systemsteuerung*.
2. Klicken Sie in *Systemsteuerung* auf den Kategorielink *System und Sicherheit*.
3. Klicken Sie auf *Wartungscenter*.

Das Wartungscenter (Abbildung 1.1) bietet einen Überblick über den Status des Computers und listet alle Probleme auf, die beseitigt werden müssen. Gibt es einen Lösungsvorschlag zu einem Problem, können Sie sich diese Lösung ansehen, indem Sie auf die Schaltfläche *Antwort zum Problem anzeigen* klicken. Tritt bei einem Computer beispielsweise ein Problem mit der Intel Active Management Technology auf, das sich durch die Installation eines neueren Treibers beseitigen lässt, wird nach dem Anklicken von *Antwort zum Problem anzeigen* eine Seite geöffnet, die ausführlichere Informationen über das Problem liefert und einen Link anbietet, über den Sie den neuesten Treiber herunterladen und installieren können (Abbildung 1.2). Sobald Sie ein Problem beseitigt haben, können Sie die Meldung für die spätere Verwendung abspeichern, indem Sie das Kontrollkästchen *Diese Meldung archivieren* aktivieren, bevor Sie auf *OK* klicken, um die Seite *Weitere Informationen* zu schließen.

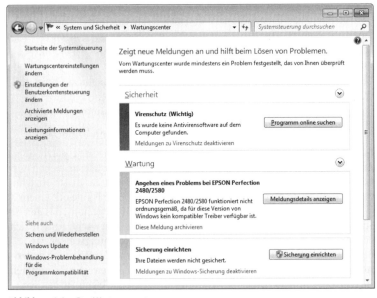

Abbildung 1.1 Das Wartungscenter

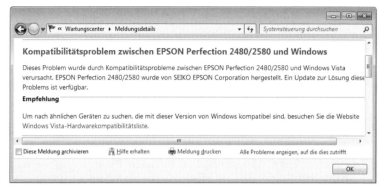

Abbildung 1.2 Weitere Informationen über ein Problem

Im linken Fensterabschnitt des Wartungscenters stehen folgende Optionen zur Verfügung:

- *Wartungscentereinstellungen ändern*   Klicken Sie diesen Link an, um Warnungsmeldungen ein- oder auszuschalten. Die Warnungsmeldungen sind in zwei Kategorien aufgeteilt: Sicherheit und Wartung. Bei den Sicherheitswarnungen können Sie Meldungen zu Windows Update, Internetsicherheitseinstellungen, Netzwerkfirewall, Spyware und ähnlicher Malware, Benutzerkontensteuerung und Virenschutz ein- oder ausschalten. Im Bereich der Wartungswarnungen haben Sie die Möglichkeit, Meldungen zur Windows-Sicherung, zur Updatesuche und zur Windows-Problembehandlung ein- oder auszuschalten. Mithilfe von Links können Sie Einstellungen für das Programm zur Verbesserung der Benutzerfreundlichkeit, die Problemberichterstattung und Windows Update konfigurieren.

- *Einstellungen der Benutzerkontensteuerung ändern*   Wenn Sie diesen Link anklicken, können Sie konfigurieren, wie die Benutzerkontensteuerung arbeitet. Wählen Sie *Immer benachrichtigen* aus, damit der aktuelle Benutzer stets informiert wird, wenn Programme versuchen, Software zu installieren oder Änderungen am Computer vorzunehmen, und wenn der Benutzer Windows-Einstellungen ändert. Wählen Sie die Einstellung *Standard*, um den aktuellen Benutzer nur dann zu benachrichtigen, wenn Programme versuchen, Änderungen am Computer vorzunehmen, aber nicht dann, wenn der Benutzer Windows-Einstellungen ändert. Die Option *Nur benachrichtigen, wenn Änderungen an meinem Computer von Programmen vorgenommen werden (Desktop nicht abblenden)* funktioniert fast genauso wie die Standardeinstellung, verhindert aber, dass die Benutzerkontensteuerung auf den sicheren Desktop umschaltet. Die Option *Nie benachrichtigen* schaltet alle Benachrichtigungsmeldungen der Benutzerkontensteuerung ab. Weitere Informationen finden Sie in Kapitel 5, »Verwalten von Benutzerzugriff und Sicherheit«.

- **Archivierte Meldungen anzeigen**   Zeigt Nachrichten über Computerprobleme an, die Sie im Wartungscenter archiviert haben.
- **Leistungsinformationen anzeigen**   Klicken Sie auf diesen Link, um sich die Bewertung der Computerleistung anzusehen und festzustellen, ob irgendwelche Probleme die Leistung verschlechtern. Der Leistungsindex des Computers ergibt sich aus der schlechtesten Einzelkomponente. Hat beispielsweise die primäre Festplatte des Computers eine schlechte Datenübertragungsrate, bekommt der Computer in diesem Bereich eine schlechte Note, die dann auch der Gesamtleistungsindex widerspiegelt. Um die Leistung zu verbessern, müssen Sie in diesem Fall die primäre Festplatte des Computers aufrüsten. Wenn Sie glauben, dass die Leistungsbewertung nicht richtig ist, können Sie auf *Bewertung erneut ausführen* klicken; daraufhin bewertet Windows die Leistung des Computers neu.

Für die Editionen Windows 7 Professional und Enterprise werden Volumenlizenzen angeboten. Windows 7-Versionen, für die Volumenlizenzen verfügbar sind, müssen unter Umständen nicht aktiviert werden und benötigen keinen Product Key, aber die Handelsversionen von Windows 7-Versionen müssen aktiviert werden und brauchen einen Product Key. Ob Windows 7 aktiviert ist, stellen Sie fest, indem Sie im Startmenü auf *Systemsteuerung* klicken, dann im Fenster *Systemsteuerung* auf *System und Sicherheit* und schließlich auf *System*. Lesen Sie auf der Seite *System* den Text unter *Windows-Aktivierung*. Dieser Eintrag gibt an, ob Sie das Betriebssystem aktiviert haben. Wurde Windows 7 noch nicht aktiviert, können Sie, sofern Sie mit dem Internet verbunden sind, im Abschnitt *Windows-Aktivierung* auf *Aktivieren Sie Windows jetzt* klicken, um den Assistenten *Aktivieren von Windows* zu starten. Klicken Sie in diesem Assistenten auf *Windows jetzt online aktivieren*.

Im Unterschied zu Windows XP und älteren Windows-Versionen können Sie den Product Key, den Sie bei der Installation von Windows 7 eingegeben haben, später bei Bedarf ändern, damit er zu Ihrem Lizenzierungsmodell passt. Gehen Sie folgendermaßen vor, um den Product Key zu ändern:

1. Klicken Sie im Startmenü auf *Systemsteuerung*, dann im Fenster *Systemsteuerung* auf *System und Sicherheit* und schließlich auf *System*.
2. Klicken Sie im Fenster *System* unter *Windows-Aktivierung* auf *Product Key ändern*.
3. Geben Sie im Fenster *Aktivieren von Windows* den Product Key ein und klicken Sie auf *Weiter*.
4. Wenn der Product Key angenommen wird, müssen Sie Windows erneut aktivieren, indem Sie auf *Windows jetzt online aktivieren* klicken. Wird der Product Key, den Sie eingegeben haben, dagegen nicht akzeptiert, weil er beispielsweise für eine andere Edition von Windows 7 gilt, müssen Sie erst einen gültigen Product Key eingeben, bevor Sie Windows aktivieren können.

Verwenden von Windows 7 in Gruppen und Domänen

Computer, die unter Windows 7 laufen, können Mitglieder einer Heimnetzgruppe, einer Arbeitsgruppe oder einer Domäne sein. Eine Heimnetzgruppe ist eine lose zusammengefasste Gruppe von Computern in einem Heimnetzwerk. Die Computer in einer Heimnetzgruppe geben Daten frei, auf die mit einem Kennwort zugegriffen werden kann, das allen Benutzern der jeweiligen Heimnetzgruppe zugewiesen wurde. Sie legen das Kennwort der Heimnetzgruppe fest, wenn Sie die Heimnetzgruppe einrichten. Bei Bedarf können Sie es später jederzeit ändern.

Eine Arbeitsgruppe ist eine lockere Verbindung von Computern, die separat verwaltet werden. Eine Domäne ist eine Gruppe von Computern, die mithilfe von Domänencontrollern als Gruppe verwaltet werden. Domänencontroller sind Windows-Server, die den Zugang zum Netzwerk, zur Verzeichnisdatenbank und zu gemeinsamen Ressourcen verwalten und kontrollieren.

Heimnetzgruppen stehen nur zur Verfügung, wenn ein Windows 7-Computer mit einem Heimnetzwerk verbunden ist. Genauso sind Arbeitsgruppen und Domänen nur dann verfügbar, wenn der Windows 7-Computer mit einem Unternehmensnetzwerk verbunden ist. Wie Sie Netzwerke und Netzwerkverbindungen verwalten, erfahren Sie in Kapitel 15, »Konfigurieren und Problembehandlung von TCP/IP-Netzwerken«. Gehen Sie folgendermaßen vor, um den Netzwerkstandorttyp für das Netzwerk zu ändern, mit dem ein Computer momentan verbunden ist:

1. Klicken Sie im Infobereich der Taskleiste auf das Netzwerksymbol und dann auf den Link *Netzwerk- und Freigabecenter öffnen*. Falls das Netzwerksymbol nicht sichtbar ist, können Sie stattdessen auch im Startmenü auf *Systemsteuerung* klicken, dann im Fenster *Systemsteuerung* auf *Netzwerk und Internet* und schließlich auf *Netzwerk- und Freigabecenter*.

2. Klicken Sie im Abschnitt *Aktive Netzwerke anzeigen* auf *Arbeitsplatznetzwerk*, *Heimnetzwerk* oder *Öffentliches Netzwerk*.

3. Wählen Sie im Dialogfeld *Netzwerkstandort festlegen* den Typ *Arbeitsplatznetzwerk*, *Heimnetzwerk* oder *Öffentliches Netzwerk* aus und klicken Sie auf *Schließen*.

Bestimmte Funktionen von Windows 7 hängen davon ab, ob der Computer Mitglied einer Heimnetzgruppe, einer Arbeitsgruppe oder einer Domäne ist.

Die folgenden Abschnitte beschreiben die Unterschiede, die sich für die Benutzerkontensteuerung, die Anmeldung, die schnelle Benutzerumschaltung und die Kennwortverwaltung ergeben.

Grundlagen der Benutzerkontensteuerung in Windows 7

Ist ein Windows 7-Computer Mitglied einer Heimnetz- oder Arbeitsgruppe, hat er nur lokale Konten. In einer Domäne dagegen verfügt ein Computer, auf dem Windows 7 ausgeführt wird, über lokale Konten und Domänenkonten. In Windows 7 gibt es zwei Haupttypen von lokalen Benutzerkonten:

- **Standard** Standardbenutzerkonten können den größten Teil der Software benutzen und Systemeinstellungen ändern, die sich nicht auf andere Benutzer oder auf die Sicherheit des Systems auswirken.
- **Administrator** Administratorkonten bieten vollständigen Zugriff auf den Computer und können alle benötigten Änderungen vornehmen.

Windows 7 enthält zur Verbesserung der Sicherheit des Computers die *Benutzerkontensteuerung* (User Account Control, UAC), die dafür sorgt, dass es eine strenge Trennung zwischen Standardbenutzerkonten und Administratorkonten gibt. Wegen der Benutzerkontensteuerung in Windows 7 werden alle Anwendungen entweder mit Standardbenutzerrechten oder mit Administratorrechten ausgeführt. Wenn Sie sich als Standardbenutzer oder als Administrator anmelden, erhalten Sie eine Sicherheitsmeldung, sobald Sie eine Anwendung ausführen, die Administratorrechte erfordert. Wie die Sicherheitsmeldung erfolgt, hängt von den entsprechenden Gruppenrichtlinieneinstellungen ab (siehe den Abschnitt »Optimieren von Benutzerkontensteuerung und Administratorbestätigungsmodus« in Kapitel 5) und davon, ob Sie sich mit einem Standardbenutzerkonto oder mit einem Administratorkonto angemeldet haben.

Wenn Sie mit einem Standardbenutzerkonto angemeldet sind, werden Sie aufgefordert, ein Kennwort für ein Administratorkonto anzugeben (Abbildung 1.3). In einer Heimnetzgruppe oder Arbeitsgruppe werden die lokalen Administratorkonten mit Namen aufgeführt. Um fortzufahren, klicken Sie das Konto an, geben das dazugehörige Kennwort ein und klicken auf *Ja*.

Abbildung 1.3 Anfordern von Administratorrechten

In einer Domäne listet das Dialogfeld *Benutzerkontensteuerung* keine Administratorkonten auf, daher können Sie nur fortfahren, wenn Sie Benutzername und Kennwort eines Administratorkontos in der Standarddomäne (der Anmeldedomäne) oder in einer vertrauenswürdigen Domäne kennen. Geben Sie auf die Aufforderung von Windows hin den Namen des Kontos sowie das zugehörige Kennwort ein und klicken Sie auf *OK*. Wenn das Konto zur Standarddomäne gehört, brauchen Sie den Namen der Domäne nicht anzugeben. Liegt das Konto dagegen in einer anderen Domäne, müssen Sie den Namen der Domäne und des Kontos im Format *Domäne\ Benutzername* angeben, also beispielsweise *cpandl\williams*.

Wenn Sie sich mit einem Administratorkonto angemeldet haben, müssen Sie bestätigen, ob Sie fortfahren möchten (Abbildung 1.4). Sie können die Durchführung der betreffenden Aufgabe mit einem Klick auf *Ja* erlauben oder mit *Nein* abbrechen. Nach einem Klick auf *Details anzeigen* können Sie den Pfadnamen des Programms lesen, das ausgeführt werden soll.

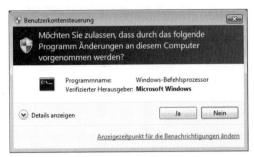

Abbildung 1.4 Nachfrage, ob eine Änderung durchgeführt werden darf

Eine wichtige Änderung in diesem Bereich hat mit der Erhöhung der Rechte zu tun. Die Erhöhung der Rechte ermöglicht die Ausführung einer Standardbenutzeranwendung mit Administratorrechten. Mit folgenden Schritten können Sie Anwendungen mit erhöhten Rechten ausführen:

1. Klicken Sie mit der rechten Maustaste auf die Verknüpfung mit der Anwendung, sei es in einem Menü oder auf dem Desktop, und wählen Sie dann *Als Administrator ausführen*.
2. Wenn Sie die Meldung der Benutzerkontensteuerung zur Erhöhung der Rechte sehen, fahren Sie wie gewohnt fort und führen die Anwendung mit den erhöhten Rechten aus.

HINWEIS Wenn Sie Administrationsaufgaben über die Befehlszeile ausführen wollen, müssen Sie die Eingabeaufforderung mit erhöhten Rechten ausführen. Ohne Erhöhung der Rechte erhalten Sie eine Fehlermeldung, sobald Sie ein Administrationsprogramm ausführen oder etwas tun, wofür Administratorrechte erforderlich sind.

Anmelden an Windows 7

In einer Arbeitsgruppe zeigt Windows 7 eine Willkommenseite an. Alle Standardbenutzerkonten und Administratorkonten, die Sie erstellt haben, sind auf dieser Willkommenseite aufgelistet. Zur Anmeldung klicken Sie den gewünschten Kontennamen an. Ist das betreffende Konto durch ein Kennwort geschützt, müssen Sie den Kontennamen anklicken, das Kennwort eingeben und die Pfeilschaltfläche anklicken.

In einer Domäne zeigt Windows 7 nach der Initialisierung des Betriebssystems einen leeren Startbildschirm an. Damit der Anmeldebildschirm erscheint, müssen Sie STRG+ALT+ENTF drücken. Standardmäßig wird das letzte Konto, mit dem eine Anmeldung am Computer erfolgte, im Format *Computer\Benutzername* oder *Domäne\Benutzername* angezeigt. Zur Anmeldung mit diesem Konto geben Sie das Kennwort ein und klicken auf die Pfeilschaltfläche. Zur Anmeldung mit einem anderen Konto klicken Sie auf die Schaltfläche *Benutzer wechseln*, drücken STRG+ALT+ENTF und klicken dann auf *Anderer Benutzer*. Welche Informationen Sie zur Anmeldung eingeben müssen, hängt von der Art des Kontos ab, das Sie auswählen.

- Gehört das Konto zur Standarddomäne, geben Sie den Benutzernamen und das Kennwort ein und klicken dann auf die Pfeilschaltfläche.
- Gehört das Konto zu einer anderen Domäne, müssen Sie den Domänennamen und den Kontonamen im Format *Domäne\Benutzername* angeben, wie beispielsweise *cpandl\williams*.
- Wenn Sie sich auf dem lokalen Computer anmelden möchten, geben Sie .\<Benutzername> ein, wobei <Benutzername> der Name des lokalen Kontos ist, wie beispielsweise .\williams.

Verwenden der schnellen Benutzerumschaltung unter Windows 7

Windows 7 unterstützt in Domänen, Heimnetzgruppen und Arbeitsgruppen die schnelle Benutzerumschaltung. Ist auf einem Windows 7-Computer bereits ein Benutzer angemeldet, können Sie mithilfe der schnellen Benutzerumschaltung einem anderen Benutzer die Anmeldung ermöglichen, ohne dass sich der aktuelle Benutzer abmelden muss.

Zur Umschaltung der Benutzer drücken Sie STRG+ALT+ENTF und klicken dann auf die Schaltfläche *Benutzer wechseln*. In einer Arbeitsgruppe wird wie bei einem normalen Systemstart die Willkommenseite angezeigt. In einer Domäne erscheint ein Bildschirm mit folgendem Hinweis: »Drücken Sie STRG + ALT + ENTF, um sich anzumelden«. Sie müssen nun erneut STRG+ALT+ENTF drücken, damit die Willkommenseite erscheint.

Verwalten der Benutzerkontenkennwörter in Windows 7

Anders als Windows XP und ältere Windows-Versionen bietet Windows 7 schnelle und einfache Wege zur Verwaltung von Benutzerkontenkennwörtern. Sie können auf einfache Weise folgende Aufgaben erledigen:

- Ändern des Kennworts des aktuellen Benutzers
- Ändern des Kennworts eines Kontos aus einer anderen Domäne oder eines Kontos auf dem lokalen Computer
- Erstellen einer Kennwortrücksetzdiskette
- Zurücksetzen des Kennworts eines Benutzers

Diese Aufgaben werden in den folgenden Abschnitten ausführlicher beschrieben.

Ändern des Kennworts des aktuellen Benutzers
Gehen Sie folgendermaßen vor, um das Kennwort des aktuellen Benutzers zu ändern:
1. Drücken Sie STRG+ALT+ENTF und klicken Sie dann auf die Option *Kennwort ändern*.

   HINWEIS In einer Domäne wird der Name des Domänenkontos des aktuellen Benutzers im Format *Domäne\Benutzername* angezeigt. In einer Heimnetzgruppe oder Arbeitsgruppe wird der Name des lokalen Benutzerkontos des aktuellen Benutzers angezeigt.

2. Geben Sie im Textfeld *Altes Kennwort* das aktuelle Kennwort des Kontos ein.
3. Geben Sie im Textfeld *Neues Kennwort* das neue Kennwort für das Konto ein und bestätigen Sie es durch die erneute Eingabe im Textfeld *Kennwort bestätigen*.
4. Klicken Sie auf die Pfeilschaltfläche, um die Änderung zu bestätigen.

Ändern der Kennwörter anderer Konten
Das Kennwort eines Domänenkontos oder eines lokalen Benutzerkontos, das nicht dem Konto des aktuellen Benutzers entspricht, können Sie mit folgenden Schritten ändern:
1. Drücken Sie STRG+ALT+ENTF und klicken Sie dann auf die Option *Kennwort ändern*.
2. Klicken Sie in das Textfeld *Benutzername* und geben Sie dann den Namen des Kontos ein.

   HINWEIS Für ein Domänenkonto geben Sie den Domänennamen und den Kontonamen im Format *Domäne\Benutzername* an, wie beispielsweise *cpandl\ williams*. Für ein Konto auf dem lokalen Computer geben Sie **.\<Benutzername>** ein, wobei *<Benutzername>* der Name des lokalen Kontos ist, wie beispielsweise *.\williams*.

3. Geben Sie im Textfeld *Altes Kennwort* das aktuelle Kennwort des Kontos ein.
4. Geben Sie im Textfeld *Neues Kennwort* das neue Kennwort für das Konto ein und bestätigen Sie es durch die erneute Eingabe im Textfeld *Kennwort bestätigen*.
5. Klicken Sie auf die Pfeilschaltfläche, um die Änderung zu bestätigen.

Erstellen und Verwenden einer Kennwortrücksetzdiskette
Kennwörter für Domänenbenutzer und lokale Benutzer werden unterschiedlich verwaltet. In Domänen verwalten Administratoren die Kennwörter von Domänenbenutzerkonten. Administratoren können vergessene Kennwörter in der Konsole *Active Directory-Benutzer und -Computer* zurücksetzen.

In Heimnetzgruppen und Arbeitsgruppen lassen sich Kennwörter für lokale Konten in einer sicheren, verschlüsselten Datei auf einer Kennwortrücksetzdiskette speichern, die auf einer Diskette oder einem USB-Speicherstick abgelegt wird. Gehen Sie folgendermaßen vor, um eine Kennwortrücksetzdiskette für den aktuellen Benutzer zu erstellen:

1. Drücken Sie STRG+ALT+ENTF und klicken Sie dann auf die Option *Kennwort ändern*.
2. Klicken Sie auf *Kennwortrücksetzdiskette erstellen*, um den Assistenten für vergessene Kennwörter zu starten.
3. Lesen Sie im Assistenten für vergessene Kennwörter den Einführungstext und klicken Sie auf *Weiter*.

   Sie können Ihre verschlüsselte Kennwortdatei auf einer Diskette oder auf einem USB-Speicherstick ablegen. Wenn Sie eine Diskette verwenden wollen, müssen Sie eine leere, formatierte Diskette in Laufwerk A einlegen und dann in der Laufwerksliste den Eintrag *Diskettenlaufwerk (A:)* auswählen. Wollen Sie dagegen einen USB-Speicherstick verwenden, wählen Sie das gewünschte Gerät in der Laufwerksliste aus. Klicken Sie anschließend auf *Weiter*.
4. Geben Sie das aktuelle Kennwort für den angemeldeten Benutzer in das entsprechende Textfeld ein und klicken Sie auf *Weiter*.
5. Warten Sie, bis der Assistent die Kennwortrücksetzdiskette erstellt hat, klicken Sie dann auf *Weiter*, entfernen Sie die Diskette und klicken Sie auf *Fertig stellen*.

Achten Sie darauf, dass Sie die Kennwortrücksetzdiskette an einem sicheren Ort lagern, denn jeder, der diese Disketten hat, kann sich Zugriff auf die Daten des betreffenden Benutzers verschaffen. Kann sich ein Benutzer nicht mehr anmelden, weil er sein Kennwort vergessen hat, können Sie mithilfe der Kennwortrücksetzdiskette ein neues Kennwort festlegen und sich mit dem neuen Kennwort am betreffenden Konto anmelden.

PRAXISTIPP Mit BitLocker To Go können Sie USB-Speichersticks und andere Wechseldatenträger schützen und verschlüsseln. Ist ein Benutzer angemeldet, kann der geschützte Datenträger mit einem Kennwort oder mit einer Smartcard und der zugehörigen PIN entsperrt werden. Während kein Benutzer angemeldet ist, ist es aber nicht möglich, auf das geschützte Laufwerk zuzugreifen. Daher sollten Sie eine Kennwortrücksetzdiskette nicht mit BitLocker To Go schützen. Weitere Informationen finden Sie in Kapitel 11, »Arbeiten mit TPM und BitLocker-Laufwerkverschlüsselung«.

Rücksetzen des Kennworts eines Benutzers

Gehen Sie folgendermaßen vor, um ein Kennwort zurückzusetzen:

1. Klicken Sie auf der Willkommenseite auf die Pfeilschaltfläche, ohne ein Kennwort anzugeben, und klicken Sie dann auf *OK*. Nun sollte die Option *Kennwort zurücksetzen* angezeigt werden. Hat der Benutzer bereits ein falsches Kennwort angegeben, wird die Option *Kennwort zurücksetzen* möglicherweise schon angezeigt.

2. Legen Sie die Diskette ein oder stecken Sie den USB-Speicherstick an, auf dem die Kennwortwiederherstellungsdatei gespeichert ist, und klicken Sie auf *Kennwort zurücksetzen*, um den Kennwortrücksetz-Assistenten zu starten.
3. Lesen Sie auf der ersten Seite des Kennwortrücksetz-Assistenten den Einführungstext und klicken Sie auf *Weiter*.
4. Wählen Sie das Gerät, das Sie verwenden wollen, in der Laufwerksliste aus und klicken Sie auf *Weiter*.
5. Geben Sie auf der Seite *Benutzerkontokennwort zurücksetzen* ein neues Kennwort für den Benutzer ein und bestätigen Sie es durch erneute Eingabe.
6. Geben Sie einen Kennworthinweis ein und klicken Sie auf *Weiter*. Klicken Sie auf *Fertig stellen*.

Energiesparpläne, Ruhezustände und Herunterfahren

Die Energieoptionen wurden in Windows 7 geändert. In der Standardeinstellung verwendet ein Windows 7-Computer den Energiesparplan *Ausbalanciert*. Dieser Energiesparplan schaltet den Monitor aus und versetzt den Computer in den Standbymodus, wenn eine bestimmte, einstellbare Zeit lang keine Benutzeraktivität festgestellt wurde.

Beim Übergang in den Standbymodus speichert das Betriebssystem automatisch den Zustand des Computers, schaltet den Monitor aus und versetzt den Computer in den Standbymodus. Der Standbymodus ist ein Betriebsmodus mit geringem Stromverbrauch, bei dem der Zustand des Computers im Arbeitsspeicher erhalten bleibt und die Lüfter und Festplatten des Computers ausgeschaltet werden.

Da Windows 7 den Computerzustand vor dem Übergang in den Standbymodus speichert, brauchen Sie die Programme vor dem Wechsel in den Standbymodus nicht zu schließen. Weil der Computer im Standbymodus nur wenig Strom verbraucht, brauchen Sie sich auch keine Gedanken über Energieverschwendung zu machen.

TIPP Der Standbymodus funktioniert auf mobilen Computern etwas anders. Sie können viele mobile Computer ein- und ausschalten, indem Sie den Deckel schließen beziehungsweise öffnen. Wenn Sie den Deckel schließen, geht der Laptop in den Standbymodus über, und sobald Sie den Deckel öffnen, wird der Laptop aus dem Standbymodus heraus wieder aktiviert. Falls die Spannung des Akkus unter eine kritische Grenze fällt, während sich der Computer im Standbymodus befindet, wird der Zustand des Computers auf der Festplatte gespeichert und der Computer vollständig heruntergefahren. Dieser letzte Zustand ähnelt dem Ruhezustand von Windows XP.

Sie können die Standardenergieoptionen anzeigen oder ändern, indem Sie im Startmenü auf *Systemsteuerung* klicken, dann im Fenster *Systemsteuerung* auf *System und Sicherheit* und schließlich unter *Energieoptionen* auf *Energiesparmodus ändern*. Wie in Abbildung 1.5 zu sehen, können Sie über die verfügbaren Optionen für den aktiven Energiesparplan einstellen, wann die Anzeige ausgeschaltet wird und der Computer in den Standbymodus versetzt wird. Klicken Sie auf *Änderungen speichern*, damit Ihre Einstellungen angewendet werden.

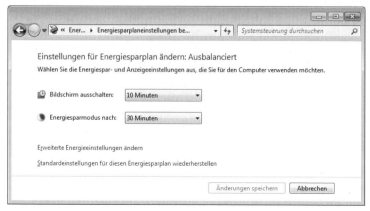

Abbildung 1.5 Konfigurieren der Energieoptionen

Die meisten Computer können Sie direkt in den Standbymodus versetzen, indem Sie im Startmenü auf die Pfeilschaltfläche rechts neben *Herunterfahren* klicken und dann *Energie sparen* wählen. Sie wecken den Computer aus diesem Modus wieder auf, indem Sie die Maus bewegen oder irgendeine Taste auf der Tastatur drücken. Beachten Sie, dass manche Computer getrennte Schalter zum Ein-/Ausschalten und für die Energiespartaste haben. Welche Funktion diese Schalter haben, können Sie in den Energieoptionen einstellen.

Es gibt Umstände, die verhindern, dass ein Computer in den Standbymodus versetzt werden kann. Die Systemhardware, der Zustand und die Konfiguration können sich darauf auswirken, wie die Schalter für Ein/Aus und Standbymodus funktionieren. Manche Computerhardware unterstützt den Standbymodus nicht. In diesem Fall kann der Computer nicht in den Standbymodus versetzt werden. Das ist auch der Fall, wenn Updates auf dem Computer installiert wurden, die einen Neustart erfordern, oder wenn Sie Programme installiert haben, die einen Neustart erfordern. Und wenn ein Administrator die Konfiguration der Energieoptionen auf dem Computer geändert und dabei die Funktion des Ein-/Ausschalters, der Energiespartaste oder beider Schalter anders zugewiesen hat, führt der Computer diese neuen Aktionen aus, statt den Computer wie in der Standardeinstellung auszuschalten beziehungsweise in den Standbymodus zu versetzen.

ACHTUNG Bei Arbeiten an einem Computer, der sich im Standbymodus befindet, dürfen Sie keinesfalls vergessen, dass immer noch Strom fließt. Sie dürfen niemals neue Hardware im Computer installieren oder Geräte an den Computer anschließen, während er sich im Standbymodus befindet. Um Fehler zu vermeiden, sollten Sie einen Windows 7-Computer grundsätzlich vom Strom trennen, bevor Sie Geräte anschließen oder verbinden. Die einzigen Ausnahmen sind Geräte, die USB-, IEEE

1394- (FireWire) oder eSATA-Anschlüsse verwenden. Solche Geräte können Sie auch anschließen, ohne den Computer zuvor herunterzufahren und vom Strom zu trennen.

Sie ändern die Standardeinstellung für den Ein-/Ausschalter, indem Sie im Startmenü auf *Systemsteuerung* klicken, dann im Fenster *Systemsteuerung* auf *System und Sicherheit* und schließlich unter *Energieoptionen* auf *Netzschalterverhalten ändern*. Wie in Abbildung 1.6 zu sehen, bekommen Sie daraufhin Optionen angeboten, mit denen Sie einstellen können, was passiert, wenn Sie den Ein-/Ausschalter beziehungsweise die Energiespartaste drücken. Optional können Sie auf *Zurzeit nicht verfügbare Einstellungen ändern* klicken und dann *Kennwort ist erforderlich* auswählen, damit beim Aufwecken des Computers die Eingabe des Kennworts verlangt wird. Klicken Sie auf *Änderungen speichern*, damit Ihre Einstellungen wirksam werden.

Abbildung 1.6 Konfigurieren der Optionen für Ein-/Ausschalter und Energiespartaste

Architektur von Windows 7

Wenn Sie wirklich wissen wollen, wie Windows 7 arbeitet und was unter der Haube vorgeht, müssen Sie sich genauer mit der internen Funktionsweise des Betriebssystems beschäftigen. Windows 7 startet nicht von einer Initialisierungsdatei, vielmehr benutzt es den Windows-Start-Manager, um das Betriebssystem zu initialisieren und zu starten.

Die Startumgebung (engl. boot environment) verändert den Ablauf des Betriebssystemstarts ganz gewaltig. Die Startumgebung wurde von Microsoft entwickelt, um mehrere lästige Probleme bezüglich der Startintegrität, der Betriebssystemintegrität und der Firmwareabstraktion zu lösen. Die Startumgebung wird noch vor dem Betriebssystem geladen, sie ist somit eine eigenständige Umgebung, die unabhängig vom Betriebssystem läuft. Daher kann die Startumgebung eingesetzt werden, um die Integrität des Startvorgangs und des Betriebssystems selbst zu überprüfen, bevor das Betriebssystem tatsächlich gestartet wird.

Die Startumgebung ist eine erweiterbare Abstraktionsschicht, die es dem Betriebssystem erlaubt, mit unterschiedlichen Arten von Firmwareschnittstellen zusammenzuarbeiten, ohne dass das Betriebssystem speziell auf die Zusammenarbeit mit diesen Firmwareschnittstellen abgestimmt sein muss. Statt jedes Mal, wenn eine neue Firmwareschnittstelle entwickelt wird, das Betriebssystem zu aktualisieren, verwenden die Entwickler einer Firmwareschnittstelle die Standardprogrammierschnittstellen der Startumgebung, um dem Betriebssystem die erforderliche Kommunikation mit den Firmwareschnittstellen zu ermöglichen.

Die Abstraktion der Firmwareschnittstelle ist die erste spezielle Zutat, die es Windows 7 ermöglicht, auf identische Weise mit BIOS- und EFI-basierten Computern zu arbeiten. Dies ist auch einer der Hauptgründe, warum Windows 7 Hardwareunabhängigkeit erreicht. Über die Startumgebung erfahren Sie mehr in den Kapiteln 2 und 10.

Die nächste spezielle Zutat für die Hardwareunabhängigkeit ist WIM (Windows Imaging Format). Microsoft liefert Windows 7 auf Datenträgern mit Laufwerkabbildern aus, die im WIM-Format vorliegen. WIM setzt Komprimierung und SIS (Single Instance Storage) ein und erreicht dadurch eine erstaunliche Verringerung der Dateigröße. Die Komprimierung verringert die Größe des Abbilds in ähnlicher Weise wie Zip-Komprimierung bei Datendateien. Die Verwendung von SIS führt zu einer Verringerung der Abbildgröße, weil nur ein Exemplar einer Datei tatsächlich gespeichert wird, wenn sich mehrere Kopien der Datei im Laufwerkabbild befinden.

Da WIM hardwareunabhängig ist, kann Microsoft für jede unterstützte Architektur jeweils ein binäres Abbild ausliefern:

- Ein Binärabbild für 32-Bit-Architekturen
- Ein Binärabbild für 64-Bit-Architekturen
- Ein Binärabbild für Itanium-Architekturen

Die letzte spezielle Zutat für die Hardwareunabhängigkeit von Windows 7 ist Modularisierung. Windows 7 nutzt einen modularen Komponentenentwurf, bei dem jede Komponente des Betriebssystems als separate, unabhängige Einheit (oder Modul) definiert ist. Weil Module wiederum andere Module enthalten können, lassen sich mehrere wichtige Features des Betriebssystems unabhängig von anderen Features zusammenfassen und beschreiben. Und weil die Module voneinander unabhängig sind, können sie hinzugefügt oder entfernt werden, um die Betriebssystemumgebung anzupassen.

Windows 7 enthält eine umfangreiche Supportarchitektur. Den Kern dieser Architektur bildet die eingebaute Diagnose und Problembehandlung. Microsoft hat sie so entworfen, dass sie Probleme nach Möglichkeit selbst erkennt und beseitigt. Wo das nicht möglich ist, versucht sie zumindest, dem Benutzer bei der Diagnose der Probleme Hilfestellung zu bieten.

Architektur von Windows 7

Windows 7 enthält Features für die Netzwerkauswertung und die Netzwerkerkennung. Die Netzwerkauswertung verfolgt Änderungen an der Netzwerkkonfiguration und der Konnektivität. Die Netzwerkerkennung steuert die Fähigkeit eines Computers, andere Computer und Geräte in einem Netzwerk zu erkennen.

Dank der Netzwerkauswertung ist Windows 7 in der Lage, die aktuelle Netzwerkkonfiguration und den Konnektivitätsstatus zu ermitteln. Das ist wichtig, weil viele Netzwerk- und Sicherheitseinstellungen davon abhängen, mit welcher Art Netzwerk der Windows 7-Computer verbunden ist. Windows 7 verwaltet separate Netzwerkkonfigurationen für Domänennetzwerke, private Netzwerke und öffentliche Netzwerke. Es erkennt folgende Ereignisse:

- Wenn Sie eine Netzwerkverbindung ändern
- Ob der Computer Verbindung zum Internet hat
- Ob der Computer über das Internet eine Verbindung zum Unternehmensnetzwerk herstellen kann

Im Unterschied zu allen bisherigen Windows-Versionen unterstützt die Windows-Firewall in Windows 7 Verbindungen mit mehreren Netzwerken gleichzeitig sowie mehrere aktive Firewallprofile. Deshalb hängt das für eine Verbindung aktive Firewallprofil von der Art der Verbindung ab.

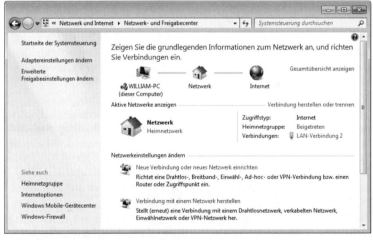

Abbildung 1.7 Ermitteln des Netzwerkstatus

Wenn Sie einen Computer von einem Netzwerk-Switch oder -Hub trennen und an einen anderen Netzwerk-Switch oder -Hub anschließen, nimmt der Computer unter Umständen an, dass er nun mit einem anderen Netzwerk verbunden ist. Abhängig von der Konfiguration der Gruppenrichtlinien führt das möglicherweise dazu, dass der Computer in einen besonders geschützten Modus schaltet, in dem zusätzliche Netzwerksicherheitseinstellungen angewendet werden. Wie in Abbildung 1.7 gezeigt, können Sie sich den Status der Netzwerkverbindungen im Netzwerk- und Freigabecenter ansehen. Klicken Sie in der Systemsteuerung auf *Netzwerk und Internet* und dann auf *Netzwerk- und Freigabecenter*, um diese Verwaltungskonsole zu öffnen.

TIPP Mithilfe eines Features namens DirectAccess können Windows 7-Computer jetzt unabhängig vom eigenen Standort direkt auf Unternehmensnetzwerke zugreifen, solange sie Zugriff auf das Internet haben. Erfreuliche Nachricht für Benutzer: Sie brauchen dazu keine VPN-Verbindung mehr zu öffnen. Das Feature greift auf DirectAccess-Server zurück, die im Unternehmensnetzwerk konfiguriert werden; außerdem muss DirectAccess in den Gruppenrichtlinien aktiviert sein. Weitere Informationen finden Sie in Kapitel 16, »Verwalten von mobilen Netzwerken und Remotezugriff«.

Windows 7 verfolgt den Identifizierungsstatus aller Netzwerke, mit denen der Computer verbunden ist. Während Windows 7 ein Netzwerk analysiert, zeigt das Netzwerk- und Freigabecenter als Status *Netzwerkidentifizierung* an. Das ist ein temporärer Status für ein Netzwerk, das gerade identifiziert wird. Sobald Windows 7 ein Netzwerk identifiziert, wird es zu einem identifizierten Netzwerk und unter seinem Netzwerk- oder Domänennamen im Netzwerk- und Freigabecenter aufgelistet.

Gelingt es Windows 7 nicht, das Netzwerk zu identifizieren, wird es unter dem Status *Nicht identifiziertes Netzwerk* im Netzwerk- und Freigabecenter angezeigt. In den Gruppenrichtlinien können Sie für jeden Netzwerkstatus und für alle Netzwerke den Standardstandorttyp und die Benutzerberechtigungen festlegen; öffnen Sie dazu die Richtlinien für die Computerkonfiguration unter *Windows-Einstellungen\Sicherheitseinstellungen\Netzwerklisten-Manager-Richtlinien*.

Wenn Sie im Netzwerk- und Freigabecenter arbeiten, können Sie versuchen, einen Warnungsstatus mithilfe der Windows-Netzwerkdiagnose zu diagnostizieren, einer weiteren Schlüsselkomponente innerhalb des Diagnose- und Problembehandlungsframeworks. Sie starten die Diagnose, indem Sie in der Netzwerkübersicht auf das Warnsymbol oder auf *Beheben Sie Probleme* und dann auf *Internetverbindungen* klicken. Die Windows-Netzwerkdiagnose versucht daraufhin, das Netzwerkproblem zu identifizieren und eine mögliche Lösung anzubieten.

Die Diagnose- und Problembehandlungsinfrastruktur von Windows 7 bietet verbesserte Diagnoseanleitungen, zusätzliche Fehlerberichterstattungsdetails, erweiterte Ereignisprotokollierung und umfangreiche Wiederherstellungsrichtlinien. Windows XP und ältere Windows-Versionen enthielten zwar bereits einige Hilfe- und Diagnosefeatures, aber diese Features ermöglichen größtenteils keine automatische Reparatur oder Diagnose. Windows 7 ist dagegen in der Lage, viele Arten von Hardware-, Arbeitsspeicher- und Leistungsproblemen zu erkennen und automatisch zu beseitigen oder den Benutzer durch den Problembehandlungsprozess zu führen.

Wie in Tabelle 1.4 zu sehen, sind die Diagnose- und Problembehandlungsfeatures von Windows in 15 allgemeine Diagnosebereiche untergliedert. In den Gruppenrichtlinien können Sie unter *Computerkonfiguration* im Zweig *Administrative Vorlagen\System\Problembehandlung und Diagnose* konfigurieren, wie diese Features arbeiten.

Tabelle 1.4 Wichtige Diagnosebereiche in Windows 7

Diagnosebereich	Beschreibung	Voraussetzungen
Anwendungskompatibilität	Unterstützt den Programmkompatibilitäts-Assistenten (Program Compatibility Assistant, PCA) bei der Diagnose von Treibern, die aufgrund von Kompatibilitätsproblemen blockiert werden. Der PCA erkennt Fehler, die dadurch verursacht werden, dass Anwendungen versuchen, alte Windows-DLLs zu laden oder COM-Objekte anzulegen, die von Microsoft entfernt wurden. Der PCA erkennt mehrere Fehlerarten bei der Anwendungsinstallation. Diese Installationsfehler werden oft dadurch ausgelöst, dass Anwendungen nicht die Privilegien für die Ausführung als Administrator haben, obwohl sie mit erhöhten Privilegien installiert werden müssen. Eine andere Ursache sind Anwendungen, die einen untergeordneten Prozess nicht starten können, weil er erhöhte Privilegien erfordert. In diesem Fall bietet der PCA Ihnen die Möglichkeit, den Installer oder den Updateprozess als Administrator neu zu starten.	Diagnoserichtliniendienst, Programmkompatibilitäts-Assistent-Dienst
Externe Unterstützung	Unterstützt das Microsoft Support-Diagnosetool (Microsoft Support Diagnostic Tool, MSDT), das Diagnosedaten sammelt und an einen Supportmitarbeiter sendet, damit er das Problem beheben kann. *Msdt.exe* liegt im Ordner *%SystemRoot%\System32*. Es kann über Richtlinieneinstellungen entweder für die lokale und Remoteproblembehandlung oder nur für die Remoteproblembehandlung konfiguriert werden.	Diagnoserichtliniendienst
Fehlertoleranter Heap	Unterstützt die automatische Erkennung und Reparatur häufig auftretender Probleme bei der Arbeitsspeicherverwaltung des Heaps, der vom Betriebssystem benutzt wird.	Diagnoserichtliniendienst
Geplante Wartung	Unterstützt die Diagnose, die regelmäßig über die Aufgabenplanung gestartet wird, um Systemprobleme aufzudecken und zu beseitigen.	Dienst *Aufgabenplanung*
Leistung beim Herunterfahren	Unterstützt die automatische Erkennung und Beseitigung von Problemen, die das Herunterfahren verzögern. Die Hauptursachen von Leistungsproblemen beim Herunterfahren werden in den Ereignisprotokollen aufgezeichnet. Dieses Feature hilft Ihnen auch beim Beseitigen der Probleme.	Diagnoserichtliniendienst
Leistung für Ruhezustand/Aufwecken	Unterstützt die automatische Erkennung und Beseitigung von Problemen, die das Schalten in den Ruhezustand und das Aufwecken des Computers aus dem Ruhezustand verzögern. Die Haupt-	Diagnoserichtliniendienst ▶

Diagnosebereich	Beschreibung	Voraussetzungen
	ursachen von Leistungsproblemen im Zusammenhang mit dem Ruhezustand werden in den Ereignisprotokollen aufgezeichnet. Dieses Feature hilft Ihnen auch beim Beseitigen der Probleme.	
PerfTrack	Unterstützt die automatisierte Überwachung und Berichterstattung über Reaktionsgeschwindigkeitsereignisse an das SQM-Team (Software Quality Management) bei Microsoft.	
Reaktionsgeschwindigkeit des Systems	Unterstützt die automatische Erkennung und Beseitigung von Problemen, die sich auf die Reaktionsfähigkeit des Betriebssystems auswirken. Die Hauptursachen von Leistungsproblemen im Zusammenhang mit der Reaktionsgeschwindigkeit werden in den Ereignisprotokollen aufgezeichnet. Dieses Feature hilft Ihnen auch beim Beseitigen der Probleme.	Diagnoserichtliniendienst
Ressourcenüberlastung	Unterstützt die automatische Erkennung und Beseitigung von Problemen, die dadurch verursacht werden, dass der virtuelle Arbeitsspeicher ausgeht. Dieses Feature kann Sie auch warnen, dass der virtuelle Arbeitsspeicher knapp wird, und die Prozesse identifizieren, die am meisten Arbeitsspeicher verbrauchen. So können Sie einige oder alle diese Anwendungen direkt im Dialogfeld *Schließen Sie die Programme, um den Verlust von Informationen zu vermeiden* beenden. Außerdem wird eine Warnung in das Ereignisprotokoll eingetragen.	Diagnoserichtliniendienst
Skriptdiagnose	Unterstützt das Wartungscenter und steuert, ob Benutzer auf Problembehandlungsinhalte und -tools zugreifen dürfen.	
Speicherleck	Unterstützt die automatische Erkennung und Problembehandlung von Problemen, die durch Speicherlecks verursacht werden. Ein Speicherleck tritt auf, wenn eine Anwendung oder Systemkomponente den reservierten Arbeitsspeicher nicht vollständig freigibt, sobald sie ihn nicht mehr benötigt.	Diagnoserichtliniendienst
Systemstartleistung	Unterstützt die automatische Erkennung und Beseitigung von Problemen, die den Systemstart verzögern. Die Hauptursachen von Leistungsproblemen beim Systemstart werden in den Ereignisprotokollen aufgezeichnet. Dieses Feature hilft Ihnen auch beim Beseitigen des Problems.	Diagnoserichtliniendienst
Wiederherstellen beschädigter Dateien	Unterstützt die automatische Erkennung, Problembehandlung und Wiederherstellung beschädigter Dateien. Erkennt Windows, dass eine wichtige Betriebssystemdatei beschädigt ist, versucht es, den Benutzer zu benachrichtigen und die Datei wiederherzustellen. Um ein derartiges Problem vollständig zu beseitigen, ist in den meisten Fällen ein Neustart erforderlich. ▶	Diagnoserichtliniendienst

Diagnosebereich	Beschreibung	Voraussetzungen
Wiederherstellen beschädigter MSI-Dateien	Unterstützt die automatische Erkennung, Problembehandlung und Wiederherstellung von beschädigten MSI-Anwendungen. Erkennt Windows, dass Anwendungsdateien beschädigt sind, versucht es, den Benutzer zu benachrichtigen und die Dateien wiederherzustellen.	Diagnoserichtliniendienst

Weitere Diagnosefeatures von Windows 7 sind:

- Neustart-Manager
- Wartungscenter und Problembehandlungsmodule
- Systemstartreparaturtool
- Leistungsdiagnosekonsole
- Windows-Speicherdiagnose

Wenn in Windows XP und älteren Windows-Versionen eine Anwendung abstürzte oder hängenblieb, wurde das mit der Meldung »Keine Rückmeldung« quittiert, woraufhin der Benutzer die Anwendung beenden und neu starten musste. Windows 7 versucht, die Probleme bei einer hängenden Anwendung mit dem Neustart-Manager automatisch zu beseitigen. Der Neustart-Manager kann Anwendungen, die nicht mehr reagieren, automatisch beenden und neu starten. In vielen Fällen brauchen Sie daher überhaupt nicht einzugreifen, um Probleme mit hängenden Anwendungen zu beseitigen.

Fehlgeschlagene Installation und hängende Anwendungen und Treiber werden auch im Wartungscenter aufgezeichnet. Tritt ein solches Ereignis auf, zeigt das Benachrichtigungssymbol des Wartungscenters einen roten Kreis mit einem weißen X. Sobald Sie dieses Benachrichtigungssymbol anklicken, zeigt Windows 7 einen zusammenfassenden Bericht der aktuellen Probleme an. Wie bereits beschrieben, können Sie den angezeigten Link anklicken, um eine mögliche Lösung zu probieren oder weitere Informationen anzufordern. Schlagen diese Lösungsversuche fehl, können Sie im Hauptfenster des Wartungscenters nach unten blättern und die Links *Problembehandlung* und *Wiederherstellung* anklicken.

Nach dem Klick auf *Problembehandlung* wird das Fenster *Problembehandlung* geöffnet. Hier stehen mehrere Problembehandlungsmodule zur Auswahl (Abbildung 1.8). Mithilfe dieser Problembehandlungsmodule kann der Benutzer häufige Probleme schnell beseitigen, ohne dass ein Administrator tätig werden muss. Es stehen folgende Problembehandlungsmodule zur Verfügung:

- *Programme* für Kompatibilitätsprobleme mit Anwendungen, die für ältere Windows-Versionen entwickelt wurden
- *Hardware und Sound* für Probleme mit Hardwaregeräten, Audioaufzeichnung und Audiowiedergabe
- *Netzwerk und Internet* für Probleme mit Verbindungen zu Netzwerken und mit dem Zugriff auf freigegebene Ordner, die auf anderen Computern liegen

- *Darstellung und Anpassung* für Probleme mit den Einstellungen zu Darstellung und Anpassung des Bildschirms. Anzeigeprobleme im Zusammenhang mit Aero können Sie schnell beseitigen, indem Sie auf *Aero-Desktopeffekte anzeigen* klicken.
- *System und Sicherheit* für Probleme mit Windows Update, Energieeinstellungen und Leistung. Klicken Sie auf *Wartungsaufgaben ausführen*, um unbenutzte Dateien und Verknüpfungen zu löschen und andere Routinewartungen durchzuführen.

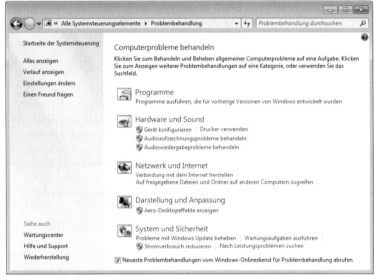

Abbildung 1.8   Problembehandlungsmodule zum Beseitigen häufiger Probleme

Um Startprobleme zu beseitigen, verwendet Windows 7 das Systemstartreparaturtool (Startup Repair, StR). Es wird automatisch installiert und gestartet, wenn ein System nicht gestartet werden kann. Nach dem Start versucht StR festzustellen, wodurch der Systemstartfehler verursacht wurde. Dazu analysiert es Systemstartprotokolle und Fehlerberichte. Dann versucht StR, das Problem automatisch zu beseitigen. Gelingt das nicht, stellt es das System in dem Zustand wieder her, in dem es zuletzt einwandfrei funktioniert hat, und liefert dann Diagnoseinformationen und Supportoptionen für die weitere Problembehandlung. Die Systemstartreparatur führt während der Diagnose und Problembehandlung viele Tests durch. Diese Tests dauern von 5 bis über 30 Minuten, abhängig von der konfigurierten Hardware. Dabei werden unter anderem folgende Einzeltests vorgenommen:

- **Suche nach Updates**   Stellt fest, ob kürzlich angewendete Updates Auswirkungen auf den Systemstart haben.
- **Systemdatenträgertest**   Stellt fest, ob ein Problem mit dem Systemdatenträger vorliegt, das den Start verhindert. Ist das der Fall, kann StR versuchen, alle fehlenden oder beschädigten Dateien zu reparieren.

- **Datenträgerfehlerdiagnose**   Stellt fest, ob einer der konfigurierten Datenträger defekt ist.
- **Datenträgermetadatentest**   Stellt fest, ob bei einem der verfügbaren Datenträger ein Problem mit den Metadaten vorliegt, das den Start verhindert. Welche Metadaten mit einem Datenträger verknüpft sind, hängt davon ab, wie der Datenträger partitioniert ist und welches Dateisystem für die Festplattenpartitionen verwendet wird.
- **Zielbetriebssystemtest**   Stellt fest, ob bei dem Betriebssystem, das Sie zu starten versuchen, ein bestimmtes Problem vorliegt, das den Start verhindert.
- **Volumeinhaltsprüfung**   Untersucht den Inhalt der Datenträgervolumes, um sicherzustellen, dass auf die Volumes zugegriffen werden kann.
- **Start-Manager-Diagnose**   Stellt fest, ob ein Problem mit dem Start-Manager oder den Start-Manager-Einträgen vorliegt, das den Systemstart verhindert.
- **Systemstartprotokolldiagnose**   Untersucht die Systemstartprotokolleinträge der bisherigen Systemstarts, um zu ermitteln, ob bestimmte Fehler aufgetreten sind, die unter Umständen mit dem aktuellen Problem zu tun haben.
- **Ereignisprotokolldiagnose**   Untersucht Ereignisprotokolleinträge, um festzustellen, ob bestimmte Fehler vorliegen, die unter Umständen mit dem aktuellen Problem zu tun haben.
- **Überprüfung des internen Zustands**   Prüft den aktuellen internen Status der Vorstartumgebung.
- **Systemstartstatustest**   Prüft den aktuellen Systemstartstatus in der Vorstartumgebung.
- **Setupstatusüberprüfung**   Stellt fest, ob der Computer sich in einem Setupzustand befindet.
- **Registrierungsstrukturtest**   Überprüft die Registrierungsstrukturen des Computers.
- **Windows-Startprotokolldiagnose**   Untersucht die Windows-Startprotokolleinträge und stellt fest, ob bestimmte Fehler vorliegen, die unter Umständen mit dem aktuellen Problem zu tun haben.
- **Fehlerprüfungsanalyse**   Führt eine grundlegende Fehlerprüfungsanalyse des Betriebssystems durch.
- **Zugriffssteuerungstest**   Stellt fest, ob die Zugriffssteuerung in der Vorstartumgebung den Start des Betriebssystems verhindert.
- **Dateisystemtest (Chkdsk)**   Führt einen grundlegenden Dateisystemtest mit Chkdsk durch.
- **Diagnose des Softwareinstallationsprotokolls**   Untersucht die Einträge des Softwareinstallationsprotokolls, um festzustellen, ob bestimmte Fehler vorliegen, die unter Umständen mit dem aktuellen Problem zu tun haben.

- **Rückfalldiagnose**   Stellt fest, ob irgendwelche Flags gesetzt wurden, die angeben, dass der Computer in einen vorherigen Zustand zurückversetzt werden soll, um das Systemstartproblem zu beheben. Ist das der Fall, versucht StR, den vorherigen Zustand wiederherzustellen.

Auch die Fehlererkennung für Geräte und Festplattenlaufwerke wurde automatisiert. Treten bei einem Gerät Probleme auf, erkennt die Hardwarediagnose die Fehlerbedingungen und repariert das Problem entweder automatisch oder leitet den Benutzer durch den Wiederherstellungsvorgang. Bei Festplattenlaufwerken kann die Hardwarediagnose mithilfe von Fehlerberichten, die von den Festplattenlaufwerken bereitgestellt werden, potenzielle Defekte erkennen und Sie vorbeugend warnen. Die Hardwarediagnose leitet Sie auch durch den Datensicherungsprozess, wenn sie meldet, dass eine Festplatte möglicherweise bald ausfällt.

Windows 7 kann Leistungsprobleme automatisch erkennen. Dazu gehören langsamer Anwendungsstart, langsamer Systemstart, langsames Schalten in den Ruhezustand beziehungsweise Aufwachen aus dem Ruhezustand sowie langsames Herunterfahren. Zeigt ein Computer schlechte Leistung, kann die Windows-Diagnose das Problem erkennen und mögliche Lösungen vorschlagen. Bei komplexeren Leistungsproblemen können Sie die relevanten Leistungs- und Zuverlässigkeitsdaten in der Konsole *Leistungsüberwachung* verfolgen, die Sie über das Menü *Verwaltung* öffnen.

Windows 7 kann auch Probleme erkennen, die durch Speicherlecks und RAM-Defekte ausgelöst werden. Wenn Sie vermuten, dass bei einem Computer ein Problem mit dem RAM vorliegt, das nicht automatisch erkannt wird, können Sie die Windows-Speicherdiagnose folgendermaßen von Hand starten:

1. Geben Sie im Suchfeld des Startmenüs den Befehl **mdsched.exe** ein und drücken Sie die EINGABETASTE.
2. Wählen Sie aus, ob Sie den Computer neu starten und das Tool sofort ausführen oder das Tool erst beim nächsten planmäßigen Start ausführen wollen.
3. Die Windows-Speicherdiagnose läuft automatisch, sobald der Computer neu gestartet wird, und führt dabei einen Standardtest des Arbeitsspeichers aus. Sie können weniger oder mehr Tests ausführen, indem Sie die Taste F1 drücken, mit den Pfeiltasten die Testmischung *Minimal*, *Standard* oder *Erweitert* auswählen und schließlich F10 drücken, um die gewünschten Einstellungen anzuwenden und den Test fortzusetzen.
4. Sobald der Test abgeschlossen ist, startet der Computer neu. Sie bekommen die Testergebnisse angezeigt, wenn Sie sich anmelden.

Wenn ein Computer aufgrund von defektem Arbeitsspeicher abstürzt und die Speicherdiagnose das erkennt, werden Sie aufgefordert, einen Arbeitsspeichertest durchzuführen, sobald der Computer das nächste Mal gestartet wird.

2 Bereitstellen von Windows 7

Übersicht über das Kapitel:
Arbeiten mit Windows PE 59
Arbeiten mit Windows RE 80
Erstellen von Windows-Abbildern für die Bereitstellung 88
Konfigurieren und Benutzen der Windows-Bereitstellungsdienste . . . 95

Mit Windows 7 können Sie benutzerdefinierte Versionen des Betriebssystems (Builds) auf Computern bereitstellen. Dafür stehen sowohl manuelle als auch automatisierte Prozesse zur Verfügung. Wollen Sie Windows mithilfe eines manuellen Verfahrens bereitstellen, müssen Sie die erforderlichen Start- und Installationsabbilder sowie optional Wiederherstellungsabbilder erstellen. Wenn Sie den Bereitstellungsprozess dagegen automatisieren wollen, müssen Sie die Windows-Bereitstellungsdienste installieren. Unabhängig davon, ob Sie einen vollständig manuellen Prozess, einen vollständig automatisierten Prozess oder irgendeine Kombination der beiden verwenden, führen Sie in allen Fällen ähnliche Verwaltungsaufgaben zur Vorbereitung durch. Für diese Aufgaben müssen Sie folgende Elemente kennen und benutzen:

- Windows PE (Windows Preinstallation Environment)
- Windows RE (Windows Recovery Environment)
- Windows-Abbildtools
- Windows-Bereitstellungsdienste

In diesem Kapitel beschreibe ich diese Elemente genauer und zeige, wie Sie damit Windows 7 bereitstellen.

Arbeiten mit Windows PE

Das Windows Preinstallation Environment (Windows PE) ersetzt MS-DOS als Vorstartumgebung für Windows-Betriebssysteme. Die Installation von Windows Vista und Windows 7 baut vollständig auf Windows PE und Festplattenabbildern auf. Sie können mit Windows PE auch Computer starten und für die Installation vorbereiten.

Grundlagen von Windows PE

Windows 7 und Windows Server 2008 Release 2 benutzen Windows PE 3.0. Windows PE 3.0 ist eine startfähige Umgebung, die Betriebssystemfeatures für folgende Aufgaben zur Verfügung stellt:

- **Installation** Wenn Sie Windows 7 installieren, laufen die grafischen Tools, die während der Setupphase Systeminformationen sammeln, innerhalb von Windows PE.

- **Bereitstellung**   Wenn ein neuer Computer einen Netzwerkstart ausführt, kann der eingebaute PXE-Client (Preboot Execution Environment) eine Verbindung zu einem Windows-Bereitstellungsdiensteserver herstellen, ein Windows PE-Abbild über das Netzwerk herunterladen und dann innerhalb dieser Umgebung Bereitstellungsskripts ausführen.
- **Wiederherstellung**   Mit Windows PE können Sie auf das Systemstartreparaturtool zugreifen und es ausführen, falls Windows 7 aufgrund einer beschädigten Systemdatei nicht starten kann.
- **Problembehandlung**   Sie können Windows PE von Hand starten, um eine Problembehandlung oder eine Diagnose auszuführen, wenn in Windows 7 Probleme auftreten, die sich mit anderen Mitteln nicht diagnostizieren lassen.

Windows PE ist modular und erweiterbar und bietet vollständigen Zugriff auf Partitionen, die mit den Dateisystemen FAT (File Allocation Table) oder NTFS formatiert sind. Weil Windows PE aus einer Untermenge der Windows-Komponenten besteht, können Sie viele Windows-Anwendungen ausführen, mit Hardwaregeräten arbeiten und über IP-Netzwerke (Internet Protocol) kommunizieren. In Windows PE stehen unter anderem folgende Befehlszeilentools zur Verfügung:

- **BCDBoot**   Initialisiert den Startkonfigurationsdatenspeicher (Boot Configuration Data, BCD) und ermöglicht Ihnen, die Startumgebungsdateien in die Systempartition zu kopieren.
- **Bootsect**   Ein Tool zum Erstellen und Bearbeiten von Systemstartsektoren auf Festplatten und Flashlaufwerken.
- **DiskPart**   Ein Tool zum Erstellen und Bearbeiten von Datenträgern, Partitionen und Volumes
- **DISM**   Ein leistungsfähiges Tool zum Bearbeiten und Verwalten von Abbildern
- **Drvload**   Ein Unterstützungstool, mit dem Sie Gerätetreiber hinzufügen und dynamisch einen Treiber laden können, nachdem Windows PE gestartet wurde
- **ImageX**   Ein Tool zum Aufzeichnen und Anwenden von Windows-Abbildern
- **Net**   Eine Sammlung von Befehlen, mit denen Sie lokale Benutzer verwalten, Dienste starten und beenden sowie Verbindungen zu freigegebenen Ordnern herstellen können
- **Netcfg**   Ein Tool, das den Netzwerkzugriff konfiguriert
- **Oscdimg**   Ein Tool zum Erstellen von CD- und DVD-ISO-Abbilddateien
- **Wpeinit**   Ein Tool, das Windows PE jedes Mal initialisiert, wenn es gestartet wird

Im Rahmen einer Bereitstellung können Sie diese Tools aus Konfigurationsskripts heraus ausführen, um wichtige Konfigurationsaufgaben zu erledigen. Beispielsweise haben Sie folgende Möglichkeiten:

- Den Netzwerkzugriff mit Netcfg konfigurieren
- Mit Drvload einen Treiber installieren und die Hardware benutzen, ohne den Computer neu starten zu müssen
- DiskPart ausführen, um die Festplatte des Computers zu partitionieren und zu formatieren
- Mit *Net Share* eine Verbindung zu einem freigegebenen Ordner herstellen, der die Windows 7-Setupdateien enthält
- Das Windows 7-Setupprogramm ausführen, um das Betriebssystem zu installieren

Sie finden die Windows PE-Buildumgebung im Windows OEM Preinstallation Kit (Windows OPK), im Windows Automated Installation Kit (Windows AIK) oder im Windows PE Kit. Wenn Sie mit Windows PE Systemstart- und Installationsumgebungen für Windows 7 erstellen wollen, brauchen Sie jeweils die Version dieser Kits für Windows 7. Weil die Kits oft aktualisiert werden, sollten Sie eines verwenden, das für das von Ihnen momentan benutzte Service Pack vorgesehen ist.

Diese Kits enthalten separate 32-Bit- und 64-Bit-Editionen von Windows PE. Mit der 32-Bit-Edition bereiten Sie 32-Bit-Versionen von Windows 7 vor, und mit der 64-Bit-Edition die 64-Bit-Versionen von Windows 7.

Wie Windows 7 selbst kann auch Windows PE innerhalb eines Datenträgerabbilds vorliegen. Wenn Sie ein Windows 7-Abbild in einem Datenträgerabbild speichern, können Sie Windows 7 nur starten, indem Sie das vollständige Abbild auf der Festplatte des Computers ablegen. Speichern Sie dagegen Windows PE in einem Datenträgerabbild, können Sie Windows PE aus diesem Abbild heraus starten, ohne es auf die Festplatte des Computers kopieren zu müssen. Auf diese Weise können Sie Windows PE-Datenträgerabbilder auf startfähigen Medien speichern, etwa auf einer DVD oder einem USB-Flashlaufwerk, und Windows PE dann direkt von diesem Medium starten. Die Windows 7-Auslieferungsmedien nutzen diese Technik, um Windows PE während des Setups des Betriebssystems in den Arbeitsspeicher zu laden.

Sie können Windows PE ebenfalls in den Arbeitsspeicher laden. Das ist manchmal für die Problembehandlung erforderlich. In diesem Fall legt das Windows PE-Startladeprogramm ein virtuelles RAM-Laufwerk im Arbeitsspeicher an und kopiert eine komprimierte Windows PE-Version auf dieses RAM-Laufwerk. Anschließend stellt das Startladeprogramm das RAM-Laufwerk im Dateisystem bereit, genau als wäre es ein Festplattenlaufwerk, und startet Windows PE. Wenn Windows PE aus dem Arbeitsspeicher heraus ausgeführt wird, können Sie temporäre Dateien in das virtuelle RAM-Laufwerk schreiben; das ist nicht möglich, wenn Sie von einem schreibgeschützten Medium wie einer CD starten. Außerdem können Sie das Windows PE-Medium entfernen, sobald Windows PE gestartet wurde, und dann ein anderes Medium in das CD-ROM-, DVD-ROM-Laufwerk oder USB-Flashlaufwerk des Computers einlegen.

Bei der Arbeit mit Windows PE sind folgende Punkte wichtig:

- Windows PE benötigt einen Computer mit VESA-kompatibler Anzeige und mindestens 256 MByte RAM. Kann Windows PE beim Start die Grafikkartenkonfiguration nicht ermitteln, stellt es eine Bildschirmauflösung von 640 × 480 Pixel ein. Andernfalls verwendet es die höchstmögliche Auflösung.
- Windows PE unterstützt Plug & Play-Geräte (PnP). Hardwaregeräte können erkannt und installiert werden, während Windows PE läuft. Daher können Sie jedes PnP-Gerät installieren, für das ein Treiber im Treiberspeicher bereitliegt, darunter auch Wechseldatenträger- und Festplattengeräte.
- Windows PE unterstützt sowohl IPv4 als auch IPv6. Sie können von Windows PE aus zwar auf freigegebene Ordner auf anderen Computern zugreifen, aber andere Computer können in umgekehrter Richtung nicht auf Dateien oder Ordner auf einem Computer zugreifen, der unter Windows PE läuft.
- Windows PE startet immer mit den Standardzuweisungen für Laufwerkbuchstaben. Das bedeutet, dass die Laufwerkbuchstabenzuweisungen nicht über mehrere Sitzungen hinweg erhalten bleiben.
- Windows PE verwirft Änderungen an der Registrierung, sodass die Konfiguration der Registrierung nicht über mehrere Sitzungen hinweg erhalten bleibt. Wollen Sie dauerhafte Änderungen an der Registrierung vornehmen, müssen Sie das Windows PE-Abbild im Dateisystem bereitstellen und dann die Änderungen mit dem Registrierungs-Editor durchführen.
- Windows PE unterstützt weder das Microsoft .NET Framework noch das Subsystem WOW64 (Windows on Windows 64). Sie können daher keine .NET-Anwendungen in irgendeiner Windows PE-Version ausführen, keine 16-Bit-Anwendungen in den 32-Bit-Versionen von Windows PE und keine 32-Bit-Anwendungen in den 64-Bit-Versionen von Windows PE.
- Windows PE startet automatisch neu, wenn es 72 Stunden gelaufen ist. Dieses Verhalten soll verhindern, dass Windows PE als normales Betriebssystem eingesetzt wird.

Sie können Windows PE aus der Datei *Boot.wim* auf dem Windows-Auslieferungsmedium starten. Bei der Initialisierung von Windows PE wird der Befehl Wpeinit aufgerufen, um die PnP-Geräte zu initialisieren und die Netzwerkverbindung aufzubauen.

Konfigurieren von Windows PE

Windows PE unterstützt mehrere Konfigurationsdateien, die seinen Start und Betrieb steuern. Sie können diese Dateien konfigurieren, um eigene Shellumgebungen zu starten oder bestimmte Aufgaben auszuführen. Die wichtigsten verfügbaren Konfigurationsdateien sind:

- **BCD-Speicher** Die Datei mit dem Startkonfigurationsdatenspeicher (Boot Configuration Store, BCD) enthält Systemstarteinstellungen für Windows PE.
- **Startnet.cmd** Das Skript StartNet konfiguriert den Netzwerkstart. Sie können Befehle zu diesem Skript hinzufügen, um den Netzwerkstart anzupassen.
- **Unattend.xml** Mit der Datei für unbeaufsichtigte Installation können Sie den Installationsvorgang für Windows PE automatisieren.
- **Winpeshl.ini** Die Windows PE-Shellinitialisierungsdatei enthält die Standardbenutzeroberfläche für Windows PE. Indem Sie diese Datei verändern, können Sie eine andere Shellumgebung einstellen.

Beim Systemstart führt ein Windows 7-Computer die Vorstartumgebung aus, bevor er das Betriebssystem lädt. Die Vorstartumgebung steuert mit dem Windows-Start-Manager den Ablauf des Systemstarts und legt fest, welche Startanwendungen ausgeführt werden. Die Standardstartanwendung für Windows 7 ist das Windows-Startladeprogramm (engl. Windows boot loader). Das Windows-Startladeprogramm greift im BCD-Speicher auf Einträge zu, die Systemstartkonfigurationsparameter enthalten und steuern, auf welche Weise das Betriebssystem gestartet wird.

Der BCD-Speicher dient dazu, die zugrunde liegende Firmware zu abstrahieren, sodass es für Windows 7 leichter ist, mit neuen Firmwaremodellen wie EFI (Extensible Firmware Interface) zusammenzuarbeiten. Der BCD-Speicher bildet außerdem die Grundlage für etliche neue Features in Windows 7, darunter das Systemstartreparaturtool und Schnellverfahren zur Installation für mehrere Benutzer, die in der Vorstartumgebung gestartet werden können.

Der BCD-Speicher liegt in einer Datei, die als BCD-Registrierungsdatei (engl. BCD registry file) bezeichnet wird. Die BCD-Registrierungsdatei befindet sich bei BIOS-basierten Computern im Verzeichnis *Boot\Bcd* der aktiven Partition, und bei EFI-basierten Computern in der EFI-Systempartition. Der BCD-Speicher enthält auf den meisten Computern mehrere Einträge, darunter folgende:

- Einen Eintrag für den Windows-Start-Manager. Weil es nur einen Start-Manager gibt, ist dies der einzige Eintrag für einen Start-Manager im BCD-Speicher.
- Für jedes Windows 7-Betriebssystem, das auf dem Computer installiert ist, jeweils ein Eintrag für das Windows-Startladeprogramm.
- Ein Eintrag für ein älteres Betriebssystem.

Der Eintrag für das ältere Betriebssystem verweist nicht auf eine Startanwendung. Stattdessen benutzt er *Ntldr* und *Boot.ini*, um eine Version des Betriebssystems Windows zu starten, die älter ist als Windows Vista. Sie brauchen einen solchen Eintrag für ein älteres Betriebssystem, um Windows Server 2003, Windows XP und ältere Versionen zu starten, wenn sie auf dem Computer installiert sind. Weitere Informationen zur Firmware und zum BCD-Speicher finden Sie in Kapitel 10, »Verwalten von Firmware, Startkonfiguration und Systemstart«.

Windows PE wird im Setupkonfigurationsdurchlauf des Windows-Installationsvorgangs aktiv. Während dieses Setupdurchlaufs sucht Windows PE nach der Datei *Unattend.xml*. Findet es eine, liest Windows PE die Abschnitte aus dieser Datei ein, die dazu dienen, das Windows PE-Setup zu automatisieren. Mit dem Dienstprogramm Windows System Image Manager, das im Windows AIK enthalten ist, können Sie *Unattend.xml*-Dateien erstellen und verwalten. Sie können aber auch einen Texteditor verwenden, um selbst *Unattend.xml*-Dateien zu erstellen.

Windows PE sucht die Datei *Unattend.xml* im Stammverzeichnis des Systemstartgeräts. Kopieren Sie Ihre fertige Datei in das Stammverzeichnis des Windows PE-Systemstartgeräts. Sie können den Speicherort dieser Datei auch im Skript StartNet oder mit dem Befehl Wpeutil angeben.

Sie können die Datei *Winpeshl.ini* verwenden, um Windows PE zu initialisieren. Diese Datei liegt im Ordner *%SystemRoot%\System32* des Windows PE-Abbilds. Sie können in diese Datei den Pfad und den Namen einer ausführbaren Datei eintragen, die als Shellanwendung gestartet wird, sobald Windows PE läuft. Die Windows-Wiederherstellungsumgebung, die in Windows 7 enthalten ist, ist lediglich ein angepasstes Windows PE-Abbild, das eine besondere Shellanwendung ausführt.

Vorbereiten einer Buildumgebung

Wenn Sie das Windows OPK, das Windows AIK oder das Windows PE Kit installieren, werden dabei auch die Windows PE-Build- und -Abbildtools eingerichtet, die Sie brauchen, um Windows PE-Abbilder zu erstellen. Sie können das Windows AIK von der Microsoft-Downloadsite herunterladen (*http://download.microsoft.com/*). Brennen Sie das Kit anschließend auf eine DVD oder stellen Sie es mit geeigneter Software als virtuelle DVD im Dateisystem bereit. Sollte das Setupprogramm nicht automatisch starten, müssen Sie die DVD öffnen und auf *StartCD.exe* klicken, um den Setupprozess auszuführen.

Wenn Sie ein Kit installiert haben, sind folgende Ordner vorhanden (wobei <Version> für *Windows OPK*, *Windows AIK* oder *Windows PE Kit* steht):

- ***%SystemRoot%\Program Files\<Version>\Tools*** Enthält die Programmdateien des Kits.
- ***%SystemRoot%\Program Files\<Version>\Tools\amd64*** Enthält die ImageX-Quelldateien für 64-Bit-x64-Computer.
- ***%SystemRoot%\Program Files\<Version>\Tools\x86*** Enthält ImageX-Quelldateien für 32-Bit-x86-Computer.
- ***%SystemRoot%\Program Files\<Version>\Tools\ia64*** Enthält ImageX-Quelldateien für Itanium-Computer.
- ***%SystemRoot%\Program Files\<Version>\Tools\Image Manager*** Enthält den Windows System Image Manager und zugehörige Dateien.

- *%SystemRoot%\Program Files\<Version>\Tools\PETools* Enthält die Windows PE-Quelldateien und optionale Komponenten.
- *%SystemRoot%\Program Files\<Version>\Tools\Servicing* Enthält die Wartungsdateien.
- *%SystemRoot%\Program Files\<Version>\Tools\USMT* Enthält das User State Migration Toolkit und zugehörige Dateien für x86- und x64-Computer.

Bevor Sie einen Build erstellen, müssen Sie die Buildumgebung einrichten. Im Ordner *PETools* befindet sich ein Befehlszeilenskript namens *Copype.cmd*, mit dem Sie Ihre Windows PE-Buildumgebung einrichten. Die Buildumgebung enthält die Buildskripts und Quelldateien, die Sie anpassen, um daraus neue Windows PE-Abbilder zu erstellen.

Immer wenn Sie mit den Tools im Kit arbeiten, sollten Sie die spezielle *Eingabeaufforderung für Bereitstellungstools* verwenden. In dieser Eingabeaufforderung sind die Umgebungseinstellungen so eingerichtet, dass sie zum installierten Kit passen. Gehen Sie folgendermaßen vor, um die Eingabeaufforderung zu öffnen:

1. Klicken Sie im Startmenü auf *Alle Programme* und dann auf *Microsoft Windows OPK*, *Microsoft Windows AIK* oder *Microsoft Windows PE Kit*.
2. Klicken Sie mit der rechten Maustaste auf *Eingabeaufforderung für Bereitstellungstools* und wählen Sie im Kontextmenü den Befehl *Als Administrator ausführen*.

Geben Sie den folgenden Befehl ein, um eine Buildumgebung für 32-Bit-x86-Computer einzurichten:

```
copype x86 c:\winpe_x86
```

Der folgende Befehl legt eine Buildumgebung für 64-Bit-x64-Computer an:

```
copype amd64 c:\winpe_x64
```

Und dieser Befehl richtet eine Buildumgebung für Itanium-Computer ein:

```
copype ia64 c:\winpe_ia64
```

Diese Befehle richten die Buildumgebung unter *C:\Winpe_x86*, *C:\Winpe_x64* beziehungsweise *C:\Winpe_ia64* ein. Der Ordner *C:\Winpe_x86* enthält Dateien für die 32-Bit-Version von Windows PE, der Ordner *C:\Winpe_x64* Dateien für die 64-Bit-Version und der Ordner *C:\Winpe_ia64* Dateien für die Itanium-Version. Sie können auch beliebige andere Verzeichnisse angeben, aber wenn Sie sich an die Standardnamen halten, helfen Sie den anderen Administratoren in Ihrer Organisation.

In den Buildverzeichnissen finden Sie die Unterverzeichnisse *ISO* und *Mount*. Das Verzeichnis *ISO* enthält alle Dateien, die gebraucht werden, um mit dem Tool Oscdimg eine *.iso*-Datei zu erstellen. Außerdem befinden sich in diesem Verzeichnis die folgenden Unterverzeichnisse: *Boot*, *EFI* und *Sources*. Das Verzeichnis *Mount* ist leer; Sie können es benutzen, um Windows PE-Abbilder mit dem Tool ImageX im Dateisystem bereitzustellen.

ImageX hat mehrere Unterbefehle für die Arbeit mit Windows-Abbilddateien. Die wichtigsten Unterbefehle sind:

- *imagex /append*   Fügt ein Volumeabbild zu einer vorhandenen Windows-Abbilddatei hinzu. *Abbildpfad* gibt den Pfad des Volumeabbilds an, das aufgezeichnet werden soll. *WIM-Datei* ist der Pfad der vorhandenen WIM-Datei. *Abbildname* legt den eindeutigen Namen für das Abbild fest. *Beschreibung* sollte ein aussagekräftiger Text sein. Das Argument */boot* markiert das Volumeabbild als startfähig (nur für Windows PE-Abbilder). Das Argument */check* aktiviert die WIM-Integritätsprüfung, und */config Config.ini* gibt eine Konfigurationsdatei an, die festlegt, welche Dateien ausgeschlossen und welche Komprimierungsoptionen verwendet werden. Das Argument */norpfix* Option deaktiviert die Pfadkorrektur von Analysepunkten. Das Argument */scroll* blättert die Ausgabe weiter, damit sie umgeleitet werden kann. Das Argument */temp* gibt den Pfad an, in dem temporäre Dateien gespeichert werden, und */verify* aktiviert die Überprüfung der Dateiressourcen.

```
imagex {Optionen} /append Abbildpfad WIM-Datei "Abbildname" ["Beschreibung"]
{Optionen}
[/boot] [/check] [/config config.ini] [/norpfix] [/scroll] [/temp] [/verify]
imagex /append c: d:\images\windows.wim "Laufwerk C"
```

- *imagex /apply*   Wendet ein Volumeabbild auf einen angegebenen Pfad an. *WIM-Datei* gibt den Pfad der WIM-Datei an, die das Volumeabbild enthält. *Abbildindex* identifiziert das Abbild innerhalb der WIM-Datei anhand seiner Indexposition. *Abbildname* ist der Name, der das Abbild innerhalb der WIM-Datei identifiziert. *Abbildpfad* legt den Pfad fest, in dem das Abbild angewendet wird. Das Argument */ref Splitwim.swm* ermöglicht einen Verweis auf aufgeteilte WIM-Dateien.

```
imagex {Optionen} /apply WIM-Datei {Abbildindex/Abbildname} Abbildpfad
{Optionen}
[/check] [/norpfix] [/ref splitwim.swm] [/scroll] [/temp] [/verify]
imagex /apply d:\images\windows.wim 1 c:\
```

- *imagex /capture*   Zeichnet das Volumeabbild eines Laufwerks in einer neuen Windows-Abbilddatei auf. *Abbildpfad* gibt den Pfad des Volumeabbilds an, das aufgezeichnet werden soll. *WIM-Datei* ist der Pfad zur neuen WIM-Datei. *Abbildname* ist der eindeutige Name für das erstellte Abbild. *Beschreibung* ist ein Text mit ergänzenden Informationen zum Abbild. Das Argument */compress maximum* stellt die höchste Komprimierungsstufe ein, */compress fast* die schnellste Komprimierung.

```
imagex {Optionen} /capture Abbildpfad WIM-Datei "Abbildname"
["Beschreibung"]
{Optionen}
[/boot] [/check] [/compress maximum/fast/none}] [/config] [/norpfix]
[/scroll] [/temp] [/verify]
imagex /capture c: d:\images\windows.wim "Laufwerk C"
```

- ***imagex /cleanup*** Löscht alle Ressourcen im Zusammenhang mit einem bereitgestellten Abbild, das nicht mehr benutzt wird. Dieser Befehl hebt nicht die Bereitstellung momentan bereitgestellter Abbilder im Dateisystem auf und löscht keine Abbilder, die mit dem Befehl *imagex /remount* wiederhergestellt werden können.

```
imagex /cleanup
```
```
imagex /cleanup
```

- ***imagex /commit*** Speichert die Änderungen, die an einem bereitgestellten Abbild vorgenommen wurden, ohne dabei aber die Bereitstellung des Abbilds im Dateisystem aufzuheben. *Bereitstellungspfad* ist der Pfad des bereitgestellten Abbilds, das gespeichert werden soll. *Abbildname* legt den Namen des Abbilds fest. Das Argument */append* legt fest, dass die vorgenommenen Änderungen in einem neu erstellten Abbild gespeichert werden. Wenn Sie das Argument */append* verwenden, müssen Sie einen eindeutigen Abbildnamen angeben.

```
imagex [/append] /commit Bereitstellungspfad ["Abbildname"]
```
```
imagex /commit c:\mount
imagex /commit /append c:\mount "Neues Abbild"
```

- ***imagex /delete*** Löscht das angegebene Volumeabbild aus einer Windows-Abbilddatei, die mehrere Volumeabbilder enthält. *WIM-Datei* legt den Pfad der WIM-Datei fest, die das angegebene Abbild enthält. *Abbildindex* identifiziert das Abbild innerhalb der WIM-Datei anhand seiner Indexposition. *Abbildname* ist der Name, der das Abbild innerhalb der WIM-Datei identifiziert.

```
imagex [/check] [/temp] /delete WIM-Datei {Abbildindex/Abbildname}
```
```
imagex /delete d:\images\windows.wim 1
```

- ***imagex /dir*** Zeigt eine Liste der Dateien und Ordner innerhalb des angegebenen Volumeabbilds an. *WIM-Datei* legt den Pfad der WIM-Datei fest, die das angegebene Abbild enthält. *Abbildindex* identifiziert das Abbild innerhalb der WIM-Datei anhand seiner Indexposition. *Abbildname* identifiziert das Abbild innerhalb der WIM-Datei.

```
imagex /dir WIM-Datei {Abbildindex/Abbildname}
```
```
imagex /dir d:\images\windows.wim 1
```

- ***imagex /export*** Exportiert eine Kopie des angegebenen Abbilds in eine andere Windows-Abbilddatei. *Quelldatei* ist der Pfad der WIM-Datei mit dem Abbild, das kopiert werden soll. *Quellnummer* gibt den Index des Abbilds innerhalb der Quell-WIM an. *Quellname* ist der Name, der das Abbild innerhalb der Quell-WIM identifiziert. *Zieldatei* gibt den Pfad der WIM-Datei an, in die das kopierte Abbild geschrieben wird. *Zielname* legt den eindeutigen Namen für das Abbild in der Ziel-WIM fest. Wenn Sie für *Quellname* das Zeichen »*« angeben, werden alle Abbilder in *Zieldatei* exportiert.

```
imagex {Optionen} /export Quelldatei {Quellnummer/Quellname} Zieldatei
Zielname

{Optionen}
[/boot] [/check] [/compress {maximum/fast/none}] [/ref splitwim.swm] [/temp]
```
```
imagex /export d:\images\windows.wim 1 d:\images\win_copy.wim
"Exportiertes Abbild"
```

- **imagex /info** Gibt die gespeicherten Beschreibungen zur angegebenen Windows-Abbilddatei beziehungsweise dem Volumeabbild zurück. *Abbilddatei* gibt den Pfad der WIM-Datei an, aus der die Informationen ausgelesen werden. *Abbildnummer* ist der Index, der ein Abbild innerhalb der WIM-Datei identifiziert. *Abbildname* gibt den Namen an, der ein Abbild innerhalb der WIM-Datei identifiziert. *NeuerName* ist der neue eindeutige Name für das angegebene Abbild. *NeueBeschreibung* legt die neue Beschreibung für das angegebene Abbild fest. Das Argument */xml* bewirkt, dass die Ausgabe als XML zurückgegeben wird.

```
imagex {Optionen} /info Abbilddatei {Abbildnummer/Abbildname} [NeuerName]
[NeueBeschreibung]

{Optionen}
[/boot] [/check] [/temp] [/xml]
```
```
imagex /info d:\images\windows.wim
```

- **imagex /mount** Stellt ein Windows-Abbild schreibgeschützt im angegebenen Pfad des Dateisystems bereit. *WIM-Datei* legt den Pfad der WIM-Datei fest, die das angegebene Abbild enthält. *Abbildindex* identifiziert das Abbild innerhalb der WIM-Datei anhand seiner Indexposition. *Abbildname* identifiziert das Abbild innerhalb der WIM-Datei anhand seines Namens. *Abbildpfad* gibt den Pfad an, in dem das angegebene Abbild bereitgestellt wird. Wird dieser Unterbefehl ohne Argumente aufgerufen, listet er alle bereitgestellten Abbilder auf.

```
imagex [/check] /mount [WIM-Datei {Abbildindex/Abbildname} Abbildpfad]
```
```
imagex /mount d:\images\windows.wim 2 c:\mount
```

- **imagex /mountrw** Stellt ein Windows-Abbild mit Lese-/Schreibzugriff im angegebenen Pfad des Dateisystems bereit. *WIM-Datei* legt den Pfad der WIM-Datei fest, die das angegebene Abbild enthält. *Abbildindex* identifiziert das Abbild innerhalb der WIM-Datei anhand seiner Indexposition. *Abbildname* identifiziert das Abbild innerhalb der WIM-Datei anhand seines Namens. *Abbildpfad* gibt den Pfad an, in dem das angegebene Abbild bereitgestellt wird. Wird dieser Unterbefehl ohne Argumente aufgerufen, listet er alle bereitgestellten Abbilder auf.

```
imagex [/check] /mountrw [WIM-Datei {Abbildindex/Abbildname} Abbildpfad]
```
```
imagex /mountrw d:\images\Daten.wim 2 c:\mount
```

- *imagex /remount*   Stellt einen verwaisten Bereitstellungspfad wieder her. *Abbildpfad* ist der Pfad, der erneut im Dateisystem bereitgestellt werden soll. Wird dieser Unterbefehl ohne Argumente aufgerufen, listet er alle bereitgestellten Abbilder auf.

  ```
  imagex /remount [Abbildpfad]
  imagex /remount c:\mount
  ```

- *imagex /split*   Teilt eine vorhandene Windows-Abbilddatei in mehrere schreibgeschützte SWM-Dateien (Split WIM) auf. *WIM-Datei* ist der Pfad der WIM-Datei, die aufgeteilt werden soll. *Zieldatei* gibt den Pfad der SWM-Datei oder -Dateien an. *Größe* ist die Maximalgröße (in MByte) für jede erstellte Datei.

  ```
  imagex [/check] /split WIM-Datei Zieldatei Größe
  imagex /split d:\images\windows.wim d:\images\splitdata.swm 600
  ```

- *imagex /unmount*   Hebt die Bereitstellung eines Windows-Abbilds im angegebenen Pfad des Dateisystems wieder auf. *Abbildpfad* ist der Pfad, dessen Bereitstellung aufgehoben wird. Das Argument */commit* legt fest, dass die Änderungen gespeichert werden, bevor die Bereitstellung des Abbilds aufgehoben wird. Gibt es Änderungen, die noch nicht abgespeichert wurden, muss dieser Unterbefehl entweder das Argument */commit* oder das Argument */discard* enthalten. Wird der Unterbefehl ohne Argumente aufgerufen, listet er alle bereitgestellten Abbilder auf.

  ```
  imagex /unmount [[/commit//discard] Abbildpfad]
  imagex /unmount /commit c:\mount
  ```

Wenn Sie Windows-Abbilder auf einem Computer bearbeiten wollen, auf dem kein geeignetes Kit installiert ist, müssen Sie *Dism.exe*, *Imagex.exe*, *Oscdimg.exe*, *Wimmount.sys*, *Wimmount.inf* und *Wimserv.exe* auf diesen Computer kopieren. Installieren Sie anschließend die Bereitstellungstreiber, indem Sie mit der rechten Maustaste auf die Datei *Wimmount.inf* klicken und im Kontextmenü den Befehl *Installieren* wählen. Legen Sie zuletzt die Dateien *Dism.exe*, *Imagex.exe*, *Oscdimg.exe* und *Wimserv.exe* in Ihren lokalen Pfad, indem Sie sie in das Verzeichnis *%SystemRoot%\System32* kopieren.

Erstellen eines Builds: Die Grundlagen

Wenn Sie die Buildumgebungen für Windows PE einrichten, erstellen Sie Basisabbilder für Windows PE. Früher wurden angepasste Windows PE-Builds meist mit dem Dienstprogramm PeImg erstellt. Das neue Tool zur Abbildverwaltung für die Bereitstellung (Deployment Image Servicing and Management, DISM) ist der Nachfolger von PeImg, es bietet eine viel leistungsfähigere Lösung für die Arbeit mit Builds. Sie gehen folgendermaßen vor, wenn Sie mit DISM benutzerdefinierte Builds anlegen:

1. Stellen Sie das Abbild im Dateisystem bereit.
2. Passen Sie das Abbild an.

3. Heben Sie die Bereitstellung des Abbilds im Dateisystem wieder auf.
4. Zeichnen Sie das Abbild in einer Windows-Abbilddatei (*.wim*) auf.
5. Erstellen Sie ein startfähiges ISO-Abbild (*.iso*).

In den nächsten Abschnitten erkläre ich diese Schritte genauer. Wenn Sie mit den Tools aus dem Kit arbeiten, sollten Sie immer die Eingabeaufforderung für Bereitstellungstools verwenden. In dieser Eingabeaufforderung sind die Umgebungseinstellungen für die Arbeit mit dem Kit vorkonfiguriert, das Sie installiert haben. Sie starten diese Eingabeaufforderung folgendermaßen:

1. Klicken Sie im Startmenü auf *Alle Programme* und dann auf *Microsoft Windows OPK*, *Microsoft Windows AIK* beziehungsweise *Microsoft Windows PE Kit*.
2. Klicken Sie mit der rechten Maustaste auf *Eingabeaufforderung für Bereitstellungstools* und wählen Sie im Kontextmenü den Befehl *Als Administrator ausführen*.

Ein Windows PE-Abbild im Dateisystem bereitstellen

Sobald Sie die Buildumgebung eingerichtet haben, müssen Sie eines der Basisabbilder im Dateisystem bereitstellen (engl. mount). Ist das erledigt, können Sie Ihre Windows PE-Abbilder anpassen.

- Um die 32-Bit-Version von Windows PE für die Anpassung vorzubereiten: Stellen Sie das Basisabbild im Buildordner bereit, indem Sie den Befehl **imagex /apply c:\winpe_x86\iso\sources\boot.wim <n> c:\winpe_x86\mount** eingeben, wobei **<n>** der Index des Abbilds innerhalb der Datei *Boot.wim* ist, die verwendet werden soll. Der angegebene Pfad ist der Speicherort, in den der Abbildinhalt kopiert wird.

- Um die 64-Bit-Version von Windows PE für die Anpassung vorzubereiten: Stellen Sie das Basisabbild im Buildordner bereit, indem Sie den Befehl **imagex /apply c:\winpe_x64\iso\sources\boot.wim <n> c:\winpe_x64\mount** eingeben, wobei **<n>** der Index des Abbilds innerhalb der Datei *Boot.wim* ist, die verwendet werden soll. Der angegebene Pfad ist der Speicherort, in den der Abbildinhalt kopiert wird.

- Um die Itanium-Version von Windows PE für die Anpassung vorzubereiten: Stellen Sie das Basisabbild im Buildordner bereit, indem Sie den Befehl **imagex /apply c:\winpe_ia64\iso\sources\boot.wim <n> c:\winpe_ia64\mount** eingeben, wobei **<n>** der Index des Abbilds innerhalb der Datei *Boot.wim* ist, die verwendet werden soll. Der angegebene Pfad ist der Speicherort, in den der Abbildinhalt kopiert wird.

HINWEIS Es gibt etliche weitere Methoden, um Abbilder für die Anpassung im Dateisystem bereitzustellen. Beispielsweise können Sie Abbilder mit dem Befehl *imagex /mountrw* im Dateisystem bereitstellen. Die Syntax ist dieselbe wie bei *imagex /apply*. DISM versteht außerdem die Argumente */mount-wim* und */unmount-wim*. Weitere Informationen finden Sie im Abschnitt »Anpassen von Windows-Abbildern« weiter unten in diesem Kapitel.

Wenn Sie eine Abbilddatei im Dateisystem bereitstellen, müsste die Ausgabe ähnlich wie hier aussehen:

```
ImageX Tool for Windows
Copyright (C) Microsoft Corp. All rights reserved.

Mounting: [c:\winpe_x86\iso\sources\boot.wim, 1] ->
[c:\winpe_x86\mount\]...

[ 100% ] Mounting progress

Successfully mounted image.

Total elapsed time: 10 sec
```

Gelingt es ImageX nicht, das Abbild im Dateisystem bereitzustellen, sollten Sie zuerst prüfen, ob Sie tatsächlich die *Eingabeaufforderung für Bereitstellungstools* gestartet haben und als Administrator arbeiten. Ist das der Fall, sollten Sie die Eigenschaften der Abbilddatei prüfen und sicherstellen, dass ihre Sicherheitseinstellungen richtig konfiguriert sind.

Sobald ein Abbild bereitgestellt ist, können Sie sich seinen Inhalt ansehen. Greifen Sie dazu einfach im Windows-Explorer auf den Ordner zu, in dem Sie das Abbild bereitgestellt haben. Denken Sie bei der Arbeit mit Windows PE daran, dass Windows PE-Abbilder nur einen Teil der Windows-Komponenten enthalten, nämlich diejenigen, die zum Starten des Computers und zum Vorbereiten der Installation gebraucht werden. Die Windows-Wiederherstellungsumgebung unterscheidet sich von einer Standard-Windows PE-Konfiguration nur dadurch, dass sie zusätzliche Komponenten enthält, die für die Wiederherstellung und die Problembehandlung bei Startproblemen gebraucht werden.

Anpassen eines Windows PE-Abbilds

Sie können ein bereitgestelltes Systemstart- oder Installationsabbild mit dem Dienstprogramm DISM bearbeiten. Auf bereitgestellte Abbilder greifen Sie mit den Unterbefehlen von *dism /image* zu. Tabelle 2.1 listet die DISM-Befehle auf, die für die Bearbeitung von Windows PE-Abbildern wichtig sind. Es gibt daneben noch einige andere Befehle, die Sie für Windows PE benutzen können; eine vollständige Liste der übrigen verfügbaren Befehle finden Sie in den Tabellen 2.4 und 2.5 weiter unten in diesem Kapitel.

Nehmen wir an, Sie haben ein Abbild mit dem folgenden Befehl im Dateisystem bereitgestellt:

```
imagex /apply c:\winpe_x86\iso\sources\boot.wim 1 c:\winpe_x86\mount\
```

Dann bearbeiten Sie das Abbild unter diesem Bereitstellungspunkt:

```
c:\winpe_x86\mount\
```

Tabelle 2.1 Wichtige DISM-Befehle für Windows PE-Abbilder

Befehl	Beschreibung	Beispiel
/Get-PESettings	Zeigt eine Liste der Windows PE-Einstellungen im bereitgestellten Windows PE-Abbild an. Diese Liste enthält den Status der aktuellen Profilerstellung, Einstellungen zum sicheren Speicherbereich und Zielpfadeinstellungen.	dism /image:C:\winpe_x86\ mount /Get-PESettings
/Get-Profiling	Zeigt den Status des Profilerstellungsfeatures an.	dism /image:C:\winpe_x86\ mount /Get-Profiling
/Get-ScratchSpace	Zeigt an, wie viel sicherer Speicherbereich für das Windows PE-Systemvolume konfiguriert ist. Diese Einstellung legt fest, wie viel beschreibbarer Speicherplatz auf dem Windows PE-Systemvolume verfügbar ist, wenn es im RAM-Laufwerk-Modus gestartet wird.	dism /image:C:\winpe_x86\ mount /Get-ScratchSpace
/Get-TargetPath	Zeigt den Zielpfad des Windows PE-Abbilds an. Der Zielpfad ist der Pfad für das Stammverzeichnis des Windows PE-Abbilds beim Systemstart.	dism /image:C:\winpe_x86\ mount /Get-TargetPath
/Set-ScratchSpace: Größe	Legt die Größe des sicheren Speicherbereichs in der Einheit MByte fest. Gültige Werte sind 32, 64, 128, 256 und 512.	dism /image:C:\winpe_x86\ mount /Set-ScratchSpace:256
/Set-TargetPath: Pfad	Wenn Sie von einer Festplatte starten, bestimmt dieser Befehl den Speicherort des Windows PE-Abbilds auf der Festplatte. Der Pfad muss mit einem Buchstaben beginnen (ein beliebiger Buchstabe von C bis Z), auf den :\ folgt.	dism /image:C:\winpe_x86\ mount /Set-TargetPath:X:\
/Enable-Profiling	Aktiviert die Profilerstellung, sodass Sie Ihre eigenen Profile erstellen können. In der Standardeinstellung ist die Profilerstellung deaktiviert.	dism /image:C:\winpe_x86\ mount /Enable-Profiling
/Disable-Profiling	Schaltet die Profilerstellung aus.	dism /image:C:\winpe_x86\ mount /Disable-Profiling
/Apply-Profiles:Pfad	Wendet ein Profil an und löscht alle Dateien, die nicht im benutzerdefinierten Profil verwendet werden. Kritische Startdateien werden allerdings nicht gelöscht. Ein Windows PE-Abbild, das mit irgendeinem Profil angepasst wurde, kann nicht mehr weiterverarbeitet werden.	dism /image:C:\winpe_x86\ mount /Apply-Profiles: C:\Profile\prof.txt

Zu allen Windows PE-Abbildern gibt es folgende Einstellungen:

- **Profilerstellungsstatus** Legt fest, ob die Profilerstellung aktiviert oder deaktiviert ist.
- **Sicherer Speicherbereich** Gibt an, wie viel Speicher für den Arbeitsbereich von Windows PE reserviert wird, zum Beispiel 32 MByte.

- **Zielpfad** Legt den Zielpfad fest, der benutzt wird, wenn Sie das Windows PE-Abbild starten, zum Beispiel X:\.

Mit dem folgenden Befehl können Sie sich die Einstellungen des bereitgestellten Abbilds ansehen:

```
dism /image:Abbildpfad /Get-PESettings
```

wobei *Abbildpfad* der Pfad des Abbilds ist, das Sie bereitgestellt haben. Ein Beispiel:

```
dism /image:c:\winpe_x86\mount\ /Get-PESettings
```

In der Standardeinstellung reserviert Windows PE 32 MByte beschreibbaren Arbeitsspeicher für seinen Arbeitsbereich. Sie können diesen Arbeitsbereich auf 512 MByte erhöhen, indem Sie den folgenden Befehl in einer Eingabeaufforderung eingeben:

```
dism /image:Abbildpfad /Set-ScratchSpace:Größe
```

Dabei sind *Abbildpfad* der Pfad des Abbilds, das Sie bereitgestellt haben, und *Größe* die Größe des Arbeitsbereichs in der Einheit MByte. Gültige Werte für *Größe* sind 32, 64, 128, 256 und 512. Das folgende Beispiel setzt den Arbeitsbereich auf 128 MByte:

```
dism /image:c:\winpe_x86\mount\ /Set-ScratchSpace:128
```

Es ist sinnvoll, den Arbeitsspeicher zu vergrößern, der für den Arbeitsbereich reserviert wird, wenn Sie vorhaben, die Profilerstellung zu nutzen oder andere als die üblichen Anwendungen in der Windows PE-Umgebung auszuführen. Sollte Windows PE der Arbeitsspeicher ausgehen, reagieren Anwendungen nicht mehr.

Es gibt noch etliche andere Befehle, die Sie für Windows PE-Abbilder verwenden können. Der folgende Befehl liefert etwa Informationen über alle installierten Treiber:

```
dism /image:c:\winpe_x86\mount\ /Get-Drivers /all
```

HINWEIS Wenn ein DISM-Befehl ein Argument benötigt, müssen Sie an den Befehlsnamen einen Doppelpunkt und dann den gewünschten Wert anhängen. Fügen Sie kein Leerzeichen zwischen dem Doppelpunkt und dem Wert ein.

Mit */Add-Driver* fügen Sie Treiber von Fremdherstellern zu einem Windows PE-Abbild hinzu. Die grundlegende Syntax lautet:

```
dism /image:Bereitstellungspunkt /Add-Driver /Driver:Inf-Pfad
```

Dabei steht *Bereitstellungspunkt* für den Pfad, in dem das Abbild bereitgestellt wurde, und *Inf-Pfad* für den Pfad der *.inf*-Datei des Treibers. Hier ein Beispiel:

```
dism /image:c:\winpe_x86\mount\ /add-driver /driver:c:\drivers\remmedia\rem.inf
```

Enthält ein Ordner mehrere Unterverzeichnisse mit Treibern, die Sie hinzufügen wollen, können Sie den Basisordner mit der folgenden Syntax rekursiv durchsuchen lassen:

```
dism /image:Bereitstellungspunkt /add-driver /driver:Basisordner /recurse
```

Dabei sind *Bereitstellungspunkt* der Pfad, in dem das Abbild bereitgestellt wurde, und *Basisordner* der Ordner, in dem nach Treibern gesucht wird. Wiederum ein Beispiel:

```
dism /image:c:\winpe_x86\mount\ /add-driver /driver:c:\drivers /recurse
```

TIPP Bei x64- und Itanium-Computern müssen Sie standardmäßig signierte Treiber verwenden. Mit dem Argument */ForceUnsigned* können Sie DISM allerdings auch zwingen, unsignierte Treiber zu akzeptieren.

Wollen Sie Anwendungen zu einem Windows PE-Abbild hinzufügen, können Sie einfach Copy oder Xcopy verwenden, um die benötigten Anwendungsdateien in das gewünschte Unterverzeichnis zu kopieren. Zum Beispiel kopieren Sie mit dem folgenden Befehl *Imagex.exe* in das Stammverzeichnis des Abbilds:

```
xcopy "C:\Program Files\Windows AIK\Tools\x86\Imagex.exe" c:\winpe_x86\mount\
```

Informationen über die Pakete, die in einem Windows PE-Abbild installiert sind, erhalten Sie mit dem Unterbefehl */Get-Packages*. Die grundlegende Syntax lautet:

```
dism /image:Bereitstellungspunkt /get-packages
```

Hier ein Beispiel:

```
dism /image:c:\winpe_x86\mount\ /get-packages
```

Tabelle 2.2 Wichtige Windows PE-Pakete

Paketname	Beschreibung
WinPE-FONTSupport-<Sprache>.cab	Installiert Schriftarten für die angegebene Sprache: ja-jp, ko-kr, zh-cn, zh-hk oder zh-tw.
WinPE-HTA.cab	Installiert Unterstützung für HTML-Anwendungen.
WinPE-LegacySetup.cab	Installiert das Legacy-Setuppaket.
WinPE-MDAC.cab	Installiert Unterstützung für MDAC (Microsoft Data Access Component).
WinPE-Scripting.cab	Installiert Unterstützung für Windows Script Host.
WinPE-Setup-Client.cab	Installiert das Clientsetuppaket. (Sie müssen vorher bereits das Hauptsetuppaket installiert haben.)
WinPE-Setup.cab	Installiert das Hauptsetuppaket.
WinPE-Setup-Server.cab	Installiert das Serversetuppaket. (Sie müssen vorher bereits das Hauptsetuppaket installiert haben.)
WinPE-SRT.cab	Installiert die Komponente für die Windows-Wiederherstellungsumgebung (nur Windows OPK).
WinPE-WDS-Tools.cab	Installiert das Paket für die Windows-Bereitstellungsdienstetools.
WinPE-WMI.cab	Installiert WMI-Unterstützung (Windows Management Instrumentation).

Der Unterbefehl */Add-Package* fügt Pakete zu einem Abbild hinzu. Tabelle 2.2 listet einige verfügbare Pakete auf, die Sie auf diese Weise installieren können. Die Syntax zum Hinzufügen von Paketen sieht so aus:

```
dism /image:Bereitstellungspunkt /add-package /PackagePath:PfadzurCab
```

Hier ein Beispiel:

```
dism /image:C:\winpe_x86\mount /Add-Package /PackagePath:"C:\Program Files\
Windows AIK\Tools\PETools\x86\WinPE_OCs\winpe-wmi.cab"
```

Das Windows PE-Basisabbild enthält keines der Pakete aus Tabelle 2.2. Sie müssen zusätzliche Pakete, die Sie verwenden wollen, mit dem Tool DISM installieren. Die Pakete liegen im Verzeichnis *Windows OPK\Tools\PETools\ <Prozessortyp>* beziehungsweise *Windows AIK\Tools\PETools\<Prozessortyp>*, wobei *<Prozessortyp>* für *amd64*, *ia64* oder *x86* steht. Wenn Sie die Schriftartunterstützung für weitere Sprachen installieren, müssen Sie sicherstellen, dass die nötigen Sprachressourcen auf dem Clientcomputer installiert sind. Diese Sprachressourcen befinden sich in einem sprachspezifischen Unterordner des Verzeichnisses *Windows OPK\Tools\PETools\<Prozessortyp>* beziehungsweise *Windows AIK\Tools\PETools\<Prozessortyp>*.

Sobald Sie die Sprachunterstützung installiert haben, können Sie die gewünschte Sprache für die Benutzeroberfläche mit dem Argument */Set-UILang* festlegen. Wollen Sie beispielsweise Englisch (USA) verwenden, lautet der Befehl:

```
dism /image:c:\winpe_x86\mount /Set-UILang:en-US
```

Mit dem Argument */Get-Intl* können Sie die Spracheinstellungen überprüfen:

```
dism /image:c:\winpe_x86\mount /Get-Intl
```

Haben Sie alle gewünschten Änderungen vorgenommen, können Sie die Bereitstellung des Abbilds im Dateisystem wieder aufheben und Ihre Änderungen speichern. Die Syntax dafür lautet:

```
imagex /unmount Bereitstellungspfad /commit
```

Hier ein Beispiel: :

```
imagex /unmount c:\winpe_x86\mount /commit
```

HINWEIS Falls Sie die Bereitstellung eines Abbilds im Dateisystem aufheben, ohne die Änderungen mit */commit* zu speichern, gehen alle Ihre Änderungen verloren.

Sie verfügen nun über ein angepasstes Windows PE-Abbild. Mit dem folgenden Befehl ersetzen Sie das Windows PE-Standardabbild im Verzeichnis *ISO* durch Ihre angepasste Version:

```
copy c:\winpe_x86\boot.wim c:\winpe_x86\ISO\sources\boot.wim
```

Aufzeichnen eines Builds

Ist Ihr Windows PE-Abbild fertig, können Sie es mit dem folgenden ImageX-Befehl in einer Windows-Abbilddatei (*.wim*) aufzeichnen:

```
imagex /boot /capture c:\winpe_x86\mount c:\winpe_x86\iso\sources\boot.wim
"WinPE-Hauptbuild"
```

Das Argument */boot* markiert in diesem Beispiel das Abbild als startfähig. Das Argument */capture* zeichnet den Inhalt von *C:\Winpe_x86\Mount* auf und legt eine Abbilddatei im Verzeichnis *C:\Winpe_x86\ISO\Sources* an. »WinPE-Hauptbuild« ist der Anzeigename für die startfähige Abbilddatei (*Boot.wim*).

HINWEIS WIM-Abbilder können startfähig (engl. bootable) oder installierbar (engl. installable) sein. Startfähige Abbilder, die für Windows PE benutzt werden, sind im Allgemeinen in Dateien mit dem Namen *Boot.wim* gespeichert, und installierbare Abbilder, mit denen Windows bereitgestellt wird, in Dateien namens *Install.wim*. Eine *Install.wim*-Datei kann mehrere Editionen von Windows enthalten. Das Standardauslieferungsmedium für Windows 7 enthält jeweils eine *Boot.wim* und eine *Install.wim*. Die Datei *Boot.wim* lädt Windows PE, das den Computer startet und die Installation vorbereitet. Die Datei *Install.wim* enthält das Windows-Abbild, das gebraucht wird, um Windows 7 zu installieren.

Das Verzeichnis *ISO\Sources* ist ein Standardbuildverzeichnis, das als Stagingbereich (Bereithaltungsbereich) für Windows PE-Abbilder benutzt wird. Außerdem hat das Verzeichnis *ISO* die Unterverzeichnisse *Boot* und *EFI*, die gebraucht werden, um startfähige Medien zu erstellen. Sobald Sie das Startabbild im Stagingbereich vorliegen haben, können Sie ein startfähiges Medium erstellen, das dieses Abbild benutzt, oder Sie können das Abbild in die Windows-Bereitstellungsdienste importieren.

Optimieren eines Builds

Die Profilerstellung (engl. profiling) überwacht die benötigten Komponenten für einen Build und ermöglicht Ihnen, ein Buildabbild zu optimieren. Damit die Profilerstellung zur Verfügung steht, müssen Sie das Paket *WinPE-WMI* installieren und das Feature im Windows PE-Abbild mit dem Unterbefehl */Enable-Profiling* aktivieren. Sobald die Profilerstellung aktiviert ist, wird protokolliert, welche Dateien und Features benutzt werden, wenn Sie das Windows PE-Abbild starten.

Starten Sie also das Windows PE-Abbild und testen Sie alle Features, die Sie später in der Einsatzumgebung verwenden wollen. Wird ein Feature getestet, markiert die Profilerstellung die zugehörigen Dateien im Profilprotokoll. Sie können das Profil mit dem Befehl *wpeutil saveprofile* speichern, bevor Sie die Windows PE-Sitzung beenden. Die grundlegende Syntax lautet:

```
wpeutil saveprofile Speicherort "Beschreibung"
```

Dabei sind *Speicherort* der Dateipfad, in dem das Profil gespeichert wird, und *Beschreibung* eine Beschreibung des Profils. Ein Beispiel:

```
wpeutil saveprofile x:\st-profile.txt "Optimierungsprofil"
```

Nun stellen Sie das Abbild im Dateisystem bereit und wenden das Profil an. Die Syntax, mit der Sie ein Profil auf ein bereitgestelltes Abbild anwenden, sieht so aus:

```
dism /image:Abbildpfad /apply-profiles:Profilpfad
```

Dabei steht *Abbildpfad* für den Pfad des Abbilds, das Sie bereitgestellt haben, und *Profilpfad* für den Pfad des Profils, mit dem Sie das Abbild optimieren wollen. Ein vollständiges Beispiel:

```
dism /image:c:\winpe_x86\mount\ /apply-profiles:c:\st-profile.txt
```

Sobald Sie das Abbild optimiert haben, heben Sie die Bereitstellung des Abbilds im Dateisystem wieder auf und speichern die Änderungen. Beachten Sie, dass beim Anwenden eines Profils das Profilerstellungsfeature deaktiviert wird; das Abbild wird in diesem Fall markiert, sodass es nicht mehr bearbeitet werden kann.

Erstellen eines startfähigen ISO-Abbilds und startfähiger Medien

Mit dem Dienstprogramm Oscdimg erstellen Sie ein ISO-Abbild, das auf DVD gebrannt werden kann. Für einzelne Starteintragsabbilder stehen folgende Optionen zur Verfügung:

- *–bStartdatei*, wobei *Startdatei* die Datei angibt, die in die Bootsektoren des Datenträgers geschrieben wird.
- *–pPlattformID*, wobei *PlattformID* entweder »0« für BIOS-basierte Plattformen oder »EF« für EFI-basierte Plattformen ist. Der Standardwert ist »0« für BIOS-basierte Plattformen.
- *–e* legt fest, dass keine Diskettenemulation verwendet wird. Diese Option brauchen Sie im Allgemeinen, wenn Sie auch *–p* verwenden.

Der folgende Befehl erstellt ein ISO-Abbild für den Build, den Sie vorher im Stagingbereich bereitgestellt haben:

```
oscdimg -n -bc:\winpe_x86\etfsboot.com c:\winpe_x86\iso c:\winpe_x86\winpe.iso
```

In diesem Beispiel ist *C:\Winpe_x86\Etfsboot.com* der Pfad zu der Startdatei, die in den Startsektor geschrieben wird. *C:\Winpe_x86\ISO* ist der Pfad zu den Ordnern mit dem ISO-Abbild, und *C:\Winpe_x86\Winpe.iso* ist der Pfad des erstellten ISO-Abbilds. Wenn Sie das ISO-Abbild erstellt haben, können Sie es mit einer CD/DVD-Brennanwendung wie Roxio Media Creator oder Nero Media Burner auf eine DVD schreiben.

Wenn Sie Abbilder mit mehreren Starteinträgen generieren wollen, verwenden Sie die Option *–bootdata*. Solche Abbilder brauchen Sie beispielsweise für EFI-basierte Systeme. Die grundlegende Syntax lautet:

```
-bootdata:Einträgezahl#Standardstarteintrag#Starteintrag2#...#StarteintragN
```

Dabei gibt *Einträgezahl* die Zahl der Starteinträge an. Die einzelnen Starteinträge sind durch das Zeichen »#« voneinander getrennt, und Optionen innerhalb eines Starteintrags werden durch ein Komma getrennt. Für Starteinträge stehen die folgenden Optionen zur Verfügung; sie müssen in der Reihenfolge angegeben werden, in der sie hier aufgeführt sind:

- *pPlattformID,* wobei *PlattformID* entweder »0« für BIOS-basierte Plattformen oder »EF« für EFI-basierte Plattformen ist.
- *e* legt fest, dass keine Diskettenemulation verwendet wird.
- *bStartdatei*, wobei *Startdatei* der Pfad zu der Datei ist, die in die Bootsektoren des Datenträgers geschrieben wird.

Der folgende Befehl erstellt also ein ISO-Abbild mit der x64-Version von Windows PE, das sowohl EFI- als auch BIOS-Firmware unterstützt:

```
oscdimg "-bootdata:2#p0,e,betfsboot.com#pEF,e,befisys.bin -u2 -udfver102
-o c:\winpe_x64\ISO c:\winpe_x64\winpe_2X.iso"
```

In diesem Beispiel legt *–bootdata* die Systemstartinformationen für EFI und BIOS fest, und *–UDFVer* die benötigte UDF-Version. *C:\Winpe_x64\ISO* ist der Pfad zu den Ordnern mit dem ISO-Abbild, und das ISO-Abbild wird als *C:\Winpe_x64\Winpe_2X.iso* erstellt. Sobald Sie das ISO-Abbild erstellt haben, können Sie es mit einer CD/DVD-Brennanwendung auf eine DVD schreiben.

HINWEIS Die Standardversion für UDF ist 1.50. Die Einstellung *–udfver102* schreibt ein Abbild mit der UDF-Version 1.02, die ab Windows 98 unterstützt wird. Dagegen schreibt *–udfver150* ein Abbild mit der UDF-Version 1.50, die erst ab Windows 2000 unterstützt wird; *–udfver200* legt die UDF-Version 2.00 fest, die ab Windows XP unterstützt wird.

Erstellen eines startfähigen USB-Flashlaufwerks

Sie können startfähige Windows PE-Abbilder auch auf USB-Flashlaufwerken erstellen. Voraussetzung ist natürlich, dass das Flashlaufwerk genug Kapazität hat, um das gesamte Windows-Abbild zu speichern. Unter Umständen müssen Sie die Firmware des Computers ändern, damit er von USB-Laufwerken startet. Weitere Informationen, wie Sie die Firmware konfigurieren, finden Sie in Kapitel 10.

Sie erstellen ein startfähiges USB-Flashlaufwerk, indem Sie das Gerät an einen USB-Anschluss anstecken und es dann mit dem Dienstprogramm DiskPart vorbereiten. Dabei führen Sie folgende Befehle aus:

1. Geben Sie in einer Eingabeaufforderung mit Administratorrechten den Befehl **diskpart** ein und dann **list disk**. Merken Sie sich die Datenträgernummer und die Größe des USB-Flashlaufwerks.
2. Geben Sie **select disk <n>** ein, wobei **<n>** für das Gerät steht, das Sie vorbereiten.
3. Geben Sie **clean** ein, um den Inhalt des Speichergeräts vollständig zu löschen.
4. Geben Sie **create partition primary size=<Größe>** ein, wobei **<Größe>** die Kapazität (in MByte) des USB-Flashlaufwerks ist, wie sie vorher aufgelistet wurde.
5. Geben Sie **select partition 1** ein, um die Partition auszuwählen, die Sie gerade angelegt haben. Markieren Sie diese neue Partition dann mit **active** als aktiv.
6. Geben Sie **format fs=fat32** ein, um die Partition mit dem Dateisystem FAT32 zu formatieren.
7. Geben Sie **assign** ein, um dem USB-Flashlaufwerk den nächsten freien Laufwerkbuchstaben zuzuweisen. Beenden Sie DiskPart schließlich mit **exit**. Merken Sie sich, welcher Laufwerkbuchstabe in der Ausgabe angegeben wird. Schließen Sie die Eingabeaufforderung noch nicht.

8. Schreiben Sie einen neuen Startsektor auf das USB-Flashlaufwerk, indem Sie **bootsect /nt60 <e>: /force** eingeben, wobei <e> für den Laufwerkbuchstaben des USB-Flashlaufwerks steht.

   HINWEIS Bootsect liegt in den Ordnern *PeTools\x86* und *PeTools\amd64* innerhalb des Builds. Verwenden Sie die Bootsect-Version, die den Typ des Windows PE-Abbilds unterstützt, das Sie erstellen.

9. Kopieren Sie den Inhalt Ihres *ISO*-Ordners mit dem Befehl **xcopy /echry c:\winpe_x86\iso*.* e:** auf das USB-Flashlaufwerk.

Warten Sie, bis der Kopiervorgang abgeschlossen ist, und entfernen Sie dann Ihr USB-Flashlaufwerk. Das USB-Flashlaufwerk ist nun ein startfähiges Windows-Medium.

HINWEIS Manche USB-Flashlaufwerke unterstützen diesen Vorbereitungsprozess nicht, sodass es nicht gelingt, das Gerät entsprechend der Anleitung startfähig zu machen. Geräte, die dieses Vorgehen nicht unterstützen, sind meist so konfiguriert, dass sie als Wechseldatenträger erkannt werden, nicht als USB-Laufwerke. Daher müssen Sie unter Umständen auf der Website des Geräteherstellers nach Anleitungen und Tools zum Formatieren des USB-Sticks suchen.

Starten eines Abbilds von einer Festplatte

Indem Sie Windows PE von einer Festplatte starten und es in den Arbeitsspeicher laden, können Sie eine Installation von Windows 7 ausführen. Sobald Sie Windows PE gestartet haben, können Sie den Systemdatenträger neu partitionieren und das neue Windows-Abbild installieren. Sie können Windows PE auch als Windows-Wiederherstellungsumgebung verwenden, um Systeme wiederherzustellen, die nicht mehr starten.

Gehen Sie folgendermaßen vor, um Windows PE von einer Festplatte zu starten:

1. Starten Sie den Computer von einem vorbereiteten Windows PE-Medium.
2. Geben Sie in der Eingabeaufforderung den Befehl **diskpart** ein und dann **list disk**. Merken Sie sich die Datenträgernummer der primären Festplatte. Normalerweise ist dies Datenträger 0.
3. Geben Sie **select disk <n>** ein, wobei <n> für die primäre Festplatte steht.
4. Geben Sie **clean** ein, um den Inhalt der Festplatte vollständig zu löschen.
5. Geben Sie **create partition primary size=<Größe>** ein, wobei <Größe> die Kapazität (in MByte) einer Partition ist, die für die Windows PE-Quelldateien gerade groß genug ist.
6. Geben Sie **select partition 1** ein, um die Partition auszuwählen, die Sie gerade angelegt haben. Markieren Sie diese neue Partition dann mit **active** als aktiv.
7. Geben Sie **format fs=fat32** ein, um die Partition mit dem Dateisystem FAT32 zu formatieren.

8. Beenden Sie DiskPart mit **exit**. Schließen Sie die Eingabeaufforderung aber noch nicht.
9. Schreiben Sie einen neuen Startsektor auf die Festplatte, indem Sie **bootsect /nt60 <c>:** eingeben, wobei <c> für den Laufwerkbuchstaben der primären Festplatte steht, die Sie formatiert haben.

   HINWEIS   Bootsect liegt in den Ordnern *PeTools\x86* und *PeTools\amd64* innerhalb des Builds. Verwenden Sie die Bootsect-Version, die den Typ des Windows PE-Abbilds unterstützt, das Sie erstellen.

10. Kopieren Sie den Inhalt Ihres *ISO*-Ordners mit dem Befehl **xcopy /echry x:*.* c:** auf das Laufwerk.

Hinzufügen von Windows PE-Abbildern zu den Windows-Bereitstellungsdiensten

Wenn Sie in Ihrem Netzwerk die Windows-Bereitstellungsdienste (Windows Deployment Services, WDS) eingerichtet haben, können Sie ein Windows PE-Abbild zu den Windows-Bereitstellungsdiensten hinzufügen, um das Abbild auf einfache Weise bereitzustellen. Gehen Sie dazu folgendermaßen vor:

1. Starten Sie auf dem Verwaltungscomputer oder Server, auf dem die Windows-Bereitstellungsdienste laufen, die Konsole *Windows-Bereitstellungsdienste*, indem Sie im Startmenü auf *Alle Programme*, dann *Verwaltung* und zuletzt auf *Windows-Bereitstellungsdienste* klicken.
2. Erweitern Sie in der Konsole *Windows-Bereitstellungsdienste* den Knoten *Server* und wählen Sie den Server aus, mit dem Sie arbeiten wollen. Klicken Sie mit der rechten Maustaste auf den Ordner *Startabbilder* des Servers und wählen Sie im Kontextmenü den Befehl *Startabbild hinzufügen*.
3. Geben Sie auf der Seite *Abbilddatei* den Pfad des Windows PE-Abbilds ein und klicken Sie auf *Weiter*.
4. Geben Sie auf der Seite *Abbildmetadaten* einen Namen und eine Beschreibung für das Abbild ein und klicken Sie auf *Weiter*.
5. Klicken Sie auf der Seite *Zusammenfassung* auf *Weiter*, um das Abbild zu den Windows-Bereitstellungsdiensten hinzuzufügen. Klicken Sie auf *Fertig stellen*, sobald der Importvorgang abgeschlossen ist.

Arbeiten mit Windows RE

Die Windows-Wiederherstellungsumgebung (Windows Recovery Environment, Windows RE) ist ein Windows PE-Abbild, in dem Wiederherstellungserweiterungen installiert sind. Wenn Sie ein angepasstes Windows RE-Abbild erstellt haben, können Sie es bereitstellen, indem Sie ein startfähiges Medium einrichten, das dieses Abbild verwendet, oder indem Sie das Abbild in die Windows-Bereitstellungsdienste importieren.

Um eine schnelle Wiederherstellung zu ermöglichen, wird Windows RE automatisch zusammen mit Windows 7 installiert. Falls Sie ein benutzerdefiniertes Windows RE zum Installationsabbild hinzugefügt haben, steht den Benutzern Ihre benutzerdefinierte Umgebung zur Verfügung. Normalerweise richten Sie Windows RE auf einer anderen Festplattenpartition ein als der, auf der die Windows-Installation liegt. So ist sichergestellt, dass Windows RE vom Betriebssystem getrennt bleibt.

Erstellen eines angepassten Windows RE-Abbilds

Benutzer können in Windows 7 eine Wiederherstellung von einem Abbild durchführen, ohne erst von Hand Windows RE starten zu müssen. Im Systemsteuerungsapplet *Wiederherstellung* können die Benutzer ihre persönlichen Daten sichern und das System dann unter Windows RE neu starten, wo automatisch die Abbildwiederherstellung eingeleitet wird.

Gehen Sie folgendermaßen vor, um ein benutzerdefiniertes Windows RE-Abbild zu erstellen:

1. Klicken Sie im Startmenü auf *Alle Programme* und dann entweder auf *Microsoft Windows OPK*, *Microsoft Windows AIK* oder *Microsoft Windows PE Kit*.
2. Klicken Sie mit der rechten Maustaste auf *Eingabeaufforderung für Bereitstellungstools* und wählen Sie den Befehl *Als Administrator ausführen*.
3. Legen Sie Verzeichnisse an, unter denen Sie das Abbild im Dateisystem bereitstellen können. Geben Sie dazu an einer Eingabeaufforderung folgende Befehle ein:
   a. Geben Sie **c:** und dann **mkdir c:\win7** ein.
   b. Geben Sie **cd win7** ein und dann **mkdir mount**. In diesem Verzeichnis stellen Sie das Windows 7-Abbild im Dateisystem bereit.
   c. Geben Sie **mkdir mountre** ein. In diesem Verzeichnis stellen Sie die Windows-Wiederherstellungsumgebung im Dateisystem bereit.
4. Legen Sie das Windows 7-Auslieferungsmedium in das DVD-ROM-Laufwerk ein und kopieren Sie das Windows-Installationsabbild vom Auslieferungsmedium auf Ihre Festplatte, indem Sie den Befehl **copy <e>:\sources\install.wim c:\win7** ausführen, wobei <e> der Laufwerkbuchstabe des DVD-ROM-Laufwerks ist.
5. Stellen Sie das Windows 7-Abbild vom Auslieferungsmedium im Dateisystem bereit, indem Sie den Befehl **imagex /mountrw <e>:\sources\install.wim c:\win7\mount** ausführen.
6. Kopieren Sie das Original des Windows RE-Abbilds aus dem bereitgestellten Abbild, indem Sie den Befehl **copy c:\sources\mount\windows\system32\recovery\winre.wim c:\win7** ausführen.
7. Heben Sie die Bereitstellung des Windows 7-Abbilds im Dateisystem auf, indem Sie den Befehl **imagex /unmount c:\win7\mount** eingeben.
8. Stellen Sie das Windows RE-Abbild im Dateisystem bereit, indem Sie den Befehl **imagex /mountrw c:\win7\winre.wim c:\win7\mountre** ausführen.

9. Passen Sie das Windows RE-Abbild nach Ihren Wünschen an, wie im Abschnitt »Anpassen eines Windows PE-Abbilds« weiter oben in diesem Kapitel beschrieben. Fügen Sie auf jeden Fall das Paket *WinPE-SRT.cab* zu Ihrem Abbild hinzu, es wird immer gebraucht.
10. Heben Sie die Bereitstellung des angepassten Windows RE-Abbilds im Dateisystem auf und speichern Sie Ihre Änderungen, indem Sie den Befehl **imagex /unmount /commit c:\win7\mountre** ausführen.
11. Stellen Sie das Windows 7-Abbild, das Sie vorher in das Verzeichnis *C:\Win7* kopiert haben, mit dem Befehl **imagex /mountrw c:\win7\install.wim c:\win7\mount** im Dateisystem bereit.
12. Überschreiben Sie das Windows RE-Originalabbild innerhalb des Windows 7-Abbilds durch Ihr angepasstes Windows RE-Abbild, indem Sie den Befehl **copy c:\win7\winre.wim c:\win7\mount\Windows\system32\recovery** eingeben.
13. Speichern Sie mit dem Befehl **imagex /unmount c:\win7\mount /commit** die Änderungen im Windows 7-Abbild.

Sie verfügen nun über ein startfähiges Windows RE-Abbild in der Datei *C:\Win7\Winre.wim* und über Windows 7-Auslieferungsmedien, die ein startfähiges Windows RE-Abbild enthalten. Wie Sie mithilfe der Datei *C:\Win7\Winre.wim* ein Windows RE-Wiederherstellungsmedium erstellen, wird im nächsten Abschnitt beschrieben.

Erstellen eines Windows RE-Wiederherstellungsmediums

Sobald Sie ein benutzerdefiniertes Windows RE-Abbild erstellt haben, können Sie startfähige Windows RE-Abbilder auf CD-ROM, DVD-ROM oder USB-Flashlaufwerken einrichten. Falls dann ein Computer nicht mehr startet, können Sie ihn von diesem Wiederherstellungsmedium starten und versuchen, den Computer zu reparieren. Sie erstellen Wiederherstellungsmedien auf dieselbe Weise wie Medien für Windows PE-Abbilder. Der Hauptunterschied besteht darin, dass Sie Ihr ISO-Abbild aus einem Windows RE-Abbild erstellen statt aus einem Windows PE-Abbild.

Gehen Sie folgendermaßen vor, um eine Buildumgebung für Windows RE auf 32-Bit-Computern einzurichten:

1. Klicken Sie im Startmenü auf *Alle Programme* und dann entweder auf *Microsoft Windows OPK*, *Microsoft Windows AIK* oder *Microsoft Windows PE Kit*.
2. Klicken Sie mit der rechten Maustaste auf *Eingabeaufforderung für Bereitstellungstools* und wählen Sie den Befehl *Als Administrator ausführen*.
3. Geben Sie in der Eingabeaufforderung den Befehl **copype x86 c:\winrec_x86** ein.

Sie verfügen nun über eine Buildumgebung für Windows RE auf 32-Bit-Computern. Bei Bedarf können Sie zusätzlich Buildumgebungen für x64- und Itanium-Computer anlegen.

Wenn Sie die Buildumgebung eingerichtet haben, erstellen Sie eine angepasste Windows RE-Umgebung, wie im letzten Abschnitt, »Erstellen eines angepassten Windows RE-Abbilds«, beschrieben. Anschließend kopieren Sie das Abbild mit dem folgenden Befehl in die Buildumgebung:

```
copy c:\win7\winre.wim c:\winrec_x86\ISO\sources\boot.wim
```

Sie müssen der Windows RE-Abbilddatei den Namen *Boot.wim* geben. Das stellt sicher, dass Sie Computer von diesem Abbild starten können.

Erstellen Sie mit dem Dienstprogramm Oscdimg ein ISO-Abbild, das auf eine DVD gebrannt werden kann. Der folgende Befehl erstellt ein ISO-Abbild für das Windows RE-Abbild, das Sie im vorherigen Beispiel zusammengestellt haben:

```
oscdimg -n -bc:\winrec_x86\etfsboot.com c:\winrec_x86\iso c:\winrec_x86\winrec.iso
```

Hier ist *C:\Winrec_x86\Etfsboot.com* der Pfad zum Skript *Etfsboot.com*, das gebraucht wird, um das ISO-Abbild zu erstellen. *C:\Winrec_x86\ISO* ist der Pfad zu den Ordnern für das ISO-Abbild, und *C:\Winrec_x86\Winrec.iso* ist der Pfad, unter dem das ISO-Abbild erstellt wird. Wenn Sie das ISO-Abbild fertig haben, können Sie es mit einer CD/DVD-Brennanwendung wie Roxio Media Creator oder Nero Media Burner auf DVD schreiben.

Geben Sie den folgenden Befehl ein, um ein ISO-Abbild für die x64-Version von Windows RE zu erstellen, das sowohl EFI- als auch BIOS-Firmware unterstützt:

```
oscdimg "-bootdata:2#p0,e,betfsboot.com#pEF,e,befisys.bin -u2 -udfver102
-o c:\winrec_x64\ISO c:\winrec_x86\winrec_2X.iso"
```

Hier legt *–bootdata* die Startinformationen für EFI und BIOS fest, und *–UDFVer* stellt die benötigte UDF-Version ein. Sie geben *C:\Winrec_x64\ISO* als Pfad zu den Ordnern für das ISO-Abbild an, und *C:\Winrec_x64\Winrec_2X.iso* ist der Pfad der ISO-Abbilddatei, die erstellt wird. Sobald das ISO-Abbild fertig ist, können Sie es mit einer CD/DVD-Brennanwendung auf DVD schreiben.

Sie können auch startfähige Windows RE-Abbilder auf USB-Flashlaufwerken einrichten. Der Ablauf ist derselbe, wie im Abschnitt »Erstellen eines startfähigen USB-Flashlaufwerks« weiter oben in diesem Kapitel beschrieben. Sie müssen lediglich statt eines Windows PE-Abbilds Ihr Windows RE-Abbild kopieren.

Hinzufügen von Windows RE-Abbildern zu den Bereitstellungsdiensten

Wenn Sie in Ihrem Netzwerk die Windows-Bereitstellungsdienste eingerichtet haben, können Sie ein Windows RE-Abbild zu den Windows-Bereitstellungsdiensten hinzufügen, um das Abbild auf einfache Weise bereitzustellen. Gehen Sie dazu folgendermaßen vor:

1. Starten Sie auf dem Verwaltungscomputer oder Server, auf dem die Windows-Bereitstellungsdienste laufen, die Konsole *Windows-Bereitstellungsdienste*, indem Sie im Startmenü auf *Alle Programme*, dann *Verwaltung* und zuletzt auf *Windows-Bereitstellungsdienste* klicken.

2. Erweitern Sie in der Konsole *Windows-Bereitstellungsdienste* den Knoten *Server* und wählen Sie den Server aus, mit dem Sie arbeiten wollen. Klicken Sie mit der rechten Maustaste auf den Ordner *Startabbilder* des Servers und wählen Sie im Kontextmenü den Befehl *Startabbild hinzufügen*.
3. Geben Sie auf der Seite *Abbilddatei* den Pfad des Windows RE-Abbilds ein und klicken Sie auf *Weiter*.
4. Geben Sie auf der Seite *Abbildmetadaten* einen Namen und eine Beschreibung für das Abbild ein und klicken Sie auf *Weiter*.
5. Klicken Sie auf der Seite *Zusammenfassung* auf *Weiter*, um das Abbild zu den Windows-Bereitstellungsdiensten hinzuzufügen. Klicken Sie auf *Fertig stellen*, sobald der Importvorgang abgeschlossen ist.

Bereitstellen von Windows mit einem angepassten Windows RE

Windows RE ist in Windows 7 enthalten. Wenn Sie einen Windows-Computer bereitstellen, können Sie auch gleich ein Wiederherstellungsabbild einrichten. Dazu müssen Sie auf der Festplatte eine Wiederherstellungspartition anlegen, das Wiederherstellungsabbild in diese Partition kopieren und dann eine Verknüpfung zwischen dem Wiederherstellungsabbild und der Windows 7-Installation einrichten.

Ein Windows RE-Abbild kann auf einem GPT-Datenträger (GUID Partition Table) installiert sein, bei dem das Attribut *PARTITION_MSFT_RECOVERY_GUID* gesetzt ist, oder auf einem MBR-Datenträger (Master Boot Record) vom Typ 0x7 oder 0x27. Bei einem Datenträger vom Typ 0x27 muss die Wiederherstellungspartition sich am Anfang der Festplatte befinden. Für Windows RE muss eine primäre Partition benutzt werden, die mit NTFS formatiert ist und sich auf derselben Festplatte befindet wie die Partition mit der Windows-Installation.

Für die Wiederherstellungspartition darf dieselbe Partition verwendet werden wie für die Systempartition, es ist aber besser, die Partitionen voneinander zu trennen. Sie sollten die Größe der Wiederherstellungspartition so einstellen, dass sie zum Wiederherstellungsabbild passt. Ermitteln Sie die Größe Ihres geänderten Windows 7-Installationsabbilds, um eine geeignete Größe für die Partition festzulegen. Bei einem vollständigen Wiederherstellungsabbild brauchen Sie gewöhnlich eine Wiederherstellungspartition mit 9 bis 10 GByte.

Gehen Sie folgendermaßen vor, um auf einem Computer mit MBR-Festplatten eine Wiederherstellungspartition einzurichten:

1. Starten Sie den Computer von einem startfähigen Windows PE-Medium. Das Windows PE, das Sie starten, muss das Paket *WinPE-SRT* enthalten. Normalerweise steht dieses Paket nur im Windows OPK zur Verfügung.
2. Geben Sie in der Windows PE-Eingabeaufforderung den Befehl **diskpart** und dann **list disk** ein. Notieren Sie, welche Datenträger verfügbar sind und wie groß sie sind. Datenträger 0 braucht genug Platz für die Wiederherstellungspartition plus die Partition, auf der Sie Windows installieren.

Arbeiten mit Windows RE **85**

3. Geben Sie **select disk 0** und dann **clean** ein, um den Inhalt der Festplatte vollständig zu löschen.
4. Legen Sie mit dem Befehl **create partition primary size=<Größe>** die Systempartition an, wobei **<Größe>** die Kapazität (in MByte) der Systempartition ist, zum Beispiel **size=250**.
5. Formatieren Sie die Systempartition mit **format=fat32 label="System" quick**. Machen Sie die Systempartition zur aktiven Partition, indem Sie den Befehl **active** eingeben, und weisen Sie ihr dann mit **assign letter=s** den Laufwerkbuchstaben *S* zu.
6. Legen Sie mit dem Befehl **create partition primary size=<Größe> id=27** die Wiederherstellungspartition an, wobei **<Größe>** die Kapazität (in MByte) der Wiederherstellungspartition ist, zum Beispiel **size=1000**. Die Angabe **id=27** erstellt eine ausgeblendete Wiederherstellungspartition.
7. Geben Sie **format=ntfs label="Recovery" quick** ein, um die Wiederherstellungspartition mit dem Dateisystem NTFS zu formatieren.
8. Führen Sie den Befehl **assign letter=r** aus, um der Wiederherstellungspartition den Laufwerkbuchstaben *R* zuzuweisen.
9. Legen Sie mit dem Befehl **create partition primary size=<Größe>** die Windows-Installationspartition an, wobei **<Größe>** die Kapazität (in MByte) der Windows-Installationspartition ist, zum Beispiel **size=2000**.
10. Formatieren Sie die Windows-Partition mit dem Befehl **format=ntfs label="Windows" quick** und weisen Sie ihr dann mit dem Befehl **assign letter=c** den Laufwerkbuchstaben *C* zu.
11. Beenden Sie DiskPart mit **exit**. Schließen Sie die Eingabeaufforderung aber noch nicht.

Gehen Sie folgendermaßen vor, um auf einem Computer mit GPT-Festplatten eine Wiederherstellungspartition einzurichten:

1. Starten Sie den Computer von einem startfähigen Windows PE-Medium. Das Windows PE, das Sie starten, muss das Paket *WinPE-SRT* enthalten. Normalerweise steht dieses Paket nur im Windows OPK zur Verfügung. Handelt es sich um einen UEFI-basierten Computer, müssen Sie Windows PE mit der Option für den EFI-Systemstartmodus aus der EFI-Shell starten.
2. Geben Sie in der Eingabeaufforderung den Befehl **diskpart** und dann **list disk** ein. Notieren Sie, welche Datenträger verfügbar sind und wie groß sie sind. Datenträger 0 braucht genug Platz für die Wiederherstellungspartition plus die Partition, auf der Sie Windows installieren.
3. Geben Sie **select disk 0** und dann **clean** ein, um den Inhalt der Festplatte vollständig zu löschen. Bei UEFI-basierten Computern müssen Sie die GPT-Festplatteninformationen durch Eingabe von **convert gpt** einrichten.
4. Legen Sie mit dem Befehl **create partition efi size=<Größe>** die EFI-Systempartition an, wobei **<Größe>** die Kapazität (in MByte) der EFI-Systempartition ist, zum Beispiel **size=200**.

5. Formatieren Sie die EFI-Systempartition mit **format=fat32 label= "System" quick** und weisen Sie ihr dann mit **assign letter=s** den Laufwerkbuchstaben *S* zu.
6. Legen Sie mit dem Befehl **create partition msr size=<Größe> id=27** die MSR-Partition an, wobei <Größe> die Kapazität (in MByte) der MSR-Partition ist, zum Beispiel **size=128**.
7. Legen Sie mit dem Befehl **create partition primary size=<Größe> id=27** die Wiederherstellungspartition an, wobei <Größe> die Kapazität (in MByte) der Wiederherstellungspartition ist, zum Beispiel **size=1000**.
8. Markieren Sie die Partition als Wiederherstellungspartition, indem Sie **set id="de94bba4-06d1-4d40-a16a-bfd50179d6ac"** eingeben.
9. Geben Sie **format=ntfs label="Recovery" quick** ein, um die Wiederherstellungspartition zu formatieren. Führen Sie dann den Befehl **assign letter=r** aus, um der Wiederherstellungspartition den Laufwerkbuchstaben *R* zuzuweisen.
10. Legen Sie mit dem Befehl **create partition primary** die Windows-Installationspartition an. Weil Sie keine Größe angeben, nimmt die Partition den übrigen Platz der Festplatte ein.
11. Führen Sie den Befehl **format=ntfs label="Windows" quick** aus, um die Partition mit dem Dateisystem NTFS zu formatieren.
12. Weisen Sie der Windows-Partition mit dem Befehl **assign letter=c** den Laufwerkbuchstaben *C* zu.
13. Beenden Sie DiskPart mit **exit**. Schließen Sie die Eingabeaufforderung aber noch nicht.

Sie haben nun die Festplatten des Computers konfiguriert, sodass Sie damit beginnen können, Windows bereitzustellen. Die folgenden Schritte beschreiben eine Möglichkeit, die Windows-Installation auszuführen:

1. Legen Sie das Medium ein oder stellen Sie eine Verbindung zu dem Netzwerkspeicherort her, in dem sich das Windows 7-Abbild befindet, das Sie bereitstellen wollen.
2. Wenden Sie mit ImageX das Windows 7-Abbild an. Liegt das Installationsabbild etwa auf dem Laufwerk *E*, geben Sie den Befehl **imagex /apply e:\images\install.wim 1 c:** ein.
3. Verwenden Sie BCDBoot, um Systemdateien in die Systempartition zu kopieren und den BCD-Speicher zu aktualisieren. Geben Sie dazu erst **cd c:\windows\system32** und dann **bcdboot c:\windows /l de-de /s s:** ein. Das Argument */l* legt das Gebietsschema fest, das Argument */s* den Laufwerkbuchstaben für die Systempartition.
4. Kopieren Sie das Windows RE-Abbild in Partition 1. Befindet sich das Installationsabbild beispielsweise auf Laufwerk *E*, geben Sie den Befehl **copy e:\images\winre.wim r:** ein.
5. Erstellen Sie mit *Reagentc.exe* eine Verknüpfung zwischen dem Windows RE-Abbild und der Windows 7-Installation, zum Beispiel mit **reagentc.exe /setreimage /path r:**.

TIPP Optional können Sie auch eine bestimmte Taste auf der Tastatur oder einen besonderen Hardwareschalter so einrichten, dass Windows RE direkt gestartet wird, wenn der Benutzer beim Start des Systems diese Taste oder diesen Schalter drückt. Fügen Sie dazu das Argument */Bootkey* hinzu, wenn Sie mit Reagentc das Windows RE-Abbild mit der Windows 7-Installation verknüpfen. Geben Sie beispielsweise **reagentc.exe /setreimage /path r: /bootkey <ScanCode>** ein, wobei **<ScanCode>** der vierstellige Hexadezimalscancode der Taste oder des Hardwareschalters ist.

HINWEIS Gewöhnlich wird die Windows RE-Installation abgeschlossen, sobald der Benutzer die Installation beendet. Wenn Sie den Computer allerdings im Überwachungsmodus starten müssen, bevor die Installation abgeschlossen ist, und Sie die Installation nicht erneut mit dem Tool Sysprep vorbereiten, können Sie die Windows RE-Installation auch während des Überwachungsmodus abschließen. Geben Sie dazu in der Eingabeaufforderung den Befehl **reagentc.exe /enable /auditmode** ein.

Eine andere Möglichkeit, Windows bereitzustellen, besteht darin, für jede Partition ein anderes Abbild zu verwenden. Nehmen wir an, Sie haben mit den folgenden Schritten separate Abbilder aufgezeichnet:

1. Starten Sie den Computer von einem startfähigen Windows PE-Medium. Handelt es sich um einen UEFI-basierten Computer, müssen Sie Windows PE mit der Option für den EFI-Systemstartmodus aus der EFI-Shell starten.
2. Geben Sie in der Windows PE-Eingabeaufforderung **diskpart**, dann **select disk 0** und schließlich **list volume** ein. Notieren Sie sich die Daten zu den Partitionen. Sollte irgendeine Partition, die Sie aufzeichnen wollen, keinen Laufwerkbuchstaben haben, müssen Sie das Volume auswählen und ihm einen Laufwerkbuchstaben zuweisen. Wenn beispielsweise die Wiederherstellungspartition Volume 0 ist und keinen Laufwerkbuchstaben hat, müssen Sie **select volume 0** und dann **assign letter=r** eingeben.
3. Führen Sie **cd c:\windows\system32** aus, um in das Verzeichnis mit dem Tool ImageX zu wechseln.
4. Zeichnen Sie Abbilder für jede angepasste Partition auf. Wenn Sie separate Partitionen für Windows, System und Wiederherstellung haben, lauten die Befehle:
   ```
   imagex /capture c:\ c:\win-partition.wim "Windows-Partition"
   imagex /capture s:\ c:\sys-partition.wim "Systempartition"
   imagex /capture r:\ c:\rec-partition.wim "Wiederherstellungspartition"
   ```
5. Stellen Sie mit dem Befehl *net use* eine Verbindung zu Ihrer Distributionsfreigabe her, zum Beispiel mit **net use Z: \\ImageShare\images**. Kopieren Sie die WIM-Dateien mit den folgenden Befehlen in die Netzwerkfreigabe:
   ```
   copy c:\win-partition.wim Z:\
   copy c:\sys-partition.wim Z:\
   copy c:\rec-partition.wim Z:\
   ```

Jetzt können Sie die separaten Abbilder folgendermaßen anwenden:
1. Starten Sie den Computer von einem startfähigen Windows PE-Medium. Handelt es sich um einen UEFI-basierten Computer, müssen Sie Windows PE mit der Option für den EFI-Systemstartmodus aus der EFI-Shell starten.
2. Legen Sie das Medium ein oder stellen Sie eine Verbindung zu dem Netzwerkspeicherort mit den Abbildern her, die Sie bereitstellen wollen. Die Verbindung zu einem Netzwerkspeicherort stellen Sie mit *net use* her, zum Beispiel **net use Z: \\ImageShare\images**.
3. Geben Sie in der Windows PE-Eingabeaufforderung **diskpart**, dann **select disk 0** und schließlich **list volume** ein. Notieren Sie sich die Daten zu den Partitionen. Sollte irgendeine Partition, auf die Sie ein Abbild anwenden wollen, keinen Laufwerkbuchstaben haben, müssen Sie das Volume auswählen und ihm einen Laufwerkbuchstaben zuweisen. Wenn beispielsweise die Wiederherstellungspartition Volume 0 ist und keinen Laufwerkbuchstabe hat, müssen Sie **select volume 0** und dann **assign letter=r** eingeben.
4. Führen Sie **cd c:\windows\system32** aus, um in das Verzeichnis mit dem Tool ImageX zu wechseln.
5. Wenden Sie mit ImageX das Abbild der Windows-Partition an. Liegt das Installationsabbild beispielsweise auf dem Laufwerk Z, führen Sie den Befehl **imagex /apply z:\win-partition.wim 1 c:** aus.
6. Wenden Sie mit ImageX das Abbild der Systempartition an. Liegt das Systempartitionsabbild beispielsweise auf dem Laufwerk Z, geben Sie den Befehl **imagex /apply z:\sys-partition.wim 1 s:** ein.
7. Wenden Sie mit ImageX das Abbild der Wiederherstellungspartition an. Liegt das Wiederherstellungspartitionsabbild beispielsweise auf dem Laufwerk Z, führen Sie den Befehl **imagex /apply z:\rec-partition.wim 1 r:** aus.

Erstellen von Windows-Abbildern für die Bereitstellung

Windows 7 baut auf der leistungsfähigen Architektur von Windows Vista auf. Diese Architektur ist unabhängig von Sprachen und Hardware. Windows 7 erreicht die Sprachunabhängigkeit dank seines modularen Komponentenentwurfs und seine Hardwareunabhängigkeit durch sein Abbildformat. In einem modularen Komponentenentwurf ist jede Komponente als kleine, unabhängige Einheit entworfen, die eine bestimmte Aufgabe oder Funktion erfüllt. Aufgrund der Modularisierung kann jede Komponente des Betriebssystems, von Gerätetreibern über Language Packs bis hin zu Service Packs, als Modul erstellt werden, das wahlweise hinzugefügt oder entfernt wird, um die Betriebssystemumgebung anzupassen.

Grundlagen von Windows-Abbildern

Wenn Sie Windows 7 aktualisieren, indem Sie Features hinzufügen oder entfernen, Hotfixes einspielen oder Service Packs installieren, ändern Sie lediglich, welcher Satz Module zur Verfügung steht. Und weil diese Module voneinander unabhängig sind, können Sie solche Änderungen vornehmen, ohne dass dies Auswirkungen auf das System als Ganzes hat. Weil auch Language Packs (Sprachpakete) separate Module sind, können Sie ganz einfach andere Sprachkonfigurationen einrichten, ohne für jede Sprache eine eigene Installation zu benötigen.

Microsoft liefert Windows 7 auf Medien mit Datenträgerabbildern im WIM-Format (Windows Imaging Format) aus. WIM nutzt Komprimierung und SIS (Single Instance Storage), um die Größe der Abbilddateien deutlich zu verringern. Die Komprimierung verringert die Größe des Abbilds in ähnlicher Weise wie Zip-Komprimierung bei Datendateien. Die Verwendung von SIS führt zu einer Verringerung der Abbildgröße, weil nur ein Exemplar einer Datei tatsächlich gespeichert wird, wenn sich mehrere Kopien der Datei im Laufwerkabbild befinden. Da WIM hardwareunabhängig ist, kann Microsoft eine Binärdatei für 32-Bit-Architekturen und eine für 64-Bit-Architekturen ausliefern. Für Itanium-Computer steht eine weitere Binärdatei zur Verfügung.

Windows 7 kann entweder mit einem automatisierten oder einem interaktiven Setup installiert werden. Sie haben verschiedene Möglichkeiten, die Installation von Windows 7 zu automatisieren, zum Beispiel:

- **Erstellen einer Antwortdatei für die unbeaufsichtigte Installation** Windows 7 verwendet eine standardkonforme Antwortdatei. Diese Datei, sie trägt den Namen *Unattend.xml*, ist in XML geschrieben, sodass es einfach ist, sie mit Standardtools zu bearbeiten. Indem Sie eine benutzerdefinierte Antwortdatei erstellen und Setup dann mit dieser Antwortdatei ausführen, können Sie unbeaufsichtigte Installationen von Windows 7 durchführen. Das Setupprogramm installiert das Betriebssystem dabei von einer Distributionsfreigabe oder von einem Medium.

- **Durchführen der Installation mit Abbildern, die mit Sysprep vorbereitet wurden** In diesem Fall müssen Sie das Befehlszeilentool für die Systemvorbereitung (*Sysprep.exe*) auf einem Computer ausführen, den Sie als Vorlage für die Bereitstellung verwenden wollen, und dann ein Datenträgerabbild mit der Konfiguration dieses Computers erstellen. Sysprep liegt im Ordner *%SystemRoot%\System32\Sysprep*. Das Windows Automated Installation Kit (Windows AIK) enthält den Windows System Image Manager und ImageX, die dabei helfen, Bereitstellungen mit Sysprep vorzubereiten. Im Windows System Image Manager erstellen Sie Antwortdateien für unbeaufsichtigte Installationen. Mit ImageX erstellen und verwalten Sie Datenträgerabbilder.

Weil ImageX WIM als Datenträgerabbildformat verwendet und die Vorteile des modularen Entwurfs von Windows 7 ausnutzt, müssen deutlich weniger Datenträgerabbilder verwaltet werden. Sie brauchen nicht mehr zahlreiche hardware- oder sprachabhängige Datenträgerabbilder zu pflegen. Gewöhnlich reicht es, wenn Sie sich auf ein einziges Datenträgerabbild für jede Prozessorarchitektur beschränken, die in Ihrer Organisation eingesetzt wird. Dann passen Sie die Betriebssysteminstallation mithilfe von unterschiedlichen Installationsskripts an die jeweiligen Anforderungen an.

WIM bietet gegenüber älteren Datenträgerabbildformaten noch weitere Vorteile. Sie können mit WIM Datenträgerabbilder offline ändern und verwalten, das bedeutet, dass Sie optionale Komponenten und Treiber hinzufügen oder entfernen sowie Updates einspielen können, ohne ein neues Datenträgerabbild erstellen zu müssen. Dazu stellen Sie das Datenträgerabbild als Ordner im Dateisystem bereit und verwenden dann den Windows-Explorer oder andere Tools, um Dateien nach Bedarf zu aktualisieren, zu verwalten oder zu entfernen.

Windows System Image Manager, ImageX und Sysprep stellen mehrere unterschiedliche Methoden zur Verfügung, um die Bereitstellung zu automatisieren. Im Prinzip gehen Sie dabei immer folgendermaßen vor:

1. Richten Sie Windows 7 auf einem Computer ein, der nicht für den normalen Betrieb benutzt wird, und konfigurieren Sie das Betriebssystem. Installieren und konfigurieren Sie anschließend alle benötigten Komponenten und Anwendungen.
2. Führen Sie Sysprep aus, um den Computer für die Aufzeichnung vorzubereiten. Sysprep löscht alle eindeutigen Kennungen vom Computer und markiert ihn als Masterbereitstellungscomputer. Nach Abschluss dieses Vorgangs enthält der Computer keine Kennungen mehr, die es ermöglichen würden, den Computer an einer Domäne oder Arbeitsgruppe anzumelden und dort zu benutzen.
3. Rufen Sie ImageX mit dem Argument */capture* auf, um das Datenträgerabbild aufzuzeichnen und dieses Abbild auf einem Medium oder in einer Distributionsfreigabe zu speichern. Sie können das Abbild offline verwalten, indem Sie es mit *imagex /mountrw* im Lese-/Schreib-Modus im Dateisystem bereitstellen und dann die gewünschten Änderungen vornehmen. Mit dem Befehl *imagex /unmount* heben Sie die Bereitstellung des Abbilds im Dateisystem wieder auf, wenn Sie fertig sind.

   Sie können Abbilder auch mit *dism /mount-wim* im Dateisystem bereitstellen und die Bereitstellung mit *dism /unmount-wim* wieder aufheben. DISM bietet Funktionen zum Bearbeiten von Abbildern. Sie können damit Product Keys festlegen, Upgrades durchführen, Treiber hinzufügen oder entfernen, Sprach- und Gebietsschemadaten festlegen, Pakete sowie Features hinzufügen oder entfernen und Abbilder aufräumen.
4. Erstellen Sie mit Windows System Image Manager Ihre Antwortdateien für die unbeaufsichtigte Installation. Anschließend können Sie Bereitstellungsskripts entwickeln, die den Computer konfigurieren, Setup unter Benutzung der Antwortdatei ausführen und das Datenträgerabbild anwenden, das Sie vorher erstellt haben.
5. Führen Sie Ihr Bereitstellungsskript aus, um den Computer zu konfigurieren und das Betriebssystem zu installieren.

Erstellen eines Windows-Installationsabbilds

Das Hauptwerkzeug, mit dem Sie Windows-Installationsabbilder vorbereiten, ist Sysprep. Bevor Sie Sysprep auf einem Computer starten, müssen Sie sich darüber im Klaren sein, dass Sysprep alle eindeutigen Kennungen von diesem Computer löscht und ihn als Masterbereitstellungscomputer markiert. Sobald der Vorgang abgeschlossen ist, speichert der Computer keine Kennungen mehr, die es erlauben, ihn an einer Domäne oder Arbeitsgruppe anzumelden. Nachdem Sie Ihr Installationsabbild erstellt haben, können Sie Windows neu installieren und den Quellcomputer wieder normal benutzen. Sysprep liegt in allen Editionen von Windows 7 im Ordner *%SystemRoot%\System32\Sysprep*. Tabelle 2.3 bietet einen Überblick über die wichtigsten Befehlszeilenargumente für Sysprep.

HINWEIS Alle Windows 7-Editionen müssen innerhalb eines bestimmten Zeitraums aktiviert werden, selbst wenn Sie eine Volumenaktivierung mit Schlüsselverwaltungsdienst-Servern (Key Management Service, KMS) verwenden. Wenn Sie zum ersten Mal das Argument */Generalize* verwenden, stellt Sysprep die normale Frist für die Windows-Aktivierung ein, bei der Sie das System innerhalb von 30 Tagen nach der Bereitstellung aktivieren müssen. Läuft diese Frist bei einem System ab, können Sie *Sysprep /Generalize* noch einmal ausführen, um die Aktivierungsfrist wieder zurückzusetzen, sodass weitere 30 Tage bleiben, um das System zu aktivieren. Das ist maximal dreimal möglich. Wenn Sie ein System mit Sysprep vorbereiten, werden allerdings alle eindeutigen Kennungen gelöscht, die Systemwiederherstellungspunkte entfernt und die Ereignisprotokolle geleert.

Tabelle 2.3 Wichtige Befehlszeilenargumente für Sysprep

Argument	Beschreibung
/Audit	Richtet den Computer so ein, dass er im Überwachungsmodus startet. Im Überwachungsmodus können Sie Treiber und Anwendungen zum Betriebssystem hinzufügen. Außerdem haben Sie im Überwachungsmodus die Möglichkeit, die Installation zu testen, bevor Sie sie bereitstellen.
/Generalize	Bereitet die Windows-Installation, von der ein Abbild erstellt werden soll, dadurch vor, dass alle eindeutigen Systemkennungen entfernt werden. Die Sicherheits-ID (Security Identifier, SID) wird zurückgesetzt, Systemwiederherstellungspunkte werden gelöscht und Ereignisprotokolle werden geleert. Wenn der Computer das nächste Mal startet, wird eine neue SID erstellt.
/Oobe	Richtet den Computer so ein, dass er im Willkommen-Modus startet. Dies ist der Modus, in dem Benutzer den bereitgestellten Computer erhalten.
/Reboot	Startet den Computer neu.
/Shutdown	Fährt den Computer herunter und schaltet ihn aus, sobald Sysprep mit dem Vorbereiten des Computers fertig ist.
/Quiet	Führt Sysprep aus, ohne Bestätigungsmeldungen auf dem Bildschirm auszugeben. Verwenden Sie diesen Modus, wenn Sie Sysprep automatisieren wollen.
/Quit	Schließt Sysprep, sobald der angegebene Befehl abgeschlossen ist.
/Unattend: Antwortdatei.xml	Wendet während einer unbeaufsichtigten Installation Einstellungen aus einer Antwortdatei an, wobei *Antwortdatei.xml* der Name der Antwortdatei ist.

TIPP Wenn Sie den Schlüsselverwaltungsdienst einsetzen, können Sie einen Computer in seinen anfänglichen Aktivierungsstatus zurücksetzen, indem Sie das Skript *Slmgr.vbs* mit dem Argument *–Rearm* aufrufen. Dieses Argument setzt die Aktivierungsperiode zurück und initialisiert einige Aktivierungsparameter neu, darunter zum Beispiel die eindeutige Computer-ID. Wie oft Sie den Aktivierungszeitraum auf diese Weise zurücksetzen können, hängt davon ab, wie oft Sie vorher schon die Aktivierungsperiode mit *Sysprep /Generalize* zurückgesetzt haben. Sie können den Aktivierungszeitraum insgesamt höchstens dreimal zurücksetzen.

Sie bereiten einen Computer vor, indem Sie sich an dem System anmelden, von dem Sie ein eigenes Abbild erstellen und den Sie als Basis für andere Computerabbilder verwenden wollen. Konfigurieren Sie den Computer, indem Sie die Einstellungen anpassen, Anwendungen installieren und alle gewünschten Änderungen vornehmen. Sobald Sie die Komponenten des Computers konfiguriert haben, bereiten Sie ihn mit Sysprep so vor, dass er als Abbild benutzt werden kann.

Sysprep hat einen Befehlszeilenmodus und eine grafische Benutzeroberfläche. Jedes Mal, wenn Sie Sysprep starten, sucht es folgende Elemente:

- Eine Aufräumaktion, bei der nach dem nächsten Neustart des Systems entweder der OOBE-Modus (Out-of-Box-Experience) oder der Überwachungsmodus aktiviert wird. Optional kann das System auch durch Entfernen aller eindeutigen Kennungen vorbereitet werden.
- Eine Abschlussoption, mit der das Programm beendet und der Computer neu gestartet oder heruntergefahren wird, sobald der angegebene Befehl beendet ist.

Bevor Sie Sysprep starten und benutzen können, müssen Sie eine Eingabeaufforderung mit Administratorrechten öffnen und den Befehl **cd %systemroot%\system32\sysprep** eingeben.

Wenn Sie mit Sysprep einen Computer verallgemeinern (also die individuellen Kennungen entfernen) und ihn beim nächsten Neustart im OOBE-Modus starten wollen, können Sie entweder die Einstellungen aus Abbildung 2.1 wählen oder den folgenden Befehl eingeben:

sysprep /oobe /generalize /quit

Abbildung 2.1 Verallgemeinern eines Computers und Einstellen des OOBE-Modus

Wollen Sie nach dem Verallgemeinern des Computers zusätzliche Anwendungen installieren und die Konfiguration anpassen, können Sie einstellen, dass der Computer im Systemüberwachungsmodus neu startet (Abbildung 2.2), oder den folgenden Befehl ausführen:
sysprep /audit /generalize /reboot

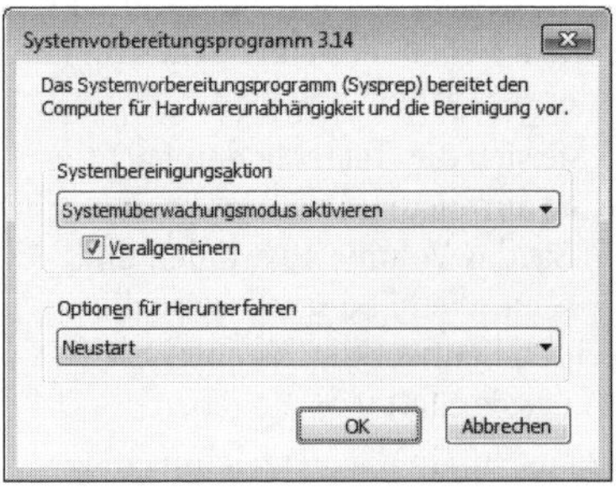

Abbildung 2.2 Verallgemeinern eines Computers und Einstellen des Überwachungsmodus

Anschließend haben Sie die Gelegenheit, alle gewünschten Änderungen vorzunehmen. Diese Änderungen werden aufgezeichnet, sodass sie angewendet werden können, wenn das System bereitgestellt wird. Haben Sie Ihre Änderungen am Computer abgeschlossen, machen Sie den Zustand des Betriebssystems endgültig, indem Sie den Computer so einstellen, dass er herunterfährt und beim nächsten Neustart in den OOBE-Modus schaltet (Abbildung 2.3); dafür können Sie auch diesen Befehl eingeben:
sysprep /oobe /shutdown

Abbildung 2.3 Nach dem Überwachungsmodus wird der Computer heruntergefahren und dann im OOBE-Modus neu gestartet

Nun ist das System für das Aufzeichnen des Abbilds bereit. Wenn Sie das System vorbereitet haben, können Sie das Abbild für die spätere Bereitstellung in die Windows-Bereitstellungsdienste importieren oder das Abbild aufzeichnen und von Hand bereitstellen. Über die Windows-Bereitstellungsdienste erfahren Sie weiter unten in diesem Kapitel mehr. Gehen Sie folgendermaßen vor, um das Abbild von Hand aufzuzeichnen:

1. Starten Sie den Computer von einem startfähigen Windows PE-Medium. Handelt es sich um einen UEFI-basierten Computer, müssen Sie Windows PE mit der Option für den EFI-Systemstartmodus aus der EFI-Shell starten.
2. Geben Sie in einer Eingabeaufforderung mit Administratorrechten den Befehl **diskpart** und dann **list disk** ein. Merken Sie sich die Nummer des Datenträgers, den Sie verwenden wollen. Geben Sie **select disk <n>** ein, wobei <n> der Datenträger ist, mit dem Sie arbeiten wollen.
3. Geben Sie **list volume** ein. Notieren Sie sich die Daten zu den Partitionen. Sollte irgendeine Partition, die Sie aufzeichnen wollen, keinen Laufwerkbuchstaben haben, müssen Sie das Volume auswählen und ihm einen Laufwerkbuchstaben zuweisen. Wenn beispielsweise die Systempartition Volume 1 ist und keinen Laufwerkbuchstaben hat, müssen Sie **select volume 1** und dann **assign letter=s** eingeben.
4. Führen Sie **cd c:\windows\system32** aus, um in das Verzeichnis mit dem Tool ImageX zu wechseln.
5. Zeichnen Sie Abbilder für jede angepasste Partition auf. Wenn Sie separate Partitionen für Windows und das System haben, lauten die Befehle:
   ```
   imagex /capture c:\ c:\win-partition.wim "Windows-Partition"
   imagex /capture s:\ c:\sys-partition.wim "Systempartition"
   ```
6. Stellen Sie mit dem Befehl *net use* eine Verbindung zu Ihrer Distributionsfreigabe her, zum Beispiel mit **net use Z: \\ImageShare\images**. Kopieren Sie die WIM-Dateien mit den folgenden Befehlen in die Netzwerkfreigabe:
   ```
   copy c:\win-partition.wim Z:\
   copy c:\sys-partition.wim Z:\
   ```

Jetzt können Sie die separaten Abbilder folgendermaßen anwenden:

1. Starten Sie den Computer von einem startfähigen Windows PE-Medium. Handelt es sich um einen UEFI-basierten Computer, müssen Sie Windows PE mit der Option für den EFI-Systemstartmodus aus der EFI-Shell starten.
2. Legen Sie das Medium ein oder stellen Sie eine Verbindung zu dem Netzwerkspeicherort mit den Abbildern her, die Sie bereitstellen wollen. Die Verbindung zu einem Netzwerkspeicherort stellen Sie mit *net use* her, zum Beispiel **net use Z: \\ImageShare\images**.
3. Geben Sie in der Windows PE-Eingabeaufforderung **diskpart**, dann **select disk 0** und schließlich **list volume** ein. Notieren Sie sich die Daten zu den Partitionen. Sollte irgendeine Partition, auf die Sie ein Abbild anwenden wollen, keinen Laufwerkbuchstaben haben, müssen Sie das Volume auswählen und ihm einen Laufwerkbuchstaben zuweisen. Wenn beispielsweise die Wiederherstellungspartition Volume 0 ist und keinen Laufwerkbuchstaben hat, müssen Sie **select volume 0** und dann **assign letter=r** eingeben.
4. Führen Sie **cd c:\windows\system32** aus, um in das Verzeichnis mit dem Tool ImageX zu wechseln.

5. Wenden Sie mit ImageX das Abbild der Windows-Partition an. Liegt das Installationsabbild beispielsweise auf dem Laufwerk Z, führen Sie den Befehl **imagex /apply z:\win-partition.wim 1 c:** aus.
6. Wenden Sie mit ImageX das Abbild der Systempartition an. Liegt das Systempartitionsabbild beispielsweise auf dem Laufwerk Z, geben Sie den Befehl **imagex /apply z:\sys-partition.wim 1 s:** ein.
7. Starten Sie den Computer neu und melden Sie sich daran an.

Konfigurieren und Benutzen der Windows-Bereitstellungsdienste

Sie können die Windows-Bereitstellungsdienste benutzen, um Windows 7 mithilfe von PXE (Preboot Execution Environment) über ein Netzwerk bereitzustellen. Wenn Sie die Windows-Bereitstellungsdienste eingerichtet haben, können Sie Windows 7 auf jedem Clientcomputer installieren, der PXE unterstützt und den Netzwerkstart in seiner Firmware aktiviert hat. Dazu brauchen Sie ihn lediglich einzuschalten, während er mit dem Netzwerk verbunden ist. Für Clientcomputer, die keine Unterstützung für PXE bieten, können Sie mit dem Dienstprogramm Oscdimg Startdatenträger erstellen, wie weiter oben in diesem Kapitel beschrieben.

Einrichten der Windows-Bereitstellungsdienste

Die Windows-Bereitstellungsdienste, die unter Windows Server 2008 oder neuer laufen, arbeiten im nativen Modus, in dem nur Windows PE-Startumgebungen und Windows-Abbilddateien unterstützt werden. Ihr Windows-Bereitstellungsdienste-Server muss entweder Mitglied einer Active Directory-Domäne oder ein Domänencontroller in einer Active Directory-Domäne sein. Außerdem muss Ihr Netzwerk DHCP- und DNS-Server (Domain Name System) enthalten.

Gehen Sie folgendermaßen vor, um die Windows-Bereitstellungsdienste auf einem Computer zu installieren, der unter Windows Server 2008 oder neuer läuft:

1. Starten Sie den Server-Manager, indem Sie auf das entsprechende Symbol in der Schnellstartleiste klicken. Wählen Sie im Server-Manager den Knoten *Rollen* aus und klicken Sie auf *Rollen hinzufügen*, um den *Assistent "Rollen hinzufügen"* zu starten.
2. Klicken Sie auf der ersten Seite des *Assistent "Rollen hinzufügen"* auf *Weiter*. Aktivieren Sie auf der Seite *Serverrollen auswählen* das Kontrollkästchen *Windows-Bereitstellungsdienste* und klicken Sie auf *Weiter*. Lesen Sie den Überblick zu den Windows-Bereitstellungsdiensten und klicken Sie erneut auf *Weiter*.
3. Auf der Seite *Rollendienste auswählen* werden *Bereitstellungsserver* und *Transportserver* automatisch ausgewählt. Sie brauchen beide Rollen. Klicken Sie auf *Weiter* und dann auf *Installieren*.

Nachdem Sie die Windows-Bereitstellungsdienste installiert haben, müssen Sie den Bereitstellungsserver registrieren und konfigurieren. Gehen Sie dazu folgendermaßen vor:

1. Starten Sie die Konsole *Windows-Bereitstellungsdienste*, indem Sie im Startmenü auf *Alle Programme*, dann *Verwaltung* und zuletzt auf *Windows-Bereitstellungsdienste* klicken.

2. Erweitern Sie in der Konsolenstruktur den Knoten *Server*. Sofern Sie am Bereitstellungsserver angemeldet sind, müsste dieser Server automatisch aufgelistet werden. Ist der Server nicht aufgeführt, müssen Sie in der Konsolenstruktur mit der rechten Maustaste auf *Server* klicken und den Befehl *Server hinzufügen* wählen. Wählen Sie im Dialogfeld *Server hinzufügen* den Server, den Sie zur Konsole hinzufügen wollen, und klicken Sie auf *OK*.

3. Klicken Sie in der Konsolenstruktur mit der rechten Maustaste auf den Server und wählen Sie im Kontextmenü den Befehl *Server konfigurieren*. Daraufhin wird der *Konfigurations-Assistent für Windows-Bereitstellungsdienste* gestartet. Lesen Sie sich den Text auf der *Willkommenseite* durch und stellen Sie sicher, dass das Netzwerk entsprechend den Beschreibungen vorbereitet ist. Sie brauchen einen DHCP-Server mit einem aktiven Bereich sowie einen aktiven DNS-Server. Sie müssen außerdem sicherstellen, dass auf dem Server eine mit NTFS formatierte Partition zur Verfügung steht.

4. Geben Sie auf der Seite *Remoteinstallationsordner* den Pfad für den Abbildspeicher ein und klicken Sie auf *Weiter*. Dieser Ordner muss auf einem NTFS-Laufwerk liegen, und normalerweise sollte er sich nicht auf derselben Partition befinden wie die Systemdateien. Falls Sie dennoch einen Ordner auf der Systempartition verwenden, müssen Sie auf *Ja* klicken, wenn Sie aufgefordert werden, diese Konfiguration zu bestätigen.

5. Wählen Sie auf der Seite *PXE-Serveranfangseinstellungen* eine der folgenden Optionen aus, um festzulegen, welche Clients der Server bedient:

    - *Keinem Clientcomputer antworten*   Wählen Sie diese Option, wenn der Server keine Clientcomputer bedienen soll.

    - *Nur bekannten Clientcomputern antworten*   Verwenden Sie diese Option, wenn der Server nur bekannte Clients bedienen soll, die bereits vorbereitet wurden. Diese Vorbereitung erfordert, dass ein Administrator bereits ein verwaltetes Computerkonto in Active Directory angelegt hat, bevor der Client gestartet wird. Auf diese Weise kann der Clientcomputer über das Netzwerk installiert werden.

    - *Allen (bekannten und unbekannten) Clientcomputern antworten*   Wählen Sie diese Option, wenn der Server sowohl unbekannte als auch bekannte Clients bedienen soll. Ein unbekannter Client ist ein Computer, der nicht wie beschrieben vorbereitet wurde. Wenn Sie erlauben, dass der Server unbekannte Clients bedient, legen standardmäßig die Sicherheitseinstellungen der Windows-Abbilddatei fest, wer Clients installieren darf. Sie können den Kreis der Berechtigten auf Administratoren einschränken, indem Sie zusätzlich das Kontrollkästchen *Bei unbekannten Clients Administrator benachrichtigen und erst nach Genehmigung antworten* aktivieren.

6. Sobald Sie auf *Fertig stellen* klicken, konfiguriert der Assistent den Server. Überlegen Sie sich nun, ob Sie gleich oder erst später Abbilder einrichten wollen, bevor Sie den Assistenten mit *Fertig stellen* schließen. Sie müssen mindestens ein Abbild und ein Startabbild auf Ihrem Server installieren, bevor Sie einen Client über PXE starten und ein Betriebssystem darauf installieren können.

  - Wenn Sie sofort Abbilder einrichten wollen: Legen Sie das Windows 7-Auslieferungsmedium in das DVD-ROM-Laufwerk ein und klicken Sie auf *Fertig stellen*. Gehen Sie die weiteren Schritte in dieser Anleitung durch.

  - Wenn Sie erst später Abbilder einrichten wollen: Deaktivieren Sie das Kontrollkästchen *Abbilder jetzt dem Windows Deployment Server hinzufügen* und klicken Sie auf *Fertig stellen*. Überspringen Sie die übrigen Schritte in dieser Anleitung.

7. Der *Assistent zum Hinzufügen von Abbildern* startet. Geben Sie auf der Seite *Windows-Abbilddateispeicherort* den Pfad zum Stamm der Installations-DVD ein, die die Abbilder enthält, die Sie hinzufügen wollen. Geben Sie beispielsweise *E:* ein, um auf das Laufwerk E zuzugreifen. Stattdessen können Sie auch auf *Durchsuchen* klicken und den Stammpfad auswählen. Klicken Sie auf *Weiter*.

8. Eine Abbildgruppe ist eine Sammlung von Abbildern, die sich gemeinsame Dateiressourcen und Sicherheitseinstellungen teilen. Geben Sie auf der Seite *Abbildgruppe* einen Namen für Ihre erste Abbildgruppe ein und klicken Sie zweimal auf *Weiter*. Der Assistent fügt nun die Start- und Installationsabbilder aus dem Auslieferungsmedium hinzu.

TIPP Sie können jederzeit ändern, welche Clients der Server bedient. Klicken Sie dazu in der Konsole *Windows-Bereitstellungsdienste* mit der rechten Maustaste auf den Server und wählen Sie den Befehl *Eigenschaften*. Wählen Sie im Eigenschaftendialogfeld die gewünschte Antwortoption und klicken Sie auf *OK*.

Importieren von Abbildern

Sobald Sie die Windows-Bereitstellungsdienste konfiguriert haben, können Sie jedes verfügbare Start- und Installationsabbild importieren. Diese Abbilder können anschließend benutzt werden, um Clientcomputer bereitzustellen.

Sie können startfähige Abbilder direkt aus den Windows-Quelldateien oder Ihren benutzerdefinierten Startabbildern importieren. Gehen Sie folgendermaßen vor, um Startabbilder zu importieren:

1. Starten Sie auf dem Server, auf dem die Windows-Bereitstellungsdienste laufen, die Konsole *Windows-Bereitstellungsdienste*, indem Sie im Startmenü auf *Alle Programme*, dann *Verwaltung* und zuletzt auf *Windows-Bereitstellungsdienste* klicken.
2. Legen Sie die Windows 7-Auslieferungs-DVD oder ein startfähiges Abbild in das DVD-ROM-Laufwerk ein oder machen Sie dem Server über das Netzwerk eine Installationsquelle verfügbar.
3. Erweitern Sie in der Konsole *Windows-Bereitstellungsdienste* den Knoten *Server* und wählen Sie den Server aus, mit dem Sie arbeiten wollen. Klicken Sie mit der rechten Maustaste auf den Ordner *Startabbilder* des Servers und wählen Sie im Kontextmenü den Befehl *Startabbild hinzufügen*.
4. Geben Sie auf der Seite *Abbilddatei* den Pfad zum Stamm der Installations-DVD ein oder klicken Sie auf *Durchsuchen*, um das Startabbild auszuwählen, und klicken Sie auf *Öffnen*. Befindet sich das Windows-Auslieferungsmedium beispielsweise in Laufwerk *E*, wählen Sie das Standardstartabbild aus, indem Sie *E:\sources\Boot.wim* eintragen. Klicken Sie auf *Weiter*.
5. Geben Sie auf der Seite *Abbildmetadaten* einen Namen und eine Beschreibung für das Abbild ein und klicken Sie auf *Weiter*.
6. Klicken Sie auf der Seite *Zusammenfassung* auf *Weiter*, um das Abbild zu den Windows-Bereitstellungsdiensten hinzuzufügen. Klicken Sie auf *Fertig stellen*, sobald der Importvorgang abgeschlossen ist.

Sie können Installationsabbilder direkt aus den Windows-Quelldateien importieren. Gehen Sie folgendermaßen vor, um Installationsabbilder hinzuzufügen:

1. Starten Sie auf dem Server, auf dem die Windows-Bereitstellungsdienste laufen, die Konsole *Windows-Bereitstellungsdienste*, indem Sie im Startmenü auf *Alle Programme*, dann *Verwaltung* und zuletzt auf *Windows-Bereitstellungsdienste* klicken.
2. Legen Sie die Windows 7-Auslieferungs-DVD in das DVD-ROM-Laufwerk ein oder machen Sie dem Server über das Netzwerk eine Installationsquelle verfügbar.
3. Erweitern Sie in der Konsole *Windows-Bereitstellungsdienste* den Knoten *Server* und wählen Sie den Server aus, mit dem Sie arbeiten wollen. Klicken Sie mit der rechten Maustaste auf den Ordner *Installationsabbilder* des Servers und wählen Sie im Kontextmenü den Befehl *Abbildgruppe hinzufügen*.
4. Geben Sie einen Namen für die Abbildgruppe ein und klicken Sie auf *OK*. Daraufhin wird ein Speicherort eingerichtet, an dem Gruppen ähnlicher Abbilder abgelegt werden.
5. Klicken Sie mit der rechten Maustaste auf den Ordner *Installationsabbilder* des Servers und wählen Sie den Befehl *Installationsabbild hinzufügen*. Wählen Sie die Abbildgruppe aus, die Sie vorher erstellt haben, und klicken Sie auf *Weiter*.

6. Klicken Sie auf der Seite *Abbilddatei* auf *Durchsuchen*, wählen Sie das gewünschte Installationsabbild aus, und klicken Sie auf *Öffnen*. Befindet sich das Windows-Auslieferungsmedium beispielsweise in Laufwerk E, wählen Sie das Standardinstallationsabbild aus, indem Sie *E:\sources\install.wim* eintragen. Klicken Sie auf *Weiter*.
7. Wählen Sie auf der Seite *Liste der verfügbaren Abbilder* das Abbild aus, das Sie importieren wollen, und klicken Sie auf *Weiter*.
8. Klicken Sie auf der Seite *Zusammenfassung* auf *Weiter*, um das Abbild zu den Windows-Bereitstellungsdiensten hinzuzufügen. Klicken Sie auf *Fertig stellen*, sobald der Importvorgang abgeschlossen ist.

Windows aus einem Abbild installieren

Gehen Sie folgendermaßen vor, um Windows mithilfe der Windows-Bereitstellungsdienste zu installieren:

1. Konfigurieren Sie die Firmware des Computers so, dass er aus dem Netzwerk startet, und starten Sie den Computer neu.
2. Drücken Sie die Taste F12, wenn der Computer startet und das Startladeprogramm Sie dazu auffordert. Damit laden Sie den Client für die Windows-Bereitstellungsdienste herunter und führen ihn aus.
3. Wählen Sie auf der Seite *Windows-Bereitstellungsdienste* ein Gebietsschema und ein Tastaturlayout aus und klicken Sie auf *Weiter*.
4. Sie werden aufgefordert, die Verbindung zum Windows-Bereitstellungsdiensteserver herzustellen. Geben Sie Namen und Kennwort eines Kontos ein, das Sie für diese Verbindung benutzen wollen, und klicken Sie auf *OK*.
5. Wählen Sie auf der Seite *Zu installierendes Betriebssystem auswählen* das Betriebssystemabbild aus, das Sie installieren wollen, und klicken Sie auf *Weiter*.
6. Wählen Sie auf der Seite *Wo möchten Sie Windows installieren* die Partition aus, in der Sie Windows installieren wollen, und klicken Sie auf *Weiter*. Falls Sie die Festplatte neu partitionieren wollen, können Sie auf *Laufwerkoptionen (erweitert)* klicken, bevor Sie *Weiter* wählen. Dann haben Sie die Möglichkeit, die Festplattenpartitionen zu konfigurieren.
7. Windows Setup installiert nun Windows. Sie werden aufgefordert, die Einstellungen einzugeben, die nicht in einer Antwortdatei für das unbeaufsichtigte Setup eingetragen sind.

Aufzeichnen von Abbildern

Mithilfe der Windows-Bereitstellungsdienste können Sie benutzerdefinierte Abbilder, die Sie selbst zusammengestellt haben, sowie Standardabbilder vom Windows-Auslieferungsmedium bereitstellen. Wenn Sie Ihre eigenen Start- und Installationsabbilder erstellen, können Sie diese Abbilder importieren, wie im Abschnitt »Importieren von Abbildern« weiter oben in diesem Kapitel beschrieben. Außerdem haben Sie die Möglichkeit, Abbilder aufzuzeichnen (engl. capture).

Dazu brauchen Sie erst einmal ein Aufzeichnungsstartabbild. Ein solches Aufzeichnungsstartabbild erstellen Sie folgendermaßen:

1. Erweitern Sie in der Konsole *Windows-Bereitstellungsdienste* den Knoten *Server* und wählen Sie den Server aus, mit dem Sie arbeiten wollen. Klicken Sie auf den Ordner *Startabbilder* des Servers, um ihn auszuwählen und die verfügbaren Startabbilder anzuzeigen.
2. Klicken Sie mit der rechten Maustaste auf das Startabbild, das Sie als Aufzeichnungsstartabbild verwenden wollen, und wählen Sie im Kontextmenü den Befehl *Aufzeichnungsstartabbild erstellen*.
3. Geben Sie auf der Seite *Aufzeichnungsabbild-Metadaten* einen Namen und eine Beschreibung für das Aufzeichnungsstartabbild ein und geben Sie den Speicherort und den Dateinamen des Abbilds ein, das erstellt werden soll, zum Beispiel *C:\images\Win_capture.wim*.
4. Klicken Sie auf *Fertig stellen*.

Gehen Sie folgendermaßen vor, um ein Abbild aufzuzeichnen:

1. Installieren Sie mithilfe der Windows-Bereitstellungsdienste ein vorhandenes Abbild auf einem Computer, wie im Abschnitt »Windows aus einem Abbild installieren« beschrieben.
2. Passen Sie das Abbild an.
3. Geben Sie in der Eingabeaufforderung **cd %systemroot%\system32\sysprep** ein und dann **sysprep /oobe /generalize /reboot**.
4. Drücken Sie die Taste F12, wenn der Computer startet und das Startladeprogramm Sie dazu auffordert. Daraufhin wird der Client der Windows-Bereitstellungsdienste heruntergeladen und gestartet.
5. Wählen Sie im Windows-Start-Manager das Aufzeichnungsstartabbild aus.
6. Klicken Sie auf *Weiter*, wenn der *Assistent zur Abbildaufzeichnung für Windows-Bereitstellungsdienste* startet.
7. Wählen Sie auf der Seite *Quelle der Abbildaufzeichnung* im Listenfeld *Aufzuzeichnendes Volume* das oder die Volumes aus, die Sie aufzeichnen wollen, und geben Sie Namen und Beschreibung für das Abbild ein. Klicken Sie auf *Weiter*.
8. Klicken Sie auf der Seite *Ziel der Abbildaufzeichnung* auf *Durchsuchen* und wählen Sie den Speicherort aus, an dem Sie das aufgezeichnete Abbild speichern wollen. Geben Sie im Textfeld *Dateiname* einen Namen für das Abbild ein, wobei Sie die Dateinamenerweiterung *.wim* verwenden. Klicken Sie auf *Speichern*.
9. Klicken Sie auf *Abbild auf WDS-Server hochladen*. Geben Sie den Namen des Servers ein und klicken Sie auf *Verbinden*. Wenn Sie nach Anmeldeinformationen gefragt werden, müssen Sie Benutzernamen und Kennwort eines Kontos angeben, das auf den Server Zugriff hat.
10. Wählen Sie im Listenfeld *Abbildgruppe* die Abbildgruppe aus, in der Sie das Abbild speichern wollen, und klicken Sie auf *Fertig stellen*.

Verwalten des Zugriffs und Vorabbereitstellen von Computern

Abbilder können Sie mit DISM und den bereits beschriebenen Verfahren verwalten. Sie haben folgende Möglichkeiten, um zu verhindern, dass nichtautorisierte Benutzer Abbilder installieren:

- Führen Sie eine Vorabbereitstellung der Computer durch und erlauben Sie die Bereitstellung nur für bekannte Computer.
- Ändern Sie die Sicherheitseinstellungen der Abbilddateien, sodass nur berechtigtes Personal darauf zugreifen darf.
- Aktivieren Sie die Administratorgenehmigung für Clientinstallationen.

Vorabbereitstellen von Computern

Beim Vorabbereitstellen (engl. prestaging) von Computern legen Sie Computerkonten in Active Directory an, bevor Sie die entsprechenden Computer benutzen. Mithilfe der Vorabbereitstellung können Sie genau kontrollieren, welche Clients und Server miteinander kommunizieren dürfen. Bevor Sie die Vorabbereitstellung von Computern beginnen, sollten Sie sicherstellen, dass die Windows-Bereitstellungsdienste so konfiguriert sind, dass sie nur Anforderungen von bekannten Computern annehmen. Gehen Sie dazu folgendermaßen vor:

1. Erweitern Sie in der Konsole *Windows-Bereitstellungsdienste* den Knoten *Server*. Klicken Sie mit der rechten Maustaste auf den Server, mit dem Sie arbeiten wollen, und wählen Sie den Befehl *Eigenschaften*.
2. Wählen Sie auf der Registerkarte *PXE-Antworteinstellungen* die Option *Nur bekannten Clientcomputern antworten* aus und klicken Sie auf *OK*.

Für die Vorabbereitstellung eines Computers müssen Sie die GUID (Globally Unique Identifier) des Computers kennen. Die GUID eines Computers leitet sich aus der aktiven Netzwerkkarte dieses Computers ab, sie muss im Format {dddddddd-dddd-dddd-dddd-dddddddddddd} eingegeben werden, wobei d eine Hexadezimalziffer ist, zum Beispiel {AEFED345-BC13-22CD-ABCD-11BB11342112}.

Sie haben mehrere Möglichkeiten, die benötigten GUIDs zu ermitteln. In manchen Fällen bringen die Hersteller einen Aufkleber mit der GUID auf dem Computer an. Vergessen Sie in so einem Fall aber nicht, dass die GUID nur gültig ist, solange die Netzwerkkarte benutzt wird, die ursprünglich im Computer eingebaut war. Falls Sie die Netzwerkkarte austauschen, erhält die neue Karte eine andere GUID.

Sie können die GUID für die installierte Netzwerkkarte auch über die Firmware des Computers in Erfahrung bringen. Läuft ein Remotecomputer bereits, können Sie den folgenden Befehl an einer Windows PowerShell-Eingabeaufforderung eingeben:

```
get-wmiobject win32_networkadapter | format-list guid
```

Schreiben Sie die GUID der Netzwerkkarte auf, die mit dem LAN (Local Area Network) verbunden ist, oder kopieren Sie sie über die Zwischenablage.

Gehen Sie folgendermaßen vor, um die Vorabbereitstellung eines Computers durchzuführen:

1. Klicken Sie in der Konsole *Active Directory-Benutzer und -Computer* mit der rechten Maustaste auf die Organisationseinheit oder den Container, in dem der Computer abgelegt wird, wählen Sie im Kontextmenü *Neu* und dann *Computer*.
2. Geben Sie einen Namen für den Computer ein und klicken Sie auf *Weiter*. Stattdessen können Sie auch auf *Ändern* klicken und einen Benutzer oder eine Gruppe auswählen, der/die berechtigt ist, diesen Computer zur Domäne hinzuzufügen, und anschließend auf *Weiter* klicken.
3. Aktivieren Sie auf der Seite *Verwalteter Computer* das Kontrollkästchen *Verwalteter Computer*, geben Sie die GUID des Computers ein und klicken Sie auf *Weiter*. Die GUID finden Sie in der Systemfirmware, manchmal ist sie auch auf dem Computergehäuse vermerkt.
4. Wählen Sie auf der Seite *Hostserver* den Windows-Bereitstellungsdiensteserver aus, der diesen Client bedient. Klicken Sie auf *Weiter* und dann auf *Fertig stellen*.

Anpassen der Sicherheitseinstellungen für die Abbilddatei

Die Sicherheitseinstellungen für eine Abbilddatei ändern Sie im Windows-Explorer. Klicken Sie mit der rechten Maustaste auf die Abbilddatei und wählen Sie den Befehl *Eigenschaften*. Nun können Sie im Eigenschaftendialogfeld auf der Registerkarte *Sicherheit* die gewünschten Sicherheitseinstellungen konfigurieren. Stattdessen können Sie die Sicherheitseinstellungen auch für den Abbildgruppenordner konfigurieren, in dem die Abbilddatei gespeichert ist. Diese Einstellungen werden dann an alle Abbilder in diesem Abbildgruppenordner vererbt.

Anfordern der Genehmigung von einem Administrator

Statt eine Vorabbereitstellung der Computer durchzuführen oder die Sicherheitseinstellungen der Abbilddatei zu verändern, können Sie es auch von der Genehmigung eines Administrators abhängig machen, ob Computer mithilfe eines Abbilds installiert werden. Gehen Sie folgendermaßen vor, um einzustellen, dass die Genehmigung eines Administrators eingeholt wird, statt die Sicherheitseinstellungen für Abbilddateien zu verändern:

1. Erweitern Sie in der Konsole *Windows-Bereitstellungsdienste* den Knoten *Server*. Klicken Sie mit der rechten Maustaste auf den Server, mit dem Sie arbeiten wollen, und wählen Sie den Befehl *Eigenschaften*.
2. Wählen Sie auf der Registerkarte *PXE-Antworteinstellungen* die Option *Allen (bekannten und unbekannten) Clientcomputern antworten*.
3. Aktivieren Sie das Kontrollkästchen *Bei unbekannten Clients den Administrator benachrichtigen und erst nach Genehmigung antworten* und klicken Sie auf *OK*.

Werden nun Computer über das Netzwerk gestartet, befinden Sie sich erst einmal in einem Wartezustand. Bevor die Installation fortgesetzt wird, kann ein Administrator die Anforderung genehmigen oder ablehnen.

Gehen Sie folgendermaßen vor, um eine Anforderung zu genehmigen:
1. Wählen Sie in der Konsole *Windows-Bereitstellungsdienste* den Server aus, mit dem Sie arbeiten wollen. Klicken Sie auf den Ordner *Ausstehende Geräte* des Servers, um ihn auszuwählen und eine Liste aller Computer anzuzeigen, die auf eine Genehmigung warten.
2. Klicken Sie mit der rechten Maustaste auf den Computer und wählen Sie im Kontextmenü den Befehl *Genehmigen*.

Gehen Sie folgendermaßen vor, um eine Anforderung abzulehnen:
1. Wählen Sie in der Konsole *Windows-Bereitstellungsdienste* den Server aus, mit dem Sie arbeiten wollen. Klicken Sie auf den Ordner *Ausstehende Geräte* des Servers, um ihn auszuwählen und eine Liste aller Computer anzuzeigen, die auf eine Genehmigung warten.
2. Klicken Sie mit der rechten Maustaste auf den Computer und wählen Sie im Kontextmenü den Befehl *Ablehnen*.

Anpassen von Windows-Abbildern

Mit dem Dienstprogramm DISM können Sie ein bereitgestelltes Start- oder Installationsabbild anpassen. Tabelle 2.4 fasst die verfügbaren Befehle für DISM zusammen. Alle Komponenten in einem Abbild werden über den Komponentenspeicher verwaltet.

Tabelle 2.4 Wichtige Befehle für das Dienstprogramm DISM

Befehlstyp/Befehl	Beschreibung
Allgemeine Befehle	
/Cleanup-Wim	Löscht alle Ressourcen im Zusammenhang mit bereitgestellten Windows-Abbildern, die beschädigt sind.
/Commit-Wim	Speichert die Änderungen in einem bereitgestellten Windows-Abbild.
/Get-MountedWimInfo	Zeigt Informationen über bereitgestellte Windows-Abbilder an.
/Get-WimInfo	Zeigt Informationen über die Abbilder in einer Windows-Abbilddatei an.
/Image	Legt den Pfad zum Stammverzeichnis eines Offline-Windows-Abbilds fest.
/Mount-Wim	Stellt ein Abbild aus einer Windows-Abbilddatei im Dateisystem bereit.
/Online	Legt das laufende Betriebssystem als Ziel fest.
/Remount-Wim	Stellt ein verwaistes Windows-Bereitstellungsverzeichnis wieder her.
/Unmount-Wim	Hebt die Bereitstellung eines bereitgestellten Windows-Abbilds im Dateisystem wieder auf.
Zusätzliche Argumente	
/English	Zeigt die Befehlszeilenausgabe in englischer Sprache an.
/Format	Legt das Berichtausgabeformat fest.
/LogLevel	Legt fest, welche Ausgabeebene im Protokoll aufgezeichnet wird (1–4).

Befehlstyp/Befehl	Beschreibung
/LogPath	Gibt den Protokolldateipfad an.
/NoRestart	Unterdrückt automatische Neustarts und Aufforderungen, einen Neustart durchzuführen.
/Quiet	Unterdrückt alle Ausgaben außer Fehlermeldungen.
/ScratchDir	Legt den Pfad für das Verzeichnis mit dem sicheren Speicherbereich fest.
/SysDriveDir	Legt den Pfad für die Systemladedatei *BootMgr* fest.
/WinDir	Gibt den Pfad zum Windows-Verzeichnis an.

Sobald Sie ein Abbild im Dateisystem bereitgestellt haben, können Sie die Unterbefehle von *dism /image* benutzen, um das bereitgestellte Abbild zu bearbeiten. Tabelle 2.5 führt die verfügbaren Unterbefehle auf. Mithilfe dieser Unterbefehle können Sie beim Abbild ein Upgrade auf eine höhere Edition vornehmen, Gerätetreiber hinzufügen und entfernen, Zeitzonen und Benutzeroberflächensprache auswählen, Patches und installierte MSI-Anwendungen anzeigen, Pakete hinzufügen oder entfernen und vieles mehr.

Tabelle 2.5 Wichtige Unterbefehle für bereitgestellte und Offlineabbilder

Unterbefehl	Beschreibung
/Add-Driver	Fügt Treiberpakete zu einem Offlineabbild hinzu.
/Add-Package	Fügt Pakete zum Abbild hinzu.
/Apply-Unattend	Wendet die Datei *<Antwortdatei>.xml* auf ein Abbild an.
/Check-AppPatch	Zeigt Informationen an, wenn MSP-Patches auf das bereitgestellte Abbild angewendet werden können.
/Cleanup-Image	Führt Aufräum- und Wiederherstellungsoperationen für das Abbild aus.
/Disable-Feature	Deaktiviert eine bestimmte Funktion im Abbild.
/Enable-Feature	Aktiviert eine bestimmte Funktion im Abbild.
/Gen-LangIni	Generiert eine neue *Lang.ini*-Datei.
/Get-AppInfo	Zeigt Informationen über eine bestimmte installierte MSI-Anwendung an.
/Get-AppPatches	Zeigt Informationen über alle angewendeten MSP-Patches für alle installierten Anwendungen an.
/Get-AppPatchInfo	Zeigt Informationen über installierte MSP-Patches an.
/Get-Apps	Zeigt Informationen über alle installierten MSI-Anwendungen an.
/Get-CurrentEdition	Zeigt die Editionen des angegebenen Abbilds an.
/Get-DriverInfo	Zeigt Informationen über einen bestimmten Treiber in einem Offlineabbild oder einem laufenden Betriebssystem an.
/Get-Drivers	Zeigt Informationen über alle Treiber in einem Offlineabbild oder einem laufenden Betriebssystem an.
/Get-FeatureInfo	Zeigt Informationen über eine bestimmte Funktion an.
/Get-Features	Zeigt Informationen über alle Funktionen in einem Paket an.

Konfigurieren und Benutzen der Windows-Bereitstellungsdienste 105

Unterbefehl	Beschreibung
/Get-Intl	Zeigt Informationen über die Gebietseinstellungen und Sprachen an.
/Get-PackageInfo	Zeigt Informationen über ein bestimmtes Paket an.
/Get-Packages	Zeigt Informationen über alle Pakete im Abbild an.
/Get-TargetEditions	Zeigt eine Liste der Windows-Editionen an, auf die bei einem Abbild ein Upgrade durchgeführt werden kann.
/Remove-Driver	Löscht Treiberpakete aus einem Offlineabbild.
/Remove-Package	Löscht Pakete aus dem Abbild.
/Set-AllIntl	Konfiguriert alle Regionaleinstellungen im bereitgestellten Offlineabbild.
/Set-Edition	Führt beim Windows-Abbild ein Upgrade auf eine höhere Edition durch.
/Set-InputLocale	Legt die verwendeten Eingabegebietsschemas und Tastaturlayouts im bereitgestellten Offlineabbild fest.
/Set-LayeredDriver	Legt die überlagerten Tastaturtreiber fest.
/Set-ProductKey	Fügt den Product Key in das Offlineabbild ein.
/Set-SetupUILang	Legt die Standardsprache für das Setup fest.
/Set-SKUIntlDefaults	Setzt alle Regionaleinstellungen im bereitgestellten Offlineabbild auf die Standardwerte für die angegebene SKU-Sprache.
/Set-SysLocale	Setzt die Sprache für Nicht-Unicode-Programme (das Systemgebietsschema) und Schrifteinstellungen im bereitgestellten Offlineabbild fest.
/Set-TimeZone	Legt die Standardzeitzone im bereitgestellten Offlineabbild fest.
/Set-UILang	Legt die Standardsprache für die verwendete Systembenutzeroberfläche im bereitgestellten Offlineabbild fest.
/Set-UILangFallback	Legt die zweite Standardsprache für die verwendete Systembenutzeroberfläche im bereitgestellten Offlineabbild fest.
/Set-UserLocale	Legt das Benutzergebietsschema im bereitgestellten Offlineabbild fest.

Das Tool zur Abbildverwaltung für die Bereitstellung stellt Befehle zum Arbeiten mit WIM-Abbildern zur Verfügung. Abbilder werden mit der folgenden Syntax im Dateisystem bereitgestellt:

```
dism /mount-wim /wimfile:Pfad /index:Index /mountdir:Bereitstellungspfad
```

Dabei sind *Pfad* der vollständige Pfad zum WIM-Abbild, *Index* die Nummer des gewünschten Abbilds innerhalb der *.wim*-Datei und *Bereitstellungspfad* der Verzeichnisspeicherort, an dem Sie das Abbild bereitstellen wollen. Hier ein Beispiel:

```
dism /mount-wim /wimfile:c:\winpe_x86\iso\sources\boot.wim /index:1
/mountdir:c:\win7
```

Nun können Sie das Abbild nach Ihren Wünschen anpassen. Dabei können Sie die Änderungen jederzeit speichern, indem Sie *dism /commit-wim* ausführen, wie in diesem Beispiel:

```
dism /commit-wim /mountdir:c:\win7
```

Hier speichern Sie die Änderungen in den WIM-Abbildern, die Sie im Verzeichnis *C:\Win7* bereitgestellt haben.

Mit *dism /unmount-wim* heben Sie die Bereitstellung einer WIM-Datei im Dateisystem wieder auf. Ein Beispiel:

```
dism /unmount-wim /mountdir:c:\win7
```

In diesem Beispiel heben Sie die Bereitstellung des WIM-Abbilds auf, das im Verzeichnis *C:\Win7* bereitgestellt und dort verändert wurde. Haben Sie Änderungen vorgenommen, die noch nicht gespeichert wurden, müssen Sie diese Änderungen speichern oder verwerfen, wenn Sie die Bereitstellung des WIM-Abbilds im Dateisystem aufheben. Fügen Sie das Argument */Commit* hinzu, um die Änderungen zu speichern, oder */Discard*, um sie zu verwerfen. Dies wirkt sich nur auf Änderungen aus, die Sie noch nicht vorher gespeichert haben.

3 Konfigurieren von Benutzer- und Computerrichtlinien

Übersicht über das Kapitel:
Grundlagen von Gruppenrichtlinien 107
Konfigurieren von Richtlinien 115
Arbeiten mit Datei- und Datenverwaltungsrichtlinien 118
Verwenden von Zugriffs- und Verbindungsrichtlinien 128
Verwenden von Computer- und Benutzerskriptrichtlinien 132
Verwenden von Anmelde- und Startrichtlinien 136

Gruppenrichtlinien sind ein Satz Regeln, die Sie anwenden, um Benutzer und Computer einfacher zu verwalten. In Windows 7 umfassen die Gruppenrichtlinien verwaltete Richtlinieneinstellungen (kurz Richtlinien, im Englischen auch als »policy settings« bezeichnet) und unverwaltete Richtlinieneinstellungen (kurz Einstellungen, im englischen »policy preferences«). Mit verwalteten Richtlinieneinstellungen steuern Sie die Konfiguration des Betriebssystems und seiner Komponenten, während Sie mit unverwalteten Richtlinieneinstellungen Betriebssystem- und Anwendungseinstellungen konfigurieren, bereitstellen und verwalten. Der Hauptunterschied zwischen verwalteten und unverwalteten Richtlinieneinstellungen besteht darin, wie sie durchgesetzt werden. Verwaltete Richtlinieneinstellungen werden von den Gruppenrichtlinien strikt erzwungen, unverwaltete Richtlinieneinstellungen dagegen nicht.

In diesem Kapitel zeige ich Ihnen, wie Sie verwaltete Richtlinieneinstellungen benutzen. Das nächste Kapitel beschreibt die Benutzung unverwalteter Richtlinieneinstellungen.

Grundlagen von Gruppenrichtlinien

Mithilfe von verwalteten Richtlinieneinstellungen steuern Sie die Konfiguration des Betriebssystems und deaktivieren in der Benutzeroberfläche die Optionen und Steuerelemente für die Einstellungen, die von den Gruppenrichtlinien verwaltet werden. Die meisten Richtlinieneinstellungen sind in separaten Zweigen der Registrierung gespeichert. Das Betriebssystem und die Anwendungen prüfen diese Registrierungszweige, um festzustellen, ob und wie verschiedene Aspekte des Betriebssystems gesteuert werden.

Es gibt zwei Arten von Gruppenrichtlinien: lokale Gruppenrichtlinien und Active Directory-Gruppenrichtlinien. Lokale Gruppenrichtlinien dienen allein zur Verwaltung des lokalen Computers. Dagegen verwalten Active Directory-Gruppenrichtlinien die Einstellungen der Computer in den

Standorten, Domänen und Organisationseinheiten (Organizational Unit, OU). Gruppenrichtlinien vereinfachen die Verwaltung, weil sie den Administratoren eine zentrale Steuerung der Rechte, Berechtigungen und Möglichkeiten von Benutzern und Computern erlauben. Ein sorgfältiger Umgang mit den Gruppenrichtlinien ist für eine einwandfreie Funktion des Systems entscheidend. Richtlinieneinstellungen lassen sich in zwei Kategorien aufteilen, nämlich in Richtlinien, die für Computer gelten, und in Richtlinien, die für Benutzer gelten. Computerrichtlinien werden gewöhnlich beim Systemstart angewendet und Benutzerrichtlinien bei der Anmeldung.

Während des Systemstarts und bei der Anmeldung werden die Richtlinien in einer genau festgelegten Reihenfolge angewendet. Diese Reihenfolge spielt auch bei der Problembehebung eine wichtige Rolle. Sind mehrere Richtlinien konfiguriert, werden sie in folgender Reihenfolge angewendet:

1. Lokale Richtlinien
2. Standortrichtlinien
3. Domänenrichtlinien
4. Gruppenrichtlinien der Organisationseinheit
5. Gruppenrichtlinien von untergeordneten Organisationseinheiten

Wenn es Konflikte zwischen den Richtlinieneinstellungen gibt, hat die später angewendete Einstellung Vorrang und setzt die vorher geltende Einstellung außer Kraft. Daher haben beispielsweise Richtlinien einer Organisationseinheit Vorrang vor den Gruppenrichtlinien der Domäne. Wie Sie sicher erwarten, gibt es Ausnahmen von dieser Vorrangregelung, die es Administratoren ermöglicht, Richtlinien zu blockieren, zu überwachen und zu deaktivieren.

Der Gruppenrichtlinienclientdienst isoliert die Benachrichtigung und Verarbeitung der Gruppenrichtlinien vom Windows-Anmeldevorgang, was den Ressourcenverbrauch für die Hintergrundverarbeitung der Richtlinie verringert, die Gesamtleistung verbessert und es ermöglicht, neue Gruppenrichtliniendateien im Rahmen des Aktualisierungsvorgangs auszuliefern und anzuwenden, ohne dass ein Neustart erforderlich ist.

Im Unterschied zu Windows XP nutzt Windows 7 nicht die Möglichkeit der Ablaufverfolgungsprotokollierung in *Userenv.dll*. Stattdessen schreibt Windows 7 Ereignismeldungen zu Gruppenrichtlinien in das Systemprotokoll. Außerdem ersetzt das Betriebsprotokoll der Gruppenrichtlinien die frühere Userenv-Protokollierung. Wenn Sie eine Problembehandlung für Gruppenrichtlinien durchführen, verwenden Sie statt des Userenv-Protokolls die detaillierten Ereignismeldungen aus dem Betriebsprotokoll. In der Ereignisanzeige finden Sie das Betriebsprotokoll unter *Anwendungs- und Dienstprotokolle\Microsoft\Windows\GroupPolicy\Betriebsbereit*.

Windows 7 benutzt nicht das Protokoll ICMP (Ping), sondern NLA (Network Location Awareness). Mithilfe von NLA erkennt ein Computer, an welchen Typ Netzwerk er angeschlossen ist, sodass er auf Änderungen im Systemstatus oder in der Netzwerkkonfiguration reagieren kann. Dank der

Nutzung von NLA können die Gruppenrichtlinienclients den Computerstatus, den Netzwerkstatus und die verfügbare Netzwerkbandbreite ermitteln, um langsame Verbindungen zu erkennen. Folglich hat der Gruppenrichtlinienclient einen besseren Überblick über die Betriebsumgebung und ist besser in der Lage festzulegen, welche Richtlinien wann angewendet werden sollten.

Bearbeiten und Benutzen der lokalen Gruppenrichtlinien

Lokale Gruppenrichtlinien werden auf alle Benutzer oder Administratoren angewendet, die sich an einem Computer anmelden, der Mitglied einer Arbeitsgruppe ist, sowie auf alle Benutzer oder Administratoren, die sich lokal an einem Computer anmelden, der Mitglied einer Domäne ist.

Ein Windows 7-Computer kann mit mehreren lokalen Richtlinienobjekten verknüpft sein. Lokale Gruppenrichtlinien werden über das lokale Gruppenrichtlinienobjekt (Group Policy Object, GPO) verwaltet. Das lokale GPO ist auf jedem Computer im Ordner *%SystemRoot%\System32\GroupPolicy* gespeichert. Zusätzliche benutzer- und gruppenspezifische lokale GPOs liegen im Ordner *%SystemRoot%\System32\GroupPolicyUsers*.

Wenn Sie Computer statt in einer Domänenkonfiguration als eigenständige Computer verwenden, ist es unter Umständen sinnvoll, mehrere lokale GPOs zu verwenden. Sie können beispielsweise ein lokales GPO für Administratoren und ein anderes für Nicht-Administratoren einrichten. Auf diese Weise brauchen Sie keine Einstellungen, die Konflikte bei der Verwaltung des Computers verursachen, explizit zu deaktivieren oder zu entfernen, bevor Sie Administratoraufgaben durchführen. In einer Domänenkonfiguration ist es dagegen kaum sinnvoll, mehrere lokale GPOs zu benutzen. In Domänen werden bereits mehrere GPOs auf die meisten Computer und Benutzer angewendet; fügen Sie dann auch noch mehrere lokale GPOs zu dieser Mischung hinzu, wird die Verwaltung der Gruppenrichtlinien unter Umständen zu schwierig.

Windows 7 hat drei Schichten lokaler GPOs:

- **Lokale Gruppenrichtlinien** Die lokalen Gruppenrichtlinien sind das einzige lokale GPO, in dem sowohl Computerkonfigurations- als auch Benutzerkonfigurationseinstellungen auf alle Benutzer des Computers angewendet werden.

- **Lokale Gruppenrichtlinien für Administratoren und Nicht-Administratoren** Die lokalen Gruppenrichtlinien für Administratoren und Nicht-Administratoren enthalten nur Benutzerkonfigurationseinstellungen. Welche Richtlinie angewendet wird, hängt davon ab, ob das verwendete Benutzerkonto Mitglied der lokalen Gruppe *Administratoren* ist.

- **Benutzerspezifische lokale Gruppenrichtlinien** Die benutzerspezifischen lokalen Gruppenrichtlinien enthalten ausschließlich Benutzerkonfigurationseinstellungen. Diese Richtlinie wird auf einzelne Benutzer und Gruppen angewendet.

Diese Schichten der lokalen GPOs werden in folgender Reihenfolge verarbeitet: lokale Gruppenrichtlinien, lokale Gruppenrichtlinien für Administratoren beziehungsweise Nicht-Administratoren, benutzerspezifische lokale Gruppenrichtlinien.

Weil in allen lokalen GPOs dieselben Benutzerkonfigurationseinstellungen verfügbar sind, kann es vorkommen, dass eine Einstellung in einem GPO einen Konflikt mit der Einstellung in einem anderen GPO verursacht. Windows 7 löst solche Konflikte in den Einstellungen auf, indem es alle vorherigen Einstellungen durch die zuletzt eingelesene und aktuellste Einstellung überschreibt. Windows 7 verwendet also die letzte Einstellung. Wenn Windows 7 Konflikte auflöst, ist dabei nur von Bedeutung, ob die Einstellung aktiviert oder deaktiviert ist. Die Einstellung *Nicht konfiguriert* hat keine Auswirkung auf den Zustand einer Einstellung, die aus einer vorher angewendeten Richtlinie stammt. Um die Domänenadministration zu vereinfachen, können Sie die Verarbeitung der lokalen GPOs auf Windows 7-Computern deaktivieren, indem Sie in einem Gruppenrichtlinienobjekt der Domäne die Richtlinieneinstellung *Verarbeitung lokaler Gruppenrichtlinienobjekte deaktivieren* aktivieren. Sie finden diese Einstellung in den Gruppenrichtlinien unter *Computerkonfiguration\Administrative Vorlagen\System\Gruppenrichtlinie*.

HINWEIS Lokale GPOs werden immer verarbeitet, wenn sie aktiviert sind. Sie haben aber den niedrigsten Rang, was bedeutet, dass ihre Einstellungen von den Einstellungen für Standort, Domäne und Organisationseinheit überschrieben werden.

Das einzige lokale Richtlinienobjekt, das auf einem Computer standardmäßig vorhanden ist, ist das lokale GPO. Weitere lokale Richtlinienobjekte können Sie im Gruppenrichtlinienobjekt-Editor erstellen und verwalten. Weil die lokalen Gruppenrichtlinien lediglich eine Untermenge der Gruppenrichtlinien sind, gibt es viele Dinge, die Sie nicht lokal konfigurieren können, sondern nur in einer Domänenumgebung. Erstens können Sie keinerlei unverwaltete Richtlinieneinstellungen verwalten. Zweitens können Sie nur einen Teil der verwalteten Richtlinieneinstellungen konfigurieren. Abgesehen von diesen grundlegenden Unterschieden werden lokale Gruppenrichtlinien und Active Directory-Gruppenrichtlinien auf dieselbe Weise verwaltet.

Um mit lokalen GPOs zu arbeiten, brauchen Sie ein Administratorkonto. Am schnellsten greifen Sie auf das oberste lokale GPO des lokalen Computers zu, indem Sie in einer Eingabeaufforderung den folgenden Befehl eingeben:

```
gpedit.msc /gpcomputer: "%ComputerName%"
```

Dieser Befehl startet den Gruppenrichtlinienobjekt-Editor in einer Microsoft Management Console (MMC), wobei als Ziel der lokale Computer eingestellt ist.

Außerdem können Sie das oberste lokale GPO auf einem Computer auch folgendermaßen bearbeiten:
1. Geben Sie im Suchfeld des Startmenüs den Befehl **mmc** ein und drücken Sie die EINGABETASTE.
2. Wählen Sie in der Microsoft Management Console den Menübefehl *Datei* und dann *Snap-In hinzufügen/entfernen*.
3. Klicken Sie im Dialogfeld *Snap-Ins hinzufügen bzw. entfernen* auf *Gruppenrichtlinienobjekt-Editor* und dann auf *Hinzufügen*.
4. Klicken Sie im Dialogfeld *Gruppenrichtlinienobjekt auswählen* auf *Fertig stellen* (der lokale Computer ist das Standardobjekt). Klicken Sie auf *OK*.

Wie in Abbildung 3.1 gezeigt, können Sie nun im Konsolenfenster die lokalen Gruppenrichtlinieneinstellungen verwalten. Weil die lokalen Gruppenrichtlinien keine unverwalteten Richtlinieneinstellungen umfassen, gibt es unter *Computerkonfiguration* und *Benutzerkonfiguration* keine getrennten Knoten für *Richtlinien* und *Einstellungen*.

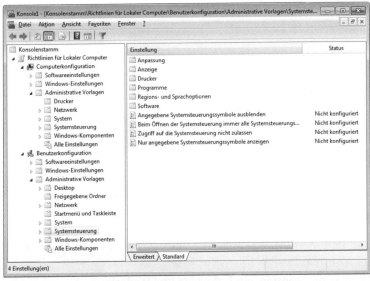

Abbildung 3.1 Zugreifen auf das oberste lokale GPO

Sie können bei Bedarf auch andere lokale Richtlinienobjekte anlegen und verwalten. Gehen Sie folgendermaßen vor, um weitere lokale GPOs zu erstellen und zu bearbeiten:
1. Geben Sie im Suchfeld des Startmenüs den Befehl **mmc** ein und drücken Sie die EINGABETASTE. Wählen Sie in der Microsoft Management Console den Menübefehl *Datei* und dann *Snap-In hinzufügen/entfernen*.
2. Klicken Sie im Dialogfeld *Snap-Ins hinzufügen bzw. entfernen* auf *Gruppenrichtlinienobjekt-Editor* und dann auf *Hinzufügen*.

3. Klicken Sie im Dialogfeld *Gruppenrichtlinienobjekt auswählen* auf *Durchsuchen*. Klicken Sie im Dialogfeld *Gruppenrichtlinienobjekt suchen* auf die Registerkarte *Benutzer*.
4. Auf der Registerkarte *Benutzer* (Abbildung 3.2) zeigen die Einträge in der Spalte *Gruppenrichtlinienobjekt ist vorhanden*, ob ein bestimmtes lokales Richtlinienobjekt bereits erstellt wurde. Sie haben nun folgende Möglichkeiten:
   - Wählen Sie *Administratoren* aus, um das lokale GPO für Administratoren zu erstellen. Sie verwenden hier die Gruppe *Administratoren* statt des Benutzers *Administrator*, um sicherzustellen, dass die Richtlinie auf alle lokalen Administratoren angewendet wird.
   - Wählen Sie *Nicht-Administratoren* aus, um das lokale GPO für Nicht-Administratoren anzulegen und zu öffnen.
   - Wählen Sie den lokalen Benutzer aus, dessen benutzerspezifisches lokales GPO Sie erstellen oder öffnen wollen.

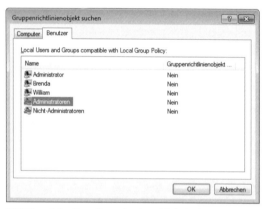

Abbildung 3.2   Zugreifen auf weitere lokale GPOs

5. Klicken Sie auf *OK*. Sofern das ausgewählte Objekt noch nicht vorhanden ist, wird es nun erstellt. Andernfalls öffnen Sie das Objekt, sodass Sie es ansehen und bearbeiten können.

Öffnen und Benutzen von Richtlinien für Standorte, Domänen und Organisationseinheiten

In Active Directory können jeder Standort, jede Domäne und jede Organisationseinheit jeweils mindestens eine Gruppenrichtlinie haben. Wenn Sie mit Active Directory-Gruppenrichtlinien arbeiten wollen, müssen Sie die Konsole *Gruppenrichtlinienverwaltung* (Group Policy Management Console, GPMC) verwenden, um diese GPOs anzuzeigen und zu bearbeiten. Außerdem brauchen Sie ein Administratorkonto, um auf diese GPOs zuzugreifen.

Auf einem Computer, der unter einer Server-Edition von Windows läuft, steht die Konsole *Gruppenrichtlinienverwaltung* als Teil der Standardinstallation zur Verfügung. Auf einem Computer, der unter einer Desktopedition von Windows läuft, können Sie die Konsole *Gruppenrichtlinienverwaltung* einspielen, indem Sie die Remoteserver-Verwaltungstools (Remote Server Administration Tools, RSAT) installieren. Sie können RSAT für Windows 7 im Microsoft Download Center herunterladen (*http://download.microsoft.com/*).

Sobald Sie die Konsole *Gruppenrichtlinienverwaltung* als Teil von RSAT installiert haben, können Sie sie über das Menü *Verwaltung* öffnen. Klicken Sie im Startmenü auf *Alle Programme*, *Verwaltung* und schließlich auf *Gruppenrichtlinienverwaltung*.

Wie in Abbildung 3.3 gezeigt, enthält der linke Fensterabschnitt der Konsole *Gruppenrichtlinienverwaltung* auf der obersten Ebene standardmäßig zwei Knoten: *Gruppenrichtlinienverwaltung* (der Konsolenstamm) und *Gesamtstruktur* (ein Knoten für die aktuelle Gesamtstruktur, mit der Sie momentan verbunden sind; der Name ergibt sich aus der Gesamtstruktur-Stammdomäne dieser Gesamtstruktur). Wenn Sie den Knoten *Gesamtstruktur* erweitern, sehen Sie folgende Knoten:

- **Domänen** Bietet Zugang zu den Richtlinieneinstellungen der Domänen in der dazugehörigen Gesamtstruktur. Standardmäßig sind Sie mit der Domäne verbunden, bei der Sie sich angemeldet haben, und können Verbindung zu anderen Domänen aufnehmen. Wenn Sie eine Domäne erweitern, können Sie auf das GPO der Standarddomänenrichtlinie (*Default Domain Policy*) zugreifen, auf die Organisationseinheit *Domain Controllers* (und das dazugehörige GPO *Default Domain Controllers Policy*) und auf die Gruppenrichtlinienobjekte, die in der Domäne definiert wurden.

- **Standorte** Bietet Zugang zu den Richtlinieneinstellungen für Standorte in der Gesamtstruktur. Standardmäßig werden Standorte verborgen.

- **Gruppenrichtlinienmodellierung** Bietet Zugang zum Gruppenrichtlinienmodellierungs-Assistenten, der Sie bei der Planung der Richtlinien unterstützt und die Richtlinien zu Testzwecken simuliert. Auch alle gespeicherten Richtlinienmodelle stehen hier zur Verfügung.

- **Gruppenrichtlinienergebnisse** Bietet Zugang zum Gruppenrichtlinienergebnis-Assistenten. Sie haben die Gruppenrichtlinienobjekte und Organisationseinheiten aus allen Domänen, mit denen Sie verbunden sind, zur Bearbeitung an einem Ort zur Verfügung.

Die Gruppenrichtlinienobjekte, die in der Konsole *Gruppenrichtlinienverwaltung* in Containern für Domänen, Standorte und Organisationseinheiten aufgeführt werden, sind in Wirklichkeit Gruppenrichtlinienobjekt-Verknüpfungen, nicht die tatsächlichen Gruppenrichtlinienobjekte. Die tatsächlichen Gruppenrichtlinienobjekte befinden sich im Gruppenrichtlinienobjekte-Container der ausgewählten Domäne. Beachten Sie auch, dass die Symbole für Gruppenrichtlinienobjekt-Verknüpfungen mit einem kleinen Pfeil in der linken unteren Ecke markiert sind, ähnlich wie Verknüpfungssymbole. Sie öffnen ein Gruppenrichtlinienobjekt zum Bearbeiten, indem Sie es mit der rechten Maustaste anklicken und im Kontextmenü den Befehl *Bearbeiten* wählen.

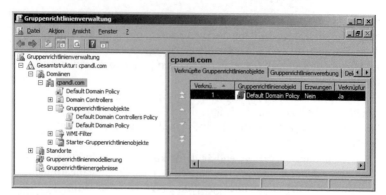

Abbildung 3.3 Zugreifen auf Gruppenrichtlinienobjekte für Domänen, Standorte und Organisationseinheiten

Nachdem Sie ein Gruppenrichtlinienobjekt für die Bearbeitung ausgewählt oder neu erstellt haben, können Sie die Bearbeitung mit dem Gruppenrichtlinienobjekt-Editor durchführen. Wie aus Abbildung 3.4 hervorgeht, zeigt der Gruppenrichtlinienverwaltungs-Editor zwei Hauptknoten an:

- *Computerkonfiguration* Ermöglicht Ihnen die Festlegung von Richtlinien, die unabhängig vom angemeldeten Benutzer für Computer gelten.
- *Benutzerkonfiguration* Ermöglicht Ihnen die Festlegung von Richtlinien, die für bestimmte Benutzer gelten, und zwar unabhängig davon, an welchem Computer sie sich anmelden.

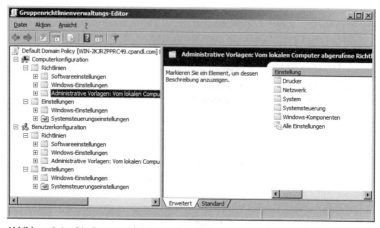

Abbildung 3.4 Die Gruppenrichtlinienoptionen hängen vom Gruppenrichtlinienobjekt ab, das Sie erstellen, und von den installierten Add-Ons

HINWEIS Vergessen Sie bitte nicht, dass Benutzerkonfigurationseinstellungen, die in lokalen Gruppenrichtlinienobjekten vorgenommen werden, nur auf den Computern gelten, auf denen die Optionen konfiguriert sind. Wenn Sie möchten, dass die

Einstellungen auf allen Computern gelten, die der Benutzer vielleicht verwendet, müssen Sie die Gruppenrichtlinien der Domäne, der Organisationseinheit oder des Standorts verwenden.

Unter *Computerkonfiguration* und *Benutzerkonfiguration* finden Sie jeweils die separaten Knoten *Richtlinien* und *Einstellungen*. Wenn Sie mit verwalteten Richtlinieneinstellungen arbeiten, verwenden Sie den Knoten *Richtlinien*. Welche Optionen unter einem Richtlinienknoten zur Verfügung stehen, hängt davon ab, welche Add-Ons installiert sind und welche Art von Richtlinie Sie erstellen. Gewöhnlich finden Sie in beiden Knoten folgende untergeordnete Knoten:

- *Softwareeinstellungen*   Legt Richtlinien für Softwareeinstellungen und die Softwareinstallation fest. Wenn Sie Software installieren, können unter *Softwareeinstellungen* untergeordnete Knoten hinzugefügt werden.
- *Windows-Einstellungen*   Legt Richtlinien für Ordnerumleitung, Skripts und Sicherheit fest.
- *Administrative Vorlagen*   Legt Richtlinien für Betriebssystem, Windows-Komponenten und Programme fest. Diese Richtlinien, die im Verlauf dieses Kapitels näher besprochen werden, gelten für Benutzer und Computer.

Konfigurieren von Richtlinien

Zur Verwaltung von Benutzern und Computern verwenden Sie die Richtlinien aus den administrativen Vorlagen. Diese Richtlinien bieten einen einfachen Zugang zu den Richtlinieneinstellungen der Registrierung, die das Betriebssystem, Windows-Komponenten und Programme steuern. Ältere Windows-Versionen, in denen es Gruppenrichtlinien gibt, verwenden ADM-Dateien (Administrative Template) mit einer speziellen Sprache, um Richtlinieneinstellungen auf Registrierungsbasis zu speichern. Windows 7 verwendet dagegen ein Dateiformat, das ADMX genannt wird und auf dem XML-Standard beruht. Im Gegensatz zu ADM-Dateien, die in dem Gruppenrichtlinienobjekt gespeichert werden, zu dem sie gehören, werden ADMX-Dateien in einem zentralen Datenspeicher verwaltet. In Domänen lassen sich ADMX-Dateien durch die zentrale Speicherung leichter bearbeiten und verwalten.

Anzeigen von Richtlinien und Vorlagen

Wie aus Abbildung 3.5 hervorgeht, können Sie die aktuell konfigurierten Vorlagen im Knoten *Administrative Vorlagen* des Gruppenrichtlinienverwaltungs-Editors anzeigen. Er enthält Richtlinien, die für lokale Systeme, Organisationseinheiten, Domänen und Standorte konfiguriert werden können. Die Vorlagen unter *Computerkonfiguration* und *Benutzerkonfiguration* sind verschieden. Im Gruppenrichtlinienverwaltungs-Editor und bei der Installation neuer Windows-Komponenten können Sie Vorlagen mit neuen Richtlinien hinzufügen.

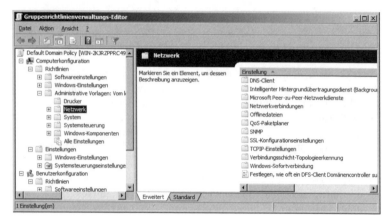

Abbildung 3.5 Festlegen von Benutzer- und Computerrichtlinien mithilfe administrativer Vorlagen

Alle Änderungen, die Sie an den Richtlinien aus den administrativen Vorlagen vornehmen, werden in der Registrierung gespeichert. Computerkonfigurationen werden in *HKEY_LOCAL_MACHINE* gespeichert und Benutzerkonfigurationen in *HKEY_USER*. Wenn Sie im Gruppenrichtlinienverwaltungs-Editor ein wenig im Knoten *Administrative Vorlagen* herumstöbern, lernen Sie die verschiedenen Richtlinien der administrativen Vorlagen am schnellsten kennen. Sie werden feststellen, dass sich Richtlinien gewöhnlich in einem von drei Zuständen befinden:

- *Nicht konfiguriert*   Die Richtlinie wird nicht verwendet und ihre Einstellung hat keinen Einfluss auf die Konfiguration des Computers.
- *Aktiviert*   Die Richtlinie ist aktiv und ihre Einstellungen werden in der Registrierung gespeichert.
- *Deaktiviert*   Die Richtlinie ist nicht aktiv. Sie kann ein bestimmtes Verhalten aufweisen, das im Gegensatz zu der Einstellung für den aktiven Zustand steht. Die Einstellung wird in der Registrierung gespeichert.

Aktivieren, Deaktivieren und Konfigurieren von Richtlinien

Im Gruppenrichtlinienverwaltungs-Editor finden Sie administrative Vorlagen in zwei Knoten: *Computerkonfiguration* und *Benutzerkonfiguration*. In den meisten Fällen überschneiden sich die Richtlinien nicht und stehen auch nicht im Widerspruch zueinander. Sollte sich ein Konflikt ergeben, haben die Computerrichtlinien Vorrang. Das bedeutet, dass die Computerrichtlinie die Richtlinie ist, die gilt und die durchgesetzt wird. Im Verlauf dieses Kapitels werden die häufig verwendeten Richtlinien und ihre Anwendung genauer beschrieben.

Bevor Sie Richtlinien bearbeiten können, müssen Sie den Gruppenrichtlinienverwaltungs-Editor für den Standort, die Domäne oder die Organisationseinheit öffnen, mit der Sie arbeiten wollen. Gehen Sie folgendermaßen

vor, um auf ein Gruppenrichtlinienobjekt für eine Domäne oder eine Organisationseinheit zuzugreifen:
1. Erweitern Sie in der Konsole *Gruppenrichtlinienverwaltung* den Knoten der Gesamtstruktur, mit der Sie arbeiten wollen, und dann den untergeordneten Knoten *Domänen*.
2. Erweitern Sie den Knoten der Domäne, mit der Sie arbeiten wollen, und dann den untergeordneten Knoten *Gruppenrichtlinienobjekte*.
3. Klicken Sie mit der rechten Maustaste auf das Gruppenrichtlinienobjekt, mit dem Sie arbeiten wollen, und wählen Sie den Befehl *Bearbeiten*. Daraufhin wird das Gruppenrichtlinienobjekt zum Editieren im Gruppenrichtlinienverwaltungs-Editor geöffnet.

Sobald Sie das GPO im Gruppenrichtlinienverwaltungs-Editor geöffnet haben, können Sie Richtlinien folgendermaßen aktivieren, deaktivieren und konfigurieren:
1. Erweitern Sie den Ordner *Administrative Vorlagen* unter *Computerkonfiguration* oder *Benutzerkonfiguration*, je nach der gesuchten Richtlinie.
2. Klicken Sie in der Strukturdarstellung auf den Ordner, in dem die gewünschte Richtlinie liegt. Dadurch werden die enthaltenen Richtlinien im rechten Konsolenbereich angezeigt.
3. Klicken Sie die gewünschte Richtlinie mit einem Doppelklick oder mit der rechten Maustaste an und wählen Sie *Eigenschaften*, um ihr *Eigenschaften*-Dialogfeld zu öffnen.
4. Klicken Sie auf die Registerkarte *Erklärung*. Sie beschreibt die Richtlinie, sofern eine Beschreibung verfügbar ist.
5. Zur Einstellung der Richtlinie klicken Sie auf die Registerkarte *Einstellung* und wählen dann mit einer der folgenden Optionsschaltflächen den gewünschten Zustand der Richtlinie aus:
   - *Nicht konfiguriert*   Die Richtlinie ist nicht konfiguriert.
   - *Aktiviert*   Die Richtlinie ist aktiv.
   - *Deaktiviert*   Die Richtlinie ist nicht aktiv.
6. Wenn Sie die Richtlinie aktivieren, nehmen Sie auf der Registerkarte *Einstellung* alle zusätzlichen Einstellungen vor, die erforderlich sind, und klicken dann auf *Übernehmen*.
7. Mit den Schaltflächen *Vorige Einstellung* und *Nächste Einstellung* erreichen Sie die anderen Richtlinien, die im Ordner verfügbar sind. Nehmen Sie die gewünschten Einstellungen vor, wie in den Schritten 4 bis 6 beschrieben.
8. Klicken Sie auf *OK*, wenn Sie fertig sind.

Hinzufügen oder Entfernen von Vorlagen
Sie können im Gruppenrichtlinienverwaltungs-Editor Vorlagenordner hinzufügen und entfernen. Gehen Sie folgendermaßen vor:
1. Öffnen Sie den Gruppenrichtlinienobjekt-Editor für den Standort, die Domäne oder die Organisationseinheit, mit der Sie arbeiten möchten.

2. Klicken Sie unter *Computerkonfiguration* oder *Benutzerkonfiguration* mit der rechten Maustaste auf den Ordner *Administrative Vorlagen* und wählen Sie *Vorlagen hinzufügen/entfernen*. Dadurch öffnet sich das Dialogfeld *Vorlagen hinzufügen/entfernen*.
3. Um neue Vorlagen hinzuzufügen, klicken Sie auf *Hinzufügen*. Anschließend wählen Sie im Dialogfeld *Richtlinienvorlagen* die Vorlage aus, die Sie hinzufügen möchten, und klicken auf *Öffnen*.
4. Um eine vorhandene Vorlage zu entfernen, wählen Sie die Vorlage aus und klicken dann auf *Entfernen*.
5. Wenn Sie keine Vorlagen mehr hinzufügen oder entfernen möchten, klicken Sie auf *Schließen*.

Arbeiten mit Datei- und Datenverwaltungsrichtlinien

Jeder Systemadministrator sollte sich mit den Richtlinien zur Datei- und Datenverwaltung auskennen. Sie legen fest, welche Datenmenge ein Benutzer auf einem Computer speichern kann, wie Offlinedateien verwendet werden und ob die Systemwiederherstellungsfunktion aktiviert ist.

Konfigurieren von Datenträgerkontingentrichtlinien

Richtlinien, die Datenträgerkontingente kontrollieren, gelten für den ganzen Computer. Sie finden diese Richtlinien unter *Computerkonfiguration\Administrative Vorlagen\System\Datenträgerkontingente*. Tabelle 3.1 listet die verfügbaren Richtlinien auf.

Tabelle 3.1 Richtlinien für Datenträgerkontingente

Richtlinienname	Beschreibung
Datenträgerkontingente ermöglichen	Aktiviert oder deaktiviert Datenträgerkontingente für alle NTFS-Volumes des Computers und hindert Benutzer daran, die Einstellung zu ändern.
Datenträgerkontingentgrenzen erzwingen	Gibt an, ob Datenträgerkontingente durchgesetzt werden. Ist dies der Fall, erhalten Benutzer keinen zusätzlichen Speicherplatz, wenn ihr Kontingent erschöpft ist. Diese Einstellung hat Vorrang vor der Einstellung auf der Registerkarte *Kontingent* des NTFS-Volumes.
Ereignis protokollieren, wenn die Datenträgerkontingentgrenze überschritten wird	Gibt an, ob ein Ereignis protokolliert wird, wenn Benutzer ihre Kontingentgrenze erreichen. Hindert Benutzer an der Änderung ihrer Protokolloptionen.
Ereignis protokollieren, wenn die Kontingentwarnstufe überschritten wird	Gibt an, ob ein Ereignis protokolliert wird, wenn Benutzer die Warnstufe erreichen.
Richtlinie auf austauschbare Datenträger anwenden	Legt fest, ob Kontingentrichtlinien auf NTFS-Volumes von Wechselmedien erweitert werden. Wenn Sie diese Richtlinie nicht aktivieren, gelten Kontingente nur für fest installierte Festplatten.
Standarddatenträgerkontingent und Warnstufe	Legt ein Standarddatenträgerkontingent und eine Warnstufe für alle Benutzer fest. Diese Einstellung hat Vorrang vor allen anderen Einstellungen und gilt nur für neue Benutzer eines Volumes.

Wenn Sie mit Datenträgerkontingenten arbeiten, werden Sie vermutlich auf allen Systemen einheitliche Richtlinien verwenden. Im Normalfall werden Sie aber nicht alle verfügbaren Richtlinien einsetzen. Stattdessen aktivieren Sie selektiv die erforderlichen Richtlinien und verwenden dann die NTFS-Standardfunktionen zur Kontrolle der Kontingente auf den verschiedenen Volumes. Wenn Sie Datenträgerkontingente festlegen möchten, gehen Sie folgendermaßen vor:

1. Öffnen Sie den Gruppenrichtlinienverwaltungs-Editor für den Standort, die Domäne oder die Organisationseinheit, mit der Sie arbeiten möchten. Die Datenträgerkontingentrichtlinien finden Sie unter *Computerkonfiguration\Administrative Vorlagen\System\Datenträgerkontingente*.

2. Klicken Sie doppelt auf *Datenträgerkontingente ermöglichen*. Wählen Sie die Option *Aktiviert* aus und klicken Sie auf *OK*.

3. Klicken Sie doppelt auf *Datenträgerkontingentgrenze erzwingen*. Wenn Sie auf allen NTFS-Volumes des Computers Datenträgerkontingente durchsetzen wollen, wählen Sie *Aktiviert*. Andernfalls wählen Sie *Deaktiviert* und legen dann auf Volumebasis die gewünschten Grenzen fest, wie in Kapitel 14, »Verwalten von Datenzugriff und Verfügbarkeit«, beschrieben. Klicken Sie auf *OK*.

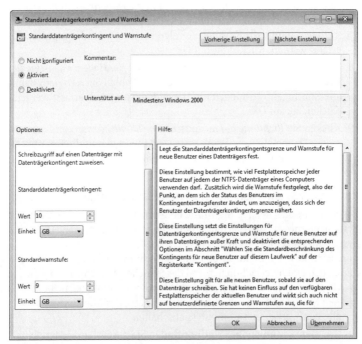

Abbildung 3.6 Mit dem Eigenschaftendialogfeld *Standarddatenträgerkontingent und Warnstufe* legen Sie Werte für Datenträgerkontingente fest

4. Klicken Sie *Standarddatenträgerkontingent und Warnstufe* mit einem Doppelklick an. Das Dialogfeld *Eigenschaften von Standarddatenträgerkontingent und Warnstufe* öffnet sich (Abbildung 3.6). Wählen Sie *Aktiviert*.
5. Blättern Sie im Optionsfeld nach unten. Legen Sie unter *Standarddatenträgerkontingent* das Kontingent fest, das neuen Benutzern bei ihrem ersten Schreibzugriff auf das kontingentierte Volume zugestanden wird. Das Kontingent gilt nicht für aktuelle Benutzer und wirkt sich nicht auf aktuelle Kontingente aus. 1 bis 3 GByte sind in einer Organisation oft ein brauchbarer Wert, beispielsweise für ein freigegebenes Verzeichnis, das von den Mitgliedern einer Arbeitsgruppe verwendet wird. Welche Einstellung sinnvoll ist, hängt natürlich von der Datenmenge ab, mit der es die Benutzer routinemäßig zu tun haben. Grafikdesigner und Ingenieure werden vermutlich wesentlich mehr Platz brauchen.
6. Blättern Sie im Optionsfeld nach unten, bis Sie die Warnstufe einstellen können. 90 Prozent des Standarddatenträgerkontingents sind ein guter Wert. Wenn Sie also ein Standarddatenträgerkontingent von 1 GByte festlegen, dann stellen Sie die Warnstufe auf 900 MByte ein. Klicken Sie auf *OK*.
7. Klicken Sie *Ereignis protokollieren, wenn die Datenträgerkontingentgrenze überschritten wird* mit einem Doppelklick an. Wählen Sie *Aktiviert*, damit alle Kontingentereignisse im Anwendungsprotokoll erfasst werden. Klicken Sie auf *OK*.
8. Klicken Sie *Ereignis protokollieren, wenn die Kontingentwarnstufe überschritten wird* mit einem Doppelklick an. Wählen Sie *Aktiviert*, damit alle Kontingentwarnungen im Anwendungsprotokoll erfasst werden. Klicken Sie auf *OK*.
9. Klicken Sie *Richtlinie auf austauschbare Datenträger anwenden* mit einem Doppelklick an. Wählen Sie *Deaktiviert*, damit die Kontingente nur für fest im Computer installierte Volumes gelten. Klicken Sie auf *OK*.

Konfigurieren von Systemwiederherstellungsrichtlinien

Die Systemwiederherstellung wurde entworfen, um den Zustand der Systemvolumes zu speichern und Benutzer in die Lage zu versetzen, ein System im Fall eines Problems wiederherzustellen. Es ist zwar für den durchschnittlichen Benutzer eine durchaus sinnvolle Funktion, aber sie kann auch einen beträchtlichen Teil des Speicherplatzes beanspruchen. Wie in Kapitel 6, »Konfigurieren von Windows 7-Computern«, beschrieben, können Sie die Systemwiederherstellung für ausgewählte Laufwerke oder für alle Laufwerke eines Computers abschalten.

Im Gruppenrichtlinienobjekt-Editor finden Sie die Systemwiederherstellungsrichtlinien unter *Computerkonfiguration\Administrative Vorlagen\ System\Systemwiederherstellung*. Mit den Systemwiederherstellungsrichtlinien können Sie diese Funktion verwalten und deaktivieren. Folgende Richtlinien sind verfügbar:

- *Systemwiederherstellung deaktivieren* Wenn Sie diese Richtlinie aktivieren, wird die Systemwiederherstellung abgeschaltet und lässt sich auch nicht mehr in der *System*-Konsole oder mit dem Systemwiederherstellungs-Assistenten verwalten. Wenn Sie diese Richtlinie aktivieren, wird die Systemwiederherstellung durchgesetzt und lässt sich nicht abschalten.
- *Konfiguration deaktivieren* Wenn Sie diese Richtlinie aktivieren, verhindern Sie die Konfiguration der Systemwiederherstellungsfunktion. Benutzer können nicht auf die Registerkarte *Computerschutz* zugreifen. Wenn Sie diese Richtlinie deaktivieren, können Benutzer auf die Registerkarte *Computerschutz* zugreifen, sie aber nicht zur Konfiguration der Systemwiederherstellung benutzen.

Zur Einstellung der Systemwiederherstellungsrichtlinien gehen Sie folgendermaßen vor:

1. Öffnen Sie den Gruppenrichtlinienverwaltungs-Editor für den Standort, die Domäne oder die Organisationseinheit, mit der Sie arbeiten möchten. Klicken Sie dann auf den Ordner *Computerkonfiguration\Administrative Vorlagen\System\Systemwiederherstellung*.
2. Zur Aktivierung oder Deaktivierung der Systemwiederherstellung klicken Sie mit einem Doppelklick auf *Systemwiederherstellung deaktivieren*. Wählen Sie die Option *Aktiviert* oder *Deaktiviert*. Klicken Sie auf *OK*.
3. Zur Aktivierung oder Deaktivierung der Konfiguration der Systemwiederherstellung klicken Sie mit einem Doppelklick auf *Konfiguration deaktivieren*. Wählen Sie die Option *Aktiviert* oder *Deaktiviert*. Klicken Sie auf *OK*.

Konfigurieren von Offlinedateirichtlinien

Offlinedateirichtlinien werden auf Computer- und Benutzerebene festgelegt. Es gibt auf beiden Ebenen Richtlinien mit gleichen Namen. Wenn Sie auf beiden Ebenen mit Richtlinien gleichen Namens arbeiten, vergessen Sie bitte nicht, dass Computerrichtlinien Vorrang vor Benutzerrichtlinien haben und dass diese Richtlinien zu unterschiedlichen Zeitpunkten angewendet werden.

Tabelle 3.2 beschreibt die wichtigsten Richtlinien. Wie aus der Tabelle hervorgeht, betreffen die meisten Offlinedateirichtlinien den Zugriff, die Synchronisation, die Zwischenspeicherung und die Verschlüsselung. Sie finden Offlinedateirichtlinien unter *Computerkonfiguration\Administrative Vorlagen\Netzwerk\Offlinedateien* und *Benutzerkonfiguration\Administrative Vorlagen\Netzwerk\Offlinedateien*.

Tabelle 3.2 Offlinedateirichtlinien

Richtlinientyp	Richtlinienname	Beschreibung
Computer	Dateien aus der Zwischenspeicherung ausschließen	Mit dieser Einstellung können Sie Dateierweiterungen von Dateitypen festlegen, die nicht zwischengespeichert werden.
Computer	Die Funktion "Offlinedateien" zulassen bzw. nicht zulassen	Aktiviert oder deaktiviert die Offlinedateifunktion und kann nicht durch Benutzer außer Kraft gesetzt werden. Ermöglicht die administrative Kontrolle der Offlinedateieinstellungen eines Systems.
Computer	Hintergrundsynchronisierung konfigurieren	Steuert die Hintergrundsynchronisierung bei langsamen Verbindungen. Aktiviert: Die Hintergrundsynchronisierung wird regelmäßig durchgeführt, um Dateien in freigegebenen Ordnern zwischen dem Client und dem Server zu synchronisieren. Deaktiviert: Es wird das Standardverhalten für die Hintergrundsynchronisierung benutzt.
Computer	Lokale Kopien der Benutzerofflinedateien bei Abmeldung löschen*	Bei der Abmeldung wird der Offlinedateicache auf dem lokalen Computer gelöscht.
Computer	Modus für langsame Verbindungen konfigurieren	Steuert, wie langsame Verbindungen verwendet werden. Aktiviert: Für jeden freigegebenen Ordner, für den der Offlinedateicache verwendet wird, wird der Modus für langsame Verbindungen eingestellt. Deaktiviert: Für Offlinedateien wird nicht der Modus für langsame Verbindungen verwendet.
Computer	Nicht zwischengespeicherte Dateien*	Nennt die Dateitypen (Dateinamenserweiterungen), die nicht offline verwendet werden können.
Computer	Offlinedateicache verschlüsseln	Legt fest, ob Offlinedateien zur Erhöhung der Sicherheit verschlüsselt werden.
Computer	Standardcachegröße*	Begrenzt die Größe des Offlinedateicaches und hindert Benutzer an der Änderung der entsprechenden Einstellungen. Aktiviert: Sie können eine Cachegröße einstellen. Deaktiviert: Die Grenze liegt bei 10 Prozent der Laufwerkskapazität.
Computer	Transparentes Zwischenspeichern aktivieren	Steuert die Zwischenspeicherung von Netzwerkdateien über langsame Verbindungen. Aktiviert: Optimiert die Zwischenspeicherung auf dem Client, damit möglichst wenig Übertragungen über langsame Verbindungen notwendig sind. Deaktiviert: Die transparente Zwischenspeicherung wird nicht benutzt.
Computer	Untergeordnete Ordner immer offline verfügbar machen*	Macht Unterordner offline verfügbar, wenn auch der übergeordnete Ordner offline verfügbar ist. ▶

Arbeiten mit Datei- und Datenverwaltungsrichtlinien **123**

Richtlinientyp	Richtlinienname	Beschreibung
Computer	Von Offlinedateien verwendeten Speicherplatz begrenzen	Begrenzt den Festplattenplatz, der zum Speichern von Offlinedateien benutzt werden darf.
Computer	Wirtschaftliche Verwendung der vom Administrator zugewiesenen Offlinedateien konfigurieren	Bestimmt, wie vom Administrator zugewiesene Offlinedateien bei der Anmeldung synchronisiert werden. Aktiviert: Nur neue Dateien und Ordner werden bei der Anmeldung synchronisiert. Deaktiviert: Alle Dateien und Ordner werden bei der Anmeldung synchronisiert.
Computer/Benutzer	"Offline verfügbar machen" entfernen	Verhindert, dass Benutzer Dateien offline verfügbar machen.
Computer/Benutzer	"Offline zur Verfügung stellen" für diese Dateien und Ordner nicht zulassen	Verhindert, dass Benutzern bestimmte Dateien und Ordner offline zur Verfügung stehen. Geben Sie die Ressourcen mit UNC-Pfaden an.
Computer/Benutzer	Alle Offlinedateien beim Anmelden synchronisieren	Erzwingt eine vollständige Synchronisation, wenn sich ein Benutzer anmeldet, und hindert Benutzer daran, die Synchronisationszeiten zu ändern.
Computer/Benutzer	Alle Offlinedateien vor der Abmeldung synchronisieren	Erzwingt eine vollständige Synchronisation, bevor sich ein Benutzer abmeldet, und hindert Benutzer daran, die Synchronisationszeiten zu ändern.
Computer/Benutzer	Benutzerkonfiguration von Offlinedateien nicht zulassen	Verhindert, dass Benutzer Offlinedateien aktivieren, deaktivieren und konfigurieren. Dadurch wird die Standardeinstellung für Offlinedateien fixiert.
Computer/Benutzer	Ereignisprotokollierungsstufe*	Sorgt dafür, dass Offlinedateiereignisse ins Anwendungsprotokoll eingetragen werden.
Computer/Benutzer	Maßnahme bei Serververbindungstrennung*	Bestimmt das Verhalten des Systems, wenn ein Dateiserver nicht mehr erreichbar ist. Die Einstellung *Offline arbeiten* sorgt dafür, dass Offlinedateien zur Verfügung stehen.
Computer/Benutzer	Offlinedateien vor der Unterbrechung synchronisieren*	Erzwingt eine vollständige Synchronisation, bevor ein Computer in einen Energiesparmodus oder in den Ruhezustand wechselt. Sie können einen schnelle oder eine vollständige Synchronisation einstellen.
Computer/Benutzer	Verwendung von Offlinedateiordnern verhindern*	Hält Benutzer vom Zugriff auf Offlinedateiordner ab. Benutzer können keine Kopien der zwischengespeicherten Dateien anzeigen oder öffnen, aber sie können offline arbeiten.
Computer/Benutzer	Vom Administrator zugewiesene Offlinedateien	Gibt mit UNC-Pfaden (Universal Naming Convention) die Dateien und Ordner an, die immer offline verfügbar sind.

* Gilt nicht für Windows 7, Windows Server 2008 Release 2 oder neuer

Einstellen von Richtlinien für die Offlinedateikonfiguration

Die Konfiguration der Offlinedateien lässt sich leicht durch Gruppenrichtlinien kontrollieren. Sie können Benutzern die Auswahl der Dateien und Ordner ermöglichen, die offline verfügbar sein sollen, Benutzer bei Bedarf an der Einstellung von Offlinefunktionen hindern oder ihnen die Offlinearbeit ermöglichen, aber den Zugang zu anderen zwischengespeicherten Ressourcen verwehren. Gehen Sie zur Einstellung der Offlinedateirichtlinien folgendermaßen vor:

1. Öffnen Sie den Gruppenrichtlinienverwaltungs-Editor für den Standort, die Domäne oder die Organisationseinheit, mit der Sie arbeiten möchten. Die meisten Offlinedateirichtlinien lassen sich im entsprechenden *Offlinedateien*-Ordner als Computer- oder Benutzerrichtlinien einstellen, wobei Computerrichtlinien standardmäßig Vorrang haben. Sie finden die Richtlinien für Offlinedateien unter *Computerkonfiguration\Administrative Vorlagen\Netzwerk\Offlinedateien* oder *Benutzerkonfiguration\Administrative Vorlagen\Netzwerk\Offlinedateien*, sofern es im Folgenden nicht anders angegeben wird.

2. Zur Steuerung der Verfügbarkeit von Offlinedateien klicken Sie mit einem Doppelklick auf *Die Funktion "Offlinedateien" zulassen bzw. nicht zulassen*. Wählen Sie die Option *Aktiviert* oder *Deaktiviert* und klicken Sie auf *OK*. Benutzer können nun bestimmte Dateien und Ordner auswählen, die sie zur Verfügung haben wollen, wenn sie offline arbeiten. Soll sich ein Benutzer die Offlinedateien nicht selbst aussuchen, sondern zugewiesen bekommen, müssen Sie diese Funktion verbieten und die zu verwendenden Offlinedateien zuweisen.

3. Wenn Benutzer die Offlinedateikonfiguration nicht ändern sollen, klicken Sie *Benutzerkonfiguration von Offlinedateien nicht zulassen* mit einem Doppelklick an. Wählen Sie die Option *Aktiviert*. Sobald diese Richtlinie in Kraft ist, können Benutzer keine Offlinedateieinstellungen mehr vornehmen.

4. Wenn Benutzer zwar offline arbeiten, aber nicht auf Offlineordner zugreifen sollen, klicken Sie *Verwendung von Offlinedateiordnern verhindern* mit einem Doppelklick an. Wählen Sie anschließend *Aktiviert*. Sobald diese Richtlinie in Kraft ist, können Benutzer keine Kopien von zwischengespeicherten Dateien über den Ordner *Offlinedateien* öffnen oder anzeigen. Sie können allerdings ihre aktuellen Dateien speichern und aktive Dateien auch offline weiterverwenden.

Administrative Kontrolle von Offlinedateien und Offlineordnern

Sie können als Administrator kontrollieren, welche Dateien und Ordner für die Offlineverwendung zur Verfügung stehen. Gewöhnlich ist das auf Dateiservern und anderen Systemen erforderlich, die freigegebene Ressourcen im Netzwerk anbieten. Sie können auf verschiedene Weise kontrollieren, welche Ressourcen offline zur Verfügung stehen.

Mit folgenden Schritten können Sie Benutzer daran hindern, Dateien offline verfügbar zu machen, und ihnen stattdessen bestimmte Offlineressourcen zuweisen:

1. Öffnen Sie das Gruppenrichtlinienobjekt, das Sie verwenden möchten, im Gruppenrichtlinienverwaltungs-Editor. Erweitern Sie dann den Knoten *Computerkonfiguration\Administrative Vorlagen\Netzwerk\Offlinedateien* oder *Benutzerkonfiguration\Administrative Vorlagen\Netzwerk\Offlinedateien*.
2. Um Benutzer daran zu hindern, Dateien offline verfügbar zu machen, klicken Sie *"Offline verfügbar machen" entfernen* mit einem Doppelklick an. Wählen Sie *Aktiviert* und klicken Sie auf *OK*. Sobald diese Richtlinie in Kraft ist, können Benutzer keine Dateien mehr auswählen, die offline verfügbar sein sollen.
3. Zur Zuweisung der Ressourcen, die automatisch offline verfügbar sein sollen, klicken Sie *Vom Administrator zugewiesene Offlinedateien* mit einem Doppelklick an. Wählen Sie die Option *Aktiviert* und klicken Sie dann auf *Anzeigen*. Geben Sie im Dialogfeld *Inhalt anzeigen* die Ressourcen mit ihrem UNC-Pfad an, wie zum Beispiel *\\corpserver\data*. Abbildung 3.7 zeigt eine Liste von Ressourcen, die im Dialogfeld *Inhalt anzeigen* eingetragen wurden.

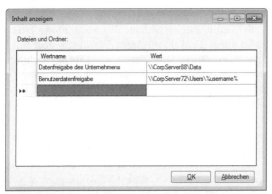

Abbildung 3.7 Verwenden Sie das Dialogfeld *Inhalt anzeigen*, um den UNC-Pfad der Ressourcen anzugeben, die automatisch offline verfügbar sein sollen

ACHTUNG Sie sollten sorgfältig abwägen, welche Ressourcen automatisch offline verfügbar gemacht werden. Je mehr Ressourcen auf diese Weise zugewiesen werden, desto mehr Datenübertragungen sind im Netzwerk erforderlich, um die Offlinedateizwischenspeicher zu aktualisieren.

Für Windows XP-Computer können Sie folgendermaßen bestimmte Dateien automatisch offline verfügbar machen und die Offlineverwendung anderer Dateien sperren:

1. Öffnen Sie das Gruppenrichtlinienobjekt, das Sie verwenden möchten, im Gruppenrichtlinienobjekt-Editor. Erweitern Sie dann den *Offlinedateien*-Knoten *Computerkonfiguration\Administrative Vorlagen\Netzwerk\Offlinedateien* oder *Benutzerkonfiguration\Administrative Vorlagen\Netzwerk\Offlinedateien*.
2. Zur Zuweisung der Ressourcen, die automatisch offline verfügbar sein sollen, klicken Sie *Vom Administrator zugewiesene Offlinedateien* mit einem Doppelklick an. Wählen Sie die Option *Aktiviert* aus, klicken Sie auf *Anzeigen* und geben Sie dann im Dialogfeld *Inhalt anzeigen* die Ressourcen mit ihrem UNC-Pfad an, wie zum Beispiel *corpserver**data*.
3. Um die Ressourcen anzugeben, die Benutzer nicht offline verfügbar machen dürfen, klicken Sie *"Offline zur Verfügung stellen" für diese Dateien und Ordner nicht zulassen* mit einem Doppelklick an. Wählen Sie die Option *Aktiviert*, klicken Sie auf *Anzeigen* und geben Sie dann im Dialogfeld *Inhalt anzeigen* die Ressourcen mit ihrem UNC-Pfad an, wie zum Beispiel *corpserver**data*. Diese Einstellung verhindert nicht die automatische Zwischenspeicherung der Ressourcen, die in Schritt 2 ausgewählt wurden.
4. Schließen Sie die geöffneten Dialogfelder jeweils mit einem Klick auf *OK*.

Einstellen der Richtlinien für Offlinedateisynchronisierung

Die Synchronisation der Offlinedateien können Sie im Synchronisierungscenter erledigen, das Sie durch die Wahl von *Start*, *Alle Programme*, *Zubehör* und *Synchronisierungscenter* öffnen. Allerdings können Sie mit Richtlinien bestimmte Synchronisationszeiten und -methoden festlegen. Normalerweise werden Ressourcen entweder vollständig synchronisiert (alle Dateien werden daraufhin überprüft, ob sie vollzählig und aktuell sind) oder schnell (es wird zwar überprüft, ob die Dateien vollzählig sind, aber nicht, ob der Inhalt aktuell ist).

In Windows 7 werden Offlinedateien automatisch synchronisiert, wobei immer die Hintergrundsynchronisierung benutzt wird, während der Computer mit einem langsamen Netzwerk verbunden ist. Als langsames Netzwerk ist ein Netzwerk definiert, das eine Latenz von mehr als 80 Millisekunden aufweist. Sie können verhindern, dass ein Windows 7-Computer in den Modus für langsame Verbindungen schaltet und somit die Hintergrundsynchronisierung nutzt, indem Sie die Richtlinie *Modus für langsame Verbindungen konfigurieren* deaktivieren.

Gehen Sie folgendermaßen vor, um die Synchronisierungsrichtlinien für Windows Server 2003, Windows XP und Windows 2000 zu konfigurieren:

1. Öffnen Sie das Gruppenrichtlinienobjekt, das Sie verwenden möchten, im Gruppenrichtlinienverwaltungs-Editor. Erweitern Sie dann den Knoten *Computerkonfiguration\Administrative Vorlagen\Netzwerk\Offlinedateien*.
2. Bei den Richtlinien, mit denen die Synchronisierung gesteuert wird, handelt es sich um *Alle Offlinedateien beim Anmelden synchronisieren*,

Alle Offlinedateien vor der Abmeldung synchronisieren und *Offlinedateien vor der Unterbrechung synchronisieren*. Klicken Sie die Richtlinie, die Sie verwenden möchten, mit einem Doppelklick an und wählen Sie die Option *Aktivert*. Achten Sie bei der Richtlinie *Offlinedateien vor der Unterbrechung synchronisieren* darauf, dass der gewünschte Vorgang eingestellt ist. Wählen Sie *Schnell* oder *Vollständig*. Klicken Sie auf *OK*.

TIPP Eine vollständige Synchronisierung sorgt dafür, dass vor der Trennung die neusten Versionen der Offlinedateien gespeichert werden. Eine schnelle Synchronisierung sorgt zwar dafür, dass alle Offlinedateien verfügbar sind, stellt aber nicht sicher, dass es sich dabei um die neusten Versionen handelt.

Einstellen von Richtlinien für den Offlinedateicache

Eine sorgfältige Konfiguration des Offlinedateicaches ist sehr wichtig, um die Belastung des Netzwerks und des Systems einzuschränken, die durch die Verwendung von Offlinedateien entsteht. Sie können im Synchronisierungscenter die maximale Cachegröße festlegen und bestimmen, ob der Cache wegen der höheren Sicherheit verschlüsselt wird und welche Dateitypen nie zwischengespeichert werden sollen. Dies wird in den Abschnitten »Konfigurieren von Datenträgernutzungslimits für Offlinedateien« und »Verwalten der Verschlüsselung für Offlinedateien« in Kapitel 14 genauer beschrieben. Gehen Sie folgendermaßen vor, um die zugehörigen Richtlinien für den Offlinedateicache für ältere Computer zu konfigurieren:

1. Öffnen Sie das Gruppenrichtlinienobjekt, das Sie verwenden möchten, im Gruppenrichtlinienverwaltungs-Editor. Erweitern Sie dann den Knoten *Computerkonfiguration\Administrative Vorlagen\Netzwerk\Offlinedateien*.

2. Klicken Sie zur Einstellung der Cachegröße auf *Standardcachegröße*. Wählen Sie die Option *Aktiviert* und tragen Sie anschließend die Standardcachegröße ein (Abbildung 3.8). Der Wert wird als das Hundertfache des prozentualen Anteils des Caches am Festplattenplatz angegeben. Wenn der Cache also bis zu 15 Prozent des Festplattenplatzes auf dem Systemlaufwerk einnehmen darf, geben Sie 1500 ein.

HINWEIS Wenn Sie die Richtlinie *Standardcachegröße* nicht konfigurieren oder die Richtlinie deaktivieren, ist die Größe des Caches auf 10 Prozent der Laufwerkskapazität beschränkt.

3. Wenn Sie Dateitypen festlegen möchten, die nicht zwischengespeichert werden sollen, klicken Sie *Nicht zwischengespeicherte Dateien* mit einem Doppelklick an und wählen dann *Aktiviert*. Anschließend geben Sie im Textfeld *Erweiterungen* eine semikolonseparierte Liste der Dateierweiterungen ein, die von der Zwischenspeicherung ausgeschlossen werden. Vor jeder Erweiterung müssen ein Sternchen und ein Punkt stehen. Beispielsweise können Sie *.wbk; *.tmp; *.lnk; *.ndx eingeben, um die Zwischenspeicherung vieler Arten von temporären Dateien zu sperren.

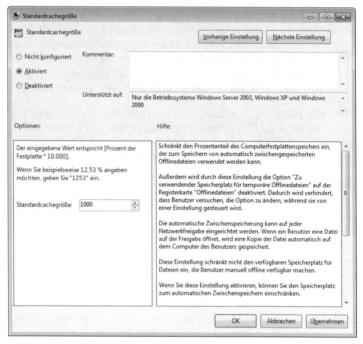

Abbildung 3.8 Legen Sie im Eigenschaftendialogfeld *Standardcachegröße* eine Standardcachegröße für Offlinedateien fest

4. Soll der Cache verschlüsselt werden, klicken Sie *Offlinedateicache verschlüsseln* mit einem Doppelklick an und wählen dann *Aktiviert*. Ist diese Richtlinie einmal aktiviert, werden alle vorhandenen und neuen Dateien im Cache verschlüsselt. Ein Benutzer kann seine eigenen Dateien sehen, aber andere Benutzer sind nicht in der Lage, diese Dateien zu benutzen.

Verwenden von Zugriffs- und Verbindungsrichtlinien

Zugriffs- und Verbindungsrichtlinien kontrollieren Netzwerkverbindungen, Wählverbindungen und Remoteunterstützungskonfigurationen. Diese Richtlinien haben Einfluss auf die Verbindung eines Systems mit dem Netzwerk und auf den Remotezugriff auf das System.

Konfigurieren von Netzwerkrichtlinien

Es gibt viele Richtlinien für Netzwerke. Netzwerkrichtlinien, die gemeinsame Internetverbindungen, Internetverbindungsfirewall, Windows-Firewall und Netzwerkbridge kontrollieren, werden auf Computerebene konfiguriert. Netzwerkrichtlinien, die LAN-Verbindungen, die TCP/IP-Konfiguration und den Remotezugriff kontrollieren, werden auf Benutzerebene konfiguriert. Tabelle 3.3 beschreibt die wichtigsten Richtlinien. Sie finden Netzwerkrichtlinien unter *Computerkonfiguration\Administrative Vorlagen*

Netzwerk\Netzwerkverbindungen und Benutzerkonfiguration\Administrative Vorlagen\Netzwerk\Netzwerkverbindungen.

Tabelle 3.3 Netzwerkrichtlinien

Richtlinientyp	Richtlinienname	Beschreibung
Benutzer	Aktivieren/Deaktivieren einer LAN-Verbindung zulassen*	Legt fest, ob Benutzer LAN-Verbindungen aktivieren oder deaktivieren können.
Benutzer	Ändern von Eigenschaften einer für alle Benutzer gültigen RAS-Verbindung zulassen	Legt fest, ob Benutzer die Eigenschaften von RAS-Verbindungen anzeigen und ändern können, die für alle Benutzer des Computers verfügbar sind.
Benutzer	Erweiterte TCP/IP-Konfiguration nicht zulassen*	Legt fest, ob Benutzer auf erweiterte TCP/IP-Einstellungen zugreifen können.
Benutzer	Löschen von RAS-Verbindungen nicht zulassen	Legt fest, ob Benutzer RAS-Verbindungen löschen können.
Benutzer	Möglichkeit, alle Benutzer-RAS-Verbindungen zu löschen*	Legt fest, ob Benutzer für alle Benutzer gültige RAS-Verbindungen löschen können.
Benutzer	Zugriff auf Eigenschaften einer LAN-Verbindung nicht zulassen*	Legt fest, ob Benutzer die Eigenschaften von LAN-Verbindungen ändern können.
Benutzer	Zugriff auf Komponenteneigenschaften einer RAS-Verbindung nicht zulassen*	Bestimmt, ob Benutzer die Eigenschaften von RAS-Verbindungen anzeigen können.
Computer	Gesamten Datenverkehr über das interne Netzwerk weiterleiten	Wird im Zusammenhang mit DirectAccess benutzt. Legt fest, ob Remotecomputer über das interne Unternehmensnetzwerk oder über ihre eigene Internetverbindung auf das Internet zugreifen.
Computer	Höhere Rechte von Domänenbenutzern beim Festlegen einer Netzwerkadresse anfordern	Legt fest, ob eine Anhebungseingabeaufforderung angezeigt wird, bevor der Netzwerkstandort eingestellt werden darf.
Computer	Installation und Konfiguration der Netzwerkbridge im eigenen DNS-Domänennetzwerk nicht zulassen	Legt fest, ob Benutzer Netzwerkbrücken installieren und konfigurieren können. Diese Richtlinie gilt nur in der Domäne, in der sie konfiguriert wird.
Computer	Verwendung der gemeinsam genutzten Internetverbindung im eigenen DNS-Domänennetzwerk nicht zulassen*	Bestimmt, ob Administratoren gemeinsam genutzte Internetverbindungen aktivieren und konfigurieren können. Diese Richtlinie gilt nur in der Domäne, in der sie konfiguriert wird.
Computer	Verwendung der Internetverbindungsfirewall im eigenen DNS-Domänennetzwerk nicht zulassen*	Bestimmt, ob Benutzer die Internetverbindungsfirewall aktivieren können. Diese Richtlinie gilt nur in der Domäne, in der sie konfiguriert wird.

* Gilt nicht für Windows 7, Windows Server 2008 Release 2 oder neuer

Wie aus Tabelle 3.3 hervorgeht, wurden die Netzwerkrichtlinien für Computer so konzipiert, dass sie Vorgänge im Netzwerk einer Organisation einschränken. Wenn Sie diese Richtlinien durchsetzen, werden Benutzer in den entsprechenden Domänen davon abgehalten, Dinge wie zum Beispiel gemeinsame Internetverbindungen zu nutzen. Das hat den Sinn, die Sicherheit des Firmennetzwerks zu schützen, hindert aber zum Beispiel Benutzer von Laptops nicht daran, ihre Computer mit nach Hause zu nehmen und diese Funktionen dort zu verwenden. Um diese Beschränkungen zu aktivieren oder zu deaktivieren, gehen Sie folgendermaßen vor:

1. Öffnen Sie das Gruppenrichtlinienobjekt, das Sie verwenden möchten, im Gruppenrichtlinienverwaltungs-Editor. Erweitern Sie dann *Computerkonfiguration\Administrative Vorlagen\Netzwerk* und klicken Sie auf *Netzwerkverbindungen*.
2. Klicken Sie die Richtlinie, die Sie konfigurieren möchten, mit einem Doppelklick an. Auf der Registerkarte *Einstellung* wählen Sie nach Bedarf *Aktiviert* oder *Deaktiviert*. Klicken Sie auf dann OK.

Benutzerrichtlinien für Netzwerkverbindungen verhindern gewöhnlich den Zugang zu bestimmten Funktionen, beispielsweise zur erweiterten Einstellung von TCP/IP-Verbindungen. Diese Richtlinien konfigurieren Sie folgendermaßen:

1. Öffnen Sie das Gruppenrichtlinienobjekt, das Sie verwenden möchten, im Gruppenrichtlinienverwaltungs-Editor. Erweitern Sie dann *Benutzerkonfiguration\Administrative Vorlagen\Netzwerk* und klicken Sie auf *Netzwerkverbindungen*.
2. Klicken Sie die Richtlinie, die Sie konfigurieren möchten, mit einem Doppelklick an. Auf der Registerkarte *Einstellung* wählen Sie nach Bedarf *Aktiviert* oder *Deaktiviert*. Klicken Sie dann auf OK.

Konfigurieren von Remoteunterstützungsrichtlinien

Remoteunterstützungsrichtlinien eignen sich, um Remoteunterstützung auf Computern zuzulassen oder zu verhindern. Wenn Sie Remoteunterstützungsrichtlinien konfigurieren, möchten Sie vermutlich unerbetene Remoteunterstützungsangebote verhindern und angeforderte Unterstützungsangebote zulassen. Sie können mit den Richtlinien auch eine bestimmte Gültigkeitsdauer für Einladungen durchsetzen, statt die Einstellungen auf jedem Computer im Dialogfeld *Systemeigenschaften* vorzunehmen. Zur Verbesserung der Sicherheit können Sie Einladungen auch mit starker Verschlüsselung schützen. Allerdings schränkt diese Erweiterung den Kreis der potenziellen Helfer, die auf eine Remoteunterstützungseinladung antworten können, auf die Benutzer von Windows Vista oder höher ein.

Zur Einstellung der Richtlinien gehen Sie folgendermaßen vor:

1. Öffnen Sie das Gruppenrichtlinienobjekt, das Sie verwenden möchten, im Gruppenrichtlinienverwaltungs-Editor. Erweitern Sie dann *Computerkonfiguration\Administrative Vorlagen\System\Remoteunterstützung*.

2. Klicken Sie *Angeforderte Remoteunterstützung* mit einem Doppelklick an und wählen Sie die Option *Aktiviert*. Ist die Richtlinie aktiviert, erlaubt sie autorisierten Benutzern die Antwort auf Remoteunterstützungseinladungen.
3. Nun können Sie die Zugriffsebene für Helfer festlegen. In der Auswahlliste *Remoteüberwachung dieses Computers zulassen* gibt es zwei Optionen:
   - **Helfer dürfen den Computer remote steuern** Erlaubt die Einsichtnahme und die Fernsteuerung des Computers.
   - **Helfer dürfen den Computer nur ansehen** Lässt nur eine Einsichtnahme zu. Helfer können nicht die Steuerung übernehmen, um Änderungen durchzuführen.
4. Dann legen Sie in den Feldern *Maximale Gültigkeitsdauer der Einladung (Wert)* und *Maximale Gültigkeitsdauer der Einladung (Einheiten)* die Gültigkeitsdauer von Remoteunterstützungseinladungen fest (Abbildung 3.9). Standardwert für die maximale Gültigkeitsdauer ist 1 Stunde. Klicken Sie auf *OK*.

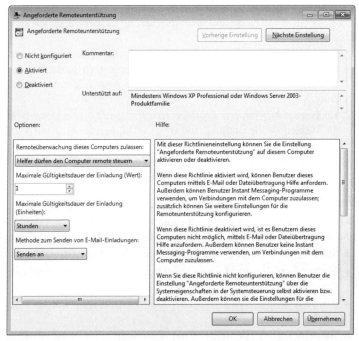

Abbildung 3.9 Legen Sie die Gültigkeitsdauer für Remoteunterstützungseinladungen fest

PRAXISTIPP Für die Übermittlungsmethode für E-Mail-Einladungen stehen *Senden an* oder *Einfaches MAPI* zur Auswahl. Mit *Senden an* ist eine Mailübermittlungsmethode auf Browserbasis gemeint, bei welcher der Empfänger der

Einladung über einen Internetlink eine Verbindung herstellt. Sie können auch *Einfaches MAPI* einstellen, um die E-Mail-Einladung mit MAPI (Messaging Application Programming Interface) zu versenden. In diesem Fall wird die Einladung als Anhang einer Einladungs-E-Mail versendet. Solange beide beteiligten Computer über Port 80 eine Verbindung herstellen können und Sie für Ihre E-Mail ein Standardprogramm verwenden, wie Microsoft Outlook oder Windows Mail, werden Sie vermutlich *Senden an* verwenden.

5. Klicken Sie *Remoteunterstützung anbieten* mit einem Doppelklick an. Im Dialogfeld *Eigenschaften von Remoteunterstützung anbieten* wählen Sie *Deaktiviert*. Die Deaktivierung dieser Richtlinie verhindert unerbetene Unterstützungsangebote. Klicken Sie auf *OK*.
6. Wenn Sie eine starke Verschlüsselung einsetzen und Verbindungen auf Computer beschränken möchten, auf denen Windows Vista, Windows 7 oder höher ausgeführt wird, klicken Sie *Nur Verbindungen von Computern mit Windows Vista oder höher zulassen* mit einem Doppelklick an. Im Dialogfeld *Eigenschaften von Nur Verbindungen von Computern mit Windows 7 oder höher zulassen* wählen Sie *Aktiviert*. Klicken Sie dann auf *OK*.

Um Remoteunterstützung und Remotesteuerung zu sperren, gehen Sie folgendermaßen vor:

1. Öffnen Sie das Gruppenrichtlinienobjekt, das Sie verwenden möchten, im Gruppenrichtlinienverwaltungs-Editor. Erweitern Sie dann *Computerkonfiguration\Administrative Vorlagen\System\Remoteunterstützung*.
2. Klicken Sie *Angeforderte Remoteunterstützung* mit einem Doppelklick an. Wählen Sie die Option *Deaktiviert* und klicken Sie dann auf *Nächste Einstellung*.
3. Im Dialogfeld *Eigenschaften von Remoteunterstützung anbieten* wählen Sie *Deaktiviert* und klicken dann auf *OK*.

Verwenden von Computer- und Benutzerskriptrichtlinien

Skriptrichtlinien steuern die Ausführung und Verwendung von Computer- und Benutzerskripts. Es lassen sich vier Arten von Skripts konfigurieren:

- **Startskripts**   Werden während des Starts des Computers ausgeführt.
- **Skripts zum Herunterfahren**   Werden vor dem Herunterfahren des Computers ausgeführt.
- **Anmeldeskripts**   Werden bei der Anmeldung eines Benutzers ausgeführt.
- **Abmeldeskripts**   Werden bei der Abmeldung eines Benutzers ausgeführt.

Sie können diese Skripts als Batchdatei für die Befehlsshell, als Windows-Skripts oder als Windows PowerShell-Skripts schreiben. Batchskripts verwenden die Befehlssprache der Shell. Windows-Skripts verwenden den Windows Script Host (WSH) und werden in einer Skriptsprache wie

VBScript (Microsoft Visual Basic, Scripting Edition) oder Microsoft JScript geschrieben. Windows PowerShell-Skripts sind in der PowerShell-Sprache geschrieben. Beachten Sie, dass unverwaltete Richtlinieneinstellungen die Ausführung von Computer- und Benutzerskripts in vielen Fällen überflüssig machen.

Steuern der Skriptausführung durch Richtlinien

Richtlinien zur Steuerung der Skriptausführung finden sich unter *Computerkonfiguration\Administrative Vorlagen\System\Skripts* und *Benutzerkonfiguration\Administrative Vorlagen\System\Skripts*. Mit den entsprechenden Richtlinien können Sie die Ausführung der Startskripts, der Skripts zum Herunterfahren, der Anmelde- und Abmeldeskripts steuern. Tabelle 3.4 beschreibt die wichtigsten Richtlinien. Sie sehen, es gibt eine ganze Reihe von Optionen zur Steuerung der Skriptausführung.

Tabelle 3.4 Computer- und Benutzerskriptrichtlinien

Richtlinientyp	Richtlinienname	Beschreibung
Benutzer	Abmeldeskripts sichtbar ausführen	Zeigt Abmeldeskripts bei ihrer Ausführung an.
Benutzer	Anmeldeskripts sichtbar ausführen	Zeigt Anmeldeskripts bei ihrer Ausführung an.
Benutzer	Legacy-Anmeldeskripts im Hintergrund ausführen	Blendet Anmeldeskripts aus, die unter Windows NT 4 mit dem Systemrichtlinien-Editor konfiguriert wurden.
Computer	Maximale Wartezeit für Gruppenrichtlinienskripts	Legt die Zeitspanne fest, die das System maximal darauf wartet, dass die Ausführung eines Skripts beendet wird. Der Standardwert ist 600 Sekunden (10 Minuten).
Computer	Skripts zum Herunterfahren sichtbar ausführen	Zeigt die Skripts zum Herunterfahren bei ihrer Ausführung an.
Computer	Startskripts asynchron ausführen	Mit dieser Einstellung können Skripts auch gleichzeitig ausgeführt werden statt nacheinander.
Computer	Startskripts sichtbar ausführen	Zeigt Startskripts während ihrer Ausführung an.
Computer	Windows-PowerShell-Skripts beim Starten und Herunterfahren des Computers zuerst ausführen	Legt fest, ob Windows PowerShell-Skripts beim Starten und Herunterfahren des Systems vor anderen Skripttypen ausgeführt werden.
Computer/Benutzer	Anmeldeskripts gleichzeitig ausführen	Sorgt dafür, dass das System wartet, bis die Ausführung der Anmeldeskripts abgeschlossen ist, bevor es die Windows-Benutzeroberfläche anzeigt.
Computer/Benutzer	Windows-PowerShell-Skripts beim Anmelden und Abmelden des Benutzers zuerst ausführen	Legt fest, ob Windows PowerShell-Skripts beim An- und Abmelden vor anderen Skripttypen ausgeführt werden.

Es lassen sich zwar viele Richtlinienkombinationen konfigurieren, aber die üblichen Einstellungen sind folgende:

- Windows PowerShell-Skripts sollen zuerst ausgeführt werden.
- Anmelde- und Startskripts sollen gleichzeitig ausgeführt werden (zumindest in den meisten Fällen).
- Kein Skript soll bei der Ausführung sichtbar sein.
- Das System soll gewöhnlich nicht länger als 1 Minute darauf warten, dass die Ausführung eines Skripts beendet wird.

Zur Einstellung dieses Verhaltens gehen Sie folgendermaßen vor:

1. Öffnen Sie das Gruppenrichtlinienobjekt, das Sie verwenden möchten, im Gruppenrichtlinienverwaltungs-Editor. Erweitern Sie dann *Computerkonfiguration\Administrative Vorlagen\System\Skripts*.
2. Klicken Sie doppelt auf *Windows-PowerShell-Skripts beim Starten und Herunterfahren des Computers zuerst ausführen*. Wählen Sie die Option *Aktiviert* und klicken Sie auf *OK*.
3. Klicken Sie doppelt auf *Windows-PowerShell-Skripts beim Anmelden und Abmelden des Benutzers zuerst ausführen*. Wählen Sie die Option *Aktiviert* und klicken Sie auf *OK*.
4. Klicken Sie doppelt auf *Anmeldeskripts gleichzeitig ausführen*. Wählen Sie die Option *Deaktiviert* und klicken Sie auf *OK*.
5. Klicken Sie doppelt auf *Startskripts asynchron ausführen*. Wählen Sie die Option *Aktiviert* und klicken Sie auf *OK*.
6. Klicken Sie doppelt auf *Startskripts sichtbar ausführen*. Wählen Sie die Option *Deaktiviert* und klicken Sie auf *OK*.
7. Klicken Sie doppelt auf *Skripts zum Herunterfahren sichtbar ausführen*. Wählen Sie die Option *Deaktiviert* und klicken Sie auf *OK*.
8. Klicken Sie doppelt auf *Maximale Wartezeit für Gruppenrichtlinienskripts*. Wählen Sie die Option *Aktiviert* und geben Sie im Feld *Sekunden* den Wert 60 ein. Klicken Sie auf *OK*.
9. Erweitern Sie *Benutzerkonfiguration\Administrative Vorlagen\System\Skripts*.
10. Klicken Sie doppelt auf *Legacy-Anmeldeskripts im Hintergrund ausführen*. Wählen Sie die Option *Aktiviert* und klicken Sie auf *OK*.
11. Klicken Sie doppelt auf *Anmeldeskripts sichtbar ausführen*. Wählen Sie die Option *Deaktiviert* und klicken Sie auf *OK*.
12. Klicken Sie doppelt auf *Abmeldeskripts sichtbar ausführen*. Wählen Sie die Option *Deaktiviert* und klicken Sie auf *OK*.
13. Klicken Sie doppelt auf *Windows-PowerShell-Skripts beim Anmelden und Abmelden des Benutzers zuerst ausführen*. Wählen Sie die Option *Aktiviert* und klicken Sie auf *OK*.

Zuweisen von Computerskripts für das Starten und Herunterfahren

Computerskripts für das Starten und Herunterfahren lassen sich über Gruppenrichtlinien zuweisen. Auf diese Weise führt ein Computer – oder alle Computer, die Mitglieder des Standorts, der Domäne oder der Organisationseinheit sind – die Skripts automatisch aus, wenn er gestartet oder heruntergefahren wird.

Um Computerskripts zuzuweisen, gehen Sie so vor:

1. Kopieren Sie die Skripts, die Sie verwenden möchten, in den Ordner *Scripts\Startup* oder *Scripts\Shutdown* der entsprechenden Richtlinie, damit sie sich leichter verwalten lassen. Auf Domänencontrollern werden Skripts im Ordner *%SystemRoot%\sysvol\sysvol\%UserDnsDomain%\Policies\GUID\Machine* gespeichert und auf Windows 7-Arbeitsstationen im Ordner *%WinDir%\System32\GroupPolicy\Machine*.
2. Öffnen Sie das Gruppenrichtlinienobjekt, das Sie verwenden möchten, im Gruppenrichtlinienverwaltungs-Editor. Erweitern Sie dann *Computerkonfiguration\Windows-Einstellungen\Skripts*.
3. Wenn Sie Startskripts bearbeiten möchten, klicken Sie *Starten* mit der rechten Maustaste an und wählen dann *Eigenschaften*. Um Skripts für das Herunterfahren zu bearbeiten, klicken Sie *Herunterfahren* mit der rechten Maustaste an und wählen *Eigenschaften*.
4. Klicken Sie auf *Dateien anzeigen*. Sofern Sie die Computerskripts in den richtigen Ordner kopiert haben, sollten Sie die Skripts sehen, die Sie zuweisen wollen.
5. Klicken Sie auf *Hinzufügen*, um ein Skript zuzuweisen. Dadurch öffnet sich das Dialogfeld *Hinzufügen eines Skripts*. Geben Sie im Textfeld *Skriptname* den Namen des Skripts ein, das Sie in den Ordner *Scripts\Startup* oder *Scripts\Shutdown* der Richtlinie kopiert haben. Im Textfeld *Skriptparameter* geben Sie die Parameter und Argumente ein, die an das Befehlszeilenskript oder an den Scripting Host für ein WSH-Skript übergeben werden sollen. Wiederholen Sie diesen Schritt für alle weiteren Skripts.
6. Die Skripts werden beim Start oder beim Herunterfahren in der Reihenfolge ausgeführt, in der sie im *Eigenschaften*-Dialogfeld aufgelistet werden. Klicken Sie nach Bedarf auf *Nach oben* oder *Nach unten*, um die Reihenfolge zu ändern.
7. Wenn Sie später den Skriptnamen oder die Parameter ändern möchten, wählen Sie das Skript in der Skriptliste aus und klicken dann auf *Bearbeiten*.
8. Um ein Skript zu löschen, wählen Sie das Skript in der Skriptliste aus und klicken dann auf *Entfernen*.

Zuweisen von Benutzerskripts für An- und Abmeldung

Benutzerskripts lassen sich über Gruppenrichtlinien zuweisen. Auf diese Weise führen alle Benutzer, die auf einen Computer zugreifen oder Mitglieder des Standorts, der Domäne oder der Organisationseinheit sind, die Skripts automatisch aus, wenn sie sich an- oder abmelden.

Um Benutzerskripts zuzuweisen, gehen Sie folgendermaßen vor:

1. Kopieren Sie die Skripts, die Sie verwenden möchten, in die Ordner *Scripts\Logon* oder *Scripts\Logoff* der entsprechenden Richtlinie. Auf Domänencontrollern werden Skripts im Ordner *%SystemRoot%\sysvol\sysvol\%UserDnsDomain%\Policies\GUID\User* gespeichert und auf Windows 7-Arbeitsstationen im Ordner *%WinDir%\System32\GroupPolicy\User*.

2. Öffnen Sie das Gruppenrichtlinienobjekt, das Sie verwenden möchten, im Gruppenrichtlinienobjekt-Editor. Erweitern Sie dann *Benutzerkonfiguration\Windows-Einstellungen\Skripts*.

3. Wenn Sie Anmeldeskripts bearbeiten möchten, klicken Sie *Anmelden* mit der rechten Maustaste an und wählen dann *Eigenschaften*. Um Abmeldeskripts zu bearbeiten, klicken Sie *Abmelden* mit der rechten Maustaste an und wählen *Eigenschaften*.

4. Klicken Sie auf *Dateien anzeigen*. Sofern Sie die Benutzerskripts in den richtigen Ordner kopiert haben, sollten Sie die Skripts sehen, die Sie zuweisen wollen.

5. Klicken Sie auf *Hinzufügen*, um ein Skript zuzuweisen. Dadurch öffnet sich das Dialogfeld *Hinzufügen eines Skripts*. Geben Sie im Textfeld *Skriptname* den Namen des Skripts ein, das Sie in den Ordner *Scripts\Logon* oder *Scripts\Logoff* der Richtlinie kopiert haben. Im Textfeld *Skriptparameter* geben Sie die Parameter und Argumente ein, die an das Befehlszeilenskript oder an den Scripting Host für ein WSH-Skript übergeben werden sollen. Wiederholen Sie diesen Schritt für alle weiteren Skripts.

6. Die Skripts werden bei der An- oder Abmeldung in der Reihenfolge ausgeführt, in der sie im *Eigenschaften*-Dialogfeld aufgelistet werden. Klicken Sie nach Bedarf auf *Nach oben* oder *Nach unten*, um die Reihenfolge zu ändern.

7. Wenn Sie später den Skriptnamen oder die Parameter ändern möchten, wählen Sie das Skript in der Skriptliste aus und klicken dann auf *Bearbeiten*.

8. Um ein Skript zu löschen, wählen Sie es in der Skriptliste aus und klicken dann auf *Entfernen*.

Verwenden von Anmelde- und Startrichtlinien

Windows 7 bietet eine Reihe von Richtlinien, mit denen Sie den Anmeldevorgang kontrollieren können. Mit einigen dieser Richtlinien können Sie auch die Ausführung von Anwendungen bei der Anmeldung steuern. Das macht sie insofern mit Anmeldeskripts vergleichbar, als sie bei der Anmeldung bestimmte Arbeiten durchführen können. Andere Richtlinien wirken sich auf die Darstellung der Willkommenseite und des Anmeldebildschirms aus. Die wichtigsten Anmelde- und Startrichtlinien finden Sie unter *Computerkonfiguration* und *Benutzerkonfiguration* jeweils in *Administrative Vorlagen\System\Anmelden*, Tabelle 3.5 fasst diese Richtlinien zusammen.

Tabelle 3.5 Anmelde- und Startrichtlinien

Richtlinientyp	Richtlinienname	Beschreibung
Computer	Beim Neustart des Computers und bei der Anmeldung immer auf das Netzwerk warten	Legt fest, dass der Computer wartet, bis das Netzwerk vollständig initialisiert ist. Beim Start werden dann die aktuellen Richtlinien und Daten verwendet und keine zwischengespeicherten Daten. Das bedeutet zum Beispiel für die Anmeldung, dass kein zwischengespeichertes Benutzerkonto verwendet wird, sondern dass die Authentifizierung beim Domänencontroller durchgeführt werden muss.
Computer	Immer benutzerdefinierten Anmeldehintergrund verwenden	Erlaubt es, einen benutzerdefinierten Hintergrund für die Anmeldeseite zu verwenden.
Computer	Immer klassische Anmeldung verwenden	Tauscht den einfachen Standardanmeldebildschirm gegen den Anmeldebildschirm aus, der aus früheren Windows-Versionen bekannt ist.
Computer/Benutzer	Diese Programme bei der Benutzeranmeldung ausführen	Legt Programme fest, die bei der Benutzeranmeldung automatisch gestartet werden sollen. Geben Sie den vollständigen Pfadnamen an (sofern das Programm nicht in *%SystemRoot%* liegt).
Computer/Benutzer	Einmalige Ausführungsliste nicht verarbeiten	Zwingt das System dazu, benutzerdefinierte einmalige Ausführungslisten zu ignorieren.
Computer/Benutzer	Herkömmliche Ausführungsliste nicht verarbeiten	Ignoriert alle Autostartanwendungen bis auf die, die unter Windows NT 4 mit dem Systemrichtlinien-Editor festgelegt wurden.

Klassische und einfache Anmeldung

In Windows 7 steht die einfache Anmeldung zur Verfügung. Dies ist auch der Standardmechanismus für die Authentifizierung. Manche Benutzer ziehen aber trotzdem die herkömmliche Darstellung vor. Für den Wechsel von der einfachen Anmeldung zur klassischen Anmeldung gehen Sie folgendermaßen vor:

1. Öffnen Sie das Gruppenrichtlinienobjekt, das Sie verwenden möchten, im Gruppenrichtlinienverwaltungs-Editor. Erweitern Sie dann *Computerkonfiguration\Administrative Vorlagen\System\Anmelden*.
2. Klicken Sie doppelt auf *Immer klassische Anmeldung verwenden*. Wählen Sie die Option *Aktiviert* und klicken Sie auf *OK*.

HINWEIS Weitere Einzelheiten finden Sie in Kapitel 5 unter »Kontrollieren der Anmeldung: Willkommenseiten und klassischer Anmeldebildschirm«.

Einstellen der Autostartrichtlinien

Benutzer können ihre Autostartanwendungen zwar separat konfigurieren, aber in Unternehmen, in denen bestimmte Benutzergruppen mit denselben Anwendungen arbeiten, ist es gewöhnlich sinnvoller, dies durch Richtlinien zu erledigen. Wenn Sie erreichen möchten, dass bestimmte Programme bei der Anmeldung automatisch gestartet werden, gehen Sie folgendermaßen vor:

1. Öffnen Sie das Gruppenrichtlinienobjekt, das Sie verwenden möchten, im Gruppenrichtlinienverwaltungs-Editor. Erweitern Sie dann *Computerkonfiguration\Administrative Vorlagen\System\Anmelden*.
2. Klicken Sie doppelt auf *Diese Programme bei der Benutzeranmeldung ausführen* und wählen Sie die Option *Aktiviert* aus.
3. Klicken Sie auf *Anzeigen*. Geben Sie im Dialogfeld *Inhalt anzeigen* die vollständigen UNC-Pfade der Anwendungen an, wie zum Beispiel *C:\Program Files (x86)\Internet Explorer\Iexplore.exe* oder *\\DCServ01\Apps\Stats.exe*.
4. Schließen Sie alle offenen Dialogfelder.

Deaktivieren von Ausführungslisten durch Gruppenrichtlinien

Durch Richtlinien können Sie die alten Ausführungslisten ebenso deaktivieren wie Listen für die einmalige Ausführung (Run-Once-Listen). Ausführungslisten sind in der Registrierung unter *HKEY_LOCAL_MACHINE\SOFTWARE\Microsoft\Windows\CurrentVersion\Run* und *HKEY_CURRENT_USER\Software\Microsoft\Windows\CurrentVersion\Run* gespeichert.

Listen für die einmalige Ausführung können von Administratoren erstellt werden und geben Programme an, die beim nächsten Systemstart einmal ausgeführt werden sollen, aber bei den darauf folgenden Systemstarts nicht mehr. Listen für die einmalige Ausführung sind in der Registrierung unter *HKEY_LOCAL_MACHINE\SOFTWARE\Microsoft\Windows\CurrentVersion\RunOnce* und *HKEY_CURRENT_USER\Software\Microsoft\Windows\CurrentVersion\RunOnce* gespeichert.

Gehen Sie folgendermaßen vor, um Ausführungslisten zu deaktivieren:

1. Öffnen Sie das Gruppenrichtlinienobjekt, das Sie verwenden möchten, im Gruppenrichtlinienverwaltungs-Editor. Erweitern Sie dann *Computerkonfiguration\Administrative Vorlagen\System\Anmelden* oder *Benutzerkonfiguration\Administrative Vorlagen\System\Anmelden*.
2. Klicken Sie doppelt auf *Einmalige Ausführungsliste nicht verarbeiten*. Wählen Sie die Option *Aktiviert* und klicken Sie auf *OK*.
3. Klicken Sie doppelt auf *Herkömmliche Ausführungsliste nicht verarbeiten*. Wählen Sie die Option *Aktiviert* und klicken Sie auf *OK*.

4 Automatisieren der Windows 7-Konfiguration

Übersicht über das Kapitel:
Grundlagen von Gruppenrichtlinieneinstellungen 139
Konfigurieren von Gruppenrichtlinieneinstellungen 141
Verwalten von Einstellungselementen 145

Mithilfe von unverwalteten Gruppenrichtlinieneinstellungen können Sie Betriebssystems- und Anwendungseinstellungen automatisch konfigurieren, bereitstellen und verwalten. Dazu gehören unter anderem Einstellungen für Datenquellen, zugeordnete Laufwerke, Umgebungsvariablen, Netzwerkfreigaben, Ordneroptionen und Verknüpfungen. Wenn Sie Computer bereitstellen und einrichten, werden Sie feststellen, dass es einfacher ist, Gruppenrichtlinieneinstellungen zu verwenden, als dieselben Einstellungen auf jedem einzelnen Computer von Hand zu konfigurieren, in Windows-Abbildern einzurichten oder mithilfe von Start-, Anmelde-, Herunterfahren- und Abmeldeskripts festzulegen.

In diesem Kapitel beschreibe ich, was Sie unbedingt wissen müssen, um Gruppenrichtlinieneinstellungen zu verwalten. In den nächsten Kapiteln zeige ich Ihnen, wie Sie bestimmte Richtlinieneinstellungen nutzen, um die Konfiguration Ihrer Windows-Computer zu automatisieren, unabhängig davon, ob Sie in einem kleinen, mittleren oder großen Unternehmen arbeiten.

Grundlagen von Gruppenrichtlinieneinstellungen

Sie konfigurieren unverwaltete Richtlinieneinstellungen in Active Directory-Gruppenrichtlinien. Lokale Gruppenrichtlinien besitzen keine unverwalteten Einstellungen. Die Gruppenrichtlinien setzen die unverwalteten Richtlinieneinstellungen nicht immer strikt durch, sie speichern die Einstellungen auch nicht in den entsprechenden Zweigen der Registrierung. Stattdessen schreiben die Gruppenrichtlinien die Einstellungen in dieselben Stellen innerhalb der Registrierung, in denen auch eine Anwendung oder ein Betriebssystemfeature die entsprechende Konfiguration ablegt. Dank dieses Ansatzes können Sie Einstellungen für Anwendungen und Betriebssystemfeatures verwenden, die keine Einstellungen von Gruppenrichtlinien prüfen.

Einstellungen sind nicht in der Lage, Anwendungs- oder Betriebssystemfeatures in der Benutzeroberfläche zu deaktivieren, sodass der Benutzer sie nicht mehr verwenden kann. Die Benutzer können weiterhin Einstellungen ändern, die Sie mithilfe unverwalteter Richtlinieneinstellungen konfiguriert haben. Aber diese Einstellungen überschreiben die vorhandene Konfiguration, und es gibt keine Möglichkeit, die ursprüngliche Konfiguration wiederherzustellen.

Tabelle 4.1 Konfigurierbare Einstellungen in den Gruppenrichtlinien

Einstellungstyp	Ort	Richtlinien-konfigurationszweig
Anwendungen	Windows-Einstellungen	Benutzer
Benutzerdatenquelle, Datenquellen	Systemsteuerungseinstellungen	Benutzer
Systemdatenquelle, Datenquellen	Systemsteuerungseinstellungen	Computer und Benutzer
Geräte	Systemsteuerungseinstellungen	Computer und Benutzer
Einwählverbindung, Netzwerkoptionen	Systemsteuerungseinstellungen	Computer und Benutzer
Laufwerkzuordnungen	Windows-Einstellungen	Benutzer
Benutzervariable, Umgebung	Windows-Einstellungen	Computer und Benutzer
Systemvariable, Umgebung	Windows-Einstellungen	Computer und Benutzer
Dateien	Windows-Einstellungen	Computer und Benutzer
Ordner	Windows-Einstellungen	Computer und Benutzer
INI-Dateien	Windows-Einstellungen	Computer und Benutzer
Dateityp, Ordneroptionen	Systemsteuerungseinstellungen	Computer
Öffnen mit, Ordneroptionen	Systemsteuerungseinstellungen	Benutzer
Erweiterte Ordneroptionen, Ordneroptionen	Systemsteuerungseinstellungen	Benutzer
Lokale Benutzer und Gruppen	Systemsteuerungseinstellungen	Computer und Benutzer
Netzwerkfreigaben	Windows-Einstellungen	Computer
Energieoptionen	Systemsteuerungseinstellungen	Computer und Benutzer
TCP/IP-Drucker, Drucker	Systemsteuerungseinstellungen	Computer und Benutzer
Lokaler Drucker, Drucker	Systemsteuerungseinstellungen	Computer und Benutzer
Freigegebener Drucker, Drucker	Systemsteuerungseinstellungen	Benutzer
Regionale Einstellungen	Systemsteuerungseinstellungen	Benutzer
Registrierung	Windows-Einstellungen	Computer und Benutzer
Sofortiger Task, Geplante Tasks	Systemsteuerungseinstellungen	Computer und Benutzer
Geplanter Task, Geplante Tasks	Systemsteuerungseinstellungen	Computer und Benutzer
Dienste	Systemsteuerungseinstellungen	Computer
Verknüpfungen	Windows-Einstellungen	Computer und Benutzer
Startmenü	Systemsteuerungseinstellungen	Benutzer
VPN-Verbindung, Netzwerkoptionen	Systemsteuerungseinstellungen	Computer und Benutzer

Wie bei verwalteten Richtlinieneinstellungen aktualisieren die Gruppenrichtlinien auch die unverwalteten Einstellungen in regelmäßigen Abständen, in der Standardeinstellung beträgt das Intervall 90 bis 120 Minuten. Das bedeutet, dass die Richtlinieneinstellungen, die Sie konfiguriert haben, regelmäßig erneut auf den Computer eines Benutzers angewendet werden. Statt eine solche Aktualisierung zu erlauben, können Sie auch verhindern, dass die Gruppenrichtlinien einzelne Einstellungen verändern; dazu stellen Sie ein, dass die Einstellungen lediglich ein einziges Mal angewendet werden.

Auf welche Weise Sie unverwaltete Richtlinieneinstellungen benutzen, hängt davon ab, ob Sie das konfigurierte Element erzwingen wollen oder nicht. Wollen Sie ein Element konfigurieren, ohne es zu erzwingen, können Sie unverwaltete Richtlinieneinstellungen verwenden und dann die automatische Aktualisierung deaktivieren. Wenn Sie dagegen ein Element konfigurieren und die gewählte Konfiguration erzwingen wollen, müssen Sie verwaltete Richtlinieneinstellungen verwenden oder unverwaltete Einstellungen konfigurieren und dann die automatische Aktualisierung aktivieren.

Weil Einstellungen sowohl für Computerkonfigurations- als auch Benutzerkonfigurationseinstellungen gelten, finden Sie unter *Computerkonfiguration* und *Benutzerkonfiguration* jeweils einen eigenen Knoten namens *Einstellungen*, der wiederum zwei Unterknoten enthält:

- *Windows-Einstellungen*   Verwaltet allgemeine Betriebssystem- und Anwendungseinstellungen.
- *Systemsteuerungseinstellungen*   Verwaltet Systemsteuerungseinstellungen.

Tabelle 4.1 bietet einen Überblick über die verfügbaren Einstellungen und gibt an, wo sie in den Konfigurationszweigen und den Unterknoten angeordnet sind.

Konfigurieren von Gruppenrichtlinieneinstellungen

Unverwaltete Richtlinieneinstellungen werden anders konfiguriert und gepflegt als verwaltete Richtlinien. Sie definieren Einstellungen, indem Sie eine Verwaltungsaktion, einen Bearbeitungszustand oder beides festlegen.

Arbeiten mit Verwaltungsaktionen

Die meisten Einstellungen unterstützen folgende Verwaltungsaktionen:

- *Erstellen*   Erstellt ein Einstellungselement auf dem Computer eines Benutzers. Das Einstellungselement wird nur erstellt, wenn es noch nicht vorhanden ist.
- *Ersetzen*   Löscht ein vorhandenes Einstellungselement und erstellt es neu beziehungsweise erstellt ein Einstellungselement, sofern es noch nicht vorhanden ist. Bei den meisten Einstellungen gibt es weitere Optionen, mit denen Sie genau steuern können, wie der Ersetzungsvorgang abläuft. Abbildung 4.1 zeigt ein Beispiel.

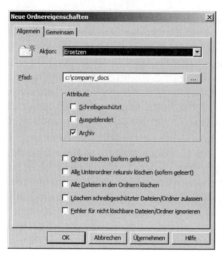

Abbildung 4.1 Auswählen der Verwaltungsaktion

- *Aktualisieren* Ändert bestimmte Konfigurationen in einem Einstellungselement. Diese Aktion unterscheidet sich von *Ersetzen* dadurch, dass sie nur Werte innerhalb des Einstellungselements ändert. Alle anderen Werte bleiben gleich. Falls noch kein entsprechendes Einstellungselement vorhanden ist, wird es bei der Aktion *Aktualisieren* erstellt.
- *Löschen* Löscht ein Einstellungselement vom Computer eines Benutzers. Bei den meisten Einstellungen stehen zusätzliche Optionen zur Verfügung, mit denen Sie genau steuern können, wie der Löschvorgang abläuft. Diese zusätzlichen Optionen sind in vielen Fällen dieselben wie bei der Aktion *Ersetzen*.

Die Verwaltungsaktion legt fest, wie das Einstellungselement angewendet oder ob das Element gelöscht wird, wenn es nicht mehr gebraucht wird. Verwaltungsaktionen werden unter anderem von den Einstellungen unterstützt, die folgende Elemente konfigurieren:

- Anwendungen
- Datenquellen
- Laufwerkzuordnungen
- Umgebung
- Dateien
- Ordner
- Registrierung
- Verknüpfungen
- Netzwerkfreigaben

Arbeiten mit Bearbeitungszuständen

Ein kleinerer Teil der Einstellungen unterstützt Bearbeitungszustände, die grafische Benutzeroberflächen aus Dienstprogrammen der Systemsteuerung anzeigen. Bei dieser Art Einstellung wird das Element so angewendet, wie der Bearbeitungszustand jedes Werts in der zugehörigen Benutzeroberfläche festlegt. Der einmal angewendete Bearbeitungszustand kann nicht rückgängig gemacht werden, und es gibt keinen Befehl, um den Bearbeitungszustand wieder zu entfernen, wenn er nicht mehr angewendet wird.

Bearbeitungszustände werden unter anderem von den Einstellungen unterstützt, die folgende Elemente konfigurieren:

- Ordneroptionen
- Interneteinstellungen
- Energieoptionen
- Regionale Einstellungen
- Startmenü

Weil jede Version einer Anwendung und des Betriebssystems Windows eine etwas andere Benutzeroberfläche haben kann, sind die Optionen mit einer ganz bestimmten Version verbunden. Zum Beispiel müssen Sie die Einstellungselemente für Ordneroption in Internet Explorer 7 und Internet Explorer 8 getrennt konfigurieren.

Abbildung 4.2 Anzeige des Bearbeitungszustands als Linien

Wenn Sie mit dieser Art Einstellung arbeiten, wird in der Standardeinstellung jeder Wert der Benutzeroberfläche vom Clientcomputer verarbeitet und angewendet, selbst wenn Sie den zugehörigen Wert gar nicht explizit konfigurieren. Somit werden alle vorhandenen Werte über diese Benutzeroberfläche angewendet. Wie in Abbildung 4.2 zu sehen, wird der Bearbeitungszustand aller zugehörigen Optionen grafisch angezeigt:

- Eine durchgezogene grüne Linie bedeutet, dass der Wert ausgeliefert und auf dem Client verarbeitet wird.
- Eine gestrichelte rote Linie bedeutet, dass der Wert weder ausgeliefert noch auf dem Client verarbeitet wird.

Reicht der Platz in der Benutzeroberfläche nicht aus, um die Linien zu zeichnen, wird statt der durchgezogenen grünen Linie ein grüner Kreis angezeigt (das heißt, dass der Wert ausgeliefert und auf dem Client verarbeitet wird) und statt der gestrichelten roten Linie ein roter Kreis (das heißt, dass der Wert nicht ausgeliefert und nicht auf dem Client verarbeitet wird). Abbildung 4.3 zeigt diese Darstellungsvariante.

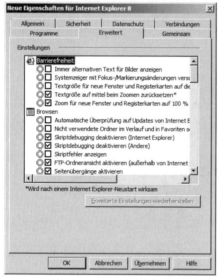

Abbildung 4.3 Andere Darstellung des Bearbeitungszustands

Sie können die folgenden Funktionstasten verwenden, um den Bearbeitungszustand von Optionen zu verwalten:

- **F5** Aktiviert die Verarbeitung aller Werte auf der ausgewählten Registerkarte. Das ist nützlich, wenn Sie die Verarbeitung einiger Werte deaktiviert haben und später wieder möchten, dass alle Optionen auf einer Registerkarte verarbeitet werden.
- **F6** Aktiviert die Verarbeitung der momentan ausgewählten Option auf der ausgewählten Registerkarte. Das ist nützlich, wenn Sie eine Option deaktiviert haben und später entscheiden, dass sie doch verarbeitet werden soll.
- **F7** Deaktiviert die Verarbeitung der momentan ausgewählten Option auf der ausgewählten Registerkarte. Das ist nützlich, wenn Sie verhindern wollen, dass eine Option auf dem Client verarbeitet wird.

- **F8** Deaktiviert die Verarbeitung aller Optionen auf der ausgewählten Registerkarte. Das ist nützlich, wenn Sie möchten, dass keine der Optionen auf einer Registerkarte auf dem Client verarbeitet werden. Außerdem ist diese Funktion praktisch, wenn Sie nur einige ausgewählte Optionen aktivieren wollen.

HINWEIS Denken Sie daran, dass der Wert, der mit einer Option verknüpft ist, unabhängig vom Bearbeitungszustand ist. Indem Sie eine Option einstellen oder löschen, ändern Sie nicht den Bearbeitungszustand.

Arbeiten mit alternativen Aktionen und Zuständen

Einige wenige Einstellungen unterstützen weder Verwaltungsaktionen noch Bearbeitungszustände. Dazu gehören beispielsweise die Einstellungen zum Konfigurieren von Geräten, sofortigen Tasks und Diensten.

Bei den Geräten (Abbildung 4.4) verwenden Sie die Dropdownliste *Aktion*, um bestimmte Gerätetypen zu aktivieren oder zu deaktivieren. Bei den sofortigen Tasks erstellt die zugehörige Einstellung einen Task, der ausgeführt und dann automatisch gelöscht wird. Und bei den Diensten konfigurieren Sie in der zugehörigen Einstellung einen vorhandenen Dienst.

Abbildung 4.4 Auswählen der Aktion zum Aktivieren oder Deaktivieren des Geräts

Verwalten von Einstellungselementen

Um unverwaltete Einstellungen anzusehen und zu bearbeiten, müssen Sie ein Gruppenrichtlinienobjekt (Group Policy Object, GPO) zum Bearbeiten im Gruppenrichtlinienverwaltungs-Editor öffnen, wie in Kapitel 3, »Konfigurieren von Benutzer- und Computerrichtlinien«, beschrieben. Dann haben Sie folgende Möglichkeiten zur Auswahl, um die Einstellungen für Computer oder Benutzer zu verwalten:

- Wenn Sie Einstellungen konfigurieren wollen, die auf Computer unabhängig davon angewendet werden, wer angemeldet ist, müssen Sie doppelt auf den Knoten *Computerkonfiguration* klicken, dann doppelt auf den Knoten *Einstellungen* klicken und schließlich den Einstellungsbereich auswählen, den Sie bearbeiten wollen.
- Wenn Sie Einstellungen konfigurieren wollen, die auf Benutzer unabhängig davon angewendet werden, an welchem Computer sie sich anmelden, müssen Sie doppelt auf den Knoten *Benutzerkonfiguration* klicken, dann doppelt auf den Knoten *Einstellungen* klicken und schließlich den Einstellungsbereich auswählen, den Sie bearbeiten wollen.

Erstellen und Verwalten eines Einstellungselements

Sie verwalten Einstellungselemente, indem Sie den gewünschten Einstellungsbereich auswählen und dann die zugehörigen Einstellungselemente in der Detailansicht bearbeiten. Während Sie einen bestimmten Einstellungsbereich anzeigen, können Sie ein zugehöriges Element erstellen, indem Sie mit der rechten Maustaste auf einen leeren Bereich in der Detailansicht klicken, auf *Neu* zeigen und dann den Typ *Element* auswählen, den Sie erstellen wollen. Im Kontextmenü werden nur Elemente für den gerade ausgewählten Bereich angeboten. Arbeiten Sie beispielsweise in *Drucker* unterhalb des Knotens *Computerkonfiguration*, bekommen Sie die Möglichkeit angeboten, eine Einstellung für einen TCP/IP-Drucker oder einen lokalen Drucker zu erstellen, wenn Sie mit der rechten Maustaste auf den Knoten klicken und im Kontextmenü auf *Neu* zeigen.

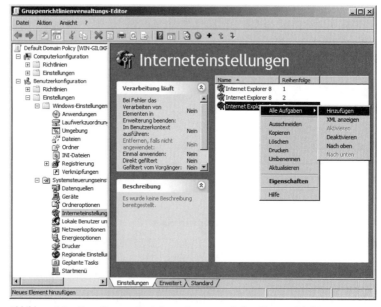

Abbildung 4.5 Verwalten von Einstellungselementen mit dem Gruppenrichtlinienverwaltungs-Editor und den Befehlen des Kontextmenüs

Sobald Sie Elemente für einen Einstellungsbereich erstellt haben, können
Sie mit der rechten Maustaste auf ein einzelnes Element klicken, um ein
Kontextmenü zu öffnen, in dem Befehle zum Verwalten dieses Elements zur
Verfügung stehen. Abbildung 4.5 zeigt ein Beispiel.

In der Symbolleiste werden ähnliche Optionen angezeigt, wenn Sie ein Element auswählen. Statt mit der rechten Maustaste auf ein Element zu klicken
und im Kontextmenü den Befehl *Eigenschaften* zu wählen, um sein Eigenschaftendialogfeld zu öffnen, können Sie auch doppelt auf das Einstellungselement klicken. Anschießend können Sie im Eigenschaftendialogfeld die
Optionen für das Einstellungselement ansehen oder ändern.

Auf Clientcomputern verarbeitet der Gruppenrichtlinienclient die Einstellungselemente entsprechend ihrer Vorrangreihenfolge. Das Einstellungselement mit dem niedrigsten Rang (es steht in der Liste ganz unten) wird
zuerst verarbeitet, gefolgt vom Einstellungselement mit dem zweitniedrigsten Rang und so weiter, bis das Einstellungselement mit dem höchsten
Rang (das am Anfang der Liste steht) verarbeitet wurde.

Die Verarbeitung wird in der Reihenfolge des Vorrangs ausgeführt, um
sicherzustellen, dass Einstellungselemente mit höherem Vorrang Priorität
gegenüber Einstellungselementen mit geringerem Vorrang haben. Treten
irgendwelche Konflikte zwischen den Optionen auf, die in den Einstellungselementen angewendet werden, werden die Werte verwendet, die zuletzt
geschrieben werden. Sie können die Vorrangreihenfolge ändern, indem Sie
einen Einstellungsbereich in der Konsolenstruktur auswählen und in der
Detailansicht auf das Einstellungselement klicken, das Sie bearbeiten wollen.
In der Symbolleiste werden nun zusätzliche Befehle angezeigt, darunter:

- *Ausgewähltes Element nach oben verschieben*
- *Ausgewähltes Element nach unten verschieben*

Klicken Sie auf *Ausgewähltes Element nach unten verschieben*, um den Vorrang des ausgewählten Elements zu verringern. Wenn Sie dagegen auf *Ausgewähltes Element nach oben verschieben* klicken, heben Sie den Vorrang
des ausgewählten Elements an.

Konfigurieren von Optionen auf der Registerkarte *Gemeinsam*

Alle Einstellungselemente haben eine Registerkarte namens *Gemeinsam*,
auf der Sie Optionen finden, die für alle Einstellungselemente gelten. Die
genaue Liste der gemeinsamen Optionen unterscheidet sich zwar von Element zu Element, aber die meisten Einstellungselemente haben die Optionen, die Sie in Abbildung 4.6 sehen.

Die gemeinsamen Optionen werden folgendermaßen benutzt:

- *Elementverarbeitung in dieser Erweiterung bei Fehler stoppen*   Tritt
bei der Verarbeitung eines Einstellungselements ein Fehler auf, wird in
der Standardeinstellung die Verarbeitung der anderen Einstellungselemente fortgesetzt. Dieses Verhalten können Sie ändern, indem Sie
Elementverarbeitung in dieser Erweiterung bei Fehler stoppen aktivieren.
Ist dieses Kontrollkästchen aktiviert, verhindert ein Einstellungselement,
dessen Verarbeitung fehlschlägt, dass die übrigen Einstellungselemente

innerhalb der Erweiterung für ein bestimmtes Gruppenrichtlinienobjekt verarbeitet werden. Diese Option hat keine Auswirkung auf die Verarbeitung in anderen Gruppenrichtlinienobjekten.

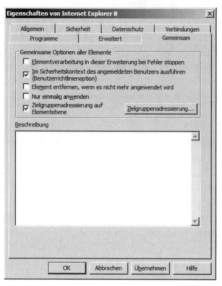

Abbildung 4.6 Konfigurieren zusätzlicher Verarbeitungsoptionen auf der Registerkarte *Gemeinsam*

- *Im Sicherheitskontext des angemeldeten Benutzers ausführen* In der Standardeinstellung verarbeitet der Gruppenrichtlinienclient, der auf einem Computer läuft, die Benutzereinstellungen innerhalb des Sicherheitskontexts des Winlogon-Kontos (bei Systemen mit älteren Versionen als Windows Vista) oder des Systemkontos (bei Computern mit Windows Vista oder neuer). In diesem Kontext bleibt eine Einstellungserweiterung auf die Umgebungsvariablen und Systemressourcen beschränkt, die auf dem Computer verfügbar sind. Stattdessen kann der Client die Benutzereinstellungen auch im Sicherheitskontext des angemeldeten Benutzers verarbeiten. Auf diese Weise kann die Einstellungserweiterung auf Ressourcen unter der Identität des Benutzers statt als Systemdienst zugreifen. Das ist manchmal notwendig, wenn beispielsweise Laufwerkszuordnungen oder andere Einstellungen benutzt werden, für die der Computer keine ausreichenden Berechtigungen für den Ressourcenzugriff besitzt oder die mit Benutzerumgebungsvariablen arbeiten müssen.
- *Element entfernen, wenn es nicht mehr angewendet wird* Wenn die Richtlinieneinstellungen in einem Gruppenrichtlinienobjekt nicht mehr auf einen Benutzer oder Computer angewendet werden, werden diese Richtlinieneinstellungen in der Standardeinstellung gelöscht, weil sie nicht mehr im Gruppenrichtlinienbereich der Registrierung gesetzt

werden. Standardeinstellungselemente werden allerdings nicht automatisch entfernt, wenn ein Gruppenrichtlinienobjekt nicht mehr auf einen Benutzer oder Computer angewendet wird. Dieses Verhalten können Sie ändern, indem Sie dieses Kontrollkästchen für ein Einstellungselement aktivieren. Ist das Kontrollkästchen aktiviert, entscheidet die Einstellungserweiterung, ob ein Einstellungselement, das bisher angewendet wurde, nun nicht mehr relevant ist. Wird das Einstellungselement als nicht mehr relevant eingestuft, löscht die Einstellungserweiterung alle Werte, die mit diesem Einstellungselement verknüpft sind.

PRAXISTIPP Im Allgemeinen können Einstellungen, die Verwaltungsaktionen unterstützen, entfernt werden, sobald sie nicht mehr angewendet werden. Dagegen können Einstellungen, die Bearbeitungszustände unterstützen, in einem solchen Fall nicht entfernt werden. Wenn Sie *Element entfernen, wenn es nicht mehr angewendet wird* aktivieren, wird die Verwaltungsaktion auf *Ersetzen* gestellt. Daher führt die Einstellungserweiterung während der Gruppenrichtlinienverarbeitung eine Löschoperation aus, gefolgt von einer Erstelloperation. Sofern das Einstellungselement anschließend nicht mehr für den Benutzer oder Computer relevant ist (also nicht mehr angewendet wird), werden die Ergebnisse des Einstellungselements gelöscht (aber nicht neu erstellt). Auch die Zielfestlegung auf ein bestimmtes Element kann dazu führen, dass ein Einstellungselement nicht mehr angewendet wird.

- *Nur einmalig anwenden* Die Gruppenrichtlinien schreiben Einstellungen in den Speicherort der Registrierung, in dem auch eine Anwendung oder ein Betriebssystemfeature die entsprechende Option speichert. Daher können Benutzer Werte ändern, die mithilfe unverwalteter Richtlinieneinstellungen konfiguriert wurden. In der Standardeinstellung werden die Ergebnisse der Einstellungselemente allerdings jedes Mal neu geschrieben, wenn die Gruppenrichtlinien aktualisiert werden. So ist sichergestellt, dass Einstellungselemente so angewendet werden, wie die Administratoren es vorsehen. Sie können dieses Verhalten ändern, indem Sie dieses Kontrollkästchen aktivieren. Ist dieses Kontrollkästchen aktiviert, wendet die Einstellungserweiterung die Ergebnisse des Einstellungselements nur ein einziges Mal an und danach nicht mehr.

- *Zielgruppenadressierung auf Elementebene* Mithilfe der Zielgruppenadressierung auf Elementebene können Sie die Anwendung eines Einstellungselements filtern, sodass dieses Einstellungselement nur auf ausgewählte Benutzer oder Computer angewendet wird. Wenn der Gruppenrichtlinienclient eine bestimmte Einstellung auswertet, berechnet er zu jedem Element den Wert Wahr oder Falsch. Ist das Ergebnis Wahr, wird das Einstellungselement angewendet; in diesem Fall wird es verarbeitet. Ist das Ergebnis dagegen Falsch, wird das Einstellungselement nicht angewendet, sodass es nicht verarbeitet wird. Wenn dieses Kontrollkästchen aktiviert ist, können Sie auf die Schaltfläche *Zielgrup-*

penadressierung klicken, um den Zielgruppenadressierungseditor zu öffnen und dort zu konfigurieren, auf welche Ziele die Einstellung angewendet wird.

PRAXISTIPP Die Zielgruppenadressierung von Elementen wird als logischer Ausdruck ausgewertet. Dieser logische Ausdruck kann auch Umgebungsvariablen umfassen, sofern die Umgebungsvariablen im Kontext des aktuellen Benutzers verfügbar sind. Wenn Sie Ihren logischen Ausdruck erstellen, müssen Sie sicherstellen, dass der Ausdruck Sinn ergibt. Und wenn Sie einen festen Wert eintragen, statt eine Umgebungsvariable zu benutzen, funktioniert die Zielgruppenadressierung nicht wie erwartet.

5 Verwalten von Benutzerzugriff und Sicherheit

Übersicht über das Kapitel:
Grundlagen von Benutzer- und Gruppenkonten 151
Benutzerkontensteuerung und Anhebungsaufforderungen 157
Verwalten der lokalen Anmeldung 165
Verwalten gespeicherter Anmeldeinformationen 173
Verwalten lokaler Benutzerkonten und Gruppen 179
Verwalten des Remotezugriffs auf Arbeitsstationen 190

Windows 7-Computer können Mitglieder einer Heimnetzgruppe, einer Arbeitsgruppe oder einer Domäne sein. Wenn eine Arbeitsstation Mitglied einer Heimnetzgruppe oder Arbeitsgruppe ist, werden Zugriff und Sicherheit direkt auf der Arbeitsstation konfiguriert. Ist die Arbeitsstation dagegen Mitglied einer Domäne, werden Zugriff und Sicherheit auf zwei Ebenen konfiguriert, nämlich auf der Ebene des lokalen Systems und auf Domänenebene. Benutzerzugriffe für einzelne Computer können auf der Ebene des lokalen Systems konfiguriert werden, während Einstellungen, die für mehrere Computer und Ressourcen gelten, in der aktuellen Active Directory-Gesamtstruktur vorgenommen werden. In diesem Kapitel erfahren Sie, wie lokale Systemzugriffe und lokale Konten verwaltet werden. Eine ausführliche Beschreibung der Konfiguration von Zugriffen und Berechtigungen in einer Domäne finden Sie in dem Buch *Windows Server 2008 Administrator's Pocket Consultant, Second Edition (Microsoft Press, 2010)*. Denken Sie bitte daran, dass jede Aufgabe, die in diesem Kapitel (wie auch im gesamten Buch) beschrieben wird, entweder mit lokaler Anmeldung oder über eine Remotedesktopverbindung durchgeführt werden kann.

Grundlagen von Benutzer- und Gruppenkonten

Windows 7 kennt Benutzerkonten und Gruppenkonten, wobei Benutzer auch Mitglieder von Gruppen sein können. Benutzerkonten sind für einzelne Benutzer vorgesehen. Gruppenkonten, kurz »Gruppen« genannt, dienen zur Vereinfachung der Verwaltung von vielen Benutzern. Sie können sich mit einem Benutzerkonto anmelden, aber nicht mit einem Gruppenkonto.

In Windows 7 gibt es zwei allgemeine Arten von Benutzerkonten:

- **Lokale Benutzerkonten** Benutzerkonten, die auf einem lokalen Computer angelegt werden, heißen lokale Benutzerkonten. Diese Konten eignen sich nur für den Zugriff auf den lokalen Computer. Sie können lokale Benutzerkonten mit der Option *Benutzerkonten* der Systemsteuerung oder mit der Konsole *Lokale Benutzer und Gruppen* anlegen und löschen. Die Konsole *Lokale Benutzer und Gruppen* ist in der Computerverwal-

tung verfügbar, bei der es sich ebenfalls um ein Snap-In der Microsoft Management Console (MMC) handelt.
- **Domänenbenutzerkonten** Benutzerkonten, die in Active Directory definiert werden, werden Domänenbenutzerkonten genannt. Mit einmaligem Anmelden (Single-Sign On) eignen sich diese Konten für den Zugriff auf Ressourcen aus der ganzen Gesamtstruktur. Wenn ein Computer Mitglied einer Active Directory-Domäne ist, können Sie Domänenbenutzerkonten mit *Active Directory-Benutzer und -Computer* anlegen. Diese MMC-Konsole ist im Menü *Verwaltung* verfügbar, wenn Sie auf Ihrem Windows 7-Computer die Remote Server Administration Tools installieren.

Lokale Benutzerkonten und Domänenbenutzerkonten können als Standardbenutzerkonten oder als Administratorkonten konfiguriert werden. Ein Standardbenutzerkonto verfügt auf einem lokalen Computer nur über beschränkte Rechte, während ein Administratorkonto auf einem lokalen Computer über mehr Rechte verfügt.

Grundlagen von lokalen Benutzerkonten

Alle Benutzerkonten werden anhand eines Anmeldenamens identifiziert. In Windows 7 besteht dieser Anmeldename aus zwei Teilen:
- **Benutzername** Der Name des Kontos in Textform
- **Benutzercomputer oder -domäne** Der Computer oder die Domäne, zu der das Konto gehört

Für den Benutzer *Williams*, dessen Konto auf dem Computer *ENGPC85* angelegt wurde, lautet der vollständige Anmeldename unter Windows 7 *ENGPC85\Williams*. Mit einem lokalen Computerkonto könnte sich *Williams* auf seiner lokalen Arbeitsstation anmelden und lokale Ressourcen verwenden, aber nicht auf Ressourcen zugreifen, die zur Domäne gehören.

Bei der Arbeit mit Domänen kann der vollständige Anmeldename auf zweierlei Art und Weise angegeben werden:
- Der Benutzerkontenname und der vollständige Domänenname werden durch ein At-Zeichen (@) voneinander getrennt. Der vollständige Anmeldename für den Benutzernamen *Williams* in der Domäne *technology.microsoft.com* wäre zum Beispiel *Williams@technology.microsoft.com*.
- Der Benutzerkontenname und der Domänenname werden durch einen umgekehrten Schrägstrich (\) voneinander getrennt. Der vollständige Anmeldename für *Williams* aus der Domäne *technology* wäre *technology\Williams*.

Windows zeigt bei der Beschreibung von Rechten und Berechtigungen zwar Benutzernamen an, aber das entscheidende Kennzeichen für Konten sind Sicherheitskennungen (Security Identifiers, SIDs). SIDs sind eindeutige Kennungen, die bei der Erstellung von Sicherheitsprinzipalen erstellt werden. Jede SID besteht aus einem Computer- oder Domänensicherheitskennungspräfix und einer relativen Kennung für den Benutzer. Windows 7 verwendet diese Kennungen zur Verwaltung der Konten, die dadurch von

Benutzernamen unabhängig werden. SIDs haben viele Aufgaben, aber die beiden wichtigsten sind, Ihnen zu ermöglichen, auf einfache Weise Benutzernamen zu ändern und Konten zu löschen, ohne sich Gedanken darüber machen zu müssen, ob sich vielleicht jemand Zugang zu Ressourcen verschafft, indem er einfach ein Konto neu erstellt.

Wenn Sie einen Kontonamen ändern, geben Sie Windows 7 den Auftrag, mit einer bestimmten SID einen neuen Namen zu verknüpfen. Wenn Sie ein Konto löschen, teilen Sie Windows 7 mit, dass eine bestimmte SID nicht mehr gilt. Selbst wenn Sie später ein Konto mit demselben Benutzernamen erstellen, verfügt das neue Konto nicht automatisch über dieselben Rechte und Berechtigungen wie das alte Konto, weil das neue Konto eine neue SID hat.

Benutzer können auch mit Kennwörtern und Zertifikaten geschützt werden. Kennwörter sind Authentifizierungszeichenfolgen für ein Konto. Zertifikate identifizieren einen Benutzer durch eine Kombination aus einem öffentlichen und einem geheimen Schlüssel. Mit einem Kennwort melden Sie sich interaktiv an, während ein Zertifikat mit seinem geheimen Schlüssel auf einer Smartcard gespeichert und durch einen Smartcardleser gelesen wird.

Wenn Sie Windows 7 installieren, legt das Betriebssystem Standardkonten an. Sie werden einige vordefinierte Konten vorfinden, die ähnliche Aufgaben wie die Konten haben, die in Windows-Domänen angelegt werden. Die wichtigsten Konten sind folgende:

- **Administrator** Das Konto *Administrator* ist ein vordefiniertes Konto, das den Vollzugriff auf Dateien, Verzeichnisse, Dienste und andere Ressourcen bietet. Sie können dieses Konto weder löschen noch deaktivieren. In Active Directory hat das Administratorkonto domänenweiten Zugriff und domänenweite Berechtigungen. Auf einer lokalen Arbeitsstation hat das Administratorkonto nur Zugriff auf den lokalen Computer.

- **Gast** Das Konto *Gast* ist für Benutzer vorgesehen, die nur einmal oder gelegentlich am Computer arbeiten. Obwohl Gäste nur über beschränkte Rechte verfügen, müssen Sie sehr sorgfältig mit diesem Konto umgehen, weil es potenzielle Sicherheitsprobleme für das System mit sich bringt. Das Risiko ist so hoch, dass das Konto nach der Installation von Windows 7 standardmäßig deaktiviert ist.

In der Standardeinstellung sind diese Konten Mitglieder mehrerer Gruppen. Bevor Sie eines der vordefinierten Konten ändern, sollten Sie sich die genauen Einstellungen und die Gruppenmitgliedschaften notieren. Diese Gruppenmitgliedschaften gewähren dem Benutzer den Zugang zu bestimmten Systemressourcen oder schränken diesen Zugang ein. So ist *Administrator* zum Beispiel ein Mitglied der Gruppe *Administratoren*, und *Gast* ist ein Mitglied der Gruppe *Gäste*. Mitglied einer Gruppe zu sein bedeutet für ein Konto, die Privilegien und Rechte dieser Gruppe in Anspruch nehmen zu dürfen.

Neben den vordefinierten Konten verfügt Windows 7 über einige Pseudokonten, die vom Betriebssystem zur Durchführung bestimmter Aufgaben verwendet werden. Diese Pseudokonten sind nur auf dem lokalen System verfügbar. Sie können die Einstellungen dieser Konten nicht mit den Benutzerverwaltunsprogrammen ändern. Benutzer können sich mit diesen Konten auch nicht am Computer anmelden. Zu den Pseudokonten zählen:

- **SYSTEM**   Das Konto *SYSTEM* (oft einfach als lokales Systemkonto bezeichnet) ist ein Pseudokonto zum Ausführen von Systemprozessen und Durchführen von Tasks auf Systemebene. Dieses Konto gewährt das Anmelderecht *Anmelden als Dienst*. Die meisten Dienste werden mit dem Konto *SYSTEM* ausgeführt. In manchen Fällen haben diese Dienste die Berechtigung zur Interaktion mit dem Desktop. Dienste, die weniger Berechtigungen oder Anmelderechte benötigen, werden mit den Konten *LOKALER DIENST* oder *NETZWERKDIENST* ausgeführt. Zu den Diensten, die als *SYSTEM* ausgeführt werden, gehören *Intelligenter Hintergrundübertragungsdienst*, *Computerbrowser*, *Gruppenrichtlinienclient*, *Anmeldedienst*, *Netzwerkverbindungen*, *Druckwarteschlange* und *Benutzerprofildienst*.

- **LOKALER DIENST**   Das Konto *LOKALER DIENST* ist ein Pseudokonto für die Ausführung von Diensten, die auf einem lokalen System weniger Berechtigungen und Anmelderechte benötigen. Dienste, die unter diesem Konto ausgeführt werden, erhalten standardmäßig das Recht *Anmelden als Dienst* und die Privilegien *Anpassen von Speicherkontingenten für einen Prozess*, *Ändern der Systemzeit*, *Ändern der Zeitzone*, *Generieren von Sicherheitsüberwachungen* und *Ersetzen eines Tokens auf Prozessebene*. Zu den Diensten, die als *LOKALER DIENST* ausgeführt werden, gehören *Gatewaydienst auf Anwendungsebene*, *Remoteregistrierung*, *Smartcard*, *SSDP-Suche*, *TCP/IP-NetBIOS-Hilfsdienst* und *WebClient*.

- **NETZWERKDIENST**   Das Konto *NETZWERKDIENST* wird für die Ausführung von Diensten benutzt, die auf einem lokalen System weniger Privilegien und Anmelderechte benötigen, aber auf Netzwerkressourcen zugreifen müssen. Wie bei *LOKALER DIENST* erhalten Dienste, die unter diesem Konto ausgeführt werden, das Recht *Anmelden als Dienst* und die Privilegien *Anpassen von Speicherkontingenten für einen Prozess*, *Generieren von Sicherheitsüberwachungen* und *Ersetzen eines Tokens auf Prozessebene*. Dienste, die als *NETZWERKDIENST* ausgeführt werden, sind *BranchCache*, *Distributed Transaction Coordinator*, *DNS-Client*, *Remotedesktopdienste* und *RPC-Locator* (Remote Procedure Call). *NETZWERKDIENST* kann sich gegenüber Remotesystemen auch als das Computerkonto authentifizieren.

Grundlagen von Gruppenkonten

Windows 7 bietet auch Gruppenkonten. Sie dienen zur Vereinfachung der Kontenverwaltung und sind dafür vorgesehen, vergleichbaren Benutzern gleiche Rechte und Berechtigungen zu geben. Wenn ein Benutzer Mitglied einer Gruppe ist, die auf eine bestimmte Ressource zugreifen darf, kann der Benutzer ebenfalls diese Ressource verwenden. Daher können Sie einem Benutzer Zugang zu verschiedenen Netzwerkressourcen verschaffen, indem Sie ihn einfach zum Mitglied der richtigen Gruppe machen. Beachten Sie bitte, dass Sie sich zwar mit einem Benutzerkonto auf einem Computer anmelden können, aber nicht mit einem Gruppenkonto. Da es in verschiedenen Active Directory-Domänen oder auf lokalen Computern Gruppen mit gleichen Namen geben kann, werden Gruppen oft in der Form *Domäne\Gruppenname* oder *Computer\Gruppenname* angegeben (zum Beispiel *Technology\GMarketing* für die Gruppe *GMarketing* in der Domäne oder auf dem Computer *Technology*).

Windows 7 verwendet folgende drei Arten von Gruppen:

- **Lokale Gruppen**   Lokale Gruppen werden auf einem lokalen Computer definiert und nur auf dem lokalen Computer verwendet. Sie können lokale Gruppen mit der Konsole *Lokale Benutzer und Gruppen* erstellen.
- **Sicherheitsgruppen**   Sicherheitsgruppen können mit Sicherheitsdeskriptoren verknüpft sein. Sicherheitsgruppen definieren Sie in Domänen mit *Active Directory-Benutzer und -Computer*.
- **Verteilergruppen**   Werden für E-Mail-Verteilerlisten verwendet. Mit ihnen sind keine Sicherheitsdeskriptoren verknüpft. Sie definieren Verteilergruppen in Domänen mit *Active Directory-Benutzer und -Computer*.

Wie Benutzerkonten werden auch Gruppenkonten durch eindeutige SIDs unterschieden. Wenn Sie ein Gruppenkonto löschen und wieder neu erstellen, können Sie also nicht davon ausgehen, dass das neue Konto über dieselben Rechte und Berechtigungen verfügt wie das alte Konto. Die neue Gruppe hat eine neue SID und die Rechte und Berechtigungen der alten Gruppe sind verloren.

Wenn Sie Benutzerzugriffsebenen festlegen, können Sie den Benutzer zu einem Mitglied der folgenden integrierten oder vordefinierten Gruppen machen:

- *Administratoren*   Mitglieder dieser Gruppe sind lokale Administratoren und haben Vollzugriff auf die Arbeitsstation. Sie können Konten anlegen, Gruppenmitgliedschaften ändern, Drucker installieren, freigegebene Ressourcen verwalten und so weiter. Da dieses Konto Vollzugriff bietet, sollten Sie sehr sorgfältig mit der Auswahl der Benutzer sein, die Sie dieser Gruppe zuordnen.
- *Sicherungs-Operatoren*   Mitglieder dieser Gruppe können Dateien und Verzeichnisse der Arbeitsstation sichern und wiederherstellen. Sie können sich am lokalen Computer anmelden, Dateien sichern oder wiederherstellen und den Computer herunterfahren. Wegen der Art, wie ihr Konto konfiguriert ist, können sie Dateien unabhängig davon sichern, ob sie über Schreib- oder Lesezugriff auf die Dateien verfügen. Allerdings können sie die Zugriffsberechtigungen der Dateien nicht ändern und auch keine anderen Verwaltungsarbeiten durchführen. Sicherungs-Operatoren haben die Berechtigung, sehr spezielle Verwaltungsarbeiten durchzuführen und beispielsweise das Dateisystem zu sichern. Standardmäßig sind keine anderen Gruppen oder Benutzerkonten Mitglieder dieser Gruppe. Dadurch ist sichergestellt, dass Sie den Zugriff explizit gewähren müssen.

- *Kryptografie-Operatoren* Mitglieder dieser Gruppe verwalten die Konfiguration der Verschlüsselung, IPSec (IP Security), digitale IDs und Zertifikate.
- *Ereignisprotokollleser* Die Mitglieder dieser Gruppe können sich die Ereignisprotokolle auf dem lokalen Computer ansehen.
- *Gäste* Gäste sind Benutzer mit stark beschränkten Rechten. Mitglieder dieser Gruppe können per Remotezugriff auf das System und seine Ressourcen zugreifen, aber kaum etwas anderes tun.
- *Netzwerkkonfigurations-Operatoren* Mitglieder dieser Gruppe können die Netzwerkeinstellungen der Arbeitsstation verwalten. Sie können auch TCP/IP-Einstellungen ändern und andere allgemeine Netzwerkeinstellungen vornehmen.
- *Leistungsprotokollbenutzer* Mitglieder dieser Gruppe können Leistungsindikatoren verwalten und anzeigen. Sie können auch die Leistungsprotokollierung verwalten.
- *Leistungsüberwachungsbenutzer* Mitglieder dieser Gruppe können Leistungsindikatoren und Leistungsprotokolle anzeigen.
- *Hauptbenutzer* In früheren Versionen von Windows wurde diese Gruppe zur Vergabe zusätzlicher Privilegien eingesetzt, beispielsweise die, Computereinstellungen zu verändern und Programme zu installieren. In Windows 7 gibt es diese Gruppe nur noch aus Gründen der Abwärtskompatibilität mit dem vorhandenen Programmbestand.
- *Remotedesktopbenutzer* Mitglieder dieser Gruppe können sich mit den Remotedesktopdiensten an der Arbeitsstation anmelden. Sobald Mitglieder dieser Gruppe auf dem Computer angemeldet sind, bestimmen die anderen Gruppen, in denen sie Mitglieder sind, ihre Privilegien auf der Arbeitsstation. Ein Benutzer, der Mitglied der Gruppe *Administratoren* ist, erhält dieses Privileg automatisch. (Allerdings müssen Remoteanmeldungen aktiviert werden, bevor sich ein Administrator im Remotezugriff an einer Arbeitsstation anmelden kann.)
- *Replikations-Operator* Mitglieder dieser Gruppe können die Dateireplikation auf dem lokalen Computer verwalten. Dateireplikation wird hauptsächlich in Active Directory-Domänen und auf Windows-Servern verwendet.
- *Benutzer* Benutzer erledigen den größten Teil ihrer Arbeit auf einer bestimmten Windows 7-Arbeitsstation. Deswegen haben Mitglieder der Gruppe *Benutzer* mehr Beschränkungen als Rechte. Mitglieder dieser Gruppe können sich lokal auf einer Windows 7-Arbeitsstation anmelden, ein lokales Profil benutzen, die Arbeitsstation sperren und sie herunterfahren.

In den meisten Fällen legen Sie den Benutzerzugriff mit den Gruppen *Benutzer* oder *Administratoren* fest. Sie können die Benutzer- und Administratorzugriffsebenen einstellen, indem Sie als Kontentyp *Standardbenutzer* oder *Administrator* festlegen. Diese einfachen Aufgaben können Sie zwar auf der Seite *Benutzerkonten* der Systemsteuerung erledigen, aber um ein

Benutzer zum Mitglied einer Gruppe zu machen, müssen Sie *Lokale Benutzer und Gruppen* in der Konsole *Computerverwaltung* verwenden.

Domänenanmeldung und lokale Anmeldung

Wenn Computer Mitglieder einer Domäne sind, geben Sie zur Anmeldung auf einem Computer und bei der Domäne gewöhnlich ein Domänenkonto an. Alle Administratoren einer Domäne haben Zugriff auf die Ressourcen der lokalen Arbeitsstationen, die Mitglieder der Domäne sind. Benutzer können dagegen nur die lokalen Arbeitsstationen verwenden, an denen sie sich anmelden dürfen. Standardmäßig kann sich in einer Domäne jeder Benutzer mit einem gültigen Domänenkonto auf jedem Computer anmelden, der Mitglied der Domäne ist. Einmal auf einem Computer angemeldet, hat der Benutzer Zugang zu allen Ressourcen, die er mit den Berechtigungen seines Kontos oder der Gruppen, zu denen das Konto gehört, verwenden darf. Dazu gehören Ressourcen aus der Domäne ebenso wie Ressourcen des lokalen Computers.

Mit *Active Directory-Benutzer und -Computer* können Sie die Anmeldung jedes einzelnen Benutzers auf bestimmte Arbeitsstationen der Domäne beschränken. Klicken Sie in *Active Directory-Benutzer und -Computer* mit der rechten Maustaste auf das Benutzerkonto und wählen Sie dann *Eigenschaften*. Klicken Sie auf der Registerkarte *Konto* des Dialogfelds *Eigenschaften* auf *Anmelden* und legen Sie dann mit den Optionen des Dialogfelds *Anmeldearbeitsstationen* fest, bei welchen Arbeitsstationen sich der Benutzer anmelden darf.

Allerdings müssen Sie sich nicht zwangsläufig an einer Domäne anmelden, wenn Sie mit Windows 7 arbeiten. Computer, die für Arbeitsgruppen konfiguriert sind, verfügen nur über lokale Konten. Vielleicht müssen Sie sich auch auf einem Computer, der Mitglied einer Domäne ist, lokal anmelden, um bestimmte Verwaltungsarbeiten durchzuführen. Nur Benutzer, die über ein lokales Benutzerkonto verfügen, können sich lokal anmelden. Wenn Sie sich lokal anmelden, haben Sie Zugang zu allen Ressourcen, die Sie mit den Berechtigungen Ihres Kontos oder der Gruppen, zu denen das Konto gehört, verwenden dürfen.

Benutzerkontensteuerung und Anhebungsaufforderungen

Die Benutzerkontensteuerung (User Account Control, UAC) ist eine erhebliche Änderung der Art und Weise, wie Benutzerkonten verwendet und konfiguriert werden. Sie wirkt sich aus auf die Berechtigungen, die Standardbenutzern und Administratoren zur Verfügung stehen, auf die Installation und die Ausführung von Programmen, und so weiter. In diesem Abschnitt möchte ich die Beschreibung aus Kapitel 1, »Einführung in die Windows 7 Administration«, wieder aufgreifen und ausführlicher schildern, wie sich die Benutzerkontensteuerung auf Benutzer- und Administratorkonten auswirkt. Für die Verwaltung von Windows 7-Systemen zählt dies zum unverzichtbaren Grundlagenwissen.

HINWEIS Die Funktionsweise der Benutzerkontensteuerung zu verstehen, hilft Ihnen, ein besserer Administrator zu werden. Zur Unterstützung der Benutzerkontensteuerung mussten viele Aspekte des Windows-Betriebssystems überarbeitet werden. Einige der weitreichendsten Änderungen haben mit der Art und Weise zu tun, wie Anwendungen installiert und ausgeführt werden. In Kapitel 9, »Installieren und Verwalten von Programmen«, finden Sie eine ausführliche Beschreibung der Auswirkungen der Architekturänderungen auf die Ausführung von Anwendungen unter Windows 7.

Ein zweiter Blick auf Standardbenutzer- und Administratorkonten

Unter Windows XP und früheren Windows-Versionen konnten böswillige Softwareprogramme die Tatsache ausnutzen, dass die meisten Benutzerkonten als Mitglieder der Gruppe der lokalen Administratoren konfiguriert sind. Das ermöglicht es bösartiger Software nicht nur, sich selbst zu installieren, sondern auch, mit diesen weitreichenden Rechten Unheil auf dem Computer anzurichten, denn Programme, die von Administratoren installiert werden, können Bereiche des Dateisystems und der Registrierung überschreiben, die sonst sicher sind.

Um der wachsenden Bedrohung durch bösartige Software zu begegnen, gehen die Betroffenen zunehmend dazu über, den Zugang zu den Computern zu beschränken und den Benutzern die Anmeldung mit Standardbenutzerkonten vorzuschreiben. Administratoren müssen dann *Ausführen als* benutzen, um Verwaltungsarbeiten durchführen zu können. Leider können sich solche Änderungen in der Verfahrensweise stark auf die Produktivität auswirken. Wer unter Windows XP als Standardbenutzer angemeldet ist, kann manche der einfachsten Arbeiten nicht mehr durchführen. Beispielsweise kann er die Uhr oder das Datum nicht einstellen und weder die Zeitzone des Computers noch die Energieoptionen ändern. Viele Softwareprogramme, die für Windows XP entwickelt wurden, funktionieren ohne Administratorrechte einfach nicht mehr richtig. Solche Programme verwenden die Rechte der lokalen Administratoren beispielsweise bei der Installation und der späteren Benutzung für Schreibzugriffe auf Systembereiche. Außerdem sagt Ihnen Windows XP nicht vor einer Operation, ob Sie zur Durchführung Administratorrechte brauchen oder nicht.

Die Benutzerkontensteuerung versucht, die Arbeit mit dem Computer zu erleichtern und gleichzeitig die Sicherheit zu verbessern, indem sie neu definiert, wie Standardbenutzerkonten und Administratorkonten verwendet werden. Die Benutzerkontensteuerung stellt eine grundlegende Änderung dar, weil sie ein Grundgerüst vorgibt, das die Verwendung der Administratorrechte einschränkt und verlangt, dass alle Anwendungen in einem bestimmten Benutzermodus ausgeführt werden. Auf diese Weise verhindert die Benutzerkontensteuerung ungewollte Änderungen der Systemeinstellung und hindert nichtautorisierte Anwendungen daran, sich zu installieren oder böswillige Aktionen durchzuführen.

Wegen der Benutzerkontensteuerung definiert Windows 7 zwei Arten von Benutzerkonten: Standard und Administrator. Außerdem definiert Windows 7 zwei Modi (Ausführungsstufen) für Anwendungen: Standardbenutzermodus und Administratormodus. Der größte Teil der Software kann mit Standardbenutzerkonten ausgeführt werden und Systemeinstellungen ändern, die sich weder auf andere Benutzer noch auf die Sicherheit des Computers auswirken. Administratorkonten ermöglichen den vollständigen Zugriff auf den Computer und die Durchführung aller gewünschten Änderungen. Wenn ein Administrator eine Anwendung startet, gelten sein Zugriffstoken und die damit verbundenen Administratorrechte für die Anwendung, die somit über alle Rechte und Berechtigungen eines lokalen Computeradministrators verfügt. Startet ein Standardbenutzer eine Anwendung, gelten auch sein Zugriffstoken und die damit verbundenen Rechte zur Laufzeit für die Anwendung, die somit auf die Rechte und Berechtigungen eines Standardbenutzers beschränkt bleibt. Außerdem werden alle Anwendungen bei der Installation so konfiguriert, dass sie in einem bestimmten Modus laufen. Alle Arbeiten, die von Standardmodusanwendungen durchgeführt werden und Administratorrechte erfordern, werden nicht nur beim Setup erkannt, sondern müssen auch vom Benutzer genehmigt werden.

In Windows 7 haben Standardbenutzerkonten andere Rechte erhalten. Mit Standardbenutzerkonten lassen sich folgende Arbeiten durchführen:

- Installieren von Schriftarten, Anzeigen der Systemuhr und des Kalenders, Einstellen der Zeitzone
- Ändern der Einstellungen der Anzeige und der Energieoptionen
- Hinzufügen von Druckern und anderen Geräten (sofern die erforderlichen Treiber bereits auf dem Computer installiert sind oder von einem IT-Administrator installiert werden)
- Herunterladen und Installieren von Updates (sofern die Updates benutzerkontensteuerungskompatible Installationsprogramme verwenden)
- Erstellen und Konfigurieren von VPN-Verbindungen (Virtuelles Privates Netzwerk). VPN-Verbindungen dienen dazu, über das öffentliche Internet hinweg sichere Verbindungen zu privaten Netzwerken herzustellen.
- Installieren von WEP (Wired Equivalent Privacy) für die Verbindung mit gesicherten Drahtlosnetzwerken. Das WEP-Sicherheitsprotokoll verleiht Drahtlosnetzwerken eine höhere Sicherheit.

Windows 7 definiert auch zwei Ausführungsebenen für Anwendungen: Standard und Administrator. Windows 7 ordnet den meisten Anwendungen und Prozessen ein Sicherheitstoken zu, mit dessen Hilfe es erkennt, ob ein Benutzer erhöhte Rechte braucht, um eine Anwendung auszuführen. Wenn eine Anwendung über ein Standardtoken verfügt oder nicht als Administratoranwendung identifiziert werden kann, sind zur Ausführung der Anwendung keine erhöhten Rechte erforderlich und Windows 7 startet die Anwendung als Standardanwendung. Verfügt die Anwendung über ein Administratortoken, so sind zur Ausführung der Anwendung erhöhte Rechte erforderlich und Windows 7 holt vom Benutzer die Erlaubnis oder Bestätigung ein, bevor es mit der Ausführung der Anwendung beginnt.

Der Vorgang, vor der Ausführung einer Anwendung im Administratormodus und vor der Durchführung von Änderungen an der Systemkonfiguration eine Genehmigung einzuholen, gehört zur *Anhebung der Rechte* (auch als Erhöhung der Rechte bezeichnet). Diese Art der Rechteanhebung verbessert die Sicherheit und verringert die Chancen bösartiger Software, weil Benutzer informiert werden, bevor etwas geschieht, das sich auf die Systemeinstellung auswirken kann, und weil Anwendungen keine Administratorrechte erhalten, ohne dass zuerst ein Benutzer darüber informiert wird. Die Erhöhung der Rechte schützt auch Administratoranwendungen vor Angriffen durch Standardanwendungen. Weitere Informationen über die Erhöhung der Rechte und die Arbeitsweise der Benutzerkontensteuerung finden Sie in Kapitel 9.

In der Standardeinstellung schaltet Windows 7 auf den sicheren Desktop um, bevor es die Anhebungseingabeaufforderung anzeigt. Der sichere Desktop schränkt den Zugriff für Programme und Prozesse auf die Desktopumgebung ein, was die Möglichkeit verhindert, dass ein böswilliges Programm oder ein böswilliger Benutzer sich Zugriff auf den Prozess verschaffen, dessen Rechte erhöht werden. Sollten Sie nicht wollen, dass Windows 7 auf den sicheren Desktop umschaltet, bevor es eine Anhebungseingabeaufforderung anzeigt, können Sie Einstellungen konfigurieren, die dafür sorgen, dass statt des sicheren Desktops der Standarddesktop verwendet wird. Dadurch wird der Computer aber verwundbarer gegenüber Malware und Angriffen.

Optimieren von Benutzerkontensteuerung und Administratorbestätigungsmodus

Jeder Computer hat ein integriertes lokales Administratorkonto. Dieses vordefinierte Konto wird nicht durch die Benutzerkontensteuerung geschützt. Wenn Sie daher dieses Konto für die Administration einsetzen, setzen Sie Ihren Computer unter Umständen einer Gefahr aus. Um die Computer in Umgebungen zu schützen, in denen Sie ein lokales Administratorkonto für die Administration einsetzen, sollten Sie ein neues lokales Administratorkonto anlegen und dieses Konto für die Administration verwenden.

Die Benutzerkontensteuerung kann für jedes Benutzerkonto individuell konfiguriert oder deaktiviert werden. Wenn Sie die Benutzerkontensteuerung für ein Benutzerkonto deaktivieren, verlieren Sie die zusätzlichen Sicherheitsmechanismen, die von der Benutzerkontensteuerung zur Verfügung gestellt werden, und setzen den Computer Gefahren aus. Wenn Sie die Benutzerkontensteuerung deaktivieren oder wieder aktivieren, nachdem sie deaktiviert wurde, müssen Sie den Computer neu starten, damit die Änderung wirksam wird.

Der Administratorbestätigungsmodus ist die Schlüsselkomponente der Benutzerkontensteuerung, die entscheidet, ob und wie Administratoren zur Bestätigung aufgefordert werden, wenn sie Administratoranwendungen ausführen. Normalerweise funktioniert der Administratorbestätigungsmodus folgendermaßen:

- Alle Administratorkonten, auch das vordefinierte lokale Administratorkonto, werden im Administratorbestätigungsmodus ausgeführt und unterliegen ihm.
- Da alle Administratorkonten im Administratorbestätigungsmodus ausgeführt werden und diesem unterliegen, sehen alle Administratoren, einschließlich des vordefinierten lokalen Administratorkontos, eine Anhebungsaufforderung, wenn sie Administratoranwendungen ausführen.

Wenn Sie als Administrator angemeldet sind, können Sie die Funktionsweise der Benutzerkontensteuerung für alle Benutzer ändern. Gehen Sie dazu folgendermaßen vor:

1. Klicken Sie in der Systemsteuerung auf *System und Sicherheit* und dann unter *Wartungscenter* auf *Einstellungen der Benutzerkontensteuerung ändern*.
2. Stellen Sie im Dialogfeld *Einstellungen für Benutzerkontensteuerung* (Abbildung 5.1) mit dem Schieberegler ein, wann die Benutzer über Änderungen am Computer informiert werden, und klicken Sie auf *OK*. Tabelle 5.1 fasst die verfügbaren Optionen zusammen.

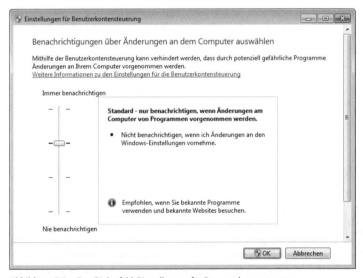

Abbildung 5.1 Das Dialogfeld *Einstellungen für Benutzerkontensteuerung*

Tabelle 5.1 Einstellungen für Benutzerkontensteuerung

Option	Beschreibung	Empfohlene Verwendung	Sicherer Desktop?
Immer benachrichtigen	Benachrichtigt den aktuellen Benutzer immer wenn Programme versuchen, Software zu installieren oder Änderungen am Computer vorzunehmen, und wenn der Benutzer Windows-Einstellungen ändert.	Verwenden Sie diese Option, wenn ein Computer höchstmögliche Sicherheit braucht und die Benutzer häufig Software installieren und unbekannte Websites besuchen.	Ja
Standard	Benachrichtigt den aktuellen Benutzer nur, wenn Programme versuchen, Änderungen am Computer vorzunehmen, aber nicht, wenn der Benutzer Windows-Einstellungen ändert.	Verwenden Sie diese Option, wenn ein Computer hohe Sicherheit benötigt und Sie die Zahl der angezeigten Benachrichtigungsmeldungen verringern wollen.	Ja
Nur benachrichtigen, wenn ... (Desktop nicht abblenden)	Wie die Einstellung *Standard*, verhindert aber zusätzlich, dass die Benutzerkontensteuerung auf den sicheren Desktop umschaltet.	Stellen Sie diese Option ein, wenn die Benutzer in einer vertrauenswürdigen Umgebung mit vertrauten Anwendungen arbeiten und keine ungewöhnlichen Websites besuchen.	Nein
Nie benachrichtigen	Schaltet alle Eingabeaufforderungen der Benutzerkontensteuerung ab.	Wählen Sie diese Option, wenn die Sicherheit nicht von großer Bedeutung ist und die Benutzer in einer vertrauenswürdigen Umgebung mit Programmen arbeiten, die nicht für Windows 7 zertifiziert sind, weil sie die Benutzerkontensteuerung nicht unterstützen.	Nein

In den Gruppenrichtlinien können Sie den Administratorbestätigungsmodus und die Anzeige von Anhebungsaufforderungen mithilfe von Einstellungen im Zweig *Computerkonfiguration\Windows-Einstellungen\Sicherheitseinstellungen\Lokale Richtlinien\Sicherheitsoptionen* verwalten. Hier stehen folgende Richtlinien zur Verfügung:

- *Benutzerkontensteuerung: Administratorbestätigungsmodus für das integrierte Administratorkonto* Legt fest, ob Benutzer und Prozesse, die als das vordefinierte lokale Administratorkonto laufen, dem Administratorbestätigungsmodus unterliegen. In der Standardeinstellung ist diese Funktion aktiviert, das bedeutet, dass das vordefinierte lokale Administratorkonto dem Administratorbestätigungsmodus unterliegt und bezüglich Anhebungseingabeaufforderungen denselben Beschränkungen unterliegt wie Administratoren im Administratorbestätigungsmodus. Wenn Sie diese Einstellung deaktivieren, unterliegen Benutzer und Prozesse, die als das vordefinierte lokale Administratorkonto laufen, nicht mehr dem Administratorbestätigungsmodus und damit auch nicht mehr bezüglich der Anhebungseingabeaufforderungen dem

Verhalten, das für Administratoren im Administratorbestätigungsmodus gilt.

- *Benutzerkontensteuerung: UIAccess-Anwendungen können erhöhte Rechte ohne sicheren Desktop anfordern* Legt fest, ob Programme für Eingabehilfen in der Benutzeroberfläche (UIAccess-Anwendungen) den sicheren Desktop automatisch für Anhebungsaufforderungen deaktivieren, die von einem Standardbenutzer verwendet werden. Wenn Sie diese Einstellung aktivieren, können UIAccess-Programme, darunter auch die Windows-Remoteunterstützung, den sicheren Desktop für Anhebungsaufforderungen deaktivieren.

- *Benutzerkontensteuerung: Verhalten der Benutzeraufforderung mit erhöhten Rechten für Administratoren im Administratorbestätigungsmodus* Legt fest, ob Administratoren, die dem Administratorbestätigungsmodus unterliegen, eine Anhebungseingabeaufforderung angezeigt bekommen, wenn sie Administratoranwendungen ausführen. Außerdem steuert diese Richtlinie, wie die Anhebungseingabeaufforderung arbeitet. In der Standardeinstellung werden Administratoren auf dem sicheren Desktop nach ihrer Genehmigung gefragt, wenn Administratoranwendungen gestartet werden. Sie können diese Richtlinie so konfigurieren, dass Administratoren ohne den sicheren Desktop nach ihrer Genehmigung gefragt werden, zur Eingabe von Anmeldeinformationen mit oder ohne sicheren Desktop aufgefordert werden (wie Standardbenutzer) oder nur nach ihrer Genehmigung gefragt werden, wenn es sich um Windows-fremde Programmdateien handelt. Sie können die Richtlinie auch so einstellen, dass Administratoren überhaupt nicht nach ihrer Genehmigung gefragt werden; in diesem Fall werden die Rechte des Administrators automatisch angehoben. Keine dieser Einstellungen verhindert, dass ein Administrator mit der rechten Maustaste auf eine Anwendungsverknüpfung klickt und den Befehl *Als Administrator ausführen* wählt.

- *Benutzerkontensteuerung: Verhalten der Eingabeaufforderung für erhöhte Rechte für Standardbenutzer* Bestimmt, ob Benutzer, die mit einem Standardbenutzerkonto angemeldet sind, eine Anhebungsaufforderung sehen, wenn sie Administratoranwendungen ausführen. Gewöhnlich wird von Benutzern, die mit einem Standardbenutzerkonto angemeldet sind, die Eingabe der Anmeldeinformationen eines Administrators auf dem sicheren Desktop verlangt, wenn sie Administratoranwendungen ausführen oder Administrationsaufgaben erledigen. Sie können diese Richtlinie auch so einstellen, dass die Benutzer statt auf dem sicheren Desktop auf dem Standarddesktop zur Eingabe der Anmeldeinformationen aufgefordert werden. Und Sie können die Anhebungsanforderungen grundsätzlich verbieten, sodass die Benutzer gar nicht zu dieser Eingabe aufgefordert werden. In diesem Fall können Benutzer auch nicht die Rechte anheben, indem sie die Anmeldeinformationen eines Administrators eingeben. Das verhindert aber nicht, dass

Benutzer die Verknüpfung zu einer Anwendung mit der rechten Maustaste anklicken und *Als Administrator ausführen* wählen können.

- *Benutzerkontensteuerung: Alle Administratoren im Administratorbestätigungsmodus ausführen* Entscheidet, ob Benutzer, die mit einem Administratorkonto angemeldet sind, dem Administratorbestätigungsmodus unterliegen. Standardmäßig ist diese Funktion aktiviert. Das bedeutet, dass Administratoren dem Administratorbestätigungsmodus unterliegen und dass für sie auch die Anhebungsbestätigung gilt, wie sie für Administratoren im Administratorbestätigungsmodus festgelegt ist. Wenn Sie diese Einstellung deaktivieren, unterliegen Benutzer, die mit einem Administratorkonto angemeldet sind, nicht mehr dem Administratorbestätigungsmodus und daher auch nicht mehr der Anhebungsaufforderung, die für Administratoren im Administratorbestätigungsmodus festgelegt ist.

- *Benutzerkontensteuerung: Erhöhte Rechte nur für UIAccess-Anwendungen, die an sicheren Orten installiert sind* Legt fest, ob UIAccess-Programme an einem sicheren Speicherort im Dateisystem liegen müssen, damit die Anhebung durchgeführt wird. Ist diese Richtlinie aktiviert, müssen UIAccess-Programme unter *%SystemRoot%\Program Files*, *%SystemRoot%\Program Files(x86)* oder *%SystemRoot%\Windows\System32* liegen.

- *Benutzerkontensteuerung: Nur ausführbare Dateien heraufstufen, die signiert und überprüft sind* Legt fest, ob Anwendungen signiert und überprüft sein müssen, damit die Anhebung durchgeführt wird. Ist diese Richtlinie aktiviert, werden die Rechte ausführbarer Dateien nur angehoben, wenn sie die Signaturprüfung bestehen und entsprechende Zertifikate im Speicher für vertrauenswürdige Herausgeber eingetragen sind. Verwenden Sie diese Möglichkeit nur, wenn höchstmögliche Sicherheit gebraucht wird und Sie geprüft haben, dass alle benutzten Anwendungen signiert und gültig sind.

In einer Domänenumgebung können Sie die gewünschten Sicherheitseinstellungen für eine bestimmte Computergruppe in der Weise vornehmen, wie es in Active Directory üblich ist. Mithilfe der lokalen Sicherheitsrichtlinien können Sie diese Einstellungen auch für einzelne lokale Computer vornehmen. Gehen Sie dazu folgendermaßen vor:

1. Klicken Sie auf *Start, Alle Programme, Verwaltung, Lokale Sicherheitsrichtlinie*.
2. Erweitern Sie in der Konsolenstruktur der Konsole *Lokale Sicherheitsrichtlinie* den Knoten *Lokale Richtlinien* unter *Sicherheitseinstellungen* und wählen Sie dann *Sicherheitsoptionen*, wie in Abbildung 5.2 gezeigt.
3. Klicken Sie die gewünschte Richtlinie mit einem Doppelklick an, führen Sie die erforderlichen Änderungen durch und klicken Sie dann auf *OK*. Wiederholen Sie diesen Schritt nach Bedarf, um andere Richtlinien zu ändern.

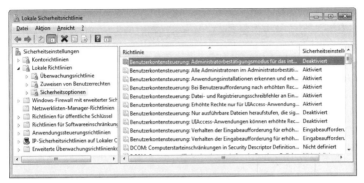

Abbildung 5.2 Die Konsole *Lokale Sicherheitsrichtlinie*

Verwalten der lokalen Anmeldung

Alle lokalen Computerkonten sollten durch Kennwörter geschützt sein. Wird ein Konto ohne Kennwort erstellt, ist das Konto ungeschützt und jeder kann sich lokal anmelden. Allerdings kann ein lokales Konto ohne Kennwort nicht für einen Remotezugriff auf einen Computer verwendet werden.

Die folgenden Abschnitte beschreiben die Erstellung und Einrichtung von lokalen Benutzerkonten. Auf jeder Arbeitsstation gibt es lokale Computerkonten, unabhängig davon, ob der Computer Mitglied einer Heimnetzgruppe, Arbeitsgruppe oder Domäne ist.

Erstellen lokaler Benutzerkonten in einer Heimnetzgruppe oder Arbeitsgruppe

Wenn ein Computer Mitglied einer Heimnetzgruppe oder Arbeitsgruppe ist, können Sie mit folgenden Schritten ein lokales Benutzerkonto auf dem Computer erstellen:

1. Klicken Sie in der Systemsteuerung unter der Überschrift *Benutzerkonten und Jugendschutz* auf *Benutzerkonten hinzufügen/entfernen*. Dadurch öffnet sich die Seite *Konten verwalten*.

    Wie aus Abbildung 5.3 hervorgeht, listet die Seite *Konten verwalten* alle konfigurierbaren Benutzerkonten des lokalen Computers nach Kontentyp und mit Konfigurationsdetails auf. Verfügt ein Konto über ein Kennwort, wird es als kennwortgeschützt aufgeführt. Wurde ein Konto deaktiviert, wird es als nicht aktiv aufgeführt.

2. Klicken Sie auf *Neues Konto erstellen*. Dadurch öffnet sich die Seite *Neues Konto erstellen*.

3. Geben Sie den Namen des lokalen Kontos ein. Dieser Name wird auf der Willkommenseite und im Startmenü angezeigt.

4. Legen Sie als Kontentyp entweder *Standardbenutzer* oder *Administrator* fest. Wenn ein Benutzer auf dem lokalen Computer alle Berechtigungen erhalten soll, wählen Sie *Administrator*.

5. Klicken Sie auf *Konto erstellen*.

Abbildung 5.3 In einer Heimnetzgruppe oder Arbeitsgruppe verwenden Sie die Seite *Konten verwalten* aus der Systemsteuerung, um lokale Benutzerkonten hinzuzufügen oder zu entfernen

Gewähren der lokalen Anmeldung bei vorhandenem Domänenkonto

Wenn sich ein Benutzer lokal auf einem Computer anmelden muss und bereits über ein Domänenkonto verfügt, können Sie ihm mit folgenden Schritten die Berechtigung zur lokalen Anmeldung geben:

1. Klicken Sie in der Systemsteuerung unter *Benutzerkonten* auf den Link *Kontotyp ändern*. Daraufhin öffnet sich das Dialogfeld *Benutzerkonten*. Wie Abbildung 5.4 zeigt, listet das Dialogfeld *Benutzerkonten* alle konfigurierbaren Benutzerkonten auf dem lokalen Computer unter Angabe der Domäne und der Gruppenmitgliedschaft auf.
2. Klicken Sie auf *Hinzufügen*. Dadurch wird der Assistent zum Hinzufügen neuer Benutzer gestartet.
3. Sie erstellen ein lokales Computerkonto für einen Benutzer, der bereits über ein Domänenkonto verfügt. Geben Sie in den Eingabefeldern den Domänenkontennamen des Benutzers und die Domäne ein.
4. Legen Sie mit den verfügbaren Optionen die Art des Benutzerkontos fest.
5. Ein Standardbenutzerkonto wird als Mitglied der lokalen Gruppe *Benutzer* angelegt. Soll der Benutzer die üblichen Berechtigungen eines normalen Benutzers erhalten, wählen Sie *Standardbenutzer*.
6. Ein Administratorkonto wird als Mitglied der lokalen Gruppe *Administratoren* erstellt. Wenn der Benutzer das volle Zugriffsrecht auf einen Computer erhalten soll, wählen Sie *Administrator*.

Verwalten der lokalen Anmeldung

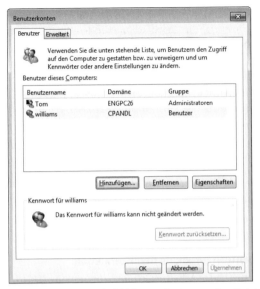

Abbildung 5.4 Im Dialogfeld *Benutzerkonten* verwalten Sie lokale Benutzerkonten auf einem Computer, der Mitglied einer Domäne ist

7. Das Konto *Andere* wird als Mitglied der Gruppe erstellt, die Sie auswählen. Wenn der Benutzer die Berechtigungen einer bestimmten Gruppe erhalten soll, wählen Sie *Andere* und dann die gewünschte Gruppe.
8. Klicken Sie auf *Fertig stellen*. Wenn Sie andere Berechtigungen festlegen müssen oder den Benutzer zu anderen lokalen Gruppen hinzufügen müssen, folgen Sie der Beschreibung im Abschnitt »Verwalten lokaler Benutzerkonten und Gruppen« dieses Kapitels.

Ändern des Typs eines lokalen Benutzerkontos

Das Programm *Benutzerkonten* aus der Systemsteuerung ermöglicht auf einfache Weise die Änderung der Kontentypen für lokale Benutzer. Sie können sehr schnell einen der vordefinierten Kontentypen festlegen. Für eine genauere Einstellung müssen Sie allerdings auf die Konsole *Lokale Benutzer und Gruppen* zurückgreifen und die Gruppenmitgliedschaften individuell festlegen. (Weitere Informationen zu diesem Thema finden Sie im Abschnitt »Verwalten der Mitglieder lokaler Gruppen«.)

In einer Heimnetzgruppe oder Arbeitsgruppe können Sie den Kontentyp für einen lokalen Computerbenutzer folgendermaßen ändern:

1. Klicken Sie in der Systemsteuerung unter der Überschrift *Benutzerkonten und Jugendschutz* auf *Benutzerkonten hinzufügen/entfernen*. Dadurch öffnet sich die Seite *Konten verwalten*.
2. Klicken Sie auf das Konto, das Sie ändern möchten, und dann auf *Kontotyp ändern*.

3. Legen Sie auf der Seite *Kontotyp ändern* durch die Wahl von *Standardbenutzer* oder *Administrator* die Zugriffsebene für den Benutzer fest und klicken Sie dann auf *Kontotyp ändern*.

In einer Domäne können Sie den Kontentyp für einen lokalen Computerbenutzer folgendermaßen ändern:

1. Klicken Sie in der Systemsteuerung auf *Benutzerkonten*. Klicken Sie auf der Seite *Benutzerkonten* auf den Link *Kontotyp ändern*. Dadurch öffnet sich das Dialogfeld *Benutzerkonten*.
2. Klicken Sie auf der Registerkarte *Benutzer* das Konto an, das Sie bearbeiten möchten, und dann auf *Eigenschaften*.
3. Wählen Sie im *Eigenschaften*-Dialogfeld die Registerkarte *Gruppenmitgliedschaft*.
4. Wählen Sie als Kontentyp *Standardbenutzer* oder *Administrator*. Oder wählen Sie *Andere* und dann die gewünschte Gruppe.
5. Klicken Sie zweimal auf *OK*.

Festlegen von Kennwörtern für lokale Benutzerkonten

In einer Heimnetzgruppen- oder Arbeitsgruppenkonfiguration werden lokale Benutzerkonten standardmäßig ohne Kennwörter erstellt. Das bedeutet, dass sich Benutzer auf der Willkommenseite standardmäßig mit einem simplen Klick auf ihren Kontonamen anmelden können, oder im klassischen Anmeldebildschirm mit einem Klick auf *OK*. Zur Erhöhung der Sicherheit sollten alle lokalen Konten mit Kennwörtern versehen werden.

Am einfachsten erreichen Sie das, indem Sie sich mit jedem Konto anmelden, das ein Kennwort erhalten soll, und dem Konto dann mit dem Programm *Benutzerkonten* aus der Systemsteuerung ein Kennwort zuweisen. Wenn Sie bei der Zuweisung des Kennworts als der Benutzer angemeldet sind, dessen Konto das Kennwort erhält, brauchen Sie sich keine Gedanken darüber zu machen, ob Sie dadurch verschlüsselte Daten verlieren. Wenn Sie ein Kennwort zuweisen, ohne als der betreffende Benutzer angemeldet zu sein, verliert der Benutzer den Zugang zu seinen verschlüsselten Dateien, verschlüsselten E-Mails, persönlichen Zertifikaten und gespeicherten Kennwörtern. Das ist so, weil der Hauptschlüssel des Benutzers, der für den Zugriff auf das persönliche Verschlüsselungszertifikat und zur Entschlüsselung der Daten erforderlich ist, mit einem Hashwert verschlüsselt wurde, der auf einem leeren Kennwort basiert. Wenn Sie dann ein Kennwort zuweisen, stimmen die Hashwerte nicht überein und der Benutzer hat keinen Zugriff mehr auf seine eigenen Daten. Die einzige Lösung dieses Problems ist, durch die Löschung des Kontenkennworts die ursprüngliche Einstellung wiederherzustellen. Dann sollte der Benutzer eigentlich wieder Zugriff auf seine verschlüsselten Dateien haben. Wie bereits erwähnt, tritt dieses Problem nur bei den lokalen Konten für Computer und nicht bei Domänenbenutzerkonten auf.

TIPP Nur das Programm *Benutzerkonten* ermöglicht Ihnen die Zuweisung eines Kennworthinweises, der sich als nützlich erweisen kann, wenn der Benutzer sein Kennwort vergessen hat. Ein anderes Mittel zur Wiederherstellung eines Kennworts ist eine Kennwortrücksetzdiskette, bei der es sich um eine Diskette oder ein USB-Flashlaufwerk handeln kann. Bei der Zuweisung von Kennwörtern dürfen Sie aber nicht vergessen, dass dies die einzigen Verfahren zur Wiederherstellung von Kennwörtern für lokale Benutzerkonten sind, wenn Sie keinen Datenverlust riskieren wollen. Warum? Sie können zwar für ein Benutzerkonto ein Kennwort erstellen, zurücksetzen oder löschen, aber dadurch werden alle persönlichen Zertifikate und gespeicherten Kennwörter gelöscht, die mit dem Konto verbunden sind. Das Ergebnis ist, dass der Benutzer nicht mehr auf seine verschlüsselten Dateien oder privaten E-Mails zugreifen kann, die er mit seinem geheimen Schlüssel verschlüsselt hat. Außerdem verliert er die gespeicherten Kennwörter für Websites und Netzwerkressourcen. Wichtig ist außerdem, dass dieses Problem nur bei lokalen Benutzerkonten auftritt. Administratoren können die Kennwörter von Domänenbenutzern ändern oder zurücksetzen, ohne dadurch den Zugriff auf verschlüsselte Daten zu gefährden.

Auf folgende Weise können Sie einem lokalen Benutzerkonto ein Kennwort zuweisen:

1. Melden Sie sich als der Benutzer an, für dessen Konto Sie ein Kennwort festlegen möchten. Klicken Sie in der Systemsteuerung unter der Überschrift *Benutzerkonten und Jugendschutz* auf *Benutzerkonten hinzufügen/entfernen*. Dadurch öffnet sich die Seite *Konten verwalten*.

Abbildung 5.5 Erstellen eines Kennworts mit einem Kennworthinweis

2. Klicken Sie das Konto an, für das Sie ein Kennwort festlegen möchten. Um Datenverluste zu verhindern, muss es dasselbe Konto sein, mit dem

Sie gerade angemeldet sind. Jedes Konto, das bereits über ein Kennwort verfügt, wird als kennwortgeschützt aufgelistet. Ein Konto ohne diese Kennzeichnung hat noch kein Kennwort.

3. Klicken Sie auf *Kennwort erstellen*. Geben Sie ein Kennwort ein und bestätigen Sie es durch eine erneute Eingabe, wie in Abbildung 5.5 illustriert. Geben Sie anschließend einen Kennworthinweis ein. Ein Kennworthinweis ist ein Wort oder eine Phrase, die Ihnen helfen soll, sich an das Kennwort zu erinnern. Der Hinweis ist für alle sichtbar, die den Computer benutzen.
4. Klicken Sie auf *Kennwort erstellen*.

Wiederherstellen der Kennwörter von lokalen Benutzerkonten

Wie bereits erwähnt, ist es bei Verlust eines Kennworts vorzuziehen, das Kennwort wiederherzustellen statt es zu ändern oder zu löschen, damit der Zugang zu den verschlüsselten Daten und gespeicherten Kennwörtern des Benutzers nicht verloren geht.

Windows 7 bietet zwei Wege zur Wiederherstellung von Benutzerkennwörtern:

- **Kennworthinweis** Kennworthinweise können auf der Willkommenseite gelesen werden. Gewöhnlich wird die Willkommenseite nach dem Hochfahren des Computers angezeigt, wenn noch niemand angemeldet ist. Falls bereits jemand an der Arbeitsstation angemeldet ist, bitten Sie ihn, sich abzumelden. Klicken Sie auf den Benutzernamen, damit die Aufforderung zur Eingabe des Kennworts erscheint, und dann auf die blaue Eingabeschaltfläche, damit der Kennworthinweis angezeigt wird. Vielleicht hilft der Kennworthinweis dem Benutzer, sich an das Kennwort zu erinnern. Ist das nicht der Fall, brauchen Sie die Kennwortrücksetzdiskette.

- **Kennwortrücksetzdiskette** Kennwortrücksetzdisketten können für jedes kennwortgeschützte lokale Benutzerkonto erstellt werden. Sie versetzen jeden in die Lage, das Kennwort des dazugehörigen lokalen Kontos zurückzusetzen, ohne das alte Kennwort zu kennen. Da jeder, der Zugang zu diesen Disketten hat, Kontenkennwörter ändern kann, sollten Sie die Kennwortrücksetzdiskette an einem sicheren Ort aufbewahren. Sofern Sie den Benutzern erlauben, eine eigene Kennwortrücksetzdiskette zu erstellen, sollten Sie dafür sorgen, dass die Benutzer verstehen, wie wichtig diese Disketten sind.

HINWEIS Die Kennwörter für Domänenbenutzer und für lokale Benutzer werden unterschiedlich verwaltet. In Domänen verwalten Administratoren die Kennwörter von Domänenbenutzerkonten und können vergessene Kennwörter in der Konsole *Active Directory-Benutzer und -Computer* zurücksetzen.

Kennwörter für lokale Computerkonten können in einer sicheren, verschlüsselten Datei auf einer Kennwortrücksetzdiskette gespeichert werden, bei der es sich um eine Diskette oder einen USB-Speicherstick handelt. Wie Sie eine Kennwortrücksetzdiskette für den aktuellen Benutzer erstellen, wurde im Abschnitt »Erstellen und Verwenden einer Kennwortrücksetzdiskette« in Kapitel 1 beschrieben. Und im Abschnitt »Rücksetzen des Kennworts eines Benutzers« in Kapitel 1 ist beschrieben, wie Sie das Kennwort für ein lokales Computerkonto zurücksetzen.

Kontrollieren der Anmeldung: Willkommenseiten und klassischer Anmeldebildschirm

Windows 7 zeigt standardmäßig eine Willkommenseite an, wenn Computer zu einer Heimnetzgruppe oder Arbeitsgruppe gehören, und einen Anmeldebildschirm, wenn Computer Mitglieder einer Domäne sind. Der Unterschied zwischen Willkommenseite und Anmeldebildschirm ist sehr wichtig.

In einer Heimnetzgruppe oder Arbeitsgruppe wird die Willkommenseite angezeigt, wenn niemand angemeldet ist oder wenn der Bildschirmschoner aktiv geworden ist und Sie versuchen, sich wieder anzumelden. Auf der Willkommenseite sehen Sie eine Liste der Konten, die zur Anmeldung auf dem Computer zur Verfügung stehen. Wenn Sie sich anmelden möchten, klicken Sie das gewünschte Konto an und geben das dazugehörige Kennwort ein, sofern vorhanden. Allerdings werden nicht alle Konten angezeigt, die auf dem Computer vorhanden sind. Manche Konten werden automatisch verborgen, wie zum Beispiel das Konto *Administrator*.

Die Willkommenseite ist sehr bequem, weil sie eine Liste der verfügbaren Konten zeigt und Sie in die Lage versetzt, sich mit einem Klick auf einen Kontennamen anzumelden. Sie können die Sicherheit in der Heimnetzgruppe oder Arbeitsgruppe verbessern, indem Sie diese Liste nicht anzeigen und statt der Willkommenseite den Anmeldebildschirm wählen. In einer Domäne wird automatisch der Anmeldebildschirm gezeigt, wenn niemand angemeldet ist oder wenn der Bildschirmschoner aktiv geworden ist und Sie versuchen, sich wieder anzumelden. Der Anmeldebildschirm verlangt vom Benutzer, einen Anmeldenamen einzugeben. Der Benutzer muss also einen gültigen Namen kennen, statt einfach einen Namen aus einer Liste auszuwählen.

Der Anmeldebildschirm hat einige Aspekte, die Sie kontrollieren können. Standardmäßig wird im Feld *Benutzername* der Name des letzten Benutzers angezeigt, der sich angemeldet hat. Die Sicherheit wird verbessert, wenn dieser Name nicht angezeigt wird, weil Benutzer dann einen gültigen Kontennamen kennen müssen. Um das zu erreichen, öffnen Sie die Konsole *Lokale Sicherheitsrichtlinie* aus dem Menü *Verwaltung*. Oder Sie geben in einer Eingabeaufforderung mit erhöhten Rechten *secpol.msc* ein. Klicken Sie dann unter *Lokale Richtlinien\Sicherheitsoptionen* die Richtlinie *Interaktive Anmeldung: Letzten Benutzernamen nicht anzeigen* mit einem Doppelklick an. Klicken Sie auf *Aktiviert* und dann auf *OK*.

Ob die Willkommenseite benutzt wird, können Sie in den Gruppenrichtlinien mit der Einstellung *Immer klassische Anmeldung verwenden* festlegen. Sie haben folgende Auswahl:

- Aktivieren der Richtlinie, damit statt der Willkommenseite der Anmeldebildschirm verwendet wird.

- Deaktivieren der Richtlinie, damit die Willkommenseite verwendet wird.
- Einstellung auf *Nicht konfiguriert*, damit die Standardkonfiguration verwendet wird (die Willkommenseite).

In einer Domänenumgebung können Sie die gewünschte Sicherheitskonfiguration mit den Active Directory-Gruppenrichtlinien für eine ganze Gruppe von Computern vornehmen. Mit den lokalen Sicherheitsrichtlinien können Sie diese Einstellung auch für einzelne Computer vornehmen. Um einen Heimnetzgruppen- oder Arbeitsgruppencomputer so einzustellen, dass er den Anmeldebildschirm statt der Willkommenseite anzeigt, verwenden Sie den Gruppenrichtlinienobjekt-Editor. Das ist ein Snap-In für die MMC. Sie können dieses Snap-In mit folgenden Schritten in eine leere Konsole einfügen und einen Computer dann so konfigurieren, dass er den Anmeldebildschirm verwendet:

1. Geben Sie im Suchfeld des Startmenüs den Befehl **gpedit.msc** ein und drücken Sie die EINGABETASTE. Daraufhin öffnet sich der *Editor für lokale Gruppenrichtlinien*, in dem das Objekt *Richtlinien für Lokaler Computer* zum Bearbeiten geöffnet ist.
2. Erweitern Sie im Editor die Knoten *Richtlinien für Lokaler Computer*, *Computerkonfiguration*, *Administrative Vorlagen*, *System*, *Anmelden* (Abbildung 5.6).

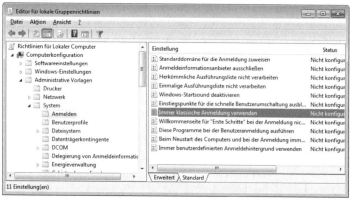

Abbildung 5.6 Aktivieren Sie die Einstellung *Immer klassische Anmeldung verwenden*, wenn Sie statt der Willkommenseite den Anmeldebildschirm verwenden möchten

3. Klicken Sie doppelt auf *Immer klassische Anmeldung verwenden*.
4. Wählen Sie die Option *Aktiviert* und klicken Sie auf *OK*.

In einer Domäne können Sie es standardmäßig nicht umgehen, auf STRG+ALT+ENTF drücken zu müssen, um sich anzumelden. Sie könnten dieses Erfordernis zwar beseitigen, aber unter Sicherheitsaspekten ist das keine gute Idee. Wenn Sie diese Einstellung dennoch konfigurieren wollen, müssen Sie in der Konsole *Lokale Sicherheitsrichtlinie* den Knoten *Lokale Richtlinien\Sicherheitsoptionen* erweitern und dann mit einem Doppelklick auf *Interaktive Anmeldung: Kein Strg+Alt+Entf erforderlich* klicken. Wählen Sie *Aktiviert* aus und klicken Sie dann auf *OK*.

Löschen von Konten und Sperren des lokalen Zugriffs auf Arbeitsstationen

Domänenadministratoren erhalten automatisch Zugang zu den lokalen Ressourcen von Arbeitsstationen. Andere Benutzer erhalten nur die Berechtigung für den Zugriff auf Ressourcen, die auf den Computern liegen, an denen sie sich anmelden dürfen. Wenn Arbeitsstationen im Unternehmen weitergegeben werden, ergibt sich vielleicht die Situation, dass die vorherigen Besitzer einer Arbeitsstation immer noch Zugang zu ihren Ressourcen haben oder dass Benutzer, die eigentlich nur für eine gewisse Zeit Zugang zu einer Arbeitsstation erhalten sollten, nie aus der Benutzerliste gestrichen wurden.

In einer Domäne können Sie mit dem Eigenschaftendialogfeld eines Kontos in *Active Directory-Benutzer und -Computer* kontrollieren, an welchen Arbeitsstationen sich der betreffende Benutzer anmelden kann. Klicken Sie das Konto mit einem Doppelklick an, um das Dialogfeld *Eigenschaften* zu öffnen. Klicken Sie auf der Registerkarte *Konto* auf die Schaltfläche *Anmelden*.

In einer Heimnetzgruppe oder Arbeitsgruppe können Sie das Konto eines Benutzers mit folgenden Schritten löschen und dem betreffenden Benutzer die Anmeldung verweigern:

1. Melden Sie sich als Benutzer mit lokalen Administratorrechten an. Klicken Sie in der Systemsteuerung unter der Überschrift *Benutzerkonten und Jugendschutz* auf *Benutzerkonten hinzufügen/entfernen*. Dadurch öffnet sich die Seite *Konten verwalten*.
2. Klicken Sie auf das Konto, das Sie entfernen möchten.
3. Klicken Sie auf *Konto löschen*.
4. Bevor das Konto gelöscht wird, haben Sie die Gelegenheit, den Inhalt des Desktops und des Ordners *Dokumente* des Benutzers in einen Ordner zu kopieren, der auf dem Desktop des aktuellen Benutzers liegt. Um die Dokumente des Benutzers zu speichern, klicken Sie auf *Dateien behalten*. Um die Dateien zu löschen, klicken Sie auf *Dateien löschen*.
5. Bestätigen Sie die Löschung des Kontos mit einem Klick auf *Konto löschen*.

Vergessen Sie bitte nicht, dass der Benutzer in einer Domäne immer noch in der Lage sein könnte, mit einem Domänenkonto auf die Arbeitsstation zuzugreifen, wenn nicht weitere Einschränkungen bezüglich der Anmeldung an Arbeitsstationen in Kraft sind.

Verwalten gespeicherter Anmeldeinformationen

In Windows 7 können Sie die Anmeldeinformationsverwaltung benutzen, um Anmeldeinformationen zu speichern, die dann nach Möglichkeit verwendet werden, um die Benutzer automatisch bei Servern, Websites und

Programmen anzumelden. Anmeldeinformationen sind in einer Art elektronischem Tresor gespeichert (dem Windows-Tresor), der die einfache Anmeldung bei wichtigen Ressourcen erlaubt, ganz unabhängig davon, wo sich diese Ressourcen befinden. Wenn Sie feststellen, dass ein Benutzer häufig Probleme mit der Anmeldung bei kennwortgeschützten Ressourcen hat, die beispielsweise im firmeneigenen Intranet oder auf einer externen Internet-Site zu finden sind, können Sie für diesen Benutzer gespeicherte Anmeldeinformationen für alle benötigten Ressourcen erstellen.

Die Anmeldeinformationsverwaltung unterstützt drei Arten gespeicherter Anmeldeinformationen:

- **Windows-Anmeldeinformationen** Anmeldeinformationen für Windows-Standardauthentifizierung (NTLM oder Kerberos). Sie enthalten den Speicherort der Ressource sowie Namen und Kennwort des Anmeldekontos.

- **Zertifikatbasierte Anmeldeinformationen** Diese Anmeldeinformationen umfassen einen Ressourcenspeicherort und verwenden für die Authentifizierung ein Zertifikat, das im Speicher für eigene Zertifikate in der Zertifikatverwaltung abgelegt ist.

- **Generische Anmeldeinformationen** Anmeldeinformationen, die einfache oder benutzerdefinierte Authentifizierungstechniken nutzen. Sie umfassen einen Ressourcenspeicherort sowie Namen und Kennwort des Anmeldekontos.

Die folgenden Abschnitte stellen die Techniken für die Arbeit mit gespeicherten Anmeldeinformationen vor.

Hinzufügen von Windows- oder generischen Anmeldeinformationen

Jedes Benutzerkonto verfügt über einen eigenen Windows-Tresor. Einträge für diesen Windows-Tresor werden in den Profildaten des Benutzers gespeichert und enthalten Informationen, die für die Anmeldung bei kennwortgeschützten Ressourcen erforderlich sind. Wenn Sie bei der Erstellung der Windows-Tresoreinträge mit einem Domänenkonto angemeldet sind und das Konto über ein servergespeichertes Profil verfügt (also kein lokales oder verbindliches Profil), ist die im Windows-Tresor gespeicherte Information überall verfügbar, unabhängig davon, auf welchem Computer der Domäne Sie sich anmelden. Andernfalls ist der Windows-Tresor nur auf dem speziellen Computer verfügbar, auf dem Sie die Einträge vorgenommen haben.

PRAXISTIPP Wenn Ihre Organisation Computer hat, die keine Domänenmitglieder sind, sondern in Arbeitsgruppen oder Heimnetzgruppen organisiert sind, werden Sie feststellen, dass alle Benutzer mithilfe der gespeicherten Anmeldeinformationen eine Menge Zeit sparen. Nehmen wir an, Ted benutzt für seine tägliche Arbeit einen Computer, der Mitglied einer Arbeitsgruppe ist, braucht aber Zugriff auf mehrere unterschiedliche Server an unterschiedlichen Standorten oder in unterschiedlichen Domänen. Das können Sie für Ted wesentlich einfacher machen, indem Sie für jede Ressource Windows-Anmeldeinformationen erstellen. Unabhängig davon, wie Ted auf die Server zugreift, wird er nun automatisch authentifiziert, ohne dass er alternative Anmeldeinformationen eingeben muss. Wenn Ted beispielsweise ein Netzlaufwerk für *FileServer84* einrichet und Sie Anmeldeinformationen für diesen Server eingetragen haben, braucht Ted nicht die Option *Verbindung mit anderen Anmeldeinformationen herstellen* zu verwenden und dann alternative Anmeldeinformationen einzugeben.

Gehen Sie folgendermaßen vor, um einen Eintrag in den Windows-Tresor des aktuell angemeldeten Benutzers einzutragen:

1. Melden Sie sich als der Benutzer an, dessen Windows-Tresor Sie verwalten wollen. Klicken Sie in der Systemsteuerung auf *Benutzerkonten* und dann auf *Anmeldeinformationsverwaltung*.

   Auf der Seite *Anmeldeinformationsverwaltung* (Abbildung 5.7) sehen Sie eine Liste der aktuellen Einträge, die nach dem Anmeldeinformationstyp sortiert sind (sofern bereits Anmeldeinformationen vorhanden sind).

Abbildung 5.7   Anzeigen der momentan verfügbaren Anmeldeinformationen und -optionen

2. Klicken Sie auf *Windows-Anmeldeinformationen hinzufügen* oder *Generische Anmeldeinformationen hinzufügen*, je nachdem, welchen Typ Anmeldeinformationen Sie erstellen wollen. Geben Sie dann die Daten ein, die Sie brauchen, um die Anmeldeinformationen zu konfigurieren (Abbildung 5.8).

   Es stehen folgende Felder zur Verfügung:

   - *Internet- oder Netzwerkadresse*   Die Netzwerk- oder Internetressource, für die Sie den Windows-Tresoreintrag vornehmen. Dabei kann es sich um den Namen eines Servers handeln, beispielsweise *fileserver86*, den vollqualifizierten Domänennamen einer Internetressource, etwa *www.microsoft.com*, oder um eine Adresse mit einem Platzhalter, wie zum Beispiel *.microsoft.com. Wenn Sie einen Servernamen oder vollqualifizierten Domänennamen angeben, wird dieser Eintrag für den Zugriff auf einen bestimmten Server oder Dienst verwendet. Wenn Sie einen Platzhalter verwenden, wird der Eintrag für jeden Server aus der angegebenen Domäne verwendet. So könnte zum Beispiel der Eintrag *.microsoft.com für den Zugriff auf www.microsoft.com, ftp.microsoft.com, smtp.microsoft.com und extranet.microsoft.com verwendet werden.

- **Benutzername** Der Benutzername, der für den Server benötigt wird. Der Name muss auch alle erforderlichen Domänenangaben umfassen. Wenn Sie für eine Ressource die Standarddomäne verwenden, brauchen Sie nur den Benutzernamen einzugeben, zum Beispiel *Williams*. Bei einer anderen Domäne geben Sie den vollständigen Domänenkontennamen ein, wie zum Beispiel *technology\Williams*. Für einen Internetdienst geben Sie den vollständigen Dienstkontennamen an, wie zum Beispiel *Williams@msn.com*.
- **Kennwort** Das Kennwort, das der Server verlangt. Die meisten Benutzer vergessen, dass sie auch das Kennwort in ihrem Windows-Tresor ändern müssen, wenn sie ihr Kennwort auf dem Server oder Dienst ändern. Und wenn ein Benutzer vergisst, das Kennwort im Windows-Tresor zu ändern, können die wiederholten erfolglosen Anmelde- oder Verbindungsversuche mit dem Server oder Dienst dazu führen, dass das betreffende Konto gesperrt wird.

3. Klicken Sie auf *OK*, um die Anmeldeinformationen zu speichern.

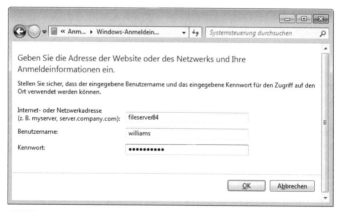

Abbildung 5.8 Sie erstellen einen Windows-Tresoreintrag, indem Sie die erforderlichen Anmeldeinformationen angeben

Hinzufügen von zertifikatbasierten Anmeldeinformationen

Der Zertifikatspeicher *Eigene Zertifikate* im Profil eines Benutzers enthält Zertifikate, die ausgestellt wurden, um diesen Benutzer zu authentifizieren. Sobald Sie ein Zertifikat für den Benutzer hinzugefügt haben, können Sie

Anmeldeinformationen erstellen, die mithilfe des Zertifikats auf eine Ressource zugreifen.

Gehen Sie folgendermaßen vor, um einen Eintrag für zertifikatbasierte Anmeldeinformationen zum Windows-Tresor des momentan angemeldeten Benutzers hinzuzufügen:

1. Melden Sie sich als der Benutzer an, dessen Windows-Tresor Sie verwalten wollen. Klicken Sie in der Systemsteuerung auf *Benutzerkonten* und dann auf *Anmeldeinformationsverwaltung*.
2. Auf der Seite *Anmeldeinformationsverwaltung* sehen Sie eine Liste der aktuellen Einträge, die nach dem Anmeldeinformationstyp sortiert sind (sofern bereits Anmeldeinformationen vorhanden sind).
3. Klicken Sie auf *Zertifikatbasierte Anmeldeinformationen hinzufügen*. Geben Sie im Feld *Internet- oder Netzwerkadresse* den Namen des Netzwerks oder der Internetressource ein, für die Sie den Eintrag im Windows-Tresor einrichten. Das kann ein Servername, ein vollqualifizierter Domänenname für eine Internetressource oder eine Adresse mit einem Platzhalter sein.
4. Klicken Sie auf *Zertifikat auswählen*. Klicken Sie im Dialogfeld *Zertifikat auswählen* auf das Zertifikat, das Sie für die Ressource verwenden wollen, und klicken Sie dann auf *OK*.
5. Klicken Sie erneut auf *OK*, um die Anmeldeinformationen zu speichern.

Bearbeiten von Einträgen im Windows-Tresor

Sie können Windows-Tresoreinträge jederzeit bearbeiten. Vergessen Sie aber nicht, dass lokale Windows-Tresoreinträge nur auf dem Computer sichtbar sind, auf dem sie erstellt werden. Wenn Sie einen Eintrag ändern möchten, müssen Sie sich also auf der lokalen Arbeitsstation anmelden, auf der der Eintrag erstellt wurde. Eine Ausnahme machen Windows-Tresore für Benutzer mit servergespeicherten Profilen. Verwendet ein Benutzer ein servergespeichertes Profil, lassen sich Windows-Tresoreinträge auf jedem Computer ändern, auf dem sich der Benutzer bei der Domäne anmeldet.

Gehen Sie folgendermaßen vor, um die Einträge im Windows-Tresor eines Benutzers zu bearbeiten:

1. Melden Sie sich als der Benutzer an, dessen Windows-Tresor Sie verwalten wollen. Klicken Sie in der Systemsteuerung auf *Benutzerkonten* und dann auf *Anmeldeinformationsverwaltung*.

   Auf der Seite *Anmeldeinformationsverwaltung* sehen Sie eine Liste der aktuellen Einträge, die nach dem Anmeldeinformationstyp sortiert sind.
2. Klicken Sie auf die Anmeldeinformationen, die Sie bearbeiten wollen.
3. Klicken Sie auf *Bearbeiten*.
4. Geben Sie die gewünschten neuen Werte für Benutzername und Kennwort ein oder wählen Sie das Zertifikat aus, das mit den Anmeldeinformationen verknüpft sein soll. Klicken Sie auf *Speichern*.

Sichern und Wiederherstellen des Windows-Tresors

Sie können eine Datensicherung der gespeicherten Anmeldeinformationen eines Benutzers vornehmen, indem Sie den Windows-Tresor sichern. Haben Sie eine Datensicherung des Windows-Tresors, können Sie die Anmeldeinformationen später wiederherstellen oder auf einen neuen Computer übertragen, indem Sie lediglich den Windows-Tresor wiederherstellen. Normalerweise sollten Sie den Windows-Tresor auf einen Wechseldatenträger sichern.

Gehen Sie folgendermaßen vor, um den Windows-Tresor eines Benutzers zu sichern:

1. Melden Sie sich als der Benutzer an, dessen Windows-Tresor Sie verwalten wollen. Klicken Sie in der Systemsteuerung auf *Benutzerkonten* und dann auf *Anmeldeinformationsverwaltung*.

   Auf der Seite *Anmeldeinformationsverwaltung* sehen Sie eine Liste der aktuellen Einträge, die nach dem Anmeldeinformationstyp sortiert sind.

2. Klicken Sie auf *Tresor sichern*.

3. Klicken Sie auf der Seite *Gespeicherte Benutzernamen und Kennwörter* auf *Durchsuchen*. Wählen Sie im Dialogfeld *Sicherungsdatei speichern unter* einen Speicherort aus und geben Sie einen Namen für die Datensicherungsdatei der Anmeldeinformationen ein. Sicherungsdateien für Anmeldeinformationen werden mit der Dateierweiterung *.crd* gespeichert. Klicken Sie auf *Speichern*.

4. Klicken Sie auf *Weiter*. Drücken Sie die Tastenkombination STRG+ALT+ENTF, um auf den sicheren Desktop umzuschalten. Geben Sie ein Kennwort für die Sicherungsdatei der Anmeldeinformationen ein, wenn Sie dazu aufgefordert werden.

5. Klicken Sie auf *Weiter* und dann auf *Fertig stellen*.

Gehen Sie folgendermaßen vor, um den Windows-Tresor eines Benutzers auf demselben oder einem anderen Computer wiederherzustellen:

1. Melden Sie sich als der Benutzer an, dessen Windows-Tresor Sie verwalten wollen. Klicken Sie in der Systemsteuerung auf *Benutzerkonten* und dann auf *Anmeldeinformationsverwaltung*.

2. Klicken Sie auf der Seite *Anmeldeinformationsverwaltung* auf *Tresor wiederherstellen*.

3. Klicken Sie auf der Seite *Gespeicherte Benutzernamen und Kennwörter* auf *Durchsuchen*. Wählen Sie im Dialogfeld *Sicherungsdatei öffnen* die Sicherungsdatei für Anmeldeinformationen aus und klicken Sie auf *Öffnen*.

4. Klicken Sie auf *Weiter*. Drücken Sie die Tastenkombination STRG+ALT+ENTF, um auf den sicheren Desktop umzuschalten, und geben Sie das Kennwort für die Sicherungsdatei der Anmeldeinformationen ein.

5. Klicken Sie auf *Weiter* und dann auf *Fertig stellen*.

Löschen von Einträgen im Windows-Tresor

Braucht ein Benutzer einen Eintrag im Windows-Tresor nicht mehr, sollten Sie diesen Eintrag löschen. Gehen Sie folgendermaßen vor, um einen Eintrag aus dem Windows-Tresor eines Benutzers zu löschen:

1. Melden Sie sich als der Benutzer an, dessen Windows-Tresor Sie verwalten wollen. Klicken Sie in der Systemsteuerung auf *Benutzerkonten* und dann auf *Anmeldeinformationsverwaltung*.

   Auf der Seite *Anmeldeinformationsverwaltung* sehen Sie eine Liste der aktuellen Einträge, die nach dem Anmeldeinformationstyp sortiert sind.
2. Klicken Sie auf die Anmeldeinformationen, die Sie löschen wollen.
3. Klicken Sie auf *Aus Tresor entfernen*. Bestätigen Sie die Nachfrage, ob der Eintrag tatsächlich gelöscht werden soll, indem Sie auf *Ja* klicken.

Wie bereits erwähnt, können lokale Windows-Tresoreinträge nur auf dem Computer gelöscht werden, auf dem Sie erstellt wurden. Verwendet ein Benutzer allerdings ein servergespeichertes Profil, können Windows-Tresoreinträge auf jedem Computer gelöscht werden, an dem der Benutzer angemeldet ist.

Verwalten lokaler Benutzerkonten und Gruppen

Lokale Benutzerkonten und Gruppenkonten werden ähnlich verwaltet wie Domänenkonten. Sie können Konten erstellen, ihre Eigenschaften verwalten, gesperrte oder deaktivierte Konten zurücksetzen und so weiter. Sie können lokale Benutzerkonten nicht nur mit der Systemsteuerung erstellen, sondern auch in der Konsole *Lokale Benutzer und Gruppen* oder mithilfe unverwalteter Richtlinieneinstellungen. Sie sollten diese Möglichkeiten folgendermaßen nutzen:

- Verwenden Sie *Lokale Benutzer und Gruppen*, um lokale Benutzerkonten auf einem Computer zu verwalten.
- Verwenden Sie unverwaltete Richtlinieneinstellungen, um lokale Benutzerkonten auf mehreren Computern innerhalb einer Domäne zu verwalten.

Wenn Sie mit unverwalteten Richtlinieneinstellungen arbeiten, können Sie Benutzer und Gruppen über Einträge in den Zweigen *Computerkonfiguration* oder *Benutzerkonfiguration* verwalten. Nehmen Sie *Computerkonfiguration*, wenn Sie Einstellungen konfigurieren wollen, die auf Computer unabhängig davon angewendet werden sollen, wer sich daran anmeldet. Verwenden Sie dagegen *Benutzerkonfiguration*, wenn Sie Einstellungen konfigurieren, die auf bestimmte Benutzer angewendet werden sollen, und zwar unabhängig davon, an welchen Computern sie sich anmelden.

Erstellen von lokalen Benutzerkonten

Gehen Sie folgendermaßen vor, um die Konsole *Lokale Benutzer und Gruppen* zu öffnen und ein Benutzerkonto anzulegen:

1. Klicken Sie auf *Start*, *Alle Programme* und *Verwaltung*, und klicken Sie dann auf *Computerverwaltung*. Oder Sie öffnen die *Systemsteuerung*,

klicken auf den Link *System und Sicherheit*, dann auf *Verwaltung* und schließlich mit einem Doppelklick auf *Computerverwaltung*.
2. Klicken Sie in der Konsolenstruktur mit der rechten Maustaste auf *Computerverwaltung* und wählen Sie im Kontextmenü *Verbindung mit anderem Computer herstellen*. Nun können Sie die Windows 7-Arbeitsstation angeben, deren lokale Konten Sie verwalten möchten. (Domänencontroller haben keine lokalen Benutzer und Gruppen.)
3. Klicken Sie im Knoten *System* doppelt auf *Lokale Benutzer und Gruppen*, um den Knoten aufzuklappen, und wählen Sie dann *Benutzer* aus. In der Detailansicht müsste jetzt eine Liste der momentan definierten Benutzerkonten angezeigt werden.
4. Klicken Sie mit der rechten Maustaste auf *Benutzer* und wählen Sie dann *Neuer Benutzer*. Dadurch öffnet sich das Dialogfeld *Neuer Benutzer* (Abbildung 5.9).

Abbildung 5.9 Mit dem Dialogfeld *Neuer Benutzer* können Sie in *Lokale Benutzer und Gruppen* neue Benutzerkonten anlegen

Die Felder dieses Dialogfelds haben folgende Bedeutungen:
- *Benutzername* Der Anmeldename für das Benutzerkonto. Der Name sollte den Richtlinien für lokale Benutzernamen entsprechen.
- *Vollständiger Name* Der vollständige Name des Benutzers, beispielsweise William R. Stanek.
- *Beschreibung* Eine Beschreibung des Benutzers. Im Normalfall gibt man die Berufsbezeichnung des Benutzers an, zum Beispiel Webmaster. Sie können auch die Berufsbezeichnung und die Abteilung des Benutzers angeben.
- *Kennwort* Das Kennwort für das Konto. Dieses Kennwort sollte Ihre Kennwortrichtlinien einhalten.

- **Kennwort bestätigen** Dieses Feld soll sicherstellen, dass das Kontenkennwort korrekt zugewiesen wird. Geben Sie das Kennwort einfach noch einmal ein, um es zu bestätigen.
- **Benutzer muss Kennwort bei der nächsten Anmeldung ändern** Wenn dieses Kontrollkästchen gewählt ist, muss der Benutzer bei der nächsten Anmeldung sein Kennwort ändern.
- **Benutzer kann Kennwort nicht ändern** Wenn dieses Kontrollkästchen gewählt ist, kann der Benutzer sein Kennwort nicht ändern.
- **Kennwort läuft nie ab** Wenn dieses Kontrollkästchen gewählt ist, läuft das Kennwort des Kontos nie ab. Diese Einstellung hat Vorrang vor der lokalen Kontorichtlinie.
- **Konto ist deaktiviert** Wenn dieses Kontrollkästchen gewählt ist, ist das Konto deaktiviert und kann nicht verwendet werden. Benutzen Sie dieses Feld, wenn die Verwendung eines Kontos für eine bestimmte Zeit verhindert werden soll.

5. Klicken Sie auf *Erstellen*, wenn Sie alle Eingaben und Einstellungen für das neue Konto vorgenommen haben.

Gehen Sie folgendermaßen vor, um die Gruppenrichtlinien zu bearbeiten und mithilfe eines Einstellungselements ein Benutzerkonto anzulegen:

1. Öffnen Sie ein Gruppenrichtlinienobjekt (Group Policy Object, GPO) zum Bearbeiten im Gruppenrichtlinienobjekt-Editor. Wenn Sie die Einstellungen für Computer konfigurieren wollen, müssen Sie *Computerkonfiguration\Einstellungen\Systemsteuerungseinstellungen* erweitern und dann *Lokale Benutzer und Gruppen* auswählen. Wollen Sie dagegen Einstellungen für Benutzer konfigurieren, müssen Sie *Benutzerkonfiguration\Einstellungen\Systemsteuerungseinstellungen* erweitern und *Lokale Benutzer und Gruppen* auswählen.
2. Klicken Sie mit der rechten Maustaste auf den Knoten *Lokale Benutzer und Gruppen* und wählen Sie im Kontextmenü den Befehl *Neu/Lokaler Benutzer*. Daraufhin öffnet sich das Dialogfeld *Neue Eigenschaften für "Lokaler Benutzer"* (Abbildung 5.10).
3. Wählen Sie in der Dropdownliste *Aktion* den Eintrag *Erstellen* aus. Die übrigen Felder im Dialogfeld sind dieselben wie in der letzten Anleitung.
4. Legen Sie mit den Optionen auf der Registerkarte *Gemeinsam* fest, wie die Einstellungen angewendet werden. In den meisten Fällen legen Sie das neue Konto nur einmal an. Aktivieren Sie in diesem Fall das Kontrollkästchen *Nur einmal anwenden*.
5. Klicken Sie auf *OK*. Wenn die Gruppenrichtlinien das nächste Mal aktualisiert werden, wird das Einstellungselement angewendet, wie es im Gruppenrichtlinienobjekt festgelegt ist, in dem Sie das Einstellungselement definiert haben.

Abbildung 5.10 Konfigurieren von neuen lokalen Benutzerkonten in den Gruppenrichtlinien

Erstellen lokaler Gruppen für Arbeitsstationen

Lokale Gruppen erstellen Sie mit der Konsole *Lokale Benutzer und Gruppen* oder mit Gruppenrichtlinien. Sie können die Konsole *Lokale Benutzer und Gruppen* mit folgenden Schritten öffnen und eine Gruppe erstellen:

1. Klicken Sie auf *Start*, *Alle Programme* und *Verwaltung* und dann auf *Computerverwaltung*. Oder Sie öffnen die *Systemsteuerung*, klicken auf den Link *System und Sicherheit*, dann auf *Verwaltung* und schließlich mit einem Doppelklick auf *Computerverwaltung*.

2. Klicken Sie in der Konsolenstruktur mit der rechten Maustaste auf *Computerverwaltung* und wählen Sie *Verbindung mit anderem Computer herstellen*. Nun können Sie die Windows 7-Arbeitsstation angeben, deren lokale Konten Sie verwalten möchten. (Domänencontroller haben keine lokalen Benutzer und Gruppen.)

3. Klicken Sie unter dem Knoten *System* doppelt auf *Lokale Benutzer und Gruppen*, um den Knoten aufzuklappen, und wählen Sie dann *Gruppen* aus. In der Detailansicht müsste nun eine Liste der momentan definierten Gruppenkonten angezeigt werden.

4. Klicken Sie mit der rechten Maustaste auf *Gruppen* und wählen Sie im Kontextmenü den Befehl *Neue Gruppe*. Daraufhin öffnet sich das Dialogfeld *Neue Gruppe* (Abbildung 5.11).

5. Nachdem Sie einen Namen und eine Beschreibung der Gruppe eingegeben haben, klicken Sie auf die Schaltfläche *Hinzufügen*, um Mitglieder zur Gruppe hinzuzufügen. Dadurch öffnet sich das Dialogfeld *Benutzer wählen*.

Abbildung 5.11 Das Dialogfeld *Neue Gruppe* ermöglicht Ihnen auf einer Windows 7-Arbeitsstation die Definition neuer lokaler Gruppen

6. Im Dialogfeld *Benutzer wählen* klicken Sie auf *Pfade*, um den Computer oder die Domäne auszuwählen, in der die gewünschten Benutzerkonten liegen.
7. Geben Sie im Textfeld *Geben Sie die zu verwendenden Objektnamen ein* den Namen eines Benutzers ein und klicken Sie dann auf *Namen überprüfen*. Werden Übereinstimmungen gefunden, wählen Sie das gewünschte Konto aus und klicken dann auf *OK*. Werden keine passenden Konten gefunden, korrigieren Sie den Namen, den Sie eingegeben haben, und wiederholen die Suche. Wiederholen Sie diesen Vorgang so oft wie nötig und klicken Sie auf *OK*, wenn Sie fertig sind.
8. Das Dialogfeld *Neue Gruppe* wurde aktualisiert und zeigt Ihre Auswahl an. Falls Sie einen Fehler gemacht haben, wählen Sie den betreffenden Namen aus und entfernen ihn mit einem Klick auf *Entfernen*.
9. Klicken Sie auf *Erstellen*, wenn Sie die Auswahl der Gruppenmitglieder beendet haben.

Gehen Sie folgendermaßen vor, um Gruppenrichtlinien zum Bearbeiten zu öffnen und mithilfe eines Einstellungselements eine lokale Gruppe anzulegen:

1. Öffnen Sie ein Gruppenrichtlinienobjekt (Group Policy Object, GPO) zum Bearbeiten im Gruppenrichtlinienobjekt-Editor. Wenn Sie die Einstellungen für Computer konfigurieren wollen, müssen Sie *Computerkonfiguration\Einstellungen\Systemsteuerungseinstellungen* erweitern und dann *Lokale Benutzer und Gruppen* auswählen. Wollen Sie dagegen Einstellungen für Benutzer konfigurieren, müssen Sie *Benutzerkonfiguration\Einstellungen\Systemsteuerungseinstellungen* erweitern und *Lokale Benutzer und Gruppen* auswählen.
2. Klicken Sie mit der rechten Maustaste auf den Knoten *Lokale Benutzer und Gruppen* und wählen Sie im Kontextmenü den Befehl *Neu/Lokale*

Gruppe. Daraufhin öffnet sich das Dialogfeld *Neue Eigenschaften für "Lokale Gruppe"* (Abbildung 5.12).

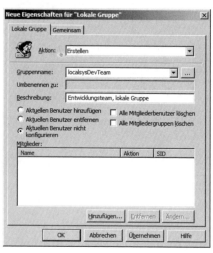

Abbildung 5.12 Konfigurieren neuer lokaler Gruppenkonten in Gruppenrichtlinien

3. Wählen Sie in der Dropdownliste *Aktion* den Eintrag *Erstellen* aus. Geben Sie einen Namen und eine Beschreibung für die Gruppe ein.
4. Legen Sie fest, ob der aktuelle Benutzer als Mitglied zur Gruppe hinzugefügt oder daraus entfernt werden soll. Stattdessen können Sie auch *Aktuellen Benutzer nicht konfigurieren* wählen.
5. Klicken Sie auf *Hinzufügen*, um Mitglieder zur Gruppe hinzuzufügen. Klicken Sie im Dialogfeld *Lokales Gruppenmitglied* auf die *Durchsuchen*-Schaltfläche (die Schaltfläche mit den drei Punkten). Wählen Sie im Dialogfeld *Benutzer, Computer oder Gruppe wählen* einen Benutzer oder eine Gruppe aus, der/die zur lokalen Gruppe hinzugefügt werden soll, und klicken Sie zweimal auf *OK*. Wiederholen Sie diesen Schritt so oft wie nötig.
6. Legen Sie mit den Optionen auf der Registerkarte *Gemeinsam* fest, wie die Einstellungen angewendet werden. In den meisten Fällen legen Sie das neue Konto nur einmal an. Aktivieren Sie in diesem Fall das Kontrollkästchen *Nur einmal anwenden*.
7. Klicken Sie auf *OK*. Wenn die Gruppenrichtlinien das nächste Mal aktualisiert werden, wird das Einstellungselement angewendet, wie es im Gruppenrichtlinienobjekt festgelegt ist, in dem Sie das Einstellungselement definiert haben.

Verwalten der Mitglieder lokaler Gruppen

Mit der Konsole *Lokale Benutzer und Gruppen* können Sie Mitglieder zu lokalen Gruppen hinzufügen oder löschen. Gehen Sie folgendermaßen vor:

1. Öffnen Sie den Knoten *Lokale Benutzer und Gruppen* in der Computerverwaltung und wählen Sie dann den Ordner *Gruppen*. Klicken Sie die Gruppe, die Sie bearbeiten möchten, mit einem Doppelklick an.
2. Wenn Sie Benutzerkonten zur Gruppe hinzufügen möchten, klicken Sie auf die Schaltfläche *Hinzufügen*. Dadurch öffnet sich das Dialogfeld *Benutzer wählen*. Im Textfeld *Geben Sie die zu verwendenden Objektnamen ein* des Dialogfelds *Benutzer wählen* geben Sie den Namen des gewünschten Benutzers ein und klicken dann auf *Namen überprüfen*. Werden Übereinstimmungen gefunden, wählen Sie das gewünschte Konto aus und klicken dann auf *OK*. Werden keine passenden Konten gefunden, korrigieren Sie den Namen, den Sie eingegeben haben, und wiederholen die Suche. Wiederholen Sie diesen Vorgang so oft wie nötig und klicken Sie auf *OK*, wenn Sie fertig sind.
3. Um Benutzerkonten aus der Gruppe zu entfernen, verwenden Sie die Schaltfläche *Entfernen*. Wählen Sie einfach das Konto aus, das aus der Gruppe entfernt werden soll, und klicken Sie dann auf *Entfernen*.
4. Klicken Sie auf *OK*, wenn Sie fertig sind.

Gehen Sie folgendermaßen vor, um die Gruppenrichtlinien zu bearbeiten und mithilfe eines Einstellungselements Mitglieder in einer lokalen Gruppe hinzuzufügen oder zu entfernen:

1. Öffnen Sie ein Gruppenrichtlinienobjekt zum Bearbeiten im Gruppenrichtlinienobjekt-Editor. Wenn Sie die Einstellungen für Computer konfigurieren wollen, müssen Sie *Computerkonfiguration\Einstellungen\ Systemsteuerungseinstellungen* erweitern und dann *Lokale Benutzer und Gruppen* auswählen. Wollen Sie dagegen Einstellungen für Benutzer konfigurieren, müssen Sie *Benutzerkonfiguration\Einstellungen\Systemsteuerungseinstellungen* erweitern und *Lokale Benutzer und Gruppen* auswählen.
2. Klicken Sie mit der rechten Maustaste auf den Knoten *Lokale Benutzer und Gruppen* und wählen Sie im Kontextmenü den Befehl *Neu/Lokale Gruppe*. Daraufhin öffnet sich das Dialogfeld *Neue Eigenschaften für "Lokale Gruppe"*.
3. Wählen Sie in der Dropdownliste *Aktion* den Eintrag *Aktualisieren* aus, um die Einstellungen der Gruppe zu verändern, oder *Ersetzen*, um die Gruppe zu löschen und dann genau so neu zu erstellen, wie Sie sie definieren. Wenn Sie eine Gruppe aktualisieren, können Sie einen neuen Name im Feld *Umbenennen zu* eingeben.
4. Legen Sie fest, ob der aktuelle Benutzer als Mitglied zur Gruppe hinzugefügt oder daraus entfernt werden soll. Stattdessen können Sie auch *Aktuellen Benutzer nicht konfigurieren* wählen.
5. Wählen Sie aus, ob alle vorhandenen Mitgliederbenutzer, alle vorhandenen Mitgliedergruppen oder beide gelöscht werden sollen.

6. Klicken Sie auf *Hinzufügen*, um Mitglieder zur Gruppe hinzuzufügen. Wählen Sie im Dialogfeld *Lokales Gruppenmitglied* in der Dropdownliste *Aktion* den Eintrag *Dieser Gruppe hinzufügen* aus, wenn Sie ein Mitglied hinzufügen wollen, oder den Eintrag *Aus dieser Gruppe entfernen*, wenn Sie ein Mitglied löschen. Klicken Sie auf die *Durchsuchen*-Schaltfläche (die Schaltfläche mit den drei Punkten). Wählen Sie im Dialogfeld *Benutzer, Computer oder Gruppe wählen* einen Benutzer oder eine Gruppe aus, der/die in der lokalen Gruppe hinzugefügt beziehungsweise gelöscht werden soll, und klicken Sie auf zweimal auf *OK*. Wiederholen Sie diesen Schritt so oft wie nötig.
7. Legen Sie mit den Optionen auf der Registerkarte *Gemeinsam* fest, wie die Einstellungen angewendet werden, und klicken Sie auf *OK*. Wenn die Gruppenrichtlinien das nächste Mal aktualisiert werden, wird das Einstellungselement angewendet, wie es im Gruppenrichtlinienobjekt festgelegt ist, in dem Sie das Einstellungselement definiert haben.

Aktivieren und Deaktivieren lokaler Benutzerkonten

Lokale Benutzerkonten können aus verschiedenen Gründen deaktiviert worden sein. Vergisst ein Benutzer sein Kennwort und versucht, es zu erraten, überschreitet er vielleicht die Kontenrichtlinie für fehlgeschlagene Anmeldeversuche. Vielleicht hat ein anderer Administrator das Konto des Benutzers deaktiviert, weil der Benutzer im Urlaub war. Wurde ein Konto deaktiviert oder gesperrt, können Sie es mit den folgenden Methoden wieder aktivieren.

Wenn das Konto deaktiviert ist, gehen Sie folgendermaßen vor, um es auf einem lokalen Computer wieder zu aktivieren:

1. Erweitern Sie in der Konsole *Computerverwaltung* den Knoten *Lokale Benutzer und Gruppen* und wählen Sie im linken Fensterabschnitt den Ordner *Benutzer* aus.
2. Klicken Sie im rechten Fensterabschnitt doppelt auf den Kontonamen des Benutzers und deaktivieren Sie das Kontrollkästchen *Konto ist deaktiviert*.
3. Klicken Sie auf *OK*.

Ist ein Konto gesperrt, können Sie es folgendermaßen auf einem lokalen Computer wieder aktivieren:

1. Wählen Sie im Knoten *Lokale Benutzer und Gruppen* im linken Fensterabschnitt den Ordner *Benutzer* aus.
2. Klicken Sie im rechten Fensterabschnitt doppelt auf den Kontonamen des Benutzers und deaktivieren Sie das Kontrollkästchen *Konto ist gesperrt*.
3. Klicken Sie auf *OK*.

Gehen Sie folgendermaßen vor, um mithilfe unverwalteter Richtlinieneinstellungen Konten zu aktivieren oder zu deaktivieren und andere Kontooptionen zu konfigurieren:

1. Öffnen Sie ein Gruppenrichtlinienobjekt zum Bearbeiten im Gruppenrichtlinienobjekt-Editor. Wenn Sie die Einstellungen für Computer konfigurieren wollen, müssen Sie *Computerkonfiguration\Einstellungen\ Systemsteuerungseinstellungen* erweitern und dann *Lokale Benutzer und Gruppen* auswählen. Wollen Sie dagegen Einstellungen für Benutzer konfigurieren, müssen Sie *Benutzerkonfiguration\Einstellungen\Systemsteuerungseinstellungen* erweitern und *Lokale Benutzer und Gruppen* auswählen.
2. Klicken Sie im rechten Fensterabschnitt doppelt auf den Kontonamen eines Benutzers, um das zugehörige Eigenschaftendialogfeld zu öffnen.
3. Wählen Sie in der Dropdownliste *Aktion* den Eintrag *Aktualisieren* aus. Nehmen Sie die erforderlichen Änderungen vor und klicken Sie auf OK. Wenn die Gruppenrichtlinien das nächste Mal aktualisiert werden, wird das Einstellungselement angewendet, wie es im Gruppenrichtlinienobjekt festgelegt ist, in dem Sie das Einstellungselement definiert haben.

Erstellen eines sicheren Gastkontos

In manchen Umgebungen müssen Sie vielleicht ein Gastkonto für Besucher einrichten. Dann empfiehlt es sich, das Gastkonto für die Verwendung auf einem bestimmten Computer oder einer bestimmten Computergruppe zu konfigurieren und sorgfältig zu kontrollieren, wofür das Konto benutzt werden kann. Zur Einrichtung eines sicheren Gastkontos empfehle ich, folgende Arbeiten durchzuführen:

- **Aktivieren des Gastkontos** Standardmäßig ist das Gastkonto deaktiviert. Daher müssen Sie es zuerst aktivieren, damit es verwendet werden kann. Dazu öffnen Sie den Knoten *Lokale Benutzer und Gruppen* in der Computerverwaltung und wählen dann den Ordner *Benutzer*. Klicken Sie *Gast* mit einem Doppelklick an und löschen Sie dann das Kontrollkästchen *Konto ist deaktiviert*. Klicken Sie auf OK.

- **Festlegen eines sicheren Kennworts für das Gastkonto** Standardmäßig wird dem Gastkonto kein Kennwort zugewiesen. Um die Sicherheit des Computers zu verbessern, sollten Sie ein Kennwort festlegen. Klicken Sie *Gast* in *Lokale Benutzer und Gruppen* mit der rechten Maustaste an und wählen Sie dann *Kennwort festlegen*. In der Warnmeldung klicken Sie auf *Fortsetzen*. Geben Sie das neue Kennwort ein und bestätigen Sie es. Klicken Sie auf OK.

- **Sicherstellen, dass das Gastkonto nicht über das Netzwerk verwendet werden kann** Das Gastkonto sollte von anderen Computern aus nicht zugänglich sein. Wäre es verwendbar, könnten sich Benutzer von anderen Computern über das Netzwerk als Gäste anmelden. Um das zu verhindern, starten Sie die Konsole *Lokale Sicherheitsrichtlinie* aus dem Menü *Verwaltung* oder geben in einer Befehlszeile secpol.msc ein. Erweitern Sie *Lokale Richtlinien, Zuweisen von Benutzerrechten* und sorgen Sie dafür, dass *Gast* in der Richtlinie *Zugriff vom Netzwerk auf diesen Computer verweigern* als beschränktes Konto aufgeführt wird.

- **Verhindern, dass das Gastkonto den Computer herunterfahren kann**
  Wenn ein Computer herunter- oder hochgefahren wird, wäre es denkbar, dass sich ein Gast (oder jeder andere Benutzer mit lokalem Zugriff) nichtautorisierten Zugriff auf den Computer verschafft. Um das möglichst zu verhindern, sollten Sie dafür sorgen, dass das Gastkonto nicht über das Benutzerrecht *Herunterfahren des Systems* verfügt. Erweitern Sie in der Konsole *Lokale Sicherheitsrichtlinie* die Knoten *Lokale Richtlinien, Zuweisen von Benutzerrechten* und sorgen Sie dafür, dass das Konto *Gast* nicht in der Richtlinie *Herunterfahren des Systems* aufgeführt wird.

- **Verhindern, dass das Gastkonto Ereignisprotokolle anzeigen kann**
  Um die Sicherheit des Systems nicht zu beeinträchtigen, sollte dem Gastkonto nicht erlaubt werden, die Ereignisprotokolle einzusehen. Um dafür zu sorgen, starten Sie den Registrierungs-Editor, indem Sie in einer Eingabeaufforderung mit erhöhten Rechten *regedit* eingeben und den Schlüssel *HKLM\System\CurrentControlSet\services\Eventlog* heraussuchen. Dort finden Sie drei wichtige Unterschlüssel: *Application*, *Security* und *System*. Sorgen Sie dafür, dass es unter jedem dieser Unterschlüssel einen DWORD-Wert namens *RestrictGuestAccess* gibt, der den Wert 1 hat.

Umbenennen lokaler Benutzerkonten und Gruppen

Wenn Sie ein Konto umbenennen, ändern Sie damit nur die Beschriftung. Da die SID für das Konto unverändert bleibt, ändern sich auch nicht die Berechtigungen oder sonstige Eigenschaften des Kontos. Gehen Sie folgendermaßen vor, um ein Konto umzubenennen, während Sie auf einen lokalen Computer zugreifen:

1. Wählen Sie in *Lokale Benutzer und Gruppen* nach Bedarf den Ordner *Benutzer* oder *Gruppen*.
2. Klicken Sie den Kontonamen mit der rechten Maustaste an und wählen Sie *Umbenennen*. Geben Sie einen neuen Kontonamen ein und klicken Sie dann auf einen anderen Eintrag.

Gehen Sie folgendermaßen vor, um ein Konto mithilfe von Gruppenrichtlinien umzubenennen:

1. Öffnen Sie ein Gruppenrichtlinienobjekt zum Bearbeiten im Gruppenrichtlinienobjekt-Editor. Wenn Sie die Einstellungen für Computer konfigurieren wollen, müssen Sie *Computerkonfiguration\Einstellungen\Systemsteuerungseinstellungen* erweitern und dann *Lokale Benutzer und Gruppen* auswählen. Wollen Sie dagegen Einstellungen für Benutzer konfigurieren, müssen Sie *Benutzerkonfiguration\Einstellungen\Systemsteuerungseinstellungen* erweitern und *Lokale Benutzer und Gruppen* auswählen.
2. Sie haben jetzt folgende Möglichkeiten zur Auswahl:
   - Wenn es bereits ein Einstellungselement für den Benutzer oder die Gruppe gibt, können Sie doppelt auf den Benutzer- oder Gruppennamen klicken, um das zugehörige Eigenschaftendialogfeld zu öff-

nen. Wählen Sie in der Dropdownliste *Aktion* den Eintrag *Aktualisieren* aus. Geben Sie im Feld *Umbenennen zu* den neuen Kontonamen ein und klicken Sie auf *OK*.
- Ist noch kein Einstellungselement für den Benutzer oder die Gruppe vorhanden, müssen Sie eines anlegen. Wie das geht, wurde bereits weiter oben beschrieben. Weil Sie den Benutzer oder die Gruppe umbenennen wollen, müssen Sie in der Dropdownliste *Aktion* den Eintrag *Aktualisieren* wählen und dann den neuen Kontonamen im Feld *Umbenennen zu* eingeben.

Löschen lokaler Benutzerkonten und Gruppen

Durch seine Löschung wird ein Konto endgültig entfernt. Nachdem Sie ein Konto gelöscht haben, können Sie nicht einfach ein neues Konto mit demselben Namen anlegen und dann erwarten, dass die Einstellungen des gelöschten Kontos automatisch für das neue Konto gelten, denn das neue Konto hat eine andere SID erhalten.

Da die Löschung eines vordefinierten Kontos weitreichende Auswirkungen auf die Arbeitsstation hätte, lässt Windows 7 es nicht zu, dass Sie eines der vordefinierten Benutzer- oder Gruppenkonten löschen. Andere Konten können Sie in *Lokale Benutzer und Gruppen* löschen, indem Sie ein Konto auswählen und die ENTF-Taste drücken oder indem Sie ein Konto mit der rechten Maustaste anklicken und *Löschen* wählen. Wenn Sie zur Bestätigung des Vorgangs aufgefordert werden, klicken Sie auf *Ja*.

HINWEIS Wenn Sie mit *Lokale Benutzer und Gruppen* ein Konto löschen, löscht Windows 7 nicht die Profildaten, die persönlichen Dateien oder das Stammverzeichnis des Benutzers. Sollen auch diese Dateien und Ordner gelöscht werden, müssen Sie das selbst übernehmen.

Gehen Sie folgendermaßen vor, um ein Konto mithilfe von Gruppenrichtlinien zu löschen:

1. Öffnen Sie ein Gruppenrichtlinienobjekt zum Bearbeiten im Gruppenrichtlinienobjekt-Editor. Wenn Sie die Einstellungen für Computer konfigurieren wollen, müssen Sie *Computerkonfiguration\Einstellungen\Systemsteuerungseinstellungen* erweitern und dann *Lokale Benutzer und Gruppen* auswählen. Wollen Sie dagegen Einstellungen für Benutzer konfigurieren, müssen Sie *Benutzerkonfiguration\Einstellungen\Systemsteuerungseinstellungen* erweitern und *Lokale Benutzer und Gruppen* auswählen.
2. Sie haben jetzt folgende Möglichkeiten zur Auswahl:
   - Wenn es bereits ein Einstellungselement für den Benutzer oder die Gruppe gibt, können Sie doppelt auf den Benutzer- oder Gruppennamen klicken, um das zugehörige Eigenschaftsdialogfeld zu öffnen. Wählen Sie in der Dropdownliste *Aktion* den Eintrag *Löschen* aus. Legen Sie auf der Registerkarte *Gemeinsam* die gewünschten Optionen fest, beispielsweise *Nur einmal anwenden*, und klicken Sie auf *OK*.

- Ist noch kein Einstellungselement für den Benutzer oder die Gruppe vorhanden, müssen Sie eines anlegen. Wie das geht, wurde bereits weiter oben beschrieben. Wählen Sie in der Dropdownliste *Aktion* den Eintrag *Löschen* aus und legen Sie auf der Registerkarte *Gemeinsam* die gewünschten Optionen fest.

Verwalten des Remotezugriffs auf Arbeitsstationen

Windows 7 bietet einige Funktionen, die auf Remoteverbindungen basieren. Mit der *Remoteunterstützung* können Benutzer Remoteunterstützungsanforderungen an Supporttechniker senden, die dann einen Computer im Remotezugriff warten können. Mit dem *Remotedesktop* können Benutzer eine Remoteverbindung mit einem Computer herstellen und auf seine Ressourcen zugreifen. Dieser Abschnitt beschreibt, wie Sie Remoteunterstützung und Remotedesktop konfigurieren. Normalerweise ist weder Remoteunterstützung noch Remotedesktop aktiviert, Sie müssen diese Funktionen also manuell aktivieren.

Remoteunterstützung und Remotedesktop funktionieren durch Firewalls hindurch, die Netzwerkadressübersetzung (Network Address Translation, NAT) verwenden. Remoteunterstützung bietet zudem integrierte Diagnosefunktionen. Um bei Bedarf eine gründliche Problemsuche und die einfache Weitergabe von Informationen über das Problem zu ermöglichen, können zwei Supportmitarbeiter gleichzeitig eine Verbindung mit einem Remotecomputer aufnehmen. Wenn die Problembehebung einen Neustart des Computers erfordert, werden die Remoteunterstützungssitzungen nach dem Neustart des betreffenden Computers automatisch wiederhergestellt.

Bevor ein Benutzer Remoteunterstützung anfordert, ist es sinnvoll, wenn er mithilfe der Problemaufzeichnung Schritt für Schritt festhält, wie das Problem aussieht. Die Problemaufzeichnung ist ganz einfach zu benutzen. Ein Benutzer geht folgendermaßen vor, um die Problemaufzeichnung zu starten und zu verwenden:

1. Der Benutzer startet die Problemaufzeichnung, indem er im Suchfeld des Startmenüs **psr** eingibt und die EINGABETASTE drückt. Sobald das Tool läuft, kann der Benutzer die Umgebung vorbereiten und dann damit beginnen, das Problem aufzuzeichnen.

2. Um die Aufzeichnung zu beginnen, klickt der Benutzer auf *Aufzeichnung starten*. Sobald die Aufzeichnung läuft, führt der Benutzer die Aktionen durch, bei denen das Problem auftritt. Dabei kann er auf *Kommentar hinzufügen* klicken, um Kommentare einzufügen, während er arbeitet.

3. Wenn der Benutzer das Problem reproduziert hat und die zugehörigen Fehlermeldungen angezeigt wurden, beendet er die Aufzeichnung, indem er auf *Aufzeichnung beenden* klickt.

4. Sobald der Benutzer die Aufzeichnung beendet hat, öffnet sich das Dialogfeld *Speichern unter*. Hier wählt der Benutzer den Speicherort und einen Namen für die Zip-Datei aus, die die Aufzeichnung des Problems in Form einer *.mht*-Datei enthält.

5. Der Benutzer kann die Zip-Datei nun in einer E-Mail-Nachricht an einen Supporttechniker senden oder sie in eine Dateifreigabe kopieren. Der Supporttechniker sieht sich die Aufzeichnung des Problems an, indem er doppelt auf die Zip-Datei klickt, um ihren Inhalt im Windows-Explorer anzuzeigen, und dann doppelt auf die enthaltene .mht-Datei, um sie im Internet Explorer anzusehen.
6. Der Supporttechniker bekommt nun die Bildschirmausgabe für alle Schritte angezeigt, die der Benutzer durchgeführt hat, während das Problem aufgezeichnet wurde. Hinter den jeweiligen Bildschirmfotos werden zusätzliche Details zu jedem Schritt aufgeführt, die automatisch generiert worden sind. Anhand dieser Informationen und der Kommentare des Benutzers kann der Supporttechniker nun über das weitere Vorgehen bei der Problembehandlung entscheiden.

Konfigurieren der Remoteunterstützung

Remoteunterstützung ist eine nützliche Funktion, wenn es um die Unterstützung und Beratung von Benutzern geht, sei es durch Mitarbeiter des Unternehmens oder durch externe Berater. Ein Benutzer kann es dem Berater erlauben, ihm bei der Arbeit zuzusehen oder die Kontrolle über den Computer zu übernehmen. Diese Funktion kann dazu verwendet werden, um den Benutzer zum Beispiel durch einen komplexen Ablauf zu führen oder Systemeinstellungen vorzunehmen, während der Benutzer die Änderungen an seinem Monitor verfolgt. Entscheidend für die Remoteunterstützung ist die Zugriffsebene, die Sie dem Berater gewähren.

Standardmäßig ist die Remoteunterstützung so eingestellt, dass sie dem Berater die Beobachtung und Steuerung des Computers ermöglicht, sofern sie aktiviert wird. Da Benutzer die Remoteunterstützungseinladung an interne und externe Berater senden können, ist dies natürlich ein Aspekt, der unter Sicherheitsgesichtspunkten sorgfältig durchdacht werden muss. Um potenzielle Sicherheitsrisiken zu begrenzen, können Sie die Möglichkeiten des Beraters auf die Einsichtnahme beschränken und ihm die Steuerung des Computers verweigern. Für Windows 7 lässt sich auch festlegen, dass nur Verbindungen mit Windows Vista-Computern oder höher zulässig sind. Diese Option ist sinnvoll, um Kompatibilitätsprobleme zu vermeiden und sicherzustellen, dass die verbesserten Sicherheitsmechanismen von Windows Vista oder höher auch für Remoteunterstützungssitzungen gelten.

Ein weiterer wichtiger Aspekt der Remoteunterstützung, den Sie kontrollieren können, ist die Zeitbeschränkung für die Gültigkeitsdauer der Einladungen. Die Standardgültigkeitsdauer beträgt 6 Stunden, die maximale Gültigkeitsdauer, die Sie einstellen können, ist 30 Tage. Sinn einer mehrtägigen Gültigkeitsdauer ist zwar, den Beratern Zeit für eine Antwort zu lassen, aber sie bedeutet auch, dass diese Berater im Extremfall über einen Zeitraum von 30 Tagen hinweg auf einen Computer zugreifen können. Nehmen wir beispielsweise an, Sie senden einem Techniker eine Einladung mit einem 30-Tage-Limit und der Techniker löst das Problem bereits am ersten Tag. Dann hat er noch weitere 29 Tage lang Zugang zum Computer. Unter Sicherheitsaspekten ist das nicht wünschenswert. Um das Risiko für

Ihre Systeme zu beschränken, sollten Sie normalerweise wesentlich kürzere Gültigkeitszeiträume wählen, zum Beispiel 1 Stunde. Ist das Problem in diesem Zeitraum nicht zu lösen, können Sie eine weitere Einladung versenden.

Gehen Sie folgendermaßen vor, um die Remoteunterstützung zu konfigurieren:

1. Klicken Sie in der Systemsteuerung auf *System und Sicherheit* und dann auf *System*.
2. Klicken Sie im linken Anzeigebereich der Seite *System* auf *Remoteeinstellungen*. Dadurch öffnet sich das Dialogfeld *Systemeigenschaften* mit vorgewählter Registerkarte *Remote*, wie in Abbildung 5.13 gezeigt.

Abbildung 5.13 Verwenden Sie die Optionen der Registerkarte *Remote* zur Einrichtung der Remoteunterstützung für den Computer

3. Um die Remoteunterstützung zu deaktivieren, löschen Sie das Kontrollkästchen *Remoteunterstützungsverbindungen mit diesem Computer zulassen* und klicken dann auf *OK*. Überspringen Sie die restlichen Schritte.
4. Um die Remoteunterstützung zu aktivieren, aktivieren Sie das Kontrollkästchen *Remoteunterstützungsverbindungen mit diesem Computer zulassen*.
5. Klicken Sie auf *Erweitert*. Dadurch öffnet sich das Dialogfeld *Remoteunterstützungseinstellungen* (Abbildung 5.14).
6. Die Option *Remotesteuern dieses Computers zulassen* hebt eine wichtige Einschränkung für die Remoteunterstützung auf. Ist sie gewählt, kann der Berater den Computer nicht nur einsehen, sondern auch kontrollieren. Wenn sein Einfluss auf die Einsichtnahme beschränkt werden soll, löschen Sie dieses Kontrollkästchen.

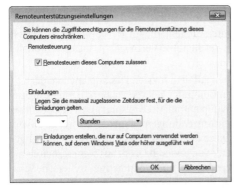

Abbildung 5.14 Das Dialogfeld *Remoteunterstützungseinstellungen* dient zur gezielten Einschränkung der Remoteunterstützung

7. Mit den Einladungsoptionen lässt sich das Zeitfenster festlegen, in dem eine Einladung gültig sein soll. Sie können einen Wert im Bereich von Minuten, Stunden oder Tagen festlegen, bis zu 30 Tagen. Wenn Sie zum Beispiel eine Gültigkeitsdauer von 10 Tagen festlegen, kann ein Benutzer keine Einladungen versenden, die länger als 10 Tage gelten. Die Standardvorgabe für die Gültigkeitsdauer einer Einladung ist 6 Stunden.
8. Klicken Sie auf die *OK*-Schaltflächen der beiden geöffneten Dialogfelder, wenn Sie mit dem Einstellen der Remoteunterstützungsoptionen fertig sind.

In den Gruppenrichtlinien können Sie die Remoteunterstützung mithilfe der Richtlinieneinstellungen verwalten, die in Tabelle 5.2 aufgelistet sind. Diese Einstellungen befinden sich unter den angegebenen Pfaden in *Computerkonfiguration/Administrative Vorlagen*.

Tabelle 5.2 Richtlinieneinstellungen zum Verwalten der Remoteunterstützung

Einstellung	Pfad
Angeforderte Remoteunterstützung	*\System\Remoteunterstützung*
Ausführung von Windows Messenger nicht zulassen	*\Windows-Komponenten\Windows Messenger*
Nur Verbindungen von Computern mit Windows Vista oder höher zulassen	*\System\Remoteunterstützung*
Remoteunterstützung anbieten	*\System\Remoteunterstützung*
Sitzungsprotokollierung aktivieren	*\System\Remoteunterstützung*

Konfigurieren des Remotedesktopzugriffs

Im Gegensatz zur Remoteunterstützung, die im Wesentlichen eine Darstellung des aktuellen Desktops des Benutzers ermöglicht, bietet Remotedesktop mehrere Zugriffsebenen:

- Wenn ein Benutzer aktuell auf dem lokalen Desktop angemeldet ist und dann von einem anderen Computer aus versucht, sich remote anzumelden, wird der lokale Desktop automatisch gesperrt und der Benutzer kann alle seine laufenden Anwendungen benutzen, als würde er vor Ort an der Tastatur sitzen. Diese Funktion ist besonders für Benutzer geeignet, die von zu Hause oder von anderen Orten aus weiterarbeiten möchten. Sie können an Anwendungen und Dokumenten weiterarbeiten, mit denen sie vor dem Verlassen des Büros gearbeitet haben.

- Wenn ein Benutzer in der Remotezugriffsliste einer Arbeitsstation eingetragen ist und nicht anderweitig angemeldet ist, kann er eine neue Windows-Sitzung einleiten. Die Windows-Sitzung verhält sich so, als würde der Benutzer vor Ort an der Tastatur sitzen. Das funktioniert sogar dann, wenn noch weitere Benutzer am Computer angemeldet sind. Auf diese Weise können sich mehrere Benutzer eine Arbeitsstation teilen und ihre Ressourcen benutzen.

Remotedesktop ist nicht standardmäßig aktiviert. Sie müssen die Funktion explizit aktivieren und dadurch den Remotezugriff auf die Arbeitsstation zulassen. Ist Remotedesktop aktiviert, können alle Mitglieder der Administratorgruppe eine Verbindung mit der Arbeitsstation herstellen. Andere Benutzer müssen zuvor in eine Remotezugriffsliste eingetragen werden, um Zugriff auf die Arbeitsstation zu erhalten. Gehen Sie zur Einstellung des Remotezugriffs folgendermaßen vor:

1. Klicken Sie in der Systemsteuerung auf *System und Sicherheit* und dann auf *System*.

2. Klicken Sie im linken Anzeigebereich der Seite *System* auf *Remoteeinstellungen*. Dadurch öffnet sich das Dialogfeld *Systemeigenschaften* mit vorgewählter Registerkarte *Remote*.

3. Zur Deaktivierung von Remotedesktop wählen Sie *Keine Verbindung mit diesem Computer zulassen* und klicken dann auf *OK*. Überspringen Sie die restlichen Schritte.

4. Zur Aktivierung von Remotedesktop haben Sie die Wahl zwischen zwei Optionen:

    - Wählen Sie *Verbindungen von Computern zulassen, auf denen eine beliebige Version von Remotedesktop ausgeführt wird*, um Verbindungen von jeder Windows-Version zuzulassen.

    - Wählen Sie *Verbindungen nur von Computern zulassen, auf denen Remotedesktop mit Authentifizierung auf Netzwerkebene ausgeführt wird*, um nur Verbindungen von Windows Vista-Computern oder höher zuzulassen (und von Computern mit sicherer Netzwerkauthentifizierung).

5. Klicken Sie auf *Benutzer auswählen*. Dadurch öffnet sich das Dialogfeld *Remotedesktopbenutzer* (Abbildung 5.15).

Abbildung 5.15 Geben Sie weitere Benutzer an, die Remotedesktopverbindungen herstellen dürfen

6. Um einem Benutzer Remotedesktopzugriff zu gewähren, klicken Sie auf *Hinzufügen*. Dadurch öffnet sich das Dialogfeld *Benutzer wählen*. Im Dialogfeld *Benutzer wählen* klicken Sie auf *Pfade*, um den Computer oder die Domäne auszuwählen, in der die gewünschten Benutzerkonten liegen. Geben Sie im Textfeld *Geben Sie die zu verwendenden Objektnamen ein* den Namen eines Benutzers ein und klicken Sie dann auf *Namen überprüfen*. Werden Übereinstimmungen gefunden, wählen Sie das gewünschte Konto aus und klicken dann auf *OK*. Werden keine passenden Konten gefunden, korrigieren Sie den Namen, den Sie eingegeben haben, und wiederholen die Suche. Wiederholen Sie diesen Vorgang so oft wie nötig und klicken Sie auf *OK*, wenn Sie fertig sind.
7. Um die Zugriffsberechtigung für ein Konto aufzuheben, wählen Sie das Konto aus und klicken dann auf *Entfernen*.
8. Klicken Sie auf die *OK*-Schaltflächen der beiden geöffneten Dialogfelder, wenn Sie fertig sind.

Die Windows-Firewall muss so konfiguriert sein, dass sie Ausnahmen für eingehende Remotedesktopverbindungen zulässt. Die Konfiguration können Sie auf jedem Computer einzeln in der Windows-Firewall für das Domänenprofil und das Standardprofil vornehmen. In den Gruppenrichtlinien stehen die Richtlinieneinstellungen aus Tabelle 5.3 zur Verfügung, um diese Ausnahme einzurichten und den Remotedesktop zu konfigurieren. Sie finden diese Einstellungen im angegebenen Pfad unter *Computerkonfiguration/ Administrative Vorlagen*.

Tabelle 5.3 Richtlinieneinstellungen zum Verwalten des Remotedesktops

Einstellung	Pfad unter Computerkonfiguration
	Pfade unter Windows-Komponenten\Remotedesktopdienste
Abmelden von Administratoren in Konsolensitzung verweigern	\Remotedesktopsitzungs-Host\Verbindungen
Automatisch erneut verbinden	\Remotedesktopsitzungs-Host\Verbindungen
Bei der Verbindungsherstellung immer zur Kennworteingabe auffordern	\Remotedesktopsitzungs-Host\Sicherheit
Berechtigungsanpassung für lokale Administratoren nicht zulassen	\Remotedesktopsitzungs-Host\Sicherheit
Gesamtgröße des Caches für servergespeicherte Benutzerprofile begrenzen	\Remotedesktopsitzungs-Host\Profile
Komprimierungsalgorithmus für RDP-Daten festlegen	\Remotedesktopsitzungs-Host\Umgebung für Remotesitzung
Maximale Anzahl der Überwachungen begrenzen (gemeint sind Monitore)	\Remotedesktopsitzungs-Host\Umgebung für Remotesitzung
Maximale Bildschirmauflösung begrenzen	\Remotedesktopsitzungs-Host\Umgebung für Remotesitzung
Maximale Farbtiefe einschränken	\Remotedesktopsitzungs-Host\Umgebung für Remotesitzung
RDP-Dateien von gültigen Herausgebern und standardmäßige RDP-Einstellungen des Benutzers zulassen	\Remotedesktopverbindungs-Client
RDP-Dateien von unbekannten Herausgebern zulassen	\Remotedesktopverbindungs-Client
Serverauthentifizierung für Client konfigurieren	\Remotedesktopverbindungs-Client
SHA1-Fingerabdrücke von Zertifikaten angeben, die vertrauenswürdige RDP-Herausgeber darstellen	\Remotedesktopverbindungs-Client
Speichern von Kennwörtern nicht zulassen	\Remotedesktopverbindungs-Client
Verschlüsselungsstufe der Clientverbindung festlegen	\Remotedesktopsitzungs-Host\Sicherheit
Verwendung einer bestimmten Sicherheitsstufe für Remoteverbindungen (RDP) ist erforderlich	\Remotedesktopsitzungs-Host\Sicherheit
	andere Pfade
Remotedesktopfreigabe deaktivieren	\Windows-Komponenten\NetMeeting
Windows-Firewall: Eingehende Remotedesktopausnahmen zulassen	\Netzwerk\Netzwerkverbindungen\Windows-Firewall\Domänenprofil
Windows-Firewall: Eingehende Remotedesktopausnahmen zulassen	\Netzwerk\Netzwerkverbindungen\Windows-Firewall\Standardprofil

Herstellen von Remotedesktopverbindungen

Als Administrator können Sie Remotedesktopverbindungen mit Windows-Servern und Arbeitsstationen herstellen. Für Remotedesktopverbindungen mit Servern, auf denen Windows 2000 Server ausgeführt wird, installieren Sie die Terminaldienste und konfigurieren die Dienste für den Remotezugriffsmodus. Unter Windows XP Professional und Nachfolgern wird Remotedesktop zwar automatisch installiert, aber normalerweise nicht automatisch aktiviert. Das müssen Sie explizit durchführen, wie im vorigen Abschnitt dieses Kapitels beschrieben. Sobald Remotedesktop auf einem Computer aktiviert ist, haben alle Administratoren Remotezugriff auf den Computer. Anderen Benutzern kann nach Bedarf die Berechtigung für den Remotezugriff gewährt werden.

Zur Herstellung einer Remotedesktopverbindung mit einem Server oder einer Arbeitsstation gehen Sie folgendermaßen vor:

1. Geben Sie auf einer Befehlszeile **mstsc** ein oder klicken Sie auf *Start* und zeigen Sie auf *Alle Programme, Zubehör, Remotedesktopverbindung*. Klicken Sie auf die Schaltfläche *Optionen*; dadurch öffnet sich das Dialogfeld *Remotedesktopverbindung* (Abbildung 5.16).

Abbildung 5.16 Geben Sie im Dialogfeld *Remotedesktopverbindung* den Namen des Computers ein, mit dem Sie eine Verbindung herstellen möchten, und klicken Sie dann auf *Verbinden*

2. Geben Sie im Feld *Computer* den Namen des Computers ein, mit dem Sie eine Verbindung herstellen möchten. Wenn Sie den Namen des Computers nicht kennen, verwenden Sie die Dropdownliste und wählen einen verfügbaren Computer aus. Oder Sie wählen in der Dropdownliste *Nach weiteren Computern suchen*, um eine Liste der Domänen und dazugehörigen Computer anzuzeigen.

3. Stellen Sie bei Bedarf weitere Optionen ein. Falls Sie gespeicherte Anmeldeinformationen für den Computer konfiguriert haben, werden diese Anmeldeinformationen automatisch benutzt. Sie können die Anmeldeinformationen bei Bedarf bearbeiten oder löschen.
4. Klicken Sie auf *Verbinden*. Sofern Sie vorher noch keine Anmeldeinformationen für den Computer gespeichert haben, erscheint ein Anmeldedialogfeld, in dem Sie Ihre Anmeldeinformationen eingeben und dann auf *OK* klicken müssen. Sofern die Verbindung aufgebaut werden kann, sehen Sie das Remotedesktopfenster des ausgewählten Computers und können mit den Ressourcen des Computers arbeiten. Sollte die Verbindung nicht zustande kommen, überprüfen Sie die Angaben, die Sie gemacht haben, und versuchen es erneut.

HINWEIS   Ein Klick auf die Schaltfläche *Optionen* des Dialogfelds *Remotedesktopverbindung* führt zur Anzeige zusätzlicher Optionen für die Konfiguration der Verbindung und die Speicherung der Verbindungseinstellungen. Mit diesen Optionen können Sie die Anzeigegröße des Remotedesktops einstellen, Programme bei der Verbindungsherstellung automatisch starten, die lokale Zwischenspeicherung und die Datenkomprimierung aktivieren oder deaktivieren sowie Verbindungen mit den lokalen Ressourcen verwalten, wie zum Beispiel Druckern, seriellen Schnittstellen und Laufwerken.

6 Konfigurieren von Windows 7-Computern

Übersicht über das Kapitel:
Support für Windows 7-Computer 200
Verwenden von Systemprogrammen 212
Verwalten der Systemeigenschaften 224
Konfigurieren der Energieverwaltung 243

Eine Ihrer Hauptaufgaben als Administrator ist die Verwaltung der Betriebssystemkonfiguration. Die Verwaltung von Microsoft Windows 7 unterscheidet sich stark von der Verwaltung von Windows XP und älteren Windows-Versionen. Diese Unterschiede ergeben sich alle aus den wichtigen Architekturänderungen, die in Windows Vista eingeführt und in Windows 7 verfeinert wurden. Es handelt sich um folgende Änderungen:

- Windows 7 hat eine modulare Architektur, und seine Binärdateien werden in Form von Laufwerksabbildern ausgeliefert, die im Windows-Abbilddateiformat (Windows Imaging File, WIM) vorliegen. Daher können Sie das Tool zur Abbildverwaltung für die Bereitstellung (Deployment Image Servicing and Management, DISM) benutzen, um Pakete, Treiber, Features und Regionsschemaeinstellungen in Windows-Abbilddateien (*.wim*) oder Dateien für virtuelle Festplatten (*.vhd*) zu verwalten. Die Datenträgerverwaltung und DiskPart wurden so aktualisiert, dass sie mit *.vhd*-Dateien umgehen können.

- Eine Vorstartumgebung, in der der Windows-Start-Manager eingesetzt wird, um den Systemstart zu steuern und die ausgewählte Startanwendung zu laden. Windows 7 benutzt im Gegensatz zu älteren Windows-Versionen also nicht mehr *Ntldr* und *Boot.ini*, um das Betriebssystem zu laden. Außerdem gibt es neue Startoptionen. Zum Beispiel können Sie auf einem Computer ein Betriebssystem starten, das sich in einer *.vhd*-Datei befindet. Dazu können Sie beispielsweise ein einfaches Startabbild erstellen, das die benötigte *.vhd*-Datei mit Xcopy beim Systemstart auf das angegebene Laufwerk kopiert.

- Ein Kontrollprogramm für Benutzerrechte und Zugriffssteuerung, die Benutzerkontensteuerung (User Account Control, UAC), legt fest, welche Prozesse ausgeführt werden dürfen und wie Anwendungen mit dem Betriebssystem zusammenarbeiten. Deswegen geht Windows 7 anders mit Benutzerprivilegien und Zugriffssteuerung um als ältere Windows-Versionen. Wie Sie aus Kapitel 5, »Verwalten von Benutzerzugriff und Sicherheit«, wissen, können Sie die UAC-Eingabeaufforderungen anpassen oder ausschalten, aber auch dann bleiben andere UAC-Features aktiv, etwa die Anwendungsvirtualisierung.

Neben diesen Änderungen müssen Sie auch die neu entwickelten und veränderten Tools und Optionen kennen, die Sie für die Konfiguration von Windows 7 brauchen. Um dieses Thema geht es in diesem Kapitel.

Support für Windows 7-Computer

Um erfolgreich einen Computer verwalten, Fehler beheben und Probleme lösen zu können, müssen Sie wissen, wie der Computer konfiguriert ist. Zu den Hilfsprogrammen, mit denen Sie die Konfiguration eines Computers ermitteln können, gehören:

- **Computerverwaltung**   Bietet Zugang zu wichtigen Tools für die System-, Dienst- und Datenträgerverwaltung.
- **Leistungsüberwachung**   Hier überwachen Sie die Systemleistung und stellen fest, ob Leistungsprobleme auftreten.
- **Ressourcenmonitor**   Zeigt detaillierte Auslastungsinformationen zu Systemressourcen wie Prozessoren, Arbeitsspeicher, Datenträgern und Netzwerk an. Verwenden Sie den Ressourcenmonitor, wenn Sie genauere Daten brauchen, als der Task-Manager liefert.
- **System**   Zeigt Basisinformationen über einen Computer an und verwaltet wichtige Systemeigenschaften.
- **Systeminformationen**   Zeigt ausführliche Informationen über die Konfiguration des Systems und die Verfügbarkeit der Ressourcen an. Sie können Systeminformationen auch zur Problembehebung verwenden.
- **Task-Manager**   Zeigt Auslastungsinformationen zu Systemressourcen an.

In diesem Abschnitt beschreibe ich, wie Sie mit diesen Tools effizient arbeiten.

Arbeiten mit der Konsole *Computerverwaltung*

Die Konsole *Computerverwaltung* dient zur Durchführung von wichtigen Verwaltungsarbeiten auf dem lokalen Computer oder auf einem Remotesystem. Wenn Sie das Menü *Verwaltung* zum Startmenü hinzugefügt haben, können Sie die Konsole *Computerverwaltung* starten, indem Sie auf *Start* klicken, dann auf *Verwaltung* und schließlich auf *Computerverwaltung*. Sie können die Konsole *Computerverwaltung* auch folgendermaßen starten:

1. Klicken Sie im Startmenü auf *Systemsteuerung*. Wählen Sie in der Dropdownliste *Anzeige* den Eintrag *Kategorie* aus.
2. Klicken Sie auf *System und Sicherheit*.
3. Klicken Sie auf *Verwaltung* und dann doppelt auf *Computerverwaltung*.

Wie aus Abbildung 6.1 hervorgeht, besteht das Hauptfenster aus mehreren Anzeigebereichen, ähnlich dem Windows-Explorer. Mit der Konsolenstruktur im linken Anzeigebereich können Sie navigieren und das gewünschte Tool heraussuchen. Das Aktionsfeld auf der rechten Seite ähnelt dem Kontextmenü, das angezeigt wird, wenn Sie ein Objekt mit der rechten Maustaste anklicken. Um das Aktionsfeld zu öffnen oder zu schließen, klicken

Sie auf der Symbolleiste der Konsole auf die Schaltfläche *Aktionsbereich ein-/ausblenden*. Die Tools sind in drei Hauptkategorien aufgeteilt:

- **System**   Allgemeine Tools zur Systemverwaltung und zur Anzeige von Informationen über das System
- **Datenspeicher**   Tools zur Verwaltung der Datenträger
- **Dienste und Anwendungen**   Tools zum Anzeigen und Verwalten von Eigenschaften der Dienste und Anwendungen, die auf dem Computer installiert sind

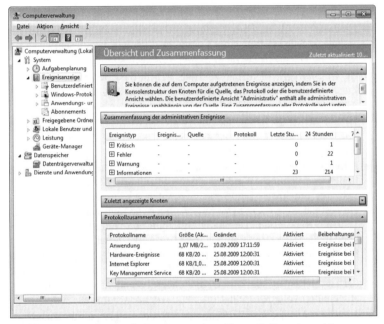

Abbildung 6.1   Mit der Konsole *Computerverwaltung* können Sie Computer und Ressourcen verwalten

In diesen Kategorien sind folgende Tools verfügbar:

- **Aufgabenplanung**   Anzeige und Verwaltung geplanter Aufgaben. Geplante Aufgaben dienen zur Automatisierung von Prozessen, beispielsweise zur Bereinigung oder Überprüfung von Datenträgern. Geplante Aufgaben und Automation werden in Kapitel 17, »Erledigen von Wartungs- und Supportaufgaben«, besprochen.
- **Ereignisanzeige**   Anzeige der Ereignisprotokolle des ausgewählten Computers. Ereignisprotokolle zeichnen wichtige Ereignisse auf, die auf dem Computer eingetreten sind, und können zur Überprüfung verwendet werden, ob der betreffende Computer Konfigurations- oder sonstige Probleme hat. Ereignisse und Ereignisprotokolle werden in Kapitel 17 beschrieben.

- *Freigegebene Ordner*   Anzeigen und Verwalten freigegebener Ordner sowie der zugehörigen Sitzungen und offenen Dateien. Freigegebene Ordner werden in Kapitel 13, »Verwalten der Dateisicherheit und Ressourcenfreigabe«, genauer beschrieben.
- *Lokale Benutzer und Gruppen*   Verwaltung lokaler Benutzer und lokaler Benutzergruppen auf dem ausgewählten Computer. Auf jedem Clientcomputer gibt es lokale Benutzer und lokale Benutzergruppen, nicht zu verwechseln mit Domänenbenutzern und Domänengruppen. Die Arbeit mit lokalen Benutzern und Gruppen wird in Kapitel 5 beschrieben.
- *Leistung*   Tools zur Überwachung und Berichterstattung, mit denen Sie die aktuelle Leistung eines Computers und die Leistungsentwicklung über einen längeren Zeitraum hinweg verfolgen können.
- *Geräte-Manager*   Dient als zentraler Ort für die Überprüfung der Zustände aller Geräte, die in einem Computer installiert sind, und zur Aktualisierung der dazugehörigen Gerätetreiber. Sie können den Geräte-Manager auch zur Behebung von Geräteproblemen verwenden. Die Verwaltung von Geräten wird in Kapitel 8, »Verwalten von Hardwaregeräten und Treibern«, besprochen.
- *Datenträgerverwaltung*   Verwaltung von Festplatten, Laufwerkspartitionen und Volumes. Windows 7 unterstützt laufwerksübergreifende Volumes und Stripes. Laufwerksübergreifende Volumes sind nicht auf ein Festplattenlaufwerk beschränkt, sondern können sich über mehrere Laufwerke erstrecken. Durch die Aufteilung von Volumes in Stripes können Sie Datenstripes auf mehrere Laufwerke verteilen, damit sich im Durchschnitt ein schnellerer Datenzugriff ergibt. Allerdings bietet keine dieser Methoden einen zusätzlichen Schutz vor Fehlern. Wenn also eine der Festplatten ausfällt, die an einem übergreifenden oder in Stripes aufgeteilten Volume beteiligt ist, fällt das ganze Volume aus.
- *Dienste*   Anzeige und Verwaltung der Systemdienste, die auf einem Computer vorhanden sind. In Windows 7 hat jeder Dienst eine Wiederherstellungsrichtlinie. Fällt ein Dienst aus, versucht Windows 7 automatisch, den Dienst neu zu starten. Es berücksichtigt dabei automatisch die Abhängigkeiten zwischen Diensten und auch anderen Komponenten. Alle erforderlichen Dienste und Systemkomponenten werden gestartet, bevor der Versuch unternommen wird, einen nicht erfolgreich gestarteten Dienst erneut zu starten. Die Arbeit mit Diensten wird in Kapitel 8 besprochen.
- *WMI-Steuerung*   Anzeige und Verwaltung der Windows-Verwaltungsinstrumentation (Windows Management Instrumentation, WMI). WMI erfasst Systeminformationen, überwacht den Zustand des Systems und verwaltet Systemkomponenten. Weitere Informationen finden Sie weiter unten in diesem Kapitel im Abschnitt »Arbeiten mit der WMI-Steuerung«.

In der Computerverwaltung können Sie mit folgenden Schritten auch einen Remotecomputer auswählen und verwalten:

1. Klicken Sie in der Konsolenstruktur mit der rechten Maustaste auf den Knoten *Computerverwaltung* und wählen Sie dann *Verbindung mit anderem Computer herstellen*. Dadurch öffnet sich das Dialogfeld *Computer auswählen*.
2. Wählen Sie *Anderen Computer* und geben Sie dann den vollqualifizierten Namen des Computers ein, mit dem Sie arbeiten möchten, beispielsweise *cspc85.microsoft.com*, wobei *cspc85* der Name des Computers und *microsoft.com* der Name der Domäne ist. Oder Sie klicken auf *Durchsuchen*, um den Computer auszuwählen, mit dem Sie arbeiten möchten.
3. Klicken Sie auf *OK*.

Ermitteln von Grunddaten über System und Leistung

Mit der Konsole *System* können Sie Systemeigenschaften anzeigen und verwalten. Zugang zur Konsole *System* erhalten Sie mit folgenden Schritten:

1. Klicken Sie im Startmenü auf *Systemsteuerung*.
2. Klicken Sie in der Systemsteuerung auf *System und Sicherheit*.
3. Klicken Sie auf *System*.

Wie Abbildung 6.2 zeigt, ist die Konsole *System* in vier Bereiche aufgeteilt, die Links zur Durchführung häufiger durchzuführender Arbeiten enthalten und eine Übersicht über das System bieten. Diese Bereiche sind:

- *Windows-Edition* Zeigt Edition und Version des Betriebssystems.
- *System* Nennt den Prozessor, den Arbeitsspeicher, die Leistungseinstufung und die Art des installierten Betriebssystems. Der Typ des Betriebssystems wird als 32- oder 64-Bit-Betriebssystem angegeben.
- *Einstellungen für Computernamen, Domäne und Arbeitsgruppe*
  Zeigt den Computernamen, eine Beschreibung sowie die Domäne, Heimnetzgruppe oder Arbeitsgruppe. Wenn Sie diese Angaben ändern möchten, klicken Sie auf *Einstellungen ändern* und dann im Dialogfeld *Systemeigenschaften* auf die Schaltfläche *Netzwerk-ID*.
- *Windows-Aktivierung* Zeigt, ob Sie den Product Key eingegeben und das Betriebssystem bereits aktiviert haben. Falls Windows 7 noch nicht aktiviert wurde, können Sie auf den angezeigten Link klicken und die Aktivierung durchführen. Folgen Sie einfach den Anweisungen. Wenn Sie den Product Key ändern möchten, klicken Sie den Link *Product Key ändern* an und geben den neuen Product Key ein.

Auf der linken Seite der *System*-Konsole werden wichtige Supporttools aufgelistet, auf die Sie rasch zugreifen können:

- *Geräte-Manager*
- *Remoteeinstellungen*
- *Computerschutz*
- *Erweiterte Systemeinstellungen*

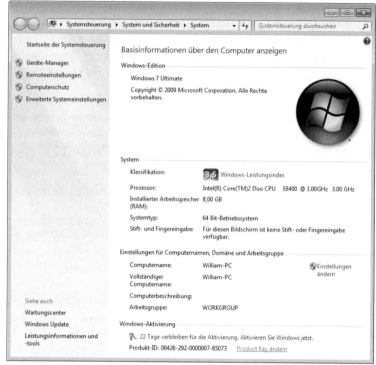

Abbildung 6.2 Systemeigenschaften können Sie in der *System*-Konsole anzeigen und verwalten

Ein Klick auf *Einstellungen ändern* unter *Einstellungen für Computernamen, Domäne und Arbeitsgruppe* öffnet das Dialogfeld *Systemeigenschaften*. Wie sich die Computerkonfiguration mithilfe der *Systemeigenschaften* einstellen lässt, wird weiter unten in diesem Kapitel im Abschnitt »Verwalten der Systemeigenschaften« besprochen.

Die Bewertung eines Computers mit dem Windows-Leistungsindex ist ein wichtiger Anhaltspunkt für die Einschätzung, welche Systemfunktionen er in akzeptabler Geschwindigkeit und Qualität ausführen kann. In den meisten Fällen bewertet das Windows-Setupprogramm die Leistung eines Computers, sobald die Installation abgeschlossen ist. Sie erhalten ausführlichere Informationen über die Bewertung eines Computers, indem Sie unter *System* auf den Link *Windows-Leistungsindex* klicken, um *Leistungsinformationen und -tools* zu öffnen (Abbildung 6.3).

PRAXISTIPP Falls Ihr Computer nach der Installation nicht automatisch bewertet wurde, ist noch kein Leistungsindex errechnet worden. In diesem Fall können Sie auf den Link *Die Systembewertung ist nicht verfügbar* klicken, um die Konsole *Leistungsinformationen und -tools* zu öffnen und das System zu bewerten. Die Bewertung eines Computers verändert sich unter Umständen, wenn Sie neue Hardware installieren. Wenn Windows Änderungen an der Hardwarekonfiguration erkennt, erhalten

Sie die Meldung »Der Windows-Leistungsindex muss aktualisiert werden«. Klicken Sie in diesem Fall auf den angezeigten Link, um *Leistungsinformationen und -tools* zu öffnen, und klicken Sie dann auf *Aktualisieren*, um die Leistungsbewertung neu berechnen zu lassen.

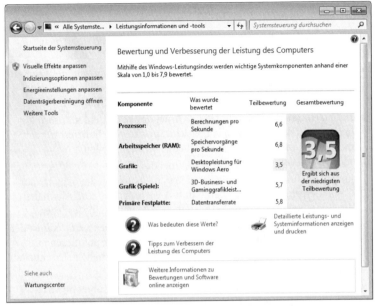

Abbildung 6.3 Verwenden Sie die Konsole *Leistungsinformationen und -tools* zur Bewertung der Leistung des Computers

Sie können das Fenster *Leistungsinformationen und -tools* auch öffnen, indem Sie im Startmenü auf *Systemsteuerung* klicken, dann in der Dropdownliste *Ansicht* den Eintrag *Kleine Symbole* oder *Große Symbole* auswählen und auf *Leistungsinformationen und -tools* klicken. Diese Seite zeigt die Gesamteinstufung des Systems und listet die Bewertung der installierten Hardware in fünf Kategorien auf:

- *Prozessor*
- *Arbeitsspeicher (RAM)*
- *Grafik*
- *Grafik (Spiele)*
- *Primäre Festplatte*

Windows 7 verwendet die Gesamt- und Detailbewertung des Computers zur Entscheidung, welche der verfügbaren Funktionen konfiguriert werden sollen. Ist die Leistung des Computers zu gering, empfiehlt Windows 7 die Abschaltung einiger Funktionen, zum Beispiel von Aero, um die Gesamtleistung zu verbessern. Anhand des Leistungsverhaltens kann Windows 7 auch die Abschaltung oder Änderung von anderen Funktionen vorschlagen, um die Gesamtleistung zu optimieren.

TIPP Verschiedene Faktoren können die Leistungsbewertung negativ beeinflussen, wie zum Beispiel mangelnder Speicherplatz auf der primären Festplatte. Wenn Sie in einem Computer neue Hardware installieren oder versuchen, Leistungsprobleme zu beheben, die sich auf die Bewertung des Computers auswirken, können Sie auf *Aktualisieren* oder *Bewertung erneut ausführen* klicken, um die aktuelle Leistungsbewertung des Computers zu erstellen.

Der linke Fensterabschnitt in *Leistungsinformationen und -tools* bietet schnellen Zugriff auf mehrere nützliche Konfigurationsbereiche:

- *Visuelle Effekte anpassen* Öffnet das Dialogfeld *Leistungsoptionen*, in dem Sie visuelle Effekte, Prozessorzeitplanung, virtuellen Arbeitsspeicher und Datenausführungsverhinderung verwalten können.

- *Indizierungsoptionen anpassen* Öffnet das Dialogfeld *Indizierungsoptionen*, in dem Sie einstellen, welche Speicherorte indiziert werden und welche Indexeinstellungen dabei verwendet werden.

- *Energieeinstellungen anpassen* Öffnet das Dialogfeld *Energieoptionen*, in dem Sie Energiesparpläne verwalten, die Funktion der Schalter am Computergehäuse konfigurieren und Wartezeiten bis zum Abschalten des Bildschirms und dem Aktivieren des Standbymodus festlegen.

Eine der nützlichsten Optionen in *Leistungsinformationen und -tools* ist der Link *Weitere Tools* im linken Fensterabschnitt. Wenn Sie auf diesen Link klicken, wird die Seite aus Abbildung 6.4 geöffnet. Hier haben Sie schnellen Zugriff auf Systemwartungstools, darunter folgende:

- Task-Manager, der normalerweise mit der Tastenkombination STRG+ALT+ENTF geöffnet wird.

- Ressourcenmonitor, der normalerweise mit der Schaltfläche *Ressourcenmonitor* im Task-Manager geöffnet wird.

- Erweiterte Systemdetails in den Systeminformationen, die normalerweise durch Ausführen von Msinfo32 geöffnet werden.

- Systemintegritätsbericht, der normalerweise nur im Rahmen einer erweiterten Diagnose generiert wird.

Sofern Sie als Administrator angemeldet sind, können Sie einen Systemintegritätsbericht generieren, indem Sie auf *Systemintegritätsbericht erstellen* klicken. Das Erstellen dieses Berichts dauert etwa 1 Minute. Der Bericht führt Einzelheiten zum Status von Hardwareressourcen, Systemreaktionszeiten und Prozessen auf dem Computer auf, außerdem Systeminformationen und Konfigurationsdaten (Abbildung 6.5). Der Bericht enthält auch Vorschläge, wie sich Probleme beseitigen lassen und die Leistung optimieren lässt. Sie können den Bericht als HTML-Dokument speichern, indem Sie den Menübefehl *Datei/Speichern unter* wählen und dann im Dialogfeld *Speichern unter* den Speicherort und den Dateinamen für den Bericht angeben. Sie können den Bericht auch als Anhang in einer E-Mail-Nachricht versenden, indem Sie den Menübefehl *Datei/Senden an* wählen.

Support für Windows 7-Computer **207**

Abbildung 6.4 Zugriff auf weitere Tools zum Verwalten des Computers

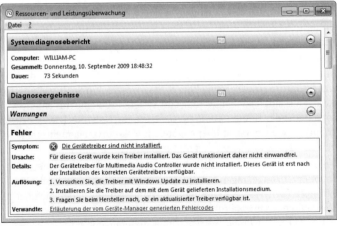

Abbildung 6.5 Der Diagnosebericht hilft beim Beseitigen von Leistungsproblemen

Abrufen von ausführlicheren Systeminformationen

Wenn Sie ausführliche Angaben über das System brauchen oder Remotesysteme überprüfen möchten, verwenden Sie das Programm Systeminformationen (*Msinfo32.exe*). Sie erhalten ausführlichere Systeminformationen, indem Sie auf *Start* klicken, im *Suchen*-Textfeld **msinfo32** eingeben und dann die EINGABETASTE drücken. Wie in Abbildung 6.6 gezeigt, können Sie sich durch die Wahl des Knotens *Systemübersicht* einen Überblick über das System verschaffen. Alle Konfigurationsdaten werden mithilfe des WMI-Dienstes erfasst.

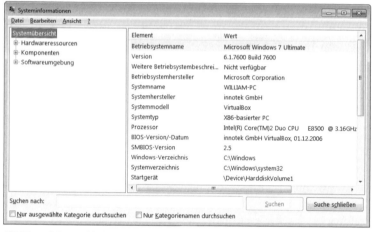

Abbildung 6.6 Ausführliche Systeminformationen können Ihnen bei der Behebung von Problemen mit der Systemkonfiguration helfen

Das Programm Systeminformationen zeigt ausführliche Informationen über viele wichtige Bereiche des Betriebssystems an:

- *Hardwareressourcen* Bietet ausführliche Informationen über Ein-/Ausgabe (E/A), Unterbrechungsanforderungen (IRQs), Speicher, direkte Speicherzugriffe (DMA) sowie Plug & Play-Geräte. Ein Schlüsselbereich, den Sie überprüfen sollten, wenn es im System Probleme mit einem Gerät gibt, ist der Knoten *Konflikte/Gemeinsame Nutzung*. Dieser Bereich bietet eine Übersicht über Geräte, die Ressourcen gemeinsam benutzen oder Konflikte im System verursachen.

- *Komponenten* Bietet ausführliche Informationen über installierte Komponenten, angefangen bei den Audiocodecs bis hin zu den USB-Controllern (Universal Serial Bus). Ein Schlüsselbereich, den Sie überprüfen sollten, wenn es Probleme mit einer Komponente des Systems gibt, ist der Knoten *Problemgeräte*. Unter diesem Knoten finden Sie Informationen über Komponenten, bei denen es zu Fehlern kommt.

- *Softwareumgebung* Bietet ausführliche Informationen über die Ausführungsumgebung des Betriebssystems. Wenn Sie versuchen, Probleme auf einem Remotesystem zu beheben, wird Ihnen der Bereich

Softwareumgebung sehr von Nutzen sein. Neben Treibern, Umgebungsvariablen, Druckaufträgen und Netzwerkverbindungen können Sie auch aktive Tasks, Dienste, Programmgruppen und Autostartprogramme überprüfen.

Wenn Sie die Konfiguration eines Remotecomputers überprüfen möchten, gehen Sie folgendermaßen vor:

1. Starten Sie das Programm Systeminformationen. Wählen Sie im *Ansicht*-Menü *Remotecomputer*. Dadurch wird das Dialogfeld *Remotecomputer* geöffnet.
2. Wählen Sie im Dialogfeld *Remotecomputer* die Option *Remotecomputer im Netzwerk*.
3. Geben Sie den Namen des Computers im entsprechenden Textfeld ein und klicken Sie auf *OK*.

Das Konto, das Sie verwenden, muss über die erforderlichen Administratorrechte für den lokalen Computer oder die Domäne verfügen. Wenn Sie keine Informationen vom Remotesystem erhalten, müssen Sie vielleicht den Namespace überprüfen, den der WMI-Dienst verwendet, wie im nächsten Abschnitt dieses Kapitels beschrieben.

Arbeiten mit der WMI-Steuerung

Die Windows-Verwaltungsinstrumentation (Windows Management Instrumentation, WMI) ist eine Schlüsselkomponente des Betriebssystems Windows 7. Sie dient zur Erfassung von Informationen über das System, zur Überwachung des Systemzustands und zur Verwaltung von Systemkomponenten. Damit sie funktionieren kann, ist WMI auf den WMI-Dienst angewiesen. Dieser Dienst muss ausgeführt werden und für die Umgebung konfiguriert sein.

Sie können die Einstellung des WMI-Dienstes mit der WMI-Steuerung überprüfen, die Sie auf dem lokalen System oder auf einem Remotesystem folgendermaßen öffnen:

1. Klicken Sie auf *Start*, *Alle Programme* und *Verwaltung* und dann auf *Computerverwaltung*. Oder Sie öffnen die *Systemsteuerung*, klicken auf den Link *System und Sicherheit*, dann auf *Verwaltung* und schließlich mit einem Doppelklick auf *Computerverwaltung*.
2. Klicken Sie in der Konsolenstruktur mit der rechten Maustaste auf *Computerverwaltung* und wählen Sie *Verbindung mit anderem Computer herstellen*. Nun können Sie das System auswählen, dessen Dienste Sie verwalten möchten.
3. Erweitern Sie den Knoten *Dienste und Anwendungen*, indem Sie auf das Symbol vor dem Knoten klicken. Klicken Sie dann auf *WMI-Steuerung*. (Das ist erforderlich, damit die Steuerung eingelesen wird.) Klicken Sie mit der rechten Maustaste auf *WMI-Steuerung* und wählen Sie dann *Eigenschaften*. Nun können Sie WMI im Dialogfeld *Eigenschaften von WMI-Steuerung* konfigurieren.

Wie aus Abbildung 6.7 hervorgeht, verfügt das Dialogfeld *Eigenschaften von WMI-Steuerung* über folgende Registerkarten:

- **Allgemein**   Die Felder auf dieser Registerkarte geben einen Überblick über das System und WMI. WMI verwendet die Anmeldeinformationen des aktuellen Benutzers, um die Systeminformationen abzurufen.
- **Sicherung/Wiederherstellung**   Die Werte, die WMI ermittelt, werden in einer Datenbank abgelegt, die *Repository* genannt wird. Standardmäßig liegt diese Datenbank im Verzeichnis *%SystemRoot%\System32\Wbem\Repository*. Die Werte werden standardmäßig in regelmäßigen Abständen gesichert. Mit den Schaltflächen dieser Registerkarte können Sie die Werte manuell sichern oder wiederherstellen.
- **Sicherheit**   Sicherheitseinstellungen bestimmen, wer Zugang zu den verschiedenen Ebenen der WMI-Daten erhält. Standardmäßig erhalten Administratoren den vollen Zugriff auf WMI, und die Gruppe *Authentifizierte Benutzer* ist berechtigt, Methoden auszuführen, Konten zu aktivieren und die erfassten Zahlen zu speichern.
- **Erweitert**   Die Einstellung legt den Standardnamespace für WMI fest. Der Standardnamespace wird in WMI-Skripts verwendet, wenn der Namespace eines WMI-Objekts nicht vollständig angegeben wurde. Sie können die Standardeinstellung ändern, indem Sie auf *Ändern* klicken, einen neuen Standardnamespace festlegen und dann auf *OK* klicken.

Abbildung 6.7   Die *WMI-Steuerung* dient zur Konfiguration des WMI-Dienstes

HINWEIS   WMI führt Fehlerprotokolle, die zur Behebung von Problemen mit dem WMI-Dienst verwendet werden können. Standardmäßig werden diese Protokolle unter *%SystemRoot%\System32\Wbem\Logs* gespeichert. WMI-Verwaltung, Dateien, Protokolle und Datenbanken können einen beträchtlichen Teil der Festplatte beanspruchen. Im Durchschnitt belegen diese Dateien auf meinen Testsystemen etwa

65 MByte. Der größte Teil davon (40 bis 50 MByte) wird für die Datenbank gebraucht.

Die von WMI gesammelten Informationen werden in einer Gruppe von Systemdateien gespeichert, die als *Repository* bezeichnet werden. Standardmäßig werden die Repositorydateien unter *%SystemRoot%\System32\ Wbem\Repository* gespeichert. Das Repository ist das Kernstück von WMI und den Hilfe- und Supportdiensten. Informationen werden mithilfe einer Stagingdatei übertragen. Wenn die Repositorydaten oder die Stagingdatei beschädigt wird, funktioniert WMI vielleicht nicht richtig. Gewöhnlich dauert dieser Zustand nur eine begrenzte Zeit, aber Sie können sich davor schützen, indem Sie manuell eine Sicherungskopie der Repositorydateien erstellen.

Zur manuellen Sicherung des WMI-Repositorys gehen Sie folgendermaßen vor:

1. Öffnen Sie das Dialogfeld *Eigenschaften von WMI-Steuerung* und klicken Sie auf die Registerkarte *Sicherung/Wiederherstellen*.
2. Klicken Sie auf *Jetzt sichern*. Geben Sie dann im Dialogfeld *Einen Namen für die Sicherungsdatei angeben* einen Namen für die WMI-Sicherungsdatei und den Speicherort an. Klicken Sie dann auf *Speichern*.
3. Während der Erstellung der Sicherungsdatei wird das Dialogfeld *Sicherung wird ausgeführt* angezeigt. Die Namenserweiterung der Sicherungsdatei lautet *.rec* und die Größe der Datei liegt ungefähr zwischen 20 und 30 MByte, je nach der gespeicherten Datenmenge.

Wenn Sie das WMI-Repository später wiederherstellen müssen, gehen Sie folgendermaßen vor:

1. Öffnen Sie das Dialogfeld *Eigenschaften von WMI-Steuerung* und klicken Sie auf die Registerkarte *Sicherung/Wiederherstellen*.
2. Klicken Sie auf *Wiederherstellen*. Geben Sie im Dialogfeld *Einen Namen für die Sicherungsdatei zum Wiederherstellen angeben* den Ort und den Namen der betreffenden Sicherungsdatei an. Klicken Sie dann auf *Öffnen*.
3. Für eine gewisse Zeit wird das Dialogfeld *Wiederherstellung wird ausgeführt* angezeigt. Dann wird eine Warnung angezeigt. Klicken Sie auf *OK*.
4. Ihre Verbindung zur WMI-Steuerung ist unterbrochen. Sobald die Wiederherstellung abgeschlossen ist, können Sie die Verbindung zum Computer wieder aufnehmen. Dazu schließen Sie das Dialogfeld *Eigenschaften von WMI-Steuerung* und öffnen es erneut. Dadurch wird die WMI-Steuerung veranlasst, die Verbindung zum lokalen Computer oder zum Remotecomputer wiederherzustellen. Erfolgreich kann dieser Versuch aber erst dann sein, wenn die Wiederherstellung abgeschlossen ist.

> **HINWEIS** Wenn sich keine Verbindung herstellen lässt, bedeutet dies gewöhnlich, dass die WMI-Steuerung noch mit der Wiederherstellung des Repositorys beschäftigt ist. Warten Sie noch eine halbe oder eine Minute und versuchen Sie es erneut.

Verwenden von Systemprogrammen

Zum Lieferumfang von Windows 7 gehören eine ganze Reihe von Systemprogrammen, darunter folgende:

- **Sicherung (*Sdclt.exe*)** Öffnet das Fenster *Sichern und Wiederherstellen*, in dem Sie Benutzer- und Systemdateien sichern und wiederherstellen können. Weitere Informationen finden Sie in Kapitel 17.

- **Integrierte Diagnoseprogramme** Die integrierten Diagnoseprogramme durchsuchen das System und überprüfen die Hardware und die Softwareeinstellungen nach Problemen. Diese Programme eignen sich zur Diagnose von Problemen und zur Behebung von Leistungs- und Konfigurationsproblemen. Die Verwendung der Diagnoseprogramme wird in diesem Kapitel, aber auch in mehreren weiteren Kapiteln dieses Buchs beschrieben.

- **DirectX-Diagnoseprogramm (*Dxdiag.exe*)** Ein integriertes Diagnoseprogramm, das Sie bei der Lösung von Problemen mit Microsoft DirectX unterstützt. DirectX dient zur Leistungsverbesserung von Anwendungen, sofern die Hardware des Systems DirectX unterstützt.

- **Datenträgerbereinigung (*Cleanmgr.exe*)** Das Dienstprogramm Datenträgerbereinigung durchsucht Laufwerke nach Dateien, die nicht mehr gebraucht werden. Standardmäßig betrifft die Datenträgerbereinigung temporäre Dateien, den Papierkorb und verschiedene Offlinedateien, wenn sie nach Dateien sucht, die gelöscht werden können.

- **Defragmentierung (*Dfrgui.exe*)** Das Defragmentierungsprogramm untersucht Laufwerke auf Fragmentierung und kann zur Defragmentierung der Dateien eingesetzt werden. Durch eine starke Fragmentierung von Dateien kann die Leistung des Systems sinken. Weitere Informationen über dieses Programm finden Sie in Kapitel 12, »Verwalten von Festplattenlaufwerken und Dateisystemen«.

- **Dateisignaturverifizierung (*Sigverif.exe*)** Dient zur Überprüfung der digitalen Signaturen von Betriebssystemdateien. Alle kritischen Dateien, die nicht digital signiert sind, werden in einer Ergebnisliste angezeigt. Eine vollständige Liste aller überprüften Dateien finden Sie in der Protokolldatei *%SystemRoot%\Sigverif.txt*.

- **Remoteunterstützungsanbieter** Ermöglichen es Ihnen, einem Benutzer Remoteunterstützung anzubieten. Nimmt ein Benutzer das Angebot an, können Sie versuchen, auf seinem System Probleme zu beheben, wie das in Kapitel 17 besprochen wird.

- **Remoteunterstützung** Ermöglicht es Ihnen, eine Einladung zur Remoteunterstützung zu erstellen, mit der Sie zum Beispiel Hilfe von einem Techniker anfordern können. Remoteunterstützung wird in Kapitel 17 ausführlich besprochen.

- **Systemkonfigurationsprogramm (*Msconfig.exe*)** Ermöglicht Ihnen die Verwaltung von Informationen über die Systemkonfiguration. Sie können auch einen normalen Systemstart, einen Diagnosesystemstart oder einen benutzerdefinierten Systemstart festlegen.

- **Systemwiederherstellung (*Rstrui.exe*)**   Mit dem Systemprogramm Systemwiederherstellung können Sie Wiederherstellungspunkte erstellen oder das System auf einen bestimmten Wiederherstellungspunkt zurückführen. Das Systemwiederherstellungsprogramm wird in Kapitel 17 besprochen.

Zu den Programmen, die Sie sich an dieser Stelle etwas näher ansehen sollten, gehören die Datenträgerbereinigung, die Dateisignaturverifizierung und das Systemkonfigurationsprogramm.

Arbeiten mit der Datenträgerbereinigung

Die Datenträgerbereinigung überprüft Laufwerke auf Dateien, die nicht mehr gebraucht werden. Wenn Sie die Datenträgerbereinigung einsetzen möchten, gehen Sie folgendermaßen vor:

1. Klicken Sie auf *Start, Alle Programme, Zubehör, Systemprogramme*. Wählen Sie dann *Datenträgerbereinigung*.

   HINWEIS   Die ausführbare Datei der Datenträgerbereinigung ist *Cleanmgr.exe*. Falls Sie die Datenträgerbereinigung direkt starten möchten, klicken Sie auf *Start*, geben **cleanmgr** ein und drücken dann die EINGABETASTE.

2. Sofern der Computer mehrere Laufwerke aufweist, wird das Dialogfeld *Datenträgerbereinigung: Laufwerkauswahl* angezeigt. Wählen Sie in der Dropdownliste *Laufwerk* das Laufwerk aus, das Sie aufräumen möchten, und klicken Sie auf *OK*.

   Die Datenträgerbereinigung überprüft das ausgewählte Laufwerk und sucht dabei nach temporären Benutzerdateien, die gelöscht werden können, sowie nach Benutzerdateien, die möglicherweise gelöscht werden können. Je mehr Dateien auf dem Laufwerk liegen, desto länger dauert die Suche.

   Wenn die Datenträgerbereinigung ihren ersten Durchlauf abgeschlossen hat, können Sie temporäre Systemdateien, die gelöscht werden können, und Systemdateien hinzufügen, die unter Umständen gelöscht werden dürfen. Klicken Sie dazu auf *Systemdateien bereinigen*, wählen Sie ein Systemlaufwerk aus, das untersucht werden soll, und klicken Sie auf *OK*. Sie erhalten nun einen Bericht angezeigt, der ähnlich wie in Abbildung 6.8 aussieht. In diesem Bericht werden je nach Bedarf mehrere Dateikategorien genannt, darunter folgende:

   - **Heruntergeladene Programmdateien**   Betrifft Programme, die vom Browser heruntergeladen wurden, wie ActiveX-Steuerelemente und Java-Applets. Dabei handelt es sich um temporäre Dateien, die gelöscht werden können.
   - **Beim Windows-Upgrade verworfene Dateien**   Betrifft Dateien, die bei einem vorherigen Upgrade nicht als Windows-Systemdateien eingestuft wurden. Nachdem Sie alle benötigten Daten von früheren Windows-Installationen einschließlich der Benutzerdaten gesichert haben, können Sie diese Option verwenden, um die betreffenden Dateien zu löschen.

Abbildung 6.8 Mit der Datenträgerbereinigung finden Sie Dateien, die gelöscht werden können

- **Ruhezustandsdateibereinigung** Betrifft die Daten über den Zustand des Computers beim Eintritt in den Ruhezustand. Wenn der Computer nicht mehr in den Ruhezustand übergehen soll, können Sie diese Datei löschen.

- **Temporäre Office-Dateien** Betrifft temporäre Dateien und Protokolle, die von Microsoft Office benutzt werden. Diese Dateien können gelöscht werden.

- **Offlinedateien** Betrifft lokale Kopien von Netzwerkdateien, die Sie für die Offlineverwendung gekennzeichnet haben. Diese Dateien wurden lokal gespeichert, um offline verfügbar zu sein, und können gelöscht werden.

- **Offlinewebseiten** Enthält lokale Kopien von Webseiten, die Sie für die Offlineverwendung gekennzeichnet haben. Diese Dateien wurden lokal gespeichert, um den Offlinezugriff zu ermöglichen. Sie können gelöscht werden.

- **Vorherige Windows-Installation(en)** Damit sind Dateien aus früheren Windows-Installationen gemeint, die unter *%SystemDrive%\Windows.old* gespeichert wurden. Nachdem Sie alle benötigten Daten aus den früheren Windows-Installationen gesichert haben, einschließlich der Benutzerdaten, können Sie die betreffenden Dateien mit dieser Option löschen.

- **Temporäre Offlinedateien** Betrifft temporäre Daten und Arbeitskopien von kürzlich benutzten Netzwerkdateien. Diese Dateien wurden lokal gespeichert, um offline zugänglich zu sein, und können gelöscht werden.

- **Papierkorb** Der Papierkorb enthält Dateien, die zwar gelöscht, aber noch nicht vom Computer entfernt wurden. Erst bei der Leerung des Papierkorbs werden diese Dateien tatsächlich vom Computer entfernt.
- **Temporäre Dateien** Betrifft Dateien im Ordner *Temp*. Dabei handelt es sich hauptsächlich um temporäre Dateien oder Arbeitsdateien von Anwendungen.
- **Temporäre Internetdateien** Betrifft Webseiten, die der Browser zwischengespeichert hat. Diese Dateien sind temporär und können gelöscht werden.
- **Miniaturansichten** Betrifft Miniaturansichten von Bildern, Videos und Dokumenten, die von Windows 7 erstellt wurden. Wenn Sie das erste Mal auf einen Ordner zugreifen, erstellt Windows 7 Miniaturansichten der darin enthaltenen Bilder, Videos und Dokumente. Diese Miniaturansichten werden gespeichert, damit sie beim nächsten Zugriff auf den Ordner schnell angezeigt werden können. Wenn Sie die Miniaturansichten löschen, werden sie beim nächsten Zugriff auf den betreffenden Ordner wieder erstellt.

3. Markieren Sie mit den Kontrollkästchen in der Liste *Zu löschende Dateien* die Dateikategorien, die gelöscht werden sollen. Klicken Sie dann auf *OK*. Wenn Sie zur Bestätigung der Aktion aufgefordert werden, klicken Sie auf *Dateien löschen*.

Überprüfen von Systemdateien mit der Dateisignaturverifizierung

Kritische Dateien, die vom Betriebssystem verwendet werden, sind digital signiert. Digitale Signaturen dienen dazu, die Authentizität der Dateien zu beweisen und leichter Manipulationen erkennbar zu machen, durch die Probleme auf dem System entstehen könnten. Wenn Sie es mit Problemen zu tun haben, für die es anscheinend keine plausible Erklärung gibt, sollten Sie überprüfen, ob vielleicht kritische Systemdateien geändert wurden. Das ist zum Beispiel sinnvoll, wenn ein System nach der Installation einer Anwendung instabil wird. Diese Überprüfung können Sie mit der Dateisignaturverifizierung vornehmen.

Die ausführbare Datei der Dateisignaturverifizierung ist *Sigverif.exe*. Sie können die Dateisignaturverifizierung mit folgenden Schritten starten und verwenden:

1. Geben Sie im Suchfeld des Startmenüs den Befehl **sigverif** ein und drücken Sie die EINGABETASTE. Daraufhin wird die Dateisignaturverifizierung gestartet (Abbildung 6.9).
2. Standardmäßig zeigt die Dateisignaturverifizierung eine Liste der Systemdateien an, die nicht digital signiert sind, und speichert ein Protokoll in der Datei *%SystemRoot%\System32\Sigverif.txt*. Bevor Sie Dateisignaturen überprüfen, sollten Sie die Protokollierungsoptionen festlegen. Klicken Sie dazu auf *Erweitert*. Wie in Abbildung 6.10 gezeigt, werden die Verifizierungsergebnisse in der Standardeinstellung in einer Protokolldatei gespeichert. Alle Ergebnisse, die Sie generieren, über-

schreiben bereits vorher erstellte Ergebnisse: Und die Ergebnisse werden in einer Protokolldatei namens *Sigverif.txt* gespeichert. Um Änderungen an Dateien gut zu erkennen, sollten Sie die Ergebnisse nicht überschreiben, sondern anhängen. In dieser Einstellung sind Änderungen einfacher zu sehen. Klicken Sie auf *OK*, wenn Sie die Protokollierungsoptionen wie gewünscht eingestellt haben. Sie kehren damit wieder zum Hauptfenster zurück.

Abbildung 6.9 Die Dateisignaturverifizierung hilft beim Überprüfen von Systemdateien

Abbildung 6.10 Ändern der Protokollierungsoptionen

3. Klicken Sie auf *Starten*, um die Dateisignaturverifizierung auszuführen. In den Resultaten (Abbildung 6.11) finden Sie die Liste der Dateien, die im Bericht der Dateisignaturverifizierung angezeigt werden. Diese Dateien sind nicht digital signiert und könnten vielleicht in böswilliger Absicht durch andere Programme desselben Namens ersetzt worden sein. Klicken Sie auf *Schließen*, um zum Hauptfenster zurückzukehren. Wenn Sie ein Problem vermuten, sollten Sie die Ereignisprotokolle und andere Fehlerprotokolle daraufhin überprüfen, ob diese Dateien in den Fehlerberichten auftauchen.

4. Sie können sich das Verifizierungsprotokoll ansehen, indem Sie auf *Erweitert* und dann auf *Protokoll anzeigen* klicken. Sie können das Verifizierungsprotokoll stattdessen auch im Microsoft Editor öffnen; die Protokolldateien liegt standardmäßig in *%SystemRoot%\System32*

Sigverif.txt. Sehen Sie das Protokoll durch und prüfen Sie, ob Dateien aufgeführt sind, die sich verändert haben, seit ist installiert wurden. Die Dateien werden anhand ihres Status aufgelistet, zum Beispiel als »Signiert« und »Nicht signiert«. Sehen Sie sich das Änderungsdatum und die Version der Datei an. Wenn bei einem Computer seit einem bestimmten Datum Probleme auftreten und wichtige Dateien an diesem Tag geändert wurden, ist das möglicherweise die Ursache der Probleme. Es ist beispielsweise möglich, dass ein Programm installiert wurde, das eine wichtige Datei durch eine ältere Version überschrieben hat.

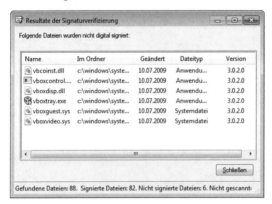

Abbildung 6.11 Prüfen der Verifizierungsergebnisse

Verwalten der Systemkonfiguration und der Systemstartoptionen

Ob Sie die Systemkonfigurationsdateien aktualisieren oder Probleme beheben möchten, die beim Systemstart auftreten, das Programm Systemkonfiguration ist in solchen Fällen das Werkzeug der Wahl. Es ist ein integriertes Programm zur Verwaltung von Systemkonfigurationsdaten. Mit diesem Programm können Sie folgende Elemente verwalten:

- Startoptionen des Betriebssystems
- Autostartanwendungen
- Dienststartoptionen

Die folgenden Abschnitte beschreiben die wichtigsten Arbeiten, die Sie mit dem Systemkonfigurationsprogramm durchführen können. Die ausführbare Datei des Systemkonfigurationsprogramms ist *Msconfig.exe*. Sie können das Programm starten, indem Sie auf *Start* klicken, **msconfig** eingeben und dann die EINGABETASTE drücken.

Startmodi und Behebung von Problemen mit dem Systemstart

Mit dem Programm Systemkonfiguration können Sie den Startmodus eines Computers festlegen. Folgende drei Startmodi sind verfügbar:

- **Normaler Systemstart** Wird für den Normalbetrieb benutzt. In diesem Modus lädt das Betriebssystem alle Systemkonfigurationsdateien und Gerätetreiber. Außerdem startet es alle Autostartanwendungen und alle aktivierten Dienste.

- **Diagnosesystemstart** Der Diagnosesystemstart dient zur Behebung von Systemproblemen. Im Diagnosemodus lädt das Betriebssystem nur die wichtigsten Gerätetreiber und die unverzichtbaren Dienste. Nachdem Sie das System im Diagnosemodus gestartet haben, können Sie die Systemeinstellungen ändern, um die Konfigurationsprobleme zu beheben.
- **Benutzerdefinierter Systemstart** Der benutzerdefinierte Systemstart dient zur Eingrenzung von Problembereichen in der Konfiguration. Hier können Sie eine geänderte Startkonfiguration wählen und selektiv die Systemdienste und Startelemente aussuchen. Auf diese Weise können Sie die Einstellungen ermitteln, die Probleme verursachen, und sie nach Bedarf korrigieren.

Der Normalfall ist der normale Systemstart. Wenn bei einem System Probleme auftreten und Sie einen anderen Startmodus verwenden möchten, gehen Sie folgendermaßen vor:

1. Klicken Sie auf *Start*, geben Sie **msconfig** ein und drücken Sie dann die EINGABETASTE, um das Systemkonfigurationsprogramm zu starten (Abbildung 6.12).

Abbildung 6.12 Auf der Registerkarte *Allgemein* des Programms *Systemkonfiguration* können Sie die Art des Systemstarts einstellen

2. Auf der Registerkarte *Allgemein* wählen Sie entweder *Diagnosesystemstart* oder *Benutzerdefinierter Systemstart*. Wenn Sie sich für *Benutzerdefinierter Systemstart* entscheiden, können Sie die Elemente auswählen, die das System verwenden soll:
   - *Systemdienste laden* Weist das System an, beim Start die Windows-Dienste zu laden. Wenn Sie diese Option wählen, können Sie auf der Registerkarte *Dienste* festlegen, welche Dienste gestartet werden sollen.
   - *Systemstartelemente laden* Weist das System an, beim Start die dafür vorgesehenen Anwendungen zu starten. Wenn Sie diese Option

wählen, können Sie auf der Registerkarte *Systemstart* die Autostartanwendungen aktivieren oder deaktivieren.

- *Ursprüngliche Startkonfiguration verwenden* Weist das System an, beim Start die ursprüngliche Startkonfiguration zu verwenden, statt der neuen Konfiguration, die Sie im Systemkonfigurationsprogramm durch die Änderung der Einstellungen erstellt haben.

HINWEIS Wenn Sie Änderungen auf den Registerkarten *Start*, *Dienste* oder *Systemstart* vornehmen, werden auf der Registerkarte *Allgemein* automatisch die Option *Benutzerdefinierter Systemstart* und die zugehörigen Unteroptionen ausgewählt.

3. Wenn Sie fertig sind, klicken Sie auf *OK* und starten dann das System neu. Sollten sich beim Systemstart Probleme ergeben, starten Sie erneut im abgesicherten Modus und wiederholen diese Prozedur. Nach einem fehlgeschlagenen Start erscheint der abgesicherte Modus automatisch als Startoption.

Ändern der Startoptionen

Windows 7 verwendet zum Start des Betriebssystems den Windows-Start-Manager und eine Startanwendung. Es benutzt in der Standardkonfiguration weder *Boot.ini* noch andere Startdateien. Zur Fehlerbehebung können Sie mit den Optionen auf der *Start*-Registerkarte des Systemkonfigurationsprogramms die Startpartition, Startmethode und Startoptionen für das Betriebssystem festlegen.

Wie aus Abbildung 6.13 hervorgeht, werden die startfähigen Betriebssysteme des Computers aufgelistet, wenn Sie das Systemkonfigurationsprogramm starten und auf die Registerkarte *Start* klicken. Wenn Sie festlegen möchten, dass ein anderes als das aktuelle Betriebssystem verwendet werden soll, klicken Sie einfach auf den entsprechenden Eintrag. Bei der Bearbeitung der Betriebssystemeinträge haben Sie die Wahl unter folgenden Optionen:

- *Als Standard* Legt die aktuell gewählte Startpartition als Standardpartition fest. Die Standardpartition wird automatisch gewählt, wenn Sie vor Ablauf des Zeitlimits keine andere Partition auswählen.
- *Timeout* Legt fest, wie lange der Computer wartet, bevor er die Standardstartpartition verwendet.
- *Löschen* Löscht einen Betriebssystemeintrag. Der Eintrag kann nicht so einfach wiederhergestellt werden. Löschen Sie einen Eintrag also nur, wenn es unbedingt erforderlich ist.

HINWEIS Ist auf einem Computer nur ein Betriebssystem vorhanden, werden die Schaltflächen *Als Standard* und *Löschen* abgeblendet dargestellt, weil es kein anderes Betriebssystem gibt, das ausgewählt oder gelöscht werden könnte. Wenn Sie das Standardbetriebssystem auswählen, steht *Als Standard* nicht zur Verfügung. Und wenn Sie das aktuelle Betriebssystem auswählen, ist die Schaltfläche *Löschen* deaktiviert.

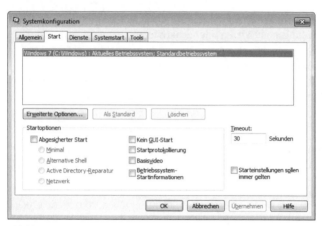

Abbildung 6.13 Die Steuerelemente auf der Registerkarte *Start* legen die Startpartition, die Startmethode und die Startoptionen fest, die das Betriebssystem benutzt

Außerdem können Sie folgende Startoptionen festlegen:

- *Abgesicherter Start* Startet den Computer im abgesicherten Modus mit zusätzlichen Flags für minimale, alternative oder Netzwerkshell und den Verzeichnisdienstreparaturstatus (*Dsrepair*). Nach dem erfolgreichen Start im abgesicherten Modus können Sie die Systemeinstellungen ändern, um Konfigurationsprobleme zu lösen.
- *Kein GUI-Start* Startet den Computer bis zur Windows-Eingabeaufforderung, ohne die grafischen Komponenten des Betriebssystems zu laden. Der Start bis zur Eingabeaufforderung ist sinnvoll, wenn Sie mit den Grafikkomponenten von Windows 7 Probleme haben.
- *Startprotokollierung* Schaltet die Startprotokollierung ein, sodass die wichtigsten Ereignisse beim Systemstart in eine Protokolldatei geschrieben werden.
- *Basisvideo* Schaltet den Computer in den VGA-Modus (Video Graphics Array). Verwenden Sie diesen Modus, wenn Sie Probleme mit der Grafikeinstellung beheben müssen und beispielsweise ein Modus eingestellt ist, den der Monitor nicht anzeigen kann.
- *Betriebssystem-Startinformationen* Startet den Computer mit ausführlichen Kommentaren, sodass Sie überprüfen können, was vor dem Laden der Grafikkomponenten von Windows alles geschieht.

Alle Änderungen, die Sie vornehmen, werden vom Systemkonfigurationsprogramm als geänderte Startkonfigurationsdaten gespeichert. Wenn Sie alle erforderlichen Änderungen vorgenommen haben und auf *OK* klicken, können Sie den Computer neu starten, damit die Änderungen wirksam werden. Nachdem Sie dann die erforderlichen Änderungen vorgenommen haben, können Sie zu einem normalen Systemstart zurückgehen, indem Sie auf der Registerkarte *Allgemein* die Option *Normaler Systemstart* wählen und dann auf *OK* klicken. Auch dann müssen Sie den Computer neu starten, damit die neue Einstellung wirksam wird.

Wenn Sie auf der Registerkarte *Start* auf die Schaltfläche *Erweiterte Optionen* klicken, können Sie im Dialogfeld *Erweiterte Startoptionen* (Abbildung 6.14) die Startoptionen für Prozessoren, maximalen Arbeitsspeicher, PCI-Lock und Debuggen einstellen. Verwenden Sie diese Optionen für die Problembehandlung. Wenn Sie beispielsweise vermuten, dass ein Problem dadurch verursacht wird, dass mehrere Prozessoren verfügbar sind, können Sie die Prozessoranzahl auf 1 setzen. Und wenn Sie vermuten, dass ein Problem durch Arbeitsspeicher ausgelöst wird, der über die ersten 4 GByte hinausgeht, können Sie in *Maximaler Speicher* die Größe 4.096 MByte einstellen. Sobald Sie mit der Problembehandlung fertig sind, sollten Sie diese Optionen wieder löschen, um den normalen Betrieb wiederaufzunehmen.

Abbildung 6.14 Einstellen der erweiterten Startoptionen im Rahmen der Problembehandlung

Wenn eine der erweiterten oder Standardstartoptionen auf der Registerkarte *Start* dauerhaft wirken soll, markieren Sie das Kontrollkästchen *Starteinstellungen sollen immer gelten*, bevor Sie auf *OK* klicken. In den meisten Fällen werden Sie nicht wollen, dass Optionen zur Problembehebung oder für das Debuggen dauerhaft werden. Achten Sie also darauf, dass Sie diese Optionen vorher löschen.

Aktivieren und Deaktivieren von Autostartanwendungen zur Problembehebung

Wenn Sie vermuten, dass eine der Anwendungen, die beim Systemstart geladen werden, ein Problem verursacht, können Sie das sehr leicht überprüfen. Sperren Sie den automatischen Start der Anwendung und starten Sie das System dann neu. Tritt das Problem nicht mehr auf, haben Sie die Ursache vermutlich gefunden und können es beheben, indem Sie den automatischen Start der betreffenden Anwendung dauerhaft sperren. Tritt das Symptom weiterhin auf, können Sie diese Prozedur mit anderen Autostartanwendungen wiederholen.

Um Autostartanwendungen zu deaktivieren, gehen Sie folgendermaßen vor:
1. Klicken Sie auf *Start*, geben Sie **msconfig** ein und drücken Sie dann die EINGABETASTE, um das Systemkonfigurationsprogramm zu starten.
2. Klicken Sie auf die Registerkarte *Systemstart*. Wie aus Abbildung 6.15 hervorgeht, zeigt diese Registerkarte eine Liste der Programme, die beim Systemstart automatisch geladen werden.

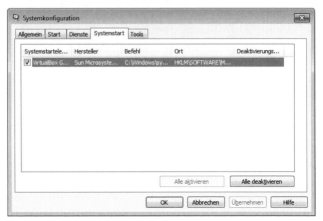

Abbildung 6.15 Zur Behebung von Problemen mit Autostartanwendungen verwenden Sie die Registerkarte *Systemstart*

3. Löschen Sie das Kontrollkästchen neben jeder Anwendung, die beim Systemstart nicht automatisch gestartet werden soll.

   ACHTUNG Deaktivieren Sie nur die Programme, die Sie als potenzielle Probleme einstufen, und tun Sie das nur dann, wenn Sie wissen, welche Aufgabe das Programm hat. Wenn Sie nicht wissen, was ein Programm tut, deaktivieren Sie es nicht. Manchmal kann man mehr über ein Autostartprogramm in Erfahrung bringen, indem man seinen Befehlspfad überprüft und seinen Installationsordner untersucht.

4. Klicken Sie auf *OK*. Sie müssen das System neu starten, damit die Änderungen wirksam werden. Klicken Sie also auf *Neu starten*, wenn Sie zum Neustart des Systems aufgefordert werden. Oder starten Sie das System manuell neu.
5. Wiederholen Sie diese Prozedur nach Bedarf, bis Sie das Programm gefunden haben, das die Probleme verursacht. Wenn Sie kein Programm als Fehlerquelle ermitteln können, ist vielleicht eine Windows-Komponente, ein Dienst oder ein Gerätetreiber die Ursache des Problems.

Aktivieren und Deaktivieren von Diensten zur Problembehebung

So wie automatisch gestartete Anwendungen in einem System Probleme verursachen können, so können dies auch automatisch gestartete Dienste. Um Probleme mit Diensten einzugrenzen, können Sie bestimmte Dienste zeitweilig mit dem Systemkonfigurationsprogramm deaktivieren, das System neu starten und dann überprüfen, ob das Problem noch auftritt. Ist das nicht mehr der Fall, haben Sie vermutlich den Verursacher gefunden. Dann können Sie den betreffenden Dienst dauerhaft deaktivieren oder beim Hersteller anfragen, ob eine aktualisierte Version des Dienstes verfügbar ist.

Zur temporären Deaktivierung eines Dienstes gehen Sie folgendermaßen vor:

1. Klicken Sie auf *Start*, geben Sie **msconfig** ein und drücken Sie dann die EINGABETASTE, um das Systemkonfigurationsprogramm zu starten.

2. Klicken Sie auf die Registerkarte *Dienste*. Wie in Abbildung 6.16 zu sehen, zeigt diese Registerkarte eine Liste aller Dienste an, die auf dem Computer installiert sind. In dieser Liste sind der Status des Dienstes, etwa *Wird ausgeführt* oder *Beendet*, und der Hersteller aufgeführt. Dienste, die nicht von Microsoft stammen, finden Sie leichter, wenn Sie das Kontrollkästchen *Alle Microsoft-Dienste ausblenden* aktivieren.

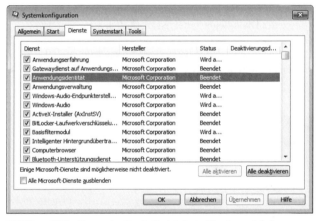

Abbildung 6.16   Verwenden Sie die Registerkarte *Dienste* zur Behebung von Problemen mit Windows-Diensten

3. Löschen Sie das Kontrollkästchen neben jedem Dienst, der beim nächsten Systemstart nicht ausgeführt werden soll.

ACHTUNG   Deaktivieren Sie nur solche Dienste, die Sie als potenzielle Problemverursacher eingestuft haben. Tun Sie dies nur dann, wenn Sie wissen, welche Bedeutung der Dienst für das Betriebssystem hat. Wenn Sie nicht wissen, was ein Dienst tut, deaktivieren Sie ihn nicht. Welche Aufgaben ein Dienst hat, können Sie mit dem *Dienste*-Programm aus dem Menü *Verwaltung* in Erfahrung bringen. Wählen Sie in diesem Programm einen Dienst aus und sehen Sie sich auf der Registerkarte *Erweitert* die dazugehörige Beschreibung an. Oder Sie klicken den betreffenden Dienst mit einem Doppelklick an und lesen die Beschreibung auf der Registerkarte *Allgemein* des dazugehörigen Eigenschaftendialogfelds durch.

4. Klicken Sie auf *OK*. Sie müssen das System neu starten, damit die Änderungen wirksam werden. Klicken Sie also auf *Neu starten*, wenn Sie aufgefordert werden, das System neu zu starten. Oder starten Sie das System manuell neu.
 5. Wiederholen Sie diese Prozedur, bis Sie den Dienst gefunden haben, der das Problem verursacht. Wenn Sie keinen Dienst als Fehlerquelle ermitteln können, ist vielleicht eine Windows-Komponente, eine Startanwendung oder ein Gerätetreiber die Ursache des Problems.

Verwalten der Systemeigenschaften

Zum Verwalten der Systemeigenschaften verwenden Sie das Dialogfeld *Systemeigenschaften*. Die folgenden Abschnitte beschreiben Schlüsselbereiche des Betriebssystems, die mit dem Dialogfeld *Systemeigenschaften* konfiguriert werden können.

Die Registerkarte *Computername*

Die Netzwerkidentifikation eines Computers kann mit der Registerkarte *Computername* des Dialogfelds *Systemeigenschaften* angezeigt und geändert werden (Abbildung 6.17). Wie aus der Abbildung hervorgeht, zeigt die Registerkarte *Computername* den vollständigen Computernamen des Systems und die Domänenmitgliedschaft an. Der vollständige Computername ist der DNS-Name (Domain Name System) des Computers, der auch den Platz des Computers in der Active Directory-Hierarchie angibt.

Abbildung 6.17 Mit der Registerkarte *Computername* können Sie die Systemidentifikation anzeigen und konfigurieren

Um die Registerkarte *Computername* des Dialogfelds *Systemeigenschaften* zu öffnen, gehen Sie folgendermaßen vor:

1. Klicken Sie in der Systemsteuerung auf *System und Sicherheit* und dann auf *System*.
2. Klicken Sie im Fenster *System* auf den Link *Einstellungen ändern*. Stattdessen können Sie auch im linken Fensterabschnitt auf *Erweiterte Systemeinstellungen* und dann auf die Registerkarte *Computername* klicken.

Mit den Optionen auf der Registerkarte *Computername* können Sie:

- **Einen Computer zu einer Domäne hinzufügen** Klicken Sie auf *Netzwerk-ID*, um den Assistenten *Einer Domäne oder Arbeitsgruppe beitreten* zu öffnen, der Sie durch die erforderlichen Änderungen der Netzwerkzugangsinformationen führt.

- **Einen Computernamen ändern** Klicken Sie auf *Ändern*, um den Computernamen und die Zugehörigkeit des Computers zu einer Domäne oder Gruppe zu ändern.

PRAXISTIPP Bevor Sie versuchen, einen Computer zu einer Domäne hinzuzufügen, müssen Sie sicherstellen, dass die IP-Adressenkonfiguration (inklusive der DNS-Einstellungen) für das Netzwerk richtig sind, an das der Computer angeschlossen ist. Damit Clientcomputer DNS sinnvoll nutzen können, sollte der Computer einen passenden Computernamen und ein korrekt konfiguriertes primäres DNS-Suffix erhalten. Statt mehr oder weniger raffinierter oder zufälliger Namen sollten Sie sich für eine Namensgebung entscheiden, die für beide Gruppen verständlich ist, nämlich für Benutzer und Administratoren. Im DNS dient der Computername als Hostname, und das primäre DNS-Suffix gibt die Domäne an, zu welcher der Computer gehört. Wird auf einem Computer nur ein Hostname ohne DNS-Suffix benutzt, dient das primäre DNS-Suffix zur Zuordnung des Namens. Nehmen wir zum Beispiel an, Sie sind auf einem Computer angemeldet, dessen primäres DNS-Suffix *tech.cpandl.com* lautet, und Sie senden auf einer Befehlszeile einen Ping an *CorpSvr28*. Der Computer leitet die Anfrage an *corpsvr28.tech.cpandl.com* weiter.

Standardmäßig gibt das primäre DNS-Suffix die Domäne an, deren Mitglied der Computer ist. Sie können das primäre DNS-Suffix eines Computers bei Bedarf ändern. Wenn das primäre DNS-Suffix eines Computers zum Beispiel *seattle.tech.cpandl.com* lautet, könnten Sie es auf *cpandl.com* umstellen, um die Namensauflösung in dieser umfangreichen DNS-Hierarchie zu vereinfachen. Zur Änderung des primären DNS-Suffixes klicken Sie auf der Registerkarte *Computername* auf *Ändern* und dann auf *Weitere*. Geben Sie im entsprechenden Textfeld das primäre DNS-Suffix ein und schließen Sie dann alle geöffneten Dialogfelder, indem Sie auf die entsprechende Schaltfläche *OK* oder *Schließen* klicken.

Die Registerkarte *Hardware*

Die Registerkarte *Hardware* des Dialogfelds *Systemeigenschaften* bietet Zugriff auf den Geräte-Manager und die Geräteinstallationseinstellungen. Um die Registerkarte *Hardware* des Dialogfelds *Systemeigenschaften* zu öffnen, gehen Sie folgendermaßen vor:

1. Klicken Sie in der Systemsteuerung auf *System und Sicherheit* und dann auf *System*.
2. Klicken Sie in der Konsole *System* auf *Einstellungen ändern* oder im linken Fensterabschnitt auf *Erweiterte Systemeinstellungen*.
3. Klicken Sie auf die Registerkarte *Hardware*.

Der Geräte-Manager, der auch in der Computerverwaltungskonsole als MMC-Snap-In (Microsoft Management Console) enthalten ist, wird in Kapitel 8 besprochen. Wenn Sie ein neues Gerät anschließen, sucht Windows 7 mit Windows Update automatisch nach neuen Treibern. Wenn Sie nicht möchten, dass der Computer automatisch nach neuen Treibern sucht, klicken Sie auf die Schaltfläche *Geräteinstallationseinstellungen* und wählen dann entweder *Ja, automatisch ausführen* oder *Nein, zu installierende Software selbst auswählen* und klicken auf *OK*.

HINWEIS Die Registerkarte *Hardware* bietet im Gegensatz zu älteren Windows-Versionen keinen Zugriff mehr auf Treibersignatureinstellungen oder Hardwareprofile. In Windows 7 nehmen Sie Treibersignatureinstellungen durch Active Directory-Gruppenrichtlinien oder durch lokale Gruppenrichtlinien vor.

Die Registerkarte *Erweitert*

Die Registerkarte *Erweitert* des Dialogfelds *Systemeigenschaften* kontrolliert viele Schlüsselfunktionen des Windows-Betriebssystems, wie beispielsweise die Leistung von Anwendungen, die Größe des virtuellen Speichers, Benutzerprofile, Umgebungsvariablen und das Verhalten beim Starten und Wiederherstellen.

HINWEIS Benutzerprofile enthalten globale Benutzereinstellungen und Konfigurationsdaten. Sie werden erstellt, wenn sich ein Benutzer das erste Mal an einem lokalen Computer oder an einer Domäne anmeldet, und unterscheiden sich bei lokalen Konten und Domänenkonten. Das Profil eines Benutzers speichert beispielsweise die Desktopeinstellung eines Benutzers, sodass der Desktop jedes Mal wiederhergestellt werden kann, wenn sich der Benutzer anmeldet. Eine ausführliche Beschreibung der Benutzerprofile finden Sie in Kapitel 11, »Managing Existing User and Group Accounts«, des Buchs *Windows Server 2008 Administrator's Pocket Consultant, Second Edition* (Microsoft Press, 2010).

Einstellen der Windows-Leistung

Die Oberfläche von Windows 7 wurde um viele grafische Elemente erweitert. Zu diesen Erweiterungen zählen zahlreiche visuelle Effekte für Menüs, Symbolleisten, Fenster und die Taskleiste. Mit den folgenden Schritten können Sie die Leistung von Windows genauer einstellen:

1. Klicken Sie in der Systemsteuerung auf *System und Sicherheit* und dann auf *System*.
2. Klicken Sie in der Konsole *System* auf *Einstellungen ändern* oder im linken Fensterabschnitt auf *Erweiterte Systemeinstellungen*.

3. Öffnen Sie das Dialogfeld *Leistungsoptionen*, indem Sie auf der Registerkarte *Erweitert* des Dialogfelds *Systemeigenschaften* im Feld *Leistung* auf die Schaltfläche *Einstellungen* klicken.
4. Die Registerkarte *Visuelle Effekte* ist standardmäßig vorgewählt. Zur Steuerung der visuellen Effekte stehen Ihnen folgende Optionen zur Verfügung:
   - **Optimale Einstellung automatisch auswählen** Ermöglicht es dem Betriebssystem, die Leistungseinstellung an der verfügbaren Hardware auszurichten. Bei einem neueren Computer entspricht das Ergebnis wahrscheinlich der Option *Für optimale Darstellung anpassen*. Der entscheidende Unterschied ist aber, dass Windows bei der Entscheidung die Leistungsfähigkeit der verfügbaren Hardware berücksichtigt.
   - *Für optimale Darstellung anpassen* Wird Windows für die optimale Darstellung optimiert, aktivieren Sie alle visuellen Effekte für alle grafischen Benutzeroberflächen. Menüs und die Taskleiste verwenden Überblendungen und Schatten. Die Ränder der Schriftzeichen werden bei der Darstellung auf dem Bildschirm geglättet. Listenfelder führen einen weichen Bildlauf durch. Ordner zeigen ihre Inhalte mit Webansichten, und so weiter.
   - *Für optimale Leistung anpassen* Durch die Leistungsoptimierung schalten Sie ressourcenintensive visuelle Effekte ab, beispielsweise Überblendungen und geglättete Ränder bei der Schriftdarstellung. Eine gewisse Grundmenge an visuellen Effekten bleibt aber erhalten.
   - **Benutzerdefiniert** Sie können die gewünschten visuellen Effekte detailliert einstellen, indem Sie die entsprechenden Kontrollkästchen im Dialogfeld *Leistungsoptionen* aktivieren oder deaktivieren. Wenn Sie alle Kontrollkästchen deaktivieren, verwendet Windows keine visuellen Effekte.
5. Wenn Sie die gewünschten visuellen Effekte eingestellt haben, klicken Sie auf *Übernehmen*. Klicken Sie zweimal auf *OK*, um die offenen Dialogfelder zu schließen.

Einstellen der Anwendungsleistung

Die Leistung der Anwendungen hängt davon ab, wie viel Laufzeit Windows 7 den entsprechenden Threads zuteilt. Von der Laufzeitzuteilung ist auch die Reaktionsfähigkeit interaktiver Anwendungen abhängig (im Gegensatz zu Anwendungen, die beispielsweise als Dienste im Hintergrund ausgeführt werden). Sie können die Leistung von Anwendungen folgendermaßen einstellen:

1. Klicken Sie in der Systemsteuerung auf *System und Sicherheit* und dann auf *System*.
2. Klicken Sie in der Konsole *System* auf *Einstellungen ändern* oder im linken Fensterabschnitt auf *Erweiterte Systemeinstellungen*.

3. Öffnen Sie das Dialogfeld *Leistungsoptionen*, indem Sie auf der Registerkarte *Erweitert* des Dialogfelds *Systemeigenschaften* im Feld *Leistung* auf die Schaltfläche *Einstellungen* klicken.
4. Das Dialogfeld *Leistungsoptionen* hat mehrere Registerkarten. Klicken Sie auf die Registerkarte *Erweitert*.
5. Im Bereich *Prozessorzeitplanung* stehen Ihnen folgende Optionen zur Verfügung:
   - *Programme* Wenn die aktive Anwendung die beste Reaktionszeit aufweisen und den größten Anteil an den verfügbaren Ressourcen erhalten soll, wählen Sie *Programme*. Das ist die Standardoption für alle Windows 7-Arbeitsstationen.
   - *Hintergrunddienste* Wenn Hintergrundanwendungen bessere Reaktionszeiten als die aktive Anwendung erhalten sollen, wählen Sie *Hintergrunddienste*. Im Allgemeinen ist das die bevorzugte Einstellung für Windows 7-Computer, die als Server eingesetzt werden (damit ist gemeint, dass sie Aufgaben eines Servers übernehmen und nicht als Windows 7-Arbeitsstationen eingesetzt werden). Beispielsweise kann ein Windows 7-Computer als Druckserver der Abteilung eingesetzt werden.
6. Klicken Sie auf *OK*.

Konfigurieren des virtuellen Arbeitsspeichers

Mithilfe von virtuellem Speicher ist es möglich, Speicherplatz von einem Laufwerk als Erweiterung des verfügbaren Arbeitsspeichers (RAM) zu verwenden. Für diese Funktion ist eine Auslagerung von nicht benötigten Speicherseiten auf einen Datenträger erforderlich. Dafür wird eine spezielle Datei bereitgestellt, die Auslagerungsdatei genannt wird und eine zuvor festgelegte Größe annehmen kann, beispielsweise 4096 MByte. Bei Bedarf können ausgelagerte Seiten später wieder aus der Auslagerungsdatei eingelesen werden.

Eine erste Auslagerungsdatei wird automatisch auf dem Laufwerk angelegt, auf dem das Betriebssystem installiert wird. Andere Laufwerke erhalten nicht automatisch Auslagerungsdateien. Das können Sie bei Bedarf ändern. Wenn Sie manuell eine Auslagerungsdatei erstellen, geben Sie eine Anfangsgröße und eine maximale Größe an. Auslagerungsdateien erhalten auf den Laufwerken den Namen *Pagefile.sys*.

PRAXISTIPP Windows 7 ist bei der automatischen Verwaltung des virtuellen Speichers wesentlich besser als seine Vorgänger. Gewöhnlich macht Windows 7 die Auslagerungsdatei anfangs mindestens so groß, wie es der auf dem Computer installierten Speichermenge entspricht. Auf diese Weise wird verhindert, dass die Auslagerungsdateien fragmentieren, was zu einer schlechten Systemleistung führen könnte. Wenn Sie den virtuellen Arbeitsspeicher von Hand verwalten wollen, können Sie die Fragmentierung gering halten, indem Sie für die Auslagerungsdatei eine Anfangsgröße einstellen, die mindestens der Gesamtgröße des RAM entspricht. In Computern mit 4 GByte oder weniger RAM sollten Sie die maximale Größe mindestens auf das Doppelte des gesamten RAM setzen. Bei Computern, die über 4 GByte RAM haben, sollten Sie die maximale Größe mindestens auf das 1,5-Fache des gesamten RAM setzen. Das hilft dabei, die Auslagerungsdatei konsistent zu halten, sodass fortlaufende Blöcke geschrieben werden können (sofern möglich angesichts der Kapazität auf dem Volume).

Gehen Sie folgendermaßen vor, um den virtuellen Arbeitsspeicher von Hand zu konfigurieren:

1. Klicken Sie in der Systemsteuerung auf *System und Sicherheit* und dann auf *System*.
2. Klicken Sie in der Konsole *System* auf *Einstellungen ändern* oder im linken Fensterabschnitt auf *Erweiterte Systemeinstellungen*.
3. Klicken Sie im Dialogfeld *Systemeigenschaften* auf die Registerkarte *Erweitert*.
4. Klicken Sie im Bereich *Leistung* auf die Schaltfläche *Einstellungen*, um das Dialogfeld *Leistungsoptionen* zu öffnen.
5. Klicken Sie auf die Registerkarte *Erweitert* und dann auf *Ändern*, um das Dialogfeld *Virtueller Arbeitsspeicher* zu öffnen (Abbildung 6.18). Folgende Informationen werden angezeigt:

   - ***Laufwerk [Bezeichnung] und Auslagerungsdatei (MB)*** Zeigt die Größe der Auslagerungsdateien, die derzeit auf dem System konfiguriert sind. Jedes Laufwerk wird mit seiner Auslagerungsdatei angezeigt, sofern vorhanden. Für manuell erstellte Auslagerungsdateien werden die festgelegte Anfangsgröße und die maximale Größe angezeigt.

   - ***Auslagerungsdateigröße für jedes Laufwerk*** Zeigt Informationen über das ausgewählte Laufwerk und ermöglicht Ihnen, die Größe der betreffenden Auslagerungsdatei festzulegen. Unter *Verfügbarer Speicherplatz* wird die Größe des Speicherplatzes angegeben, der auf dem ausgewählten Laufwerk verfügbar ist.

   - ***Gesamtgröße der Auslagerungsdatei für alle Laufwerke*** Gibt eine Empfehlung für die Größe der Auslagerungsdatei auf dem System und gibt die aktuell zugeteilte Größe der Auslagerungsdatei an. Falls Sie das erste Mal eine Auslagerungsdatei konfigurieren, beachten Sie bitte, dass die empfohlene Dateigröße in den meisten Fällen bereits auf dem Systemlaufwerk reserviert wurde, was auch unter der vom System verwalteten Größe angezeigt wird.

6. Standardmäßig verwaltet Windows 7 die Größen der Auslagerungsdateien auf allen Laufwerken. Wenn Sie die Auslagerungsdateien manuell konfigurieren möchten, deaktivieren Sie das Kontrollkästchen *Auslagerungsdateigröße für alle Laufwerke automatisch verwalten*.
7. Wählen Sie in der Liste *Laufwerk* das Laufwerk aus, mit dem Sie arbeiten möchten.
8. Wählen Sie *Benutzerdefinierte Größe* und legen Sie dann eine Anfangsgröße und eine maximale Größe fest.

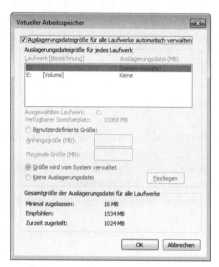

Abbildung 6.18 Der virtuelle Arbeitsspeicher erweitert die Menge des tatsächlich installierten Arbeitsspeichers

9. Klicken Sie auf *Festlegen*, um die Änderungen zu speichern.
10. Wiederholen Sie die Schritte 7 bis 9 für jedes Laufwerk, das Sie konfigurieren möchten.
11. Klicken Sie auf *OK*. Wenn Sie gefragt werden, ob Sie eine vorhandene Datei *Pagefile.sys* überschreiben möchten, klicken Sie auf *Ja*.
12. Wenn Sie Einstellungen für eine Auslagerungsdatei ändern, die gerade benutzt wird, erscheint eine Meldung, die Sie darüber informiert, dass Sie das System neu starten müssen, damit die Änderungen wirksam werden. Klicken Sie auf *OK*.
13. Klicken Sie zweimal auf *OK*, um die offenen Dialogfelder zu schließen. Wenn Sie das Dienstprogramm *System* schließen, wird eine Meldung angezeigt, in der Sie informiert werden, dass die Änderungen erst gültig werden, wenn Sie Ihren Computer neu starten.

Sie können Windows 7 mit folgenden Schritten so einstellen, dass es die Auslagerungsdateien automatisch verwaltet:

1. Klicken Sie im Dialogfeld *Systemeigenschaften* auf die Registerkarte *Erweitert*.
2. Klicken Sie im Bereich *Leistung* auf die Schaltfläche *Einstellungen*, um das Dialogfeld *Leistungsoptionen* zu öffnen.
3. Klicken Sie auf die Registerkarte *Erweitert* und dann auf *Ändern*, um das Dialogfeld *Virtueller Arbeitsspeicher* zu öffnen.
4. Wählen Sie das Kontrollkästchen *Auslagerungsdateigröße für alle Laufwerke automatisch verwalten*.
5. Schließen Sie alle geöffneten Dialogfelder, indem Sie jeweils auf *OK* klicken.

TIPP Es ist eine empfohlene Sicherheitsmaßnahme, beim Herunterfahren des Systems die Auslagerungsdatei zu löschen. Das können Sie durch die Aktivierung der Richtlinie *Herunterfahren: Auslagerungsdatei des virtuellen Arbeitsspeichers löschen* unter *Lokale Richtlinien\Sicherheitsoptionen* erreichen.

Konfigurieren der Datenausführungsverhinderung

Die Datenausführungsverhinderung (Data Execution Prevention, DEP) ist eine Speicherschutztechnologie. Sie weist den Prozessor des Computers an, alle Speicherbereiche in einer Anwendung als nicht ausführbar zu kennzeichnen, sofern der betreffende Bereich nicht ausdrücklich ausführbaren Code enthält. Wenn Code auf einer Speicherseite ausgeführt werden soll, die als nicht ausführbar gekennzeichnet ist, kann der Prozessor eine Ausnahme auslösen und die Ausführung verhindern. Das hindert bösartigen Code wie beispielsweise einen Virus in den meisten Speicherbereichen daran, sich selbst in den betreffenden Bereich einzufügen, denn nur bestimmte Bereiche des Speichers sind so gekennzeichnet, dass sie ausführbaren Code enthalten können.

HINWEIS 32-Bit-Versionen von Windows unterstützen die Datenausführungsverhinderung, wie sie von Prozessoren der Firma Advanced Micro Devices (AMD) implementiert wird, die einen No-Execute-Speicherseitenschutz (NX) bieten. Solche Prozessoren unterstützen die entsprechenden Befehle und müssen im PAE-Modus (Physical Address Extension) arbeiten, um große Speicherkonfigurationen zu unterstützen. Auch 64-Bit-Versionen von Windows unterstützen die NX-Prozessorfunktion, sie brauchen aber nicht PAE, um große Arbeitsspeicherkonfigurationen zu unterstützen.

Um zur Datenausführungsverhinderung kompatibel zu sein, müssen Anwendungen in der Lage sein, Speicher explizit mit der Execute-Berechtigung zu kennzeichnen. Anwendungen, die das nicht können, sind nicht zur NX-Prozessorfunktion kompatibel. Wenn bei der Ausführung von Anwendungen Probleme auftreten, die mit dem Speicher zu tun haben, sollten Sie diese Anwendungen als Ausnahmen konfigurieren, statt den Ausführungsschutz vollständig abzuschalten. Auf diese Weise bleiben Ihnen die Vorteile des Speicherschutzes erhalten und Sie können ihn selektiv für die Anwendungen abschalten, die mit der NX-Prozessorfunktion nicht ordnungsgemäß arbeiten.

Der Ausführungsschutz wird auf Benutzermodus- und Kernelmodusprogramme angewendet. Kommt es im Benutzermodus zu einer Ausführungsschutzverletzung, wird eine `STATUS_ACCESS_VIOLATION`-Ausnahme ausgelöst. In den meisten Fällen wird diese Ausnahme wahrscheinlich nicht behandelt und hat die Beendigung des betreffenden Prozesses zur Folge. Das ist auch das gewünschte Verhalten, denn die meisten Programme, die sich nicht an die Regeln halten, wie beispielsweise Viren oder Würmer, sind von bösartiger Natur.

Anders als bei den Anwendungen lässt sich der Ausführungsschutz für Kernelmodusgerätetreiber nicht selektiv aktivieren oder deaktivieren.

Außerdem wirkt der Ausführungsschutz auf konformen 32-Bit-Systemen standardmäßig auf den Stapel. Auf konformen 64-Bit-Systemen wirkt der Ausführungsschutz auf den Stapel, den ausgelagerten Pool und den Sitzungspool. Eine Ausführungsschutzverletzung im Kernelmodus, die in einem Gerätetreiber auftritt, führt zu der Ausnahme ATTEMPTED_EXECUTE_OF_NOEXECUTE_MEMORY.

Ob ein Computer die Datenausführungsverhinderung unterstützt, können Sie mithilfe des Programms *System* ermitteln. Sofern er die Datenausführungsverhinderung unterstützt, können Sie die Datenausführungsverhinderung mit folgenden Schritten einstellen:

1. Klicken Sie in der Systemsteuerung auf *System und Sicherheit* und dann auf *System*.
2. Klicken Sie in der Konsole *System* auf *Einstellungen ändern* oder im linken Fensterabschnitt auf *Erweiterte Systemeinstellungen*.
3. Klicken Sie im Dialogfeld *Systemeigenschaften* auf die Registerkarte *Erweitert* und dann im Feld *Leistung* auf die Schaltfläche *Einstellungen*, um das Dialogfeld *Leistungsoptionen* anzuzeigen.
4. Klicken Sie auf die Registerkarte *Datenausführungsverhinderung*. Aus dem Text im unteren Teil dieser Registerkarte geht hervor, ob der Computer die Datenausführungsverhinderung unterstützt.
5. Wenn ein Computer die Datenausführungsverhinderung unterstützt und entsprechend eingestellt ist, können Sie die Datenausführungsverhinderung mit folgenden Optionen konfigurieren:

    - *Datenausführungsverhinderung nur für erforderliche Windows-Programme und -Dienste einschalten*   Aktiviert die Datenausführungsverhinderung nur für Dienste, Programme und Komponenten des Betriebssystems. Das ist die standardmäßige und empfohlene Option für Computer, welche die Datenausführungsverhinderung unterstützen und entsprechend eingestellt sind.

    - *Datenausführungsverhinderung für alle Programme und Dienste mit Ausnahme der ausgewählten einschalten*   Aktiviert die Datenausführungsverhinderung und lässt Ausnahmen zu. Wählen Sie diese Optionsschaltfläche und klicken Sie dann auf *Hinzufügen*, um die Programme anzugeben, die ohne Datenausführungsverhinderung ausgeführt werden sollen. Auf diese Weise wirkt die Datenausführungsverhinderung bei allen Programmen, mit Ausnahme der hier aufgeführten Programme.

6. Klicken Sie auf *OK*.

Einstellen der System- und Benutzerumgebungsvariablen

System- und Benutzerumgebungsvariablen werden im Dialogfeld *Umgebungsvariablen* eingestellt (Abbildung 6.19). Um dieses Dialogfeld zu öffnen, klicken Sie im Dialogfeld *Systemeigenschaften* auf die Registerkarte *Erweitert* und dann auf die Schaltfläche *Umgebungsvariablen*.

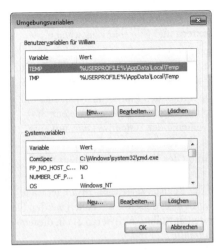

Abbildung 6.19 Das Dialogfeld *Umgebungsvariablen* ermöglicht die Einstellung von System- und Benutzerumgebungsvariablen

HINWEIS Wenn Sie eine Systemumgebungsvariable erstellen oder ändern, wird die Änderung erst nach dem Neustart des Computers wirksam. Erstellen oder ändern Sie eine Benutzerumgebungsvariable, so wird die Änderung bei der nächsten Anmeldung des betreffenden Benutzers auf dem Computer wirksam.

Erstellen einer Umgebungsvariablen

Gehen Sie folgendermaßen vor, um eine Umgebungsvariable zu erstellen:

1. Klicken Sie unter *Benutzervariablen* auf *Neu*, wenn Sie eine Benutzervariable definieren möchten, oder unter *Systemvariablen*, wenn es um eine Systemvariable geht. Dadurch öffnet sich das Dialogfeld *Neue Benutzervariable* oder *Neue Systemvariable*.
2. Geben Sie im Feld *Name der Variablen* den Namen der Variablen ein. Geben Sie dann im Feld *Wert der Variablen* den Variablenwert ein.

PRAXISTIPP Der Befehlspfad für ausführbare Dateien wird über die Variable Path verwaltet. Wie Sie diese Variable bearbeiten, um den Befehlspfad zu ändern, ist im Abschnitt »Verwalten des Befehlspfads« in Kapitel 9 beschrieben.

Gehen Sie folgendermaßen vor, um die Gruppenrichtlinien zu öffnen und mithilfe eines Einstellungselements auf mehreren Computern in einer ganzen Domäne eine Umgebungsvariable zu erstellen:

1. Öffnen Sie ein Gruppenrichtlinienobjekt (Group Policy Object, GPO) zum Bearbeiten im Gruppenrichtlinienobjekt-Editor. Wenn Sie Einstellungen für Computer konfigurieren wollen, müssen Sie den Knoten *Computerkonfiguration\Einstellungen\Windows-Einstellungen* erweitern und dann *Umgebung* auswählen. Wollen Sie dagegen Einstellungen für

Benutzer konfigurieren, müssen Sie *Benutzerkonfiguration\Einstellungen\Windows-Einstellungen* erweitern und *Umgebung* auswählen.

2. Klicken Sie mit der rechten Maustaste auf den Knoten *Umgebung* und wählen Sie im Kontextmenü den Befehl *Neu/Umgebungsvariable*. Daraufhin öffnet sich das Dialogfeld *Neue Umgebungseigenschaften*.
3. Wählen Sie in der Dropdownliste *Aktion* den Eintrag *Erstellen* aus. Wählen Sie anschließend die Option *Benutzervariable* aus, wenn Sie eine Benutzervariable erstellen wollen, oder *Systemvariable*, um eine Systemvariable zu erstellen.
4. Geben Sie im Feld *Name* den Namen der Variablen ein und im Feld *Wert* den Variablenwert.
5. Legen Sie mit den Optionen auf der Registerkarte *Gemeinsam* fest, wie die Einstellungen angewendet werden. In den meisten Fällen werden Sie die neue Variable nur einmal erstellen wollen. Aktivieren Sie in diesem Fall das Kontrollkästchen *Nur einmalig anwenden*.
6. Klicken Sie auf *OK*. Wenn die Gruppenrichtlinien das nächste Mal aktualisiert werden, wird das Einstellungselement angewendet, wie es im Gruppenrichtlinienobjekt festgelegt ist, in dem Sie das Einstellungselement definiert haben.

Bearbeiten einer Umgebungsvariablen

Vorhandene Umgebungsvariablen können Sie folgendermaßen bearbeiten:

1. Wählen Sie je nach Typ der Variablen eine Variable aus der Liste *Benutzervariablen* oder *Systemvariablen* aus.
2. Klicken Sie unter der entsprechenden Liste *Benutzervariablen* oder *Systemvariablen* auf *Bearbeiten*. Dadurch öffnet sich das Dialogfeld *Benutzervariable bearbeiten* oder *Systemvariable bearbeiten*.
3. Geben Sie im Feld *Wert der Variablen* den neuen Variablenwert ein und klicken Sie auf *OK*.

Gehen Sie folgendermaßen vor, um die Gruppenrichtlinien zu öffnen und mithilfe eines Einstellungselements auf mehreren Computern in einer ganzen Domäne eine Umgebungsvariable zu aktualisieren:

1. Öffnen Sie ein Gruppenrichtlinienobjekt (Group Policy Object, GPO) zum Bearbeiten im Gruppenrichtlinienobjekt-Editor. Wenn Sie Einstellungen für Computer konfigurieren wollen, müssen Sie den Knoten *Computerkonfiguration\Einstellungen\Windows-Einstellungen* erweitern und dann *Umgebung* auswählen. Wollen Sie dagegen Einstellungen für Benutzer konfigurieren, müssen Sie *Benutzerkonfiguration\Einstellungen\Windows-Einstellungen* erweitern und *Umgebung* auswählen.
2. Klicken Sie mit der rechten Maustaste auf den Knoten *Umgebung* und wählen Sie im Kontextmenü den Befehl *Neu/Umgebungsvariable*. Daraufhin öffnet sich das Dialogfeld *Neue Umgebungseigenschaften*.
3. Wählen Sie in der Dropdownliste *Aktion* den Eintrag *Aktualisieren* aus, wenn Sie die Variable ändern wollen, oder den Eintrag *Ersetzen*, um die Variable zu löschen und danach neu zu erstellen. Wählen Sie anschlie-

ßend die Option *Benutzervariable* aus, wenn Sie eine Benutzervariable erstellen wollen, oder *Systemvariable*, um eine Systemvariable zu erstellen.
4. Geben Sie im Feld *Name* den Namen der Variablen ein, die aktualisiert werden soll, und im Feld *Wert* den Variablenwert.
5. Legen Sie mit den Optionen auf der Registerkarte *Gemeinsam* fest, wie die Einstellungen angewendet werden. In den meisten Fällen werden Sie die neue Variable nur einmal erstellen wollen. Aktivieren Sie in diesem Fall das Kontrollkästchen *Nur einmalig anwenden*.
6. Klicken Sie auf *OK*. Wenn die Gruppenrichtlinien das nächste Mal aktualisiert werden, wird das Einstellungselement angewendet, wie es im Gruppenrichtlinienobjekt festgelegt ist, in dem Sie das Einstellungselement definiert haben.

Löschen einer Umgebungsvariablen

Sie löschen eine Umgebungsvariable, indem Sie die Variable in der Liste auswählen und auf die Schaltfläche *Löschen* klicken. Gehen Sie folgendermaßen vor, um eine Umgebungsvariable auf mehreren Computern in einer Domäne mithilfe von Gruppenrichtlinien zu löschen:

1. Öffnen Sie ein Gruppenrichtlinienobjekt (Group Policy Object, GPO) zum Bearbeiten im Gruppenrichtlinienobjekt-Editor. Wenn Sie Einstellungen für Computer konfigurieren wollen, müssen Sie den Knoten *Computerkonfiguration\Einstellungen\Windows-Einstellungen* erweitern und dann *Umgebung* auswählen. Wollen Sie dagegen Einstellungen für Benutzer konfigurieren, müssen Sie *Benutzerkonfiguration\Einstellungen\Windows-Einstellungen* erweitern und *Umgebung* auswählen.
2. Sie haben nun folgende Möglichkeiten:
   - Wenn bereits ein Einstellungselement für die Variable vorhanden ist, können Sie doppelt auf den Variablennamen klicken, um das entsprechende Eigenschaftendialogfeld zu öffnen. Wählen Sie in der Dropdownliste *Aktion* den Eintrag *Löschen*. Wählen Sie auf der Registerkarte *Gemeinsam* die gewünschten Optionen aus, zum Beispiel *Nur einmalig anwenden*, und klicken Sie auf *OK*.
   - Wenn es noch kein Einstellungselement für die Variable gibt, müssen Sie eines anlegen. Wie das geht, wurde weiter oben beschrieben. Wählen Sie in der Dropdownliste *Aktion* den Eintrag *Löschen* aus und stellen Sie auf der Registerkarte *Gemeinsam* die gewünschten Optionen ein.

Konfigurieren von Systemstart und Wiederherstellung

Die Eigenschaften für Systemstart und Wiederherstellung werden im Dialogfeld *Starten und Wiederherstellen* eingestellt (Abbildung 6.20). Um dieses Dialogfeld zu öffnen, klicken Sie im Dialogfeld *Systemeigenschaften* auf die Registerkarte *Erweitert* und dann unter *Starten und Wiederherstellen* auf die Schaltfläche *Einstellungen*.

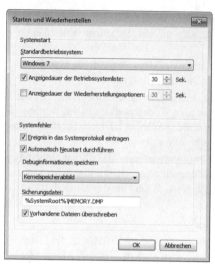

Abbildung 6.20 Im Dialogfeld *Starten und Wiederherstellen* können Sie verschiedene Eigenschaften für den Systemstart und das Wiederherstellen einstellen

Einstellen der Startoptionen

Der Bereich *Systemstart* des Dialogfelds *Starten und Wiederherstellen* steuert den Systemstart. Sind auf einem Computer mehrere startfähige Betriebssysteme installiert, können Sie das Standardbetriebssystem im Feld *Standardbetriebssystem* auswählen. Diese Änderung wirkt sich auf die Konfiguration aus, die der Windows-Start-Manager verwendet.

Beim Start eines Computers, auf dem mehrere startfähige Betriebssysteme installiert sind, zeigt Windows 7 standardmäßig für 30 Sekunden ein Startmenü mit einer Betriebssystemliste an. Das können Sie auf verschiedene Weise beeinflussen:

- Den sofortigen Start des Standardbetriebssystems erreichen Sie durch das Deaktivieren des Kontrollkästchens *Anzeigedauer der Betriebssystemliste*.
- Die Anzeige der verfügbaren Optionen für eine bestimmte Zeitdauer erreichen Sie, indem Sie das Kontrollkästchen *Anzeigedauer der Betriebssystemliste* aktivieren und dann die gewünschte Zeitspanne (in Sekunden) festlegen.

Gewöhnlich ist auf den meisten Systemen ein Wert von 3 bis 5 Sekunden sinnvoll. Das ist lang genug, um bei Bedarf eine Auswahl zu treffen, und noch kurz genug, um den Systemstart nicht unnötig zu verzögern.

Wird ein System im Wiederherstellungsmodus gestartet, kann eine Liste mit Wiederherstellungsoptionen angezeigt werden. Wie bei den Standardstartoptionen können Sie auch hier das Startverhalten unterschiedlich festlegen. Durch die Deaktivierung des Kontrollkästchens *Anzeigedauer der Wiederherstellungsoptionen* erreichen Sie, dass der Computer mit der Standardwiederherstellungsoption sofort gestartet wird. Oder Sie aktivieren das Kontrollkästchen *Anzeigedauer der Wiederherstellungsoptionen* und legen dann eine Zeitspanne (in Sekunden) für die Anzeige der Optionen fest.

Einstellen der Wiederherstellungsoptionen

Die Bereiche *Systemfehler* und *Debuginformationen speichern* des Dialogfelds *Starten und Wiederherstellen* kontrollieren die Systemwiederherstellung. Wiederherstellungsoptionen erlauben den Administratoren die genaue Steuerung, was beim Auftreten eines schwerwiegenden Systemfehlers (auch als Abbruchfehler oder STOP-Fehler bekannt) geschehen soll. Im Bereich *Systemfehler* sind folgende Optionen verfügbar:

- *Ereignis in das Systemprotokoll eintragen*   Fehler werden ins Systemprotokoll eingetragen. Das ermöglicht es einem Administrator, die Fehlermeldung zu einem späteren Zeitpunkt in der Ereignisanzeige nachzulesen.
- *Automatisch Neustart durchführen*   Aktivieren Sie diese Option, wenn das System nach einem schwerwiegenden Fehler automatisch einen Neustart versuchen soll.

HINWEIS   Die Konfiguration von automatischen Neustarts ist nicht immer eine gute Sache. Manchmal ist es besser, wenn ein System einfach stehen bleibt, statt neu zu starten, damit es vor einem Neustart überprüft werden kann. Sonst erfahren Sie vielleicht nur durch eine Überprüfung des Systemprotokolls, dass ein Neustart stattgefunden hat, oder wenn Sie beim Neustart zufällig vor dem Monitor des Computers sitzen.

Die Auswahlliste *Debuginformationen speichern* ermöglicht Ihnen die Auswahl der Art der Debuginformationen, die in eine Speicherabbilddatei geschrieben werden sollen. Die Speicherabbilddatei wiederum kann zur Untersuchung des Systemfehlers verwendet werden. Folgende Optionen stehen zur Verfügung:

- *Kein*   Wählen Sie diese Einstellung, wenn keine Debuginformationen geschrieben werden sollen.
- *Kleines Speicherabbild*   Wählen Sie diese Einstellung, wenn das physische Speichersegment gespeichert werden soll, in dem der Fehler aufgetreten ist. Die Größe des Abbilds beträgt 256 KByte.
- *Kernelspeicherabbild*   Wählen Sie diese Einstellung, wenn der Bereich des physischen Arbeitsspeichers gespeichert werden soll, der vom Windows-Kernel benutzt wird. Wie groß die Datei wird, hängt von der Größe des Windows-Kernels ab.

Wenn eine Speicherabbilddatei geschrieben werden soll, müssen Sie auch einen Speicherort dafür festlegen. Die Standardorte sind *%SystemRoot%\Minidump* für kleine Speicherabbilder und *%SystemRoot%\Memory.dmp* für alle anderen Speicherabbilder. Im Normalfall werden Sie auch das Kontrollkästchen *Vorhandene Dateien überschreiben* aktivieren. Diese Option sorgt dafür, dass vorhandene Speicherabbilddateien überschrieben werden, falls ein neuer Abbruchfehler auftritt.

EMPFOHLENE VORGEHENSWEISE Eine Speicherabbilddatei kann nur erstellt werden, wenn das System entsprechend konfiguriert ist. Das Systemlaufwerk muss über eine hinreichend große Auslagerungsdatei verfügen (sie wird auf der Registerkarte *Erweitert* für den virtuellen Arbeitsspeicher eingestellt), und auf dem Laufwerk, auf dem die Speicherabbilddatei gespeichert werden soll, muss ebenfalls genügend freier Platz verfügbar sein. Für eine Kernel-Speicherabbilddatei werden 35 bis 50 Prozent des verfügbaren RAM benötigt. Wenn ein System also mit 4.096 MByte RAM ausgerüstet ist, müssen auf dem Laufwerk mindestens 2048 MByte frei sein, damit eine vollständige Speicherabbilddatei geschrieben werden kann.

Die Registerkarte *Computerschutz*

Die Registerkarte *Computerschutz* des Dialogfelds *Systemeigenschaften* (Abbildung 6.21) ermöglicht die Konfiguration der Systemwiederherstellung. In Windows 7 gehören zur Systemwiederherstellung auch Vorgängerversionen als Teilkomponente. Die folgenden Abschnitte beschreiben die Verwendung und Konfiguration der Systemwiederherstellung. Die Verwendung von Wiederherstellungspunkten zur Wiederherstellung eines Computers wird in Kapitel 17 besprochen.

Abbildung 6.21 Das System verwaltet für jedes Laufwerk separate Wiederherstellungspunkte

Verwenden der Systemwiederherstellung und vorheriger Versionen

Bei aktivierter Systemwiederherstellung fertigt der Computer regelmäßig Abbilder der Systemkonfiguration, von vorherigen Versionen der Dateien oder beidem an. Diese Abbilder heißen *Wiederherstellungspunkte*. Ein Wiederherstellungspunkt umfasst Windows-Einstellungen, eine Liste der installierten Programme und so weiter. Arbeitet ein Computer nicht richtig oder kann er wegen einer Änderung der Systemkonfiguration nicht richtig starten, können Sie das System mithilfe eines Wiederherstellungspunkts in den Zustand zurückversetzen, in dem er sich zu dem Zeitpunkt befand, an dem der Wiederherstellungspunkt aufgezeichnet wurde. Nehmen wir an, Ihr System arbeitet einwandfrei und Sie installieren ein neues Service Pack für Microsoft Office. Anschließend treten Fehler auf und die Office-Anwendungen laufen nicht. Sie versuchen, das Update zu deinstallieren, aber das nützt nichts. Also entschließen Sie sich zur Systemwiederherstellung. Mithilfe der Systemwiederherstellung können Sie das System in einen Zustand zurückversetzen, der vor dem Update aufgezeichnet wurde.

HINWEIS Die Systemwiederherstellung kennt verschiedene Arten von Wiederherstellungspunkten. Eine Art, der Systemwiederherstellungspunkt, wird vom Betriebssystem geplant und in regelmäßigen Abständen erstellt. Eine andere Art Wiederherstellungspunkt, der Installationswiederherstellungspunkt, wird automatisch durch Ereignisse erstellt, die vom Betriebssystem ausgelöst werden, wenn Sie Anwendungen installieren. Andere Wiederherstellungspunkte, die manuellen Wiederherstellungspunkte, werden von den Benutzern erstellt. Sie sollten Benutzern empfehlen, vor der Durchführung einer Operation, die zu Problemen führen könnte, manuell Wiederherstellungspunkte zu erstellen.

Die Systemwiederherstellung verwaltet Wiederherstellungspunkte auf Laufwerksbasis. Jedes Laufwerk mit kritischen Anwendungen und Systemdateien sollte auf Konfigurationsänderungen überwacht werden. Standardmäßig ist die Systemwiederherstellung nur für das Systemlaufwerk aktiviert. Sie können die Konfiguration der Systemwiederherstellung ändern und nach Bedarf die Überwachung anderer Laufwerke aktivieren. Wenn ein Laufwerk nicht für die Überwachung durch die Systemwiederherstellung konfiguriert ist, werden Konfigurationsänderungen auf diesem Laufwerk nicht aufgezeichnet und das Laufwerk kann nicht in einen früheren Zustand zurückversetzt werden, falls Probleme auftreten.

In Windows 7 werden als Teil eines Wiederherstellungspunkts automatisch Vorgängerversionen von Dateien und Ordnern aufgezeichnet. Jede Datei und jeder Ordner, die/der seit der Speicherung des letzten Wiederherstellungspunkts geändert wurde, wird gespeichert und als eine Vorgängerversion verfügbar gemacht. Die einzigen Ausnahmen sind Systemdateien und Systemordner. Für Systemordner wie *C:\Windows* gibt es keine Vorgängerversionen.

Sie können die Vorgängerversionen von Dateien zur Wiederherstellung von Dateien benutzen, die versehentlich geändert, gelöscht oder beschädigt wurden. Wenn die Systemwiederherstellung auf einem Laufwerk aktiviert ist, fertigt Windows 7 automatisch täglich Kopien der Dateien und Ordner an, die sich auf diesem Laufwerk geändert haben. Sie können auch Kopien von Dateien und Ordnern erstellen, die sich geändert haben, indem Sie auf der Registerkarte *Computerschutz* einen Wiederherstellungspunkt erstellen.

HINWEIS Systemschutzpunkte werden täglich für alle Laufwerke erstellt, die von der Systemwiederherstellung überwacht werden. Allerdings werden nur die Dateiversionen als Vorgängerversion gespeichert, die sich tatsächlich von der aktuellen Version unterscheiden. Sie können Vorgängerversionen auf Laufwerksbasis aktivieren oder deaktivieren, indem Sie die Systemwiederherstellung für das betreffende Laufwerk aktivieren oder deaktivieren. Vorgängerversionen werden als Teil eines automatisch oder manuell erstellten Systemschutzpunkts eines Laufwerks erstellt.

Konfigurieren der Systemwiederherstellung

Wie die Systemwiederherstellung arbeitet, können Sie auf der Registerkarte *Computerschutz* des Dialogfelds *Systemeigenschaften* festlegen. Der Systemprozess, der für die Überwachung von Änderungen in der Konfiguration und bei den Anwendungen zuständig ist, ist der Systemwiederherstellungsdienst. Dieser Dienst wird für den automatischen Start konfiguriert und mit dem lokalen Systemkonto ausgeführt. Die Systemwiederherstellung funktioniert nicht richtig, wenn der Dienst nicht ausgeführt wird oder nicht richtig konfiguriert wurde.

Die Systemwiederherstellung speichert Systemwiederherstellungspunktinformationen für alle überwachten Laufwerke und erfordert auf dem Systemlaufwerk mindestens 300 MByte freien Speicherplatz zur Speicherung von Wiederherstellungspunkten. Die Systemwiederherstellung reserviert bei Bedarf zusätzlichen Platz für Wiederherstellungspunkte, bis zu 100 Prozent der Laufwerkskapazität. Aber dieser zusätzliche Platz ist immer für die Speicherung durch Benutzer und Anwendungen verfügbar. Die Systemwiederherstellung gibt bei Bedarf zusätzlichen Speicherplatz für Sie frei. Wenn die Systemwiederherstellung nicht mehr genügend freien Speicherplatz findet, überschreibt das Betriebssystem zuvor erstellte Wiederherstellungspunkte.

Wie viel Platz die Systemwiederherstellung verwendet, können Sie konfigurieren. In der Standardeinstellung reserviert die Systemwiederherstellung mindestens 1 Prozent der gesamten Laufwerkskapazität zum Speichern von Wiederherstellungspunkten. Zum Beispiel reserviert die Systemwiederherstellung auf einer Festplatte mit einer Gesamtkapazität von 930 GByte standardmäßig 9,3 GByte.

Gehen Sie folgendermaßen vor, um die Systemwiederherstellung für jedes Laufwerk zu konfigurieren:

1. Klicken Sie in der Systemsteuerung auf *System und Sicherheit* und dann auf *System*.
2. Klicken Sie im linken Fensterabschnitt der Konsole *System* auf *Computerschutz*.
3. Konfigurieren Sie die Systemwiederherstellung für ein Volume, indem Sie das gewünschte Volume in der Liste *Schutzeinstellungen* auswählen und auf *Konfigurieren* klicken. Daraufhin öffnet sich das Dialogfeld *Systemschutz für* (Abbildung 6.22).

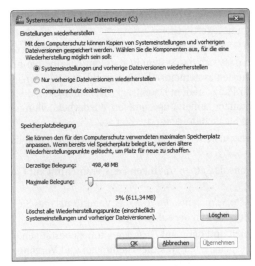

Abbildung 6.22 Konfigurieren der Systemwiederherstellung für ein bestimmtes Laufwerk

4. Wählen Sie eine der folgenden Optionen aus:

- *Systemeinstellungen und vorherige Dateiversionen wiederherstellen* Wählen Sie diese Option, wenn Sie Kopien der Systemeinstellungen und der Vorgängerversionen von Dateien aufbewahren möchten. Diese Option wird für das Systemvolume empfohlen, weil auf diese Weise sichergestellt ist, dass Sie den gesamten Computer und Vorgängerversionen wichtiger Datendateien wiederherstellen können.

- *Nur vorherige Dateiversionen wiederherstellen* Wählen Sie diese Option aus, wenn Vorgängerversionen von Dateien, aber keine Kopien der Systemeinstellungen gespeichert werden sollen. Diese Option wird für andere Volumes als das Systemvolume empfohlen. Sie stellt sicher, dass Sie die Vorgängerversionen wichtiger Datendateien wiederherstellen können.

- *Computerschutz deaktivieren* Wählen Sie diese Option, um die Systemwiederherstellung auszuschalten. Diese Option wird nicht empfohlen, weil es damit nicht möglich ist, den Computer oder die Vorgängerversionen von Dateien wiederherzustellen.

5. Wenn Sie den Systemschutz aktiviert haben, können Sie mit dem Schieberegler im Bereich *Speicherplatzbelegung* einstellen, wie viel Festplattenplatz die Systemwiederherstellung höchstens verwenden darf. Ist die Maximalgröße erreicht, löscht die Systemwiederherstellung ältere Wiederherstellungspunkte, um Platz für neue zu schaffen.

6. Klicken Sie auf *OK*. (Falls Sie den Systemschutz deaktiviert haben, löscht Windows alle gespeicherten Systemeinstellungen und Vorgängerversionen der Dateien und Sie müssen dies durch einen Klick auf *Ja* bestäti-

gen. Klicken Sie auf *Schließen*, sobald Windows mit dem Löschen der Wiederherstellungspunkte fertig ist.)

Wenn Sie einen Computer mithilfe der Systemwiederherstellung schützen und absolut sicher sind, dass sich das System in stabilem Zustand befindet, können Sie alle gespeicherten Systemeinstellungen und Vorgängerversionen von Dateien löschen, um Platz auf dem Datenträger frei zu machen oder sicherzustellen, dass Benutzer keinen ungeeigneten Wiederherstellungspunkt anwenden. Gehen Sie dazu folgendermaßen vor:

1. Klicken Sie in der Systemsteuerung auf *System und Sicherheit* und dann auf *System*.
2. Klicken Sie in der Konsole *System* im linken Fensterabschnitt auf *Computerschutz*.
3. Wählen Sie in der Liste *Schutzeinstellungen* das Volume aus, das Sie bearbeiten wollen, und klicken Sie auf *Konfigurieren*.
4. Klicken Sie auf *Löschen* und dann auf *Fortsetzen*, um zu bestätigen, dass Sie tatsächlich alle gespeicherten Systemeinstellungen und Vorgängerversionen von Dateien entfernen wollen. Warten Sie, bis Windows alle Wiederherstellungspunkte gelöscht hat, und klicken Sie dann auf *Schließen*.

Wiederherstellen einer Vorgängerversion

Wenn Sie im Windows-Explorer eine Datei oder einen Ordner mit der rechten Maustaste anklicken und dann *Eigenschaften* wählen, sehen Sie im Eigenschaftendialogfeld auch die Registerkarte *Vorgängerversionen*. Wenn Sie diese Registerkarte anklicken, wird angezeigt, welche Vorgängerversionen der Datei beziehungsweise des Ordners verfügbar sind. Wenn Sie eine Vorgängerversion auswählen, haben Sie folgende Möglichkeiten:

- Mit der Schaltfläche *Öffnen* eine beliebige Vorgängerversion öffnen
- Mit der Schaltfläche *Kopieren* eine Kopie einer Vorgängerversion erstellen
- Mit der Schaltfläche *Wiederherstellen* die Datei oder den Ordner zur ausgewählten Vorgängerversion zurückführen

Es gibt eine ganze Reihe von Gründen, warum Sie auf Ihrem Computer von einer bestimmten Datei vielleicht keine Vorgängerversion sehen können:

- Die Systemwiederherstellung ist auf dem betreffenden Laufwerk nicht aktiviert. Wenn die Systemwiederherstellung nicht für das Laufwerk aktiviert ist, erstellt Windows 7 keine Vorgängerversionen. Folglich gibt es zu den Dateien keine Vorgängerversionen.
- Bei der Datei handelt es sich vielleicht um eine Offlinedatei. Offlinedateien sind Kopien von Dateien aus dem Netzwerk. Clientcomputer erstellen keine Vorgängerversionen von Offlinedateien. Allerdings könnte es auf dem Server, auf dem die Dateien gespeichert sind, Vorgängerversionen geben.

- Bei der Datei handelt es sich um eine Systemdatei. Von Systemdateien werden keine Vorgängerversionen erstellt. Änderungen an den Systemdateien werden durch Wiederherstellungspunkte abgedeckt. Um zu einem bestimmten Zustand zurückzukehren, müssen Sie den Computer auf den Zustand des betreffenden Wiederherstellungspunkt zurückführen.
- Der Ordner, in dem die Datei gespeichert war, ist gelöscht worden. In diesem Fall müssen Sie das Eigenschaftendialogfeld des Ordners öffnen, in dem der gelöschte Ordner gelegen hat. Stellen Sie den Ordner mithilfe der Registerkarte *Vorgängerversionen* dieses Ordners wieder her und verwenden Sie den wiederhergestellten Ordner dann, um die gewünschte Dateiversion wiederherzustellen.
- Es wurde noch kein Wiederherstellungspunkt erstellt, seit die Datei erstellt und gespeichert wurde.

Die Registerkarte *Remote*

Die Registerkarte *Remote* des Dialogfelds *Systemeigenschaften* steuert Remoteunterstützungs- und Remotedesktopverbindungen. Diese Optionen werden in Kapitel 5 im Abschnitt »Verwalten des Remotezugriffs auf Arbeitsstationen« besprochen.

Konfigurieren der Energieverwaltung

Die Energieoptionen wirken sich darauf aus, wie sich ein Computer in verschiedenen Versorgungs- und Belastungssituationen verhält, beispielsweise bei Netz- oder bei Akkubetrieb. Im Prinzip sollten zwar alle Computer so eingestellt werden, dass sie möglichst wenig Strom verbrauchen, aber für Laptops ist dies besonders wichtig, zumal es einen Zusammenhang zwischen Leistung und Betriebsdauer gibt. In bestimmten Situationen nehmen Sie es vielleicht in Kauf, dass der Laptop nicht die volle Leistung bringt und langsamer reagiert, wenn er dafür mit einer Akkuladung länger betrieben werden kann. In anderen Situationen ziehen Sie vielleicht eine mittlere Leistung und eine mittlere Betriebsdauer pro Akkuladung vor. Oder Sie wollen alles an Leistung, was der Computer hergibt, auch wenn die Akkus dadurch schneller entladen werden.

Die wichtigsten Energieoptionen werden mithilfe sogenannter Energiepläne verwaltet. Wie die Energieschemas in Windows XP und älteren Windows-Versionen sind Energiepläne eine bestimmte Kombination von aktuellen Energieeinstellungen, mit denen die Leistungsaufnahme und der Energieverbrauch gesteuert werden. Ein Computer kann über mehrere Energiepläne verfügen, von denen aber stets nur einer aktiv sein kann. Neben den Energieplänen wird auf den meisten Computern auch noch eingestellt, was geschehen soll, wenn der Netzschalter oder die Energiespartaste gedrückt werden. Beim Schließen des Deckels geht ein Laptop gewöhnlich in einen Energiesparmodus über, während ein längerer Druck auf den Netzschalter zum Herunterfahren des Computers führt und ein Druck auf die Energiespartaste ihn in einen Energiesparmodus versetzt. Durch systemweit geltende Einstellungen der Energieoptionen können Sie das Verhalten bei einem Druck auf den Netzschalter und den Kennwortschutz bei der Reaktivierung nach den Vorstellungen einzelner Benutzer oder Benutzergruppen einstellen.

Verwalten von Energieoptionen in der Befehlszeile

In Windows 7 gibt es ein Programm namens *Powercfg.exe*, mit dem sich Energieoptionen auf der Befehlszeile verwalten lassen. Sie können sich ansehen, welche Optionen für dieses Programm zur Verfügung stehen, indem Sie in einer Eingabeaufforderung **powercfg /?** eingeben. Zu den Parametern, die Sie am häufigsten verwenden werden, gehören:

- *-a* Listet die auf dem Computer verfügbaren Energiesparmodi und die Gründe auf, warum bestimmte Energiesparmodi nicht unterstützt werden.
- *-d [guid]* Löscht den Energiesparplan, der durch die GUID (Globally Unique Identifier) angegeben wird.
- *-devicequery all_devices_verbose* Listet detaillierte Informationen zur Energieverwaltung für alle Geräte des Computers auf. Leiten Sie die Ausgabe in eine Datei um, diese Liste ist nämlich sehr lang und ausführlich.
- *-energy* Prüft, ob auf dem System öfter vorkommende Konfigurations-, Geräte- und Akkuprobleme auftreten, und generiert einen HTML-Bericht im aktuellen Arbeitsverzeichnis.
- *-h* Schaltet die Ruhezustandsfunktion ein oder aus.
- *-l* Listet die Energiesparpläne des Computers mit Namen und GUID auf.
- *-q [guid]* Zeigt den Inhalt des Energiesparplans an, der durch die GUID angegeben wird. Wenn Sie keine GUID angeben, wird der Inhalt des aktiven Energiesparplans aufgelistet.
- *-requests* Zeigt alle Energieverwaltungsanforderungen an, die von Gerätetreibern gesendet wurde. Gibt es ausstehende Anforderungen für den Bildschirm, verhindern diese Anforderungen, dass der Computer die Monitore automatisch abschaltet. Werden ausstehende Anforderungen für irgendein Gerät (inklusive Bildschirm) aufgeführt, verhindern diese Anforderungen, dass der Computer automatisch in einen stromsparenden Energiesparmodus wechselt.
- *-s [guid]* Macht den Energiesparplan, der durch die GUID angegeben wird, zum aktiven Energiesparplan.
- *-x [Einstellung] [Wert]* Setzt die angegebene Einstellung im aktiven Energiesparplan auf den angegebenen Wert.

HINWEIS Standardmäßig verwendet Windows 7 einen Hybridmodus und nicht den Ruhezustand. Der Ruhezustand sollte erst nach einer Überprüfung der Kompatibilität konfiguriert werden.

Die folgenden Zeilen wurden nach der Eingabe des Befehls **powercfg –l** auf einer Befehlszeile angezeigt:

```
Bestehende Energieschemen (* Aktiv)
-----------------------------------
GUID des Energieschemas: 381b4222-f694-41f0-9685-ff5bb260df2e (Ausbalanciert)
GUID des Energieschemas: 8c5e7fda-e8bf-4a96-9a85-a6e23a8c635c (Höchstleistung)
GUID des Energieschemas: a1841308-3541-4fab-bc81-f71556f20b4a (Energiesparmodus)
GUID des Energieschemas: c1d97820-3148-42a9-a587-75d618a9bb2b (Grafikabteilung) *
```

Der aktive Plan wird durch ein Sternchen gekennzeichnet. An dieser Liste können Sie ablesen, dass es auf dem Computer vier Energiesparpläne gibt und dass der Energiesparplan der Grafikabteilung der aktive Plan ist.

Wenn Sie mit Powercfg einen Energiesparplan einstellen oder ändern möchten, müssen Sie die Eingabeaufforderung mit erhöhten Rechten öffnen. Falls die Angabe einer GUID erforderlich ist, erhalten Sie den entsprechenden Wert am einfachsten, indem Sie in einer Eingabeaufforderung mit erhöhten Rechten **powercfg -l** eingeben und dann den Wert des entsprechenden Energiesparplans kopieren. Soll beispielsweise der Plan *Ausbalanciert* aus dem obigen Beispiel der Standardplan für den Computer werden, geben Sie in einer Eingabeaufforderung mit erhöhten Rechten Folgendes ein:

```
powercfg -s 381b4222-f694-41f0-9685-ff5bb260df2e
```

Welche Energiesparmodi ein Computer unterstützt, erfahren Sie, indem Sie **powercfg -a** in einer Eingabeaufforderung eingeben. Powercfg listet detailliert auf, welche Modi unterstützt werden und welche nicht. Ein Beispiel:

```
Die folgenden Standbymodusfunktionen sind auf diesem System verfügbar:
Standby (S1 S3)
Hybrider Standbymodus
Die folgenden Standbymodusfunktionen sind auf diesem System nicht verfügbar:
Standby (S2)
Die Systemfirmware unterstützt diesen Standbystatus nicht.
```

Treten Probleme auf, wenn ein Computer versucht, in den Energiesparmodus oder den Ruhezustand zu schalten, können Sie unter Umständen mit *powercfg -a* feststellen, was die Ursache ist. Wenn die Firmware einen bestimmten Modus nicht unterstützt, hilft es manchmal, die Firmware zu aktualisieren, sodass die Unterstützung für einen Modus nachgerüstet wird. Wird das Problem von einem Gerät verursacht, das einen bestimmten Modus nicht unterstützt, können Sie dieses Gerät vielleicht ausbauen und durch ein kompatibles Gerät ersetzen.

Sie können jederzeit die Energiesparkonfiguration und Gerätekompatibilität eines Computers auswerten, indem Sie einen Energieeffizienzdiagnosebericht erstellen. Geben Sie dazu in einer Eingabeaufforderung den Befehl **powercfg -energy** ein. Wenn Sie *powercfg -energy* ausführen, wird der Bericht als HTML-Dokument unter dem Namen *Energy-Bericht.html* generiert. Der Bericht listet auf, wie die Energieverwaltungskompatibilität der Geräte aussieht. Jedes Gerät, das keine ausreichende Unterstützung für die Energieverwaltung bietet, wird zusammen mit einer detaillierten Fehlerliste aufgeführt. Wenn beispielsweise ein USB-Gerät nicht richtig in den Standbymodus schaltet, erhalten Sie in diesem Bericht detaillierte Informationen über die aufgetretenen Fehler und die Gerätekonfiguration. Wurde eine Energieverwaltungsfähigkeit aufgrund eines Kompatibilitätsproblems deaktiviert, werden Sie darauf hingewiesen. Wenn zum Beispiel das Feature »PCI Express Active-State Power Management« von der Hardware nicht unterstützt wird und daher deaktiviert wurde, finden Sie einen entsprechenden Eintrag im Bericht. Auch Warnungen und zusätzliche Informationen über Geräte und Kompatibilität sind enthalten, darunter Details zu den unterstützten Energiesparmodi und den Energieverwaltungsfähigkeiten des Prozessors.

PRAXISTIPP Bei Notebooks werden wichtige Informationen zur Akkuladung und der Akkulebensdauer gemeldet. Nähert sich ein Akku dem Ende seiner Lebensdauer, merken Sie das daran, dass die Betriebsdauer mit einer vollen Akkuladung immer kürzer wird. In diesem Fall zeigen die Akkuinformationen, dass der Akku nicht mehr so viel Kapazität besitzt, wie er sollte. In diesem Fall sollten Sie den Akku Ihres Notebooks ersetzen.

Wenn Sie sich noch genauer mit Energieverwaltungsproblemen beschäftigen müssen, können Sie sich umfassende Details zur Energieverwaltungsunterstützung bei jedem einzelnem Gerät des Computers besorgen, indem Sie folgenden Befehl ausführen:

```
powercfg -devicequery all_devices_verbose > power.txt
```

Die Informationen werden in der Datei *Power.txt* im aktuellen Arbeitsverzeichnis gespeichert.

Wenn Sie Windows PowerShell für die Remoteausführung konfiguriert haben, können Sie Powercfg ganz einfach auf mehreren Remotecomputern starten. Tragen Sie dazu die Namen aller Remotecomputer, die überprüft werden sollen, jeweils in einer eigenen Zeile in eine Datei namens *Computers.txt* ein und speichern Sie diese Datei. Öffnen Sie nun eine PowerShell-Eingabeaufforderung mit Administratorrechten und führen Sie folgende Befehle aus:

```
$comp = get-content c:\computers.txt
$s = new-pssession -computername $comp
invoke-command -session $s { powercfg.exe -energy }
```

Hier wurde die Datei mit den Computernamen als *C:\Computers.txt* bereitgestellt. Passen Sie diesen Pfad an, wenn Sie die Datei an einem anderen Ort gespeichert haben. Nun wird auf jedem Computer eine Datei namens *Energy-Report.html* erstellt und im Standardverzeichnis des Benutzerkontos gespeichert, unter dem Sie auf den Computer zugreifen. Wenn Sie das HTML-Dokument nicht von jedem einzelnen Computer abrufen wollen, können Sie den Bericht in eine Freigabe schreiben und den Computernamen in den Berichtsnamen einarbeiten, wie im folgenden Beispiel gezeigt:

```
$comp = get-content c:\computers.txt
$s = new-pssession -computername $comp
invoke-command -session $s { powercfg.exe -energy -output
"\\fileserver46\data\$env:computername.html"}
```

Hier schreiben Sie den Bericht in die Freigabe *fileserver46**date* und setzen den Dateinamen aus dem Wert der Umgebungsvariablen ComputerName zusammen. Wenn Sie mit PowerShell arbeiten und Befehle aufrufen, die als ausführbare Dateien vorliegen, müssen Sie die Dateierweiterung *.exe* nach dem Programmnamen angeben.

Verwenden von Energieplänen

Auf Laptops und Tablet-PCs zeigt die Taskleiste in ihrem Infobereich ein Energieversorgungssymbol. Wenn Sie den Mauszeiger auf dieses Symbol stellen, werden der Ladezustand des Akkus und der Energiesparplan angezeigt, den Sie verwenden. Ein Klick mit der rechten Maustaste auf das Energieversorgungssymbol öffnet ein Kontextmenü mit Optionen für den schnellen Zugriff auf die Konsole *Energieoptionen*. Windows 7 hat drei bevorzugte Energiepläne:

- *Ausbalanciert*   Ein Energieplan, der einen Kompromiss zwischen Energieverbrauch und Systemleistung schließt. Der Prozessor wird schneller, wenn mehr Rechenleistung gebraucht wird, und wieder langsamer, wenn eine geringere Rechenleistung erforderlich ist. Das ist der Standardenergieplan. Verwenden Sie diesen Plan für Benutzer, die mit unterschiedlichen Anwendungen arbeiten, beispielsweise mit Microsoft Office PowerPoint, das mittlere Ansprüche an die Grafikleistung stellt, und mit Microsoft Office Word oder Microsoft Office Outlook, deren Ansprüche an die Grafikleistung nicht sonderlich hoch sind.

- *Höchstleistung*   Ein Energieplan, der die Leistung des Computers optimiert, ohne Rücksicht auf die Akkus zu nehmen. Dieser Plan sorgt dafür, dass Sie immer genügend Rechenleistung für grafikintensive Programme oder Multimediaspiele zur Verfügung haben. Verwenden Sie diesen Plan, wenn die Leistung des Computers im Vordergrund steht und die Benutzer hauptsächlich mit grafikintensiven Anwendungen oder mit Anwendungen arbeiten, die komplexe Berechnungen durchführen.

- *Energiesparmodus*   Ein Energieplan, der für einen geringen Energieverbrauch ausgelegt ist. Dieser Plan sorgt dafür, dass der Prozessor langsamer läuft, um die Akkus zu schonen. Verwenden Sie diesen Plan für Benutzer, die hauptsächlich Anwendungen wie Microsoft Office Word und Microsoft Office Outlook verwenden, die keine hohen Ansprüche an die Grafikleistung stellen.

Die Energieeinstellungen lassen sich in zwei allgemeine Kategorien aufteilen: Grundeinstellungen und erweiterte Einstellungen. Die Grundeinstellungen legen fest, wann ein Computer seinen Monitor abschaltet und wann er sich selbst ausschaltet. Standardmäßig schaltet Windows 7 beim Energieplan *Ausbalanciert* den Monitor ab, wenn 10 Minuten lang niemand am Computer gearbeitet hat, und schaltet den Computer in den Energiesparmodus, wenn der Computer 30 Minuten lang nicht benutzt wurde. Im Energieplan *Energiesparmodus* schaltet Windows 7 den Monitor ab, wenn 5 Minuten lang niemand am Computer gearbeitet hat, und fährt den Computer in den Ruhezustand herunter, wenn der Computer 15 Minuten lang nicht benutzt wurde. Beim Plan *Höchstleistung* schaltet Windows 7 den Monitor ebenfalls nach 15 Minuten ab, fährt den Computer aber zumindest beim Netzbetrieb nicht automatisch in den Ruhezustand herunter.

Mit den erweiterten Energieeinstellungen lässt sich genauer festlegen, ob und wann die Komponenten eines Computers, deren Energieverbrauch sich steuern lässt, heruntergefahren werden und wie diese Komponenten unter Leistungsgesichtspunkten eingestellt werden. Welche erweiterten Energieeinstellungen zur Verfügung stehen, hängt von der Konfiguration des Computers ab. Wichtige Energieeinstellungen sind:

- *Akku\Akkustand für Reservestrom* Legt fest, bei wie viel Prozent Akkukapazität der Reservestrommodus eingeleitet wird. Der Standardwert ist 7 Prozent, das heißt, dass der Computer in den Reservestrommodus schaltet, sobald nur noch 7 Prozent Akkukapazität übrig sind. Sie können zwar einen beliebigen Prozentwert eintragen, aber im Allgemeinen ist ein Reservestand von 5 bis 18 Prozent sinnvoll.

- *Desktophintergrundeinstellungen\Diashow* Legt fest, ob das Diashowfeature für den Desktophintergrund verfügbar ist oder unterbrochen wird. Die Standardeinstellung ist *Verfügbar*. Wenn Sie diese Option auf *Angehalten* setzen, wird eine Diashow, die als Desktophintergrund angezeigt wird, deaktiviert.

- *Bildschirm\Bildschirm ausschalten nach* Bestimmt, ob und wann ein Computermonitor abgeschaltet wird, um Strom zu sparen. Wenn Sie diese Funktion abschalten möchten, wählen Sie die Einstellung *Nie*. Geben Sie an, nach wie vielen Minuten der Bildschirm ausgeschaltet wird, wenn der Computer nicht benutzt wird.

- *Festplatte\Festplatte ausschalten nach* Legt fest, ob und wann das Festplattenlaufwerk eines Computers ausgeschaltet wird, um Strom zu sparen. Durch die Einstellung auf *Nie* bleibt die Festplatte eingeschaltet, solange der Computer läuft. Sie können festlegen, nach wie viel Minuten die Festplatte abgeschaltet wird, wenn der Computer unbenutzt bleibt. Windows 7 zeigt ein spezielles Eingabefeld zur Festlegung des numerischen Werts an. Durch einen Klick auf einen der beiden nach oben und unten gerichteten Pfeile können Sie den Wert ändern, und wenn Sie die Maustaste gedrückt halten, geht das sehr schnell. Wenn Sie den Wert 1 noch einmal verringern, lautet die nächste Einstellung *Nie*. Sie können den gewünschten Wert auch direkt eingeben. Wenn Sie eine 0 eingeben, wird sie als *Nie* interpretiert.

- *Multimediaeinstellungen\Bei der Videowiedergabe* Legt fest, welcher Energiesparmodus beim Abspielen von Videos benutzt wird. Wenn Sie diese Option auf *Videoqualität optimieren* stellen, nutzt der Computer die bestmögliche Wiedergabequalität für Videos. Verwenden Sie die Einstellung *Ausbalanciert*, wendet der Computer einen ausgewogenen Ansatz an, bei dem er die Wiedergabequalität ein wenig verringert, um Strom zu sparen. Und wenn Sie die Option auf *Energieeinsparung opti-*

mieren setzen, passt der Computer die Wiedergabequalität aktiv an, um Strom zu sparen.

- *Multimediaeinstellungen\Bei der Freigabe von Medien*   Legt fest, was der Computer tut, wenn ein Gerät oder ein anderer Computer Medien von diesem Computer abspielt. Wenn Sie diese Option auf *Wechseln in den Modus "Abwesend" zulassen* setzen, schaltet der Computer nicht in den Energiesparmodus, wenn Sie Medien für andere Geräte oder Computer freigeben. Verwenden Sie die Einstellung *Der Computer kann in den Energiesparmodus wechseln*, darf der Computer in den Energiesparmodus schalten, wenn einige Zeit kein Benutzer an diesem Computer gearbeitet hat, und zwar unabhängig davon, ob er Medien für andere Computer oder Geräte freigibt. Wenn Sie diese Option auf *Wechseln in den Energiesparmodus bei Inaktivität verhindern* setzen, wechselt der Computer, der Medien für andere Geräte oder Computer freigibt, nur dann in den Energiesparmodus, wenn der Benutzer den Energiesparmodus explizit aktiviert.

- *PCI Express\Verbindungszustand-Energieverwaltung*   Legt den Energiesparmodus fest, der für PCI-Express-Geräte verwendet wird, die an den Computer angeschlossen sind (PCI steht für Peripheral Component Interconnect). Diesen Wert können Sie auf *Aus*, *Mittlere Energieeinsparungen* und *Maximale Energieeinsparungen* einstellen.

- *Netzschalter und Zuklappen\Standardaktion für Beenden*   Legt fest, was geschehen soll, wenn jemand den Netzschalter eines Computers drückt. Sie können diese Option auf *Energie sparen*, *Ruhezustand*, *Herunterfahren* und auf *Nichts unternehmen* einstellen.

- *Netzschalter und Zuklappen\Energiespartastenaktion*   Legt fest, was geschehen soll, wenn jemand die Energiespartaste drückt. Mit dieser Einstellung können Sie die Standardaktion des Computers ändern. Sie können diesen Wert auf *Nichts unternehmen*, *Energie sparen* oder *Ruhezustand* einstellen. Allerdings können Sie keine Einstellung verwenden, die nicht vom Computer unterstützt wird.

- *Prozessorenergieverwaltung\Maximaler Leistungszustand des Prozessors*   Legt die höchste Leistung des Mikroprozessors fest. Um Strom zu sparen, können Sie die höchste Leistung des Prozessors herabsetzen. Aber die Energieersparnis geht direkt zu Lasten der Reaktionsfähigkeit und der Rechenleistung. Die Herabsetzung der maximalen Leistung des Prozessors auf 50 Prozent oder weniger bedeutet zwar eine erhebliche Einschränkung der Rechenleistung und Reaktionsfähigkeit, kann aber auch eine beträchtliche Energieersparnis bedeuten.

- *Prozessorenergieverwaltung\Minimaler Leistungszustand des Prozessors*   Legt die minimale Leistung des Mikroprozessors fest. Wenn Sie Strom sparen möchten, setzen Sie die erlaubte minimale Leistung herunter. Allerdings wirkt sich diese Herabsetzung direkt auf die Reaktionsfähigkeit und Rechengeschwindigkeit aus. Ein Wert von 5 Prozent würde zum Beispiel die Reaktionszeit auf Anfragen und die Datenverarbeitung verlangsamen, aber eine beträchtliche Energieeinsparung bedeuten. Ein Wert um 50 Prozent dürfte ein vernünftiger Kompromiss zwischen Reaktionsfähigkeit und Rechenleistung des Computers und einer gewissen Energieersparnis sein. Der Wert 100 Prozent bedeutet die beste Reaktionsfähigkeit, die höchste Rechenleistung und den größten Energieverbrauch.

- *Prozessorenergieverwaltung\Systemkühlungsrichtlinie*   Legt fest, ob das Betriebssystem die Lüftergeschwindigkeit erhöht, bevor es den Prozessor verlangsamt. Wenn Sie diese Option auf *Passiv* setzen, wird diese Funktion eingeschränkt, sodass der Prozessor möglicherweise heißer wird als üblich. Setzen Sie diese Option auf *Aktiv*, ist die Funktion aktiviert und hilft, den Prozessor zu kühlen.

- *<Planname>\Kennwort bei Reaktivierung anfordern*   Legt fest, ob bei der Reaktivierung aus einem Energiesparmodus ein Kennwort erforderlich ist. Sie können diese Option auf *Ja* oder *Nein* einstellen. Bei Domänencomputern hat diese Option den Wert *Ja* und kann nur über Gruppenrichtlinien geändert werden.

- *Energie sparen\Hybriden Standbymodus zulassen*   Gibt an, ob der Computer den hybriden Standbymodus nach Art von Windows 7 verwendet oder den Ruhezustand früherer Windows-Versionen. Sie können diesen Wert auf *Ein* oder *Aus* stellen. Der hybride Standbymodus von Windows 7 versetzt den Computer in einen Zustand niedriger Energieaufnahme, bis der Benutzer den Computer wieder aktiviert. Wird der Computer mit einem Akku betrieben, verbraucht er auch im Standbymodus noch Strom, allerdings nur sehr wenig. Wird der Akku leer, während sich der Computer noch im Standbymodus befindet, wird die aktuelle Arbeitsumgebung auf der Festplatte gespeichert. Anschließend wird der Computer vollständig ausgeschaltet. Dieser Endzustand ähnelt dem Ruhezustand von Windows XP.

- *Energie sparen\Zeitgeber zur Aktivierung zulassen*   Legt fest, ob es erlaubt ist, dass der Computer aufgrund von Timerereignissen aus dem Energiesparmodus aufgeweckt wird. Wenn Sie diese Option auf *Deaktivieren* setzen, wecken Timerereignisse den Computer nicht auf. Setzen Sie die Option dagegen auf *Aktivieren*, können Timerereignisse den Computer aufwecken.

- *Energie sparen\Ruhezustand nach*   Legt fest, ob und wann ein Computer in den Ruhezustand übergeht, um Strom zu sparen. Wenn ein Computer in den Ruhezustand übergeht, wird ein Abbild der aktuellen Arbeitsumgebung des Benutzers und des Betriebssystems auf dem Laufwerk gespeichert. Sobald der Benutzer den Computer wieder einschaltet, werden die Arbeitsumgebung und das Betriebssystem aus dem gespeicherten Abbild wiederhergestellt. In Windows 7 wird diese Einstellung normalerweise nicht als Standard verwendet. Die Standardeinstellung ist, nach einer bestimmten Phase der Inaktivität in einen Standbymodus zu wechseln. Die Einstellung *Nie* deaktiviert diese Funktion. Sie können die Zeitspanne in Minuten angeben, nach der der Computer automatisch in den Ruhezustand übergeht, wenn er nicht benutzt wird.

- *Energie sparen\Standbymodus nach*   Legt fest, ob und wann ein Computer in einen Standbymodus übergeht, um Strom zu sparen. Mit der Einstellung *Nie* können Sie diese Funktion deaktivieren. Sie können festlegen, nach wie viel Minuten der Computer in einen Standbymodus wechselt, wenn er unbenutzt bleibt.
- *USB-Einstellungen\Einstellung für selektives USB-Energiesparen*
  Legt fest, ob das Feature für selektives USB-Energiesparen verfügbar ist. Wenn Sie diese Option auf *Deaktiviert* setzen, wird der selektive Energiesparmodus nicht für USB-Geräte benutzt. Setzen Sie die Option dagegen auf *Aktiviert*, kann der selektive Energiesparmodus für USB-Geräte benutzt werden.
- *Drahtlosadaptereinstellungen\Energiesparmodus*   Gibt den Energiesparmodus an, der verwendet werden soll, wenn Drahtlosnetzwerkadapter an den Computer angeschlossen sind. Zulässige Werte sind *Höchstleistung, Minimaler Energiesparmodus, Mittlerer Energiesparmodus, Maximaler Energiesparmodus*.

Wie Sie sehen, lässt sich mit den erweiterten Energieeinstellungen praktisch jeder Aspekt der Energieverwaltung steuern. Die entscheidenden Unterschiede in den erweiterten Einstellungen sind die zwischen den Energiesparplänen. Während der Plan *Höchstleistung* zum Beispiel dafür sorgt, dass der Mikroprozessor des Computers immer mit voller Leistung laufen kann, sorgen die Pläne *Energiesparmodus* und *Ausbalanciert* für einen niedrigeren Stromverbrauch, indem sie den Prozessor so einstellen, dass er mindestens 5 und höchstens 100 Prozent der maximalen Leistung verbraucht.

Achten Sie bei der Einstellung der Energiesparpläne darauf, dass alle Komponenten nach einer gewissen Phase der Inaktivität abgeschaltet werden. Die Abschaltung von Komponenten ermöglicht es dem Computer, schrittweise in den Ruhezustand überzugehen. Wenn sich der Computer im Standbymodus befindet, sind alle Geräte, die über eine Energiesteuerung verfügen, ausgeschaltet, sodass der Laptop weniger Strom verbraucht. Wird der Computer aus dem Standbymodus heraus reaktiviert, werden die Komponenten wieder eingeschaltet, wie zum Beispiel der Monitor und die Festplatten, und die Arbeitsumgebung des Benutzers wird wiederhergestellt. Sie sollten den Standbymodus so einstellen, dass ein Laptop ziemlich schnell in einen Energiesparmodus übergeht, wenn der Benutzer nicht mehr am Laptop arbeitet, etwa nach 20 bis 30 Minuten.

Da es auf einem Computer mehrere Energiesparpläne geben kann, lässt sich für jede Art der Benutzung ein spezieller Plan erstellen. Sie können für die verschiedenen Situationen mehrere Pläne vorbereiten. Zu Hause oder im Büro brauchen Laptops vielleicht eine andere Energieeinstellung als bei einer Präsentation. In einem Fall möchten Sie den Laptop vielleicht so einstellen, dass er möglichst wenig Strom verbraucht, weil er auf Akku läuft. In einem anderen Fall ist es Ihnen vielleicht wichtig, dass der Laptop nicht sein Festplattenlaufwerk oder seinen Drahtlosnetzwerkadapter ausschaltet.

Einstellen und Optimieren von Energieplänen

Computer können zwar über mehrere Energiepläne verfügen, aber zu einem bestimmten Zeitpunkt kann immer nur ein Energieplan aktiv sein. Zur Auswahl oder Optimierung eines Energieplans gehen Sie folgendermaßen vor:

1. Klicken Sie in der Systemsteuerung auf *System und Sicherheit* und dann auf *Energieoptionen*.
2. Wie aus Abbildung 6.23 hervorgeht, können Sie den Energiesparplan, der verwendet werden soll, aus der Liste *Bevorzugte Energiesparpläne* auswählen.

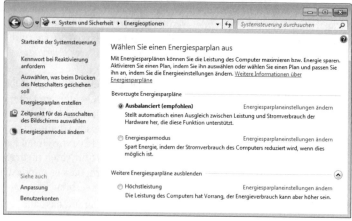

Abbildung 6.23 Auswählen eines Energiesparplans

3. Klicken Sie unter dem Plan, den Sie bearbeiten möchten, auf *Energiesparplaneinstellungen ändern*. Dadurch öffnet sich die Seite *Energiesparplaneinstellungen bearbeiten* (Abbildung 6.24).

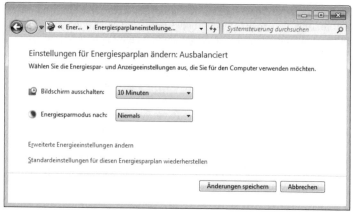

Abbildung 6.24 Konfigurieren der Einstellungen eines Energiesparplans

4. Mit der Liste *Bildschirm ausschalten* können Sie festlegen, ob und nach welcher Zeitspanne der Bildschirm des Computers automatisch ausgeschaltet wird. Wenn Sie diese Funktion deaktivieren möchten, wählen Sie die Einstellung *Niemals*.
5. Mit der Liste *Energiesparmodus nach* können Sie festlegen, ob und nach welcher Zeitspanne der Computer automatisch in einen Energiesparmodus wechselt. Wenn Sie diese Funktion deaktivieren möchten, wählen Sie die Einstellung *Niemals*.
6. Wenn Sie erweiterte Einstellungen vornehmen möchten, klicken Sie auf *Erweiterte Energieeinstellungen ändern*. Nehmen Sie im Dialogfeld *Energieoptionen* (Abbildung 6.25) die gewünschten Einstellungen vor. Klicken Sie auf *OK*, um die vorgenommenen Änderungen zu speichern.

Abbildung 6.25 Im Dialogfeld *Energieoptionen* stellen Sie erweiterte Energieoptionen ein

7. Klicken Sie auf *Änderungen speichern*, wenn Sie etwas in den Dropdownlisten *Bildschirm ausschalten* oder *Energiesparmodus nach* geändert haben.

In Gruppenrichtlinien können die Energiesparpläne auf mehreren Computern einer Domäne mithilfe eines Einstellungselements optimieren. Gehen Sie dazu folgendermaßen vor:

1. Öffnen Sie ein Gruppenrichtlinienobjekt (Group Policy Object, GPO) zum Bearbeiten im Gruppenrichtlinienobjekt-Editor. Wenn Sie Einstellungen für Computer konfigurieren wollen, müssen Sie den Knoten *Computerkonfiguration\Einstellungen\Systemsteuerungseinstellungen* erweitern und dann *Energieoptionen* auswählen. Wollen Sie dagegen Einstellungen für Benutzer konfigurieren, müssen Sie *Benutzerkonfiguration\Einstellungen\Systemsteuerungseinstellungen* erweitern und *Energieoptionen* auswählen.

2. Klicken Sie mit der rechten Maustaste auf den Knoten *Energieoptionen* und wählen Sie im Kontextmenü den Befehl *Neu/Energiesparplan (Windows Vista und höher)*. Daraufhin öffnet sich das Eigenschaftendialogfeld für die Energieoptionen.
3. Wählen Sie in der Dropdownliste *Aktion* den Eintrag *Aktualisieren* aus, wenn Sie die Energiesparplaneinstellungen ändern wollen, oder den Eintrag *Ersetzen*, um den Energiesparplan zu löschen und danach in der konfigurierten Form neu zu erstellen.
4. Wählen Sie in der Auswahlliste den Energiesparplan, den Sie verwenden wollen, zum Beispiel *Ausbalanciert*.
5. Machen Sie einen Plan zum aktiven Plan, indem Sie das Kontrollkästchen *Als aktiven Energiesparplan festlegen* aktivieren.
6. Verwenden Sie die verfügbaren Optionen, um die Einstellungen für den Energiesparplan zu konfigurieren.
7. Klicken Sie auf *OK*. Wenn die Gruppenrichtlinien das nächste Mal aktualisiert werden, wird das Einstellungselement angewendet, wie es im Gruppenrichtlinienobjekt festgelegt ist, in dem Sie das Einstellungselement definiert haben.

Erstellen von Energiesparplänen

Zusätzlich zu den bevorzugten Energieplänen von Windows 7 können Sie bei Bedarf eigene Energiesparpläne erstellen. Dazu gehen Sie folgendermaßen vor:

1. Klicken Sie in der Systemsteuerung auf *System und Sicherheit* und dann auf *Energieoptionen*.
2. Klicken Sie im linken Fensterabschnitt auf *Energiesparplan erstellen*. Dadurch öffnet sich die Seite *Energiesparplan erstellen* (Abbildung 6.26).

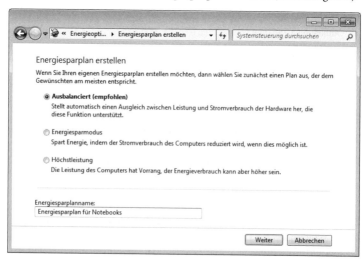

Abbildung 6.26 Erstellen eines Energiesparplans

3. Wählen Sie den bevorzugten Energiesparplan aus, der Ihren Vorstellungen am besten entspricht, um eine Ausgangsbasis für weitere Änderungen zu haben.
4. Geben Sie im Feld *Energiesparplanname* einen Namen für den Energiesparplan ein und klicken Sie dann auf *Weiter*. Dadurch öffnet sich die Seite *Energiesparplaneinstellungen bearbeiten*.
5. Mit der Liste *Bildschirm ausschalten* können Sie festlegen, ob und nach welcher Zeitspanne der Bildschirm des Computers automatisch ausgeschaltet wird. Wenn Sie diese Funktion deaktivieren möchten, wählen Sie die Einstellung *Niemals*.
6. Mit der Liste *Energiesparmodus nach* können Sie festlegen, ob und nach welcher Zeitspanne der Computer automatisch in einen Energiesparmodus wechselt. Wenn Sie diese Funktion deaktivieren möchten, wählen Sie die Einstellung *Niemals*.
7. Klicken Sie auf *Erstellen*, um den Plan zu erstellen. Die Seite *Energieoptionen* wird mit dem von Ihnen erstellen Plan als neuem bevorzugtem Energiesparplan angezeigt, der den Plan ersetzt, den Sie als Ausgangsbasis gewählt haben. Diesen ursprünglichen Plan finden Sie nun unter *Weitere Energiesparpläne*. Sollte der Plan ausgeblendet sein, klicken Sie auf die kleine Schaltfläche rechts neben der Überschrift *Weitere Energiesparpläne einblenden*, um den Plan anzuzeigen.
8. Der Plan, den Sie erstellt haben, wird standardmäßig vorgewählt. Klicken Sie unter diesem Plan auf *Energiesparplaneinstellungen ändern*, um die Seite *Energiesparplaneinstellungen bearbeiten* anzuzeigen, und klicken Sie dann auf *Erweiterte Energieeinstellungen ändern*, um das Dialogfeld *Energieoptionen* zu öffnen.
9. Nachdem Sie die erweiterten Energieeinstellungen nach Wunsch vorgenommen haben, klicken Sie auf *OK*, um die Änderungen zu speichern, die Sie vorgenommen haben.

Gehen Sie folgendermaßen vor, um die Gruppenrichtlinien zu öffnen und mithilfe eines Einstellungselements auf mehreren Computern in einer gesamten Domäne Energiesparpläne zu erstellen:

1. Öffnen Sie ein Gruppenrichtlinienobjekt (Group Policy Object, GPO) zum Bearbeiten im Gruppenrichtlinienobjekt-Editor. Wenn Sie Einstellungen für Computer konfigurieren wollen, müssen Sie den Knoten *Computerkonfiguration\Einstellungen\Systemsteuerungseinstellungen* erweitern und dann *Energieoptionen* auswählen. Wollen Sie dagegen Einstellungen für Benutzer konfigurieren, müssen Sie *Benutzerkonfiguration\Einstellungen\Systemsteuerungseinstellungen* erweitern und *Energieoptionen* auswählen.
2. Klicken Sie mit der rechten Maustaste auf den Knoten *Energieoptionen* und wählen Sie im Kontextmenü den Befehl *Neu/Energiesparplan (Windows Vista und höher)*. Daraufhin öffnet sich das Eigenschaftendialogfeld für die Energieoptionen.

3. Wählen Sie in der Dropdownliste *Aktion* den Eintrag *Erstellen* aus. Wählen Sie den bevorzugten Energiesparplan aus, der Ihren Vorstellungen am besten entspricht, um eine Ausgangsbasis für weitere Änderungen zu haben. Klicken Sie anschließend in die Auswahlliste und geben Sie einen Namen für Ihren neuen Plan ein.
4. Wählen Sie in der Auswahlliste den Energiesparplan, den Sie verwenden wollen, zum Beispiel *Ausbalanciert*.
5. Machen Sie einen Plan zum aktiven Plan, indem Sie das Kontrollkästchen *Als aktiven Energiesparplan festlegen* aktivieren.
6. Verwenden Sie die verfügbaren Optionen, um die Einstellungen für den Energiesparplan zu konfigurieren.
7. Klicken Sie auf *OK*. Wenn die Gruppenrichtlinien das nächste Mal aktualisiert werden, wird das Einstellungselement angewendet, wie es im Gruppenrichtlinienobjekt festgelegt ist, in dem Sie das Einstellungselement definiert haben.

Einstellen der Netzschalteroptionen und des Kennwortschutzes bei Reaktivierung

Durch systemweit gültige Einstellungen für die Energieoptionen können Sie festlegen, wie der Netzschalter funktionieren soll und ob alle Benutzer, die sich am Computer anmelden, bei der Reaktivierung erneut das Kennwort eingeben müssen. Sie können den Netzschalter so einstellen, dass ein Druck darauf das System in einen Standbymodus oder in den Ruhezustand versetzt oder herunterfährt. Außerdem können Sie den Computer so einstellen, dass nach seiner Reaktivierung aus einem Energiesparmodus ein Kennwort erforderlich ist, um die Bildschirmsperre aufzuheben, oder nicht.

Gehen Sie folgendermaßen vor, um die systemweiten Energieeinstellungen zu konfigurieren:

1. Klicken Sie in der Systemsteuerung auf *System und Sicherheit* und dann auf *Energieoptionen*.
2. Klicken Sie im linken Fensterabschnitt auf *Auswählen, was beim Drücken von Netzschaltern geschehen soll*.
3. Wählen Sie in der Dropdownliste *Beim Drücken des Netzschalters* aus, ob der Computer nichts tun, herunterfahren, in den Standbymodus oder in den Ruhezustand schalten soll, wenn der Netzschalter gedrückt wird (Abbildung 6.27.) Sie können hier allerdings keine Option auswählen, die nicht vom Computer unterstützt wird.
4. Wählen Sie in der Dropdownliste *Beim Drücken der Energiespartaste* aus, ob der Computer in den Standbymodus schalten, in den Ruhezustand wechseln oder nichts tun soll, wenn die Energiespartaste betätigt wird. Auch hier gilt, dass Sie nur Optionen auswählen können, die auf dem Computer unterstützt werden.
5. Wenn die Optionen unter *Kennworteingabe bei Reaktivierung* nicht angezeigt werden, müssen Sie auf *Zurzeit nicht verfügbare Einstellungen ändern* klicken.

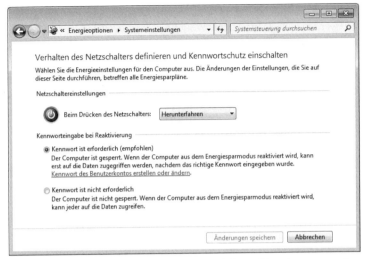

Abbildung 6.27 Festlegen des Verhaltens von Netzschalter und Energiespartaste und Konfigurieren des Kennwortschutzes beim Aufwecken des Computers

6. Wählen Sie die Option *Kennwort ist erforderlich* aus, wenn die Benutzer ein Kennwort eingeben müssen, sobald der Computer aus einem Energiesparmodus aufwacht. Diese Einstellung empfiehlt sich, um die Sicherheit des Systems zu verbessern.
7. Klicken Sie auf *Änderungen speichern*, wenn Sie die gewünschten Änderungen vorgenommen haben.

Verwalten von Energieoptionen mit Richtlinieneinstellungen

In den Gruppenrichtlinien finden Sie die Richtlinieneinstellungen zum Verwalten der Energieoptionen unter *Computerkonfiguration/Richtlinien/ Administrative Vorlagen/System/Energieverwaltung*. Es gibt hier fünf Unterknoten:

- *Schaltflächeneinstellungen*   Umfasst Richtlinien zum Einstellen der Funktionen von Netzschalter, Energiespartaste und Notebookdeckel, jeweils im Netz- und im Akkubetrieb. Hier steuern Sie auch, wie der Netzschalter im Tasks-Bildschirm arbeitet, den Sie mit STRG+ALT+ ENTF öffnen.
- *Festplatteneinstellungen*   Enthält Richtlinien, mit denen eingestellt wird, wann Festplatten im Netz- und im Akkubetrieb ausgeschaltet werden.
- *Benachrichtigungseinstellungen*   Enthält Richtlinien zum Einstellen von Benachrichtigungen und Aktionen bei kritischem Akkuzustand.
- *Energiesparmoduseinstellungen*   Umfasst Richtlinien zum Einstellen der Energiesparmodi, die für Geräte und Anwendungen erlaubt sind.
- *Video- und Anzeigeeinstellungen*   Enthält Richtlinien, mit denen eingestellt wird, wann der Monitor ausgeschaltet, die Bildschirmhelligkeit

verringert und die Diashow auf dem Desktophintergrund deaktiviert werden, jeweils für den Netz- und den Akkubetrieb.

Damit eine Richtlinie wirksam wird, aktivieren Sie sie und legen dann die gewünschte Aktion fest.

In den Gruppenrichtlinien können Sie auch den aktiven Energiesparplan festlegen. Wie die Einstellung erfolgt, hängt davon ab, ob Sie einen Standardplan verwenden, einen aktualisierten bevorzugten Plan oder einen benutzerdefinierten Plan, den Sie selbst erstellt haben. Wenn alle Computer, für die eine bestimmte Richtlinie gilt, einen der Standardenergiepläne von Windows 7 verwenden sollen, gehen Sie folgendermaßen vor:

1. Nachdem Sie das Gruppenrichtlinienobjekt geöffnet haben, mit dem Sie arbeiten möchten, erweitern Sie den Knoten *Computerkonfiguration/ Richtlinien/Administrative Vorlagen/System/Energieverwaltung*.
2. Klicken Sie *Aktiven Energiesparplan auswählen* mit einem Doppelklick an.
3. Wählen Sie *Aktiviert* und dann in der Liste *Aktiver Energiesparplan* den Plan, der verwendet werden soll. Verfügbar sind die Einstellungen *Höchstleistung*, *Energiesparmodus* und *Automatisch*. Wenn Sie *Automatisch* wählen, verwendet Windows 7 in den meisten Fällen den Plan *Ausbalanciert*.
4. Klicken Sie auf *OK*.

Wenn alle Computer, für die eine bestimmte Richtlinie gilt, einen aktualisierten bevorzugten Plan oder einen benutzerdefinierten Plan verwenden sollen, den Sie selbst erstellt haben, gehen Sie folgendermaßen vor:

1. Nachdem Sie das Gruppenrichtlinienobjekt geöffnet haben, mit dem Sie arbeiten möchten, erweitern Sie den Knoten *Computerkonfiguration/ Richtlinien/Administrative Vorlagen/System/Energieverwaltung*.
2. Klicken Sie *Benutzerdefinierten aktiven Energiesparplan festlegen* mit einem Doppelklick an.
3. Wählen Sie *Aktiviert* und geben Sie im Textfeld *Benutzerdefinierter aktiver Energiesparplan (GUID)* die GUID des zu verwendenden Energiesparplans ein.
4. Klicken Sie auf *OK*.

TIPP Sie erhalten eine Liste der GUIDs der Energiesparpläne, die auf einem Computer zur Verfügung stehen, wenn Sie in einer Eingabeaufforderung mit erhöhten Rechten **powercfg –l** eingeben.

Einstellen der Aktionen bei niedrigen Akkuladezuständen

Ob ein Laptop ein akustisches Signal gibt oder eine Meldung anzeigt, wenn der Akkuladezustand auf eine bestimmte Stufe fällt, hängt von seiner Einstellung ab. Sie können drei Ladezustände und die zugehörigen Benachrichtigungen einstellen:

- **Benachrichtigung bei niedriger Akkukapazität** Mit der Benachrichtigung bei niedriger Restkapazität soll der Benutzer darauf hingewiesen werden, dass der Akku bald leer ist. Dieser Zustand bedeutet, dass der Akku nur noch 10 Prozent oder weniger seiner vollen Kapazität aufweist. Bei einem Akku mit insgesamt 8 Stunden Betriebsdauer entsprechen 10 Prozent etwa 48 Minuten Betriebszeit.
- **Benachrichtigung bei kritischer Akkukapazität** Die Benachrichtigung bei kritischem Ladezustand soll den Benutzer darauf hinweisen, dass der Computer bald wegen Strommangels ausfallen wird. Als kritisch wird der Ladezustand eingestuft, wenn der Akku nur noch 3 Prozent oder weniger seiner vollen Kapazität aufweist. Bei einem Akku mit insgesamt 8 Stunden Betriebsdauer entsprechen 3 Prozent etwa 14 Minuten Betriebszeit.
- **Reservestromalarm** Die Benachrichtigung bei Reservestrom soll den Benutzer warnen, wenn der Akku auf Reservestrom läuft. Der Reservestromzustand wird standardmäßig aktiviert, wenn der Akku nur noch 1 Prozent oder weniger seiner vollen Kapazität aufweist. Bei einem Akku mit insgesamt 8 Stunden Betriebsdauer entspricht 1 Prozent etwa 5 Minuten Betriebszeit.

Mit der Aktion, die Sie mit den Alarmen für niedrige und kritische Akkukapazität verknüpfen, legen Sie fest, welche Aktionen das Betriebssystem ausführt, wenn die entsprechende Alarmstufe erreicht ist. Beispielsweise können Sie in diesem Fall den Computer herunterfahren, in den Standbymodus schalten oder den Ruhezustand aktivieren. Seit Windows Vista können Sie die Benachrichtigungen über niedrige Akkukapazität abschalten, indem Sie die Richtlinie *Benutzerbenachrichtigung bei niedriger Akkukapazität deaktivieren* aktivieren. In Windows 7 wurde die Warnung für Reservestrom hinzugefügt, um die Benutzer zu warnen, wenn die Akkus so gut wie leer sind. Da es bei der Einstellung der Benachrichtigungsstufen unterschiedliche Dinge berücksichtigt werden müssen, möchte ich die Stufen in den folgenden Abschnitten separat besprechen.

Einstellen der Benachrichtigung und Aktionen bei niedriger Akkukapazität

Wie bereits erwähnt, ist die Benachrichtigung bei niedriger Akkukapazität für den Benutzer ein Hinweis darauf, dass dem Computer in absehbarer Zeit der Strom ausgeht. Wenn dieser Zustand eintritt, informiert das System den Benutzer entweder nur mit einer entsprechenden Meldung oder mit einer Kombination von Meldung und akustischem Signal. Vielleicht möchten Sie das System auch so einstellen, dass es noch einen Schritt weiter geht und statt eines Alarms oder zusätzlich dazu in einen Energiesparmodus wechselt.

Um die Benachrichtigung und Aktion für den niedrigen Akkuladezustand einzustellen, gehen Sie folgendermaßen vor:

1. Nachdem Sie das Gruppenrichtlinienobjekt geöffnet haben, mit dem Sie arbeiten möchten, erweitern Sie den Knoten *Computerkonfiguration/ Richtlinien/Administrative Vorlagen/System/Energieverwaltung/Benachrichtigungseinstellungen*.

2. Zur Einstellung der Aktion bei niedrigem Ladezustand klicken Sie *Aktion zur Benachrichtigung bei niedriger Akkukapazität* mit einem Doppelklick an. Wählen Sie *Aktiviert* und dann im Kombinationsfeld *Aktion zur Benachrichtigung bei niedriger Akkukapazität* die gewünschte Aktion, beispielsweise *Energiesparmodus*. Klicken Sie auf *OK*.
3. Wenn Sie einstellen möchten, welche Restkapazität als niedriger Ladezustand gewertet wird, klicken Sie *Benachrichtigungsebene für niedrige Akkukapazität* mit einem Doppelklick an. Wählen Sie *Aktiviert* und legen Sie dann im Feld *Benachrichtigungsebene für niedrige Akkukapazität* eine passende Stufe fest. Klicken Sie auf *OK*.

> **TIPP** Der Standardwert für die Einstufung des niedrigen Ladezustands hängt von der Betriebsdauer mit einer Akkuladung ab und liegt gewöhnlich bei 10 Prozent dieser Zeit. Auf den meisten Systemen ist das ein sinnvoller Wert. Allerdings hatte ich es auch schon mit Systemen zu tun, auf denen dieser Wert keineswegs ausreichte. Besonders bei schlechten Akkus ist das nicht genug. Ich stelle dann meistens Werte zwischen 12 und 15 Prozent ein. Im Gegensatz dazu ist die Standardeinstellung auf energieeffizienten Systemen oder auf Computern, die mit zwei Akkus ausgerüstet sind, häufig viel zu hoch. Dann stelle ich die Stufe so ein, dass der Benutzer informiert wird, wenn noch ungefähr 20 Minuten Betriebsdauer übrig sind.

4. Benutzer werden standardmäßig informiert, wenn die Restkapazität der Akkus auf einen niedrigen Wert fällt. Wenn Sie diese Benachrichtigung deaktivieren möchten, klicken Sie *Benutzerbenachrichtigung bei niedriger Akkukapazität deaktivieren* mit einem Doppelklick an, klicken auf *Aktiviert* und dann auf *OK*.

Einstellen der Benachrichtigung bei kritischer Akkukapazität

Die Konfiguration einer Aktion bei einem kritischen Ladezustand des Akkus soll dafür sorgen, dass das System einen definierten Betriebszustand einnehmen kann, bevor die Energieversorgung ausfällt. Sobald der kritische Ladezustand des Akkus eintritt, benachrichtigt das System den Benutzer und geht in den Ruhezustand über. Im Ruhezustand werden die Komponenten des Computers, deren Energiezustände sich steuern lassen, weitgehend abgeschaltet, um Strom zu sparen. Häufig stelle ich die Aktion bei niedriger Akkukapazität so ein, dass der Computer in einen Energiesparmodus übergeht. Dann stelle ich die Aktion bei kritischer Akkukapazität so ein, dass der Computer in den Ruhezustand wechselt oder ganz heruntergefahren wird. Durch diesen Wechsel der Energieverwaltung in den nächsten Zustand wird für eine Sicherung des Systemzustands gesorgt, bevor der Strom ausfällt.

Um die Benachrichtigung und Aktion für den kritischen Akkuladezustand einzustellen, gehen Sie folgendermaßen vor:

1. Nachdem Sie das Gruppenrichtlinienobjekt geöffnet haben, mit dem Sie arbeiten möchten, erweitern Sie den Knoten *Computerkonfiguration/*

Richtlinien/Administrative Vorlagen/System/Energieverwaltung/Benachrichtigungseinstellungen.

2. Zur Einstellung der Aktion bei kritischem Ladezustand klicken Sie *Aktion zur Benachrichtigung bei kritischer Akkukapazität* mit einem Doppelklick an. Wählen Sie *Aktiviert* und dann im Kombinationsfeld *Aktion zur Benachrichtigung bei kritischer Akkukapazität* die gewünschte Aktion, beispielsweise *Energiesparmodus*. Klicken Sie auf *OK*.

3. Wenn Sie einstellen möchten, welche Restkapazität als kritischer Ladezustand gewertet wird, klicken Sie *Benachrichtigungsebene für kritische Akkukapazität* mit einem Doppelklick an. Wählen Sie *Aktiviert* und legen Sie dann im Feld *Benachrichtigungsebene für kritische Akkukapazität* eine passende Stufe fest. Klicken Sie auf *OK*.

TIPP Der Standardwert für die Einstufung des kritischen Ladezustands hängt von der Betriebsdauer ab, die sich mit einer Akkuladung erreichen lässt, und liegt gewöhnlich bei 3 Prozent dieser Zeit. Auf den meisten Systemen ist das ein sinnvoller Wert. Wenn der Computer in den Ruhezustand wechseln oder herunterfahren soll, ist Ihnen dieser Wert vielleicht noch zu hoch. Außerdem sollten Sie die übliche Betriebsdauer berücksichtigen, die das Gerät mit einer Akkuladung erreicht. Kann man im Akkubetrieb lange auf dem Computer arbeiten, ist der Standardwert gewöhnlich zu hoch. Reicht eine Akkuladung nicht lange, ist der Wert vermutlich nicht hoch genug. Gewöhnlich stelle ich die Benachrichtigung für kritische Akkukapazität so ein, dass sie erfolgt, wenn noch eine Betriebsdauer von 6 bis 8 Minuten übrig ist.

Konfigurieren des Reservestrommodus

Der Reservestrommodus soll Benutzer warnen, dass der Akku so gut wie leer ist. Gehen Sie folgendermaßen vor, um die Benachrichtigung für den Reservestrommodus einzustellen:

1. Nachdem Sie das Gruppenrichtlinienobjekt geöffnet haben, mit dem Sie arbeiten möchten, erweitern Sie den Knoten *Computerkonfiguration/Richtlinien/Administrative Vorlagen/System/Energieverwaltung/Benachrichtigungseinstellungen*.

2. Stellen Sie ein, wann der Reservestromalarm ausgelöst wird, indem Sie doppelt auf *Benachrichtigungsebene für Reservestrom* klicken. Wählen Sie *Aktiviert* aus und stellen Sie dann im Kombinationsfeld *Benachrichtigungsebene für Reservestrom* den gewünschten Prozentwert ein. Klicken Sie auf *OK*.

7 Anpassen von Desktop und Benutzeroberfläche

Übersicht über das Kapitel:
Optimieren von Windows 7-Menüs 263
Arbeiten mit Menüs, Desktops und Autostartanwendungen 271
Anpassen der Taskleiste 277
Optimieren der Symbolleisten 281
Verwenden von Designs 282
Optimieren der Desktopumgebung 285
Bildschirmschoner 289
Ändern des Erscheinungsbilds und der Grafikeinstellungen 292

Als Administrator werden Sie von Benutzern oft gebeten, ihnen bei der Anpassung des Desktops und der Profildaten zu helfen. Vielleicht werden Sie sogar gebeten, für Benutzer eine neue Arbeitsumgebung zu entwickeln, die dem Firmenstandard oder den Vorstellungen der Benutzer möglichst nahe kommt. Eine Methode zur Erstellung einer Standardarbeitsumgebung besteht darin, ein Standardbenutzerkonto zu erstellen, sich als dieser Benutzer anzumelden, die Umgebung nach Bedarf einzurichten und das Konto samt zugehöriger Profildatei als Ausgangspunkt für neue Konten zu verwenden.

Windows 7 bietet eine völlig neue Ebene der Desktop- und Bildschirmanpassung. Diese Optionen sind zwar nützlich, können aber auch Probleme nach sich ziehen, die Sie dann vermutlich wieder lösen sollen. Vielleicht stellen Sie auch fest, dass Benutzer doch ziemlich viel Zeit darauf verwenden, diese Probleme selbst zu lösen, und bieten dann Ihre Hilfe an. Dieses Kapitel beschäftigt sich mit der Konfiguration und Fehlerbehebung in folgenden Bereichen:

- Menüs, die Taskleiste und Symbolleisten
- Desktopdesigns und Hintergrundbilder
- Benutzerdefinierte Desktops
- Bildschirmschoner
- Erscheinungsbild und Konfiguration des Bildschirms

Optimieren von Windows 7-Menüs

Das Startmenü und seine Untermenüs sollen den einfachen Zugang zu den Anwendungen und Hilfsprogrammen ermöglichen, die auf einem Computer installiert sind. Leider wird das Menüsystem umso unübersichtlicher, je mehr Anwendungen Sie installieren. Damit Sie Benutzer bei einer übersichtlichen Gestaltung und einer besseren Nutzung des Menüsystems unterstützen können, beschreibt dieser Abschnitt die Optimierung des Menüsystems.

Anpassen des Startmenüs

Windows 7 bietet Ihnen eine ausgezeichnete Kontrolle über das Startmenü. Sie entscheiden, welche Befehle im Startmenü angezeigt werden und wie die Befehle angeordnet sind. Sie können Menüs für die Systemsteuerung, Drucker und Faxgeräte, Netzwerkverbindungen und andere wichtige Tools hinzufügen. Auch können Sie im Menü *Alle Programme* persönlich angepasste Menüs verwenden.

Um die Startmenüoptionen zu ändern, gehen Sie folgendermaßen vor:

1. Klicken Sie mit der rechten Maustaste in der Taskleiste auf *Start* und wählen Sie dann *Eigenschaften*. Das Dialogfeld *Eigenschaften von Taskleiste und Startmenü* wird mit vorgewählter Registerkarte *Startmenü* angezeigt.

2. Wählen Sie auf der Registerkarte *Startmenü* in der Dropdownliste *Standardaktion für Beenden* aus, welche Aktion ausgeführt werden soll, wenn der Netzschalter gedrückt wird. Es stehen die Optionen *Benutzer wechseln*, *Abmelden*, *Sperren*, *Neu starten*, *Energie sparen* und *Herunterfahren* zur Auswahl. Wenn der Computer rund um die Uhr läuft oder mehrere Benutzer am selben Computer arbeiten, ist es durchaus sinnvoll, den Benutzer zu wechseln, sich abzumelden oder das System zu sperren, statt den Computer herunterzufahren. Wenn Sie die Standardaktion ändern, können Sie das System herunterfahren, indem Sie im Startmenü auf *Herunterfahren* klicken.

3. Klicken Sie auf *Anpassen*. Daraufhin öffnet sich das Dialogfeld *Startmenü anpassen* (Abbildung 7.1).

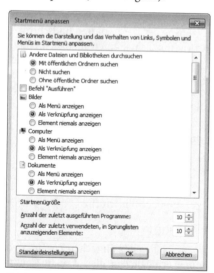

Abbildung 7.1 Anpassen des Startmenüs

4. Passen Sie mit den Optionen in diesem Dialogfeld das Erscheinungsbild des Startmenüs nach Ihren Wünschen an.

5. Klicken Sie auf *OK* und dann erneut auf *OK*, um das Dialogfeld *Eigenschaften von Taskleiste und Startmenü* zu schließen.

Der überwiegende Teil der Optionen im Dialogfeld *Startmenü anpassen* bestimmt, welche Befehle im Startmenü erscheinen und wie sie angeordnet werden. Manche Optionen haben Unteroptionen wie *Als Verknüpfung anzeigen*, *Als Menü anzeigen* und *Element niemals anzeigen*. *Als Verknüpfung anzeigen* bedeutet, dass ein Menüelement wie beispielsweise *Systemsteuerung* als separate Option dargestellt wird, mit der sich ein Fenster öffnen lässt. *Als Menü anzeigen* bedeutet, dass sich für das betreffende Menüelement ein Untermenü öffnet, in dem Sie die gewünschten Optionen auswählen können. *Element niemals anzeigen* entfernt das Menüelement aus dem Startmenü.

Unter den Optionen des Dialogfelds *Startmenü anpassen* sind auch folgende:

- *Kontextmenüs sowie Ziehen und Ablegen aktivieren*   Wenn diese Option aktiviert ist, können Benutzer mit der rechten Maustaste Kontextmenüs öffnen und Drag & Drop verwenden. Diese Option werden Sie normalerweise aktivieren, sofern keine konkreten Sicherheitsgründe dagegensprechen.

- *Zuletzt installierte Programme hervorheben*   Wenn diese Option aktiviert ist, werden die Menüs und Menüoptionen für neu installierte Anwendungen hervorgehoben.

- *Untermenüs beim Draufzeigen öffnen*   Steuert das Verhalten der Menüs. Wenn diese Option aktiviert ist, öffnen sich die Menüs, wenn Sie darauf zeigen. Sonst öffnen sich die Menüs erst nach einem Mausklick.

- *Menü "Alle Programme" nach Namen sortieren*   Bestimmt, ob Menüpunkte alphabetisch sortiert werden oder in der Reihenfolge ihrer Installation erscheinen. Ist diese Option aktiviert, werden die Menüelemente alphabetisch sortiert. Ist sie nicht aktiviert, werden die Menüelemente in der Reihenfolge angeordnet, in der die Anwendungen installiert worden sind.

- *Große Symbole verwenden*   Steuert die Größe der Symbole für Menüoptionen. Wenn Sie in den Menüelementen kleinere Symbole verwenden möchten, deaktivieren Sie diese Option. Bleibt diese Option aktiviert, werden die Symbole in der Standardgröße im Menü angezeigt.

- *Anzahl der zuletzt ausgeführten Programme*   Bestimmt die Anzahl der Verknüpfungen für häufig verwendete Programme, die im Startmenü in der Liste der am häufigsten verwendeten Programme angezeigt werden. Wählen Sie einen Wert zwischen 0 und 30. Wie viele Programme in der Liste der am häufigsten verwendeten Programme erscheinen, hängt von der Bildschirmauflösung und von der Zahl der Einträge ab, die ans Startmenü angeheftet wurden. Diese Einträge werden im Startmenü über der Liste der am häufigsten verwendeten Programme angezeigt.

- *Anzahl der zuletzt verwendeten, in Sprunglisten anzuzeigenden Elemente* Legt fest, wie viele Verknüpfungen mit den zuletzt benutzten Elementen in Sprunglisten angezeigt werden. Diese Sprunglisten führen die zuletzt benutzten Elemente auf, wobei sie nach den Programmen gruppiert werden, mit denen sie geöffnet wurden. Die Elemente können im Startmenü und in der Taskleiste erscheinen. Stellen Sie im Auswahlfeld einen Wert von 0 bis 60 ein.

Wenn Ihnen das Ergebnis nicht gefällt und Sie das Startmenü in seinem ursprünglichen Zustand wiederherstellen möchten, öffnen Sie das Dialogfeld *Startmenü anpassen*, klicken auf die Schaltfläche *Standardeinstellungen* und klicken dann auf die *OK*-Schaltflächen der beiden geöffneten Dialogfelder.

Gehen Sie folgendermaßen vor, um die Gruppenrichtlinien zu öffnen und mithilfe eines Einstellungselements auf mehreren Computern in einer ganzen Domäne das Startmenü zu konfigurieren:

1. Öffnen Sie ein Gruppenrichtlinienobjekt (Group Policy Object, GPO) zum Bearbeiten im Gruppenrichtlinienobjekt-Editor. Erweitern Sie den Knoten *Benutzerkonfiguration\Einstellungen\Systemsteuerungseinstellungen*.
2. Klicken Sie mit der rechten Maustaste auf den Knoten *Startmenü* und wählen Sie im Kontextmenü den Befehl *Neu/Startmenü (Windows Vista und höher)*. Daraufhin öffnet sich das Eigenschaftendialogfeld für das Startmenü (Abbildung 7.2).

Abbildung 7.2 Erstellen einer Startmenüeinstellung

3. Konfigurieren Sie das Startmenü mit den verfügbaren Optionen so, wie es auf den Computern der Benutzer angezeigt werden soll. Alle Einstellungen in der Oberfläche werden vom Clientcomputer verarbeitet und angewendet, selbst wenn Sie den zugehörigen Wert nicht einstellen.

Dadurch werden also alle vorhandenen Einstellungen für diese Schnittstelle auf dem Desktop des Benutzers überschrieben.
4. Legen Sie mit den Optionen auf der Registerkarte *Gemeinsam* fest, wie die Einstellungen angewendet werden. In vielen Fällen ist es sinnvoll, die Standardoptionen für das Startmenü nur ein einziges Mal anzuwenden. Aktivieren Sie in diesem Fall das Kontrollkästchen *Nur einmal anwenden*.
5. Klicken Sie auf *OK*. Wenn die Gruppenrichtlinien das nächste Mal aktualisiert werden, wird das Einstellungselement angewendet, wie es im Gruppenrichtlinienobjekt festgelegt ist, in dem Sie das Einstellungselement definiert haben.

Anpassen von Menüs und ihren Optionen

Das Startmenü wird im Dateisystem von Windows 7 durch zwei Ordner dargestellt, die beide den Namen *Start Menu* tragen. Programme, die nur für den aktuell angemeldeten Benutzer zugänglich gemacht werden sollen, werden in den *Start Menu*-Ordner aus den Profildaten des betreffenden Benutzers eingetragen (*%UserProfile%\AppData\Roaming\Microsoft\Windows\Start Menu*). Programme, die für alle Benutzer verfügbar sein sollen, die sich auf dem Computer anmelden, werden in den *Start Menu*-Ordner für alle Benutzer eingetragen (*%SystemDrive%\ProgramData\Microsoft\Windows\Start Menu*).

Beim Start des Systems fasst Windows 7 beide *Start Menu*-Ordner zu einem einzigen Startmenü zusammen. In jedem *Start Menu*-Ordner finden Sie außerdem einen Ordner namens *Programs*. Der Inhalt dieser Ordner und die Verknüpfungen darin legen den Aufbau des Menüs *Alle Programme* fest. Jeder Unterordner im Ordner *Programs* stellt ein Menü dar. Verknüpfungen in den Ordnern stellen Menüoptionen dar und funktionieren in gewisser Weise wie Zeiger auf die Programme, die gestartet werden sollen. Wenn Sie die Menüs und die darin enthaltenen Optionen ändern möchten, haben Sie die Wahl: Sie können die Abbildung des Startmenüs im Dateisystem ändern oder das Menüsystem direkt bearbeiten.

Anordnen der Menüelemente im Startmenü

Am einfachsten lassen sich die Menüelemente des Startmenüs direkt im Menüsystem nach Wunsch anordnen. Sie können die Positionen der Menüs und der darin enthaltenen Menüelemente ganz leicht ändern:
1. Klicken Sie auf *Start* und dann auf *Alle Programme*.
2. Zeigen Sie auf das Menüelement, das Sie bearbeiten möchten.
3. Drücken Sie die linke Maustaste und halten Sie die Taste gedrückt.
4. Ziehen Sie das Menüelement an seinen neuen Platz in einem beliebigen Menü oder Untermenü. Zeigen Sie einfach auf ein Untermenü, um es zu öffnen. Eine horizontale Linie zeigt an, wo das ausgewählte Element eingefügt wird.
5. Lassen Sie die Maustaste los.

HINWEIS Zur Verschiebung von Menüelementen sind Administratorberechtigungen erforderlich. Gewöhnlich muss sich der aktuelle Benutzer abmelden und wieder anmelden, um die Änderungen im Menüsystem zu sehen.

Sie können Menüelemente in die obere linke Ecke des Startmenüs ziehen, wo sie dann immer angezeigt werden. Dieser Bereich des Startmenüs wird als *Liste der ans Startmenü angehefteten Menüelemente* bezeichnet. Wenn sich der Mauszeiger in einer passenden Position befindet, erscheint eine horizontale Linie zur Kennzeichnung der Stelle, an der das Menüelement eingefügt wird, wenn Sie die Maustaste loslassen. Es gibt noch andere Techniken, um Elemente in diesem Bereich des Startmenüs hinzuzufügen und zu entfernen:

- Um Menüelemente zur Liste der ans Startmenü angehefteten Menüelemente hinzuzufügen, klicken Sie mit der rechten Maustaste auf das betreffende Menüelement und wählen dann *An Startmenü anheften*.

- Zum Entfernen von Menüelementen aus der Liste der ans Startmenü angehefteten Menüelemente klicken Sie mit der rechten Maustaste auf das betreffende Menüelement und wählen dann *Aus Liste entfernen*. In diesem Kontextmenü gibt es auch den Befehl *Vom Startmenü lösen*. Dieser Befehl löscht den Eintrag aus der Liste der ans Startmenü angehefteten Menüelemente. Wurde das Programm aber kürzlich noch benutzt, erscheint es vielleicht in der Liste der am häufigsten verwendeten Programme. Das lässt sich mit dem Befehl *Aus Liste entfernen* verhindern.

Anordnen der Menüoptionen

Gewöhnlich wird das Menü *Alle Programme* so angezeigt, dass die Untermenüs oben erscheinen und die einzelnen Menüpunkte darunter. Innerhalb dieser beiden Kategorien sind die Menüelemente alphabetisch sortiert.

Menüs und Menüoptionen werden automatisch neu sortiert, sobald neue Menüs oder Menüelemente hinzugefügt werden oder wenn Sie Elemente verschieben. Wenn die Menüs und Menüoptionen nicht automatisch sortiert werden, hat jemand vermutlich für den aktuellen Benutzer im Dialogfeld *Startmenü anpassen* die Option *Menü "Alle Programme" nach Namen sortieren* deaktiviert. Um das ganze Menü *Alle Programme* dann neu zu sortieren und dafür zu sorgen, dass es sortiert bleibt, tun Sie Folgendes:

1. Klicken Sie mit der rechten Maustaste auf der Taskleiste auf *Start* und wählen Sie dann *Eigenschaften*. Das Dialogfeld *Eigenschaften von Taskleiste und Startmenü* wird mit vorgewählter Registerkarte *Startmenü* geöffnet.
2. Klicken Sie auf *Anpassen*. Blättern Sie im Dialogfeld *Startmenü anpassen* in der Liste der Optionen nach unten und aktivieren Sie *Menü "Alle Programme" nach Namen sortieren*.
3. Klicken Sie zweimal auf *OK*.

Hinzufügen, Ändern und Löschen von Menüs

Wie bereits erwähnt, besteht das Startmenü auf der Ebene des Dateisystems aus einem Ordner aus den Profildaten eines bestimmten Benutzers und aus einem Ordner aus den Profildaten für alle Benutzer. Um den *Startmenü*-Ordner des aktuellen Benutzers zu öffnen, klicken Sie mit der rechten Maustaste in der Taskleiste auf *Start*, wählen *Windows-Explorer öffnen* und wechseln zum ausgeblendeten Ordner *%UserProfile%\AppData\Roaming\ Microsoft\Windows\Start Menu*. Um den *Startmenü*-Ordner für alle Benutzer zu öffnen, klicken Sie mit der rechten Maustaste in der Taskleiste auf *Start*, wählen *Windows-Explorer öffnen* und wechseln zum ausgeblendeten Ordner *%SystemDrive%\ProgramData\Microsoft\Windows\Start Menu*. Sobald Sie einen *Start Menu*-Ordner geöffnet haben (der im Windows-Explorer übrigens als *Startmenü*-Ordner angezeigt wird), können Sie das Startmenü mit den üblichen Operationen für Ordner und Verknüpfungen bearbeiten:

- Wenn Sie neue Menüs zum Startmenü hinzufügen möchten, erstellen Sie im Ordner *Alle Programme* oder einem der darin enthaltenen Unterordner (mit Ausnahme des Ordners *Autostart*) einen neuen Ordner.
- Den Aufbau der Menüs können Sie ändern, indem Sie Ordner oder Verknüpfungen innerhalb der Ordnerstruktur des Ordners *Alle Programme* an eine andere Position verschieben.
- Um den Namen von Menüs oder Menüelementen im Ordner *Alle Programme* zu ändern, können Sie Ordner oder Verknüpfungen umbenennen. Oder Sie ändern die betreffenden Namen direkt im Menüsystem. Klicken Sie das betreffende Menüelement im geöffneten Ordner *Alle Programme* mit der rechten Maustaste an und wählen Sie *Umbenennen*. Geben Sie den neuen Namen des Menüelements ein und klicken Sie auf *OK*.

HINWEIS Wenn Sie ausgeblendete Ordner nicht anzeigen oder durchsuchen können, müssen Sie die Ordneroptionen für Windows-Explorer anpassen. Wählen Sie dazu im Menü *Organisieren* den Befehl *Ordner- und Suchoptionen*. Wählen Sie auf der Registerkarte *Ansicht* die Option *Ausgeblendete Dateien, Ordner und Laufwerke anzeigen* aus und klicken Sie auf *OK*.

ACHTUNG Sie können unerwünschte Ordner oder Verknüpfungen löschen, um die entsprechenden Menüs und Menüoptionen aus dem Menü *Alle Programme* zu entfernen. Oder löschen Sie die Menüelemente direkt im Menüsystem. Wenn das Menü *Alle Programme* geöffnet ist, klicken Sie das zu löschende Menüelement mit der rechten Maustaste an und wählen *Löschen*. Geben Sie aber dem Ordner *Autostart* keinen anderen Namen und löschen Sie ihn auch nicht. Dieser Ordner enthält Verknüpfungen mit Programmen, die beim Systemstart automatisch geladen werden sollen. Wenn Sie diesen Ordner ändern, ist Windows 7 wahrscheinlich nicht mehr in der Lage, ihn zu verwenden. Außerdem sollten Sie das Menü *Verwaltung* nicht umbenennen oder löschen. Die Anzeige des Verwaltungsmenüs können Sie über das Dialogfeld *Eigenschaften von Taskleiste und Startmenü* steuern.

Hinzufügen von Menüoptionen zum Startmenü

Menüoptionen werden im Dateisystem von Windows 7 als Verknüpfungen dargestellt. Das bedeutet, dass Sie Menüoptionen erstellen können, indem Sie einfach Verknüpfungen zum Ordner *Alle Programme* oder seinen Unterordnern hinzufügen. Nachdem Sie eine Verknüpfung erstellt haben, können Sie deren Eigenschaften mit Kommentaren ergänzen, die angezeigt werden, wenn jemand im Startmenü auf die Option zeigt. Ein angemeldeter Benutzer kann mit folgenden Schritten eine Menüoption erstellen, die nur für ihn gilt:

1. Klicken Sie in der Taskleiste mit der rechten Maustaste auf die *Start*-Schaltfläche, wählen Sie den Befehl *Windows-Explorer öffnen* und wechseln Sie zum ausgeblendeten Ordner *%UserProfile%\AppData\Roaming\Microsoft\Windows\Start Menu\Programs*.
2. Wählen Sie in der Strukturdarstellung den Ordner aus, zu dem Sie eine Menüoption hinzufügen möchten.
3. Klicken Sie im rechten Anzeigebereich mit der rechten Maustaste auf eine freie Fläche, zeigen Sie auf *Neu* und wählen Sie dann *Verknüpfung*. Dadurch wird der Verknüpfungsassistent gestartet.
4. Geben Sie im angebotenen Eingabefeld das Programm oder die Datei an, die Sie der Verknüpfung zuordnen möchten. Wenn Sie den Pfadnamen der Datei nicht wissen, klicken Sie auf *Durchsuchen* und suchen die Datei dann im Dialogfeld *Nach Dateien oder Ordnern suchen* heraus.
5. Klicken Sie auf *Weiter* und geben Sie einen Namen für die Verknüpfung ein. Der Wert, den Sie eingeben, ist die Bezeichnung, die im Startmenü angezeigt wird.
6. Klicken Sie auf *Fertig stellen*. Wenn Sie die Verknüpfung mit einem Kommentar versehen möchten, klicken Sie mit der rechten Maustaste auf die Verknüpfung und wählen dann *Eigenschaften*. Geben Sie den Kommentar auf der Registerkarte *Verknüpfung* im Textfeld *Kommentar* ein und klicken Sie auf *OK*.

Anzeigen des Menüs *Verwaltung*

Das Menü *Verwaltung* wird normalerweise von Windows 7 nicht angezeigt. Wenn Sie dieses Menü auf Ihrem Computer sehen oder für einen Benutzer mit Administratorrechten verfügbar machen möchten, müssen Sie das Startmenü anpassen.

Sie können das Menü *Verwaltung* entweder nur zum Startmenü oder zum Startmenü und dem Untermenü *Alle Programme* hinzufügen. Gehen Sie dazu folgendermaßen vor:

1. Klicken Sie mit der rechten Maustaste auf *Start* und wählen Sie *Eigenschaften*. Das Dialogfeld *Eigenschaften von Taskleiste und Startmenü* wird mit vorgewählter Registerkarte *Startmenü* angezeigt.
2. Klicken Sie auf *Anpassen*. Blättern Sie in der Liste nach unten, bis Sie den Eintrag *Systemverwaltung* finden.

3. Nun haben Sie die Wahl:
   - Wenn das Menü *Verwaltung* als ein Untermenü des Menüs *Alle Programme* erscheinen soll, wählen Sie *Im Menü "Alle Programme" anzeigen*.
   - Wenn das Menü *Verwaltung* direkt im Startmenü und als Untermenü des Menüs *Alle Programme* angezeigt werden soll, wählen Sie *Im Menü "Alle Programme" und im Startmenü anzeigen*.
4. Klicken Sie zweimal auf *OK*.

Arbeiten mit Menüs, Desktops und Autostartanwendungen

Im Betriebssystem Windows werden Menüs, Desktops und Autostartanwendungen mit Verknüpfungen konfiguriert. Dabei legt der Speicherort der Verknüpfung fest, auf welche Weise sie benutzt wird. Wollen Sie beispielsweise eine Menüoption für einen Benutzer hinzufügen, müssen Sie eine Verknüpfung in den *Programme-* oder *Startmenü*-Ordner dieses Benutzers einfügen. Diese Verknüpfungen tauchen dann im Menü des Benutzers auf. Wenn Sie dagegen Autostartanwendungen für alle Benutzer konfigurieren wollen, fügen Sie Verknüpfungen zum Ordner *AllUsersStartup* hinzu. Diese Anwendungen werden dann automatisch gestartet, sobald sich ein Benutzer lokal am System anmeldet.

Erstellen von Verknüpfungen für Menüs, Desktops und Autostart

Im Windows-Explorer erstellen Sie Menüs, Desktops und Autostartanwendungen für einzelne Benutzer, indem Sie sich am Computer anmelden und Verknüpfungen an den richtigen Speicherorten erstellen. Auch in Gruppenrichtlinien können Sie Verknüpfungen für Menüs, Desktops, Autostartanwendungen und andere Elemente erstellen. Dazu konfigurieren Sie Richtlinieneinstellungen für Verknüpfungen, sodass diese Einstellungselemente automatisch auf alle Benutzer und Computer angewendet werden, die das jeweilige Gruppenrichtlinienobjekt verarbeiten.

Gehen Sie folgendermaßen vor, um Einstellungen für Verknüpfungen zu konfigurieren:

1. Öffnen Sie ein Gruppenrichtlinienobjekt (Group Policy Object, GPO) zum Bearbeiten im Gruppenrichtlinienobjekt-Editor. Wenn Sie Einstellungen für Computer konfigurieren wollen, müssen Sie den Knoten *Computerkonfiguration\Einstellungen\Windows-Einstellungen* erweitern und dann *Verknüpfungen* auswählen. Wollen Sie dagegen Einstellungen für Benutzer konfigurieren, müssen Sie *Benutzerkonfiguration\Einstellungen\Windows-Einstellungen* erweitern und *Verknüpfungen* auswählen.
2. Klicken Sie mit der rechten Maustaste auf den Knoten *Verknüpfungen* und wählen Sie den Befehl *Neu/Verknüpfung*. Daraufhin öffnet sich das Eigenschaftendialogfeld der neuen Verknüpfung (Abbildung 7.3).
3. Wählen Sie in der Dropdownliste *Aktion* den Eintrag *Erstellen*, *Aktualisieren* oder *Ersetzen* aus. Konfigurieren Sie nun die anderen Optionen, wie in diesem Abschnitt beschrieben.

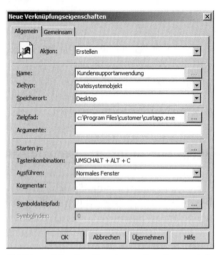

Abbildung 7.3 Erstellen einer Verknüpfung mithilfe eines Einstellungselements

4. Legen Sie mit den Optionen auf der Registerkarte *Gemeinsam* fest, wie die Einstellungen angewendet werden. In vielen Fällen ist es sinnvoll, eine Verknüpfung nur ein einziges Mal anzuwenden. Aktivieren Sie in diesem Fall das Kontrollkästchen *Nur einmal anwenden*.
5. Klicken Sie auf *OK*. Wenn die Gruppenrichtlinien das nächste Mal aktualisiert werden, wird das Einstellungselement angewendet, wie es im Gruppenrichtlinienobjekt festgelegt ist, in dem Sie das Einstellungselement definiert haben.

In der Dropdownliste *Speicherort* sind die Spezialordner aufgeführt, in denen Sie Ihre Verknüpfung ablegen können. Tabelle 7.1 fasst diese Ordner zusammen.

Verknüpfungen können auf lokale oder Netzwerkdateien sowie auf Internetressourcen verweisen. Die Verknüpfungen für lokale oder Netzwerkdateien werden als *Linkverknüpfungen* bezeichnet, die Verknüpfungen mit Internetressourcen als *URL-Verknüpfungen*.

Linkverknüpfungen dienen normalerweise dazu, Anwendungen zu starten oder Dokumente zu öffnen; sie öffnen keine URL in einem Browser. Daher haben Linkverknüpfungen andere Eigenschaften als URL-Verknüpfungen. Diese Eigenschaften sind in Tabelle 7.2 zusammengefasst. Wenn Sie irgendeine Eigenschaft falsch einstellen oder eine Eigenschaft zuweisen, die nicht von einer verknüpften Anwendung unterstützt wird, kann es sein, dass die Verknüpfung nicht erstellt wird oder nicht wie erwartet funktioniert. In diesem Fall müssen Sie das Problem beseitigen und erneut versuchen, die Verknüpfung anzulegen.

Arbeiten mit Menüs, Desktops und Autostartanwendungen **273**

Tabelle 7.1 Spezielle Ordner für Verknüpfungen

Spezielle Ordner	Verwendung
Alle Benutzer – Desktop	Desktopverknüpfungen für alle Benutzer
Alle Benutzer – Menü "Start"	Optionen im Startmenü für alle Benutzer
Alle Benutzer – Programme	Menüoptionen in *Alle Programme* für alle Benutzer
Alle Benutzer – Starten	Autostartanwendungen für alle Benutzer
Desktop	Desktopverknüpfungen für einen bestimmten Benutzer
Explorer-Favoriten	Verknüpfungen im Menü *Favoriten* für einen bestimmten Benutzer
Explorer-Links	Linkfavoriten für einen bestimmten Benutzer
Programme	Optionen im Menü *Alle Programme* für einen bestimmten Benutzer
Schriftarten	Verknüpfungen im *Schriftarten*-Ordner für einen bestimmten Benutzer
Senden an	Verknüpfungen im Menü *Senden an* für einen bestimmten Benutzer
Start	Autostartanwendungen für einen bestimmten Benutzer
Startmenü	Startmenüverknüpfungen für einen bestimmten Benutzer
Zuletzt verwendet	Verknüpfungen der zuletzt verwendeten Dokumente für einen bestimmten Benutzer

Tabelle 7.2 Eigenschaften von Linkverknüpfungen

Eigenschaft	Beschreibung	Beispielwert
Argumente	Argumente, die an eine Anwendung übergeben werden, die über die Verknüpfung gestartet wird	"C:\Gettingstarted.doc"
Ausführen	Der Fensterstil der Anwendung, die von der Verknüpfung gestartet wird. Zur Auswahl stehen die Stile *Normales Fenster*, *Minimiert* und *Maximiert*.	"Normales Fenster"
Kommentar	Eine aussagekräftige Beschreibung für die Verknüpfung	"Öffnet das Erste-Schritte-Dokument"
Name	Der Name der Verknüpfung	"Erste Schritte"
Pfad	Der Pfad der Datei, die ausgeführt wird	"%WinDir%\Notepad.exe"
Speicherort	Gibt an, wo die Verknüpfung erstellt werden soll.	"Desktop"
Starten in	Das Arbeitsverzeichnis der Anwendung, die von der Verknüpfung gestartet wird	"C:\Working"
Symboldateipfad	Der Speicherort eines Symbols für die Verknüpfung. Falls diese Eigenschaft keinen Wert zugewiesen hat, wird ein Standardsymbol verwendet.	"C:\Program Files\Internet Explorer\Iexplore.exe"
Symbolindex	Der Index des Symbols für die Verknüpfung. Nur wenige Anwendungen haben mehrere Symbole, daher ist der Index fast immer 0.	"0"

▶

Eigenschaft	Beschreibung	Beispielwert
Tastenkombination	Ein Tastenkürzel, das die Verknüpfung ausführt. Diese Eigenschaft kann nur für Desktopverknüpfungen und Startmenüoptionen benutzt werden.	"ALT+UMSCHALT+Z"
Zieltyp	Der Typ der Verknüpfung, die Sie erstellen. Wählen Sie *Dateisystemobjekt* für Linkverknüpfungen, *URL* für URL-Verknüpfungen und *Shellobjekt* für Explorer-Shellverknüpfungen.	"Dateisystemobjekt"

Eine der nützlichsten Optionen ist die Eigenschaft *Argumente*. Mithilfe dieser Eigenschaft können Sie Argumente festlegen, die an die gestartete Anwendung übergeben werden. Auf diese Art können Sie beispielsweise eine Verknüpfung anlegen, die Microsoft Office Word startet und ein bestimmtes Dokument öffnet. Dazu tragen Sie den Zielpfad für Word ein und übergeben als Argument das Dokument, das geöffnet werden soll.

Wenn Sie Verknüpfungen zum Desktop oder zu Menüs hinzufügen, können Sie ein Tastenkürzel festlegen, das die Verknüpfung aufruft. Tastenkürzel müssen mindestens eine Zusatztaste und eine Haupttaste haben. Folgende Zusatztasten stehen zur Auswahl:

- **ALT** Die ALT-Taste
- **STRG** Die STRG-Taste
- **UMSCHALT** Die UMSCHALT-Taste
- **EXT** Die WINDOWS-Taste

Zusatztasten können Sie beliebig kombinieren, zum Beispiel ALT+STRG oder UMSCHALT+STRG, aber die Kombination sollte keine Tastenkürzel ergeben, die bereits für andere Verknüpfungen verwendet werden. Haupttasten sind die Buchstaben A–Z und die Ziffern 0–9, außerdem RÜCKTASTE, ENTF, ESC, ENDE, POS1, EINGABETASTE, LEERTASTE und TABULATORTASTE. Zum Beispiel können Sie eine Verknüpfung definieren, die das Tastenkürzel UMSCHALT+ALT+G verwendet.

Wenn Sie Verknüpfungen für Anwendungen anlegen, haben die Anwendungen normalerweise ein Standardsymbol, das in der Verknüpfung angezeigt wird. Erstellen Sie etwa eine Verknüpfung für den Internet Explorer, wird das Standardsymbol mit dem blauen »e« angezeigt. Wenn Sie Verknüpfungen mit Dokumentdateien erstellen, wird in den meisten Fällen das Windows-Standardsymbol verwendet.

Wollen Sie ein anderes Symbol als das Standardsymbol benutzen, können Sie die Eigenschaft *Symboldateipfad* einstellen. Normalerweise ist das Symbol in derselben Datei gespeichert wie die Anwendung, zum Beispiel *Iexplore.exe* oder *Notepad.exe*, und der Symbolindex ist 0. Windows muss in der Lage sein, die ausführbare Datei zu finden. Wird die ausführbare Datei nicht im Pfad gefunden, kann das Symbol nicht ausgelesen werden. Stellen Sie daher sicher, dass Sie den vollständigen Pfad zur ausführbaren Datei eintragen.

Das Arbeitsverzeichnis legt das Standardverzeichnis für eine Anwendung fest. Dieses Verzeichnis wird verwendet, wenn ein Benutzer zum ersten Mal Dateien öffnet oder speichert.

URL-Verknüpfungen öffnen Internetdokumente in einer geeigneten Anwendung. Beispielsweise werden Webseiten im Standardbrowser geöffnet, etwa dem Internet Explorer. Für URL-Verknüpfungen stehen die Eigenschaften *Argumente*, *Starten in*, *Ausführen* und *Kommentar* nicht zur Verfügung.

Erstellen von Menüs und Menüoptionen

Mithilfe von Gruppenrichtlinieneinstellungen können Sie ganz einfach Menüoptionen zu vorhandenen Toplevelmenüs hinzufügen, etwa zu *Alle Programme* oder zum Startmenü. Erstellen Sie dazu einfach eine Verknüpfung, die als Speicherort auf den Ordner *Alle Programme* oder das Startmenü verweist.

Auch neue Menüs können Sie mit Richtlinieneinstellungen erstellen. Dazu verwenden Sie eine Ordnereinstellung, mit der Sie einen Ordner zu einem vorhandenen Spezialordner hinzufügen, etwa zum Startmenü oder zum Menü *Alle Programme*. Sobald Sie ein Menü erstellt haben, können Sie Optionen darin eintragen. Erstellen Sie dazu Verknüpfungen, die als Speicherort das neue Menü angeben.

Sie können Richtlinieneinstellungen verwenden, um die Eigenschaften beliebiger Verknüpfungen oder Menüoptionen zu aktualisieren oder zu ersetzen. Erstellen Sie dazu eine neue Verknüpfung mit demselben Namen wie die alte Verknüpfung und wählen Sie als Aktion *Aktualisieren* oder *Ersetzen* aus.

Schließlich können Sie Verknüpfungen und Menüoptionen auch löschen, indem Sie eine Richtlinieneinstellung erstellen, bei der die Aktion *Löschen* ausgewählt ist. Menüs löschen Sie mithilfe einer Ordnereinstellung, bei der die Aktion *Löschen* ausgewählt ist.

Hinzufügen oder Entfernen von Autostartprogrammen

Vom Administrator oder Benutzer installierte Programme, die im Hintergrund ausgeführt werden, können mit dem *Startup*-Ordner verwaltet werden. Autostartprogramme, die nur für den aktuell angemeldeten Benutzer gestartet werden, sind im *Startup*-Ordner aus den Profildaten dieses Benutzers gespeichert (unter *%UserProfile%\AppData\Roaming\Microsoft\Windows\Start Menu/Programs*). Autostartprogramme, die für alle Benutzer verfügbar sind, die sich am Computer anmelden, werden im *Startup*-Ordner für alle Benutzer gespeichert (unter *%SystemDrive%\ProgramData\Microsoft\Windows\Start Menu\Programs*).

Mit folgenden Schritten können Sie Autostartprogramme für alle Benutzer hinzufügen oder entfernen:

1. Klicken Sie mit der rechten Maustaste auf die *Start*-Schaltfläche in der Taskleiste, wählen Sie den Befehl *Windows-Explorer öffnen* und wechseln Sie in den ausgeblendeten Ordner *%SystemDrive%\ProgramData\Microsoft\Windows\Start Menu*.

2. Klicken Sie im linken Fensterabschnitt unter *Startmenü* auf den Ordner *Programme* und dann auf *Autostart*.
3. Nun können Sie Autostartprogramme für alle Benutzer hinzufügen oder entfernen. Wenn Sie ein Autostartprogramm hinzufügen möchten, erstellen Sie eine Verknüpfung mit dem Programm, das gestartet werden soll. Um ein Autostartprogramm zu entfernen, löschen Sie seine Verknüpfung aus dem *Autostart*-Ordner.

Mit folgenden Schritten können Sie Autostartprogramme für einen bestimmten Benutzer hinzufügen oder entfernen:

1. Melden Sie sich als der Benutzer an, dessen Autostartanwendungen Sie verwalten wollen. Klicken Sie mit der rechten Maustaste auf die *Start*-Schaltfläche in der Taskleiste, wählen Sie den Befehl *Windows-Explorer öffnen* und wechseln Sie in den ausgeblendeten Ordner *%UserProfile%\ AppData\Roaming\Microsoft\Windows\Start Menu*.
2. Klicken Sie im linken Fensterabschnitt unter *Startmenü* auf den Ordner *Programme* und dann auf *Autostart*.
3. Nun können Sie Autostartprogramme für diesen Benutzer hinzufügen oder entfernen. Wenn Sie ein Autostartprogramm hinzufügen möchten, erstellen Sie eine Verknüpfung mit dem Programm, das gestartet werden soll. Um ein Autostartprogramm zu entfernen, löschen Sie seine Verknüpfung aus dem *Autostart*-Ordner.

HINWEIS Genau genommen brauchen Sie sich eigentlich nicht als der Benutzer anzumelden, dessen Autostartanwendungen Sie verwalten möchten, aber es erleichtert die Arbeit. Wenn Sie sich nicht als dieser Benutzer anmelden können, wechseln Sie in den Ordner *Benutzer* (*Users*) auf dem Systemlaufwerk und arbeiten sich nach unten bis in die Ordner vor, in denen das Benutzerprofil des betreffenden Benutzers gespeichert ist. Die Benutzerprofile werden nach Kontennamen getrennt.

In Gruppenrichtlinieneinstellungen legen Sie fest, welche Anwendungen automatisch nach dem Anmelden eines Benutzers gestartet werden sollen, indem Sie Verknüpfungen in den Ordnern *Alle Benutzer – Starten* und *Start* erstellen. Der Ordner *Alle Benutzer – Starten* enthält die Autostartanwendungen für alle Benutzer, die sich am System anmelden. Der Ordner *Start* legt die Autostartanwendungen für den aktuellen Benutzer fest.

Wenn Sie eine Verknüpfung für eine Autostartanwendung erstellen, brauchen Sie gewöhnlich nur die Optionen *Name*, *Zieltyp*, *Speicherort* und *Pfad* zu konfigurieren. Gelegentlich ist es außerdem sinnvoll, ein Arbeitsverzeichnis für eine Anwendung einzutragen oder Argumente zu übergeben.

Falls Sie eine Autostartanwendung später wieder entfernen wollen, können Sie dazu eine Richtlinieneinstellung erstellen, bei der als Aktion der Eintrag *Löschen* ausgewählt ist.

Anpassen der Taskleiste

Die Taskleiste bietet einen schnellen Zugriff auf oft benötigte Informationen und aktive Anwendungen. Sie können das Verhalten und die Eigenschaften der Taskleiste auf vielfältige Weise ändern. Dieser Abschnitt beschreibt die wichtigsten Methoden.

Funktionsweise der Taskleiste

Die Taskleiste ist einer der am wenigsten beachteten Bereiche des Windows-Desktops. Benutzer und Administratoren neigen dazu, ihrer Einstellung nur wenig Aufmerksamkeit zu schenken, obwohl wir sie Tag für Tag verwenden und uns darauf verlassen, dass sie für den schnellen Zugriff auf praktisch alles zur Verfügung steht, was wir im Windows-Betriebssystem tun. Wenn Sie feststellen, dass Benutzer öfters Probleme mit dem Zugriff auf bestimmte Windows-Funktionen oder der Ausführung von Anwendungen haben, können Sie das ändern, indem Sie die Taskleiste an die Bedürfnisse der Benutzer anpassen. Die Windows-Taskleiste kann mehrere Symbolleisten enthalten, die den Benutzer auf unterschiedlichste Arten unterstützen können.

Manchmal ergeben sich erstaunliche Produktivitätssteigerungen dadurch, dass man ein häufig benutztes Element auf der Taskleiste unterbringt. Die meisten Leute verbringen zum Beispiel viel Zeit damit, Dokumente zu suchen und zu lesen. Sie wühlen im Internet oder im Intranet der Organisation herum, um die neusten Informationen zu finden. Sie öffnen Dokumente in Microsoft Word, Excel, PowerPoint und anderen Anwendungen, suchen nach einzelnen Dokumenten und starten einzelne Anwendungen, um diese einzelnen Dokumente zu lesen. Nach dem Hinzufügen einer Adressleiste zur Taskleiste können Benutzer direkt auf Dokumente zugreifen und die zuständige Anwendung automatisch öffnen. Sie brauchen nur den Pfadnamen des Dokuments einzugeben und die EINGABETASTE zu drücken. Mit der Zeit erscheinen mehr und mehr der häufiger verwendeten Dokumente in der Verlaufsliste der Adressleiste, was dem Benutzer das Auffinden der gewünschten Information weiter erleichtert.

Verknüpfungen an der Taskleiste anheften

Windows 7 hat keine Schnellstartleiste. Stattdessen können Sie in Windows 7 häufig benutzte Programme direkt auf der Taskleiste anheften oder fixieren. Diese Möglichkeit haben Sie immer, wenn Sie mit dem Startmenü arbeiten. Klicken Sie einfach mit der rechten Maustaste auf ein Element, das Sie zur Taskleiste hinzufügen möchten, und wählen Sie den Befehl *An Taskleiste anheften*. Sobald Sie ein Element an der Taskleiste angeheftet haben, können Sie die Position des Elements in der Taskleiste ändern, indem Sie sein Symbol anklicken und mit der Maus verschieben. Wollen Sie ein Element wieder aus der Taskleiste entfernen, klicken Sie mit der rechten Maustaste auf das Element und wählen den Befehl *Dieses Programm von der Taskleiste lösen*.

Ändern der Größe und Position der Taskleiste

Standardmäßig erscheint die Taskleiste am unteren Bildschirmrand und ist in der Größe so eingestellt, dass eine Zeile mit Optionen sichtbar ist. Solange die Position der Taskleiste nicht fixiert ist, können Sie die Taskleiste aber an jeder Kante des Windows-Desktops andocken und ihre Größe nach Bedarf einstellen. Zum Verschieben der Taskleiste klicken Sie sie einfach an und ziehen sie zu einer anderen Kante des Desktops. Während Sie die Taskleiste verschieben, wird sie am Rand des Windows-Desktops angezeigt. Sobald Sie die Maustaste loslassen, erscheint die Taskleiste an ihrer neuen Position. Zur Größeneinstellung der Taskleiste bewegen Sie den Mauszeiger auf die der Bildschirmmitte zugewandte Kante und ziehen sie auf die gewünschte Größe.

Automatisches Ausblenden, Fixieren und Steuern der Sichtbarkeit der Taskleiste

Wenn Sie die Sichtbarkeit der Taskleiste kontrollieren möchten, stehen mehrere Optionen zur Wahl. Sie können die Taskleiste so einstellen, dass sie automatisch ausgeblendet wird, wenn sie nicht benutzt wird. Sie können die Taskleiste fixieren, damit sich weder ihre Größe noch ihre Position verändern lässt. Sie können die Taskleiste auch an einer bestimmten Position und in einer bestimmten Form anzeigen. Sobald die Größe und Position der Taskleiste so eingestellt ist, wie der Benutzer sie haben will, sollten Sie die Taskleiste fixieren. Auf diese Weise hat sie eine feste Position, sodass der Benutzer nicht erst nach ihr suchen muss.

Gehen Sie folgendermaßen vor, um die Taskleiste zu konfigurieren:

1. Klicken Sie mit der rechten Maustaste auf die Taskleiste und wählen Sie den Befehl *Eigenschaften*.
2. Klicken Sie im Dialogfeld *Eigenschaften von Taskleiste und Startmenü* auf die Registerkarte *Taskleiste*.
3. Wählen Sie die gewünschten Optionen für die Taskleistendarstellung aus. Sie können die Taskleiste fixieren, sie automatisch ausblenden und kleine Symbole verwenden.
4. Legen Sie in der Dropdownliste *Position der Taskleiste auf dem Bildschirm* die Anordnung der Taskleiste auf dem Desktop fest. Es stehen *Unten*, *Links*, *Rechts* und *Oben* zur Auswahl.
5. Stellen Sie in der Dropdownliste *Schaltflächen der Taskleiste* ein, ob Taskleistenschaltflächen zusammengefasst und Beschriftungen ausgeblendet werden. Wählen Sie *Immer gruppieren, Beschriftungen ausblenden*, wenn Schaltflächen desselben Typs zusammengefasst und ihre Beschriftungen ausgeblendet werden sollen. Wählen Sie *Gruppieren, wenn die Taskleiste voll ist*, um Schaltflächen nur dann zusammenzufassen, wenn kein Platz mehr auf der Taskleiste ist. Wenn die Schaltflächen niemals zusammengefasst werden sollen, können Sie *Nie gruppieren* auswählen.

6. Aktivieren Sie das Kontrollkästchen *Aero-Peek für die Desktopvorschau verwenden*, damit die offenen Fenster temporär minimiert und der Desktop angezeigt wird, wenn Sie Ihre Maus ans Ende der Taskleiste fahren.
7. Klicken Sie auf *OK*.

TIPP Die Fixierung der Taskleiste ist eine der nützlichsten Taskleistenoptionen. Wenn Sie die Taskleiste nach der optimalen Einstellung fixieren, haben Benutzer weniger Probleme mit versehentlichen Änderungen der Taskleistenoptionen. Die Fixierung hindert Benutzer nicht daran, die Taskleiste absichtlich anders einzustellen. Wenn Benutzer tatsächlich die Taskleiste ändern möchten, brauchen sie sie nur mit der rechten Maustaste anzuklicken, *Eigenschaften* zu wählen und dann das Kontrollkästchen *Taskleiste fixieren* zu deaktivieren.

Steuern der Anwendungen im Infobereich

Der Infobereich (oder der Systembereich) ist der Bereich am rechten Ende der Taskleiste, in dem die Systemuhr und Benachrichtigungssymbole von Anwendungen angezeigt werden. Die zwei Standardbenachrichtigungssymbole sind das Wartungscenter und die Netzwerkkonsole. Wenn Sie auf die Symbole im Infobereich zeigen, wird ein kleines Feld mit Informationen über die betreffende Anwendung angezeigt. Um eine Anwendung in diesem Bereich zu bedienen, klicken Sie das Anwendungssymbol mit der rechten Maustaste an, um ein Menü mit den verfügbaren Optionen zu öffnen. Jede Anwendung bietet andere Menüoptionen an, von denen die meisten für den schnellen Zugriff auf Standardfunktionen gedacht sind.

Sie können den Infobereich auf verschiedene Weise optimieren, indem Sie die Eigenschaften des Infobereichs einstellen, von denen es abhängt, ob Systemsymbole wie die Uhr, die Lautstärkeeinstellung und die Netzwerkverbindung angezeigt werden und ob Anwendungssymbole generell angezeigt werden oder nicht.

Steuern der Symbolanzeige im Infobereich

Der Infobereich zeigt Anwendungs- und Systemsymbole an. Anwendungssymbole werden aus verschiedenen Gründen im Infobereich angezeigt. Manche Programme, wie beispielsweise das Wartungscenter, werden von Windows selbst verwaltet. Ihre Symbole erscheinen immer dann, wenn dem Benutzer Benachrichtigungen mitgeteilt werden müssen. Andere Programme werden beim Betriebssystemstart geladen und im Hintergrund ausgeführt, wie zum Beispiel ein Antivirenprogramm. Gewöhnlich können Sie dann in der Anwendung oder im Installationsprogramm für die Anwendung festlegen, ob im Infobereich Symbole angezeigt werden sollen oder nicht. Windows 7 bietet eine allgemeine Schnittstelle zur Steuerung der Symbolanzeige im Infobereich. Sie können für jede Anwendung individuell festlegen, ob und wie Symbole angezeigt werden sollen.

Zur Steuerung der Anzeige von Anwendungssymbolen im Infobereich gehen Sie folgendermaßen vor:

1. Klicken Sie mit der rechten Maustaste auf die Taskleiste und wählen Sie den Befehl *Eigenschaften*.
2. Wählen Sie im Dialogfeld *Eigenschaften von Taskleiste und Startmenü* die Registerkarte *Taskleiste* aus.
3. Klicken Sie unter *Infobereich* auf die Schaltfläche *Anpassen*, um die Seite *Infobereichsymbole* zu öffnen (Abbildung 7.4).

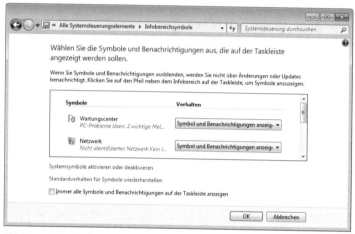

Abbildung 7.4   Konfigurieren der Benachrichtigungssymbole

4. Wenn Sie wollen, dass alle Symbole angezeigt werden, brauchen Sie nur das Kontrollkästchen *Immer alle Symbole und Benachrichtigungen auf der Taskleiste anzeigen* zu aktivieren und auf *OK* zu klicken. Überspringen Sie in diesem Fall die restlichen Schritte.
5. Deaktivieren Sie das Kontrollkästchen *Immer alle Symbole und Benachrichtigungen auf der Taskleiste anzeigen*, wenn Sie die Anzeige der Symbole einzeln anpassen wollen. Nun können Sie das Benachrichtigungsverhalten optimieren. Zu jedem Eintrag in der linken Spalte gibt es in der rechten Spalte ein Auswahlmenü mit folgenden Optionen:
    - **Symbol und Benachrichtigungen ausblenden**   Das Symbol und die Benachrichtigungen werden nie angezeigt.
    - **Nur Benachrichtigungen anzeigen**   Es werden nur Benachrichtigungen angezeigt.
    - **Symbol und Benachrichtigungen anzeigen**   Es werden immer das Symbol und Benachrichtigungen angezeigt.
6. Klicken Sie zweimal auf *OK*, wenn Sie die Benachrichtigungseinträge konfiguriert haben.

Optimieren der Symbolleisten

Für die Taskleiste sind mehrere Symbolleisten verfügbar. Den meisten Benutzern dürfte die Symbolleiste *Schnellstart* bekannt sein (in älteren Windows-Versionen, aber nicht mehr in Windows 7), die den schnellen Zugriff auf oft benutzte Anwendungen und den Windows-Desktop ermöglichte. Die Taskleiste kann mehrere Symbolleisten anzeigen, die in Windows 7 enthalten sind. Außerdem können Benutzer auch selbst Symbolleisten erstellen.

Anzeigen von Symbolleisten

Für die Taskleiste stehen folgende Symbolleisten zur Verfügung:

- *Adresse* Zeigt ein Adresseingabefeld, in dem Sie URLs (Uniform Resource Locators) und andere Adressen eingeben können, auf die Sie zugreifen möchten, sei es im Internet, im lokalen Netzwerk oder auf dem lokalen Computer. Wenn Sie einen vollständigen Pfadnamen angeben, wird automatisch die zuständige Anwendung gestartet, um die angegebene Datei zu öffnen.

- *Links* Bietet Zugang zum Ordner *Links* aus dem Menü *Favoriten* von Internet Explorer. Um Verknüpfungen mit Dateien, Internetseiten oder anderen Ressourcen hinzuzufügen, ziehen Sie eine passende Verknüpfung auf die *Links*-Symbolleiste. Zum Entfernen einer Verknüpfung klicken Sie die Verknüpfung mit der rechten Maustaste an und wählen *Löschen*. Wenn Sie dazu aufgefordert werden, bestätigen Sie den Vorgang mit einem Klick auf *Ja*.

- *Desktop* Bietet Zugriff auf alle Verknüpfungen, die auf dem lokalen Desktop liegen. Sie brauchen also weder die Anwendungsfenster zu minimieren noch die Schaltfläche *Desktop anzeigen* rechts auf der Taskleiste anzuklicken, um auf diese Verknüpfungen zuzugreifen.

Um Symbolleisten anzuzeigen oder auszublenden, gehen Sie folgendermaßen vor:

1. Klicken Sie mit der rechten Maustaste auf die Taskleiste, um das Kontextmenü zu öffnen.
2. Zeigen Sie auf *Symbolleisten* und klicken Sie dann in der Liste auf den Namen der gewünschten Symbolleiste. Dadurch wird die Symbolleiste ein- oder ausgeschaltet.

TIPP Standardmäßig werden alle Symbolleisten mit einem Namen angezeigt. Sie können die Anzeige des Namens abschalten, indem Sie die Symbolleiste mit der rechten Maustaste anklicken und dann auf *Titel anzeigen* klicken, um diesen Befehl zu deaktivieren. Wenn die Taskleiste fixiert ist, müssen Sie die Fixierung zuvor aufheben, indem Sie im Kontextmenü auf *Taskleiste fixieren* klicken.

Erstellen persönlicher Symbolleisten

Sie können auch neue Symbolleisten für Benutzer erstellen. Auch selbsterstellte Symbolleisten haben einen Ordner als Basis, und ihre Schaltflächen hängen vom Inhalt dieses Ordners ab. Die meisten Symbolleisten, die Sie erstellen werden, verweisen wahrscheinlich auf freigegebene Netzwerkordner. Wenn zum Beispiel alle Benutzer Zugriff auf den freigegebenen Ordner *CorpData* haben, in dem Firmendaten gespeichert werden, und auf einen Ordner *UserData*, in dem persönliche Informationen liegen, können Sie die Taskleiste durch Symbolleisten ergänzen, die auf diese Ordner verweisen. Will der Benutzer auf einen dieser Ordner zugreifen, klickt er einfach die entsprechende Schaltfläche an.

Neue Symbolleisten können Sie auf folgende Weise erstellen:

1. Klicken Sie mit der rechten Maustaste auf die Taskleiste, um das Kontextmenü zu öffnen. Zeigen Sie auf *Symbolleisten* und klicken Sie auf *Neue Symbolleiste*. Daraufhin öffnet sich das Dialogfeld *Neue Symbolleiste – Ordner auswählen*, das dem üblichen *Öffnen*-Dialogfeld ähnelt.
2. Wechseln Sie in den Ordner, in dem Sie Ihre neue Symbolleiste aufbauen wollen.
3. Wenn Sie auf *Ordner auswählen* klicken, wird der Ordner auf der Taskleiste als neue Symbolleiste angezeigt. Wenn Sie nun Verknüpfungen zu diesem Ordner hinzufügen, erscheinen die Verknüpfungen auch als Elemente auf der Symbolleiste. Und wenn Sie die Verknüpfungen aus dem Ordner löschen, verschwinden sie auch von der Symbolleiste.

HINWEIS Was selbstdefinierte Symbolleisten betrifft, gibt es eine gute und eine schlechte Nachricht. Die gute Nachricht lautet, dass die meisten Benutzer sie für nützlich halten. Die schlechte Nachricht ist folgende: Sollte ein Benutzer eine selbstdefinierte Symbolleiste schließen, muss die Leiste neu erstellt werden, bevor sie sich wieder auf der Taskleiste anzeigen lässt.

Verwenden von Designs

Mit »Design« ist eine Kombination von Hintergrund und Sounds, Symbolen und anderen Elementen gemeint, mit denen sich der Desktop und die Betriebssystemumgebung an die persönlichen Vorlieben anpassen lassen. Administratoren tendieren dazu, Designs zu hassen, während Benutzer dazu neigen, Designs zu mögen. In diesem Abschnitt erfahren Sie, was es mit Designs auf sich hat, wie man einzelne Aspekte anpasst, und natürlich, wie man Designs löscht.

Anwenden und Entfernen von Designs

Es sind verschiedene vorgefertigte Designs verfügbar. Manche Designs werden bei der Installation des Betriebssystems installiert. Um ein Design anzuwenden, gehen Sie folgendermaßen vor:

1. Klicken Sie mit der rechten Maustaste auf einen freien Bereich des Desktops und wählen Sie *Anpassen*. Dadurch wird die Konsole *Anpassung* der Systemsteuerung geöffnet (Abbildung 7.5).
2. Wählen Sie in der Liste das gewünschte Design aus. Sie können ein Design von der Microsoft-Website verwenden, indem Sie auf *Weitere Designs online beziehen* klicken, woraufhin sich die Microsoft-Website in Ihrem Standardbrowser öffnet. Sie verwenden ein Onlinedesign,

indem Sie es auswählen und auf *Speichern* klicken. Wählen Sie einen Speicherort aus, wenn Sie dazu aufgefordert werden. Warten Sie, bis der Download beendet ist, und klicken Sie dann im Dialogfeld *Download abgeschlossen* auf *Öffnen*. Das Design ist nun verfügbar und kann angewendet werden.

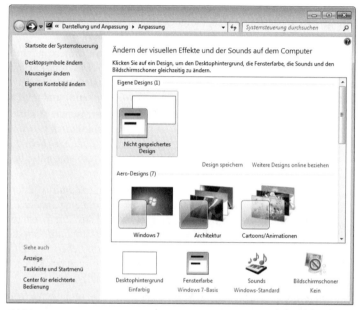

Abbildung 7.5 In der Konsole *Anpassung* können Sie verschiedene Dialogfelder zur Einstellung des Designs, der Anzeige und anderer Dinge öffnen

3. Im unteren Teil der Konsole *Anpassung* finden Sie einige Optionen für das ausgewählte Design. Klicken Sie auf eines dieser Elemente, um es zu ändern.

Zur Wiederherstellung des ursprünglichen Designs gehen Sie folgendermaßen vor:

1. Klicken Sie mit der rechten Maustaste auf einen freien Bereich des Desktops und wählen Sie *Anpassen*.
2. Wählen Sie *Windows 7* oder *Windows 7-Basis* als Design aus.

TIPP Da die Anzeige des Designs vom Designdienst (*Themes*) gesteuert wird, können Sie diesen Dienst anhalten, wenn Sie das Design zum Beispiel im Rahmen einer Fehlersuche schnell ausschalten möchten, ohne die Designeinstellung zu ändern. Mit folgendem Befehl können Sie den Designdienst in einer Eingabeaufforderung mit erhöhten Rechten anhalten: **net stop themes**. Um den Designdienst neu zu starten, geben Sie in einer Eingabeaufforderung mit erhöhten Rechten folgenden Befehl ein: **net start themes**.

Anpassen und Erweitern von Designs

Wenn Sie ein Design auf den Windows-Desktop anwenden, können davon viele verschiedene Einstellungen betroffen sein. Oft ist es so, dass den Benutzern ein bestimmtes Design im Prinzip gefällt, bis auf ein paar Dinge wie beispielsweise der Sound. Um dieses Problem zu lösen, können Sie die Systemeinstellungen ändern, die dem Benutzer nicht gefallen, und das aktualisierte Design speichern, damit der Benutzer es später wiederherstellen kann.

Sie verwalten Designs in der Konsole *Anpassung*, die Sie öffnen, indem Sie mit der rechten Maustaste auf einen freien Bereich des Desktops klicken und den Befehl *Anpassen* wählen. Die wichtigsten Einstellungen in der Konsole *Anpassung*, auf die sich ein Design auswirken kann, sind folgende:

- **Bildschirmschoner**   Zur Einstellung des Bildschirmschoners klicken Sie auf *Bildschirmschoner*. Wählen Sie im Dialogfeld *Bildschirmschonereinstellungen* einen Bildschirmschoner aus oder wählen Sie *(Kein)*, wenn Sie keinen Bildschirmschoner wünschen. Klicken Sie anschließend auf *OK*.
- **Sounds**   Zur Änderung des Sounds klicken Sie auf *Sounds*. Wählen Sie aus der Liste *Soundschema* des Dialogfelds *Sound* eine andere Zusammenstellung an Programmereignisgeräuschen aus. Zur Wiederherstellung der Standardvorgabe wählen Sie *Windows-Standard*. Um die Geräusche abzuschalten, wählen Sie *Keine Sounds*. Klicken Sie auf *OK*. Wenn Sie die Sounds abschalten, empfiehlt es sich, auch das Kontrollkästchen *Windows-Startsound wiedergeben* zu deaktivieren.
- **Mauszeiger**   Sie ändern die Mauszeiger, indem Sie im linken Fensterabschnitt auf *Mauszeiger ändern* klicken. Wählen Sie im Dialogfeld *Eigenschaften von Maus* auf der Registerkarte *Zeiger* im Feld *Schema* einen anderen Satz Mauszeiger aus. Klicken Sie auf *OK*.
- **Desktophintergrund**   Sie ändern den Desktophintergrund, indem Sie auf *Desktophintergrund* klicken. Wählen Sie in der Liste *Bildpfad* den Speicherort der Bilder aus, die Sie als Hintergrund anzeigen wollen. Klicken Sie auf *Durchsuchen*, um das Dialogfeld *Ordner suchen* zu öffnen. Sie können auch Windows-Desktophintergründe aus dem Ordner *%SystemRoot%\Web\Wallpaper* auswählen, in dem die mit Windows 7 gelieferten Standardhintergrundbilder abgelegt sind. Klicken Sie auf den Hintergrund, den Sie verwenden wollen, legen Sie die Bildposition fest und klicken Sie auf *Änderungen speichern*.
- **Farbschema**   Klicken Sie auf *Fensterfarbe*, um das Farbschema zu ändern. Klicken Sie auf die Farbe, die Sie verwenden möchten. Aktivieren oder deaktivieren Sie das Kontrollkästchen *Transparenz aktivieren* und klicken Sie auf *Änderungen speichern*.

Löschen benutzerdefinierter Designs

Designs, die Benutzer aus anderen Quellen importieren, können auf der Festplatte viel Platz einnehmen. Um ein Design und die dazugehörigen Dateien zu löschen, gehen Sie folgendermaßen vor:

1. Klicken Sie mit der rechten Maustaste auf einen freien Bereich des Desktops und wählen Sie den Befehl *Anpassen*.
2. Klicken Sie unter *Eigene Designs* mit der rechten Maustaste auf das Design, das Sie löschen wollen, und wählen Sie den Befehl *Design löschen*. Windows löscht die Definitionsdatei des Design und alle zugehörigen Mediendateien.

TIPP Gewöhnlich liegen Definitionsdateien für Designs, die Windows installiert, im Ordner *%WinDir%\Resources\Themes*, während vom Benutzer erstellte Designs in den Profildaten des Benutzers gespeichert werden. Wenn Sie herausfinden möchten, wie viel Platz die Designs belegen, überprüfen Sie diese Ordner und ihre Unterordner. Sie sollten in diesen Ordnern aber keine Dateien direkt löschen, sondern auf die gerade beschriebenen Methoden zurückgreifen.

Optimieren der Desktopumgebung

Wenn Sie Anwendungen oder Ordner öffnen, erscheinen sie auf dem Desktop. Sie können geöffnete Anwendungen und Ordner auf dem Desktop in bestimmter Weise anordnen, indem Sie einen leeren Bereich der Taskleiste mit der rechten Maustaste anklicken und dann nach Bedarf einen der Befehle *Überlappend*, *Fenster gestapelt anzeigen* oder *Fenster nebeneinander anzeigen* wählen. Wenn Sie auf *Desktop anzeigen* klicken, minimiert Windows alle geöffneten Fenster und der Desktop wird sichtbar. Ein Klick auf *Geöffnete Fenster anzeigen* versetzt die minimierten Fenster wieder in ihre vorigen Zustände.

Sie können Dateien, Ordner und Verknüpfungen auf dem Desktop ablegen. Jede Datei und jeder Ordner, den Sie auf dem Desktop speichern, erscheint auf dem Desktop. Jede Datei und jeder Ordner, den Sie von einem Windows-Explorer-Fenster auf den Desktop ziehen, bleibt auf dem Desktop liegen. Um eine Verknüpfung mit einer Datei oder einem Ordner auf dem Desktop abzulegen, klicken Sie mit der rechten Maustaste auf die Datei oder den Ordner, zeigen auf *Senden an* und wählen dann *Desktop (Verknüpfung)*.

Neben diesen Grundtechniken bietet Windows 7 noch viele andere Wege zur Optimierung der Desktopumgebung. Sie können beispielsweise ein Firmenlogo oder ein anderes Symbol in den Standarddesktop aufnehmen. Das ist besonders bei verliehenen Laptops sinnvoll. Sie könnten zum Beispiel ein Logo mit dem Hinweis »Leihgabe der Technikabteilung« erstellen. Außerdem können Sie mit den Windows-Minianwendungen benutzerdefinierte Inhalte direkt auf dem Desktop ablegen.

Einstellen des Desktophintergrunds

Windows 7 bietet mehrere Sätze an Hintergrundbildern und fasst diese Bilder anhand der Ordner zusammen, in denen die Bilddateien gespeichert sind. Hintergrundbilder werden auf der Festplatte des Computers in Unterordnern von *%WinDir%\Web\Wallpaper* gespeichert. Jeder Ordner dient als Name für eine neue Gruppe. So werden zum Beispiel Bilder aus dem Ordner *Landschaften* in der *Landschaften*-Gruppe der Hintergrundbilder angezeigt.

Hintergrundbilder können in den Formaten *.bmp*, *.gif*, *.jpg*, *.jpeg*, *.dib* und *.png* vorliegen. Wenn Sie ein Bild in einem dieser Formate in einem Unterordner von *%WinDir%\Web\Wallpaper* hinzufügen, wird das Bild als Teil der betreffenden Gruppe verfügbar. Wenn Sie eine neue Gruppe definieren möchten, erstellen Sie einfach einen Ordner innerhalb von *%WinDir%\Web\Wallpaper* und speichern die gewünschten Bilder dort ab.

Zur Auswahl eines Hintergrundbilds für den Desktop gehen Sie folgendermaßen vor:

1. Klicken Sie mit der rechten Maustaste auf einen freien Bereich des Desktops und wählen Sie dann *Anpassen*. Klicken Sie in der Konsole *Anpassung* auf *Desktophintergrund*. Dadurch öffnet sich die Konsole *Desktophintergrund* (Abbildung 7.6).

Abbildung 7.6 Wählen Sie das gewünschte Hintergrundbild aus

2. Wenn Sie *Windows-Desktophintergründe* als *Bildpfad* festlegen, fasst Windows 7 Hintergrundbilder zu Gruppen gleichartiger Bilder zusammen, wie zum Beispiel *Architektur* oder *Natur*.
3. Klicken Sie auf das Bild, das Sie als Hintergrundbild verwenden möchten. Wenn Sie kein Hintergrundbild finden, das Ihnen gefällt, klicken Sie auf die Schaltfläche *Durchsuchen*, um im Dateisystem oder im Netzwerk nach einem passenden Bild zu suchen.
4. Stellen Sie in der Dropdownliste *Bildposition* ein, wie das Hintergrundbild angezeigt werden soll. Es stehen folgende Optionen zur Auswahl:
   - **Zentriert** Zentriert das Bild auf dem Desktophintergrund. Alle Bereiche, die das Bild nicht abdeckt, verwenden die aktuelle Desktopfarbe.

- *Gefüllt*   Füllt den Desktophintergrund mit dem Bild aus. Die Seiten des Bilds werden unter Umständen abgeschnitten.
- *Angepasst*   Passt das Bild auf den Desktophintergrund an. Das richtige Seitenverhältnis wird beibehalten. Das ist eine gute Option für Fotos und große Bilder, die Sie ansehen wollen, ohne dass sie gedehnt oder gestaucht werden.
- *Gestreckt*   Streckt das Bild, sodass es den Desktophintergrund ausfüllt. Das richtige Seitenverhältnis wird so weit wie möglich beibehalten, aber die Höhe wird angepasst, um verbleibende Lücken zu füllen.
- *Nebeneinander*   Legt das Bild so oft neben- und untereinander, dass es den ganzen Bildschirm ausfüllt. Das ist eine gute Wahl für kleine Bilder und Symbole.

5. Klicken Sie auf *Änderungen speichern*, wenn Sie mit dem Einstellen des Hintergrunds fertig sind.

Verwenden der Standarddesktopsymbole

In der Standardeinstellung wird nur das Papierkorbsymbol zum Desktop hinzugefügt. Ein Doppelklick auf das Symbol *Papierkorb* öffnet ein Fenster, in dem Sie sich Dateien und Ordner ansehen können, die Sie als gelöscht markiert haben. Durch die Wahl von *Papierkorb leeren* können Sie alle Elemente aus dem Papierkorb endgültig löschen.

Darüber hinaus können Sie folgende Symbole zum Desktop hinzufügen:

- *Computer*   Ein Doppelklick auf das Symbol öffnet ein Fenster, in dem Sie auf Festplattenlaufwerke und auf Geräte mit Wechselmedien zugreifen können. Ein Klick mit der rechten Maustaste auf das *Computer*-Symbol und die Wahl des Befehls *Verwalten* öffnet die Konsole *Computerverwaltung*. Ein Klick mit der rechten Maustaste auf das *Computer*-Symbol und die Wahl des Befehls *Netzlaufwerk zuordnen* ermöglichen es Ihnen, eine Verbindung mit einem freigegebenen Netzwerkordner herzustellen. Ein Klick mit der rechten Maustaste auf das *Computer*-Symbol und die Wahl des Befehls *Netzlaufwerk trennen* ermöglichen es, die Verbindung mit einem freigegebenen Netzlaufwerk wieder zu trennen.
- *Systemsteuerung*   Ein Doppelklick auf das Symbol *Systemsteuerung* öffnet die Systemsteuerung, die Zugang zu Systemkonfigurations- und Systemverwaltungsprogrammen bietet.
- *Netzwerk*   Ein Doppelklick auf das Symbol *Netzwerk* öffnet ein Fenster, in dem Sie auf die Computer und Geräte in Ihrem Netzwerk zugreifen können. Ein Klick mit der rechten Maustaste auf das Symbol *Netzwerk* und die Wahl des Befehls *Netzlaufwerk zuordnen* ermöglichen Ihnen die Herstellung von Verbindungen mit freigegebenen Netzwerkordnern. Ein Klick mit der rechten Maustaste auf das Symbol *Netzwerk* und die Wahl des Befehls *Netzlaufwerk trennen* ermöglichen die Trennung der Verbindung zu einem freigegebenen Netzwerkordner.

- **Benutzerdateien** Ein Doppelklick auf das Symbol der Benutzerdateien öffnet Ihren persönlichen Ordner.

Mit folgenden Schritten können Sie die gebräuchlichen Desktopsymbole hinzufügen oder entfernen:

1. Klicken Sie mit der rechten Maustaste auf einen freien Bereich des Desktops und wählen Sie den Befehl *Anpassen*. Dadurch öffnet sich die Konsole *Anpassung*.
2. Klicken Sie im linken Bereich unter *Aufgaben* auf *Desktopsymbole ändern*. Es öffnet sich das Dialogfeld *Desktopsymboleinstellungen* (Abbildung 7.7).

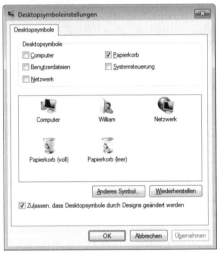

Abbildung 7.7 Im Dialogfeld *Desktopsymboleinstellungen* können Sie die anzuzeigenden Desktopsymbole auswählen und einstellen

3. Das Dialogfeld *Desktopsymboleinstellungen* weist für alle Standardsymbole Kontrollkästchen auf. Deaktivieren Sie das entsprechende Kontrollkästchen, um ein Symbol zu entfernen. Aktivieren Sie ein Kontrollkästchen, um das Symbol hinzuzufügen.
4. Klicken Sie auf *OK*.

Sie können alle Desktopsymbole verbergen, indem Sie mit der rechten Maustaste einen freien Bereich des Desktops anklicken, auf *Ansicht* zeigen und *Desktopsymbole anzeigen* wählen. Wenn Sie dies wiederholen und ein zweites Mal *Desktopsymbole anzeigen* wählen, erscheinen alle verborgenen Desktopsymbole wieder.

Wenn Sie ein Symbol oder eine Verknüpfung nicht mehr auf dem Desktop sehen wollen, klicken Sie das Element mit der rechten Maustaste an und wählen dann *Löschen*. Sobald Sie dazu aufgefordert werden, bestätigen Sie den Vorgang mit einem Klick auf *Ja*. Wenn Sie ein Symbol, das für eine

Datei oder einen Ordner steht, vom Desktop löschen, wird auch die Datei beziehungsweise der Ordner (samt Inhalt) gelöscht.

Bildschirmschoner

Bildschirmschoner sollen automatisch anspringen, wenn der Benutzer für eine gewisse Zeit keine Eingaben mehr gemacht hat. Ursprünglich sollten Bildschirmschoner durch einen ständigen Wechsel des Bildes verhindern, dass sich ein Bild, das lange Zeit ohne Veränderung angezeigt wird, in die Leuchtstoffschichten der damaligen Bildröhren einbrannte. Bei den heutigen Flachbildschirmen ist das zwar kein Problem mehr, aber Bildschirmschoner gibt es immer noch. Wichtigster Vorteil eines Bildschirmschoners ist heute, dass sich ein Computer automatisch mit einem Kennwortschutz versehen lässt, wenn ein Bildschirmschoner aktiv wird.

Konfigurieren eines Bildschirmschoners mit Kennwortschutz

Der Kennwortschutz eines Bildschirmschoners kann nichtautorisierte Benutzer davon abhalten, einen Computer zu benutzen. Dadurch werden die persönlichen Daten des Benutzers und das geistige Eigentum der Organisation besser geschützt. Als Administrator sollten Sie dafür sorgen, dass die Computer, für die Sie zuständig sind, mit aktiviertem kennwortgeschütztem Bildschirmschoner betrieben werden.

Den Kennwortschutz durch einen Bildschirmschoner erreichen Sie folgendermaßen:

1. Klicken Sie mit der rechten Maustaste auf einen freien Bereich des Desktops und wählen Sie den Befehl *Anpassen*.
2. Klicken Sie auf den Link *Bildschirmschoner*, um das Dialogfeld *Bildschirmschonereinstellungen* zu öffnen (Abbildung 7.8).
3. Wählen Sie in der Liste *Bildschirmschoner* einen Bildschirmschoner aus. Falls Sie den Bildschirmschoner deaktivieren möchten, wählen Sie *(Kein)* und überspringen die restlichen Schritte.

PRAXISTIPP Leider können Bildschirmschoner einen beträchtlichen Teil der Ressourcen eines Computers beanspruchen und nicht nur die Auslastung des Speichers und des Prozessors erhöhen, der ohne Bildschirmschoner vermutlich nichts zu tun hätte, sondern auch den Energieverbrauch. Manche Bildschirmschoner sind für die Prozessoren eine echte Herausforderung, insbesondere bei einer dreidimensionalen Darstellung wie beispielsweise 3D-Text. Dreidimensionale Darstellungen sind sehr komplex, und der Computer muss viele Berechnungen durchführen, um das Bild aufzubauen und zu aktualisieren. Hinweise auf eine Verringerung der Ressourcenbelastung durch Bildschirmschoner finden Sie in den Abschnitten »Verringern der Ressourcenauslastung durch Bildschirmschoner« und »Einstellen der Energiesparoptionen für Monitore« weiter unten in diesem Kapitel.

4. Aktivieren Sie das Kontrollkästchen *Anmeldeseite bei Reaktivierung*.

Abbildung 7.8 Stellen Sie einen Bildschirmschoner mit Kennwortschutz ein, um die Daten des Benutzers und der Organisation besser zu schützen

5. Geben Sie im Feld *Wartezeit* die Zeitspanne ein, die nach der letzten Bedienung des Computers durch den Benutzer verstreichen muss, bevor der Bildschirmschoner aktiviert wird. In den meisten Fällen sind Einstellungen zwischen 10 und 15 Minuten sinnvoll.
6. Klicken Sie auf *OK*.

HINWEIS Einer der besten Bildschirmschoner ist *Fotos*. Er zeigt standardmäßig eine Diashow aller Fotos in der Bibliothek *Bilder*, Sie können aber auch einen anderen Ordner auswählen. Mithilfe der Einstellungen können Sie die Geschwindigkeit der Diashow ändern und wählen, ob die Bilder in der Originalreihenfolge angezeigt oder zufällig durcheinandergemischt werden.

Verringern der Ressourcenauslastung durch Bildschirmschoner

Ein Computer, der Windows 7 ausführt und zudem Hintergrundaufgaben oder bestimmte Aufgaben im Netzwerk übernimmt, beispielsweise Druckdienste, sollte nicht zusätzlich mit einem komplexen Bildschirmschoner wie 3D-Text belastet werden. Stattdessen sollte ein einfacher Bildschirmschoner gewählt werden, der zum Beispiel einen leeren Bildschirm zeigt. Außerdem können Sie die Einstellungen eines komplexeren Bildschirmschoners so ändern, dass sein Ressourcenbedarf kleiner wird. Gewöhnlich erreichen Sie dies durch die Verringerung von Auflösung oder Aktualisierungsrate des Bildschirmschoners.

Zur Verringerung des Ressourcenbedarfs eines Bildschirmschoners gehen Sie folgendermaßen vor:

1. Klicken Sie mit der rechten Maustaste auf einen freien Bereich des Desktops und wählen Sie den Befehl *Anpassen*.
2. Klicken Sie auf den Link *Bildschirmschoner*, um das Dialogfeld *Bildschirmschonereinstellungen* zu öffnen.
3. Wenn Sie einfach nur einen Bildschirmschoner einstellen möchten, der weniger Ressourcen beansprucht, wählen Sie in der Liste *Bildschirmschoner* einen einfacheren Bildschirmschoner aus, beispielsweise *Leer*.
4. Wenn Sie *3D-Text* oder einen anderen komplexen Bildschirmschoner verwenden, aber dessen Ressourcenbedarf einschränken möchten, wählen Sie den gewünschten Bildschirmschoner aus und klicken dann auf *Einstellungen*. Verringern Sie mit den Optionen des Dialogfelds die Werte für Auflösung, Größe, Rotationsgeschwindigkeit oder ähnliche Felder, von denen die Berechnung und Aktualisierung der Darstellung beeinflusst wird.
5. Klicken Sie auf mehrmals auf *OK*, um die offenen Dialogfelder zu schließen.

Einstellen der Energiesparoptionen für Monitore

Die meisten neueren Monitore verfügen über Energiesparoptionen, die sie dazu veranlassen, nach einer gewissen Phase, in der offensichtlich kein Benutzer am Computer arbeitet, abzuschalten. Die Aktivierung dieser Funktion kann sich durchaus auf die Stromrechnung einer Organisation auswirken, weil eingeschaltete Monitore einiges an Strom verbrauchen. Auf manchen Systemen wird diese Funktion bei der Installation des Betriebssystems automatisch aktiviert. Das hängt allerdings davon ab, ob das Betriebssystem den Monitor erkennen und die erforderlichen Treiber installieren kann.

Auf einem Laptop, der mit Akkus betrieben wird, ist ein möglichst geringer Energieverbrauch noch wichtiger. Indem Sie den Monitor so einstellen, dass er ausgeschaltet wird, wenn der Computer nicht benutzt wird, können Sie die Betriebsdauer bei Akkubetrieb verlängern.

Zur Einstellung der Energieoptionen eines Monitors gehen Sie folgendermaßen vor:

1. Klicken Sie mit der rechten Maustaste auf einen freien Bereich des Desktops und wählen Sie den Befehl *Anpassen*.
2. Klicken Sie auf den Link *Bildschirmschoner*, um das Dialogfeld *Bildschirmschonereinstellungen* zu öffnen.
3. Klicken Sie auf *Energieeinstellungen ändern*. Dadurch öffnet sich die Konsole *Energieoptionen* der Systemsteuerung.
4. Klicken Sie im linken Fensterabschnitt auf *Zeitpunkt für das Ausschalten des Bildschirms auswählen*.

5. Legen Sie mit der Auswahlliste eine Zeitspanne fest, nach welcher der Monitor abgeschaltet werden soll, um Strom zu sparen. Standardmäßig sehen alle Energiesparmodi vor, den Monitor des Computers nach 20 Minuten abzuschalten.
6. Klicken Sie auf *Änderungen speichern*.

HINWEIS Falls der Computer mit einem Monitor verbunden ist, der das Energiesparen nicht unterstützt, sind einige Energiesparoptionen vielleicht nicht zugänglich. Falls Sie den Computer nicht vor Ort konfigurieren und einen anderen Monitor als der Benutzer verwenden, sollten Sie sich vielleicht ein ähnliches Monitormodell beschaffen, wie es der Benutzer verwendet, und den Vorgang wiederholen.

PRAXISTIPP Meistens ist es sinnvoll, den Monitor nach einer Leerlaufphase von 15 bis 20 Minuten abzuschalten. Mein Bürocomputer schaltet nach 7 Minuten Leerlauf den Bildschirmschoner ein und nach 15 Minuten den Monitor aus. Mein Laptop schaltet nach 5 Minuten Leerlauf den Bildschirmschoner ein und nach 10 Minuten den Monitor aus.

Ändern des Erscheinungsbilds und der Grafikeinstellungen

Die Einstellungen für das allgemeine Erscheinungsbild und den Bildschirm wirken sich sehr stark auf das Aussehen und Verhalten des Windows 7-Desktops und seiner grafischen Elemente aus. Die Einstellung des Erscheinungsbilds betrifft Fenster, Bedienelemente, Farben und Schriften. Von den Grafikeinstellungen hängen Bildschirmauflösung, Farbqualität, Bildwiederholrate, Hardwarebeschleunigung und Farbverwaltung ab.

Konfigurieren von Fensterfarbe und -darstellung

Die Oberfläche Windows Aero ist eine verbesserte Benutzerschnittstelle, die Features wie transparente Fensterrahmen, Livevorschau, geschmeidiges Ziehen von Fenstern, animiertes Schließen und Öffnen von Fenstern und viel mehr bietet. Im Rahmen des Setups führt Windows 7 einen Leistungstest aus und prüft, ob der Computer die grundlegenden Anforderungen für Windows Aero erfüllt. Dazu gehören:

- Unterstützung für das Windows Display Driver Model (WDDM). WDDM 1.0 wurde in Windows Vista eingeführt. In Windows 7 bieten Anzeigetreiber, die WDDM 1.1 unterstützen, verbesserte Leistung. Gleichzeitig verringert sich der pro Fenster verwendete Arbeitsspeicher um bis zu 50 Prozent.
- Unterstützung für DirectX bei Grafikprozessoren (Graphics Processing Unit, GPU) mit mindestens 128 MByte Grafikspeicher. WDDM 1.1 unterstützt DirectX 11, das gegenüber seinen Vorgängern weitere Verbesserungen und Leistungsoptimierungen bietet.

PRAXISTIPP Mit *Leistungsinformationen und -tools* können Sie schnell feststellen, wie viel Grafikspeicher verfügbar ist und ob die Grafikkarte eines Computers WDDM unterstützt. Klicken Sie in der Systemsteuerung in der Dropdownliste *Anzeige* entweder auf *Kleine Symbole* oder *Große Symbole*, um alle Systemsteuerungselemente

Ändern des Erscheinungsbilds und der Grafikeinstellungen 293

anzuzeigen, klicken Sie auf *Leistungsinformationen und -tools* und dann auf den Link *Detaillierte Leistungs- und Systeminformation anzeigen und drucken*. In der Liste der Komponenten sind unter *Grafik* der Grafikkartentyp und die WDDM-Unterstützung aufgelistet. In der erweiterten Liste unter *Grafik* finden Sie zusätzliche Details, darunter die Größe des dedizierten Grafikspeichers und die unterstützte DirectX-Version.

Auf geeigneten Systemen verwendet Windows 7 standardmäßig das Aero-Design für seine Fenster und Dialogfelder. Was Aero betrifft, lassen sich drei Bereiche des Erscheinungsbilds optimieren: Farbschemas, Fenstertransparenz und Farbintensität. Zur Einstellung dieser drei Aspekte gehen Sie folgendermaßen vor:

1. Klicken Sie mit der rechten Maustaste auf einen freien Bereich des Desktops und wählen Sie den Befehl *Anpassen*.
2. Klicken Sie auf den Link *Fensterfarbe*, um die Seite *Fensterfarbe und -darstellung* zu öffnen (Abbildung 7.9).

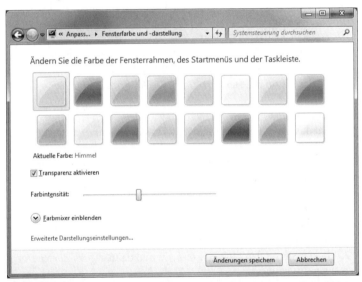

Abbildung 7.9 Konfigurieren der Darstellung mit den Optionen der Seite *Fensterfarbe und -darstellung*

3. Mit einem Klick auf eine der verfügbaren Farben können Sie die Grundfarbe der Fenster ändern. Wenn Sie selbst eine Farbe definieren möchten, klicken Sie auf *Farbmixer einblenden* und versuchen dann, mit den Schiebereglern *Farbton*, *Sättigung* und *Helligkeit* eine passende Farbe zu finden.
4. Um transparentes Glas zuzulassen (sofern die Leistungsfähigkeit der Grafikkarte ausreicht), aktivieren Sie das Kontrollkästchen *Transparenz aktivieren*. Die Ränder der Fenster sind dann halb durchsichtig, sodass man den Hintergrund durch das »Fensterglas« hindurch sehen kann.

TIPP Transparenz verbraucht mehr Ressourcen als die meisten anderen Grafikfeatures, besonders auf Computern mit WDDM 1.0-Anzeigetreiber. Wenn bei einem Benutzer Leistungsprobleme im Bereich von Arbeitsspeicher oder Prozessor auftreten, ist es sinnvoll, die Transparenz zu deaktivieren. In WDDM 1.1 wurde die Leistung deutlich verbessert, und die Transparenz verbraucht hier weniger Ressourcen.

5. Stellen Sie mit dem Schieberegler *Farbintensität* die Farbintensität ein, von der auch die Transparenz abhängt. Durch eine Erhöhung der Intensität werden die Farben leuchtender und deckender. Durch eine Verringerung der Intensität werden sie schwächer und durchscheinender.
6. Klicken Sie auf *Änderungen speichern*.

Falls Sie die klassische Darstellung bevorzugen, können Sie Fenster und Dialogfelder natürlich auch in der herkömmlichen Art anzeigen. Allerdings ändert sich dann das Aussehen der meisten Fenster und Dialogfelder sehr stark. Außerdem können Sie Aero-Effekte wie Transparenz und Glas nicht mehr verwenden. Um Windows 7 das klassische Erscheinungsbild zu geben, gehen Sie folgendermaßen vor:

1. Klicken Sie mit der rechten Maustaste auf einen freien Bereich des Desktops und wählen Sie den Befehl *Anpassen*.
2. Klicken Sie auf das Design *Windows 7-Basis* oder ein Design mit hohem Kontrast.
3. Wenn Sie nun *Anpassen* wählen und auf den Link *Fensterfarbe* klicken, wird das herkömmliche Dialogfeld *Fensterfarbe und -darstellung* geöffnet.

Mit dem Dialogfeld *Erweiterte Darstellung* können Sie die Standardeinstellungen der einzelnen Grafikelemente ändern, zum Beispiel die Einstellung des Desktops oder der Meldungsfelder. Dieses Dialogfeld können Sie folgendermaßen öffnen und verwenden:

1. Klicken Sie mit der rechten Maustaste auf einen freien Bereich des Desktops und wählen Sie den Befehl *Anpassen*.
2. Klicken Sie auf den Link *Fensterfarbe* und dann auf *Erweiterte Darstellungseinstellungen*.
3. Wählen Sie in der Liste *Element* das Element aus, das Sie ändern möchten, und nehmen Sie dann die gewünschten Größen-, Farb- oder Schrifteinstellungen vor. (Je nach Art des Elements sind nicht alle Optionen verfügbar.) Die Änderungen, die Sie vornehmen, werden aufgezeichnet. Sie können also mehrere Elemente konfigurieren, bevor Sie auf *OK* klicken, um die Einstellungen zu speichern und anzuwenden.
4. Wenn das ausgewählte Grafikelement Systemtext enthält, können Sie die zu verwendende Schriftart im Listenfeld *Schriftart* auswählen und ihre Größe und Farbe in den Listenfeldern *Schriftgrad* und *Farbe* festlegen.
5. Klicken Sie auf *OK* und dann auf *Änderungen speichern*.

TIPP Windows 7 bringt Problembehandlungsmodule für Windows Aero mit, die Benutzern helfen, auftretende Probleme zu diagnostizieren und zu beseitigen, ohne dass der technische Support aktiv werden muss. Sie (oder ein Benutzer) können das Problembehandlungsmodul öffnen, indem Sie im Infobereich der Taskleiste auf das Symbol *Wartungscenter* klicken und den Befehl *Wartungscenter öffnen* wählen. Klicken Sie im Wartungscenter auf den Link *Problembehandlung*, um alle verfügbaren Problembehandlungsmodule aufzulisten. Klicken Sie unter *Darstellung und Anpassung* auf *Aero-Desktopeffekte anzeigen*. Wenn das Aero-Problembehandlungsmodul startet, sollte der Benutzer den angezeigten Anweisungen folgen. In der Standardeinstellung werden alle vorgeschlagenen Lösungen automatisch angewendet. Lässt sich das Problem nicht automatisch beseitigen, bekommt der Benutzer eine Meldung angezeigt, dass die Problembehandlung das Problem nicht lösen konnte. Das identifizierte Problem wird unter *Gefundene Probleme* aufgeführt. Bitten Sie den Benutzer, auf *Ausführliche Informationen anzeigen* zu klicken, um weitere Informationen anzuzeigen, die Auskunft darüber geben, warum das Problem nicht gelöst werden konnte. Wenn Sie möchten, dass der Benutzer Ihnen einen Bericht zu seinem Problem senden kann, nachdem er versucht hat, es automatisch zu beseitigen, kann der Benutzer die Problemaufzeichnung starten, bevor er das Problembehandlungsmodul ausführt. Weitere Informationen über die Problemaufzeichnung finden Sie im Abschnitt »Verwalten des Remotezugriffs auf Arbeitsstationen« in Kapitel 5.

Optimieren der Lesbarkeit

Unabhängig davon, ob Benutzer 27-Zoll-Breitbildmonitore oder 19-Zoll-Monitore haben, gibt es gelegentlich einige, denen es schwerfällt, Text auf dem Bildschirm zu lesen. Die Lesbarkeit von Text auf dem Bildschirm verschlechtert sich, wenn Sie die Bildschirmauflösung erhöhen, weil der Text auf dem Bildschirm dadurch kleiner wird. Um diese Auswirkung zu verstehen, müssen Sie wissen, wie die Auflösung funktioniert und was der Begriff DPI bedeutet.

Wenn Sie Dokumente auf einem Drucker ausgeben, legt die Zahl der Punkte pro Zoll (Dots Per Inch, DPI) die Druckqualität fest. Im Allgemeinen gilt: Je höher die DPI, desto besser die Qualität des ausgedruckten Dokuments, weil Bilder und Text schärfer aussehen, wenn Sie mehr Punkte pro Zoll verwenden. So sieht ein hochauflösendes Bild, das mit 1200×600 DPI in seiner normalen Größe ausgedruckt wird, gewöhnlich viel besser aus als dasselbe Bild, wenn es mit 300×300 DPI ausgedruckt wird. Wenn Sie allerdings Skalierung nutzen, um ein 2×3 Zoll großes Bild auf 6×9 Zoll auszudrucken, lässt das Ergebnis oft zu wünschen übrig, weil das skalierte Bild pixelig aussieht.

Bei Windows-Computern ist 96 DPI der Standard für die meisten Monitore. Windows 7 zeigt alle Benutzeroberflächenelemente (User Interface, UI), auch den Text, standardmäßig mit 96 DPI an. Wenn Sie die Anzeigeauflösung ändern, verändern Sie auch die Skalierung, mit der UI-Elemente angezeigt werden. Wenn ein Monitor beispielsweise eine optimale Auflösung von 1920×1200 hat und Sie die Anzeigeauflösung 800×600 benutzen, sehen die UI-Elemente groß, aber grob aus, weil Sie versuchen, die Anzeige von 800 × 600 Pixel auf eine Fläche zu strecken, die für 1920 × 1200 Pixel optimiert ist.

Im Allgemeinen können Sie die optimale Auflösung ermitteln, indem Sie die Breite und die Höhe des Monitors (in der Einheit Zoll) jeweils mit 96 multiplizieren. Nehmen wir als Beispiel einen 27-Zoll-Breitformatmonitor, dessen Bildschirm 20 Zoll breit und 12,5 Zoll hoch ist. In diesem Fall beträgt die optimale Anzeigeauflösung 1920 × 1200. Bei dieser Größe sehen Text und UI-Elemente auf dem Bildschirm aber unter Umständen sehr klein aus, sodass Sie Anpassungen vornehmen müssen, um die Lesbarkeit zu verbessern. Eine Möglichkeit bietet sich innerhalb einer Anwendung. So können die Benutzer in Microsoft Word den Text mit dem Kombinationsfeld *Zoom* auf eine gut lesbare Größe skalieren.

Windows bietet Ihnen die Möglichkeit, mithilfe der Skalierung die Größe von Text und anderen Elementen auf dem Bildschirm anzupassen. Wenn Sie die Skalierung auf diese Weise einsetzen, vergrößert Windows Text und UI-Elemente um den Faktor, den Sie einstellen. Jedes Konto auf einem Computer hat eigene Einstellungen für die Skalierung. Sie stellen folgendermaßen ein, welche Skalierung für Text und UI-Elemente benutzt wird:

1. Klicken Sie in der Systemsteuerung auf *Darstellung und Anpassung* und dann unter *Anzeige* auf *Text und weitere Elemente vergrößern oder verkleinern*.
2. Mit den Standardskalierungsoptionen können Sie die Werte 100 Prozent (Standardwert), 125 Prozent oder 150 Prozent auswählen. Wählen Sie die gewünschte Skalierungsoption aus und klicken Sie auf *Übernehmen*.
3. Sie können auch eine benutzerdefinierte Einstellung zwischen 100 und 500 Prozent verwenden. Klicken Sie dazu im linken Fensterabschnitt auf *Benutzerdefinierte Textgröße (DPI) festlegen* und stellen Sie dann im Kombinationsfeld des Dialogfelds *DPI-Einstellung anpassen* den gewünschten Skalierungswert ein.
4. Der Benutzer muss sich ab- und dann wieder anmelden, damit die Änderungen wirksam werden.

ACHTUNG Wenn Sie eine höhere Einstellung als 200 Prozent verwenden, werden UI-Elemente und Text unter Umständen so groß, dass Sie nicht mehr mit dem Computer arbeiten können. Möglicherweise ist es nicht einmal mehr möglich, erneut die Systemsteuerung zu öffnen und darin die ursprüngliche Skalierung wiederherzustellen. Wenn Sie ein Skalierungsproblem haben, können Sie in einer Eingabeaufforderung oder im Suchfeld des Startmenüs **dpiscaling** eingeben. Daraufhin öffnet sich direkt die Seite *Anzeige*, wo Sie die Skalierung zurücksetzen können.

PRAXISTIPP Wenn Sie die Skalierung aktiviert haben und der Text in einer Anwendung verschwommen oder unlesbar ist, ist es sinnvoll, die Anzeigeskalierung für diese Anwendung gezielt zu deaktivieren. Klicken Sie dazu mit der rechten Maustaste auf die Verknüpfung der Anwendung und wählen Sie den Befehl *Eigenschaften*. Aktivieren Sie auf der Registerkarte *Kompatibilität* das Kontrollkästchen *Skalierung bei hohem DPI-Wert deaktivieren* und klicken Sie auf *OK*.

Konfigurieren von Grafikeinstellungen

Die Grafikeinstellungen betreffen Bildschirmauflösung, Farbqualität, Bildwiederholrate, Hardwarebeschleunigung und Farbverwaltung. Dieser Abschnitt soll Ihnen bei der Optimierung verschiedener Grafikeinstellungen helfen. Überprüfen Sie zuerst, ob Windows 7 die Grafikkarte und den Monitor korrekt erkannt hat.

Überprüfen des Grafikadapters und des Monitors

Jeder Computer hat einen Monitor- und einen Grafikkartentreiber. Der Monitortreiber teilt Windows mit, welche Fähigkeiten der Monitor besitzt, der Grafikkartentreiber gibt Windows Auskunft über die Fähigkeiten der Grafikkarte.

Eine optimale Darstellung setzt voraus, dass der Computer mit den richtigen Daten für die Grafikkarte und den Monitor arbeitet. Je nach den Grafikkarten und Monitormodellen, die Windows 7 erkannt zu haben glaubt, werden unterschiedliche Gerätetreiber installiert. Diese Treiber sind bei der Bestimmung der verfügbaren und der für das System passenden Bildschirmauflösungen, Farbtiefen und Bildwiederholraten von entscheidender Bedeutung. Werden die Grafikkarte und der Monitor nicht korrekt erkannt und eingestellt, kann Windows 7 deren Leistung nicht richtig nutzen.

Die aktuellen Einstellungen der Grafikkarte oder des Monitors können aus vielen Ursachen falsch sein. Manchmal erkennt der Plug & Play-Mechanismus das Gerät nicht und es wird ein allgemeiner Treiber verwendet. Manchmal erkennt Windows 7 das Gerät falsch und geht beispielsweise von einem anderen Modell aus. In solchen Fällen wird der verwendete Gerätetreiber vermutlich funktionieren, aber nicht alle Funktionen bieten, die eigentlich verfügbar sein sollten.

Gehen Sie zur Überprüfung der aktuellen Grafikkarte und des Monitors folgendermaßen vor:

1. Klicken Sie mit der rechten Maustaste auf einen freien Bereich des Desktops und wählen Sie den Befehl *Bildschirmauflösung*.
2. Auf der Seite *Bildschirmauflösung* (Abbildung 7.10) werden alle momentan erkannten Monitore in der Liste *Anzeige* aufgeführt. Auflösung und Ausrichtung werden in den gleichnamigen Listen aufgeführt. Falls nicht der richtige Monitor angezeigt wird oder Sie die Monitoreinstellungen genauer untersuchen wollen, sollten Sie im Abschnitt »Ändern des Monitors« weiter unten in diesem Kapitel weiterlesen.
3. Wählen Sie in der Liste *Anzeige* einen Monitor aus und klicken Sie auf den Link *Erweiterte Einstellungen*. Die Grafikkarte für den Monitor wird aufgelistet. Wenn nicht die richtige Grafikkarte angezeigt wird oder wenn Sie die Treibereinstellungen genauer überprüfen möchten, fahren Sie mit dem Abschnitt »Wechseln des Grafiktreibers« weiter unten in diesem Kapitel fort.
4. Klicken Sie zweimal auf *OK*.

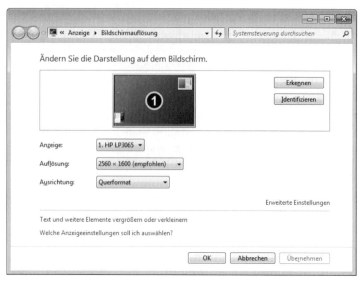

Abbildung 7.10 Überprüfen der Konfiguration von Monitor und Grafikkarte

Wechseln des Grafiktreibers

Wenn Sie der obigen Anleitung gefolgt sind und nicht die Grafikkarte angezeigt wird, die im Computer installiert ist, können Sie versuchen, einen anderen Treiber zu installieren. Ist auf dem Computer beispielsweise ein allgemeiner S3-Grafikkartentreiber installiert und Sie sind sich sicher, dass eine NVIDIA GeForce FX 5200 installiert ist, sollten Sie vermutlich den Grafikkartentreiber wechseln.

Um herauszufinden, ob die Einstellungen für die Grafikkarte richtig sind, müssen Sie wissen, welche Hardware im System verfügbar ist. Aus der Systemdokumentation sollte hervorgehen, welche Grafikkarte installiert ist. Andere Administratoren sind normalerweise ebenfalls gute Informationsquellen. Gewöhnlich kann Ihnen jemand aus der Technikabteilung sofort sagen, welche Grafikkarte in einem bestimmten Computertyp installiert ist. Falls Sie aber nicht auf einfache Weise herausfinden, um welche Grafikkarte es sich handelt, bieten sich mehrere Alternativen an. Falls die aktuellen Einstellungen funktionieren, brauchen Sie sie eigentlich nicht zu ändern. Sie können auch mit einer der folgenden Methoden herauszufinden versuchen, mit welcher Grafikkarte Sie es zu tun haben:

- Fahren Sie den Computer herunter und schalten Sie ihn anschließend wieder ein. (Verwenden Sie dazu aber nicht den Befehl *Neu starten*, denn manche Computer führen in diesem Fall keine vollständige Initialisierung durch.) Beobachten Sie den Bildschirm genau, wenn der Computer eingeschaltet wird. Normalerweise müsste kurz der Name der Grafikkarte angezeigt werden, bevor Windows 7 geladen wird.
- Fahren Sie den Computer herunter, trennen Sie ihn vom Strom und öffnen Sie das Gehäuse. Suchen Sie nach der Bezeichnung der Grafik-

karte. Wenn der Monitor noch angeschlossen ist, ist die Grafikkarte leicht zu erkennen. Es ist die Steckkarte, mit der das Monitorkabel verbunden ist.

- Ist der Grafikchip bereits auf dem Mainboard installiert (es gibt also keinen separaten Grafikadapter), sehen Sie nach, ob Sie auf dem Mainboard einen Chip finden, der mit Grafikchipdaten bedruckt ist. Oder schreiben Sie sich die Modellnummer des Mainboards auf und sehen Sie auf der Website des Herstellers nach, ob dort die gesuchten Informationen zu bekommen sind.

Wenn Sie die genaue Bezeichnung der Grafikkarte kennen, sehen Sie auf der Website des Herstellers nach, ob Sie dort einen passenden Treiber finden. Manche Grafikkarten werden mit Installationsdatenträger verkauft, auf dem Sie vielleicht ein Installationsprogramm finden. Starten Sie dieses Programm und installieren Sie die Grafikkartentreiber. Enthält der Datenträger zwar die Treiber, aber kein Installationsprogramm, müssen Sie die Treiber manuell installieren.

Sobald Sie bereit sind, den Grafiktreiber zu installieren, gehen Sie folgendermaßen vor:

1. Klicken Sie mit der rechten Maustaste auf einen freien Bereich des Desktops und wählen Sie den Befehl *Bildschirmauflösung*.
2. Wenn Ihr System mehrere Monitore oder Grafikkarten hat, müssen Sie in der Liste *Anzeige* den Monitor auswählen, den Sie bearbeiten wollen.
3. Klicken Sie auf *Erweiterte Einstellungen*. Lesen Sie auf der Registerkarte *Grafikkarte* (Abbildung 7.11) die aktuellen Informationen zum Grafikkartentyp und die Informationen zur Grafikkarte. Klicken Sie auf *Eigenschaften*.

Abbildung 7.11 Aktuelle Informationen zur Grafikkarte

4. Klicken Sie auf der Registerkarte *Treiber* auf *Treiber aktualisieren*. Dadurch wird der Assistent *Treibersoftware aktualisieren* gestartet.

5. Wählen Sie aus, ob automatisch nach dem Treiber gesucht werden soll oder ob Sie ihn selbst auf dem Computer suchen wollen.
6. Wenn Sie den Treiber automatisch suchen lassen, sucht Windows 7 nach einer neueren Version des Treibers und installiert sie, sofern er sich finden lässt. Ist keine neuere Version des Treibers verfügbar, behält Windows 7 den aktuellen bei. Klicken Sie in beiden Fällen auf *Schließen*, um den Vorgang abzuschließen, und überspringen Sie die restlichen Schritte.
7. Wenn Sie den Treiber selbst suchen, haben Sie folgende Alternativen:
   - **Den Treiber suchen** Wenn Sie nach dem Treiber suchen möchten, klicken Sie auf *Durchsuchen*. Suchen Sie im Dialogfeld *Ordner suchen* den Startordner für die Suche aus und klicken Sie dann auf *OK*. Da alle Unterordner des ausgewählten Ordners automatisch in die Suche einbezogen werden, können Sie auch ein Stammverzeichnis auswählen, beispielsweise *C:*, wenn ein ganzes Laufwerk durchsucht werden soll.
   - **Den Treiber auswählen** Wenn Sie den zu installierenden Treiber selbst auswählen möchten, klicken Sie auf *Aus einer Liste von Gerätetreibern auf dem Computer auswählen*. Der Assistent zeigt dann eine Liste mit kompatibler Hardware. Klicken Sie auf das Gerät, das Ihrer Grafikkarte entspricht. Wenn Sie eine größere Auswahl wünschen, deaktivieren Sie das Kontrollkästchen *Kompatible Hardware anzeigen*, dann erscheint eine Liste aller Hersteller, die Grafikkarten produzieren. Suchen Sie aus der Liste den Hersteller Ihrer Grafikkarte oder des Grafikchips heraus und wählen Sie dann auf der rechten Seite das passende Modell.
8. Nach der Wahl des Gerätetreibers setzen Sie die Installation fort, indem Sie auf *Weiter* klicken. Klicken Sie auf *Schließen*, sobald die Installation des Treibers abgeschlossen ist. Falls der Assistent keinen passenden Treiber finden kann, müssen Sie einen besorgen und diese Prozedur dann wiederholen. Vergessen Sie bitte nicht, dass Sie in manchen Fällen das System neu starten müssen, damit der neu installierte oder aktualisierte Treiber verwendet wird.

Ändern des Monitors

Die Qualität des Bilds auf dem Monitor ist auf der technischen Seite von der Kombination aus Grafikkarte und Monitor abhängig. Die meisten Computer verfügen über mindestens einen Monitoranschluss. Dabei werden unter anderem folgende Anschlusstypen unterstützt:

- HDMI (High-Definition Multimedia Interface) ist der aktuelle Digitalstandard für den Anschluss von Videogeräten. HDMI kann für Computermonitore eingesetzt werden, es eignet sich aber besser für andere High-End-Videogeräte. Es ist zwar möglich, HDMI an DVI-Verbindungen (Digital Video Interface) anzuschließen, aber die meisten Computer, die einen HDMI-Anschluss haben, verfügen auch über mindestens eine DVI-Buchse.

- DVI (Digital Video Interface) ist der Digitalstandard für computergenerierte Texte und Grafik. Es gibt mehrere Formate für DVI. DVI-I und DVI-A können an VGA angeschlossen werden, bei DVI-D ist das nicht möglich. Dual-Link-DVI unterstützt Monitore mit hoher Auflösung; es wird benötigt, um das Bild auf einigen sehr großen Monitoren in optimaler Qualität anzuzeigen. Weil DVI-Kabel je nach Bauart mehrere dieser Typen gleichzeitig unterstützen können oder auch nicht, sollten Sie Ihre Kabel sorgfältig überprüfen und sicherstellen, dass Sie die richtigen verwenden.
- 15-poliges VGA (Video Graphics Array) ist der analoge Standard zum Anschließen von Monitoren an Computer. Es gibt auch 9-polige VGA-Kabel, die zum 15-poligen Anschluss kompatibel sind. Sehr viele Monitore haben nach wie vor eine solche Buchse, aber Sie sollten aufgrund der besseren Qualität neuere Verbindungen wie DVI und HDMI verwenden, wenn sie zur Verfügung stehen.

HINWEIS Viele Computermonitore werden mit einem angeschlossenen VGA-Kabel geliefert. Wenn dies nicht der optimale Verbindungstyp ist und das Kabel abgezogen werden kann, sollten Sie es entfernen.

TIPP Viele Computer haben Anschlüsse für DisplayPort-Adapter. Ein DisplayPort-Adapter unterstützt die automatische Anpassung an VGA, DVI oder HDMI, je nachdem, an was für einen Monitor der Ausgang angeschlossen wird und welcher Adaptertyp zwischen dem Monitoreingang und dem Ausgang am Computer eingesetzt wird.

Ist an der Grafikkarte ein Plug & Play-Monitor angeschlossen, hat Windows 7 ihn wahrscheinlich erkannt und korrekt installiert. Vielleicht hat Windows 7 aber nur einen ähnlichen Treiber installiert und nicht genau den Treiber, der eigentlich für das Monitormodell vorgesehen ist. Um eine optimale Bildqualität sicherzustellen, sollte Windows 7 den Treiber verwenden, der für den betreffenden Monitor vorgesehen ist. Andernfalls passen Anzeigemodus, Farbtiefe, Bildwiederholrate und Farbabstimmung vielleicht nicht zum verwendeten Monitor.

Zur Änderung der Monitorinstallation gehen Sie folgendermaßen vor:

1. Klicken Sie mit der rechten Maustaste auf einen freien Bereich des Desktops und wählen Sie den Befehl *Bildschirmauflösung*.
2. Wenn Ihr System mehrere Monitore oder Grafikkarten hat, müssen Sie in der Liste *Anzeige* den Monitor auswählen, den Sie bearbeiten wollen.
3. Klicken Sie auf *Erweiterte Einstellungen* und dann auf der Registerkarte *Monitor* auf *Eigenschaften*.
4. Klicken Sie auf der Registerkarte *Treiber* auf *Treiber aktualisieren*. Dadurch wird der Assistent *Treibersoftware aktualisieren* gestartet.
5. Aktualisieren Sie den Treiber, wie in den Schritten 5 bis 8 der vorherigen Anleitung beschrieben.

Konfigurieren mehrerer Monitore

Die meisten modernen Computer sind mit einer Grafikkarte ausgestattet, die 2 Monitore unterstützt. Das erkennen Sie daran, dass die Grafikkarte mehrere Monitoranschlüsse hat. An solche Computer können Sie mehrere Monitore anschließen und den Desktop des Benutzers über alle Monitore verteilen, sodass der Benutzer mehr Informationen gleichzeitig im Blick hat. Wenn Sie mehrere Monitore an einen Computer anschließen, zeigt die Seite *Bildschirmauflösung* für jeden Monitor ein eigenes Symbol an. Der erste Monitor trägt die Nummer 1, der zweite die Nummer 2 und so weiter. Wenn Sie das Symbol eines Monitors anklicken, können Sie diesen Monitor genauso bearbeiten, als würden Sie ihn aus der Liste *Anzeige* auswählen.

Wird zu einem Monitor, den Sie angeschlossen haben, kein Symbol angezeigt, sollten Sie das Monitorkabel überprüfen und den Monitor einschalten. Wenn Sie nun auf die Schaltfläche *Erkennen* klicken, müsste Windows den Monitor automatisch erkennen.

Haben Sie mehrere Monitore angeschlossen, ist nicht immer ohne Weiteres zu erkennen, welcher Monitor welchem Symbol entspricht. Klicken Sie in diesem Fall auf die Schaltfläche *Identifizieren*, um auf jedem Monitor die entsprechende Nummer anzuzeigen. Die Nummer wird als große weiße Zahl angezeigt. Wenn sich herausstellt, dass die Monitore anders angeordnet sind, als die entsprechenden Symbole auf der Seite *Bildschirmauflösung* konfiguriert sind, können Sie die Monitorsymbole verschieben, sodass ihre Position der tatsächlichen Anordnung der Bildschirme entspricht.

Nachdem Sie die Monitore konfiguriert haben, können Sie die Anzeige über alle Monitore ausdehnen. Klicken Sie dazu auf das Symbol des zweiten Monitors (oder wählen Sie den zweiten Monitor in der Liste *Anzeige* aus) und wählen Sie in der Liste *Mehrere Anzeigen* den Eintrag *Diese Anzeigen erweitern* aus. Im Allgemeinen sollten Sie den Monitor mit der Nummer 1 mit *Dies ist derzeit der Hauptbildschirm* markieren.

Ändern von Bildschirmauflösung und Farbqualität

Auflösung und Farbqualität sind die wichtigsten Faktoren für die Bilddarstellung. Die Auflösung beschreibt die Zahl der Bildpunkte (oder Pixel), aus denen sich ein Bild zusammensetzt. Die Farbqualität hängt von der Zahl der Farben ab, die gleichzeitig angezeigt werden können.

Einfachere Monitore lassen sich auf Bildschirmauflösungen von 640 × 480, 800 × 600 und 1024 × 768 Bildpunkten einstellen. Höherwertige Monitore verfügen über zusätzliche Auflösungen wie 1280 × 1024, 1600 × 1200, 1920 × 1200, 2048 × 1536 oder sogar noch höher. Welche Auflösung die beste ist, hängt von der Größe des Monitors und auch davon ab, was der Benutzer am Computer tun will. Designer und Entwickler, die eine großflächige Anzeige brauchen, ziehen höhere Auflösungen vor, beispielsweise 1920 × 1200. Dann können sie mehr von den Objekten sehen, an denen sie arbeiten. Benutzer, die überwiegend E-Mails lesen oder mit Word-Dokumenten arbeiten, ziehen vielleicht eine geringere Auflösung vor, etwa 1280 × 1024. Bei dieser Auflösung sind die Bedienelemente leichter zu erkennen und die Augen werden nicht so angestrengt. Auf einem Breitformatmonitor sollten Sie eine Auflösung wählen, die auf Breitformatanzeigen abgestimmt ist.

Die Farbqualität hängt indirekt von der Bildauflösung ab. Sie kann von 16 Farben für Standard-VGA-Karten bis zu (rechnerischen) 4 Milliarden Farben bei hochwertigen Monitoren mit 32-Bit-Farbdarstellung reichen. Einige Grafikkarten bieten umso weniger Farben, je höher Sie die Auflösung einstellen. Das bedeutet, dass ein Computer mit einer Farbtiefe von 16, 24 und 32 Bit arbeiten kann, aber um die höchste Farbtiefe zu erreichen, muss eine niedrigere Auflösung gewählt werden. Meistens ist es besser, eine höhere Farbtiefe zu wählen. Die Speichermenge, die erforderlich ist, um ein Bild im Speicher zu halten, berechnet sich aus der Zahl der Bildpunkte multipliziert mit der Zahl der Bits, die für jeden Bildpunkt erforderlich sind. Die Zahl der Bildpunkte hängt von der Auflösung ab, die Zahl der Bits pro Bildpunkt von der Farbtiefe. Welche Kombinationen von Bildauflösung und Farbtiefe zulässig sind, hängt von der Menge des verfügbaren Speichers auf der Grafikkarte ab.

Bildauflösung und Farbtiefe können Sie folgendermaßen einstellen:

1. Klicken Sie mit der rechten Maustaste auf einen freien Bereich des Desktops und wählen Sie den Befehl *Bildschirmauflösung*.
2. Wenn Ihr System mehrere Monitore oder Grafikkarten hat, müssen Sie in der Liste *Anzeige* den Monitor auswählen, den Sie bearbeiten wollen.
3. Klicken Sie auf die Dropdownliste *Auflösung* und stellen Sie die Bildschirmgröße mit dem Schieberegler ein, zum Beispiel 1024 × 768 Pixel.
4. Klicken Sie auf *Erweiterte Einstellungen*, um die Farbtiefe einzustellen. Wählen Sie auf der Registerkarte *Monitor* im Listenfeld *Farbtiefe* die gewünschte Farbqualität aus, zum Beispiel *True Color (32 Bit)*.
5. Klicken Sie zweimal auf *OK*.

Ändern der Bildwiederholrate

Die Bildwiederholrate (auch als Aktualisierungsrate bezeichnet) gibt an, wie oft in der Sekunde das Bild auf dem Monitor aufgebaut wird. Je höher die Wiederholrate, desto geringer das Flackern des Bildschirms. Wenn Sie in einem Kinofilm schon einmal einen Computer gesehen haben, dessen Monitor zu flackern und zu blinken schien, lag das vermutlich daran, dass die Bildwiederholrate des Computers und die Aufzeichnungsgeschwindigkeit nicht synchronisiert waren. Auch wenn dem Auge das Flackern nicht direkt auffällt, können niedrige Bildwiederholraten (unter 72 Hz) bei Röhrenmonitoren auf die Dauer sehr anstrengend für die Augen sein.

Zur Überprüfung oder Einstellung der Bildwiederholrate einer Grafikkarte gehen Sie folgendermaßen vor:

1. Klicken Sie mit der rechten Maustaste auf einen freien Bereich des Desktops und wählen Sie den Befehl *Bildschirmauflösung*.
2. Wenn Ihr System mehrere Monitore oder Grafikkarten hat, müssen Sie in der Liste *Anzeige* den Monitor auswählen, den Sie bearbeiten wollen.

3. Klicken Sie auf *Erweiterte Einstellungen* und dann auf der Registerkarte *Grafikkarte* auf *Alle Modi auflisten*. Es werden alle Auflösungen und Bildwiederholraten aufgelistet, die für die Grafikkarte zulässig sind.
4. Wählen Sie auf der Registerkarte *Monitor* im Listenfeld *Bildschirmaktualisierungsrate* die gewünschte Bildwiederholrate aus.

ACHTUNG In vielen Fällen ist das Kontrollkästchen *Modi ausblenden, die von diesem Monitor nicht angezeigt werden* gesperrt, sodass es nicht gewählt werden kann. Falls Sie dieses Kontrollkästchen löschen können, vergessen Sie bitte nicht, dass kein brauchbares Bild zustande kommt, wenn die gewählte Bildwiederholrate die Fähigkeiten des Monitors oder der Grafikkarte übersteigt. Außerdem können Grafikkarte und Monitor beschädigt werden, wenn sie auf höhere Bildwiederholraten eingestellt werden, als sie unterstützen.

Beseitigen von Anzeigeproblemen

Wie bereits erwähnt, hat jeder Computer einen Monitor- und einen Grafikkartentreiber. Der Monitortreiber teilt Windows die Fähigkeiten des Monitors mit, der Grafikkartentreiber die Fähigkeiten der Grafikkarte.

Ganz offensichtlich spielen Monitor- und Grafikkartentreiber eine wichtige Rolle auf einem Computer. Wenn Sie Anzeigekomponenten installieren oder einen Computer aufrüsten, sollten Sie sicher sein, dass der Computer über Treiber verfügt, die in Ihrer Umgebung getestet wurden und sich als zuverlässig erwiesen haben. Wenn Sie ein Problem mit den Treibern vermuten, sollten Sie sie möglichst bald aktualisieren. Wenn Sie vermuten, dass das Problem durch die Konfiguration des Computers verursacht wird, sollten Sie den Computer im abgesicherten Modus starten und dann die Standardeinstellungen ändern.

Bevor Sie mit der detaillierten Diagnose und Problembehandlung beginnen, sollten Sie untersuchen, welche Programme der Benutzer ausgeführt hat. Programme, die für ältere Systeme als Windows XP entwickelt wurden, verursachen manchmal Kompatibilitätsprobleme. Schließen Sie alle laufenden Programme und überprüfen Sie verdächtige Programme, um festzustellen, welchen Anzeigemodus sie verwenden. Wenn ein Programm einen anderen Anzeigemodus benötigt und das Hin- und Herschalten des Anzeigemodus Probleme verursacht, können Sie unter Umständen die Kompatibilitätseinstellungen so konfigurieren, dass das Problem beseitigt wird. Klicken Sie dazu mit der rechten Maustaste auf die Verknüpfung der Anwendung und wählen Sie den Befehl *Eigenschaften*. Wählen Sie im Eigenschaftendialogfeld die Registerkarte *Kompatibilität* aus. Aktivieren Sie im Feld *Einstellungen* die passenden Optionen, zum Beispiel *In Bildschirmauflösung 640x480 ausführen*. Wenn Sie sich nicht sicher sind, welche Kompatibilitätseinstellungen Sie verwenden müssen, können Sie mit der rechten Maustaste auf die Verknüpfung der Anwendung klicken, den Befehl *Behandeln von Kompatibilitätsproblemen* wählen und dann den Anweisungen des Programmkompatibilitäts-Assistenten folgen.

Viele Probleme im Zusammenhang mit Monitoren haben mit der Verbindung zwischen Monitor und Computer zu tun. Wird das Monitorbild durch Flecken, Farbverschiebungen, diagonale Linien, horizontale Balken oder andere Probleme verunstaltet, sollten Sie zuerst die Monitorverbindung überprüfen. Wenn Sie sicher sind, dass die Verkabelung in Ordnung ist, können Sie den Monitor für mindestens 10 Sekunden ausschalten und dann wieder einschalten. Wenn das Problem weiterhin besteht und Sie den Verdacht haben, dass es am Monitor selbst liegt, können Sie versuchen, das Problem im Rahmen einer detaillierten Fehlerbehandlung zu lösen.

Ist das Bild des Monitors nicht stabil (Flackern, Zittern, Wackeln), können Konfigurationsprobleme oder ein ungeeigneter Aufstellungsort die Ursache sein. Verursacht die Aktualisierungsrate des Monitors das Problem, können Sie es beseitigen, indem Sie die Einstellungen der Aktualisierungsrate ändern, wie weiter oben im Abschnitt »Ändern der Bildwiederholrate« beschrieben. Ist der Aufstellungsort die Ursache für das Problem, können Sie möglicherweise die Kabel und Geräte verschieben, die elektromagnetische Störungen verursachen. Verdächtig sind in einem solchen Fall Stromkabel anderer Geräte, große Lautsprecher oder Schreibtischlampen. Besteht das Problem weiter, sollten Sie sicherstellen, dass der Monitor geschirmte Kabel hat und nicht zu nah an Klimaanlagen, großen Leuchtstofflampen oder ähnlichen Störquellen steht.

Wenn der Monitor Bedienelemente eingebaut hat, können Sie nach einer Möglichkeit suchen, die automatische Feinabstimmung oder Einstellung zu aktivieren. Dafür gibt es oft eine separate Taste; sobald Sie diese Taste drücken, passt sich der Monitor automatisch an das Signal an.

Falls Flecken, Farbverschiebungen oder Linien auftreten und sich das Problem durch das Überprüfen und Korrigieren der Verbindungen nicht beseitigen lässt, müssen Sie den Monitor unter Umständen entmagnetisieren (engl. degauss). Bei diesem Vorgang werden magnetische Felder beseitigt, die sich im Lauf der Zeit um einen Röhrenmonitor aufbauen können und das Bild beeinträchtigen. Manche Monitore führen automatisch eine Entmagnetisierung durch, wenn Sie den Monitor aus- und dann wieder einschalten, bei anderen Modellen gibt es eine Option oder eine Taste für diesen Zweck, manchmal werden auch beide Varianten kombiniert. Möglicherweise finden Sie am Monitor eine Taste, die mit *Degauss* beschriftet ist, oder im internen Menü des Monitors gibt es eine entsprechende Option. Während der Monitor entmagnetisiert wird, wird der Bildschirm kurzzeitig verzerrt. Das ist während des Entmagnetisierungsvorgangs normal. Wenn Sie die Entmagnetisierung von Hand auslösen, sollten Sie 15 bis 20 Minuten warten, bevor Sie den Vorgang wiederholen.

Wenn die Probleme immer noch nicht beseitigt sind, sollten Sie sicherstellen, dass der Monitor direkt an den Computer angeschlossen ist. Entfernen Sie alle Verlängerungskabel, die zwischen Monitor und Grafikkarte hängen. Entfernen Sie auch alle Entspiegelungsmechanismen oder ähnliche Geräte, die den Bildschirm des Monitors überdecken. Prüfen Sie, ob einzelne Pins am Monitorkabel verbogen oder gebrochen sind oder ganz fehlen. Einige

Pins sind zwar nicht verdrahtet, aber wenn andere Pins fehlen oder verbogen sind, kann das Anzeigeprobleme auslösen. Wenn Pins verbogen sind und sich der Stecker reparieren lässt, sollten Sie den Monitor ausschalten, das Netzkabel des Monitors abziehen und die Pins mithilfe einer Pinzette oder einer Zange gerade biegen.

8 Verwalten von Hardwaregeräten und Treibern

Übersicht über das Kapitel:
Arbeiten mit dem automatischen Hilfesystem 308
Installieren und Warten von Geräten: Die Grundlagen 328
Einführung in den Geräte-Manager 342
Arbeiten mit Gerätetreibern 344

Die Verwaltung der Hardwarekonfiguration von Computern bedeutet im Wesentlichen die Installation und Konfiguration von Betriebssystemkomponenten, Hardwaregeräten und Gerätetreibern. Allerdings unterscheidet sich die Verwaltung der Hardwarekonfiguration von Windows 7-Computern stark von der Konfigurationsverwaltung bei Computern, die unter Windows XP oder älteren Windows-Versionen laufen. Wie bei Windows Vista werden viele Aspekte von Windows 7 automatisch überwacht und aktualisiert. Sie müssen nicht wie in früheren Windows-Versionen konfiguriert und gepflegt werden. Windows 7 setzt folgende Mittel ein:

- Integrierte Überwachung der Hardwaregeräte, des Arbeitsspeichers, der Vernetzung und der Leistung
- Problemberichte zur automatischen Behebung von Konfigurations- und Leistungsproblemen
- Problemdiagnosen mit Lösungsvorschlägen zur Behebung von Problemen, die sich nicht automatisch beseitigen lassen
- Automatische Updates, um die Betriebssystemkomponenten auf dem neusten Stand zu halten
- Treiberaktualisierung zur Beschaffung der erforderlichen Treiber und Treiberupdates für erkannte Hardwaregeräte

Ab dem Moment, in dem Sie Windows 7 installieren, sind diese Komponenten wirksam und unterstützen Sie bei der Überwachung und Verwaltung. Als Administrator können Sie diese Komponenten zur Unterstützung bei der Konfiguration und Wartung der Systeme einsetzen. Für verschiedene Bereiche sind separate Überwachungsprogramme verfügbar, mit denen sich aktuelle Leistungsdaten für die Hardware, die Speicherauslastung und die Netzwerkauslastung erfassen lassen.

Zur Konfiguration und Wartung von Hardwaregeräten und Treibern können Sie den Geräte-Manager, *Geräte und Drucker* oder den Hardware-Assistenten verwenden. Diese Programme unterstützen Sie bei der Installation und Deinstallation von Hardwaregeräten sowie bei der Behebung von Problemen mit den Geräten und Treibern. Zur Verwaltung von bestimmten Hardwaregeräten sind spezielle Programme verfügbar, wie zum Beispiel zur

Einstellung der Tastatur oder der Soundkarte. Für die automatische Aktualisierung des Systems und für die Treiberaktualisierung verwenden Sie Windows Update, für das es in der Systemsteuerung ein eigenes Konfigurationsprogramm gibt.

Arbeiten mit dem automatischen Hilfesystem

Die vielen Verbesserungen in *Hilfe und Support* von Windows 7 ändern grundlegend die Funktionsweise des Betriebssystems und den Ablauf Ihres Supports. Als Administrator müssen Sie unbedingt wissen, wie das Hilfesystem funktioniert und wie es konfiguriert wird.

Benutzen von Hilfe und Support

Wie Windows Vista hat Windows 7 eine umfangreiche Diagnose- und Problembehebungsarchitektur aufzuweisen. Windows XP und ältere Windows-Versionen boten zwar auch Diagnosefunktionen an, aber die Diagnosen gingen nur selten so weit, dass man von Selbstdiagnose oder einem selbstkorrigierenden System sprechen konnte. Dagegen kann Windows 7 viele Arten von Hardware-, Speicher- und Leistungsproblemen erkennen und automatisch beheben oder den Benutzer durch die Problembehebungsprozedur führen.

Windows 7 bietet zuverlässigere und leistungsfähigere Gerätetreiber, die einen Teil der üblichen Ursachen für Hänger und Abstürze verhindern. Eine verbesserte Abbruchmöglichkeit von Ein-/Ausgabeoperationen der Gerätetreiber sorgt dafür, dass sich das System leichter von blockierenden Aufrufen erholen kann und dass es weniger blockierende Ein-/Ausgabeoperationen bei Laufwerken gibt.

Um Ausfallzeiten und die Zahl der Neustarts zu verringern, die zur Installation von Anwendungen und Updates erforderlich sind, kann Windows 7 den Updateprozess verwenden, um in Gebrauch befindliche Dateien für die Aktualisierung vorzumerken und diese Dateien automatisch zu ersetzen, wenn die Anwendung das nächste Mal gestartet wird. In bestimmten Fällen kann Windows 7 die Anwendungsdaten speichern, die Anwendung schließen, die in Gebrauch befindlichen Dateien aktualisieren und die Anwendung dann neu starten. Um die Gesamtleistung und Reaktionsfähigkeit des Systems zu verbessern, verwendet Windows 7 den Speicher effizienter, sorgt für eine geordnete Ausführung von Threadgruppen und bietet neue Laufzeitzuteilungsmechanismen für Prozesse. Durch die Optimierung des Speichers und der Laufzeitzuteilung sorgt Windows 7 dafür, dass sich Hintergrundprozesse weniger stark auf die Systemleistung auswirken.

Windows 7 bietet zudem eine bessere Unterstützung bei der Ursachenforschung in Problembereichen. Mit zusätzlichen Details im Fehlereintrag im Ereignisprotokoll erleichtert Windows 7 die Identifizierung und Behebung von Problemen. Windows 7 kann sich auch nach dem Ausfall eines Dienstes besser erholen als seine Vorgänger. Beim Neustart eines ausgefallenen Dienstes berücksichtigt Windows 7 Abhängigkeiten unter den Diensten ebenso wie Abhängigkeiten von anderen Komponenten. Alle erforderlichen Dienste und Systemkomponenten, von denen der ausgefallene Dienst abhängig ist, werden vor dem ausgefallenen Dienst gestartet.

In Windows XP und älteren Windows-Versionen wurde eine abgestürzte oder hängende Anwendung als nicht reagierend gekennzeichnet. Dann war es Sache des Benutzers, die Anwendung zu beenden und neu zu starten. Windows 7 versucht, das Problem mit nicht reagierenden Anwendungen durch einen Neustart-Manager zu lösen. Der Neustart-Manager kann nicht reagierende Anwendungen automatisch schließen und neu starten. Dank des Neustart-Managers brauchen Sie Probleme mit eingefrorenen Anwendungen möglicherweise nicht mehr selbst zu lösen.

Fehlgeschlagene Installationen und hängende Anwendungen und Treiber werden auch im Wartungscenter verfolgt. In diesen Fällen sind unter Umständen die integrierten Diagnosemechanismen in der Lage, eine Lösung für das Problem anzubieten. Folgendermaßen zeigen Sie eine Liste der aktuellen Probleme an:

- Klicken Sie im Infobereich der Taskleiste auf das Symbol *Wartungscenter* und klicken Sie dann auf *Wartungscenter öffnen*.
- Klicken Sie in der Systemsteuerung auf *System und Sicherheit* und dann auf *Wartungscenter*.

Im Wartungscenter (Abbildung 8.1) finden Sie eine Liste der Probleme, die in zwei Kategorien untergliedert ist: Sicherheit und Wartung.

Abbildung 8.1 Im Wartungscenter erfahren Sie, ob momentan Probleme vorliegen

Die Probleme sind mit Farben markiert:

- Rot sind Warnungen zu einem bedeutsamen Problem, das Ihrer Aufmerksamkeit bedarf. Hat der Computer beispielsweise keine Antivirensoftware, ist das eine rote Warnung.
- Orange sind Warnungen zu einem Problem, das Sie bei Gelegenheit überprüfen sollten. Wurde der Computer etwa seit einiger Zeit nicht mehr mit Windows-Defender untersucht, ist das eine orange Warnung.

Wenn Sie auf die Kategorieüberschriften *Sicherheit* oder *Wartung* klicken, wird der jeweilige Abschnitt erweitert und zeigt detailliertere Informationen an. Wenn Sie den Bereich *Sicherheit* erweitern, werden Informationen zu folgenden Elementen angezeigt:

- Status von Netzwerkfirewall, Windows Update, Viren- und Malwareschutz
- Konfiguration von Internetsicherheitseinstellungen, Benutzerkontensteuerung und Netzwerkzugriffsschutz

Wenn Sie den Bereich *Wartung* erweitern, werden Informationen über folgende Elemente angezeigt:

- Links zum Verwalten der Konfiguration von Problemberichten
- Status der Windows-Sicherung und der erforderlichen Aktionen für Windows Update
- Status der Problembehandlung und Links zum Ändern dieser Einstellungen

Wenn Sie einen Computer frisch eingerichtet haben und nun prüfen wollen, ob Probleme bestehen, oder wenn Sie den Verdacht haben, dass Probleme bei diesem Computer auftreten, die noch nicht diagnostiziert wurden, können Sie die automatische Problemerkennung folgendermaßen einleiten:

1. Klicken Sie im Wartungscenter auf die Bereichsüberschrift *Wartung* und blättern Sie nach unten.
2. Unter der Liste der aktuellen Probleme finden Sie den Abschnitt *Nach Lösungen für Problemberichte suchen*, der eine Reihe von Links enthält. Klicken Sie auf *Nach Lösungen suchen*, um den automatisierten Problemberichterstattungsprozess zu starten. Sobald dieser Prozess abgeschlossen ist, aktualisiert das Wartungscenter die Anzeige und führt alle neu erkannten Probleme sowie die bekannten Lösungen auf.
3. Erkennt die automatisierte Diagnose Probleme, zu denen sie keine Lösungen anbieten kann, können Sie sich zusätzliche Informationen über die Probleme ansehen. Klicken Sie im Dialogfeld *Problemberichte und -lösungen* (Abbildung 8.2) auf *Problemdetails anzeigen*, um weitere Informationen über die erkannten Probleme zu erhalten. Wenn Sie Ihre eigene Problembehandlung durchführen wollen, können Sie auf die angezeigten Links kicken, um die Daten zu extrahieren, die Sie später zum Analysieren der Probleme brauchen. Die so extrahierten Daten werden im Ordner *Temp* im Profil des angemeldeten Benutzers gespeichert. Sie müssen diese Daten kopieren, bevor Sie fortfahren.

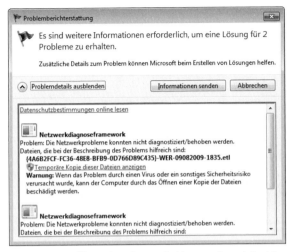

Abbildung 8.2 Überprüfen erkannter Probleme, zu denen keine Lösungen verfügbar sind

4. Klicken Sie im Dialogfeld *Problemberichte und -lösungen* auf *Informationen senden*, um die Daten an Microsoft zu senden, oder auf *Abbrechen*, um *Problemberichte und -lösungen* zu schließen, ohne die Informationen an Microsoft zu senden. Wenn Sie sich dazu entscheiden, die Informationen an Microsoft zu senden, werden die Problembehandlungsdaten in den Ordner *Temp* im Profil des angemeldeten Benutzers extrahiert, an Microsoft übertragen und dann aus dem Verzeichnis *Temp* gelöscht. Dabei können erhebliche Mengen an Daten extrahiert und gesendet werden.

Erkannte Probleme, zu denen Lösungen bekannt sind, können Sie folgendermaßen im Wartungscenter beseitigen:

1. Bei jedem Problem finden Sie eine Lösungsschaltfläche. Handelt es sich um ein Sicherheitsproblem, können Sie gewöhnlich Programme online suchen oder den Computer mit Schutzsoftware durchsuchen. Bei Wartungsproblemen klicken Sie meist auf die Schaltfläche *Antwort zum Problem anzeigen*, um eine Seite zu öffnen, die ausführlichere Informationen zum Problem liefert.

2. Auf der Seite *Weitere Informationen* (Abbildung 8.3) gibt es mehrere Möglichkeiten: Wird ein Problem durch einen Treiber oder Software verursacht, finden Sie einen Link, über den Sie den neuesten Treiber oder ein Softwareupdate herunterladen und installieren können. Ist dagegen ein Konfigurationsproblem die Ursache, finden Sie eine Beschreibung des Problems und eine Schritt-für-Schritt-Anleitung, wie Sie die Konfiguration so ändern, dass das Problem beseitigt ist.

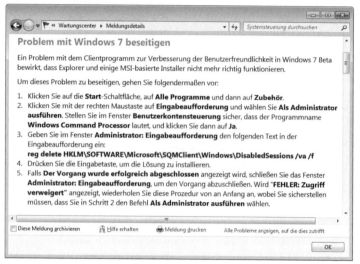

Abbildung 8.3 Beseitigen Sie das Problem, indem Sie die erforderlichen Aktionen durchführen

3. Sobald Sie ein Problem beseitigt haben, indem Sie einen Treiber oder ein Softwareupdate installieren, können Sie die Meldung für künftige Analysen archivieren. Aktivieren Sie dazu das Kontrollkästchen *Diese Meldung archivieren*, bevor Sie die Seite *Weitere Informationen* mit *OK* schließen.

Sie haben im Wartungscenter die Möglichkeit, einen Zuverlässigkeitsbericht für den Computer erstellen zu lassen, um den bisherigen Verlauf der Hardware- und Softwareprobleme zu überprüfen. Anhand dieses Verlaufs können Sie feststellen, wie stabil der Computer ist und welche Geräte oder Programme in der Vergangenheit Probleme verursacht haben. Gehen Sie folgendermaßen vor, um die Zuverlässigkeitsüberwachung zu öffnen und zu benutzen:

1. Klicken Sie im Wartungscenter auf die Bereichsüberschrift *Wartung* und blättern Sie nach unten.
2. Unter der Liste der aktuellen Probleme finden Sie den Abschnitt *Nach Lösungen für Problemberichte suchen*, der eine Reihe von Links enthält. Klicken Sie auf *Zuverlässigkeitsverlauf anzeigen*.
3. Wie in Abbildung 8.4 gezeigt, erhalten Sie eine grafische Darstellung, die über die Stabilität des Computers Auskunft gibt. Hier können Sie den Verlauf über mehrere Tage oder Wochen verfolgen. Die Standardansicht ist *Tage*. Wenn Sie sich mehrere Wochen ansehen wollen, müssen Sie neben *Anzeige* auf die Option *Wochen* klicken. Die Stabilität des Computers wird in Form von Werten gemessen, die von 0 (geringe Zuverlässigkeit) bis 10 (hervorragende Zuverlässigkeit) reichen.

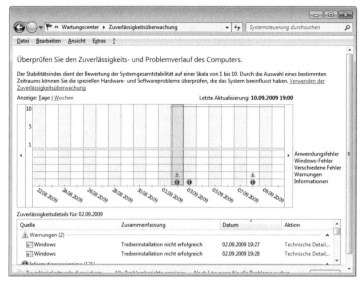

Abbildung 8.4 Grafische Darstellung der Stabilität eines Computers

4. Ereignisse, die sich unter Umständen auf die Stabilität auswirken, werden mit Informations- oder Warnsymbolen unten im Diagramm angezeigt. Wenn Sie auf ein solches Symbol klicken, werden ausführliche Informationen zum Ereignis in der Liste *Zuverlässigkeitsdetails* angezeigt. Wie Sie in der Abbildung sehen, werden zu den Ereignissen die Spalten *Quelle*, *Zusammenfassung* und *Datum* angezeigt. Unter *Aktion* finden Sie einen Link. Falls Windows das Problem automatisch lösen konnte, ist dies der Link *Antwort zum Problem anzeigen*. Wenn Sie auf den Link klicken, wird angezeigt, wie Windows das Problem beseitigt hat. In anderen Fällen ist der Link *Technische Details anzeigen* aufgeführt. Klicken Sie diesen Link an, um weitere Informationen über das Stabilitätsproblem zu erhalten (Abbildung 8.5).

Abbildung 8.5 Anzeigen von Berichtsdetails, die weitere Informationen liefern

5. Am unteren Rand des Fensters *Zuverlässigkeitsüberwachung* stehen weitere Optionen zur Verfügung:
   - *Zuverlässigkeitsverlauf speichern* Hier können Sie die vollständigen Details zur Stabilität des Computers für die künftige Verwendung speichern. Diese Informationen werden in Form eines Zuverlässigkeitsüberwachungsberichts gespeichert, der als XML formatiert ist. Klicken Sie auf *Zuverlässigkeitsverlauf speichern* und wählen Sie dann im angezeigten Dialogfeld einen Speicherort und den Dateinamen für den Bericht. Sie können sich den Bericht im Internet Explorer ansehen, indem Sie die Datei doppelt anklicken.
   - *Alle Problemberichte anzeigen* Öffnet das Fenster *Problemberichte*, das den Verlauf aller Probleme anzeigt, die bisher erkannt wurden. Hier wird auch der Status der Probleme gemeldet. Mit einem Klick auf *Alle Problemberichte löschen* können Sie alle Berichte entfernen.
   - *Nach Lösungen für alle Probleme suchen* Startet den automatisierten Problemberichterstattungsprozess. Sobald dieser Prozess abgeschlossen ist, aktualisiert das Wartungscenter die Anzeige und führt alle neu entdeckten Probleme und die zugehörigen Lösungen auf (sofern bekannt).

Anpassen von *Hilfe und Support*

Windows 7 stellt viele Möglichkeiten zur Verfügung, mit denen Sie die Funktionsweise des Hilfe- und Supportsystems anpassen können. Auf der einfachsten Ebene können Sie steuern, welche Benachrichtigungsarten im Wartungscenter angezeigt werden. Dieses Feature können Sie noch weiter optimieren, indem Sie kontrollieren, wie Problemberichterstattung und Problembehandlung arbeiten.

Jeder Benutzer, der sich an einem Computer anmeldet, hat individuelle Benachrichtigungseinstellungen. Gehen Sie folgendermaßen vor, um festzulegen, welche Arten von Benachrichtigungen im Wartungscenter angezeigt werden:

1. Klicken Sie im linken Fensterabschnitt des Wartungscenters auf *Wartungscentereinstellungen ändern*.
2. Aktivieren Sie auf der Seite *Wartungscentereinstellungen ändern* (Abbildung 8.6) die Kontrollkästchen der Benachrichtigungen, die der Benutzer angezeigt bekommen soll, und deaktivieren Sie die Kontrollkästchen der Benachrichtigungen, die nicht angezeigt werden sollen.
3. In der Standardeinstellung werden im Rahmen des Programms zur Verbesserung der Benutzerfreundlichkeit Nutzungsinformationen an Microsoft gesendet. Wenn Sie nicht an diesem Programm teilnehmen wollen, können Sie auf den Link *Einstellungen für das Programm zur Verbesserung der Benutzerfreundlichkeit* klicken, die Option *Nein, ich möchte nicht am Windows-Programm zur Verbesserung der Benutzerfreundlichkeit teilnehmen* wählen und auf *Änderungen speichern* klicken.
4. Klicken Sie auf *OK*.

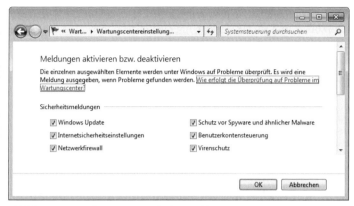

Abbildung 8.6 Konfigurieren von Sicherheitsmeldungen im Wartungscenter

In einer Standardkonfiguration hat jeder Benutzer, der sich an einem Computer anmeldet, individuelle Einstellungen für die Problemberichterstattung. Administratoren können aber auch festlegen, dass für alle Benutzer dieselben Berichtseinstellungen gelten. Gehen Sie folgendermaßen vor, um zu konfigurieren, wie die Problemberichterstattung für den momentan angemeldeten Benutzer oder für alle Benutzer funktioniert:

1. Klicken Sie im linken Fensterabschnitt des Wartungscenters auf *Wartungscentereinstellungen ändern*.
2. Klicken Sie auf der Seite *Wartungscentereinstellungen ändern* unter *Verwandte Einstellungen* auf *Einstellungen für Problemberichterstattung*.
3. Sie bekommen nun die aktuelle Konfiguration der Problemberichterstattung für den angemeldeten Benutzer angezeigt. Ist es möglich, die Einstellungen zu verändern, ist der Computer so konfiguriert, dass jeder Benutzer seine Problemberichteinstellungen selbst wählen kann. Wenn es dagegen nicht möglich ist, die Einstellungen zu verändern, ist der Computer so konfiguriert, dass für alle Benutzer dieselben Problemberichteinstellungen gelten.
4. Sofern der Computer so konfiguriert ist, dass die Problemberichteinstellungen für jeden Benutzer individuell verwaltet werden, können Sie die Problemberichteinstellungen wählen, die Sie für den momentan angemeldeten Benutzer verwenden möchten, und *OK* klicken, um die Einstellungen zu speichern. Es stehen folgende Optionen zur Wahl:
   - *Automatisch nach Lösungen suchen*
   - *Automatisch nach Lösungen suchen und gegebenenfalls zusätzliche Berichtsdaten senden*
   - *Bei Problemen erst Bestätigung anfordern, bevor nach Lösungen gesucht wird*
   - *Nie nach Lösungen suchen*
5. Werden die Problemberichteinstellungen für den gesamten Computer festgelegt, müssen Sie auf *Berichtseinstellungen für alle Benutzer ändern*

klicken, die Problemberichteinstellungen wählen, die für alle Benutzer gelten sollen, und auf *OK* klicken, um die Einstellungen zu speichern. Es stehen folgende Optionen zur Auswahl:

- *Automatisch nach Lösungen suchen*
- *Automatisch nach Lösungen suchen und gegebenenfalls zusätzliche Daten senden*
- *Bei Problemen erst Bestätigung anfordern, bevor nach Lösungen gesucht wird*
- *Nie nach Lösungen suchen*
- *Jeder Benutzer darf Einstellungen auswählen*

Wenn die Problemberichterstattung aktiviert ist, können Sie Programme aus der Problemberichterstattung ausschließen. Gehen Sie dazu so vor:

1. Klicken Sie im linken Fensterabschnitt des Wartungscenters auf *Wartungscentereinstellungen ändern*.
2. Klicken Sie auf der Seite *Wartungscentereinstellungen ändern* unter *Verwandte Einstellungen* auf *Einstellungen für Problemberichterstattung*. Klicken Sie anschließend auf *Aus Berichterstattung auszuschließende Programme auswählen*.
3. Auf der Seite *Erweiterte Einstellungen für die Problemberichterstattung* wird eine Liste aller Programme angezeigt, die momentan ausgeschlossen sind. Sie haben nun folgende Möglichkeiten:
   - Fügen Sie Programme hinzu, um sie aus der Berichterstattung auszuschließen. Klicken Sie auf *Hinzufügen*, wählen Sie im Dialogfeld die ausführbare Datei (*.exe*) des gewünschten Programms aus und klicken Sie auf *Öffnen*.
   - Entfernen Sie Programme aus der Liste, damit sie nicht mehr von der Berichterstattung ausgeschlossen sind. Markieren Sie das Programm dazu in der Liste und klicken Sie auf *Entfernen*.

Für jeden Benutzer, der sich an einem Computer anmeldet, gelten individuelle Problembehandlungseinstellungen. Gehen Sie folgendermaßen vor, um zu konfigurieren, wie die Problembehandlung arbeitet:

1. Klicken Sie im Wartungscenter auf die Bereichsüberschrift *Wartung* und blättern Sie nach unten.
2. Unter der Liste der aktuellen Probleme finden Sie den Abschnitt *Problembehandlung: Systemwartung*. Klicken Sie auf *Problembehandlungseinstellungen ändern*.
3. Auf der Seite *Einstellungen ändern* (Abbildung 8.7) sind die aktuellen Einstellungen für die Problembehandlung aufgeführt. In der Standardeinstellung prüft Windows in regelmäßigen Abständen, ob häufig vorkommende Wartungsprobleme vorliegen, und zeigt Erinnerungen an, wenn das Problembehandlungsmodul des Systems in der Lage ist, Probleme zu beseitigen. Zum Beispiel benachrichtigt das Problembehandlungsmodul den Benutzer, wenn es unbenutzte Dateien und Verknüpfungen gibt, die entfernt werden können.

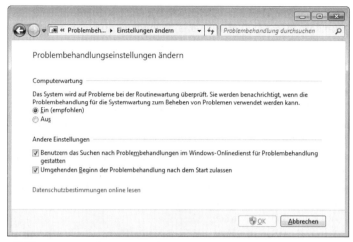

Abbildung 8.7 Einstellen, wie die Problembehandlung arbeitet

4. Microsoft stellt von Zeit zu Zeit weitere Problembehandlungsmodule online zur Verfügung. In der Standardeinstellung können die Benutzer nach solchen Problembehandlungsmodulen suchen und sie einsetzen. Wollen Sie verhindern, dass die Benutzer diese Problembehandlungsmodule suchen und verwenden, können Sie das Kontrollkästchen *Benutzern das Suchen nach Problembehandlungen im Windows-Onlinedienst für Problembehandlung gestatten* deaktivieren.
5. Sobald der Benutzer ein Problembehandlungsmodul startet, wird die Problembehandlung in der Standardeinstellung automatisch eingeleitet. Möchten Sie, dass der Benutzer den Start der Problembehandlung bestätigen muss, können Sie das Kontrollkästchen *Umgehenden Beginn der Problembehandlung nach dem Start zulassen* deaktivieren.
6. Klicken Sie auf *OK*, um Ihre Einstellungen zu speichern.

Die automatische Problembehandlung ist ein Feature, das durch Windows PowerShell 2.0 und zugehörige Systemdienste möglich gemacht wird. Solange PowerShell installiert ist (das ist standardmäßig der Fall) und die benötigten Dienste verfügbar sind, müsste die automatisierte Problembehandlung funktionieren. Es stehen folgende Standardproblembehandlungsmodule zur Verfügung:

- **Aero** Diagnostiziert und beseitigt Probleme, die verhindern, dass der Computer Windows Aero nutzt.
- **Hardware und Geräte** Diagnostiziert und beseitigt Probleme, die verhindern, dass der Computer ein Gerät richtig benutzen kann.
- **Heimnetzgruppe** Diagnostiziert und beseitigt Probleme, die verhindern, dass der Computer Dateien in einer Heimnetzgruppe freigeben kann.

- **Internetkonnektivität** Diagnostiziert und beseitigt Probleme, die verhindern, dass der Computer eine Verbindung zum Internet herstellt und auf das Web zugreift.
- **Wartung** Führt Routinewartungen aus, wenn der Benutzer dies nicht erledigt.
- **Netzwerkkarte** Diagnostiziert und beseitigt Probleme in den Bereichen von Ethernet-, WLAN- und anderen Netzwerkkarten.
- **Leistung** Diagnostiziert und beseitigt Probleme, die sich auf die Gesamtleistung des Computers auswirken.
- **Audio abspielen** Diagnostiziert und beseitigt Probleme, die verhindern, dass der Computer Sounds abspielt.
- **Energieverwaltung** Diagnostiziert und beseitigt Probleme, die sich auf Energieverwaltung, Standbymodus, Ruhezustand und Aufwecken des Computers auswirken.
- **Drucker** Diagnostiziert und beseitigt Probleme, die verhindern, dass der Computer einen Drucker benutzt.
- **Programmkompatibilität** Diagnostiziert und beseitigt Probleme, die verhindern, dass ein Programm auf dem Computer läuft.
- **Audioaufzeichnung** Diagnostiziert und beseitigt Probleme, die verhindern, dass der Computer Audio aufzeichnet.
- **Webbrowsersicherheit** Erkennt Probleme in den Einstellungen, die eventuell die Sicherheit des Computers und des Benutzers gefährden, wenn er im Web surft.
- **Windows-Medien** Diagnostiziert und beseitigt Probleme, die verhindern, dass der Computer Musik oder DVDs abspielt. Außerdem kann dieses Problembehandlungsmodul den Windows Media Player auf seine Standardeinstellungen zurücksetzen.

Sie greifen im Wartungscenter auf die verfügbaren Problembehandlungsmodule zu, indem Sie nach unten blättern und dann auf *Problembehandlung* klicken. Daraufhin öffnet sich das Fenster *Problembehandlung*. Wie in Abbildung 8.8 zu sehen, sind die Problembehandlungsmodule in Kategorien eingeteilt. Es stehen folgende Kategorien zur Verfügung:

- **Programme** Für die Behandlung von Kompatibilitätsproblemen bei Anwendungen, die für ältere Windows-Versionen entwickelt wurden
- **Hardware und Sound** Für die Behandlung von Problemen bei Hardwaregeräten, Audioaufzeichnung und Audiowiedergabe
- **Netzwerk und Internet** Für die Behandlung von Problemen mit Netzwerkverbindungen und dem Zugriff auf freigegebene Ordner auf anderen Computern
- **Darstellung und Anpassung** Für die Behandlung von Problemen mit der Anzeigedarstellung und Anpassungseinstellungen. Probleme mit Aero können Sie schnell beseitigen, indem Sie auf *Aero-Desktopeffekte anzeigen* klicken.

- **System und Sicherheit** Für die Behandlung von Problemen mit Windows Update, Energieverwaltung und Leistung. Klicken Sie auf *Wartungsaufgaben ausführen*, um unbenutzte Dateien und Verknüpfungen zu entfernen und andere Routinewartungsaufgaben zu erledigen.

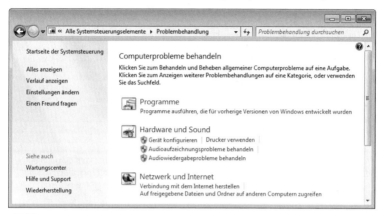

Abbildung 8.8 Anzeigen und Starten der Problembehandlungsmodule

Windows sucht in der Standardeinstellung automatisch nach Onlineupdates für Problembehandlungsmodule und installiert sie. Möchten Sie das verhindern, können Sie das Kontrollkästchen *Neueste Problembehandlungen vom Windows-Onlinedienst für Problembehandlung abrufen* deaktivieren.

In den Gruppenrichtlinien können Sie im Zweig *Computerkonfiguration/ Richtlinien/Administrative Vorlagen/System/Problembehandlung und Diagnose* konfigurieren, wie die automatisierte Problembehandlung und Diagnose arbeiten. Tabelle 1.4 weiter oben in diesem Buch beschreibt die verfügbaren Richtlinien, Tabelle 8.1 listet die Richtlinien aus dem Bereich *Administrative Vorlagen* auf.

Arbeiten mit den Supportdiensten

Zur Unterstützung der automatischen Diagnose und Problembehebung bietet Windows 7 verschiedene Komponenten und Tools für die Verwaltung der Diagnoseergebnisse, die Problemberichterstattung und die Unterstützung des Benutzers an. Diese Komponenten sind alle auf die Verfügbarkeit der Supportdienste angewiesen, die mit dem Betriebssystem installiert wurden. Wenn Sie im Verwaltungsprogramm *Computerverwaltung* unter *Dienste und Anwendungen* den Knoten *Dienste* öffnen, finden Sie ein ganzes Bündel an Diensten für den Systemsupport vor.

Tabelle 8.2 bietet einen Überblick über die wichtigsten Supportdienste in Windows 7. Die Funktionen zur Problemerkennung, Fehlerbehebung und Problemlösung werden weitgehend von den Diensten *Diagnoserichtliniendienst* und *Diagnosesystemhost* unterstützt. Ein dritter Dienst, der *Diagnosediensthost*, wird nur bei Bedarf gestartet.

Tabelle 8.1 Richtlinien zum Verwalten des Wartungscenters und der zugehörigen Features

Richtlinienname	Beschreibung	Zweig in *Administrative Vorlagen*
Problembehandlung: Benutzerzugriff auf Onlineinhalt zur Problembehandlung auf Microsoft-Servern über die Systemsteuerung für die Problembehandlung zulassen	Wenn Sie diese Richtlinie aktivieren oder nicht konfigurieren, können Benutzer, die mit dem Internet verbunden sind, auf Problembehandlungsinhalte zugreifen und danach suchen. Benutzer können auf solche Inhalte zugreifen, indem sie auf *Ja* klicken, wenn Sie im Wartungscenter aufgefordert werden, die neuesten Problembehandlungsinhalte abzurufen.	*Computerkonfiguration* unter *System\Problembehandlung und Diagnose\Skriptdiagnose*
Problembehandlung: Zugriff und Ausführung von Problembehandlungs-Assistenten durch Benutzer zulassen	Wenn Sie diese Richtlinie aktivieren oder nicht konfigurieren, können Benutzer auf die Problembehandlungswerkzeuge im Wartungscenter zugreifen und sie ausführen.	*Computerkonfiguration* unter *System\Problembehandlung und Diagnose*
Wartungscentersymbol entfernen	Wenn Sie diese Richtlinie aktivieren, wird das Symbol des Wartungscenters nicht im Infobereich der Taskleiste angezeigt. Das verhindert allerdings nicht, dass Benutzer über die Systemsteuerung auf das Wartungscenter zugreifen. Andernfalls wird das Symbol des Wartungscenters angezeigt.	*Benutzerkonfiguration* unter *Startmenü und Taskleiste*
Programm zur Verbesserung der Benutzerfreundlichkeit deaktivieren	Wenn diese Richtlinie aktiviert ist, nehmen die Benutzer nicht am Programm teil. Ist diese Richtlinie deaktiviert, nehmen die Benutzer am Programm teil.	*Computerkonfiguration* unter *System\Internetkommunikationsverwaltung\Internetkommunikationseinstellungen*
Zugriff auf den Bereich "Lösungen zu Leistungsproblemen" deaktivieren	Wenn diese Richtlinie aktiviert ist, können die Benutzer nicht auf Lösungen zu Leistungsproblemen zugreifen. Andernfalls ist dieser Zugriff für die Benutzer möglich.	*Benutzerkonfiguration* und *Computerkonfiguration* unter *System\Systemsteuerung – Leistung*
Über blockierte Treiber benachrichtigen	Wenn diese Richtlinie aktiviert oder nicht konfiguriert ist, benachrichtigt Windows die Benutzer, wenn Treiber aufgrund von Kompatibilitätsproblemen blockiert werden.	*Computerkonfiguration* unter *System\Problembehandlung und Diagnose\Anwendungskompatibilitätsdiagnose*

▶

Richtlinienname	Beschreibung	Zweig in *Administrative Vorlagen*
Durch veraltete COM-Objekte verursachte Anwendungsfehler erkennen	Wenn Sie diese Richtlinie aktivieren oder nicht konfigurieren, erkennt Windows, wenn Programme versuchen, veraltete COM-Objekte zu erstellen. In diesem Fall wird der Benutzer benachrichtigt.	*Computerkonfiguration* unter *System\Problembehandlung und Diagnose\Anwendungskompatibilitätsdiagnose*
Durch veraltete Windows-DLLs verursachte Anwendungsfehler erkennen	Wenn Sie diese Richtlinie aktivieren oder nicht konfigurieren, erkennt Windows, wenn Programme veraltete DLLs benutzen. In diesem Fall wird der Benutzer benachrichtigt.	*Computerkonfiguration* unter *System\Problembehandlung und Diagnose\Anwendungskompatibilitätsdiagnose*
Anwendungskompatibilitätsmodul deaktivieren	Wenn diese Richtlinie aktiviert ist, prüft Windows nicht die Kompatibilitätsdatenbank, bevor es Anwendungen startet.	*Computerkonfiguration* unter *Windows-Komponenten\Anwendungskompatibilität*
Programmkompatibilitäts-Assistenten deaktivieren	Wenn diese Richtlinie aktiviert ist, überwacht Windows vom Benutzer gestartete Programme während der Laufzeit nicht auf bekannte Kompatibilitätsprobleme.	*Benutzerkonfiguration* und *Computerkonfiguration* unter *Windows-Komponenten\Anwendungskompatibilität*
Berichtwarteschlange konfigurieren	Wenn diese Richtlinie aktiviert und konfiguriert ist, kann ein Administrator die Warteschlange und die Benachrichtigungen im Zusammenhang mit der Fehlerberichterstattung konfigurieren.	*Benutzerkonfiguration* und *Computerkonfiguration* unter *Windows-Komponenten\Windows-Fehlerberichterstattung\Erweiterte Einstellungen für Fehlerberichterstattung*
Windows-Fehlerberichterstattung deaktivieren	Wenn diese Richtlinie aktiviert ist, sendet die Windows-Fehlerberichterstattung keinerlei Informationen an Microsoft. Andernfalls sendet die Windows-Fehlerberichterstattung Daten.	*Benutzerkonfiguration* und *Computerkonfiguration* unter *Windows-Komponenten\Windows-Fehlerberichterstattung*

Tabelle 8.2 Supportdienste in Windows 7

Name	Beschreibung
Anwendungserfahrung	Verarbeitet Anwendungskompatibilitäts-Cacheanforderungen beim Start von Anwendungen.
Anwendungsinformationen	Erleichtert das Ausführen von interaktiven Anwendungen mit zusätzlichen Administratorprivilegien.
Anwendungsverwaltung	Verarbeitet Installations-, Deinstallations- und Auflistungsanforderungen für Software, die über Gruppenrichtlinien bereitgestellt wird.
Aufgabenplanung	Ermöglicht einem Benutzer, automatische Aufgaben auf diesem Computer zu konfigurieren und zu planen.
Benachrichtigungsdienst für Systemereignisse	Überwacht Systemereignisse und bietet Benachrichtigungsdienste.
Benutzerprofildienst	Ist zuständig für das Laden und Entladen von Benutzerprofilen.

▶

Name	Beschreibung
Designs	Ermöglicht dem Computer, Designs zu verwenden, und stellt die Benutzeroberfläche zum Verwalten der Designs bereit.
Diagnosediensthost	Ermöglicht Diagnosefunktionen, die im Kontext von LOKALER DIENST ausgeführt werden müssen.
Diagnoserichtliniendienst	Ermöglicht die Problemerkennung, Problembehandlung und Lösung für Windows-Komponenten.
Diagnosesystemhost	Ermöglicht Diagnosefunktionen, die im Kontext von SYSTEM ausgeführt werden müssen.
Intelligenter Hintergrundübertragungsdienst	Überträgt Dateien im Hintergrund unter Verwendung von ungenutzter Netzwerkbandbreite.
Programmkompatibilitäts-Assistent-Dienst	Bietet Unterstützung für den Programmkompatibilitäts-Assistenten.
Sekundäre Anmeldung	Ermöglicht das Starten von Prozessen mit verschiedenen Anmeldeinformationen.
Sitzungs-Manager für Desktopfenster-Manager	Stellt grundlegende Desktopdienste zur Verfügung, die für die Benutzerumschaltung und andere Desktopverwaltungsfunktionen gebraucht werden.
Superfetch	Verwaltet und verbessert die Systemleistung durch das Vorabladen von Komponenten und Anwendungsdaten anhand des Verwendungsmusters.
Unterstützung in der Systemsteuerung unter Lösungen für Probleme	Unterstützt das Anzeigen, Senden und Löschen von Problemberichten auf Systemebene.
Windows Modules Installer	Unterstützt Windows-Updates von empfohlenen und optionalen Komponenten.
Windows Update	Ermöglicht die automatische Aktualisierung von Windows-Komponenten und anderen Programmen.
Windows-Ereignisprotokoll	Ist zuständig für die Protokollierung von Ereignissen.
Windows-Fehlerberichterstattungsdienst	Ermöglicht die Berichterstattung über Fehler bei nicht mehr reagierenden Programmen und die Angabe von Lösungen.
Windows-Remoteverwaltung (WS-Verwaltung)	Ermöglicht den Remotebetrieb in der Windows PowerShell und aktiviert das Protokoll WS-Verwaltung für die Remoteverwaltung.
Windows-Verwaltungsinstrumentation	Bietet den Zugriff auf Systemverwaltungsinformationen.
Windows-Zeitgeber	Dient zum automatischen Einstellen der Systemuhr.

Wie Sie schon an der Zahl der Supportdienste erkennen können, ist das integrierte automatische Hilfesystem von Windows 7 recht vielschichtig. Das System wurde so konzipiert, dass es automatisch den Zustand des Systems überwacht, vorbeugende Maßnahmen ergreift und Probleme meldet, damit sie behoben werden können. Im Systemmonitor und der Zuverlässigkeitsüberwachung werden weitere Leistungs- und Zuverlässigkeitsdaten verfolgt.

Supportdienste sind die Grundlage der erweiterten Supportfunktionen von Windows 7. Wenn wichtige Dienste nicht ausgeführt werden oder falsch konfiguriert sind, können sich Probleme bei der Verwendung bestimmter Supportfunktionen ergeben. Sie können diese und andere Dienste in der Computerverwaltung überprüfen:

1. Klicken Sie im Menü *Verwaltung* auf *Computerverwaltung*. Stattdessen können Sie auch in der Systemsteuerung auf *System und Sicherheit* und dann auf *Verwaltung* klicken und schließlich doppelt auf *Computerverwaltung* klicken.
2. Klicken Sie in der Konsolenstruktur mit der rechten Maustaste auf den Knoten *Computerverwaltung* und wählen Sie den Befehl *Verbindung mit anderem Computer herstellen*. Nun können Sie auswählen, auf welchem System Sie die Dienste verwalten wollen.
3. Erweitern Sie den Knoten *Dienste und Anwendungen*, indem Sie auf das zugehörige Dreieckssymbol klicken. Wählen Sie *Dienste* aus (Abbildung 8.9). Sie müssen nun eine vollständige Liste aller Dienste angezeigt bekommen, die auf dem System installiert sind. Diese Liste ist standardmäßig nach dem Dienstnamen sortiert.

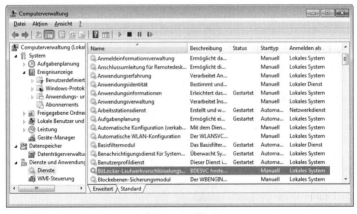

Abbildung 8.9   Verwalten von Diensten in Windows 7

Die wichtigsten Spalten in dieser Liste sind:

- **Name**   Der Name des Dienstes. Hier werden nur Dienste aufgeführt, die auf dem System installiert sind. Klicken Sie doppelt auf einen Eintrag, um seine Startoptionen zu konfigurieren.
- **Beschreibung**   Eine kurze Beschreibung des Dienstes und seiner Aufgaben.
- **Status**   Gibt an, ob der Dienst läuft, angehalten oder beendet wurde. (Wurde der Dienste beendet, zeigt das Feld keinen Text an.)
- **Starttyp**   Die Starttypeinstellung für den Dienst. Automatische Dienste werden beim Systemstart ausgeführt. Benutzer oder andere Dienste starten manuelle Dienste. Deaktivierte Dienste sind ausge-

schaltet und können nicht gestartet werden, während sie deaktiviert sind.
- **Anmelden als**   Das Konto, unter dem sich der Dienst anmeldet. Das Standardkonto ist in den meisten Fällen *SYSTEM*.

4. Das Fenster *Dienste* hat zwei Ansichten: *Erweitert* und *Standard*. Sie schalten die Ansicht mit den Registerkarten unten im Fenster *Dienste* um. In der erweiterten Ansicht werden Links zum Verwalten der Dienste angezeigt. Klicken Sie auf *starten*, um einen beendeten Dienst zu starten. Klicken Sie auf *neu starten*, um einen Dienst zu beenden und anschließend neu zu starten. Wenn Sie einen Dienst in der erweiterten Ansicht auswählen, wird außerdem eine Dienstbeschreibung angezeigt, in der die Aufgaben des Dienstes zusammengefasst sind.

Starten, Beenden und Anhalten von Diensten

Als Administrator müssen Sie Windows 7-Dienste häufig starten, beenden oder anhalten. Gehen Sie dazu wie folgt vor:

1. Erweitern Sie in der Computerverwaltung den Knoten *Dienste und Anwendungen*, indem Sie auf das zugehörige Dreieckssymbol klicken, und wählen Sie den Knoten *Dienste* aus.
2. Klicken Sie mit der rechten Maustaste auf den Dienst, den Sie verwalten wollen, und wählen Sie *Starten*, *Beenden* oder *Anhalten*.

HINWEIS   Sie können auch *Neu starten* wählen, damit Windows den Dienst beendet und nach einer kurzen Pause wieder startet. Falls Sie einen Dienst angehalten haben, können Sie mit dem Befehl *Fortsetzen* seine normale Ausführung wiederaufnehmen. Wenn Dienste ausfallen, die automatisch gestartet werden sollen, wird im Statusfeld ein leerer Eintrag angezeigt, und Sie erhalten gewöhnlich eine Benachrichtigung. Dienstausfälle können auch in den Ereignisprotokollen des Systems aufgeführt werden. In Windows 7 lassen sich Aktionen zur automatischen Behandlung von Dienstausfällen konfigurieren. Beispielsweise kann Windows 7 versuchen, den Dienst für Sie neu zu starten.

Konfigurieren des Dienststartmodus

Sie können festlegen, ob Windows 7 Dienste manuell oder automatisch startet. Sie können Dienste durch Deaktivieren auch dauerhaft ausschalten. Zum Konfigurieren des Dienststarts gehen Sie wie folgt vor:

1. Erweitern Sie in der Computerverwaltung den Knoten *Dienste und Anwendungen*, indem Sie auf das zugehörige Dreieckssymbol klicken, und wählen Sie den Knoten *Dienste* aus.
2. Klicken Sie mit der rechten Maustaste auf den Dienst, den Sie konfigurieren wollen, und wählen Sie den Befehl *Eigenschaften*.
3. Wählen Sie auf der Registerkarte *Allgemein* in der Dropdownliste *Starttyp* eine Startoption aus und klicken Sie auf *OK*. Es stehen folgende Einträge zur Auswahl:
    - **Automatisch**   Der Dienst wird beim Systemstart gestartet.

- **Automatisch (Verzögerter Start)**   Mit dem Starten des Dienstes nach dem Systemstart wird gewartet, bis alle unverzögerten Dienste gestartet wurden.
- **Manuell**   Der Dienst kann manuell gestartet werden.
- **Deaktiviert**   Schaltet den Dienst aus.

Konfigurieren der Dienstanmeldung

Sie können festlegen, dass sich Windows 7-Dienste unter einem Systemkonto oder als bestimmte Benutzer anmelden. Gehen Sie dazu jeweils wie folgt vor:

1. Erweitern Sie in der Computerverwaltung den Knoten *Dienste und Anwendungen*, indem Sie auf das zugehörige Dreieckssymbol klicken, und wählen Sie den Knoten *Dienste* aus.
2. Klicken Sie mit der rechten Maustaste auf den Dienst, den Sie konfigurieren wollen, und wählen Sie den Befehl *Eigenschaften*.
3. Wählen Sie die Registerkarte *Anmelden* aus. Nehmen Sie eine der folgenden Einstellungen vor und klicken Sie danach auf *OK*.
    - Wählen Sie *Lokales Systemkonto* aus, wenn sich der Dienst unter Verwendung des Systemkontos anmelden soll (die Standardeinstellung bei den meisten Diensten). Verwendet der Dienst eine Benutzerschnittstelle, über die Eingaben vorgenommen werden können, wählen Sie *Datenaustausch zwischen Dienst und Desktop zulassen*, um Benutzern die Steuerung über die Schnittstelle des Dienstes zu ermöglichen.
    - Wählen Sie *Dieses Konto* aus, wenn sich der Dienst unter einem bestimmten Benutzerkonto anmelden soll. Vergessen Sie nicht, in die vorhandenen Textfelder Kontoname und Kennwort einzugeben. Suchen Sie mit der Schaltfläche *Durchsuchen* gegebenenfalls nach einem Benutzerkonto. Klicken Sie auf *OK*.

Konfigurieren der Dienstwiederherstellung

Während der Installation konfiguriert Windows 7 für kritische Systemdienste eine automatische Wiederherstellung. In den meisten Fällen sind kritische Dienste daher so konfiguriert, dass sie automatisch neu gestartet werden, falls der Dienst unerwartet beendet wird. Sie können diese Einstellungen nicht ändern, weil sie im entsprechenden Dialogfeld abgeblendet sind.

Gehen Sie folgendermaßen vor, um die Wiederherstellungsoptionen für andere Dienste zu konfigurieren:

1. Erweitern Sie in der Computerverwaltung den Knoten *Dienste und Anwendungen*, indem Sie auf das zugehörige Dreieckssymbol klicken, und wählen Sie den Knoten *Dienste* aus.
2. Klicken Sie mit der rechten Maustaste auf den Dienst, den Sie konfigurieren wollen, und wählen Sie den Befehl *Eigenschaften*.
3. Klicken Sie auf die Registerkarte *Wiederherstellung*.

4. Nun können Sie Wiederherstellungsoptionen für den ersten, den zweiten und weitere Fehler konfigurieren. Es sind folgende Optionen verfügbar:
   - **Keine Aktion durchführen** Das Betriebssystem unternimmt bei diesem Fehler keinen Versuch zur Wiederherstellung. Bei vorherigen oder Folgefehlern wird allerdings eventuell weiterhin eine Wiederherstellung versucht.
   - **Dienst neu starten** Beendet den Dienst und startet ihn nach einer kurzen Pause neu.
   - **Ein Programm ausführen** Ermöglicht bei Auftreten eines Fehlers das Ausführen eines Programms oder Skripts. Bei diesem Skript kann es sich um eine Batchdatei oder ein Windows-Skript handeln. Bei Auswahl dieser Option geben Sie den vollständigen Pfad des auszuführenden Programms an und legen alle erforderlichen Befehlszeilenparameter fest, die beim Programmstart übergeben werden sollen.
   - **Computer neu starten** Fährt den Computer herunter und startet ihn anschließend neu. Vor der Auswahl dieser Option sollten Sie die Start- und Wiederherstellungsoptionen prüfen. Das System sollte die Standardeinstellungen schnell und automatisch wählen.

   TIPP Wenn Sie Wiederherstellungsoptionen für kritische Dienste konfigurieren, sollten Sie bei den ersten beiden Versuchen den Dienst und beim dritten Versuch den Computer neu starten.

5. Konfigurieren Sie die weiteren Optionen so, wie es für die bisher ausgewählten Wiederherstellungsoptionen erforderlich ist, und klicken Sie auf *OK*. Wenn Sie als Wiederherstellungsoption die Ausführung eines Programms gewählt haben, müssen Sie im Bereich *Programm ausführen* die Optionen festlegen. Wenn Sie den Neustart des Dienstes gewählt haben, müssen Sie die Verzögerung des Neustarts festlegen. Windows 7 wartet nach Beendigung des Dienstes die angegebene Zeit, bevor versucht wird, den Dienst neu zu starten. In den meisten Fällen sollte eine Verzögerung von 1 bis 2 Minuten genügen.

Deaktivieren nicht benötigter Dienste

Als Administrator sind Sie für die Computer- und Netzwerksicherheit verantwortlich, und nicht benötigte Dienste stellen ein potenzielles Sicherheitsrisiko dar. In vielen Organisationen finden sich beispielsweise Computer, auf denen die Publishingdienste World Wide Web (WWW), Simple Mail Transfer Protocol (SMTP) und File Transfer Protocol (FTP) ausgeführt werden, obwohl sie nicht benötigt werden. Die Dienste ermöglichen jedoch den Zugriff auf den Computer durch anonyme Benutzer und können einen Computer für Angriffe anfällig machen, falls sie nicht ordnungsgemäß konfiguriert wurden.

Falls bestimmte Dienste nicht benötigt werden, haben Sie verschiedene Möglichkeiten. Wenn nicht benötigte Dienste über Features installiert wurden, können Sie das zugehörige Feature entfernen, um die unnötige

Komponente und ihre zugehörigen Dienste zu entfernen. Oder Sie deaktivieren einfach die nicht verwendeten Dienste.

Gehen Sie folgendermaßen vor, um einen Dienst zu deaktivieren:

1. Erweitern Sie in der Computerverwaltung den Knoten *Dienste und Anwendungen*, indem Sie auf das zugehörige Dreieckssymbol klicken, und wählen Sie den Knoten *Dienste* aus.
2. Klicken Sie mit der rechten Maustaste auf den Dienst, den Sie konfigurieren wollen, und wählen Sie den Befehl *Eigenschaften*.
3. Wählen Sie auf der Registerkarte *Allgemein* im Dropdownlistenfeld *Starttyp* die Option *Deaktiviert* aus.

Das Deaktivieren eines Dienstes führt nicht dazu, dass ein zurzeit ausgeführter Dienst angehalten wird. Es wird lediglich verhindert, dass der Dienst beim nächsten Computerstart gestartet wird. Zur Beseitigung dieses Sicherheitsrisikos klicken Sie auf der Registerkarte *Allgemein* des Eigenschaftendialogfelds auf *Beenden* und anschließend auf *OK*.

Verwalten von Diensten mithilfe von Richtlinieneinstellungen

Statt Dienste auf einzelnen Computern zu verwalten, können Sie auch Einstellungselemente in Gruppenrichtlinien einsetzen, um die Dienste auf allen Computern zu konfigurieren, die ein bestimmtes Gruppenrichtlinienobjekt (Group Policy Object, GPO) verarbeiten. Wenn Sie einen Dienst über Richtlinieneinstellungen konfigurieren, ist der Standardwert in den meisten Fällen *Keine Änderung*, das heißt, dass die Einstellung nur geändert wird, wenn Sie einen anderen Wert zuweisen. Ähnlich wie bei der manuellen Verwaltung von Diensten haben Sie folgende Möglichkeiten, wenn Sie dafür Gruppenrichtlinieneinstellungen verwenden:

- Starten, Beenden und Neustarten von Diensten
- Einstellen des Starttyps auf *Manuell*, *Automatisch*, *Automatisch (Verzögerter Start)* oder *Deaktiviert*
- Auswählen des verwendeten Anmeldekontos
- Einrichten der Wiederherstellungsoptionen, um auf Dienstausfälle zu reagieren

Gehen Sie folgendermaßen vor, um ein Einstellungselement zu erstellen, mit dem Sie einen Dienst steuern:

1. Öffnen Sie ein Gruppenrichtlinienobjekt zum Bearbeiten im Gruppenrichtlinienobjekt-Editor. Erweitern Sie den Knoten *Computerkonfiguration\Einstellungen\Systemsteuerungseinstellungen*.
2. Klicken Sie mit der rechten Maustaste auf den Knoten *Dienste* und wählen Sie den Befehl *Neu/Dienst*. Daraufhin öffnet sich das Eigenschaftendialogfeld für den neuen Dienst (Abbildung 8.10).
3. Geben Sie im Feld *Dienstname* den Namen des Dienstes ein, den Sie konfigurieren wollen. Der Dienstname unterscheidet sich vom Anzeigenamen des Dienstes. Wenn Sie nicht sicher sind, wie der Name eines Dienstes lautet, können Sie auf die Schaltfläche rechts neben dem Feld klicken und den Dienst dann aus der Liste der verfügbaren Dienste auf

Ihrem Verwaltungscomputer auswählen. Denken Sie daran, dass manche Dienste, die auf Ihrem Verwaltungscomputer laufen, unter Umständen nicht auf den Computern der Benutzer zur Verfügung stehen, und umgekehrt.

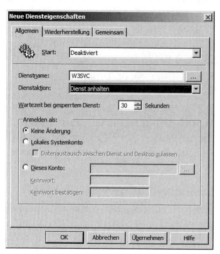

Abbildung 8.10 Anpassen eines Dienstes mit einem Gruppenrichtlinienobjekt

4. Konfigurieren Sie den Dienst mit den verfügbaren Optionen so, wie er auf den Computern der Benutzer eingerichtet werden soll. Es werden nur Einstellungen verarbeitet, in denen Sie einen anderen Wert als *Keine Änderung* auswählen.
5. Legen Sie mit den Optionen auf der Registerkarte *Gemeinsam* fest, wie die Einstellungen angewendet werden. Meist ist es am sinnvollsten, die Dienstkonfiguration nur einmal anzuwenden. Aktivieren Sie in diesem Fall das Kontrollkästchen *Nur einmal anwenden*.
6. Klicken Sie auf *OK*. Wenn die Gruppenrichtlinien das nächste Mal aktualisiert werden, wird das Einstellungselement angewendet, wie es im Gruppenrichtlinienobjekt festgelegt ist, in dem Sie das Einstellungselement definiert haben.

Installieren und Warten von Geräten: Die Grundlagen

Viele verschiedene Arten von Geräten können in Computer eingebaut oder mit Computern verbunden werden. Die wichtigsten Gerätearten sind folgende:

- **Erweiterungskarten/Adapter** Karten und Adapter werden innerhalb des Computergehäuses in Erweiterungssteckplätze des Mainboards eingesteckt, oder im Fall eines Laptops in Erweiterungssteckplätze an den Seiten des Gehäuses. Viele Karten und Adapter haben weitere Steckverbinder, an die andere Geräte angeschlossen werden können.

- **Interne Laufwerke** Viele unterschiedliche Laufwerksarten lassen sich installieren, von CD-Laufwerken über DVD-Laufwerke, Zip-Laufwerke bis hin zu Festplattenlaufwerken. Nicht zu vergessen das gute, alte Diskettenlaufwerk. Interne Laufwerke werden gewöhnlich mit zwei Kabeln angeschlossen. Eines wird mit dem Mainboard verbunden und sorgt für die Datenübertragung und Steuerung, das andere für den Strom.
- **Externe Laufwerke und Geräte** Externe Laufwerke und Geräte werden über die entsprechenden Anschlüsse mit dem Computer verbunden. Dabei kann es sich um Anschlüsse aus den Anfangszeiten des PCs handeln, wie LPT1 oder COM1, um einen Anschluss, den Sie mit einer speziellen Erweiterungskarte in den Computer eingebaut haben, oder um einen seriellen Hochleistungsanschluss wie einen USB-Anschluss (Universal Serial Bus) oder um einen IEEE-1394-Anschluss, gewöhnlich FireWire genannt. Drucker, Scanner, USB-Flashlaufwerke und die meisten Digitalkameras zählen zu den externen Geräten.
- **Speicher** Speicherchips werden benutzt, um den physischen Arbeitsspeicher im Computer zu erweitern. Speicher kann zum Mainboard oder einem bestimmten Gerät hinzugefügt werden, etwa einer Grafikkarte. Am häufigsten wird Speicher in Form von RAM (Random Access Memory) benutzt.

Die Konfiguration von Hardwaregeräten wird in Windows 7 nicht in derselben Weise verwaltet wie in Windows XP und älteren Windows-Versionen. Geräte, die bereits im Computer installiert sind, aber bei einer Aktualisierung oder Installation des Betriebssystems nicht erkannt werden, werden anders konfiguriert als neu installierte Geräte.

Installieren vorhandener Geräte

Im Gegensatz zu Windows XP und älteren Windows-Versionen erkennt Windows 7 automatisch Geräte, die bei einer Aktualisierung oder Installation des Betriebssystems nicht installiert wurden. Wurde ein Gerät nicht installiert, weil Windows 7 keinen passenden Treiber zur Verfügung stellen konnte, erkennt das integrierte Hardwarediagnosetool in vielen Fällen trotzdem die Hardware und verwendet dann das automatische Updatesystem, um den passenden Treiber das nächste Mal anzufordern, wenn Windows Update ausgeführt wird. Das geht natürlich nur, wenn Windows Update aktiviert ist und Sie nicht nur die Aktualisierung des Betriebssystems zugelassen haben, sondern auch die Aktualisierung von Treibern.

Treiberupdates können zwar automatisch über Windows Update heruntergeladen werden, sie werden dann aber nicht automatisch installiert. Nach der Aktualisierung oder Installation des Betriebssystems sollten Sie nach Treiberupdates suchen und sie installieren, bevor Sie andere Methoden zur Installation von Gerätetreibern ausprobieren. Eine ausführlichere Besprechung der automatischen Aktualisierung erfolgt zwar erst in Kapitel 17, »Erledigen von Wartungs- und Supportaufgaben«, aber die Grundschritte sind folgende:

1. Klicken Sie im Startmenü auf *Systemsteuerung*.
2. Klicken Sie in der Systemsteuerung auf *System und Sicherheit* und dann auf *Windows Update*.
3. Klicken Sie in *Windows Update* auf die Schaltfläche *Nach Updates suchen*.

Typische Gerätetreiberupdates werden als optionale Updates eingestuft. Ausnahmen sind unverzichtbare Treiber, wie Video-, Sound- und Festplattentreiber. Daher ist es sinnvoll, alle verfügbaren Updates zu berücksichtigen, und nicht nur die wichtigen, wenn es um verfügbare Treiber geht. Zur Installation der verfügbaren Treiberupdates gehen Sie folgendermaßen vor:

1. Klicken Sie im Startmenü auf *Systemsteuerung*.
2. Klicken Sie in der Systemsteuerung auf *System und Sicherheit* und dann auf *Windows Update*.
3. Klicken Sie im linken Fensterabschnitt von Windows Update auf *Nach Updates suchen*. Wenn Windows 7 die Updateprüfung beendet hat, wird unter Umständen angezeigt, dass keine wichtigen Updates verfügbar sind (Abbildung 8.11).

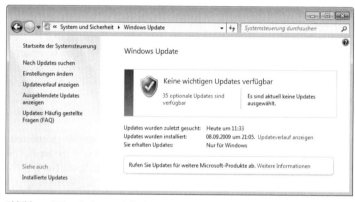

Abbildung 8.11 Suchen nach Updates

4. Weil Treiberupdates normalerweise als optional aufgelistet werden, sollten Sie prüfen, ob irgendwelche optionalen Updates zur Verfügung stehen. Ist das der Fall, können Sie auf den zugehörigen Link klicken. Möglicherweise stellt sich dann heraus, dass es sich bei dem optionalen Update um ein Treiberupdate handelt (Abbildung 8.12).
5. Standardmäßig werden optionale Updates nicht zur Installation vorgewählt. Wenn Sie sicherstellen möchten, dass ein bestimmtes Update installiert wird, aktivieren Sie das entsprechende Kontrollkästchen. Klicken Sie dann auf *OK*, um die ausgewählten Updates herunterzuladen und zu installieren.

Installieren und Warten von Geräten: Die Grundlagen

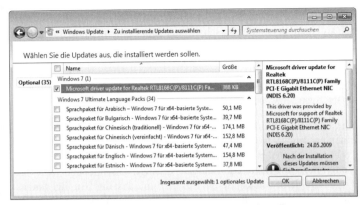

Abbildung 8.12 Auswählen eines Updates, das installiert werden soll

Nach der Installation des Gerätetreibers sollte Windows 7 die Hardware innerhalb weniger Minuten automatisch erkennen und das Gerät installieren. Kann Windows 7 das Gerät zwar erkennen, aber nicht automatisch installieren, wird unter Umständen eine Lösung im Wartungscenter aufgeführt. In Abbildung 8.13 hat Windows Updates für mehrere Gerätetreiber gefunden, die das Problem mit der zugehörigen Hardware beseitigen sollten.

Abbildung 8.13 Suchen Sie im Wartungscenter nach Updates, die das Problem mit einem Gerät beseitigen

Installieren von internen Geräten, USB- und FireWire-Geräten

Die meisten neuen Geräte sind Plug & Play-kompatibel. Das bedeutet, dass sich das neue Gerät mit einer der folgenden Methoden sehr einfach installieren lassen sollte:

- Lesen Sie bei einem internen Gerät die Installationsanleitung des Hardwareherstellers. Unter Umständen müssen Sie die Gerätetreibersoftware installieren, bevor Sie das Gerät anschließen. Dann fahren Sie den Computer herunter und trennen ihn vom Strom, bauen das Gerät in den vorgesehenen Steckplatz ein oder verbinden es mit dem Computer, schalten den Computer wieder ein und lassen Windows 7 das Gerät automatisch erkennen.

- Handelt es sich um ein USB- oder FireWire-Gerät, verbinden Sie es einfach an einem passenden Anschluss mit dem Computer und überlassen die automatische Erkennung des Geräts Windows 7.

HINWEIS Windows 7 erwartet, dass USB- und FireWire-Geräte Plug & Play-kompatibel sind. Ist das bei einem Gerät nicht der Fall, gelingt es möglicherweise, das Gerät mithilfe von Software zu installieren, die der Hersteller zur Verfügung stellt.

Je nach Gerät sollte Windows 7 das neue Gerät automatisch erkennen und einen passenden Treiber aus seinem Vorrat installieren, wie in Abbildung 8.14 zu sehen. Abbildung 8.15 zeigt, dass die Gerätetreiberinstallationskomponente die Installationsaufgabe erledigt. Anschließend sollte das Gerät ohne Probleme funktionieren. Das ist zumindest der Grundgedanke, aber es läuft nicht immer alles ganz so einfach. Die automatische Erkennung und Installation kann nur erfolgreich sein, wenn das Gerät Plug & Play-kompatibel ist und ein passender Gerätetreiber zur Verfügung steht.

Abbildung 8.14   Windows erkennt das Gerät

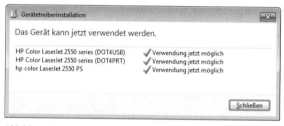

Abbildung 8.15   Windows installiert das Gerät

Windows 7 enthält in seiner Standardkonfiguration viele Gerätetreiber. Wenn sich einer dieser Treiber eignet, sollte das Gerät automatisch installiert werden. Ist eine Aktualisierung der Treiber mit Windows Update zulässig, überprüft Windows 7 mit Windows Update automatisch, ob neue Treiber verfügbar sind, sobald Sie ein neues Gerät anschließen oder Windows das Gerät erstmals erkennt. Da Windows Update Gerätetreiber nicht automatisch installiert, müssen Sie selbst überprüfen, ob neue Gerätetreiber verfügbar sind, die Sie installieren können.

HINWEIS Einzelheiten über die Verwendung von Windows Update zur automatischen Suche nach Gerätetreibern finden Sie im Abschnitt »Die Registerkarte Hardware« von Kapitel 6. Wie in Kapitel 17 beschrieben, muss Windows Update aktiviert sein, damit diese Suche erfolgen kann.

Es kommt gelegentlich vor, dass Windows 7 das neue Gerät automatisch erkennt, aber bei der Gerätetreiberinstallationskomponente Probleme auftreten, wenn sie versucht, das Gerät zu installieren. In einer solchen Situation bekommen Sie eine Fehlermeldung, die ähnlich wie in Abbildung 8.16 aussieht. In diesem Fall müssten Sie sofort zum Wartungscenter weitergeleitet werden. Steht eine mögliche Lösung zur Verfügung, zeigt Windows 7 die Lösung an (Abbildung 8.17).

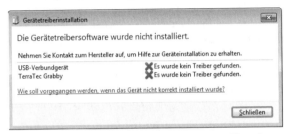

Abbildung 8.16 Beim Installieren des Geräts tritt ein Fehler auf

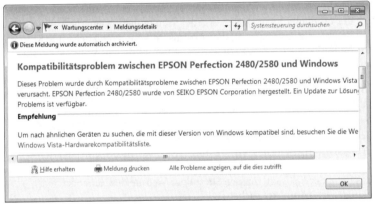

Abbildung 8.17 Windows zeigt im Wartungscenter eine mögliche Lösung an

Falls Windows 7 das Gerät nicht erkennt und installiert, sollten Sie auf der Website des Herstellers nach kompatibler Installationssoftware suchen. Haben Sie Installationssoftware für das Gerät gefunden, können Sie die Software ausführen und dann den angezeigten Anweisungen folgen. Jetzt müsste das Gerät einwandfrei installiert werden.

HINWEIS Wenn Windows das Gerät nicht installieren kann, liegt vielleicht ein Problem damit oder mit dem Treiber vor, oder ein Konflikt mit vorhandener Hardware. Weitere Einzelheiten über die Problembehebung finden Sie im Abschnitt »Beseitigen von Hardwareproblemen« weiter unten in diesem Kapitel.

Nachdem Sie ein Gerät erfolgreich installiert haben, fallen in gewissen Abständen Wartungsarbeiten für das Gerät und seine Treiber an. Wenn ein neuer Treiber für ein Gerät veröffentlicht wird, ist es sinnvoll, den Treiber erst in einer Entwicklungs- oder Testumgebung auszuprobieren, um zu überprüfen, ob er die Probleme löst, von denen Benutzer berichtet haben. Lässt sich der Treiber problemlos installieren und weist er tatsächlich nicht mehr die alten Probleme auf, wäre der nächste Schritt, ihn auf den Computern zu installieren, die mit dem betreffenden Gerät ausgerüstet sind. Es empfiehlt sich, die Treiberaktualisierung folgendermaßen durchzuführen:

1. Überprüfen Sie auf jedem System, welches Gerät und welcher Treiber installiert sind, bevor Sie den neuen Treiber installieren. Notieren Sie sich Speicherort, Version und Dateinamen des vorhandenen Treibers.
2. Erstellen Sie einen Systemwiederherstellungspunkt, wie in Kapitel 17 besprochen.
3. Installieren Sie den neuen Treiber und starten Sie den Computer bei Bedarf neu. Wenn der Computer und das Gerät nach dem Neustart einwandfrei funktionieren, können Sie die Aktualisierung als erfolgreich ansehen.
4. Weisen der Computer oder das Gerät nach der Installation des Treibers Fehlfunktionen auf, führen Sie das System mit den Werkzeugen des Geräte-Managers auf den zuvor installierten Treiber zurück. Lässt sich der Computer nicht starten und der Treiber nicht wiederherstellen, können Sie das System in die letzte als funktionierend bekannte Konfiguration zurückversetzen und es dann mithilfe des Systemwiederherstellungspunkts, den Sie in Schritt 2 erstellt haben, wiederherstellen.

Installieren von Drahtlosnetzwerk-, Netzwerk- und Bluetooth-Geräten

Sie können die meisten Drahtlos-, Netzwerk- und Bluetooth-Geräte an einen Computer anschließen, etwa Drahtlosnetzwerke, externe Festplatten, Telefone, Tastaturen, Mäuse und Media-Extender-Geräte. Diese Geräte bringen oft Installationssoftware mit, aber bevor Sie diese Installationssoftware starten, sollten Sie prüfen, ob sie zu Windows 7 kompatibel ist. Sollte das nicht der Fall sein, müssen Sie auf der Website des Herstellers nach aktualisierter Software suchen.

Manche Geräte werden direkt an einen Computer angeschlossen. Andere verbinden sich über ein Netzwerk mit einem Computer. Gehen Sie folgendermaßen vor, um ein Drahtlos- oder Bluetooth-Gerät direkt an einen Computer anzuschließen:

1. Die meisten Drahtlos- und Bluetooth-Geräte setzen voraus, dass Sie einen Empfänger an den Computer anschließen. Manche Geräte nutzen einen gemeinsamen Empfänger. Wenn Sie beispielsweise ein Paket mit Funktastatur und -maus kaufen, müssen Sie gewöhnlich nur einen gemeinsamen Empfänger am USB-Anschluss des Computers einstecken.
2. Stellen Sie Computer und Empfänger so auf, dass sich der Empfänger in Reichweite des Geräts befindet, zu dem Sie eine Verbindung herstellen wollen. So sollte eine typische Tastatur oder Maus höchstens 2 Meter Abstand zum Empfänger haben, ein Drahtlosadapter dagegen kann durchaus 30 Meter vom Drahtlosrouter entfernt sein.

3. Konfigurieren Sie die benötigten Geräteeinstellungen und stellen Sie sicher, dass das Gerät eingeschaltet ist. Wenn Sie versuchen, ein Drahtlosnetzwerkgerät hinzufügen, muss es für Ihr Drahtlosnetzwerk konfiguriert sein, bevor Sie es zu einem Computer hinzufügen können. Manche Drahtlosnetzwerkgeräte müssen in einen speziellen Modus namens WPS (Wireless Protected Setup) geschaltet werden, damit sie erkannt werden.
4. Das Gerät müsste nun erkannt und automatisch installiert werden. Wird das Gerät nicht erkannt und installiert, sollten Sie im Startmenü auf *Geräte und Drucker* klicken. Stellen Sie in *Geräte und Drucker* (Abbildung 8.18) sicher, dass das Gerät noch nicht als verfügbar aufgelistet wird. Wenn das Gerät tatsächlich nicht verfügbar ist, können Sie auf *Gerät hinzufügen* klicken und dann den Anweisungen folgen.

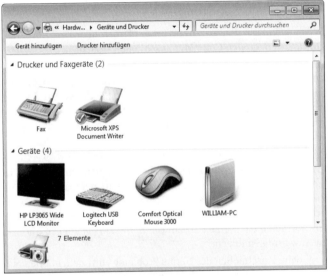

Abbildung 8.18 Suchen nach einem Gerät in *Geräte und Drucker*

5. Wenn beim Anschließen des Geräts Probleme auftreten, können Sie im Rahmen der Problembehandlung Folgendes versuchen:
   - Stellen Sie sicher, dass das Gerät nicht ausgeschaltet ist, der Akku nicht leer ist und das Gerät nicht im Standbymodus ist. Manche Drahtlosgeräte haben eine Taste, die Sie drücken müssen, um das Herstellen einer Verbindung zu erzwingen. Andere, etwa Bluetooth-Telefone, haben oft eine Einstellung im internen Menü, die Sie aktivieren müssen, damit eine Verbindung hergestellt wird. Auch am Empfänger eines Geräts gibt es unter Umständen eine Taste, die Sie drücken können, damit der Empfänger nach kompatiblen Drahtlosgeräten sucht.

- Sind Drahtlos- und Bluetooth-Funktionen in den Computer integriert, sollten Sie sicherstellen, dass der Drahtlos- oder Bluetooth-Sender eingeschaltet ist. Manche Notebooks haben einen Schalter, mit dem der Sender ein- und ausgeschaltet werden kann.
- Wenn Sie den Verdacht haben, dass sich das Gerät nicht in Reichweite befindet, sollten Sie es versuchsweise näher an den Computer stellen. Befindet sich eine Wand zwischen Gerät und Computer, können Sie Gerät und Computer in denselben Raum bringen.
- Wird das Problem durch den Aufstellungsort verursacht, können Sie versuchen, Kabel und Geräte zu verschieben, die möglicherweise elektromagnetische Störungen verursachen. Bei den Störquellen kann es sich um Stromkabel für andere Geräte, große Lautsprecher oder Schreibtischlampen handeln. Besteht das Problem weiterhin, sollten Sie sicherstellen, dass das Gerät nicht zu nah bei Klimaanlagen, Mikrowellenherden oder ähnlichen Geräten steht.

Gehen Sie folgendermaßen vor, wenn Sie ein Kabel- oder Drahtlosgerät über ein Netzwerk an den Computer anschließen wollen:

1. Verbinden Sie das Gerät mit dem Netzwerk und schalten Sie es ein. Konfigurieren Sie nun die Grundeinstellungen des Geräts so, dass sie zum Netzwerk passen. Beispielsweise müssen Sie die TCP/IP-Einstellungen oft so konfigurieren, dass DHCP (Dynamic Host Configuration Protocol) benutzt wird. Manchmal müssen Sie auch eine statische IP-Adresse vergeben.
2. Warten Sie etwa 30 Sekunden, bis das Gerät erkannt wird. Das Gerät müsste nun erkannt und automatisch installiert werden. Wird das Gerät nicht erkannt und installiert, sollten Sie im Startmenü auf *Geräte und Drucker* klicken. Stellen Sie in *Geräte und Drucker* sicher, dass das Gerät noch nicht als verfügbar aufgelistet wird. Wenn das Gerät tatsächlich nicht verfügbar ist, können Sie auf *Gerät hinzufügen* klicken und dann den Anweisungen folgen.
3. Wenn beim Anschließen des Geräts Probleme auftreten, können Sie im Rahmen der Problembehandlung Folgendes versuchen:
   - Stellen Sie sicher, dass keine Firewall die Verbindung zum Gerät blockiert. Sie müssen unter Umständen einen Firewallport öffnen, um die Kommunikation zwischen Computer und Gerät zu ermöglichen.
   - Stellen Sie sicher, dass das Gerät eingeschaltet ist und mit demselben Netzwerk wie der Computer verbunden ist. Besteht Ihr Netzwerk aus mehreren verbundenen Subnetzen, können Sie versuchen, das Gerät an dasselbe Netzwerksubnetz anzuschließen.
   - Stellen Sie sicher, dass das Gerät so konfiguriert ist, dass es sich selbst über Broadcast im Netzwerk bekannt macht. Die meisten Netzwerkgeräte sind automatisch so eingerichtet.
   - Stellen Sie sicher, dass das Netzwerkgerät eine gültige IP-Adresse und richtige Netzwerkeinstellungen hat. Wird DHCP verwendet,

weisen Netzwerkrouter die IP-Adressen automatisch zu, sobald sich Geräte mit dem Netzwerk verbinden.

HINWEIS Nicht alle erkannten Geräte können zum Computer hinzugefügt werden. Ob ein Gerät tatsächlich mit Ihrem Computer verbunden werden kann, erfahren Sie aus den Handbüchern, die dem Gerät beiliegen, oder auf der Website des Herstellers.

PRAXISTIPP Die Netzwerkerkennung hat Auswirkungen darauf, ob Ihr Computer andere Computer und Geräte im Netzwerk findet und ob andere Computer im Netzwerk Ihren Computer finden. In der Standardeinstellung blockiert die Windows-Firewall die Netzwerkerkennung, aber Sie können sie folgendermaßen aktivieren:

1. Klicken Sie in der Systemsteuerung auf *Netzwerk und Internet*.
2. Klicken Sie auf *Netzwerk- und Freigabecenter*.
3. Klicken Sie im linken Fensterabschnitt auf *Erweiterte Freigabeeinstellungen ändern*.
4. Wählen Sie unter *Netzwerkerkennung* die Option *Netzwerkerkennung einschalten* aus und klicken Sie auf *Änderungen speichern*.

Installieren von lokalen und Netzwerkdruckern

Es gibt unterschiedliche Wege, Drucker mit Computern zu verbinden. Welche Möglichkeit Sie wählen, hängt vom Drucker ab. Manche Drucker werden direkt an einen Computer angesteckt; sie werden als *lokale Drucker* bezeichnet. Andere verbinden sich über ein Netzwerk mit dem Computer, dies sind die *Netzwerkdrucker*. Zur Klasse der Netzwerkdrucker gehören alle Drucker in einem Netzwerk, etwa Bluetooth- und WLAN-Drucker, sowie Drucker, die an einen anderen Computer angeschlossen und im Netzwerk freigegeben sind.

Die meisten Drucker haben Installationssoftware, die Sie ausführen, um den Drucker erstmals zu konfigurieren. Bei einem Drucker, der direkt an den Computer angeschlossen ist, führen Sie diese Software gewöhnlich nur einmal aus. Die Software richtet dabei den Drucker auf dem Computer ein und konfiguriert eine Verbindung zum Drucker, damit er benutzt werden kann. Bei einem Netzwerkdrucker führen Sie die Software meist einmal auf Ihrem Verwaltungscomputer aus, um den Drucker für die Nutzung vorzubereiten. Dann erstellen Sie auf jedem Computer, auf dem der Drucker zur Verfügung stehen soll, Verbindungen zum Drucker.

Einrichten eines lokalen Druckers

Bei einem Drucker, der einen USB-Anschluss hat, verbinden Sie den Drucker direkt mit dem Computer, woraufhin Windows ihn automatisch erkennen und installieren sollte. Wird Ihr Drucker über eine serielle oder parallele Schnittstelle angeschlossen, müssen Sie ihn möglicherweise von Hand installieren. Gehen Sie folgendermaßen vor, um einen Drucker von Hand zu installieren:

1. Schalten Sie den Drucker ein. Klicken Sie im Startmenü auf *Geräte und Drucker*. Prüfen Sie im Fenster *Geräte und Drucker*, ob der Drucker noch nicht als verfügbar aufgelistet wird. Wenn der Drucker noch nicht

verfügbar ist, müssen Sie die weiteren Schritte dieser Anleitung durcharbeiten, um ihn zu installieren.
2. Klicken Sie in *Geräte und Drucker* auf *Drucker hinzufügen*. Klicken Sie im Assistenten *Drucker hinzufügen* auf *Einen lokalen Drucker hinzufügen*.
3. Wählen Sie in der Dropdownliste *Vorhandenen Anschluss verwenden* den Anschluss aus, mit dem der Drucker verbunden ist, und klicken Sie auf *Weiter*.
4. Wählen Sie Hersteller und Modell des Druckers aus und klicken Sie auf *Weiter*.
5. Wenn der Drucker nicht aufgelistet wird, Sie aber ein Installationsmedium haben, können Sie auf *Datenträger* klicken und dann zu dem Ordner wechseln, in dem der Druckertreiber gespeichert ist. Weitere Informationen finden Sie im Handbuch des Druckers.
6. Haben Sie kein Installationsmedium, können Sie auf *Windows Update* klicken, damit Windows nach verfügbaren Treibern sucht.
7. Gehen Sie die übrigen Schritte im Assistenten durch und klicken Sie auf *Fertig stellen*. Ob der Drucker funktioniert, können Sie feststellen, indem Sie eine Testseite drucken.

Sie können lokale Drucker auch über Gruppenrichtlinieneinstellungen verwalten. Ich empfehle diesen Ansatz nur in Fällen, wo es möglich ist, bestimmte Computer gezielt auszuwählen, sodass nur Computer konfiguriert werden, an die tatsächlich ein lokaler Drucker angeschlossen ist.

Gehen Sie folgendermaßen vor, um ein Einstellungselement anzulegen, mit dem Sie lokale Drucker erstellen, aktualisieren, ersetzen oder löschen:

1. Öffnen Sie ein Gruppenrichtlinienobjekt (Group Policy Object, GPO) zum Bearbeiten im Gruppenrichtlinienobjekt-Editor. Wenn Sie Einstellungen für Computer konfigurieren wollen, müssen Sie den Knoten *Computerkonfiguration\Einstellungen\Systemsteuerungseinstellungen* erweitern und dann *Drucker* auswählen. Wollen Sie dagegen Einstellungen für Benutzer konfigurieren, wählen Sie *Benutzerkonfiguration\Einstellungen\Systemsteuerungseinstellungen* erweitern und *Drucker* aus.
2. Klicken Sie mit der rechten Maustaste auf den Knoten *Drucker* und wählen Sie den Befehl *Neu/Lokaler Drucker*. Daraufhin öffnet sich das Eigenschaftendialogfeld für den neuen lokalen Drucker.
3. Wählen Sie im Eigenschaftendialogfeld für den neuen lokalen Drucker in der Dropdownliste *Aktion* den Eintrag *Erstellen*, *Aktualisieren*, *Ersetzen* oder *Löschen* aus.
4. Geben Sie im Feld *Name* den Namen des Druckers ein. Wenn Sie einen Drucker erstellen, wird dieser Name für den neuen lokalen Drucker verwendet. Wenn Sie einen Drucker aktualisieren, ersetzen oder löschen, muss dieser Name genau dem lokalen Drucker entsprechen, den Sie verwalten wollen.
5. Wählen Sie in der Dropdownliste *Port* den Anschluss aus, mit dem der lokale Drucker verbunden ist.

6. Geben Sie im Feld *Druckerpfad* den UNC-Pfad eines freigegebenen Druckers ein, der vom selben Typ ist wie der lokale Drucker, den Sie konfigurieren. Das Einstellungselement verwendet diesen Pfad als Installationsquelle für den Druckertreiber.
7. Legen Sie mit den Optionen auf der Registerkarte *Gemeinsam* fest, wie die Einstellungen angewendet werden. Weil Sie in diesem Fall eine Einstellung erzwingen, ist es sinnvoll, die Einstellung jedes Mal anzuwenden, wenn die Gruppenrichtlinien aktualisiert werden. Deaktivieren Sie daher das Kontrollkästchen *Nur einmalig anwenden*.
8. Klicken Sie auf *OK*. Wenn die Gruppenrichtlinien das nächste Mal aktualisiert werden, wird das Einstellungselement angewendet, wie es im Gruppenrichtlinienobjekt festgelegt ist, in dem Sie das Einstellungselement definiert haben.

Gehen Sie folgendermaßen vor, um ein Einstellungselement zu erstellen, mit dem Sie einen freigegebenen lokalen Drucker verwalten:

1. Öffnen Sie ein Gruppenrichtlinienobjekt zum Bearbeiten im Gruppenrichtlinienobjekt-Editor. Erweitern Sie den Knoten *Benutzerkonfiguration\Einstellungen\Systemsteuerungseinstellungen* und wählen Sie *Drucker* aus.
2. Klicken Sie mit der rechten Maustaste auf den Knoten *Drucker* und wählen Sie den Befehl *Neu/Freigegebener Drucker*. Daraufhin öffnet sich das Eigenschaftendialogfeld für die neue Druckerfreigabe.
3. Wählen Sie im Eigenschaftendialogfeld für die neue Druckerfreigabe in der Dropdownliste *Aktion* den Eintrag *Erstellen*, *Aktualisieren*, *Ersetzen* oder *Löschen* aus. Wenn Sie eine Richtlinieneinstellung mit der Aktion *Löschen* erstellen, können Sie festlegen, dass alle freigegebenen Druckerverbindungen gelöscht werden. Stellen Sie dazu die Aktion auf *Löschen* und aktivieren Sie das Kontrollkästchen *Alle freigegebenen Druckerverbindungen löschen*.
4. Geben Sie im Feld *Freigabepfad* den UNC-Pfad des freigegebenen Druckers ein.
5. Optional können Sie den Drucker zum Standarddrucker machen. Wenn Sie eine freigegebene Druckerverbindung erstellen, aktualisieren oder ersetzen und wollen, dass die Verbindung jedes Mal zur Verfügung stehen, wenn sich der Benutzer anmeldet, können Sie das Kontrollkästchen *Verbindung wiederherstellen* aktivieren.
6. Wählen Sie bei Bedarf einen lokalen Anschluss aus, dem Sie die freigegebene Verbindung zuordnen. Wenn Sie die Aktion *Löschen* verwenden, wird der freigegebene Drucker, der mit diesem lokalen Anschluss verknüpft ist, gelöscht. Stattdessen können Sie mit der Aktion *Löschen* auch die Zuordnungen aller lokalen Anschlüsse aufheben.
7. Legen Sie mit den Optionen auf der Registerkarte *Gemeinsam* fest, wie die Einstellungen angewendet werden. Weil Sie in diesem Fall eine Einstellung erzwingen, ist es sinnvoll, die Einstellung jedes Mal anzuwen-

den, wenn die Gruppenrichtlinien aktualisiert werden. Deaktivieren Sie daher das Kontrollkästchen *Nur einmalig anwenden*.
8. Klicken Sie auf *OK*. Wenn die Gruppenrichtlinien das nächste Mal aktualisiert werden, wird das Einstellungselement angewendet, wie es im Gruppenrichtlinienobjekt festgelegt ist, in dem Sie das Einstellungselement definiert haben.

Einrichten eines Drahtlos-, Bluetooth- oder Netzwerkdruckers

Wenn ein Drucker eine Drahtlos- oder Bluetooth-Verbindung benutzt, richten Sie den Computer und den Drucker genauso ein wie andere ähnliche Geräte. Gehen Sie vor, wie im Abschnitt »Installieren von Drahtlos-, Netzwerk- und Bluetooth-Geräten« beschrieben, allerdings müssen Sie den Drucker diesmal genauso verbinden wie einen Netzwerkdrucker.

Sie stellen die Verbindung zu einem Netzwerkdrucker her, indem Sie im Startmenü auf *Geräte und Drucker* klicken. Stellen Sie im Fenster *Geräte und Drucker* sicher, dass der Drucker noch nicht als verfügbar aufgelistet wird. Wenn der Drucker noch nicht verfügbar ist, können Sie die Verbindung folgendermaßen herstellen:

1. Klicken Sie in *Geräte und Drucker* auf *Drucker hinzufügen*. Klicken Sie im Assistenten *Drucker hinzufügen* auf *Einen Netzwerk-, Drahtlos- oder Bluetoothdrucker hinzufügen*.
2. Wählen Sie in der Liste der verfügbaren Drucker den Drucker aus, den Sie benutzen wollen, und klicken Sie auf *Weiter*.
3. Installieren Sie den Druckertreiber auf Ihrem Computer, wenn Sie dazu aufgefordert werden.
4. Gehen Sie die übrigen Schritte im Assistenten durch und klicken Sie auf *Fertig stellen*. Ob der Drucker funktioniert, können Sie feststellen, indem Sie eine Testseite drucken.
5. Wenn es nicht gelingt, die Verbindung zum Drucker herzustellen, können Sie im Rahmen der Problembehandlung Folgendes versuchen:
    - Stellen Sie sicher, dass keine Firewall die Verbindung zum Drucker blockiert. Sie müssen unter Umständen einen Firewallport öffnen, um die Kommunikation zwischen Computer und Drucker zu ermöglichen.
    - Stellen Sie sicher, dass der Drucker eingeschaltet ist und mit demselben Netzwerk wie der Computer verbunden ist. Besteht Ihr Netzwerk aus mehreren verbundenen Subnetzen, können Sie versuchen, den Drucker an dasselbe Netzwerksubnetz anzuschließen.
    - Stellen Sie sicher, dass der Drucker so konfiguriert ist, dass er sich selbst über Broadcast im Netzwerk bekannt macht. Die meisten Netzwerkdrucker sind automatisch so eingerichtet.
    - Stellen Sie sicher, dass der Drucker eine gültige IP-Adresse und richtige Netzwerkeinstellungen hat. Wird DHCP verwendet, weisen Netzwerkrouter die IP-Adressen automatisch zu, sobald sich Drucker mit dem Netzwerk verbinden.

Sie können Netzwerkdrucker auch über Gruppenrichtlinieneinstellungen verwalten. Gehen Sie folgendermaßen vor, um eine Verbindung zu einem Netzwerkdrucker zu erstellen, zu aktualisieren, zu ersetzen oder zu löschen:

1. Öffnen Sie ein Gruppenrichtlinienobjekt zum Bearbeiten im Gruppenrichtlinienobjekt-Editor. Wenn Sie Einstellungen für Computer konfigurieren wollen, müssen Sie den Knoten *Computerkonfiguration\Einstellungen\Systemsteuerungseinstellungen* erweitern und dann *Drucker* auswählen. Wollen Sie dagegen Einstellungen für Benutzer konfigurieren, müssen Sie *Benutzerkonfiguration\Einstellungen\Systemsteuerungseinstellungen* erweitern und *Drucker* auswählen.

2. Klicken Sie mit der rechten Maustaste auf den Knoten *Drucker* und wählen Sie den Befehl *Neu/TCP/IP-Drucker*. Daraufhin öffnet sich das Eigenschaftendialogfeld für den neuen TCP/IP-Drucker.

3. Wählen Sie im Eigenschaftendialogfeld für den neuen TCP/IP-Drucker in der Dropdownliste *Aktion* den Eintrag *Erstellen*, *Aktualisieren*, *Ersetzen* oder *Löschen* aus.

4. Sie haben jetzt folgende Möglichkeiten zur Auswahl:
   - Wenn Sie die Verbindung zum Drucker mithilfe seiner IP-Adresse herstellen wollen, können Sie die IP-Adresse im Feld *IP-Adresse* eintippen.
   - Wenn Sie die Verbindung zum Drucker mithilfe seines DNS-Namens herstellen wollen, können Sie das Kontrollkästchen *DNS-Name verwenden* aktivieren und dann den vollqualifizierten Domänennamen des Druckers eingeben.

5. Geben Sie im Feld *Lokaler Name* den Namen des Druckers ein. Wenn Sie eine Druckerverbindung erstellen, wird dieser Name auf den Computern der Benutzer angezeigt. Wenn Sie eine Druckerverbindung aktualisieren, ersetzen oder löschen, muss dieser Name genau dem Drucker entsprechen, den Sie verwalten wollen.

6. Geben Sie im Feld *Druckerpfad* den UNC-Pfad eines freigegebenen Druckers ein, der vom selben Typ ist wie der Netzwerkdrucker, den Sie konfigurieren. Das Einstellungselement verwendet diesen Drucker als Installationsquelle für den Druckertreiber.

7. Optional können Sie den Drucker zum Standarddrucker machen.

8. Stellen Sie mit den Optionen auf der Registerkarte *Porteinstellungen* das Protokoll, die Portnummer und andere Optionen für den Drucker ein.

9. Legen Sie mit den Optionen auf der Registerkarte *Gemeinsam* fest, wie die Einstellungen angewendet werden. Weil Sie in diesem Fall eine Einstellung erzwingen, ist es sinnvoll, die Einstellung jedes Mal anzuwenden, wenn die Gruppenrichtlinien aktualisiert werden. Deaktivieren Sie daher das Kontrollkästchen *Nur einmalig anwenden*.

10. Klicken Sie auf *OK*. Wenn die Gruppenrichtlinien das nächste Mal aktualisiert werden, wird das Einstellungselement angewendet, wie es im Gruppenrichtlinienobjekt festgelegt ist, in dem Sie das Einstellungselement definiert haben.

Einführung in den Geräte-Manager

Sie können den Geräte-Manager zur Anzeige und Konfiguration von Hardwaregeräten verwenden. Als Administrator werden Sie dieses Programm vermutlich ziemlich oft verwenden. Daher sollten Sie es kennen lernen, bevor Sie vor Ort mit Geräten arbeiten.

Um den Geräte-Manager zu öffnen und eine ausführliche Liste der Hardware anzuzeigen, die in einem Computer installiert ist, gehen Sie folgendermaßen vor:

1. Klicken Sie im Menü *Verwaltung* auf *Computerverwaltung*. Stattdessen können Sie auch in der Systemsteuerung auf *System und Sicherheit* und dann auf *Verwaltung* klicken und schließlich doppelt auf *Computerverwaltung*.

   HINWEIS Wenn Sie mit einem Remotecomputer arbeiten möchten, klicken Sie in der Konsolenstruktur mit der rechten Maustaste auf den Knoten *Computerverwaltung* und wählen dann *Verbindung mit anderem Computer herstellen*. Wählen Sie *Anderen Computer* und geben Sie dann den vollqualifizierten Namen des Computers ein, mit dem Sie arbeiten möchten, oder klicken Sie auf *Durchsuchen*, um den Computer auszuwählen, mit dem Sie arbeiten möchten. Klicken Sie auf *OK*.

2. Klicken Sie in der Konsole *Computerverwaltung* auf das Dreieckssymbol neben dem Knoten *System* und wählen Sie dann *Geräte-Manager* aus. Sie müssten nun eine vollständige Liste der Geräte angezeigt bekommen, die auf dem System installiert sind (Abbildung 8.19). Diese Liste ist standardmäßig nach dem Gerätetyp sortiert.

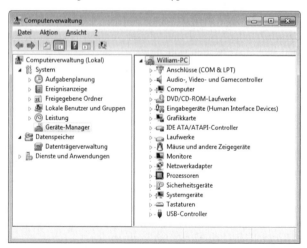

Abbildung 8.19 Verwalten von Hardwaregeräten im Geräte-Manager

3. Klicken Sie auf das Dreieckssymbol vor einem Gerätetyp, wenn Sie sich ansehen möchten, welche Geräte des betreffenden Typs installiert sind. Wählen Sie das Gerät aus, das Sie bearbeiten wollen.

Nachdem Sie den Geräte-Manager geöffnet haben, können Sie jedes der installierten Geräte bearbeiten. Wenn Sie einen Geräteeintrag mit der rechten Maustaste anklicken, erscheint ein Kontextmenü. Welche der folgenden Optionen darin verfügbar sind, hängt vom Gerätetyp ab:

- *Eigenschaften*   Zeigt das Eigenschaftendialogfeld für das Gerät an.
- *Deinstallieren*   Deinstalliert das Gerät und seine Treiber.
- *Deaktivieren*   Deaktiviert das Gerät, aber deinstalliert es nicht.
- *Aktivieren*   Aktiviert ein Gerät, sofern es deaktiviert ist.
- *Treibersoftware aktualisieren*   Startet den Hardwareaktualisierungsassistenten, mit dessen Hilfe Sie den Gerätetreiber aktualisieren können.
- *Nach geänderter Hardware suchen*   Weist Windows 7 an, die Hardwarekonfiguration zu überprüfen und herauszufinden, ob sich Änderungen ergeben haben.

TIPP   Die Geräteliste weist Warnsymbole auf, falls es mit einem Gerät Probleme gibt. Ein gelbes Warnsymbol mit einem Ausrufezeichen weist auf ein Problem mit einem Gerät hin. Ein rotes X bedeutet, dass ein Gerät falsch installiert oder aus irgendeinem Grund vom Benutzer oder Administrator deaktiviert wurde.

Mit den Optionen des *Ansicht*-Menüs der Computerverwaltungskonsole können Sie festlegen, ob Geräte oder Ressourcen angezeigt werden und in welcher Weise die Anzeige erfolgt. Folgende Optionen stehen zur Verfügung:

- *Geräte nach Typ*   Die Anzeige der Geräte erfolgt nach dem Gerätetyp, wie zum Beispiel Laufwerke oder Drucker. Unter dem Typ wird der Gerätename angezeigt. Das ist die Standardansicht.
- *Geräte nach Verbindung*   Die Anzeige der Geräte erfolgt nach dem Verbindungstyp, wie zum Beispiel Geräte, die an den PCI-Bus des Computers angeschlossen sind.
- *Ressourcen nach Typ*   Zeigt den Status der belegten Ressourcen nach den Typen der Geräte an, von denen die Ressourcen benutzt werden. Bei den Ressourcentypen handelt es sich um Arbeitsspeicher, direkte Speicherzugriffe (DMA), Ein-/Ausgabeanschlüsse und Interruptanforderungen (IRQ).
- *Ressourcen nach Verbindung*   Zeigt den Status der belegten Ressourcen nach dem Verbindungstyp an, statt nach dem Gerätetyp. In dieser Ansicht können Sie überprüfen, welche Ressourcen für Geräte mit Verbindung zum PCI-Bus, Stammhubs und so weiter verbraucht werden.
- *Ausgeblendete Geräte anzeigen*   Fügt ausgeblendete Geräte zu den Standardansichten hinzu. Zeigt Nicht-Plug & Play-Geräte sowie Geräte an, die zwar aus dem Computer ausgebaut wurden, aber deren Treiber noch installiert sind.

Arbeiten mit Gerätetreibern

Zu jeder Hardwarekomponente, die in einem Computer installiert ist, gehört ein Gerätetreiber. Aufgabe des Gerätetreibers ist es, die Verbindung zwischen der Hardwareabstraktionsschicht (Hardware Abstraction Layer, HAL) und der Hardwarekomponente herzustellen. Die Hardwareabstraktionsschicht betreibt auf einer niedrigen Ebene die Kommunikation zwischen dem Betriebssystem und einer Hardwarekomponente. Bei der Installation einer Hardwarekomponente im Betriebssystem teilen Sie dem Betriebssystem mit, welchen Treiber das Gerät benutzt. Anschließend wird der Gerätetreiber automatisch geladen und als Teil des Betriebssystems ausgeführt.

Grundlagen der Gerätetreiber

Windows 7 enthält eine umfangreiche Gerätetreiberbibliothek. In der Grundinstallation des Betriebssystems werden diese Treiber im Treiberspeicher gespeichert. Manche Service Packs, die Sie installieren, werden auch Updates für den Treiberspeicher enthalten. Auf 32-Bit-Computern befindet sich der 32-Bit-Treiberspeicher im Ordner *%SystemRoot%\System32\DriverStore*. Auf 64-Bit-Computern liegt der 64-Bit-Treiberspeicher in *%SystemRoot%\System32\DriverStore* und der 32-Bit-Treiberspeicher im Ordner *%SystemRoot%\SysWOW64\DriverStore*. Der Ordner *DriverStore* enthält auch Unterordner für lokalisierte Treiberinformationen. Sie werden für jede Sprache, die auf dem System konfiguriert worden ist, einen Unterordner vorfinden. Für die lokalisierte Treiberinformation für die USA wird beispielsweise ein Unterordner namens *en-US* angelegt. Für die deutschen Treiberinformationen heißt der Unterordner *de-DE*.

Jeder Treiber aus dem Treiberspeicher ist vollständig zu Windows 7 kompatibel und wurde von Microsoft digital signiert, damit sich das Betriebssystem von der Echtheit des Treibers überzeugen kann. Wenn Sie ein neues Plug & Play-kompatibles Gerät installieren, sucht Windows 7 im Treiberspeicher nach einem kompatiblen Treiber. Ist einer vorhanden, installiert das Betriebssystem das Gerät automatisch.

Zu jedem Gerätetreiber gehört eine Setupinformationsdatei. Der Name dieser Datei endet auf *.inf*. Es handelt sich um eine Textdatei mit ausführlichen Informationen über das zu installierende Gerät. In der Setupinformationsdatei werden auch alle Quelldateien genannt, die vom Treiber verwendet werden. Quelldateien haben die Namenserweiterung *.sys*. Es gibt auch *.pnf-* und *.dll-*Dateien für Treiber, und manche Treiber sind mit einer Komponentenmanifestdatei (*.amx*) verknüpft. Die Manifestdatei liegt im XML-Format vor und enthält Einzelheiten über die digitale Signatur des Treibers. Sie kann auch Plug & Play-Informationen enthalten, die vom Gerät zur automatischen Einstellung verwendet werden.

Für jeden auf einem System installierten Treiber gibt es im Ordner *Drivers* eine Quelldatei (*.sys*). Wenn Sie einen neuen Gerätetreiber installieren, wird der Treiber in einen Unterordner von *Drivers* kopiert und die Konfigurationseinstellungen werden in die Registrierung eingetragen. Die *.inf-*Datei des Treibers dient zur Steuerung der Installation und der Registrierungseinträge. Ist der Treiber noch nicht im Treiberspeicher vorhanden, gibt es im System noch keine *.inf*-Datei oder eine andere mit ihm verknüpfte Datei. In diesem Fall werden die *.inf*-Datei des Treibers und andere dazugehörige Dateien in einem Unterordner von *DriverStore\FileRepository* gespeichert, wenn Sie das Gerät installieren.

Verwenden von signierten und nichtsignierten Gerätetreibern

Jeder Treiber im Treiberspeicher ist digital signiert. Die Signatur bestätigt, dass der Treiber einen ausführlichen Test im Windows Hardware Quality Lab durchlaufen hat. Ein Gerätetreiber mit einer digitalen Signatur von Microsoft sollte eigentlich nicht dazu führen, dass Ihr System instabil wird oder abstürzt. Die digitale Signatur von Microsoft stellt zudem sicher, dass der Gerätetreiber nicht absichtlich oder versehentlich verändert wurde. Wenn ein Gerätetreiber nicht von Microsoft digital signiert wurde, ist er nicht offiziell auf seine Tauglichkeit getestet worden oder seine Dateien wurden vielleicht durch ein anderes Programm verändert. Das bedeutet, dass nichtsignierte Treiber mit einer höheren Wahrscheinlichkeit als alle anderen Anwendungen, die Sie installiert haben, einen Absturz des Computers oder ein Hängen des Systems verursachen können.

Um Probleme mit nichtsignierten Treibern möglichst zu vermeiden, warnt Windows 7 Sie standardmäßig, wenn Sie versuchen, einen nichtsignierten Treiber zu installieren. Windows lässt sich auch so konfigurieren, dass die Installation bestimmter Gerätetypen grundsätzlich verhindert wird. Um die Treibereinstellungen der Computer in einer ganzen Organisation einheitlich zu gestalten, können Sie Gruppenrichtlinien verwenden. Wenn Sie das tun, legt die Gruppenrichtlinie fest, ob und wie Geräte installiert werden dürfen.

Sie können die Geräteinstallationseinstellungen für mehrere Computer unter *Computerkonfiguration/Richtlinien/Administrative Vorlagen/System/Geräteinstallation* konfigurieren.

TIPP Wenn Sie beim Versuch, ein Gerät zu installieren, feststellen, dass dies nicht funktioniert, sind möglicherweise Geräteinstallationseinschränkungen in den Gruppenrichtlinien aktiv. Sie müssen die Gruppenrichtlinien überschreiben, um das Gerät zu installieren.

Überprüfen der Treiberinformationen

Für jeden Treiber, der auf einem System benutzt wird, gibt es auch eine Datei mit dem ausführbaren Code des Treibers. Mit folgenden Schritten können Sie herausfinden, wo diese Datei liegt:

1. Starten Sie die Computerverwaltung. Klicken Sie in der Konsole *Computerverwaltung* auf das Dreieckssymbol neben dem Knoten *System*.
2. Wählen Sie *Geräte-Manager* aus. Sie müssten nun eine vollständige Liste der Geräte angezeigt bekommen, die auf dem System installiert sind. Diese Liste ist standardmäßig nach dem Gerätetyp sortiert.
3. Klicken Sie mit der rechten Maustaste auf das Gerät, das Sie bearbeiten möchten, und wählen Sie dann *Eigenschaften*. Das Eigenschaftendialogfeld für das Gerät öffnet sich.

4. Klicken Sie auf der Registerkarte *Treiber* auf *Treiberdetails*, um das Dialogfeld *Treiberdetails* zu öffnen. Wie aus Abbildung 8.20 hervorgeht, werden folgende Informationen angezeigt:
   - **Treiberdateien** Die Pfadnamen der Treiberdateien
   - **Anbieter** Der Hersteller des Treibers
   - **Dateiversion** Die Dateiversion

Abbildung 8.20 Das Dialogfeld *Treiberdetails* zeigt den Pfadnamen der Treiberdatei, den Anbieter und die Dateiversion an

Installieren und Aktualisieren von Gerätetreibern

Damit die Geräte reibungslos arbeiten, ist es wichtig, die Gerätetreiber auf dem neusten Stand zu halten. Sie können Treiber mit den Assistenten *Neue Hardware gefunden*, *Hardware-* und *Treibersoftwareupdate* installieren und aktualisieren. Standardmäßig können diese Assistenten an folgenden Orten nach aktuellen Gerätetreibern suchen:
- Auf dem lokalen Computer
- Auf der Hardware-Installations-CD
- Auf der Windows Update-Website oder auf dem Windows Update-Server Ihrer Organisation

In den Gruppenrichtlinien gibt es mehrere Richtlinien, die festlegen, wie Informationen über Geräte ermittelt werden und wie Windows nach Treibern sucht:
- *Zugriff auf alle Windows Update-Funktionen deaktivieren* unter *Computerkonfiguration\Administrative Vorlagen\System\Internetkommunikationsverwaltung\Internetkommunikationseinstellungen*
  Wenn diese Richtlinie aktiviert ist, sind alle Windows Update-Funk-

tionen gesperrt und den Benutzern nicht zugänglich. Benutzer können auch nicht auf die Windows Update-Website zugreifen.

- *Suche nach Gerätetreibern auf Windows Update deaktivieren* unter *Computerkonfiguration\Administrative Vorlagen\System\Internetkommunikationsverwaltung\Internetkommunikationseinstellungen* Standardmäßig ist die Windows Update-Suche bei der Installation eines Geräts optional. Wenn Sie diese Einstellung aktivieren, wird Windows Update bei der Installation eines neuen Geräts nicht durchsucht. Wenn Sie diese Einstellung deaktivieren, wird Windows Update bei der Installation eines neuen Geräts immer durchsucht, sofern lokal kein Treiber verfügbar ist.

- *Suchreihenfolge für Gerätetreiber-Quellspeicherorte angeben* unter *Computerkonfiguration\Administrative Vorlagen\System\Geräteinstallation* Wenn Sie diese Richtlinieneinstellung deaktivieren oder nicht konfigurieren, können Sie die Reihenfolge für die Speicherorte festlegen, in denen auf jedem Computer nach Gerätetreibern gesucht wird. Wenn Sie diese Richtlinie aktivieren, können Sie festlegen, dass Windows Update zuerst, zuletzt oder überhaupt nicht durchsucht werden soll, wenn während der Geräteinstallation nach Treibersoftware gesucht wird.

- *Zeitlimit für Geräteinstallation festlegen* unter *Computerkonfiguration\Administrative Vorlagen\System\Geräteinstallation* Wenn Sie diese Richtlinie deaktivieren oder nicht konfigurieren, wartet Windows 7 5 Minuten, ob die Geräteinstallation abgeschlossen werden kann, bevor es die Installation abbricht. Wenn Sie diese Richtlinie aktivieren, können Sie festlegen, wie lange Windows 7 wartet, bevor es die Installation abbricht.

- *Abrufen von Gerätemetadaten aus dem Internet verhindern* unter *Computerkonfiguration\Administrative Vorlagen\System\Geräteinstallation* Wenn Sie diese Richtlinie deaktivieren oder nicht konfigurieren, ruft Windows 7 Gerätemetadaten zu installierten Geräten aus dem Internet ab und nutzt diese Informationen, um die Geräte auf dem neuesten Stand zu halten. Wenn Sie diese Richtlinieneinstellung aktivieren, ruft Windows 7 keine Gerätemetadaten für installierte Geräte aus dem Internet ab.

Gerätetreiber können Sie folgendermaßen installieren und aktualisieren:

1. Starten Sie die Computerverwaltung. Klicken Sie in der Konsole *Computerverwaltung* auf das Dreieckssymbol neben dem Knoten *System*.
2. Wählen Sie in der Konsole *Computerverwaltung* den Knoten *Geräte-Manager* aus. Sie müssten nun eine vollständige Liste der Geräte angezeigt bekommen, die auf dem System installiert sind. Diese Liste ist standardmäßig nach dem Gerätetyp sortiert.
3. Klicken Sie mit der rechten Maustaste auf das Gerät, das Sie bearbeiten möchten, und wählen Sie dann *Treibersoftware aktualisieren*. Dadurch wird der Treibersoftwareupdate-Assistent gestartet.

EMPFOHLENE VORGEHENSWEISE Aktualisierte Treiber können den Funktionsumfang eines Geräts erweitern, die Leistung verbessern und Probleme beheben. Allerdings sollten Sie nicht einfach den neusten Treiber auf einem Arbeitscomputer installieren, ohne ihn zuvor in einer Testumgebung überprüft zu haben. Die Grundregel lautet: erst testen, dann installieren.

4. Wie Abbildung 8.21 zeigt, können Sie wählen, ob die Treibersoftware automatisch gesucht werden soll oder ob Sie den Treiber selbst an einem bestimmten Ort suchen oder manuell aus einer Liste auswählen.

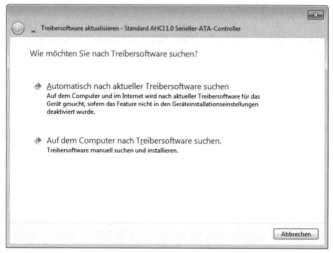

Abbildung 8.21 Wählen Sie, ob die Treiberinstallation automatisch oder manuell erfolgen soll

5. Wenn Sie sich für die automatische Installation entscheiden, sucht Windows 7 nach einer neueren Version des Gerätetreibers und installiert diese Version, sofern es sie gibt. Ist keine neuere Version des Treibers verfügbar, behält Windows 7 den aktuellen Treiber bei. In beiden Fällen klicken Sie auf *Schließen*, um den Vorgang abzuschließen. Überspringen Sie die restlichen Schritte.
6. Wenn Sie sich zur manuellen Installation des Treibers entschließen, haben Sie immer noch die Wahl zwischen zwei Alternativen:
    - **Suchen des Treibers** Klicken Sie auf *Durchsuchen*, um festzulegen, wo gesucht werden soll. Suchen Sie im Dialogfeld *Ordner suchen* den Startordner für die Suche aus und klicken Sie dann auf *OK*. Da alle Unterordner des ausgewählten Ordners automatisch in die Suche einbezogen werden, können Sie auch ein Stammverzeichnis auswählen, beispielsweise *C:*, wenn ein ganzes Laufwerk durchsucht werden soll.

- **Auswählen des Treibers** Klicken Sie auf *Aus einer Liste von Gerätetreibern auf dem Computer auswählen*. Der Assistent zeigt dann eine Liste mit kompatibler Hardware. Klicken Sie auf das Gerät, das Ihrer Hardware entspricht. Wenn Sie eine größere Auswahl wünschen, deaktivieren Sie das Kontrollkästchen *Kompatible Hardware anzeigen*. Dann sehen Sie eine vollständige Liste der Hersteller für die Art von Gerät, mit dem Sie arbeiten. Wie aus Abbildung 8.22 hervorgeht, suchen Sie in der Herstellerliste nach dem Hersteller und auf der rechten Seite nach dem Gerät.

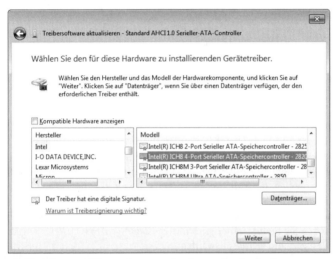

Abbildung 8.22 Wählen Sie den passenden Gerätetreiber für das Gerät aus, das Sie hinzufügen

HINWEIS Wenn der Hersteller oder das Gerät, das Sie verwenden möchten, nicht aufgeführt wird, legen Sie Ihren Datenträger mit dem Gerätetreiber ins Disketten- oder CD-ROM-Laufwerk ein und klicken dann auf die Schaltfläche *Datenträger*. Befolgen Sie die Anweisungen.

7. Nachdem Sie den Gerätetreiber durch eine automatische Suche oder eine manuelle Auswahl ausgewählt haben, klicken Sie auf *Weiter* und durchlaufen die nächsten Schritte des Installationsprozesses. Klicken Sie auf *Schließen*, wenn die Treiberinstallation abgeschlossen ist. Wenn der Assistent keinen passenden Treiber finden kann, müssen Sie einen passenden Treiber beschaffen und diese Prozedur dann wiederholen. Vergessen Sie bitte nicht, dass Sie in manchen Fällen das System neu starten müssen, um den neu installierten oder aktualisierten Gerätetreiber zu aktivieren.

Aktivieren und Deaktivieren bestimmter Gerätetypen

Mithilfe von Gruppenrichtlinieneinstellungen können Sie verwalten, welche Hardwaregeräte auf den Computern benutzt werden dürfen, auf die ein Gruppenrichtlinienobjekt angewendet wird. Sie haben folgende Möglichkeiten zur Auswahl, um festzulegen, welche Geräte benutzt werden dürfen:

- **Geräteklasse** Eine Geräteklasse umfasst einen weiten Bereich ähnlicher Geräte, beispielsweise alle DVD/CD-ROM-Laufwerke.

- **Gerätetyp** Ein Gerätetyp bezeichnet bestimmte Geräte innerhalb einer Geräteklasse, zum Beispiel das Laufwerk NEC DVD-ROM RW ND-3530A ATA.

HINWEIS Wenn Sie Geräte anhand des Typs verwalten wollen, müssen Sie einen Verwaltungscomputer mit den Geräten ausstatten, die Sie bearbeiten wollen. Dann erstellen Sie die Einstellungselemente auf diesem Computer. Ein Verwaltungscomputer ist ein Computer, auf dem die Verwaltungstools installiert sind, beispielsweise die Remote Server Administration Tools.

Gehen Sie folgendermaßen vor, um ein Einstellungselement zu erstellen, mit dem Sie Geräte anhand von Klasse oder Typ aktivieren oder deaktivieren:

1. Öffnen Sie ein Gruppenrichtlinienobjekt zum Bearbeiten im Gruppenrichtlinienobjekt-Editor. Wenn Sie Einstellungen für Computer konfigurieren wollen, müssen Sie den Knoten *Computerkonfiguration\Einstellungen\Systemsteuerungseinstellungen* erweitern und dann *Geräte* auswählen. Wollen Sie dagegen Einstellungen für Benutzer konfigurieren, müssen Sie *Benutzerkonfiguration\Einstellungen\Systemsteuerungseinstellungen* und *Geräte* auswählen.

2. Klicken Sie mit der rechten Maustaste auf den Knoten *Geräte* und wählen Sie den Befehl *Neu/Gerät*. Daraufhin öffnet sich das Eigenschaftendialogfeld für das neue Gerät.

3. Wählen Sie im Eigenschaftendialogfeld für das neue Gerät in der Dropdownliste *Aktion* einen der folgenden Einträge aus:

   - *Gerät verwenden (aktivieren)* Wählen Sie diese Option, wenn Sie Geräte anhand ihrer Klasse oder ihres Typs aktivieren wollen.

   - *Gerät nicht verwenden (deaktivieren)* Wählen Sie diese Option, wenn Sie Geräte anhand ihrer Klasse oder ihres Typs deaktivieren wollen.

4. Klicken Sie auf die Schaltfläche rechts neben *Geräteklasse*. Sie haben jetzt zwei Möglichkeiten:

   - Wählen Sie eine Geräteklasse aus, um die Geräte anhand der Klasse zu verwalten.

   - Erweitern Sie einen Geräteklassenknoten und wählen Sie einen Gerätetyp aus, um die Geräte anhand ihres Typs zu verwalten.

5. Legen Sie mit den Optionen auf der Registerkarte *Gemeinsam* fest, wie die Einstellungen angewendet werden. Weil Sie in diesem Fall eine Einstellung erzwingen, ist es sinnvoll, die Einstellung jedes Mal anzuwen-

den, wenn die Gruppenrichtlinien aktualisiert werden. Deaktivieren Sie daher das Kontrollkästchen *Nur einmalig anwenden*.
6. Klicken Sie auf *OK*. Wenn die Gruppenrichtlinien das nächste Mal aktualisiert werden, wird das Einstellungselement angewendet, wie es im Gruppenrichtlinienobjekt festgelegt ist, in dem Sie das Einstellungselement definiert haben.

Einschränken der Geräteinstallation durch Gruppenrichtlinien

Gruppenrichtlinieneinstellungen können nicht nur benutzt werden, um Einstellungen für die Codesignatur und Sucheinschränkungen festzulegen, Sie können damit auch die Installation bestimmter Geräte, die anhand der Geräteklasse identifiziert werden, erlauben oder verhindern. Geräte, die auf dieselbe Weise eingerichtet und konfiguriert werden, werden zu einer Gerätesetupklasse zusammengefasst. Jede Gerätesetupklasse hat eine bestimmte GUID (Globally Unique Identifier). Damit Sie die Geräteinstallation über Gruppenrichtlinien einschränken können, müssen Sie die GUID für die gewünschte Gerätesetupklasse kennen.

Die Registrierung enthält für jede Standardgerätesetupklasse einen Schlüssel unter *HKEY_LOCAL_MACHINE\System\CurrentControlSet\Control\ Class*. Die Namen der Registrierungsschlüssel entsprechen der Klassen-GUID. Wenn Sie den Registrierungsschlüssel einer Klassen-GUID auswählen, gibt der Wert *Class* die Gerätesetupklasse an, die von dieser GUID identifiziert wird. Wählen Sie beispielsweise *{4d36e965-e325-11ce-bfc1-08002be10318}* aus, erkennen Sie, dass es sich um die Gerätesetupklasse für CD-ROM-Geräte handelt.

Die Richtlinieneinstellungen zum Verwalten der Geräteinstallation liegen im Zweig *Computerkonfiguration\Administrative Vorlagen\System\Geräteinstallation\Einschränkungen bei der Geräteinstallation*. Es gibt folgende Richtlinien:

- *Administratoren das Außerkraftsetzen der Richtlinien unter "Einschränkungen bei der Geräteinstallation" erlauben*
- *Installation von Geräten mit diesen Geräte-IDs zulassen*
- *Installation von Geräten mit Treibern zulassen, die diesen Gerätesetupklassen entsprechen*
- *Installation von Geräten verhindern, die nicht in anderen Richtlinien beschrieben sind*
- *Installation von Geräten mit diesen Geräte-IDs verhindern*
- *Installation von Wechselgeräten verhindern*
- *Zeit (in Sekunden) bis zum Erzwingen eines Neustarts, wenn dieser für das Inkrafttreten von Richtlinienänderungen erforderlich ist*

Sie können diese Richtlinien folgendermaßen konfigurieren:
1. Öffnen Sie ein Gruppenrichtlinienobjekt zum Bearbeiten im Gruppenrichtlinienobjekt-Editor.
2. Erweitern Sie *Computerkonfiguration, Administrative Vorlagen, System, Geräteinstallation* und *Einschränkungen bei der Geräteinstallation*.

3. Klicken Sie die gewünschte Richtlinie mit einem Doppelklick an, um ihr Eigenschaftendialogfeld zu öffnen.
4. Stellen Sie die Richtlinie auf *Nicht konfiguriert*, wenn sie nicht angewandt werden soll, auf *Aktiviert*, wenn sie gelten soll, oder auf *Deaktiviert*, wenn die Richtlinie gesperrt werden soll (sofern es die Gruppenrichtlinieneinstellungen zulassen).
5. Wenn Sie eine Richtlinie aktivieren, die über eine *Anzeigen*-Option verfügt, klicken Sie die *Anzeigen*-Schaltfläche an und geben im *Inhalt anzeigen*-Dialogfeld die Geräte-IDs an, die von dieser Richtlinie betroffen sind. Klicken Sie anschließend auf *OK*. Im Registrierungs-Editor besteht die GUID für eine Gerätesetupklasse aus dem gesamten Schlüsselnamen einschließlich der geschweiften Klammern. Sie können den Schlüsselnamen folgendermaßen kopieren und in das Dialogfeld *Inhalt anzeigen* einfügen:
    a. Öffnen Sie den Registrierungs-Editor, indem Sie im Suchfeld des Startmenüs **regedit** eingeben und die EINGABETASTE drücken.
    b. Klicken Sie im Registrierungs-Editor mit der rechten Maustaste auf den Schlüsselnamen und wählen Sie den Befehl *Schlüsselnamen kopieren*.
    c. Klicken Sie im Dialogfeld *Inhalt anzeigen* zweimal in das Feld *Wert*, damit ein Einfügecursor angezeigt wird. Klicken Sie mit der rechten Maustaste und wählen Sie den Befehl *Einfügen*.
    d. Löschen Sie den Pfad, der vor der GUID steht. Sie sollten also den Teil *HKEY_LOCAL_MACHINE\System\CurrentControlSet\Control\Class* löschen.
    e. Sie können die GUID zu weiteren Gerätesetupklassen hinzufügen, indem Sie die Schritte b bis d wiederholen.
6. Klicken Sie auf *OK*.

Wiederherstellen der Vorversion eines Treibers

Von Zeit zu Zeit werden Sie feststellen, dass ein Gerätetreiber, den Sie installiert haben, praktisch den Ausfall des Geräts oder andere Probleme auf dem Computer zur Folge hat. Keine Sorge: Sie können das System auf den zuvor installierten Gerätetreiber zurückführen. Dazu gehen Sie folgendermaßen vor:

1. Wenn Sie mit dem Systemstart Probleme haben, müssen Sie den Computer im abgesicherten Modus starten, wie im Abschnitt »Problembehandlung für Systemstart und Herunterfahren« in Kapitel 17 beschrieben.
2. Starten Sie die Computerverwaltung. Klicken Sie in der Konsole *Computerverwaltung* auf das Dreieckssymbol neben dem Knoten *System*.
3. Wählen Sie in der Konsole *Computerverwaltung* den Knoten *Geräte-Manager* aus. Sie müssten nun eine vollständige Liste der Geräte angezeigt bekommen, die auf dem System installiert sind. Diese Liste ist standardmäßig nach dem Gerätetyp sortiert.

4. Klicken Sie mit der rechten Maustaste auf das Gerät, das Sie bearbeiten möchten, und wählen Sie dann *Eigenschaften*. Dadurch wird das Eigenschaftendialogfeld für das Gerät geöffnet.
5. Klicken Sie auf die Registerkarte *Treiber* und dann auf *Vorheriger Treiber*. Wenn Sie aufgefordert werden, den Vorgang zu bestätigen, klicken Sie auf *Ja*.
6. Klicken Sie auf *OK*, um das Eigenschaftendialogfeld des Treibers zu schließen.

HINWEIS Falls der Gerätetreiber noch nicht aktualisiert wurde, ist auch keine Vorgängerversion des Treibers verfügbar. In diesem Fall ist die Schaltfläche *Vorheriger Treiber* deaktiviert.

Entfernen der Gerätetreiber für ausgebaute Geräte

Wenn Sie ein Gerät aus einem Computer ausbauen, erkennt Windows 7 gewöhnlich diesen Vorgang und entfernt automatisch die Gerätetreiber für das Gerät. Manchmal erkennt Windows 7 die Veränderung aber nicht und Sie müssen die Treiber manuell entfernen. Dazu gehen Sie folgendermaßen vor:

1. Starten Sie die Computerverwaltung. Klicken Sie in der Konsole *Computerverwaltung* auf das Dreieckssymbol neben dem Knoten *System*.
2. Wählen Sie in der Konsole *Computerverwaltung* den Knoten *Geräte-Manager* aus.
3. Klicken Sie mit der rechten Maustaste auf das Gerät, das Sie entfernen möchten, und wählen Sie dann *Deinstallieren*.
4. Wenn Sie aufgefordert werden, den Vorgang zu bestätigen, klicken Sie auf *OK*.

Deinstallieren, erneutes Installieren und Deaktivieren von Gerätetreibern

Durch das Deinstallieren eines Gerätetreibers ist das betreffende Gerät nicht mehr im System verfügbar. Wenn ein Gerät nicht richtig arbeitet, lässt sich das Problem manchmal lösen, indem man das Gerät aus dem System entfernt, das System neu startet und den Gerätetreiber dann erneut installiert. Sie können ein Gerät folgendermaßen deinstallieren und erneut installieren:

1. Starten Sie die Computerverwaltung. Klicken Sie in der Konsole *Computerverwaltung* auf das Dreieckssymbol neben dem Knoten *System*.
2. Wählen Sie in der Konsole *Computerverwaltung* den Knoten *Geräte-Manager* aus. Sie müssten nun eine vollständige Liste der Geräte angezeigt bekommen, die auf dem System installiert sind. Diese Liste ist standardmäßig nach dem Gerätetyp sortiert.
3. Klicken Sie mit der rechten Maustaste auf das Gerät, das Sie bearbeiten möchten, und wählen Sie dann *Deinstallieren*.

4. Wenn Sie aufgefordert werden, den Vorgang zu bestätigen, klicken Sie auf *OK*.
5. Starten Sie das System neu. Windows 7 sollte das Vorhandensein des Geräts erkennen und automatisch den erforderlichen Gerätetreiber installieren. Wenn das Gerät nicht automatisch installiert wird, installieren Sie es manuell, wie im Abschnitt »Installieren und Aktualisieren von Gerätetreibern« weiter oben in diesem Kapitel beschrieben.

Wenn Sie verhindern möchten, dass ein Gerät automatisch neu installiert wird, deinstallieren Sie das Gerät nicht, sondern deaktivieren es nur. Sie deaktivieren ein Gerät, indem Sie es im Geräte-Manager mit der rechten Maustaste anklicken und *Deaktivieren* wählen.

Aktivieren und Deaktivieren von Hardwaregeräten

Wenn ein Gerät nicht richtig arbeitet, kann es sinnvoll sein, es zu deaktivieren oder zu deinstallieren. Durch die Deinstallation wird der Treiber des betreffenden Geräts entfernt, sodass es den Anschein erweckt, als sei das Gerät aus dem System entfernt worden. Beim nächsten Start des Systems wird Windows 7 wahrscheinlich versuchen, das Gerät neu zu installieren. Gewöhnlich installiert Windows 7 Plug & Play-Geräte automatisch, Nicht-Plug & Play-Geräte aber nicht.

Durch eine Deaktivierung wird ein Gerät abgeschaltet und nicht mehr von Windows 7 benutzt. Da ein deaktiviertes Gerät keine Systemressourcen beansprucht, können Sie davon ausgehen, dass es im System keinen Konflikt mehr verursachen kann.

Sie können ein Gerät folgendermaßen deinstallieren oder deaktivieren:

1. Starten Sie die Computerverwaltung. Klicken Sie in der Konsole *Computerverwaltung* auf das Dreieckssymbol neben dem Knoten *System*.
2. Wählen Sie in der Konsole *Computerverwaltung* den Knoten *Geräte-Manager* aus. Sie müssen nun eine vollständige Liste der Geräte angezeigt bekommen, die auf dem System installiert sind. Diese Liste ist standardmäßig nach dem Gerätetyp sortiert.
3. Klicken Sie mit der rechten Maustaste auf das Gerät, das Sie bearbeiten möchten, und wählen Sie dann eine der folgenden Optionen:
   - *Deinstallieren*
   - *Deaktivieren*
4. Wenn Sie aufgefordert werden, den Vorgang zu bestätigen, klicken Sie auf *Ja* oder *OK*.

Beseitigen von Hardwareproblemen

Die integrierte Hardwarediagnose von Windows 7 kann viele Probleme mit Hardwaregeräten erkennen. Wird ein Problem erkannt, sehen Sie vielleicht eine *Problemberichte und -lösungen*-Sprechblase, die Sie auf das Problem hinweist. Ein Klick auf diese Sprechblase sollte das Wartungscenter öffnen. Sie können die Konsole *Problemberichte und -lösungen* auch öffnen, indem

Sie in der Systemsteuerung auf *System und Sicherheit* klicken und dann auf *Wartungscenter*.

Wenn ein Gerät falsch installiert wurde oder ein anderes Problem aufweist, zeigt der Geräte-Manager mit einem Warnsymbol an, dass das Gerät ein Problem hat. Wenn Sie das Gerät mit einem Doppelklick anklicken, wird auf der Registerkarte *Allgemein* des Eigenschaftendialogfelds des betreffenden Geräts ein Fehlercode angezeigt. Wie aus Tabelle 8.3 hervorgeht, kann dieser Fehlercode bei der Behebung des Fehlers sehr hilfreich sein. Die meisten Lösungsvorschläge in dieser Tabelle setzen voraus, dass Sie die Registerkarte *Allgemein* des Eigenschaftendialogfelds gewählt haben.

Tabelle 8.3 Übliche Gerätefehler und ihre Behebung

Fehlermeldung	Was ist zu tun?
Das Gerät ist nicht richtig konfiguriert. (Code 1)	Beschaffen Sie einen passenden Treiber für das Gerät und klicken Sie auf *Treiber erneut installieren*, um den Gerätetreiberassistenten zu starten.
Der Treiber für dieses Gerät ist entweder beschädigt, oder es stehen nicht genügend Arbeitsspeicher oder andere Ressourcen zur Verfügung. (Code 3)	Klicken Sie auf der Registerkarte *Treiber* auf die Schaltfläche *Treiber aktualisieren*, um den Gerätetreiberassistenten zu starten. Vermutlich werden Sie beim Start die Meldung »Nicht genügend Arbeitsspeicher« erhalten.
Das Gerät kann nicht gestartet werden. (Code 10)	Klicken Sie auf der Registerkarte *Treiber* auf die Schaltfläche *Treiber aktualisieren*, um den Gerätetreiberassistenten zu starten. Versuchen Sie nicht, automatisch einen Treiber zu finden. Wählen Sie stattdessen die manuelle Installation und wählen Sie das Gerät aus.
Dieses Gerät kann keine ausreichenden freien Ressourcen finden, die verwendet werden können. (Code 12)	Durch die Ressourcenzuweisung für dieses Gerät ergibt sich ein Konflikt mit einem anderen Gerät, oder die Firmware wurde falsch konfiguriert. Überprüfen Sie die Firmware und sehen Sie auf der Registerkarte *Ressourcen* des Eigenschaftendialogfelds des Geräts nach, ob Gerätekonflikte bestehen.
Sie müssen den Computer neu starten, damit dieses Gerät ordnungsgemäß funktioniert. (Code 14)	In diesem Fall ist das Gerät gewöhnlich korrekt installiert, aber erst nach einem Neustart des Computers einsatzbereit.
Es konnten nicht alle Ressourcen identifiziert werden, die das Gerät verwendet. (Code 16)	Prüfen Sie, ob ein signierter Treiber für das Gerät zur Verfügung steht. Wenn einer verfügbar ist und Sie ihn bereits installiert haben, müssen Sie vielleicht die Ressourceneinstellung für das Gerät ändern. Überprüfen Sie die Registerkarte *Ressourcen* im Eigenschaftendialogfeld des Geräts.
Die Treiber für dieses Gerät müssen erneut installiert werden. (Code 18)	Nach einer Aktualisierung müssen Sie sich vielleicht als Administrator anmelden, um die Installation beenden zu können. Wenn das nicht der Fall ist, klicken Sie auf der Registerkarte *Treiber* auf *Treiber aktualisieren*, um den Treiber erneut zu installieren.
Die Registrierung ist eventuell beschädigt. (Code 19)	Entfernen Sie das Gerät und installieren Sie es neu. Dadurch sollten falsche oder widersprüchliche Registrierungseinträge korrigiert werden. ▶

Fehlermeldung	Was ist zu tun?
Das Gerät wird entfernt. (Code 21)	Das System entfernt das Gerät. Die Registrierung ist vielleicht beschädigt. Wenn das Gerät weiterhin diese Meldung anzeigt, starten Sie den Computer erneut.
Das Gerät wurde deaktiviert. (Code 22)	Das Gerät wurde im Geräte-Manager deaktiviert. Um es zu aktivieren, wählen Sie im Eigenschaftendialogfeld des Geräts auf der Registerkarte *Allgemein* unter *Gerätestatus* die Schaltfläche *Gerät aktivieren*.
Dieses Gerät ist entweder nicht vorhanden, funktioniert nicht ordnungsgemäß, oder es wurden nicht alle Treiber installiert. (Code 24)	Das kann ein Hinweis auf einen fehlerhaften Treiber oder ein fehlerhaftes Gerät sein. Der Fehlercode kann auch bei alten ISA-Geräten auftreten. Aktualisieren Sie den Treiber.
Die Treiber für dieses Gerät wurden nicht installiert. (Code 28)	Beschaffen Sie einen passenden Treiber für das Gerät und klicken Sie dann auf *Treiber erneut installieren*, um den Gerätetreiberassistenten zu starten.
Dieses Gerät funktioniert nicht ordnungsgemäß, da die Firmware des Geräts die erforderlichen Ressourcen nicht zur Verfügung stellt. (Code 29)	Überprüfen Sie in der Gerätedokumentation, wie die Ressourcen zugewiesen werden müssen. Vielleicht müssen Sie die Firmware aktualisieren oder das Gerät in der Firmware des Systems aktivieren.
Das Gerät funktioniert nicht ordnungsgemäß, da Windows die für das Gerät erforderlichen Treiber nicht laden kann. (Code 31)	Vielleicht ist der Gerätetreiber nicht zu Windows 7 kompatibel. Beschaffen Sie einen passenden Treiber für das Gerät und klicken Sie auf *Treiber erneut installieren*, um den Gerätetreiberassistenten zu starten.
Ein Treiber für dieses Gerät wird nicht gebraucht und wurde deaktiviert. (Code 32)	Ein Dienst, von dem das Gerät abhängig ist, wurde deaktiviert. Überprüfen Sie die Ereignisprotokolle, um herauszufinden, welche Dienste aktiviert und gestartet werden müssen.
Die für dieses Gerät erforderlichen Ressourcen konnten nicht bestimmt werden. (Code 33)	Das kann ein Hinweis auf ein defektes Gerät oder defekte Hardware sein. Der Fehler kann auch bei alten ISA-Geräten auftreten. Aktualisieren Sie den Treiber und/oder überprüfen Sie in der Gerätedokumentation, wie die Ressourcen eingestellt werden müssen.
Die Einstellungen für das Gerät können nicht bestimmt werden. (Code 34)	Das alte Gerät muss manuell konfiguriert werden. Überprüfen Sie die Jumpereinstellungen des Geräts und die Firmwareeinstellungen und stellen Sie dann auf der Registerkarte *Ressourcen* des Eigenschaftendialogfelds des Geräts die Ressourcenverwendung ein.
Die Systemfirmware enthält nicht genügend Informationen, um das Gerät richtig zu konfigurieren und zu verwenden. (Code 35)	Dieser Fehler tritt in Multiprozessorsystemen auf. Aktualisieren Sie die Firmware. Suchen Sie nach einer Firmwareoption zur Verwendung von MPS 1.1 oder MPS 1.4. Gewöhnlich brauchen Sie MPS 1.4. ▶

Arbeiten mit Gerätetreibern **357**

Fehlermeldung	Was ist zu tun?
Das Gerät fordert einen PCI-Interrupt an, obwohl es für einen ISA-Interrupt konfiguriert ist (oder umgekehrt). (Code 36)	Interrupts von alten Geräten können nicht von mehreren Geräten verwendet werden. Wenn sich ein Gerät in einem PCI-Steckplatz befindet, aber der Steckplatz in der Firmware für ein Legacygerät reserviert wird, kann dieser Fehler auftreten. Ändern Sie die Firmwareeinstellung.
Der Gerätetreiber für diese Hardware kann nicht initialisiert werden. (Code 37)	Starten Sie den Gerätetreiberassistenten, indem Sie auf der Registerkarte *Treiber* auf die Schaltfläche *Treiber aktualisieren* klicken.
Der Gerätetreiber für diese Hardware kann nicht geladen werden, weil sich eine Vorgängerinstanz des Gerätetreibers noch im Arbeitsspeicher befindet. (Code 38)	Ein im Arbeitsspeicher befindlicher Gerätetreiber führt zu einem Konflikt. Starten Sie den Computer neu.
Der Gerätetreiber für diese Hardware kann nicht geladen werden. Der Treiber ist möglicherweise beschädigt oder nicht vorhanden. (Code 39)	Überprüfen Sie, ob das Hardwaregerät ordnungsgemäß installiert und verbunden wurde und mit Strom versorgt wird. Ist dies der Fall, dann suchen Sie nach einem neuen Treiber oder installieren den vorhandenen Treiber erneut.
Auf die Hardware kann nicht zugegriffen werden, weil die Dienstschlüsselinformationen in der Registrierung fehlen oder nicht richtig eingetragen wurden. (Code 40)	Der Registrierungseintrag für den Gerätetreiber ist ungültig. Installieren Sie den Treiber erneut.
Der Gerätetreiber wurde für die Hardware geladen, aber das Gerät wurde nicht gefunden. (Code 41)	Wenn das Gerät entfernt wurde, können Sie den Treiber deinstallieren, das Gerät neu installieren und dann auf *Nach geänderter Hardware suchen* klicken, um den Treiber erneut zu installieren. Wenn das Gerät nicht entfernt wurde oder nicht Plug & Play-fähig ist, brauchen Sie einen neuen oder aktualisierten Treiber für das Gerät. Verwenden Sie den Hardware-Assistenten, um Geräte zu installieren, die nicht Plug & Play-fähig sind. Klicken Sie im Geräte-Manager auf das Menü *Aktion* und dann auf *Legacyhardware hinzufügen*.
Der Gerätetreiber kann für diese Hardware nicht geladen werden, weil dasselbe Gerät bereits auf dem Computer ausgeführt wird. (Code 42)	Es wurde ein Gerät entdeckt, das zweimal vorhanden ist. Dieser Fehler tritt auf, wenn ein Bustreiber fälschlicherweise zwei gleich benannte Geräte erkennt oder wenn ein Gerät mit derselben Seriennummer am neuen Ort erkannt wird, bevor es vom alten Ort entfernt wurde. Starten Sie den Computer neu, um dieses Problem zu beseitigen.
Dieses Gerät wurde angehalten, weil es Fehler gemeldet hat. (Code 43)	Das Gerät wurde vom Betriebssystem gestoppt. Sie müssen es vielleicht deinstallieren und dann erneut installieren. Vielleicht hat das Gerät ein Problem mit der No-Execute-Funktion des Prozessors. Suchen Sie in diesem Fall nach einem neuen Treiber.
Dieses Hardwaregerät wurde von einer Anwendung oder einem Dienst deaktiviert. (Code 44)	Das Gerät wurde vom Betriebssystem gestoppt. Starten Sie den Computer neu. Vielleicht hat das Gerät ein Problem mit der No-Execute-Funktion des Prozessors. Suchen Sie in diesem Fall nach einem neuen Treiber. ▶

Fehlermeldung	Was ist zu tun?
Dieses Hardwaregerät ist zurzeit nicht an den Computer angeschlossen. (Code 45)	Wenn Sie den Geräte-Manager starten, während die Umgebungsvariable `DEVMGR_SHOW_NONPRESENT_DEVICES` auf den Wert 1 gesetzt ist, werden alle vorher angeschlossenen Geräte, die nicht mehr vorhanden sind, in der Geräteliste angezeigt und bekommen diesen Fehlercode zugewiesen. Sie können diese Meldung löschen, indem Sie das Gerät an den Computer anschließen oder den Geräte-Manager starten, ohne dass diese Umgebungsvariable gesetzt ist.
Windows kann auf dieses Hardwaregerät nicht zugreifen, weil das Betriebssystem gerade heruntergefahren wird. (Code 46)	Das Gerät ist nicht verfügbar, weil der Computer gerade herunterfährt. Sobald der Neustart des Computers abgeschlossen ist, müsste das Gerät wieder verfügbar sein.
Dieses Hardwaregerät kann nicht verwendet werden, weil es für "Sicheres Entfernen" konfiguriert, aber noch nicht vom Computer getrennt wurde. (Code 47)	Wenn Sie die Anwendung für sicheres Entfernen benutzt haben, um das Gerät zum Entfernen vorzubereiten, oder wenn Sie eine Auswurftaste gedrückt haben, erhalten Sie diesen Fehler, wenn das Gerät entfernt werden kann. Sie können das Gerät erneut benutzen, indem Sie es abstecken und dann wieder anstecken oder den Computer neu starten.
Die Software für dieses Gerät wurde nicht initialisiert, weil sie auf Windows Fehler verursacht. Wenden Sie sich an den Hardwarehersteller, um einen neuen Treiber zu erhalten. (Code 48)	Der Treiber für dieses Gerät ist inkompatibel zu Windows, daher wurde er nicht geladen. Besorgen und installieren Sie einen neuen oder aktualisierten Treiber vom Hardwarehersteller.
Die neuen Hardwaregeräte können nicht gestartet werden, da die Systemstruktur zu groß ist (die Struktur überschreitet die Registrierungsgrößenbeschränkung). (Code 49)	Die Systemstruktur der Registrierung hat ihre Maximalgröße überschritten. Neue Geräte funktionieren erst wieder, wenn die Größe verringert wird. Möglicherweise wird dieser Fehler durch Geräte verursacht, die nicht mehr an den Computer angeschlossen, aber noch in der Systemstruktur eingetragen sind. Versuchen Sie, alle Hardwaregeräte zu deinstallieren, die Sie nicht mehr benutzen.

9 Installieren und Verwalten von Programmen

Übersicht über das Kapitel:
Verwalten der Anwendungsvirtualisierung und der
Ausführungsebenen 359
Programminstallation: Die Grundlagen 367
Bereitstellen von Anwendungen mithilfe von Gruppenrichtlinien 372
Konfigurieren der Programmkompatibilität 374
Verwalten von installierten und laufenden Programmen 379

Administratoren und Supportmitarbeiter installieren und konfigurieren meistens die Anwendungen, die auf Desktopcomputern eingesetzt werden. Zu den üblichen Arbeiten gehört es, Anwendungen vor der Auslieferung neuer Computer zu installieren und zu konfigurieren, auf Anforderung neue Anwendungen auf vorhandenen Computern zu installieren und vorhandene Anwendungen zu aktualisieren, sobald neue Versionen verfügbar sind. Wenn Benutzer zusätzliche Anwendungen installieren, werden Sie vielleicht auch zur Fehlerbehebung oder zur Deinstallation der Anwendungen gerufen. Die meisten Installationsprobleme sind ziemlich einfach zu lösen, wenn man weiß, worauf man achten muss. Andere Probleme können sich als sehr hartnäckig erweisen und erfordern manchmal mehr Arbeit, als man vermutet. Dieses Kapitel beschreibt, wie sich die Benutzerkontensteuerung auf die Installation und Verwendung von Anwendungen auswirkt und wie man Anwendungen installiert, wartet und deinstalliert.

Verwalten der Anwendungsvirtualisierung und der Ausführungsebenen

Die Benutzerkontensteuerung (User Account Control, UAC) wirkt sich stark darauf aus, wie Anwendungen installiert und ausgeführt werden, wo sie Daten schreiben und welche Rechte Anwendungen haben. In diesem Abschnitt möchte ich Ihnen einen Überblick darüber geben, was die Benutzerkontensteuerung für die Installation von Anwendungen bedeutet, angefangen bei Sicherheitstoken über Datei- und Registrierungsvirtualisierung bis hin zu den Ausführungsebenen. Das gehört zum Grundlagenwissen, wenn man für die Installation und Wartung von Anwendungen in Windows 7 zuständig ist.

Zugriffstoken und Ortsvirtualisierung

Alle Anwendungen, die unter Windows 7 ausgeführt werden, lassen sich einer von zwei allgemeinen Gruppen zuordnen:

- **UAC-konform**   Jede Anwendung, die speziell für Windows Vista oder Windows 7 entwickelt wurde, wird als konforme Anwendung betrachtet. Anwendungen, die als konform mit der neuen Windows 7-Architektur zertifiziert wurden, tragen das Logo »UAC-compliant«.

- **Legacy**   Alle Anwendungen, die für Windows XP oder eine ältere Windows-Version entwickelt wurden, gelten als Legacyanwendungen.

Die Unterscheidung zwischen UAC-konformen und Legacyanwendungen ist wegen der Architekturänderung wichtig, die zur Unterstützung der Benutzerkontensteuerung erforderlich war. UAC-konforme Anwendungen verwenden die Benutzerkontensteuerung, um die Angriffsfläche des Betriebssystems zu verkleinern. Das erfolgt dadurch, dass nichtautorisierte Programme daran gehindert werden, sich ohne Zustimmung des Benutzers zu installieren oder zur Ausführung zu bringen. Außerdem werden die Standardberechtigungen eingeschränkt, die Anwendungen gewährt werden. Das erschwert es böswilliger Software, einen Computer zu übernehmen.

HINWEIS   Die Windows 7-Komponente, die für die Benutzerkontensteuerung zuständig ist, ist der Dienst *Anwendungsinformationen*. Dieser Dienst ermöglicht die Ausführung von interaktiven Anwendungen mit einem Administratorzugriffstoken. Den Unterschied zwischen einem Administratorzugriffstoken und einem gewöhnlichen Benutzerzugriffstoken können Sie sich ansehen, indem Sie zwei Eingabeaufforderungsfenster öffnen, eines als Standardbenutzer und eines mit erhöhten Rechten (klicken Sie das Programmsymbol des Eingabeaufforderungsfensters mit der rechten Maustaste an und wählen Sie *Als Administrator ausführen*). Geben Sie in jedem Fenster den Befehl *whoami /all* ein und vergleichen Sie die Ergebnisse. Beide Zugriffstoken verfügen über dieselbe Sicherheitskennung (SID), aber das Administratorzugriffstoken verfügt über mehr Berechtigungen als das normale Benutzerzugriffstoken.

Alle Anwendungen, die unter Windows 7 ausgeführt werden, erhalten ihren Sicherheitskontext durch das Zugriffstoken des aktuellen Benutzers. Die Benutzerkontensteuerung macht aus allen Benutzern standardmäßig Standardbenutzer, selbst wenn es sich um Mitglieder der Administratorengruppe handelt. Hat ein Administrator zugestimmt, seine Administratorrechte anzuwenden, wird für ihn ein neues Zugriffstoken erstellt. Es umfasst alle Rechte des Benutzers. Dieses Zugriffstoken – und nicht das Standardzugriffstoken – wird für den Start einer Anwendung oder eines Prozesses verwendet.

In Windows 7 können die meisten Anwendungen mit dem Benutzerzugriffstoken ausgeführt werden. Ob eine Anwendung mit den Standardberechtigungen auskommt oder auf Administratorrechte angewiesen ist, hängt davon ab, was sie tut. Anwendungen, die auf Administratorrechte angewiesen sind (*Administratoranwendungen*), unterscheiden sich auf folgende Weise von Anwendungen, für deren Ausführung die Rechte eines Standardbenutzers ausreichen (*Benutzeranwendungen*):

- Administratoranwendungen erfordern erhöhte Rechte, um ausgeführt zu werden und ihre Kernaufgaben durchführen zu können. Nachdem sie mit erhöhten Rechten gestartet wurde, kann eine Anwendung mit dem Zugriffstoken eines Administrators Aufgaben durchführen, für die Administratorrechte erforderlich sind. Sie kann auch Schreibzugriffe auf Systembereiche der Registrierung und des Dateisystems durchführen.

- Benutzeranwendungen sind nicht auf erhöhte Rechte angewiesen, um ausgeführt zu werden und ihre Hauptaufgaben zu erfüllen. Wurde eine Anwendung im Benutzermodus gestartet und verfügt daher nur über ein gewöhnliches Benutzerzugriffstoken, muss sie erhöhte Rechte anfordern, um Administrationsaufgaben durchführen zu können. Für alle anderen Arbeiten sollte die Anwendung keine erhöhten Rechte verwenden. Außerdem darf die Anwendung Schreibzugriffe auf die Registrierung und das Dateisystem nur in Bereichen durchführen, die nicht dem Betriebssystem vorbehalten sind.

Anwendungen, die nicht für Windows 7 entwickelt wurden, werden mit einem gewöhnlichen Benutzertoken ausgeführt. Zur Unterstützung der Benutzerkontensteuerungsarchitektur werden diese Anwendungen in einem speziellen Kompatibilitätsmodus ausgeführt. Sie setzen eine spezielle Virtualisierung des Dateisystems und der Registrierung ein und erhalten »virtualisierte« Ansichten der Registrierung und des Dateisystems. Versucht eine Anwendung einen Schreibzugriff auf einen Bereich, der dem System vorbehalten ist, gibt Windows 7 der Anwendung eine private Kopie der Datei oder des Registrierungswertes. Änderungen werden dann in dieser privaten Kopie gespeichert. Die private Kopie wiederum wird in den Profildaten des Benutzers gespeichert. Benutzt die Anwendung später erneut diesen Ort, der dem System vorbehalten ist, für Lese- oder Schreibzugriffe, erhält sie die private Kopie aus den Profildaten des Benutzers. Tritt bei der Bearbeitung solcher virtualisierten Daten ein Fehler auf, wird in der Fehlermeldung und im Fehlerprotokoll der virtualisierte Ort angegeben und nicht das Original, das die Anwendung bearbeiten wollte.

Anwendungsintegrität und Ausführungsebenen

Die Ausrichtung auf die Aufteilung in Benutzer- und Administratorrechte wirkt sich auch auf die Rechte aus, die zur Installation und Ausführung von Anwendungen erforderlich sind. In Windows XP und älteren Windows-Versionen hatten Mitglieder der Hauptbenutzergruppe bei der Installation und Ausführung von Anwendungen bestimmte Administrationsrechte zur Ausführung von Arbeiten am System. Anwendungen, die für Windows 7 entwickelt wurden, kommen ohne Hauptbenutzergruppe aus. In Windows 7 gibt es diese Gruppe nur noch aus Gründen der Kompatibilität mit Legacyanwendungen.

Windows 7 erkennt im Rahmen der Benutzerkontensteuerung die Installation von Anwendungen und fordert standardmäßig vom Benutzer eine

Erhöhung der Rechte an, um die Installation fortsetzen zu können. Installationspakete von UAC-konformen Anwendungen beschreiben die erforderlichen Rechte in einer speziellen Datei, die *Manifest* genannt wird. Ein Anwendungsmanifest beschreibt die für die Anwendung erforderlichen Berechtigungen folgendermaßen:

- **RunAsInvoker** Führt die Anwendung mit denselben Rechten aus, über die auch der Benutzer verfügt. Jeder Benutzer kann die Anwendung ausführen. Die Anwendung wird für Standardbenutzer und für Administratoren mit dem Standardzugriffstoken ausgeführt. Mit erhöhten Rechten wird die Anwendung nur ausgeführt, wenn der übergeordnete Prozess, der die Anwendung startet, über ein Administratorzugriffstoken verfügt. Wenn Sie beispielsweise eine Eingabeaufforderung mit erhöhten Rechten öffnen und in diesem Fenster eine Anwendung starten, wird diese Anwendung mit einem Administratorzugriffstoken ausgeführt.

- **RunAsHighest** Führt die Anwendung mit den höchsten Berechtigungen des Benutzers aus. Die Anwendung kann von Administratoren und von Standardbenutzern gestartet werden. Welche Aufgaben die Anwendung durchführen kann, hängt von den Rechten des Benutzers ab. Handelt es sich um einen Standardbenutzer, verwendet die Anwendung ein Standardzugriffstoken. Ist der Benutzer Mitglied einer Gruppe mit zusätzlichen Berechtigungen, wie zum Beispiel *Sicherungs-*, *Server-* oder *Konten-Operatoren*, wird die Anwendung mit einem partiellen Administratorzugriffstoken ausgeführt, das nur die Berechtigungen gewährt, über die der Benutzer verfügt. Ist der Benutzer Mitglied der Gruppe *Administratoren*, wird die Anwendung mit einem vollwertigen Administratorzugriffstoken ausgeführt.

- **RunAsAdmin** Die Anwendung wird mit Administratorrechten ausgeführt. Nur Administratoren können die Anwendung starten. Für Standardbenutzer oder Benutzer, die Mitglieder von Gruppen mit zusätzlichen Berechtigungen sind, wird die Anwendung nur ausgeführt, wenn vom Benutzer die Anmeldeinformationen angefordert werden können, die für eine Ausführung mit erhöhten Rechten erforderlich sind, oder wenn die Anwendung von einem Prozess mit erhöhten Rechten gestartet wird, beispielsweise von einem mit erhöhten Rechten ausgeführten Eingabeaufforderungsfenster. Für einen Benutzer, der zur Gruppe der Administratoren gehört, wird die Anwendung mit dem Administratorzugriffstoken ausgeführt.

Zum Schutz von Anwendungsprozessen kennzeichnet Windows 7 sie mit Integritätseinstufungen (Integritätsebenen) von niedrig bis hoch. Anwendungen, die Systemdaten ändern können, wie beispielsweise die Datenträgerverwaltung, werden auf eine hohe Integritätsebene eingestuft, während Anwendungen, die das Betriebssystem potenziell gefährden können, wie der Windows Internet Explorer 8 von Windows 7, nur eine niedrige Einstufung erreichen. Anwendungen von tieferen Integritätsebenen können Daten in Anwendungen von höheren Integritätsebenen nicht ändern.

Windows 7 identifiziert den Herausgeber jeder Anwendung, die versucht, mit dem vollen Administratorzugriffstoken ausgeführt zu werden. Je nach Herausgeber kennzeichnet Windows 7 die Anwendung und ordnet sie einer der folgenden drei Kategorien zu:

- Windows Vista / Windows 7
- Herausgeber verifiziert (signiert)
- Herausgeber nicht verifiziert (nicht signiert)

Damit Sie schnell das potenzielle Sicherheitsrisiko bei der Installation oder Ausführung der Anwendung erkennen, zeigt die farbkodierte Anhebungsaufforderung je nach der Kategorie, zu der die Anwendung gehört, eine entsprechende Meldung an:

- Stammt die Anwendung von einem Herausgeber, der blockiert wurde, oder wird sie durch entsprechende Gruppenrichtlinien blockiert, erscheint die Anhebungsaufforderung mit rotem Hintergrund und der Meldung »Das Ausführen von Software auf dem Computer wurde für diesen Herausgeber geblockt«.
- Handelt es sich um ein Verwaltungsprogramm (beispielsweise um die Computerverwaltung), hat die Anhebungsaufforderung einen blaugrünen Hintergrund und zeigt die Meldung »Zur Fortsetzung des Vorgangs ist Ihre Zustimmung erforderlich«.
- Wurde die Anwendung mit Authenticode signiert und vom lokalen Computer als vertrauenswürdig akzeptiert, hat die Anhebungsaufforderung einen grauen Hintergrund und zeigt die Meldung »Zur Fortsetzung des Programms ist Ihre Zustimmung erforderlich«.
- Ist die Anwendung nicht signiert (oder ist sie signiert, aber ihr wird nicht vertraut), hat die Anhebungsaufforderung einen gelben Hintergrund und ein rotes Schildsymbol und zeigt die Meldung »Ein nicht identifiziertes Programm möchte auf den Computer zugreifen«.

Der Wechsel zum sicheren Desktop, auf den nur Kernprozesse von Windows Zugriff haben, sichert den Vorgang der Anhebung weiter ab. Der sichere Desktop schützt den Anhebungsprozess, weil er verhindert, dass die Anhebungseingabeaufforderung gefälscht werden kann. Der sichere Desktop wird standardmäßig in den Gruppenrichtlinien aktiviert, wie im Abschnitt »Optimieren von Benutzerkontensteuerung und Administratorbestätigungsmodus« von Kapitel 5 beschrieben.

Festlegen der Ausführungsebenen

Standardmäßig werden nur Anwendungen, die mit einem Administratorzugriffstoken ausgeführt werden, mit erhöhten Rechten ausgeführt. Manchmal erleichtert es die Arbeit, wenn auch eine Anwendung mit erhöhten Rechten ausgeführt werden kann, die nur mit einem Standardzugriffstoken ausgeführt wird. Vielleicht möchten Sie beispielsweise ein Eingabeaufforderungsfenster mit erhöhten Rechten ausführen, damit Sie Administrationsarbeiten durchführen können.

Neben den bereits besprochenen Anwendungsmanifesten bietet Windows 7 zwei verschiedene Wege zur Festlegung der Ausführungsebene von Anwendungen. Sie haben die Wahl unter folgenden Alternativen:

- Sie führen eine Anwendung einmal als Administrator aus.
- Sie führen eine Anwendung immer als Administrator aus.

Um eine Anwendung einmal als Administrator auszuführen, klicken Sie die Verknüpfung oder den Menüeintrag der Anwendung mit der rechten Maustaste an und wählen *Als Administrator ausführen*. Wenn Sie ein Standardkonto verwenden und die Anhebungsaufforderung aktiviert ist, werden Sie vor dem Start der Anwendung um Ihre Zustimmung gebeten. Wenn Sie ein Standardkonto verwenden und die Anhebungsaufforderung deaktiviert ist, kann die Anwendung nicht gestartet werden. Wenn Sie ein Administratorkonto verwenden und die Anhebungsaufforderung aktiviert ist, werden Sie vor dem Start der Anwendung um Ihre Zustimmung gebeten.

Windows 7 ermöglicht es Ihnen, eine Anwendung so zu kennzeichnen, dass sie immer mit Administratorrechten ausgeführt wird. Auf diese Weise lassen sich zum Beispiel Kompatibilitätsprobleme mit Legacyanwendungen lösen, die Administratorrechte erfordern. Außerdem ist das bei UAC-konformen Anwendungen sinnvoll, die normalerweise im Standardmodus ausgeführt werden, mit denen Sie aber Verwaltungsarbeiten durchführen. Betrachten Sie folgende Beispiele:

- Eine Standardanwendung, die für Windows 7 entwickelt wurde, wird routinemäßig mit erhöhten Rechten ausgeführt und für Verwaltungsaufgaben verwendet. Damit es nicht mehr vor jedem Programmstart erforderlich ist, mit der rechten Maustaste auf die Programmverknüpfung zu klicken und *Als Administrator ausführen* zu wählen, beschließen Sie, die Anwendung so zu kennzeichnen, dass sie immer mit Administratorrechten ausgeführt wird.

- Eine Anwendung, die für Windows XP oder eine ältere Windows-Version entwickelt wurde, erfordert Administratorrechte. Da dieses Programm unter Windows 7 standardmäßig so konfiguriert wird, dass es den Standardmodus verwendet, arbeitet das Programm nicht korrekt und verursacht zahlreiche Fehler. Um dieses Kompatibilitätsproblem zu lösen, erstellen Sie mit Windows-Application Compatibility Toolkit (ACT) Version 5.5 oder neuer ein Anwendungskompatibilitäts-Shim. Als kurzfristige Lösung können Sie die Anwendung auch so markieren, dass sie immer mit dem Administratorkonto ausgeführt wird.

HINWEIS Sie können keine Systemanwendungen oder Prozesse so kennzeichnen, dass sie immer mit Administratorprivilegien ausgeführt werden. Nur Anwendungen und Prozesse, die nicht zum Betriebssystem gehören, können so gekennzeichnet werden, dass sie immer auf dieser Ebene laufen.

PRAXISTIPP Das Windows Application Compatibility Toolkit (ACT) ist eine Lösung für Administratoren, bei der nicht in die Programmierung der Anwendung eingegriffen werden muss. Das ACT hilft Ihnen, häufig auftretende Kompatibilitätsprobleme zu beseitigen. Zum Beispiel laufen einige Programme nur unter einem bestimmten Betriebssystem oder wenn der Benutzer ein Administrator ist. Mit dem ACT können Sie ein sogenanntes Shim erstellen (ein Begriff aus der Bauteiletechnik, der Zwischenlagen für den flexiblen Toleranzausgleich in der Bauteilmontage bezeichnet). Das Shim antwortet auf Anfragen der Anwendung bezüglich des Betriebssystems oder der Benutzerebene mit dem Wert True, sodass die Anwendung läuft. Das ACT hilft Ihnen außerdem dabei, komplexere Lösungen für Anwendungen zu entwickeln, die versuchen, in geschützte Bereiche des Betriebssystems zu schreiben, oder erhöhte Privilegien benutzen, wenn das gar nicht nötig ist. Sie können das ACT im Microsoft Download Center herunterladen (*http://download.microsoft.com*).

Mit folgenden Schritten können Sie eine Anwendung so kennzeichnen, dass sie immer mit Administratorrechten ausgeführt wird:

1. Suchen Sie im Startmenü die Anwendung, die Sie immer mit Administratorrechten ausführen möchten.
2. Klicken Sie mit der rechten Maustaste auf die Verknüpfung der Anwendung und dann auf *Eigenschaften*.
3. Wählen Sie im *Eigenschaften*-Dialogfeld die Registerkarte *Kompatibilität* (Abbildung 9.1).

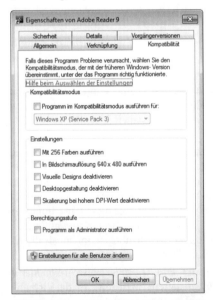

Abbildung 9.1 Die Registerkarte *Kompatibilität*

4. Sie haben jetzt folgende Möglichkeiten zur Auswahl:
   - Wenn die Einstellung nur für den momentan angemeldeten Benutzer gelten soll, können Sie das Kontrollkästchen *Programm als Administrator ausführen* aktivieren und auf *OK* klicken.

- Wenn die Einstellung für alle Benutzer des Computers und unabhängig davon gelten soll, über welche Verknüpfung die Anwendung gestartet wird, müssen Sie auf *Einstellungen für alle Benutzer ändern* klicken. Daraufhin öffnet sich das Eigenschaftendialogfeld für die .exe-Datei der Anwendung. Aktivieren Sie hier das Kontrollkästchen *Programm als Administrator ausführen* und klicken Sie zweimal auf *OK*.

HINWEIS Wenn das Kontrollkästchen *Programm als Administrator ausführen* nicht zugänglich ist, bedeutet dies entweder, dass die ständige Ausführung der Anwendung mit erhöhten Rechten gesperrt ist, die Anwendung keine erhöhten Rechte erfordert oder Sie nicht als Administrator angemeldet sind.

Nun wird die Anwendung immer mit einem Administratorzugriffstoken ausgeführt. Vergessen Sie bitte nicht, dass die Anwendung nicht ausgeführt wird, wenn Sie ein Standardkonto verwenden und die Anhebungsaufforderung deaktiviert ist.

Optimieren der Virtualisierung und die Anhebungsaufforderung bei Installationen

Was Anwendungen betrifft, lassen sich zwei Bereiche der Benutzerkontensteuerung anpassen:

- Automatische Erkennung von Installationen und Anhebungsaufforderung
- Virtualisierung von Schreibzugriffen

In den Gruppenrichtlinien steuern Sie diese Features unter *Computerkonfiguration\Richtlinien\Windows-Einstellungen\Sicherheitseinstellungen\Lokale Richtlinien\Sicherheitsoptionen*. Hier stehen folgende Sicherheitseinstellungen zur Verfügung:

- *Benutzerkontensteuerung: Anwendungsinstallationen erkennen und erhöhte Rechte anfordern* Legt fest, ob Windows 7 automatisch die Installation von Anwendungen erkennt und den Benutzer um eine Anhebung der Rechte oder um Zustimmung bittet. (Diese Einstellung ist in Windows 7 standardmäßig aktiviert.) Wenn Sie diese Einstellung deaktivieren, erhalten Benutzer keine Anhebungsaufforderung und sind dann auch nicht in der Lage, die Rechte anzuheben, indem sie die Anmeldeinformationen eines Administrators angeben.

- *Benutzerkontensteuerung: Datei- und Registrierungsschreibfehler an Einzelbenutzerstandorte virtualisieren* Bestimmt, ob die Virtualisierung von Schreibzugriffen auf bestimmte geschützte Dateien und Registrierungswerte aktiviert ist oder nicht. Da diese Einstellung standardmäßig aktiviert ist, werden Schreibzugriffe auf bestimmte Dateien und Registrierungswerte an die virtuellen Orte umgeleitet, statt an den von der Anwendung angesprochenen geschützten Orten zu erfolgen. Wenn Sie diese Einstellung deaktivieren, wird der Schreibzugriff auf geschützte Ordner oder geschützte Registrierungsbereiche ohne weitere Fehlermeldung fehlschlagen.

In einer Domäne können Sie die gewünschte Sicherheitseinstellung für eine bestimmte Computergruppe mit Active Directory-Gruppenrichtlinien vornehmen. Mit den lokalen Gruppenrichtlinien können Sie die Einstellungen auch für jeden Computer einzeln vornehmen. Dazu gehen Sie so vor:

1. Klicken Sie auf *Start*, *Alle Programme*, *Verwaltung*, *Lokale Sicherheitsrichtlinie*. Dadurch wird die Konsole *Lokale Sicherheitsrichtlinie* geöffnet.
2. Erweitern Sie in der Konsolenstruktur den Knoten *Lokale Richtlinien* unter *Sicherheitseinstellungen* und wählen Sie dann *Sicherheitsoptionen*.
3. Klicken Sie die gewünschte Richtlinie mit einem Doppelklick an, führen Sie die erforderlichen Änderungen durch und klicken Sie dann auf *OK*.

Programminstallation: Die Grundlagen

Die Installation von Programmen ist ziemlich einfach. Nicht so einfach ist es, die vielen Dinge zu erkennen und zu beheben, die danebengehen können. Um die Probleme beheben zu können, die sich vielleicht ergeben, müssen Sie den Installationsvorgang verstehen. Eine typische Installation beginnt gewöhnlich damit, dass der Autorun-Mechanismus ausgelöst wird. Autorun wiederum startet ein Installationsprogramm. Sobald das Installationsprogramm gestartet ist, kann die Installation beginnen. Im Rahmen der Installation werden auch die Anmeldeinformationen des Benutzers überprüft, um sicherzustellen, dass er über das Recht zur Installation von Programmen verfügt. Wenn das nicht der Fall ist, wird er um die Anhebung der Rechte gebeten. Im Rahmen der Installation müssen Sie vielleicht auch entscheiden, ob das Programm nur für bestimmte Benutzer oder für alle Benutzer eines Computers zugänglich sein soll.

Es kommt gelegentlich vor, dass Windows die erforderlichen Installationsberechtigungen nicht richtig erkennt. Das kann passieren, wenn das Installationsmanifest für das Programm eine `RequestedExecutionLevel`-Einstellung eingebettet hat, deren Wert auf `RequireAdministrator` gesetzt ist. Weil die `RequestedExecutionLevel`-Einstellung überschreibt, was der Installer in Windows erkennt, schlägt der Installationsvorgang jedes Mal fehl, wenn Sie den Installer mit Standardbenutzerberechtigungen ausführen. Sie lösen dieses Problem, indem Sie die fehlgeschlagene Installation verlassen, das Setup abbrechen oder eine andere geeignete Aktion durchführen. Suchen Sie anschließend die ausführbare Datei des Installers. Klicken Sie mit der rechten Maustaste auf diese Datei und wählen Sie den Befehl *Als Administrator ausführen*, um den Installationsvorgang mit Administratorprivilegien noch einmal auszuführen.

Außerdem ist wichtig, dass in Windows 7 und Windows Server 2008 Release 2 Anwendungssteuerungsrichtlinien die Richtlinien für Softwareeinschränkung ersetzen. Die Richtlinien für Softwareeinschränkung legen fest, welche Anwendungen Benutzer in Windows 2000, Windows XP und Windows Vista installieren und ausführen dürfen. Anwendungssteuerungsrichtlinien legen dagegen fest, welche Anwendungen die Benutzer in Windows 7 und Windows Server 2008 Release 2 installieren und ausführen dürfen. Dabei sind folgende Punkte wichtig:

- Wenn Sie ein Gruppenrichtlinienobjekt (Group Policy Object, GPO) bearbeiten, können Sie Richtlinien für Softwareeinschränkung, die für Computer gelten sollen, unter *Computerkonfiguration\Richtlinien\Windows-Einstellungen\Sicherheitseinstellungen\Richtlinien für Softwareeinschränkung* erstellen und verwalten. Die Einstellungen für Benutzer verwalten Sie entsprechend unter *Benutzerkonfiguration\Richtlinien\Windows-Einstellungen\Sicherheitseinstellungen\Richtlinien für Softwareeinschränkung*. Erzwingungseinstellungen steuern, wie Einschränkungen angewendet werden. Designierte Dateitypen legen fest, was als ausführbare Datei gilt und was nicht.

- Wenn Sie ein Gruppenrichtlinienobjekt editieren, können Sie Anwendungssteuerungsrichtlinien, die für Computer gelten sollen, unter *Computerkonfiguration\Richtlinien\Windows-Einstellungen\Sicherheitseinstellungen\Anwendungssteuerungsrichtlinien* erstellen und verwalten. Hier können Sie separate Regeln für ausführbare Dateien, Windows Installer-Dateien und Skriptdateien konfigurieren. Regeln können auf Basis des Herausgebers, des Dateipfads oder des Dateihashs angewendet werden. Eine Herausgeberregel bietet am meisten Flexibilität; Sie können damit genau angeben, welche Produkte und Versionen erlaubt sind. Zum Beispiel können Sie auf diese Weise Microsoft Word 2003 oder neuer erlauben.

Verwenden von Autorun

Wenn Sie eine Anwendungs-CD oder -DVD in ein CD- oder DVD-Laufwerk einlegen, sucht Windows 7 nach einer Datei namens *Autorun.inf*. Ist sie vorhanden, legt *Autorun.inf* die Aktion fest, die das Betriebssystem durchführen soll, und kann auch weitere Installationsparameter angeben. *Autorun.inf* ist eine Textdatei, die sich in jedem Standardtexteditor öffnen lässt. Ein Beispiel:

```
[autorun]
OPEN=SETUP.EXE AUTORUN=1
ICON=SETUP.EXE,4
SHELL=OPEN
DisplayName=Microsoft Digital Image Suite 9
ShortName=PIS
PISETUP=PIP\pisetup.exe
```

Diese *Autorun.inf*-Datei öffnet eine Datei namens *Setup.exe*, wenn die CD- oder DVD in das CD- oder DVD-Laufwerk eingelegt wird. Da es sich bei *Setup.exe* um ein Programm handelt, wird das Programm gestartet. Die *Autorun.inf*-Datei gibt auch ein Programmsymbol an, den Status der Systemshell, den Anzeigenamen des Programms, einen kurzen Namen für das Programm und einen zusätzlichen Parameter, bei dem es sich in diesem Fall um ein weiteres Installationsprogramm handelt, das gestartet werden soll.

Bei der zu öffnenden Datei muss es sich nicht zwangsläufig um ein Programm handeln. Betrachten Sie folgendes Beispiel:

```
[autorun]
OPEN=Autorun\ShelExec default.htm
```

Diese *Autorun.inf*-Datei führt eine Systemshell aus und öffnet eine Datei namens *Default.htm*. Wichtig ist, dass das im Webbrowser geöffnete Dokument in diesem Fall Links auf ein Installationsprogramm enthält.

TIPP Wenn eine Anwendungs-CD oder -DVD im Laufwerk liegt, können Sie den Autorun-Vorgang jederzeit einleiten. Öffnen Sie einfach kurz das Laufwerk und schließen Sie es wieder.

Anwendungsinstallation und Kompatibilität

Die meisten Anwendungen verwenden zur Installation ein Installationsprogramm auf der Basis von InstallShield, Wise Install oder Microsoft Windows Installer. Wenn Sie das Installationsprogramm starten, organisiert es den Ablauf der Installation und es sollte es auch ermöglichen, das Programm bei Bedarf wieder zu deinstallieren. Wenn Sie eine ältere Anwendung installieren, wird vielleicht eine ältere Version dieser Installationsprogramme verwendet. Das kann bedeuten, dass das Programm bei der Deinstallation nicht vollständig vom Computer entfernt wird.

Selbst wenn Sie sicher sind, dass eine Anwendung mit einem aktuellen Installationsprogramm installiert wird, müssen Sie die Möglichkeit in Betracht ziehen, dass Sie vielleicht das System wiederherstellen müssen, falls bei der Installation etwas danebengeht. Um sicherzustellen, dass Sie Ihr System wiederherstellen können, sollten Sie prüfen, ob die Systemwiederherstellung für das Laufwerk aktiviert ist, auf dem Sie das Programm installieren, sodass die Systemwiederherstellung einen automatischen Prüfpunkt anlegen kann, bevor das Programm installiert wird.

Die Installationsprogramme der meisten aktuellen Programme lösen automatisch die Erstellung eines Wiederherstellungspunkts aus, bevor irgendwelche Änderungen am Computer durchgeführt werden, aber für die Installationsprogramme älterer Programme gilt das nicht immer. Wie Sie einen Wiederherstellungspunkt manuell erstellen, wird in Kapitel 17, »Erledigen von Wartungs- und Supportaufgaben«, beschrieben. Sollten sich anschließend Probleme ergeben, können Sie die Anwendung deinstallieren und mit der Systemwiederherstellung das System in den Zustand zurückversetzen, in dem es sich vor der Installation der Anwendung befand.

Vor der Installation einer Anwendung sollten Sie überprüfen, ob die Anwendung zu Windows 7 kompatibel ist. Um das zu prüfen, können Sie Folgendes tun:

- Überprüfen Sie die Verpackung der Software, auf der die Kompatibilität angegeben sein sollte. Achten Sie auf das Windows 7-Logo.
- Suchen Sie auf der Website des Softwareherstellers nach einer Liste der kompatiblen Betriebssysteme.

HINWEIS Suchen Sie im Rahmen der Kompatibilitätsüberprüfung auch nach Updates oder Patches für das Programm. Installieren Sie die Updates oder Patches, sofern verfügbar, nach der Installation des Programms.

Windows 7 versucht, potenzielle Kompatibilitätsprobleme zu erkennen, bevor Sie Anwendungen installieren. Entdeckt es ein Problem, öffnet sich möglicherweise ein Dialogfeld des Programmkompatibilitäts-Assistenten, sobald Sie die Installation des Programms starten. Dieses Dialogfeld enthält oft Informationen über bekannte Kompatibilitätsprobleme mit dem Programm. In vielen Fällen zeigt es auch gleich eine mögliche Lösung an. So werden Sie beispielsweise gebeten, das neueste Service Pack für das Programm zu installieren, bevor Sie das Programm auf dem Computer ausführen. In manchen Fällen zeigt der Programmkompatibilitäts-Assistent die Meldung »Dieses Programm wurde aufgrund von Kompatibilitätsproblemen geblockt«. Das Programm wurde in einem solchen Fall geblockt, weil bekannt ist, dass es Stabilitätsprobleme unter Windows verursacht, und sich das Problem nicht unmittelbar umgehen lässt. Sie haben dann nur die Möglichkeit, auf die Schaltfläche *Online nach Lösungen suchen* oder auf *Abbrechen* zu klicken. Wenn Sie online nach Lösungen suchen, wird meistens empfohlen, eine aktualisierte Version des Programms zu kaufen. Wenn Sie abbrechen, beenden Sie den Installationsvorgang, ohne nach möglichen Lösungen zu suchen.

Wenn die Installation weiterläuft, aber aus irgendeinem Grund fehlschlägt, bevor sie vollständig abgeschlossen ist (oder bevor das Betriebssystem darüber benachrichtigt wird, dass der Vorgang abgeschlossen ist), bekommen Sie ebenfalls ein Dialogfeld des Programmkompatibilitäts-Assistenten angezeigt. Ist das Programm in diesem Fall richtig installiert, können Sie auf *Das Programm wurde richtig installiert* klicken. Wurde das Programm dagegen nicht richtig installiert, sollten Sie auf *Erneut mit den empfohlenen Einstellungen installieren* klicken, damit der Programmkompatibilitäts-Assistent versuchen kann, bestimmte Kompatibilitätsreparaturen vorzunehmen und das Installationsprogramm dann erneut auszuführen.

Wenn Sie Programme starten, nimmt Windows 7 mithilfe des Programmkompatibilitäts-Assistenten bei bekannten Kompatibilitätsproblemen automatisch Änderungen vor. Wenn der Programmkompatibilitäts-Assistent bei der Ausführung einer Anwendung ein bekanntes Kompatibilitätsproblem erkennt, informiert er Sie über dieses Problem und bietet Lösungen an. Sie können dem Programmkompatibilitäts-Assistenten dann erlauben, die Anwendung für Sie neu zu konfigurieren, oder Sie können manuell versuchen, die Kompatibilität herzustellen, wie im Abschnitt »Konfigurieren der Programmkompatibilität« weiter unten in diesem Kapitel beschrieben.

Für Legacyanwendungen können Sie auch mit dem Compatibility Administrator (*CompatAdmin.exe*) aus dem Windows Application Compatibility Toolkit ein Anwendungsmanifest erstellen, das die Ausführungsebene der Anwendung festlegt. Der Compatibility Administrator unterstützt Sie auch bei der Identifizierung anderer Kompatibilitätsprobleme in Legacyanwendungen. Das Windows Application Compatibility Toolkit können Sie im Microsoft Download Center herunterladen (*http://download.microsoft.com*).

Bereitstellen von Anwendungen für ausgewählte Benutzer oder für alle Benutzer

Wenn Sie ein Programm installieren, wird es gewöhnlich für alle Benutzer des Computers verfügbar gemacht. Das ist so, weil die Verknüpfungen mit dem Programm im Ordner *Start Menu\Programs* für alle Benutzer (*%SystemDrive%\ProgramData\Microsoft\Windows\Start Menu\Programs*) gespeichert werden, sodass alle Benutzer, die sich auf einem System anmelden, Zugang zu dem Programm erhalten. Manche Programme fragen Sie bei der Installation, ob das Programm für alle Benutzer oder nur für den aktuell angemeldeten Benutzer installiert werden soll. Andere Programme installieren sich einfach nur für den aktuellen Benutzer.

Wenn das Installationsprogramm die Anwendung nur für den aktuellen Benutzer installiert und Sie möchten, dass auch andere Benutzer Zugang zur Anwendung erhalten, können Sie Folgendes tun:

- Melden Sie sich mit den Konten der Benutzer an, die Zugriff auf die Anwendung erhalten sollen, und installieren Sie die Anwendung jeweils neu, sodass die Anwendung selektiv für bestimmte Benutzer zugänglich wird. Sie müssen die Installation erneut durchführen, wenn ein neues Benutzerkonto auf dem Computer eingerichtet wird und der betreffende Benutzer ebenfalls Zugang zur Anwendung erhalten soll.

- Wenn die Anwendung nicht darauf angewiesen ist, dass in der Registrierung benutzerbezogene Einstellungen vorgenommen werden, können Sie die Anwendung in manchen Fällen für alle Benutzer eines Computers verfügbar machen, indem Sie die entsprechenden Verknüpfungen im Ordner *Start Menu\Programs* für alle Benutzer speichern. Kopieren oder verschieben Sie die Programmverknüpfungen vom Profil des aktuellen Benutzers in den Ordner *Start Menu\Programs* für alle Benutzer.

Wenn Sie ein Programm für alle Benutzer eines Computers verfügbar machen möchten, können Sie die Verknüpfungen des Programms mit folgenden Schritten kopieren oder verschieben:

1. Klicken Sie mit der rechten Maustaste auf die *Start*-Schaltfläche und wählen Sie den Befehl *Windows-Explorer öffnen*. Wechseln Sie im Windows-Explorer zum Ordner *Programs* des momentan angemeldeten Benutzers. Dies ist ein ausgeblendeter Unterordner von *%UserProfile%\AppData\Roaming\Microsoft\Windows\Start Menu*.

2. Klicken Sie im Ordner *Programs* mit der rechten Maustaste auf den Ordner für die Programmgruppe oder die Verknüpfung, die Sie bearbeiten wollen, und wählen Sie den Befehl *Kopieren* oder *Ausschneiden*.

3. Wechseln Sie nun zum Ordner *Start Menu\Programs* für alle Benutzer. Dies ist ein ausgeblendeter Unterordner von *%SystemDrive%\ProgramData\Microsoft\Windows\Start Menu*.

4. Klicken Sie im Ordner *Programs* mit der rechten Maustaste auf einen leeren Bereich und wählen Sie den Befehl *Einfügen*. Die Programmgruppe oder Verknüpfung müsste jetzt allen Benutzern des Computers zur Verfügung stehen.

HINWEIS Im Ordner *%SystemDrive%\Users* befindet sich ein Unterordner namens *All Users*. Da stellt sich die Frage, warum Sie die Verknüpfung des Programms für alle Benutzer nicht einfach in einen Unterordner dieses Ordners kopieren können. Das liegt daran, dass *%SystemDrive%\Users\All Users* ein symbolischer Link auf *%SystemDrive%\ProgramData* ist. Ein symbolischer Link ist ein Zeiger auf den tatsächlichen Speicherort eines Ordners. Wenn Sie in der Eingabeaufforderung (*Cmd.exe*) arbeiten, können Sie sich die symbolischen Links und Abzweigungspunkte des aktuellen Verzeichnisses ansehen, indem Sie den Befehl **dir /al** eingeben.

Wenn ein Programm nicht für alle Benutzer des Computers, sondern nur für den aktuell angemeldeten Benutzer zugänglich sein soll, können Sie die Verknüpfungen des Programms folgendermaßen verschieben:

1. Klicken Sie mit der rechten Maustaste auf die *Start*-Schaltfläche und wählen Sie den Befehl *Windows-Explorer öffnen*. Wechseln Sie im Windows-Explorer zum Ordner *Start Menu* für alle Benutzer. Dies ist ein ausgeblendeter Unterordner von *%SystemDrive%\ProgramData\ Microsoft\Windows\Start Menu*.
2. Klicken Sie im Ordner *Programs* mit der rechten Maustaste auf den Ordner für die Programmgruppe oder die Programmverknüpfung, die Sie bearbeiten wollen, und wählen Sie im Kontextmenü den Befehl *Ausschneiden*.
3. Wechseln Sie im Windows-Explorer zum Ordner *Programs* des momentan angemeldeten Benutzers. Dies ist ein ausgeblendeter Unterordner von *%UserProfile%\AppData\Roaming\Microsoft\Windows\Start Menu*.
4. Klicken Sie im Ordner *Programs* mit der rechten Maustaste auf einen leeren Bereich und wählen Sie den Befehl *Einfügen*. Die Programmgruppe oder Verknüpfung dürfte jetzt nur noch dem momentan angemeldeten Benutzer zur Verfügung stehen.

HINWEIS Die Verschiebung der Programmgruppe oder Verknüpfung verbirgt nur die Tatsache, dass das Programm auf dem Computer verfügbar ist, sie hindert andere Benutzer nicht daran, das Programm über das Dialogfeld *Ausführen* oder den Windows-Explorer zu starten.

Bereitstellen von Anwendungen mithilfe von Gruppenrichtlinien

Mithilfe von Gruppenrichtlinien können Sie Anwendungen für Benutzer im Netzwerk verfügbar machen. Wenn Sie die Gruppenrichtlinien zur Installation von Anwendungen verwenden, haben Sie zwei Alternativen:

- Die erste Option ist, die Anwendung Benutzern oder Computern zuzuweisen. Wird eine Anwendung einem Computer zugewiesen, so wird sie beim nächsten Start des Computers installiert und ist für alle Benutzer des Computers verfügbar, sobald sich die Benutzer nach der Installation das nächste Mal anmelden. Wird eine Anwendung einem Benutzer zugewiesen, so wird sie vollständig installiert, sobald sich der Benutzer das nächste Mal am Netzwerk anmeldet. Eine zugewiesene Anwendung kann auch so konfiguriert werden, dass sie bei der ersten Verwendung installiert wird. Bei dieser Konfiguration wird die Anwendung durch Verknüpfungen auf dem Desktop oder im Startmenü des Benutzers zugänglich gemacht. Ist die Installation bei der ersten Verwendung konfiguriert, wird die Anwendung installiert, sobald der Benutzer die Anwendung mit einem Klick auf die Verknüpfung starten will.

- Die zweite Option ist, die Anwendung zu veröffentlichen und zur Installation bereitzustellen. Wenn Sie eine Anwendung veröffentlichen, können Sie sie durch Aktivierung der Namenserweiterung verfügbar machen. Ist die Aktivierung der Namenserweiterung konfiguriert, wird das Programm installiert, sobald ein Benutzer eine Datei mit der entsprechenden Namenserweiterung öffnet. Klickt ein Benutzer beispielsweise eine Datei mit einem Doppelklick an, deren Namenserweiterung *.doc* oder *.docx* lautet, könnte automatisch Microsoft Word installiert werden.

Sie können Anwendungen für Computer mit einem Microsoft Windows Installer-Paket (eine *.msi*-Datei) und Richtlinien unter *Computerkonfiguration\Richtlinien\Softwareeinstellungen\Softwareinstallation* automatisch bereitstellen. Anwendungen für Benutzer stellen Sie mit einem Windows Installer-Paket (*.msi*-Datei) und den Richtlinien in *Benutzerkonfiguration\Richtlinien\Softwareeinstellungen\Softwareinstallation* bereit. Die Schritte zur Bereitstellung von Anwendungen durch Gruppenrichtlinien sind folgende:

1. Damit das Windows Installer-Paket zugänglich ist, muss es in einem freigegebenen Verzeichnis liegen. Kopieren Sie also das betreffende Windows Installer-Paket (*.msi*-Datei) in ein freigegebenes Verzeichnis, das für die Zielgruppe zugänglich ist.

2. Öffnen Sie das Gruppenrichtlinienobjekt, in dem Sie die Anwendung bereitstellen möchten, im Gruppenrichtlinienverwaltungs-Editor. Nach der Bereitstellung ist die Anwendung für alle Clients verfügbar, für die das Gruppenrichtlinienobjekt gilt. Das bedeutet, dass die Anwendung für Benutzer und Computer in der betreffenden Domäne, in der Organisationseinheit oder im Standort verfügbar ist.

3. Erweitern Sie den Knoten *Computerkonfiguration\Richtlinien\Softwareeinstellungen* oder *Benutzerkonfiguration\Richtlinien\Softwareeinstellungen*, klicken Sie *Softwareinstallation* mit der rechten Maustaste an, zeigen Sie auf *Neu* und wählen Sie dann *Paket*.

4. Suchen Sie im Dialogfeld *Öffnen* das Windows Installer-Paket (*.msi*-Datei) der Anwendung und klicken Sie dann auf *Öffnen*. Anschließend können Sie unter den drei Bereitstellungsmethoden *Veröffentlicht*, *Zugewiesen* und *Erweitert* wählen.

5. Um das Programm zu veröffentlichen oder zuzuweisen, wählen Sie entsprechend *Veröffentlicht* oder *Zugewiesen* und klicken dann auf *OK*. Wenn Sie eine Computerrichtlinie konfigurieren, ist das Programm beim nächsten Start des Computers verfügbar, für den das GPO gilt. Wenn Sie eine Benutzerrichtlinie konfigurieren, ist das Programm für

den Benutzer aus der Domäne, der Organisationseinheit oder dem Standort verfügbar, sobald er sich das nächste Mal anmeldet. Aktuell angemeldete Benutzer müssen sich abmelden und wieder anmelden, damit die Änderung wirksam wird.
6. Wenn Sie zusätzliche Bereitstellungsoptionen für das Programm festlegen möchten, wählen Sie *Erweitert*. Anschließend können Sie die Einstellungen nach Bedarf vornehmen.

Konfigurieren der Programmkompatibilität

Wenn Sie 16-Bit- oder MS-DOS-Programme installieren möchten, müssen Sie einige Besonderheiten berücksichtigen. Außerdem müssen Sie vielleicht die Kompatibilitätsoptionen anpassen, um ältere Programme ausführen zu können. Die folgenden Abschnitte beschreiben solche Situationen.

Besonderheiten bei der Installation von 16-Bit- und MS-DOS-Programmen

Viele 16-Bit- und MS-DOS-Programme, die keine direkten Hardwarezugriffe durchführen, können ohne Probleme unter Windows 7 installiert und benutzt werden. Allerdings verstehen die meisten 16-Bit- und MS-DOS-Programme keine langen Dateinamen. Um die Kompatibilität sicherzustellen, kümmert sich Windows 7 um die Zuordnung von langen und kurzen Dateinamen. Dadurch werden lange Dateinamen geschützt, falls sie durch ein 16-Bit- oder MS-DOS-Programm geändert werden. Außerdem darf man nicht vergessen, dass manche 16-Bit- und MS-DOS-Programme 16-Bit-Treiber brauchen, die unter Windows 7 nicht unterstützt werden. Folglich werden solche Programme nicht ausgeführt.

Die meisten vorhandenen 16-Bit- und MS-DOS-Programme wurden ursprünglich für Windows 3.0 oder Windows 3.1 geschrieben. Windows 7 führt diese alten Programme in einer virtuellen Maschine aus, die den erweiterten 386-Modus von Windows 3.0 und Windows 3.1 nachahmt. Anders als in älteren Windows-Versionen wird in Windows 7 jedes 16-Bit- oder MS-DOS-Programm auf einem Thread in derselben virtuellen Maschine ausgeführt. Das bedeutet, dass sich alle Anwendungen denselben Speicherraum teilen, wenn Sie mehrere 16-Bit- oder MS-DOS-Programme ausführen. Wenn eine dieser Anwendungen hängt oder abstürzt, bedeutet dies leider meistens, dass die anderen Anwendungen ebenfalls hängen oder abstürzen.

Sie können verhindern, dass eine 16-Bit- oder MS-DOS-Anwendung andere Anwendungen stört, indem Sie jede dieser Anwendungen in einem separaten Speicherraum ausführen. Um das zu erreichen, gehen Sie folgendermaßen vor:
1. Klicken Sie mit der rechten Maustaste auf die Programmverknüpfung und wählen Sie dann *Eigenschaften*. Falls es noch keine Verknüpfung für das Programm gibt, erstellen Sie eine und öffnen dann das *Eigenschaften*-Dialogfeld der Verknüpfung.

2. Klicken Sie auf der Registerkarte *Verknüpfung* auf die Schaltfläche *Erweitert*. Dadurch öffnet sich das Dialogfeld *Erweiterte Eigenschaften*.
3. Wählen Sie das Kontrollkästchen *In getrenntem Speicherbereich ausführen*.
4. Klicken Sie auf die *OK*-Schaltflächen der beiden geöffneten Dialogfelder, um die Dialogfelder zu schließen und die Änderungen zu speichern.

HINWEIS Die Ausführung einer Anwendung in einem separaten Speicherbereich beansprucht zusätzlichen Speicher. Gewöhnlich werden Sie aber feststellen, dass die Anwendung schneller reagiert. Außerdem haben Sie dadurch den Vorteil, mehrere Instanzen der Anwendung ausführen zu können, solange alle Instanzen in ihren eigenen Speicherräumen ausgeführt werden.

TIPP Die Eingabeaufforderung (*Cmd.exe*) ist eine 32-Bit-Eingabeaufforderung. Wenn Sie eine 16-Bit-Eingabeaufforderung wünschen, wie sie in MS-DOS üblich war, können Sie *Command.com* verwenden. Geben Sie dazu im Dialogfeld *Ausführen* den Befehl **command** ein.

Erzwingen der Programmkompatibilität

Manche Programme lassen sich nicht auf Windows 7 installieren oder ausführen, obwohl sie auf früheren Versionen von Windows funktioniert haben. Wenn Sie versuchen, ein Programm zu installieren, das bekannte Kompatibilitätsprobleme hat, sollte Windows 7 eine entsprechende Warnung mit einem Hinweis auf das Kompatibilitätsproblem anzeigen. In den meisten Fällen werden Sie kein Programm installieren wollen, das Kompatibilitätsprobleme hat. Das gilt besonders für Systemhilfsprogramme, beispielsweise für ein Antivirusprogramm oder ein Datenträgerverwaltungsprogramm. Die Verwendung inkompatibler Systemhilfsprogramme kann ernste Probleme nach sich ziehen. Auch andere Arten von inkompatiblen Programmen können Probleme verursachen, wenn sie zum Beispiel in geschützte Bereiche des Datenträgers schreiben, die für das System reserviert sind.

Aber unabhängig davon können Sie ein Programm, das sich unter Windows 7 nicht installieren oder ausführen lässt, durch eine entsprechende Kompatibilitätseinstellung vielleicht doch noch verwendungsfähig machen. Windows 7 bietet zwei Mechanismen zur Verwaltung der Kompatibilitätseinstellungen. Sie können den Programmkompatibilitäts-Assistenten verwenden, oder Sie bearbeiten die Kompatibilitätseinstellungen direkt im Eigenschaftendialogfeld des Programms. Das Ergebnis ist dasselbe. Allerdings ist die Verwendung des Programmkompatibilitäts-Assistenten die einzige Methode zur Kompatibilitätseinstellung von Programmen, die sich auf freigegebenen Netzlaufwerken, auf CDs, DVDs und anderen Wechselmedien befinden. Unter dem Strich bleibt festzuhalten, dass Sie ein Programm, das sich nicht anders installieren und ausführen lässt, manchmal unter Verwendung des Programmkompatibilitäts-Assistenten installieren und ausführen müssen.

Verwenden des Programmkompatibilitäts-Assistenten

Sie können nur Kompatibilitätseinstellungen für Programme konfigurieren, die Sie bereits installiert haben. Für die Programme, die im Betriebssystem enthalten sind, können Sie keine Kompatibilitätseinstellungen konfigurieren. Gehen Sie folgendermaßen vor, wenn Sie versuchen wollen, Kompatibilitätsprobleme automatisch vom Programmkompatibilitäts-Assistenten erkennen zu lassen.

1. Suchen Sie die Programmverknüpfung in den Menüs unter *Start* und *Alle Programme*. Klicken Sie mit der rechten Maustaste auf die Programmverknüpfung und wählen Sie den Befehl *Behandeln von Kompatibilitätsproblemen*. Daraufhin wird der Programmkompatibilitäts-Assistent gestartet (Abbildung 9.2).

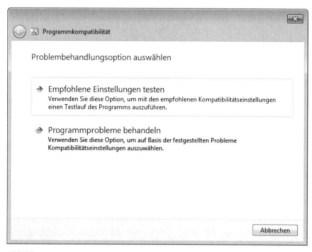

Abbildung 9.2   Untersuchen von Kompatibilitätsproblemen

2. Der Assistent versucht, Kompatibilitätsprobleme automatisch zu erkennen. Sie können das Programm, das Sie untersuchen, versuchsweise mit den empfohlenen Einstellungen ausführen, indem Sie auf *Empfohlene Einstellungen testen* klicken. Sehen Sie sich anschließend an, welche Einstellungen angewendet werden, und klicken Sie auf *Programm starten*.

3. Warten Sie, bis das Programm ausgeführt worden ist, und klicken Sie dann auf *Weiter*. Sie haben jetzt folgende Möglichkeiten zur Auswahl:

   - Klicken Sie auf *Ja, diese Einstellungen für dieses Programm speichern*, wenn die Kompatibilitätseinstellungen das Problem beseitigen und Sie die Einstellungen beibehalten wollen.

   - Klicken Sie auf *Nein, mit anderen Einstellungen wiederholen*, wenn das Problem durch die Kompatibilitätseinstellungen nicht beseitigt wurde und Sie den Prozess noch einmal ganz von vorne beginnen wollen.

- Klicken Sie auf *Nein, Problem an Microsoft senden und online nach einer Lösung suchen*, wenn die Kompatibilitätseinstellungen das Problem nicht beseitigt haben und Sie online nach einer Lösung suchen möchten.
- Klicken Sie auf *Abbrechen*, wenn Sie die Kompatibilitätseinstellungen verwerfen und den Assistenten verlassen wollen.

Gehen Sie folgendermaßen vor, um eine erweiterte Problembehandlung einzuleiten und im Programmkompatibilitäts-Assistenten festzulegen, welche Kompatibilitätseinstellungen verwendet werden sollen:

1. Suchen Sie die Programmverknüpfung in den Menüs unter *Start* und *Alle Programme*. Klicken Sie mit der rechten Maustaste auf die Programmverknüpfung und wählen Sie den Befehl *Behandeln von Kompatibilitätsproblemen*. Daraufhin wird der Programmkompatibilitäts-Assistent gestartet.
2. Klicken Sie auf *Programmprobleme behandeln*. Geben Sie auf der Seite *Welche Probleme sind Ihnen aufgefallen?* an, welche Probleme Sie beobachtet haben. Welche Assistentenseiten in den nächsten Schritten nach dem Klick auf *Weiter* angezeigt werden, hängt davon ab, welche Kontrollkästchen Sie hier auswählen. Verfügbare Einstellungen sind:

   - *Das Programm war in früheren Versionen von Windows funktionsfähig, kann nun aber nicht mehr installiert oder ausgeführt werden* Wenn Sie dieses Kontrollkästchen aktivieren, werden Sie auf einer der nächsten Assistentenseiten gefragt, unter welcher Version das Programm funktioniert hat. Weil Ihre Angabe den Kompatibilitätsmodus einrichtet, sollten Sie das Betriebssystem wählen, für das dieses Programm entwickelt wurde. Wenn Windows 7 das Programm ausführt, simuliert es die Umgebung des angegebenen Betriebssystems.
   - *Das Programm wird zwar geöffnet, aber nicht ordnungsgemäß angezeigt* Wenn Sie versuchen, ein Spiel, ein Lernprogramm oder ein anderes Programm auszuführen, das bestimmte Anzeigeeinstellungen voraussetzt, zum Beispiel ein Programm, das für Windows 98 entwickelt wurde, können Sie dieses Kontrollkästchen aktivieren und anschließend angeben, welche Art von Anzeigeproblem auftritt. Ihre Angabe schränkt die Grafikanzeige ein: Wenn Sie 256 Farben, die Bildschirmauflösung 640 × 480 oder beides benutzen, schränkt Windows die Grafikanzeige ein. Das hilft manchmal bei Programmen, die bei höheren Bildschirmauflösungen und größerer Farbtiefe nicht laufen. Sie können auch einstellen, dass Designs, Desktopgestaltung (die spezielle optische Effekte auf dem Desktop ermöglicht) und Anzeigeskalierung für hohe DPI-Werte deaktiviert werden.
   - *Für das Programm sind zusätzliche Berechtigungen erforderlich* Wenn Sie dieses Kontrollkästchen aktivieren, wird das Programm so konfiguriert, dass es mit Administratorprivilegien läuft.

- *Mein Problem wird nicht aufgeführt* Wenn Sie dieses Kontrollkästchen aktivieren, zeigt der Assistent optionale Seiten für das Betriebssystem und die Auswahl von Anzeigeproblemen an. Außerdem richtet der Assistent das Programm so ein, dass es als Administrator ausgeführt wird. Wenn Sie diese Option verwenden, hat das letztlich dieselbe Wirkung, als hätten Sie alle drei anderen Kontrollkästchen aktiviert.

3. Sehen Sie sich an, welche Kompatibilitätseinstellungen angewendet werden. Wenn Sie diese Einstellungen doch nicht verwenden wollen, können Sie auf *Abbrechen* klicken und den Vorgang wiederholen, um andere Optionen auszuwählen. Wollen Sie diese Einstellungen anwenden, brauchen Sie nur auf *Programm starten* zu klicken; der Assistent startet das Programm daraufhin mit den Kompatibilitätseinstellungen, die Sie angegeben haben.
4. Warten Sie, bis das Programm ausgeführt wurde, und klicken Sie dann auf *Weiter*. Sie werden nun gefragt, ob das Problem durch die Änderungen beseitigt wurde. Sie haben jetzt folgende Möglichkeiten zur Auswahl:

- Klicken Sie auf *Ja, diese Einstellungen für dieses Programm speichern*, wenn die Kompatibilitätseinstellungen das Problem beseitigen und Sie die Einstellungen beibehalten wollen.
- Klicken Sie auf *Nein, mit anderen Einstellungen wiederholen*, wenn das Problem durch die Kompatibilitätseinstellungen nicht beseitigt wurde und Sie den Prozess noch einmal ganz von vorne beginnen wollen.
- Klicken Sie auf *Nein, Problem an Microsoft senden und online nach einer Lösung suchen*, wenn die Kompatibilitätseinstellungen das Problem nicht beseitigt haben und Sie online nach einer Lösung suchen möchten.
- Klicken Sie auf *Abbrechen*, wenn Sie die Kompatibilitätseinstellungen verwerfen und den Assistenten verlassen wollen.

HINWEIS Wenn Sie alternative Anzeigeeinstellungen für eine Anwendung konfigurieren, schaltet diese Anwendung jedes Mal, wenn Sie sie starten, in den alternativen Anzeigemodus. Die ursprünglichen Anzeigeeinstellungen werden wiederhergestellt, sobald Sie das Programm beenden.

Direktes Einstellen der Kompatibilitätsoptionen

Wenn ein Programm, das Sie bereits installiert haben, nicht richtig funktioniert, möchten Sie die Kompatibilitätseinstellungen vielleicht direkt vornehmen und nicht mit dem Assistenten. Gehen Sie folgendermaßen vor.

1. Klicken Sie mit der rechten Maustaste auf das Verknüpfungssymbol des Programms und wählen Sie den Befehl *Eigenschaften*.
2. Klicken Sie im Eigenschaftendialogfeld auf die Registerkarte *Kompatibilität*. Alle Optionen, die Sie hier auswählen, werden für den momentan angemeldeten Benutzer auf die Anwendungsverknüpfung angewendet. Wenn die Einstellungen für alle Benutzer des Computers und unabhän-

gig davon gelten sollen, über welche Verknüpfung die Anwendung gestartet wird, müssen Sie auf *Einstellungen für alle Benutzer ändern* klicken. Daraufhin öffnet sich das Eigenschaftendialogfeld für die *.exe*-Datei der Anwendung. Wählen Sie hier die gewünschten Kompatibilitätseinstellungen, die für alle Benutzer gelten sollen, sie sich am Computer anmelden.

HINWEIS Programme, die zum Betriebssystem Windows 7 gehören, können nicht im Kompatibilitätsmodus ausgeführt werden. Deswegen sind die Optionen auf der Registerkarte *Kompatibilität* bei solchen Programmen auch nicht verfügbar.

3. Wählen Sie das Kontrollkästchen *Programm im Kompatibilitätsmodus ausführen für* und wählen Sie dann das Betriebssystem aus der Liste aus, für das die Anwendung entwickelt wurde.
4. Sofern erforderlich, schränken Sie die Grafikdarstellung des Programms mit den Optionen aus dem Bereich *Einstellungen* ein. Wählen Sie nach Bedarf 256 Farben, die Bildschirmauflösung 640 × 480 oder beides.
5. Wenn es erforderlich ist, können Sie auch Designs, die Desktopgestaltung und hohe DPI-Werte deaktivieren.
6. Klicken Sie auf *OK*. Starten Sie das Programm mit einem Doppelklick auf die Verknüpfung und probieren Sie die Kompatibilitätseinstellungen aus. Wenn sich bei der Ausführung des Programms immer noch Probleme ergeben, müssen Sie die Kompatibilitätseinstellungen vielleicht noch einmal ändern.

Verwalten von installierten und laufenden Programmen

Windows 7 bietet einige Verwaltungsprogramme für Anwendungen. Dazu gehören:

- **Task-Manager** Bietet Optionen für die Anzeige und Verwaltung von ausgeführten Programmen sowie Optionen zur Anzeige der Ressourcenbelegung und der Leistung.
- **Programme** Zeigt die installierten Programme an, unterstützt Sie beim Hinzufügen und Entfernen von Programmen, zeigt installierte Updates an und so weiter.
- **Standardprogramme** Unterstützt Sie bei der Verwaltung und Konfiguration von globalen Standardprogrammen für den Computer und von persönlichen Standardprogrammen für die einzelnen Benutzer, bei den Einstellungen für die automatische Wiedergabe für Multimedia und bei der Verknüpfung von Dateitypen mit Anwendungen.
- **Windows-Funktionen** Bietet die Anzeige und Verwaltung der Windows-Komponenten, die auf dem Computer installiert sind.
- **Assoc** Hilft Ihnen beim Anzeigen und Verwalten von Dateitypverknüpfungen.
- **Ftype** Hilft Ihnen beim Anzeigen und Verwalten von Dateitypdefinitionen.

Diese Tools und die zugehörigen Konfigurationsoptionen werden in den nächsten Abschnitten genauer beschrieben.

Verwalten aktuell ausgeführter Programme

In Windows 7 können Sie die Programme, die aktuell auf einem Computer ausgeführt werden, mit dem Task-Manager anzeigen und bearbeiten. Sie starten den Task-Manager, indem Sie die Tastenkombination STRG+ALT+ ENTF drücken und dann *Task-Manager starten* auswählen. Wie in Abbildung 9.3 zu sehen, hat der Task-Manager zwei Registerkarten zum Bearbeiten der laufenden Programme:

- *Anwendungen* Listet die Anwendungen, die aktuell im Vordergrund ausgeführt werden, mit Namen und Status auf, beispielsweise mit dem Status *Wird ausgeführt* oder *Keine Rückmeldung*. Um ein Programm zu beenden, weil es zum Beispiel nicht mehr reagiert, klicken Sie das Programm in der Taskliste an und klicken dann auf *Task beenden*.
- *Prozesse* Listet alle Vordergrund- und Hintergrundanwendungen auf, die auf dem Computer ausgeführt werden, und gibt standardmäßig den Namen, den Benutzer und die Menge der belegten Ressourcen an. Um einen Prozess zu beenden, klicken Sie den Prozess an und dann auf *Prozess beenden*.

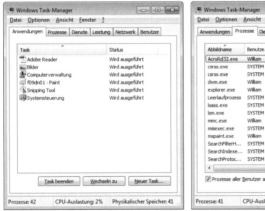

Abbildung 9.3 Im Task-Manager bearbeiten Sie die laufenden Anwendungen und Prozesse

Die Details zu Prozessanzahl, CPU-Auslastung und belegtem physischen Arbeitsspeicher gelten für den ganzen Computer, während standardmäßig nur die Prozesse für den momentan angemeldeten Benutzer und das Betriebssystem aufgelistet werden. Die Prozesse für alle Benutzer werden erst aufgelistet, wennn Sie auf *Prozesse aller Benutzer anzeigen* klicken.

TIPP Die Registerkarte *Prozesse* gibt Ihnen noch mehr Möglichkeiten zur Bearbeitung der Prozesse, wenn Sie mit der rechten Maustaste auf einen Prozess klicken und im Kontextmenü eine der zahlreichen Optionen wählen. Unter anderem stehen Befehle wie *Dateipfad öffnen* (öffnet den Ordner, in dem die ausführbare Datei des

Prozesses liegt, im Windows-Explorer), *Prozessstruktur beenden* (beendet den Prozess und alle von ihm abhängigen Prozesse), *Abbilddatei erstellen* (erstellt eine Speicherabbilddatei des ausgewählten Prozesses) und *Eigenschaften* (öffnet das Eigenschaftendialogfeld für die ausführbare Datei) zur Verfügung.

Verwalten, Reparieren und Deinstallieren von Programmen

Windows 7 betrachtet jedes Programm, das Sie auf einem Computer installiert oder für eine Netzwerkinstallation verfügbar gemacht haben, als ein installiertes Programm. In Windows XP und älteren Windows-Versionen haben Sie Anwendungen mit dem Programm Software aus der Systemsteuerung installiert und verwaltet. In Windows 7 installieren Sie Anwendungen mit den Setupprogrammen der Anwendungen und verwalten sie auf der Seite *Programme und Funktionen* der Systemsteuerung.

Sie können die Seite *Programme und Funktionen* auf folgende Weise zum Anzeigen, Entfernen oder Reparieren von installierten Programmen verwenden:

1. Klicken Sie im Startmenü auf *Systemsteuerung* und dann in der Systemsteuerung auf *Programme*.
2. Klicken Sie auf *Programme und Funktionen*. Nun sollten Sie eine Liste der installierten Programme sehen.
3. Klicken Sie in der Spalte *Name* mit der rechten Maustaste auf das Programm, das Sie bearbeiten möchten, und wählen Sie dann einen der folgenden Befehle:
   - *Deinstallieren* zur Deinstallation des Programms
   - *Ändern* zur Änderung der Programmkonfiguration
   - *Reparieren* zur Reparatur des Programms

Wenn Sie Programme deinstallieren, sollten Sie folgende Punkte beachten:

- Windows warnt Sie, wenn Sie versuchen, ein Programm zu deinstallieren, während andere Benutzer angemeldet sind. Im Allgemeinen sollten Sie sicherstellen, dass alle anderen Benutzer abgemeldet sind, bevor Sie Programme deinstallieren. Andernfalls kann es passieren, dass andere Benutzer Daten verlieren oder mit anderen Problemen konfrontiert werden.
- Windows erlaubt Ihnen nur die Programme zu deinstallieren, die mit einem Windows-kompatiblen Setupprogramm installiert wurden. Die meisten Anwendungen verwenden zwar ein Setupprogramm, das auf InstallShield, Wise Install oder Microsoft Windows Installer zurückgreift, aber ältere Programme verwenden unter Umständen ein separates Dienstprogramm für die Deinstallation. Manche ältere Programme kopieren einfach ihre Datendateien in einen Programmordner. In einem solchen Fall müssen Sie das Programm deinstallieren, indem Sie den entsprechenden Ordner löschen.
- Viele Deinstallationsprogramme lassen versehentlich oder absichtlich Daten zurück. Folglich finden Sie oft Ordner für diese Anwendungen im Ordner *Program Files*. Sie könnten diese Ordner natürlich löschen, aber

möglicherweise enthalten sie wichtige Datendateien oder benutzerdefinierte Einstellungen, die wiederverwendet werden, wenn Sie das Programm später erneut installieren.
- Gelegentlich schlägt der Deinstallationsprozess fehl. Solche Probleme lassen sich oft dadurch beseitigen, dass Sie das Deinstallationsprogramm einfach noch einmal ausführen. Manchmal müssen Sie auch von Hand aufräumen, nachdem der Deinstallationsprozess abgeschlossen ist. Dabei müssen Sie vielleicht Programmdateien deinstallieren und Überbleibsel des Programms in der Windows-Registrierung löschen. Ein Programm namens Windows Installer Cleanup hilft Ihnen dabei, die Registrierung aufzuräumen. Weitere Informationen zu diesem Dienstprogramm und eine Downloadmöglichkeit für die Software finden Sie im Artikel auf der Microsoft Support-Website unter *http://support.microsoft.com/kb/290301*.

Festlegen der Standardprogramme

Durch Standardprogramme wird festgelegt, welche Programme für welche Dateiart verwendet werden und wie Windows mit Dateien auf CDs, DVDs und portablen Geräten umgeht. Sie konfigurieren Standardprogramme auf der Basis der Dateiarten, die von diesen Programmen bearbeitet werden können. Die Wahl zum Standardprogramm kann sich auf den aktuell angemeldeten Benutzer beschränken oder für alle Benutzer des Computers gelten. Einstellungen für einzelne Benutzer haben Vorrang vor globalen Einstellungen. Wenn Sie zum Beispiel Windows Media Player als allgemeines Standardprogramm für alle Dateiarten verwenden, die das Programm unterstützt, würden alle Benutzer des Computers zum Abspielen der Audio- und Videodateien, die das Programm unterstützt, Windows Media Player verwenden. Möchte ein Benutzer stattdessen Apple iTunes als Standardplayer für Audio- und Videodateien verwenden, können Sie iTunes als seinen Standardplayer für die Mediendateien einrichten, die das Programm unterstützt.

Mit folgenden Schritten können Sie allgemeine Standardprogramme für alle Benutzer eines Computers einrichten:

1. Klicken Sie im Startmenü auf *Systemsteuerung* und dann in der Systemsteuerung auf *Programme*.
2. Klicken Sie auf *Standardprogramme* und dann auf *Programmzugriff und Computerstandards festlegen*. Daraufhin öffnet sich das Dialogfeld aus Abbildung 9.4.
3. Wählen Sie eine der folgenden Konfigurationen aus:
   - *Microsoft Windows*   Legt die aktuell installierten Windows-Programme als Standard für das Browsen im Web, den Versand von E-Mails, die Wiedergabe von Mediendateien und so weiter fest.
   - *Nicht Microsoft*   Legt die aktuell installierten Programme als Standard für das Browsen im Web, den Versand von E-Mails, die Wiedergabe von Mediendateien und so weiter fest.

- *Benutzerdefiniert* Ermöglicht Ihnen die Auswahl von Standardprogrammen für das Browsen im Web, den Versand von E-Mails, die Wiedergabe von Mediendateien und so weiter.

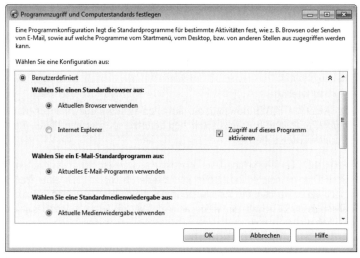

Abbildung 9.4 Festlegen einer globalen Standardkonfiguration

4. Klicken Sie auf *OK*, um die Einstellungen zu speichern.

Um die allgemeinen Vorgaben zu ändern, können Sie für einzelne Benutzer andere Standardprogramme festlegen. Gehen Sie folgendermaßen vor:

1. Klicken Sie im Startmenü auf *Systemsteuerung* und dann in der Systemsteuerung auf *Programme*.
2. Klicken Sie auf *Standardprogramme* und dann auf *Standardprogramme festlegen*.
3. Wählen Sie aus der Liste *Programme* ein Programm aus, mit dem Sie arbeiten möchten.
4. Wenn Sie das Programm als Standardprogramm für alle Dateiarten verwenden möchten, die es unterstützt, klicken Sie auf *Dieses Programm als Standard festlegen*.
5. Wenn Sie das Programm nur für bestimmte Dateiarten und Protokolle verwenden möchten, klicken Sie auf *Standards für dieses Programm auswählen*. Wählen Sie die Dateinamenserweiterungen aus, für die das Programm als Standardprogramm verwendet werden soll, und klicken Sie dann auf *Speichern*.

Verwalten des Befehlspfads

Windows braucht den Befehlspfad, um ausführbare Dateien zu finden. Sie können sich den aktuellen Befehlspfad für ausführbare Dateien mit dem Befehl *Path* ansehen. Geben Sie in einer Eingabeaufforderung **path** in eine neue Zeile ein und drücken Sie die EINGABETASTE. In einer Windows

PowerShell-Konsole müssen Sie **$env:path** in einer neuen Zeile eingeben und die EINGABETASTE drücken. Wie Sie in der Ausgabe sehen, trennt Windows die einzelnen Pfade durch einen Strichpunkt (;), um kenntlich zu machen, wo ein Dateipfad endet und der nächste beginnt.

Der Befehlspfad wird bei der Anmeldung festgelegt. Dabei werden System- und Benutzerumgebungsvariablen ausgewertet. Der Pfad, der in der Systemvariablen PATH definiert ist, legt den Basispfad fest. Und der Pfad, der in der Benutzervariablen PATH definiert ist, wird mit folgender Syntax an den Basispfad angehängt:

`%PATH%;WeiterePfade`

Hier weist %PATH% Windows an, die aktuellen Systempfade einzufügen, und *WeiterePfade* steht für die zusätzlichen benutzerspezifischen Pfade, die verwendet werden sollen.

ACHTUNG   Ein falsch eingestellter Pfad kann schwere Probleme verursachen. Sie sollten einen geänderten Befehlspfad immer testen, bevor Sie ihn in einer Produktivumgebung verwenden. Der Befehlspfad wird während der Anmeldung festgelegt. Daher müssen Sie sich ab- und wieder anmelden, um die Auswirkungen des geänderten Pfads zu beobachten.

Vergessen Sie nicht, welche Suchreihenfolge Windows benutzt. Pfade werden in der Reihenfolge durchsucht, in der sie aufgeführt sind. Der letzte Pfad aus der Benutzervariablen PATH wird also als letzter durchsucht. Das kann manchmal dazu führen, dass sich die Ausführung Ihrer Programme und Skripts verzögert. Soll Windows Ihre Programme und Skripts schneller finden, ist es unter Umständen sinnvoll, den entsprechenden Pfad weiter vorne in der Suchreihenfolge einzutragen.

Passen Sie auf, wenn Sie den Befehlspfad festlegen. Es ist schnell passiert, dass Sie versehentlich sämtliche Pfaddaten überschreiben. Vergessen Sie beispielsweise, %Path% anzugeben, wenn Sie den Benutzerpfad festlegen, löschen Sie alle anderen Pfadinformationen. Sie können sicherstellen, dass sich der Befehlspfad jederzeit wiederherstellen lässt, indem Sie ihn in eine Datei kopieren.

- Wenn Sie in der Eingabeaufforderung arbeiten, können Sie den aktuellen Befehlspfad in eine Datei schreiben, indem Sie **path > orig_path.txt** eingeben. Denken Sie daran, dass Sie nicht in geschützte Systemspeicherorte schreiben können, wenn Sie eine Standardeingabeaufforderung statt einer Administratoreingabeaufforderung verwenden. In diesem Fall können Sie in ein Unterverzeichnis schreiben, auf das Sie Zugriff haben, oder in Ihr eigenes Profil. Wenn Sie einfach **path** eingeben, schreiben Sie den Befehlspfad in das Befehlsshellfenster.

- Wenn Sie in der PowerShell-Konsole arbeiten, können Sie den aktuellen Befehlspfad in eine Datei schreiben, indem Sie den Befehl **$env:path > orig_path.txt** ausführen. Wenn Sie eine Standardkonsole statt einer Administratorkonsole verwenden, können Sie nicht in geschützte Systemspeicherorte schreiben. In diesem Fall können Sie in ein Unterverzeichnis schreiben, auf das Sie Zugriff haben, oder in Ihr eigenes Profil. Wenn Sie einfach **$env:path** eingeben, geben Sie den Befehlspfad im PowerShell-Fenster aus.

In der Eingabeaufforderung oder dem PowerShell-Fenster können Sie den Befehlspfad mit dem Dienstprogramm *Setx.exe* bearbeiten. Außerdem können Sie den Befehlspfad folgendermaßen anpassen:

1. Klicken Sie in der Systemsteuerung auf *System und Sicherheit* und dann auf *System*.
2. Klicken Sie in der Konsole *System* auf *Einstellungen ändern* oder im linken Fensterabschnitt auf *Erweiterte Systemeinstellungen*.
3. Klicken Sie auf der Registerkarte *Erweitert* des Dialogfelds *Systemeigenschaften* auf die Schaltfläche *Umgebungsvariablen*.
4. Wählen Sie in der Liste *Systemvariablen* die Variable *PATH* aus. Klicken Sie unter *Systemvariablen* auf die Schaltfläche *Bearbeiten*.
5. Der Wert der Variablen PATH ist standardmäßig ausgewählt. Drücken Sie die Taste PFEIL-NACH-RECHTS, ohne eine andere Taste zu drücken. Damit müsste die Auswahl aufgehoben werden, sodass der Cursor am Ende des Variablenwerts steht.
6. Tippen Sie einen Strichpunkt und dann den gewünschten Pfad ein. Wiederholen Sie diese Eingabe so oft wie nötig und klicken Sie schließlich dreimal auf *OK*.

In den Gruppenrichtlinien können Sie ein Einstellungselement verwenden, um den Befehlspfad anzupassen. Gehen Sie dazu folgendermaßen vor:

1. Öffnen Sie ein Gruppenrichtlinienobjekt zum Bearbeiten im Gruppenrichtlinienobjekt-Editor. Wenn Sie Einstellungen für Computer konfigurieren wollen, müssen Sie den Knoten *Computerkonfiguration\Einstellungen\Windows-Einstellungen* erweitern und dann *Umgebung* auswählen. Wollen Sie dagegen Einstellungen für Benutzer konfigurieren, müssen Sie *Benutzerkonfiguration\Einstellungen\Windows-Einstellungen* erweitern und *Umgebung* auswählen.
2. Klicken Sie mit der rechten Maustaste auf den Knoten *Umgebung* und wählen Sie im Kontextmenü den Befehl *Neu/Umgebungsvariable*. Daraufhin öffnet sich das Eigenschaftendialogfeld für die neue Umgebungsvariable.
3. Wählen Sie in der Liste *Aktion* den Eintrag *Aktualisieren* aus, wenn Sie die Variable PATH aktualisieren wollen, oder den Eintrag *Ersetzen*, um die Variable PATH zu löschen und dann neu zu erstellen. Wählen Sie anschließend die Option *Benutzervariable* aus.
4. Geben Sie im Feld *Name* den Variablennamen **Path** ein und im Feld *Wert* den Variablenwert. Gewöhnlich geben Sie dabei erst **%Path%;** ein, gefolgt von den Pfaden, die Sie hinzufügen wollen. Trennen Sie die Pfade jeweils durch Strichpunkte. Ist auf den betroffenen Computern bereits eine PATH-Benutzervariable definiert, müssen Sie die entsprechenden Pfade mit aufnehmen, damit diese Pfade erhalten bleiben.

5. Legen Sie mit den Optionen auf der Registerkarte *Gemeinsam* fest, wie die Einstellungen angewendet werden. In den meisten Fällen werden Sie die Variable PATH nur einmal erstellen wollen (sodass die Gruppenrichtlinien die Variable nicht jedes Mal neu erstellen, wenn die Richtlinie aktualisiert wird). Aktivieren Sie in diesem Fall das Kontrollkästchen *Nur einmalig anwenden*.
6. Klicken Sie auf *OK*. Wenn die Gruppenrichtlinien das nächste Mal aktualisiert werden, wird das Einstellungselement angewendet, wie es im Gruppenrichtlinienobjekt festgelegt ist, in dem Sie das Einstellungselement definiert haben.

ACHTUNG Ein falsch konfigurierter Pfad kann schwere Probleme verursachen. Bevor Sie einen aktualisierten Pfad auf mehreren Computern bereitstellen, sollten Sie die Konfiguration testen. Dazu können Sie beispielsweise ein Gruppenrichtlinienobjekt in Active Directory anlegen, das nur auf einen isolierten Testcomputer angewendet wird. Erstellen Sie dann ein Einstellungselement für dieses Gruppenrichtlinienobjekt und warten Sie, bis die Richtlinie aktualisiert wird, oder wenden Sie die Richtlinie mit GPUpdate sofort an. Wenn Sie am betroffenen Computer angemeldet sind, müssen Sie sich ab- und dann wieder anmelden, bevor Sie die Ergebnisse überprüfen können.

Verwalten von Dateierweiterungen und Dateiverknüpfungen

Dateierweiterungen und Dateiverknüpfungen sind ebenfalls wichtige Elemente bei der Entscheidung, wie Programme ausgeführt werden. Welche Dateitypen Windows als ausführbare Dateien einstuft, wird durch die Dateierweiterungen für ausführbare Dateien festgelegt. Dateierweiterungen ermöglichen es den Benutzern, einen Befehl allein durch Angabe des Befehlsnamens auszuführen. Und Dateiverknüpfungen ermöglichen es den Benutzern, doppelt auf eine Datei zu klicken, sodass diese Datei automatisch in der passenden Anwendung geöffnet wird. Es werden zwei Dateierweiterungstypen benutzt:

- **Dateierweiterungen für ausführbare Dateien** Ausführbare Dateien (engl. executable) werden über die Umgebungsvariable %PATHEXT% definiert. Sie können im Dialogfeld *Umgebungsvariablen* oder mit Einstellungselementen von Gruppenrichtlinien festgelegt werden, ähnlich wie die Variable PATH. Sie können sich die aktuellen Einstellungen ansehen, indem Sie in der Befehlszeile **set pathext** beziehungsweise in der PowerShell-Eingabeaufforderung **$env:pathext** ausführen. Der Standard ist PATHEXT=.COM;.EXE;.BAT;.CMD;.VBS;.VBE;.JS;.JSE;.WSF;.WSH;.MSC. Dank dieser Einstellung weiß die Befehlszeile, welche Dateien ausführbare Dateien sind und welche nicht. Daher brauchen Sie in der Befehlszeile keine Dateierweiterung anzugeben.

- **Dateierweiterungen für Anwendungen** Dateierweiterungen für Anwendungen werden auch als Dateiverknüpfungen bezeichnet. Dateiverknüpfungen machen es möglich, Argumente an ausführbare Dateien zu übergeben und Dokumente, Arbeitsblätter oder andere Anwendungsdateien dadurch zu öffnen, dass Sie doppelt auf das Dateisymbol klicken.

Jede bekannte Erweiterung in einem System hat eine Dateiverknüpfung, die Sie sich in der Eingabeaufforderung ansehen können, indem Sie **assoc** eingeben, gefolgt von der Erweiterung, beispielsweise **assoc .doc** oder **assoc .docx**. Jede Dateiverknüpfung gibt wiederum den Dateityp für die Dateierweiterung an. Das können Sie sich ansehen, indem Sie in einer Eingabeaufforderung **ftype** mit der Dateiverknüpfung eingeben, also **ftype Word.Document.8** oder **ftype Word.Document.12**.

HINWEIS Assoc und Ftype sind interne Befehle der Befehlsshell (*Cmd.exe*). Wenn Sie Assoc in PowerShell verwenden wollen, müssen Sie **cmd /c assoc** eingeben, gefolgt von der Erweiterung, zum Beispiel **cmd /c assoc .doc**. Und wenn Sie Ftype in PowerShell ausführen wollen, müssen Sie entsprechend **cmd /c ftype** eingeben, gefolgt von der Dateiverknüpfung, also **cmd /c ftype Word.Document.8**.

Bei ausführbaren Dateien bestimmt die Reihenfolge der Dateierweiterungen in der Variablen %PATHEXT% die Suchreihenfolge, die von der Befehlszeile für jedes Verzeichnis individuell ausgewertet wird. Enthält ein bestimmtes Verzeichnis im Befehlspfad also mehrere ausführbare Dateien, die zum angegebenen Befehlsnamen passen, wird eine *.com*-Datei vor einer *.exe*-Datei ausgeführt und so weiter.

Jede bekannte Dateierweiterung in einem System hat eine entsprechende Dateiverknüpfung und einen entsprechenden Dateityp. Das gilt sogar bei Erweiterungen für ausführbare Dateien. In manchen Fällen ist der Dateityp der Erweiterungstext ohne den Punkt, gefolgt vom Schlüsselwort `file`, zum Beispiel `cmdfile`, `exefile` oder `batfile`. Die Dateiverknüpfung gibt in diesem Fall an, dass das erste Argument, das übergeben wird, der Befehlsname ist, und dass weitere Argumente an die Anwendung weitergeleitet werden sollen. Tippen Sie beispielsweise **assoc .exe** ein, um sich die Dateiverknüpfungen für ausführbare Dateien vom Typ *.exe* anzusehen, müssen Sie anschließend **ftype exefile** eingeben. Wie sich zeigt, ist die Dateiverknüpfung folgendermaßen konfiguriert:

```
exefile="%1" %*
```

Wenn Sie also eine *.exe*-Datei ausführen, weiß Windows, dass der erste Wert der Befehl ist, den Sie ausführen wollen, und alles andere Argumente sind, die einfach weitergeleitet werden sollen.

Dateiverknüpfungen und -typen werden in der Windows-Registrierung verwaltet und können mit den Befehlen Assoc beziehungsweise Ftype geändert werden. Sie erstellen eine Dateiverknüpfung in der Befehlszeile, indem Sie **assoc** eingeben, gefolgt von der Erweiterungseinstellung, zum Beispiel **assoc .pl=perlfile**. Den Dateityp erstellen Sie in der Befehlszeile, indem Sie die Zuordnung zwischen Datei und Typ inklusive der Aufrufparameter festlegen, die zusammen mit dem Befehlsnamen übergeben werden, zum Beispiel **ftype perlfile=C:\Perl\Bin\Perl.exe "%1" %***.

Sie können einen Dateityp oder ein Protokoll auch mit einem bestimmten Programm verknüpfen, indem Sie folgendermaßen vorgehen:
1. Klicken Sie im Startmenü auf *Systemsteuerung* und dann in der Systemsteuerung auf *Programme*.
2. Klicken Sie auf *Standardprogramme* und dann auf *Dateityp oder Protokoll einem Programm zuordnen*.
3. Auf der Seite *Dateizuordnungen festlegen* werden die aktuellen Dateiverknüpfungen nach ihren Dateierweiterungen und dem aktuellen Standard für die jeweilige Erweiterung aufgelistet. Klicken Sie auf die Dateierweiterung und dann auf *Programm ändern*, um die Dateiverknüpfung für eine Erweiterung zu ändern.
4. Sie haben jetzt folgende Möglichkeiten zur Auswahl:
   - Die Liste *Empfohlene Programme* zeigt Programme an, die im Betriebssystem registriert haben, dass sie Dateien mit der ausgewählten Erweiterung unterstützen. Klicken Sie auf ein empfohlenes Programm, um es als Standard für die ausgewählte Erweiterung festzulegen, und klicken Sie dann auf *OK*.
   - Die Liste *Andere Programme* zeigt Programme, die möglicherweise ebenfalls die ausgewählte Erweiterung unterstützen. Klicken Sie auf ein Programm, um es als Standard für die ausgewählte Erweiterung festzulegen, und klicken Sie dann auf *OK*. Stattdessen können Sie auch auf *Durchsuchen* klicken und ein anderes Programm suchen, das Sie als Standard verwenden wollen.

In den Gruppenrichtlinien können Sie mithilfe eines Einstellungselements neue Dateitypen und Dateiverknüpfungen definieren. Gehen Sie folgendermaßen vor, um ein Einstellungselement für einen neuen Dateityp zu erstellen:
1. Öffnen Sie ein Gruppenrichtlinienobjekt zum Bearbeiten im Gruppenrichtlinienobjekt-Editor. Erweitern Sie den Zweig *Computerkonfiguration\Einstellungen\Systemsteuerungseinstellungen* und wählen Sie *Ordneroptionen* aus.
2. Klicken Sie mit der rechten Maustaste auf den Knoten *Ordneroptionen* und wählen Sie im Kontextmenü den Befehl *Neu/Dateityp*. Daraufhin öffnet sich das Eigenschaftendialogfeld für den neuen Dateityp.
3. Wählen Sie in der Liste *Aktion* den Eintrag *Erstellen*, *Aktualisieren*, *Ersetzen* oder *Löschen* aus.
4. Geben Sie im Feld *Dateierweiterung* die Namenserweiterung des Dateityps ohne den Punkt ein, zum Beispiel **pl**.
5. Wählen Sie in der Dropdownliste *Zugeordnete Klasse* eine registrierte Klasse aus, die Sie mit dem Dateityp verknüpfen wollen.
6. Legen Sie mit den Optionen auf der Registerkarte *Gemeinsam* fest, wie die Einstellungen angewendet werden. Gewöhnlich ist es sinnvoll, die neue Variable nur einmal zu erstellen. Aktivieren Sie in diesem Fall das Kontrollkästchen *Nur einmal anwenden*.

7. Klicken Sie auf *OK*. Wenn die Gruppenrichtlinien das nächste Mal aktualisiert werden, wird das Einstellungselement angewendet, wie es im Gruppenrichtlinienobjekt festgelegt ist, in dem Sie das Einstellungselement definiert haben.

Gehen Sie folgendermaßen vor, um ein Einstellungselement für eine neue Dateiverknüpfung zu erstellen:

1. Öffnen Sie ein Gruppenrichtlinienobjekt zum Bearbeiten im Gruppenrichtlinienobjekt-Editor. Erweitern Sie *Benutzerkonfiguration\Einstellungen\Systemsteuerungseinstellungen* und wählen Sie *Ordneroptionen* aus.
2. Klicken Sie mit der rechten Maustaste auf den Knoten *Ordneroptionen* und wählen Sie im Kontextmenü den Befehl *Neu/Öffnen mit*. Daraufhin öffnet sich das Dialogfeld *Neue Eigenschaften für "Öffnen mit"*.
3. Wählen Sie in der Liste *Aktion* den Eintrag *Erstellen*, *Aktualisieren*, *Ersetzen* oder *Löschen* aus.
4. Geben Sie im Feld *Dateierweiterung* die Namenserweiterung des Dateityps ohne den Punkt ein, zum Beispiel **pl**.
5. Klicken Sie auf die *Durchsuchen*-Schaltfläche rechts neben dem Feld *Zugeordnetes Programm* und wählen Sie im Dialogfeld *Öffnen* das Programm aus, das Sie mit dem Dateityp verknüpfen wollen.
6. Optional können Sie das Kontrollkästchen *Als Standard* aktivieren, um das zugehörige Programm zum Standard für Dateien mit der angegebenen Dateierweiterung zu machen.
7. Legen Sie mit den Optionen auf der Registerkarte *Gemeinsam* fest, wie die Einstellungen angewendet werden. Gewöhnlich ist es sinnvoll, die neue Variable nur einmal zu erstellen. Aktivieren Sie in diesem Fall das Kontrollkästchen *Nur einmal anwenden*.
8. Klicken Sie auf *OK*. Wenn die Gruppenrichtlinien das nächste Mal aktualisiert werden, wird das Einstellungselement angewendet, wie es im Gruppenrichtlinienobjekt festgelegt ist, in dem Sie das Einstellungselement definiert haben.

Einstellen der automatischen Wiedergabe

In Windows 7 lässt sich mit den Optionen für die automatische Wiedergabe (AutoPlay) einstellen, wie Windows mit Dateien von CDs, DVDs und tragbaren Geräten umgeht. Sie können für jede Art von CD, DVD und Medien, die Ihr Computer bearbeiten kann, die automatische Wiedergabe separat einstellen:

1. Klicken Sie im Startmenü auf *Systemsteuerung* und dann in der Systemsteuerung auf *Programme*.
2. Klicken Sie auf *Standardprogramme* und dann auf *Einstellungen für automatische Wiedergabe ändern*. Dadurch öffnet sich die Seite *Automatische Wiedergabe* in der Systemsteuerung.

3. Verwenden Sie die Medienauswahlliste (Abbildung 9.5), um die Standardoptionen für die automatische Wiedergabe der verschiedenen Medienarten nach Bedarf festzulegen.

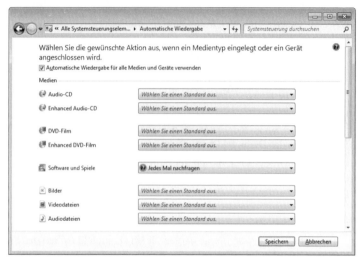

Abbildung 9.5 Legen Sie die Optionen für die automatische Wiedergabe von CDs, DVDs und Dateien auf portablen Geräten fest

4. Klicken Sie auf *Speichern*, um die Einstellungen zu speichern.

Hinzufügen und Entfernen von Windows-Funktionen

In Windows XP und älteren Windows-Versionen haben Sie Komponenten des Betriebssystems mit der Option *Windows-Komponenten hinzufügen/ entfernen* des Programms Software aus der Systemsteuerung installiert und verwaltet. In Windows Vista und Windows 7 werden Betriebssystemkomponenten als Windows-Funktionen (oder Features) betrachtet, die ein- und ausgeschaltet statt hinzugefügt und entfernt werden.

Mit folgenden Schritten können Sie Windows-Funktionen aktivieren oder deaktivieren:

1. Klicken Sie im Startmenü auf *Systemsteuerung* und dann in der Systemsteuerung auf *Programme*.
2. Klicken Sie unter *Programme und Funktionen* auf *Windows-Funktionen aktivieren oder deaktivieren*. Daraufhin öffnet sich das Dialogfeld *Windows-Funktionen* (Abbildung 9.6).
3. Aktivieren Sie die Kontrollkästchen der Funktionen, um die Funktionen zu aktivieren, oder deaktivieren Sie die Kontrollkästchen, um Funktionen auszuschalten.
4. Klicken Sie auf *OK*. Windows 7 konfiguriert nun die Komponenten entsprechend den Einstellungen, die Sie vorgenommen haben.

Abbildung 9.6 Hinzufügen oder Entfernen von Betriebssystemkomponenten

10 Verwalten von Firmware, Startkonfiguration und Systemstart

Übersicht über das Kapitel:
Firmwareoptionen	393
Start- und Energiemodi	398
Analysieren und Beseitigen von Startproblemen	407
Verwalten der Systemstartkonfiguration	414
Verwalten des BCD-Speichers	421

Wenn bei einem Computer der Start fehlschlägt oder ein Abbruchfehler auftritt, der das Betriebssystem zum Absturz bringt, wird bei der Suche nach der Fehlerursache seltsamerweise oft das grundlegendste Element für den Start von Computer und Betriebssystem übersehen: die Firmware. Das passiert, weil die meisten Leute sich sofort auf die Problembehandlung von Windows stürzen, ohne die Firmware zu beachten. Dieser Ansatz ist so fatal, weil viele Computerprobleme ihre Ursache in der Firmware haben, entweder weil die Firmware selbst fehlerhaft ist oder weil sie falsch konfiguriert ist. Um zwischen Problemen in der Firmware und Problemen im Betriebssystem unterscheiden zu können, müssen Sie wissen, wie der Startvorgang funktioniert und was während seiner einzelnen Phasen passiert. Außerdem müssen Sie die Firmware selbst kennenlernen. Wenn Sie sich mit diesen Elementen gut auskennen, sind Sie besser in der Lage, entsprechende Probleme zu diagnostizieren und zu beseitigen.

Firmwareoptionen

Am Startvorgang sind Firmware, Firmwareschnittstellen und ein Betriebssystem beteiligt. Während des Systemstarts ist die Firmware der erste Code, der ausgeführt wird. Die Firmware führt eine Grundinitialisierung des Computers durch und stellt die Dienste bereit, die es einem Computer ermöglichen, ein Betriebssystem zu laden.

Plattformfirmware ist in Chipsätzen des Mainboards implementiert. Es gibt viele unterschiedliche Arten dieser Mainboardchipsätze. Ältere Mainboardchipsätze können unter Umständen nicht aktualisiert werden, aber die meisten neuen Modelle ermöglichen ein Firmwareupdate. Die Chipsatzfirmware ist klar von der zugrunde liegenden Firmwareschnittstelle des Computers getrennt.

Firmwareschnittstellentypen und Systemstartdaten

Jeder Computer hat eine Firmware, aber es ist die Schnittstelle zwischen der Plattformfirmware und dem Betriebssystem, die den Startvorgang erledigt. Auf welche Weise eine Firmwareschnittstelle arbeitet und welche Aufgaben sie erledigt, hängt von der Art der Firmwareschnittstelle ab. Momentan sind folgende Firmwareschnittstellen in Gebrauch:

- BIOS (Basic Input/Output System)
- EFI (Extensible Firmware Interface)
- UEFI (Unified Extensible Firmware Interface)

BIOS, EFI oder UEFI eines Computers stellen die Hardwareschnittstelle zwischen Hardwarekomponenten und Software bereit. Wie Chipsätze selbst können auch BIOS, EFI und UEFI aktualisiert werden. Weil es auf dem Gebiet der Firmwareentwicklung zwischen 2005 und 2009 eine rasante Entwicklung gab, sind Whitepapers und andere technische Dokumente, die vor dieser Zeit verfasst wurden, für aktuelle Implementierungen in den meisten Fällen veraltet und sogar falsch. Es ist wichtig, dass Sie folgende Punkte beachten:

- Die meisten technischen Dokumente bezeichnen die Firmwareschnittstelle eines Computers einfach als *Firmware*. Zum Beispiel steht in der Dokumentation, dass Sie »diese und jene Änderung in der Firmware vornehmen« oder »die Firmware prüfen« sollen. Genau genommen nehmen Sie die Änderung aber in der Firmwareschnittstelle vor, und die Firmwareschnittstelle führt dann die Änderung in der Firmware durch.
- UEFI ist sowohl eine Firmwareschnittstelle als auch ein Industriestandard. Als Firmwareschnittstelle ist UEFI modular. Es erfüllt unter Umständen einen anderen Zweck als BIOS oder EFI, und es bietet möglicherweise andere Funktionalität. Der Standard UEFI ist so entworfen, dass er erweiterbare und testbare Schnittstellen zur Verfügung stellt.

Außerdem ist wichtig zu wissen, dass BIOS, EFI und UEFI auf ganz unterschiedliche Weise arbeiten. BIOS basiert auf dem 16-Bit-Real-Mode der x86-Architektur und wurde ursprünglich entworfen, um einen Computer nach dem Einschalten des Stroms zu starten. Aus diesem Grund bildet das BIOS die Schnittstelle zwischen Firmware und Betriebssystem und initialisiert die Plattform.

Windows 7 benutzt unabhängig vom Firmwareschnittstellentyp eine Vor-Betriebssystem-Startumgebung. Diese Startumgebung ist eine erweiterbare Abstraktionsschicht, die es dem Betriebssystem ermöglicht, mit mehreren Arten von Firmwareschnittstellen zusammenzuarbeiten, ohne dass das Betriebssystem speziell auf die Ansteuerung dieser Firmwareschnittstellen abgestimmt sein muss. Innerhalb der Startumgebung wird der Systemstart mithilfe von Parametern im Startkonfigurationsdatenspeicher (Boot Configuration Data, BCD) gesteuert.

Alle Computer, die unter Windows Vista, Windows 7 und Windows Server 2008 laufen, haben einen BCD-Speicher. Der BCD-Speicher liegt in einer

Datei, die als BCD-Registrierung (engl. BCD registry) bezeichnet wird. Der Speicherort dieser Registrierung hängt von der Firmware des Computers ab:

- In BIOS-basierten Betriebssystemen liegt die BCD-Registrierungsdatei im Verzeichnis \Boot\Bcd der aktiven Partition.
- In EFI-basierten Betriebssystemen ist die BCD-Registrierungsdatei in der EFI-Systempartition gespeichert.

Einträge im BCD-Speicher legen fest, welcher Startmanager während des Systemstarts benutzt wird und welche Startanwendungen zur Verfügung stehen. Der Standardstartmanager ist der Windows-Start-Manager. Der Windows-Start-Manager steuert die Abläufe beim Systemstart und ermöglicht Ihnen auszuwählen, welche Startanwendung ausgeführt wird. Systemstartanwendungen laden ein bestimmtes Betriebssystem oder eine bestimmte Betriebssystemversion. Die Startanwendung für Windows 7 ist beispielsweise das Windows-Startladeprogramm. Daher können Sie BIOS-basierte und EFI-basierte Computer auf praktisch dieselbe Weise starten.

Im Allgemeinen können Sie während des Starts des Betriebssystems die Tasten F8 oder F12 drücken, um das Menü *Erweiterte Startoptionen* zu öffnen. In diesem Menü können Sie einen der verfügbaren erweiterten Startmodi auswählen, darunter *Abgesicherter Modus*, *Startprotokollierung aktivieren* und *Erzwingen der Treibersignatur deaktivieren*. Diese erweiterten Modi ändern temporär den Ablauf des Betriebssystemstarts, damit Sie die Gelegenheit erhalten, Probleme zu diagnostizieren und zu beseitigen. Sie nehmen aber keine dauerhaften Änderungen an der Systemstartkonfiguration oder dem BCD-Speicher vor.

Systemstartdienste, Laufzeitdienste und andere Elemente

Das BIOS verwaltet den Datenfluss, der vor dem Start zwischen Betriebssystem und angeschlossenen Geräten wie Grafikkarte, Tastatur, Maus und Festplatte hin- und herläuft. Wenn das BIOS einen Computer initialisiert, stellt es zuerst fest, ob alle angeschlossenen Geräte verfügbar sind und funktionieren. Anschließend beginnt es damit, das Betriebssystem zu laden. Im Lauf der Jahre wurden diese grundlegenden Features des BIOS immer stärker erweitert, sodass sie inzwischen folgende Elemente umfassen:

- **Systemstartdienste** Unter diesem Begriff werden etliche Schnittstellen und Protokolle zusammengefasst, die in der Startumgebung zur Verfügung stehen. Die Dienste stellen auf jeden Fall einen Betriebssystemlader mit Zugriff auf Plattformfähigkeiten bereit, die gebraucht werden, um den Start des Betriebssystems abzuschließen. Diese Dienste stehen auch Treibern und Anwendungen zur Verfügung, die Zugriff auf Plattformfähigkeiten benötigen. Systemstartdienste werden beendet, sobald das Betriebssystem die Kontrolle über den Computer übernimmt.
- **Laufzeitdienste** Dies sind die Schnittstellen, die Zugriff auf zugrunde liegende plattformspezifische Hardware bieten, beispielsweise auf Timer, die während der Betriebssystemausführung nützlich sind. Diese Dienste stehen während des Startprozesses zur Verfügung, aber auch später noch, nachdem der Betriebssystemlader die Systemstartdienste beendet hat.

- **Advanced Configuration and Power Interface (ACPI)**   Eine tabellenbasierte Schnittstelle zum Mainboard, die es dem Betriebssystem ermöglicht, Energieverwaltung und Systemkonfiguration zu steuern.
- **Dienste für System Management BIOS (SMBIOS)**   Eine tabellenbasierte Schnittstelle, die für die WMB-Spezifikation (Wired für Management Baseline) benötigt wird. Sie wird benutzt, um plattformspezifische Verwaltungsdaten an das Betriebssystem oder einen vom Betriebssystem ausgeführten Verwaltungsagenten weiterzumelden.

Computer mit BIOS benutzen im Allgemeinen Festplatten, die MBR-Partitionen (Master Boot Record) haben. Um die 16-Bit-Wurzeln des BIOS hinter sich zu lassen, entwickelte Intel EFI als neue Firmwareimplementierung für seine 64-Bit-Itanium-Prozessoren. EFI basiert auf dem 64-Bit-Real-Mode der x64-Architektur. Wie das BIOS stellt auch EFI die Schnittstelle zwischen Firmware und Betriebssystem bereit, erledigt die Plattforminitialisierung und einige andere Funktionen. Bei der Einführung von EFI stellte Intel auch eine neue Tabellenarchitektur für Festplatten bereit, die auf den Namen GPT (GUID Partition Table) getauft wurde. Computer mit EFI benutzen im Allgemeinen Festplatten mit GPT-Partitionen.

UEFI

Als Intel mit der Entwicklung von EFI begann, wurde Entwicklern bei Intel und anderen Herstellern bewusst, dass die enge Verknüpfung zwischen Firmware und Prozessorarchitektur aufgehoben werden musste. Das führte zur Entwicklung von UEFI. Die Spezifikation UEFI 2.0 wurde im Januar 2006 verabschiedet, im Januar 2007 als UEFI 2.1 überarbeitet und schließlich noch einmal im September 2008 als UEFI 2.2 verändert. Die UEFI-Spezifikationen definieren ein Modell für die Schnittstelle zwischen Betriebssystemen und Plattformfirmware. Diese Schnittstelle besteht aus Datentabellen, die plattformbezogene Daten sowie Systemstart- und Laufzeitdienstaufrufe enthalten, die dem Betriebssystem und seinen Ladeprogrammen zur Verfügung stehen. Die Schnittstelle ist von der Prozessorarchitektur unabhängig. Weil UEFI die Prozessorarchitektur abstrahiert, arbeitet UEFI mit Computern, die eine 32-Bit-, eine 64-Bit- oder eine beliebige andere Architektur haben. Wie bei EFI benutzen Computer mit UEFI im Allgemeinen Festplatten, die GPT-Partitionen haben. UEFI ersetzt allerdings nicht den gesamten Funktionsumfang von BIOS oder EFI; daher ist vorgesehen, dass es BIOS oder EFI lediglich erweitert.

PRAXISTIPP   Die UEFI-2.2-Spezifikation ist über 2.000 Seiten lang. Um Ihnen die nicht immer spannende Lektüre zu ersparen, habe ich die wichtigsten Fähigkeiten hier zusammengefasst.

In UEFI ist die SAL (System Abstraction Layer) die Firmware, die Unterschiede in der Plattformimplementierung abstrahiert und die grundlegende Schnittstelle zu allen höheren Softwareschichten bereitstellt. UEFI definiert Systemstartdienste und Laufzeitdienste.

Zu den UEFI-Systemstartdiensten gehören:
- Ereignis-, Timer- und Aufgabenprioritätsdienste, die Ereignisse erstellen, auf Ereignisse warten, Ereignisse signalisieren, prüfen und abschließen, Timer einrichten und die Priorität von Aufgaben anheben oder wiederherstellen
- Speicherzuweisungsdienste, die Arbeitsspeicherseiten reservieren oder freigeben, Arbeitsspeicherzuordnungen abrufen und gepoolten Arbeitsspeicher reservieren oder freigeben
- Treibermodellsystemstartdienste, die Protokollschnittstellen für Geräte verwalten, Protokollströme öffnen oder schließen und Verbindungen zu Controllern aufbauen oder trennen
- Abbilddienste, die Abbilder laden, starten und freigeben
- Verschiedene Dienste, die Watchdog-Timer einrichten, Arbeitsspeicher kopieren und füllen, Konfigurationstabellen installieren und CRC-Berechnungen (Cyclic Redundancy Checking) ausführen

Wichtige UEFI-Laufzeitdienste sind:
- Variablendienste, die Variablen abrufen, ändern und abfragen
- Zeitdienste, die die Uhrzeit ermitteln und ändern sowie die Aufwachzeit ermitteln und festlegen
- Dienste für virtuellen Arbeitsspeicher, die Zuordnungen für virtuelle Adressen festlegen und Arbeitsspeicherzeiger konvertieren
- Verschiedene Dienste, die den Computer zurücksetzen, Leistungsindikatoren liefern und Informationen an die Firmware übergeben

UEFI definiert architekturunabhängige Modelle für Abbilder, die mit EFI geladen werden, Gerätepfade, Gerätetreiber, Treibersignierung und sicheren Systemstart. Außerdem definiert es folgende Elemente:
- Konsolenunterstützung, die einfache Text- und Grafikausgabe ermöglicht
- Unterstützung für eine HI-Infrastruktur (Human Interface), die grundlegende Mechanismen für die Verwaltung von Benutzereingaben beschreibt und zugehörige Protokolle, Funktionen und Typdefinitionen definiert, mit deren Hilfe sich Benutzereingaben abstrahieren lassen
- Medienunterstützung, die E/A-Zugriff auf Dateisysteme, Dateien und Mediengeräte ermöglicht
- Unterstützung für PCI-, SCSI- und iSCSI-Bus, die E/A-Zugriff über einen PCI-, SCSI- oder iSCSI-Bus sowie einen Systemstart von SCSI oder iSCSI erlaubt
- USB-Unterstützung, die E/A-Zugriff über USB-Hostcontroller, -Busse und -Geräte zur Verfügung stellt
- Komprimierungsunterstützung, die Algorithmen zum Komprimieren und Dekomprimieren von Daten bereitstellt
- Unterstützung für ACPI-Tabellen, die das Installieren oder Entfernen einer ACPI-Tabelle erlaubt

- Unterstützung für virtuelle Computer mit EFI-Bytecode, die es erlaubt, EFI-Gerätetreiber zu laden und auszuführen
- Netzwerkprotokollunterstützung, die die Protokolle SNP (Simple Network Protocol), PXE (Preboot Execution Environment) und BIS (Boot Integrity Services) definiert. SNP stellt eine Paketebenenschnittstelle zu Netzwerkkarten bereit. PXE wird für Netzwerkzugriff und Netzwerkstart eingesetzt. Mit BIS wird die digitale Signatur eines Datenblocks anhand eines digitalen Zertifikats geprüft, um die Integrität und Autorisierung sicherzustellen. PXE greift auf BIS zurück, um heruntergeladene Netzwerkstartabbilder zu überprüfen, bevor sie ausgeführt werden.
- Unterstützung für verwaltete Netzwerke, mit denen MNSBP (Managed Network Service Binding Protocol) und MNP (Managed Network Protocol) definiert werden. Diese Dienste ermöglichen es mehreren ereignisgesteuerten Treibern und Anwendungen, parallel auf Netzwerkschnittstellen zuzugreifen. MNSBP wird benutzt, um Kommunikationsgeräte zu suchen, die von einem MNP-Laufwerk unterstützt werden, und um Instanzen von Protokolltreibern zu verwalten. MNP wird von Treibern und Anwendungen benutzt, um asynchrone Netzwerk-E/A für Paketrohdaten durchzuführen.
- Unterstützung für Netzwerkadressprotokolle, die folgende Protokolle definiert: ARPSBP (Address Resolution Protocol Service Binding Protocol), ARP, DHCPv4, DHCPv4-Dienstbindung, DHCPv6 und DHCPv6-Dienstbindung
- Unterstützung für diverse andere Netzwerkprotokolle, die folgende Protokolle definiert: Virtuelle LAN-Konfiguration, EAP/EAP-Verwaltung, TCPv4, TCPv4-Dienstbindung, TCPv6, TCPv6-Dienstbindung, IPv4, IPv4-Dienstbindung und -Konfiguration, IPv6, IPv6-Dienstbindung und -Konfiguration, IPSec-Konfiguration, FTPv4, FTPv4-Dienstbindung, UDPv4, UDPv4-Dienstbindung, UDPv6, UDPv6-Dienstbindung, Multicast-TFTPv4 und Multicast-TFTPv6

Noch einmal, weil dieser Punkt wichtig ist: UEFI soll BIOS oder EFI nicht vollständig ersetzen. Während UEFI eine andere Schnittstelle für Systemstartdienste und Laufzeitdienste benutzt, müssen manche Plattformfirmwareimplementierungen die Funktionen ausführen, die BIOS und EFI für Systemkonfiguration und Setup benötigen, weil UEFI diese Funktionen nicht zur Verfügung stellt. Aus diesem Grund wird UEFI oft so implementiert, dass es auf einem herkömmlichen BIOS oder EFI aufsetzt. In einem solchen Fall übernimmt UEFI die Funktion des Einstiegspunkts in BIOS oder EFI, der für die Initialisierung aufgerufen wird.

Start- und Energiemodi

Wird ein Computer neu gestartet, nachdem der Strom abgeschaltet war, aktiviert die Firmwareschnittstelle die ganze Hardware, die der Computer für den Systemstart braucht. Dazu gehören:

- Mainboardchipsätze
- Prozessoren und Prozessorcaches
- Systemarbeitsspeicher
- Grafik- und Audiocontroller
- Interne Laufwerke
- Interne Erweiterungskarten

Sobald die Firmwareschnittstelle diesen Vorgang abgeschlossen hat, übergibt sie die Kontrolle über den Computer an das Betriebssystem. Die Implementierung der Firmwareschnittstelle bestimmt, was als Nächstes passiert:

- Bei einem BIOS-basierten Computer, der unter Windows XP oder älteren Windows-Versionen läuft, werden *Ntldr* und *Boot.ini* benutzt, um das Betriebssystem zu starten. *Ntldr* übernimmt die Aufgabe, das Betriebssystem zu laden, und *Boot.ini* enthält die Parameter, die den Startvorgang ermöglichen, beispielsweise die Identität der Startpartitionen. Mithilfe der Parameter in *Boot.ini* können Sie Optionen hinzufügen, die steuern, auf welche Weise das Betriebssystem startet, die Computerkomponenten eingesetzt werden und die Betriebssystemfeatures benutzt werden.

- Bei BIOS-basierten Computern, die unter Windows Vista oder neueren Windows-Versionen laufen, werden der Windows-Start-Manager und das Windows-Startladeprogramm benutzt, um das Betriebssystem zu starten. Der Windows-Start-Manager initialisiert das Betriebssystem, indem er das Windows-Startladeprogramm ausführt, das dann wiederum das Betriebssystem mithilfe von Informationen im BCD-Speicher startet. Über die BCD-Parameter können Sie Optionen hinzufügen, die steuern, auf welche Weise das Betriebssystem startet, die Computerkomponenten eingesetzt werden und die Betriebssystemfeatures benutzt werden.

- Bei Itanium-Computern werden *Ia64ldr.efi*, *Diskpart.efi* und *Nvrboot.efi* benutzt, um das Betriebssystem zu starten. *Ia64ldr.efi* hat die Aufgabe, das Betriebssystem zu laden, während *Diskpart.efi* die Startpartitionen identifiziert. Mit *Nvrboot.efi* konfigurieren Sie die Parameter, die den Start ermöglichen.

- Bei anderen EFI-basierten Computern verwaltet *Bootmgfw.efi* den Startprozess und übergibt die Kontrolle an das Windows-Startladeprogramm. Über *Bcdedit.exe* konfigurieren Sie die Parameter, die den Start ermöglichen.

- Bei UEFI stellen die UEFI-Systemstartdienste eine Abstraktionsschicht zur Verfügung. Momentan setzt diese Abstraktionsschicht auf BIOS oder EFI auf. Ein Computer mit BIOS als zugrunde liegender Architektur benutzt einen BIOS-basierten Ansatz, um das Betriebssystem zu starten. Ein Computer mit EFI als zugrunde liegender Architektur nutzt entsprechend einen EFI-basierten Ansatz für den Start des Betriebssystems.

Arbeiten mit Firmwareschnittstellen

Wenn Sie einen Computer einschalten, können Sie bei den meisten Modellen die Firmwareschnittstelle aufrufen, indem Sie eine bestimmte Taste drücken. Welche Taste das ist, wird auf dem Startbildschirm angezeigt. Beispielsweise müssen Sie bei vielen Computern während der ersten Sekunden nach dem Einschalten F2 oder ENTF drücken, um die Firmwareschnittstelle zu öffnen. Die Firmwareschnittstellen stellen Steuerungsoptionen bereit, mit denen Sie bestimmte Hardwarefunktionen einstellen können. Unter anderem können Sie folgende Elemente konfigurieren:

- Ändern der Monitorhelligkeit (bei Notebooks)
- Anpassen der Festplattenlautstärke
- Einstellen, wie viele Kerne der Prozessor benutzt und wie schnell sie getaktet sind
- Ändern der Startreihenfolge
- Ändern von Datum und Uhrzeit im CMOS
- Zurücksetzen der Firmwareschnittstelle auf die Standardkonfiguration
- Ein- und Ausschalten modularer Zusatzgeräte

Firmwareschnittstellen sind in der Lage, grundlegende Konfigurationsinformationen aufzulisten, darunter Daten über folgende Elemente:

- Netzteilkapazität (bei Notebooks)
- Ladezustand und Verfassung des Akkus (bei Notebooks)
- Monitortyp und Hardwareauflösung (bei Notebooks)
- Firmwareversion
- Arbeitsspeicher
- Prozessoren
- Speichergeräte
- Grafikchipsatz

In den meisten Firmwareschnittstellen können Sie Kennwörter für Administratoren, normale Benutzer und/oder allgemeine Benutzer festlegen, auf die das Betriebssystem keinen Zugriff hat. Ist ein Administratorkennwort (meist als »supervisor« bezeichnet) eingetragen, müssen Sie dieses Kennwort eingeben, bevor Sie die Firmwarekonfiguration ändern dürfen. Ist dagegen ein Benutzerkennwort eingetragen, müssen Sie das Kennwort jedes Mal beim Start eingeben, bevor der Computer das Betriebssystem lädt. Vergessen Sie diese Kennwörter, können Sie unter Umständen nicht mit dem Computer arbeiten oder seine Firmwareeinstellungen ändern, bis Sie die vergessenen Kennwörter gelöscht haben. Beim Löschen der Kennwörter gehen im Allgemeinen auch alle Einstellungen verloren, die Sie in der Firmwareschnittstelle geändert haben.

Ein Update der Firmwareschnittstelle löst oft Probleme oder erweitert die Firmwareschnittstelle des Computers durch neue Features. Sofern beim Betrieb des Computers keine Probleme auftreten und Sie keine neuen Features in der Firmwareschnittstelle benötigen, können Sie gewöhnlich darauf verzichten, die Firmwareschnittstelle des Computers auf die neueste Version zu aktualisieren. Ein Update der Firmwareschnittstelle ist nicht ganz ungefährlich: Kommt es dabei zu einem Fehler, startet der Computer möglicherweise gar nicht mehr.

Aufbau der Firmwareschnittstellen

Welche Informationen und Konfigurationsoptionen in der Firmwareschnittstelle angeboten werden, hängt von dem Computer ab, mit dem Sie arbeiten, vom Typ der Firmwareschnittstelle und von der Version der Firmwareschnittstelle. Die meisten Desktopcomputer haben mehr Konfigurationsoptionen als Notebooks.

Eine momentan weit verbreitete Firmwareschnittstelle ist Phoenix TrustedCore. Auf meinem Notebook stellt diese Schnittstelle mehrere Menüseiten mit Informationen und Einstellmöglichkeiten zur Verfügung.

HINWEIS Die Firmwareschnittstellen sind bei vielen Computern nur in englischer Sprache verfügbar, nur in seltenen Fällen auf Deutsch. In den folgenden Abschnitten wurden daher bei den Menüs die englischen Bezeichnungen beibehalten.

Auf der Informationsseite werden wichtige Daten zur Konfiguration des Computers aufgeführt, darunter:

- CPU-Typ, zum Beispiel Intel Core 2 Duo T5250 mit 1,50 GHz
- CPU-Geschwindigkeit, beispielsweise 1.500 MHz
- Typ und Modell der Festplatte, zum Beispiel IDE1, Hitachi HTS541616J9SA00
- Seriennummer der Festplatte, zum Beispiel SB2553SJC9HT1D
- ATAPI-Modellname, zum Beispiel Toshiba DVDW/HD TS-L802A
- System-BIOS-Version, zum Beispiel v0.3505
- VGA-BIOS-Version, zum Beispiel nVidia 0.84.41.00.18
- Seriennummer
- Inventarnummer
- Herstellername
- UUID (Universally Unique Identifier)

Die Seite *Main* enthält zusätzliche Konfigurationsinformationen, außerdem können Sie dort wichtige Einstellungen konfigurieren. Auf dieser Seite werden folgende Daten angezeigt:

- Systemuhrzeit
- Systemdatum
- Größe des Systemarbeitsspeichers
- Größe des erweiterten Arbeitsspeichers
- Größe des Grafikarbeitsspeichers

Außerdem können Sie folgende Elemente ansehen oder ändern:

- Status des Begrüßungsbildschirms beim Systemstart (*Quiet Boot*) als *Enabled* oder *Disabled*. Ist diese Einstellung deaktiviert, zeigt der Computer während des Starts den Diagnosebildschirm an.
- Status des Bildschirmausgabegeräts (*Power On Display*) als *Auto* oder *Both*. Diese Einstellung legt fest, wie das Anzeigegerät ausgewählt wird.
- Netzwerkstartstatus (*Network Boot*) als *Enabled* oder *Disabled*. Wenn diese Einstellung aktiviert ist, startet der Computer aus dem Netzwerk.
- Status des F12-Startmenüs (*F12 Boot*) als *Enabled* oder *Disabled*. Ist diese Einstellung aktiviert, zeigt der Computer während des Starts das F12-Startmenü an.
- D2D-Wiederherstellungsstatus (D2D Recovery) als *Enabled* oder *Disabled*. Wenn diese Einstellung aktiviert ist, kann der Benutzer die Festplatten-zu-Festplatten-Wiederherstellung einleiten.

Auf der Seite *Security* legen Sie die Administrator-, Benutzer- und Festplattenkennwörter fest. Die Statusinformationen zeigen den aktuellen Status für jedes Kennwort an. Wurden noch keine Kennwörter festgelegt, sieht die Anzeige so aus:

- *Supervisor Password Is: Clear*
- *User Password Is: Clear*
- *Hard Disk Password Status: Clear*

Mit den folgenden zusätzlichen Konfigurationsoptionen können Sie die Kennwörter verwalten:

- **Set Supervisor Password**   Das Administratorkennwort kontrolliert den Zugriff auf die Firmwareschnittstelle.
- **Set User Password**   Das Benutzerkennwort kontrolliert den Zugriff auf den Computer.
- **Set Hard Disk Password**   Das Festplattenkennwort kontrolliert den Zugriff auf die Festplatte des Computers.

Sie legen ein Kennwort fest, indem Sie den Menüpunkt auswählen und die EINGABETASTE drücken. Geben Sie auf Anforderung das neue Kennwort ein und bestätigen Sie es durch eine zweite Eingabe. Drücken Sie die EINGABETASTE.

Im Bereich der Startreihenfolge können Sie ansehen und einstellen, in welcher Reihenfolge die Startgeräte durchprobiert werden. Auf meinem Acer-Notebook ist etwa die folgende Reihenfolge für Startgeräte eingestellt:

1. *IDE HDD*
2. *IDE CD*
3. *PCI DEV*
4. *USB HDD*
5. *USB CDROM*
6. *USB FDC*
7. *USB KEY*

Wenn Sie den Computer einschalten, versucht der Computer, von dem Gerät zu starten, das als erstes in der Liste steht. Gelingt das nicht, versucht es der Computer mit dem zweiten Startgerät und so weiter. Sie können ein Gerät mit den Pfeiltasten auswählen und es dann mit den Tasten + oder – in der Liste nach oben oder unten verschieben. Wenn Sie die Taste F oder R drücken, markieren Sie das Gerät als fest eingebaut (fixed) beziehungsweise als Wechseldatenträger (removable). Mit der Taste X nehmen Sie das Gerät in die Startliste auf oder entfernen es wieder. Und mit der Tastenkombination UMSCHALT+1 aktivieren oder deaktivieren Sie das Gerät.

Auf der Seite *Exit* können Sie die Firmwareschnittstelle verlassen und den Startvorgang des Computers fortsetzen. Wie bei den meisten Firmwareschnittstellen bekommen Sie hier mehrere Optionen zur Auswahl:

- *Exit Saving Changes*   Verlässt die Firmwareschnittstelle und speichert Ihre Änderungen.
- *Exit Discarding Changes*   Verlässt die Firmwareschnittstelle und verwirft Ihre Änderungen.
- *Discard Changes*   Verwirft Ihre Änderungen, ohne die Firmwareschnittstelle zu verlassen.
- *Save Changes*   Speichert Ihre Änderungen, ohne die Firmwareschnittstelle zu verlassen.

Auf allen Menüseiten stehen einige Optionen zur Verfügung, die in den meisten Firmwareschnittstellen gleich sind:

- Die Taste F1 zeigt einen Hilfetext an.
- Drücken Sie die Tasten PFEIL-NACH-OBEN oder PFEIL-NACH-UNTEN, um ein Element auszuwählen.
- Drücken Sie die Tasten PFEIL-NACH-LINKS oder PFEIL-NACH-RECHTS, um eine Menüseite auszuwählen.
- Drücken Sie F5 oder F6, um die Werte zu ändern.
- Drücken Sie F9, um die Standardeinstellungen wiederherzustellen. (Sie müssen diesen Vorgang bestätigen, wenn Sie dazu aufgefordert werden.)
- Drücken Sie ESC, um die Firmwareschnittstelle zu verlassen (und wählen Sie dann aus, ob Sie Ihre Änderungen speichern oder verwerfen wollen).
- Drücken Sie die EINGABETASTE, um eine Einstellung zu wählen oder einen Befehl auszuführen.
- Drücken Sie F10, um Ihre Änderungen zu speichern und die Firmwareschnittstelle zu verlassen. (Wenn Sie aufgefordert werden, den Vorgang zu bestätigen, ist bereits die Option *Yes* ausgewählt. Drücken Sie einfach die EINGABETASTE, wenn Sie die Änderungen speichern und die Firmwareschnittstelle verlassen wollen. Drücken Sie die Leertaste, um die Option *No* auszuwählen, und dann die EINGABETASTE, um in der Firmwareschnittstelle zu bleiben.)

Wie Sie sehen, stehen hier nicht allzu viele Konfigurationsoptionen zur Verfügung. Dagegen bieten viele Desktopcomputer eine überwältigende Zahl von Optionen und Detaileinstellungen. Wenn Sie mit einem Desktopcomputer arbeiten, werden Sie wahrscheinlich Optionen finden, die ähnliche Aufgaben erfüllen. Weil sich die unterschiedlichen Hersteller der Firmwareschnittstellen kaum auf gemeinsame Standards und Konventionen geeinigt haben, haben die Optionen unter Umständen andere Bezeichnungen und Werte.

Energiesparmodi und Energieverwaltung

Damit Sie die Hardwareaspekte, die für Systemstartprobleme oft sehr wichtig sind, besser verstehen, müssen wir uns genauer mit ACPI (Advanced Configuration and Power Interface) beschäftigen. Der Mainboardchipsatz des Computers, die Firmware und das Betriebssystem müssen ACPI unterstützen, damit die entsprechenden Energiesparfeatures funktionieren. ACPI-fähige Komponenten verfolgen den Energiezustand des Computers. Ein ACPI-fähiges Betriebssystem kann eine Anforderung generieren, dass das System in einen anderen ACPI-Modus geschaltet wird, woraufhin die Firmwareschnittstelle den gewünschten ACPI-Modus aktiviert.

Wie in Tabelle 10.1 gezeigt, gibt es sechs unterschiedliche Energiezustände, von S0 (das System ist vollständig angeschaltet und betriebsbereit) bis S5 (das System ist vollständig ausgeschaltet). Die Zustände S1, S2, S3 und S4 werden als *Energiesparmodi* (engl. sleep states) bezeichnet. In diesen Zuständen scheint es, als wäre das System ausgeschaltet, weil es nur noch wenig Strom verbraucht, aber das System hält die Hardware dabei in einem Zustand, der es erlaubt, später weiterzuarbeiten, ohne dass das System neu gestartet werden muss.

Mainboardchipsätze unterstützen bestimmte, aber nicht immer alle Energiezustände. Zum Beispiel könnte ein Mainboard die Energiezustände S0, S1, S4 und S5 unterstützen, aber nicht S2 und S3. Windows-Betriebssysteme bieten die Möglichkeit, einen laufenden Computer in einen Standby- oder Ruhezustand zu versetzen und umgekehrt ein System aus dem Standby- oder Ruhezustand wieder aufzuwecken. Mithilfe der Standby- und Ruhezustandsmodi können die Benutzer ihr System viel schneller ein- und ausschalten als bei den normalen Ausschalt- und Startvorgängen.

Ein Computer wacht also auf, wenn er vom ausgeschalteten Zustand (S5) oder irgendeinem Ruhezustand (S1–S4) in den eingeschalteten Zustand (S0) wechselt. Im umgekehrten Fall wechselt der Computer vom eingeschalteten Zustand (S0) in den ausgeschalteten Zustand (S5) oder in einen der Ruhezustände (S1–S4). Ein Computer kann nicht direkt von einem Ruhezustand in einen anderen schalten; er muss sich im eingeschalteten Zustand befinden, bevor er in einen anderen Ruhezustand wechselt.

Tabelle 10.1 Energiezustände für ACPI in Firmware und Hardware

Zustand	Typ	Beschreibung
S0	Eingeschaltet	Das System ist vollständig betriebsbereit, alle Komponenten werden mit Strom versorgt und der Kontext wird lückenlos beibehalten (zum Beispiel flüchtige Register, Arbeitsspeichercaches und RAM).
S1	Standbymodus	Das System verbraucht weniger Strom als im Zustand S0. Alle Hardware- und Prozessorkontexte werden beibehalten.
S2	Standbymodus	Das System verbraucht weniger Strom als im Zustand S1. Der Prozessor wird nicht mehr mit Strom versorgt, daher gehen Prozessorkontext und Inhalt des Caches verloren.
S3	Standbymodus	Das System verbraucht weniger Strom als im Zustand S2. Prozessor- und Hardwarekontexte, Cacheinhalt und Chipsatzkontext gehen verloren. Der Inhalt des Systemarbeitsspeichers bleibt erhalten.
S4	Ruhezustand	Das System verbraucht weniger Strom als alle anderen Standbymodi, es ist beinah vollständig ausgeschaltet. Die Kontextdaten werden auf die Festplatte geschrieben, in der Hardware selbst bleiben keine Kontextdaten mehr erhalten. Das System kann unter Benutzung der Kontextdaten gestartet werden, die auf Festplatte gespeichert sind.
S5	Ausgeschaltet	Das System ist ausgeschaltet und verwaltet keine Kontextdaten mehr. Um das System in Betrieb zu nehmen, muss es einen vollständigen Startvorgang durchlaufen.

Wenn Sie mit Firmware arbeiten, können Sie auf einer Seite, die meist *Power* oder ähnlich heißt, ACPI und die zugehörigen Einstellungen verwalten. Hier finden Sie unter anderem folgende Energieeinstellungen:

- *After Power Failure* oder *AC Recovery*   Legt fest, in welchen Betriebsmodus der Computer wieder anläuft, nachdem der Strom abgeschaltet war. Mögliche Werte sind *Stay Off*, *Last State* oder *Power On*. Die Einstellung *Stay Off* bedeutet, dass das System ausgeschaltet bleibt, wenn der Strom wieder eingeschaltet wird. Bei *Last State* wird das System in den Zustand geschaltet, den es hatte, bevor der Strom ausgeschaltet wurde. Und *Power On* bedeutet, dass das System eingeschaltet wird, sobald der Strom wieder eingeschaltet ist.
- *Wake On LAN From S5* oder *Auto Power On*   Legt fest, welche Aktion ausgeführt wird, wenn ein Aufwachereignis der PCI-Energieverwaltung auftritt, während das System ausgeschaltet ist. Mögliche Einstellungen sind auch hier *Stay Off* oder *Power On*.
- *ACPI Suspend State* oder *Suspend Mode*   Legt den Modus des Standbyzustands fest. Normalerweise stellen Sie hier den Zustand S1 oder S3 ein.

HINWEIS   In dieser Beschreibung gebe ich jeweils zwei Bezeichnungen für jede Einstellung an, weil die Firmware Ihres Computers unter Umständen nicht genau dieselben Texte verwendet. Es hängt von der Firmwareversion ab, welche Bezeichnungen für Systemstart-, Standby- und andere Einstellungen verwendet werden.

Intel und AMD setzen unterschiedliche Techniken ein, um die Start- und Aufwachphasen zu beschleunigen. Bei einem Computer mit Intel-Prozessor finden Sie beispielsweise Energieeinstellungen wie diese:

- *Enhanced Intel SpeedStep Technologie (EIST)*   Kann entweder aktiviert oder deaktiviert sein.
- *Intel Quick Resume Technology Driver (QRTD)*   Kann entweder aktiviert oder deaktiviert sein.

Mithilfe von Enhanced Intel SpeedStep Technology (EIST oder SpeedStep) kann das System die Prozessorspannung und den Kerntakt dynamisch anpassen, was den Stromverbrauch und die Wärmeentwicklung senkt. Ist EIST oder eine ähnliche Technik aktiviert, bekommen Sie auf der Seite *System* in der Systemsteuerung zwei unterschiedliche Prozessorgeschwindigkeiten angezeigt. Die erste ist die Nenngeschwindigkeit des Prozessors, die zweite die aktuelle Betriebsgeschwindigkeit, die oft kleiner ist als der erste Wert. Ist EIST ausgeschaltet, sind beide Prozessorgeschwindigkeiten gleich. Auch die erweiterten Einstellungen für die Prozessorenergieverwaltung unter *Energieoptionen* können Auswirkungen auf die Funktionsweise dieser Technik haben.

Intel Quick Resume Technology Driver (QRTD) erlaubt einem Computer, der auf Intel Viiv-Technologie basiert, sich wie ein Unterhaltungselektronikgerät zu verhalten, das nach einem einmal erfolgten Start sofort ein- und ausgeschaltet werden kann. Intel QRTD verwaltet dieses Verhalten über den sogenannten Quick-Resume-Modus des Intel Viiv-Chipsatzes. Wenn Sie den Einschaltknopf am Computer oder auf einer Fernbedienung drücken, schaltet der Computer in den Quick-Sleep-Modus, aus dem Sie den Computer wieder in den Quick-Resume-Modus aufwecken, indem Sie die Maus bewegen, eine Ein-/Ausschalttaste auf der Tastatur drücken (sofern vorhanden) oder die Standbytaste auf der Fernbedienung drücken. Der Quick-Sleep-Modus unterscheidet sich vom normalen Standbymodus eines Computers, weil die Grafikkarte des Computers im Quick-Sleep-Modus keine Daten mehr an das Anzeigegerät sendet, der Ton stummgeschaltet ist und die Monitorlampe den Standbymodus anzeigt, dabei aber wichtige Komponenten des Systems weiterhin mit Strom versorgt werden, etwa Prozessor, Lüfter und so weiter. Diese Technologie wurde ursprünglich für Windows XP Media Center Edition entwickelt, sie sollte im Allgemeinen nicht für Windows 7 benutzt werden. (In vielen Fällen funktioniert sie nicht in Windows Vista. Unter Umständen müssen Sie dieses Feature in der Firmware deaktivieren, damit Standby und Aufwachen des Computers einwandfrei funktionieren.)

Wenn Sie die Energieeinstellungen des Computers in der Firmware konfiguriert haben, sollten Sie sich die Systemstarteinstellungen in der Firmware ansehen. Meist können Sie folgende Starteinstellungen in der Firmware konfigurieren:

- *Boot Drive Order*   Legt die Startreihenfolge für Systemstartgeräte fest.
- *Boot To Hard Disk Drive*   Legt fest, ob der Computer von einem fest eingebauten Datenträger starten kann. Mögliche Werte sind *Disabled* oder *Enabled*.

- *Boot To Removable Devices*   Legt fest, ob der Computer von einem Wechseldatenträger starten kann. Mögliche Werte sind *Disabled* oder *Enabled*.
- *Boot To Network*   Legt fest, ob der Computer einen Netzwerkstart durchführen kann. Mögliche Werte sind *Disabled* oder *Enabled*.
- *USB Boot*   Legt fest, ob der Computer von einem USB-Speicherstick starten kann. Mögliche Werte sind *Disabled* oder *Enabled*.

Wie bei den Energieeinstellungen gilt auch hier, dass die genauen Bezeichnungen bei Ihrem Computer unter Umständen anders lauten; sie sind aber meist sehr ähnlich. Sie müssen diese Einstellungen anpassen, damit Sie Ihren Computer wie vorgesehen starten können. Wenn Sie BitLocker-Laufwerkverschlüsselung einsetzen, sollten Sie *Boot To Removable Devices*, *USB Boot* oder beide aktivieren, damit sichergestellt ist, dass der Computer während des Startprozesses das USB-Flashlaufwerk mit dem Verschlüsselungsschlüssel erkennt.

Analysieren und Beseitigen von Startproblemen

Damit Sie Startprobleme diagnostizieren und beseitigen können, müssen Sie wissen, in welcher Reihenfolge die Ereignisse ablaufen, wenn Sie die Einschalttaste eines Computers drücken. In diesem Fall passiert Folgendes:

1. Die Firmwareschnittstelle führt die Systemkonfiguration durch. Dies wird als POST (Power-On Self Test) bezeichnet.
2. Die Firmwareschnittstelle richtet den Computer ein, auch als Initialisierung des Computers bezeichnet.
3. Die Firmwareschnittstelle übergibt die Kontrolle an den Betriebssystemlader, den sogenannten Startmanager.
4. Der Startmanager führt das Startladeprogramm aus. Das Startladeprogramm greift auf die Systemstartdienste der Firmwareschnittstelle zurück, um den Betriebssystemstart auszuführen und das Betriebssystem zu laden. Der Ladevorgang des Betriebssystems besteht aus folgenden Schritten:

    a. Laden (aber nicht Ausführen) des Betriebssystem-Kernels, *Ntoskrnl.exe*

    b. Laden (aber nicht Ausführen) des Hardware Abstraction Layer (HAL), *Hal.dll*

    c. Laden der Registrierungsstruktur *HKEY_LOCAL_MACHINE\ System* in den Arbeitsspeicher (aus *%SystemRoot%\System32\ Config\System*)

    d. Durchsuchen des Schlüssels *HKEY_LOCAL_MACHINE\System\ Services* nach Gerätetreibern und Laden (aber nicht Initialisieren) der Treiber, die für die Startklasse konfiguriert sind, in den Arbeitsspeicher. Treiber sind ebenfalls Dienste (daher werden sowohl Gerätetreiber als auch Systemdienste vorbereitet).

    e. Aktivieren der Arbeitsspeicherauslagerung

5. Das Startladeprogramm übergibt die Kontrolle an den Betriebssystem-Kernel.
6. Kernel und HAL initialisieren Windows-Executive, das wiederum die Konfigurationsinformationen verarbeitet, die im Zweig *HKEY_LOCAL_MACHINE\System\CurrentControlSet* gespeichert sind, und dann die Gerätetreiber und Systemdienste startet.
7. Der Kernel startet den Sitzungs-Manager (*Smss.exe*), der dann wiederum folgende Schritt ausführt:
    a. Er initialisiert die Systemumgebung, indem er Systemumgebungsvariablen anlegt.
    b. Er startet das Win32-Subsystem (*Csrss.exe*). Hier schaltet Windows die Anzeigeausgaben vom Textmodus in den Grafikmodus um.
    c. Er startet den Windows-Anmelde-Manager (*Winlogon.exe*), der wiederum den Dienststeuerungs-Manager (*Services.exe*) und die lokale Sicherheitsautorität (*Lsass.exe*) startet, und darauf wartet, dass sich ein Benutzer anmeldet.
    d. Er legt zusätzliche Auslagerungsdateien an, sofern sie gebraucht werden.
    e. Bei Bedarf schließt er die Umbenennung von gesperrten Dateien ab, die in der vorherigen Sitzung aktualisiert wurden.
8. Der Windows-Anmelde-Manager wartet, bis sich ein Benutzer anmeldet. Der Anmeldebildschirm und der Standardanmeldeinformationsanbieter nehmen Benutzernamen und Kennwort entgegen und übergeben diese Daten zur Authentifizierung an die lokale Sicherheitsautorität.
9. Der Windows-Anmelde-Manager führt *Userinit.exe* und die Windows-Explorer-Shell aus. *Userinit.exe* initialisiert die Benutzerumgebung, indem es Benutzerumgebungsvariablen anlegt, Autostartprogramme ausführt und andere wichtige Aufgaben durchführt.

Diese Abfolge gilt für einen Kaltstart des Computers und erstreckt sich vom Einschalten des Stroms bis zur Benutzeranmeldung. Wird der Computer dagegen aus einem Standby- oder Ruhezustand wieder aufgeweckt, ist die Abfolge der Ereignisse etwas anders. Auch wenn Sie ein anderes Betriebssystem als Windows oder ein anderes Windows-Betriebssystem als Windows Vista, Windows 7 oder Windows Server 2008 starten, unterscheiden sich die Vorgänge in einigen Details.

Manchmal lässt sich die Ursache eines Startproblems dadurch aufspüren, dass Sie genau herausfinden, an welcher Stelle innerhalb des Startvorgangs ein Fehler auftritt. Tabelle 10.2 listet die verschiedenen Startphasen auf und beschreibt mögliche Ursachen für Probleme, die in der jeweiligen Phase auftreten. Die Nummerierung dient lediglich dazu, in den nächsten Abschnitten auf die verschiedenen Phasen zu verweisen.

Analysieren und Beseitigen von Startproblemen **409**

Tabelle 10.2 Problembehandlung für den Systemstart

Phase	Name der Phase	Mögliche Ursachen für das Problem
1	Systemkonfiguration, Power-On Self Test	Hardwaredefekt oder fehlendes Gerät
2	Setup, Initialisierung	Firmwarekonfiguration, Laufwerkssubsystem oder Dateisystem
3	Betriebssystemlader, Startmanager	BCD-Einträge, falsche Auswahl für das zu ladende Betriebssystem oder ungültiges Startladeprogramm
4	Kernel, HAL, Windows-Executive	Konfiguration von Treiber oder Dienst; Dienstabhängigkeiten
5	Sitzungs-Manager	Grafikmodus, Systemumgebung oder Komponentenkonfiguration

Problembehandlung für die Startphase 1

Wenn Sie einen vorher vollständig ausgeschalteten Computer einschalten, wird zuerst die Systemkonfiguration (Power-On Self Test) durchgeführt. Während dieser Phase führt die Firmware erste Prüfungen der Hardware durch, stellt fest, ob alle benötigten Geräte vorhanden sind, und liest die Systemkonfigurationseinstellungen aus dem nichtflüchtigen Speicher des Mainboards ein. Der nichtflüchtige Speicher kann als EEPROM, Flashspeicher oder batteriegepuffertes RAM vorliegen. Meist handelt es sich um Flashspeicher, dessen Inhalt auch dann erhalten bleibt, wenn Sie den Computer herunterfahren und vom Strom trennen.

Sobald die Mainboardfirmware ihre Tests durchgeführt und die Einstellungen gelesen hat, führen Add-On-Geräte, die eigene Firmware haben, ihre Tests durch und laden ihre Einstellungen; solche Geräte sind beispielsweise Grafikkarten und Hostcontrollerkarten. Schlägt der Start in dieser Phase fehl, hat der Computer wahrscheinlich einen Hardwaredefekt. Es kann auch sein, dass ein benötigtes Gerät fehlt, etwa Tastatur, Maus oder Festplatte. In den meisten Fällen zeigt die Firmwareschnittstelle eine Fehlermeldung an, die das Problem genauer beschreibt. Falls die Bildschirmausgabe nicht funktioniert, zeigt die Firmwareschnittstelle das Problem unter Umständen durch eine bestimmte Abfolge von Piepstönen an.

Ein Problem mit Tastatur, Maus oder Bildschirmausgabe können Sie beseitigen, indem Sie die Verbindung des Geräts zum Computer überprüfen. Verursacht ein anderes Gerät das Problem, können Sie den Fehler möglicherweise dadurch beheben, dass Sie die Gerätekonfiguration in der Firmwareschnittstelle ändern; vielleicht müssen Sie das Gerät auch austauschen.

Problembehandlung für die Startphase 2

Sobald die Systemkonfiguration abgeschlossen ist, geht der Computer in die Setup- oder Initialisierungsphase über. Einstellungen der Firmwareschnittstelle legen fest, welche Geräte der Computer benutzt, um das Betriebssystem zu starten. Wie der Startvorgang abläuft, hängt von der Startreihenfolge und dem jeweiligen Status der verschiedenen Geräte ab. Wie bereits beschrieben, versucht der Computer zuerst, von dem Gerät zu starten, das am

Anfang der Liste steht. Gelingt das nicht, probiert der Computer den Start vom zweiten Gerät und so weiter. Kann von keinem der konfigurierten Geräte gestartet werden, erhalten Sie eine Fehlermeldung, die etwa so aussieht:

```
Non-system disk oder disk error
Replace and press any key when ready to continue
```

In diesem Fall sollten Sie die Startreihenfolge überprüfen, sie muss richtig eingestellt sein. Falls Sie versuchen, von CD oder DVD zu starten, sollten Sie prüfen, ob das Medium richtig eingelegt ist und der Start vom CD/DVD-Laufwerk aktiviert ist. Versuchen Sie, von einer Festplatte zu starten, muss der Start von Festplatte aktiviert sein, und die Festplatte muss vor allen USB- oder anderen Wechseldatenträgern aufgelistet sein, die Sie angeschlossen haben. Wenn Sie vor Kurzem eine neue Festplatte installiert haben, sollten Sie den Computer ausschalten, den Stromstecker abziehen und dann prüfen, ob alle Kabel richtig angeschlossen und die Jumper richtig konfiguriert sind.

Weil es nicht immer ganz einleuchtend ist, wie die Startoptionen in der Firmware konfiguriert werden müssen, beschreibe ich hier einige Beispiele anhand einiger Computer von verschiedenen Herstellern. Auf einem HP-Notebook befinden sich die Systemstarteinstellungen auf der Seite *System Configuration* in den Untermenüs *Boot Options* und *Boot Order*. Das Untermenü *Boot Options* enthält folgende Optionen:

- *F10 And F12 Delay (sec)*   Legt fest, wie lange der Benutzer beim Start Gelegenheit erhält, die Tasten F10 oder F12 zu drücken.
- *CD-ROM Boot*   Aktiviert oder deaktiviert den Start von CD-ROM.
- *Floppy Boot*   Aktiviert oder deaktiviert den Systemstart von Diskette.
- *Internal Network Adapter Boot*   Aktiviert oder deaktiviert den Systemstart über das Netzwerk.

Wählen Sie eine Option mit den Tasten PFEIL-NACH-OBEN und PFEIL-NACH-UNTEN aus und drücken Sie die EINGABETASTE, um die möglichen Einstellungen anzuzeigen und zu ändern.

Im Untermenü *Boot Order* ist die Startreihenfolge folgendermaßen aufgelistet:

1. *USB Floppy*
2. *ATAPI CD/DVD ROM Drive*
3. *Notebook Hard Drive*
4. *USB Diskette On Key*
5. *USB Hard Drive*
6. *Network Adapter* (nur wenn *Internal Network Adapter Boot* aktiviert ist)

Hier können Sie mit den Tasten PFEIL-NACH-OBEN und PFEIL-NACH-UNTEN ein Gerät auswählen und dann F5 oder F6 drücken, um das Gerät in der Liste nach oben oder unten zu verschieben. Dieser Computer unterscheidet (wie viele neuere Modelle) zwischen USB-Flashsticks (als *USB Diskette On Key* bezeichnet) und USB-Laufwerken (*USB Hard Drive*). Für die Computerbenutzer ist praktisch kein Unterschied zwischen diesen beiden Typen sichtbar.

Auf einem Dell-Computer verwalten Sie die Systemstarteinstellungen auf der Seite *System* im Untermenü *Boot Sequence*. Hier ist die Startreihenfolge folgendermaßen aufgelistet:

1. *Onboard or USB CD-ROM Drive*
2. *Onboard SATA Hard Drive*
3. *Onboard or USB Floppy Drive (not present)*
4. *Onboard IDE Hard Drive (not present)*
5. *Add-in Hard Drive (not present)*
6. *USB Device (not present)*
7. *Add-in Hard Drive (not present)*

In diesem Fall werden interne Geräte als »Onboard« bezeichnet. Wählen Sie mit den Tasten PFEIL-NACH-OBEN und PFEIL-NACH-UNTEN ein Gerät aus und drücken Sie dann die Tasten U oder D, um es in der Liste nach oben oder unten zu verschieben. Drücken Sie die Leertaste, um das Gerät zur Liste der Startgeräte hinzuzufügen oder daraus zu entfernen. Drücken Sie ENTF, um das Gerät dauerhaft aus der Liste zu löschen, wenn es nicht vorhanden ist und Sie nicht wollen, dass es in der Liste auftaucht.

Unter *Drives* gibt es Untermenüs für folgende Komponenten:

- *Diskette Drive*   Legt fest, wie die Firmwareschnittstelle Diskettenlaufwerke konfiguriert.
- *Drive 0: SATA-0*   Legt fest, ob die Firmwareschnittstelle das angegebene ATA- oder SATA-Gerät aktiviert oder deaktiviert.
- *Drive 1: SATA-1*   Legt fest, ob die Firmwareschnittstelle das angegebene ATA- oder SATA-Gerät aktiviert oder deaktiviert.
- *SATA Operation*   Steuert die Konfiguration des Hardware-RAIDs.

Unter *Onboard Devices* legen die Optionen im Untermenü *USB Controller* fest, ob der Computer von USB-Speichergeräten starten kann.

TIPP   Viele Desktopcomputer werden mit Controllern für Hardware-RAID ausgeliefert. Der in diesem Beispiel verwendete Dell-Computer hat einen Hardware-RAID-Controller, der im Untermenü *SATA Operation* der Seite *System* konfiguriert wird. RAID-Controller für Desktopcomputer unterstützen üblicherweise RAID 0 und RAID 1. RAID 0 bietet keinen Schutz für Daten, es erweitert lediglich ein logisches Datenträgervolume über mehrere physische Datenträger. RAID 1 schützt die Daten dadurch, dass sie auf zwei Datenträger gespiegelt werden. Bei dieser Spiegelkonfiguration sehen zwei physische Datenträger wie ein einziger Datenträger aus, wobei beide Datenträger genau dieselben Daten enthalten.

Problembehandlung für die Startphase 3

Nach dem Setup übergibt die Firmwareschnittstelle die Kontrolle an den Startmanager, der dann seinerseits das Startladeprogramm ausführt. Computer, die ein BIOS haben, lesen Daten aus dem MBR (Master Boot Record). Normalerweise ist der MBR der erste Datensektor auf der Festplatte. Er enthält Startbefehle und eine Partitionstabelle, in der die Festplattenpartitionen definiert sind. Die aktive Partition, auch als Startpartition (engl. boot partition) bezeichnet, enthält ebenfalls Startcode in ihrem ersten Datensektor. Diese Daten liefern Informationen über das Dateisystem auf der Partition, sodass die Firmware in der Lage ist, das Stubprogramm *Bootmgr* im Stammverzeichnis der Startpartition zu finden und zu starten. Bootmgr schaltet den Prozess vom Real-Mode in den 32-Bit- oder 64-Bit-Protected-Mode um und lädt den 32-Bit- oder 64-Bit-Windows-Start-Manager (der in der Stubdatei selbst liegt). Der Windows-Start-Manager sucht und startet daraufhin das Windows-Startladeprogramm (*Winload*).

Probleme können auftreten, wenn es keine aktive Startpartition gibt oder irgendwelche Startsektordaten fehlen oder beschädigt sind. In diesem Fall erhalten Sie Fehlermeldungen wie:

```
Error loading operating system
```

und

```
Invalid partition table
```

In solchen Fällen können Sie die Funktion oft mit dem Tool Systemstartreparatur wiederherstellen.

Dagegen haben Computer, die mit EFI arbeiten, einen eingebauten Startmanager. Wenn Sie Windows installieren, fügt Windows einen Eintrag zum EFI-Startmanager hinzu. Dieser Eintrag heißt *Windows-Start-Manager* und verweist auf die ausführbare Datei des Startmanagers in der EFI-Systempartition (*\Efi\Microsoft\Boot\Bootmgfw.efi*). Der Startmanager übergibt die Kontrolle an das Windows-Startladeprogramm.

Probleme können auftreten, wenn Sie ein anderes Betriebssystem installieren oder die Einstellungen des EFI-Startmanagers verändern. In vielen Fällen gelingt es, die Funktion mit dem Tool Systemstartreparatur wiederherzustellen. Oft reicht es auch aus, die Einstellungen des EFI-Startmanagers zu ändern.

Problembehandlung für die Startphase 4

Das Startladeprogramm greift auf die Systemstartdienste der Firmwareschnittstelle zurück, um den Start des Betriebssystems abzuschließen. Dabei lädt das Startladeprogramm den Betriebssystem-Kernel (*Ntoskrnl.exe*) und dann die HAL (Hardware Abstraction Layer) aus der Datei *Hal.dll*. Anschließend lädt das Startladeprogramm die Registrierungsstruktur *HKEY_LOCAL_MACHINE\System* in den Arbeitsspeicher (aus *%SystemRoot%\System32\Config\System*) und sucht darin im Schlüssel *HKEY_LOCAL_MACHINE\System\Services* nach Gerätetreibern. Es lädt dabei alle Treiber in den Arbeitsspeicher, die für die Systemstartklasse konfiguriert sind.

Sobald das Startladeprogramm die Kontrolle an den Betriebssystem-Kernel übergeben hat, initialisieren Kernel und HAL das Windows-Executive, das daraufhin die Konfigurationsdaten verarbeitet, die im Zweig *HKEY_LOCAL_MACHINE\System\CurrentControlSet* gespeichert sind, und anschließend die Gerätetreiber und Systemdienste startet. Treiber und Dienste werden entsprechend ihrem Starttyp ausgeführt. Dieser Wert steht im Unterschlüssel *Start* des Zweigs *HKEY_LOCAL_MACHINE\System\CurrentControlSet\ Services\<Name>*, wobei *<Name>* für den Namen des Geräts oder Dienstes steht. Gültige Werte sind 0 (Systemstarttreiber), 1 (Systemtreiber), 2 (automatisch geladener Treiber oder Dienst), 3 (bei Bedarf geladener Treiber oder Dienst), 4 (deaktivierter und nicht gestarteter Treiber oder Dienst) und 5 (verzögert gestarteter Dienst). Treiber werden in folgender Reihenfolge gestartet: Systemstarttreiber, Systemtreiber, automatisch geladene Treiber, bei Bedarf geladene Treiber und zuletzt verzögert gestartete Dienste.

Die meisten Probleme in dieser Phase sind auf ungültige Treiber- und Dienstkonfigurationen zurückzuführen. Manche Treiber und Dienste hängen von anderen Komponenten und Diensten ab. Auch wenn abhängige Komponenten oder Dienste nicht verfügbar oder falsch konfiguriert sind, kann das Startprobleme auslösen.

Während des Systemstarts werden Unterschlüssel von *HKEY_LOCAL_ MACHINE\System* ausgewertet, um Geräte und Dienste zu konfigurieren. Der Unterschlüssel *Select* enthält mehrere Werte, die für diese Aufgabe wichtig sind:

- Der Wert *Current* ist ein Zeiger auf den *ControlSet*-Unterschlüssel, in dem die aktuelle Konfiguration für alle Geräte und Dienste definiert ist.
- Der Wert *Default* ist ein Zeiger auf den *ControlSet*-Unterschlüssel, in dem die Konfigurationsdefinition gespeichert ist, die der Computer beim nächsten Systemstart benutzt, sofern kein Fehler auftritt und Sie keine alternative Konfiguration verwenden.
- Der Wert *Failed* ist ein Zeiger auf den *ControlSet*-Unterschlüssel mit einer Konfigurationsdefinition, in der Windows nicht geladen werden konnte.
- Der Wert *LastKnownGood* ist ein Zeiger auf den *ControlSet*-Unterschlüssel, in dem die Konfiguration definiert ist, die für die letzte erfolgreiche Anmeldung benutzt wurde.

Bei einem normalen Start benutzt der Computer den Konfigurationssatz aus *Default*. Sofern beim Start keine Fehler auftreten und Sie nicht die letzte als funktionierend bekannte Konfiguration auswählen, verweisen die Werte *Default*, *Current* und *LastKnownGood* auf denselben *ControlSet*-Unterschlüssel, zum Beispiel *ControlSet001*. Wenn dagegen beim Start Fehler aufgetreten sind und Sie in den erweiterten Startoptionen die letzte als funktionierend bekannte Konfiguration ausgewählt haben, wird der Eintrag *Failed* so aktualisiert, dass er auf die Konfigurationsdefinition verweist, mit der der Systemstart fehlgeschlagen ist. Wenn der Systemstart erfolgreich war und Sie nicht die letzte als funktionierend bekannte Konfiguration aufgerufen haben, wird in den Wert *LastKnownGood* ein Verweis auf die aktuelle Konfigurationsdefinition eingetragen.

Problembehandlung für die Startphase 5

In der abschließenden Phase des Systemstarts führt der Kernel den Sitzungs-Manager (*Smss.exe*) aus. Der Sitzungs-Manager initialisiert die Systemumgebung, indem er Systemumgebungsvariablen anlegt und das Win32-Subsystem (*Csrss.exe*) startet. An diesem Punkt schaltet Windows die Anzeige vom Textmodus in den Grafikmodus um. Falls die Grafikkarte defekt oder nicht richtig eingebaut ist, zeigt der Computer weder im Text- noch im Grafikmodus etwas an. Ist die Grafikkarte dagegen falsch konfiguriert, macht sich das oft bemerkbar, sobald der Computer in den Grafikmodus umschaltet. Ist die Grafikkarte falsch konfiguriert, kommt es unter Umständen zu Darstellungsfehlern, wie im Abschnitt »Beseitigen von Anzeigeproblemen« in Kapitel 7 beschrieben.

Die Bildschirmanzeige ist nur eine von mehreren Komponenten, bei denen sich in dieser späten Phase des Systemstarts unter Umständen Probleme bemerkbar machen. Sollte der Systemstart in dieser Phase fehlschlagen, können Sie die verursachende Komponente mithilfe der Startprotokollierung aufspüren. Tritt in dieser Phase ein Abbruchfehler beim Computer auf, können Sie anhand der Informationen, die in der Abbruchmeldung aufgeführt sind, die Komponente identifizieren.

Der Sitzungs-Manager startet den Windows-Anmelde-Manager (*Winlogon.exe*), der dann seinerseits den Dienststeuerungs-Manager (*Services.exe*) und die lokale Sicherheitsautorität (*Lsass.exe*) startet und wartet, bis sich ein Benutzer anmeldet. Sobald sich ein Benutzer anmeldet, führt der Windows-Anmelde-Manager das Programm *Userinit.exe* und die Windows-Explorer-Shell aus. *Userinit.exe* initialisiert die Benutzerumgebung, indem es Benutzerumgebungsvariablen anlegt, Autostartprogramme ausführt und andere wichtige Aufgaben durchführt. Die Windows-Explorer-Shell stellt Desktop, Taskleiste und Menüsystem zur Verfügung.

Falls während oder nach der Anmeldung Startprobleme auftreten, liegt das Problem wahrscheinlich bei einem falsch konfigurierten Dienst oder einer Autostartanwendung. Im Rahmen der Problembehandlung können Sie Dienste und Autostartanwendungen zeitweise deaktivieren, wie im Abschnitt »Verwalten der Systemstartkonfiguration« weiter unten in diesem Kapitel beschrieben.

Verwalten der Systemstartkonfiguration

Während das Betriebssystem startet, können Sie F8 oder F12 drücken, um das Menü *Erweiterte Startoptionen* aufzurufen. In diesem Menü haben Sie die Möglichkeit, einen von verschiedenen erweiterten Startmodi auszuwählen. Diese erweiterten Modi nehmen keine dauerhaften Änderungen an der Systemstartkonfiguration oder dem BCD-Speicher vor. Zu den Tools, mit denen Sie die Systemstartkonfiguration anpassen und den BCD-Speicher verwalten können, gehören das Dialogfeld *Starten und Wiederherstellen*, das Systemkonfigurationsprogramm und der BCD-Editor. Die folgenden Abschnitte beschreiben, wie Sie diese Tools einsetzen.

Einstellen von Start- und Wiederherstellungsoptionen

Das Dialogfeld *Starten und Wiederherstellen* steuert die grundlegenden Optionen für das Betriebssystem während des Systemstarts. Über diese Optionen können Sie festlegen, welches Standardbetriebssystem verwendet wird, wie lange die Liste der verfügbaren Betriebssysteme angezeigt wird und wie lange bei Bedarf die Wiederherstellungsoptionen angezeigt werden. Unabhängig davon, ob Sie einen Computer mit anderen Betriebssystemen starten, sollten Sie diese Einstellungen optimieren, um die Wartezeit während des Systemstarts möglichst kurz zu halten und den Startvorgang zu beschleunigen.

Gehen Sie folgendermaßen vor, um das Dialogfeld *Starten und Wiederherstellen* zu öffnen:

1. Klicken Sie in der Systemsteuerung auf *System und Sicherheit* und dann auf *System*, um das Fenster *System* zu öffnen.
2. Klicken Sie im linken Fensterabschnitt des Fensters *System* auf *Erweiterte Systemeinstellungen*, um das Dialogfeld *Systemeigenschaften* anzuzeigen.
3. Klicken Sie auf der Registerkarte *Erweitert* des Dialogfelds *Systemeigenschaften* unter *Starten und Wiederherstellen* auf die Schaltfläche *Einstellungen*. Daraufhin öffnet sich das Dialogfeld *Starten und Wiederherstellen* (Abbildung 10.1).

Abbildung 10.1 Konfigurieren der Systemstartoptionen

4. Wenn Ihr Computer mehrere Betriebssysteme hat, können Sie in der Dropdownliste *Standardbetriebssystem* auswählen, welches Betriebssystem als Standardeinstellung gestartet wird.
5. Legen Sie fest, wie lange die Betriebssystemliste angezeigt wird, indem Sie das Kontrollkästchen *Anzeigedauer der Betriebssystemliste* aktivieren

und die Dauer in der Einheit Sekunden eintragen. Um den Startvorgang zu beschleunigen, können Sie beispielsweise den Wert 5 Sekunden verwenden.

6. Legen Sie fest, wie lange die Liste der Wiederherstellungsoptionen angezeigt wird, indem Sie das Kontrollkästchen *Anzeigedauer der Wiederherstellungsoptionen* aktivieren und die Dauer in der Einheit Sekunden angeben. Auch hier können Sie den Wert 5 Sekunden verwenden, um den Startvorgang zu beschleunigen.
7. Aktivieren Sie unter *Systemfehler* das Kontrollkästchen *Ereignis in das Systemprotokoll eintragen*, wenn Ereignisse, die mit Systemfehlern zusammenhängen, protokolliert werden sollen. Aktivieren Sie *Automatisch Neustart durchführen*, wenn Sie wollen, dass der Computer nach einem Fehler automatisch neu gestartet wird.
8. Klicken Sie auf *OK*, um Ihre Einstellungen zu speichern.

Verwalten der Systemstartkonfiguration

Im Programm *Systemkonfiguration* (*Msconfig.exe*) können Sie den Startvorgang des Computers in allen Einzelheiten optimieren. Meist setzen Sie dieses Dienstprogramm bei der Problembehandlung und Diagnose ein. Beispielsweise können Sie im Rahmen einer Problembehandlung den Computer so konfigurieren, dass er einen Diagnosestart ausführt, bei dem nur unverzichtbare Geräte und Dienste geladen werden.

Sie finden das Systemkonfigurationsprogramm im Menü *Verwaltung*. Sie können es auch starten, indem Sie im Suchfeld des Startmenüs **msconfig.exe** eingeben und die EINGABETASTE drücken. Wie Sie in Abbildung 10.2 sehen, hat dieses Dienstprogramm etliche Registerkarten mit zahlreichen Optionen.

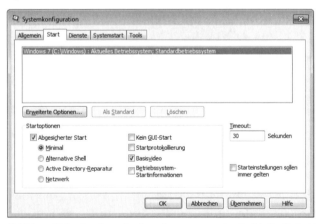

Abbildung 10.2 Das Systemkonfigurationsprogramm ist nützlich für die Problembehandlung

Mit den Optionen der Registerkarte *Allgemein* konfigurieren Sie, auf welche Weise das System gestartet wird. Dies ist oft der Ausgangspunkt für Problembehandlung und Diagnose. Mit diesen Optionen können Sie auswählen, ob ein normaler Systemstart, ein Diagnosesystemstart oder ein benutzerdefinierter Systemstart ausgeführt wird. Starten Sie nun den Computer neu und beseitigen Sie die Probleme. Anschließend öffnen Sie das Systemkonfigurationsprogramm wieder, wählen auf der Registerkarte *Allgemein* die Option *Normaler Systemstart* und klicken auf *OK*.

Mit den Optionen auf der Registerkarte *Start* legen Sie fest, wie die verschiedenen Prozesse des Startvorgangs arbeiten. Sie können den Computer so konfigurieren, dass er in einem der sicheren Systemstartmodi hochfährt, und zusätzliche Optionen einstellen, zum Beispiel *Kein GUI-Start*. Sollten Sie nach der Problembehandlung feststellen, dass Sie diese Einstellungen beibehalten wollen, können Sie das Kontrollkästchen *Starteinstellungen sollen immer gelten* aktivieren, um die Einstellungen im Eintrag der Systemstartkonfiguration zu speichern.

Wenn Sie auf der Registerkarte *Start* auf die Schaltfläche *Erweiterte Optionen* klicken, wird das Dialogfeld *Erweiterte Startoptionen* geöffnet (Abbildung 10.3). Hier können Sie die Kontrollkästchen *PCI Lock* und *Debug* aktivieren und außerdem folgende erweiterte Optionen einstellen:

- Festlegen, wie viele Prozessoren das Betriebssystem benutzen soll. Dabei ist egal, ob es sich bei den Prozessoren um separate CPUs in eigenen Sockeln oder Kerne innerhalb einer Mehrkern-CPU handelt. Diese Möglichkeit sollten Sie nutzen, wenn Sie vermuten, dass ein Problem durch die zusätzlich verfügbaren Prozessoren ausgelöst wird, und feststellen wollen, ob das Problem tatsächlich mit der Mehrprozessorkonfigurationen oder der Parallelausführung zu tun hat. Sehen wir uns ein Beispiel an: Ein Computer enthält eine CPU mit 4 Prozessorkernen. Eine selbst entwickelte Anwendung, die im Unternehmen für die Inventarverwaltung eingesetzt wird, ist sehr langsam, wenn sie auf diesem Computer läuft. Auf Computern, die nur einen einzigen Prozessorkern haben, ist die Geschwindigkeit dagegen einwandfrei. Sie konfigurieren den Computer nun so, dass er nur mit einem Prozessor startet, und stellen fest, dass sich die Leistung der Anwendung verbessert. Sie aktivieren wieder alle Prozessoren und melden dem Softwareentwicklungsteam, dass die Anwendung Probleme bei der Parallelausführung auf mehreren Prozessorkernen verursacht.

- Einstellen der Höchstmenge des Arbeitsspeichers, der vom Betriebssystem benutzt wird. Verwenden Sie diese Einstellmöglichkeit, wenn Sie den Verdacht haben, dass ein Problem durch zusätzlichen Arbeitsspeicher verursacht wird, den Sie in einem Computer installiert haben. Auch hier wieder ein Beispiel: Ein Computer hatte bei der Auslieferung 2 GByte RAM, später haben Sie ihn mit weiteren 2 GByte RAM aufgerüstet. Nun stellt sich heraus, dass der Computer nicht mehr startet. Sie können das neue RAM als Fehlerursache ausschließen, indem Sie den Computer auf 2.048 MByte Arbeitsspeicher beschränken.

Wenn Sie vermuten, dass die Dienste, die auf einem Computer installiert sind, Startprobleme verursachen, können Sie das schnell überprüfen, indem Sie auf der Registerkarte *Allgemein* den Diagnose- oder benutzerdefinierten Systemstart auswählen. Stellen Sie dabei fest, dass tatsächlich bestimmte Dienste die Startprobleme verursachen, können Sie diese Dienste zeitweise auf der Registerkarte *Dienste* deaktivieren und den Computer dann neu starten, um zu prüfen, ob das Problem damit beseitigt ist. Ist das der Fall, haben Sie die Ursache wahrscheinlich gefunden. Sie können den Dienst nun dauerhaft deaktivieren oder beim Hersteller des Dienstes nachfragen, ob eine aktualisierte Version verfügbar ist. Sie deaktivieren einen Dienst, indem Sie das zugehörige Kontrollkästchen auf der Registerkarte *Dienste* ausschalten.

Auch wenn Sie vermuten, dass Anwendungen, die beim Systemstart automatisch ausgeführt werden, Probleme verursachen, können Sie das schnell mithilfe der Optionen auf der Registerkarte *Systemstart* überprüfen. Sie deaktivieren eine Autostartanwendung, indem Sie das zugehörige Kontrollkästchen auf der Registerkarte *Systemstart* ausschalten. Tritt das Problem anschließend nicht mehr auf, haben Sie wahrscheinlich die Ursache aufgespürt. Anschließend können Sie die Autostartanwendung dauerhaft deaktivieren oder beim Softwarehersteller nachfragen, ob er eine aktualisierte Version anbietet.

Abbildung 10.3 Die erweiterten Startoptionen helfen bei der Behandlung bestimmter Bereiche von Problemen

Wenn Sie das Systemkonfigurationsprogramm für Problembehandlung und Diagnose einsetzen, dürfen Sie nicht vergessen, die ausgewählten Startoptionen später wieder zu entfernen. Öffnen Sie dazu wieder das Programm *Systemkonfiguration*, nachdem Sie den Computer neu gestartet und alle Probleme beseitigt haben, stellen Sie die ursprünglichen Einstellungen wieder her und klicken Sie auf *OK*.

Arbeiten mit dem BCD-Editor

Der BCD-Speicher enthält mehrere Einträge. Auf einem BIOS-basierten Computer finden Sie folgende Einträge:

- Einen Eintrag für den Windows-Start-Manager. Es gibt nur einen Startmanager, daher ist auch nur ein entsprechender Eintrag vorhanden.
- Einen oder mehrere Einträge für das Windows-Startladeprogramm. Es gibt jeweils einen Eintrag für jede Instanz von Windows 7, Windows Vista oder von einer neueren Windows-Version, die auf dem Computer installiert ist.

Auf einem Computer mit anderen Betriebssystemen gibt es zusätzlich diese Einträge:

- Ein Eintrag für ein Legacy-Betriebssystem. Der Legacy-Eintrag verweist nicht auf eine Startanwendung. Er dient dazu, *Ntldr* und *Boot.ini* aufzurufen, um Windows XP oder eine ältere Version von Windows zu starten. Wenn es auf dem Computer mehrere Instanzen von Windows XP oder einem älteren Betriebssystem gibt, können Sie das gewünschte Betriebssystem auswählen, nachdem Sie den Menüeintrag für das Legacy-Betriebssystem gewählt haben.

Der Windows-Start-Manager ist selbst ein Startladeprogramm. Daneben gibt es weitere Startladeprogramme, zum Beispiel:

- Ladeprogramm für Legacy-Betriebssysteme, eingetragen als *Ntldr*
- Lader für Windows Vista oder neuere Betriebssysteme, eingetragen als *Osloader*
- Windows-Startsektoranwendung, eingetragen als *Bootsector*
- Firmware-Startmanager, eingetragen als *Fwbootmgr*
- Windows-Ladeprogrammfortsetzung, eingetragen als *Resume*

Sie können den BCD-Speicher im BCD-Editor (*Bcdedit.exe*) ansehen und bearbeiten. Der BCD-Editor ist ein Befehlszeilenprogramm. Gehen Sie folgendermaßen vor, um sich die Einträge im BCD-Speicher mit dem BCD-Editor anzusehen:

1. Klicken Sie im Startmenü auf *Alle Programme* und dann auf *Zubehör*.
2. Klicken Sie mit der rechten Maustaste auf *Eingabeaufforderung* und wählen Sie den Befehl *Als Administrator ausführen*.
3. Geben Sie in der Eingabeaufforderung **bcdedit** ein.

Tabelle 10.3 fasst die Befehle zusammen, die Sie verwenden können, wenn Sie mit dem BCD-Speicher arbeiten. Diese Befehle ermöglichen folgende Aktionen:

- Erstellen, Importieren, Exportieren und Identifizieren des gesamten BCD-Speichers
- Erstellen, Löschen und Kopieren einzelner Einträge im BCD-Speicher
- Ändern oder Löschen der Werte eines Eintrags im BCD-Speicher
- Steuern der Systemstartreihenfolge und des Startmanagers

- Konfigurieren und Steuern der Notfallverwaltungsdienste (Emergency Management Services, EMS)
- Konfigurieren und Steuern des Systemstartdebuggers und des Hypervisordebuggers

Tabelle 10.3 Befehle für den BCD-Editor

Befehl	Beschreibung
/bootdebug	Aktiviert oder deaktiviert das Systemstartdebugging für eine Startanwendung.
/bootems	Aktiviert oder deaktiviert die Notfallverwaltungsdienste für eine Startanwendung.
/bootsequence	Legt die einmalige Startreihenfolge für den Startmanager fest.
/copy	Kopiert Einträge im Speicher.
/create	Erstellt neue Einträge im Speicher.
/createstore	Erstellt einen neuen (leeren) Startkonfigurationsdatenspeicher.
/dbgsettings	Legt die globalen Debugparameter fest.
/debug	Aktiviert oder deaktiviert das Kerneldebugging für einen Betriebssystemeintrag.
/default	Legt den Standardeintrag fest, den der Startmanager benutzt.
/delete	Löscht Einträge aus dem Speicher.
/deletevalue	Löscht Eintragsoptionen aus dem Speicher.
/displayorder	Legt fest, in welcher Reihenfolge der Startmanager die Einträge des Startmenüs anzeigt.
/ems	Aktiviert oder deaktiviert die Notfallverwaltungsdienste für einen Betriebssystemeintrag.
/emssettings	Legt die globalen Parameter für die Notfallverwaltungsdienste fest.
/enum	Listet die Einträge im Speicher auf.
/export	Exportiert den Inhalt des Systemspeichers in eine Datei. Diese Datei kann später benutzt werden, um den Zustand des Systemspeichers wiederherzustellen.
/hypervisorsettings	Legt die Parameter für den Hypervisor fest.
/import	Stellt den Zustand des Systemspeichers aus einer Sicherungsdatei wieder her, die mit dem Befehl /export erstellt wurde.
/mirror	Erstellt eine gespiegelte Version der Einträge im Speicher.
/set	Legt Eintragsoptionswerte im Speicher fest.
/sysstore	Legt das Systemspeichergerät fest. Diese Einstellung wirkt sich nur auf EFI-Systeme aus.
/timeout	Legt das Zeitlimit für den Startmanager fest.
/toolsdisplayorder	Legt fest, in welcher Reihenfolge der Startmanager die Einträge des Toolmenüs anzeigt.
/v	Aktiviert die Ausgabe ausführlicher Meldungen.

Verwalten des BCD-Speichers

Der BCD-Editor ist ein leistungsfähiges Befehlszeilentool, mit dem Sie die Konfiguration der Startumgebung, die vor dem Betriebssystem ausgeführt wird, anzeigen und bearbeiten können. In den folgenden Abschnitten erkläre ich zwar, wie Sie den BCD-Speicher verändern, aber sollten das nur versuchen, wenn Sie IT-Experte mit ausreichender Erfahrung auf diesem Gebiet sind. Zur Sicherheit sollten Sie auf jeden Fall eine vollständige Datensicherung des Computers anlegen, bevor Sie irgendwelche Änderungen am BCD-Speicher vornehmen. Warum? Wenn Sie einen Fehler machen, lässt sich Ihr Computer unter Umständen gar nicht mehr starten, sodass Ihnen nur die Möglichkeit der Wiederherstellung bleibt.

Anzeigen von BCD-Einträgen

Ein Computer kann einen System- und einen Nicht-System-BCD-Speicher haben. Der System-BCD-Speicher enthält die Starteinträge für Betriebssysteme und die zugehörigen Systemstarteinstellungen. Wenn Sie den BCD-Editor benutzen, arbeiten Sie immer mit diesem System-BCD-Speicher.

Listing 10.1 Einträge im BCD-Speicher auf einem Computer mit einem Betriebssystem

```
Windows-Start-Manager
--------------------
identifier              {bootmgr}
device                  partition=L:
description             Windows Boot Manager
locale                  de-DE
inherit                 {globalsettings}
default                 {current}
resumeobject            {1cafd2de-e035-11dd-bbf6-bdebeb67615f}
displayorder            {current}
                        {975a8204-9658-11dd-993e-9aea7965e9da}
                        {360a7720-e6ef-11dc-89b8-84b5c301f2c8}
toolsdisplayorder       {memdiag}
timeout                 30

Windows-Startladeprogramm
-------------------------
identifier              {current}
device                  partition=C:
path                    \Windows\system32\winload.exe
description             Windows 7
locale                  de-DE
inherit                 {bootloadersettings}
recoverysequence        {1cafd2e0-e035-11dd-bbf6-bdebeb67615f}
recoveryenabled         Yes
osdevice                partition=C:
systemroot              \Windows
resumeobject            {1cafd2de-e035-11dd-bbf6-bdebeb67615f}
nx                      OptIn
```

Auf einem Computer, der nur ein einziges Betriebssystem hat, sehen die BCD-Einträge ähnlich aus wie in Listing 10.1. Wie das Listing zeigt, enthält der BCD-Speicher des Beispielcomputers zwei Einträge: einen für den Windows-Start-Manager und einen für das Windows-Startladeprogramm. In diesem Fall ruft der Windows-Start-Manager das Startladeprogramm auf, und das Startladeprogramm seinerseits *Winload.exe*, um Windows 7 zu starten.

Die BCD-Einträge für Windows-Start-Manager und Windows-Startladeprogramm haben ähnliche Eigenschaften. Tabelle 10.4 fasst diese Eigenschaften zusammen.

Wenn Sie mit dem BCD-Speicher und dem BCD-Editor arbeiten, finden Sie Verweise auf bekannte Kennungen, die in Tabelle 10.5 aufgelistet sind, und auf GUIDs. Wird eine GUID benutzt, hat sie folgendes Format, wobei jedes N für eine Hexadezimalziffer steht:

{NNNNNNNN-NNNN-NNNN-NNNN-NNNNNNNNNNNN}

Tabelle 10.4 Eigenschaften von BCD-Einträgen

Eigenschaft	Beschreibung
Description	Eine aussagekräftige Beschreibung, die dabei hilft, den Eintragstyp zu interpretieren.
Device	Der Pfad des Geräts. Bei einer Partition auf einer physischen Festplatte lautet dieser Eintrag beispielsweise partition=C:.
FileDevice	Der Pfad zu einem Dateigerät, zum Beispiel partition=C:.
FilePath	Der Dateipfad zu einer benötigten Datei, zum Beispiel \hiberfil.sys.
Identifier	Eine Kennung für den Eintrag. Dies kann ein Startladeprogramm sein, zum Beispiel *Bootmgr* oder *Ntldr*, ein Verweis auf den aktuellen Betriebssystemeintrag oder die GUID (Globally Unique Identifier) eines bestimmten Objekts.
Inherit	Die Liste der Einträge, die durch Vererbung übernommen werden.
Locale	Die Gebietsschemaeinstellung des Computers, zum Beispiel de-DE. Die Gebietsschemaeinstellung legt fest, welche Sprache in der Benutzeroberfläche (User Interface, UI) verwendet wird. Der Ordner *Boot* enthält Unterordner für jedes unterstützte Gebietsschema, und jeder dieser Unterordner enthält die sprachspezifischen UI-Elemente für den Windows-Start-Manager und das Dienstprogramm Windows-Speicherdiagnose (*Memdiag.exe*).
OSDevice	Der Pfad zum Betriebssystemgerät, zum Beispiel partition=C:.
Path	Der tatsächliche Dateipfad zum Startladeprogramm, beispielsweise *Windows**System32**winload.exe*.

Ein Beispiel:

{975a8204-9658-11dd-993e-9aea7965e9da}

Die Bindestriche, mit denen die verschiedenen Abschnitte der GUID voneinander getrennt werden, müssen an den gezeigten Stellen eingefügt werden. Sowohl bekannte Kennungen als auch GUIDs sind in geschweifte Klammern eingeschlossen.

Sind auf einem Computer weitere Instanzen von Windows Vista, Windows 7 oder neueren Windows-Versionen installiert, enthält der BCD-Speicher für jedes dieser zusätzlichen Betriebssysteme weitere Einträge. Zum Beispiel enthält der BCD-Speicher zu jedem Betriebssystem jeweils einen Eintrag für den Windows-Start-Manager und einen Eintrag für das Windows-Startladeprogramm.

Ist auf einem Computer ein älteres Betriebssystem installiert, enthält der BCD-Speicher drei Einträge: einen für den Windows-Start-Manager, einen für das Windows-Legacybetriebssystem-Ladeprogramm und einen für das Windows-Startladeprogramm. Der Eintrag für das Windows-Legacybetriebssystem-Ladeprogramm sieht meist ähnlich wie in Listing 10.2 aus.

Tabelle 10.5 Bekannte Kennungen

Kennung	Beschreibung
{badmemory}	Enthält die globale RAM-Defektliste, die an jeden Startanwendungseintrag vererbt werden kann.
{bootloadersettings}	Enthält die Sammlung der globalen Einstellungen, die an alle Einträge für das Windows-Startladeprogramm vererbt werden sollen.
{bootmgr}	Verweist auf den Eintrag des Windows-Start-Managers.
{current}	Eine virtuelle Kennung, die für den Betriebssystem-Starteintrag für das momentan laufende Betriebssystem steht.
{dbgsettings}	Enthält die globalen Debuggereinstellungen, die an jeden Startanwendungseintrag vererbt werden können.
{default}	Eine virtuelle Kennung, die für den Eintrag des Standardstartmanagers steht.
{emssettings}	Enthält die Einstellungen für die globalen Notfallverwaltungsdienste, die an jeden Startanwendungseintrag vererbt werden können.
{fwbootmgr}	Der Eintrag für den Firmware-Startmanager. Dieser Eintrag wird auf EFI-Systemen benutzt.
{globalsettings}	Die Sammlung der globalen Einstellungen, die an alle Startanwendungseinträge vererbt werden sollen.
{hypervisorsettings}	Die Hypervisoreinstellungen, die an jeden Betriebssystemladereintrag vererbt werden können.
{legacy}	Das Windows-Legacybetriebssystem-Ladeprogramm (*Ntldr*), mit dem ältere Windows-Betriebssysteme als Windows Vista gestartet werden.
{memdiag}	Der Anwendungseintrag für die Speicherdiagnose.
{ntldr}	Das Windows-Legacybetriebssystem-Ladeprogramm (*Ntldr*), mit dem ältere Windows-Betriebssysteme als Windows Vista gestartet werden.
{ramdiskoptions}	Enthält die zusätzlichen Optionen, die der Startmanager für RAM-Laufwerksgeräte benötigt.
{resumeloadersettings}	Enthält die Sammlung der globalen Einstellungen, die an alle Anwendungseinträge vererbt werden sollen, mit denen Windows aus dem Ruhezustand aufgeweckt wird.

Windows-Start-Manager, Windows-Legacybetriebssystem-Ladeprogramm und Windows-Startladeprogramm sind zwar die wichtigsten Eintragstypen für den Systemstart, der BCD-Speicher enthält aber auch Informationen über Systemstarteinstellungen und Dienstprogramme für den Systemstart. Der Eintrag für das Windows-Startladeprogramm kann Parameter umfassen, die den Status der Systemstarteinstellungen festlegen, ob beispielsweise die NX-Richtlinie (No Execute) aktiviert oder deaktiviert ist. Außerdem kann der Eintrag des Windows-Startladeprogramms Informationen über die verfügbaren Systemstart-Dienstprogramme enthalten, etwa die Windows-Speicherdiagnose.

Listing 10.2 Beispieleintrag für das Legacybetriebssystem-Ladeprogramm

```
Windows-Legacybetriebssystem-Ladeprogramm
------------------------
identifier:            {ntldr}
device:                partition=C:
path:                  \ntldr
description:           Frühere Windows-Version
```

Sie brauchen die tatsächlichen Werte der GUIDs, um Einträge im BCD-Speicher zu verändern. Diese Werte ermitteln Sie, indem Sie in einer Eingabeaufforderung mit erhöhten Rechten bcdedit /v eingeben.

Erstellen und Auswählen des BCD-Speichers

Sie können im BCD-Editor einen Nicht-System-BCD-Speicher anlegen, indem Sie den folgenden Befehl ausführen:

bcdedit /createstore Speicherpfad

Dabei ist *Speicherpfad* der Ordnerpfad des Speicherorts, in dem Sie den Nicht-System-Speicher erstellen wollen, zum Beispiel:

bcdedit /createstore c:\non-sys\bcd

Auf einem EFI-System können Sie das Systemspeichergerät mit dem Befehl */sysstore* zeitweise umstellen. Verwenden Sie dazu folgende Syntax:

bcdedit /sysstore Speichergerät

Dabei steht *Speichergerät* für die Gerätekennung des tatsächlichen Systemspeichers. Ein Beispiel:

bcdedit /sysstore c:

Das Gerät muss eine Systempartition sein. Beachten Sie, dass diese Einstellung nicht über mehrere Neustarts hinweg erhalten bleibt; sie wird nur benutzt, wenn das Systemspeichergerät nicht eindeutig definiert ist.

Importieren und Exportieren des BCD-Speichers

Der BCD-Editor stellt getrennte Befehle zum Importieren und Exportieren des BCD-Speichers bereit. Mit dem Befehl */export* exportieren Sie eine Kopie des System-BCD-Speichers in den angegebenen Ordner. Verwenden Sie die folgende Befehlssyntax:

bcdedit /export Speicherpfad

Dabei ist *Speicherpfad* der tatsächliche Ordnerpfad, in den Sie die Kopie des Systemspeichers exportieren wollen. Ein Beispiel:
```
bcdedit /export c:\backup\bcd
```
Mit dem Befehl */import* stellen Sie eine vorher exportierte Kopie des Systemspeichers wieder her. Verwenden Sie dazu folgende Befehlssyntax:
```
bcdedit /import Importpfad
```
wobei *Importpfad* der tatsächliche Ordnerpfad ist, aus dem Sie den Systemspeicher importieren. Wiederum ein Beispiel:
```
bcdedit /import c:\backup\bcd
```
Auf einem EFI-System können Sie */clean* zum Befehl */import* hinzufügen, um festzulegen, dass alle vorhandenen Firmwarestarteinträge gelöscht werden sollen. Hier ein Beispiel:
```
bcdedit /import c:\backup\bcd /clean
```

Erstellen, Kopieren und Löschen von BCD-Einträgen

Der BCD-Editor kennt mehrere Befehle zum Erstellen, Kopieren und Löschen von Einträgen im BCD-Speicher. Mit dem Befehl */create* erstellen Sie Kennungs-, Anwendungs- und Vererbungseinträge im BCD-Speicher.

Wie in Tabelle 10.5 weiter oben beschrieben, kennt der BCD-Editor viele bekannte Kennungen, darunter {dbgsettings}, mit der ein Eintrag für Debuggereinstellungen erstellt wird, {ntldr} zum Erstellen eines Eintrags für ein älteres Windows-Betriebssystem und {ramdiskoptions} für einen Eintrag mit zusätzlichen Optionen für ein RAM-Laufwerk. Sie erstellen Kennungseinträge mit folgender Syntax:
```
bcdedit /create Kennung /d "Beschreibung"
```
Dabei steht *Kennung* für eine bekannte Kennung des Eintrags, den Sie erstellen wollen. Ein Beispiel:
```
bcdedit /create {ntldr} /d "Ladeprogramm für älteres Windows-Betriebssystem"
```
Sie können auch Einträge für bestimmte Startladeprogrammanwendungen erstellen, beispielsweise:

- **Bootsector** Eine Real-Mode-Startsektoranwendung. Wird benutzt, um den Startsektor für eine Real-Mode-Anwendung festzulegen.
- **Osloader** Eine Betriebssystemladeranwendung. Wird benutzt, um Windows Vista oder neuer zu laden.
- **Resume** Eine Anwendung für das Windows-Fortsetzungsladeprogramm. Wird benutzt, um das Betriebssystem aus dem Ruhezustand aufzuwecken.
- **Startup** Eine Real-Mode-Anwendung. Wird benutzt, um eine Real-Mode-Anwendung auszuwählen.

Verwenden Sie die folgende Befehlssyntax:
```
bcdedit /create /application Anwendungstyp /d "Beschreibung"
```
wobei *Anwendungstyp* einer der vorher aufgelisteten Anwendungstypen ist. Ein vollständiges Beispiel:
```
bcdedit /create /application osloader /d "Windows Vista"
```

Sie können Einträge im Systemspeicher mit dem Befehl /delete und der folgenden Syntax löschen:

bcdedit /delete Kennung

Wenn Sie versuchen, eine bekannte Kennung zu löschen, müssen Sie das Argument /f angeben, um das Löschen zu erzwingen:

bcdedit /delete {ntldr} /f

Die Option /cleanup wird als Standardeinstellung übernommen, das bedeutet, dass der BCD-Editor auch alle anderen Verweise auf den gelöschten Eintrag entfernt. So ist sichergestellt, dass der Datenspeicher keine ungültigen Verweise auf eine gelöschte Kennung enthält. Weil die Einträge auch aus der Anzeigereihenfolge entfernt werden, führt das unter Umständen dazu, dass ein anderes Standardbetriebssystem eingestellt ist. Wenn Sie den Eintrag löschen und dabei alle Verweise außer dem Eintrag für die Anzeigereihenfolge automatisch entfernen wollen, können Sie das Argument /nocleanup verwenden.

Einstellen der Werte von BCD-Einträgen

Sobald Sie einen Eintrag erstellt haben, müssen Sie ihm die zugehörigen Optionswerte zuweisen. Die grundlegende Syntax zum Festlegen von Werten lautet:

bcdedit /set Kennung Option Wert

Dabei sind *Kennung* die Kennung des Eintrags, der geändert werden soll, *Option* die Option, die Sie festlegen wollen, und *Wert* der gewünschte Optionswert. Ein Beispiel:

bcdedit /set {current} device partition=d:

Sie können Optionen und ihre Werte wieder löschen, indem Sie den Befehl */deletevalue* mit dieser Syntax aufrufen:

bcdedit /deletevalue Kennung Option

Dabei stehen *Kennung* für die Kennung des Eintrags, der geändert werden soll, und *Option* für die Option, die Sie löschen wollen. Hier ein Beispiel:

bcdedit /deletevalue {current} badmemorylist

Wenn Sie mit Optionen arbeiten, haben Sie mehrere Möglichkeiten zur Auswahl, boolesche Werte einzugeben. Für True können Sie 1, On, Yes oder True angeben, und für False die Angaben 0, Off, No oder False. Wenn Sie in einer Eingabeaufforderung mit erhöhten Rechten **bcdedit /enum all /v** ausführen, werden die BCD-Einträge für alle Systemstartdienstprogramme und die zugehörigen Werte der Einstellungen angezeigt. Dieser Befehl listet alle BCD-Einträge unabhängig von ihrem aktuellen Status auf; die Einträge werden dabei im ausführlichen Modus ausgegeben. Jeder dieser zusätzlichen Einträge hat eine ganz bestimmte Aufgabe und listet die Werte auf, die Sie ändern können. Wichtige Einträge sind:

- **Wiederaufnahme aus dem Ruhezustand** Der Eintrag Wiederaufnahme aus dem Ruhezustand zeigt die aktuelle Konfiguration für das Aufwecken des Computers aus dem Ruhezustand an. Das Dienstprogramm, das vor dem Betriebssystem gestartet wird und das Fortsetzen des Betriebssystems steuert, ist *Winresume.exe*. In diesem Beispiel liegt es im Ordner *C:\Windows\System32*. Die Ruhezustandsdaten sind, wie im Parameter Filepath festgelegt, in der Datei *Hiberfil.sys* im Stammordner von OSDevice (hier in C:) gespeichert. Weil das Aufwachen aus dem Ruhezustand anders funktioniert, wenn beim Computer PAE (Physical Address Extension) und Debugging aktiviert sind, werden diese Optionen über die Parameter Pae und Debugoptionenabled verfolgt.

- **Windows-Speichertestprogramm** Der Eintrag Windows-Speichertestprogramm zeigt die aktuelle Konfiguration für das Dienstprogramm Windows-Speicherdiagnose. Als Dienstprogramm für die Speicherdiagnose wird *Memtest.exe* vor dem Betriebssystem gestartet. In diesem Beispiel liegt es im Ordner *C:\Boot*. Weil die Windows-Speicherdiagnose dazu dient, defekten Arbeitsspeicher aufzuspüren, ist der Parameter badmemoryaccess standardmäßig auf Yes gesetzt. Sie können dieses Feature ausschalten, indem Sie **bcdedit /set {memdiag} badmemoryaccess NO** eingeben. In der Speicherdiagnose können Sie die Zahl der Durchgänge mit Passcount festlegen und die Testmischung im Parameter Testmix als Basic oder Extended einstellen. Hier ein Beispiel: **bcdedit /set {memdiag} passcount 2 textmix basic**.

- **Windows-Legacybetriebssystem-Ladeprogramm** Der Eintrag Windows-Legacybetriebssystem-Ladeprogramm zeigt die aktuelle Konfiguration für das Laden älterer Windows-Versionen an. Der Parameter Device legt fest, welche Standardpartition benutzt wird (beispielsweise C:), und der Parameter Path enthält den Standardpfad zum Ladeprogramm, etwa *Ntldr*.

- **EMS-Einstellungen** Der Eintrag EMS-Einstellungen zeigt die Konfiguration an, die beim Starten der Notfallverwaltungsdienste verwendet wird. Die einzelnen Einträge des Windows-Startladeprogramms legen jeweils fest, ob die Notfallverwaltungsdienste aktiviert sind. Wenn das BIOS Notfallverwaltungsdienste zur Verfügung stellt und Sie die BIOS-Einstellungen benutzen wollen, können Sie **bcdedit /emssettings bios** eingeben. Sie können auch einen Port und eine Baudrate für die Notfallverwaltungsdienste festlegen. Hier ein Beispiel: **bcdedit /emssettings EMSPORT:2 EMSBAUDRATE:115200**. Sie aktivieren oder deaktivieren die Notfallverwaltungsdienste für eine Startanwendung, indem Sie nach der Kennung der Startanwendung das Argument */bootems* angeben, gefolgt vom gewünschten Modus, also On oder Off.

- **Debuggereinstellungen** Der Eintrag Debuggereinstellungen zeigt die Konfiguration, die verwendet wird, wenn das System bei aktiviertem Debugger gestartet wird. Die einzelnen Einträge des Windows-Startladeprogramms legen jeweils fest, ob der Debugger aktiviert ist. Sie können sich die Hypervisor-Debuggereinstellungen ansehen, indem Sie bcdedit /debugsettings eingeben. Ist der Debuggerstart aktiviert, legt DebugType den Typ des Debuggers als SERIAL, 1394 oder USB fest. Bei der Einstellung SERIAL gibt DebugPort an, welche serielle Schnittstelle als Debuggerport verwendet wird, und BaudRate legt die Baudrate für die Debugsitzung fest. Ist die Einstellung 1394 ausgewählt, können Sie über Channel den Debuggerkanal festlegen. Und bei der Einstellung USB können Sie mit TargetName den USB-Zielnamen eintragen, der für das Debuggen verwendet wird. Bei allen Debuggertypen können Sie mit dem Argument */Noumex* festlegen, dass Benutzermodusausnahmen ignoriert werden. Hier einige Beispiele, wie Sie den Debugmodus einstellen:

bcdedit /dbgsettings SERIAL DEBUGPORT:1 BAUDRATE:115200
bcdedit /dbgsettings 1394 CHANNEL:23
bcdedit /dbgsettings USB TARGETNAME:DEBUGGING

- **Hypervisoreinstellungen** Der Eintrag Hypervisoreinstellungen zeigt die Konfiguration an, die verwendet wird, wenn der Hypervisor bei eingeschaltetem Debugger benutzt wird. Die einzelnen Einträge des Windows-Startladeprogramms legen jeweils fest, ob der Debugger aktiviert ist. Sie können sich die Hypervisor-Debuggereinstellungen ansehen, indem Sie **bcdedit /hypervisorsettings** eingeben. Wenn der Start mit Hypervisordebugging aktiviert ist, legt der Parameter HypervisorDebugType den Typ des Debuggers fest, der Parameter HypervisorDebugPort die serielle Schnittstelle, die als Debuggerport benutzt wird, und HypervisorBaudRate die Baudrate für die Debuggersitzung. Diese Parameter funktionieren genauso wie bei den Debuggereinstellungen. Ein Beispiel: **bcdedit /hypervisorsettings SERIAL DEBUGPORT:1 BAUDRATE: 115200**. Sie können den Hypervisordebugger auch über FireWire steuern. In diesem Fall müssen Sie den Parameter *CHANNEL* mit einem Doppelpunkt von der verwendeten Kanalnummer trennen: **bcdedit /hypervisorsettings 1394 CHANNEL:23**.

Tabelle 10.6 fasst wichtige Optionen zusammen, die für Startanwendungseinträge (Bootapp) gelten. Weil Windows-Start-Manager, Windows-Speicherdiagnose, Windows-Betriebssystemlader und Windows-Ladeprogrammfortsetzung Startanwendungen sind, gelten diese Optionen auch für die entsprechenden Einträge.

Tabelle 10.7 fasst wichtige Optionen zusammen, die in Einträgen für Windows-Betriebssystemlader-Anwendungen (Osloader) zur Verfügung stehen.

Tabelle 10.6 Wichtige Optionen für Startanwendungseinträge

Option	Beschreibung
BadMemoryAccess	Wenn dieser Wert True ist, darf eine Anwendung Arbeitsspeicher verwenden, der in der Liste des defekten Arbeitsspeichers aufgeführt ist. Ist der Wert dagegen False, wird verhindert, dass Anwendungen auf Arbeitsspeicher zugreifen, der in der Liste des defekten Arbeitsspeichers aufgeführt ist.
BadMemoryList	Eine Liste mit den Nummern der defekten Seitenrahmen im Arbeitsspeicher des Systems. ▶

Option	Beschreibung
BaudRate	Eine Zahl, mit der die Baudrate für den seriellen Debugger eingestellt wird.
BootDebug	Ein boolescher Wert, der den Systemstartdebugger aktiviert oder deaktiviert.
BootEMS	Ein boolescher Wert, der die Notfallverwaltungsdienste aktiviert oder deaktiviert.
Channel	Ein Integerwert, der den Kanal für den 1394-Debugger festlegt.
ConfigAccessPolicy	Legt die Zugriffsrichtlinie auf DEFAULT oder DISALLOWMMCONFIG fest.
DebugAddress	Ein Integerwert, der die Adresse einer seriellen Schnittstelle für den Debugger angibt.
DebugPort	Ein Integerwert, der die Nummer einer seriellen Schnittstelle für den seriellen Debugger festlegt.
DebugStart	Mögliche Werte sind ACTIVE, AUTOENABLE oder DISABLE.
DebugType	Mögliche Werte sind SERIAL, 1394 oder USB.
EMSBaudRate	Definiert die Baudrate für die Notfallverwaltungsdienste.
EMSPort	Legt die Nummer der seriellen Schnittstelle für die Notfallverwaltungsdienste fest.
FirstMegaBytePolicy	Legt die Richtlinie für die Verwendung des ersten MByte Speichers fest. Mögliche Werte sind USENONE, USEALL oder USEPRIVATE.
GraphicsModeDisabled	Ein boolescher Wert, der den Grafikmodus aktiviert oder deaktiviert.
GraphicsResolution	Definiert die Grafikauflösung, zum Beispiel 1024 × 768 oder 800 × 600.
Locale	Legt das Gebietsschema der Startanwendung fest.
Noumex	Wenn Noumex den Wert True hat, werden Benutzermodusausnahmen ignoriert. Hat Noumex dagegen den Wert False, werden Benutzermodusausnahmen nicht ignoriert.
NoVESA	Ein boolescher Wert, der die Verwendung der VESA-Bildschirmmodi (Video Electronics Standards Association) aktiviert oder deaktiviert.
RecoveryEnabled	Ein boolescher Wert, der die Verwendung einer Wiederherstellungsabfolge aktiviert oder deaktiviert.
RecoverySequence	Definiert die benutzte Wiederherstellungsabfolge.
RelocatePhysical	Legt die physische Adresse fest, in die der physische Arbeitsspeicher eines automatisch ausgewählten NUMA-Knotens (Nonuniform Memory Access) verlegt werden soll.
TargetName	Gibt den Zielnamen für den USB-Debugger als Zeichenfolge an.
TestSigning	Ein boolescher Wert, der die Verwendung von Signaturzertifikaten für Testcode aktiviert oder deaktiviert.
TruncateMemory	Gibt die physische Speicheradresse fest, ab der Arbeitsspeicher ignoriert wird.

Tabelle 10.7 Wichtige Optionen für Windows-Betriebssystemladeanwendungen

Option	Beschreibung
AdvancedOptions	Ein boolescher Wert, der erweiterte Optionen aktiviert oder deaktiviert.
BootLog	Ein boolescher Wert, der das Systemstartinitialisierungsprotokoll aktiviert oder deaktiviert.
BootStatusPolicy	Legt die Systemstartstatusrichtlinie fest. Mögliche Werte sind DisplayAllFailures, IgnoreAllFailures, IgnoreShutdown-Failures und IgnoreBootFailures.
ClusterModeAddressing	Legt fest, wie viele Prozessoren höchstens in einem einzigen APIC-Cluster (Advanced Programmable Interrupt Controller) zusammengefasst werden.
ConfigFlags	Legt prozessorspezifische Konfigurationsflags fest.
DbgTransport	Gibt den Dateinamen für einen privaten Debuggertransport an.
Debug	Ein boolescher Wert, der den Kerneldebugger aktiviert oder deaktiviert.
DetectHal	Ein boolescher Wert, der HAL- und Kernelerkennung aktiviert oder deaktiviert.
DriverLoadFailurePolicy	Legt die Richtlinie für Fehler beim Laden von Treibern fest. Mögliche Werte sind Fatal oder UseErrorControl.
Ems	Ein boolescher Wert, der die Kernel-Notfallverwaltungsdienste aktiviert oder deaktiviert.
Hal	Legt den Dateinamen für eine private HAL fest.
HalBreakPoint	Ein boolescher Wert, der den speziellen HAL-Haltepunkt aktiviert oder deaktiviert.
HypervisorLaunchType	Konfiguriert den Hypervisor-Starttyp. Möglich sind Off und Auto.
HypervisorPath	Gibt den Pfad zur Binärdatei eines privaten Hypervisors an.
IncreaseUserVA	Ein Integerwert (in der Einheit MByte), der den verfügbaren virtuellen Adressraum für Benutzermodusprozesse vergrößert.
Kernel	Legt den Dateinamen für einen privaten Kernel fest.
LastKnownGood	Ein boolescher Wert, der den Start der letzten als funktionierend bekannten Konfiguration aktiviert oder deaktiviert.
MaxProc	Ein boolescher Wert, der die Anzeige der Höchstzahl von Prozessoren im System aktiviert oder deaktiviert.
Msi	Legt fest, welcher MSI (Message Signaled Interrupt) benutzt wird. Mögliche Werte sind Default oder ForceDisable.
NoCrashAutoReboot	Ein boolescher Wert, der den automatischen Neustart nach einem Absturz aktiviert oder deaktiviert.
NoLowMem	Ein boolescher Wert, der die Nutzung von Arbeitsspeicher aus niedrigen Adressbereichen aktiviert oder deaktiviert.
NumProc	Legt fest, wie viele Prozessoren beim Systemstart benutzt werden.
Nx	Steuert den NX-Schutz (No-Execute). Mögliche Werte sind OptIn, OptOut, AlwaysOn und AlwaysOff.

▶

Option	Beschreibung
OneCPU	Ein boolescher Wert, der festlegt, ob erzwungen wird, dass nur die Systemstart-CPU benutzt wird.
OptionsEdit	Ein boolescher Wert, der den Optionseditor aktiviert oder deaktiviert.
OSDevice	Gibt an, welches Gerät den Systemstamm enthält.
Pae	Steuert die PAE. Mögliche Werte sind Default, ForceEnable oder ForceDisable.
PerfMem	Legt die Größe (in MByte) des Puffers fest, der für die Leistungsdatenprotokollierung reserviert wird.
QuietBoot	Ein boolescher Wert, der die Anzeige des Systemstartbildschirms aktiviert oder deaktiviert.
RemoveMemory	Ein Integerwert (in MByte), der angibt, wie viel Arbeitsspeicher vom gesamten verfügbaren Arbeitsspeicher entfernt wird, der vom Betriebssystem benutzt werden kann.
RestrictAPICCluster	Legt fest, wie viele APIC-Cluster höchstens vom System benutzt werden.
ResumeObject	Legt die Kennung für das Resume-Objekt, das mit diesem Betriebssystemobjekt verknüpft ist.
SafeBoot	Gibt an, dass der Computer einen sicheren Startmodus verwendet. Mögliche Werte sind Minimal, Network und DsRepair.
SafeBootAlternateShell	Ein boolescher Wert, der die Verwendung der alternativen Shell aktiviert oder deaktiviert, wenn im abgesicherten Modus gestartet wird.
Sos	Ein boolescher Wert, der die Anzeige zusätzlicher Systemstartdaten aktiviert oder deaktiviert.
SystemRoot	Definiert den Pfad zum Systemstamm.
UseFirmwarePCISettings	Ein boolescher Wert, der die Verwendung von PCI-Ressourcen (Peripheral Component Interconnect) aktiviert oder deaktiviert, die im BIOS konfiguriert sind.
UsePhysicalDestination	Ein boolescher Wert, der festlegt, ob die Nutzung des physischen APIC erzwungen wird.
Vga	Ein boolescher Wert, der festlegt, ob die Nutzung des VGA-Bildschirmtreibers erzwungen wird.
WinPE	Ein boolescher Wert, der den Start von Windows PE aktiviert oder deaktiviert.

Ändern der Optionen für DEP und PAE

Datenausführungsverhinderung (Data Execution Prevention, DEP) ist eine Technik, die dazu dient, den Arbeitsspeicher zu schützen. Ist DEP aktiviert, markiert der Prozessor des Computers den gesamten Arbeitsspeicherbereich einer Anwendung als nicht ausführbar (engl. nonexecutable), sofern nicht explizit angegeben ist, dass die entsprechende Stelle ausführbaren Code enthält. Wird nun versucht, Code auszuführen, der sich in einer als nicht ausführbar markierten Arbeitsspeicherseite befindet, kann der Prozessor eine Ausnahme auslösen und verhindern, dass dieser Code ausgeführt wird. Dieses Verhalten verhindert, dass böswilliger Anwendungscode, zum Beispiel Viren, sich selbst in bestimmte Bereiche des Arbeitsspeichers einschmuggeln.

Bei Computern, deren Prozessoren das NX-Seitenschutzfeature (Non-Execute) unterstützen, können Sie das Betriebssystem so konfigurieren, dass es den NX-Schutz nur für sich selbst verwendet. Dazu setzen Sie den Parameter nx auf den Wert OptIn. Soll das Betriebssystem den NX-Schutz auch anderen Anwendungen zur Verfügung stellen, können Sie dem Parameter nx dagegen den Wert OptOut zuweisen. Hier ein Beispiel:

```
bcdedit /set {current} nx optout
```

Wenn Sie den NX-Schutz als OptIn konfigurieren, wird DEP nur für wichtige Windows-Programme und -Dienste verwendet. Dies ist die Standardeinstellung. Konfigurieren Sie den NX-Schutz dagegen als OptOut, verwenden alle Programme und Dienste (also nicht nur die Windows-Standardprogramme und -dienste) DEP. Programme, die DEP nicht nutzen sollen, müssen explizit ausgeschlossen werden, wie im Abschnitt »Konfigurieren der Datenausführungsverhinderung« in Kapitel 6 beschrieben. Sie können den NX-Schutz auch so konfigurieren, dass er immer an oder immer aus ist. Verwenden Sie dazu die Werte AlwaysOn beziehungsweise AlwaysOff, zum Beispiel so:

```
bcdedit /set {current} nx alwayson
```

Prozessoren, die den NX-Schutz unterstützen, müssen im PAE-Modus laufen, damit NX benutzt werden kann. Sie konfigurieren PAE, indem Sie den Parameter Pae auf Default, ForceEnable oder ForceDisable setzen. Hat Pae den Wert Default, benutzt das Betriebssystem die Standardkonfiguration für PAE. Setzen Sie Pae auf ForceEnable, benutzt das Betriebssystem PAE. Und wenn Sie Pae auf den Wert ForceDisable setzen, benutzt das Betriebssystem PAE nicht. Hier ein Beispiel:

```
bcdedit /set {current} pae default
```

Anpassen der Reihenfolge, in der Betriebssysteme angezeigt werden

Mit dem Befehl */displayorder* können Sie ändern, in welcher Reihenfolge die Startmanager für eine bestimmte Installation von Windows Vista, Windows 7 oder neuere Versionen aufgelistet werden. Die Syntax lautet:

```
bcdedit /displayorder id1 id2 ... idn
```

Dabei ist *id1* die Kennung des ersten angezeigten Betriebssystems, *id2* die Kennung des zweiten und so weiter. Nehmen wir an, Sie wollen die Anzeigereihenfolge der Betriebssysteme ändern, die durch folgende BCD-Einträge identifiziert werden:

```
Windows-Startladeprogramm
------------------
identifier              {14504de-e96b-11cd-a51b-89ace9305d5e}

Windows-Startladeprogramm
------------------
identifier              {8b78e48f-02d0-11dd-af92-a72494804a8a}
```

Dazu führen Sie den folgenden Befehl aus:
```
bcdedit /displayorder {14504de-e96b-11cd-a51b-89ace9305d5e}
{8b78e48f-02d0-11dd-af92-a72494804a8a}
```
Indem Sie beim Befehl */displayorder* das Argument */addfirst* angeben, machen Sie das Betriebssystem zum ersten Eintrag der Liste:
```
bcdedit /displayorder {8b78e48f-02d0-11dd-af92-a72494804a8a} /addfirst
```
Entsprechend wird das angegebene Betriebssystem zum letzten Eintrag der Liste, wenn Sie den Befehl */displayorder* zusammen mit dem Argument */addlast* aufrufen:
```
bcdedit /displayorder {8b78e48f-02d0-11dd-af92-a72494804a8a} /addlast
```

Ändern des Eintrags für das Standardbetriebssystem

Der Befehl */default* ändert den Eintrag für das Standardbetriebssystem. Die Syntax dieses Befehls lautet:
```
bcdedit /default id
```
wobei *id* die Betriebssystemkennung im Startladeprogrammeintrag ist. Nehmen wir wieder als Beispiel ein Betriebssystem, das durch diesen BCD-Eintrag identifiziert wird:
```
Windows-Startladeprogramm
-------------------
identifier            {975a8204-9658-11dd-993e-9aea7965e9da}
```
Mit dem folgenden Befehl machen Sie dieses Betriebssystem zum Standardbetriebssystem:
```
bcdedit /default {975a8204-9658-11dd-993e-9aea7965e9da}
```
Wenn Sie ein älteres Betriebssystem als Windows Vista als Standard verwenden wollen, müssen Sie die Kennung des Windows-Legacybetriebssystem-Ladeprogramms verwenden. Der entsprechende BCD-Eintrag sieht so aus:
```
Windows-Legacybetriebssystem-Ladeprogramm
-----------------------
identifier            {466f5a88-0af2-4f76-9038-095b170dc21c}
device                partition=C:
path                  \ntldr
description           Älteres Microsoft Windows-Betriebssystem
```
In diesem Fall können Sie *Ntldr* als Standard festlegen, indem Sie diesen Befehl ausführen:
```
bcdedit /default {466f5a88-0af2-4f76-9038-095b170dc21c}
```

Ändern des Standardzeitlimits

Mit dem Befehl */timeout* können Sie festlegen, wie lange gewartet wird, bevor das Standardbetriebssystem startet. Geben Sie mit dem Befehl */timeout* an, wie viele Sekunden Sie warten wollen:
```
bcdedit /timeout 30
```
Wenn Sie als Zeitlimit den Wert von 0 Sekunden angeben, wird das Standardbetriebssystem sofort gestartet.

Die Startreihenfolge kurzzeitig ändern

Gelegentlich ist es nützlich, ein einziges Mal ein bestimmtes Betriebssystem zu starten, danach aber wieder die Standardstartreihenfolge zu verwenden. Dafür gibt es den Befehl */bootsequence*. Geben Sie nach dem Befehl die Kennung des Betriebssystems an, das Sie nach dem nächsten Neustart des Computers ausführen wollen, zum Beispiel:

```
bcdedit /bootsequence {975a8204-9658-11dd-993e-9aea7965e9da}
```

Sobald Sie nun den Computer neu starten, verwendet der Computer für diesen einen Start das angegebene Betriebssystem als Standardeinstellung. Wenn Sie den Computer danach wieder starten, gilt wieder die ursprüngliche Standardstartreihenfolge.

11 Arbeiten mit TPM und BitLocker-Laufwerkverschlüsselung

Übersicht über das Kapitel:
Einrichten von TPM 435
BitLocker-Laufwerkverschlüsselung: Grundlagen 445
Verwalten der BitLocker-Laufwerkverschlüsselung 452

Viele Sicherheitsfeatures, die in das Betriebssystem Windows 7 eingebaut sind, dienen dazu, den Computer gegen Angriffe von Personen zu schützen, die über ein Netzwerk oder aus dem Internet auf den Computer zugreifen. Aber was ist, wenn jemand direkten Zugriff auf einen Computer oder Ihre Daten hat? In solchen Fällen greifen die Sicherheitsmechanismen von Windows nicht. Gelingt es jemandem, einen Computer zu starten (das kann sogar unter einem anderen Betriebssystem sein, das er selbst installiert hat), kann er sich Zugriff auf alle Daten verschaffen, die auf dem Computer gespeichert sind. Im schlimmsten Fall sind dies streng vertrauliche Daten Ihrer Organisation. Weil außerdem USB-Flashlaufwerke weit verbreitet sind, tragen Benutzer ihre Daten oft mit sich herum. Wenn sie ein solches USB-Flashlaufwerk dann verlieren, sind die Daten meist völlig ungeschützt, sodass jeder, der den USB-Stick findet, sie problemlos lesen und auswerten kann.

Um Computer und Daten in solchen Fällen zu schützen, enthält Windows 7 die BitLocker-Laufwerkverschlüsselung, BitLocker To Go und die Architektur der Trusted Platform Module-Dienste (TPM). Durch die Kombination dieser Features werden nicht nur der Computer, sondern auch Daten geschützt, die auf USB-Flashlaufwerken gespeichert sind. Die BitLocker-Laufwerkverschlüsselung ist eine Technik, die das ganze Volume verschlüsselt. BitLocker To Go ist eine Verschlüsselungstechnologie für virtuelle Volumes auf USB-Flashlaufwerken. TPM ist ein Feature, das Sie mit BitLocker-Laufwerkverschlüsselung kombinieren können, um die Sicherheit zu erhöhen.

Einrichten von TPM

Nur wenn ein Windows 7-Computer mit einem kompatiblen TPM und kompatibler Firmware ausgestattet ist, kann er die TPM-Dienste nutzen. Windows 7 unterstützt TPM Version 1.2 oder neuer und benötigt eine TCG-kompatible (Trusted Computing Group) Firmware. TCG-kompatible Firmware unterstützt die von der TCG definierte »Static Root of Trust Measurement« (SRTM), womit Eingriffe beim Startvorgang erkannt werden können. Bei manchen Konfigurationen von TPM und BitLocker-Laufwerkverschlüsselung müssen Sie außerdem sicherstellen, dass die Firmware das Lesen von USB-Flashlaufwerken beim Systemstart ermöglicht.

TPM: Die Grundlagen

Windows 7 bringt das verschlüsselnde Dateisystem (Encrypting File System, EFS) zum Verschlüsseln von Dateien und Ordnern mit. Mithilfe von EFS können die Benutzer vertrauliche Daten schützen, sodass der Zugriff darauf nur mit dem Schlüssel aus dem Zertifikat des jeweiligen Benutzers möglich ist. Verschlüsselungszertifikate sind als Daten im Profil eines Benutzers gespeichert. Solange Benutzer Zugriff auf ihr Profil und den darin gespeicherten Verschlüsselungsschlüssel haben, können sie auf ihre verschlüsselten Dateien zugreifen.

EFS sorgt zwar für sehr sicheren Schutz der Daten, es wird aber ausgehebelt, wenn ein Angreifer direkten Zugang zum Computer hat. Wenn ein Benutzer seinen Computer irgendwo vergisst, der Computer gestohlen wird oder ein Angreifer es schafft, sich heimlich am Computer anzumelden, schützt EFS die Daten unter Umständen nicht, weil der Angreifer versuchen kann, Zugriff auf den Computer zu erhalten, bevor das Betriebssystem startet. Dann kann er von einem anderen Betriebssystem aus auf die Festplatte zugreifen und die Konfiguration des Computers ändern. Möglicherweise gelingt es ihm dann, sich in ein Anmeldekonto auf dem ursprünglichen Betriebssystem einzuhacken und sich als der echte Benutzer anzumelden, oder den Computer so zu konfigurieren, dass er sich als lokaler Administrator anmelden kann. Auf jeden Fall ist es dem Angreifer möglich, sich irgendwann vollständigen Zugriff auf einen Computer und seine Daten zu verschaffen.

Um einen Computer gegen direkte Angriffe abzusichern und eine zusätzliche Schutzschicht bereitzustellen, führt Windows 7 die Architektur der Trusted Platform Module-Dienste (TPM) ein. Die TPM-Dienste schützen einen Computer mithilfe einer speziellen Hardwarekomponente, dem sogenannten TPM. Ein solches TPM ist ein Mikrochip, der normalerweise in das Mainboard eines Computers eingebaut ist, wo es über einen Hardwarebus mit dem übrigen System kommuniziert. Windows 7-Computer können mithilfe eines TPM erweiterten Schutz für Daten implementieren, sicherstellen, dass die Integrität der Startdateien gewährleistet ist, und garantieren, dass die Festplatte nicht manipuliert wurde, während das Betriebssystem ausgeschaltet war.

Ein TPM ist in der Lage, kryptografische Schlüssel zu generieren und sie so zu verschlüsseln, dass sie nur vom TPM selbst wieder entschlüsselt werden können. Dieser Prozess, der als *Wrapping* (»Kapselung«) oder *Bindung* bezeichnet wird, schützt vor einem Ausspähen des Schlüssels. Ein TPM hat einen Masterschlüssel, der als SRK (Storage Root Key) bezeichnet wird. Der SRK ist innerhalb des TPM gespeichert, um sicherzustellen, dass der private Teil des Schlüssels geschützt bleibt.

Computer, in denen ein TPM eingebaut ist, können einen Schlüssel generieren, der nicht nur gekapselt, sondern auch versiegelt ist. Der Versiegelungsprozess sorgt dafür, dass der Schlüssel mit ganz bestimmten Plattformparametern verknüpft ist und nur entkapselt werden kann, wenn diese Plattformparameter dieselben Werte haben wie zu dem Zeitpunkt, als der Schlüssel erstellt wurde. Dies ist der Grund, warum Computer, die über ein TPM verfügen, besser gegen Angriffe geschützt sind.

Weil das TPM die privaten Teile der Schlüsselpaare getrennt von dem Speicher verwaltet, der vom Betriebssystem kontrolliert wird, können die Schlüssel für das TPM versiegelt werden, sodass fast absolute Sicherheit bezüglich des Status eines Systems und seiner Vertrauenswürdigkeit besteht. TPM-Schlüssel werden nur dann entsiegelt, wenn die Integrität des Systems intakt ist. Und weil das TPM seine eigene interne Firmware und Schaltkreise zum Verarbeiten von Anweisungen benutzt, greift es nicht auf das Betriebssystem zurück; es ist daher keiner Gefährdung durch Sicherheitslücken in externer Software ausgesetzt.

Das TPM kann auch benutzt werden, um Daten zu versiegeln und zu entsiegeln, die außerhalb des TPM generiert werden. Hier offenbart sich die ganze Leistungsfähigkeit des TPM. In Windows 7 trägt das Feature, das auf ein TPM zugreift und mit seiner Hilfe einen Computer versiegelt, den Namen BitLocker-Laufwerkverschlüsselung. Die BitLocker-Laufwerkverschlüsselung kann nicht nur in TPM-Konfigurationen eingesetzt werden, sondern auch in Computern, die nicht über ein TPM verfügen. Die sicherste Methode besteht aber darin, ein TPM zu benutzen.

Wenn Sie die BitLocker-Laufwerkverschlüsselung und ein TPM nutzen, um den Startmanager und die Startdateien eines Computers zu versiegeln, können sie nur dann entsiegelt werden, wenn sie sich nicht verändert haben, seit sie zuletzt versiegelt wurden. Das bedeutet, dass Sie mit dem TPM die Startdateien des Computers in einer Umgebung überprüfen können, die noch vor dem Start des Betriebssystems ausgeführt wird. Wenn Sie eine Festplatte mithilfe des TPM versiegeln, kann sie nur entsiegelt werden, wenn sich die Daten auf der Festplatte nicht verändert haben, seit die Festplatte zuletzt versiegelt wurde. So ist garantiert, dass eine Festplatte nicht manipuliert wurde, während das Betriebssystem ausgeschaltet war.

Wenn Sie die BitLocker-Laufwerkverschlüsselung einsetzen, aber Startmanager und Startdateien des Computers nicht mit einem TPM versiegeln, kann das TPM nicht benutzt werden, um die Startdateien des Computers vor dem Start des Betriebssystems zu überprüfen. In diesem Fall kann die Integrität des Startmanagers und der Startdateien eines Computers also nicht garantiert werden.

Aktivieren und Benutzen von TPM

Die Architektur der TPM-Dienste in Windows 7 stellt die grundlegenden Features zur Verfügung, die gebraucht werden, um Computer, die ein TPM eingebaut haben, zu konfigurieren und bereitzustellen. Diese Architektur kann durch ein Feature namens BitLocker-Laufwerkverschlüsselung erweitert werden, das im Abschnitt »BitLocker-Laufwerkverschlüsselung: Grundlagen« weiter unten in diesem Kapitel beschrieben wird.

Bevor Sie das TPM benutzen können, müssen Sie es in der Firmware aktivieren und durch Ausführen von spezieller Software für den ersten Einsatz initialisieren. Im Rahmen des Initialisierungsprozesses legen Sie das Besitzerkennwort für das TPM fest. Sobald das TPM aktiviert ist, können Sie die TPM-Konfiguration verwalten.

In manchen Fällen ist das TPM bei Computern, die ein TPM eingebaut haben, bereits im Auslieferungszustand eingeschaltet. Meist ist es aber in der Standardeinstellung deaktiviert. Bei meinen eigenen Computern musste ich folgende Schritte durchführen:

1. Den Computer starten und dann während des Startvorgangs F2 drücken, um auf die Firmware zuzugreifen. In der Firmware öffnete ich den Bildschirm *Advanced* und dann *Peripheral Configuration*.
2. Auf dem Bildschirm *Peripheral Configuration* war *Trusted Platform Module* als Option aufgeführt. Ich blätterte nach unten, um diese Option auszuwählen, und drückte die EINGABETASTE, um ein Optionsmenü anzuzeigen. In diesem Menü wählte ich *Enable*. Zuletzt drückte ich wieder die EINGABETASTE.
3. Ich drückte F10, um die Änderungen an der Einstellung zu speichern und die Firmware zu verlassen. Ich drückte Y, um zu bestätigen, dass ich die Firmwareeinstellungen verlassen wollte. Der Computer startete daraufhin neu.

Windows 7 stellt mehrere Tools für die Arbeit mit einem TPM zur Verfügung. Die wichtigsten sind:

- **TPM-Verwaltung** Eine Konsole zum Konfigurieren und Verwalten eines TPM. Sie öffnen dieses Tool, indem Sie im Suchfeld des Startmenüs **tpm.msc** eingeben und die EINGABETASTE drücken.

- **TPM-Sicherheitshardware initialisieren** Ein Assistent zum Erstellen des benötigten TPM-Besitzerkennworts. Sie öffnen dieses Tool, indem Sie im Suchfeld des Startmenüs **tpminit** eingeben und die EINGABETASTE drücken.

PRAXISTIPP Der Zugriff auf die TPM-Verwaltungskonsole kann in den Gruppenrichtlinien eingeschränkt werden. Falls Sie die Konsole nicht öffnen können, sollten Sie prüfen, ob ein Gruppenrichtlinienobjekt (Group Policy Object, GPO) angewendet wird, das unter *Windows-Komponenten\Microsoft Management Console* Einschränkungen für die Verwaltungskonsole definiert.

In der TPM-Verwaltung können Sie den detaillierten Status des TPM ermitteln. Wenn Sie die TPM-Verwaltung öffnen, ohne vorher das TPM zu aktivieren, erhalten Sie eine entsprechende Fehlermeldung. Sie bekommen auch einen Fehler angezeigt, wenn Sie versuchen, den Assistenten *TPM-Sicherheitshardware initialisieren* auszuführen, ohne vorher das TPM einzuschalten.

Sobald Sie das TPM in der Firmware aktiviert haben, können Sie auf die TPM-Tools zugreifen und damit arbeiten. Wenn Sie die TPM-Verwaltungskonsole öffnen (Abbildung 11.1), bekommen Sie den TPM-Status und

Informationen zum Hersteller des TPM angezeigt. Der TPM-Status enthält detaillierte Zustandsinformationen zum TPM (siehe Tabelle 11.1). In den Informationen zum TPM-Hersteller erfahren Sie, ob das TPM die Version 1.2 der Spezifikation unterstützt. In Windows 7 brauchen Sie Unterstützung für TPM Version 1.2 oder neuer.

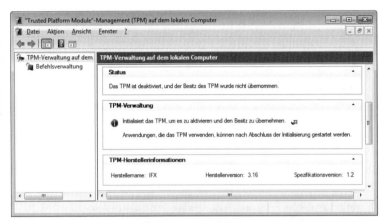

Abbildung 11.1 In der TPM-Verwaltungskonsole initialisieren und verwalten Sie das TPM

Tabelle 11.1 TPM-Statusanzeigen und ihre Bedeutung

Statusanzeige	Bedeutung
Das TPM ist aktiviert, und der Besitz des TPM wurde nicht übernommen	Das TPM ist in der Firmware aktiviert, es wurde aber noch nicht initialisiert.
Das TPM ist aktiviert, und der Besitz des TPM wurde übernommen	Das TPM ist in der Firmware aktiviert und es wurde initialisiert.
Das TPM ist deaktiviert, und der Besitz des TPM wurde nicht übernommen	Das TPM ist in der Software ausgeschaltet, wurde aber noch nicht initialisiert.
Das TPM ist deaktiviert, und der Besitz des TPM wurde übernommen	Das TPM wurde initialisiert, ist aber in der Software ausgeschaltet.

Initialisieren eines TPM für den ersten Einsatz

Indem Sie das TPM initialisieren, konfigurieren Sie es für den ersten Einsatz auf einem Computer. Bei diesem Initialisierungsprozess schalten Sie das TPM ein und legen dann den Besitzer des TPM fest. Wenn Sie den Besitz über das TPM übernehmen, weisen Sie ein Kennwort zu. Dadurch wird sichergestellt, dass nur der autorisierte TPM-Besitzer auf das TPM zugreifen und es verwalten kann. Das TPM-Kennwort wird gebraucht, um das TPM auszuschalten, wenn Sie es nicht mehr benutzen wollen, und um das TPM zu löschen, bevor der Computer ausgemustert wird. In einer Active Directory-Domäne können Sie Gruppenrichtlinien konfigurieren, um TPM-Kennwörter zu speichern.

Gehen Sie folgendermaßen vor, um das TPM zu initialisieren und das Besitzerkennwort festzulegen:

1. Starten Sie die TPM-Verwaltungskonsole. Wählen Sie im Menü *Aktion* den Befehl *TPM initialisieren*, um den Assistenten *TPM-Sicherheitshardware initialisieren* zu starten.

   HINWEIS Falls der Assistent *TPM-Sicherheitshardware initialisieren* feststellt, dass die Firmware die Windows-Anforderungen für ein TPM nicht erfüllt, oder gar kein TPM findet, können Sie nicht fortfahren. Überprüfen Sie in diesem Fall, ob das TPM in der Firmware aktiviert ist.

   PRAXISTIPP Wurde das TPM schon vorher initialisiert und dann gelöscht, werden Sie aufgefordert, den Computer neu zu starten. Folgen Sie dann während des Startvorgangs den angezeigten Anweisungen, um das TPM in der Firmware zurückzusetzen. Der Assistent müsste erneut starten, sobald Sie sich das nächste Mal anmelden. Auf meinen Systemen funktionierte das allerdings nicht. Nachdem ich auf *Neu starten* geklickt hatte, musste ich beim nächsten Start F2 drücken, um die Firmware zu öffnen. Dann musste ich das TPM deaktivieren, die Änderungen speichern und die Firmware verlassen. Dadurch wurde ein automatischer Reset ausgelöst. Anschließend musste ich wieder mit F2 die Firmware aufrufen, wo ich nun das TPM aktivieren, die Änderungen speichern und dann die Firmware verlassen konnte. Das löste einen weiteren automatischen Reset aus. Als das Betriebssystem geladen war, meldete ich mich an, woraufhin ich den Assistenten *TPM-Sicherheitshardware initialisieren* erneut starten musste.

2. Klicken Sie auf der Seite *Das TPM-Besitzerkennwort erstellen* (Abbildung 11.2) auf *Das Kennwort automatisch erstellen (empfohlen)*.

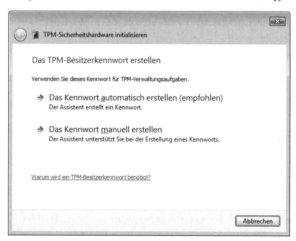

Abbildung 11.2   Initialisieren des TPM

3. Auf der Seite *Sichern Sie das TPM-Besitzerkennwort* wird das 48 Zeichen lange TPM-Besitzerkennwort angezeigt. Klicken Sie auf *Kennwort speichern*.
4. Wählen Sie im Dialogfeld *Speichern unter* einen Speicherort aus, an dem die Kennwortsicherungsdatei abgelegt wird, und klicken Sie auf *Speichern*. In der Standardeinstellung wird die Kennwortsicherungsdatei unter dem Namen *<Computername>.tpm* gespeichert. Es ist am besten, wenn Sie das TPM-Besitzerkennwort auf einem Wechseldatenträger wie etwa einem USB-Flashlaufwerk speichern.
5. Klicken Sie auf der Seite *Sichern Sie das TPM-Besitzerkennwort* auf *Kennwort drucken*, wenn Sie das Kennwort auf Papier vorliegen haben wollen. Bewahren Sie den Ausdruck mit dem Kennwort an einem sicheren Ort auf, beispielsweise in einem Tresor oder einem verschlossenen Aktenschrank.
6. Klicken Sie auf *Initialisieren*. Der Initialisierungsprozess dauert unter Umständen mehrere Minuten. Klicken Sie auf *Schließen*, wenn die Initialisierung abgeschlossen ist. In der TPM-Verwaltungskonsole müsste jetzt der Status »Das TPM ist aktiviert, und der Besitz des TPM wurde übernommen« angezeigt werden.

Ein- und Ausschalten eines initialisierten TPM

Computer, in die ein TPM eingebaut ist, werden gelegentlich mit eingeschaltetem TPM geliefert. Wenn Sie das TPM nicht benutzen möchten, sollten Sie es ausschalten und löschen. Auch wenn Sie einen Computer umkonfigurieren oder ausmustern wollen, sollten Sie das TPM ausschalten und löschen.

Gehen Sie folgendermaßen vor, um das TPM auszuschalten:

1. Starten Sie die TPM-Verwaltungskonsole. Wählen Sie im Menü *Aktion* den Befehl *TPM ausschalten*. Daraufhin wird der Assistent *Die TPM-Sicherheitshardware verwalten* gestartet.
2. Wählen Sie auf der Seite *TPM-Sicherheitshardware deaktivieren* (Abbildung 11.3) eine der folgenden Methoden aus, um das aktuelle Kennwort einzugeben und das TPM auszuschalten:
   - Wenn Sie den Wechseldatenträger griffbereit haben, auf dem Sie Ihr TPM-Besitzerkennwort gespeichert haben, brauchen Sie ihn nur einzulegen auf *Besitzerkennwortdatei verfügbar* zu klicken. Klicken Sie auf der Seite *Die Datei mit dem TPM-Besitzerkennwort auswählen* auf *Durchsuchen* und wählen Sie dann im Dialogfeld *TPM-Besitzerkennwortdatei suchen* die *.tpm*-Datei aus, die Sie auf Ihrem Wechseldatenträger gespeichert haben. Klicken Sie auf *Öffnen* und dann auf *TPM ausschalten*.
   - Haben Sie den Wechseldatenträger, auf dem Sie Ihr Kennwort gespeichert haben, nicht zur Verfügung, können Sie auf *Besitzerkennwort eingeben* klicken. Tippen Sie auf der Seite *Geben Sie das TPM-Besitzerkennwort ein* das *TPM-Kennwort* (inklusive Bindestriche) ein und klicken Sie auf *TPM ausschalten*.

- Wissen Sie Ihr TPM-Besitzerkennwort nicht mehr, müssen Sie auf *TPM-Besitzerkennwort nicht bekannt* klicken und dann den Anweisungen folgen, in denen erklärt wird, wie Sie das TPM ausschalten, ohne das Kennwort einzugeben. Weil Sie lokal am Computer angemeldet sind, ist es in diesem Fall möglich, das TPM auszuschalten.

Abbildung 11.3 Auswählen einer Methode zum Ausschalten des TPM

3. In der TPM-Verwaltungskonsole müsste der Status nun als »Das TPM ist deaktiviert, und der Besitz des TPM wurde übernommen« aufgeführt sein. Sie dürfen die Datei mit dem TPM-Besitzerkennwort nicht löschen beziehungsweise den Ausdruck des Kennworts nicht vernichten, denn Sie brauchen diese Informationen noch, wenn Sie das TPM wieder einschalten wollen.

Wenn Sie diese Schritte abgeschlossen haben, um das TPM in der Software auszuschalten, können Sie es folgendermaßen wieder einschalten:

1. Starten Sie die TPM-Verwaltungskonsole. Wählen Sie im Menü *Aktion* den Befehl *TPM einschalten*. Daraufhin wird der Assistent *Die TPM-Sicherheitshardware verwalten* gestartet.
2. Wählen Sie auf der Seite *TPM-Sicherheitshardware aktivieren* eine der folgenden Methoden aus, um das aktuelle Kennwort einzugeben und das TPM einzuschalten:
   - Wenn Sie den Wechseldatenträger griffbereit haben, auf dem Sie Ihr TPM-Besitzerkennwort gespeichert haben, brauchen Sie ihn nur einzulegen und auf *Besitzerkennwortdatei verfügbar* zu klicken. Klicken Sie auf der Seite *Die Datei mit dem TPM-Besitzerkennwort auswählen* auf *Durchsuchen* und wählen Sie dann im Dialogfeld *TPM-Besitzerkennwortdatei suchen* die .tpm-Datei aus, die Sie auf Ihrem Wechseldatenträger gespeichert haben. Klicken Sie auf *Öffnen* und dann auf *TPM einschalten*.

- Haben Sie den Wechseldatenträger, auf dem Sie Ihr Kennwort gespeichert haben, nicht zur Verfügung, können Sie auf *Besitzerkennwort eingeben* klicken. Tippen Sie auf der Seite *Geben Sie das TPM-Besitzerkennwort ein* das *TPM-Kennwort* (inklusive Bindestriche) ein und klicken Sie auf *TPM einschalten*.
- Wissen Sie Ihr TPM-Besitzerkennwort nicht mehr, müssen Sie auf *TPM-Besitzerkennwort nicht bekannt* klicken und dann den Anweisungen folgen, in denen erklärt wird, wie Sie das TPM einschalten, ohne das Kennwort einzugeben. Weil Sie lokal am Computer angemeldet sind, ist es in diesem Fall möglich, das TPM einzuschalten.

3. In der TPM-Verwaltungskonsole müsste der Status nun als »Das TPM ist aktiviert, und der Besitz des TPM wurde übernommen« aufgeführt sein. Sie dürfen die Datei mit dem TPM-Besitzerkennwort nicht löschen beziehungsweise den Ausdruck des Kennworts nicht vernichten. Sie brauchen diese Informationen noch, wenn Sie das TPM verwalten wollen.

Löschen des TPM

Wenn Sie das TPM löschen, wird der Besitz über das TPM abgegeben und das TPM endgültig ausgeschaltet. Sie sollten das TPM nur löschen, wenn ein mit TPM ausgestatteter Computer ausgemustert werden soll.

Gehen Sie folgendermaßen vor, um das TPM zu löschen:

1. Starten Sie die TPM-Verwaltungskonsole. Wählen Sie im Menü *Aktion* den Befehl *TPM löschen*. Daraufhin wird der Assistent *Die TPM-Sicherheitshardware verwalten* gestartet.

   ACHTUNG Wenn Sie das TPM löschen, wird es auf den Grundzustand zurückgesetzt und endgültig ausgeschaltet. Dabei gehen alle Schlüssel verloren und somit auch alle Daten, die mit diesen Schlüsseln geschützt werden.

2. Wählen Sie auf der Seite *TPM-Sicherheitshardware löschen* eine der folgenden Methoden aus, um das aktuelle Kennwort einzugeben und das TPM zu löschen:
   - Wenn Sie den Wechseldatenträger griffbereit haben, auf dem Sie Ihr TPM-Besitzerkennwort gespeichert haben, brauchen Sie ihn nur einzulegen und auf *Besitzerkennwortdatei verfügbar* zu klicken. Klicken Sie auf der Seite *Die Datei mit dem TPM-Besitzerkennwort auswählen* auf *Durchsuchen* und wählen Sie dann im Dialogfeld *TPM-Besitzerkennwortdatei suchen* die .tpm-Datei aus, die Sie auf Ihrem Wechseldatenträger gespeichert haben. Klicken Sie auf *Öffnen* und dann auf *TPM löschen*.
   - Haben Sie den Wechseldatenträger, auf dem Sie Ihr Kennwort gespeichert haben, nicht zur Verfügung, können Sie auf *Besitzerkennwort eingeben* klicken. Tippen Sie auf der Seite *Geben Sie das TPM-Besitzerkennwort ein* das *TPM-Kennwort* (inklusive Bindestriche) ein und klicken Sie auf *TPM löschen*.

- Wissen Sie Ihr TPM-Besitzerkennwort nicht mehr, müssen Sie auf *TPM-Besitzerkennwort nicht bekannt* klicken und dann den Anweisungen folgen, in denen erklärt wird, wie Sie das TPM löschen, ohne das Kennwort einzugeben. Weil Sie lokal am Computer angemeldet sind, ist es in diesem Fall möglich, das TPM zu löschen.

Ändern des TPM-Besitzerkennworts

Sie können das TPM-Kennwort jederzeit ändern. Gehen Sie dazu folgendermaßen vor:

1. Starten Sie die TPM-Verwaltungskonsole. Wählen Sie im Menü *Aktion* den Befehl *Besitzerkennwort ändern*. Daraufhin wird der Assistent *Die TPM-Sicherheitshardware verwalten* gestartet.
2. Wählen Sie auf der Seite *Das TPM-Besitzerkennwort ändern* eine der folgenden Methoden aus, um das aktuelle Kennwort einzugeben:
   - Wenn Sie den Wechseldatenträger griffbereit haben, auf dem Sie Ihr TPM-Besitzerkennwort gespeichert haben, brauchen Sie ihn nur einzulegen und auf *Besitzerkennwortdatei verfügbar* zu klicken. Klicken Sie auf der Seite *Die Datei mit dem TPM-Besitzerkennwort auswählen* auf *Durchsuchen* und wählen Sie dann im Dialogfeld *TPM-Besitzerkennwortdatei suchen* die .tpm-Datei aus, die Sie auf Ihrem Wechseldatenträger gespeichert haben. Klicken Sie auf *Öffnen* und dann auf *Neues Kennwort erstellen*.
   - Haben Sie den Wechseldatenträger, auf dem Sie Ihr Kennwort gespeichert haben, nicht zur Verfügung, können Sie auf *Besitzerkennwort eingeben* klicken. Tippen Sie auf der Seite *Geben Sie das TPM-Besitzerkennwort ein* das *TPM-Kennwort* (inklusive Bindestriche) ein und klicken Sie auf *Neues Kennwort erstellen*.
3. Klicken Sie auf der Seite *Das TPM-Besitzerkennwort erstellen* auf *Das Kennwort automatisch erstellen (empfohlen)*.
4. Auf der Seite *Sichern Sie das TPM-Besitzerkennwort* wird das 48 Zeichen lange TPM-Besitzerkennwort angezeigt. Klicken Sie auf *Kennwort speichern*. Wählen Sie im Dialogfeld *Speichern unter* einen Speicherort aus, in dem die Kennwortsicherungsdatei abgelegt wird, und klicken Sie auf *Speichern*. Wenn Sie die Kennwortsicherungsdatei im selben Speicherort und unter demselben Namen wie die Kennwortdatei speichern, die Sie ersetzen, müssen Sie auf *Ja* klicken, wenn Sie dazu aufgefordert werden.
5. Klicken Sie auf der Seite *Sichern Sie das TPM-Besitzerkennwort* auf *Kennwort drucken*, wenn Sie das Kennwort auf Papier vorliegen haben wollen. Bewahren Sie den Ausdruck mit dem Kennwort an einem sicheren Ort auf, beispielsweise in einem Tresor oder einem verschlossenen Aktenschrank.
6. Klicken Sie auf *Kennwort ändern*, um den Vorgang abzuschließen.

BitLocker-Laufwerkverschlüsselung: Grundlagen

Die BitLocker-Laufwerkverschlüsselung und BitLocker To Go werden zwar oft unter dem gemeinsamen Begriff BitLocker zusammengefasst, sie sind aber separate, wenn auch ähnliche Features, die in den Windows 7-Editionen Ultimate und Enterprise enthalten sind. BitLocker-Laufwerkverschlüsselung dient dazu, die Daten auf verlorenen, gestohlenen oder schlampig ausgemusterten Computern zu schützen; es ist eine Verschlüsselungstechnologie, die das ganze Volume verschlüsselt. Dagegen wurde BitLocker To Go dafür entworfen, die Daten auf USB-Flashlaufwerken zu schützen; es verschlüsselt virtuelle Volumes. Das bedeutet, dass die BitLocker-Laufwerkverschlüsselung ein ganzes Volume verschlüsselt, indem sie das Laufwerk in eine sichere Verschlüsselung packt. BitLocker To Go erstellt dagegen ein virtuelles Volume auf einem USB-Flashlaufwerk. Dieses virtuelle Volume wird dann mithilfe eines Verschlüsselungsschlüssels verschlüsselt, der auf dem USB-Flashlaufwerk gespeichert ist.

Funktionsweise der BitLocker-Laufwerkverschlüsselung

Hat ein Benutzer direkten Zugriff auf einen Computer ohne BitLocker-Laufwerkverschlüsselung, stehen ihm viele Wege offen, um die vollständige Kontrolle über den Computer zu übernehmen und auf seine Daten zuzugreifen. Dabei ist egal, ob die Daten mit EFS verschlüsselt sind oder nicht. Ein Benutzer kann den Computer etwa von einer Systemstartdiskette starten und das Administratorkennwort zurücksetzen. Oder der Benutzer installiert und startet ein anderes Betriebssystem und entsperrt dann über dieses Betriebssystem die andere Installation.

BitLocker-Laufwerkverschlüsselung verhindert jeglichen Zugriff auf die Laufwerke eines Computers, wenn nichtautorisiertes Personen mit dem Computer arbeiten. Dazu kapselt es ganze Laufwerke in einer unangreifbaren Verschlüsselung. Versucht ein nichtautorisierter Benutzer, auf ein mit BitLocker verschlüsseltes Laufwerk zuzugreifen, verhindert die Verschlüsselung vollkommen, dass dieser Benutzer die Daten ansehen oder manipulieren kann. Damit wird die Gefahr, dass sich nichtautorisierte Personen im Rahmen eines Offlineangriffs Zugriff auf vertrauliche Daten verschaffen, deutlich verringert.

ACHTUNG BitLocker-Laufwerkverschlüsselung verschlechtert den Datenträgerdurchsatz. Sie sollten dieses Feature einsetzen, wenn sich ein Computer nicht an einem sicheren Ort befindet und zusätzlichen Schutz erfordert.

BitLocker-Laufwerkverschlüsselung kann ein TPM nutzen, um die Integrität der Startmanager- und Startdateien beim Systemstart zu überprüfen und zu garantieren, dass die Festplatte des Computers nicht manipuliert wurde, während das Betriebssystem ausgeschaltet war. Die BitLocker-Laufwerkverschlüsselung speichert auch Parameter der Kernbetriebssystemdateien im TPM.

Jedes Mal, wenn der Computer gestartet wird, überprüft Windows die Startdateien, die Betriebssystemdateien und alle verschlüsselten Volumes, um sicherzustellen, dass sie nicht verändert wurden, während das Betriebssystem ausgeschaltet war. Hat sich etwas an den Dateien geändert, warnt Windows den Benutzer und verweigert die Freigabe des Schlüssels, der für den Zugriff auf Windows nötig ist. Der Computer wechselt daraufhin in den Wiederherstellungsmodus und fordert den Benutzer auf, einen Wiederherstellungsschlüssel bereitzustellen, bevor er den Zugriff auf das Startvolume erlaubt. Der Wiederherstellungsmodus wird auch verwendet, wenn ein mit BitLocker verschlüsseltes Festplattenlaufwerk in ein anderes System eingebaut wird.

Die BitLocker-Laufwerkverschlüsselung kann in Computern mit oder ohne TPM benutzt werden. Hat ein Computer ein TPM eingebaut, greift die BitLocker-Laufwerkverschlüsselung auf das TPM zurück, um den Schutz der Daten zu verbessern und die Integrität der Startdateien sicherzustellen. Die Kombination dieser Features hilft, nichtautorisiertes Auslesen und Zugriff auf Daten zu verhindern. Dazu wird einerseits das ganze Windows-Volume verschlüsselt, und andererseits werden die Startdateien gegen Manipulation geschützt. Wenn in einem Computer kein TPM eingebaut oder das TPM nicht zu Windows kompatibel ist, kann die BitLocker-Laufwerkverschlüsselung eingesetzt werden, um ganze Volumes zu verschlüsseln und diese Volumes auf diese Weise gegen Manipulation zu schützen. Bei dieser Konfiguration geht allerdings der zusätzliche Sicherheitsgewinn durch die Integritätsprüfung der Startdateien verloren.

Auf Computern mit einem kompatiblen und initialisierten TPM kann die BitLocker-Laufwerkverschlüsselung einen der folgenden TPM-Modi nutzen:

- **Nur TPM** In diesem Modus wird TPM nur für die Überprüfung eingesetzt. Beim Start des Computers werden mithilfe von TPM die Startdateien, die Betriebssystemdateien und alle verschlüsselten Volumes überprüft. Weil der Benutzer keinen zusätzlichen Systemstartschlüssel benötigt, arbeitet dieser Modus für den Benutzer transparent, die Anmeldung verläuft wie gewohnt. Falls das TPM aber fehlt oder der Inhalt von Dateien oder Volumes geändert wurde, schaltet BitLocker in den Wiederherstellungsmodus, wo der Benutzer einen Wiederherstellungsschlüssel oder ein Kennwort braucht, um Zugriff auf das Startvolume zu erhalten.

- **TPM und PIN** In diesem Modus werden sowohl das TPM als auch ein vom Benutzer eingegebener Zahlenschlüssel für die Überprüfung eingesetzt. Beim Start des Computers werden mithilfe von TPM die Startdateien, die Betriebssystemdateien und alle verschlüsselten Volumes überprüft. Der Benutzer muss auf Aufforderung eine PIN eingeben, damit der Systemstart fortgesetzt wird. Weiß der Benutzer die PIN nicht oder gibt er sie falsch ein, schaltet BitLocker in den Wiederherstellungsmodus, statt das Betriebssystem zu starten. Wie im vorherigen Fall schaltet BitLocker auch dann in den Wiederherstellungsmodus, wenn das TPM fehlt oder der Inhalt von Startdateien oder verschlüsselten Volumes geändert wurde.

- **TPM und Systemstartschlüssel** In diesem Modus werden sowohl das TPM als auch ein Systemstartschlüssel für die Überprüfung eingesetzt. Beim Start des Computers werden mithilfe von TPM die Startdateien, die Betriebssystemdateien und alle verschlüsselten Volumes überprüft. Der Benutzer braucht ein USB-Flashlaufwerk mit einem Systemstartschlüssel, um sich am Computer anzumelden. Verfügt der Benutzer nicht über den Systemstartschlüssel oder kann er ihn nicht richtig eingeben, schaltet BitLocker in den Wiederherstellungsmodus. Wie im vorherigen Fall schaltet BitLocker auch dann in den Wiederherstellungsmodus, wenn das TPM fehlt oder der Inhalt von Startdateien oder verschlüsselten Volumes geändert wurde.
- **TPM und Smartcard-Zertifikat** In diesem Modus werden das TPM und ein Smartcard-Zertifikat für die Überprüfung eingesetzt. Beim Start des Computers werden mithilfe von TPM die Startdateien, die Betriebssystemdateien und alle verschlüsselten Volumes überprüft. Der Benutzer braucht eine Smartcard mit einem gültigen Zertifikat, um sich am Computer anzumelden. Verfügt der Benutzer nicht über eine Smartcard mit gültigem Zertifikat, schaltet BitLocker in den Wiederherstellungsmodus. Wie im vorherigen Fall schaltet BitLocker auch dann in den Wiederherstellungsmodus, wenn das TPM fehlt oder der Inhalt von Startdateien oder verschlüsselten Volumes geändert wurde.

Auf Computern, die kein TPM haben oder bei denen das TPM inkompatibel ist, arbeitet die BitLocker-Laufwerkverschlüsselung in einem Modus, der nur einen Systemstartschlüssel beziehungsweise nur ein Smartcard-Zertifikat verwendet. Beim Modus, in dem nur ein Systemstartschlüssel verwendet wird, braucht der Benutzer ein USB-Flashlaufwerk, auf dem der Systemstartschlüssel gespeichert ist. Der Benutzer steckt dieses USB-Flashlaufwerk an den Computer an, bevor er ihn einschaltet. Der auf dem Flashlaufwerk gespeicherte Schlüssel entsperrt den Computer.

PRAXISTIPP Wahrscheinlich wird bald ein Update oder ein Service Pack für Windows 7 veröffentlicht, das es ermöglicht, das USB-Flashlaufwerk, auf dem Ihr Systemstartschlüssel abgelegt ist, selbst mit BitLocker zu verschlüsseln. Die erste Version von Windows 7 bietet diese Möglichkeit allerdings nicht. Deshalb dürfen Sie BitLocker nicht auf dem USB-Flashlaufwerk aktivieren, das Sie für Ihren Systemstartschlüssel verwenden.

In dem Modus, der nur ein Smartcard-Zertifikat verwendet, braucht der Benutzer eine Smartcard mit einem gültigen Zertifikat. Der Benutzer legt die Smartcard ein, wenn er den Computer einschaltet, woraufhin das auf der Smartcard gespeicherte Zertifikat den Computer entsperrt.

An der BitLocker-Laufwerkverschlüsselung wurden etliche wichtige Veränderungen vorgenommen, seit dieses Feature erstmals in Windows Vista implementiert wurde. In Windows 7 haben Sie folgende Möglichkeiten:

- **Verschlüsseln von FAT- und NTFS-Volumes** Bisher konnten Sie nur NTFS-Volumes verschlüsseln. Wenn Sie FAT-Volumes verschlüsseln, können Sie auswählen, ob verschlüsselte Volumes auf Computern entsperrt und gelesen werden können, die unter Windows Vista, Windows XP oder Windows Server 2008 laufen. Diese Option wird über Gruppenrichtlinien konfiguriert, sie ist aktiviert, wenn Sie BitLocker einschalten. Unter *Computerkonfiguration/Richtlinien/Administrative Vorlagen/Windows-Komponenten/BitLocker-Laufwerkverschlüsselung* finden Sie mehrere separate Richtlinien für ältere Windows-Versionen, die es erlauben, FAT-formatierte fest eingebaute Laufwerke und FAT-formatierte Wechseldatenträger zu entsperren und zu lesen.

- **Erlauben, dass ein Daten-Wiederherstellungsagent für die BitLocker-Laufwerkverschlüsselung benutzt wird** Diese Option wird über Gruppenrichtlinien konfiguriert. Der Daten-Wiederherstellungsagent ist in der Lage, ein verschlüsseltes Volume zu entsperren und wiederherzustellen, wenn das persönliche Zertifikat des Wiederherstellungsagenten bereitgestellt oder ein 48-stelliges Wiederherstellungskennwort eingegeben wird. Sie können die Wiederherstellungsinformationen optional auch in Active Directory speichern. Unter *Computerkonfiguration/Richtlinien/Administrative Vorlagen* gibt es getrennte Richtlinien für Betriebssystemvolumes, andere fest eingebaute Laufwerke und Wechseldatenträger.

- **Schreibzugriff auf Wechseldatenträger verhindern, die nicht mit BitLocker geschützt werden** Diese Option wird über Gruppenrichtlinien konfiguriert. Wenn Sie diese Option aktivieren, haben die Benutzer nur schreibgeschützten Zugriff auf unverschlüsselte Wechseldatenträger, aber Lese-/Schreib-Zugriff auf verschlüsselte Wechseldatenträger.

In einer Domäne sind standardmäßig die Domänenadministratoren Daten-Wiederherstellungsagenten. In einer Heimnetzgruppe oder Arbeitsgruppe gibt es standardmäßig keinen Daten-Wiederherstellungsagenten, aber Sie können einen festlegen. Ein Benutzer, den Sie zum Daten-Wiederherstellungsagenten machen wollen, braucht ein persönliches Verschlüsselungszertifikat. Sie können ein solches Zertifikat mit dem Dienstprogramm Cipher generieren und das Zertifikat dann verwenden, um den Daten-Wiederherstellungsagenten in der lokalen Sicherheitsrichtlinie unter *Richtlinien für öffentliche Schlüssel\BitLocker-Laufwerksverschlüsselung* einzutragen.

Bereitstellen der BitLocker-Laufwerkverschlüsselung

Wenn Sie in einem Unternehmen die BitLocker-Laufwerkverschlüsselung bereitstellen, ändert sich einiges an der Art und Weise, wie Administratoren und Benutzer mit Computern arbeiten. Bei einem Computer mit BitLocker-Laufwerkverschlüsselung muss der Benutzer eingreifen, um das Betriebssystem zu starten. Er muss eine PIN eintippen, ein USB-Flashlaufwerk mit dem Systemstartschlüssel anstecken oder eine Smartcard mit einem gültigen Zertifikat einschieben. Wenn Sie die BitLocker-Laufwerkverschlüsselung bereitgestellt haben, können Sie aufgrund dieser Anforderungen nicht mehr sicher sein, dass eine Remoteverwaltung möglich ist, bei der ein Computer neu gestartet werden muss. Sofern Sie keinen direkten Zugriff auf den Computer haben, muss jemand vor Ort verfügbar sein, der die erforderliche PIN eintippt, das USB-Flashlaufwerk mit dem Systemstartschlüssel ansteckt oder die Smartcard mit dem gültigen Zertifikat einschiebt.

Bevor Sie BitLocker-Laufwerkverschlüsselung einsetzen, sollten Sie die Computer Ihrer Organisation sorgfältig analysieren. Sie müssen Pläne und Abläufe für folgende Elemente entwickeln:

- Auswerten der verschiedenen BitLocker-Authentifizierungsmethoden und Anwenden der jeweils geeigneten Methoden
- Feststellen, ob Computer TPM unterstützen und ob somit TPM- oder Nicht-TPM-Konfigurationen für BitLocker verwendet werden müssen
- Speichern, Benutzen und regelmäßiges Ändern von Verschlüsselungsschlüsseln, Wiederherstellungskennwörtern und anderen Überprüfungsmechanismen, die von BitLocker benötigt werden

Sie müssen neue Verfahren für Elemente wie diese entwickeln:

- Ausführen alltäglicher Operationen mit BitLocker-verschlüsselten Laufwerken
- Anbieten von Administrationssupport für BitLocker-verschlüsselte Laufwerke
- Wiederherstellen von Computern mit BitLocker-verschlüsselten Laufwerken

In die Planung dieser Verfahren muss eingehen, auf welche Weise die BitLocker-Verschlüsselung funktioniert und welche Anforderungen bezüglich der Verfügbarkeit von PINs, Systemstartschlüsseln, Smartcards und Wiederherstellungsschlüsseln bestehen, wenn Sie mit BitLocker-verschlüsselten Computern arbeiten. Wenn Sie die Computer Ihrer Organisation analysiert und die grundlegenden Pläne und Verfahren entwickelt haben, müssen Sie einen Konfigurationsplan ausarbeiten, mit dem Sie die BitLocker-Laufwerkverschlüsselung implementieren.

Es stehen mehrere unterschiedliche Implementierungen der BitLocker-Laufwerkverschlüsselung zur Verfügung: die BitLocker-Laufwerkverschlüsselung, die ursprünglich in Windows Vista enthalten war, die aktualisierte Version aus Windows Server 2008 und die Version, die in Windows 7 implementiert ist. Computer, die unter Windows 7 und Windows Server 2008 Release 2 oder neuer laufen, können mit allen verfügbaren Versionen umgehen. Dagegen können ältere Windows-Versionen unter Umständen nicht die neueste BitLocker-Version nutzen. Es kann beispielsweise sein, dass Sie Gruppenrichtlinien konfigurieren, um den Zugriff aus älteren Windows-Versionen heraus zu ermöglichen.

Wenn Sie die BitLocker-Laufwerkverschlüsselung auf dem Laufwerk aktivieren wollen, auf dem das Betriebssystem Windows liegt, muss dieses Laufwerk mindestens zwei Partitionen haben:

- Die erste Partition ist für die BitLocker-Laufwerkverschlüsselung. Diese Partition, die als aktive Partition markiert ist, enthält alle Dateien, die gebraucht werden, um das Betriebssystem zu starten. Sie ist nicht verschlüsselt.

- Die zweite Partition ist die primäre Partition für das Betriebssystem und Ihre Daten. Diese Partition wird verschlüsselt, wenn Sie BitLocker aktivieren.

Bei BitLocker-Implementierungen, die älter sind als Windows 7, müssen Sie die Partitionen auf ganz bestimmte Weise anlegen, um die Kompatibilität sicherzustellen. Das ist in Windows 7 nicht mehr nötig. Wenn Sie Windows 7 installieren, wird während des Setups automatisch eine zusätzliche Partition erstellt. In der Standardeinstellung wird diese zusätzliche Partition von der Windows-Wiederherstellungsumgebung (Windows RE) benutzt. Wenn Sie allerdings BitLocker auf dem Systemvolume aktivieren, verschiebt Windows die Dateien von Windows RE auf das Systemvolume und nutzt die zusätzliche Partition für BitLocker.

Es ist ganz einfach, BitLocker für eine Festplatte zu benutzen. Auf einem Computer mit kompatiblem TPM müssen Sie erst das TPM initialisieren, wie im Abschnitt »Initialisieren eines TPM für den ersten Einsatz« weiter oben in diesem Kapitel beschrieben. Anschließend aktivieren Sie BitLocker. Hat der Computer kein kompatibles TPM, brauchen Sie lediglich BitLocker auf Ihrer Festplatte zu aktivieren.

Lokale Gruppenrichtlinien und Active Directory-Gruppenrichtlinien helfen Ihnen dabei, die Konfiguration von TPM und BitLocker zu verwalten und zu pflegen. Die Gruppenrichtlinieneinstellungen für TPM-Dienste befinden sich im Zweig *Computerkonfiguration/Richtlinien/Administrative Vorlagen/System/Trusted Platform Module-Dienste*, und die Gruppenrichtlinieneinstellungen für BitLocker unter *Computerkonfiguration/Richtlinien/Administrative Vorlagen/Windows-Komponenten/BitLocker-Laufwerkverschlüsselung*. Es gibt separate Unterordner für fest eingebaute Datenlaufwerke, Betriebssystemlaufwerke und Wechseldatenträger.

Folgende Richtlinien stehen für Konfigurationsaufgaben zur Verfügung:

- Richtlinien in *Trusted Platform Module-Dienste*
  - *TPM-Sicherung in Active Directory-Domänendienste aktivieren*
  - *Liste der blockierten TPM-Befehle konfigurieren*
  - *Standardliste der blockierten TPM-Befehle ignorieren*
  - *Lokale Liste der blockierten TPM-Befehle ignorieren*
- Richtlinien in *BitLocker-Laufwerkverschlüsselung*
  - *Standardordner für Wiederherstellungskennwort auswählen*
  - *Verschlüsselungsmethode und Verschlüsselungsstärke für Laufwerk auswählen*
  - *Überschreiben des Arbeitsspeichers beim Neustart verhindern*
  - *Eindeutige IDs für Ihre Organisation angeben*
  - *Einhaltung der Regel zur Smartcard-Zertifikatverwendung überprüfen*

- Richtlinien in *Festplattenlaufwerke*
  - *Smartcard-Verwendung für Festplattenlaufwerke konfigurieren*
  - *Schreibzugriff auf Festplattenlaufwerke verweigern, die nicht durch BitLocker geschützt sind*
  - *Zugriff auf BitLocker-geschützte Festplattenlaufwerke von früheren Windows-Versionen zulassen*
  - *Kennwortverwendung für Festplattenlaufwerke konfigurieren*
  - *Festlegen, wie BitLocker-geschützte Festplattenlaufwerke wiederhergestellt werden können*
- Richtlinien in *Betriebssystemlaufwerke*
  - *Zusätzliche Authentifizierung beim Start anfordern*
  - *Erweiterte PINs für Systemstart zulassen*
  - *Minimale PIN-Länge für Systemstart konfigurieren*
  - *Festlegen, wie BitLocker-geschützte Betriebssystemlaufwerke wiederhergestellt werden können*
  - *TPM-Plattformvalidierungsprofil konfigurieren*
- Richtlinien in *Wechseldatenträger*
  - *Zugriff auf BitLocker-geschützte Wechseldatenträger von früheren Windows-Versionen zulassen*
  - *Festlegen, wie BitLocker-geschützte Wechseldatenträger wiederhergestellt werden können*
  - *Kennwortverwendung für Wechseldatenträger konfigurieren*
  - *Smartcard-Verwendung für Wechseldatenträger konfigurieren*
  - *Verwendung von BitLocker auf Wechseldatenträgern steuern*
  - *Schreibzugriff auf Wechseldatenträger verweigern, die nicht durch BitLocker geschützt sind*

Active Directory enthält TPM- und BitLocker-Wiederherstellungserweiterungen für Computerobjekte. Bei TPM definieren diese Erweiterungen eine einzige Eigenschaft des Computerobjekts, die ms-TPM-OwnerInformation heißt. Wenn TPM initialisiert oder das Besitzerkennwort geändert wird, kann der Hash des TPM-Besitzerkennworts als Wert des Attributs ms-TPM-OwnerInformation im zugehörigen Computerobjekt gespeichert werden. Bei BitLocker definieren die Erweiterungen Wiederherstellungsobjekte als untergeordnete Objekte von Computerobjekten. Darin werden Wiederherstellungskennwörter gespeichert, die dann mit den jeweiligen BitLocker-verschlüsselten Volumes verknüpft werden.

Um sicherzustellen, dass TPM- und BitLocker-Wiederherstellungsdaten immer verfügbar sind, sollten Sie die Gruppenrichtlinien so konfigurieren, dass die Wiederherstellungsdaten in Active Directory gespeichert werden.

- Aktivieren Sie die Richtlinie *TPM-Sicherung in Active Directory-Domänendienste aktivieren* und verwenden Sie die Einstellung *TPM-Sicherung in AD DS erforderlich*.

- Aktivieren Sie die Richtlinie *Festlegen, wie BitLocker-geschützte Festplattenlaufwerke wiederhergestellt werden können* und übernehmen Sie die Standardoptionen, damit Datenwiederherstellungs-Agenten erlaubt sind und die Wiederherstellungsinformationen in Active Directory gespeichert werden.

- Aktivieren Sie die Richtlinie *Festlegen, wie BitLocker-geschützte Betriebssystemlaufwerke wiederhergestellt werden können* und übernehmen Sie die Standardoptionen, damit Datenwiederherstellungs-Agenten erlaubt sind und die Wiederherstellungsdaten in Active Directory gespeichert werden.

PRAXISTIPP Wenn Ihr Unternehmen die FIPS-Anforderungen (Federal Information Processing Standard) erfüllen soll, dürfen Sie keine BitLocker-Wiederherstellungskennwörter generieren oder speichern. Stattdessen müssen Sie Windows so konfigurieren, dass es Wiederherstellungsschlüssel erstellt. Die FIPS-Einstellung finden Sie im Sicherheitsrichtlinieneditor unter *Lokale Richtlinien\Sicherheitsoptionen\Systemkryptografie: FIPS-konformen Algorithmus für Verschlüsselung, Hashing und Signatur verwenden*.

Sie konfigurieren BitLocker so, dass es mit Wiederherstellungsschlüsseln arbeitet, indem Sie in lokalen Gruppenrichtlinien oder Active Directory-Gruppenrichtlinien die Richtlinie *Systemkryptografie: FIPS-konformen Algorithmus für Verschlüsselung, Hashing und Signatur verwenden* aktivieren. Wenn diese Richtlinie aktiviert ist, können die Benutzer nur Wiederherstellungsschlüssel generieren.

Verwalten der BitLocker-Laufwerkverschlüsselung

In Windows 7 können Sie die BitLocker-Laufwerkverschlüsselung sowohl auf Systemvolumes als auch auf Datenvolumes konfigurieren und aktivieren. Wenn Sie Systemvolumes verschlüsseln, müssen Sie den Computer beim Systemstart entsperren. Dazu brauchen Sie ein TPM, einen Systemstartschlüssel, eine Systemstart-PIN oder eine Kombination dieser drei Elemente. Wenn Sie die strengsten Sicherheitsmechanismen implementieren wollen, sollten Sie alle drei Authentifizierungsmethoden einsetzen.

In der aktuellen Implementierung von BitLocker brauchen Sie das Systemvolume des Computers nicht zu verschlüsseln, bevor Sie eines seiner Datenvolumes verschlüsseln. Wenn Sie verschlüsselte Datenvolumes verwenden, stellt das Betriebssystem BitLocker-Datenvolumes genauso wie jedes andere Volume im Dateisystem bereit, es wird aber ein Kennwort oder eine Smartcard mit gültigem Zertifikat benötigt, um dieses Laufwerk zu entsperren.

Der Verschlüsselungsschlüssel für ein geschütztes Datenvolume wird unabhängig von dem für das Systemvolume und alle anderen geschützten Datenvolumes erstellt und gespeichert. Damit das Betriebssystem verschlüsselte Volumes im Dateisystem bereitstellen kann, wird die Schlüsselkette, die das Datenvolume schützt, in verschlüsseltem Format auf dem Betriebssystemvolume gespeichert. Schaltet das Betriebssystem in den Wiederherstellungsmodus, werden die Datenvolumes erst entsperrt, wenn das Betriebssystem den Wiederherstellungsmodus wieder verlassen hat.

Folgende Schritte sind nötig, um die BitLocker-Laufwerkverschlüsselung einzurichten:
1. Partitionieren der Festplatten des Computers und Installieren des Betriebssystems (sofern Sie einen neuen Computer konfigurieren). Windows-Setup partitioniert die Laufwerke automatisch für Sie. Das Volume, in dem die BitLocker-Daten gespeichert sind, muss aber immer das aktive Systemvolume sein.
2. Initialisieren und Konfigurieren des TPM im Computer (sofern vorhanden)
3. Einschalten des Features *BitLocker-Laufwerkverschlüsselung* (sofern nötig)
4. Überprüfen der Firmware, um sicherzustellen, dass der Computer vom Laufwerk mit der aktiven Systempartition und der Startpartition startet, nicht von einem USB- oder CD/DVD-Laufwerk (nur nötig, wenn Sie Systemvolumes verschlüsseln)
5. Einschalten und Konfigurieren der BitLocker-Laufwerkverschlüsselung

Sobald Sie die BitLocker-Verschlüsselung eingeschaltet und konfiguriert haben, stehen Ihnen verschiedene Möglichkeiten zur Verfügung, um die Umgebung zu verwalten und eine Wiederherstellung durchzuführen.

Vorbereiten der BitLocker-Laufwerkverschlüsselung

Wie weiter oben beschrieben, kann die BitLocker-Laufwerkverschlüsselung in einem Computer mit oder ohne TPM eingesetzt werden. Bei beiden Konfigurationen sind einige Vorarbeiten nötig, bevor Sie die BitLocker-Laufwerkverschlüsselung einschalten und konfigurieren können.

In Windows 7 Ultimate und Enterprise sollte BitLocker standardmäßig installiert werden. Ist das nicht der Fall, können Sie das Feature *BitLocker-Laufwerkverschlüsselung* mit dem Assistenten *"Features hinzufügen"* installieren. Sie müssen den Computer anschließend neu starten, um den Installationsvorgang abzuschließen.

Ob ein Computer für das Feature vorbereitet ist, erfahren Sie in der Konsole *BitLocker-Laufwerkverschlüsselung*. Klicken Sie im Startmenü auf *Systemsteuerung*, dann im Fenster *Systemsteuerung* auf *System und Sicherheit* und schließlich auf *BitLocker-Laufwerkverschlüsselung*. Falls das System nicht richtig konfiguriert ist, bekommen Sie eine Fehlermeldung angezeigt. In einem solchen Fall ist folgende Abhilfe möglich:

- Wenn Sie eine Fehlermeldung bezüglich TPM bekommen, obwohl der Computer mit einem kompatiblen TPM ausgestattet ist, sollten Sie im Abschnitt »Aktivieren und Benutzen von TPM« weiter oben in diesem Kapitel nachlesen, welche Zustände das TPM annehmen kann und wie Sie das TPM in der Firmware aktivieren.
- Wenn Sie eine Fehlermeldung bezüglich TPM auf einem Computer bekommen, der ein inkompatibles TPM oder gar kein TPM hat, müssen Sie die Gruppenrichtlinieneinstellungen des Computers ändern, sodass

Sie die BitLocker-Laufwerkverschlüsselung auch ohne vorhandenes TPM aktivieren können.

Sie konfigurieren die Richtlinieneinstellungen für die BitLocker-Verschlüsselung in den lokalen Gruppenrichtlinien oder Active Directory-Gruppenrichtlinien. In der Richtlinie für den lokalen Computer wenden Sie die Einstellungen auf das lokale Gruppenrichtlinienobjekt des Computers an. Bei Domänenrichtlinien wenden Sie die Einstellungen dagegen auf ein Gruppenrichtlinienobjekt an, das vom Computer verarbeitet wird. Wenn Sie mit Domänenrichtlinien arbeiten, können Sie auch Anforderungen für Computer mit einem TPM festlegen.

Gehen Sie folgendermaßen vor, um zu konfigurieren, wie BitLocker auf Computern mit oder ohne TPM eingesetzt werden darf:

1. Öffnen Sie das gewünschte Gruppenrichtlinienobjekt zum Bearbeiten im Gruppenrichtlinienobjekt-Editor.
2. Klicken Sie unter *Computerkonfiguration/Richtlinien/Administrative Vorlagen/Windows-Komponenten/BitLocker-Laufwerkverschlüsselung/ Betriebssystemlaufwerke* doppelt auf die Einstellung *Zusätzliche Authentifizierung beim Start anfordern*.
3. Definieren Sie die Richtlinieneinstellung im Dialogfeld *Zusätzliche Authentifizierung beim Start anfordern* (Abbildung 11.4), indem Sie die Option *Aktiviert* auswählen.

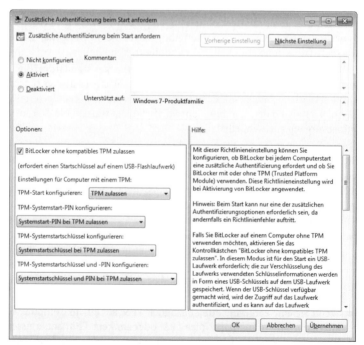

Abbildung 11.4 Auswählen einer Option zum Ausschalten des TPM

4. Sie haben jetzt folgende Möglichkeiten zur Auswahl:
   - Wenn Sie wollen, dass BitLocker benutzt werden kann, auch wenn kein kompatibles TPM vorhanden ist, müssen Sie das Kontrollkästchen *BitLocker ohne kompatibles TPM zulassen* aktivieren. Das ändert die Richtlinieneinstellung, sodass Sie BitLocker-Verschlüsselung mit einem Systemstartschlüssel auf einem Computer einsetzen können, der kein TPM hat.
   - Wenn Sie wollen, dass BitLocker nur eingesetzt werden kann, wenn ein TPM vorhanden ist, müssen Sie das Kontrollkästchen *BitLocker ohne kompatibles TPM zulassen* deaktivieren. Daraufhin wird die Richtlinieneinstellung so geändert, dass Sie die BitLocker-Verschlüsselung nur auf einem Computer mit TPM einsetzen können, wobei Sie eine Systemstart-PIN, einen Systemstartschlüssel oder beides eingeben.
5. Auf einem Computer mit kompatiblem TPM stehen vier Authentifizierungsmethoden für den Systemstart zur Auswahl, um zusätzlichen Schutz für die verschlüsselten Daten zur Verfügung zu stellen. Diese Authentifizierungsmethoden können optional oder obligatorisch sein. Anhand von Tabelle 11.2 können Sie konfigurieren, wie ein TPM mit den verfügbaren Authentifizierungsmethoden kombiniert werden kann.
6. Klicken Sie auf *OK*, um Ihre Einstellungen zu speichern. Diese Richtlinie wird erzwungen, wenn die Gruppenrichtlinien das nächste Mal angewendet werden.
7. Schließen Sie den Gruppenrichtlinienobjekt-Editor. Sie können die Gruppenrichtlinien sofort auf den Computer anwenden, an dem Sie angemeldet sind, indem Sie im Suchfeld des Startmenüs **gpupdate.exe /force** eingeben und die EINGABETASTE drücken.

Computer, die einen Systemstartschlüssel oder eine Systemstart-PIN haben, verfügen auch über ein Wiederherstellungskennwort oder -zertifikat. Sie brauchen dieses Wiederherstellungskennwort oder -zertifikat in diesen Fällen:

- Es werden Änderungen an den Systemstartdaten vorgenommen.
- Das verschlüsselte Laufwerk muss in einen anderen Computer eingebaut werden.
- Der Benutzer kann den richtigen Systemstartschlüssel oder die richtige PIN nicht eingeben.

Das Wiederherstellungskennwort oder -zertifikat sollte getrennt vom Systemstartschlüssel beziehungsweise der Systemstart-PIN verwaltet und aufbewahrt werden. Benutzer bekommen zwar Systemstartschlüssel oder Systemstart-PIN ausgehändigt, aber nur Administratoren sollten Zugriff auf Wiederherstellungskennwort oder -zertifikat haben. Als Administrator brauchen Sie das Wiederherstellungskennwort oder -zertifikat, um die verschlüsselten Daten auf dem Volume zu entsperren, wenn BitLocker einen Sperrstatus aktiviert. Sofern Sie keinen normalen Daten-Wiederherstellungsagenten benutzen, gilt das Wiederherstellungskennwort oder -zertifikat nur für die eine konkrete BitLocker-Verschlüsselung. Sie können damit also keine verschlüsselten Daten auf irgendeinem anderen BitLocker-verschlüsselten Volume wiederherstellen. Das funktioniert nicht einmal für andere BitLocker-verschlüsselte Volumes auf demselben Computer. Um die Sicherheit zu verbessern, sollten Sie Systemstartschlüssel und Wiederherstellungsdaten getrennt vom Computer lagern.

Wenn BitLocker installiert ist, steht die Konsole *BitLocker-Laufwerkverschlüsselung* in der Systemsteuerung zur Verfügung. Welche Konfigurationsoptionen für BitLocker angeboten werden, hängt davon ab, ob der Computer ein TPM hat und wie Sie die Gruppenrichtlinien konfiguriert haben.

Tabelle 11.2 Wichtige Optionen für den Einsatz eines TPM mit BitLocker

Beim Start des Computers	Einstellung für			
	TPM-Start konfigurieren	TPM-Systemstart-PIN konfigurieren	TPM-Systemstartschlüssel konfigurieren	TPM-Systemstartschlüssel und -PIN konfigurieren
Erlauben, dass TPM beim Systemstart benutzt wird	TPM zulassen	Nicht zulassen	Nicht zulassen	Nicht zulassen
Erzwingen, dass TPM beim Systemstart benutzt wird	TPM erforderlich	Nicht zulassen	Nicht zulassen	Nicht zulassen
Nur TPM mit einem Systemstartschlüssel benutzen	TPM zulassen oder erforderlich	Systemstart-PIN bei TPM zulassen oder erforderlich	Nicht zulassen	Nicht zulassen
Nur TPM mit einer Systemstart-PIN benutzen	TPM zulassen oder erforderlich	Nicht zulassen	Systemstartschlüssel bei TPM zulassen oder erforderlich	Nicht zulassen
Nur TPM mit einem Systemstartschlüssel und einer -PIN benutzen	TPM zulassen oder erforderlich	Nicht zulassen	Nicht zulassen	Systemstartschlüssel und -PIN mit TPM zulassen oder erforderlich
Erlauben, dass TPM mit einer anderen Authentifizierungsmethode kombiniert wird	TPM zulassen oder erforderlich	Systemstart-PIN bei TPM zulassen	Systemstartschlüssel bei TPM zulassen	Systemstartschlüssel und -PIN mit TPM zulassen

Aktivieren von BitLocker auf anderen Volumes als dem Systemvolume

Werden die Daten auf einem Volume verschlüsselt, das nicht das Systemvolume ist, werden alle darauf gespeicherten Daten geschützt. Sie können mit BitLocker jedes Volume verschlüsseln, das mit FAT, FAT32 oder NTFS formatiert ist. Wie lange es dauert, ein Laufwerk zu verschlüsseln, hängt von der Größe des Laufwerks, der Rechenleistung des Computers und der Auslastung des Computers ab.

Bevor Sie BitLocker aktivieren, sollten Sie in den Gruppenrichtlinien die Richtlinien und Einstellungen unter *Festplattenlaufwerke* konfigurieren und dann warten, bis die Gruppenrichtlinien aktualisiert sind. Wenn Sie das versäumen und BitLocker sofort aktivieren, müssen Sie BitLocker unter Umständen aus- und dann wieder einschalten, weil bestimmte Status- und Verwaltungsflags initialisiert werden, wenn Sie BitLocker einschalten.

Wenn Sie einen Computer mit mehreren Betriebssystemen haben oder Festplatten zwischen Computern austauschen, kann die Richtlinie *Zugriff auf BitLocker-geschützte Festplattenlaufwerke von früheren Windows-Versionen zulassen* in den Gruppenrichtlinien sicherstellen, dass Sie auch unter anderen Betriebssystemen und auf anderen Computern Zugriff auf das Volume haben. Entsperrte Laufwerke sind schreibgeschützt. Damit Sie ein verschlüsseltes Volume wiederherstellen können, sollten Sie Daten-Wiederherstellungsagenten erlauben und Wiederherstellungsdaten in Active Directory speichern.

Gehen Sie folgendermaßen vor, um die BitLocker-Verschlüsselung auf einem Volume zu aktivieren, das nicht das Systemvolume ist:

1. Klicken Sie im Startmenü auf *Computer*. Klicken Sie mit der rechten Maustaste auf das Datenvolume und wählen Sie im Kontextmenü den Befehl *BitLocker aktivieren*. BitLocker initialisiert nun das Laufwerk.

   HINWEIS Falls BitLocker bereits aktiviert ist, wird statt des Befehls *BitLocker aktivieren* der Befehl *BitLocker verwalten* angezeigt.

2. Wählen Sie auf der Seite *Methode zum Entsperren des Laufwerks auswählen* (Abbildung 11.5) eine oder mehrere der folgenden Optionen aus und klicken Sie auf *Weiter*:

   - *Kennwort zum Entsperren des Laufwerks verwenden* Aktivieren Sie dieses Kontrollkästchen, wenn der Benutzer aufgefordert werden soll, ein Kennwort einzugeben, um das Laufwerk zu entsperren. Bei der Verwendung von Kennwörtern kann ein Laufwerk überall entsperrt und an andere Leute weitergegeben werden.

   - *Smartcard zum Entsperren des Laufwerks verwenden* Aktivieren Sie diese Option, wenn der Benutzer eine Smartcard verwenden und die Smartcard-PIN eintippen muss, um das Laufwerk zu entsperren. Weil dieses Feature ein Smartcardlesegerät voraussetzt, wird es normalerweise eingesetzt, um Laufwerke am Arbeitsplatz zu entsperren, und nicht für Laufwerke, die auch unterwegs benutzt werden.

- *Laufwerk auf diesem Computer automatisch entsperren* Aktivieren Sie dieses Kontrollkästchen, wenn das Laufwerk automatisch entsperrt werden soll, sobald der Computer startet und das Betriebssystem geladen wird. Diese Option ist nur verfügbar, wenn Sie das Systemvolume verschlüsselt haben.

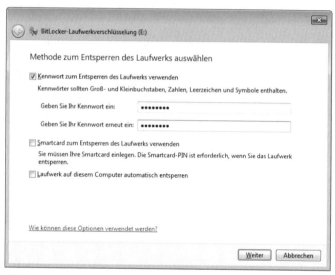

Abbildung 11.5 Auswählen der Methode zum Entsperren eines Laufwerks

3. Klicken Sie auf der Seite *Wie soll der Wiederherstellungsschlüssel gespeichert werden* auf *Wiederherstellungsschlüssel auf einem USB-Flashlaufwerk speichern*.
4. Wählen Sie im Dialogfeld *Wiederherstellungsschlüssel auf einem USB-Laufwerk speichern* den Speicherort Ihres USB-Flashlaufwerks aus und klicken Sie auf *Speichern*. Entfernen Sie das USB-Laufwerk mit dem Wiederherstellungsschlüssel noch nicht.
5. Sie können nun optional den Wiederherstellungsschlüssel in einem Ordner speichern oder ihn ausdrucken. Klicken Sie dazu die jeweilige Option an und folgen Sie den Anweisungen des Assistenten, um den Speicherort für den Wiederherstellungsschlüssel auszuwählen oder den Wiederherstellungsschlüssel auszudrucken. Klicken Sie auf *Weiter*, wenn Sie fertig sind.
6. Klicken Sie auf der Seite *Möchten Sie das Laufwerk jetzt verschlüsseln* auf *Verschlüsselung starten*. Wie lange der Verschlüsselungsvorgang dauert, hängt von der Größe des Laufwerks und anderen Faktoren ab.

Aktivieren von BitLocker auf USB-Flashlaufwerken

Wenn Sie USB-Flashlaufwerke verschlüsseln, werden die Daten geschützt, die auf diesem Volume gespeichert sind. Sie können mit BitLocker alle USB-Flashlaufwerke verschlüsseln, die mit FAT, FAT32 oder NTFS formatiert sind. Wie lange es dauert, ein Laufwerk zu verschlüsseln, hängt von der Größe des Laufwerks, der Rechenleistung des Computers und der Auslastung des Computers ab.

Bevor Sie BitLocker aktivieren, sollten Sie in den Gruppenrichtlinien die Richtlinien und Einstellungen unter *Wechseldatenträger* konfigurieren und dann warten, bis die Gruppenrichtlinien aktualisiert sind. Wenn Sie das versäumen und BitLocker sofort aktivieren, müssen Sie BitLocker unter Umständen aus- und dann wieder einschalten, weil bestimmte Status- und Verwaltungsflags initialisiert werden, wenn Sie BitLocker einschalten.

Damit Sie ein verschlüsseltes Volume wiederherstellen können, sollten Sie Daten-Wiederherstellungsagenten erlauben und Wiederherstellungsdaten in Active Directory speichern. Wenn Sie ein verschlüsseltes Flashlaufwerk in älteren Windows-Versionen benutzen, stellt die Richtlinie *Zugriff auf Bit-Locker-geschützte Wechseldatenträger von früheren Windows-Versionen zulassen* sicher, dass Sie auch unter anderen Betriebssystemen und auf anderen Computern Zugriff auf das USB-Flashlaufwerk haben. Laufwerke sind schreibgeschützt, nachdem sie entsperrt wurden.

Gehen Sie folgendermaßen vor, um die BitLocker-Verschlüsselung auf einem USB-Flashlaufwerk zu aktivieren:

1. Stecken Sie das USB-Flashlaufwerk an und klicken Sie im Startmenü auf *Computer*.
2. Klicken Sie mit der rechten Maustaste auf das USB-Flashlaufwerk und wählen Sie im Kontextmenü den Befehl *BitLocker aktivieren*. BitLocker initialisiert nun das Laufwerk.
3. Wählen Sie auf der Seite *Methode zum Entsperren des Laufwerks auswählen* eine oder mehrere der folgenden Optionen aus und klicken Sie auf *Weiter*:
    - *Kennwort zum Entsperren des Laufwerks verwenden* Aktivieren Sie dieses Kontrollkästchen, wenn der Benutzer aufgefordert werden soll, ein Kennwort einzugeben, um das Laufwerk zu entsperren. Bei der Verwendung von Kennwörtern kann ein Laufwerk überall entsperrt und an andere Leute weitergegeben werden.
    - *Smartcard zum Entsperren des Laufwerks verwenden* Aktivieren Sie diese Option, wenn der Benutzer eine Smartcard verwenden und die Smartcard-PIN eintippen muss, um das Laufwerk zu entsperren. Weil dieses Feature ein Smartcardlesegerät voraussetzt, wird es normalerweise eingesetzt, um Laufwerke am Arbeitsplatz zu entsperren, und nicht für Laufwerke, die auch unterwegs benutzt werden.
4. Klicken Sie auf der Seite *Wie soll der Wiederherstellungsschlüssel gespeichert werden* auf *Wiederherstellungsschlüssel in Datei speichern*.
5. Wählen Sie im Dialogfeld *BitLocker-Wiederherstellungsschlüssel speichern unter* den Speicherort aus und klicken Sie auf *Speichern*.
6. Sie haben nun die Gelegenheit, den Wiederherstellungsschlüssel auszudrucken, wenn Sie möchten. Klicken Sie auf *Weiter*, wenn Sie fertig sind.

7. Klicken Sie auf der Seite *Möchten Sie das Laufwerk jetzt verschlüsseln* auf *Verschlüsselung starten*. Ziehen Sie das USB-Flashlaufwerk nicht ab, bevor der Verschlüsselungsvorgang abgeschlossen ist. Wie lange der Verschlüsselungsvorgang dauert, hängt von der Größe des Laufwerks und anderen Faktoren ab.

Beim Verschlüsselungsvorgang passiert Folgendes:

1. Die Datei *Autorun.inf*, das BitLocker To Go-Lesetool und eine Datei namens *Liesmich.txt* werden auf das USB-Flashlaufwerk geschrieben.
2. Es wird ein virtuelles Volume mit dem vollständigen Inhalt des Laufwerks im freien Laufwerksplatz angelegt.
3. Das virtuelle Volume wird verschlüsselt, um seinen Inhalt zu schützen. Die Verschlüsselung eines USB-Flashlaufwerks dauert etwa 6 bis 10 Minuten pro Gigabyte. Sie können den Verschlüsselungsprozess unterbrechen und fortsetzen, solange Sie das Laufwerk in der Zwischenzeit nicht entfernen.

Wenn die automatische Wiedergabe aktiviert ist und Sie das verschlüsselte Laufwerk an einen USB-Anschluss auf einem Windows 7-Computer anstecken, führt Windows 7 das BitLocker To Go-Lesetool aus, das wiederum das Dialogfeld aus Abbildung 11.6 öffnet. Geben Sie hier das Kennwort, die Smartcard-PIN oder beides ein, um das Laufwerk zu entsperren. Optional können Sie das Kontrollkästchen *Auf diesem Computer ab jetzt automatisch entsperren* aktivieren, um das Kennwort in einer verschlüsselten Datei auf dem Systemvolume des Computers zu speichern. Klicken Sie schließlich auf *Entsperren*, um das Volume zu entsperren, sodass Sie damit arbeiten können.

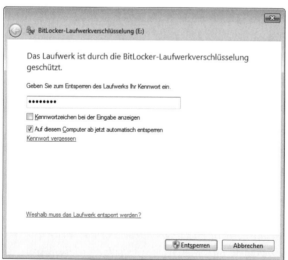

Abbildung 11.6 Entsperren des verschlüsselten Laufwerks

Aktivieren von BitLocker auf Systemvolumes

Bevor Sie ein Systemvolume verschlüsseln können, müssen Sie alle startfähigen Medien aus den CD/DVD-Laufwerken des Computers entfernen und alle USB-Flashlaufwerke abziehen. Nun können Sie die BitLocker-Verschlüsselung auf dem Systemvolume folgendermaßen aktivieren:

1. Klicken Sie im Startmenü auf *Computer*. Klicken Sie mit der rechten Maustaste auf das Systemvolume und wählen Sie im Kontextmenü den Befehl *BitLocker aktivieren*. Windows prüft nun den Computer und das Laufwerk, um sicherzustellen, dass es möglich ist, BitLocker zu aktivieren. Klicken Sie auf *Weiter*.

    HINWEIS Falls BitLocker bereits aktiviert ist, wird statt des Befehls *BitLocker aktivieren* der Befehl *BitLocker verwalten* angezeigt.

2. Klicken Sie auf der Seite *Vorbereiten des Laufwerks für BitLocker* auf *Details*, um sich anzusehen, wie Windows Ihr Laufwerk vorbereitet. Im Allgemeinen benutzt Windows ein vorhandenes Laufwerk oder freien Platz auf dem Systemlaufwerk für die benötigte BitLocker-Partition. Liegt Windows RE in dieser Partition, verschiebt Windows die Dateien von Windows RE in das Systemvolume und benutzt die frei gewordene Partition für BitLocker.

3. Klicken Sie auf *Weiter*, um das Laufwerk für BitLocker vorzubereiten, Warten Sie, bis dieser Prozess abgeschlossen ist, und klicken Sie dann erneut auf *Weiter*.

4. Wie in Abbildung 11.7 zu sehen, können Sie nun die Systemstarteinstellungen für den BitLocker konfigurieren. Fahren Sie danach fort, wie in den folgenden Anleitungen beschrieben.

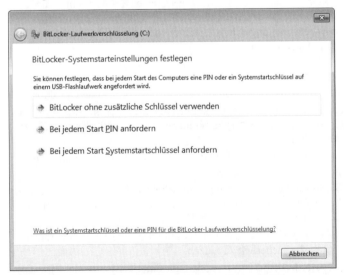

Abbildung 11.7 Konfigurieren der BitLocker-Systemstarteinstellungen

Sie können BitLocker nutzen, um grundlegende Integritätsprüfungen des Volumes durchzuführen, ohne dass irgendwelche zusätzlichen Schlüssel benötigt werden. In dieser Konfiguration schützt BitLocker das Systemvolume durch Verschlüsselung. Diese Konfiguration hat folgende Merkmale:

- Sie gewährt den Zugriff auf das Volume allen Benutzern, die sich am Betriebssystem anmelden können.
- Sie verhindert, dass Personen, die direkten Zugriff auf den Computer haben, ein anderes Betriebssystem starten, um sich Zugriff auf die Daten des Volumes zu verschaffen.
- Sie ermöglicht es, den Computer mit oder ohne TPM für zusätzliche Systemstartsicherheit zu nutzen.
- Sie erfordert kein Kennwort und keine Smartcard mit einer PIN.

Gehen Sie folgendermaßen vor, um BitLocker ohne zusätzliche Schlüssel zu benutzen:

1. Klicken Sie auf der Seite *BitLocker-Systemstarteinstellungen festlegen* auf *BitLocker ohne zusätzliche Schlüssel verwenden*.
2. Klicken Sie auf der Seite *Wie soll der Wiederherstellungsschlüssel gespeichert werden* auf *Wiederherstellungsschlüssel auf einem USB-Flashlaufwerk speichern*.
3. Wählen Sie im Dialogfeld *Wiederherstellungsschlüssel auf einem USB-Laufwerk speichern* den Speicherort Ihres USB-Flashlaufwerks aus und klicken Sie auf *Speichern*. Verwenden Sie dabei kein USB-Flashlaufwerk, das BitLocker-verschlüsselt ist.
4. Sie können nun optional den Wiederherstellungsschlüssel in einem Ordner speichern oder ihn ausdrucken. Klicken Sie dazu die jeweilige Option an und folgen Sie den Anweisungen des Assistenten, um den Speicherort für den Wiederherstellungsschlüssel auszuwählen oder den Wiederherstellungsschlüssel auszudrucken. Klicken Sie auf *Weiter*, wenn Sie fertig sind.
5. Klicken Sie auf der Seite *Möchten Sie das Laufwerk jetzt verschlüsseln* auf *Verschlüsselung starten*. Wie lange der Verschlüsselungsvorgang dauert, hängt von der Größe des Laufwerks und anderen Faktoren ab.

Um die Sicherheit zu erhöhen, können Sie BitLocker mit einer PIN oder einem Systemstartschlüssel kombinieren. Diese Konfiguration weist folgende Merkmale auf:

- Sie gewährt den Zugriff auf das Volume allen Benutzern, die einen gültigen Schlüssel eingeben.
- Sie verhindert, dass Personen, die direkten Zugriff auf den Computer haben, ein anderes Betriebssystem starten, um sich Zugriff auf die Daten des Volumes zu verschaffen.
- Sie ermöglicht es, den Computer mit oder ohne TPM für zusätzliche Systemstartsicherheit zu nutzen.
- Sie erfordert ein Kennwort oder eine Smartcard mit einer PIN.

Gehen Sie folgendermaßen vor, um die BitLocker-Verschlüsselung mit einem Systemstartschlüssel zu kombinieren:

1. Klicken Sie auf der Seite *BitLocker-Systemstarteinstellungen festlegen* auf *Bei jedem Start Systemstartschlüssel anfordern*.
2. Stecken Sie ein USB-Flashlaufwerk an den Computer an (sofern noch nicht vorhanden). Verwenden Sie dabei kein USB-Flashlaufwerk, das BitLocker-verschlüsselt ist.
3. Wählen Sie auf der Seite *Systemstartschlüssel speichern* den Speicherort Ihres USB-Flashlaufwerks aus und klicken Sie auf *Speichern*.
4. Nun müssen Sie den Wiederherstellungsschlüssel speichern. Sie sollten Wiederherstellungsschlüssel und Systemstartschlüssel nicht auf demselben Datenträger speichern. Entfernen Sie daher das USB-Flashlaufwerk und stecken Sie ein zweites USB-Flashlaufwerk an.

   HINWEIS Der Systemstartschlüssel ist etwas anderes als der Wiederherstellungsschlüssel. Wenn Sie einen Systemstartschlüssel generieren, wird dieser Schlüssel benötigt, um den Computer zu starten. Der Wiederherstellungsschlüssel wird gebraucht, um den Computer zu entsperren, falls BitLocker in den Wiederherstellungsmodus schaltet; das kann passieren, wenn BitLocker vermutet, dass der Computer manipuliert wurde, während das Betriebssystem ausgeschaltet war.

5. Klicken Sie auf der Seite *Wie soll der Wiederherstellungsschlüssel gespeichert werden* auf *Wiederherstellungsschlüssel auf einem USB-Flashlaufwerk speichern*.
6. Wählen Sie im Dialogfeld *Wiederherstellungsschlüssel auf einem USB-Laufwerk speichern* den Speicherort Ihres USB-Flashlaufwerks aus und klicken Sie auf *Speichern*. Entfernen Sie das USB-Laufwerk mit dem Wiederherstellungsschlüssel noch nicht.
7. Sie können nun optional den Wiederherstellungsschlüssel in einem Ordner speichern oder ihn ausdrucken. Klicken Sie dazu die jeweilige Option an und folgen Sie den Anweisungen des Assistenten, um den Speicherort für den Wiederherstellungsschlüssel auszuwählen oder den Wiederherstellungsschlüssel auszudrucken. Klicken Sie auf *Weiter*, wenn Sie fertig sind.
8. Stellen Sie auf der Seite *Möchten Sie das Laufwerk jetzt verschlüsseln* sicher, dass das Kontrollkästchen *BitLocker-Systemüberprüfung ausführen* aktiviert ist, und klicken Sie auf *Weiter*.
9. Bestätigen Sie, dass Sie den Computer neu starten wollen, indem Sie auf *Jetzt neu starten* klicken. Der Computer wird nun neu gestartet und BitLocker stellt sicher, dass der Computer BitLocker-kompatibel und alles für die Verschlüsselung vorbereitet ist. Ist der Computer nicht für die Verschlüsselung bereit, erhalten Sie eine Fehlermeldung. In diesem Fall müssen Sie den Fehler beseitigen, bevor Sie den Vorgang fortsetzen können. Ist der Computer dagegen für die Verschlüsselung bereit, wird die Statuszeile *Verschlüsselung wird durchgeführt* angezeigt. Sie können

den Status der Volumeverschlüsselung verfolgen, indem Sie den Mauszeiger im Infobereich der Taskleiste über das Symbol der BitLocker-Laufwerkverschlüsselung stellen. Mit einem Doppelklick auf dieses Symbol können Sie das Dialogfeld *Verschlüsselung* öffnen und den Verschlüsselungsprozess genauer beobachten. Sie haben außerdem die Möglichkeit, den Verschlüsselungsprozess zu unterbrechen. Die Volumeverschlüsselung dauert etwa 1 Minute pro Gigabyte.

Sobald dieser Vorgang abgeschlossen ist, haben Sie das Betriebssystemvolume verschlüsselt und einen Wiederherstellungsschlüssel erstellt, der nur für dieses spezielle Volume gilt. Wenn Sie den Computer das nächste Mal einschalten, muss das USB-Flashlaufwerk mit dem Systemstartschlüssel in einen USB-Anschluss des Computers gesteckt sein. Haben Sie das USB-Flashlaufwerk mit Ihrem Systemstartschlüssel nicht mehr, müssen Sie den Wiederherstellungsmodus starten und den Wiederherstellungsschlüssel bereitstellen, um Zugriff auf die Daten zu erhalten.

Gehen Sie folgendermaßen vor, um die BitLocker-Verschlüsselung in Kombination mit einer Systemstart-PIN zu aktivieren:

1. Klicken Sie auf der Seite *BitLocker-Systemstarteinstellungen festlegen* auf *Bei jedem Start PIN anfordern*.
2. Tippen Sie auf der Seite *Systemstart-PIN eingeben* die PIN ein und bestätigen Sie die Nummer durch erneute Eingabe. Als PIN können Sie eine beliebige Zahl wählen, solange sie 4 bis 20 Ziffern enthält. Die PIN wird auf dem Computer gespeichert.
3. Stecken Sie ein USB-Flashlaufwerk an, auf dem Sie den Wiederherstellungsschlüssel speichern wollen, und klicken Sie auf *PIN festlegen*. Verwenden Sie dabei kein USB-Flashlaufwerk, das BitLocker-verschlüsselt ist.

Fahren Sie mit den Schritten 5 bis 9 in der vorherigen Anleitung fort.

Sobald dieser Vorgang abgeschlossen ist, haben Sie das ganze Volume verschlüsselt und einen Wiederherstellungsschlüssel erstellt, der nur für dieses spezielle Volume gilt. Wenn Sie den Computer das nächste Mal einschalten, muss das USB-Flashlaufwerk mit dem Systemstartschlüssel in einen USB-Anschluss des Computer gesteckt sein. Haben Sie das USB-Flashlaufwerk mit Ihrem Systemstartschlüssel nicht mehr, müssen Sie den Wiederherstellungsmodus starten und den Wiederherstellungsschlüssel bereitstellen, um Zugriff auf die Daten zu erhalten.

Wenn Sie eine PIN oder einen Systemstartschlüssel erstellt haben, müssen Sie die PIN oder den Systemstartschlüssel beim nächsten Start des Computers eingeben. Davon abgesehen verändert sich die normale Bedienung des Computers nicht. Nur wenn Änderungen am TPM auftreten, der Zugriff auf das TPM nicht möglich ist oder jemand versucht, die Festplatte zu verändern, während das Betriebssystem ausgeschaltet ist, schaltet der Computer in den Wiederherstellungsmodus, wo Sie den Wiederherstellungsschlüssel brauchen, um den Computer zu entsperren.

Verwalten von BitLocker und Beseitigen von Problemen

Ob ein Systemvolume, ein Datenvolume oder ein angestecktes USB-Flashlaufwerk BitLocker benutzt, stellen Sie fest, indem Sie im Startmenü auf *Systemsteuerung*, dann auf *System und Sicherheit* und schließlich auf *BitLocker-Laufwerkverschlüsselung* klicken. Nun wird der Status von BitLocker für jedes Volume angezeigt (Abbildung 11.8).

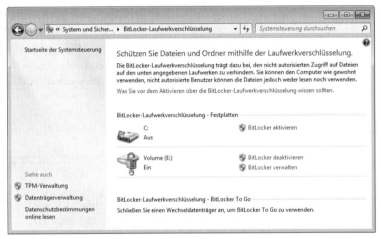

Abbildung 11.8 Überprüfen des aktuellen Status von BitLocker auf jedem Volume

Der Dienst *BitLocker-Laufwerkverschlüsselungsdienst* muss laufen, damit BitLocker einwandfrei funktioniert. Normalerweise ist dieser Dienst mit dem Starttyp *Manuell* konfiguriert und läuft unter dem Konto *SYSTEM*.

Wenn Sie BitLocker zusammen mit Smartcards einsetzen, muss der Dienst *Smartcard* laufen. Dieser Dienst ist normalerweise mit dem Starttyp *Manuell* konfiguriert und läuft unter dem Konto *LOKALER DIENST*.

Wenn Sie einen Systemstartschlüssel oder eine PIN sowie einen Wiederherstellungsschlüssel für einen Computer erstellt haben, können Sie bei Bedarf Duplikate von Systemstartschlüssel, Systemstart-PIN oder Wiederherstellungsschlüssel anfertigen, die Sie für die Datensicherung oder als Ersatz brauchen. Klicken Sie dazu im Startmenü auf *Computer*. Klicken Sie mit der rechten Maustaste auf das Volume und wählen Sie den Befehl *BitLocker verwalten*. Ist BitLocker noch ausgeschaltet, wird stattdessen der Befehl *BitLocker aktivieren* angezeigt.

Welche Verwaltungsoptionen zur Verfügung stehen, hängt davon ab, welche Art von Volume Sie bearbeiten und welche Verschlüsselungseinstellungen Sie gewählt haben. Es gibt folgende Optionen:

- ***Kennwort zum Entsperren des Laufwerks hinzufügen*** Fügt ein Verschlüsselungskennwort hinzu. Klicken Sie auf diese Option und geben Sie dann zweimal das neue Kennwort ein. Klicken Sie auf *Weiter* und dann auf *OK*.

- *Kennwort zum Entsperren des Laufwerks ändern* Ändert das Verschlüsselungskennwort. Klicken Sie auf diese Option und geben Sie dann zweimal das neue Kennwort ein. Klicken Sie auf *Weiter* und dann auf *OK*.
- *Kennwort vom Laufwerk entfernen* Klicken Sie auf diese Option, wenn es nicht mehr nötig sein soll, zum Entsperren des Laufwerks das Verschlüsselungskennwort einzugeben.
- *Smartcard zum Entsperren des Laufwerks hinzufügen* Fügt eine Smartcard zum Entsperren des Laufwerks hinzu. Klicken Sie auf diese Option und folgen Sie dann den Anweisungen.
- *Smartcard vom Laufwerk entfernen* Klicken Sie auf diese Option, wenn es nicht mehr nötig sein soll, zum Entsperren des Laufwerks die Smartcard zu verwenden.
- *Smartcard für dieses Laufwerk ändern* Ändert die Smartcard, die zum Entsperren des Laufwerks benutzt wird. Klicken Sie auf diese Option und folgen Sie dann den Anweisungen.
- *Wiederherstellungsschlüssel erneut speichern oder drucken* Speichert oder druckt den Wiederherstellungsschlüssel. Klicken Sie auf diese Option und folgen Sie dann den Anweisungen.
- *Laufwerk auf diesem Computer automatisch entsperren* Klicken Sie auf diese Option, damit das Laufwerk künftig automatisch entsperrt wird.
- *Automatische Entsperrung dieses Laufwerks auf diesem Computer deaktivieren* Klicken Sie auf diese Option, um die automatische Entsperrung des Laufwerks auszuschalten.

Wiederherstellen von Daten, die durch BitLocker-Laufwerkverschlüsselung geschützt werden

Wenn Sie die BitLocker-Laufwerkverschlüsselung eingerichtet haben und der Computer in den Wiederherstellungsmodus schaltet, müssen Sie den Computer entsperren. Gehen Sie folgendermaßen vor, um den Computer mit einem Wiederherstellungsschlüssel zu entsperren, der auf einem USB-Flashlaufwerk gespeichert ist:

1. Schalten Sie den Computer ein. Wenn der Computer gesperrt ist, wird die Wiederherstellungskonsole für die BitLocker-Laufwerkverschlüsselung geöffnet.
2. Stecken Sie auf Anforderung das USB-Flashlaufwerk ein, auf dem der Wiederherstellungsschlüssel gespeichert ist, und drücken Sie die EINGABETASTE.
3. Der Computer wird nun entsperrt und automatisch neu gestartet. Sie brauchen den Wiederherstellungsschlüssel nicht von Hand einzugeben.

Wenn Sie die Wiederherstellungsschlüsseldatei in einem Ordner auf einem anderen Computer oder auf einem Wechseldatenträger gespeichert haben, können Sie den anderen Computer benutzen, um die Wiederherstellungsschlüsseldatei zu öffnen und auszulesen. Sie finden die richtige Datei, indem

Sie in der Wiederherstellungskonsole, die auf dem gesperrten Computer angezeigt wird, die Kennwort-ID suchen und sich diese Nummer notieren. Die Datei mit dem Wiederherstellungsschlüssel verwendet diese Kennwort-ID als Dateinamen. Öffnen Sie die Datei und suchen Sie den Wiederherstellungsschlüssel.

Gehen Sie folgendermaßen vor, um den Computer durch Eintippen des Wiederherstellungsschlüssels zu entsperren:

1. Schalten Sie den Computer ein. Wenn der Computer gesperrt ist, wird die Wiederherstellungskonsole für die BitLocker-Laufwerkverschlüsselung geöffnet.
2. Tippen Sie den Wiederherstellungsschlüssel ein und drücken Sie die EINGABETASTE. Der Computer wird entsperrt und automatisch neu gestartet.

Ein Computer wird beispielsweise gesperrt, wenn ein Benutzer versucht, den Wiederherstellungsschlüssel einzugeben, dabei aber einen Fehler macht. In der Wiederherstellungskonsole können Sie zweimal ESC drücken, um die Wiederherstellungs-Eingabeaufforderung zu verlassen und den Computer auszuschalten. Ein Computer wird auch gesperrt, wenn ein Fehler im Zusammenhang mit dem TPM auftritt oder die Systemstartdateien geändert werden. In diesem Fall bricht der Computer sehr früh im Startprozess ab, noch bevor das Betriebssystem startet. An diesem Punkt ist es unter Umständen noch nicht möglich, die normalen Zahlentasten auf der Tastatur des gesperrten Computers zu verwenden. In so einem Fall müssen Sie die Funktionstasten verwenden, um das Wiederherstellungskennwort einzugeben. Dabei stehen die Funktionstasten F1 bis F9 für die Ziffern 1 bis 9 und die Taste F10 für 0.

Deaktivieren oder Ausschalten der BitLocker-Laufwerkverschlüsselung

Wenn Sie Änderungen am TPM oder dem System vornehmen, müssen Sie unter Umständen die BitLocker-Verschlüsselung auf dem Systemvolume zeitweise ausschalten. Auf Datenvolumes ist es nicht möglich, die BitLocker-Verschlüsselung zeitweise auszuschalten, Datenvolumes können Sie nur entschlüsseln.

Gehen Sie folgendermaßen vor, um die BitLocker-Verschlüsselung auf dem Systemvolume zeitweise auszuschalten:

1. Klicken Sie im Startmenü auf *Systemsteuerung*, dann auf *System und Sicherheit* und schließlich auf *BitLocker-Laufwerkverschlüsselung*.
2. Klicken Sie neben dem Systemvolume auf *BitLocker deaktivieren*.
3. Klicken Sie im Dialogfeld *BitLocker-Laufwerkverschlüsselung* auf *Laufwerk entschlüsseln*.

   Wenn dieser Vorgang abgeschlossen ist, haben Sie BitLocker auf dem Betriebssystemvolume zeitweise deaktiviert.

Gehen Sie folgendermaßen vor, um die BitLocker-Laufwerkverschlüsselung für ein Datenvolume auszuschalten und das Volume zu entschlüsseln:
1. Klicken Sie im Startmenü auf *Systemsteuerung*, dann auf *System und Sicherheit* und schließlich auf *BitLocker-Laufwerkverschlüsselung*.
2. Klicken Sie neben dem gewünschten Volume auf *BitLocker deaktivieren*.
3. Klicken Sie im Dialogfeld *BitLocker-Laufwerkverschlüsselung* auf *Laufwerk entschlüsseln*.

Gehen Sie folgendermaßen vor, um die BitLocker-Laufwerkverschlüsselung für ein USB-Flashlaufwerk auszuschalten und das Laufwerk zu entschlüsseln:
1. Klicken Sie im Startmenü auf *Systemsteuerung*, dann auf *System und Sicherheit* und schließlich auf *BitLocker-Laufwerkverschlüsselung*.
2. Klicken Sie neben dem gewünschten Volume auf *BitLocker deaktivieren*.
3. Klicken Sie im Dialogfeld *BitLocker-Laufwerkverschlüsselung* auf *Laufwerk entschlüsseln*

12 Verwalten von Festplattenlaufwerken und Dateisystemen

Übersicht über das Kapitel:
Grundlagen der Datenträgerverwaltung 469
Optimieren der Laufwerksleistung 477
Basisdatenträger und dynamische Datenträger 483
Verwenden von Basisdatenträgern und dynamischen Datenträgern .. 488
Verwenden von Datenträgern, Partitionen und Volumes 495
Partitionieren und Vorbereiten von Festplattenlaufwerken 497
Verwenden der Datenträgerspiegelung 512
Einbauen eines dynamischen Datenträgers in einen anderen Computer 514
Häufiger auftretende Datenträgerprobleme 515
Arbeiten mit Wechselmediengeräten 527
Arbeiten mit Daten-CDs und -DVDs 529
Verwalten von Datenträgerkomprimierung und Dateiverschlüsselung 534

Die meisten Computer sind mit verschiedenen Arten von Laufwerken ausgestattet, darunter interne Festplattenlaufwerke und Laufwerke für Wechselmedien. Wichtigster Datenspeicher ist ein Festplattenlaufwerk. Gewöhnlich wird das erste Festplattenlaufwerk als *Datenträger 0* bezeichnet. Werden zusätzliche Festplatten installiert, erhalten Sie die Bezeichnungen *Datenträger 1*, *Datenträger 2* und so weiter. Dieses Kapitel beschreibt Programme und Techniken für die Verwaltung von Festplattenlaufwerken und Dateisystemen. Sie erfahren, wie man Laufwerke partitioniert, formatiert und von einem Laufwerkstyp in einen anderen konvertiert. Außerdem erfahren Sie etwas über Neuentwicklungen unter Windows 7, die sich auf die Verwendung der Treiber auswirken, wie Windows-ReadyBoost, Windows-ReadyDrive und Windows-SuperFetch.

Grundlagen der Datenträgerverwaltung

Unter Windows 7 können Sie ein Festplattenlaufwerk als Basisdatenträger oder als dynamischen Datenträger einsetzen.

- **Basisdatenträger**   Dieser Laufwerkstyp wurde früher am meisten benutzt. Unter Windows 7 kann er in eine oder mehrere Partitionen aufgeteilt werden. *Partitionen* sind logische Abschnitte eines Laufwerks, die wie separate Laufwerke funktionieren. Damit eine Partition verwendet werden kann, muss sie mit einem bestimmten *Dateisystem* (FAT, FAT32 oder NTFS) formatiert werden und einen Laufwerksbezeichner erhalten. Die formatierte Partition wird dann *Basisvolume* genannt und lässt sich im Computer wie ein eigenständiges Laufwerk verwenden. Windows 7 unterstützt auf Basisdatenträgern sowohl primäre Partitionen als auch erweiterte Partitionen. Eine primäre Partition wird zum Starten des Betriebssystems verwendet. Der Zugriff auf eine primäre Partition kann direkt mit dem *Laufwerksbezeichner* erfolgen. Eine primäre Partition lässt sich nicht weiter aufteilen. Der Zugriff auf eine erweiterte Partition ist etwas komplizierter. Wenn Sie eine erweiterte Partition erstellt haben, müssen Sie die Partition in ein oder mehrere logische Laufwerke aufteilen. Anschließend können Sie die logischen Laufwerke unabhängig voneinander verwenden. Auch sie sind über ihre Laufwerksbezeichner zugänglich.

- **Dynamische Datenträger**   Seit seiner Einführung mit Microsoft Windows 2000 ermöglicht dieser Laufwerkstyp die Durchführung der gebräuchlichsten Verwaltungsarbeiten an Laufwerken, ohne dass ein Neustart des Computers erforderlich wird. Wie ein Basisdatenträger lässt sich auch ein *dynamischer Datenträger* aufteilen. Allerdings werden dynamische Datenträger in *Volumes* aufgeteilt und nicht mehr in Partitionen. Ein Volume ähnelt einer Partition. Der gebräuchlichste Volumetyp ist das einfache Volume. Ein einfaches Volume ist ein Volume, das sich auf ein Festplattenlaufwerk beschränkt. Es kann zum Start des Betriebssystems oder zur allgemeinen Datenspeicherung verwendet werden. Außerdem sind noch weitere Volumearten verfügbar, darunter auch solche, die sich über mehrere Festplattenlaufwerke erstrecken (ein *übergreifendes Volume*). Wie Partitionen oder logische Laufwerke müssen Sie auch ein Volume auf einem dynamischen Datenträger formatieren und ihm einen Laufwerksbezeichner zuweisen, bevor Sie es verwenden können. Das formatierte Volume wird *dynamisches Volume* genannt und lässt sich als lokales Laufwerk des Computers verwenden. Wenn sich ein dynamisches Volume über mehrere Festplattenlaufwerke erstreckt, erscheint es trotzdem nur als einzelnes lokales Laufwerk, für dessen Verwendung auch nur ein Laufwerksbezeichner erforderlich ist.

HINWEIS   In FAT bestimmt die Zahl der Bits, die in der Dateizuordnungstabelle benutzt wird, mit welcher Variante Sie arbeiten und wie groß ein Volume höchstens sein kann. FAT16, auch einfach als FAT bezeichnet, definiert seine Dateizuordnungstabellen mit 16 Bits. Volumes, die 4 GByte oder kleiner sind, werden mit FAT16 formatiert. Es gibt auch eine 32-Bit-Version von FAT, die als FAT32 bezeichnet wird. FAT32 definiert seine Dateizuordnungstabellen mit 32 Bits. Mit den Windows-Formatierungstools können Sie FAT32-Volumes erstellen, die höchstens 32 GByte groß sind. Windows kann zwar größere FAT32-Volumes einbinden, die mit Fremdherstellertools erstellt wurden, aber für Volumes, die größer sind als 32 GByte, sollten Sie NTFS benutzen.

Sie können den Datenträgertyp von Basisdatenträger auf dynamischer Datenträger ändern und umgekehrt. Wenn Sie einen Basisdatenträger in einen dynamischen Datenträger konvertieren, werden die Partitionen automatisch in Volumes des passenden Typs überführt, sodass keine Daten verloren gehen. Einen dynamischen Datenträger in einen Basisdatenträger zu konvertieren, ist allerdings nicht so einfach. Sie müssen die Volumes auf dem dynamischen Datenträger löschen, bevor Sie den Datenträgertyp in einen Basisdatenträger ändern können. Beim Löschen der Volumes gehen alle Daten verloren, die darin gespeichert sind. Sie erhalten diese Daten nur zurück, wenn Sie den Inhalt des Datenträgers aus einer Datensicherung wiederherstellen.

Neben dem Datenträgertyp haben alle Datenträger auch einen Partitionsstil: entweder MBR (Master Boot Record) oder GPT (GUID Partition Table). Sowohl die 32-Bit- als auch die 64-Bit-Editionen von Windows 7 unterstützen sowohl MBR- als auch GPT-Partitionen, aber GPT wird in Windows XP und älteren Windows-Versionen nicht erkannt.

Der MBR enthält eine Partitionstabelle, die angibt, wo sich die Partitionen auf der Festplatte befinden. Bei dieser Partitionsart enthält der erste Sektor auf einer Festplatte den Master Boot Record und eine Binärcodedatei, die Master Boot Code heißt und zum Starten des Systems verwendet wird. Dieser Sektor ist nicht partitioniert und zum Schutz des Systems für den Benutzer nicht sichtbar.

Bei der Partitionierungsart MBR unterstützten Laufwerke Volumes von bis zu 4 Terabyte (TByte) und verwenden einen von zwei Partitionstypen – primär oder erweitert. Ein MBR-Laufwerk kann bis zu 4 primäre Partitionen beziehungsweise 3 primäre Partitionen und 1 erweiterte Partition besitzen. Primäre Partitionen sind Laufwerkabschnitte, auf die Sie zur Dateispeicherung direkt zugreifen können. Sie können eine primäre Partition für den Benutzerzugriff zugänglich machen, indem Sie darin ein Dateisystem erstellen. Im Gegensatz zu primären Partitionen können Sie auf erweiterte Partitionen nicht direkt zugreifen. Stattdessen können Sie erweiterte Partitionen mit einem oder mehreren logischen Laufwerken konfigurieren, die dem Speichern von Dateien dienen. Durch das Unterteilen erweiterter Partitionen in logische Laufwerke können Sie ein physisches Laufwerk in mehr als vier Bereiche unterteilen.

GPT wurde ursprünglich für Hochleistungscomputer mit Itanium-Architektur entwickelt. GPT wird für Laufwerke auf x86- und x64-Systemen empfohlen, die größer als 2 TByte sind, sowie für alle Laufwerke auf Itanium-Computern. Der Hauptunterschied zwischen den Partitionsarten GPT und MBR besteht darin, wie Partitionsdaten gespeichert werden. Bei GPT werden die wichtigen Partitionsdaten in den einzelnen Partitionen gespeichert. Außerdem gibt es redundante primäre und Sicherungspartitionstabellen zur Verbesserung der strukturellen Integrität.

Wenngleich es wesentliche Unterschiede zwischen den Partitionsarten GPT und MBR gibt, werden die meisten festplattenbezogenen Aufgaben auf dieselbe Weise durchgeführt. Wenn Sie Ihre Laufwerke daher erst einmal eingerichtet und konfiguriert haben, ist es normalerweise egal, ob der Datenträger mit MBR oder GPT partitioniert ist. Beachten Sie aber trotzdem folgende Punkte:

- MBR-Basisdatenträger können bis zu 4 primäre Partitionen haben, oder 3 primäre Partitionen und 1 erweiterte Partition, wobei die erweiterte Partition wiederum mehrere logische Laufwerke enthalten kann. Ein dynamischer MBR-Datenträger kann beliebig viele Volumes enthalten.
- GPT-Datenträger unterstützen Partitionen mit bis zu 18 Exabyte (EByte) Größe und höchstens 128 Partitionen. Computer, die GPT-Datenträger verwenden, haben zwei erforderliche Partitionen und mindestens eine optionale OEM- oder Datenpartition. Die erforderlichen Partitionen sind die EFI-Systempartition (EFI System Partition, ESP) und die MSR-Partition (Microsoft Reserved). Welche optionalen Partitionen vorhanden sind, hängt zwar von der Systemkonfiguration ab, aber meist handelt es sich bei einer optionalen Partition um eine primäre Partition. Primäre Partitionen werden auf GPT-Datenträgern benutzt, um Benutzerdaten zu speichern.
- Auf einem x86- oder x64-Computer mit BIOS können Sie MBR für Systemstart- oder Datenlaufwerke verwenden, aber GPT nur für Datenlaufwerke. In Itanium- oder x64-Computern mit EFI können Sie sowohl GPT- als auch MBR-Datenträger verwenden, aber Sie brauchen mindestens einen GPT-Datenträger, der die ESP und entweder eine primäre Partition oder ein einfaches Volume enthält, aus dem das Betriebssystem gestartet wird.

Windows 7 stellt mehrere Tools zum Verwalten der Datenträger im Computer bereit. Das erste wird oft übersehen: die Computerkonsole. Andere Tools sind die Datenträgerverwaltung, FSUtil und DiskPart. Partitionen und Volumes auf MBR- und GPT-Datenträgern können mit FAT, FAT32 und NTFS formatiert werden. Wenn Sie Partitionen oder Volumes in der Datenträgerverwaltung erstellen, haben Sie die Gelegenheit, den Datenträger direkt beim Erstellen des Volumes zu formatieren und ihm einen Laufwerkbuchstaben oder einen Bereitstellungspunkt zuzuweisen. Sie können in der Datenträgerverwaltung die Partitionen und Volumes auf einem MBR-Datenträger mit FAT, FAT32 und NTFS formatieren, aber für Partitionen und Volumes auf einem GPT-Datenträger steht nur NTFS zur Verfügung. Wenn Sie GPT-Datenträger mit FAT oder FAT32 formatieren wollen, müssen Sie die Programme Format oder DiskPart in der Eingabeaufforderung verwenden.

Sie können den Partitionsstil von MBR in GPT ändern und umgekehrt von GPT in MBR. Das ist nützlich, wenn Sie Datenträger zwischen x86-Computern und Itanium-Computern austauschen wollen oder neue Datenträger erhalten, die mit dem falschen Partitionstabellenstil eingerichtet sind. Sie können den Partitionstabellenstil allerdings nur bei einem leeren Datenträger konvertieren. Das bedeutet, dass der Datenträger entweder neu oder frisch formatiert sein muss. Sie können einen Datenträger natürlich auch löschen, indem Sie seine Partitionen oder Volumes entfernen.

Verwenden der Computerkonsole

Wenn Sie die Computerkonsole öffnen möchten, klicken Sie auf *Start* und wählen *Computer*. In der Computerkonsole sehen Sie schnell, wie viel Speicher auf den Laufwerken eines Computers noch frei ist. Die Computerkonsole zeigt unter anderem folgende Informationen (Abbildung 12.1):

- *Festplatten* Listet die lokalen Laufwerke auf, die auf dem Computer verfügbar sind. Klicken Sie mit der rechten Maustaste auf ein Laufwerk, um die verfügbaren Verwaltungsoptionen anzuzeigen. Dazu gehört auch die Option *Explorer*, die den Windows-Explorer mit einer Darstellung der Ordner des Laufwerks öffnet.

- *Geräte mit Wechselmedien* Listet die Geräte mit Wechselmedien auf, einschließlich CD-, DVD- und Diskettenlaufwerke sowie USB-Flashlaufwerke. Klicken Sie mit der rechten Maustaste auf ein Gerät, um die verfügbaren Verwaltungsoptionen anzuzeigen. Dazu gehört auch die Option *Auswerfen*, die beim Wechsel des Mediums sehr praktisch ist.

TIPP USB-Flashlaufwerke und über FireWire oder USB (Universal Serial Bus) angeschlossene externe Festplattenlaufwerke verdrängen mehr und mehr die Diskettenlaufwerke und andere Gerätearten mit Wechselmedien. Verfügt ein Computer über einen USB- oder FireWire-Anschluss, können Sie auf einfache Weise ein Laufwerk anschließen oder entfernen. Bevor Sie aber ein USB- oder FireWire-Laufwerk entfernen, sollten Sie dafür sorgen, dass es sich in einem definierten Zustand befindet. Eine Möglichkeit, dies zu erreichen, ist die Option *Auswerfen*. Klicken Sie im Windows Explorer oder einer vergleichbaren Darstellung, beispielsweise in der Liste der Geräte mit Wechselmedien, mit der rechten Maustaste auf das Laufwerk und wählen Sie dann *Auswerfen*. Sofern keine Dateien auf dem Laufwerk geöffnet sind, sollte es dann möglich sein, das Laufwerk sicher zu entfernen.

- *Netzwerkadresse* Listet alle zugeordneten Netzlaufwerke auf. Ein Netzlaufwerk bietet Zugriff auf einen freigegebenen Ordner oder ein freigegebenes Laufwerk eines anderen Computers. Sie können Netzwerklaufwerke zuordnen, indem Sie im Startmenü mit der rechten Maustaste auf *Computer* klicken und *Netzlaufwerk zuordnen* wählen. Dadurch wird der Assistent für die Zuordnung von Netzlaufwerken gestartet. Um die Zuordnung aufzuheben, klicken Sie im Startmenü mit der rechten Maustaste auf *Computer* und wählen *Netzlaufwerk trennen*. Dadurch öffnet sich das Dialogfeld *Netzlaufwerk trennen*.

Verwenden der Datenträgerverwaltung

Das bevorzugte Werkzeug zur Konfiguration von Laufwerken ist die Datenträgerverwaltung. Sie bietet die Funktionen, die Sie zur Verwaltung von Festplattenlaufwerken, Partitionen, Volumes, von logischen Laufwerken und ihren Dateisystemen brauchen. Die Datenträgerverwaltung ist ein Snap-In der Microsoft Management Console (MMC), das als vorkonfigurierte Konsole in Windows enthalten ist und sich auch in Konsolen einfügen lässt, die Sie selbst zusammenstellen.

Abbildung 12.1 Die Konsole *Computer* bietet einen einfachen Zugang zu den Speichermedien eines Computers

Mit der Datenträgerverwaltung können Sie folgende Arbeiten durchführen:

- Bestimmen der Kapazität, des freien Speicherplatzes, des Status und anderer Eigenschaften von Laufwerken
- Erstellen von Partitionen und logischen Laufwerken auf Basisdatenträgern
- Erstellen von Volumes auf dynamischen Datenträgern
- Erweitern von Volumes auf demselben Festplattenlaufwerk oder über mehrere Festplattenlaufwerke hinweg
- Formatieren von Volumes mit einem der Dateisysteme FAT, FAT32 oder NTFS
- Zuweisen von Laufwerksbuchstaben und Pfaden zu Volumes
- Konvertieren von Basisdatenträgern in dynamische Datenträger, und umgekehrt

Die Datenträgerverwaltung ist auch in der Konsole *Computerverwaltung* enthalten. Sie können die Computerverwaltung in einer Eingabeaufforderung mit erhöhten Rechten starten, indem Sie **compmgmt.msc** eingeben. Oder Sie klicken im Startmenü *Computer* mit der rechten Maustaste an, öffnen mit *Verwalten* die Computerverwaltung und wählen im linken Anzeigebereich des Computerverwaltungsfensters *Datenträgerverwaltung*.

Wenn Sie die Computerverwaltung starten, werden Sie automatisch mit dem lokalen Computer verbunden. Um die Laufwerke von anderen Computern zu untersuchen, klicken Sie in der Strukturdarstellung mit der rechten Maustaste auf *Computerverwaltung* und wählen im Kontextmenü

Verbindung mit anderem Computer herstellen. Nun können Sie den Computer wählen, dessen Laufwerke Sie untersuchen möchten. Auf der Befehlszeile können Sie eine Verbindung mit einem anderen Computer herstellen, indem Sie mit dem Befehl **compmgmt.msc /computer=<ComputerName>** die Computerverwaltung starten, wobei **<ComputerName>** der Name des Remotecomputers ist, mit dem Sie eine Verbindung herstellen möchten.

In der Standardkonfiguration, wie sie in Abbildung 12.2 zu sehen ist, zeigt die Datenträgerverwaltung in ihrem oberen Bereich eine Volumeliste und in ihrem unteren Bereich eine grafische Ansicht. Zu einem bestimmten Zeitpunkt sind zwar immer nur zwei Ansichten zu sehen, aber es stehen drei zur Auswahl.

- **Volumeliste**   Bietet eine Übersicht über die Laufwerke eines Computers unter Angabe einiger wichtiger Eigenschaften. Durch einen Klick auf eine der Spalten wie *Layout* oder *Status* wird die Liste nach der angeklickten Spalte sortiert.
- **Grafische Ansicht**   Stellt die verfügbaren physischen und logischen Laufwerke grafisch dar. Zu den Angaben über die physischen Laufwerke gehören die Laufwerksnummer und der Gerätetyp, wie Basis, Wechselmedium oder DVD, die Laufwerkskapazität und der Status des Geräts, also online oder offline. Für jedes logische Laufwerk auf dem physischen Laufwerk werden weitere Einzelheiten genannt, wie der Laufwerksbuchstabe und die Bezeichnung der Partition oder des Volumes, der Dateisystemtyp, wie FAT, FAT32 oder NTFS, die Größe des Laufwerks in MByte und der Status des Laufwerks, wie *Fehlerfrei* oder *Fehler*.
- **Datenträgerliste**   Bietet einen Überblick über die physischen Laufwerke. Zu den Angaben gehören die Laufwerksnummer und der Gerätetyp, wie Basis, Wechselmedium oder DVD, die Laufwerkskapazität, die Menge des noch nicht belegten Speichers, sofern vorhanden, der Status des Geräts, wie *Online* oder *Offline*, und die Art der Geräteschnittstelle, wie IDE (Integrated Device Electronics), SCSI (Small Computer System Interface), USB (Universal Serial Bus) oder 1394 (FireWire).

Im Menü *Ansicht* können Sie die gewünschte Ansicht für den oberen und den unteren Bereich einstellen. Zur Änderung der Darstellung im oberen Bereich wählen Sie *Ansicht, Anzeige oben* und dann die gewünschte Ansicht. Zur Änderung der Darstellung im unteren Bereich wählen Sie *Ansicht, Anzeige unten* und dann die gewünschte Darstellungsart.

Wie Sie sehen, erhalten Sie in mehreren Ansichten Informationen über die verfügbaren Laufwerke. Wenn Sie mehr über ein Laufwerk erfahren möchten, klicken Sie es in der Volumelistenansicht mit der rechten Maustaste an und wählen *Eigenschaften*. Dann öffnet sich ein Dialogfeld, das so ähnlich aussieht wie in Abbildung 12.3. Dasselbe Dialogfeld können Sie im Windows-Explorer öffnen, indem Sie das Hauptsymbol eines Laufwerks mit der rechten Maustaste anklicken und dann *Eigenschaften* wählen. Wählen Sie auf der Registerkarte *Anpassen* eine Ansichtvorlage aus, um festzulegen, wie Ordner im Inhaltsfensterabschnitt des Windows-Explorers angezeigt werden.

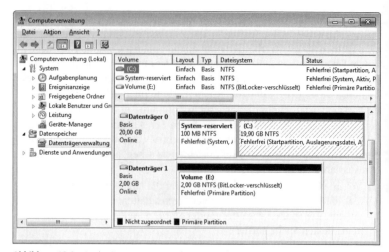

Abbildung 12.2 In der Datenträgerverwaltung verwalten Sie Laufwerke

Abbildung 12.3 Das Dialogfeld *Eigenschaften* liefert ausführliche Informationen über ein Laufwerk

Verwenden von FSUtil und DiskPart

Windows 7 bietet auch Befehlszeilenprogramme zur Laufwerksverwaltung:

- **FSUtil** Dieses Programm ist für erfahrene Techniker gedacht, die sehr ins Detail gehen müssen. Mit FSUtil können Sie Metainformationen und andere Daten über Laufwerke abrufen, wie zum Beispiel USN-Journale (Update Sequence Number), Analysepunkte und Hardlinks. Außerdem erhalten Sie ausführliche Informationen über Sektoren und Zuordnungseinheiten, beispielsweise die Zahl der freien oder reservierten Zuordnungseinheiten eines Laufwerks. Wenn Sie mehr über FSUtil erfahren möchten, geben Sie in einer Eingabeaufforderung mit erhöhten Rechten **fsutil** ein.

- **DiskPart** Ein textorientierter Befehlsinterpreter, mit dem Sie Laufwerke, Partitionen und Volumes auf der Befehlszeile verwalten können. DiskPart kann nicht nur viele der Arbeiten durchführen, die Sie sonst in der Datenträgerverwaltung erledigen, sondern lässt sich auch mit Skripts zur Automatisierung der Datenträgerverwaltung verwenden. Sie starten DiskPart, indem Sie in einer Eingabeaufforderung mit erhöhten Rechten **diskpart** eingeben. Dadurch gelangen Sie zur Eingabeaufforderung *DISKPART>*. Wenn Sie dann **help** eingeben und die EINGABETASTE drücken, erscheint eine Liste der verfügbaren Befehle mit einer kurzen Beschreibung ihrer Verwendung.

HINWEIS Im Gegensatz zur Datenträgerverwaltung, die eine übersichtliche Benutzeroberfläche bietet und ziemlich leicht zu verwenden ist, handelt es sich bei FSUtil und DiskPart um komplexe Programme, die für erfahrene Administratoren gedacht sind. Ihre Verwendung wird in *Windows Command-Line Administrator's Pocket Consultant, Second Edition* (Microsoft Press, 2008) ausführlich besprochen. Ein Beispiel für die Verwendung von DiskPart finden Sie im Abschnitt »Kennzeichnen einer Partition als aktiv« weiter unten in diesem Kapitel.

Optimieren der Laufwerksleistung

Windows 7 verfügt über einige Optimierungsfunktionen, die sich auf die Verwendung von Laufwerken auswirken. Dazu gehören:

- **Windows-ReadyBoost** Steigert die Systemleistung, indem USB-Flashlaufwerke als zusätzliche Zwischenspeicher verwendet werden.
- **Windows-ReadyDrive** Steigert die Systemleistung auf Mobilcomputern, die mit Hybridlaufwerken ausgerüstet sind.
- **Windows-SuperFetch** Steigert die Systemleistung durch einen modifizierten Speicherverwaltungsalgorithmus.

Diese Funktionen werden in den folgenden Abschnitten ausführlicher beschrieben.

Funktionsweise und Verwendung von Windows-ReadyBoost

Die Bedeutung der Laufwerke eines Computers beschränkt sich nicht auf das Lesen und Schreiben von Anwendungsdaten und Dokumenten. Das Betriebssystem verwendet die Laufwerke auch intensiv für Auslagerungsdateien und als Zwischenspeicher. Da Schreib- und Lesezugriffe auf Laufwerke wesentlich langsamer sind als Schreib- und Lesezugriffe auf den Arbeitsspeicher (RAM), können sich solche Vorgänge als Bremsklötze erweisen, unter denen die Gesamtleistung des Systems leidet. Windows 7 enthält Windows-ReadyBoost als Möglichkeit, Leistungseinbrüche durch Schreib- und Lesezugriffe auf Zwischenspeicher abzumildern.

Mit Windows-ReadyBoost lassen sich USB-Flashlaufwerke mit hinreichend schnellem Speicher als Zwischenspeicher für ausgelagerte Speicherseiten des Arbeitsspeichers verwenden. Durch die Verwendung von USB-Flashlaufwerken für die Zwischenspeicherung können Lesezugriffe unter Windows 7 schneller erfolgen, als wenn die Zwischenspeicherung auf Festplatten erfolgt. Da diese Zwischenspeicherung für alle Inhalte verwendet wird und sich nicht nur auf die Auslagerungsdatei oder System-DLLs (Dynamic-Link Libraries) beschränkt, steigt die Gesamtleistung des Computers, denn Flashlaufwerke können Daten bis zu zehnmal schneller lesen als herkömmliche Laufwerke.

Zu den USB-Flashlaufwerken, die sich mit Windows-ReadyBoost verwenden lassen, gehören USB-2.0-Flashlaufwerke, SD-Karten (Secure Digital) und CompactFlash-Karten. Die Geräte müssen eine gewisse Geschwindigkeit aufweisen und über mindestens 256 MByte Speicher verfügen. Um die Leistung zu verbessern, empfehle ich, USB-Speichersticks mit möglichst schnellem Speicher zu kaufen. Enthält das Flashlaufwerk eine Mischung aus langsamem und schnellem Speicher, wird nur der schnelle Speicher zur Leistungssteigerung verwendet. Auf einem USB-Speicherstick können zwischen 230 und 4.094 MByte Flashspeicher für ReadyBoost reserviert werden. Eine empfehlenswerte Größe ist die 1- bis 3-fache Menge des verfügbaren Systemspeichers. Denken Sie aber daran, dass Sie momentan höchstens 4.094 MByte reservieren können.

Der Speicherplatz auf den USB-Flashlaufwerken wird hauptsächlich für wahlfreie Ein-/Ausgabeoperationen verwendet, denn bei sequenzieller Ein- und Ausgabe sind herkömmliche Laufwerke meistens schneller als Flashlaufwerke. Windows-ReadyBoost versucht, die Leistung zu optimieren und umfangreichere sequenzielle Lesezugriffe an die Festplattenlaufwerke des Computers zu übergeben. Damit USB-Flashlaufwerke jederzeit entfernt werden können, werden alle Daten auf die Festplatte geschrieben, bevor sie auf das Flashlaufwerk kopiert werden. Das bedeutet, dass alle Daten, die auf dem Flashlaufwerk gespeichert sind, auch auf der Festplatte vorhanden sind und durch die Entfernung des Flashgeräts kein Datenverlust entstehen sollte. Da auf dem Flashspeicher vielleicht sensible Daten liegen, verschlüsselt Windows-ReadyBoost außerdem die Daten, damit sie sich nur auf dem Computer verwenden lassen, auf dem sie ursprünglich geschrieben wurden.

Aktivieren und Konfigurieren von ReadyBoost

Mit Windows-ReadyBoost lassen sich USB-Flashlaufwerke mit hinreichend schnellem Flashspeicher als zusätzlicher Zwischenspeicher einsetzen. Wenn Sie ein USB-Flashlaufwerk an einem USB-2.0-Anschluss (oder höher) anschließen, überprüft Windows 7 die Geschwindigkeit des Flashspeichers des Geräts. Ist der Speicher schnell genug, lässt sich der Arbeitsspeicher des Computers auf das USB-Flashlaufwerk ausdehnen. Gewöhnlich sollte der Flashspeicher mindestens so schnell sein wie die Busgeschwindigkeit des Computers.

TIPP Windows markiert ein Gerät manchmal als nicht schnell genug, weil es die Leistungsanforderungen angeblich nicht erfüllt. Schlägt der erste Leistungstest bei einem Gerät fehl, können Sie das Gerät über die Registerkarte *ReadyBoost* erneut testen. Klicken Sie dazu im Windows-Explorer mit der rechten Maustaste auf das Gerät und wählen Sie den Befehl *Eigenschaften*. Klicken Sie im Eigenschaftendialogfeld auf die Registerkarte *ReadyBoost* und dann auf *Erneut testen*.

Die folgende Anleitung beschreibt, wie Sie Windows ReadyBoost aktivieren und konfigurieren, sobald Sie einen USB-Speicherstick zum ersten Mal an Ihrem Computer verwenden:

1. Stecken Sie den USB-Speicherstick an einen Anschluss mit USB 2.0 oder schneller an. Das Dialogfeld *Automatische Wiedergabe* müsste sich automatisch öffnen (sofern Sie nicht die Einstellungen für die automatische Wiedergabe in der Systemsteuerung geändert haben).
2. Wenn Sie auf *System beschleunigen mit Windows-ReadyBoost* klicken, wird das Eigenschaftendialogfeld des Geräts geöffnet, wo bereits die Registerkarte *ReadyBoost* ausgewählt ist (Abbildung 12.4). Wählen Sie hier eine der folgenden Einstellungen und klicken Sie auf *OK*:

- Wählen Sie die Option *Dieses Gerät für ReadyBoost reservieren*, wenn Sie auf dem Gerät automatisch die Höchstmenge an Platz für ReadyBoost reservieren wollen. Wenn Sie diese Option wählen, wird nicht verhindert, dass ein Benutzer Dateien auf das Gerät schreibt, ReadyBoost wird lediglich so konfiguriert, dass es bei Bedarf so viel Platz nutzt, wie reserviert werden kann.
- Wählen Sie die Option *Dieses Gerät verwenden* aus und stellen Sie mit dem Schieberegler *Für Systembeschleunigung zu reservierender Speicher* oder dem Kombinationsfeld ein, wie viel Platz für Ready-Boost verwendet werden soll, wenn Sie auf dem Gerät weniger Platz als die Höchstmenge zur Verfügung stellen wollen. In diesem Fall können Sie den freien Platz für Dateien und Daten nutzen.

Windows 7 dehnt den physischen Arbeitsspeicher des Computers auf das Gerät aus. In der Standardkonfiguration reserviert Windows-ReadyBoost den gesamten freien Platz auf dem Gerät, um die Systemgeschwindigkeit zu erhöhen.

PRAXISTIPP Sie können einen USB-Speicherstick nur dann für ReadyBoost einsetzen, wenn das Gerät mindestens 2,5 Megabit pro Sekunde (MBit/s) Durchsatz für zufällig verteilte Lesevorgänge mit 4-KByte-Blöcken und 1,75 MBit/s Durchsatz für zufällig verteilte Schreibvorgänge mit 512-KByte-Blöcken bietet. Sie können Ready-Boost zwar auf einem Gerät aktivieren, das Sie mit BitLocker To Go verschlüsselt haben, bedenken Sie aber, dass die Verschlüsselungs- und Entschlüsselungsprozesse möglicherweise die Lese-/Schreib-Leistung verschlechtern. Wollen Sie BitLocker To Go und ReadyBoost kombinieren, empfehle ich, das Gerät automatisch zu entsperren, sobald es angesteckt wird. Andernfalls muss der Benutzer das Gerät von Hand entsperren, um die Leistungsvorteile von ReadyBoost ausnutzen zu können.

Abbildung 12.4 Konfigurieren der Windows-ReadyBoost-Einstellungen

Um ein USB-Flashlaufwerk für Windows-ReadyBoost zu verwenden, das Sie bereits angeschlossen oder zuvor ausdrücklich nicht für Windows-ReadyBoost verwendet haben, gehen Sie folgendermaßen vor:

1. Klicken Sie im Startmenü auf *Computer*.
2. Klicken Sie in der Liste *Geräte mit Wechselmedien* mit der rechten Maustaste auf das USB-Flashlaufwerk und wählen Sie dann *Eigenschaften*.
3. Konfigurieren Sie auf der Registerkarte *ReadyBoost* die Optionen, wie in Schritt 2 der vorherigen Anleitung beschrieben. Klicken Sie auf *OK*.

Wenn ein USB-Flashlaufwerk ReadyBoost nicht unterstützt, können Sie das Gerät auch nicht für ReadyBoost aktivieren. Sie können ein USB-Flashlaufwerk, das für ReadyBoost verwendet wird, jederzeit sicher entfernen, ohne Daten zu verlieren oder das System negativ zu beeinträchtigen. Allerdings geht die Systemleistung durch die Entfernung des Geräts auf die normale Stufe zurück, die es ohne USB-Flashlaufwerk erbringt. Gehen Sie folgendermaßen vor, um das Gerät zu entfernen:

1. Öffnen Sie den Windows-Explorer oder eine andere Explorer-Ansicht, wie zum Beispiel *Computer*.
2. Klicken Sie mit der rechten Maustaste auf das Gerät und wählen Sie den Befehl *Auswerfen*. Wenn Sie Dateien auf dem Gerät geöffnet haben oder das Gerät im Windows-Explorer angezeigt wird, müssen Sie unter Umständen die Dateien und Explorer-Fenster schließen, bevor Sie das Gerät abziehen können.

Funktionsweise und Verwendung von Windows-ReadyDrive

Windows-ReadyDrive verbessert die Leistung von Mobilcomputern, die mit Hybridlaufwerken ausgerüstet sind. Ein Hybridlaufwerk ist eine Kombination von Flash-RAM und herkömmlichem Festplattenlaufwerk. Da Flash-RAM wesentlich schneller ist als das herkömmliche Laufwerk, schreiben Mobilcomputer, auf denen Windows 7 ausgeführt wird, Daten und Änderungen zuerst in den Flashspeicher. In bestimmten Abständen werden diese Schreibzugriffe und Änderungen mit dem Festplattenlaufwerk synchronisiert. Dieser Lösungsansatz bewirkt, dass das Festplattenlaufwerk nicht so oft eingeschaltet werden muss, und das spart Strom.

Das Flash-RAM von Hybridlaufwerken kann für schnellere Wechsel zwischen Normalmodus und einem Energiesparmodus oder Ruhezustand verwendet werden. In diesem Fall wird die Information für die Reaktivierung des Systems ins Flash-RAM geschrieben, bevor das System in einen Energiesparmodus oder in den Ruhezustand übergeht oder heruntergefahren wird. Wenn Sie den Computer dann einschalten oder reaktivieren, werden die Daten aus dem Flash-RAM ausgelesen.

Sie brauchen ReadyDrive nicht zu aktivieren, es wird auf Mobilcomputern mit Hybridlaufwerken automatisch aktiviert.

Funktionsweise und Verwendung von Windows-SuperFetch

Windows 7 erreicht durch eine andere Steuerung von Benutzer- und Hintergrundprozessen eine verbesserte Reaktionsfähigkeit des Systems und eine höhere Leistung. In Windows XP haben Benutzerprozesse und Hintergrundprozesse dieselbe Priorität bei der Speicherbenutzung. Benutzerprozesse und Hintergrundprozesse werden in den Speicher geladen, wenn sie ausgeführt werden. Da eine Prioritätsregel fehlt, ergibt sich oft eine Art Verdrängungswettbewerb um den Speicher. Außerdem bleiben Hintergrundprozesse nach ihrer Ausführung zu lange im Speicher, was zu Leistungseinbußen führt. Die Daten für Benutzerprozesse müssen dann auf Anforderung neu in den Speicher geladen werden. Windows 7 löst dieses Problem, indem es dafür sorgt, dass Hintergrundprozesse nach ihrer Ausführung aus dem Speicher verschwinden und dass die von ihnen verdrängten Daten für Benutzerprozesse wieder geladen werden.

Unter Windows XP haben Benutzerprozesse und Hintergrundprozesse dieselbe E/A-Priorität. Das führt oft zu Konflikten und einer schlechten Leistung bei Schreib- und Lesezugriffen. Windows 7 löst dieses Problem durch die Einführung von E/A-Warteschlangen mit hoher und mit niedriger Priorität. Priorisierte Ein-/Ausgabevorgänge werden von Benutzerprozessen für die Lese- und Schreibzugriffe auf Laufwerke verwendet. Für die Schreib- und Lesezugriffe der Hintergrundprozesse auf Laufwerke gilt eine niedrige Priorität.

HINWEIS Unter Windows 7 werden viele Dienste und Verwaltungsarbeiten als Hintergrundprozesse ausgeführt. Beispielsweise wird unter Windows 7 eine automatische Defragmentierung eingeplant, die regelmäßig Laufwerke defragmentiert. Diese Defragmentierung wird als Hintergrundprozess ausgeführt und verwendet Ein-/Ausgabevorgänge niedriger Priorität.

Die Schlüsselfunktion für die Priorisierung von Speicher- und Ein-/Ausgabevorgängen ist Windows-SuperFetch. Windows-SuperFetch verbessert die Systemleistung durch einen modifizierten Speicherverwaltungsalgorithmus. Im Gegensatz zum Speicherverwaltungsalgorithmus von Windows XP und früheren Windows-Versionen optimiert SuperFetch die Speicherverwendung danach, wie der Benutzer den Computer verwendet. SuperFetch erreicht dies durch folgende Verhaltensweisen:

- **Unterscheiden zwischen Benutzeranwendungen und Hintergrunddiensten, die auf dem Computer ausgeführt werden** SuperFetch erreicht eine höhere Reaktionsfähigkeit des Computers auf Benutzereingaben, indem es den Prozessen des aktuellen Benutzers gegenüber Hintergrundprozessen eine höhere Priorität gibt. Da Benutzerprozesse eine höhere Priorität haben als Hintergrundprozesse, können Hintergrundprozesse nicht mehr so viel Prozessorzeit beanspruchen und das System reagiert schneller auf die Eingaben des Benutzers.

- **Optimieren des Speichers für Benutzeranwendungen nach der Ausführung von Hintergrundprozessen** Die Verwaltungsprozesse von Windows 7 nutzen Leerlaufzeiten besser aus, als es frühere Windows-Versionen getan haben. Ein größerer Anteil der Verwaltungsprozesse wird jetzt in die Leerlaufphasen verlegt, wie zum Beispiel die Defragmentierung und die Datensicherung. Befindet sich der Computer im Leerlauf, werden Hintergrundprozesse wie gewöhnlich ausgeführt. Wird aber ein Hintergrundprozess beendet, versetzt SuperFetch den Speicher wieder in den Zustand, in dem er sich vor der Ausführung des Hintergrundprozesses befand. Auf diese Weise wird der Speicher für Benutzerprozesse optimiert, und der Computer reagiert schneller auf Eingaben des Benutzers.

- **Erfassen der am häufigsten verwendeten Anwendungen und Abschätzen der Anforderungen des Benutzers** SuperFetch führt Buch darüber, welche Anwendungen am häufigsten ausgeführt werden, und merkt sich auch, wann diese Anwendungen gewöhnlich verwendet werden. Dann verwendet SuperFetch diese Informationen, um die Anwendungen vorab zu laden und für den Gebrauch vorzubereiten, bevor der Benutzer die Anwendung voraussichtlich benutzen wird. Im Lauf der Zeit werden Benutzerwechsel und Anwendungsstarts dadurch schneller.

- **Berücksichtigen der Prioritätsunterschiede bei Ein-/Ausgabevorgängen** SuperFetch nutzt die Vorteile der E/A-Warteschlangen hoher Priorität aus, um Schreib- und Lesevorgänge für Benutzerprozesse zu optimieren und die Reaktionsfähigkeit des Systems unter Windows 7 insgesamt zu verbessern. Wenn mehrere Prozesse um E/A-Ressourcen konkurrieren, erhalten Prozesse hoher Priorität mehr E/A-Zeit als Prozesse geringerer Priorität. Daher zeigen Benutzerprozesse und Anwendungen eine bessere Leistung und es gibt weniger Konkurrenz um E/A-Zeit, wenn Benutzerprozesse und Hintergrundprozesse gleichzeitig ausgeführt werden.

Alle Windows 7-Versionen unterstützen SuperFetch. Als Administrator sollten Sie nicht nur verstehen, wie SuperFetch funktioniert, sondern auch, wie es konfiguriert ist. Alle Windows 7-Versionen unterstützen SuperFetch. Wesentliche Merkmale von SuperFetch sind:

- Es wird als Dienst namens *Superfetch* ausgeführt. Dieser Dienst wird beim Hochfahren des Systems automatisch gestartet und meldet sich mit dem Konto *SYSTEM* an.
- Es verwendet die ausführbare Datei *SvcHost.exe* und wird unter Netzwerkausschluss ausgeführt. Das bedeutet, dass SuperFetch nur auf den lokalen Computer zugreifen kann und keinen Zugriff auf die Netzwerke hat, mit denen der Computer verbunden ist.
- Es hängt von der Filter-Manager-Komponente ab. Der Filter-Manager liefert die Datei- und Dateisysteminformationen, die SuperFetch braucht; er wird automatisch mit dem Betriebssystem installiert.
- Es schreibt Vorabrufdaten in den Ordner *%SystemRoot%\Prefetch*. Die Vorabrufdaten sollen den Start von Anwendungen beschleunigen. Im *Prefetch*-Ordner finden Sie auch eine ganze Reihe von Datenbankdateien, in denen bestimmte Daten über die bisherige Verwendung der Anwendungen erfasst werden. Sie sollen die Leistung der Anwendungen verbessern. Auch Anwendungsfehler werden in einer Datenbank erfasst.

HINWEIS Der Ordner *Prefetch* wird automatisch gewartet, Sie brauchen den Ordner oder seinen Inhalt nicht zu löschen.

Wenn Sie größere Änderungen am Betriebssystem vornehmen, Service Packs oder Updates einspielen oder Anwendungen installieren und umkonfigurieren, müssen die Benutzer möglicherweise etwas länger warten, bis das Betriebssystem hochgefahren ist. Wie stark diese Verzögerung ist, hängt davon ab, wie umfassend die Änderungen sind und wie viel Daten zur Speichernutzung SuperFetch neu aufbauen muss. Manchmal, etwa nach der Installation eines Service Packs, pendelt sich die Systemstartgeschwindigkeit erst nach einigen Neustarts wieder auf das vorherige Niveau ein.

Basisdatenträger und dynamische Datenträger

Es ist noch gar nicht so lange her, dass die Festplatten der ausgelieferten Windows-Computer als Basisdatenträger konfiguriert wurden. Aber weil die Verbraucher immer größere und robustere Laufwerke verlangen, gehen die Hersteller zunehmend dazu über, ihre Festplatten als dynamische Datenträger zu konfigurieren. Statt mit einem einzigen 500-GByte-Laufwerk ausgerüstet zu sein, hat ein neuer Computer vielleicht ein übergreifendes 1000-GByte-Volume, wobei zwei 500-GByte-Laufwerke wie ein einziges logisches Laufwerk verwendet werden. In diesem Szenario dienen übergreifende Volumes dazu, mehrere Festplatten so aussehen zu lassen, als handle es sich um eine einzige große Festplatte. Der beste Weg, dies unter Windows 7 zu erreichen, führt über dynamische Datenträger.

Da mehr und mehr Computer mit dynamischen Datenträgern ausgeliefert werden, stellt sich für Sie vielleicht die Frage, ob Sie die noch in Ihren Computern vorhandenen Basisdatenträger in dynamische Datenträger umwandeln sollen. In manchen Fällen wird die Frage vielleicht durch einen Zwang zur Standardisierung entschieden. Vielleicht wollen Sie alle Desktops einer bestimmten Abteilung gleich konfigurieren, damit sie leichter zu verwalten sind. In anderen Fällen schreibt das IT-Management vielleicht die Umstellung vor, weil eine Konvertierung von Basisdatenträgern in dynamische Datenträger als Upgrade angesehen wird. (Man stellt also Computer mit einem alten Laufwerkstyp auf einen aktuelleren Laufwerkstyp um.) Bevor Sie sich aber dazu entschließen, eine Umstellung von einem Laufwerkstyp auf einen anderen vorzunehmen, stehen die Fragen im Vordergrund, worum es eigentlich geht, welche Funktionen geboten und welche nicht geboten werden.

Ein Basisdatenträger ist ein Laufwerk, auf dem es ein oder mehrere Basisvolumes gibt, die in primären Partitionen liegen, und zusätzlich eine optionale erweiterte Partition, die logische Laufwerke enthält. Eine primäre Partition ist ein Abschnitt des Laufwerks, den Sie direkt formatieren und zur Datenspeicherung verwenden können. Jedes Festplattenlaufwerk kann bis zu vier primäre Partitionen haben. Sie machen eine primäre Partition verwendungsfähig, indem Sie ein Dateisystem in ihr erstellen. Eine der primären Partitionen können Sie auch durch eine erweiterte Partition ersetzen (eine Festplatte kann also über bis zu drei primäre Partitionen und eine erweiterte Partition verfügen). Im Gegensatz zu primären Partitionen können Sie aber erweiterte Partitionen nicht direkt formatieren. Vorher müssen Sie in der erweiterten Partition ein oder mehrere logische Laufwerke einrichten, die sich dann formatieren und zur Datenspeicherung verwenden lassen. Da sich eine erweiterte Partition in mehrere logische Laufwerke aufteilen lässt, können Sie ein Festplattenlaufwerk also in mehr als vier Abschnitte aufteilen. In einer einzigen erweiterten Partition können Sie zum Beispiel die logischen Laufwerke F, G und H anlegen.

Ein dynamischer Datenträger ist ein Laufwerk, auf dem es ein oder mehrere dynamische Volumes gibt. Im Gegensatz zu Basisdatenträgern ist die Zahl der Volumes, die es auf einem dynamischen Datenträger geben kann, nicht durch eine feste Vorgabe begrenzt. Sie können so viele Volumes anlegen, wie auf das Laufwerk passen, und jedes dieser Volumes lässt sich erweitern oder als Systemvolume verwenden. Basisdatenträger lassen sich zwar in jedem Windows-Betriebssystem verwenden, aber dynamische Datenträger können erst ab Windows 2000 oder höher eingesetzt werden. Handelt es sich beispielsweise bei Datenträger 0 um einen dynamischen Datenträger, können Sie Windows 98 nicht von diesem Datenträger starten.

Ein großer Vorteil der dynamischen Datenträger lag bisher darin, dass mehrere physische Laufwerke mithilfe der Spanning-, Stripeset- oder Spiegelungsfeatures von Windows zu einem logischen Laufwerk zusammengefasst werden können. In Windows 7 ist es nun allerdings auch möglich, Basisdatenträger mit diesen Techniken zusammenzufassen. Wenn Sie ein übergreifendes Volume oder ein Stripesetvolume erstellen, dann erstellen Sie ein Volume, das sich nicht auf ein einziges physisches Laufwerk beschränkt, sondern sich über zwei oder mehr Laufwerke erstreckt, wobei von jedem dieser Laufwerke nur ein Teil oder auch alles verwendet wird. Der Unterschied zwischen übergreifenden Volumes und Stripesetvolumes liegt in der Art und Weise, wie Daten gespeichert und verwaltet werden. Übergreifende Volumes behandelt Windows 7 so, wie es eine einzige große Partition behandeln würde. Es nutzt also nicht die Tatsache aus, dass eigentlich mehrere Geräte zur Verfügung stehen, die gleichzeitig Lese- oder Schreibzugriffe durchführen könnten. Bei Stripesetvolumes schreibt Windows 7 auf jedes am Volume beteiligte Laufwerk einen Teil der Daten. Gewöhnlich ergibt sich daraus ein schnellerer Schreib- und Lesezugriff auf die Daten, weil sie auf mehrere Laufwerke verteilt und von mehreren Laufwerken gelesen werden. Bei der Spiegelung werden zwei Laufwerke zusammengefasst, sodass ein einziges fehlertolerantes Volume entsteht. Fällt ein Laufwerk aus, bleibt das andere verfügbar, sodass das Volume wiederhergestellt werden kann.

ACHTUNG Aus technischer Sicht handelt es sich bei Stripesetvolumes um RAID-0 (Redundant Array of Independent Disks, level 0) und bei der Spiegelung um RAID-1. Die Laufwerksspiegelung ist fehlertolerant, aber weder übergreifende Volumes noch Stripesetvolumes bieten Fehlertoleranz. Fällt eine der beteiligten Festplatten aus, so fällt das ganze Volume aus.

Weil Sie in Windows 7 nun auch Basisdatenträger zu übergreifenden, Stripeset- und gespiegelten Volumes zusammenfassen können, bleiben als wesentliche Vorteile der dynamischen Datenträger gegenüber den Basisdatenträgern die verbesserte Fehlerkorrektur und -erkennung sowie die Fähigkeit, den Datenträger zu ändern, ohne den Computer neu starten zu müssen. Andere verfügbare Features hängen von der Datenträgerformatierung ab, ob Sie also FAT, FAT32 oder NTFS benutzen.

Wenn Sie einen Datenträger mit einem Dateisystem formatieren, untergliedert das Dateisystem den Datenträger Cluster (in der Benutzeroberfläche auch als Zuordnungseinheiten bezeichnet). Diese Cluster sind logische Gruppen von Sektoren. FAT, FAT32 und NTFS verwenden eine feste Sektorgröße von 512 Byte, die Clustergröße kann aber verändert werden. Beträgt die Clustergröße beispielsweise 4.096 Byte, besteht jeder Cluster aus 8 Sektoren, da ein Sektor 512 Byte enthält.

Tabelle 12.1 fasst die Standardclustergrößen für FAT16, FAT32, exFAT und NTFS zusammen. Sie haben die Möglichkeit, die Clustergröße festzulegen, wenn Sie das Dateisystem auf einem Datenträger anlegen. Sie können natürlich auch die Standardclustergröße übernehmen. Die möglichen Werte für die Clustergröße hängen dabei immer vom Dateisystem ab.

Tabelle 12.1 Standardclustergrößen für FAT16, FAT32, exFAT und NTFS

Volumegröße	Clustergröße			
	FAT16	FAT32	EXFAT	NTFS
7 bis 16 MByte	512 Byte	Nicht unterstützt	Nicht unterstützt	512 Byte
17 bis 32 MByte	512 Byte	Nicht unterstützt	Nicht unterstützt	512 Byte
33 bis 64 MByte	1 KByte	512 Byte	4 KByte	512 Byte
65 bis 128 MByte	2 KByte	1 KByte	4 KByte	512 Byte
129 bis 256 MByte	4 KByte	2 KByte	4 KByte	512 Byte
257 bis 512 MByte	8 KByte	4 KByte	32 KByte	512 Byte
513 bis 1.024 MByte	16 KByte	4 KByte	32 KByte	1 KByte
1.025 MByte bis 2 GByte	32 KByte	4 KByte	32 KByte	2 KByte
2 bis 4 GByte	64 KByte	4 KByte	32 KByte	4 KByte
4 bis 8 GByte	Nicht unterstützt	4 KByte	32 KByte	4 KByte
8 bis 16 GByte	Nicht unterstützt	8 KByte	32 KByte	4 KByte
16 bis 32 GByte	Nicht unterstützt	16 KByte	32 KByte	4 KByte
32 GByte bis 2 TByte	Nicht unterstützt	*	*	4 KByte

* Mit den Windows-Formatierungstools sind Sie auf 32 GByte beschränkt. Mit Fremdherstellertools können auch größere Volumes erstellt werden.

PRAXISTIPP Windows-Plattformen arbeiten mit vier FAT-Dateisystemen: FAT12, FAT16, FAT32 und exFAT. Der Unterschied zwischen FAT12, FAT16 und FAT32 liegt darin, wie viele Bits für Einträge in den Dateizuordnungstabellen benutzt werden; dies sind 12, 16 beziehungsweise 32 Bits. Aus Sicht des Benutzers liegt der wesentliche Unterschied zwischen diesen Dateisystemen in der theoretischen Maximalgröße für ein Volume. Dies sind 16 MByte für ein FAT12-Volume, 4 GByte für FAT16 und 2 TByte für FAT32. Wird der Begriff FAT ohne Zahlenzusatz verwendet, ist im Allgemeinen sowohl FAT16 als auch FAT32 gemeint. exFAT (Extended FAT) ist eine neue Version von FAT für Wechseldatenträger. Es steht in Windows Vista Service Pack 1 oder neuer, Windows 7 und Windows Server 2008 zur Verfügung. exFAT bietet dieselbe einfache Bedienung wie FAT32, beseitigt aber die Dateigrößenbeschränkung auf 4 GByte und die Volumegrößenbeschränkung auf 32 GByte, die in FAT32-Dateisystemen gelegentlich zu Problemen führen. Das exFAT-Format unterstützt auch Zuordnungseinheiten mit bis zu 32.768 KByte Größe. exFAT ist so entworfen, dass es problemlos in allen kompatiblen Betriebssystemen oder Geräten benutzt und zwischen solchen Systemen ausgetauscht werden kann. Damit hat exFAT einen wichtigen Vorteil gegenüber FAT.

Das wichtigste Merkmal von Clustern ist, dass sie die kleinste Einheit bilden, mit der Festplattenplatz zugewiesen wird. Jeder Cluster kann höchstens eine Datei enthalten. Wenn Sie also eine 1 KByte große Datei erstellen, die Clustergröße aber 4 KByte beträgt, bleiben 3 KByte Platz im Cluster leer, der nicht für andere Dateien genutzt werden kann. Das ist unvermeidlich. Ist ein einzelner Cluster nicht groß genug für eine ganze Datei, werden die übrigen Dateidaten im nächsten freien Cluster gespeichert und dann wieder im nächsten, bis die Datei vollständig gespeichert ist. Bei FAT enthält der erste Cluster, der von einer Datei benutzt wird, einen Zeiger auf den zweiten Cluster, der zweite Cluster einen Zeiger auf den nächsten und so weiter, bis Sie zum letzten Cluster einer Datei kommen, in dem statt eines Zeigers die Dateiendemarkierung EOF (End Of File) steht.

Das Datenträger-E/A-Subsystem verwaltet die Struktur der Datenträger. Windows verwaltet dagegen die logische Datenträgerstruktur auf der Dateisystemebene. Die logische Struktur eines Datenträgers bezieht sich auf die Basis- oder dynamischen Volumes, die Sie auf einem Datenträger erstellen, und auf die Dateisysteme, mit denen diese Volumes formatiert sind. Sie können sowohl Basisvolumes als auch dynamische Volumes mit FAT oder NTFS formatieren. Jeder Dateisystemtyp hat eine andere Struktur, und jedes Dateisystem bietet Vor- und Nachteile.

Sie können zwar im selben Computer Basisdatenträger und dynamische Datenträger einsetzen, aber die Laufwerke, die an einem Volume beteiligt sind, müssen vom selben Typ sein. Nehmen wir zum Beispiel an, Sie haben mit den Datenträgern 0 und 1 unter Windows NT 4.0 ein Stripesetvolume erstellt. Diese Laufwerke können Sie unter Windows 7 benutzen. Wenn Sie aber Datenträger 0 in einen dynamischen Datenträger konvertieren, müssen Sie auch Datenträger 1 konvertieren. Die Umwandlung von Basisdatenträgern in dynamische Datenträger, und umgekehrt, wird im Abschnitt »Konvertieren eines Basisdatenträgers in einen dynamischen Datenträger, und umgekehrt« weiter unten in diesem Kapitel beschrieben. Beachten Sie bitte, dass Sie zwar einen Basisdatenträger in einen dynamischen Datenträger konvertieren können, wobei die Daten normalerweise erhalten bleiben, aber bevor Sie einen dynamischen Datenträger in einen Basisdatenträger umwandeln können, müssen Sie alle vorhandenen Partitionen des dynamischen Datenträgers löschen. Durch das Löschen der Partitionen gehen auch die Daten auf den betreffenden Laufwerken verloren. Schließlich sei noch erwähnt, dass dynamische Datenträger nicht auf Wechselmedien oder den Laufwerken eines portablen Computers erstellt werden können. Das bedeutet, dass Laptops, Tablet-PCs und andere Arten von tragbaren Computern nur über Basisdatenträger verfügen.

ACHTUNG Seien Sie vorsichtig, wenn Sie auf Laptops arbeiten. Manche Laptopkonfigurationen bringen die Datenträgerverwaltung zu der Annahme, dass sie einen Basisdatenträger in einen dynamischen Datenträger konvertieren könnte. Das kann auf Computern geschehen, die nicht APM (Advanced Power Management) oder ACPI (Advanced Configuration and Power Interface) unterstützen. Es scheint zwar so, als würden dynamische Datenträger unterstützt, aber das ist ein Irrtum. Der Versuch, auf einem solchen Laptop einen Basisdatenträger in einen dynamischen Datenträger zu konvertieren, kann die ganze Festplatte zerstören.

HINWEIS Externe Festplattenlaufwerke, die über FireWire, USB oder eSATA angeschlossen werden, lassen sich in manchen Fällen in dynamische Datenträger konvertieren. Der Microsoft Knowledge Base-Artikel 299598, »So wird's gemacht: Konvertieren eines IEEE 1394-Festplattenlaufwerks in ein dynamisches Festplattenlaufwerk in

Windows XP«, beschreibt die Einzelheiten. Allerdings warnt der Artikel nicht eindringlich genug vor den Einschränkungen und Folgen. Die externe Festplatte darf nur an *einem* Computer verwendet werden. Wenn Sie planen, dieses Laufwerk in Zukunft an einen anderen Computer anzuschließen, sollten Sie es nicht in einen dynamischen Datenträger umwandeln. Außerdem sollten Sie unbedingt die Daten sichern, bevor Sie versuchen, ein externes Laufwerk zu konvertieren, das über FireWire oder USB angeschlossen ist. Probieren Sie die Konvertierung vorher an einem identischen Laufwerk, das keine wichtigen Daten enthält, in einer Entwicklungs- oder Testumgebung aus und überprüfen Sie dann, ob das Laufwerk ordnungsgemäß funktioniert.

Verwenden von Basisdatenträgern und dynamischen Datenträgern

Was die Verwendung von Basisdatenträgern und dynamischen Datenträgern betrifft, ähneln sich viele Vorgänge, wie zum Beispiel die Initialisierung neuer Laufwerke, die Kennzeichnung des aktiven Laufwerks oder die Änderung des Laufwerkstyps. Bevor Sie diese Arbeiten durchführen, sollten Sie natürlich verstehen, was mit Laufwerksbezeichnungen wie *Aktiv*, *Startpartition*, *Systempartition* und anderen Bezeichnungen gemeint ist.

Bedeutung der Laufwerksbezeichnungen

Ob Sie mit Basisdatenträgern oder dynamischen Datenträgern arbeiten, Sie sollten bei MBR-Datenträgern besonders auf fünf spezielle Arten von Laufwerksabschnitten achten.

- **Aktiv** Die aktive Partition oder das aktive Volume ist der Laufwerksabschnitt, von dem ein Computer auf x86-Basis gestartet wird. Sind mehrere Betriebssysteme installiert, muss die aktive Partition die Startdateien des Betriebssystems enthalten, das Sie starten möchten, und es muss sich um eine primäre Partition eines Basisdatenträgers oder um ein einfaches Volume eines dynamischen Datenträgers handeln. Normalerweise wird die aktive Partition in der Datenträgerverwaltung nicht speziell als solche gekennzeichnet. Gewöhnlich ist es die primäre Partition oder das erste einfache Volume auf Datenträger 0. Allerdings sehen Sie wahrscheinlich die Kennzeichnung *Aktiv*, wenn Sie die Standardkonfiguration ändern.

    ACHTUNG Bei Wechselmedien kann der Status *Aktiv* angezeigt werden, nicht zu verwechseln mit der Kennzeichnung einer aktiven Partition. Genauer gesagt, USB- und FireWire-Kartenleser für CompactFlash-Karten und andere Kartentypen werden vielleicht mit dem Status *Aktiv* angezeigt, wenn eine Karte eingesteckt und das Gerät online ist. Wichtig ist auch, dass ein Wechselmedium in manchen Fällen als Datenträger 0 gelistet werden kann. In diesem Fall müssen Sie die aktive Partition auf dem ersten physischen Festplattenlaufwerk suchen. Gibt es im Computer beispielsweise Datenträger 0, Datenträger 1 und Datenträger 2, und das erste Festplattenlaufwerk in dieser Sequenz ist Datenträger 1, dann ist die aktive Partition höchstwahrscheinlich die erste primäre Partition auf Datenträger 1.

- **System** Die Systempartition oder das Systemvolume enthält die hardwarespezifischen Dateien, die erforderlich sind, um das Betriebssystem zu laden. Die Systempartition oder das Systemvolume kann ein gespiegeltes, aber kein übergreifendes Volume oder Stripesetvolume sein. Die Systempartition wird im Feld *Status* der Volumeliste und der grafischen Ansicht der Datenträgerverwaltung entsprechend bezeichnet.
- **Start** Die Startpartition oder das Startvolume enthält das Betriebssystem und seine Dateien. Die Startpartition oder das Startvolume kann ein gespiegeltes, aber kein übergreifendes Volume oder Stripesetvolume sein. Auf den meisten Systemen dient dieselbe Partition oder dasselbe Volume als Start- und Systempartition oder -volume. Es hat zwar den Anschein, als seien die Bezeichnungen Start- und Systempartition vertauscht worden, aber diese Konvention wird seit der Einführung von Windows NT unverändert verwendet. Wie die aktive Partition wird auch die Startpartition in der Datenträgerverwaltung nicht besonders gekennzeichnet. In den meisten Fällen handelt es sich um die primäre Partition oder das erste einfache Volume auf Datenträger 0. Wird das Betriebssystem aber in einer anderen Partition oder auf einem anderen Volume installiert, sehen Sie vielleicht die Beschriftung *Startpartition*.
- **Auslagerungsdatei** Eine Auslagerungsdateipartition oder ein Auslagerungsdateivolume enthält eine Auslagerungsdatei, die vom Betriebssystem verwendet wird. Da ein Computer je nach Konfiguration des virtuellen Speichers auf mehreren Laufwerken Speicherseiten auslagern kann, kann es auch mehrere Auslagerungsdateipartitionen oder Auslagerungsdateivolumes geben. Je nach den konfigurierten Service Packs weist er aber vielleicht nur das primäre Volume als Träger einer Auslagerungsdatei aus. Einzelheiten über die Verwendung und Einstellung der Auslagerungsdateien finden Sie im Abschnitt »Konfigurieren des virtuellen Arbeitsspeichers« von Kapitel 6.
- **Absturzabbild** Die Absturzabbildpartition oder das Absturzabbildvolume nimmt die Speicherabbilddatei auf, die das Betriebssystem im Falle eines Absturzes zu speichern versucht. Wie in Kapitel 6 im Abschnitt »Konfigurieren von Systemstart und Wiederherstellung« besprochen, dienen Speicherabbilddateien zur Diagnose der Absturzursache. Standardmäßig werden Speicherabbilddateien im Ordner *%SystemRoot%* gespeichert, sie können aber auf jedem beliebigen Volume oder jeder beliebigen Partition gespeichert werden.

Jeder Computer hat eine aktive, eine System-, eine Start- und eine Absturzabbildpartition oder ein entsprechendes Volume, wobei diese Partitionen oder Volumes kombiniert werden können. Die Kennzeichnung *Absturzabbild* ist die einzige, die auf mehreren Partitionen oder Volumes erscheinen kann.

Installieren und Initialisieren neuer Festplattenlaufwerke

Unter Windows 7 ist es recht einfach geworden, einen Computer mit neuen Festplatten auszurüsten. Nachdem Sie die Festplattenlaufwerke nach den Anweisungen des Herstellers eingebaut haben, starten Sie das System, melden sich an und starten die Datenträgerverwaltung. Falls die neuen Festplattenlaufwerke bereits initialisiert wurden, sollten sie automatisch online gebracht werden, wenn Sie im Menü *Aktion* die Option *Datenträger neu einlesen* wählen. Mit der Initialisierung ist gemeint, dass die Laufwerke bereits über eine Laufwerkssignatur verfügen, sodass Schreib- und Lesezugriffe möglich sind. Wenn Sie neue Laufwerke verwenden, die noch nicht initialisiert wurden, also noch nicht über eine Signatur verfügen, startet die Datenträgerverwaltung den Assistenten zum Initialisieren und Konvertieren von Datenträgern, sobald die Datenträgerverwaltung gestartet wird und die neuen Laufwerke erkennt.

Sie können den Assistenten zum Initialisieren und Konvertieren von Datenträgern folgendermaßen zum Initialisieren der Laufwerke verwenden:

1. Klicken Sie auf der Willkommenseite auf *Weiter*. Auf der Seite *Wählen Sie die Datenträger aus, die initialisiert werden sollen* sind die neuen Laufwerke automatisch für die Initialisierung vorgewählt, aber wenn Sie nicht wollen, dass ein bestimmtes Laufwerk initialisiert wird, können Sie die entsprechende Option löschen.

2. Klicken Sie auf *Weiter*, um zur Seite *Wählen Sie den zu konvertierenden Datenträger* zu gelangen. Auf dieser Seite werden die neuen Festplattenlaufwerke und alle systemfremden oder Startlaufwerke angezeigt, die in dynamische Datenträger konvertiert werden können. Die neuen Datenträger sind nicht standardmäßig vorgewählt. Wenn Sie die Datenträger konvertieren möchten, wählen Sie sie aus und klicken dann auf *Weiter*.

3. Die letzte Seite zeigt die Optionen, die Sie ausgewählt haben, und die Arbeiten, die an jedem Laufwerk durchgeführt werden. Wenn alle Optionen richtig sind, klicken Sie auf *Fertig stellen*, dann führt der Assistent die angegebenen Aktionen durch. Wenn Sie ein Laufwerk zur Initialisierung ausgewählt haben, schreibt der Assistent eine Laufwerkssignatur auf das Festplattenlaufwerk. Wenn Sie die Konvertierung eines Datenträgers gewählt haben, wandelt der Assistent den Datenträger in einen dynamischen Datenträger um, nachdem er die Laufwerkssignatur geschrieben hat.

Wenn Sie den Assistenten nicht verwenden möchten, können Sie ihn einfach schließen und stattdessen die Datenträgerverwaltung zur Verwaltung des Laufwerks verwenden. Das Laufwerk wird in der Datenträgerliste mit dem Status *Nicht initialisiert* aufgeführt und durch ein rotes Symbol gekennzeichnet, das wie ein kleiner, nach unten gerichteter Pfeil aussieht. Dann können Sie das Laufwerkssymbol mit der rechten Maustaste anklicken und *Datenträger initialisieren* wählen. Bestätigen Sie die Auswahl (oder ergänzen Sie die Auswahl, wenn mehrere Laufwerke initialisiert werden sollen) und starten Sie dann die Initialisierung mit einem Klick auf *OK*. Die Umwandlung in einen dynamischen Datenträger wird dann durchgeführt, wie im Abschnitt »Konvertieren eines Basisdatenträgers in einen dynamischen Datenträger, und umgekehrt« weiter unten in diesem Kapitel beschrieben.

Ändern des Partitionstabellenstils bei einem Datenträger

Sie können den Partitionstabellenstil von MBR in GPT oder von GPT in MBR konvertieren. Diese Umstellung ist nützlich, wenn Sie Datenträger zwischen Computern austauschen wollen, die unterschiedliche Prozessorarchitekturen haben, oder wenn Sie neue Datenträger erhalten, die mit dem falschen Partitionstabellenstil formatiert sind. Sie können den Partitionstabellenstil allerdings nur bei einem leeren Datenträger konvertieren. Der Datenträger muss also entweder neu oder frisch formatiert sein. Sie können einen Datenträger natürlich auch löschen, indem Sie seine Partitionen oder Volumes entfernen.

Sie können die Datenträgerverwaltung oder DiskPart verwenden, um den Partitionstabellenstil zu ändern. Wenn Sie den Partitionsstil eines leeren Datenträgers in der Datenträgerverwaltung ändern wollen, müssen Sie die Computerverwaltung starten, indem Sie den entsprechenden Eintrag im Menü *Verwaltung* wählen oder im Suchfeld des Startmenüs **compmgmt.msc** eingeben und die EINGABETASTE drücken. Erweitern Sie in der Computerverwaltung den Knoten *Datenspeicher* und wählen Sie *Datenträgerverwaltung* aus. Es werden nun alle verfügbaren Datenträger angezeigt. Klicken Sie in der Grafikansicht mit der rechten Maustaste auf den Datenträger, den Sie konvertieren wollen, und wählen Sie den Befehl *Zu GPT-Datenträger konvertieren* beziehungsweise *Zu MBR-Datenträger konvertieren*.

Mit DiskPart ändern Sie den Partitionsstil eines leeren Datenträgers, indem Sie DiskPart durch Eingabe von **diskpart** starten und dann den Datenträger auswählen, den Sie konvertieren wollen. Möchten Sie beispielsweise Datenträger 2 konvertieren, müssen Sie den Befehl **select disk 2** eingeben. Wenn Sie auf diese Weise den Datenträger ausgewählt haben, können Sie ihn von MBR in GPT konvertieren, indem Sie **convert gpt** ausführen. Entsprechend konvertiert der Benutzer **convert mbr** den Datenträger von GPT in MBR.

Kennzeichnen einer Partition als aktiv

Normalerweise brauchen Sie keine Partitionskennzeichnungen zu ändern. Wenn Sie nur mit Windows 7 arbeiten oder nur Windows-Betriebssysteme auf Ihrem Computer installiert haben, brauchen Sie die aktive Partition nicht zu ändern. Auf einem x86-Computer ist die aktive Partition gewöhnlich die primäre Partition oder das erste einfache Volume auf Datenträger 0. Wenn Sie Windows 7 auf Laufwerk C: installieren und Windows 2000 oder höher auf einer anderen Partition, beispielsweise Laufwerk D, brauchen Sie die aktive Partition nicht zu ändern, um Windows 7 oder das andere Betriebssystem starten zu können. Wenn Sie aber ein anderes Betriebssystem starten möchten, das nicht zu den Windows-Betriebssystemen gehört, müssen Sie dessen Betriebssystempartition gewöhnlich als aktiv kennzeichnen und das System dann neu starten, um das andere Betriebssystem verwenden zu können.

HINWEIS Nur primäre Partitionen können als aktiv gekennzeichnet werden. Sie können keine logischen Laufwerke als aktiv kennzeichnen. Sie können keine Volumes als aktiv kennzeichnen. Wenn Sie einen Basisdatenträger, auf dem eine aktive Partition liegt, in einen dynamischen Datenträger konvertieren, wird aus dieser Partition ein einfaches Volume, das automatisch aktiv ist.

Um eine Partition als aktiv zu kennzeichnen, gehen Sie folgendermaßen vor:

1. Sorgen Sie dafür, dass alle erforderlichen Startdateien auf der primären Partition liegen, die Sie zur aktiven Partition machen möchten. Für Windows NT, Windows 2000 und Windows XP sind dies *Boot.ini*, *Ntdetect.com*, *Ntldr* und *Bootsect.dos*. Vielleicht brauchen Sie auch noch *Ntbootdd.sys*.
2. Starten Sie die Datenträgerverwaltung, indem Sie in einer Eingabeaufforderung mit erhöhten Rechten **diskmgmt.msc** eingeben.
3. Klicken Sie mit der rechten Maustaste auf die primäre Partition, die Sie als aktiv kennzeichnen möchten, und wählen Sie dann *Partition als aktiv markieren*.

ACHTUNG Wenn Sie eine Partition oder ein Volume als aktiv kennzeichnen, lässt die Datenträgerverwaltung die Änderung der Partitionskennzeichnung vielleicht nicht zu, mit der Folge, dass sich das Betriebssystem vielleicht nicht mehr hochfahren lässt, wenn Sie den Computer neu starten. Die einzige Abhilfe, die ich gefunden habe, ist, mit DiskPart alle erforderlichen Änderungen durchzuführen, bevor das System neu gestartet wird oder bevor nach einem fehlgeschlagenen Startversuch die Systemstartreparatur verwendet wird.

Listing 12.1 zeigt ein Beispiel für eine DiskPart-Sitzung, bei der die aktive Partition festgelegt wird. Wie Sie sehen, zeigt DiskPart nach dem Start den eigenen Namen und die Version an, die Sie verwenden, sowie den Namen des Computers. Dann wählen Sie den Datenträger aus, mit dem Sie arbeiten möchten, und listen seine Partitionen auf. In diesem Beispiel habe ich Datenträger 0 ausgewählt, die Partitionen aufgelistet und dann Partition 1 gewählt. Nachdem Sie einen Datenträger und eine Partition ausgewählt haben, können Sie mit der Partition arbeiten. Durch die Eingabe von *active* und einen Druck auf die EINGABETASTE wird die Partition dann als aktiv gekennzeichnet. Wenn Sie fertig sind, verlassen Sie DiskPart mit dem Befehl *exit*.

HINWEIS In diesem Beispiel wird Datenträger 0 verwendet. Vielleicht ist Datenträger 0 aber nicht das Festplattenlaufwerk, das Sie bearbeiten möchten. Mit dem Befehl *List Disk* können Sie die verfügbaren Datenträger auflisten und anhand der angezeigten Informationen einen Datenträger auswählen.

Listing 12.1 Festlegen der aktiven Partition mit DiskPart

```
C:>diskpart

Microsoft DiskPart version 6.1.7200
Copyright (C) 1999-2008 Microsoft Corporation.
Auf Computer: ENGPC85

DISKPART> select disk 0

Datenträger 0 ist jetzt der gewählte Datenträger.

DISKPART> list partition

  Partition ###  Typ               Größe    Offset
  -------------  ----------------  -------  -------
  Partition 1    Primär            932 GByte  1024 KByte

DISKPART> select partition 1

Partition 1 ist jetzt die gewählte Partition.

DISKPART> active

Die aktuelle Partition wurde als aktiv markiert.

DISKPART> exit
```

Konvertieren eines Basisdatenträgers in einen dynamischen Datenträger, und umgekehrt

Am einfachsten lässt sich ein Basisdatenträger in der Datenträgerverwaltung in einen dynamischen Datenträger konvertieren, und umgekehrt. Wenn Sie den Datenträger in einen dynamischen Datenträger umwandeln, werden Partitionen automatisch in Volumes des entsprechenden Typs konvertiert. Aus primären Partitionen werden einfache Volumes. Aus logischen Laufwerken in erweiterten Partitionen werden einfache Volumes. Der unbelegte (freie) Platz in einer erweiterten Partition wird als *Nicht zugeordnet* gekennzeichnet. Diese Volumes lassen sich nicht mehr in Partitionen zurückverwandeln. Stattdessen müssen Sie die Volumes des dynamischen Datenträgers löschen und das Festplattenlaufwerk dann in einen Basisdatenträger umwandeln. Durch das Löschen der Volumes gehen auch alle Informationen verloren, die auf dem Datenträger gespeichert sind.

Bevor Sie einen Basisdatenträger in einen dynamischen Datenträger konvertieren, sollten Sie sicherstellen, dass Sie auf dem Computer keine frühere Windows-Version starten müssen. Außerdem sollten Sie dafür sorgen, dass am Ende des Festplattenlaufwerks 1 MByte Platz frei ist. Die Datenträgerverwaltung reserviert zwar diesen Platz, wenn sie Partitionen und Volumes erstellt, aber die Datenträgerverwaltungsprogramme von anderen Betriebssystemen tun dies vielleicht nicht. Die Folge wäre, dass die Konvertierung fehlschlägt. Außerdem dürfen Sie folgende Einschränkungen nicht außer Acht lassen:

- Sie können keine Wechselmedien in dynamische Datenträger konvertieren. Wechselmedienlaufwerke lassen sich nur als Basisdatenträger mit primären Partitionen konfigurieren.
- Partitionen eines Datenträgers, die Teil eines übergreifenden oder Stripesetvolumes sind, aber nicht die System- oder die Startpartition sind, können konvertiert werden. Sie müssen dann aber alle Laufwerke im Satz zusammen konvertieren.

Zur Umwandlung eines Basisdatenträgers in einen dynamischen Datenträger gehen Sie folgendermaßen vor:

1. In der Datenträgerverwaltung klicken Sie den betreffenden Basisdatenträger entweder in der Datenträgerliste oder im linken Bereich der grafischen Ansicht mit der rechten Maustaste an und wählen *In dynamischen Datenträger konvertieren*.

2. Im Dialogfeld *In dynamischen Datenträger konvertieren* wählen Sie die Kontrollkästchen der Datenträger, die Sie konvertieren möchten (Abbildung 12.5). Wenn Sie ein Stripesetvolume konvertieren, das unter Windows NT erstellt wurde, dann sorgen Sie dafür, dass alle am Stripeset beteiligten Basisdatenträger gewählt sind. Sie müssen das Set als Ganzes konvertieren.

Abbildung 12.5 Wählen Sie den Basisdatenträger aus, der konvertiert werden soll

3. Wenn es auf dem zu konvertierenden Datenträger keine formatierten Volumes gibt, führt ein Klick auf *OK* zur Umwandlung des Datenträgers und Sie brauchen die folgenden Schritte nicht durchzuführen. Gibt es bereits formatierte Volumes auf dem zu konvertierenden Datenträger, öffnet sich nach einem Klick auf *OK* das Dialogfeld *Zu konvertierende Datenträger* und Sie müssen die folgenden Schritte durchführen, um die Konvertierung abzuschließen.

4. Das Dialogfeld *Zu konvertierende Datenträger* zeigt die Datenträger an, die konvertiert werden sollen, damit Sie die Umwandlung bestätigen können. Beachten Sie bitte den Wert in der Spalte *Wird konvertiert*. Dort sollte *Ja* stehen, wenn der Datenträger die Konvertierungskriterien erfüllt. Klicken Sie auf *Details*, wenn Sie sich ansehen möchten, welche Volumes der ausgewählte Datenträger enthält. Wenn Sie die Konvertie-

rung fortsetzen möchten, klicken Sie auf *OK*, um das Dialogfeld *Konvertierungsdetails* zu schließen.
5. Um die Konvertierung einzuleiten, klicken Sie auf *Konvertieren*. Die Datenträgerverwaltung weist Sie darauf hin, dass Sie ältere Versionen von Windows nach der Konvertierung nicht mehr von den Volumes der ausgewählten Datenträger starten können. Klicken Sie auf *Ja*, wenn Sie fortfahren möchten.
6. Dann werden Sie eventuell darauf hingewiesen, dass die Bereitstellung der Dateisysteme auf den zu konvertierenden Datenträgern aufgehoben werden muss. Das bedeutet, dass der Datenträger offline genommen wird und zeitweilig nicht mehr verwendet werden kann ist. Klicken Sie auf *Ja*, um fortzufahren. Enthält der gewählte Datenträger die Startpartition, die Systempartition oder eine in Verwendung befindliche Partition, muss die Datenträgerverwaltung den Computer neu starten und Sie erhalten eine weitere Meldung.

Zur Umwandlung eines dynamischen Datenträgers in einen Basisdatenträger gehen Sie folgendermaßen vor:
1. Bevor Sie einen dynamischen Datenträger in einen Basisdatenträger konvertieren können, müssen Sie alle dynamischen Volumes auf dem Datenträger löschen. Weil die enthaltenen Daten dadurch verloren gehen, sollten Sie die Volumes sichern und überprüfen, ob die Datensicherungen in Ordnung sind, bevor Sie die Umwandlung durchführen.
2. Wenn Sie die Konvertierung vorbereitet haben, starten Sie die Datenträgerverwaltung. Klicken Sie den Datenträger, den Sie konvertieren möchten, in der Datenträgerverwaltung mit der rechten Maustaste an und wählen Sie *In einen Basisdatenträger konvertieren*. Dadurch wird der dynamische Datenträger in einen Basisdatenträger konvertiert und Sie können dann neue Partitionen und logische Laufwerke auf dem Datenträger erstellen.

Verwenden von Datenträgern, Partitionen und Volumes

Bevor Sie auf einem Festplattenlaufwerk Daten speichern können, müssen Sie das Laufwerk vorbereiten, indem Sie einen Datenträgertyp festlegen, die Festplatte partitionieren, passende Laufwerksbezeichner vergeben und die Partitionen oder Volumes formatieren.

Nach der Formatierung müssen Sie jeder Partition oder jedem Volume einen Laufwerksbezeichner zuweisen. Dabei kann es sich um einen Buchstaben oder um einen Pfad handeln. Mit den Laufwerksbuchstaben können Sie die Dateisysteme in den verschiedenen Partitionen der Festplattenlaufwerke ansprechen. Zur Verfügung stehen im Prinzip die Laufwerksbuchstaben A bis Z. Allerdings ist A gewöhnlich bereits an das Diskettenlaufwerk vergeben. Ist der Computer mit einem zweiten Diskettenlaufwerk oder einem anderen Wechsellaufwerk ausgerüstet, erhält dies gewöhnlich den Buchstaben B (oder B bleibt unbenutzt). Die erste Partition oder das erste Volume auf Datenträger 0 erhält gewöhnlich den Buchstaben C. Der Laufwerksbuchstabe D wird gewöhnlich an das erste CD-ROM- oder DVD-

ROM-Laufwerk vergeben. In der Praxis sind auf den meisten Systemen daher nur noch die Laufwerksbuchstaben E bis Z verfügbar. Wenn Sie zusätzliche Volumes brauchen, können Sie diese mit Laufwerkspfaden anlegen.

Ein Laufwerkspfad gibt einen bestimmten Ordner auf einem bereits vorhandenen Laufwerk an. Sie könnten zum Beispiel zusätzliche Laufwerke als *C:\Dokumente1*, *C:\Dokumente2* und *C:\Dokumente3* einrichten. Laufwerkspfade können für Basisdatenträger und für dynamische Datenträger verwendet werden. Die einzige Beschränkung ist, dass ein Laufwerkspfad auf einen leeren Ordner verweisen muss, der auf einem lokalen, mit NTFS formatierten Datenträger liegt.

Durch die Formatierung erhält eine Partition oder ein Volume ein Dateisystem mit den erforderlichen Grundstrukturen zur Verwaltung von Dateien. Unter Windows können Sie eine Partition oder ein Volume mit FAT, FAT32 oder NTFS formatieren. Jedes dieser Dateisysteme stellt bestimmte Anforderungen und hat bestimmte Grenzen.

FAT (auch FAT16 genannt) ist ein 16-Bit-Dateisystem, das für Volumegrößen bis zu 4 GByte entwickelt wurde. FAT verwendet einen Startsektor, in dem Informationen über die Art des Datenträgers, Anfangs- und Endsektoren und die aktive Partition gespeichert sind. FAT hat seinen Namen von der Dateizuordnungstabelle (engl. File Allocation Table) erhalten, die es für die Zuordnung der Zuordnungseinheiten zu Dateien und Ordner verwendet. Es gibt eine Haupttabelle und ein Duplikat. Das Duplikat kann zur Wiederherstellung der Haupttabelle dienen, falls diese beschädigt wird. Außerdem ist FAT in der Lage, Zuordnungseinheiten (das sind kleine Abschnitte des Datenträgers, in denen Daten liegen) als unbenutzt, belegt, unbrauchbar oder reserviert zu kennzeichnen. Das macht FAT zu einem ziemlich robusten Dateisystem. Am besten ist FAT für Volumes geeignet, die 2 GByte oder kleiner sind. Die maximale Dateigröße beträgt 2 GByte. FAT kann auf Disketten und Wechselmedien verwendet werden.

FAT32 ist eine 32-Bit-Version von FAT16 und verfügt über einige zusätzliche Features und Fähigkeiten. Wie FAT16 verwendet FAT32 eine primäre Dateizuordnungstabelle und ein Duplikat. Auch FAT32 kann Zuordnungseinheiten als unbenutzt, belegt, unbrauchbar oder reserviert kennzeichnen. FAT32 lässt sich ebenfalls auf Disketten und Wechselmedien verwenden. Im Gegensatz zu FAT16 beträgt die Mindestgröße eines FAT32-Volumes 33 MByte, die Maximalgröße 32 GByte und die maximale Dateigröße 4 GByte. Das bedeutet, dass FAT32 auf wesentlich größeren Partitionen und Volumes verwendet werden kann als FAT16.

HINWEIS Die Begrenzung der Dateigröße auf 4 GByte unter FAT32 ist seit Windows 2000 in Kraft. Mit FAT32 können einige frühere Windows-Versionen und auch andere Betriebssysteme größere Volumes anlegen.

NTFS unterscheidet sich sehr stark von FAT16 und FAT32. Statt in einer Dateizuordnungstabelle verwaltet NTFS die Informationen über Dateien und Ordner in einer relationalen Datenbank. Diese Datenbank wird MFT

(Master File Table) genannt und enthält einen Datensatz über jede Datei und jeden Ordner des Volumes sowie zusätzliche Informationen für die Verwaltung des Volumes. Insgesamt ist NTFS durch die MFT wesentlich zuverlässiger und im Falle eines Fehlers besser wiederherstellbar als FAT16 oder FAT32. Das bedeutet, dass sich NTFS leichter von Laufwerksfehlern erholt als FAT16 und FAT32 und dass sich unter NTFS ganz allgemein weniger Probleme mit den Datenträgern ergeben.

Die maximale Volumegröße unter NTFS beträgt 2 TByte (Terabyte, oder Billionen Byte, oder 10^{12} Byte) oder mehr, je nach Laufwerkskonfiguration, und die maximale Dateigröße wird nur durch die Volumegröße beschränkt. Auf Disketten können Sie NTFS zwar nicht einsetzen, aber auf bestimmten anderen Wechselmedien. Außerdem bietet NTFS eine wesentlich bessere Sicherheit als FAT16 und FAT32, die als Sicherheitsvorkehrung Dateien lediglich als schreibgeschützt, als verborgen oder als Systemdatei kennzeichnen können. Unter NTFS können Sie die Zugriffsberechtigungen auf Dateien und Ordner sehr genau festlegen. Außerdem bietet NTFS noch andere wichtige Funktionen wie Komprimierung, Verschlüsselung und Kontingente.

HINWEIS Es gibt verschiedene NTFS-Versionen. NTFS 4 gab es zuerst unter Windows NT. Mit Windows 2000 wurde NTFS 5 eingeführt. Unter Windows XP wurde NTFS 5.1 verfügbar. Da die meisten aktuellen Computer NTFS 5 oder höher verwenden, möchte ich mich in diesem Buch auf NTFS 5 und höher konzentrieren. Wenn Sie ein System aktualisieren, auf dem eine ältere Version verwendet wird, erhalten Sie bei der Installation normalerweise die Gelegenheit, die vorhandenen NTFS-Volumes in die neusten Versionen zu konvertieren. In den meisten Fällen ist dies auch sinnvoll, da Sie dann die neusten NTFS-Funktionen verwenden können.

Partitionieren und Vorbereiten von Festplattenlaufwerken

Die Datenträgerverwaltung ist das wichtigste Werkzeug für die Partitionierung und Vorbereitung von Festplattenlaufwerken. Mit der Datenträgerverwaltung können Sie Festplatten partitionieren, Laufwerksbezeichner zuweisen und Partitionen oder Volumes formatieren. Die Gegenstücke zur Datenträgerverwaltung auf der Befehlszeile sind DiskPart für die Partitionierung und Zuweisung der Laufwerksbezeichner sowie Format für die Formatierung.

Erstellen von Partitionen, logischen Laufwerken und einfachen Volumes

Windows 7 vereinfacht die Benutzeroberfläche der Datenträgerverwaltung durch die Verwendung derselben Dialogfelder und Assistenten für Partitionen und Volumes. Die ersten drei Volumes eines Basisdatenträgers werden automatisch als primäre Partitionen erstellt. Wenn Sie versuchen, auf einem Basisdatenträger ein viertes Volume zu erstellen, wird der übrige freie Platz des Datenträgers automatisch in eine erweiterte Partition umgewandelt, die einen logischen Datenträger in der von Ihnen angegebenen Größe enthält.

Alle weiteren Volumes, die Sie anlegen, werden automatisch in der erweiterten Partition erstellt.

HINWEIS Wie bereits erwähnt, kann ein MBR-Datenträger 4 primäre Partitionen haben. Wenn Sie allerdings eine 4. primäre Partition erstellt haben, können Sie den Datenträger nicht mehr weiter unterteilen. Aus diesem Grund erstellt Windows 7 automatisch eine erweiterte Partition. Innerhalb dieser erweiterten Partition können Sie mehrere logische Laufwerke anlegen.

In der Datenträgerverwaltung erstellen Sie mit folgenden Schritten Partitionen, logische Laufwerke und einfache Volumes:

1. Klicken Sie in der grafischen Ansicht der Datenträgerverwaltung mit der rechten Maustaste auf einen nicht zugeordneten oder freien Bereich und wählen Sie dann *Neues einfaches Volume*. Dadurch wird der Assistent zum Erstellen neuer einfacher Volumes gestartet. Lesen Sie die Willkommenseite und klicken Sie dann auf *Weiter*.
2. Auf der Seite *Volumegröße festlegen* (Abbildung 12.6) können Sie die minimale und maximale Größe des Volumes in MByte ablesen und die Größe des neuen Volumes innerhalb dieser Grenzen angeben. Legen Sie die gewünschte Größe im Feld *Größe des einfachen Volumes in MB* fest und klicken Sie dann auf *Weiter*.

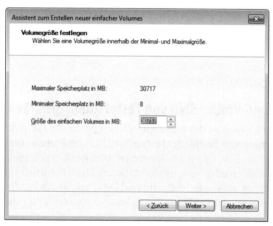

Abbildung 12.6 Geben Sie die Größe des neuen Volumes an

3. Auf der Seite *Laufwerkbuchstaben oder -pfad zuordnen* (Abbildung 12.7) geben Sie den gewünschten Laufwerksbuchstaben oder Pfad an und klicken dann auf *Weiter*. Es sind folgende Optionen verfügbar:
   - *Folgenden Laufwerkbuchstaben zuweisen* Wählen Sie einen Buchstaben aus der Liste aus. Standardmäßig wählt Windows 7 den ersten verfügbaren Buchstaben aus, wobei es reservierte Laufwerksbuchstaben ebenso ausschließt wie Buchstaben, die bereits lokalen Laufwerken und Netzlaufwerken zugewiesen wurden.

- *In folgendem leeren NTFS-Ordner bereitstellen* Wählen Sie diese Option, wenn Sie die Partition in einem leeren NTFS-Ordner bereitstellen möchten. Dann geben Sie den Pfad eines vorhandenen Ordners ein oder klicken auf *Durchsuchen*, um einen Ordner herauszusuchen oder neu anzulegen.
- *Keinen Laufwerkbuchstaben oder -pfad zuweisen* Wählen Sie diese Option, wenn Sie eine Partition erstellen möchten, ohne ihr einen Laufwerksbuchstaben oder Pfad zuzuweisen. Wenn Sie die Partition später für die Datenspeicherung verfügbar machen möchten, können Sie ihr dann einen Laufwerksbuchstaben oder Pfad zuweisen.

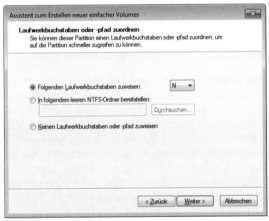

Abbildung 12.7 Weisen Sie einen Laufwerksbezeichner zu oder verschieben Sie die Zuweisung auf später

HINWEIS Volumes müssen keine Laufwerksbuchstaben oder Pfade zugewiesen bekommen. Ein Volume ohne Bezeichner wird als nicht bereitgestellt eingestuft und ist für praktische Zwecke nicht zu gebrauchen. Ein nicht bereitgestelltes Volume kann später durch die Zuweisung eines Laufwerksbuchstabens oder Pfads bereitgestellt werden. Weitere Einzelheiten finden Sie im Abschnitt »Zuweisen, Ändern oder Entfernen von Laufwerksbuchstaben und Laufwerkspfaden« dieses Kapitels.

4. Verwenden Sie die Seite *Partition formatieren* (Abbildung 12.8), um festzulegen, ob und wie das Volume formatiert werden soll. Wenn das Volume formatiert werden soll, wählen Sie *Dieses Volume mit folgenden Einstellungen formatieren* und konfigurieren folgende Optionen:
   - *Zu verwendendes Dateisystem* Legt als Dateisystem FAT, FAT32 oder NTFS fest. NTFS ist in den meisten Fällen vorgewählt. Wenn Sie das Dateisystem FAT oder FAT32 wählen, können Sie es später mit dem Programm Convert in NTFS konvertieren. NTFS-Partitionen lassen sich aber nicht in FAT oder FAT32 konvertieren.

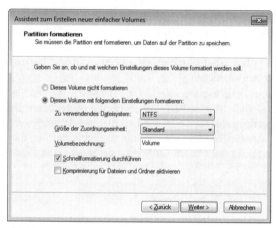

Abbildung 12.8 Stellen Sie die Formatierungsoptionen für die Partition ein

- *Größe der Zuordnungseinheit* Legt die Größe einer Zuordnungseinheit im Dateisystem fest. Das ist die Basiseinheit für die Verwaltung des Speicherplatzes auf dem Datenträger. Die Standardgröße einer Zuordnungseinheit hängt von der Größe des Volumes ab und wird vor der Formatierung ermittelt. Wenn Sie eine bestimmte Größe einstellen möchten, können Sie das tun. Wenn Sie viele kleine Dateien verwenden, möchten Sie vielleicht einen kleineren Wert einstellen, beispielsweise 512 oder 1024 Byte. Mit kleineren Zuordnungseinheiten belegen kleine Dateien weniger Platz.

- *Volumebezeichnung* Legt eine Bezeichnung oder Beschriftung für die Partition fest. Diese Bezeichnung ist der Name des Volumes, wobei *Volume* als Standardname vorgegeben wird. Sie können den Namen jederzeit ändern, indem Sie das Volume im Windows-Explorer mit der rechten Maustaste anklicken, *Eigenschaften* wählen und im Namensfeld der Registerkarte *Allgemein* einen neuen Namen eingeben.

- *Schnellformatierung durchführen* Weist Windows 7 an, eine schnelle Formatierung durchzuführen, ohne die Partition auf Fehler zu überprüfen. Bei großen Partitionen kann diese Option einige Minuten Zeit einsparen. Allerdings ist es besser, eine Überprüfung auf Fehler vorzunehmen. Dadurch kann die Datenträgerverwaltung beschädigte Zuordnungseinheiten erkennen und von der Verwendung ausschließen.

- *Komprimierung für Dateien und Ordner aktivieren* Schaltet die Komprimierung des Volumes ein. Die integrierte Komprimierung ist nur für NTFS verfügbar. Unter NTFS erfolgt die Komprimierung ohne Dazutun des Benutzers und komprimierte Dateien werden wie gewöhnliche Dateien verwendet. Wenn Sie diese Option wählen, werden Dateien und Verzeichnisse des Laufwerks automatisch komprimiert. Weitere Informationen über das Komprimieren von

Laufwerken, Dateien und Verzeichnissen finden Sie im Abschnitt »Komprimieren von Datenträgern und Daten« weiter unten in diesem Kapitel.

5. Klicken Sie auf *Weiter*, überprüfen Sie Ihre Einstellungen und klicken Sie dann auf *Fertig stellen*.

Erstellen von übergreifenden und Stripesetvolumes

Mit übergreifenden Volumes und Stripesetvolumes können Sie Volumes erstellen, die sich über mehrere Festplattenlaufwerke erstrecken. Wenn Sie solche Volumes erstellen, berücksichtigen Sie bitte Folgendes:

- Ein übergreifendes Volume verwendet freien Speicherplatz von mehreren Datenträgern desselben Typs. Wenn auf zwei oder mehr Datenträgern desselben Typs noch Platz frei ist, können Sie diesen Platz zu einem übergreifenden Volume zusammenfassen. Ein übergreifendes Volume ist nicht fehlertolerant und weist eine durchschnittliche Schreib-/Leseleistung auf. Dateien werden so auf dem verfügbaren Platz angeordnet, als handle es sich um ein einziges großes Volume. Wenn eines der beteiligten Festplattenlaufwerke ausfällt, fällt auch das ganze Volume aus und die Daten sind alle verloren.

- Ein Stripesetvolume verwendet freien Speicherplatz von mehreren Festplattenlaufwerken und teilt die Daten beim Schreiben nach einem bestimmten Schema auf die Laufwerke auf. Dadurch ergeben sich schnellere Schreib- und Lesezugriffe, weil mehrere Laufwerke gleichzeitig Daten schreiben und lesen. Auf einem Stripeset, der sich über drei Datenträger erstreckt, werden die Daten aus einer Datei zum Beispiel erst auf Datenträger 1 geschrieben, dann auf Datenträger 2 und schließlich auf Datenträger 3, jeweils in 64-KByte-Blöcken. Wie ein übergreifendes Volume ist auch ein Stripesetvolume nicht fehlertolerant. Wenn also eines der beteiligten Festplattenlaufwerke ausfällt, fällt das ganze Volume aus und die Daten sind alle verloren.

HINWEIS Wenn Sie nur einen Datenträger zur Verfügung haben, können Sie keine übergreifenden Volumes oder Stripesetvolumes erstellen. Beachten Sie bitte auch, dass sich einfache Volumes und übergreifende Volumes erweitern lassen und dadurch größer werden. Stripesetvolumes lassen sich dagegen nicht erweitern. Wenn Sie also ein Stripesetvolume anlegen, sollten Sie die Größe wählen, die Sie auch verwenden möchten. Sonst müssen Sie das Stripesetvolume später löschen und neu erstellen.

Übergreifende Volumes und Stripesetvolumes erstellen Sie folgendermaßen in der Datenträgerverwaltung:

1. Klicken Sie in der grafischen Ansicht der Datenträgerverwaltung mit der rechten Maustaste einen freien Bereich an und wählen Sie dann nach Bedarf *Neues übergreifendes Volume* oder *Neues Stripesetvolume*. Lesen Sie die Willkommenseite und klicken Sie dann auf *Weiter*. Denken Sie daran, dass Windows 7 zwar übergreifende und Stripesetvolumes auf Basisdatenträgern unterstützt, manche Basisdatenträger aber nicht

als Mitglieder von übergreifenden oder Stripesetvolumes eingesetzt werden können.
2. Wählen Sie auf der Seite *Datenträger wählen* (Abbildung 12.9) die Datenträger aus, die Teil des Volumes werden sollen, und legen Sie die Größen der Segmente auf den Datenträgern fest. Die Datenträger müssen denselben Datenträgertyp haben, also entweder alle Basisdatenträger oder alle dynamische Datenträger sein. Klicken Sie auf *Weiter*.

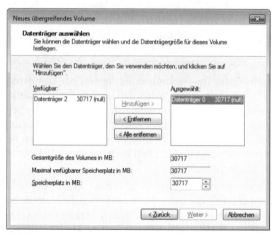

Abbildung 12.9 Legen Sie die Speichermenge fest, die von jedem Datenträger verwendet werden soll

Im Listenfeld *Verfügbar* werden die verfügbaren dynamischen Datenträger angezeigt. Wählen Sie einen Datenträger aus und klicken Sie dann auf *Hinzufügen*, um den Datenträger zur Liste *Ausgewählt* hinzuzufügen. Wenn Sie den falschen Datenträger ausgewählt haben, können Sie ihn in der Liste *Ausgewählt* auswählen und mit einem Klick auf *Entfernen* wieder entfernen.

Legen Sie fest, wie viel Platz Sie von jedem Datenträger verwenden möchten. Dazu wählen Sie die Datenträger der Reihe nach in der Liste *Ausgewählt* aus und geben dann im Feld *Speicherplatz in MB* an, wie viel Platz verwendet werden soll. Vergessen Sie bitte nicht, dass das Feld *Maximal verfügbarer Speicherplatz in MB* die Größe des freien Bereichs auf dem ausgewählten Datenträger angibt und das Feld *Gesamtgröße des Volumes in MB* die derzeit eingestellte Gesamtgröße des neuen Volumes.

TIPP Es gibt eine einfache Methode, um auf allen ausgewählten Datenträgern dieselbe Speichermenge zu verwenden. Markieren Sie alle beteiligten Datenträger, indem Sie die UMSCHALT-Taste drücken und dann in der Liste *Ausgewählt* den ersten und den letzten Datenträger anklicken. Wenn Sie nun den zu verwendenden Speicherplatz angeben, gilt diese Einstellung für alle ausgewählten Datenträger.

3. Folgen Sie den Schritten 3 bis 5 des vorigen Abschnitts, »Erstellen von Partitionen, logischen Laufwerken und einfachen Volumes«.

Erweitern und Verkleinern von Volumes

Windows 7 verwendet für den Start des Betriebssystems nicht *Ntldr* und *Boot.ini*. Stattdessen verfügt Windows 7 über eine Pre-Boot-Umgebung, in welcher der Windows-Start-Manager zur Kontrolle des Systemstarts und zum Laden der von Ihnen gewählten Startanwendung verwendet wird. Außerdem erlöst der Windows-Start-Manager das Betriebssystem Windows endlich von seiner Abhängigkeit von MS-DOS und ermöglicht es, die Laufwerke auf neue Weise zu verwenden. Unter Windows 7 ist es möglich, Basisdatenträger und dynamische Datenträger zu erweitern und zu verkleinern. Um Volumes zu erweitern oder zu verkleinern, können Sie die Datenträgerverwaltung oder DiskPart verwenden. Stripesetvolumes lassen sich aber weder erweitern noch verkleinern.

Zur Vergrößerung eines Volumes konvertieren Sie unbelegten Platz und fügen ihn zum vorhandenen Volume hinzu. Der Speicherplatz für ein übergreifendes Volume auf dynamischen Datenträgern kann von jedem verfügbaren dynamischen Datenträger stammen, nicht nur von denen, auf denen das Volume ursprünglich erstellt wurde. Sie können also den freien Platz von mehreren dynamischen Datenträgern dazu verwenden, um ein vorhandenes Volume zu erweitern.

ACHTUNG Bevor Sie versuchen, ein Volume zu erweitern, müssen Sie die Beschränkungen kennen. Zum einen lassen sich einfache und übergreifende Volumes nur erweitern, wenn sie formatiert sind und es sich bei dem verwendeten Dateisystem um NTFS handelt. Stripesetvolumes können Sie nicht erweitern. Sie können auch keine Volumes erweitern, die mit FAT oder FAT32 formatiert sind. Außerdem können Sie keine Systempartition und keine Startpartition erweitern (das ist nicht von der Konfiguration dieser Volumes abhängig).

Sie können ein Basisvolume, ein einfaches Volume oder ein übergreifendes Volume mit folgenden Schritten verkleinern:

1. Klicken Sie in der Datenträgerverwaltung mit der rechten Maustaste auf das Volume, das Sie verkleinern möchten, und wählen Sie dann *Volume verkleinern*. Diese Option ist nur verfügbar, wenn das Volume die bereits beschriebenen Kriterien erfüllt.

2. Geben Sie im Dialogfeld *Verkleinern von Laufwerk* (Abbildung 12.10) an, um welchen Wert das Volume verkleinert werden soll. Das Dialogfeld *Verkleinern von Laufwerk* zeigt folgende Informationen:

    - *Gesamtgröße vor der Verkleinerung in MB* Zeigt die Gesamtkapazität des Volumes in MByte. Das ist die formatierte Größe des Volumes.

    - *Für Verkleinerung verfügbarer Speicherplatz in MB* Zeigt den höchsten Wert, um den das Volume verkleinert werden kann. Dieser Wert stellt nicht die Menge an freiem Speicherplatz dar, sondern die Menge an Speicherplatz, die weggenommen werden kann. Darin ist nicht der Platz enthalten, der für die Hauptdateitabelle (Master File Table, MFT), Volumeschattenkopien, Auslagerungsdateien und temporäre Dateien reserviert ist.

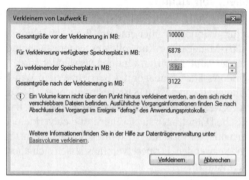

Abbildung 12.10 Legen Sie fest, um welchen Speicherplatz das Volume verkleinert werden soll

- *Zu verkleinernder Speicherplatz in MB* Die Platzmenge, die vom Volume entfernt werden kann. Der Anfangswert entspricht der Gesamtmenge an Speicherplatz, die vom Volume entfernt werden kann. Damit das Volume eine gute Leistung liefern kann, sollten Sie dafür sorgen, dass nach der Verkleinerung noch mindestens 10 Prozent der resultierenden Kapazität an Speicherplatz frei ist.
- *Gesamtgröße nach der Verkleinerung in MB* Zeigt die Gesamtgröße des Volumes in MByte nach der Verkleinerung. Das ist die neue formatierte Größe des Volumes.

3. Klicken Sie auf *Verkleinern*.

Sie können ein Basisvolume, ein einfaches Volume oder ein übergreifendes Volume mit folgenden Schritten erweitern:

1. Klicken Sie in der Datenträgerverwaltung mit der rechten Maustaste auf das Volume, das Sie erweitern möchten, und wählen Sie dann *Volume erweitern*. Diese Option ist nur verfügbar, wenn das Volume die bereits beschriebenen Kriterien erfüllt und auf einem oder mehreren Datenträgern des Systems Speicherplatz unbelegt ist.
2. Lesen Sie die Einführungsmeldung des Assistenten zum Erweitern von Volumes und klicken Sie dann auf *Weiter*.
3. Wählen Sie auf der Seite *Datenträger wählen*, die bereits in Abbildung 12.9 gezeigt wurde, den oder die Datenträger aus, auf die das Volume erweitert werden soll. Alle Datenträger, die bereits für das Volume verwendet werden, sind automatisch vorgewählt. Standardmäßig wird der gesamte noch unbelegte Platz auf diesen Datenträgern verwendet.
4. Sie können auch den freien Platz auf anderen Datenträgern mit einbeziehen, und zwar folgendermaßen:

- Klicken Sie im Listenfeld *Verfügbar* auf den Datenträger und dann auf *Hinzufügen*, um den Datenträger in die Liste *Ausgewählt* aufzunehmen.
- Wählen Sie der Reihe nach jeden Datenträger in der Liste *Ausgewählt* und geben Sie im Feld *Speicherplatz in MB* die Speichermenge an, die auf dem ausgewählten Laufwerk verwendet werden soll.

5. Klicken Sie auf *Weiter*, überprüfen Sie Ihre Einstellungen und klicken Sie dann auf *Fertig stellen*.

Formatieren von Partitionen und Volumes

Wenn Sie eine Partition oder ein Volume formatieren, erstellen Sie dadurch ein Dateisystem, das zur Speicherung von Daten verwendet werden kann. Durch die Formatierung werden alle Daten endgültig gelöscht, die sich im betreffenden Abschnitt des Festplattenlaufwerks befinden. Dabei handelt es sich um eine High-Level-Formatierung, die eine Dateisystemstruktur erstellt, und nicht um eine Grundformatierung, durch die ein Festplattenlaufwerk verwendungsfähig wird. Um eine Partition oder ein Volume zu formatieren, klicken Sie es in der Datenträgerverwaltung mit der rechten Maustaste an und wählen *Formatieren*. Dadurch öffnet sich das Dialogfeld *Formatieren* (Abbildung 12.11). Wenn Sie Abbildung 12.8 mit 12.11 vergleichen, werden Sie feststellen, dass es sich im Wesentlichen um dieselben Optionen handelt.

Abbildung 12.11 Verwenden Sie das Dialogfeld *Formatieren* zur Formatierung von Partitionen und Volumes. Sie können das gewünschte Dateisystem auswählen und einen Namen für das Volume festlegen

Nach der Wahl der gewünschten Werte klicken Sie auf *OK*. Da alle in der Partition vorhandenen Daten durch die Formatierung zerstört werden, gibt Ihnen die Datenträgerverwaltung eine letzte Gelegenheit, den Vorgang abzubrechen. Klicken Sie auf *OK*, wenn Sie die Formatierung durchführen möchten. Dann ändert die Datenträgerverwaltung den Status des Datenträgers, um den Formatierungsvorgang erkennbar zu machen, und gibt auch prozentual an, wie weit die Formatierung vorangeschritten ist, sofern Sie nicht die Option *Schnellformatierung durchführen* gewählt haben. Wenn die Formatierung abgeschlossen ist, wird der Status wieder entsprechend geändert.

Zuweisen, Ändern oder Entfernen von Laufwerksbuchstaben und Laufwerkspfaden

Jeder primären Partition, jedem logischen Laufwerk und jedem Volume können ein Laufwerksbuchstabe und einer oder mehrere Laufwerkspfade zugewiesen werden, sofern die Laufwerkspfade auf leere NTFS-Ordner verweisen. Einmal zugewiesen, bleibt der Laufwerksbuchstabe oder der Laufwerkspfad bei jedem Start des Computers derselbe. Mit Ausnahme von Partitionen oder Volumes, die als System- oder Startpartition gekennzeichnet sind, können Sie den Laufwerksbuchstaben oder die Pfadzuweisung jederzeit ändern. Sie können den Laufwerksbuchstaben oder Laufwerkspfad auch entfernen, mit Ausnahme der Partitionen und Volumes, die als System- oder Startpartition gekennzeichnet sind.

HINWEIS Die Laufwerksbuchstaben- oder -pfadzuweisung für die System- und Startpartition lässt sich nur in der Registrierung ändern. Wie das unter Windows 2000 erfolgt, wird im Microsoft Knowledge Base-Artikel 223188 beschrieben. Unter Windows 7 ist das Verfahren gleich. Allerdings dürfen Sie nicht außer Acht lassen, dass Sie das System wahrscheinlich nicht mehr starten können und vielleicht den ganzen Computer aus Sicherungskopien wiederherstellen müssen, falls bei dieser Prozedur Fehler auftreten.

Sie verwalten den Laufwerkbuchstaben oder Pfad einer Partition oder eines Volumes in der Datenträgerverwaltung. Klicken Sie in der Volumelisten- oder der grafischen Ansicht mit der rechten Maustaste auf die Partition oder das Volume, das Sie konfigurieren wollen, und wählen Sie den Befehl *Laufwerkbuchstaben und -pfade ändern*. Dadurch wird ein Dialogfeld geöffnet (Abbildung 12.12). Nun können Sie folgende Arbeiten durchführen:

- **Hinzufügen eines Laufwerkspfads** Klicken Sie auf *Hinzufügen*, wählen Sie *In folgendem leeren NTFS-Ordner bereitstellen* und geben Sie dann den Pfad eines vorhandenen Ordners an, oder klicken Sie auf *Durchsuchen*, um einen Ordner herauszusuchen oder zu erstellen.
- **Entfernen eines Laufwerkspfads** Wählen Sie den zu entfernenden Laufwerkspfad aus, klicken Sie erst auf *Entfernen* und dann auf *Ja*.
- **Zuweisen eines Laufwerksbuchstabens** Klicken Sie auf *Hinzufügen*, wählen Sie *Folgenden Laufwerkbuchstaben zuweisen* und wählen Sie dann einen freien Laufwerksbuchstaben aus, den Sie dem Laufwerk zuweisen möchten.
- **Ändern des Laufwerksbuchstabens** Wählen Sie den aktuellen Laufwerksbuchstaben und klicken Sie dann auf *Ändern*. Wählen Sie *Folgenden Laufwerkbuchstaben zuweisen* und suchen Sie dann einen anderen Laufwerksbuchstaben für den Datenträger aus.
- **Entfernen eines Laufwerksbuchstabens** Wählen Sie den aktuellen Laufwerksbuchstaben und klicken Sie auf *Entfernen* und dann auf *Ja*.

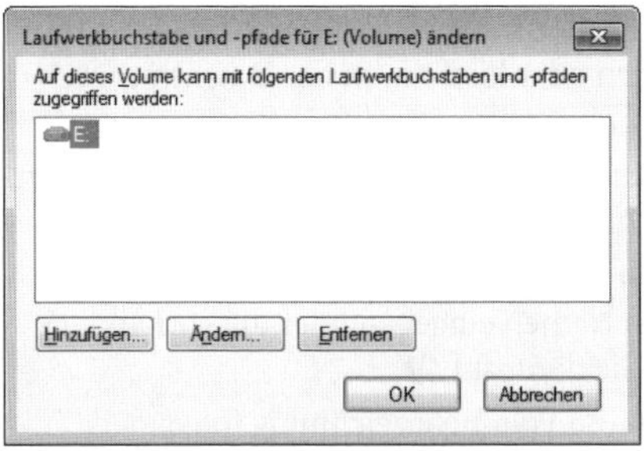

Abbildung 12.12 Ändern oder Entfernen von
Laufwerksbuchstaben und -pfaden

HINWEIS Wenn Sie versuchen, den Buchstaben eines Laufwerks zu ändern, das verwendet wird, zeigt Windows 7 eine entsprechende Warnung an. Sie müssen die Programme beenden, die das betreffende Laufwerk verwenden, und den Versuch dann wiederholen. Oder Sie erlauben der Datenträgerverwaltung, die Änderung einfach durchzuführen, indem Sie in der Warnung auf *Ja* klicken.

PRAXISTIPP Wenn der Laufwerksbuchstabe, den Sie verwenden wollen, nicht verfügbar ist, bedeutet dies, dass er bereits anderweitig verwendet wird. Manchmal lässt sich dieses Problem durch einen Austausch der Buchstaben lösen. Wird der Buchstabe D beispielsweise für das CD-ROM-Laufwerk verwendet und Laufwerk E: ist ein Volume auf einer lokalen Festplatte, können Sie die Buchstaben austauschen. Dann ist D das Volume auf der lokalen Festplatte und E das CD-ROM-Laufwerk. Dazu entfernen Sie zuerst den Laufwerksbuchstaben, der dem CD-ROM-Laufwerk zugewiesen wurde. Dann weisen Sie den freien Buchstaben D dem lokalen Volume zu. Dadurch wird das E frei, das Sie nun dem CD-ROM-Laufwerk zuweisen können. Vergessen Sie aber nicht, dass der Austausch von Laufwerksbuchstaben unerwartete Folgen haben kann. So könnte beispielsweise der Pfad einer Anwendung mit dem Laufwerksbuchstaben in die Registrierung eingetragen worden sein. Wenn Sie die Laufwerksbuchstaben vertauschen, gilt der Pfad natürlich nicht mehr. Verknüpfungen mit Dateien oder Programmen, die auf dem Laufwerk liegen, können ebenfalls von der Vertauschung der Laufwerksbuchstaben betroffen sein und müssen angepasst oder neu erstellt werden.

Zuweisen, Ändern oder Löschen einer Volumebezeichnung

Eine Volumebezeichnung ist ein Name für eine Partition oder ein Volume. Die Volumebezeichnung wird in verschiedenen Programmen von Windows 7 angezeigt, zum Beispiel im Windows-Explorer und in der Computerkonsole, und soll einen Hinweis auf den Inhalt des Datenträgers geben.

HINWEIS Bei FAT- und FAT32-Volumes darf die Volumebezeichnung bis zu 11 Zeichen lang sein und kann Leerzeichen enthalten, bei NTFS-Volumes darf sie bis zu 32 Zeichen lang sein. Volumebezeichnungen von NTFS-Volumes dürfen Sonderzeichen wie * / \ [ ] : ; | = , . + " ? < > enthalten, bei FAT- und FAT32-Volumes ist das nicht erlaubt.

Volumebezeichnungen können Sie in der Datenträgerverwaltung oder im Windows-Explorer zuweisen, ändern oder löschen. In der Datenträgerverwaltung gehen Sie dazu folgendermaßen vor:

1. Klicken Sie mit der rechten Maustaste die Partition oder das Volume an, mit dem Sie arbeiten möchten, und wählen Sie *Eigenschaften*.
2. Auf der Registerkarte *Allgemein* des *Eigenschaften*-Dialogfelds können Sie im Namensfeld einen neuen Namen eingeben oder die vorhandene Bezeichnung löschen. Klicken Sie dann auf *OK*.

Im Windows-Explorer können Sie eine Volumebezeichnung folgendermaßen zuweisen, ändern oder löschen:

1. Klicken Sie auf *Start* und dann auf *Computer*.
2. Klicken Sie mit der rechten Maustaste auf das Laufwerkssymbol und wählen Sie dann *Eigenschaften*.
3. Auf der Registerkarte *Allgemein* des *Eigenschaften*-Dialogfelds können Sie im Namensfeld einen neuen Namen eingeben oder die vorhandene Bezeichnung löschen. Klicken Sie dann auf *OK*.

Löschen von Partitionen, Volumes und logischen Laufwerken

Wenn Sie die Konfiguration eines Datenträgers ändern möchten, der bereits vollständig belegt ist, müssen Sie vorhandene Partitionen, logische Laufwerke oder Volumes löschen. Da diese Löschung nicht rückgängig gemacht werden kann, sollten Sie vorher immer eine Sicherung durchführen und eine Partition, ein logisches Laufwerk oder ein Volume auf wichtige Dateien und Ordner durchsehen, bevor Sie sie oder es löschen. Wenn es auf dem Computer übergreifende Volumes oder Stripesetvolumes gibt, müssen Sie beim Löschen der Volumes sehr vorsichtig sein. Durch das Löschen eines Volumes aus einem Set wird das ganze Set gelöscht. Anders gesagt, das ganze Volume und alle darin enthaltenen Daten sind dann verloren.

ACHTUNG Das Löschen einer Partition, eines Laufwerks oder eines Volumes ist ein drastischer Schritt, der sich nicht rückgängig machen lässt. Dadurch wird das dazugehörige Dateisystem entfernt und die darin enthaltenen Daten gehen verloren.

HINWEIS Damit das System nicht gefährdet wird, können Sie die System- und die Startpartition nicht löschen. Allerdings lässt Windows 7 es zu, dass Sie die aktive Partition oder das aktive Volume löschen, wenn es nicht als Startpartition oder Systempartition gekennzeichnet ist. Überprüfen Sie vorher immer, ob die Partition oder das Volume, das Sie löschen wollen, wichtige Daten oder Dateien enthält.

Mit folgenden Schritten können Sie eine primäre Partition, ein Volume oder ein logisches Laufwerk löschen:

1. Klicken Sie in der Datenträgerverwaltung mit der rechten Maustaste auf die Partition, das Volume oder Laufwerk, das Sie löschen möchten. Wählen Sie dann *Durchsuchen*. Kopieren Sie im Windows-Explorer alle Daten auf ein anderes Volume oder überprüfen Sie die Sicherungskopie, um sicherzustellen, dass die Daten ordnungsgemäß gespeichert wurden.

2. Klicken Sie in der Datenträgerverwaltung wieder mit der rechten Maustaste auf die Partition, das Volume oder das Laufwerk und wählen Sie *Volume löschen*.
3. Bestätigen Sie die geplante Löschung, indem Sie auf *Ja* klicken.

Die Löschung einer erweiterten Partition unterscheidet sich etwas von der Löschung einer primären Partition oder eines logischen Laufwerks. Um eine erweiterte Partition zu löschen, müssen Sie zuerst alle darin enthaltenen logischen Laufwerke löschen, wie gerade beschrieben. Anschließend können Sie die erweiterte Partition auswählen und löschen.

Konvertieren eines Volumes nach NTFS

Zu Windows 7 gehört ein Befehlszeilenprogramm für die Konvertierung von FAT- und FAT32-Volumes in NTFS-Volumes. Dieses Programm namens Convert (*Convert.exe*) liegt im Ordner *%SystemRoot%\System32*. Wenn Sie ein Volume mit diesem Programm konvertieren, bleibt die Datei- und Verzeichnisstruktur erhalten und es gehen normalerweise keine Daten verloren.

ACHTUNG Windows 7 bietet kein Programm für die Umwandlung von NTFS in FAT oder FAT32. Die einzige Möglichkeit, von NTFS zu FAT oder FAT32 zu gelangen, ist die Löschung der Partition, wie im vorigen Abschnitt beschrieben, und die anschließende Neuerstellung der Partition als FAT- oder FAT32-Volume.

Wenn Sie ein Laufwerk konvertieren möchten, geben Sie in einer Eingabeaufforderung mit erhöhten Rechten folgenden Befehl ein:

```
convert Volume /FS:NTFS
```

Darin ist *Volume* der Laufwerksbuchstabe, gefolgt von einem Doppelpunkt, oder ein Laufwerkspfad oder ein Volumename. Wollen Sie zum Beispiel Laufwerk D: nach NTFS konvertieren, geben Sie folgenden Befehl ein:

```
convert D: /FS:NTFS
```

Die vollständige Syntax des Befehls *Convert* lautet:

```
convert Volume /FS:NTFS [/V] [/X] [/CvtArea:Dateiname] [/NoSecurity]
```

Die Optionen und Parameter bedeuten:

- *Volume*   Gibt das zu konvertierende Volume an und muss als vollständiger Laufwerksbezeichner angegeben werden (Laufwerksbuchstabe, gefolgt von einem Doppelpunkt). Sie können auch einen Bereitstellungspunkt oder einen Volumenamen angeben.
- */FS:NTFS*   Gibt an, dass das Volume nach NTFS konvertiert wird. Das ist die einzige Dateisystemoption.
- */V*   Die Konvertierung erfolgt mit ausführlicheren Kommentaren.
- */X*   Hebt die Bereitstellung des Volumes auf, sofern erforderlich.
- */CvtArea:Dateiname*   Gibt eine möglichst zusammenhängende Datei aus dem Stammverzeichnis als Platzhalter für die Dateien des NTFS-Dateisystems an, insbesondere für die MFT. Wenn Sie keine Datei angeben, verwendet Convert die Standardkonfiguration und reserviert 12,5 Prozent der Partition oder des Volumes. Dadurch soll die Fragmentierung der MFT verhindert werden.

- **/NoSecurity** Nimmt die NTFS-Sicherheitseinstellungen an den Dateien und Ordnern so vor, dass die Gruppe *Jeder* darauf zugreifen kann. Dadurch wird das ganze Dateisystem für jeden zugänglich, der sich lokal oder remote am Computer anmelden kann.

Vor der Konvertierung überprüft der Befehl Convert, ob auf dem Volume ausreichend freier Platz zur Verfügung steht. Im Allgemeinen braucht Convert einen freien Speicherblock, der ungefähr 25 Prozent des belegten Speicherplatzes entspricht. Wenn ein Laufwerk beispielsweise 100 MByte Daten speichert, braucht Convert ungefähr 25 MByte freien Platz. Ist nicht genug Platz frei, bricht Convert den Vorgang mit der Aufforderung ab, mehr Platz zu schaffen. Steht genügend Platz zur Verfügung, führt Convert die Umwandlung durch. Sie müssen etwas Geduld haben, denn die Konvertierung kann einige Minuten dauern (auf großen Laufwerken entsprechend länger). Verwenden Sie keine Dateien oder Anwendungen auf dem Laufwerk, während die Konvertierung läuft.

HINWEIS Bevor Sie das Programm Convert verwenden, sollten Sie noch einmal überprüfen, ob die Partition als aktive Systempartition oder als Startpartition dient, die das Betriebssystem enthält. Auf x86-Systemen können Sie die aktive Systempartition nach NTFS konvertieren. Dazu braucht das System aber exklusiven Zugriff auf diese Partition, den es nur beim Start erhält. Wenn Sie also versuchen, die aktive Systempartition nach NTFS zu konvertieren, zeigt Convert eine Meldung an, in der Sie gefragt werden, ob Sie das Laufwerk beim nächsten Start des Systems konvertieren möchten. Wenn Sie mit *Ja* antworten, wird die Systempartition beim nächsten Neustart konvertiert. Meistens sind mehrere Neustarts erforderlich, damit ein System die aktive Systempartition vollständig konvertieren kann. Kein Grund zur Panik, lassen Sie das System einfach machen.

PRAXISTIPP Sie können die Leistung eines Volumes verbessern, indem Sie mit der Option */CvtArea* Platz für die MFT reservieren. Dadurch soll die Fragmentierung der MFT verhindert werden. Worum geht es? Im Lauf der Zeit wird die MFT vielleicht größer werden, als Platz für sie reserviert wurde. Dann muss das Betriebssystem die MFT in andere Bereiche des Datenträgers erweitern. Das Defragmentierungsprogramm von Windows 7 kann zwar auch die MFT defragmentieren, aber es kann den ersten Abschnitt der MFT nicht verschieben, und es ist sehr unwahrscheinlich, dass direkt im Anschluss an die MFT Platz frei ist. Vermutlich stehen dort irgendwelche Dateien.

Um der Fragmentierung der MFT vorzubeugen, möchten Sie vielleicht mehr Platz als die üblichen 12,5 Prozent der Partitions- oder Volumekapazität reservieren. Sie könnten zum Beispiel mehr Platz für die MFT reservieren, wenn viele kleine Dateien auf dem Volume gespeichert werden sollen statt der üblichen Mischung aus kleinen und großen Dateien. Um den zu reservierenden Platz festzulegen, können Sie mit FSUtil eine Platzhalterdatei in der gewünschten Größe anlegen. Anschließend können Sie das Volume nach NTFS konvertieren und mit der Option */CvtArea* den Namen der Platzhalterdatei angeben.

In diesem Beispiel verwenden Sie FSUtil, um eine Platzhalterdatei namens *Temp.txt* mit einer Größe von 1.5 GByte (1.500.000.000 Byte) anzulegen:

`fsutil file createnew c:\temp.txt 1500000000`

Um diese Platzhalterdatei bei der Konvertierung von Laufwerk C: nach NTFS für die MFT zu verwenden, würden Sie folgenden Befehl eingeben:

`convert c: /fs:ntfs /cvtarea:temp.txt`

Beachten Sie bitte, dass die Platzhalterdatei in der Partition oder in dem Volume angelegt werden muss, das konvertiert werden soll. Während der Konvertierung wird die Datei mit NTFS-Metadaten überschrieben und der restliche Platz, der in der Datei noch frei bleibt, wird für die zukünftige Verwendung durch die MFT reserviert.

Wiederherstellen eines einfachen, übergreifenden oder Stripesetvolumes

Probleme mit Basispartitionen und einfachen Volumes sind recht einfach zu beheben, weil nur ein Laufwerk beteiligt ist. Übergreifende Volumes oder Stripesetvolumes können sich dagegen über mehrere Festplattenlaufwerke erstrecken und der Ausfall einer Festplatte macht das ganze Volume unbrauchbar. Der Laufwerkstatus kann als *Fehlend*, *Fehler*, *Online (Fehler)*, *Offline* oder *Nicht lesbar* ausgewiesen werden.

Sie sehen den Status *Fehlend* (und gelegentlich *Offline*), wenn die Verbindung zu Laufwerken getrennt oder die Laufwerke abgeschaltet wurden. Handelt es sich um ein externes Speichergerät, sollten Sie die Kabelverbindungen und die Stromversorgung überprüfen. Eine erneute Verbindung sollte die Laufwerke wieder zugänglich machen – manchmal soll auch schon das simple Einschalten geholfen haben. Dann müssen Sie die Datenträgerverwaltung starten und das fehlende Laufwerk neu einlesen. Klicken Sie mit der rechten Maustaste auf das fehlende Laufwerk und wählen Sie *Datenträger neu einlesen*. Wenn die Datenträgerverwaltung fertig ist, klicken Sie wieder mit der rechten Maustaste auf das Laufwerk und wählen *Datenträger reaktivieren*.

Die Statusangaben *Fehler*, *Online (Fehler)* oder *Nicht lesbar* können auftreten, wenn ein Laufwerk E/A-Probleme hat. Versuchen Sie auch in solchen Fällen, das Laufwerk neu einzulesen und zu reaktivieren. Wird das Laufwerk nicht in den Zustand *Fehlerfrei* zurückversetzt, ist es vielleicht an der Zeit, es durch ein neues zu ersetzen.

TIPP Gelegentlich ist es erforderlich, den Computer neu zu starten, damit ein Laufwerk wieder online ist. Wenn auch das nicht das Problem löst, überprüfen Sie das Laufwerk, seinen Controller und die Kabel. Sorgen Sie auch dafür, dass die Stromversorgung angeschlossen und eingeschaltet ist.

Verwenden der Datenträgerspiegelung

Bei der Datenträgerspiegelung verwenden Sie gleich große Volumes auf zwei unterschiedlichen Laufwerken, um einen redundanten Satz Daten zu erstellen. Auf die beiden Datenträger werden identische Daten geschrieben. Sollte eine Festplatte ausfallen, können Sie die Daten immer noch von der anderen lesen.

Die Datenträgerspiegelung bietet zwar Fehlertoleranz, ihr Hauptnachteil besteht aber darin, dass sie die Größe des Speicherplatzes halbiert. Um eine 500 GByte große Festplatte zu spiegeln, benötigen Sie weitere 500 GByte. Sie verwenden also 1000 GByte Speicherplatz, um 500 GByte Daten zu speichern.

Erstellen von gespiegelten Volumes

Gehen Sie folgendermaßen vor, um einen Spiegelsatz zu erstellen:

1. Klicken Sie in der grafischen Ansicht der Datenträgerverwaltung mit der rechten Maustaste auf einen als »Nicht zugeordnet« markierten Bereich eines dynamischen Datenträgers, und wählen Sie danach *Neues gespiegeltes Volume*. Der *Assistent zum Erstellen neuer gespiegelter Volumes* wird gestartet. Lesen Sie den Begrüßungsdialog und klicken Sie danach auf *Weiter*.

2. Erstellen Sie das Volume, wie im Abschnitt »Erstellen von übergreifenden und Stripesetvolumes« weiter oben in diesem Kapitel beschrieben. Der Hauptunterschied besteht darin, dass Sie zwei gleich große Volumes erstellen müssen, die sich auf unterschiedlichen Datenträgern befinden. Sie können auf der Seite *Datenträger wählen* erst fortfahren, wenn Sie die beiden Festplatten ausgewählt haben, mit denen Sie arbeiten möchten.

3. Wie die anderen RAID-Techniken erfolgt die Spiegelung für den Benutzer unbemerkt. Benutzer verwenden den Spiegelsatz wie ein einzelnes Laufwerk, auf das sie wie auf alle anderen Laufwerke zugreifen können.

HINWEIS Eine normale Spiegelung hat den Status »Fehlerfrei«. Während der Erstellung der Spiegelung kann der Status »Die Synchronisation wird wiederholt« angezeigt werden. Dadurch wird Ihnen mitgeteilt, dass die Datenträgerverwaltung die Spiegelung einrichtet.

Sie müssen einen Spiegelsatz nicht von Grund auf neu erstellen, sondern können dazu auch ein bereits vorhandenes Volume verwenden. Dabei muss es sich um eine Basispartition oder ein einfaches Volume handeln, und ein zweiter Datenträger muss einen Bereich mit nicht zugeordnetem Speicherplatz besitzen, der größer oder gleich dem Speicherplatz auf dem vorhandenen Volume ist.

Gehen Sie folgendermaßen vor, um ein vorhandenes Volume in der Datenträgerverwaltung zu spiegeln:

1. Klicken Sie mit der rechten Maustaste auf die Basispartition oder das Volume, das Sie spiegeln wollen, und wählen Sie anschließend *Spie-*

gelung hinzufügen aus. Das Dialogfeld *Spiegelung hinzufügen* wird geöffnet.

2. Wählen Sie im Listenfeld *Datenträger* einen Speicherort für die Spiegelung und klicken Sie auf *Spiegelung hinzufügen*. Windows 7 startet die Einrichtung der Spiegelung. In der Datenträgerverwaltung wird für beide Volumes der Status »Die Synchronisation wird wiederholt« angezeigt. Der Datenträger, auf dem das gespiegelte Volume erstellt wird, ist mit einem Warnsymbol markiert.

Aufheben der Spiegelung

Es gibt manchmal Gründe, einen Spiegelsatz wieder aufzutrennen. Wenn Sie Ihre Laufwerke nicht mehr spiegeln wollen, können Sie die Spiegelung aufheben, sodass der Festplattenplatz für andere Zwecke frei wird. Fällt eine der Festplatten in einem Spiegelsatz aus, laufen die Datenträgeroperationen weiter, aber früher oder später müssen Sie den Spiegelsatz reparieren, und dazu müssen Sie die Spiegelung aufheben und dann neu einrichten. Obwohl beim Aufheben einer Spiegelung keine Daten im Satz gelöscht werden, sollten Sie zuvor Sicherungskopien erstellen. Dadurch wird sichergestellt, dass Sie die Daten im Fall eines Problems wiederherstellen können.

Gehen Sie folgendermaßen vor, um einen Spiegelsatz in der Datenträgerverwaltung aufzutrennen:

1. Klicken Sie mit der rechten Maustaste auf eines der Volumes im Spiegelsatz und wählen Sie den Befehl *Gespiegeltes Volume aufteilen*.
2. Bestätigen Sie die Aufhebung der Spiegelung, indem Sie auf *Ja* klicken. Sollte das Volume gerade verwendet werden, wird ein weiteres Warndialogfeld angezeigt. Bestätigen Sie durch Klicken auf *Ja*, dass Sie fortfahren möchten.

Windows 7 hebt die Spiegelung auf und erstellt zwei unabhängige Volumes.

Entfernen eines Spiegelsatzes

In der Datenträgerverwaltung können Sie eines der Volumes aus einem Spiegelsatz entfernen. Dabei werden alle Daten auf der entfernten Spiegelung gelöscht und der von ihnen belegte Speicherplatz als »Nicht zugeordnet« markiert.

Zum Entfernen einer Spiegelung gehen Sie wie folgt vor:

1. Klicken Sie mit der rechten Maustaste auf eines der Volumes im Spiegelsatz und wählen Sie den Befehl *Spiegelung entfernen*. Daraufhin öffnet sich das Dialogfeld *Spiegelung entfernen*.
2. Wählen Sie im Dialogfeld *Spiegelung entfernen* den Datenträger, von dem die Spiegelung entfernt werden soll.
3. Bestätigen Sie nach Aufforderung die Aktion. Alle Daten auf der entfernten Spiegelung werden gelöscht.

Einbauen eines dynamischen Datenträgers in einen anderen Computer

Ein wichtiger Vorteil von dynamischen Datenträgern gegenüber Basisdatenträgern ist, dass sie sich leicht in andere Computer einbauen lassen. Wenn Sie zum Beispiel einen Computer eingerichtet haben und dann zu dem Schluss kommen, dass Sie das zusätzliche Festplattenlaufwerk nicht wirklich brauchen, können Sie es ziemlich leicht in einen anderen Computer einbauen, in dem es besser genutzt wird. Vor dem Ausbau eines Festplattenlaufwerks und dem Einbau im neuen Computer sollten Sie Folgendes tun:

1. Öffnen Sie auf dem Computer, auf dem der dynamische Datenträger installiert ist, die Datenträgerverwaltung und überprüfen Sie die Statusangaben der Datenträger. Der Status sollte *Fehlerfrei* sein. Ist er es nicht, beheben Sie etwaige Probleme, bevor Sie eine Festplatte herausnehmen.

   ACHTUNG Datenträger mit BitLocker-Laufwerkverschlüsselung lassen sich nicht auf diese Weise in andere Computer einbauen. Die Enterprise- und Ultimate-Editionen von Windows 7 bieten die BitLocker-Laufwerkverschlüsselung, die das Laufwerk in gewisser Weise versiegelt, sodass Offline-Manipulationen erkannt werden und dazu führen, dass das Laufwerk nicht verwendbar ist, bis ein Administrator es entriegelt. Weitere Informationen zur BitLocker-Laufwerkverschlüsselung finden Sie in Kapitel 11, »Arbeiten mit TPM und BitLocker-Laufwerkverschlüsselung«.

2. Überprüfen Sie die Festplattensubsysteme des Originalcomputers und des Computers, in den Sie das Laufwerk einbauen möchten. Beide Computer müssen identische Festplattensubsysteme aufweisen. Tun sie es nicht, passt die Plug & Play-Kennung des Systemlaufwerks vom Originalcomputer nicht zu dem, was der Zielcomputer erwartet. Folglich ist der Zielcomputer nicht in der Lage, die richtigen Treiber zu laden, und der Startvorgang könnte fehlschlagen.

3. Prüfen Sie, ob einer der Datenträger, den Sie ausbauen, Teil eines übergreifenden oder erweiterten Volumes oder eines Stripesetvolumes ist. Ist dies der Fall, schreiben Sie sich am besten auf, welcher Datenträger Teil welches Sets ist, und planen Sie den Umbau aller beteiligten Festplattenlaufwerke ein. Wenn Sie nur einen Teil eines Sets umbauen, sollten Sie sich über die Konsequenzen im Klaren sein. Wenn Sie einen Teil eines übergreifenden oder erweiterten Volumes oder eines Stripesetvolumes entfernen, wird das betreffende Volume auf dem Originalcomputer unbrauchbar, aus dem Sie ein Laufwerk ausbauen, und ist auch nicht auf dem Zielcomputer zu gebrauchen.

Wenn Sie die Vorbereitungen abgeschlossen haben, tun Sie Folgendes:

1. Starten Sie auf dem Originalcomputer die Computerverwaltung. Wählen Sie in der Strukturdarstellung den *Geräte-Manager*. Erweitern Sie in der Geräteliste *Laufwerke*. Dadurch wird eine Liste aller Festplattenlaufwerke sichtbar, die im Computer installiert sind. Klicken Sie mit der rechten Maustaste auf jedes Laufwerk, das Sie ausbauen möchten, und

wählen Sie dann *Deinstallieren*. Wenn Sie sich nicht sicher sind, um welche Laufwerke es sich handelt, klicken Sie jedes Laufwerk mit der rechten Maustaste an und wählen *Eigenschaften*. Wählen Sie im *Eigenschaften*-Dialogfeld die Registerkarte *Volumes* und klicken Sie dann auf *Aktualisieren*. Dann sehen Sie, welche Volumes auf dem ausgewählten Laufwerk liegen.

2. Öffnen Sie in der Computerverwaltung des Originalcomputers nun die Datenträgerverwaltung. Klicken Sie mit der rechten Maustaste auf jedes Laufwerk, das Sie ausbauen möchten, und wählen Sie dann *Datenträger entfernen*.

3. Wenn Sie damit fertig sind, können Sie die Festplattenlaufwerke ausbauen. Sind die Laufwerke bei laufendem Computer austauschbar und wird diese Funktion auf beiden Computern unterstützt, entfernen Sie die Laufwerke aus dem Originalcomputer und bauen sie in den Zielcomputer ein. Andernfalls fahren Sie beide Computer herunter, schalten sie aus, bauen die Laufwerke aus dem Originalcomputer aus und in den Zielcomputer ein. Wenn Sie fertig sind, fahren Sie die Computer wieder hoch.

4. Öffnen Sie auf dem Zielcomputer die Datenträgerverwaltung und wählen Sie im Menü *Aktion* den Befehl *Datenträger neu einlesen*. Wenn die Datenträgerverwaltung mit der Untersuchung der Laufwerke fertig ist, klicken Sie jedes Laufwerk, das als *Fremd* gekennzeichnet ist, mit der rechten Maustaste an und wählen *Fremde Datenträger importieren*. Nun sollten Sie auf dem Zielcomputer auf die Laufwerke und ihre Volumes zugreifen können.

HINWEIS Die Volumes auf dem dynamischen Datenträger sollten die Laufwerksbuchstaben behalten, die sie auf dem Originalcomputer hatten. Wird einer der Laufwerksbuchstaben bereits auf dem Zielcomputer verwendet, erhält das betreffende Volume den nächsten freien Laufwerksbuchstaben. Wurde einem dynamischen Volume noch kein Laufwerksbuchstabe zugewiesen, erhält es durch den Einbau in einen anderen Computer nicht automatisch einen. Außerdem werden die Volumes nicht automatisch bereitgestellt, wenn die automatische Bereitstellung deaktiviert ist. Dann müssen Sie selbst für die Bereitstellung der Volumes sorgen und ihnen Laufwerksbuchstaben zuweisen.

Häufiger auftretende Datenträgerprobleme

Windows 7 macht während des Starts und im Normalbetrieb intensiven Gebrauch von Festplattenlaufwerken. Durch eine Optimierung der Festplattenlaufwerke eines Computers lässt sich die Leistung des Betriebssystems und der Anwendung manchmal erstaunlich verbessern. Konzentrieren Sie sich auf die Verwendung des Speicherplatzes, auf Laufwerksfehler und auf die Dateifragmentierung. Vielleicht sollten Sie auch eine Komprimierung der Dateien in Erwägung ziehen, um den Platzbedarf der Datendateien zu verringern und Platz für zusätzliche Dateien zu schaffen.

HINWEIS Laufwerksverwaltungsprogramme wie die Datenträgerbereinigung, die Datenträgerprüfung und die Defragmentierung nutzen die neue Ressourcenpriorisierung von Windows 7, wie im Abschnitt »Funktionsweise und Verwendung von Windows-SuperFetch« weiter oben in diesem Kapitel beschrieben. Dadurch können diese Programme im Hintergrund laufen und die Leerlaufzeiten des Systems ausnutzen, mit dem Ergebnis, dass der Benutzer eine ziemlich konstante Systemleistung zur Verfügung hat, obwohl im Hintergrund Wartungsprogramme laufen.

Überwachen Sie auf allen Systemlaufwerken die Speicherplatzbelegung. Werden die Laufwerke zu voll, können ihre Leistung und die Leistung des Systems insgesamt zurückgehen, besonders dann, wenn der Platz für die Speicherung von Auslagerungsdateien oder temporären Dateien knapp wird. Die Speicherplatzbelegung lässt sich zum Beispiel mit der Datenträgerbereinigung verringern, indem überflüssige Dateien gelöscht und alte Dateien komprimiert werden. Einzelheiten über dieses Programm erfahren Sie im Abschnitt »Arbeiten mit der Datenträgerbereinigung« von Kapitel 6. Damit Sie die Benutzer nicht ständig an die Verwendung der Datenträgerbereinigung erinnern müssen, können Sie eine automatische Ausführung vorsehen, wie im Abschnitt »Planen von Wartungsarbeiten« in Kapitel 17 beschrieben.

Mit der Datenträgerverwaltung können Sie die Zustände der Laufwerke und ihrer Volumes überprüfen. Der Laufwerkszustand wird in der grafischen Ansicht unter der Bezeichnung des Datenträgers angezeigt und in der Datenträgerliste im Feld *Status*. Der Volumestatus wird in der grafischen Ansicht im Rahmen der allgemeinen Angaben über das Volume angezeigt und in der Volumeliste in der Spalte *Status*.

Tabelle 12.2 beschreibt Statusmeldungen für Laufwerke und schlägt Maßnahmen zur Behebung des Problems vor.

Tabelle 12.2 Bedeutung von Laufwerkstatusmeldungen und Problembehebung

Status	Beschreibung	Lösung
Online	Der normale Datenträgerstatus. Er bedeutet, dass das Laufwerk verfügbar ist und keine Probleme hat.	Das Laufwerk weist keine bekannten Probleme auf. Sie brauchen nichts zu reparieren.
Online (Fehler)	Auf einem Datenträger wurden E/A-Fehler festgestellt.	Sie können versuchen, temporäre Fehler zu beheben, indem Sie das Laufwerk mit der rechten Maustaste anklicken und *Datenträger reaktivieren* wählen. Funktioniert das nicht, ist das Laufwerk vielleicht beschädigt. Führen Sie einen gründlichen Test des Laufwerks durch.
Offline	Das Laufwerk ist nicht verfügbar. Vielleicht ist es zerstört oder zeitweilig nicht verfügbar. Wenn sich der Laufwerkstatus in *Fehlend* ändert, ist das Laufwerk im System nicht mehr zu erkennen.	Überprüfen Sie das Laufwerk, den Controller und die Kabel. Sorgen Sie dafür, dass das Laufwerk richtig angeschlossen ist und über Strom verfügt. Versuchen Sie, das Laufwerk mit dem Befehl *Datenträger reaktivieren* wieder online zu bringen (sofern möglich). ▶

Status	Beschreibung	Lösung
Fremd	Das Laufwerk wurde zwar an Ihren Computer angeschlossen, aber noch nicht importiert. Ein ausgefallenes Laufwerk, das wieder online ist, wird manchmal als *Fremd* aufgeführt.	Klicken Sie das Laufwerk mit der rechten Maustaste an und wählen Sie *Fremde Datenträger importieren*, um das Laufwerk zum System hinzuzufügen.
Nicht lesbar	Das Laufwerk ist derzeit nicht verfügbar. Das kann geschehen, wenn Laufwerke erneut eingelesen werden.	Bei FireWire-/USB-Kartenlesern wird dieser Status vielleicht angezeigt, wenn die Karte nicht oder falsch formatiert ist oder aus dem Leser entfernt wurde. Wenn sich das Laufwerk nicht einlesen lässt, ist es vielleicht defekt oder weist E/A-Fehler auf. Klicken Sie das Laufwerk mit der rechten Maustaste an und wählen Sie *Datenträger neu einlesen* (auch im Menü *Aktion* verfügbar), um das Problem zu beheben. Vielleicht müssen Sie das System auch neu starten.
Nicht erkannt	Das Laufwerk ist von einem unbekannten Typ und kann nicht im System verwendet werden. Ein Laufwerk von einem Nicht-Windows-System kann so angezeigt werden.	Wenn das Laufwerk von einem anderen Betriebssystem stammt, unternehmen Sie gar nichts. Sie können das Laufwerk nicht im Computer verwenden. Nehmen Sie ein anderes.
Nicht initialisiert	Das Laufwerk hat keine gültige Signatur. Ein Laufwerk von einem Nicht-Windows-System kann so angezeigt werden.	Wenn das Laufwerk von einem anderen Betriebssystem stammt, unternehmen Sie gar nichts. Sie können das Laufwerk nicht im Computer verwenden. Nehmen Sie ein anderes. Um das Laufwerk für die Verwendung unter Windows 7 vorzubereiten, klicken Sie das Laufwerk mit der rechten Maustaste an und wählen *Datenträger initialisieren*.
Kein Medium	Es wurde kein Datenträger in das CD-ROM-Laufwerk oder das Wechseldatenträgerlaufwerk eingelegt, oder das Medium wurde entfernt. Dieser Status wird nur für CD-ROM-Laufwerke und Wechseldatenträgerlaufwerke angezeigt.	Legen Sie eine CD-ROM, eine Diskette oder das passende Wechselmedium ein, um das Laufwerk online zu bringen. Bei FireWire-/USB-Kartenlesern wird dieser Status gewöhnlich, aber nicht immer angezeigt, wenn die Karte entfernt wird.

Tabelle 12.3 beschreibt Statusmeldungen für Volumes und schlägt Maßnahmen zur Behebung des Problems vor.

Tabelle 12.3 Bedeutung von Volumestatusmeldungen und Problembehebung

Status	Beschreibung	Lösung
Daten nicht redundant	Fehlertolerante Volumes auf einem Fremddatenträger sind unvollständig. Sie müssen vergessen haben, die anderen Datenträger aus einem Spiegelsatz hinzuzufügen.	Fügen Sie die restlichen Datenträger hinzu und importieren Sie alle Datenträger gleichzeitig.
Die Daten sind nicht vollständig	Übergreifende Volumes auf einem Fremddatenträger sind unvollständig. Sie müssen vergessen haben, die anderen Datenträger aus dem übergreifenden Volumesatz hinzuzufügen.	Fügen Sie die Datenträger hinzu, die den Rest des übergreifenden Volumes enthalten, und importieren Sie alle Datenträger gleichzeitig.
Die Synchronisation wird wiederholt	Ein vorübergehender Zustand, der angibt, dass ein Spiegelsatz neu synchronisiert wird.	Der Fortschritt wird als Prozentsatz angezeigt. Danach sollte das Volume wieder den Status »Fehlerfrei« aufweisen.
Fehler	Ein Fehlerstatus. Das Laufwerk ist nicht verfügbar oder beschädigt.	Sorgen Sie dafür, dass das Laufwerk online ist, klicken Sie das Laufwerk bei Bedarf mit der rechten Maustaste an und wählen Sie *Datenträger reaktivieren*. Klicken Sie das Volume mit der rechten Maustaste an und wählen Sie *Volume erneut aktivieren*. Überprüfen Sie, ob das Laufwerk richtig angeschlossen ist.
Fehlerfrei	Der normale Status eines Volumes.	Das Laufwerk weist keine bekannten Probleme auf. Sie brauchen nichts zu reparieren.
Fehlerfrei (Risiko)	Windows hat Probleme bei Lese- oder Schreibzugriffen auf das Laufwerk gehabt, auf dem das Volume liegt. Dieser Status wird angezeigt, wenn Fehler aufgetreten sind.	Klicken Sie das Laufwerk mit der rechten Maustaste an und wählen Sie *Datenträger reaktivieren*. Wird das Laufwerk weiterhin mit diesem Status angezeigt oder erscheint diese Statusanzeige gelegentlich, könnte das Laufwerk vollständig ausfallen. Sie sollten alle auf dem Laufwerk gespeicherten Daten sichern.
Fehlerfrei (Unbekannte Partition)	Windows erkennt die Partition nicht. Das kann geschehen, wenn die Partition von einem anderen Betriebssystem angelegt wurde. Oder die Partition wurde vom Hersteller angelegt und dient zur Speicherung von Systemdateien.	Es sind keine Reparaturen erforderlich.
Formatierung	Ein temporärer Status. Er bedeutet, dass das Volume gerade formatiert wird.	Der Fortschritt der Formatierung wird in Prozent angezeigt, sofern Sie nicht die Option *Schnellformatierung durchführen* gewählt haben. ▶

Status	Beschreibung	Lösung
Initialisierung	Ein temporärer Status. Er bedeutet, dass das Laufwerk initialisiert wird.	Der Laufwerkstatus sollte sich nach wenigen Sekunden ändern.
Unbekannt	Das Volume ist nicht verfügbar. Vielleicht ist der Startsektor beschädigt.	Vielleicht ist das Volume von einem Startsektorvirus befallen. Überprüfen Sie es mit einem aktuellen Virenscanner. Ist kein Virus zu finden, starten Sie das System von der Windows 7-DVD und verwenden den Befehl *fixmbr* der Wiederherstellungskonsole zur Wiederherstellung des MBR (Master Boot Record).
Veraltete Daten	Fehlertolerante Daten auf Fremddatenträgern sind nicht synchronisiert.	Lesen Sie die Datenträger neu ein, oder starten Sie den Computer neu und überprüfen Sie anschließend den Status. Ein neuer Status sollte angezeigt werden, wie zum Beispiel »Fehlerhafte Redundanz«.

Reparieren von Fehlern und Inkonsistenzen auf Datenträgern

Windows 7 bietet verbesserte Features, die den manuellen Wartungsaufwand für Festplattenlaufwerke verringern. Die folgenden Verbesserungen haben die deutlichsten Auswirkungen auf Ihre Arbeit mit Datenträgern:

- Transaktionales NTFS
- Selbstheilendes NTFS

Transaktionales NTFS erlaubt es, Dateioperationen auf einem NTFS-Volume transaktional durchzuführen. Das bedeutet, dass Programme eine Transaktion einsetzen können, um ganze Sätze von Datei- und Registrierungsoperationen so zusammenzufassen, dass sie entweder alle erfolgreich abgeschlossen oder alle rückgängig gemacht werden. Während eine Transaktion aktiv ist, werden die Änderungen außerhalb der Transaktion noch nicht sichtbar. Die Änderungen werden erst bestätigt und vollständig auf den Datenträger geschrieben, wenn die Transaktion erfolgreich abgeschlossen wurde. Falls eine Transaktion fehlschlägt oder unvollständig war, macht das Programm die transaktionalen Operationen rückgängig, um das Dateisystem in den Zustand zurückzuversetzen, den es vor der Transaktion hatte.

Transaktionen, die mehrere Volumes überspannen, werden vom Kernel Transaction Manager (KTM) gesteuert. Der KTM unterstützt die unabhängige Wiederherstellung von Volumes für den Fall, dass eine Transaktion fehlschlägt. Der lokale Ressourcenmanager für ein Volume verwaltet ein separates Transaktionsprotokoll und hat die Aufgabe, Threads für Transaktionen von den Threads getrennt zu halten, die die Dateioperationen ausführen.

Früher mussten Sie das Tool Datenträgerprüfung verwenden, um Fehler und Inkonsistenzen in NTFS-Volumes eines Datenträgers zu reparieren. Weil dieser Vorgang die Verfügbarkeit von Windows-Systemen beeinträchtigen kann, setzt Windows 7 ein selbstheilendes NTFS (engl. Self-Healing

NTFS) ein, um Probleme im Dateisystem zu reparieren, ohne dass dafür separate Wartungstools eingesetzt werden müssen. Weil der Großteil des Selbstheilungsprozesses automatisch aktiviert und durchgeführt wird, brauchen Sie nur noch bei der Volumewartung tätig zu werden, wenn Sie vom Betriebssystem benachrichtigt werden, dass sich ein Problem nicht automatisch beheben lässt. Falls ein solcher Fehler auftritt, benachrichtigt Windows 7 Sie über das Problem und bietet mögliche Lösungen an.

Selbstheilendes NTFS bietet viele Vorteile gegenüber der Datenträgerprüfung, zum Beispiel:

- Die Datenträgerprüfung braucht exklusiven Zugriff auf Volumes, das bedeutet, dass System- und Startvolumes nur geprüft werden können, bevor das Betriebssystem startet. Beim selbstheilenden NTFS steht das Dateisystem dagegen immer zur Verfügung, sodass es (in den meisten Fällen) nicht offline repariert werden muss.

- Selbstheilendes NTFS versucht, so viele Daten wie möglich zu retten, falls ein Fehler aufgetreten ist. Es reduziert fehlerhafte Dateisystembereitstellungen, die vorher auftreten konnten, wenn ein Volume bekannte Fehler oder Inkonsistenzen aufwies. Beim Neustart repariert das selbstheilende NTFS das Volume sofort, sodass es bereitgestellt werden kann.

- Selbstheilendes NTFS meldet, welche Reparaturen es am Volume vorgenommen hat. Das geschieht über vorhandene *Chkdsk.exe*-Mechanismen, Verzeichnisbenachrichtigungen und USN-Journaleinträge (Update Sequence Number). Dieses Feature ermöglicht es autorisierten Benutzern und Administratoren, die Reparaturoperationen zu überwachen. Sie erhalten dabei Meldungen, die angeben, dass überprüft oder auf den Abschluss von Reparaturen gewartet wird und wie weit der jeweilige Vorgang fortgeschritten ist.

- Selbstheilendes NTFS kann ein Volume nicht wiederherstellen, falls ein NTFS-Volume vorliegt, aber der Startsektor nicht lesbar ist. In diesem Fall müssen Sie ein Offlinetool ausführen, das den Startsektor repariert. Anschließend kann das selbstheilende NTFS die Wiederherstellung einleiten.

Selbstheilendes NTFS ist eine großartige Verbesserung, aber manchmal kann es unverzichtbar oder sinnvoll sein, die Integrität eines Datenträgers von Hand zu überprüfen. In diesen Fällen können Sie die Datenträgerprüfung (*Chkdsk.exe*) verwenden, um Probleme auf FAT-, FAT32- und NTFS-Volumes aufzuspüren und bei Bedarf zu beseitigen. Die Datenträgerprüfung sucht und korrigiert zwar viele Arten von Fehlern, doch wird hauptsächlich nach Inkonsistenzen im Dateisystem und in den zugehörigen Metadaten gesucht. Um Fehler zu finden, besitzt *Chkdsk.exe* unter anderem die Möglichkeit, die Datenträgerbitmap mit den Festplattensektoren zu vergleichen, die den Dateien im Dateisystem zugewiesen sind. Darüber hinaus ist der Nutzen des Dienstprogramms jedoch eher beschränkt. Beispielsweise kann *Chkdsk.exe* keine beschädigten Daten in Dateien reparieren, die von der Struktur her intakt erscheinen.

Prüfen auf Laufwerksfehler

Sie sollten die Integrität der Volumes regelmäßig mit der Datenträgerprüfung (*Chkdsk.exe*) überprüfen. Die Datenträgerprüfung überprüft Volumes und kann viele Fehlerarten beheben, die auf FAT16-, FAT32- und NTFS-Volumes gelegentlich auftreten. Die Datenträgerprüfung vergleicht zum Beispiel die Volumebitmap mit den Zuordnungseinheiten, die den Dateien aus dem Dateisystem zugeordnet sind, und erkennt auf diese Weise Abweichungen. Allerdings kann die Datenträgerprüfung keine zerstörten Daten in Dateien reparieren, deren äußerliche Struktur intakt ist. Sie können die Datenträgerprüfung auf einer Befehlszeile oder in einer grafischen Schnittstelle starten.

Ausführen der Datenträgerprüfung in der Befehlszeile

Sie können die Datenträgerprüfung in einer Eingabeaufforderung mit erhöhten Rechten starten oder sie in anderen Programmen ausführen. Wenn Sie in einer Eingabeaufforderung mit erhöhten Rechten beispielsweise Laufwerk C: überprüfen möchten, geben Sie folgenden Befehl:

```
chkdsk C:
```

Dann analysiert die Datenträgerprüfung das Laufwerk und meldet alle Probleme, auf die sie stößt. Wenn Sie keine zusätzlichen Optionen angeben, repariert die Datenträgerprüfung aber keine Defekte. Um Fehler auf Laufwerk C: zu suchen und zu reparieren, geben Sie folgenden Befehl:

```
chkdsk /f C:
```

Wenn Sie diesen Befehl geben, analysiert die Datenträgerprüfung das Laufwerk und beseitigt alle Fehler, auf die sie stößt, sofern das Laufwerk nicht verwendet wird. Ist das Laufwerk in Gebrauch, zeigt die Datenträgerprüfung eine Meldung an, in der Sie gefragt werden, ob die Prüfung beim nächsten Start des Computers wiederholt werden soll. Geben Sie J (für *Ja*) ein, um die Datenträgerprüfung für den nächsten Systemstart einzuplanen.

Die Syntax des Befehls Chkdsk lautet:

```
CHKDSK [Volume[[Pfad]Dateiname]] [/F] [/V] [/R] [/X] [/I] [/C] [/L[:Größe]]
```

Die Optionen und Argumente von Chkdsk haben folgende Bedeutungen:

- *Volume*   Gibt das zu prüfende Volume an.
- *Pfad/Dateiname*   Gibt Dateien an, die auf Fragmentierung überprüft werden sollen (nur bei FAT16 und FAT32).
- */F*   Behebt Fehler auf dem Laufwerk.
- */V*   Zeigt den vollständigen Pfad und Namen jeder Datei auf dem Laufwerk an (FAT16 und FAT32). Zeigt Bereinigungsmeldungen an, sofern vorhanden (NTFS).
- */R*   Erkennt fehlerhafte Sektoren und stellt lesbare Daten wieder her (bedingt */F*).
- */X*   Erzwingt die Aufhebung der Bereitstellung des Volumes, sofern erforderlich (bedingt */F*).
- */I*   Führt nur eine minimale Überprüfung der Indexeinträge durch (nur NTFS).

- **/C** Überspringt den Test auf zyklische Teilstrukturen in der Ordnerstruktur (nur NTFS).
- **/L:Größe** Legt die Größe der Protokolldatei fest (nur NTFS).
- **/B** Sucht erneut nach defekten Clustern auf dem Volume (nur NTFS; bedingt /R).

Interaktive Ausführung der Datenträgerprüfung

Sie können die Datenträgerprüfung im Windows-Explorer auch interaktiv ausführen. Um mit dem Windows-Explorer die Laufwerke des lokalen Computers zu überprüfen, gehen Sie folgendermaßen vor:

1. Klicken Sie auf *Start* und dann auf *Computer*. Klicken Sie unter *Festplatten* mit der rechten Maustaste auf ein Laufwerk und wählen Sie *Eigenschaften*.
2. Klicken Sie auf der Registerkarte *Tools* auf *Jetzt prüfen*. Dadurch öffnet sich das Dialogfeld *Datenträger überprüfen* (Abbildung 12.13).

Abbildung 12.13 Die Datenträgerprüfung ist mit einem Klick auf die Schaltfläche *Jetzt Prüfen* im Eigenschaftendialogfeld des Datenträgers zugänglich. Verwenden Sie die Datenträgerprüfung zur Überprüfung eines Datenträgers auf Fehler und zur Fehlerreparatur

3. Wenn Sie nur eine Fehlerprüfung vornehmen möchten, ohne Fehler zu reparieren, klicken Sie auf *Starten*, ohne eines der Kontrollkästchen im Dialogfeld *Datenträger prüfen* auszuwählen.
4. Um Fehler zu suchen und zu reparieren, wählen Sie eine der folgenden Optionen, oder beide, und klicken dann auf *Starten*.
    - *Dateisystemfehler automatisch korrigieren* Legt fest, ob Windows 7 gefundene Fehler im Dateisystem repariert.
    - *Fehlerhafte Sektoren suchen/wiederherstellen* Legt fest, ob Windows 7 fehlerhafte Sektoren sucht, und versucht, lesbare Daten aus den Sektoren wiederherzustellen.
5. Falls sich das Laufwerk in Benutzung befindet, zeigt die Datenträgerprüfung eine Meldung mit der Frage an, ob Sie den Datenträger beim nächsten Neustart des Computers überprüfen möchten. Klicken Sie auf *Datenträgerprüfung planen*, wenn Sie diese Prüfung auf den Plan setzen möchten.
6. Klicken Sie auf *Schließen*, wenn die Datenträgerprüfung mit der Analyse und Reparatur des Volumes fertig ist.

Defragmentieren von Datenträgern

Bei jedem Hinzufügen oder Entfernen von Dateien auf einem Laufwerk können die Daten fragmentiert werden. Wenn ein Laufwerk fragmentiert ist, lassen sich Dateien nicht in einem zusammenhängenden Bereich der Festplatte speichern. Als Folge davon muss das Betriebssystem die Datei in mehreren kleineren Bereichen auf der Festplatte speichern und benötigt daher beim Auslesen der Datei von der Festplatte mehr Zeit. Um die Fragmentierung zu verringern, bietet Windows 7 die Möglichkeit, Datenträger regelmäßig von Hand oder automatisch zu defragmentieren. Je häufiger Daten auf den Laufwerken aktualisiert werden, desto öfter sollten Sie dieses Tool ausführen.

Gehen Sie folgendermaßen vor, um einen Datenträger von Hand zu defragmentieren:

1. Wählen Sie in der Computerverwaltung den Knoten *Datenspeicher* und dann den Knoten *Datenträgerverwaltung* aus. Klicken Sie mit der rechten Maustaste auf ein Laufwerk und wählen Sie den Befehl *Eigenschaften*.
2. Klicken Sie auf der Registerkarte *Tools* auf *Jetzt defragmentieren*. Die Datenträgerdefragmentierung analysiert nun die Datenträger des Computers und stellt fest, ob welche defragmentiert werden müssen. Ist das der Fall, empfiehlt das Tool Ihnen, die Defragmentierung nun durchzuführen.
3. Klicken Sie im Dialogfeld *Defragmentierung* auf *Jetzt defragmentieren*. Wählen Sie bei Bedarf den Datenträger aus, der defragmentiert werden soll, und klicken Sie auf *OK*.

HINWEIS Abhängig von der Größe des Datenträgers kann die Defragmentierung bis zu einigen Stunden dauern. Sie können jederzeit auf *Defragmentierung beenden* klicken, um den Vorgang abzubrechen.

Wenn Sie die automatische Defragmentierung aktivieren, führt Windows 7 die Defragmentierung jeden Mittwoch um 1:00 Uhr nachts aus. Sofern der Computer zum eingestellten Zeitpunkt eingeschaltet ist, wird die automatische Defragmentierung durchgeführt. Sie können die automatisierte Defragmentierung folgendermaßen konfigurieren und verwalten:

1. Wählen Sie in der Computerverwaltung den Knoten *Datenspeicher* und dann den Knoten *Datenträgerverwaltung* aus. Klicken Sie mit der rechten Maustaste auf einen Datenträger und wählen Sie den Befehl *Eigenschaften*.
2. Klicken Sie auf der Registerkarte *Tools* auf *Jetzt defragmentieren*. Daraufhin öffnet sich das Dialogfeld *Defragmentierung* (Abbildung 12.14).
3. Klicken Sie auf die Schaltfläche *Zeitplan konfigurieren*, wenn Sie den Ausführungszeitplan ändern möchten. Daraufhin öffnet sich das Dialogfeld *Defragmentierung: Zeitplan ändern* (Abbildung 12.15). Sie können die automatisierte Defragmentierung verhindern, indem Sie das Kontrollkästchen *Ausführung nach Zeitplan* deaktivieren, auf *OK*

und dann auf *Schließen* klicken; überspringen Sie in diesem Fall die restlichen Schritte. Sie können die automatisierte Defragmentierung aktivieren, indem Sie das Kontrollkästchen *Ausführung nach Zeitplan* aktivieren. Der standardmäßige oder zuletzt eingestellte Zeitplan wird angezeigt.

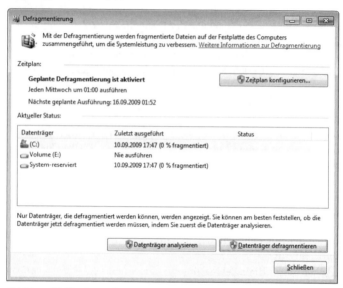

Abbildung 12.14 Das Defragmentierungsprogramm kann den Datenträger analysieren und defragmentieren

Abbildung 12.15 Einstellen des gewünschten Zeitplans für die automatisierte Defragmentierung

4. In der Dropdownliste *Häufigkeit* können Sie *Täglich*, *Wöchentlich* oder *Monatlich* auswählen. Falls Sie einen wöchentlichen oder monatlichen Zeitplan verwenden, müssen Sie in der Dropdownliste *Tag* den Wochentag oder den Tag im Monat auswählen. In der Dropdownliste *Uhrzeit*

stellen Sie schließlich ein, zu welcher Uhrzeit die automatisierte Defragmentierung durchgeführt werden soll. Ist der Computer während des Zeitpunkts, an dem die Defragmentierung eingeplant ist, ausgeschaltet, wird die Festplatte nicht defragmentiert.

5. Wenn Sie einstellen wollen, welche Datenträger defragmentiert werden, können Sie auf *Datenträger auswählen* klicken. Wählen Sie im Dialogfeld *Datenträger für Zeitplan auswählen*, welche Volumes defragmentiert werden. In der Standardeinstellung werden alle Datenträger defragmentiert, die im Computer installiert oder an den Computer angeschlossen sind. Auch alle neuen Datenträger werden automatisch defragmentiert. Aktivieren Sie im Listenfeld *In Zeitplan einzuschließende Datenträger* die Kontrollkästchen der Datenträger, die automatisch defragmentiert werden sollen, und deaktivieren Sie die Kontrollkästchen der Datenträger, die nicht automatisch defragmentiert werden sollen.

6. Klicken Sie auf *OK*, um Ihre Einstellungen zu speichern, und dann auf *Schließen*.

HINWEIS Windows Vista mit SP1 oder neuer und Windows 7 holen versäumte Defragmentierungen automatisch in einem zyklischen Verfahren nach. Das bedeutet: Wenn ein geplanter Defragmentierungslauf angehalten und neu gestartet wird, setzt der Computer die Defragmentierung automatisch beim nächsten Volume fort, dessen Defragmentierung noch nicht abgeschlossen ist.

Neusynchronisieren und Reparieren eines Spiegelsatzes

Windows 7 synchronisiert gespiegelte Volumes automatisch. Die Synchronisierung von Daten auf gespiegelten Datenträgern kann jedoch verloren gehen. Wenn beispielsweise ein Laufwerk zeitweilig oder ganz ausfällt, werden die Daten nur auf das Laufwerk geschrieben, das noch in Betrieb ist.

Sie können Spiegelsätze neu synchronisieren und reparieren, müssen aber den Satz aus Festplatten erneut aufbauen, die denselben Partitionsverwaltungstyp (MBR oder GPT) haben. Beide Laufwerke des Spiegelsatzes müssen in Betrieb sein. Weil ein Datenträger des Spiegelsatzes ausgefallen ist, müsste der Status des Spiegelsatzes »Fehlerhafte Redundanz« lauten. Die Korrekturmaßnahme hängt vom Status des fehlerhaften Volumes ab:

- Falls der Status »Fehlt« oder »Offline« lautet, stellen Sie sicher, dass das Laufwerk mit Strom versorgt wird und ordnungsgemäß angeschlossen ist. Starten Sie danach die Datenträgerverwaltung, klicken Sie mit der rechten Maustaste auf das fehlerhafte Volume und wählen Sie *Volume erneut aktivieren* aus. Der Laufwerkstatus sollte sich in »Erneut erzeugen« und anschließend in »Fehlerfrei« ändern. Falls das Volume nicht in den Zustand »Fehlerfrei« zurückkehrt, klicken Sie mit der rechten Maustaste darauf und danach auf *Spiegelung erneut synchronisieren*.
- Wenn der Status »Online (Fehler)« lautet, klicken Sie mit der rechten Maustaste auf das fehlerhafte Volume und wählen *Volume erneut aktivieren* aus. Der Laufwerkstatus sollte sich in »Erneut erzeugen« und

anschließend in »Fehlerfrei« ändern. Falls das Volume nicht in den Zustand »Fehlerfrei« zurückkehrt, klicken Sie mit der rechten Maustaste darauf und danach auf *Spiegelung erneut synchronisieren*.

- Wenn ein Laufwerk als »Nicht lesbar« angezeigt wird, lesen Sie die Laufwerke im System neu ein, indem Sie im Menü *Aktion* der Datenträgerverwaltung auf *Datenträger neu einlesen* klicken. Falls sich der Laufwerkstatus nicht ändert, müssen Sie den Computer neu starten.
- Wenn ein Laufwerk dann noch immer nicht läuft, klicken Sie mit der rechten Maustaste auf das fehlerhafte Volume und wählen danach *Spiegelung entfernen* aus. Klicken Sie anschließend mit der rechten Maustaste auf das verbleibende Volume im ursprünglichen Spiegelsatz und wählen Sie *Spiegelung hinzufügen* aus. Nun müssen Sie das Volume auf einen nicht zugeordneten Bereich auf diesem oder einem anderen Laufwerk spiegeln. Ist nicht genug Platz auf diesem oder einem anderen Laufwerk frei, müssen Sie gegebenenfalls Platz freimachen, indem Sie andere Volumes löschen oder das fehlerhafte Laufwerk austauschen.

Reparieren eines gespiegelten Systemvolumes, um den Systemstart zu ermöglichen

Der Ausfall eines gespiegelten Laufwerks kann den Start des Systems verhindern. Normalerweise geschieht dies, wenn Sie das Systemvolume, das Startvolume oder beide spiegeln und das primäre gespiegelte Laufwerk ausfällt.

Wenn Sie ein Systemvolume spiegeln, sollte das Betriebssystem einen Eintrag zum Start-Manager des Systems hinzufügen, der Ihnen erlaubt, die sekundäre Spiegelung zu starten. Mithilfe dieses Eintrags in der Start-Manager-Datei ist das Beheben des Ausfalls eines primären gespiegelten Laufwerks wesentlich einfacher als zuvor, weil Sie nur den Eintrag für den Start der Spiegelung zu wählen brauchen. Wenn Sie das Startvolume spiegeln und kein zweiter Eintrag für die Spiegelung erstellt wird, können Sie die Starteinträge im Start-Manager selbst anpassen, indem Sie einen Eintrag mit dem BCD-Editor (*bcdedit.exe*) hinzufügen.

Falls das Betriebssystem vom primären Systemvolume nicht gestartet werden kann, starten Sie das System neu und wählen für das zu startende Betriebssystem die Option *Startspiegelung – Sekundäres Plex*. Das System sollte normal starten. Nachdem Sie das System erfolgreich vom sekundären Laufwerk gestartet haben, können Sie nach Wunsch die Wartung zeitlich planen, die zum Neuerstellen der Spiegelung erforderlich ist. Sie müssen die folgenden Schritte ausführen:

1. Fahren Sie das System« herunter und tauschen Sie das ausgefallene Volume aus, oder fügen Sie ein Festplattenlaufwerk hinzu. Starten Sie danach das System neu.
2. Heben Sie die Spiegelung auf und erstellten Sie die Spiegelung auf dem ausgetauschten Laufwerk neu. Dies ist in der Regel Datenträger 0. Klicken Sie mit der rechten Maustaste auf das andere Volume, das zur

ursprünglichen Spiegelung gehörte, und wählen Sie *Spiegelung hinzufügen* aus. Das Dialogfeld *Spiegelung hinzufügen* wird geöffnet.
3. Wählen Sie im Listenfeld *Datenträger* einen Speicherort für die Spiegelung und klicken Sie auf *Spiegelung hinzufügen*. Windows 7 startet die Einrichtung der Spiegelung. In der Datenträgerverwaltung wird für beide Volumes der Status »Die Synchronisation wird wiederholt« angezeigt. Der Datenträger, auf dem das gespiegelte Volume erstellt wird, ist mit einem Warnsymbol markiert.
4. Wenn sich die primäre Spiegelung auf dem hinzugefügten oder ausgetauschten Laufwerk befinden soll, heben Sie in der Datenträgerverwaltung die Spiegelung wieder auf. Prüfen Sie, ob das primäre Laufwerk im ursprünglichen Spiegelsatz den Laufwerkbuchstaben hat, der zuvor der gesamten Spiegelung zugewiesen war. Ist dies nicht der Fall, weisen Sie den entsprechenden Laufwerkbuchstaben zu.
5. Klicken Sie mit der rechten Maustaste auf das ursprüngliche Systemvolume und wählen Sie *Spiegelung hinzufügen* aus. Erstellen Sie nun die Spiegelung neu.
6. Prüfen Sie die Systemstartkonfiguration und stellen Sie sicher, dass das ursprüngliche Systemvolume während des Starts verwendet wird. Unter Umständen müssen Sie die Systemstartkonfiguration überarbeiten, um dies sicherzustellen.

Arbeiten mit Wechselmediengeräten

Wechselmediengeräte können mit NTFS, FAT, FAT32 und exFAT formatiert sein. Sie verbinden externe Speichergeräte nur mit einem Computer, sie müssen nicht in den Computer eingebaut werden. Das macht externe Speichergeräte einfacher und schneller installierbar als die meisten Festplattenlaufwerke. Die meisten externen Speichergeräte haben entweder eine USB- (Universal Serial Bus) oder eine FireWire-Schnittstelle. Wenn Sie mit USB und FireWire arbeiten, hängen die Übertragungsgeschwindigkeit und die Gesamtleistung des Geräts aus Sicht des Benutzers vor allem davon ab, welche Schnittstellenversion unterstützt wird.

Momentan sind mehrere Versionen von USB und FireWire in Gebrauch, zum Beispiel USB 1.0, USB 1.1, USB 2.0, FireWire 400 und FireWire 800. USB 2.0 ist der Industriestandard, es unterstützt Datentransfers mit einer maximalen Geschwindigkeit von 480 MBit/s, die Dauerdatentransferraten liegen gewöhnlich bei 10 bis 30 MByte/s. Die tatsächlich erreichbare Dauertransferrate hängt von vielen Faktoren ab, zum Beispiel dem Typ des Geräts, den übertragenen Daten und der Geschwindigkeit des Computers. Jeder USB-Controller auf einem Computer hat eine feste Menge an Bandbreite zur Verfügung, die sich alle Geräte teilen müssen, die an diesen Controller angeschlossen sind. Die Datentransferraten sind deutlich langsamer, wenn der USB-Anschluss eines Computers eine ältere Version ist als beim angeschlossenen Gerät. Wenn Sie zum Beispiel ein USB 2.0-Gerät an einen USB 1.0-Anschluss anstecken (oder umgekehrt), läuft das Gerät mit der deutlich langsameren Übertragungsgeschwindigkeit von USB 1.0.

Die Anschlüsse für USB 1.0, 1.1 und 2.0 sehen alle gleich aus. Am einfachsten können Sie feststellen, welche Art von USB-Anschlüssen ein Computer hat, wenn Sie im Handbuch des Computers nachsehen. Neuere LCD-Monitore haben oft USB 2.0-Anschlüsse, an die Sie ebenfalls Geräte anstecken können. Wenn Sie USB-Geräte mit einem Monitor verbinden, fungiert der Monitor als USB-Hub. Wie bei allen USB-Hubs teilen sich alle Geräte, die an denselben Hub angeschlossen sind, die Bandbreite. Die Gesamtbandbreite wird durch die Geschwindigkeit des USB-Anschlusses am Computer begrenzt, an den der Hub angesteckt ist.

FireWire (IEEE 1394) ist ein Hochleistungs-Verbindungsstandard, der eine Peer-to-Peer-Architektur nutzt. Dabei handeln Peripheriegeräte Buskonflikte untereinander aus, um festzulegen, welches Gerät einen Datentransfer am besten steuern kann. Auch bei FireWire sind momentan mehrere Versionen in Gebrauch, zum Beispiel FireWire 400 und FireWire 800. FireWire 400 (IEEE 1394a) hat eine maximale Dauertransferrate von bis zu 400 MBit/s. FireWire 800 (IEEE 1394b) hat eine maximale Dauertransferrate von bis zu 800 MBit/s. Wie bei USB gilt: Wenn Sie ein FireWire 800-Gerät an einen FireWire 400-Anschluss anstecken, oder umgekehrt, läuft das Gerät mit der deutlich geringeren Übertragungsgeschwindigkeit von FireWire 400.

Die Anschlüsse und Kabel von FireWire 400 und FireWire 800 sehen anders aus, sodass es einfacher ist, den Unterschied zu erkennen. Sie müssen allerdings wissen, worauf Sie achten müssen. FireWire 400-Anschlüsse und -Kabel sehen genauso aus wie alte FireWire-Versionen, die vor Verabschiedung der Spezifikationen IEEE 1394a und IEEE 1394b implementiert wurden. FireWire-Kabel und -Anschlüsse, die 4 Pins und 4 Buchsen haben, übertragen keinen Strom über den Bus. FireWire 400-Kabel und -Anschlüsse haben 6 Pins und 6 Buchsen, und FireWire 800-Kabel und -Anschlüsse 9 Pins und 9 Buchsen.

Bevor Sie ein externes Gerät für einen Computer kaufen, sollten Sie prüfen, welche Schnittstellen Ihr Computer unterstützt und welche Schnittstellen das Gerät benutzt. In manchen Fällen finden Sie ein Gerät mit zwei Schnittstellen, das USB 2.0 und FireWire 400 unterstützt, oder sogar mit drei Schnittstellen, das USB 2.0, FireWire 400 und FireWire 800 unterstützt. Ein Gerät mit 2 oder 3 Schnittstellen ist natürlich flexibler.

In der Konsole *Computer* oder der Datenträgerverwaltung arbeiten Sie mit Wechseldatenträgern, indem Sie mit der rechten Maustaste auf den Datenträger klicken und dann einen der folgenden Befehle wählen:

- Wählen Sie den Befehl *Öffnen* oder *Durchsuchen*, um den Inhalt des Datenträgers in Windows-Explorer anzuzeigen.
- Wählen Sie den Befehl *Formatieren*, um den Wechseldatenträger zu formatieren, wie im Abschnitt »Formatieren von Partitionen und Volumes« weiter oben in diesem Kapitel beschrieben. Wechseldatenträger haben im Allgemeinen nur eine einzige Partition.
- Wählen Sie den Befehl *Eigenschaften*, um seine Eigenschaften anzuzeigen oder zu ändern. Auf der Registerkarte *Allgemein* im Eigenschaftendialogfeld können Sie die Volumebezeichnung ändern, wie im Abschnitt

»Zuweisen, Ändern oder Löschen einer Volumebezeichnung« weiter oben in diesem Kapitel beschrieben.

Wenn Sie mit Wechseldatenträgern arbeiten, können Sie die Datenträger- und Ordneransichten anpassen. Klicken Sie dazu mit der rechten Maustaste auf den Datenträger oder Ordner, wählen Sie den Befehl *Eigenschaften* und klicken Sie auf die Registerkarte *Anpassen*. Sie können nun den Standardordnertyp festlegen, um zu steuern, welche Details in der Standardeinstellung angezeigt werden. Zum Beispiel können Sie als Standardordnertyp den Eintrag *Dokumente* oder *Bilder und Videos* wählen. Sie können außerdem Ordnerbilder und -symbole auswählen.

Wechseldatenträger unterstützen die Netzwerkfreigabe von Dateien und Ordnern. Sie konfigurieren die Freigabe bei einem Wechseldatenträger genauso wie bei einer normalen Dateifreigabe. Sie können Freigabeberechtigungen zuweisen, Zwischenspeicherungsoptionen für Offlinedateien konfigurieren und die Zahl der gleichzeitigen Benutzer begrenzen. Sie können einen Wechseldatenträger vollständig freigeben oder einzelne Ordner auswählen, die auf dem Wechseldatenträger gespeichert sind. Sie können auch mehrere Freigabeinstanzen erstellen.

Wechseldatenträger unterscheiden sich von Standard-NTFS-Freigaben dadurch, dass es unter Umständen keine zugrunde liegende Sicherheitsarchitektur gibt. Bei exFAT, FAT oder FAT32 haben die gespeicherten Ordner und Dateien keinerlei Sicherheitsberechtigungen oder andere Features, abgesehen von den grundlegenden Attributen *Schreibgeschützt* und *Versteckt*, die Sie einstellen können.

Arbeiten mit Daten-CDs und -DVDs

CD- und DVD-Abbilder werden oft in Form von ISO-Dateien gespeichert. Windows 7 ist in der Lage, mit ISO-Abbildern umzugehen und sie auf CD oder DVD zu brennen. Windows 7 stellt auch integrierte Funktionen zum Brennen von CDs und DVDs zur Verfügung, mit denen Sie CDs und DVDs erstellen können. Bevor Sie Daten-CDs und -DVDs erstellen, sollten Sie sich allerdings mit den Datenträgertypen und Dateisystemoptionen vertraut machen, die für diese Medien zur Verfügung stehen.

Brennen von Medien: Die Grundlagen

Wenn Sie eine leere CD oder DVD einlegen, zeigt Windows 7 standardmäßig die Schaltfläche *Auf Datenträger brennen* in der Symbolleiste des Windows-Explorers an. Wenn Sie diese Schaltfläche anklicken, wird der Assistent *Auf Datenträger brennen* gestartet, in dem Sie eine Daten-Disk erstellen können. Denken Sie daran, dass sich Computer von CD- und DVD-Playern für das Wohnzimmer oder Autos unterscheiden. Der CD/DVD-Player in Ihrem Computer dient normalerweise dazu, industriell hergestellte CD-ROMs und DVD-ROMs sowie am Computer gebrannte CDs und DVDs in bestimmten Formaten zu lesen. Dagegen brauchen CD- oder DVD-Player für Wohnzimmer oder Auto meist nicht in der Lage zu sein, eine CD oder DVD zu erkennen, die Sie selbst auf einem Computer erstellen.

Die meisten CD/DVD-Brenner unterstützen mehrere Disktypen. Windows 7 bietet integrierte Unterstützung zum Brennen von Daten-CDs auf CD-R, CD+R und CD-RW sowie zum Brennen von Daten-DVDs auf DVD-R, DVD-RW, DVD+R, DVD+RW und DVD-RAM. DVDs können einseitig (single-sided) und einschichtig (single-layered) oder einseitig und doppelschichtig (dual-layered) sein. Windows 7 bietet auch integrierte Unterstützung für Blu-ray. Ist in einem Computer ein geeignetes Blu-ray-Laufwerk eingebaut, können Sie möglicherweise auch Blu-ray-Disks brennen.

Windows 7 unterstützt zwei Ansätze, um Disks zu brennen:

- Mastering
- Livedateisystem

Die meisten Windows-Programme erstellen Datendisks im Masteringverfahren. Das Dateisystemformat für solche Disks wird automatisch ausgewählt. Beim Masteringverfahren wählen Sie die Dateien aus, die Sie auf eine Disk schreiben wollen, und brennen dann alle diese Dateien auf einmal. Wenn Sie große Dateisammlungen auf Disk brennen, ist das ein bequemes Verfahren. Dazu kommt der Vorteil, dass die Kompatibilität zu allen Computern oder Geräten gewahrt bleibt, die Unterstützung für den Typ Datendisk bieten, die Sie erstellen.

Wenn Sie Dateien im Masteringverfahren auf Datendisks schreiben, brennen Sie die Dateien in einer Sitzung. In vielen CD/DVD-Brennprogrammen haben Sie die Möglichkeit, Sitzungen (engl. session) offen zu lassen, sodass Sie später weitere Dateien hinzufügen können. Erst wenn Sie alle Dateien hinzugefügt haben, die Sie brauchen, schließen Sie die Sitzung. Indem Sie die Sitzung schließen, stellen Sie die Disk fertig, sodass sie von anderen Computern und Geräten gelesen werden kann. Während eine Sitzung noch offen ist, kann die Disk nur auf einem kompatiblen Computer gelesen werden.

Eine Datendisk mit einem Livedateisystem funktioniert dagegen wie jeder andere Wechselmedientyp, etwa USB-Speichersticks oder externe Festplattenlaufwerke. Sie können Dateien zur Disk hinzufügen, ohne sie brennen zu müssen. Dazu kopieren Sie die Dateien einfach über die Zwischenablage oder ziehen sie mit der Maus auf das gewünschte Ziel. Ist die Disk löschbar, können Sie Dateien entfernen, indem Sie sie auswählen und löschen. Wenn Sie die Disk auswerfen, können Sie sie später erneut in Ihr CD/DVD-Laufwerk einlegen und weiterhin wie mit einem Wechseldatenträger damit arbeiten.

Datendisks mit einem Livedateisystem sind mit UDF (Universal Disk Format) formatiert statt mit CDFS (CD File System). Im Allgemeinen sind nur Computer in der Lage, UDF-Datendisks zu lesen. Windows 7 unterstützt das Brennen von Datendisks mit verschiedenen UDF-Versionen:

- **UDF 1.5**   Ein Format, das zu Windows 2000 und neueren Windows-Versionen kompatibel ist. Windows 98- oder Apple-Computer können es unter Umständen nicht lesen.

- **UDF 2.0** Ein Format, das zu Windows XP und neueren Windows-Versionen kompatibel ist. Windows 98-, Windows 2000- oder Apple-Computer können es unter Umständen nicht lesen.
- **UDF 2.01** Das Standardformat. Es enthält wesentliche Neuerungen, die sich in den meisten Fällen als nützlich erweisen. Dieses Format ist zu Windows XP und neueren Windows-Versionen kompatibel. Windows 98-, Windows 2000- oder Apple-Computer können es unter Umständen nicht lesen.
- **UDF 2.5** Ein Format, das für Windows Vista und neuer optimiert ist. Ältere Windows-Versionen oder Apple-Computer können es unter Umständen nicht lesen.

ISO-Abbilder auf Disk brennen

Gehen Sie folgendermaßen vor, um ein ISO-Abbild auf eine Disk zu brennen:

1. Legen Sie eine leere Disk in Ihren CD/DVD-Brenner ein. Klicken Sie auf die Schaltfläche *Schließen* (die rote Schaltfläche mit dem X-Symbol), wenn das Dialogfeld *Automatische Wiedergabe* angezeigt wird.
2. Klicken Sie im Windows-Explorer doppelt auf die *.iso*-Datei, mit der Sie eine Daten-CD oder -DVD erstellen wollen.
3. Stellen Sie im Dialogfeld *Windows-Brenner für Datenträgerabbilder* (Abbildung 12.16) in der Dropdownliste *CD/DVD-Brenner* ein, welcher Brenner verwendet wird, und klicken Sie auf *Brennen*.

Abbildung 12.16 ISO-Abbilder auf Disk brennen

Gemasterte Disks brennen

Gehen Sie folgendermaßen vor, um eine gemasterte Disk zu brennen:

1. Legen Sie eine leere Disk in Ihren CD/DVD-Brenner ein. Sie haben nun folgende Möglichkeiten zur Auswahl:
   - Klicken Sie im Dialogfeld *Automatische Wiedergabe* auf *Dateien auf Datenträger brennen mit Windows-Explorer*.

- Falls das Dialogfeld *Automatische Wiedergabe* nicht angezeigt wird, können Sie im Startmenü auf *Computer* klicken. Klicken Sie dann im Fenster *Computer* mit der rechten Maustaste auf den CD/DVD-Brenner und wählen Sie den Befehl *Automatische Wiedergabe öffnen*. Klicken Sie nun im Dialogfeld *Automatische Wiedergabe* auf *Dateien auf Datenträger brennen mit Windows-Explorer*.

2. Geben Sie im Assistenten *Auf Datenträger brennen* (Abbildung 12.17) einen Datenträgertitel ein. Wählen Sie die Option *Mit einem CD/DVD-Player* aus, um eine gemasterte Disk zu erstellen. Sobald Sie auf *Weiter* klicken, wird die Datendisk im Windows-Explorer geöffnet. Der Fensterabschnitt *Dateien, die auf den Datenträger geschrieben werden sollen* zeigt eine leere Liste an. Schließen Sie dieses Fenster nicht.

Abbildung 12.17 Vorbereitungen zum Brennen von Daten auf eine Disk

3. Wählen Sie im Windows-Explorer die gewünschten Dateien aus und kopieren Sie sie in die Liste der zu brennenden Dateien. Die Dateien in dieser Liste werden von ihrem ursprünglichen Speicherort gelesen und als temporäre Dateien in einen temporären Ordner geschrieben. Dieser temporäre Ordner wird im Profil des Benutzers erstellt. Es werden Kopien der Dateien angelegt, um sicherzustellen, dass sich alle Dateien am selben Platz befinden und Sie ausreichende Berechtigungen für den Zugriff auf die Dateien haben, bevor Sie versuchen, sie auf die Disk zu brennen.

4. Klicken Sie auf die Schaltfläche *Auf Datenträger brennen*, wenn Sie fertig sind. Im Assistenten *Auf Datenträger brennen* ist der Datenträgertitel eingestellt, den Sie vorher eingegeben haben. Die Brenngeschwindigkeit ist auf die höchste Geschwindigkeit gestellt, die vom CD/DVD-Laufwerk unterstützt wird.

5. Sobald Sie auf *Weiter* klicken, fügt Windows 7 die Dateien, die Sie ausgewählt haben, zu einem Diskabbild hinzu und schreibt die Dateien dann auf Ihre Datendisk. Wenn der Brennvorgang beendet ist, wirft

Windows 7 die Disk in der Standardeinstellung automatisch aus. Außerdem werden standardmäßig alle temporäre Dateien gelöscht. Sie können nun auf *Fertig stellen* klicken, um den Assistenten *Auf Datenträger brennen* zu beenden. Wenn Sie dieselben Dateien auf eine weitere Disk brennen wollen, können Sie das Kontrollkästchen *Ja, diese Dateien auf einen anderen Datenträger brennen* aktivieren, bevor Sie auf *Fertig stellen* klicken.

Sollte beim Brennvorgang ein Fehler auftreten, erhalten Sie eine Fehlermeldung. Sie haben nun die Möglichkeit, den Vorgang mit einer anderen Disk zu wiederholen, die noch nicht gebrannten temporären Dateien zu löschen oder alle temporären Dateien zu speichern, damit Sie später einen neuen Brennversuch unternehmen können. Wenn Sie es noch einmal probieren, sollten Sie diesmal eine niedrigere Brenngeschwindigkeit einstellen. Selbst wenn Ihr CD/DVD-Laufwerk mit hoher Geschwindigkeit brennen kann, ist der Rohling unter Umständen nicht für die ausgewählte Geschwindigkeit zertifiziert.

Wenn ein Fehler beim Brennen auftritt, wurde wahrscheinlich nur ein Teil Ihrer Dateien auf die Disk geschrieben. Wenn die Sitzung noch offen ist, können Sie erneut versuchen, die Disk zu brennen. Manchmal müssen Sie allerdings einen neuen Rohling einlegen.

Disks mit Livedateisystemen brennen

Gehen Sie folgendermaßen vor, um eine Datendisk mit einem Livedateisystem zu brennen:

1. Legen Sie eine leere Disk in Ihren CD/DVD-Brenner ein. Sie haben nun folgende Möglichkeiten zur Auswahl:
   - Klicken Sie im Dialogfeld *Automatische Wiedergabe* auf *Dateien auf Datenträger brennen mit Windows-Explorer*.
   - Falls das Dialogfeld *Automatische Wiedergabe* nicht angezeigt wird, können Sie im Startmenü auf *Computer* klicken. Klicken Sie dann im Fenster *Computer* mit der rechten Maustaste auf den CD/DVD-Brenner und wählen Sie den Befehl *Automatische Wiedergabe öffnen*. Klicken Sie nun im Dialogfeld *Automatische Wiedergabe* auf *Dateien auf Datenträger brennen mit Windows-Explorer*.

2. Geben Sie im Assistenten *Auf Datenträger brennen* einen Datenträgertitel ein. Wählen Sie die Option *Wie ein USB-Flashlaufwerk* aus, um eine UDF-Disk mit Livedateisystem zu erstellen. Sobald Sie auf *Weiter* klicken, legt Windows ein Livedateisystem auf der Disk an und öffnet die Datendisk im Windows-Explorer.

3. Der Fensterabschnitt *Dateien, die auf den Datenträger geschrieben werden sollen* zeigt eine leere Liste an. Schließen Sie dieses Fenster nicht.

4. Weil Sie mit einer Livedisk arbeiten, gibt es keine Liste der zu brennenden Dateien. Sie können nun in der Disk Dateien hinzufügen und entfernen, genau wie bei jedem anderen Datenträger. Handelt es sich um eine löschbare Disk, werden die Dateien gelöscht und der Platz wird für andere Dateien freigegeben. Bei normalen Rohlingen, die nur einmal

beschrieben werden können, werden die Dateien als gelöscht markiert, bleiben aber auf der Disk. Daher bleibt der Platz der gelöschten Dateien belegt, er kann nicht für andere Dateien genutzt werden.

5. Während die Disk eingelegt ist, hält Windows 7 eine Brennsitzung für die Disk offen. Sobald Sie die Livedatendisk auswerfen, schließt Windows 7 die Brennsitzung, sodass Sie die Disk in anderen Computern verwenden können. Später können Sie die Disk jederzeit wieder einlegen und im Windows-Explorer Dateien hinzufügen und entfernen. Windows öffnet nur eine neue Brennsitzung, wenn Sie den Inhalt der Disk ändern. Wie zuvor können Sie die Sitzung schließen, indem Sie die Disk auswerfen. Sie können eine Brennsitzung auch schließen, indem Sie im Fenster *Computer* mit der rechten Maustaste auf das CD/DVD-Laufwerk klicken und den Befehl *Sitzung schließen* wählen.

Ändern der Standardbrennoptionen

Gehen Sie folgendermaßen vor, um die Standardbrennoptionen eines Computers zu ändern:

1. Klicken Sie im Startmenü auf *Computer*. Klicken Sie im Fenster *Computer* mit der rechten Maustaste auf das CD/DVD-Laufwerk und wählen Sie den Befehl *Eigenschaften*.
2. Wählen Sie auf der Registerkarte *Aufnahme* in der Dropdownliste *Datenträger brennen* den Standardbrenner aus, sofern der Computer mehrere Brenner eingebaut hat.
3. Legen Sie mit den angebotenen Optionen fest, wo die temporären Dateien gespeichert werden.
4. Deaktivieren Sie das Kontrollkästchen *Datenträger automatisch nach einem Brennvorgang (Mastered) auswerfen*, wenn Sie nicht wollen, dass gemasterte Disks automatisch ausgeworfen werden.
5. In der Standardeinstellung schließt Windows Disks mit Livedateisystemen, sobald Sie sie auswerfen. Klicken Sie auf *Globale Einstellungen*, um dieses Verhalten zu überprüfen oder zu ändern. Wählen Sie mit den Kontrollkästchen im Dialogfeld *Globale Einstellungen* aus, ob und wann Sitzungen geschlossen werden, und klicken Sie auf *OK*.
6. Klicken Sie auf *OK*, um Ihre Einstellungen zu speichern.

Verwalten von Datenträgerkomprimierung und Dateiverschlüsselung

Wenn Sie ein Laufwerk mit NTFS formatieren, können Sie in Windows 7 die Datenträgerkomprimierung oder die Dateiverschlüsselung aktivieren. Komprimierung bewirkt, dass Dateien weniger Platz auf der Festplatte benötigen, und Verschlüsselung bietet einen zusätzlichen Schutz für Ihre Daten. Datenträgerkomprimierung und Dateiverschlüsselung schließen sich gegenseitig aus, Sie können also nicht beide Features gleichzeitig verwenden. Durch die BitLocker-Laufwerkverschlüsselung wird allerdings keines der beiden Features beeinflusst. Die BitLocker-Laufwerkverschlüsselung erstellt verschlüsselte Datenträger auf der Volumeebene und schützt einen Computer gegen externe Manipulation vor dem Start des Betriebssystems.

Komprimieren von Datenträgern und Daten

Mit der integrierten Komprimierung werden alle auf einem Laufwerk gespeicherten Dateien und Verzeichnisse bei ihrer Erstellung automatisch komprimiert. Da die Komprimierung für Benutzer unbemerkt erfolgt, kann auf komprimierte Daten wie auf normale Daten zugegriffen werden. Der Unterschied besteht darin, dass Sie auf einem komprimierten Laufwerk mehr Informationen speichern können als auf einem nichtkomprimierten Laufwerk.

PRAXISTIPP Die Komprimierung ist sicherlich eine nützliche Funktion zum Einsparen von Festplattenspeicher. Komprimierte Daten können jedoch nicht verschlüsselt werden. Komprimierung und Verschlüsselung schließen sich bei NTFS-Volumes gegenseitig aus. Sie können nicht beide Methoden gleichzeitig verwenden. Weitere Informationen zur Verschlüsselung finden Sie im Abschnitt »Verschlüsseln von Laufwerken und Daten« weiter unten in diesem Kapitel. Wenn Sie versuchen, verschlüsselte Daten zu komprimieren, werden die Daten von Windows 7 automatisch entschlüsselt und anschließend komprimiert. Wenn Sie versuchen, komprimierte Daten zu verschlüsseln, werden die Daten von Windows 7 automatisch dekomprimiert und anschließend verschlüsselt.

Komprimieren von Laufwerken

Um ein Laufwerk und seinen ganzen Inhalt zu komprimieren, gehen Sie so vor:

1. Klicken Sie im Windows Explorer oder der Datenträgerverwaltung mit der rechten Maustaste auf das zu komprimierende Laufwerk, und klicken Sie anschließend auf *Eigenschaften*.
2. Wählen Sie *Laufwerk komprimieren, um Speicherplatz zu sparen* und klicken Sie auf *OK*.

Komprimieren von Verzeichnissen und Dateien

Wenn Sie ein Laufwerk nicht vollständig komprimieren möchten, können Sie in Windows 7 Verzeichnisse und Dateien selektiv komprimieren. Um eine Datei oder ein Verzeichnis zu komprimieren, gehen Sie wie folgt vor:

1. Klicken Sie in Windows Explorer mit der rechten Maustaste auf die zu komprimierende Datei beziehungsweise das zu komprimierende Verzeichnis und klicken Sie anschließend auf *Eigenschaften*.
2. Klicken Sie im entsprechenden Eigenschaftendialogfeld auf der Registerkarte *Allgemein* auf *Erweitert*. Aktivieren Sie im Dialogfeld *Erweiterte Attribute* das Kontrollkästchen *Inhalt komprimieren, um Speicherplatz zu sparen*, wie in Abbildung 12.18 dargestellt. Klicken Sie zweimal auf *OK*.

Abbildung 12.18 Komprimieren von ausgewählten Dateien oder Verzeichnissen

Windows 7 markiert einzelne Dateien als komprimiert und komprimiert sie anschließend. Bei einem Verzeichnis markiert Windows 7 das Verzeichnis als komprimiert und komprimiert anschließend alle Dateien, die sich darin befinden. Falls das Verzeichnis Unterordner enthält, zeigt Windows 7 ein Dialogfeld an, mit dem Sie alle zu dem Verzeichnis gehörenden Unterordner komprimieren können. Wählen Sie *Änderungen für diesen Ordner, Unterordner und Dateien übernehmen* aus und klicken Sie auf *OK*. Wenn Sie ein Verzeichnis komprimiert haben, werden alle neuen Dateien, die in das Verzeichnis kopiert oder darin erstellt werden, automatisch komprimiert.

HINWEIS Wenn Sie eine nichtkomprimierte Datei von einem anderen Laufwerk verschieben, wird sie komprimiert. Wenn Sie jedoch eine nichtkomprimierte Datei in einen komprimierten Ordner auf demselben NTFS-Laufwerk verschieben, wird sie nicht komprimiert. Beachten Sie außerdem, dass komprimierte Dateien nicht verschlüsselt werden können.

Dekomprimieren komprimierter Laufwerke

Sie können die Komprimierung eines Laufwerks wie folgt entfernen:

1. Klicken Sie im Windows Explorer oder der Datenträgerverwaltung mit der rechten Maustaste auf das zu erweiternde Laufwerk und klicken Sie anschließend *Eigenschaften*.
2. Deaktivieren Sie das Kontrollkästchen *Laufwerk komprimieren, um Speicherplatz zu sparen* und klicken Sie auf *OK*.

TIPP Windows prüft immer erst den verfügbaren Speicherplatz, bevor komprimierte Daten erweitert werden. Das sollten Sie auch tun. Wenn es weniger freien als belegten Speicherplatz gibt, können Sie die Dekomprimierung unter Umständen nicht durchführen. Beispiel: Wenn ein komprimiertes Laufwerk 150 GByte Speicherplatz benutzt und 70 GByte freien Speicherplatz hat, ist nicht genug freier Speicherplatz für das Dekomprimieren des Laufwerks vorhanden.

Dekomprimieren komprimierter Verzeichnisse und Dateien

Wenn Sie später eine komprimierte Datei oder ein komprimiertes Verzeichnis dekomprimieren möchten, kehren Sie den Vorgang wie folgt um:

1. Klicken Sie in Windows-Explorer mit der rechten Maustaste auf die Datei oder das Verzeichnis und wählen Sie den Befehl *Eigenschaften*.
2. Klicken Sie im entsprechenden Eigenschaftendialogfeld auf der Registerkarte *Allgemein* auf *Erweitert*. Deaktivieren Sie das Kontrollkästchen *Inhalt komprimieren, um Speicherplatz zu sparen*. Klicken Sie zweimal auf *OK*.

Bei Dateien hebt Windows 7 die Komprimierung auf und erweitert die Datei. Bei Verzeichnissen dekomprimiert das Betriebssystem alle Dateien im Verzeichnis. Falls das Verzeichnis Unterordner enthält, können Sie auch bei diesen die Komprimierung entfernen. Wählen Sie dazu nach Aufforderung *Änderungen für diesen Ordner, Unterordner und Dateien übernehmen* aus und klicken Sie auf *OK*.

TIPP Windows 7 enthält auch befehlszeilenorientierte Dienstprogramme für die Komprimierung und Dekomprimierung von Daten. Das Komprimierungsprogramm heißt *Compact.exe*, das Dekomprimierungsprogramm *Expand.exe*.

Verschlüsseln von Laufwerken und Daten

NTFS bietet im Vergleich zu anderen Dateisystemen, die Sie mit Windows 7 verwenden können, viele Vorteile. Einer der Hauptvorteile ist die Möglichkeit der automatischen Ver- und Entschlüsselung mithilfe des verschlüsselnden Dateisystems (Encrypting File System, EFS). Bei der Datenverschlüsselung versehen Sie vertrauliche Daten mit einem zusätzlichen Schutz, der verhindert, dass andere Benutzer den Inhalt der verschlüsselten Daten lesen können. Einer der besonderen Vorteile der Verschlüsselung ist also, dass nur der vorgesehene Benutzer auf die Daten zugreifen kann. Allerdings ist dieser Vorteil auch in der Hinsicht ein Nachteil, dass der Benutzer die Verschlüsselung entfernen muss, damit autorisierte Benutzer auf die Daten zugreifen können.

HINWEIS Wie zuvor erwähnt, können Sie verschlüsselte Dateien nicht komprimieren, da sich die Verschlüsselungs- und Komprimierungsfunktionen von Windows 7 gegenseitig ausschließen. Sie können nur eine der Funktionen, jedoch nicht beide gleichzeitig verwenden.

Grundlagen der Verschlüsselung und des verschlüsselnden Dateisystems

Die Dateiverschlüsselung wird auf Ordner- oder Dateibasis unterstützt. Eine Datei, die in einem für die Verschlüsselung markierten Ordner abgelegt wird, wird automatisch verschlüsselt. Dateien im verschlüsselten Format können nur von dem Benutzer gelesen werden, der die Datei verschlüsselt hat. Bevor andere Benutzer eine verschlüsselte Datei lesen können, muss der Benutzer die Datei entschlüsseln.

Eine verschlüsselte Datei hat einen eindeutigen Verschlüsselungsschlüssel. Dies bedeutet, dass eine verschlüsselte Datei wie jede andere Datei kopiert, verschoben und umbenannt werden kann, wobei diese Aktionen in den meisten Fällen keinen Einfluss auf die Verschlüsselung der Daten haben (Einzelheiten finden Sie im Abschnitt »Arbeiten mit verschlüsselten Dateien und Ordnern« weiter unten in diesem Kapitel). Der Benutzer, der die Datei verschlüsselt hat, kann immer auf die Datei zugreifen. Voraussetzung ist, dass das auf einem öffentlichen Schlüssel basierende Zertifikat des Benutzers auf dem Computer verfügbar ist, den er nutzt. Für diesen Benutzer erfolgt der Ver- und Entschlüsselungsprozess automatisch und unbemerkt.

EFS ist der Prozess, der die Ver- und Entschlüsselung vornimmt. In der Standardeinrichtung des EFS können Benutzer Dateien verschlüsseln, ohne dazu eine Sonderberechtigung zu benötigen. Dateien werden mit einem öffentlichen/privaten Schlüssel verschlüsselt, der vom EFS für jeden einzelnen Benutzer automatisch erzeugt wird.

Verschlüsselungszertifikate werden als Teil der Daten in Benutzerprofilen gespeichert. Wenn ein Benutzer mit mehreren Computern arbeitet und die Verschlüsselung nutzen möchte, muss ein Administrator für diesen Benutzer ein servergespeichertes Profil konfigurieren. Ein servergespeichertes Profil stellt sicher, dass von anderen Computern auf die Profildaten des Benutzers und die auf öffentlichen Schlüsseln basierenden Zertifikate zugegriffen werden kann. Ohne diese Konfiguration können Benutzer nicht von anderen Computern auf ihre verschlüsselten Dateien zugreifen.

TIPP Standardmäßig wird als Verschlüsselungsalgorithmus Advanced Encryption Standard 128-Bit Cyclical Bit Check (AES-128-CBC) verwendet. Zur Verbesserung der Sicherheit unterstützt Windows 7 den Verschlüsselungsalgorithmus Triple DES (Transport Layer Security [TLS]-Übertragungsverschlüsselung, RSA-Algorithmus mit öffentlichem Schlüssel für den TLS-Schlüsselaustausch und zur Authentifizierung, sowie Hashing nach SHA-1 für alle Hashing-Anforderungen von TLS). Sie können eine Triple DES-Verschlüsselung verwenden, indem Sie die Richtlinie *Systemkryptographie: FIPS-konformen Algorithmus für Verschlüsselung, Hashing und Signatur verwenden* aktivieren. Zu finden ist diese Richtlinie unter *Computerkonfiguration\Windows-Einstellungen\Sicherheitseinstellungen\Lokale Richtlinien\Sicherheitsoptionen*. Unabhängig vom gewählten Verschlüsselungsalgorithmus können Administratoren, die als Wiederherstellungs-Agenten vorgesehen wurden, Dateien bei Bedarf entschlüsseln. Wenn Sie die Triple DES-Verschlüsselung aktivieren, verwendet der Internet Explorer außerdem für SSL (Secure Sockets Layer) nur TLS, was nicht von allen Websites unterstützt wird.

Obwohl sie separate Feature sind, enthalten sowohl die BitLocker-Laufwerkverschlüsselung als auch EFS ein integriertes Datenwiederherstellungssystem zum Schutz gegen Datenverlust. Dieses Wiederherstellungssystem sorgt dafür, dass verschlüsselte Daten wiederhergestellt werden können, falls das auf öffentlichen Schlüsseln basierende Zertifikat eines Benutzers verloren geht oder gelöscht wird. Dies ist häufig der Fall, wenn ein Benutzer das Unternehmen verlässt und das dazugehörige Benutzerkonto gelöscht wird.

Auch wenn sich ein Vorgesetzter an dem Benutzerkonto anmelden, Dateien überprüfen und wichtige Dateien in anderen Ordnern speichern konnte, ist nach einem Löschen des Benutzerkontos der Zugriff auf verschlüsselte Dateien und Volumes nur möglich, wenn die Verschlüsselung entfernt wird oder die Dateien auf ein FAT- oder FAT32-Volume verschoben werden (auf denen EFS-Verschlüsselung nicht unterstützt wird und die BitLocker-Verschlüsselung nicht aktiviert ist).

Um auf verschlüsselte Dateien nach dem Löschen des Benutzerkontos zuzugreifen, brauchen Sie einen Wiederherstellungs-Agenten. Wiederherstellungs-Agenten haben Zugriff auf den Dateiverschlüsselungsschlüssel, der zum Entsperren von Daten in verschlüsselten Dateien benötigt wird. Um vertrauliche Daten zu schützen, können Wiederherstellungs-Agenten allerdings nicht auf den privaten Schlüssel eines Benutzers oder auf Informationen zu privaten Schlüsseln zugreifen.

Windows 7 verschlüsselt Volumes, auch wenn keine BitLocker-Wiederherstellungs-Agenten definiert sind, aber Windows 7 verschlüsselt Dateien nur, wenn EFS-Wiederherstellungs-Agenten eingerichtet worden sind. Aus diesem Grund werden EFS-Wiederherstellungs-Agenten automatisch zugewiesen. Auch die erforderlichen Wiederherstellungszertifikate werden automatisch erzeugt. Dies stellt sicher, dass verschlüsselte Dateien auf jeden Fall wiederhergestellt werden können.

Wiederherstellungs-Agenten werden auf zwei Ebenen konfiguriert:

- **Domäne** Der Wiederherstellungs-Agent für eine Domäne wird automatisch konfiguriert, wenn der erste Windows 7-Domänencontroller installiert wird. Der standardmäßige Wiederherstellungs-Agent ist der Domänenadministrator. Mithilfe der Gruppenrichtlinien können Domänenadministratoren weitere Wiederherstellungs-Agenten zuweisen. Domänenadministratoren können für Wiederherstellungs-Agenten geltende Rechte auch an vorgesehene Sicherheitsadministratoren delegieren.

- **Lokaler Computer** Wenn ein Computer zu einer Arbeitsgruppe oder einer eigenständigen Konfiguration gehört, ist der Administrator des lokalen Computers standardmäßig der Wiederherstellungs-Agent. Weitere Wiederherstellungs-Agenten können bestimmt werden. Wenn Sie darüber hinaus in einer Domänenumgebung lokale Wiederherstellungs-Agenten anstelle von Wiederherstellungs-Agenten auf Domänenebene wünschen, müssen Sie die Wiederherstellungsrichtlinie aus der Gruppenrichtlinie für die Domäne löschen.

Sie können Wiederherstellungs-Agenten löschen, wenn sie nicht verwendet werden sollen. Wenn Sie jedoch alle Wiederherstellungs-Agenten für EFS löschen, verschlüsselt EFS Dateien nicht mehr. Damit EFS ordnungsgemäß arbeiten kann, muss mindestens ein Agent konfiguriert werden.

Verschlüsseln von Verzeichnissen und Dateien

Bei NTFS-Volumes lässt Sie Windows 7 die Dateien und Ordner zur Verschlüsselung auswählen. Wenn Sie eine Datei verschlüsseln, werden die darin enthaltenen Daten in ein verschlüsseltes Format umgewandelt, das nur von der Person gelesen werden kann, die die Datei verschlüsselt hat. Benutzer können Dateien nur dann verschlüsseln, wenn Sie die entsprechenden Zugriffsberechtigungen besitzen. Wenn Sie Ordner verschlüsseln, wird der Ordner als verschlüsselt markiert, in Wirklichkeit werden jedoch nur die darin enthaltenen Dateien verschlüsselt. Alle Dateien, die in einem als verschlüsselt markierten Ordner erstellt oder zu ihm hinzugefügt werden, werden automatisch verschlüsselt.

Um eine Datei oder ein Verzeichnis zu verschlüsseln, gehen Sie wie folgt vor:

1. Klicken Sie mit der rechten Maustaste auf die zu verschlüsselnde Datei beziehungsweise auf das zu verschlüsselnde Verzeichnis und klicken Sie anschließend auf *Eigenschaften*.
2. Klicken Sie im Eigenschaftendialogfeld auf der Registerkarte *Allgemein* auf *Erweitert*. Aktivieren Sie anschließend das Kontrollkästchen *Inhalt verschlüsseln, um Daten zu schützen*. Klicken Sie zweimal auf *OK*.

HINWEIS Komprimierte Dateien, Systemdateien und schreibgeschützte Dateien lassen sich nicht verschlüsseln. Wenn Sie versuchen, komprimierte Dateien zu verschlüsseln, werden sie automatisch dekomprimiert und anschließend verschlüsselt. Der Versuch, Systemdateien zu verschlüsseln, führt zu einem Fehler.

Windows 7 markiert eine einzelne Datei als verschlüsselt und verschlüsselt sie anschließend. Bei einem Verzeichnis markiert Windows 7 das Verzeichnis als verschlüsselt und verschlüsselt anschließend alle Dateien, die sich darin befinden. Falls das Verzeichnis Unterordner enthält, zeigt Windows 7 ein Dialogfeld an, mit dem Sie alle zu dem Verzeichnis gehörenden Unterordner verschlüsseln können. Wählen Sie *Änderungen für diesen Ordner, Unterordner und Dateien übernehmen* aus und klicken Sie auf *OK*.

HINWEIS Auf NTFS-Volumes bleiben Dateien auch dann verschlüsselt, wenn sie verschoben, kopiert oder umbenannt werden. Wenn Sie eine verschlüsselte Datei auf ein FAT-, FAT32- oder exFAT-Laufwerk kopieren oder verschieben, wird sie vor dem Vorgang automatisch entschlüsselt. Deshalb müssen Sie zum Kopieren oder Verschieben der Datei die entsprechenden Berechtigungen besitzen.

Arbeiten mit verschlüsselten Dateien und Ordnern

Zuvor wurde erwähnt, dass Sie verschlüsselte Dateien und Ordner wie andere Dateien kopieren, verschieben und umbenennen können, was auch stimmt, doch wurde dies durch ein »in den meisten Fällen« eingeschränkt. Beim Arbeiten mit verschlüsselten Dateien treten kaum Probleme auf, solange Sie mit NTFS-Volumes auf demselben Computer arbeiten. Wenn Sie mit anderen Dateisystemen oder anderen Computern arbeiten, können Probleme auftreten. Zwei der gängigsten Szenarien sind die folgenden:

- **Kopieren zwischen Volumes auf demselben Computer** Wenn Sie verschlüsselte Dateien oder Ordner von einem NTFS-Volume in ein anderes auf demselben Computer kopieren oder verschieben, bleiben die Dateien verschlüsselt. Wenn Sie jedoch verschlüsselte Dateien auf ein FAT-, FAT32- oder exFAT-Volume kopieren oder verschieben, werden die Dateien vor der Übertragung entschlüsselt und anschließend als Standarddateien übertragen. FAT, FAT32 und exFAT unterstützen die Verschlüsselung nicht.

- **Kopieren zwischen Volumes auf verschiedenen Computer** Wenn Sie verschlüsselte Dateien oder Ordner von einem NTFS-Volume auf ein anderes Volume kopieren oder verschieben, das auf einem anderen Computer liegt, bleiben die Dateien verschlüsselt, solange der Zielcomputer die Verschlüsselung von Dateien zulässt und dem Remotecomputer für Delegierungszwecke vertraut wird. Andernfalls werden die Dateien entschlüsselt und als Standarddateien übertragen. Gleiches gilt, wenn Sie verschlüsselte Dateien auf ein FAT-, FAT32- oder exFAT-Volume auf einem anderen Computer kopieren oder verschieben. FAT, FAT32 und exFAT unterstützen die Verschlüsselung nicht.

Nachdem Sie eine vertrauliche Datei übertragen haben, die verschlüsselt wurde, möchten Sie bestimmt prüfen, ob die Verschlüsselung noch angewendet wird. Klicken Sie mit der rechten Maustaste auf die Datei und wählen Sie *Eigenschaften*. Klicken Sie im Eigenschaftendialogfeld auf der Registerkarte *Allgemein* auf *Erweitert*. Das Kontrollkästchen *Inhalt verschlüsseln, um Daten zu schützen* sollte aktiviert sein.

Konfigurieren von Wiederherstellungsrichtlinien

In Domänen werden EFS- und BitLocker-Wiederherstellungsrichtlinien für Domänencontroller und Mitgliedscomputer automatisch konfiguriert. Domänenadministratoren sind standardmäßig die zugewiesenen EFS- und BitLocker-Wiederherstellungs-Agenten für alle Computer in der Domäne. In Arbeitsgruppen oder Heimnetzgruppen ist der lokale Administrator der zugewiesene EFS-Wiederherstellungs-Agent für eine eigenständige Arbeitsstation. BitLocker hat keinen Standardwiederherstellungs-Agenten für Heimnetzgruppen oder Arbeitsgruppen.

Im Gruppenrichtlinienobjekt-Editor können Sie Wiederherstellungs-Agenten anzeigen, zuweisen und löschen. Gehen Sie dazu wie folgt vor:

1. Öffnen Sie ein Gruppenrichtlinienobjekt (Group Policy Object, GPO) zum Bearbeiten im Gruppenrichtlinienobjekt-Editor.

2. Öffnen Sie im Gruppenrichtlinienobjekt-Editor den Knoten mit den Dateiwiederherstellungs-Agenten. Erweitern Sie dazu *Computerkonfiguration*, *Windows-Einstellungen*, *Sicherheitseinstellungen* und *Richtlinien für öffentliche Schlüssel* und wählen Sie entweder *Verschlüsseltes Dateisystem* oder *BitLocker-Laufwerkverschlüsselung*, je nachdem, welchen Wiederherstellungs-Agenten Sie bearbeiten wollen.

3. Im rechten Fenster werden die gegenwärtig zugewiesenen Wiederherstellungszertifikate aufgeführt. Wiederherstellungszertifikate werden unter anderem nach dem Zertifikatsempfänger, dem Aussteller, dem Ablaufdatum und dem Zweck aufgeführt.

4. Um einen weiteren Wiederherstellungs-Agenten zuzuweisen, klicken Sie mit der rechten Maustaste auf *Verschlüsseltes Dateisystem* oder *BitLocker-Laufwerkverschlüsselung* und wählen *Datenwiederherstellungs-Agenten hinzufügen*. Der *Assistent für das Hinzufügen eines Wiederherstellungs-Agenten* wird gestartet. Hier können Sie ein zuvor erzeugtes Zertifikat auswählen, das einem Benutzer zugewiesen wurde, und es als vorgesehenes Wiederherstellungszertifikat markieren. Klicken Sie auf *Weiter*.

5. Klicken Sie im Dialogfeld *Wiederherstellungs-Agenten auswählen* auf *Verzeichnis durchsuchen* und wählen Sie anschließend im Dialogfeld *Benutzer, Kontakte und Gruppen suchen* den Benutzer, mit dem Sie arbeiten möchten.

   HINWEIS Bevor Sie weitere Wiederherstellungs-Agenten zuweisen können, müssen Sie in der Domäne eine Stammzertifizierungsstelle einrichten. Danach müssen Sie mithilfe des Snap-Ins *Zertifikate* ein persönliches Zertifikat anfordern, das die Vorlage EFS-Wiederherstellungs-Agent verwendet. Die Stammzertifizierungsstelle muss anschließend die Zertifikatsanforderung genehmigen, damit das Zertifikat erstellt wird und verwendet werden kann.

6. Um einen Wiederherstellungs-Agenten zu löschen, wählen Sie im rechten Fenster das Zertifikat des Wiederherstellungs-Agenten aus und drücken die ENTF-Taste. Wenn Sie zum Bestätigen der Aktion aufgefordert werden, klicken Sie auf *Ja*, um das Zertifikat unwiderruflich zu löschen. Falls die Wiederherstellungsrichtlinie für EFS leer ist (was bedeutet, dass es keine weiteren zugewiesenen Wiederherstellungs-Agenten gibt), wird das verschlüsselnde Dateisystem ausgeschaltet, sodass keine Dateien mehr verschlüsselt werden.

Freigeben verschlüsselter Dateien

Standardmäßig können verschlüsselte Dateien nur von ihren Besitzern eingesehen werden. Wenn auch andere Benutzer Zugriff auf den Inhalt einer verschlüsselten Datei erhalten sollen, müssen Sie die Datei entschlüsseln oder den Benutzern auf folgende Weise ein spezielles Zugriffsrecht auf die Datei gewähren:

1. Klicken Sie im Windows-Explorer mit der rechten Maustaste auf die Datei oder den Ordner und wählen Sie den Befehl *Eigenschaften*.

2. Klicken Sie auf der Registerkarte *Allgemein* des Eigenschaftendialogfelds auf *Erweitert* und dann im Dialogfeld *Erweiterte Attribute* auf *Details*.

   Das Dialogfeld *Benutzerzugriff auf* erscheint und listet namentlich die Benutzer auf, die Zugriff auf die verschlüsselte Datei haben.

3. Um anderen Benutzern Zugriff auf die Datei zu gewähren, klicken Sie auf *Hinzufügen*.

4. Sofern für den Benutzer, dem Sie Zugriff gewähren, ein Benutzerzertifikat verfügbar ist, wählen Sie den Namen des Benutzers in der Liste aus und klicken dann auf *OK*.

Entschlüsseln von Verzeichnissen und Dateien

Wenn Sie später eine Datei oder ein Verzeichnis entschlüsseln möchten, kehren Sie den Vorgang wie folgt um:

1. Klicken Sie in Windows Explorer mit der rechten Maustaste auf die Datei beziehungsweise das Verzeichnis.
2. Klicken Sie im Eigenschaftendialogfeld auf der Registerkarte *Allgemein* auf *Erweitert*. Deaktivieren Sie das Kontrollkästchen *Inhalt verschlüsseln, um Daten zu schützen*. Klicken Sie zweimal auf *OK*.

Dateien werden von Windows 7 entschlüsselt und in ihrem ursprünglichen Format wiederhergestellt. Bei Verzeichnissen werden alle darin enthaltenen Dateien entschlüsselt. Falls das Verzeichnis Unterordner enthält, können Sie auch bei diesen die Verschlüsselung entfernen. Wählen Sie dazu nach Aufforderung *Änderungen für diesen Ordner, Unterordner und Dateien übernehmen* aus und klicken Sie auf *OK*.

TIPP Windows 7 enthält auch ein befehlszeilenorientiertes Dienstprogramm für die Ver- und Entschlüsselung von Daten. Es hat den Namen *Cipher.exe*. Wenn Sie in der Befehlszeile nur *cipher* eingeben, wird der Verschlüsselungsstatus aller Ordner im aktuellen Verzeichnis angezeigt.

13 Verwalten der Dateisicherheit und Ressourcenfreigabe

Übersicht über das Kapitel:
Optionen für die Dateisicherheit und Dateifreigabe 545
Kontrollieren des Zugriffs auf Dateien und Ordnern mit
NTFS-Berechtigungen 551
Freigeben von Dateien und Ordnern im Netzwerk 569
Verwenden und Konfigurieren der Freigabe öffentlicher Ordner 584
Überwachen von Datei- und Ordnerzugriff 586

Egal, ob Sie Windows 7 in einer Domäne, einer Arbeitsgruppe oder einer Heimnetzgruppe verwenden, nur wenige Aspekte des Betriebssystems sind wichtiger als die Sicherheit und die Freigabe von Dateien. Dateisicherheit und Dateifreigabe sind so eng miteinander verflochten, dass es kaum möglich ist, von dem einen Punkt zu reden, ohne den anderen zu erwähnen. *Dateisicherheit* bedeutet, dass wichtige Daten auf Ihren Systemen geschützt werden, indem der Zugriff auf Daten beschränkt wird. *Dateifreigabe* bedeutet, dass auch andere Benutzer auf Daten zugreifen und mehrere Benutzer die freigegebenen Dateien gemeinsam verwenden dürfen.

Optionen für die Dateisicherheit und Dateifreigabe

Auf Windows 7-Computern hängt die Sicherheit und Freigabe von Dateien von zwei Faktoren ab, nämlich vom Datenträgerformat und von den Computereinstellungen. Vom Format des lokalen Datenträgers hängt es ab, welche Sicherheitsoptionen verfügbar sind. Lokale Datenträger können mit dem FAT-Dateisystem (FAT16/FAT32) oder dem Dateisystem NTFS formatiert werden. Die Sicherheitsoptionen von FAT- und NTFS-Volumes unterscheiden sich sehr stark.

- FAT bietet Ihnen nur eine sehr begrenzte Kontrolle über den Dateizugriff. Dateien können nur als *Schreibgeschützt*, *Verborgen* oder *System* gekennzeichnet werden. Diese Flags können zwar für Dateien und Ordner festgelegt werden, aber wer Zugriff auf das FAT-Volume hat, kann diese Einstellungen außer Kraft setzen oder ändern. Das bedeutet, dass es letztlich keinen zuverlässigen Schutz vor Dateizugriffen oder Löschungen gibt. Jeder Benutzer kann praktisch ohne Einschränkung auf jede Datei zugreifen oder sie löschen.

- NTFS bietet Ihnen die Kontrolle des Zugriffs auf Dateien und Ordnern, indem Sie Berechtigungen vergeben, die den Zugriff explizit erlauben oder verbieten. Solche Berechtigungen lassen sich für einzelne Benutzer oder für Gruppen vergeben. Das gibt Ihnen eine sehr genaue Kontrolle über Datei- und Ordnerzugriffe. Sie können beispielsweise festlegen, dass Benutzer aus der Gruppe der Manager den Vollzugriff auf einen Ordner und seine Dateien haben, aber die Benutzer aus der Gruppe der Vertreter keinen irgendwie gearteten Zugriff auf diesen Ordner erhalten.

Die Einstellung des Computers bestimmt, wie Dateien freigegeben werden können. Windows 7 unterstützt zwei Dateifreigabemodelle:

- **Standardordnerfreigabe** Ermöglicht Ihnen die Freigabe von Dateien aus jedem Ordner Ihres Computers. Wer Zugriff auf freigegebene Ordner erhält, ergibt sich aus zwei Berechtigungssätzen, nämlich aus den Zugriffsberechtigungen (sie werden im Abschnitt »Kontrollieren des Zugriffs auf Dateien und Ordnern mit NTFS-Berechtigungen« weiter unten in diesem Kapitel besprochen) und den Freigabeberechtigungen (sie werden im Abschnitt »Freigeben von Dateien und Ordnern im Netzwerk« weiter unten in diesem Kapitel besprochen). Zusammengenommen ermöglichen Ihnen Freigabe- und Zugriffsberechtigungen die Kontrolle darüber, wer Zugriff auf freigegebene Ordner erhält und wie weit dieser Zugriff reicht. Sie brauchen die Dateien, die Sie freigeben, nicht extra an spezielle Orte zu kopieren.

- **Freigabe in öffentlichen Ordnern** Ermöglicht die Freigabe von Dateien aus dem Ordner *%SystemDrive%\Users\Public* eines Computers (in der Benutzeroberfläche heißt dieser Ordner *Öffentlich*). Aus den Zugriffsberechtigungen für den Ordner *Public* geht hervor, welche Benutzer und Gruppen Zugriff auf öffentlich freigegebene Dateien erhalten und wie weit dieser Zugriff reicht. Wenn Sie Dateien in den Ordner *Public* verschieben oder kopieren, werden die Zugriffsberechtigungen so geändert, dass sie zum Ordner *Public* passen. Außerdem werden noch einige zusätzliche Berechtigungen festgelegt. Weitere Informationen finden Sie im Abschnitt »Verwenden und Konfigurieren der Freigabe öffentlicher Ordner« weiter unten in diesem Kapitel.

HINWEIS Bei der Standardordnerfreigabe erhalten lokale Benutzer nicht automatisch Zugriff auf Daten, die auf einem Computer gespeichert sind. Der lokale Zugang zu Dateien und Ordnern wird durch die Sicherheitseinstellungen auf dem lokalen Datenträger kontrolliert. Wenn ein lokaler Datenträger mit FAT formatiert ist, können Sie zwar versuchen, Dateien und Ordner mit den Flags *Schreibgeschützt*, *Verborgen* oder *System* zu schützen, aber Sie können den Zugang nicht beschränken. Wenn der lokale Datenträger mit NTFS formatiert ist, können Sie den Zugang sehr genau kontrollieren, indem Sie einzelnen Benutzern oder Gruppen den Zugang gestatten oder verwehren.

Bei der Freigabe durch öffentliche Ordner werden Dateien, die in den Ordner *Public* kopiert werden, für jeden zugänglich, der sich lokal anmelden kann, und zwar unabhängig davon, ob er auf dem Computer über ein Administratorkonto oder nur über ein Standardbenutzerkonto verfügt. Auch der Zugriff über das Netzwerk kann für den Ordner *Public* zugelassen werden. Dadurch wird der Ordner *Public* und sein Inhalt für jeden zugänglich, der via Netzwerk Zugriff auf den Computer hat.

Im Gegensatz zu Windows XP, bei dem sich immer nur ein Freigabemodell einsetzen lässt, können Windows 7-Computer beide Freigabemodelle zusammen verwenden. Der Hauptvorteil der Standardfreigabe ist, dass die Benutzer jeden beliebigen Ordner auf einem Computer freigeben können. Sie brauchen dazu keine Dateien oder Ordner an einen anderen Ort zu kopieren oder zu verschieben. Öffentliche Ordner sind dagegen festgelegte Orte für den Austausch von Dateien. Wenn Benutzer Dateien und Ordner in öffentliche Ordner kopieren (und die Freigabe in öffentlichen Ordnern aktiviert ist), stehen diese Dateien und Ordner anderen Benutzern auf dem Computer und im Netzwerk zur Verfügung.

In Windows 7 stellt der Windows-Explorer mehrere neue Optionen zur Verfügung, wenn Sie Ordner auswählen.

- *In Bibliothek aufnehmen* Erstellt einen Link zwischen dem Ordner und seinem Inhalt im Ordner *Dokumente*, *Musik*, *Bilder*, *Videos* oder einem anderen Bibliotheksordner des Benutzers. Der Benutzer kann dann den Inhalt des Ordners durchsuchen und bearbeiten, als wäre er Teil der angegebenen Bibliothek. Aber immer, wenn der Benutzer mit einer Datei in einem Bibliotheksordner arbeitet, greift er in Wirklichkeit auf die Datei an ihrem ursprünglichen Speicherort zu.

- *Freigeben für* Gibt den Ordner über die Standardordnerfreigabe frei. In einer Heimnetzgruppe haben Benutzer die Möglichkeit, den Ordner für alle anderen in der Heimnetzgruppe freizugeben, und zwar entweder schreibgeschützt oder mit Lese-/Schreibzugriff. In einer Arbeitsgruppe oder Domäne können die Benutzer auswählen, für welche Personen sie den Ordner freigeben wollen. In beiden Fällen können die Benutzer außerdem die Freigabeoption *Niemand* auswählen; in diesem Fall wird die Freigabe praktisch ausgeschaltet.

Die Standardfreigabekonfiguration für Computer hängt davon ab, ob sie Mitglieder von Heimnetzgruppen, Arbeitsgruppen oder Domänen sind. Wenn Sie eine Heimnetzgruppe einrichten, legen Sie fest, welche Dateitypen freigegeben werden und ob Drucker freigegeben werden. Computer, die Mitglieder derselben Heimnetzgruppe sind, können dann automatisch Dateien wie Bilder, Musik, Videos und Dokumente sowie Drucker freigeben.

Es ist recht simpel, Ordner innerhalb einer Heimnetzgruppe schreibgeschützt oder mit Lese-/Schreibzugriff freizugeben. Gehen Sie folgendermaßen vor, um die Freigabe in einer Heimnetzgruppe zu aktivieren:

1. Wählen Sie im Windows-Explorer den gewünschten Ordner aus.
2. Klicken Sie in der Symbolleiste auf *Freigeben für* und wählen Sie dann *Heimnetzgruppe (Lesen)* oder *Heimnetzgruppe (Lesen/Schreiben)* aus.

Dieses simple Verfahren zum Freigeben von Ordnern mag für Benutzer, die in Büros arbeiten, recht verlockend aussehen. Dabei wird aber auch sehr weitgehender Zugriff auf die Daten des Benutzers gewährt. Am Arbeitsplatz ist davon im Allgemeinen abzuraten. Aus diesem Grund sollten Sie die Benutzer in einer Heimnetzgruppe auffordern, Daten lieber für bestimmte

Personen freizugeben statt für alle. Die Freigabe für bestimmte Personen ist die einzige Technik, die Sie in Arbeitsgruppen und Domänen nutzen können.

Gehen Sie folgendermaßen vor, um die Freigabe für bestimmte Personen zu aktivieren:

1. Wählen Sie im Windows-Explorer den Ordner aus.
2. Klicken Sie in der Symbolleiste auf *Freigeben für* und dann auf *Bestimmte Personen*. Daraufhin öffnet sich der Dateifreigabe-Assistent. In der Standardeinstellung ist die lokale Gruppe *Administratoren* als Besitzer der Freigabe eingetragen, und der momentan angemeldete Benutzer bekommt Lese-/Schreibzugriff gewährt.
3. Wählen Sie im Dateifreigabe-Assistenten mit den verfügbaren Optionen aus, für welche Personen die Freigabe gelten soll. Wollen Sie beispielsweise alle Benutzer auswählen, die lokale Konten auf dem Computer haben, können Sie den Gruppennamen *Benutzer* eingeben und auf *Hinzufügen* klicken. Das ist etwas anderes als die Freigabe für alle, weil die Gruppe *Jeder* alle Konten umfasst, die Zugriffsberechtigung auf den Computer haben, und nicht nur die Konten, die Domänen- oder lokale Benutzer sind.
4. Die Standardfreigabeberechtigung ist schreibgeschützt (*Lesen*). Sie stellen eine Berechtigungsstufe für einen Benutzer oder eine Gruppe ein, indem Sie auf den Benutzer- oder Gruppennamen klicken und dann *Lesen* oder *Lesen/Schreiben* auswählen.
5. Klicken Sie auf *Freigabe*, um den Ordner freizugeben, und dann auf *Fertig*.

Gehen Sie folgendermaßen vor, um Freigaben zu entfernen:

1. Wählen Sie im Windows-Explorer den Ordner aus.
2. Klicken Sie in der Symbolleiste auf *Freigeben für* und dann auf *Niemand*.

Wenn Sie die erste Standardordnerfreigabe auf einem Computer anlegen, erstellt Windows standardmäßig die Ausnahme für Datei- und Druckerfreigabe in der Windows-Firewall. Diese eingehende Ausnahme erlaubt anderen Computern im Netzwerk, SMB-Verkehr (Server Message Block) durch die Windows-Firewall zu senden, um auf die Freigabe zuzugreifen. Um das zuzulassen, öffnet Windows die folgenden Ports:

- UDP-Port 137, der für die NetBIOS-Namensauflösung benutzt wird
- UDP-Port 138, der für NetBIOS-Datagrammübertragung und -empfang benutzt wird
- TCP-Port 139, der für den NetBIOS-Sitzungsdienst benutzt wird
- Dynamische Ports für ICMPv4 und ICMPv6 (die bei Bedarf für Echoanforderungen benutzt werden)

Damit ist im Grunde auch schon erklärt, wie die Standardordnerfreigabe funktioniert. Weiter unten in diesem Kapitel beschreibe ich genauer, wie die Freigabe für bestimmte Personen arbeitet. Aber bevor irgendjemand etwas freigeben kann, muss die Netzwerkfreigabe aktiviert sein.

Die Netzwerkfreigabeeinstellungen dienen dazu, ausreichende Sicherheit für jede der verschiedenen Netzwerkkategorien zu gewährleisten, mit denen sich ein Computer verbindet. Aus diesem Grund pflegt Windows für jeden Netzwerktyp, den ein Computer nutzt, ein separates Netzwerkprofil. Im Allgemeinen sind die meisten Netzwerkerkennungs- und Freigabeeinstellungen standardmäßig deaktiviert. Gehen Sie folgendermaßen vor, um Netzwerkerkennungs- und Freigabeeinstellungen zu konfigurieren:

1. Klicken Sie im Startmenü auf *Systemsteuerung*. Klicken Sie in der Systemsteuerung unter *Netzwerk und Internet* auf *Heimnetzgruppen- und Freigabeoptionen auswählen* und dann auf den Link *Erweiterte Freigabeeinstellungen ändern*.

2. Jedes verfügbare Netzwerkprofil hat ein einen eigenen Verwaltungsabschnitt mit den jeweiligen Konfigurationseinstellungen. Klicken Sie auf die Pfeilschaltfläche, um das Profil anzuzeigen, das Sie bearbeiten wollen.

3. Die Netzwerkerkennung wirkt sich darauf aus, ob ein Computer andere Computer und Geräte im Netzwerk findet und ob andere Computer im Netzwerk diesen Computer finden. Schalten Sie die Netzwerkerkennung an oder aus, indem Sie die entsprechende Option auswählen.

4. Die Datei- und Druckerfreigabe steuert, ob ein Computer Dateien und Drucker freigeben kann. Schalten Sie die Datei- und Druckerfreigabe an oder aus, indem Sie die entsprechende Option auswählen.

5. Die Freigabe des öffentlichen Ordners steuert, ob ein Computer Dateien in den öffentlichen Ordnern freigeben kann. Schalten Sie die Freigabe des öffentlichen Ordners an oder aus, indem Sie die entsprechende Option auswählen.

6. Medienstreaming erlaubt den Benutzern, Musik, Videos und Bilder freizugeben und auf Musik, Videos und Bilder auf anderen Computern zuzugreifen. Schalten Sie das Medienstreaming ein, indem Sie auf die Schaltfläche klicken, und konfigurieren Sie dann die gewünschten Optionen für das Medienstreaming. Wenn Sie anderen Benutzern erlauben, von ihren Computern aus Musik zu hören, Videos abzuspielen und Bilder anzuzeigen, kann sich das auf die Leistung auswirken, daher sollten Sie sich genau überlegen, ob Sie dieses Feature aktivieren.

7. Windows setzt Verschlüsselung ein, um Ihre freigegebenen Daten sicher zu übertragen. In der Standardeinstellung ist die Verschlüsselungsstufe auf 128-Bit-Verschlüsselung eingestellt (in den meisten Konfigurationen). Sie sollten aber sicherstellen, dass die Computer und Geräte, für die Sie Daten freigeben, diese Verschlüsselungsstufe auch unterstützen. Wählen Sie andernfalls eine niedrigere Verschlüsselungsstufe aus oder aktualisieren Sie die Verschlüsselungsunterstützung auf den anderen Geräten und Computern.

8. In Arbeitsgruppen und Heimnetzgruppen sorgt das kennwortgeschützte Freigeben dafür, dass nur Benutzer, die über ein Konto und ein Kennwort auf dem lokalen Computer verfügen, auf freigegebene Ressourcen

zugreifen dürfen. Schalten Sie das kennwortgeschützte Freigeben an oder aus, indem Sie die entsprechende Option auswählen.
9. Klicken Sie auf *Änderungen speichern*, um Ihre Einstellungen zu speichern.

In den Gruppenrichtlinien können Sie verhindern, dass Computer einer Heimnetzgruppe beitreten, indem Sie die Richtlinie *Beitritt des Computers zu einer Heimnetzgruppe verhindern* aktivieren. Diese Richtlinie befindet sich im Zweig *Computerkonfiguration\Richtlinien\Administrative Vorlagen\ Windows-Komponenten\Heimnetzgruppe*.

Außerdem können Sie in den Gruppenrichtlinien einschränken, auf welche Weise die Freigabe arbeitet. Die wesentlichen Einschränkungen für die Freigabefunktionen werden in der Richtlinie *Verhindert, dass Benutzer Dateien innerhalb ihres Profils freigeben* konfiguriert. Sie finden diese Richtlinie unter *Benutzerkonfiguration\Richtlinien\Administrative Vorlagen\Windows-Komponenten\Netzwerkfreigabe*. Diese Einstellung kontrolliert, ob die Freigabe in Ordnern erlaubt ist, die einem Benutzerprofil zugeordnet sind, insbesondere im Ordner *%SystemDrive%\Users*. Beachten Sie bitte folgende Punkte, wenn Sie mit der Einstellung *Verhindert, dass Benutzer Dateien innerhalb ihres Profils freigeben* arbeiten:

- Ist diese Einstellung *Nicht konfiguriert* (die Standardeinstellung), dürfen Benutzer Dateien für andere Benutzer aus dem Netzwerk freigeben, sofern sich ein Benutzer mit Administratorrechten auf dem Computer für die Dateifreigabe entscheidet. Um sich für die Dateifreigabe zu entscheiden, braucht der Administrator nichts weiter zu tun, als eine Datei aus seinem Profil freizugeben.
- Ist die Einstellung *Aktiviert*, können Benutzer keine Dateien aus ihren Profilen mit dem Dateifreigabe-Assistenten freigeben und der Dateifreigabe-Assistent erstellt keine Freigaben im Ordner *%SystemDrive%\Users*.
- Ist diese Einstellung *Deaktiviert*, was erforderlich sein kann, um eine geerbte *Aktiviert*-Einstellung außer Kraft zu setzen, können Benutzer Dateien aus ihrem Profil für andere Benutzer aus dem Netzwerk freigeben, sofern sich ein Benutzer mit Administratorrechten auf dem Computer für die Dateifreigabe entscheidet.
- Um die Gruppenrichtlinie *Verhindert, dass Benutzer Dateien innerhalb ihres Profils freigeben* zu konfigurieren, gehen Sie folgendermaßen vor:
  1. Öffnen Sie ein Gruppenrichtlinienobjekt (Group Policy Object, GPO) zum Bearbeiten im Gruppenrichtlinienobjekt-Editor. Erweitern Sie den Zweig *Benutzerkonfiguration\Richtlinien\Administrative Vorlagen\Windows-Komponenten\Netzwerkfreigabe*.
  2. Klicken Sie doppelt auf *Verhindert, dass Benutzer Dateien innerhalb ihres Profils freigeben*.
  3. Wählen Sie *Nicht konfiguriert*, *Aktiviert* oder *Deaktiviert* aus und klicken Sie auf *OK*.

Die Versuchung ist zwar groß, eine Freigabe des öffentlichen Ordners zu verwenden, aber die meisten Organisationen, auch kleine Firmen, sind wohl besser beraten, für alle Firmendateien und -daten die Standardordnerfreigabe zu verwenden. Einfach ausgedrückt, ist die Standardordnerfreigabe sicherer und bietet besseren Schutz. Statt die Datenschleusen zu öffnen, schließt sie die Türen und blockiert unerwünschte Zugriffe. Ein möglichst guter Schutz für einen der wichtigsten Werte einer Organisation, ihre Daten, ist entscheidend.

Freigabeberechtigungen werden nur verwendet, wenn ein Benutzer versucht, von einem anderen Computer des Netzwerks aus auf eine Datei oder einen Ordner zuzugreifen. Zugriffsberechtigungen wirken dagegen immer, ob der Benutzer nun lokal angemeldet ist oder über das Netzwerk einen Remotezugriff auf die Datei oder den Ordner durchführt. Beim Remotezugriff werden zuerst die Freigabeberechtigungen angewendet und dann die Zugriffsberechtigungen.

In gewisser Weise bedeutet dies, dass Dateizugriffsberechtigungen und Standardordnerfreigabeberechtigungen wie Schutzhüllen für Daten funktionieren. Dateizugriffsberechtigungen, die erste Hülle, schützen Ihre Daten bei lokalen Zugriffen. Wenn sich ein Benutzer lokal an einem Computer anmeldet, können ihm Dateizugriffsberechtigungen den Zugang zu Dateien und Ordnern erlauben oder verwehren. Dateifreigabeberechtigungen, die zweite Hülle, werden für Remotezugriffe verwendet. Versucht ein Benutzer einen Remotezugriff auf Daten, erlauben oder verwehren ihm Dateifreigabeberechtigungen den Zugriff. Da Ihre Daten aber zusätzlich noch von der ersten Schutzhülle geschützt werden, muss der Benutzer auch über die entsprechenden Dateizugriffsberechtigungen verfügen, um mit den Dateien und Ordnern arbeiten zu können.

Kontrollieren des Zugriffs auf Dateien und Ordner mit NTFS-Berechtigungen

NTFS-Berechtigungen werden bei jedem Dateizugriff berücksichtigt. Sie sind recht komplex. Um sie als Administrator richtig einstellen zu können, müssen Sie folgende Grundbegriffe verstehen:

- **Standardberechtigungen** Was sind Standardberechtigungen und wie werden sie verwendet?
- **Spezielle Berechtigungen** Was sind spezielle Berechtigungen und wie werden sie verwendet?
- **Besitz einer Datei** Was bedeutet Dateibesitz und wie wird der Dateibesitz verwendet?
- **Vererbung** Was ist Vererbung und wie wirkt sie?
- **Effektive Berechtigungen** Wie werden die effektiven Berechtigungen von Dateien ermittelt?

Bedeutung und Verwendung der Standardberechtigungen

In Windows 7 hat der Besitzer einer Datei oder eines Ordners das Recht, anderen den Zugriff auf diese Ressource zu gewähren oder zu verweigern, wie es auch Mitglieder der Gruppe *Administratoren* und andere autorisierte Benutzer tun. Mit einer Zulassen-Berechtigung gewähren Sie einem Benutzer oder einer Gruppe diese Berechtigung. Mit einer Verweigern-Berechtigung entziehen Sie einem Benutzer oder einer Gruppe die Berechtigung. Denken Sie daran, dass Einträge, die Berechtigungen verweigern, Vorrang vor Einträgen haben, die Berechtigungen zulassen. Ist ein Benutzer also Mitglied von zwei Gruppen, wobei der einen Gruppe eine Zulassen-Berechtigung zugewiesen ist und der anderen eine Verweigern-Berechtigung, wird dem Benutzer diese Berechtigung verweigert.

Im Windows-Explorer können Sie sich die aktuell vergebenen Standardberechtigungen ansehen, indem Sie eine Datei oder einen Ordner mit der rechten Maustaste anklicken, im Kontextmenü *Eigenschaften* wählen und dann im *Eigenschaften*-Dialogfeld die Registerkarte *Sicherheit* anklicken.

Wie aus Abbildung 13.1 hervorgeht, zeigt die Liste *Gruppen- oder Benutzernamen* alle Benutzer und Gruppen, die über Zugriffsberechtigungen für die ausgewählte Ressource verfügen. Wenn Sie einen Benutzer oder eine Gruppe auswählen, zeigt die Liste *Berechtigungen für* die zugewiesenen Berechtigungen. Wird das Häkchen hinter einer Berechtigung abgeblendet dargestellt, bedeutet dies, dass die Berechtigung von einem übergeordneten Ordner geerbt wurde. Vererbung wird ausführlicher im Abschnitt »Vererben von Berechtigungen« weiter unten in diesem Kapitel besprochen.

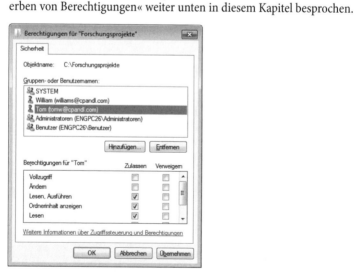

Abbildung 13.1 Die Registerkarte *Sicherheit* zeigt die zugewiesenen Standardberechtigungen

Verwenden und Vergeben von Standardberechtigungen

Alle Berechtigungen werden im Dateisystem in der Zugriffssteuerungsliste (Access Control List, ACL) eines Ordners oder einer Datei gespeichert. Tabelle 13.1 beschreibt sechs Standardberechtigungen für Ordner, von denen fünf auch für Dateien verwendet werden. Manche Berechtigungen werden zwar von übergeordneten Ordnern geerbt, aber alle Berechtigungen werden auf einer bestimmten Stufe der Dateisystemhierarchie explizit definiert.

Tabelle 13.1 Standardberechtigungen für Dateien und Ordner

Berechtigung	Beschreibung
Ändern	Erlaubt dem Benutzer oder der Gruppe, Dateien zu lesen, zu schreiben, zu ändern und zu löschen. Ein Benutzer mit der Berechtigung *Ändern* kann auch Dateien und untergeordnete Ordner erstellen, aber keine Dateien in Besitz nehmen. Die Vergabe dieser Berechtigungen schließt alle darin enthaltenen Berechtigungen ein.
Lesen	Erlaubt dem Benutzer oder der Gruppe die Anzeige und Auflistung des Inhalts eines Ordners. Ein Benutzer mit dieser Berechtigung kann Dateiattribute anzeigen, Berechtigungen lesen und Dateien synchronisieren. *Lesen* ist die einzige Berechtigung, die zur Ausführung von Skripts erforderlich ist. Lesezugriff ist für den Zugriff auf eine Verknüpfung und die von ihr bezeichnete Datei erforderlich.
Lesen und Ausführen	Erlaubt die Anzeige und Auflistung von Dateien und untergeordneten Ordnern sowie die Ausführung von Dateien. Wird diese Berechtigung für einen Ordner vergeben, erben alle darin enthaltenen Dateien und untergeordneten Ordner diese Einstellung. Die Vergabe dieser Berechtigung schließt auch die Berechtigungen *Ordnerinhalt anzeigen* und *Lesen* ein.
Ordnerinhalt anzeigen (nur für Ordner)	Ähnelt der Berechtigung *Lesen und Ausführen*, kann aber nur für Ordner vergeben werden. Ermöglicht die Anzeige und Auflistung von Dateien und untergeordneten Ordnern sowie die Ausführung von Dateien. Im Gegensatz zu *Lesen und Ausführen* wird diese Einstellung aber nur von untergeordneten Ordnern geerbt, also nicht von Dateien, die im betreffenden Ordner oder untergeordneten Ordner liegen.
Schreiben	Erlaubt einem Benutzer oder einer Gruppe die Erstellung neuer Dateien und das Schreiben von Daten in vorhandene Dateien. Ein Benutzer mit dieser Berechtigung kann auch Dateiattribute anzeigen, Berechtigungen lesen und Dateien synchronisieren. Gibt man einem Benutzer die Berechtigung *Schreiben*, aber nicht das Recht, eine Datei oder einen Ordner zu löschen, wird er dadurch nicht daran gehindert, den Inhalt des Ordners oder der Datei zu löschen.
Vollzugriff	Gewährt dem Benutzer oder der Gruppe die volle Kontrolle über die gewählte Datei oder den Ordner und erlaubt das Lesen, Schreiben, Ändern und Löschen von Dateien und untergeordneten Ordnern. Ein Benutzer mit *Vollzugriff*-Berechtigung auf eine Datei oder einen Ordner kann Berechtigungen ändern, Dateien unabhängig von den für die Dateien vergebenen Berechtigungen aus dem Ordner löschen und eine Datei oder einen untergeordneten Ordner auch in Besitz nehmen. Durch die Vergabe dieser Berechtigung sind auch alle anderen Berechtigungen eingeschlossen.

Genauso wichtig wie die Standardberechtigungen sind die Benutzer und Gruppen, denen Sie diese Berechtigungen zuweisen. Wenn ein Benutzer oder eine Gruppe, denen Sie Berechtigungen zuweisen möchten, bereits in der Liste *Gruppen- oder Benutzernamen* der Registerkarte *Sicherheit* verzeichnet ist, können Sie die zugewiesenen Berechtigungen ändern, indem Sie auf *Bearbeiten* klicken und dann die gewünschten Einstellungen in den Spalten *Zulassen* und *Verweigern* der Liste *Berechtigungen für* vornehmen. Wählen Sie die Kontrollkästchen in der Spalte *Zulassen*, um Berechtigungen zu vergeben, oder löschen Sie die Kontrollkästchen, um Berechtigungen aufzuheben. Klicken Sie zuletzt auf *OK*.

Um einem Benutzer oder einer Gruppe eine bestimmte Berechtigung ausdrücklich zu entziehen, wählen Sie das entsprechende Kontrollkästchen in der Spalte *Verweigern*. Da verweigerte Berechtigungen Vorrang vor anderen Berechtigungen haben, ist *Verweigern* in zwei bestimmten Szenarios sehr nützlich:

- Wenn ein Benutzer Mitglied einer Gruppe ist, die bestimmte Berechtigungen erhalten hat, aber dieser spezielle Benutzer nicht über die Berechtigung verfügen soll und Sie den Benutzer nicht aus der entsprechenden Gruppe entfernen können oder wollen, können Sie die ererbten Berechtigungen außer Kraft setzen, indem Sie dem speziellen Benutzer die Berechtigung verweigern.

- Wenn von einem übergeordneten Ordner eine bestimmte Berechtigung geerbt wird und ein Benutzer oder eine Gruppe nicht über diese Berechtigung verfügen soll, können Sie die vergebenen Berechtigungen (in den meisten Fällen) außer Kraft setzen, indem Sie dem Benutzer oder der Gruppe explizit die betreffende Berechtigung verweigern.

Wenn Benutzer oder Gruppen, denen Sie Berechtigungen zuweisen möchten, noch nicht auf der Registerkarte *Sicherheit* in der Liste *Gruppen- oder Benutzernamen* stehen, können Sie sie sehr einfach hinzufügen. Um Benutzern oder Gruppen, die noch nicht auf der Registerkarte *Sicherheit* einer Datei oder eines Ordners erfasst sind, Standardberechtigungen zuzuweisen, gehen Sie folgendermaßen vor:

1. Klicken Sie auf der Registerkarte *Sicherheit* auf *Bearbeiten*. Dadurch öffnet sich das Dialogfeld *Berechtigungen für*.
2. Klicken Sie im Dialogfeld *Berechtigungen für* auf *Hinzufügen*, um das Dialogfeld *Benutzer, Computer, Dienstkonto oder Gruppe auswählen* zu öffnen (Abbildung 13.2).

> **TIPP** Überprüfen Sie auf jeden Fall den Wert im Feld *Suchpfad*. In Arbeitsgruppen zeigen Computer nur lokale Konten und Gruppen an. In Domänen lassen sich andere Werte für dieses Feld einstellen. Der Anfangswert ist die Standarddomäne (die Anmeldedomäne) des aktuell angemeldeten Benutzers. Wenn Sie nicht dort nach Benutzer- und Gruppenkonten suchen möchten, klicken Sie auf *Pfade*, um eine Liste der Orte anzuzeigen, die Sie durchsuchen können. Darin sind die aktuelle Domäne, vertrauenswürdige Domänen und andere Orte verzeichnet, auf die Sie Zugriff haben.

Kontrollieren des Zugriffs auf Dateien und Ordner mit NTFS-Berechtigungen

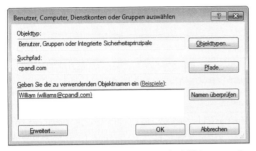

Abbildung 13.2 Verwenden Sie das Dialogfeld *Benutzer, Computer, Dienstkonto oder Gruppe auswählen* für die Auswahl der Benutzer oder Gruppen, denen Sie Berechtigungen zuweisen möchten

3. Geben Sie den Namen eines Benutzer- oder Gruppenkontos ein. Achten Sie darauf, dass Sie den Kontonamen eingeben und nicht den Anzeigenamen des Benutzers. Sie können mehrere Namen angeben, wobei die Namen jeweils durch ein Semikolon voneinander getrennt sind.
4. Klicken Sie auf *Namen überprüfen*. Wird für jeden Eintrag nur eine Übereinstimmung gefunden, dann wird das Dialogfeld automatisch entsprechend aktualisiert und jeder Eintrag ist unterstrichen. Andernfalls sehen Sie ein weiteres Dialogfeld. Wird keine Übereinstimmung gefunden, haben Sie den Namen falsch eingegeben, oder Sie suchen am falschen Ort. Ändern Sie den Namen im Dialogfeld *Name nicht gefunden* und versuchen Sie es noch einmal. Oder Sie klicken *Pfade* an und stellen einen anderen Suchpfad ein. Wurden mehrere Übereinstimmungen gefunden, wählen Sie im Dialogfeld *Mehrere Namen gefunden* den oder die gewünschten Namen und klicken dann auf *OK*. Die Benutzer und Gruppen werden in die Liste *Gruppen- oder Benutzernamen* aufgenommen.
5. Nun können Sie die Berechtigungen für jeden Benutzer und jede Gruppe einstellen, die Sie hinzugefügt haben, indem Sie den Kontonamen wählen und dann die Zugriffsberechtigungen nach Bedarf gewähren oder verweigern.

Spezialidentitäten und empfohlene Vorgehensweisen für die Zuweisung von Berechtigungen

Wenn Sie mit Standardberechtigungen arbeiten, ist es nicht nur wichtig, wie Berechtigungen verwendet werden, sondern auch, wie man die Zuweisung von Berechtigungen durch Spezialidentitäten vereinfachen kann. Von diesen Spezialidentitäten werden *Ersteller-Besitzer* und *Benutzer* am häufigsten verwendet. Aber auch die anderen werden gelegentlich verwendet (Tabelle 13.2). Spezialidentitäten sind automatisch Mitglieder bestimmter Gruppen. Sie konfigurieren die Berechtigungen für eine Spezialidentität, indem Sie den Namen der Spezialidentität genauso eingeben wie den Namen eines beliebigen anderen Benutzers oder einer Gruppe.

Tabelle 13.2 Bei der Zuweisung von Berechtigungen werden auch Spezialidentitäten eingesetzt

Spezialidentität	Beschreibung
ANONYMOUS-ANMELDUNG	Umfasst alle Netzwerkanmeldungen, bei denen keine Anmeldeinformationen angegeben werden. Diese Spezialidentität wird für anonyme Zugriffe auf Ressourcen verwendet, wie sie beispielsweise auf einem Webserver geboten werden.
Authentifizierte Benutzer	Umfasst Benutzer und Computer, die sich mit Benutzernamen und Kennwort angemeldet haben. Enthält keine Benutzer, die sich mit dem Gastkonto angemeldet haben. Das gilt auch dann, wenn dem Gastkonto ein Kennwort zugewiesen wurde.
Benutzer	Umfasst nur authentifizierte Benutzer und Domänenbenutzer. In Windows 7 wird die vordefinierte Gruppe *Benutzer* gegenüber *Jeder* bevorzugt.
DIALUP	Umfasst alle Benutzer, die über eine Wählverbindung auf den Computer zugreifen. Diese Identität dient dazu, per Wählverbindung verbundene Benutzer von allen anderen Benutzerarten zu unterscheiden.
ERSTELLER-BESITZER	Die Spezialidentität für das Konto, das eine Datei oder einen Ordner erstellt hat. Windows 7 verwendet diese Gruppe, um das Konto zu identifizieren, das die ultimative Autorität über die Datei oder einen Ordner hat.
INTERAKTIV	Umfasst alle Benutzer, die lokal oder über eine Remotedesktopverbindung angemeldet sind.
Jeder	Umfasst alle interaktiven Benutzer, Benutzer mit Wählverbindungen und authentifizierte Benutzer. Auch Gäste gehören zu dieser Gruppe, nicht aber anonyme Benutzer.
NETZWERK	Umfasst alle Benutzer, die via Netzwerk angemeldet sind. Diese Identität erlaubt Remotebenutzern den Zugriff auf eine Ressource, umfasst aber nicht interaktive Anmeldungen, die über Remotedesktopverbindungen erfolgen.

Eine gründliche Beschäftigung mit diesen Spezialidentitäten kann Ihnen helfen, die Berechtigungen für NTFS-Volumes effizienter zu vergeben. Außerdem können Sie sich an folgenden Richtlinien orientieren, wenn Sie Berechtigungen einstellen:

- **Beachten Sie die Dateisystemhierarchie** Vererbung spielt bei der Vergabe von Berechtigungen eine große Rolle. Standardmäßig gelten die Berechtigungen, die Sie für einen Ordner vergeben, auch für alle Dateien und Unterordner, die in diesem Ordner enthalten sind. Vor diesem Hintergrund beginnen Sie die Einstellung der Berechtigungen am besten im Stammordner eines lokalen Datenträgers oder des Benutzerprofils (beide dienen als Stammordner, bilden also die oberste Ebene in der Ordnerhierarchie).

- **Arbeiten Sie nach Plan** Stellen Sie keine Berechtigungen ein, ohne zuvor einen klaren Plan ausgearbeitet zu haben. Wenn die Berechtigungen in den verschiedenen Ordnerebenen aus dem Tritt geraten und Sie eine Möglichkeit suchen, alles wieder ins Lot zu bringen, damit es eine gewisse Kontinuität gibt, dann können Sie die Berechtigungen im übergeordneten Ordner so einstellen, wie sie sein sollen, und dann die Berechtigungen aller in diesem Ordner enthaltenen Dateien und Unterordner mit den Verfahren zurücksetzen, die im Abschnitt »Wiederherstellen geerbter Berechtigungen« weiter unten in diesem Kapitel beschrieben werden.

- **Gewähren Sie nur die wirklich benötigten Berechtigungen** Ein wichtiger Aspekt der Dateizugriffssteuerung in NTFS ist, dass Berechtigungen explizit zugewiesen werden müssen. Wenn Sie einem Benutzer eine bestimmte Berechtigung nicht geben und der Benutzer kein Mitglied einer Gruppe ist, die über diese Berechtigung verfügt, dann hat der Benutzer diese Berechtigung nicht. So einfach ist das. Bei der Vergabe von Berechtigungen ist diese Regel besonders wichtig, weil die Versuchung groß ist, Benutzern einfach den Vollzugriff zu geben, statt genau die benötigten Berechtigungen festzulegen. Das *Prinzip der geringstmöglichen Rechte* bedeutet, Benutzern genau die Berechtigungen zu geben, die sie zur Erledigung ihrer Arbeit brauchen.

- **Verwenden Sie Gruppen zur Vereinfachung der Verwaltung** Wann immer möglich, sollten Sie Benutzer zu Mitgliedern der passenden Gruppen machen und dann die Berechtigungen dieser Gruppen festlegen, statt Berechtigungen an einzelne Benutzer zu vergeben. Dann können Sie neuen Benutzern nämlich einen maßgeschneiderten Berechtigungssatz zuweisen, indem Sie die neuen Benutzer zu Mitgliedern der entsprechenden Gruppen machen. Wird ein Benutzer versetzt und gehört dann zu einer anderen Gruppe, ändern Sie einfach die Gruppenmitgliedschaft entsprechend. Tritt Sarah beispielsweise ins Verkaufsteam ein, können Sie sie in die Gruppen *SalesUS* und *SalesCan* aufnehmen, damit sie Zugang zu den entsprechenden Daten erhält. Sollte sie das Verkaufsteam später verlassen und ins Marketingteam wechseln, können Sie ihre Mitgliedschaft in den Gruppen *SalesUS* und *SalesCan* löschen und sie in die Gruppen *MarketingUS* und *MarketingCan* aufnehmen. Das ist wesentlich effizienter, als die Berechtigungen für jeden Ordner zu überarbeiten, auf den Sarah Zugriff erhalten soll.

Zuweisen von speziellen Berechtigungen

Windows 7 verwendet spezielle Berechtigungen, um die Berechtigungen von Benutzern und Gruppen genau einzustellen. Wenn Sie mit Standardberechtigungen arbeiten, übersetzt Windows 7 diese Angaben in spezielle Berechtigungen, mit denen die zugelassenen Aktionen genau festgelegt werden. Jede dieser Standardberechtigungen setzt sich aus folgenden speziellen Berechtigungen zusammen:

- *Lesen*
    - *Ordner auflisten / Daten lesen*
    - *Attribute lesen*
    - *Erweiterte Attribute lesen*
    - *Berechtigungen lesen*

- *Lesen und Ausführen* oder *Ordnerinhalt anzeigen*
  - Alle speziellen Berechtigungen, die bereits für *Lesen* genannt wurden
  - *Ordner durchsuchen / Datei ausführen*
- *Schreiben*
  - *Dateien erstellen / Daten schreiben*
  - *Ordner erstellen / Daten anhängen*
  - *Attribute schreiben*
  - *Erweiterte Attribute schreiben*
- *Ändern*
  - Alle speziellen Berechtigungen, die bereits für *Lesen* genannt wurden
  - Alle speziellen Berechtigungen, die bereits für *Schreiben* genannt wurden
  - *Löschen*
- *Vollzugriff*
  - Alle bisher aufgeführten speziellen Berechtigungen
  - *Unterordner und Dateien löschen*
  - *Change Berechtigungen*
  - *Besitz übernehmen*

Tabelle 13.3 beschreibt, was die speziellen Berechtigungen in Windows 7 bedeuten.

Tabelle 13.3 Spezielle Berechtigungen für Dateien und Ordner

Spezielle Berechtigung	Beschreibung
Ordner durchsuchen / Datei ausführen	Ordner durchsuchen ermöglicht den direkten Zugang zu einem Ordner, um Unterordner zu erreichen, selbst wenn keine explizite Berechtigung zum Lesen der Daten vorliegt, die er enthält. Datei ausführen erlaubt die Ausführung einer ausführbaren Datei.
Ordner auflisten / Daten lesen	Ordner auflisten ermöglicht die Anzeige von Datei- und Ordnernamen. Daten lesen ermöglicht die Anzeige von Dateiinhalten.
Attribute lesen	Erlaubt das Lesen der Standardattribute einer Datei oder eines Ordners. Zu diesen Attributen gehören Schreibgeschützt, Verborgen, System und Archiv.
Erweiterte Attribute lesen	Ermöglicht die Anzeige von erweiterten Attributen (benannte Datenströme), die zu einer Datei gehören.
Dateien erstellen / Daten schreiben	Dateien erstellen erlaubt es, neue Dateien in einem Ordner abzulegen. Daten schreiben erlaubt es, in einer Datei vorhandene Daten zu überschreiben (aber nicht, neue Daten an eine Datei anzuhängen, dafür ist Daten anhängen erforderlich).
Ordner erstellen / Daten anhängen	Ordner erstellen erlaubt das Erstellen von Unterordnern in Ordnern. Daten anhängen erlaubt das Anhängen von Daten ans Ende einer vorhandenen Datei (aber nicht das Überschreiben von vorhandenen Daten, dafür ist Daten schreiben erforderlich). ▶

Spezielle Berechtigung	Beschreibung
Attribute schreiben	Erlaubt Ihnen die Änderung der Standardattribute einer Datei oder eines Ordners. Zu diesen Attributen gehören *Schreibgeschützt*, *Verborgen*, *System* und *Archiv*.
Erweiterte Attribute schreiben	Erlaubt Ihnen die Änderung von erweiterten Attributen (benannte Datenströme), die zu einer Datei gehören.
Unterordner und Dateien löschen	Erlaubt Ihnen, den Inhalt eines Ordners zu löschen. Wenn Sie über diese Berechtigung verfügen, können Sie Unterordner und die Dateien in einem Ordner selbst dann löschen, wenn Sie für den Unterordner oder die Datei nicht über die Berechtigung *Löschen* verfügen.
Löschen	Erlaubt Ihnen, eine Datei oder einen Ordner zu löschen. Ist der Ordner nicht leer und verfügen Sie für eine seiner Dateien oder Unterordner nicht über die Berechtigung *Löschen*, können Sie den Ordner nur löschen, wenn Sie über die Berechtigung *Unterordner und Dateien löschen* verfügen.
Berechtigungen lesen	Erlaubt Ihnen das Lesen der Standardberechtigungen und der speziellen Berechtigungen, die mit einer Datei oder einem Ordner verknüpft sind.
Berechtigungen ändern	Erlaubt Ihnen die Änderung der Standardberechtigungen und der speziellen Berechtigungen, die mit einer Datei oder einem Ordner verknüpft sind.
Besitz übernehmen	Erlaubt Ihnen, eine Datei oder einen Ordner in Besitz zu nehmen. Standardmäßig können Administratoren immer Besitz von einer Datei oder einem Ordner ergreifen und dieses Recht auch anderen gewähren.
Synchronisieren	Erlaubt Ihnen, eine Offlinedatei oder einen Offlineordner zu synchronisieren.

Im Windows-Explorer können Sie sich die speziellen Berechtigungen ansehen, die für eine Datei oder einen Ordner vergeben wurden, indem Sie die Datei oder den Ordner mit der rechten Maustaste anklicken und dann *Eigenschaften* wählen. Im *Eigenschaften*-Dialogfeld wählen Sie die Registerkarte *Sicherheit* und klicken dann auf *Erweitert*, um das Dialogfeld *Erweiterte Sicherheitseinstellungen* zu öffnen (Abbildung 13.3). In diesem Dialogfeld werden die Berechtigungen fast so wie auf der Registerkarte *Sicherheit* angezeigt. Der entscheidende Unterschied ist, dass die einzelnen gewährten oder verweigerten Berechtigungen angezeigt werden, und auch, ob und woher die Berechtigungen geerbt wurden und für welche Ressourcen sie gelten.

Sobald Sie das Dialogfeld *Erweiterte Sicherheitseinstellungen* geöffnet haben, müssen Sie auf *Berechtigungen ändern* klicken. Daraufhin wird eine editierbare Version der Registerkarte *Berechtigungen* geöffnet. Hier können Sie mit den Schaltflächen *Hinzufügen*, *Bearbeiten* und *Entfernen* die speziellen Berechtigungen einstellen. Um einen Benutzer oder eine Gruppe zur Liste hinzuzufügen und dann die speziellen Berechtigungen für den Benutzer oder die Gruppe festzulegen, gehen Sie folgendermaßen vor:

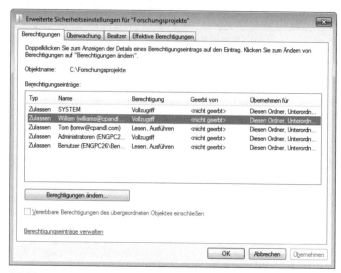

Abbildung 13.3 Verwenden Sie das Dialogfeld *Erweiterte Sicherheitseinstellungen* zur Einstellung spezieller Berechtigungen

1. Klicken Sie auf *Hinzufügen*, um das Dialogfeld *Benutzer, Computer, Dienstkonto oder Gruppe auswählen* anzuzeigen.
2. Geben Sie den Namen eines Benutzer- oder Gruppenkontos ein, das Mitglied der Standarddomäne oder der ausgewählten Domäne ist. Achten Sie darauf, dass Sie den Kontonamen angeben und nicht den Anzeigenamen. An dieser Stelle darf nur ein Name eingegeben werden.

Abbildung 13.4 Stellen Sie die speziellen Berechtigungen ein, die gewährt oder verweigert werden sollen

3. Klicken Sie auf *OK*. Das Dialogfeld *Berechtigungseintrag für* wird angezeigt (Abbildung 13.4).
4. Gewähren oder verweigern Sie die speziellen Berechtigungen. Wenn Berechtigungen abgeblendet (unzugänglich) dargestellt sind, wurden sie vom übergeordneten Ordner geerbt. Sie können die geerbten Berechtigungen bei Bedarf außer Kraft setzen, indem Sie das Gegenteil für die Berechtigung festlegen, wie zum Beispiel *Verweigern* statt *Zulassen*.
5. Wenn die Optionen der Liste *Übernehmen für* zugänglich sind, stellen Sie die Vererbung der Berechtigungen nach Bedarf ein. Es sind folgende Optionen verfügbar:
   - *Nur diesen Ordner*   Die Berechtigungen gelten nur für den aktuell ausgewählten Ordner.
   - *Diesen Ordner, Unterordner und Dateien*   Die Berechtigungen gelten für den ausgewählten Ordner, seine Unterordner und alle Dateien in diesen Ordnern.
   - *Diesen Ordner, Unterordner*   Die Berechtigungen gelten nur für den ausgewählten Ordner und seine Unterordner. Sie gelten nicht für Dateien in diesen Ordnern.
   - *Diesen Ordner, Dateien*   Die Berechtigungen gelten für den gewählten Ordner und die Dateien, die in ihm liegen. Sie gelten nicht für Unterordner dieses Ordners.
   - *Nur Unterordner und Dateien*   Die Berechtigungen gelten für die Unterordner des gewählten Ordners und für die Dateien, die in ihnen liegen. Sie gelten nicht für den gewählten Ordner.
   - *Nur Unterordner*   Die Berechtigungen gelten für die Unterordner des gewählten Ordners, aber nicht für den gewählten Ordner oder für die Dateien in diesen Ordnern.
   - *Nur Dateien*   Die Berechtigungen gelten für alle Dateien im gewählten Ordner und in seinen Unterordnern. Sie gelten nicht für den gewählten Ordner selbst oder für seine Unterordner.
6. Wenn Sie die Berechtigungen eingestellt haben, klicken Sie auf *OK*.

Dateibesitz und Berechtigungszuweisung

Der Besitzer einer Datei oder eines Ordners hat das Recht, den Zugriff auf diese Ressource zu gewähren oder zu verweigern. Mitglieder der Gruppe *Administratoren* und andere autorisierte Benutzer haben zwar ebenfalls das Recht, Zugriff zu gewähren oder zu verweigern, aber der Besitzer hat die Autorität, nicht mit Administrationsrechten ausgestattete Benutzer auszusperren. Der einzige Weg, wieder Zugang zu dieser Ressource zu erhalten, besteht darin, dass ein Administrator oder ein Sicherungsoperator die Ressource in Besitz nimmt. Daher ist es für die Berechtigungsvergabe bei einer Datei oder einem Ordner wichtig, wer der Besitzer ist.

Besitzer einer Datei oder eines Ordners ist die Person, die diese Ressource angelegt hat. Der Besitz kann auf mehreren verschiedenen Wegen ergriffen oder übertragen werden. Der aktuelle Besitzer einer Datei oder eines Ordners kann jederzeit den Besitz an einen anderen Benutzer oder eine andere Gruppe übertragen. Ein Mitglied der Administratorgruppe kann jederzeit Besitz von einer Datei oder einem Ordner ergreifen oder den Besitz an einen anderen Benutzer oder eine andere Gruppe übertragen, selbst wenn diese nach den aktuellen Berechtigungen keinen Zugriff auf die Ressource haben. Jeder Benutzer mit der Berechtigung *Besitz übernehmen* für die Datei oder den Ordner kann den Besitz übernehmen, wie auch jedes Mitglied der Gruppe der *Sicherungs-Operatoren* (oder jeder andere, der über das Benutzerrecht *Wiederherstellen von Dateien und Verzeichnissen* verfügt).

Besitz von Dateien und Ordnern ergreifen

Wenn Sie Administrator, autorisierter Benutzer oder Sicherungsoperator sind, können Sie folgendermaßen Besitz von einer Datei oder einem Ordner ergreifen:

1. Öffnen Sie im Windows-Explorer das *Eigenschaften*-Dialogfeld der Datei oder des Ordners, indem Sie die Datei oder den Ordner mit der rechten Maustaste anklicken und *Eigenschaften* wählen.
2. Klicken Sie auf der Registerkarte *Sicherheit* auf *Erweitert*, um das Dialogfeld *Erweiterte Sicherheitseinstellungen* zu öffnen.
3. Klicken Sie auf der Registerkarte *Besitzer* auf *Bearbeiten*. Dadurch öffnet sich das Dialogfeld *Erweiterte Sicherheitseinstellungen* zur Bearbeitung (Abbildung 13.5).

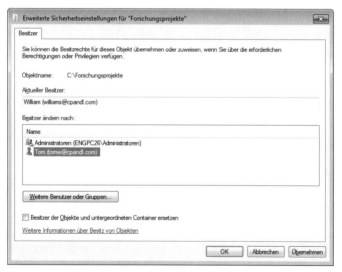

Abbildung 13.5 Auf der Registerkarte *Besitzer* können Sie eine Datei oder einen Ordner in Besitz nehmen

4. Wählen Sie in der Liste *Besitzer ändern nach* den neuen Besitzer aus. Wenn Sie einen Ordner in Besitz nehmen, können Sie auch alle seine Unterordner und die darin enthaltenen Dateien in Besitz nehmen,

indem Sie die Option *Besitzer der Objekte und untergeordneten Container ersetzen* wählen.
5. Klicken Sie auf die *OK*-Schaltflächen der beiden geöffneten Dialogfelder, wenn Sie fertig sind.

Zuweisen des Besitzes

Wenn Sie ein Administrator oder derzeitiger Besitzer einer Datei sind, können Sie folgendermaßen den Besitz der Datei oder eines Ordners an einen anderen Benutzer oder eine Gruppe übertragen:

1. Öffnen Sie im Windows-Explorer das *Eigenschaften*-Dialogfeld der Datei oder des Ordners, indem Sie die Datei oder den Ordner mit der rechten Maustaste anklicken und *Eigenschaften* wählen.
2. Klicken Sie auf der Registerkarte *Sicherheit* auf *Erweitert*, um das Dialogfeld *Erweiterte Sicherheitseinstellungen* zu öffnen.
3. Klicken Sie auf der Registerkarte *Besitzer* auf *Bearbeiten*. Dadurch öffnet sich das Dialogfeld *Erweiterte Sicherheitseinstellungen* zur Bearbeitung.
4. Klicken Sie auf *Weitere Benutzer oder Gruppen*, um das Dialogfeld *Benutzer, Computer, Dienstkonto oder Gruppe auswählen* zu öffnen.
5. Geben Sie den Namen eines Benutzers oder einer Gruppe ein und klicken Sie auf *Namen überprüfen*. Wenn mehrere Namen mit dem Wert übereinstimmen, den Sie eingegeben haben, erscheint eine Namensliste, aus der Sie den gewünschten Namen auswählen können. Stimmt nur ein Name überein, wird er für Sie eingetragen und Sie können auf *OK* klicken, um das Dialogfeld *Benutzer, Computer, Dienstkonto oder Gruppe auswählen* zu schließen.
6. Wählen Sie in der Liste *Besitzer ändern nach* den neuen Besitzer aus. Wenn Sie den Besitz eines Ordners zuweisen, können Sie auch den Besitz aller seiner Unterordner und der darin enthaltenen Dateien zuweisen, indem Sie die Option *Besitzer der Objekte und untergeordneten Container ersetzen* wählen.
7. Klicken Sie auf die *OK*-Schaltflächen der beiden geöffneten Dialogfelder, wenn Sie fertig sind.

Vererben von Berechtigungen

In der Datei- und Ordnerhierarchie von Windows 7 sind der Stammordner eines lokalen Volumes und der Ordner *%UserProfile%* die Stammordner für alle Dateien und Ordner, die sie standardmäßig enthalten. Wenn Sie eine Ressource hinzufügen, erbt diese die Berechtigungen des Stammordners des lokalen Volumes oder des Benutzerprofilordners. Das können Sie ändern, indem Sie die Vererbungseinstellungen eines Ordners anpassen, sodass er nicht länger die Berechtigungen von seinem übergeordneten Ordner erbt. Dadurch entsteht in gewisser Weise ein neuer Stammordner, dessen Berechtigungen von allen Ordnern und Dateien geerbt werden, die Sie zu diesem Ordner hinzufügen.

Grundlagen der Vererbung

Die Vererbung erfolgt automatisch, und vererbte Berechtigungen werden bei der Erstellung einer Datei oder eines Ordners zugewiesen. Wenn Sie nicht wollen, dass eine Datei oder ein Ordner über dieselben Berechtigungen wie ihr übergeordneter Ordner verfügt, haben Sie mehrere Alternativen:

- Beenden Sie die Vererbung der Berechtigungen vom übergeordneten Ordner und kopieren oder entfernen Sie die vorhandenen Berechtigungen nach Bedarf.
- Greifen Sie auf den übergeordneten Ordner zu und stellen Sie alle Berechtigungen ein, die seine Dateien und Unterordner haben sollen.
- Versuchen Sie, ererbte Berechtigungen außer Kraft zu setzen, indem Sie das Gegenteil der Berechtigung festlegen. In den meisten Fällen hat *Verweigern* Vorrang vor *Zulassen*.

Geerbte Berechtigungen werden auf der Registerkarte *Sicherheit* des *Eigenschaften*-Dialogfelds einer Datei oder eines Ordners abgeblendet (unzugänglich) dargestellt. Wenn Sie einem Ordner neue Berechtigungen zuweisen, gelten diese Berechtigungen auch für die Dateien und Unterordner des Ordners und ergänzen oder ersetzen die vorhandenen Berechtigungen. Daher können Sie unabhängig vom übergeordneten Ordner zusätzlichen Benutzern oder Gruppen Zugriff auf die Ressourcen eines Ordners geben oder diesen Zugriff einschränken.

Zum besseren Verständnis der Vererbung folgende Beispiele:

- Auf Laufwerk C: erstellen Sie einen Ordner namens *Daten* und dann einen Unterordner namens *AktuelleProjekte*. Standardmäßig erbt *Daten* die Berechtigungen des Ordners *C:*, und diese Berechtigungen werden wiederum vom Ordner *AktuelleProjekte* geerbt. Alle Dateien, die Sie zu den Ordnern *C:*, *C:\Daten* und *C:\Daten\AktuelleProjekte* hinzufügen, haben dieselben Berechtigungen, nämlich die, die sie vom Ordner *C:* erben oder die für sie eingestellt wurden.
- Auf Laufwerk C: erstellen Sie einen Ordner namens *Dokumente* und dann einen Unterordner namens *Arbeit*. Sie beenden die Vererbung für den Ordner *Arbeit*, indem Sie die vom übergeordneten Ordner *C:* geerbten Berechtigungen entfernen. Alle Dateien, die Sie in den Ordner *C:\Dokumente\Arbeit* einfügen, erben die Berechtigungen des Ordners *C:\Dokumente*, sonst nichts.
- Auf Laufwerk C: erstellen Sie einen Ordner namens *Sicherung* und dann einen Unterordner namens *Verkauf*. Sie legen für den Ordner *Verkauf* Berechtigungen fest, die den Mitgliedern der Gruppe *Verkauf* Zugriff gewähren. Alle Dateien, die zum Ordner *C:\Sicherung\Verkauf* hinzugefügt werden, erben die Berechtigungen des Ordners *C:* und verfügen zusätzlich über die Zugriffsberechtigungen für Mitglieder der Gruppe *Verkauf*.

PRAXISTIPP Viele neue Administratoren fragen sich, was der Vorteil der Vererbung sein soll und warum sie verwendet wird. Vererbung erweckt zwar gelegentlich den Anschein, mehr Probleme zu bereiten, als die Sache wert ist, aber das täuscht. Mit Vererbung können Sie sehr effizient Berechtigungen verwalten. Ohne Vererbung müssten Sie die Berechtigungen für jeden Ordner und jede Datei festlegen, die Sie erstellen. Wenn Sie die Berechtigungen später ändern wollen, müssen Sie wieder alle Ihre Ordner und Dateien bearbeiten. Mit Vererbung erben alle neuen Dateien und Ordner automatisch einen Berechtigungssatz. Wenn Sie die Berechtigungen ändern möchten, brauchen Sie die Änderung nur an einem Stammordner oder übergeordneten Ordner durchzuführen. Die Änderungen können dann automatisch für alle Unterordner und Dateien dieses Ordners gelten. Auf diese Weise lässt sich ein einziger Berechtigungssatz auf viele Dateien und Ordner anwenden, ohne die Sicherheitseinstellungen für alle Dateien und Ordner einzeln vornehmen zu müssen.

Anzeigen der geerbten Berechtigungen

Um die geerbten Berechtigungen einer Datei oder eines Ordners anzuzeigen, klicken Sie im Windows-Explorer mit der rechten Maustaste auf die Datei oder den Ordner und wählen dann *Eigenschaften*. Auf der Registerkarte *Sicherheit* des *Eigenschaften*-Dialogfelds klicken Sie auf *Erweitert*, um das Dialogfeld *Erweiterte Sicherheitseinstellungen* zu öffnen, wie bereits weiter oben in Abbildung 13.3 gezeigt. Die Spalte *Berechtigung* zeigt die aktuellen Berechtigungen an, die für die Ressource eingestellt wurden. Für ererbte Berechtigungen zeigt die Spalte *Geerbt von* den übergeordneten Ordner an. Wird die Berechtigung wiederum an andere Ressourcen weitervererbt, zeigt die Spalte *Übernehmen für* an, welche Ressourcenarten die Berechtigung erben.

Beenden der Vererbung

Wenn Sie nicht möchten, dass ein Ordner Berechtigungen von einem übergeordneten Ordner erbt, gehen Sie folgendermaßen vor:

1. Klicken Sie im Windows-Explorer mit der rechten Maustaste auf die Datei oder den Ordner und wählen Sie dann *Eigenschaften*. Auf der Registerkarte *Sicherheit* klicken Sie auf *Erweitert*.

2. Klicken Sie auf der Registerkarte *Berechtigungen* auf *Berechtigungen ändern*. Dadurch öffnet sich das Dialogfeld *Erweiterte Sicherheitseinstellungen* zur Bearbeitung.

3. Löschen Sie das Kontrollkästchen *Vererbbare Berechtigungen des übergeordneten Objektes einschließen*.

4. Wie in Abbildung 13.6 zu sehen ist, haben Sie nun die Gelegenheit, Berechtigungen zu kopieren, die zuvor geerbt wurden, oder die Berechtigungen zu entfernen und nur die Berechtigungen gelten zu lassen, die Sie explizit für den Ordner oder die Datei festgelegt haben. Klicken Sie auf *Hinzufügen* und weisen Sie nach Bedarf die erforderlichen Berechtigungen zu, oder klicken Sie auf *Entfernen*.

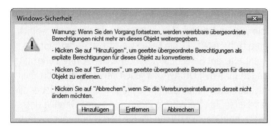

Abbildung 13.6 Kopieren oder Entfernen von geerbten Berechtigungen

TIPP Wenn Sie die geerbten Berechtigungen entfernt haben und noch keine anderen Berechtigungen zugewiesen wurden, kann niemand auf die Ressourcen zugreifen, mit Ausnahme des Besitzers. Dadurch wird jeder von einer Datei oder einem Ordner ausgesperrt, bis auf den Besitzer. Allerdings haben Administratoren immer noch das Recht, die Ressource in Besitz zu nehmen, ohne die eingestellten Berechtigungen berücksichtigen zu müssen. Wenn also ein Administrator von einer Datei oder einem Ordner ausgesperrt wurde, aber unbedingt Zugang zu der Ressource braucht, kann er die Ressource einfach in Besitz nehmen, um unbeschränkten Zugang zu erhalten.

Wiederherstellen geerbter Berechtigungen

Nach einer gewissen Zeit können die Berechtigungen von Dateien und Unterordnern so stark von denen des übergeordneten Ordners abweichen, dass es kaum noch möglich ist, den Zugriff effizient zu verwalten. Um die Verwaltung des Datei- und Ordnerzugriffs zu vereinfachen, können Sie zu einer drastischen Maßnahme greifen und die geerbten Berechtigungen für alle Ressourcen wiederherstellen, die in einem übergeordneten Ordner enthalten sind. Auf diese Weise erben alle Unterordner und Dateien wieder die vererbbaren Berechtigungen vom übergeordneten Ordner, und alle für die einzelnen Unterordner und Dateien explizit definierten Berechtigungen werden entfernt.

Um die Vererbung der Berechtigungen von einem übergeordneten Ordner wiederherzustellen, gehen Sie folgendermaßen vor:

1. Klicken Sie im Windows-Explorer mit der rechten Maustaste auf die Datei oder den Ordner und wählen Sie dann *Eigenschaften*. Auf der Registerkarte *Sicherheit* klicken Sie auf *Erweitert*.
2. Klicken Sie auf der Registerkarte *Berechtigungen* auf *Berechtigungen ändern*. Dadurch öffnet sich das Dialogfeld *Erweiterte Sicherheitseinstellungen* zur Bearbeitung.
3. Wählen Sie *Alle Berechtigungen für untergeordnete Objekte durch vererbbare Berechtigungen von diesem Objekt ersetzen* und klicken Sie auf *OK*.
4. Sie erhalten eine Meldung wie in Abbildung 13.7 mit der Erklärung, dass durch diesen Vorgang alle explizit definierten Berechtigungen durch vererbbare Berechtigungen ersetzt werden. Klicken Sie auf *Ja*.

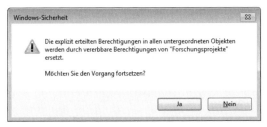

Abbildung 13.7 Klicken Sie auf *Ja*, wenn Sie die vorhandenen Berechtigungen ersetzen möchten

Gehen Sie folgendermaßen vor, wenn die Datei oder der Ordner die von einem übergeordneten Ordner geerbten Berechtigungen übernehmen soll:

1. Klicken Sie im Windows-Explorer mit der rechten Maustaste auf die Datei oder den Ordner, der die geerbten Berechtigungen übernehmen soll, und wählen Sie den Befehl *Eigenschaften*. Klicken Sie auf der Registerkarte *Sicherheit* auf *Erweitert*.
2. Klicken Sie auf der Registerkarte *Berechtigungen* auf *Berechtigungen ändern*. Dadurch öffnet sich das Dialogfeld *Erweiterte Sicherheitseinstellungen* zur Bearbeitung.
3. Aktivieren Sie das Kontrollkästchen *Vererbbare Berechtigungen des übergeordneten Objektes einschließen* und klicken Sie auf *OK*.

Ermitteln der effektiven Berechtigungen und Problembehebung

NTFS-Berechtigungen sind komplex und können schwer zu verwalten sein. Manchmal kann eine Änderung, selbst eine sehr kleine, unerwartete Auswirkungen haben. Benutzer stellen plötzlich fest, dass sie keinen Zugriff mehr auf Dateien haben, mit denen sie vorher problemlos arbeiten konnten. Oder sie stellen fest, dass sie Zugang zu Dateien haben, zu denen sie eigentlich keinen Zugang haben sollten. In beiden Szenarios stimmt etwas nicht mit den Berechtigungen. Sie haben ein Problem und Sie müssen es lösen.

Die Fehlersuche sollte bei solchen und anderen Problemen, die mit falsch eingestellten Berechtigungen zusammenhängen, mit der Bestimmung der effektiven Berechtigungen für die fraglichen Dateien oder Ordner beginnen. Wie die Bezeichnung schon besagt, handelt es sich bei den effektiven Berechtigungen um die Berechtigungen, die tatsächlich für einen bestimmten Benutzer oder eine bestimmte Gruppe wirksam sind. Die effektiven Berechtigungen sind wichtig, weil es sich um die Berechtigungen handelt, die sich aus dem Zusammenwirken des gesamten Satzes aller beteiligten Berechtigungen ergeben.

Für einen Benutzer ergeben sich die effektiven Berechtigungen aus den Berechtigungen, die einem Benutzer gewährt oder verweigert wurden, sei es explizit oder durch seine Mitgliedschaft in einer bestimmten Gruppe, deren Berechtigungen auch für ihn gelten. Ist *JimB* zum Beispiel Mitglied der Gruppen *Benutzer*, *Verkauf*, *Marketing*, *Spezifikationen* und *Manager*, ergibt sich die effektive Berechtigung, die für eine Datei oder einen Ordner gilt, aus der kumulativen Wirkung der Berechtigungen, die *JimB* explizit zugewiesen wurden, und der Berechtigungen, die den Gruppen *Benutzer*, *Verkauf*, *Marketing*, *Spezifikationen* und *Manager* zugewiesen wurden. Ist *JimB* Mitglied einer Gruppe, der eine Berechtigung explizit verweigert wird, wird diese Berechtigung auch *JimB* verweigert, selbst wenn einer anderen Gruppe die Berechtigung gewährt wird. *Verweigern*-Einträge haben Vorrang vor *Zulassen*-Einträgen.

Um die effektiven Berechtigungen eines Benutzers oder einer Gruppe an einer Datei oder einem Ordner zu bestimmen, gehen Sie folgendermaßen vor:

1. Klicken Sie im Windows-Explorer mit der rechten Maustaste auf die Datei oder den Ordner, mit dem Sie arbeiten möchten, und wählen Sie dann *Eigenschaften*. Wählen Sie im *Eigenschaften*-Dialogfeld die Registerkarte *Sicherheit* und klicken Sie auf *Erweitert*, um das Dialogfeld *Erweiterte Sicherheitseinstellungen* zu öffnen.
2. Klicken Sie die Registerkarte *Effektive Berechtigungen* an, klicken Sie auf *Auswählen*, geben Sie den Namen des Benutzers oder der Gruppe ein und klicken Sie dann auf *OK*.

Abbildung 13.8 Jede markierte Berechtigung wurde dem angegebenen Benutzer oder der Gruppe gewährt

3. Die effektiven Berechtigungen des angegebenen Benutzers oder der Gruppe werden mit dem vollständigen Satz der speziellen Berechtigungen angezeigt. Hat ein Benutzer Vollzugriff auf die gewählte Ressource, verfügt er über die Berechtigungen, die in Abbildung 13.8 zu sehen sind. Andernfalls ist nur eine Teilmenge der Berechtigungen gekennzeichnet und Sie müssen sorgfältig prüfen, ob der Benutzer oder die Gruppe über die erforderlichen Berechtigungen verfügt. Vielleicht hilft Ihnen

Tabelle 13.3 weiter oben in diesem Kapitel bei der Bewertung der Berechtigungen.

HINWEIS Sie müssen über die entsprechenden Berechtigungen verfügen, um die effektiven Berechtigungen eines Benutzers oder einer Gruppe anzeigen zu können. Beachten Sie bitte, dass Sie nicht die effektiven Berechtigungen von impliziten Gruppen oder Spezialidentitäten bestimmen können, wie zum Beispiel *Authentifizierte Benutzer* oder *Jeder*. Außerdem werden bei der Bestimmung der effektiven Berechtigungen nicht die Berechtigungen berücksichtigt, die ein Benutzer hat, wenn er *Ersteller-Besitzer* ist.

Freigeben von Dateien und Ordnern im Netzwerk

Windows 7 unterstützt zwei Dateifreigabemodelle: die Freigabe von öffentlichen Ordnern und die Standardordnerfreigabe. Beide Verfahren lassen sich zwar in Arbeitsgruppen und Domänen anwenden, aber die Standardordnerfreigabe wird bevorzugt, weil sie sicherer ist als die Freigabe von öffentlichen Ordnern. Bei der Standardordnerfreigabe können Sie mit Standardberechtigungen festlegen, wer über das Netzwerk Zugriff auf die Dateien und Ordner erhält. Die Einstellungen für die Standardordnerfreigabe werden auf Computerbasis aktiviert oder deaktiviert. Gehen Sie folgendermaßen vor, um die Dateifreigabe ein- oder auszuschalten:

1. Klicken Sie im Startmenü auf *Systemsteuerung*. Klicken Sie im Fenster *Systemsteuerung* unter *Netzwerk und Internet* auf den Link *Heimnetzgruppen- und Freigabeoptionen auswählen* und dann auf *Erweiterte Freigabeeinstellungen ändern*.
2. Jedes verfügbare Netzwerkprofil hat einen eigenen Verwaltungsabschnitt mit den jeweiligen Konfigurationseinstellungen. Klicken Sie auf die Pfeilschaltfläche, um das Profil anzuzeigen, das Sie bearbeiten wollen.
3. Wählen Sie die Option *Datei- und Druckerfreigabe aktivieren*, wenn Sie die Datei- und Druckerfreigabe einschalten wollen. Mit der Option *Datei- und Druckerfreigabe deaktivieren* schalten Sie die Datei- und Druckerfreigabe aus. Klicken Sie auf *Änderungen speichern*.

Kontrollieren des Zugriffs auf Netzwerkfreigaben

Wenn ein Benutzer über das Netzwerk auf eine Datei oder einen Ordner zugreift und die Standardordnerfreigabe aktiviert ist, werden zwei Ebenen von Berechtigungssätzen verwendet. Beide zusammen bestimmen, was ein Benutzer mit einer bestimmten freigegebenen Datei oder einem freigegebenen Verzeichnis tun kann. Die erste Ebene der Berechtigungen wird durch die Freigabeberechtigungen gebildet. Sie definieren den maximalen Zugriff. Ein Benutzer oder eine Gruppe kann nicht über mehr Berechtigungen verfügen, als durch die Freigabe festgelegt wird. Die zweite Ebene der Berechtigungen wird durch die Berechtigungen gebildet, die für die Dateien und Ordner festgelegt wurden. Diese Berechtigungen dienen dazu, die zulässigen Aktionen weiter einzuschränken.

Drei Freigabeberechtigungen sind verfügbar:

- **Besitzer**   Benutzer mit dieser Berechtigung haben die Berechtigungen *Vollzugriff*, *Lesen* und *Ändern*. Außerdem dürfen sie Dateien- und Ordnerberechtigungen ändern und Dateien und Ordner in Besitz nehmen. Wenn Sie für eine freigegebene Ressource über die Berechtigung *Besitzer* verfügen, haben Sie vollen Zugriff auf die freigegebene Ressource.

- **Lesen/Schreiben**   Benutzer mit dieser Berechtigung haben die Berechtigungen *Lesen* und *Ändern*, außerdem dürfen sie Dateien und Unterordner erstellen, Dateien ändern, Attribute von Dateien und Unterordnern ändern und Dateien und Unterordner löschen. Wenn Sie für eine freigegebene Ressource über die Berechtigung *Lesen/Schreiben* verfügen, können Sie ihre Daten lesen, ändern und löschen, aber nicht in Besitz nehmen.

- **Lesen**   Benutzer mit dieser Berechtigung haben nur die Berechtigung *Lesen*. Sie können Datei- und Ordnernamen anzeigen, auf die Unterordner einer Freigabe zugreifen, Dateidaten und Attribute lesen und Programmdateien ausführen. Wenn Sie für eine freigegebene Ressource über die Berechtigung *Lesen* verfügen, können Sie nur Leseoperationen durchführen.

Berechtigungen, die Gruppen zugewiesen werden, wirken so: Wenn ein Benutzer Mitglied einer Gruppe ist, die über Freigabeberechtigungen verfügt, verfügt auch der Benutzer über diese Berechtigungen. Ist der Benutzer Mitglied mehrerer Gruppen, sind die Berechtigungen kumulativ. Ist der Benutzer zum Beispiel Mitglied einer Gruppe, die über die Berechtigung *Lesen/Schreiben* verfügt, erhält auch der Benutzer Zugriff mit der Berechtigung *Lesen/Schreiben*. Hat eine der Gruppen, in denen der Benutzer Mitglied ist, die Freigabeberechtigung *Lesen* und eine andere Gruppe hat die Berechtigung *Besitzer*, verfügt auch der Benutzer über die Freigabeberechtigung *Besitzer*.

Sie können das ändern, indem Sie eine Berechtigung explizit verweigern. Die Verweigerung einer Berechtigung hat Vorrang und setzt die Gewährung von Berechtigungen außer Kraft. Wenn Sie nicht wollen, dass ein Benutzer oder eine Gruppe über eine bestimmte Berechtigung verfügt, konfigurieren Sie die Freigabeberechtigungen so, dass dem Benutzer oder der Gruppe die Berechtigung verweigert wird. Ist ein Benutzer beispielsweise Mitglied einer Gruppe, die für eine Freigabe über die Berechtigung *Besitzer* verfügt, aber der Benutzer soll nur die Berechtigung *Lesen/Schreiben* erhalten, konfigurieren Sie die Berechtigungen für diesen Benutzer so, dass ihm die Berechtigung *Besitzer* verweigert wird.

Erstellen einer freigegebenen Ressource

Ordner können in Arbeitsgruppen und in Domänen freigegeben werden. Um auf einem Computer die erste Ressource freigeben zu können, müssen Sie ein lokaler Administrator sein. Die Freigabe der ersten Ressource bereitet den Computer auf die Freigabe von anderen Ressourcen vor und ermöglicht anderen Benutzern die Freigabe von Ressourcen, die ihnen gehören oder für die sie über die entsprechenden Zugriffsberechtigungen verfügen. Freigaben lassen sich mit mehreren Programmen erstellen:

- **Windows-Explorer** Verwenden Sie den Windows-Explorer, wenn Sie auf dem Computer, an dem Sie angemeldet sind, Ordner freigeben möchten.
- **Computerverwaltung** Verwenden Sie die Computerverwaltung, wenn Sie auf den Computern, mit denen Sie eine Verbindung herstellen können, Ordner freigeben möchten.
- **Net share** Verwenden Sie *net share* in einer Befehlszeile, wenn Sie zur Freigabe von Ordnern Skripts verwenden möchten. Wenn Sie in einer Eingabeaufforderung **net share /?** eingeben, zeigt Ihnen das Programm die Syntax des Befehls an.

Das Erstellen einer freigegebenen Ressource erfordert mehrere Arbeitsgänge. Zuerst geben Sie den Ordner frei, damit er zugänglich wird. Dann legen Sie die Freigabeberechtigungen fest. Anschließend sollten Sie die Dateisystemberechtigungen überprüfen und nach Bedarf ändern. Dieser Abschnitt beschreibt die Freigabe einer Ressource und die Einstellung der Berechtigungen mit dem Windows-Explorer und der Computerverwaltung. Einzelheiten über die Einstellung der Dateisystemberechtigungen finden Sie im Abschnitt »Kontrollieren des Zugriffs auf Dateien und Ordnern mit NTFS-Berechtigungen« weiter oben in diesem Kapitel.

Freigeben einer Ressource und Einstellen der Freigabeberechtigungen im Windows-Explorer

Der Windows-Explorer unterstützt Standard- und erweiterte Freigaben. Mit der Standardfreigabe können Sie beliebige Ordner außer dem Stammordner eines Laufwerks freigeben. Bei der erweiterten Freigabe können Sie den Stammordner eines Laufwerks sowie beliebige andere Ordner freigeben. Die Stammordner von Laufwerken werden automatisch als administrative Freigaben freigegeben.

Gehen Sie folgendermaßen vor, um einen Ordner mithilfe der Standardfreigabe freizugeben:

1. Klicken Sie im Windows-Explorer mit der rechten Maustaste auf den Ordner, den Sie freigeben möchten, wählen Sie *Freigeben für* und dann *Bestimmte Personen*. Daraufhin öffnet sich der Dateifreigabe-Assistent (Abbildung 13.9).
2. Geben Sie einen Namen ein und klicken Sie auf *Hinzufügen* oder das Pfeilsymbol, um den gewünschten Benutzer auszuwählen. In Arbeitsgruppen zeigt der Computer immer nur die lokalen Konten und Gruppen an. In Domänen werden lokale Benutzer und Gruppen, zusätzlich aber auch Domänenbenutzer aufgeführt.
3. Wenn Sie auf *Hinzufügen* klicken, werden die gewählten Benutzer und Gruppen zur Namensliste hinzugefügt. Dann können Sie für jeden Benutzer und jede Gruppe die Berechtigungen einstellen, indem Sie ein Konto anklicken, um die verfügbaren Berechtigungsebenen anzuzeigen,

und dann die passende Berechtigungsebene wählen. Zur Verfügung stehen die Berechtigungsebenen *Lesen*, *Lesen/Schreiben* und *Besitzer*.

Abbildung 13.9 Im Dateifreigabe-Assistenten konfigurieren Sie die Freigabe der ausgewählten Dateien oder Ordner

4. Zum Schluss klicken Sie auf *Freigabe*, um die Freigabe zu erstellen. Nachdem Windows 7 die Freigabe erstellt und auf die Verwendung vorbereitet hat, notieren Sie sich den Freigabenamen. Das ist der Name, unter dem die Ressource zugänglich ist. Wenn Sie jemandem per E-Mail einen Link auf die freigegebene Ressource senden möchten, klicken Sie auf den Link *E-Mail*. Wenn Sie einen Link auf die freigegebene Ressource in die Zwischenablage kopieren möchten, klicken Sie auf den Link *Kopieren*. Klicken Sie zuletzt auf *Fertig*.

HINWEIS Wenn Sie eine Freigabe erstellen, greifen die Benutzer gewöhnlich mit einem abgekürzten UNC-Pfad auf die Freigabe zu. Geben Sie beispielsweise den Ordner *C:\Daten\Berichte\Aktuell* auf dem Computer *CorPC85* unter dem Namen *Berichte* frei, können andere Benutzer mit dem UNC-Pfad *\\CorPC85\Berichte* auf diesen Ordner zugreifen. Wenn Sie einen Ordner allerdings innerhalb eines Benutzerprofils freigeben, verwenden die Benutzer für den Zugriff auf den Ordner einen Pfad, der relativ zum Ordner *Users* auf dem Computer ist. Das ist so, weil Windows Freigaben relativ zum Speicherort des Ordners innerhalb des Ordners *Users* konfiguriert. Gibt beispielsweise *MollyH* ihren Ordner *Documents* auf *CustPC27* frei, lautet der UNC-Pfad für diese Freigabe *\\CustPC27\Users\MollyH\Documents*.

Gehen Sie folgendermaßen vor, um einen Ordner über die erweiterte Freigabe freizugeben:

1. Klicken Sie im Windows-Explorer mit der rechten Maustaste auf den Ordner, den Sie freigeben möchten, und wählen Sie den Befehl *Eigenschaften*. Daraufhin öffnet sich das Eigenschaftendialogfeld des Ordners.
2. Klicken Sie auf der Registerkarte *Freigabe* auf *Erweiterte Freigabe*. Aktivieren Sie im Dialogfeld *Erweiterte Freigabe* das Kontrollkästchen *Diesen Ordner freigeben*.
3. Windows trägt als Freigabenamen standardmäßig den Ordnernamen ein. Sie können entweder diesen Standardfreigabenamen übernehmen oder einen anderen Namen eintippen.
4. Klicken Sie auf *Berechtigungen*. Konfigurieren Sie im Dialogfeld *Berechtigungen für* die Zugriffsberechtigungen für die Freigabe. Klicken Sie auf *OK*.
5. Klicken Sie auf *Zwischenspeichern*. Legen Sie im Dialogfeld *Offlineeinstellungen* fest, ob und wie Daten für die Offlineverwendung zwischengespeichert werden. Klicken Sie auf *OK*.
6. Klicken Sie auf *OK* und dann auf *Schließen*.

Ändern oder Beenden der Freigabe

Wenn Sie einen Ordner, der bereits freigegeben ist, mit der rechten Maustaste anklicken und im Kontextmenü *Freigeben für* und dann *Niemand* wählen, entfernen Sie die Freigabeeinstellungen und beenden die Freigabe des Ordners. Die Freigabeberechtigungen ändern Sie, indem Sie mit der rechten Maustaste auf den freigegebenen Ordner klicken und im Kontextmenü erst *Freigeben für* und dann *Bestimmte Personen* wählen. Nun können Sie weiteren Benutzern und Gruppen den Zugriff erlauben, wie weiter oben beschrieben. Sie entfernen den Zugriff für einen Benutzer oder eine Gruppe, indem Sie den Benutzer oder die Gruppe in der Namensliste auswählen und *Entfernen* wählen. Klicken Sie auf *Freigabe*, wenn Sie die gewünschten Änderungen vorgenommen haben. Die Optionen werden nun neu konfiguriert. Klicken Sie zuletzt auf *Fertig*.

Wenn Sie die erweiterte Freigabe nutzen, konfigurieren Sie die Freigabeeinstellungen, indem Sie mit der rechten Maustaste auf den Ordner klicken und den Befehl *Eigenschaften* wählen. Klicken Sie auf der Registerkarte *Freigabe* auf *Erweiterte Freigabe*. Nun können Sie Freigaben aktivieren oder deaktivieren und Verbindungslimits für Benutzer festlegen. Außerdem können Sie hier die Berechtigungen und die Zwischenspeicherung konfigurieren.

Freigeben eines Ordners und Einstellen der Freigabeberechtigungen in der Computerverwaltung

In der Computerverwaltung können Sie einen Ordner auf jedem Computer freigeben, auf dem Sie über Administratorrechte verfügen. Durch den Remotezugriff auf den Computer sparen Sie normalerweise Zeit, weil Sie sich nicht lokal anmelden müssen und Ihren Schreibtisch nicht zu verlassen brauchen. Mit der Computerverwaltung können Sie einen Ordner folgendermaßen freigeben:

1. Zum Start der Computerverwaltung klicken Sie auf *Start*, klicken *Computer* mit der rechten Maustaste an und wählen *Verwalten*. Standardmäßig stellt die Computerverwaltung eine Verbindung mit dem lokalen Computer her und zeigt im Stammknoten der Strukturdarstellung die Beschriftung *Computerverwaltung (Lokal)*.

   TIPP Wenn Sie mit dem Assistenten zum Erstellen von Ordnerfreigaben einen Ordner des lokalen Computers freigeben möchten, starten Sie den Assistenten direkt und überspringen die Punkte 1 bis 4. Geben Sie in einer Eingabeaufforderung mit erhöhten Rechten einfach **shrpubw** ein und klicken Sie dann auf *Weiter*, wenn der Assistent gestartet wird.

2. Klicken Sie in der Strukturdarstellung mit der rechten Maustaste auf *Computerverwaltung* und wählen Sie dann *Verbindung mit anderem Computer herstellen*. Im Dialogfeld *Computer auswählen* ist die Option *Anderen Computer* vorgewählt. Geben Sie den vollqualifizierten Domänennamen des Computers ein, mit dem Sie arbeiten möchten, wie zum Beispiel **engpc08.microsoft.com**, wobei *engpc08* der Computername ist und *microsoft.com* der Domänenname. Wenn Sie den Computernamen nicht kennen, aber die Netzwerkerkennung aktiviert ist, können Sie auf *Durchsuchen* klicken und den Computer heraussuchen, mit dem Sie arbeiten möchten.

3. Erweitern Sie die Ordner *System* und *Freigegebene Ordner* und wählen Sie dann *Freigaben*, um die aktuell freigegebenen Ordner des Computers anzuzeigen, mit dem Sie arbeiten (Abbildung 13.10).

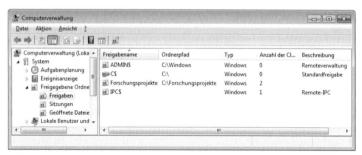

Abbildung 13.10 Im Knoten *Freigaben* werden alle freigegebenen Ordner aufgeführt

4. Um den Assistenten zum Erstellen von Ordnerfreigaben zu starten, klicken Sie *Freigaben* mit der rechten Maustaste an und wählen dann *Neue Freigabe*. Klicken Sie auf *Weiter*, um die Seite *Ordnerpfad* anzuzeigen.

5. Geben Sie im Feld *Ordnerpfad* den vollständigen Pfad des Ordners an, den Sie freigeben möchten, beispielsweise *C:\Daten*. Wenn Sie den vollständigen Pfad nicht kennen, klicken Sie auf *Durchsuchen* und suchen dann im Dialogfeld *Ordner suchen* den Ordner heraus, den Sie freigeben

möchten. Im Dialogfeld *Ordner suchen* können Sie auch einen neuen Ordner anlegen, den Sie anschließend freigeben. Klicken Sie auf *Weiter*, um zur Seite *Name, Beschreibung und Einstellungen* zu wechseln.

6. Geben Sie im Textfeld *Freigabename* einen Namen für die Freigabe ein. Freigabenamen müssen auf jedem Computer eindeutig sein. Sie können bis zu 80 Zeichen lang sein und Leerzeichen enthalten. Wenn Sie auch Computer unterstützen müssen, auf denen Windows 98, Windows Me oder Windows NT ausgeführt wird, sollten Sie den Freigabenamen auf 12 Zeichen oder weniger beschränken.
7. Geben Sie im Textfeld *Beschreibung* eine Beschreibung der Freigabe ein.

   TIPP Standardmäßig sind nur Dateien und Programme, die Benutzer auswählen, offline verfügbar. Klicken Sie auf *Ändern*, wenn Sie die Offlineeinstellungen ändern möchten. Durch die Wahl von *Alle Dateien und Programme, die Benutzer über den freigegebenen Ordner öffnen, automatisch verfügbar machen* können Sie dafür sorgen, dass alle Dateien und Ordner automatisch offline verfügbar sind, während die Wahl von *Keine Dateien oder Programme aus dem freigegebenen Ordner offline verfügbar machen* die Offlineverwendung der Programme und Dateien verhindert. Klicken Sie auf *OK*.

8. Wenn Sie fortfahren möchten, wechseln Sie mit einem Klick auf *Weiter* auf die Seite *Berechtigungen für freigegebene Ordner*. Folgende Optionen stehen zur Verfügung:

   - *Alle Benutzer haben schreibgeschützten Zugriff* Die Standardoption. Benutzer erhalten das Recht, Dateien anzuzeigen und Daten zu lesen, können aber keine Dateien oder Ordner erstellen, ändern oder löschen.
   - *Administratoren haben Voll-, andere Benutzer schreibgeschützten Zugriff* Administratoren erhalten Vollzugriff auf die Freigabe, andere Benutzer nur Lesezugriff. Administratoren können Dateien und Ordner erstellen, ändern und löschen. Auf einem NTFS-Dateisystem erhalten Administratoren auch das Recht, Berechtigungen zu ändern und Dateien und Ordner in Besitz zu nehmen. Benutzer können nur Dateien anzeigen und Daten lesen. Sie können keine Dateien oder Ordner erstellen, ändern oder löschen.
   - *Administratoren haben Vollzugriff, andere Benutzer haben keinen Zugriff* Gibt nur Administratoren Vollzugriff auf die Freigabe.
   - *Berechtigungen anpassen* Ermöglicht Ihnen die Einstellung der Berechtigungen für bestimmte Benutzer oder Gruppen. Gewöhnlich ist dies die empfehlenswerte Methode. Um diese Option zu verwenden, wählen Sie *Berechtigungen anpassen*, klicken auf *Benutzerdefiniert* und stellen die Berechtigungen für die Freigabe ein.

9. Nachdem Sie die Berechtigungen für die Freigabe eingestellt haben, klicken Sie auf *Fertig stellen*, damit die Freigabe erstellt wird. Klicken Sie noch einmal auf *Fertig stellen*, um den Assistenten zu beenden.

Wenn Sie später die Freigabe des Ordners beenden möchten, können Sie dies in der Computerverwaltung tun, indem Sie den freigegebenen Ordner mit der rechten Maustaste anklicken und *Freigabe aufheben* wählen. Wenn Sie dazu aufgefordert werden, bestätigen Sie den Vorgang mit einem Klick auf *Ja*.

Erstellen und Verwalten von freigegebenen Ordnern mit Gruppenrichtlinien

Sie können Ordner mithilfe von Gruppenrichtlinieneinstellungen freigeben. Diesen Ansatz empfehle ich nur, wenn Sie die Zielcomputer detailliert auswählen können, sodass nur Computer, die tatsächlich auch Daten freigeben sollen, mit freigegebenen Ordnern konfiguriert werden.

Gehen Sie folgendermaßen vor, um ein Einstellungselement anzulegen, mit dem Sie freigegebene Ordner erstellen, aktualisieren, ersetzen oder löschen:

1. Öffnen Sie ein Gruppenrichtlinienobjekt (Group Policy Object, GPO) zum Bearbeiten im Gruppenrichtlinienobjekt-Editor. Erweitern Sie den Zweig *Computerkonfiguration\Einstellungen\Windows-Einstellungen* und wählen Sie *Netzwerkfreigaben* aus.

2. Klicken Sie mit der rechten Maustaste auf den Knoten *Netzwerkfreigaben* und wählen Sie *Neu/Netzwerkfreigabe*. Daraufhin öffnet sich das Eigenschaftendialogfeld für die neue Netzwerkfreigabe.

3. Wählen Sie in der Liste *Aktion* des Eigenschaftendialogfelds den Eintrag *Erstellen*, *Aktualisieren*, *Ersetzen* oder *Löschen* aus.

4. Geben Sie im Feld *Freigabename* einen Namen für die Freigabe ein. Freigabenamen müssen auf jedem System eindeutig sein. Sie können bis zu 80 Zeichen lang sein und dürfen Leerzeichen enthalten.

5. Geben Sie im Feld *Ordnerpfad* den vollständigen Pfad des Ordners ein, den Sie freigeben wollen, zum Beispiel *C:\Daten*. Wenn Sie den vollständigen Pfad nicht wissen, können Sie auch auf die *Durchsuchen*-Schaltfläche klicken und im Dialogfeld *Ordnerauswahl* einen Ordner suchen, der dem gleicht, den Sie auf den anderen Computern freigeben wollen.

PRAXISTIPP Wenn Sie im Ordnerpfad eine Umgebungsvariable verwenden wollen, können Sie F3 drücken, um eine Liste der definierten Systemvariablen anzuzeigen. Klicken Sie auf die Variable, die Sie in den Pfad einbauen wollen, beispielsweise `LogOnUser`. In der Standardeinstellung werden Variablen von den Gruppenrichtlinien aufgelöst, bevor sie auf dem Computer eines Benutzers angewendet werden. Soll die Variable stattdessen als Platzhalter benutzt werden, der erst auf dem Computer des Benutzers aufgelöst wird, müssen Sie das Kontrollkästchen *Variable auflösen* aktivieren, bevor Sie auf *Auswählen* klicken. Daraufhin wird ein Platzhalter für die Variable eingefügt, der erst auf dem Computer des Benutzers aufgelöst wird.

In den Gruppenrichtlinieneinstellungen können Sie leicht erkennen, welche Variablen von den Gruppenrichtlinien aufgelöst werden und welche erst auf dem Computer des Benutzers. Variablen, die von den Gruppenrichtlinien aufgelöst werden, haben die Syntax *%Variablenname%*, zum Beispiel *%ProgramFiles%*. Dagegen haben Variablen, die auf dem Computer des Benutzers aufgelöst werden, die Syntax *%<Variablenname>%*, beispielsweise *%<ProgramFiles>%*.

6. Tippen Sie im Feld *Kommentar* eine Beschreibung für den Inhalt der Freigabe ein.
7. Wenn Sie Freigaben aktualisieren oder löschen, können Sie alle Freigaben eines bestimmten Typs ändern oder löschen; Sie sind also nicht auf eine einzige Freigabe beschränkt. Für diese Aufgabe stehen folgende Möglichkeiten zur Auswahl:

   - Aktivieren Sie das Kontrollkästchen *Alle regulären Freigaben aktualisieren* beziehungsweise *Alle regulären Freigaben löschen*, um alle Freigaben zu aktualisieren oder zu löschen, die keine ausgeblendeten, administrativen oder speziellen Freigaben sind.

   - Aktivieren Sie das Kontrollkästchen *Alle ausgeblendeten Freigaben mit Ausnahme administrativer Freigaben aktualisieren* beziehungsweise *Alle ausgeblendeten Freigaben mit Ausnahme administrativer Freigaben löschen*, um alle ausgeblendeten Freigaben zu aktualisieren oder zu löschen, die keine administrativen und speziellen Freigaben sind (dazu gehören Freigaben für Laufwerkbuchstaben, *ADMIN$*, *FAX$*, *IPC$* und *Print$*).

   - Aktivieren Sie das Kontrollkästchen *Alle administrativen Freigaben mit Laufwerkbuchstabe aktualisieren* beziehungsweise *Alle administrativen Freigaben mit Laufwerkbuchstabe löschen*, um alle administrativen Freigaben für Laufwerkbuchstaben zu aktualisieren oder zu löschen.

   HINWEIS Wenn Sie spezielle Freigaben, etwa *ADMIN$*, *FAX$*, *IPC$* und *Print$*, oder andere Systemfreigaben wie *SYSVOL* und *NETLOGON* ändern möchten, können Sie ein Einstellungselement für die jeweilige Freigabe erstellen und dann im Feld *Freigabename* den Namen der speziellen Freigabe eintragen.

8. Stellen Sie ein, wie viele Benutzer auf die Freigabe gleichzeitig zugreifen dürfen. Wählen Sie die Option *Höchstanzahl zulassen* aus, wenn Sie so viele Benutzer zulassen wollen, wie das Betriebssystem ermöglicht. Oder wählen Sie *Zugelassene Benutzeranzahl* aus, um selbst eine Höchstzahl festzulegen.
9. Legen Sie fest, ob die Zugriffssteuerung für die Entscheidung eingesetzt werden soll, ob Benutzer Ordner in der Freigabe ansehen dürfen. Wählen Sie unter *Zugriffsbasierte Aufzählung* die Option *Aktivieren*, wenn nur Benutzer, die über die Berechtigung *Lesen* verfügen, die Ordner in der Freigabe zu sehen bekommen sollen. Wählen Sie *Deaktivieren*, wenn allen Benutzern erlaubt sein soll, die Ordner innerhalb der Freigabe anzusehen.
10. Legen Sie mit den Optionen auf der Registerkarte *Gemeinsam* fest, wie die Einstellungen angewendet werden. Weil Sie in diesem Fall eine Einstellung erzwingen, ist es sinnvoll, die Einstellung jedes Mal anzuwen-

den, wenn die Gruppenrichtlinien aktualisiert werden. Deaktivieren Sie daher das Kontrollkästchen *Nur einmal anwenden*.
11. Klicken Sie auf *OK*. Wenn die Gruppenrichtlinien das nächste Mal aktualisiert werden, wird das Einstellungselement angewendet, wie es im Gruppenrichtlinienobjekt festgelegt ist, in dem Sie das Einstellungselement definiert haben.

Verwenden von freigegebenen Ressourcen

Sobald Sie eine Datei oder einen Ordner freigegeben haben, können Benutzer die Freigaben als Netzwerkressourcen verwenden oder auf ihren Computern mit einem Laufwerksbuchstaben verknüpfen. Nach der Zuordnung eines Laufwerksbuchstabens können Benutzer mit den Ressourcen arbeiten, als handle es sich um ein lokales Laufwerk auf ihrem Computer.

Mit folgenden Schritten können Sie eine freigegebene Datei oder einen freigegebenen Ordner als Netzlaufwerk verbinden:

1. Klicken Sie im Startmenü auf *Computer*. Auf der Symbolleiste des Fensters *Computer* klicken Sie auf die Schaltfläche *Netzlaufwerk verbinden*. Dadurch öffnet sich das Dialogfeld *Netzlaufwerk verbinden* (Abbildung 13.11).

TIPP Sie können ein Netzlaufwerk in jedem Windows-Explorer-Fenster über die Befehle des Menüs *Extras* verbinden oder trennen. Das Menü *Extras* ist nur verfügbar, wenn die herkömmlichen Menüs im Windows-Explorer angezeigt werden. Wenn Sie dieses Menü verwenden möchten, müssen Sie die Taste F10 drücken oder auf *Organisieren*, dann auf *Layout* und schließlich auf *Menüleiste* klicken.

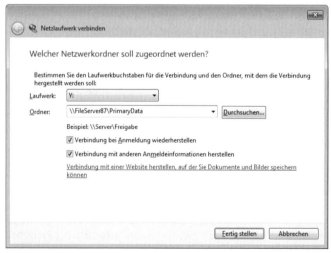

Abbildung 13.11 Ordnen Sie die Freigabe zu, die Sie als Netzlaufwerk verwenden möchten

2. Wählen Sie im Feld *Laufwerk* einen freien Laufwerksbuchstaben aus und klicken Sie dann auf die Schaltfläche *Durchsuchen* rechts neben dem Feld *Ordner*. Im Dialogfeld *Ordner suchen* erweitern Sie die Netzwerkordner, bis Sie den Namen der Arbeitsgruppe oder Domäne wählen können, mit der Sie arbeiten möchten.
3. Wenn Sie den Knoten eines Computers aus einer Arbeitsgruppe oder einer Domäne erweitern, sehen Sie eine Liste der freigegebenen Ordner. Wählen Sie den freigegebenen Ordner aus, mit dem Sie arbeiten möchten, und klicken Sie dann auf *OK*.
4. Wählen Sie *Verbindung bei Anmeldung wiederherstellen*, wenn Windows 7 die Verbindung zum freigegebenen Ordner zu Beginn der nächsten Sitzung automatisch wiederherstellen soll.
5. Klicken Sie auf *Fertig stellen*. Falls der momentan angemeldete Benutzer keine ausreichenden Zugriffsberechtigungen für die Freigabe hat, müssen Sie das Kontrollkästchen *Verbindung mit anderen Anmeldeinformationen herstellen* aktivieren, bevor Sie auf *Fertig stellen* klicken. Anschließend haben Sie die Gelegenheit, Benutzername und Kennwort des Kontos einzugeben, unter dem Sie die Verbindung zum freigegebenen Ordner herstellen wollen. Geben Sie den Benutzernamen im Format *Domäne\Benutzername* ein, zum Beispiel *Cpandl\Williams*.

Wenn Sie sich später dazu entschließen, das Netzlaufwerk nicht mehr zu verwenden, klicken Sie auf *Start* und dann auf *Computer*. Klicken Sie im Windows-Explorer unter *Netzwerkadresse* mit der rechten Maustaste auf das Netzlaufwerksymbol und wählen Sie *Trennen*.

Gehen Sie folgendermaßen vor, um die Gruppenrichtlinien zu öffnen und mithilfe eines Einstellungselements auf mehreren Computern in einer ganzen Domäne die Netzlaufwerke zu konfigurieren:

1. Öffnen Sie ein Gruppenrichtlinienobjekt zum Bearbeiten im Gruppenrichtlinienobjekt-Editor. Erweitern Sie *Benutzerkonfiguration\Einstellungen\Windows-Einstellungen* und wählen Sie *Laufwerkzuordnungen* aus.
2. Klicken Sie mit der rechten Maustaste auf den Knoten *Laufwerkzuordnungen* und wählen Sie *Neu/Zugeordnetes Laufwerk*. Daraufhin öffnet sich das Eigenschaftendialogfeld für das neue Laufwerk.
3. Wählen Sie in der Dropdownliste *Aktion* des Eigenschaftendialogfelds den Eintrag *Erstellen*, *Aktualisieren*, *Ersetzen* oder *Löschen* aus.
4. Geben Sie im Feld *Speicherort* den UNC-Pfad der Netzwerkfreigabe ein, zum Beispiel *\\CorpServer45\corpdatashare*, oder klicken Sie auf die *Durchsuchen*-Schaltfläche, um eine Freigabe auszuwählen.

PRAXISTIPP Wenn Sie im Freigabepfad eine Umgebungsvariable verwenden wollen, können Sie F3 drücken, um eine Liste der definierten Systemvariablen anzuzeigen. Klicken Sie auf die Variable, die Sie in den Pfad einbauen wollen, beispielsweise LogOnUser. In der Standardeinstellung werden Variablen von den Gruppenrichtlinien aufgelöst, bevor sie auf dem Computer eines Benutzers angewendet werden. Soll die Variable stattdessen als Platzhalter benutzt werden, der erst auf dem Computer des Benutzers aufgelöst wird, müssen Sie das Kontrollkästchen *Variable auflösen* aktivieren, bevor Sie auf *Auswählen* klicken. Daraufhin wird ein Platzhalter für die Variable eingefügt, der erst auf dem Computer des Benutzers aufgelöst wird.

In den Gruppenrichtlinieneinstellungen können Sie leicht erkennen, welche Variablen von den Gruppenrichtlinien aufgelöst werden und welche erst auf dem Computer des Benutzers. Variablen, die von den Gruppenrichtlinien aufgelöst werden, haben die Syntax *%Variablenname%*, zum Beispiel *%ProgramFiles%*. Dagegen haben Variablen, die auf dem Computer des Benutzers aufgelöst werden, die Syntax *%<Variablenname>%*, beispielsweise *%<ProgramFiles>%*.

5. Aktivieren Sie das Kontrollkästchen *Verbindung wiederherstellen*, wenn Windows 7 die Verbindung zum freigegebenen Ordner automatisch beim Start jeder Sitzung neu aufbauen soll.
6. Geben Sie einen Namen für das Netzlaufwerk im Feld *Beschriften als* ein.
7. Wählen Sie im Bereich *Laufwerkbuchstabe* aus, wie der Laufwerkbuchstabe zugewiesen werden soll. Wählen Sie die Option *Ersten verfügbaren verwenden, beginnend bei* aus und geben Sie dann den ersten Laufwerkbuchstaben ein, um den ersten freien Laufwerkbuchstaben ab dem angegebenen Buchstaben zu verwenden. Wählen Sie die Option *Verwenden* und wählen Sie den Laufwerkbuchstaben aus, wenn immer genau dieser Laufwerkbuchstabe benutzt werden soll. Sofern Sie nicht sicher sind, dass ein Laufwerkbuchstabe immer frei ist, sollten Sie den ersten verfügbaren Laufwerkbuchstaben verwenden.
8. Optional können Sie eingeben, welche Anmeldeinformationen verwendet werden sollen, um die Verbindung zur Netzwerkfreigabe aufzubauen.
   - Geben Sie die Anmeldeinformationen ein, wenn Sie ein Netzlaufwerk unter Verwendung anderer Anmeldeinformationen zuordnen wollen als derjenigen des Benutzers. Das Kennwort wird verschlüsselt und auf Domänencontrollern im Gruppenrichtlinienobjekt in *Sysvol* gespeichert.
   - Geben Sie *%<LogonUser>%* in das Feld *Benutzername* ein und lassen Sie die Felder *Kennwort* und *Kennwort bestätigen* leer, wenn Sie die Benutzer zwingen wollen, die erforderlichen Anmeldeinformationen selbst einzugeben.

   HINWEIS Anmeldeinformationen für ein Netzlaufwerk abzuspeichern, ist aus Sicherheitsgründen keine gute Lösung. Sie sollten diesen Ansatz nur in Ausnahmefällen verwenden. Wenn Sie diese Technik dennoch nutzen, sollten Sie das Kennwort des verwendeten Benutzerkontos zumindest regelmäßig ändern und dann die Kennwörter in allen Einstellungselementen anpassen, die dieses Konto benutzen.

9. Es stehen weitere Optionen zur Verfügung, mit denen Sie das Laufwerk, das Sie konfigurieren, oder alle Laufwerke ausblenden oder einblenden

können. Wenn Sie alle Laufwerke ein- oder ausblenden, wirkt sich das sowohl auf Netzlaufwerke als auch physische Laufwerke aus.
10. Legen Sie mit den Optionen auf der Registerkarte *Gemeinsam* fest, wie die Einstellungen angewendet werden. Weil Sie in diesem Fall eine Einstellung erzwingen, ist es sinnvoll, die Einstellung jedes Mal anzuwenden, wenn die Gruppenrichtlinien aktualisiert werden. Deaktivieren Sie daher das Kontrollkästchen *Nur einmalig anwenden*.
11. Klicken Sie auf *OK*. Wenn die Gruppenrichtlinien das nächste Mal aktualisiert werden, wird das Einstellungselement angewendet, wie es im Gruppenrichtlinienobjekt festgelegt ist, in dem Sie das Einstellungselement definiert haben.

Verwenden von freigegebenen Ordnern zur Administration

In Windows 7 gibt es einige spezielle Freigaben, die automatisch erstellt werden und für die Verwendung durch Administratoren oder das Betriebssystem vorgesehen sind. Die meisten dieser speziellen Freigaben haben ein Dollarzeichen ($) an den Namen angehängt und bleiben den Benutzern verborgen. Als Administrator müssen Sie vielleicht selbst verborgene Freigaben erstellen oder mit den vordefinierten speziellen Freigaben arbeiten.

Tabelle 13.4 Spezielle und administrative Freigaben

Freigabename	Beschreibung
C$, D$, E$ und andere Freigaben von lokalen Volumes	Eine spezielle Freigabe des Stammverzeichnisses eines Volumes. Die Freigaben der lokalen Laufwerke werden *C$*, *D$*, *E$* und so weiter genannt. Dieses Schema gilt auch für die Freigaben von CD/DVD-ROM-Laufwerken. Diese Freigaben ermöglichen es Mitgliedern der Gruppen *Administratoren* und *Sicherungs-Operatoren*, eine Verbindung zum Stammordner eines lokalen Datenträgers herzustellen und Verwaltungsarbeiten durchzuführen. Wenn Sie zum Beispiel eine Zuordnung mit *C$* herstellen, haben Sie Vollzugriff auf diesen lokalen Datenträger.
ADMIN$	Eine administrative Freigabe für den Zugriff auf den Ordner *%SystemRoot%*, in dem die Betriebssystemdateien liegen. Diese Freigabe ist für die Remoteadministration vorgesehen. Für Administratoren, die remote mit Computern arbeiten, ist *ADMIN$* ein bequemer Weg für den Zugriff auf den Betriebssystemordner.
IPC$	Eine administrative Freigabe für die Unterstützung von Named Pipes, die Programme zur Interprozesskommunikation verwenden (also für die Kommunikation zwischen verschiedenen Prozessen). Da Named Pipes über das Netzwerk geleitet werden können und lokale Systeme mit Remotesystemen verbinden können, lassen sie sich auch zur Remoteadministration verwenden.
PRINT$	Unterstützt die Freigabe von Druckern, indem sie Zugriff auf Druckertreiber bietet. Wenn Sie einen Drucker freigeben, kopiert das System die Druckertreiber in diese Freigabe, damit auch andere Computer bei Bedarf darauf zugreifen können.

Es ist nicht schwer, eine verborgene Freigabe zu erstellen. Sie brauchen nur ein Dollarzeichen ($) ans Ende des Freigabenamens anzuhängen. Vielleicht möchten Sie den Ordner *C:\Berichte* freigeben, wollen aber nicht, dass er in den normalen Freigabelisten aufgeführt wird. Sie brauchen dieser Freigabe dann nur den Namen *Berichte$* statt *Berichte* zu geben. Damit wird aber nicht der Zugriff auf die Freigabe kontrolliert. Der Zugriff auf Freigaben wird durch Berechtigungen kontrolliert, unabhängig davon, ob die Freigabe sichtbar ist oder nicht.

Welche speziellen Freigaben auf einem System verfügbar sind, hängt von der Konfiguration des Systems ab. Das bedeutet, dass es auf einigen Computern vielleicht mehr Freigaben gibt als auf anderen. Tabelle 13.4 beschreibt die gebräuchlicheren speziellen und administrativen Freigaben.

Die besten Werkzeuge für die Arbeit mit speziellen oder aus anderen Gründen verborgenen Freigaben sind der Befehl *net share* und die Computerverwaltung. Wenn Sie eine Liste aller Freigaben brauchen, die es auf dem lokalen Computer gibt, einschließlich der speziellen Freigaben für Administratoren, geben Sie in einer Eingabeaufforderung einfach den Befehl **net share** ein. Zur Anzeige der Freigaben, die es auf anderen Computern aus dem Netzwerk gibt, gehen Sie folgendermaßen vor:

1. Zum Start der Computerverwaltung klicken Sie auf *Start*, klicken *Computer* mit der rechten Maustaste an und wählen *Verwalten*. Standardmäßig stellt die Computerverwaltung eine Verbindung mit dem lokalen Computer her und zeigt im Stammknoten der Strukturdarstellung die Beschriftung *Computerverwaltung (Lokal)*.

2. Klicken Sie in der Strukturdarstellung mit der rechten Maustaste auf *Computerverwaltung* und wählen Sie dann *Verbindung mit anderem Computer herstellen*. Im Dialogfeld *Computer auswählen* ist die Option *Anderen Computer* vorgewählt. Geben Sie den Hostnamen oder vollqualifizierten Domänennamen des Computers ein, mit dem Sie arbeiten möchten, wie zum Beispiel **engpc08** oder **engpc08.microsoft.com**, wobei *engpc08* der Computername ist und *microsoft.com* der Domänenname. Wenn Sie den Computernamen nicht kennen, aber die Netzwerkerkennung aktiviert ist, können Sie auf *Durchsuchen* klicken und den Computer heraussuchen, mit dem Sie arbeiten möchten.

3. Erweitern Sie *System* und *Freigegebene Ordner* und wählen Sie dann *Freigaben*, um eine Liste der Freigaben anzuzeigen, die es auf dem ausgewählten Computer gibt.

Wenn Sie Ordner oder Dateien verwalten, können sich Situationen ergeben, in denen keine Benutzer mit einem freigegebenen Ordner verbunden sein sollten. Wenn Sie beispielsweise Dateien an einen anderen Ort verschieben, möchten Sie vermutlich vor der Verschiebung sicherstellen, dass niemand diese Dateien verwendet. Eine Möglichkeit herauszufinden, ob jemand mit freigegebenen Ordnern und deren Dateien arbeitet, ist die Untersuchung der Benutzersitzungen und der geöffneten Dateien.

Jeder Benutzer, der eine Verbindung mit einem freigegebenen Ordner herstellt, erstellt damit eine Benutzersitzung. Wenn Sie herausfinden möchten, wer gerade verbunden ist, klicken Sie in der Konsolenstruktur unter *Freigegebene Ordner* auf *Sitzungen*. Die aktuellen Benutzer werden im rechten Konsolenbereich aufgelistet. Um einen Benutzer von der Freigabe zu trennen und seine Sitzung zu beenden, klicken Sie im rechten Konsolenbereich mit der rechten Maustaste auf einen Sitzungseintrag, wählen *Sitzung schließen* und klicken dann auf *Ja*, um den Vorgang zu bestätigen. Um alle Benutzersitzungen zu trennen, klicken Sie in der Konsolenstruktur *Sitzungen* mit der rechten Maustaste an, wählen *Alle Sitzungen trennen* und klicken dann auf *Ja*, um den Vorgang zu bestätigen.

Jede freigegebene Datei, die gerade benutzt wird, erscheint in der Liste der geöffneten Dateien. Wenn Sie herausfinden möchten, um welche Dateien es sich handelt, klicken Sie in der Konsolenstruktur unter *Freigegebene Ordner* auf *Geöffnete Dateien*. Im rechten Konsolenbereich werden die geöffneten Dateien aufgelistet. Um eine geöffnete Datei zu schließen, klicken Sie den betreffenden Eintrag im rechten Konsolenbereich mit der rechten Maustaste an, wählen *Geöffnete Datei schließen* und klicken dann auf *Ja*, um den Vorgang zu bestätigen. Um alle geöffneten Dateien zu schließen, klicken Sie in der Konsolenstruktur mit der rechten Maustaste auf *Geöffnete Dateien*, wählen *Alle geöffneten Dateien trennen* und klicken dann auf *Ja*, um den Vorgang zu bestätigen.

Problembehandlung für die Dateifreigabe

Die meisten Probleme im Bereich der Dateifreigabe können Sie mit folgenden Maßnahmen diagnostizieren und beseitigen:

- **Prüfen Sie die Verbindung zwischen dem Computer, der die Ressourcen freigibt, und dem Computer, dessen Benutzer versucht, auf die freigegebenen Ressourcen zuzugreifen** Beide Computer müssen an das Netzwerk angeschlossen und mit den richtigen TCP/IP-Einstellungen konfiguriert sein. Bei beiden Computern muss die Firewall so eingerichtet sein, dass sie eingehende und ausgehende Verbindungen erlaubt. Auf dem Computer, der Ressourcen freigibt, muss in der Windows-Firewall die Ausnahme für die Datei- und Druckerfreigabe aktiviert sein. Die Windows-Firewall unterstützt mehrere aktive Profile, und das aktive und das angewendete Profil müssen richtig konfiguriert sein. Falls Sie Firewallsoftware eines Fremdherstellers verwenden, müssen eingehende Verbindungen auf UDP-Port 137, UDP-Port 138, TCP-Port 139 und allen Ports für ICMPv4 und (sofern für Echo-Anforderungen nötig) ICMPv6 erlaubt sein.

- **Überprüfen Sie die Anmeldeinformationen der Verbindung** Wenn beide Computer Mitglieder einer Domäne sind, sollte der Benutzer die Verbindung zur Freigabe mithilfe von Domänenanmeldeinformationen herstellen. Hat sich der Benutzer als lokaler Benutzer statt als Domänenbenutzer an seinem Computer angemeldet, müssen Sie sicherstellen, dass dieser Benutzer für die Verbindung zur Freigabe alternative Anmeldeinformationen verwendet und dass diese alternativen Anmeldeinformationen zu einem geeigneten Benutzerkonto in der richtigen Domäne gehören.

- **Prüfen Sie die erweiterten Freigabeeinstellungen im Netzwerk- und Freigabecenter** Damit Dateien auf einem Windows 7-Desktopcomputer erfolgreich freigegeben werden können, muss die Datei- und

Druckerfreigabe für das aktive (aktuelle) Netzwerkprofil eingeschaltet sein. Außerdem darf die Richtlinie *Verhindert, dass Benutzer Dateien innerhalb ihres Profils freigeben* nicht aktiviert sein. Computer können Verbindung zu mehreren Netzwerken gleichzeitig herstellen, und für alle aktiven Netzwerke muss der Netzwerktyp im Netzwerk- und Freigabecenter richtig konfiguriert sein.

- **Prüfen Sie den Netzwerktyp für das aktive Netzwerk** Im Netzwerk- und Freigabecenter muss der Netzwerktyp auf beiden Computern richtig eingestellt sein. Ist der Netzwerktyp als öffentliches Netzwerk konfiguriert, sind viele Freigabe- und Verbindungseinstellungen gesperrt und eingeschränkt.

- **Prüfen Sie die Freigabeberechtigungen, die zugrunde liegenden NTFS-Berechtigungen und die Zugriffsflags von Dateien** Die Freigabeberechtigungen müssen so konfiguriert sein, dass der Benutzer Zugriff erhält. Und die zugrunde liegenden NTFS-Berechtigungen müssen so konfiguriert sein, dass sie dem Benutzer Zugriff gewähren. Zugriffsflags für Dateien müssen gelöscht sein, sodass die Dateien nicht als schreibgeschützt, ausgeblendet oder Systemdateien markiert sind.

Bei einer detaillierteren Problembehandlung müssen Sie sich die DNS-Konfiguration auf beiden Computern sowie ihre Domänenmitgliedschaft ansehen. Im Idealfall befinden sich beide Computer im selben Netzwerk oder in Netzwerken, die über schnelle Ethernetverbindungen miteinander verbunden sind. Außerdem sollten beide Computer Mitglieder derselben Domäne sein oder in vertrauenswürdigen Domänen liegen.

Der Serverdienst muss laufen, damit Dateien freigegeben werden können. Prüfen Sie auf dem Computer, der Dateien freigibt, ob der Serverdienst läuft und richtig konfiguriert ist. Normalerweise müsste der Serverdienst für den automatischen Start konfiguriert sein und unter dem Konto *SYSTEM* laufen. Der Serverdienst setzt voraus, dass ein Server-SMB-Treiber verfügbar ist. Ob diese Voraussetzung erfüllt ist, können Sie auf der Registerkarte *Abhängigkeiten* im Eigenschaftendialogfeld des Dienstes prüfen.

Stellen Sie in den Gruppenrichtlinien für den Computer, der Dateien freigibt, sicher, dass der Benutzer das Recht *Auf diesen Computer vom Netzwerk aus zugreifen* besitzt. Dieses Benutzerrecht wird über *Computerkonfiguration\Richtlinien\Windows-Einstellungen\Sicherheitseinstellungen\Lokale Richtlinien\Zuweisen von Benutzerrechten* verwaltet. Standardmäßig verfügen alle authentifizierten Benutzer über dieses Benutzerrecht.

Verwenden und Konfigurieren der Freigabe öffentlicher Ordner

Sinn einer Freigabe von öffentlichen Ordnern ist es, Benutzern die Freigabe von Dateien und Ordnern an einem zentralen Ort zu ermöglichen. Dadurch sind Benutzer in der Lage, schnell zu überblicken, was sie für andere freigegeben haben. Außerdem können sie die freigegebenen Dateien leichter nach Typen zusammenfassen. Dieser Abschnitt beschreibt, wie die Freigabe in öffentlichen Ordnern funktioniert und wie sie konfiguriert wird.

Verwenden der Freigabe in öffentlichen Ordnern

Öffentliche Ordner sehen Sie im Windows-Explorer. Klicken Sie auf *Start* und dann auf *Computer*. Klicken Sie in der Adressenleiste auf die Option, die ganz links steht, und dann auf *Öffentlich*. Wenn Sie die Freigabe im öffentlichen Ordner verwenden, kopieren oder verschieben Sie die Dateien, die Sie freigeben möchten, in den Ordner *%SystemDrive%\Users\Public* des Computers.

Der Ordner *Öffentlich* (*Public*) enthält einige Unterordner, die zur Organisation der freigegebenen Dateien verwendet werden können:

- *Öffentlicher Desktop* Wird für freigegebene Desktopobjekte verwendet.
- *Öffentliche Dokumente, Öffentliche Musik, Öffentliche Bilder, Öffentliche TV-Aufzeichnungen, Öffentliche Videos* Wird für freigegebene Dokument- und Mediendateien benutzt.
- *Öffentliche Downloads* Wird für freigegebene Downloads benutzt.

Alle Inhalte, die in diesen Unterordnern gespeichert werden, sind für alle Benutzer zugänglich, die sich am Computer anmelden (und für alle Remotebenutzer, sofern der Ordner *Öffentlich* für den Netzwerkzugriff freigegeben wurde).

Standardmäßig kann jeder, der auf einem Computer über ein Benutzerkonto und das passende Kennwort verfügt, auf den öffentlichen Ordner eines Computers zugreifen. Wenn Sie Dateien in den öffentlichen Ordner kopieren oder verschieben, werden die Zugriffsberechtigungen so angepasst, dass sie zum öffentlichen Ordner passen. Außerdem werden noch einige zusätzliche Berechtigungen vergeben.

Die Standardberechtigungen für den öffentlichen Ordner erlauben den lokalen Computerbenutzern, öffentliche Dateien zu lesen, in ihnen zu schreiben, sie zu ändern oder zu löschen. In den Ordnern *Öffentliche Musik*, *Öffentliche Bilder* und *Öffentliche Videos* erhält *%ComputerName%\Benutzer* die Berechtigungen *Lesen und Ausführen* sowie *Lesen*.

Die Freigabekonfiguration des Ordners *Public* lässt sich auf zweierlei Art und Weise ändern:

- Sie erlauben Benutzern, die über das Netzwerk zugreifen, die Anzeige und das Öffnen von Dateien, aber nicht die Änderung, Erstellung oder Löschung öffentlicher Dateien. Wenn Sie diese Option einstellen, erhält die implizite Gruppe *Jeder* die Berechtigungen *Lesen und Ausführen* und *Lesen* für öffentliche Dateien sowie *Lesen und Ausführen*, *Ordnerinhalt anzeigen* und *Lesen* für öffentliche Ordner.
- Sie erlauben Benutzern, die über das Netzwerk zugreifen, die Anzeige und Verwaltung öffentlicher Dateien. Dadurch können Remotebenutzer öffentliche Dateien öffnen, ändern, erstellen und löschen. Wenn Sie diese Option einstellen, erhält die implizite Gruppe *Jeder* die Berechtigung *Vollzugriff* für öffentliche Dateien und öffentliche Ordner.

Konfigurieren der Freigabe öffentlicher Ordner

Die Freigabe öffentlicher Ordner erfolgt auf Computerbasis. Für den Ordner *Öffentlich* (*Public*) und seine Unterordner werden dieselben Einstellungen verwendet. Sie können die öffentlichen Ordner mit folgenden Schritten freigeben:

1. Klicken Sie im Startmenü auf *Systemsteuerung*. Klicken Sie im Fenster *Systemsteuerung* unter *Netzwerk und Internet* auf den Link *Heimnetzgruppen- und Freigabeoptionen auswählen* und dann auf *Erweiterte Freigabeeinstellungen ändern*.

2. Erweitern Sie das Netzwerkprofil, das Sie bearbeiten wollen. Wählen Sie unter *Freigabe des öffentlichen Ordners* die Freigabeoption, die Sie verwenden möchten. Verfügbar sind folgende Optionen:

   - *Freigabe einschalten, sodass jeder Benutzer mit Netzwerkzugriff in Dateien in den Ordnern "Öffentlich" lesen und schreiben kann* Wählen Sie diese Option, um jedem, der über das Netzwerk auf den Computer zugreifen kann, die Berechtigung *Besitzer* für den öffentlichen Ordner und alle öffentlichen Daten zu geben. (Allerdings kann die Windows-Firewall bei entsprechender Einstellung Zugriffe von außen verhindern.)

   - *"Freigabe des öffentlichen Ordners" deaktivieren* Wählen Sie diese Option, um Netzwerkzugriffe auf die öffentlichen Ordner zu deaktivieren und Zugriffe auf öffentliche Daten nur für Benutzer zuzulassen, die lokal am Computer angemeldet sind.

3. Wenn Sie nur Personen, die über ein Benutzerkonto und Kennwort auf dem lokalen Computer verfügen, den Zugriff auf freigegebene Dateien, freigegebene Drucker und die öffentlichen Ordner erlauben wollen, können Sie im Abschnitt *Kennwortgeschütztes Freigeben* die Option *Kennwortgeschütztes Freigeben einschalten* auswählen.

4. Klicken Sie auf *Änderungen speichern*, um die Änderungen zu speichern.

Überwachen von Datei- und Ordnerzugriff

Zugriffsberechtigungen helfen zwar dabei, Daten zu schützen, sie lassen aber nicht erkennen, wer versucht hat, unberechtigterweise auf Dateien und Ordner zuzugreifen, oder wer wichtige Dateien entweder versehentlich oder absichtlich gelöscht hat. Um zu verfolgen, wer auf Dateien und Ordner zugreift und was diese Benutzer dabei gemacht haben, müssen Sie die Überwachung für Datei- und Ordnerzugriff konfigurieren. Sie verfolgen den Datei- und Ordnerzugriff, indem Sie die Überwachung aktivieren, festlegen, welche Dateien und Ordner überwacht werden, und dann die Sicherheitsprotokolle analysieren.

Aktivieren der Überwachung für Dateien und Ordner

Sie konfigurieren Überwachungsrichtlinien über Gruppenrichtlinien oder die lokale Sicherheitsrichtlinie. Verwenden Sie Gruppenrichtlinien, wenn Sie Überwachungsrichtlinien im gesamten Unternehmen konfigurieren wollen. Die lokale Sicherheitsrichtlinie eignet sich dagegen besser, wenn

Sie Überwachungsrichtlinien auf einem bestimmten Computer einrichten wollen. Denken Sie aber daran, dass die lokale Richtlinie von den Gruppenrichtlinien überschrieben werden kann.

Sie haben mehrere Möglichkeiten, die Überwachung für Dateien und Ordner zu aktivieren:

- Sie konfigurieren die lokale Richtlinie für einen bestimmten Computer. Starten Sie dazu die Konsole *Lokale Sicherheitsrichtlinie*, indem Sie im Startmenü auf *Alle Programme*, dann *Verwaltung* und schließlich *Lokale Sicherheitsrichtlinie* klicken. Erweitern Sie anschließend den Knoten *Lokale Richtlinien* und wählen Sie *Überwachungsrichtlinie* aus.

- Eine unternehmensweite Richtlinie konfigurieren Sie, indem Sie ein Gruppenrichtlinienobjekt zum Bearbeiten im Gruppenrichtlinienobjekt-Editor öffnen. Erweitern Sie anschließend den Zweig *Computerkonfiguration\Richtlinien\Windows-Einstellungen\Sicherheitseinstellungen\Lokale Richtlinien* und wählen Sie *Überwachungsrichtlinie* aus.

Klicken Sie anschließend doppelt auf *Objektzugriffsversuche überwachen*. Daraufhin öffnet sich das Dialogfeld *Eigenschaften von Objektzugriffsversuche überwachen*. Aktivieren Sie unter *Diese Versuche überwachen* das Kontrollkästchen *Erfolgreich*, um erfolgreiche Zugriffsversuche zu protokollieren, das Kontrollkästchen *Fehler*, um fehlgeschlagene Zugriffsversuche zu protokollieren, oder beide Kontrollkästchen. Klicken Sie schließlich auf *OK*. Damit wird die Überwachung aktiviert, aber es ist noch nicht festgelegt, welche Dateien und Ordner überwacht werden.

Konfigurieren und Analysieren der Überwachung

Sobald Sie die Richtlinie *Objektzugriffsversuche überwachen* aktiviert haben, können Sie einstellen, ob und wie der Zugriff auf Ordner und Dateien verfolgt wird. Dazu stellen Sie die Überwachungsstufe für einzelne Ordner und Dateien ein. Denken Sie daran, dass Überwachung nur auf NTFS-Volumes zur Verfügung steht und dass die Vererbungsregeln auch für die Überwachung von Dateien und Ordnern gelten. Sie können daher den Zugriff auf alle Dateien oder Ordner eines Volumes überwachen, indem Sie einfach festlegen, dass Sie den Stammordner des Volumes überwachen.

Gehen Sie folgendermaßen vor, um auszuwählen, welche Dateien und Ordner überwacht werden:

1. Klicken Sie im Windows-Explorer mit der rechten Maustaste auf die Datei oder den Ordner, der überwacht werden soll, und wählen Sie den Befehl *Eigenschaften*.

2. Klicken Sie im Eigenschaftendialogfeld auf die Registerkarte *Sicherheit* und dann auf *Erweitert*.

3. Klicken Sie im Dialogfeld *Erweiterte Sicherheitseinstellungen* auf der Registerkarte *Überwachung* auf *Fortsetzen*. Daraufhin öffnet sich eine editierbare Version der Registerkarte *Überwachung* (Abbildung 13.12).

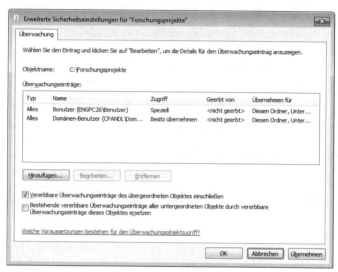

Abbildung 13.12 Konfigurieren der Überwachungseinstellungen

Abbildung 13.13 Festlegen, welche Aktionen für die ausgewählten Benutzer, Gruppen oder Computer überwacht werden

4. Wählen Sie in der Liste *Überwachungseinträge* die Benutzer, Gruppen oder Computer aus, deren Aktionen Sie überwachen wollen. Sie können ausgewählte Konten hinzufügen, indem Sie auf *Hinzufügen* klicken und dann im Dialogfeld *Benutzer, Computer, Dienstkonto oder Gruppe auswählen* einen Kontonamen eingeben. Wenn Sie die Aktionen aller Benutzer überwachen wollen, können Sie die Spezialgruppe *Jeder* verwenden. Wählen Sie andernfalls die einzelnen Gruppen und Benutzer aus,

die Sie überwachen wollen, beispielsweise *Domänen-Benutzer*. Sobald Sie auf *OK* klicken, öffnet sich das Dialogfeld *Überwachungseintrag für* (Abbildung 13.13).

5. Stellen Sie in der Dropdownliste *Übernehmen für* ein, wie der Überwachungseintrag angewendet werden soll.
6. In der Liste *Zugriff* legen Sie fest, welche Aktionen überwacht werden. Aktivieren Sie die *Erfolg-* oder *Fehler*-Kontrollkästchen der Ereignisse, die Sie überwachen wollen. Sie können alle Ereignisse überwachen, für die es spezielle Berechtigungen gibt, wie in den Tabellen 13.1 und 13.3 beschrieben; die einzige Ausnahme ist die Synchronisierung von Offlinedateien und -ordnern. Klicken Sie auf *OK*, wenn Sie fertig sind. Wiederholen Sie diesen Vorgang, um weitere Benutzer, Gruppen oder Computer zu überwachen.
7. Bevor Sie auf *OK* klicken, um das Dialogfeld *Erweiterte Sicherheitseinstellungen* zu schließen, ist es sinnvoll, die Vererbung zu konfigurieren. Hier stehen dieselben zwei Vererbungsoptionen zur Verfügung, die bereits weiter oben in diesem Kapitel beschrieben wurden:

   - Aktivieren Sie das Kontrollkästchen *Vererbbare Überwachungseinträge des übergeordneten Objektes einschließen*, wenn Sie die Überwachungseinstellungen von einem übergeordneten Objekt erben wollen.
   - Aktivieren Sie das Kontrollkästchen *Bestehende vererbbare Überwachungseinträge aller untergeordneten Objekte durch vererbbare Überwachungseinträge dieses Objektes ersetzen*, wenn untergeordnete Objekte des aktuellen Objekts die Einstellungen erben sollen, die Sie für den aktuellen Ordner einstellen.

Oft ist es nützlich, ausschließlich fehlgeschlagene Aktionen zu überwachen. Auf diese Weise erfahren Sie, wenn jemand versucht hat, eine Aktion auszuführen, ihm das aber nicht gelungen ist. Denken Sie daran, dass ein fehlgeschlagener Zugriff nicht zwangsläufig bedeutet, dass jemand versucht, in eine Datei oder einen Ordner einzubrechen. Möglicherweise hat ein Benutzer lediglich doppelt auf einen Ordner oder eine Datei geklickt, auf die er keinen Zugriff hat. Außerdem werden beim Fehlschlagen bestimmter Aktionen gleich mehrere Fehlversuche protokolliert, obwohl der Benutzer nur einmal versucht hat, die Aktion auszuführen. Unabhängig davon sollten Sie eine Serie mehrerer fehlgeschlagener Versuche immer genauer untersuchen, weil die Möglichkeit besteht, dass jemand probiert, in einen Computer einzubrechen.

Jedes Mal, wenn auf Dateien und Ordner zugegriffen wird, für die Sie die Überwachung konfiguriert haben, wird die Aktion in das Sicherheitsprotokoll des Systems geschrieben. Dieses Protokoll können Sie sich in der Ereignisanzeige ansehen. Bei erfolgreichen Aktionen, beispielsweise erfolgreichen Lesezugriffen auf eine Datei, werden Erfolgsereignisse aufgezeichnet. Schlägt eine Aktion dagegen fehl, etwa weil eine Datei nicht gelöscht werden kann, werden Fehlerereignisse aufgezeichnet.

14 Verwalten von Datenzugriff und Verfügbarkeit

Übersicht über das Kapitel:
Konfigurieren von Windows-Explorer-Optionen 591
Verwalten von Offlinedateien 599
Konfigurieren von Datenträgerkontingenten 611
Verwenden von Branch-Cache 621

Die Verwaltung von Datenzugriff und Verfügbarkeit ist eine zentrale Aufgabe bei der Benutzer- und Systemadministration. Neben der üblichen Datei- und Ordnerverwaltung gehören die Einstellung der Optionen des Microsoft Windows-Explorers, die Verwaltung der Offlinedateieinstellungen, die Vergabe von Datenträgerkontingenten und die Konfiguration von Branch-Caches zu den Arbeiten, die häufiger anfallen. Von den Windows-Explorer-Optionen hängt es ab, welche Funktionen zur Datei- und Ordnerverwaltung und welche Dateitypen verfügbar sind. Die Offlinedateieinstellungen kontrollieren die Verfügbarkeit von Dateien und Ordnern, wenn Benutzer offline arbeiten. Datenträgerkontingente begrenzen den Speicherplatz, der Benutzern auf den Datenträgern zur Verfügung steht. Und Branch-Cache speichert heruntergeladene Dokumente und Dateien lokal, sodass sie schneller abgerufen werden können.

Konfigurieren von Windows-Explorer-Optionen

Wenn Sie etwas darüber nachdenken, stellen Sie fest, dass Sie bei Ihrer Arbeit am Computer den größten Teil der Zeit damit verbringen, Dateien und Ordner zu verwalten. Sie erstellen Dateien und Ordner, in denen Informationen gespeichert und organisiert werden. Sie verschieben die Dateien und Ordner von einem Speicherort an einen anderen. Sie stellen die Datei- und Ordnereigenschaften ein und so weiter. Von der vielen Zeit und dem Aufwand mit der Arbeit an Dateien und Ordnern sparen Sie sich viel, wenn Sie einige simple Techniken für die effektive Verwaltung beherzigen.

Anpassen des Windows-Explorers

Der Windows-Explorer ist das Werkzeug der Wahl, wenn es um die Arbeit mit Dateien und Ordnern geht. Leider sind seine Standardeinstellungen für den Durchschnittsnutzer konfiguriert und nicht für erfahrene Benutzer oder gar Administratoren. Beispielsweise wollen Sie als Administrator oft die Systemdateien wie DLLs (Dynamic-Link Library) sehen. Oder Sie möchten auf den ersten Blick erkennen, ob Dateien komprimiert sind oder nicht.

In der Standardeinstellung zeigt der Windows-Explorer keine ausgeblendeten Dateitypen an und unterscheidet nicht zwischen komprimierten und unkomprimierten Dateien.

Gehen Sie folgendermaßen vor, um die Standardeinstellungen zu ändern:
1. Klicken Sie in der Systemsteuerung auf *Darstellung und Anpassung*.
2. Klicken Sie unter *Ordneroptionen* auf *Alle Dateien und Ordner anzeigen*. Daraufhin öffnet sich das Dialogfeld *Ordneroptionen*, in dem die Registerkarte *Ansicht* ausgewählt ist (Abbildung 14.1).

Abbildung 14.1 Einstellen der Optionen für Windows-Explorer im Dialogfeld *Ordneroptionen*

3. Hier können Sie die Einstellungen für Windows-Explorer einstellen. Es stehen folgende Optionen zur Auswahl:
   - *Bei der Eingabe in der Listenansicht* Wenn Sie in der Listenansicht arbeiten und eine Buchstabentaste drücken, wählt der Windows-Explorer standardmäßig die erste Datei oder den ersten Ordner aus, dessen Name mit diesem Buchstaben beginnt. Wählen Sie die Option *Automatisch in Suchfeld eingeben* aus, wenn Sie möchten, dass der eingetippte Text stattdessen in das Suchfeld eingetragen wird.
   - *Dateigrößeninformationen in Ordnertipps anzeigen* Wenn Sie den Mauszeiger über einen Ordnernamen oder ein Ordnersymbol bewegen, zeigt der Windows-Explorer standardmäßig ein QuickInfo an, in dem Datum und Uhrzeit der Erstellung, Größe des Ordners und eine abgekürzte Liste der Dateien aufgelistet sind. Deaktivieren Sie diese Option, wenn weniger Informationen angezeigt werden sollen (nur Datum und Uhrzeit der Erstellung).

- *Dateisymbol auf Miniaturansichten anzeigen* In der Standardeinstellung fügt Windows-Explorer Dateisymbole zu den angezeigten Vorschaubildern hinzu. Deaktivieren Sie diese Option, wenn Sie Vorschaubilder ohne Dateisymbole sehen wollen.
- *Erweiterungen bei bekannten Dateitypen ausblenden* In der Standardeinstellung zeigt der Windows-Explorer für bekannte Dateitypen keine Dateierweiterungen an. Deaktivieren Sie diese Option, wenn Sie Dateierweiterungen für alle Dateitypen anzeigen möchten.
- *Freigabe-Assistent verwenden* In der Standardeinstellung benutzt der Windows-Explorer den Dateifreigabe-Assistenten, um Dateifreigaben zu konfigurieren, wie in Kapitel 13, »Verwalten der Dateisicherheit und Ressourcenfreigabe«, beschrieben. Deaktivieren Sie diese Option, wenn Sie lieber die erweiterte Dateifreigabe verwenden. Wenn Sie Dateien freigeben, müssen Sie auf der Registerkarte *Freigabe* auf *Erweiterte Freigabe* klicken, um Berechtigungen, Zwischenspeicherung und Verbindungseinstellungen separat zu konfigurieren.
- *Geschützte Systemdateien ausblenden* Windows-Explorer zeigt standardmäßig keine Betriebssystemdateien an. Deaktivieren Sie diese Option, um auch Betriebssystemdateien aufzulisten.
- *Immer Menüs anzeigen* Windows-Explorer blendet die Menüleiste standardmäßig aus. Wenn Sie die Menüs anzeigen wollen, müssen Sie auf *Organisieren* klicken, *Layout* auswählen und dann auf *Menuleiste* klicken. Aktivieren Sie diese Option, damit die Menüleiste dauerhaft angezeigt wird.
- *Immer Symbole statt Miniaturansichten anzeigen* In der Standardeinstellung zeigt Windows-Explorer für Bilder und andere Dateitypen große Vorschaubilder des tatsächlichen Inhalts. In Ordnern, die viele Bilder enthalten, kann dieses Feature sehr lästig werden, weil der Windows-Explorer für jedes einzelne Bild eine Vorschau berechnen muss. Wählen Sie diese Option, damit die Vorschaubilder deaktiviert sind, solange Sie nicht explizit die Darstellung von Vorschaubildern auswählen.
- *Kontrollkästchen zur Auswahl von Elementen verwenden* Sie können im Windows-Explorer Dateien, Ordner und andere Elemente standardmäßig nur mit den üblichen Techniken auswählen, etwa durch Anklicken, Anklicken bei gedrückter UMSCHALT-Taste und Anklicken bei gedrückter STRG-Taste. Aktivieren Sie diese Option, wenn Windows-Explorer Kontrollkästchen anzeigen soll, mit denen Sie mehrere Dateien auswählen können.
- *Laufwerkbuchstaben anzeigen* In der Standardeinstellung zeigt Windows-Explorer in den Informationen der Adressleiste den Laufwerkbuchstaben an. Deaktivieren Sie diese Option, wenn Sie keine Laufwerkbuchstaben angezeigt bekommen möchten.

- *Leere Laufwerke im Ordner "Computer" ausblenden* Standardmäßig zeigt Windows-Explorer im Fenster *Computer* keine Informationen über leere Laufwerke an. Deaktivieren Sie diese Option, wenn Sie auch Informationen über leere Laufwerke auflisten wollen.
- *Ordnerfenster in einem eigenen Prozess starten* In der Standardeinstellung führt Windows alle Instanzen von Windows-Explorer im selben Prozess aus. Das spart Arbeitsspeicher, und im Allgemeinen werden neue Fenster dann schneller geöffnet, aber es bedeutet auch, dass alle Instanzen von Windows-Explorer voneinander abhängen. Stürzt eine Instanz ab, stürzen sie alle ab. Und wenn eine Instanz im Wartezustand festhängt, werden unter Umständen alle Instanzen blockiert. Aktivieren Sie diese Option, wenn Sie dieses Verhalten ändern möchten, sodass Windows für jede Instanz von Windows-Explorer einen eigenen Prozess startet.
- *Popupinformation für Elemente in Ordnern und auf dem Desktop anzeigen* In der Standardeinstellung zeigt Windows-Explorer QuickInfos mit zusätzlichen Informationen über eine Datei oder einen Ordner an, wenn Sie die Maus über die Datei oder den Ordner ziehen. Deaktivieren Sie diese Option, wenn keine QuickInfos erscheinen sollen.
- *Verschlüsselte oder komprimierte NTFS-Dateien in anderer Farbe anzeigen* Windows-Explorer listet verschlüsselte und komprimierte Dateien standardmäßig in anderer Farbe als normale Dateien auf. Verschlüsselte Dateien werden mit grüner Schrift angezeigt, komprimierte Dateien mit blauer Schrift. Deaktivieren Sie diese Option, wenn Sie keine unterschiedlichen Farben verwenden wollen.
- *Versteckte Dateien und Ordner* In der Standardeinstellung zeigt der Windows-Explorer keine ausgeblendeten Dateien, Ordner oder Laufwerke an. Wählen Sie die Option *Ausgeblendete Dateien, Ordner und Laufwerke anzeigen*, wenn Sie diese Elemente anzeigen möchten.
- *Vollständigen Pfad in der Titelleiste anzeigen* Wenn Sie ALT+TABULATORTASTE drücken, um zwischen den Fenstern zu wechseln, zeigt Windows standardmäßig den Ordnernamen an, sobald Sie den Mauszeiger über das Windows-Explorer-Fenster fahren. Aktivieren Sie diese Option, wenn Sie stattdessen den tatsächlichen Dateipfad anzeigen wollen.
- *Vorschauhandler im Vorschaufenster anzeigen* Wenn der Fensterabschnitt mit der Vorschauansicht sichtbar ist, zeigt Windows-Explorer standardmäßig Vorschaubilder der ausgewählten Dateien und Ordner an. Deaktivieren Sie diese Option, wenn Sie keine Vorschaubilder sehen wollen.

Konfigurieren erweiterter Windows-Explorer-Optionen

Benutzer und Administratoren arbeiten häufig mit dem Windows-Explorer oder einer ähnlichen Darstellung, beispielsweise in der Computerkonsole. Als Administrator werden Sie sich gelegentlich wünschen, mehr mit dem Windows-Explorer tun zu können. Vielleicht haben Sie Folgendes vor:

- Computer bereitstellen, bei denen bestimmte Windows-Explorer-Funktionen gesperrt sind. Vielleicht möchten Sie verhindern, dass Benutzer die Registerkarte *Hardware* verwenden können, damit sie nicht die Hardware des Computers untersuchen und Einstellungen verändern können.
- Zugriff auf lokale Datenträger einschränken oder sperren. Vielleicht möchten Sie verhindern, dass Benutzer das Diskettenlaufwerk der Computer verwenden, die Sie bereitstellen.

Solche und andere erweiterte Konfigurationsoptionen werden in diesem Abschnitt besprochen.

Einstellen von Gruppenrichtlinien für den Windows-Explorer und Ordneransichten

Wie so viele Windows 7-Funktionen lassen sich auch die Optionen, die im Windows-Explorer verfügbar sind, mit Gruppenrichtlinien kontrollieren. Da viele dieser Optionen Ordneransichten und Einstellungen erweitern, lohnt es sich, sie näher zu untersuchen. Tabelle 14.1 gibt Ihnen einen Überblick über Richtlinien, die Sie vielleicht verwenden möchten, und beschreibt ihre Anwendung. Zu finden sind die Richtlinien unter *Benutzerkonfiguration\Richtlinien\Administrative Vorlagen\Windows-Komponenten\Windows-Explorer*.

Tabelle 14.1 Richtlinien für den Windows-Explorer

Richtlinienname	Beschreibung
Anzeige von Miniaturansichten deaktivieren und nur Symbole anzeigen	Deaktiviert die Erstellung und Anzeige von Vorschaubildern, wenn Benutzer auf Ordner des lokalen Computers zugreifen. Das kann die Wartezeit verringern und den ersten Zugriff auf einen Ordner für den Benutzer beschleunigen. Allerdings muss der Benutzer sich Mediendateien dann unter Umständen ansehen, um sie unterscheiden zu können.
Anzeige von Miniaturansichten deaktivieren und nur Symbole für Netzwerkordner anzeigen	Deaktiviert die Erstellung und Anzeige von Vorschaubildern, wenn Benutzer auf Netzwerkordner zugreifen. Das kann die Wartezeit verringern und den ersten Zugriff auf einen Ordner für den Benutzer beschleunigen. Allerdings muss der Benutzer sich Mediendateien dann unter Umständen ansehen, um sie unterscheiden zu können.
Bestätigungsdialog beim Löschen von Dateien anzeigen	Zeigt ein Bestätigungsdialogfeld an, wenn Sie Dateien löschen oder in den Papierkorb werfen.
CD-Brennfunktionen entfernen	Entfernt die Funktionen zur Änderung und Erstellung von CDs aus dem Windows-Explorer. Benutzer werden aber nicht daran gehindert, andere CD-Brennprogramme zu verwenden. ▶

Richtlinienname	Beschreibung
Den Menüeintrag "Verwalten" im Windows-Explorer-Kontextmenü ausblenden	Entfernt den Menüeintrag *Verwalten* aus dem Startmenü und aus den Kontextmenüs der Windows-Explorer-Ansichten. Dieser Menüpunkt dient zum Öffnen der Computerverwaltung.
Diese angegebenen Datenträger im Fenster »Arbeitsplatz« ausblenden	Entfernt die Symbole für ausgewählte Laufwerke aus den Windows-Explorer-Ansichten. Benutzer können aber mit anderen Methoden noch auf Laufwerke zugreifen.
Maximale Anzahl von neueren Dokumenten	Gibt die maximale Anzahl der Dokumentverknüpfungen an, die im Untermenü *Zuletzt verwendet* des Startmenüs angezeigt werden. Der Standardwert ist 15. Damit diese Liste verfügbar ist, muss die Option *Zuletzt verwendet* im Dialogfeld *Startmenü anpassen* aktiviert sein.
Menü "Datei" aus Windows-Explorer entfernen	Entfernt das *Datei*-Menü aus den Windows-Explorer-Ansichten, hindert Benutzer aber nicht dran, auf andere Weise die Arbeiten durchzuführen, die mit dem *Datei*-Menü möglich sind.
Menüeintrag "Ordneroptionen" aus dem Menü "Extras" entfernen	Hindert Benutzer am Zugriff auf das Dialogfeld *Ordneroptionen*. Daher können Benutzer auch nicht mehr die Einstellungen für Ordneransichten, Dateitypen oder Offlinedateien ändern.
Menüleiste in Windows-Explorer anzeigen	Setzt die Standardkonfiguration außer Kraft und zeigt im Windows-Explorer die herkömmliche Menüleiste an.
Nur benutzerbezogene oder zugelassene Shellerweiterungen zulassen	Shellerweiterungen erweitern die Funktionen, die im Windows-Explorer verfügbar sind. Diese Einstellung erlaubt einem Computer nur die Verwendung von Shellerweiterungen, die zuvor von einem Administrator genehmigt wurden oder die keinen Einfluss auf andere Benutzer des Computers haben. Genehmigte Shellerweiterungen müssen unter HKEY_LOCAL_MACHINE\SOFTWARE\Microsoft\Windows \CurrentVersion\Shell Extensions\Approved in die Registrierung eingetragen werden.
Optionen "Netzlaufwerk verbinden" und "Netzlaufwerk trennen" entfernen	Verhindert, dass Benutzer den Windows-Explorer dazu verwenden, um Netzlaufwerke zu verbinden oder zu trennen. Das hindert sie nicht daran, es auf anderen Wegen zu tun, beispielsweise in einer Eingabeaufforderung.
Registerkarte "DFS" entfernen	Entfernt die Registerkarte *DFS* aus dem Windows-Explorer und den Windows-Explorer-Ansichten. Benutzer können diese Registerkarte nicht mehr verwenden, um DSF-Einstellungen (Distributed File System) anzuzeigen oder zu ändern. Beachten Sie bitte, dass die *DFS*-Registerkarte nur verfügbar ist, wenn in der Arbeitsgruppe oder Domäne DFS konfiguriert ist.
Registerkarte "Hardware" entfernen	Entfernt die Registerkarte *Hardware* aus allen Dialogfeldern und verhindert, dass Benutzer diese Registerkarte zur Anzeige oder Änderung von Hardwareeinstellungen oder zur Fehlersuche in Hardwaregeräten verwenden.
Registerkarte "Sicherheit" entfernen	Entfernt die Registerkarte *Sicherheit* aus den *Eigenschaften*-Dialogfeldern von Dateien, Ordnern, Verknüpfungen und Laufwerken. Dadurch werden Benutzer daran gehindert, die entsprechenden Datei- und Ordnerberechtigungen anzuzeigen oder zu ändern. ▶

Konfigurieren von Windows-Explorer-Optionen **597**

Richtlinienname	Beschreibung
Standardkontextmenü aus Windows-Explorer entfernen	Entfernt die Kontextmenüs vom Desktop und Windows-Explorer, sodass Benutzer sie nicht mehr mit einem Klick mit der rechten Maustaste anzeigen können.
Windows-Bibliotheksfeatures deaktivieren, die indizierte Dateidaten verwenden	Deaktiviert alle zusammenfassenden Ansichten außer *Nach Ordner* sowie alle Suchfiltervorschläge außer Änderungsdatum und Größe. Deaktiviert außerdem die Ansicht von Dateiinhaltsausschnitten im Inhaltsmodus und im Kontextmenü die Möglichkeit zum Stapeln von Ansichten.
Zugriff auf Laufwerke vom Arbeitsplatz nicht zulassen	Verhindert, dass Benutzer in Windows-Explorer-Ansichten auf ausgewählte Laufwerke zugreifen. Benutzer können auch nicht über die Dialogfelder *Ausführen* oder *Netzlaufwerk verbinden* auf Dateien zugreifen, die auf diesen Laufwerken liegen.
Zwischenspeicherung von Bildern in Miniaturansicht deaktivieren	Deaktiviert die Zwischenspeicherung von Vorschaubildern.

Wie aus Tabelle 14.1 hervorgeht, steuern viele Windows-Explorer-Richtlinien die Verfügbarkeit von bestimmten Optionen, beispielsweise von Menüelementen oder Registerkarten in Dialogfeldern. Um diese Optionen für alle Benutzer eines Computers zu konfigurieren, gehen Sie folgendermaßen vor:

1. Öffnen Sie ein Gruppenrichtlinienobjekt (Group Policy Object, GPO) zum Bearbeiten im Gruppenrichtlinienobjekt-Editor. Die Richtlinien befinden sich im Zweig *Benutzerkonfiguration\Richtlinien\Administrative Vorlagen\Windows-Komponenten\Windows-Explorer*.

2. Klicken Sie die Richtlinie, die Sie einstellen möchten, mit einem Doppelklick an. Dadurch öffnet sich ein *Eigenschaften*-Dialogfeld. Wählen Sie eine der folgenden Optionen:

   - **Nicht konfiguriert** Gibt an, dass für diese Richtlinie keine Änderungen an der Registrierung vorgenommen werden.
   - **Aktiviert** Aktiviert die Richtlinie und aktualisiert die Registrierung.
   - **Deaktiviert** Deaktiviert die Richtlinie und aktualisiert die Registrierung

3. Klicken Sie auf *OK*.

HINWEIS In den weiteren Abschnitten dieses Kapitels finden Sie eine ausführlichere Beschreibung einiger dieser Richtlinien. Lesen Sie insbesondere den nächsten Abschnitt, »Verwalten des Laufwerkszugriffs im Windows-Explorer«, der die gezielte Deaktivierung oder Sperrung des Laufwerkszugriffs im Windows-Explorer beschreibt.

Für Ihre Arbeit mit den Gruppenrichtlinien für den Windows-Explorer sei darauf hingewiesen, dass die folgenden Einstellungen nicht für Windows Vista oder Windows 7 gelten:

- **Maximal zugelassene Papierkorbgröße** Unter Windows 7 gibt es auf jedem konfigurierten Laufwerk einen Papierkorb. Jeder Benutzer, der sich lokal anmeldet, erhält eine separate, private Kopie dieser Papierkörbe. Sie können die Papierkorbeinstellung für den aktuellen Benutzer ändern, indem Sie den Papierkorb mit der rechten Maustaste anklicken und *Eigenschaften* wählen. Auf der Registerkarte *Allgemein* wählen Sie einen Papierkorbpfad aus, legen die gewünschte Maximalgröße fest und klicken dann auf *OK*.

- *»Benachbarte Computer« nicht unter Netzwerkumgebung anzeigen/ Symbol »Gesamtes Netzwerk« nicht in »Netzwerkumgebung« anzeigen* Unter Windows 7 ist die Fähigkeit zur Bestimmung der Netzwerktopologie eine integrierte Funktion des Netzwerk- und Freigabecenters. Die Funktion *Personen in meiner Umgebung*, die für Windows-Teamarbeit verwendet wird, identifiziert Benutzer, die im selben Netzwerksegment Computer benutzen. Sie können sich automatisch anmelden, wenn Windows hochgefahren wird, oder manuell, wenn Sie Windows-Teamarbeit verwenden möchten.

- *Schaltfläche »Suchen« aus Windows Explorer entfernen* Da Suchfunktionen weitgehend in Windows 7 integriert sind, werden sie auf unterschiedliche Weise gesteuert. Dafür vorgesehene Einstellungen finden Sie unter *Benutzerkonfiguration\Administrative Vorlagen\Windows-Komponenten\Sofortsuche*. Optionen zur Steuerung der Indizierung von Dateien und Ordner sind unter *Computerkonfiguration\Administrative Vorlagen\Windows-Komponenten\Suche* zu finden.

Verwalten des Laufwerkszugriffs im Windows-Explorer

Vielleicht möchten Sie den Zugriff auf Dateien sperren, die auf bestimmten Laufwerken liegen, oder sogar bestimmte Laufwerke des Systems verbergen. Das erreichen Sie durch entsprechende Gruppenrichtlinien. Die Richtlinien, die Sie dafür brauchen, sind *Diese angegebenen Datenträger im Fenster »Arbeitsplatz« ausblenden* und *Zugriff auf Laufwerke vom Arbeitsplatz nicht zulassen*.

Das Verbergen oder Ausblenden von Laufwerken hindert Benutzer zwar daran, die Laufwerke in Windows-Explorer-Ansichten zu verwenden, aber es hält sie nicht davon ab, auf anderen Wegen auf die Laufwerke zuzugreifen. Im Gegensatz dazu hält das Sperren oder Blockieren von Laufwerken Benutzer vom Zugriff auf die Dateien ab, die auf den Laufwerken liegen, und sorgt auch dafür, dass diese Dateien nicht über Windows-Explorer, *Ausführen* oder *Netzlaufwerk verbinden* zugänglich sind. Allerdings werden dadurch nicht die Laufwerkssymbole oder Ordnerstrukturen in Windows-Explorer ausgeblendet.

Um ausgewählte Laufwerke zu verbergen oder den Dateizugriff auf ausgewählten Laufwerken zu verhindern, gehen Sie folgendermaßen vor:

1. Öffnen Sie ein Gruppenrichtlinienobjekt zum Bearbeiten im Gruppenrichtlinienobjekt-Editor. Die Richtlinien befinden sich im Zweig *Benutzerkonfiguration\Richtlinien\Administrative Vorlagen\Windows-Komponenten\Windows-Explorer*.
2. Um Laufwerke zu verbergen, klicken Sie *Diese angegebenen Datenträger im Fenster "Arbeitsplatz" ausblenden* mit einem Doppelklick an und wählen dann *Aktiviert*. Anschließend geben Sie die Laufwerke an, die Sie verbergen möchten, und klicken dann auf *OK*. Die wichtigsten Optionen sind:
   - Wählen Sie *Alle Laufwerke einschränken*, um den Zugriff auf alle internen Festplattenlaufwerke und Diskettenlaufwerke einzuschränken.
   - Wählen Sie *Nur Laufwerke A und B beschränken*, um den Zugriff auf Diskettenlaufwerke zu beschränken.
   - Wählen Sie *Nur Laufwerke A, B und C beschränken*, um den Zugriff auf Diskettenlaufwerke und Laufwerk C: zu beschränken.
   - Wählen Sie *Laufwerke nicht einschränken*, um zusätzliche Beschränkungen aufzuheben, die sonst gelten würden.
3. Um auf bestimmten Laufwerken den Dateizugriff zu sperren, klicken Sie *Zugriff auf Laufwerke vom Arbeitsplatz nicht zulassen* mit einem Doppelklick an und wählen *Aktiviert*. Dann wählen Sie die Laufwerke aus, auf denen Sie den Zugriff sperren möchten, und klicken auf *OK*.

HINWEIS Von der Berechtigung *Ordnerinhalt anzeigen* hängt es ab, ob ein Benutzer die Dateien sehen kann, die in einem Ordner liegen. Wenn Sie sicherstellen möchten, dass Benutzer nicht die Namen der Ordner anzeigen können, die auf einem Laufwerk liegen, sollten Sie diese Laufwerke zusätzlich verbergen.

Verwalten von Offlinedateien

Die Konfiguration von Offlinedateien ist ein Vorgang, für den mehrere Schritte erforderlich sind. Er beginnt mit der Einstellung der entsprechenden Gruppenrichtlinien, setzt sich mit der Einstellung der betreffenden Offlineordner fort und endet mit der Einstellung der Benutzeroptionen für die Offlinearbeit. In erster Linie sind es zwar die Laptopbenutzer, weil sie ihre Laptops nach Hause oder anderswohin mitnehmen, aber von der Offlinedateieinstellung können alle Benutzer profitieren. Die Einstellung der Gruppenrichtlinien für Offlinedateien wurde in Kapitel 3, »Konfigurieren von Benutzer- und Computerrichtlinien«, besprochen. Dieser Abschnitt geht näher auf Offlinedateien und ihre Konfiguration ein.

Grundlagen der Offlinedateien

Offlinedateien sind Netzwerkdateien, die auf den Computern der Benutzer zwischengespeichert werden, damit sie auch dann verfügbar sind, wenn die Benutzer nicht mit dem Netzwerk verbunden sind oder das Netzwerk ausgefallen ist. Einmal konfiguriert, greift Windows 7 automatisch auf Offlinedateien zurück, wenn die Netzwerkdateien nicht verfügbar sind. Dadurch sind Benutzer in der Lage, ihre Arbeit mit den Netzwerkdateien ohne Unterbrechung fortzusetzen. Sobald die Verbindung mit dem Netzwerk wiederhergestellt ist, synchronisiert Windows 7 automatisch die Dateien vom Computer des Benutzers mit den Dateien im Netzwerkordner.

Welche Änderungen übernommen werden, hängt davon ab, wie die Änderungen erfolgt sind. Wenn mehrere Benutzer eine bestimmte Offlinedatei geändert haben, können Sie die Konfliktauflösungsfunktionen verwenden, um die vorhandene Version mit ihrer Dateiversion zu überschreiben, die vorhandene Dateiversion zu bewahren oder beide Versionen im Netzwerk zu speichern. Wenn ein Benutzer eine Offlinedatei löscht, wird die Datei auch im Netzwerk gelöscht, es sei denn, jemand anders hat inzwischen die Netzwerkdatei geändert, sodass sie einen aktuelleren Zeitstempel trägt. In diesem seltenen Fall wird die Datei vom Computer des Benutzers gelöscht, und nicht vom Netzwerk. Ändert ein Benutzer eine Offlinedatei, die jemand anders im Netzwerk löscht, können die Benutzer entscheiden, ob sie ihre Version im Netzwerk speichern oder von ihren Computern löschen.

Windows 7 bietet zwei wichtige Erweiterungen für Offlinedateien:

- **Beschränkung der Synchronisierung auf Änderungen** Windows 7 ermöglicht eine schnellere Synchronisierung, indem es nur die geänderten Blöcke einer Datei synchronisiert.

- **Ghosting von nicht verfügbaren Dateien und Ordnern** Wenn der Inhalt eines Ordners nur teilweise offline verfügbar ist, erstellt Windows 7 für die anderen Dateien und Ordner Platzhalter (»ghosted entries«), um den Onlinekontext zu bewahren. Wenn Sie keine Verbindung zum betreffenden Ordner haben, sehen Sie also nicht nur die normalen Einträge für Offlinedateien und Ordner, sondern auch die Platzhalter.

Benutzer und Administratoren haben die Kontrolle darüber, wann Offlinedateien synchronisiert werden. Eine automatische Synchronisierung kann ausgelöst werden, wenn sich der Benutzer an- oder abmeldet oder wenn Computer in einen Energiesparmodus oder in den Ruhezustand wechseln. Wie die automatische Synchronisierung genau erfolgt, hängt von Gruppenrichtlinien und Benutzereinstellungen ab. Einzelheiten über die Konfiguration von Offlinedateien in den Gruppenrichtlinien finden Sie in Kapitel 3 im Abschnitt »Konfigurieren von Offlinedateirichtlinien«.

Manuell lässt sich eine Synchronisierung im Synchronisierungscenter durchführen. Sie erreichen das Synchronisierungscenter, indem Sie im Startmenü auf *Alle Programme*, *Zubehör* und dann auf *Synchronisierungscenter* klicken.

Dateien und Ordner offline verfügbar machen

Freigegebene Netzwerkordner können für die Offlineverwendung verfügbar gemacht werden. Standardmäßig sind alle Unterordner und Dateien in den freigegebenen Ordnern ebenfalls offline verfügbar. Bei Bedarf können Sie die Verfügbarkeit einzelner Dateien und Unterordner ändern. Dazu müssen Sie die Verfügbarkeit der betreffenden Dateien und Unterordner einzeln einstellen. Vergessen Sie bitte nicht, dass neue Dateien, die zu einem freigegebenen und offline verwendeten Ordner hinzugefügt werden, nicht automatisch an die offline arbeitenden Benutzer verteilt werden. Zum Austausch von Updates muss der Offlineordner synchronisiert werden.

Sie können Offlinedateien mit dem Windows-Explorer oder der Computerverwaltungskonsole konfigurieren. Da die Computerverwaltung Sie in die Lage versetzt, Offlinedateien auf jedem Ihrer Netzwerkcomputer zu verwalten, ist sie gewöhnlich das beste Werkzeug. Dateien und Ordner offline verfügbar zu machen ist ein Vorgang, der in drei Schritten erfolgt. Zuerst geben Sie Ordner frei. Dann machen Sie die Ordner für die Offlineverwendung verfügbar. Und schließlich wählen die Benutzer die Dateien und Ordner aus, die sie offline verwenden wollen.

Schritt 1: Freigeben der Ordner

In der Computerverwaltungskonsole geben Sie einen Ordner folgendermaßen für die gemeinsame Verwendung frei:

1. Klicken Sie in der Strukturdarstellung mit der rechten Maustaste auf *Computerverwaltung* und wählen Sie dann *Verbindung mit anderem Computer herstellen*. Wählen Sie im Dialogfeld *Computer auswählen* den Computer aus, mit dem Sie arbeiten möchten.

2. Erweitern Sie in der Konsolenstruktur die Knoten *System* und *Freigegebene Ordner* und wählen Sie dann *Freigaben*. In der Detailansicht werden die aktuellen Freigaben des Computers angezeigt.

3. Klicken Sie mit der rechten Maustaste auf *Freigaben* und wählen Sie dann *Neue Freigabe*. Dadurch wird der Assistent zum Erstellen von Ordnerfreigaben gestartet, der zur Freigabe von Ordnern verwendet werden kann. Dieser Vorgang wurde bereits in Kapitel 13 im Abschnitt »Freigeben eines Ordners und Einstellen der Freigabeberechtigungen in der Computerverwaltung« beschrieben.

Schritt 2: Bereitstellen der Ordner für die Offlineverwendung

In der Computerverwaltungskonsole machen Sie einen freigegebenen Ordner folgendermaßen für die Offlineverwendung verfügbar:

1. Klicken Sie in der Strukturdarstellung mit der rechten Maustaste auf *Computerverwaltung* und wählen Sie dann *Verbindung mit anderem Computer herstellen*. Wählen Sie im Dialogfeld *Computer auswählen* den Computer aus, mit dem Sie arbeiten möchten.

2. Erweitern Sie in der Konsolenstruktur die Knoten *System* und *Freigegebene Ordner* und wählen Sie dann *Freigaben*.

3. Klicken Sie die Freigabe, die Sie offline verfügbar machen möchten, mit einem Doppelklick an. Klicken Sie auf der Registerkarte *Allgemein* auf *Offlineeinstellungen*.

Abbildung 14.2 Optionen für die Zwischenspeicherung von Offlinedateien legen Sie im Dialogfeld *Offlineeinstellungen* fest

4. Im Dialogfeld *Offlineeinstellungen*, das in Abbildung 14.2 zu sehen ist, wählen Sie eine der folgenden Optionen:

   - *Nur Dateien und Programme, die Benutzer auswählen, offline verfügbar machen* Verwenden Sie diese Einstellung, wenn Sie möchten, dass die Benutzer selbst die Dateien auswählen können, die sie offline zur Verfügung haben möchten. Das ist die Standardoption. Sie ist am besten geeignet, wenn es mehrere Benutzer gibt, die dieselben Dateien aus einem Ordner ändern möchten. Sobald sie für die manuelle Auswahl konfiguriert sind, werden Dateien automatisch heruntergeladen und für die Offlineverwendung verfügbar gemacht. Wurde zuvor eine ältere Version eines Dokuments zwischengespeichert, wird diese ältere Version gelöscht. Wenn eine Datei online verwendet wird, geht aus der Serverversion immer hervor, dass die Datei gerade verwendet wird.

   - *Alle Dateien und Programme, die Benutzer auf der Freigabe öffnen, automatisch offline verfügbar machen* Verwenden Sie diese Einstellung für Ordner, in denen Benutzerdaten und Programme liegen. Geöffnete Dateien und ausführbare Programmdateien werden automatisch heruntergeladen und für die Offlineverwendung verfügbar gemacht. Wurde zuvor eine ältere Version eines Dokuments zwischengespeichert, so wird die ältere Version aus dem lokalen Cache gelöscht. Wird eine Datei online verwendet, geht aus der Serverversion immer hervor, dass die Datei gerade verwendet wird. Treten Versionskonflikte auf, werden entsprechende Meldungen angezeigt.

Bei dieser Option können Sie außerdem *Für hohe Leistung optimieren* wählen, um eine erweiterte Zwischenspeicherung der Dateien zu ermöglichen. Durch diese erweiterte Zwischenspeicherung können Programme zwischengespeichert werden, die im Netzwerk freigegeben sind, sodass sie auch lokal ausgeführt werden können. Auch das kann die Leistung verbessern.

5. Klicken Sie zweimal auf *OK*.

Schritt 3: Auswählen der Dateien und Ordner für die Offlineverwendung

Nachdem Sie die Freigaben erstellt und für die Offlineverwendung konfiguriert haben, können Sie mit folgenden Schritten die Dateien und Ordner auswählen, die offline verwendet werden sollen:

1. Ordnen Sie einem freigegebenen Ordner oder einer freigegebenen Datei ein Netzlaufwerk zu, wie in Kapitel 13 im Abschnitt »Verwenden von freigegebenen Ressourcen« besprochen.
2. Klicken Sie im Startmenü auf *Computer*. Daraufhin öffnet sich das Fenster *Computer*.
3. Erstellen Sie mit einer der folgenden Methoden einen Offlinecache:

   - Um den ganzen Inhalt eines freigegebenen Ordners auf den Computer des Benutzers zu kopieren und für die Offlineverwendung verfügbar zu machen, klicken Sie unter *Netzwerkpfad* mit der rechten Maustaste auf die gewünschte Freigabe und wählen dann *Immer offline verfügbar*.
   - Um nur einen ausgewählten Ordner (und seinen Inhalt) oder eine ausgewählte Datei auf den Computer des Benutzers zu kopieren und für die Offlineverwendung verfügbar zu machen, suchen Sie die Netzwerkdatei oder den Ordner in der Computerkonsole heraus und klicken dann mit der rechten Maustaste auf die Datei oder den Ordner und wählen *Immer offline verfügbar*.

Durch die Auswahl von Dateien und Ordnern für die Offlineverwendung wird auf dem Computer des Benutzers ein lokaler Cache eingerichtet, in dem die Dateien und Ordner zwischengespeichert werden. Außerdem entsteht dadurch eine Synchronisierungspartnerschaft zwischen dem lokalen Computer und dem Computer, auf dem die freigegebenen Ressourcen liegen, oder eine bereits vorhandene Synchronisierungspartnerschaft wird auf die zusätzlichen Dateien und Ordner erweitert. Synchronisierungspartnerschaften können im Synchronisierungscenter verwaltet werden, wie es im Abschnitt »Verwalten der Offlinedateisynchronisierung« weiter unten in diesem Kapitel noch beschrieben wird.

Offline arbeiten

Wenn Ihr Computer nicht mit dem lokalen Netzwerk verbunden ist, arbeiten Sie offline. Dass Sie offline arbeiten, erkennen Sie im Fenster *Computer* an einem roten X über den Netzlaufwerken oder im Infobereich der Taskleiste. Wenn Sie offline arbeiten, können Sie fast genauso auf Netzwerkdateien zugreifen, als wären Sie mit dem Netzwerk verbunden. Sie verfügen über dieselben Berechtigungen, als würden Sie online arbeiten. Wenn Sie also über Lesezugriff auf eine bestimmte Datei verfügen, solange Sie mit dem Netzwerk verbunden sind, und dann offline arbeiten, können Sie die Datei zwar lesen, aber nicht ändern.

Sie können auch explizit angeben, dass Sie offline arbeiten möchten. Um mit den Offlinedateien zu arbeiten, die auf dem Computer gespeichert sind, und nicht mit den Netzwerkdateien, gehen Sie folgendermaßen vor:

1. Öffnen Sie im Windows-Explorer den Netzwerkordner, der die Dateien enthält, mit denen Sie offline arbeiten möchten, und klicken Sie dann auf der Symbolleiste auf *Offlinebetrieb*.
2. Wenn Sie nicht mehr offline, sondern wieder online arbeiten möchten, klicken Sie auf der Symbolleiste auf *Onlinebetrieb*. Dadurch werden alle Änderungen, die Sie offline vorgenommen haben, mit den Netzwerkdateien synchronisiert.

Verwalten der Offlinedateisynchronisierung

Das Synchronisierungscenter, zu sehen in Abbildung 14.3, vereinfacht die Verwaltung zwischengespeicherter Offlinedateien und -ordner. Im Synchronisierungscenter wird für jeden freigegebenen Ordner, der lokal zwischengespeichert wird, eine Synchronisierungspartnerschaft eingerichtet. Jede eingerichtete Synchronisierungspartnerschaft hat einige Eigenschaften, mit denen Sie den Zeitpunkt und die Art der Synchronisation steuern können.

Abbildung 14.3 Verwenden Sie das *Synchronisierungscenter* zur Durchführung der Synchronisation und zur Anzeige der Ergebnisse

Anzeigen der aktuellen Synchronisierungspartnerschaften

Mit folgenden Schritten können Sie im Synchronisierungscenter die aktuellen Synchronisierungspartnerschaften anzeigen:

1. Öffnen Sie das Synchronisierungscenter, indem Sie im Startmenü auf *Alle Programme*, *Zubehör* und schließlich auf *Synchronisierungscenter* klicken.

2. Die aktuell definierten Synchronisierungspartnerschaften werden im Synchronisierungscenter mit Namen, Status, Fortschritt, Konfliktzahl, Fehlerzahl und Kategorie angezeigt.

Wenn Sie das Synchronisierungscenter geöffnet haben, können Sie leicht überprüfen, ob es Synchronisationsprobleme gibt, und die Synchronisierung konfigurieren, einleiten oder abbrechen.

Manuelles Synchronisieren von Offlinedateien

Mit einer der beiden folgenden Methoden können Sie die manuelle Synchronisierung von Offlinedateien einleiten:

- **Synchronisieren aller Offlinedateien und -ordner** Wurden mehrere Synchronisierungspartnerschaften eingerichtet, können Sie alle Offlinedateien und -ordner synchronisieren, indem Sie das Synchronisierungscenter öffnen und auf *Alle synchronisieren* klicken. *Alle synchronisieren* ist nur verfügbar, wenn keine bestimmte Synchronisierungspartnerschaft ausgewählt wurde.

- **Synchronisieren einer bestimmten Netzwerkfreigabe** Sollen nur die Offlinedateien und -ordner für einen bestimmten freigegebenen Netzwerkordner synchronisiert werden, können Sie das Synchronisierungscenter öffnen, die betreffende Synchronisierungspartnerschaft anklicken und dann auf *Synchronisieren* klicken.

Automatisches Synchronisieren von Offlinedateien

Mit Gruppenrichtlinien lässt sich genau festlegen, wie die Dateisynchronisierung erfolgen soll. Im Allgemeinen werden Offlinedateien automatisch synchronisiert, wenn ein Benutzer wieder eine Verbindung zum Netzwerk herstellt, nachdem er zuvor vom Netzwerk getrennt war oder es vorgezogen hat, offline zu arbeiten. Sie können die Synchronisierung so einstellen, dass sie zu einem der folgenden Zeitpunkte erfolgt:

- Zu einer festgelegten Zeit
- Wenn sich der Benutzer anmeldet
- Wenn sich der Computer im Leerlauf befindet
- Wenn der Benutzer Windows sperrt oder die Sperrung aufhebt

Planen der Synchronisierung

Zeitpläne für die Synchronisierung können Sie mit folgenden Schritten erstellen und verwalten:

1. Klicken Sie die Synchronisierungspartnerschaft, für die eine Synchronisierung durchgeführt werden soll, im Synchronisierungscenter mit der rechten Maustaste an und wählen Sie den Befehl *Zeitplan für Offlinedateien*.

2. Falls Sie bereits einen Synchronisierungszeitplan für diese Ressource erstellt haben, können Sie nun:

    - **Einen neuen Zeitplan erstellen** Klicken Sie auf *Einen neuen Synchronisierungszeitplan erstellen* und fahren Sie mit den Schritten 3 bis 7 fort.

- **Einen vorhandenen Zeitplan anzeigen oder bearbeiten** Klicken Sie auf *Einen vorhandenen Synchronisierungszeitplan anzeigen oder bearbeiten*, klicken Sie auf den zu bearbeitenden Zeitplan, klicken Sie auf *Weiter* und fahren Sie mit den Schritten 3 bis 7 fort.
- **Einen vorhandenen Zeitplan löschen** Klicken Sie auf *Einen vorhandenen Synchronisierungszeitplan löschen*, klicken Sie auf den zu löschenden Zeitplan und dann auf *Löschen*. Klicken Sie auf *OK* und überspringen Sie die restlichen Schritte.

3. Überprüfen Sie die Elemente, die Sie konfigurieren möchten, und löschen Sie die Kontrollkästchen von allen Elementen, die Sie nicht konfigurieren möchten. Klicken Sie dann auf *Weiter* und auf *Nach Zeitplan*.
4. Die Optionen *Starten am* und *um* sind so voreingestellt, dass die Synchronisierung sofort beginnen kann (Abbildung 14.4). Wenn Sie möchten, dass die geplante Synchronisierung zu einem anderen Zeitpunkt stattfindet, stellen Sie das Datum und die Uhrzeit entsprechend ein.

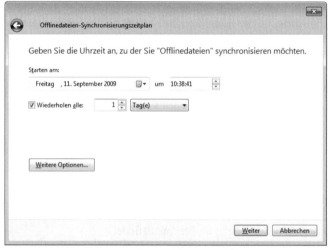

Abbildung 14.4 Erstellen eines Synchronisierungszeitplans

5. Die Option *Wiederholen alle* bestimmt das Synchronisierungsintervall. Vorgegeben wird eine tägliche Synchronisierung. Sie können das Intervall auch auf einen Wert im Bereich Minuten, Stunden, Tage, Wochen oder Monate einstellen. Da nur Änderungen synchronisiert werden, könnten Sie eine etwas häufigere Synchronisierung einstellen, als Sie es unter Windows XP tun würden. Bei wichtigen Dateien könnten Sie beispielsweise eine Synchronisierung in Erwägung ziehen, die alle 3 bis 4 Stunden erfolgt.
6. Klicken Sie auf *Weiter*.
7. Geben Sie dem Synchronisierungszeitplan einen eindeutigen und verständlichen Namen und klicken Sie dann auf *Zeitplan sichern*.

Ereignisgesteuertes Synchronisieren

Eine Synchronisierung, die durch bestimmte Ereignisse oder Aktionen eingeleitet wird, können Sie mit folgenden Schritten erstellen und verwalten:

1. Klicken Sie die Synchronisierungspartnerschaft, für die eine Synchronisierung durchgeführt werden soll, im Synchronisierungscenter an und klicken Sie dann auf *Zeitplan*.
2. Falls Sie bereits einen Synchronisierungszeitplan für diese Ressource erstellt haben, können Sie nun:
   - **Einen neuen Zeitplan erstellen** Klicken Sie auf *Einen neuen Synchronisierungszeitplan erstellen* und fahren Sie mit den Schritten 3 bis 6 fort.
   - **Einen vorhandenen Zeitplan anzeigen oder bearbeiten** Klicken Sie auf *Einen vorhandenen Synchronisierungszeitplan anzeigen oder bearbeiten*, klicken Sie auf den zu bearbeitenden Zeitplan, klicken Sie auf *Weiter* und fahren Sie mit den Schritten 3 bis 6 fort.
   - **Einen vorhandenen Zeitplan löschen** Klicken Sie auf *Einen vorhandenen Synchronisierungszeitplan löschen*, klicken Sie auf den zu löschenden Zeitplan und dann auf *Löschen*. Klicken Sie auf *OK* und überspringen Sie die restlichen Schritte.
3. Überprüfen Sie die Elemente, die Sie konfigurieren möchten, und löschen Sie die Kontrollkästchen aller Elemente, die Sie nicht konfigurieren möchten. Klicken Sie dann auf *Weiter*. Klicken Sie auf *Bei Auftreten eines Ereignisses*.
4. Legen Sie mit den verfügbaren Kontrollkästchen die Ereignisse und Aktionen fest, die eine automatische Synchronisierung einleiten (Abbildung 14.5).

Abbildung 14.5 Synchronisierung auf der Basis von Ereignissen und Vorgängen

5. Klicken Sie auf *Weiter*.
6. Geben Sie dem Synchronisierungszeitplan einen eindeutigen und verständlichen Namen und klicken Sie dann auf *Zeitplan sichern*.

Anzeigen von Synchronisierungsdetails, Fehlern und Warnungen

In den Synchronisierungsergebnissen finden Sie nähere Einzelheiten, Fehlermeldungen und Warnungen. Zur Anzeige der aktuellen Synchronisierungsergebnisse öffnen Sie das Synchronisierungscenter und klicken auf *Synchronisierungsergebnisse anzeigen*. Anhand der Details können Sie überprüfen, wann die Synchronisierung begonnen, abgebrochen oder abgeschlossen wurde. An der Anzeige von Fehlern und Warnungen können Sie erkennen, ob es Probleme mit der Konfiguration der Synchronisierung gibt.

Lösen von Synchronisierungskonflikten

Synchronisierungskonflikte treten auf, wenn ein Benutzer eine Datei offline ändert, die online von einem anderen Benutzer aktualisiert worden ist. Sie können Synchronisierungskonflikte mit folgenden Schritten anzeigen und lösen:

1. Klicken Sie im Synchronisierungscenter auf *Synchronisierungskonflikte anzeigen*.
2. Der Hauptfensterabschnitt zeigt an, ob irgendwelche Konflikte aufgetreten sind (Abbildung 14.6.)

Abbildung 14.6 Konflikte werden mit dem Namen des Dokuments, dem Dateityp, dem Änderungsdatum, der Synchronisierungspartnerschaft und der Konfliktart aufgelistet

3. Um das Dialogfeld *Konflikt auflösen* zu öffnen, das in Abbildung 14.7 zu sehen ist, klicken Sie die Zeile mit der Konfliktmeldung mit einem Doppelklick an.
4. Nun können Sie Folgendes tun:
    - Klicken Sie auf die Version, die Sie behalten möchten. Wenn Sie die lokale Version behalten und die Netzwerkversion überschreiben möchten, klicken Sie auf die Version, die mit *Auf diesem Computer* gekennzeichnet ist. Wenn Sie die Netzwerkversion behalten und die lokale Version überschreiben möchten, klicken Sie auf die Version, für die der Netzwerkpfad angezeigt wird.

- Klicken Sie auf *Beide Versionen behalten*, wenn Sie die lokale Version unter einem anderen Namen im Netzwerkpfad speichern möchten. Der neue Name ist gewöhnlich der alte Name mit einer numerischen Ergänzung, die als Versionsnummer dienen kann. Wenn Sie nicht sicher sind, welche Version Sie behalten sollen, speichern Sie beide Versionen und vergleichen sie sorgfältig. Entscheiden Sie bei allen unterschiedlichen Stellen, welche Änderung Sie übernehmen und welche Sie verwerfen.

Abbildung 14.7 Verwenden Sie das Dialogfeld *Konflikt auflösen*, um Synchronisationskonflikte zu entscheiden

Konfigurieren von Datenträgernutzungslimits für Offlinedateien

Sie können im Synchronisierungscenter steuern, wie viel Platz für Offlinedateien benutzt wird und zur Verfügung gestellt wird. In der Standardeinstellung wird die Obergrenze für den Speicherplatz, der höchstens für Offlinedateien belegt werden darf, als Prozentwert festgelegt, der sich auf die Größe des Datenträgers bezieht, auf dem die Benutzerprofile des Computers gespeichert sind. Gehen Sie folgendermaßen vor, um die Datenträgernutzungslimits für Offlinedateien zu konfigurieren:

1. Klicken Sie im Synchronisierungscenter auf *Offlinedateien verwalten*. Daraufhin öffnet sich das Dialogfeld *Offlinedateien*.
2. Auf der Registerkarte *Datenträgerverwendung* wird angezeigt, wie viel Platz von allen Offlinedateien und den zugehörigen temporären Dateien belegt wird (Abbildung 14.8). Temporäre Dateien werden erstellt, wenn Benutzer auf ihrem Computer mit Offlinedateien arbeiten.
3. Überprüfen Sie das Limit für alle Offlinedateien und die zugehörigen temporären Dateien. Es ist einmal als Größe in der Einheit Megabyte (MB) oder Gigabyte (GB) angegeben und zusätzlich als Prozentwert,

der sich auf die Größe des Datenträgers bezieht, auf dem die Benutzerprofile des Computers gespeichert sind.

Abbildung 14.8 Konfigurieren der Datenträgerlimits für Offlinedateien

4. Klicken Sie auf *Limits ändern*. Stellen Sie im Dialogfeld *Datenträgernutzungslimits für Offlinedateien* mit den Schiebereglern die Limits für alle Offlinedateien und die zugehörigen temporären Dateien ein und klicken Sie auf *OK*.
5. Klicken Sie auf *Temporäre Dateien löschen*, um alle temporären Dateien zu löschen, die nicht mehr benutzt werden. Das Löschen der temporären Dateien hat keine Auswirkung auf die lokal gespeicherten Kopien der Netzwerkdateien.
6. Klicken Sie auf *OK*.

Verwalten der Verschlüsselung für Offlinedateien

Um die Sicherheit zu verbessern, können Sie festlegen, dass Offlinedateien verschlüsselt werden. Wenn Sie Offlinedateien verschlüsseln, werden nur die Dateien verschlüsselt, die auf Ihrem Computer gespeichert sind, aber nicht die Dateien im Netzwerk. Benutzer brauchen die verschlüsselten Dateien nicht zu entschlüsseln, um damit zu arbeiten. Die Entschlüsselung wird automatisch vom Betriebssystem erledigt. Gehen Sie folgendermaßen vor, um Offlinedateien zu verschlüsseln:

1. Klicken Sie im Synchronisierungscenter auf *Offlinedateien verwalten*. Daraufhin öffnet sich das Dialogfeld *Offlinedateien*.
2. Klicken Sie auf der Registerkarte *Verschlüsselung* auf *Verschlüsseln*, um alle Offlinedateien zu verschlüsseln. Klicken Sie anschließend auf *OK*.

Wollen Sie die Verschlüsselung später wieder deaktivieren, müssen Sie diesen Vorgang wiederholen, wobei Sie diesmal auf die Schaltfläche *Entschlüsseln* klicken.

Sperren der Offlineverwendung von Dateien

Als Administrator können Sie festlegen, welche Dateien nicht für die Offlineverwendung zur Verfügung stehen. Dies kann zum Beispiel notwendig sein, wenn ein freigegebener Ordner bestimmte Dateien enthalten muss, die von den Benutzern nicht manipuliert werden sollen. Damit diese Dateien nicht offline zur Verfügung stehen, sollten Sie eine bestimmte Ausschlussrichtlinie festlegen, wie in Kapitel 3 im Abschnitt »Administrative Kontrolle von Offlinedateien und Offlineordnern« beschrieben.

In der Computerverwaltungskonsole können Sie freigegebene Ordner mit folgenden Schritten für die Offlineverwendung sperren:

1. Klicken Sie in der Strukturdarstellung mit der rechten Maustaste auf *Computerverwaltung* und wählen Sie dann *Verbindung mit anderem Computer herstellen*. Wählen Sie im Dialogfeld *Computer auswählen* den Computer aus, mit dem Sie arbeiten möchten.
2. Erweitern Sie in der Konsolenstruktur die Knoten *System* und *Freigegebene Ordner* und wählen Sie dann *Freigaben*.
3. Klicken Sie die Freigabe, die Sie für die Offlineverwendung sperren möchten, mit einem Doppelklick an. Klicken Sie auf der Registerkarte *Allgemein* auf *Offlineeinstellungen*.
4. Im Dialogfeld *Offlineeinstellungen* wählen Sie *Keine Dateien oder Programme aus dem freigegebenen Ordner offline verfügbar machen*.
5. Klicken Sie auf *OK*.

Gehen Sie folgendermaßen vor, wenn Sie die Verwendung von Offlinedateien vollständig deaktivieren wollen:

1. Klicken Sie im Synchronisierungscenter auf *Offlinedateien verwalten*. Daraufhin öffnet sich das Dialogfeld *Offlinedateien*.
2. Klicken Sie auf der Registerkarte *Allgemein* auf *Offlinedateien deaktivieren* und dann auf *OK*.

Sollten Sie die Offlinedateien später wieder aktivieren wollen, müssen Sie diesen Vorgang wiederholen, wobei Sie diesmal auf *Offlinedateien aktivieren* klicken.

Konfigurieren von Datenträgerkontingenten

Die folgenden Abschnitte beschreiben die Verwendung und Verwaltung von Datenträgerkontingenten. Datenträgerkontingente unterstützen Sie bei der Verwaltung des Speicherplatzes, der auf Datenträgern zur Verfügung steht, und werden auf Volumebasis konfiguriert. Nur Volumes, die mit dem Dateisystem NTFS formatiert sind, können Kontingente verwalten. Für FAT16- oder FAT32-Volumes können Sie also keine Datenträgerkontingente einrichten. Der erste Schritt zur Einrichtung von Datenträgerkontingenten ist die Aktivierung der entsprechenden Datenträgerkontingentrichtlinien, wie in Kapitel 3 im Abschnitt »Konfigurieren von Datenträgerkontingentrichtlinien« beschrieben. Nachdem Sie die erforderlichen Richtlinien konfiguriert haben, können Sie für die Volumes eines Computers Kontingente festlegen.

Verwenden von Datenträgerkontingenten

Administratoren verwenden Datenträgerkontingente zur Verwaltung des Speicherplatzes auf wichtigen Volumes, zum Beispiel auf den Volumes, auf denen die Freigaben für Benutzer- oder Firmendaten liegen. Wenn Sie Datenträgerkontingente aktivieren, legen Sie eine Kontingentgrenze und eine Warnstufe fest. Die Kontingentgrenze beschränkt entweder den maximalen Speicherplatz, der einem Benutzer zur Verfügung steht (dadurch wird ein Benutzer daran gehindert, noch mehr Informationen auf dem Volume zu speichern), oder ihre Überschreitung führt zur Erstellung eines entsprechenden Protokolleintrags, oder beides. Die Warnstufe können Sie dazu verwenden, den Benutzer zu informieren und die nahezu vollständige Belegung des Kontingents zu protokollieren.

PRAXISTIPP Die meisten Administratoren richten Kontingente zwar so ein, dass die Beschränkung durchgesetzt wird, aber Sie müssen die Beschränkung nicht zwangsläufig als harte Grenze interpretieren. Vielleicht fragen Sie sich, welchen Sinn ein Kontingent mit einer offenen Grenze haben soll. Manchmal reicht es aus, den Platzverbrauch auf Benutzerbasis zu erfassen und informiert zu werden, wenn einige Benutzer eine bestimmte Grenze erreichen oder überschreiten. Statt den Benutzern den zusätzlichen Platz zu verweigern, können Sie sich darauf beschränken, eine entsprechende Meldung im Anwendungsprotokoll zu erfassen.

Datenträgerkontingente gelten nur für normale Benutzer, nicht für Administratoren. Man kann Administratoren selbst dann keinen Speicherplatz verweigern, wenn sie Datenträgerkontingente überschreiten, die eigentlich durchgesetzt werden sollen. Kontingentgrenzen und Warnstufen lassen sich in KByte, MByte, GByte, TByte (Terabyte), PByte (Petabyte) und EByte (Exabyte) festlegen. In einer typischen Umgebung legen Sie Grenzen in der Größenordnung von MByte oder GByte fest. Auf einer Freigabe für Firmendaten, die von mehreren Mitarbeitern einer Abteilung benutzt wird, würden Sie den verfügbaren Speicherplatz beispielsweise auf 20 bis 100 GByte beschränken. Für eine Benutzerfreigabe würden Sie vermutlich eine wesentlich kleinere Datenmenge vorsehen, beispielsweise 5 bis 20 GByte, damit kein Benutzer mit großen Mengen persönlicher Daten zu viel Platz verbraucht. Gewöhnlich legen Sie die Warnstufe bei einem bestimmten Prozentsatz der Kontingentgrenze fest. Sie können als Warnstufe zum Beispiel 90 bis 95 Prozent des Kontingents festlegen.

Da Datenträgerkontingente auf Volumebasis und auf Benutzerbasis erfasst werden, wirkt sich die Speicherbelegung durch einen Benutzer nicht auf die Kontingente von anderen Benutzern aus. Überschreitet also ein Benutzer sein Kontingent, gelten Beschränkungen, sofern vorgesehen, nur für diesen Benutzer und nicht für die anderen. Überschreitet ein Benutzer beispielsweise ein 5-GByte-Kontingent und ist das Volume so konfiguriert, dass das Kontingent durchgesetzt wird, kann der Benutzer keine Daten mehr auf dem Volume speichern. Allerdings kann er Dateien und Ordner vom Volume löschen, um Platz zu schaffen. Der Benutzer könnte auch Dateien und Order in einem komprimierten Bereich des Volumes verschieben, wodurch auch wieder Platz frei werden könnte. Er kann die Dateien auch komprimieren. Die Verschiebung von Dateien in einen anderen Bereich des Volumes wirkt sich nicht auf die Kontingentgrenze aus. Der verfügbare Platz ist derselbe, sofern der Benutzer nicht unkomprimierte Dateien und Ordner in einen komprimierten Ordner verschiebt. Jedenfalls können andere Benutzer weiterhin Daten auf dem Volume speichern, solange noch Platz frei ist, auch wenn ein Benutzer sein Kontingent ausgeschöpft hat.

Datenträgerkontingente können Sie auf lokalen Volumes und auf Remotevolumes aktivieren. Bei der Kontingentverwaltung auf lokalen Volumes arbeiten Sie direkt mit dem lokalen Datenträger. Zur Verwaltung von Kontingenten für Remotevolumes müssen Sie das Stammverzeichnis des Volumes freigeben und dann die Kontingente auf dem Volume festlegen. Beachten Sie bitte, dass Betriebssystem- und Anwendungsprogrammdateien nicht in die lokale Kontingentberechnung des Benutzers einfließen, der diese Dateien installiert hat. Systemdateien gehören dem Konto *TrustedInstaller* und Programmdateien dem Konto *SYSTEM*.

Nur Mitglieder der Domänenadministratorgruppe oder der lokalen Administratorgruppe können Datenträgerkontingente festlegen. Mit lokalen Gruppenrichtlinien können Sie Datenträgerkontingente auf einzelnen Computern festlegen. Mit Gruppenrichtlinien, die im ganzen Standort, in der Domäne oder Organisationseinheit gelten, können Sie Datenträgerkontingente für größere Benutzer- oder Computergruppen festlegen. Die Kontingentverwaltung ist eine gewisse zusätzliche Belastung für die Computer. Wie hoch der Aufwand ist, hängt ab von der Zahl der durchzusetzenden Datenträgerkontingente, von der Größe der Volumes, von der gespeicherten Datenmenge und von der Zahl der Benutzer, für die Kontingente verwaltet werden müssen.

Auch wenn es den Anschein hat, als würden Datenträgerkontingente auf Benutzerbasis erfasst, verwaltet Windows 7 die Kontingente nach Sicherheitskennungen (SIDs). Daher können Sie die Namen der Benutzer ändern, ohne die Konfiguration der Kontingente zu beeinträchtigen. Die Verwaltung nach SIDs verursacht wieder einen gewissen zusätzlichen Aufwand, wenn die aktuellen Werte für die Benutzer angezeigt werden, weil Windows 7 die SIDs mit den Kontennamen abgleichen muss, damit die Benutzernamen in den Dialogfeldern angezeigt werden können. Das wiederum bedeutet Zugriffe auf die lokale Benutzerverwaltung oder auf einen Active Directory-Domänencontroller. Sobald die Namen bekannt sind, werden sie in einer lokalen Datei zwischengespeichert, damit sie beim nächsten Mal sofort verfügbar sind. Der Abfragecache wird nur gelegentlich aktualisiert. Wenn Sie also eine Diskrepanz zwischen der Konfiguration und der Anzeige feststellen, müssen Sie die Informationen aktualisieren. Gewöhnlich bedeutet das, im aktuellen Fenster *Aktualisieren* zu wählen oder die Funktionstaste F5 zu drücken.

Aktivieren von Datenträgerkontingenten auf NTFS-Volumes

Datenträgerkontingente werden auf Volumebasis festgelegt und sind nur auf NTFS-Volumes konfigurierbar. Am besten konfigurieren Sie Datenträgerkontingente über Gruppenrichtlinien, wie in Kapitel 3 beschrieben. Sobald die gewünschten Richtlinien konfiguriert sind, können Sie Datenträgerkontingenteinträge erstellen, um Kontingente für bestimmte Benutzer und Gruppen zu verwalten.

Wollen Sie Kontingente lieber auf jedem Computer einzeln konfigurieren, können Sie die Datenträgerkontingente auf einem NTFS-Volume folgendermaßen aktivieren:

1. Starten Sie die Computerverwaltung. Standardmäßig werden Sie mit dem lokalen Computer verbunden. Wenn Sie auf einem anderen Computer Datenträgerkontingente einrichten möchten, klicken Sie in der Konsolenstruktur mit der rechten Maustaste *Computerverwaltung* an und wählen dann *Verbindung mit anderem Computer herstellen*. Im Dialogfeld *Computer auswählen* wählen Sie den Computer aus, mit dem Sie arbeiten möchten.

2. Erweitern Sie in der Konsolenstruktur *Datenspeicher* und wählen Sie dann *Datenträgerverwaltung*. In der Detailansicht werden die Volumes des ausgewählten Computers angezeigt.

3. Klicken Sie in der Volumeliste oder in der grafischen Ansicht mit der rechten Maustaste auf das Volume, mit dem Sie arbeiten möchten, und wählen Sie dann *Eigenschaften*.

4. Klicken Sie auf die Registerkarte *Kontingent* und wählen Sie dann das Kontrollkästchen *Kontingentverwaltung aktivieren* (Abbildung 14.9).

5. Um für alle Benutzer ein Standardkontingent festzulegen, wählen Sie *Speicherplatz beschränken auf* und legen dann mit den entsprechenden Feldern ein Limit fest. Stellen Sie dann mit den Feldern unter *Warnstufe festlegen auf* eine Standardwarnstufe ein. Üblich sind Werte von 90 bis 95 Prozent des Datenträgerkontingents.

   TIPP Das Standarddatenträgerkontingent und die Warnstufe gelten zwar für alle Benutzer, aber Sie können mit dem Dialogfeld *Kontingenteinträge* die Standardwerte überschreiben und für die einzelnen Benutzer unterschiedliche Werte festlegen. Wenn Sie viele verschiedene Einstellungen vornehmen und die Einstellungen nicht auf jedem Volume mit ähnlichen Werten und Verwendungszweck wiederholen möchten, können Sie die Einstellungen exportieren und auf einem anderen Volume importieren.

6. Um die Kontingentgrenze verbindlich vorzuschreiben und Benutzer an ihrer Überschreitung zu hindern, wählen Sie das Kontrollkästchen *Speicherplatz bei Kontingentüberschreitung verweigern*. Vergessen Sie bitte nicht, dass diese Grenze für Benutzer gilt, aber nicht für Administratoren.

Abbildung 14.9 Nachdem Sie die Kontingentverwaltung aktiviert haben, können Sie für alle Benutzer Kontingente und Warnstufen festlegen

7. Wenn bei Überschreitung der Warnstufe oder der Kontingentgrenze eine Ereignismeldung protokolliert werden soll, verwenden Sie die entsprechenden *Ereignis protokollieren*-Kontrollkästchen.
8. Falls das Kontingentsystem noch nicht aktiviert ist, sehen Sie nach einem Klick auf *OK* eine entsprechende Meldung, mit der Sie gefragt werden, ob das Kontingentsystem aktiviert werden soll. Klicken Sie auf *OK*, damit Windows 7 das Volume untersuchen und die aktuelle Verwendung erfassen kann. Sofern Benutzer die aktuelle Grenze oder Warnstufe überschreiten, können entsprechende Reaktionen erfolgen. Dazu kann gehören, weitere Datenspeicherungen auf dem Volume zu sperren, den Benutzer beim nächsten Zugriff auf das Volume zu informieren und entsprechende Ereignismeldungen zu protokollieren.

Anzeigen von Datenträgerkontingenteinträgen

Die Verwendung des Festplattenplatzes wird auf Benutzerbasis erfasst. Sind Datenträgerkontingente aktiviert, gibt es für jeden Benutzer, der Daten auf einem Volume speichert, einen Eintrag in der Datenträgerkontingentdatei. Dieser Eintrag wird regelmäßig aktualisiert und gibt den aktuell belegten Platz, das verfügbare Kontingent, die Warnstufe und den Prozentsatz der Belegung an. Als Administrator können Sie Datenträgerkontingenteinträge ändern und für bestimmte Benutzer andere Grenzen und Warnstufen einstellen. Außerdem können Sie Datenträgerkontingenteinträge für Benutzer erstellen, die noch keine Daten auf dem Volume gespeichert haben. Durch die Erstellung solcher Einträge sorgen Sie dafür, dass bei seinem ersten

Zugriff auf das Volume bereits ein gültiger Grenzwert samt Warnstufe für einen Benutzer vorliegt.

Die aktuellen Datenträgerkontingenteinträge für ein Volume können Sie folgendermaßen anzeigen:

1. Starten Sie die Computerverwaltung. Standardmäßig werden Sie mit dem lokalen Computer verbunden. Wenn Sie sich die Datenträgerkontingenteinträge auf einem Remotecomputer ansehen möchten, klicken Sie in der Konsolenstruktur mit der rechten Maustaste *Computerverwaltung* an und wählen dann *Verbindung mit anderem Computer herstellen*. Im Dialogfeld *Computer auswählen* wählen Sie den Computer aus, mit dem Sie arbeiten möchten.
2. Erweitern Sie in der Konsolenstruktur *Datenspeicher* und wählen Sie dann *Datenträgerverwaltung*. In der Detailansicht werden die Volumes des ausgewählten Computers angezeigt.
3. Klicken Sie in der Volumeliste oder in der grafischen Ansicht mit der rechten Maustaste auf das Volume, mit dem Sie arbeiten möchten, und wählen Sie dann *Eigenschaften*.
4. Klicken Sie auf der Registerkarte *Kontingent* auf *Kontingenteinträge*. Dadurch öffnet sich das Dialogfeld *Kontingenteinträge* (Abbildung 14.10). Wie Sie in der Abbildung sehen, wird jeder Kontingenteintrag mit einem Status angezeigt. Die Statusanzeige soll einen schnellen Hinweis darauf liefern, ob ein Benutzer sein Kontingent überschritten hat. Der Status *OK* bedeutet, dass der Benutzer innerhalb seines Kontingents liegt. Jeder andere Status bedeutet normalerweise, dass der Benutzer eine Warnstufe oder die Kontingentgrenze erreicht hat.

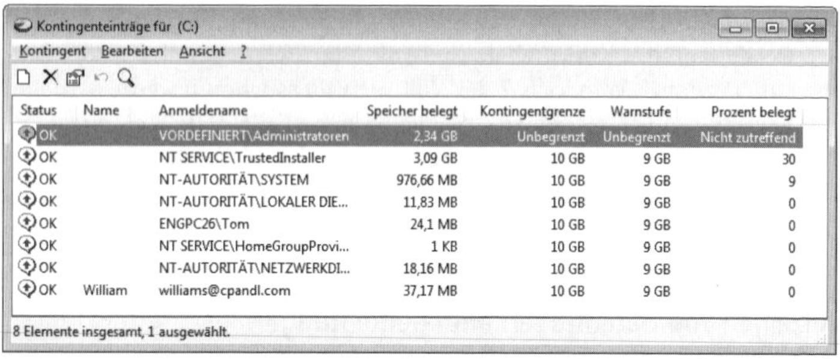

Status	Name	Anmeldename	Speicher belegt	Kontingentgrenze	Warnstufe	Prozent belegt
OK		VORDEFINIERT\Administratoren	2,34 GB	Unbegrenzt	Unbegrenzt	Nicht zutreffend
OK		NT SERVICE\TrustedInstaller	3,09 GB	10 GB	9 GB	30
OK		NT-AUTORITÄT\SYSTEM	976,66 MB	10 GB	9 GB	9
OK		NT-AUTORITÄT\LOKALER DIE…	11,83 MB	10 GB	9 GB	0
OK		ENGPC26\Tom	24,1 MB	10 GB	9 GB	0
OK		NT SERVICE\HomeGroupProvi…	1 KB	10 GB	9 GB	0
OK		NT-AUTORITÄT\NETZWERKDI…	18,16 MB	10 GB	9 GB	0
OK	William	williams@cpandl.com	37,17 MB	10 GB	9 GB	0

8 Elemente insgesamt, 1 ausgewählt.

Abbildung 14.10 Datenträgerkontingenteinträge zeigen die aktuelle Speicherplatzbelegung auf einem bestimmten Volume sowie Kontingentgrenzen und Warnstufen an

Erstellen von Datenträgerkontingenteinträgen

Sie können nicht nur Datenträgerkontingenteinträge für Benutzer erstellen, die noch keine Daten auf dem Volume gespeichert haben, sondern auch für Benutzer, die bereits Daten auf einem Volume gespeichert haben. Daher können Sie bei Bedarf für jeden Benutzer Grenzen und Warnstufen festlegen. Darauf werden Sie zurückgreifen müssen, wenn ein Benutzer häufig mehr Daten als andere speichern muss. Beispielsweise könnte ein Grafikdesigner einen wesentlich höheren Bedarf an Speicherplatz entwickeln als ein Kundenberater. Die gute Nachricht lautet, dass Sie Datenträgerkontingenteinträge auf andere Volumes exportieren können. Dadurch können Sie sehr schnell für mehrere Volumes dieselben Regeln festlegen.

Um auf einem Volume einen Datenträgerkontingenteintrag zu erstellen, gehen Sie folgendermaßen vor:

1. Erweitern Sie in der Computerverwaltung den Knoten *Datenspeicher* und wählen Sie dann *Datenträgerverwaltung*. Klicken Sie in der Volumeliste oder in der grafischen Ansicht mit der rechten Maustaste auf das Volume, mit dem Sie arbeiten möchten, und wählen Sie dann *Eigenschaften*.
2. Klicken Sie auf der Registerkarte *Kontingent* auf *Kontingenteinträge*. Die aktuellen Kontingenteinträge für alle Benutzer werden aufgelistet. Drücken Sie die Funktionstaste F5 oder wählen Sie im *Ansicht*-Menü *Aktualisieren*, um die Liste zu aktualisieren.
3. Wenn es für den Benutzer noch keinen Eintrag auf dem Volume gibt, können Sie einen Eintrag erstellen. Wählen Sie im *Kontingent*-Menü *Neuer Kontingenteintrag*. Dadurch öffnet sich das Dialogfeld *Benutzer wählen*.
4. Im Dialogfeld *Benutzer wählen* geben Sie im Feld *Geben Sie die zu verwendenden Objektnamen ein* den Namen eines Benutzers ein und klicken dann auf *Namen überprüfen*. Werden mehrere Übereinstimmungen gefunden, wählen Sie das gewünschte Konto und klicken dann auf OK. Werden keine Übereinstimmungen gefunden, korrigieren Sie Ihre Eingabe und versuchen es noch einmal. Wiederholen Sie diesen Vorgang so oft wie nötig und klicken Sie auf *OK*, wenn Sie fertig sind.
5. Sobald Sie einen Namen gewählt haben, wird das Dialogfeld *Neuen Kontingenteintrag hinzufügen* angezeigt. Sie haben zwei Optionen. Sie können die Kontingentbeschränkung für diesen Benutzer aufheben, indem Sie *Speicherplatznutzung nicht beschränken* wählen. Oder Sie legen eine bestimmte Grenze und Warnstufe fest, indem Sie *Speicherplatz beschränken auf* wählen und in den dazugehörigen Feldern die entsprechenden Werte eingeben.
6. Klicken Sie auf *OK*. Schließen Sie das Dialogfeld *Kontingenteinträge*. Klicken Sie auch im *Eigenschaften*-Dialogfeld auf *OK*.

Aktualisieren und Anpassen von Datenträgerkontingenteinträgen

Sie können jederzeit die Datenträgerkontingenteinträge für einzelne Benutzer ändern und anpassen. Gehen Sie folgendermaßen vor:

1. Erweitern Sie in der Computerverwaltung den Knoten *Datenspeicher* und wählen Sie dann *Datenträgerverwaltung*. Klicken Sie in der Volumeliste oder in der grafischen Ansicht mit der rechten Maustaste auf das Volume, mit dem Sie arbeiten möchten, und wählen Sie dann *Eigenschaften*.

2. Klicken Sie auf der Registerkarte *Kontingent* auf *Kontingenteinträge*. Die aktuellen Kontingenteinträge für alle Benutzer werden aufgelistet. Drücken Sie die Funktionstaste F5 oder wählen Sie im *Ansicht*-Menü *Aktualisieren*, um die Liste zu aktualisieren.
3. Klicken Sie den Benutzereintrag mit einem Doppelklick an. Dadurch öffnet sich das Dialogfeld *Kontingenteinstellungen*, das dem Dialogfeld aus Abbildung 14.9 ähnelt.
4. Wenn Sie die Kontingentbeschränkung für den Benutzer aufheben möchten, wählen Sie *Speicherplatznutzung nicht beschränken*.
5. Wenn Sie das aktuelle Kontingent und die Warnstufe ändern möchten, wählen Sie *Speicherplatz beschränken auf* und geben in den betreffenden Feldern dann die entsprechenden Werte ein.
6. Klicken Sie auf *OK*.

Löschen von Datenträgerkontingenteinträgen

Wenn Sie auf einem Volume Datenträgerkontingenteinträge erstellt haben und ein Benutzer das Volume nicht länger verwendet, können Sie den entsprechenden Datenträgerkontingenteintrag löschen. Wenn Sie den Datenträgerkontingenteintrag eines Benutzers löschen, werden alle Dateien, die diesem Benutzer gehören, in einem Dialogfeld angezeigt. Sie können diese Dateien dauerhaft löschen, in Besitz nehmen oder in einen anderen Ordner auf einem anderen Volume kopieren.

Um den Datenträgerkontingenteintrag eines Benutzers zu löschen und die verbleibenden Dateien auf dem Volume zu verwalten, gehen Sie folgendermaßen vor:

1. Erweitern Sie in der Computerverwaltung den Knoten *Datenspeicher* und wählen Sie dann *Datenträgerverwaltung*. Klicken Sie in der Volumeliste oder in der grafischen Ansicht mit der rechten Maustaste auf das Volume, mit dem Sie arbeiten möchten, und wählen Sie dann *Eigenschaften*.
2. Klicken Sie auf der Registerkarte *Kontingent* auf *Kontingenteinträge*. Die aktuellen Kontingenteinträge für alle Benutzer werden aufgelistet. Drücken Sie die Funktionstaste F5 oder wählen Sie im *Ansicht*-Menü *Aktualisieren*, um die Liste zu aktualisieren.
3. Wählen Sie den Datenträgerkontingenteintrag aus, den Sie löschen möchten, und drücken Sie dann ENTF oder wählen Sie im *Kontingent*-Menü *Kontingenteintrag löschen*. Mit der UMSCHALT-Taste oder der STRG-Taste können Sie mehrere Einträge auswählen.
4. Wenn Sie dazu aufgefordert werden, bestätigen Sie den Vorgang mit einem Klick auf *Ja*. Dadurch öffnet sich das Dialogfeld *Datenträgerkontingent* mit einer Liste der aktuellen Dateien, die dem ausgewählten Benutzer oder den ausgewählten Benutzern gehören.
5. In der Liste *Dateien auflisten von* können Sie einen der Benutzer auswählen, dessen Datenträgerkontingenteintrag Sie löschen, und sich dessen Dateien ansehen. Dann müssen Sie angeben, was mit den Dateien

geschehen soll. Sie können die Dateien individuell behandeln, indem Sie einzelne Dateien auswählen und dann die entsprechende Option wählen. Mit der UMSCHALT- oder STRG-Taste können Sie mehrere Einträge auswählen. Folgende Optionen stehen zur Wahl:

- *Nur Ordner anzeigen*   Ändert die Darstellung, sodass nur Ordner angezeigt werden, in denen Dateien des Benutzers liegen. Auf diese Weise können Sie alle Dateien des Benutzers in einem bestimmten Ordner löschen, verschieben oder in Besitz nehmen.
- *Nur Dateien anzeigen*   Zeigt alle Dateien, die dem Benutzer gehören, nach den Ordnern an, in denen sie erstellt wurden.
- *Dateien unwiderruflich löschen*   Wählen Sie die zu löschenden Dateien aus und klicken Sie auf *Löschen*. Wenn Sie dazu aufgefordert werden, bestätigen Sie den Vorgang mit einem Klick auf *Ja*.
- *Besitz von Dateien übernehmen*   Wählen Sie die Dateien aus, die Sie in Besitz nehmen möchten, und klicken Sie dann auf *Besitz übernehmen*.
- *Dateien verschieben nach*   Wählen Sie die Dateien aus, die Sie verschieben möchten, und geben Sie dann im Eingabefeld den Pfad eines Ordners auf einem anderen Volume ein. Wenn Sie den Pfad nicht genau kennen, den Sie verwenden möchten, klicken Sie auf *Durchsuchen*, um das Dialogfeld *Ordner suchen* zu öffnen und den Ordner herauszusuchen. Wenn Sie ihn gefunden haben, klicken Sie auf *Verschieben*.

6. Klicken Sie auf *Schließen*, wenn Sie die Arbeit mit den Dateien abgeschlossen haben. Sofern Sie alle Benutzerdateien entsprechend behandelt haben, werden die Datenträgerkontingenteinträge gelöscht.

Exportieren und Importieren von Datenträgerkontingenteinträgen

Statt die Datenträgerkontingenteinträge auf jedem einzelnen Volume erneut vorzunehmen, können Sie die Einträge von einem Quellvolume exportieren und auf einem anderen Volume importieren. Beide Volumes müssen mit NTFS formatiert sein. Um Datenträgerkontingenteinträge zu exportieren und dann zu importieren, gehen Sie folgendermaßen vor:

1. Starten Sie die Computerverwaltung. Standardmäßig werden Sie mit dem lokalen Computer verbunden. Wenn Sie mit den Kontingenteinträgen eines anderen Computers arbeiten möchten, klicken Sie in der Konsolenstruktur mit der rechten Maustaste *Computerverwaltung* an und wählen dann *Verbindung mit anderem Computer herstellen*. Im Dialogfeld *Computer auswählen* wählen Sie den Computer aus, mit dem Sie arbeiten möchten.
2. Erweitern Sie in der Konsolenstruktur *Datenspeicher* und wählen Sie dann *Datenträgerverwaltung*. In der Detailansicht werden die Volumes des ausgewählten Computers angezeigt.

3. Klicken Sie in der Volumeliste oder in der grafischen Ansicht mit der rechten Maustaste auf das Quellvolume und wählen Sie dann *Eigenschaften*.
4. Klicken Sie auf der Registerkarte *Kontingent* auf *Kontingenteinträge*. Dadurch öffnet sich das Dialogfeld *Kontingenteinträge*.
5. Wählen Sie im *Kontingent*-Menü *Exportieren*. Dadurch öffnet sich das Dialogfeld *Exportiert Kontingenteinstellungen*. Wählen Sie den Ort aus, an dem Sie die Datei mit den Kontingenteinstellungen speichern möchten, und geben Sie im Feld *Dateiname* einen Namen für die Datei ein. Klicken Sie dann auf *Speichern*.

   TIPP Wenn Sie die Einstellungsdatei auf einem zugeordneten Laufwerk auf dem Zielvolume speichern, ist der Import einfacher. Kontingentdateien sind ziemlich klein, Sie brauchen sich also keine Gedanken über den Speicherplatz zu machen.

6. Wählen Sie im *Kontingent*-Menü *Schließen*, um das Dialogfeld *Kontingenteinträge* zu schließen. Klicken Sie auf *OK*, um das *Eigenschaften*-Dialogfeld zu schließen.
7. Klicken Sie in der Strukturdarstellung mit der rechten Maustaste auf *Computerverwaltung*. Wählen Sie im Kontextmenü *Verbindung mit anderem Computer herstellen*. Im Dialogfeld *Computer auswählen* wählen Sie den Computer aus, auf dem das Zielvolume liegt, auf das Sie die exportierten Einstellungen importieren möchten.
8. Erweitern Sie *Datenspeicher* und wählen Sie dann *Datenträgerverwaltung*. Klicken Sie in der Volumeliste oder in der grafischen Ansicht mit der rechten Maustaste auf das Zielvolume und wählen Sie dann *Eigenschaften*.
9. Klicken Sie auf die Registerkarte *Kontingent*. Sorgen Sie dafür, dass *Kontingentverwaltung aktivieren* gewählt ist, und klicken Sie dann auf *Kontingenteinträge*. Dadurch öffnet sich das Dialogfeld *Kontingenteinträge* für das Zielvolume.
10. Wählen Sie im *Kontingent*-Menü *Importieren*. Wählen Sie im Dialogfeld *Importiert Kontingenteinstellungen* die Kontingenteinstellungsdatei aus, die Sie zuvor gespeichert haben. Klicken Sie auf *Öffnen*.
11. Sofern es auf dem Volume bereits Kontingenteinträge gibt, haben Sie nun die Gelegenheit, diese Einträge zu erhalten oder zu ersetzen. Werden Sie auf einen Konflikt hingewiesen, können Sie den vorhandenen Eintrag mit einem Klick auf *Ja* ersetzen oder mit einem Klick auf *Nein* erhalten. Wenn Sie vor dem Klick auf *Ja* oder *Nein* das Kontrollkästchen *Auf alle Kontingenteinträge anwenden* wählen, gilt Ihre Entscheidung, die vorhandenen Einträge zu erhalten oder zu ersetzen, für alle Einträge.

Deaktivieren von Datenträgerkontingenten

Sie können Datenträgerkontingente für einzelne Benutzer oder für alle Benutzer eines Volumes deaktivieren. Wenn Sie das Kontingent für einen bestimmten Benutzer deaktivieren, muss dieser Benutzer zwar kein festgelegtes Kontingent mehr einhalten, aber für die anderen Benutzer ändert sich nichts. Wenn Sie die Kontingentverwaltung eines ganzen Volumes deaktivieren, wird für dieses Volume keine Kontingentverwaltung mehr durchgeführt. Um das Kontingent eines bestimmten Benutzers zu deaktivieren, wenden Sie die Methode an, die im Abschnitt »Aktualisieren und Anpassen von Datenträgerkontingenteinträgen« weiter oben in diesem Kapitel beschrieben wurde. Um die Kontingentverwaltung für ein ganzes Volume zu deaktivieren, gehen Sie folgendermaßen vor:

1. Starten Sie die Computerverwaltung. Standardmäßig werden Sie mit dem lokalen Computer verbunden. Wenn Sie die Kontingentverwaltung auf einem Remotecomputer deaktivieren möchten, klicken Sie in der Konsolenstruktur mit der rechten Maustaste *Computerverwaltung* an und wählen dann *Verbindung mit anderem Computer herstellen*. Im Dialogfeld *Computer auswählen* wählen Sie den Computer aus, mit dem Sie arbeiten möchten.
2. Erweitern Sie in der Konsolenstruktur *Datenspeicher* und wählen Sie dann *Datenträgerverwaltung*. In der Detailansicht werden die Volumes des ausgewählten Computers angezeigt.
3. Klicken Sie in der Volumeliste oder in der grafischen Ansicht mit der rechten Maustaste auf das gewünschte Volume und wählen Sie dann *Eigenschaften*.
4. Löschen Sie auf der Registerkarte *Kontingent* das Kontrollkästchen *Kontingentverwaltung aktivieren*. Klicken Sie auf *OK*. Wenn Sie zur Bestätigung des Vorgangs aufgefordert werden, klicken Sie auf *OK*.

Verwenden von Branch-Cache

Windows Branch-Cache ist ein Feature für die Zwischenspeicherung von Dateien. Es arbeitet mit dem intelligenten Hintergrundübertragungsdienst (Background Intelligent Transfer Service, BITS) zusammen. In einer Domänenumgebung können Administratoren in einer Zweigstelle Branch-Cache aktivieren, damit Computer, die unter Windows 7 oder einer neueren Version laufen, Dokumente und andere Dateitypen aus einem lokalen Zwischenspeicher (engl. cache) holen, statt die Dateien über das Netzwerk von Servern abzurufen.

Branch-Cache funktioniert mit Dateien, die über HTTP (Hypertext Transfer Protocol) und SMB (Server Message Block) übertragen werden. Daher werden Dateien zwischengespeichert, die von Intranetwebservern und internen Dateiservern stammen. Die Zwischenspeicherung kann die Reaktionszeiten erheblich verbessern und die Übertragung von Dokumenten, Webseiten und Multimediainhalt deutlich beschleunigen.

Branch-Cache kann in jeder einzelnen Niederlassung innerhalb eines Unternehmens aktiviert werden. Im Allgemeinen legen LAN-Grenzen (Local Area Network) fest, wie das Feature arbeitet, nachdem es implementiert wurde. Ist ein LAN mit der Hauptniederlassung über ein Netzwerk verbunden, bei dem die Netzwerklatenz für einen Roundtrip mehr als 80 Millisekunden beträgt, verwenden Clients in diesem LAN nach Möglichkeit den lokalen Cache. Wenn mehrere LANs untereinander mit einem schnellen Netzwerk verbunden sind, können sie auch einen gemeinsamen lokalen Cache benutzen.

Wenn Sie Branch-Cache aktivieren und dann zum ersten Mal über das Netzwerk auf eine Datei zugegriffen wird, die in einer Intranetwebsite oder auf einem Dateiserver liegt, überträgt Windows 7 die Datei vom Quellserver und speichert sie lokal in der Zweigstelle. Wenn später derselbe oder ein anderer Benutzer in der Zweigstelle erneut auf diese Datei zugreift, sucht Windows die Datei im lokalen Cache. Findet es die Datei dort, fragt Windows den Quellserver ab, um zu prüfen, ob sich die Datei geändert hat, seit sie zwischengespeichert wurde. Hat sich die Datei nicht verändert, ruft Windows sie aus dem lokalen Cache ab, sodass die Datei nicht erneut über das WAN (Wide Area Network) gesendet werden muss. Hat sich die Datei geändert, ruft Windows sie vom Quellserver ab und aktualisiert die Kopie im Cache.

Sie können Branch-Cache so konfigurieren, dass es in einem der beiden folgenden Modi arbeitet:

- **Verteilter Cache** In diesem Modus hosten die Windows 7-Desktopcomputer der Benutzer verteilte Dateicaches. In der Zweigstelle muss kein Server installiert werden, weil jeder lokale Computer Dateien zwischenspeichert und versendet.

- **Gehosteter Cache** In diesem Modus hostet ein Server, der unter Windows Server 2008 Release 2 (oder neuer) läuft und in der Zweigstelle bereitgestellt wurde, den lokalen Dateicache. Der Server speichert Dateien und versendet sie an die Clients in der Zweigstelle.

Offensichtlich haben beide Zwischenspeicherungsmodi ihre Vor- und Nachteile. Beim verteilten Cache brauchen Sie keinen Server zu installieren, bevor Sie den Branch-Cache aktivieren können, aber die Desktopcomputer der Benutzer müssen den Cache verwalten und die Dateien verteilen. Das verbraucht Rechenleistung, sodass die Leistung der Desktopcomputer unter Umständen leidet. Beim gehosteten Cachemodus müssen Sie einen Server installieren, bevor Sie Branch-Cache aktivieren. Aber sobald der Server einmal eingerichtet ist und läuft, erledigt er die gesamte Verarbeitung und die Cacheverwaltung. Das ist ein erheblicher Vorteil gegenüber dem verteilten Cache.

Beim Branch-Cache sind folgende Punkte zu beachten:

- Branch-Cache verhindert nicht, dass Benutzer Dateien lokal speichern. Es kümmert sich nur um Leseanforderungen, etwa wenn ein Benutzer eine Datei von einem Dateiserver anfordert.

- Branch-Cache arbeitet nahtlos mit Verschlüsselung und Technologien für sichere Datenübertragung wie SMB-Signing und IPSec zusammen.
- In der Standardeinstellung werden Netzwerkdateien nur dann in der Zweigstelle zwischengespeichert, wenn die Netzwerklatenz für einen Roundtrip mehr als 80 Millisekunden beträgt.
- Branch-Cache muss in der Zentrale nicht aktiviert werden, nur in den Zweigstellen.

Gehen Sie folgendermaßen vor, um Branch-Cache zu aktivieren und zu konfigurieren:

1. Öffnen Sie ein Gruppenrichtlinienobjekt zum Bearbeiten im Gruppenrichtlinienobjekt-Editor. Sie finden die benötigten Richtlinien im Zweig *Computerkonfiguration\Richtlinien\Administrative Vorlagen\Netzwerk\BranchCache*.
2. Klicken Sie doppelt auf *Branch-Cache aktivieren*. Wählen Sie im Eigenschaftendialogfeld die Option *Aktiviert* aus und klicken Sie auf *OK*.
3. Sie haben jetzt folgende Möglichkeiten zur Auswahl:
   - Klicken Sie doppelt auf *Branch-Cache-Modus "Verteilter Cache" festlegen*, um den verteilten Branch-Cache zu aktivieren. Wählen Sie im Eigenschaftendialogfeld *Aktiviert* aus und klicken Sie auf *OK*.
   - Klicken Sie doppelt auf *Branch-Cache-Modus "Gehosteter Cache" festlegen*, um den gehosteten Branch-Cache zu aktivieren. Wählen Sie im Eigenschaftendialogfeld die Option *Aktiviert* aus, geben Sie den Hostnamen des Cacheservers in das entsprechende Textfeld ein und klicken Sie auf *OK*.
4. Sie können einstellen, welche Netzwerklatenz nötig ist, um die Zwischenspeicherung auszulösen, indem Sie doppelt auf *Branch-Cache für Netzwerkdateien konfigurieren* klicken. Wählen Sie im Eigenschaftendialogfeld die Option *Aktiviert*. Geben Sie in das entsprechende Feld die Netzwerklatenz für den Roundtrip ein, ab der Netzwerkdateien zwischengespeichert werden sollen. Dieser Wert wird in der Einheit Millisekunden angegeben. Wenn Sie den Wert 0 einstellen, werden Dateien immer zwischengespeichert.
5. Wenn Sie gehostetes Branch-Cache aktiviert haben, können Sie doppelt auf *Prozentuale Speicherplatzbelegung durch Clientcomputercache festlegen* klicken. Wählen Sie im Eigenschaftendialogfeld die Option *Aktiviert* aus. Geben Sie in das entsprechende Feld ein, welchen Prozentsatz der gesamten Festplattenkapazität der Clientcomputer für Branch-Cache verwenden soll, und klicken Sie auf *OK*. In der Standardeinstellung beträgt die Maximalgröße für den Cache 5 Prozent des gesamten Festplattenplatzes.

Zwei zugehörige Richtlinien helfen Ihnen, Branch-Cache für Ihre Umgebung zu optimieren:

- **Verwendung des Windows Branch-Caches durch BITS-Client nicht zulassen** Diese Richtlinie befindet sich in *Computerkonfiguration\Richtlinien\Administrative Vorlagen\Netzwerk\Intelligenter Hintergrund-*

übertragungsdienst. Sie steuert, ob der BITS-Client Branch-Cache für Hintergrundübertragungen einsetzt. Normalerweise ist es sinnvoll, dass der BITS-Client Dateien im Cache lesen und speichern kann, dies umfasst aber auch Betriebssystemdateien und andere Datentypen, die mit BITS übertragen werden. Dadurch entstehen unter Umständen sehr große Caches und die Belastung für verteilte Caches steigt.

- *Hashveröffentlichung für Branch-Cache* Diese Richtlinie befindet sich in *Computerkonfiguration\Richtlinien\Administrative Vorlagen\Netzwerk\LanMan-Server*. Sie steuert, ob und wie Branch-Cache digitale Hashwerte für zwischengespeicherte Dateien generiert. In der Standardeinstellung werden digitale Hashwerte erstellt, damit Clients schnell feststellen können, ob eine Datei im Cache dieselbe Version ist wie die Datei auf einem Server.

15 Konfigurieren und Problembehandlung von TCP/IP-Netzwerken

Übersicht über das Kapitel:
Überblick über die Netzwerkfunktionen von Windows 7   625
Installieren der Netzwerkkomponenten   631
Konfigurieren von LAN-Verbindungen   636
Verwalten von LAN-Verbindungen   646
Problembehandlung und Testen von Netzwerkeinstellungen   649

Dieses Kapitel legt den Schwerpunkt auf die Verwaltung von Netzwerk- und Drahtlosverbindungen, die zur Kommunikation in einem Computernetz verwendet werden. Damit das Netzwerk einwandfrei funktioniert, müssen Sie die erforderlichen Netzwerkkomponenten installieren und die Netzwerkkommunikation mit Dynamic Host Configuration Protocol (DHCP), Domain Name System (DNS) und Windows Internet Naming Service (WINS) konfigurieren. DHCP dient zur dynamischen Konfiguration des Netzwerks und der Internet Protocol-Adressen (IP-Adressen). DNS und WINS bieten beide Namenszuordnungsdienste, wobei DNS der bevorzugte Dienst ist und WINS nur noch aus Gründen der Abwärtskompatibilität zu früheren Windows-Versionen verfügbar ist.

Überblick über die Netzwerkfunktionen von Windows 7

Die Netzwerkfunktionen von Windows 7 unterscheiden sich von den Netzwerkfunktionen in Windows XP und älteren Windows-Versionen. Windows 7 bietet einige neue Programme für Netzwerke:

- **Netzwerk-Explorer**   Bietet eine zentrale Konsole für die Anzeige von Computern und Geräten im Netzwerk.
- **Netzwerk- und Freigabecenter**   Bietet eine zentrale Konsole für die Anzeige und Verwaltung der Netzwerk- und Freigabekonfiguration eines Computers.
- **Netzwerkübersicht**   Zeigt ein Netzwerkdiagramm, das die Verbindungen zwischen den Computern und Geräten darstellt.
- **Netzwerkdiagnose**   Bietet eine automatische Diagnose zur Behebung von Netzwerkproblemen.

Bevor wir uns näher mit der Nutzung dieser Netzwerktools befassen, müssen Sie wissen, auf welchen Windows 7-Funktionen diese Tools basieren. Es sind dies die Netzwerkerkennung, die es ermöglicht, andere Computer und Geräte im Netzwerk zu erkennen, und die Netzwerkzustandsüberwachung, die Änderungen in der Netzwerkkonfiguration und den Verbindungen erkennt.

Netzwerkerkennung und Netzwerkkategorien

Von den Einstellungen Ihres Computers zur Netzwerkerkennung hängt es ab, welche Computer und Geräte Sie in den Netzwerkprogrammen von Windows 7 sehen und anzeigen können. Zusammen mit der Windows-Firewall eines Computers erlauben oder sperren die Einstellungen zur Netzwerkerkennung:

- Die Erkennung von Computern und Geräten im Netzwerk
- Die Erkennung Ihres Computers durch andere Computer

Die Einstellungen zur Netzwerkerkennung sollen bei jedem Netzwerktyp, mit dem ein Computer Verbindungen herstellen kann, für angemessene Sicherheitsvorkehrungen sorgen. Es sind vier Kategorien von Netzwerken definiert:

- **Domänennetzwerk** Ein Netzwerk, in dem die Computer mit einer Domäne verbunden sind, in der sie Mitglieder sind.
- **Arbeitsplatznetzwerk** Ein Netzwerk, in dem die Computer zu einer Arbeitsgruppe zusammengefasst sind.
- **Heimnetzwerk** Ein Netzwerk, in dem die Computer als Mitglieder einer Heimnetzgruppe konfiguriert sind. Die einzelnen Computer sind dabei nicht direkt mit dem öffentlichen Internet verbunden.
- **Öffentliches Netzwerk** Ein Netzwerk an einem öffentlichen Ort, etwa in einem Café oder auf einem Flughafen.

HINWEIS In der Standardeinstellung sind Netzwerkerkennung und Dateifreigabe nicht aktiviert, sie können aber für Domänen-, Arbeitsplatz- und Heimnetzwerke aktiviert werden. Im Fenster *Netzwerk* oder in den erweiterten Freigabeeinstellungen im Netzwerk- und Freigabecenter können Sie Netzwerkerkennung und Dateifreigabe aktivieren. Dadurch bauen Sie Einschränkungen ab, sodass die Computer im Netzwerk andere Computer und Geräte in diesem Netzwerk erkennen und Dateien freigeben können. Netzwerkerkennung und Dateifreigabe sind in einem öffentlichen Netzwerk standardmäßig gesperrt. Daraus ergibt sich eine höhere Sicherheit, denn Computer im öffentlichen Netzwerk können andere Computer und Geräte nicht ohne Weiteres erkennen. Sind Netzwerkerkennung und Dateifreigabe allerdings deaktiviert, so sind Dateien und Drucker, die Sie auf Ihrem Computer freigegeben haben, im Netzwerk zugänglich. Außerdem sind manche Anwendungen vielleicht nicht in der Lage, auf das Netzwerk zuzugreifen.

Da ein Computer die Einstellungen für jede Netzwerkkategorie separat speichert, können Sie in jeder Kategorie andere Einstellungen konfigurieren, die festlegen, welche Arten von Netzwerkverkehr erlaubt sind oder blockiert werden. Wenn Sie Ihren Computer das erste Mal mit einem Netzwerk verbinden, sehen Sie ein Dialogfeld, in dem Sie angeben können, ob Sie sich zu Hause, am Arbeitsplatz oder an einem öffentlichen Ort befinden. Mit Ihrer Auswahl legen Sie die Netzwerkkategorie fest. Wenn Sie Ihre Netzwerkverbindung anschließend ändern oder eine Verbindung mit einem neuen Netzwerk herstellen, versucht Windows 7, die Netzwerkkategorie automatisch zu ermitteln. Ist Windows 7 dazu nicht in der Lage, verwendet es die Kategorie öffentliches Netzwerk. Wenn Sie den Computer zum Mitglied einer Domäne machen, ändert sich das Netzwerk, mit dem der Computer verbunden ist, in ein Arbeitsplatznetzwerk.

Anhand der Netzwerkkategorie schaltet Windows 7 die Netzwerkerkennung ein oder aus. Der Zustand *An* (*Aktiviert*) bedeutet, dass der Computer andere Computer und Geräte im Netzwerk erkennen kann und dass umgekehrt andere Computer im Netzwerk diesen Computer erkennen können. Der Zustand *Aus* (*Deaktiviert*) bedeutet, dass der Computer andere Computer und Geräte im Netzwerk nicht erkennen kann und dass auch andere Computer im Netzwerk diesen Computer nicht erkennen können.

Verwenden des Netzwerk-Explorers

Der Netzwerk-Explorer zeigt eine Liste der Computer und Geräte an, die im Netzwerk erkannt wurden. Sie öffnen den Netzwerk-Explorer, indem Sie auf *Start* klicken und dann auf *Netzwerk*. Falls Sie die Option *Netzwerk* nicht zum Startmenü hinzugefügt haben, können Sie den Netzwerk-Explorer über die Systemsteuerung öffnen. Klicken Sie in der Systemsteuerung auf *Netzwerk und Internet* und dann unter *Netzwerk- und Freigabecenter* auf *Netzwerkcomputer und -geräte anzeigen*.

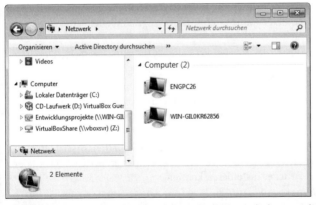

Abbildung 15.1 Im Netzwerk-Explorer können Sie die Netzwerkerkennung aktivieren und Netzwerkressourcen sehen, soweit es die aktuelle Konfiguration zulässt

Die Netzwerkerkennungseinstellungen für den Computer legen fest, welche Computer und Geräte im Netzwerk-Explorer aufgelistet werden. Ist die Netzwerkerkennung aktiviert, bekommen Sie die anderen Computer im Netzwerk angezeigt (Abbildung 15.1). Ist die Erkennung gesperrt, sehen Sie in der Infoleiste des Netzwerk-Explorers einen entsprechenden Hinweis, wie in Abbildung 15.2 gezeigt. Wenn Sie diese Warnmeldung anklicken und dann *Netzwerkerkennung und Dateifreigabe aktivieren* wählen, wird die Netzwerkerkennung aktiviert und in der Windows-Firewall die entsprechenden Ports geöffnet, damit die Netzwerkerkennung funktioniert. Sofern noch keine Änderungen vorgenommen wurden, die sich auf die Netzwerkerkennung auswirken, befindet sich der Computer in einem Zustand, in dem er andere Computer und Geräte erkennt. Die Freigabe von Druckern, Dateien und Medien muss zusätzlich konfiguriert werden, wie in Kapitel 13, »Verwalten der Dateisicherheit und Ressourcenfreigabe«, besprochen.

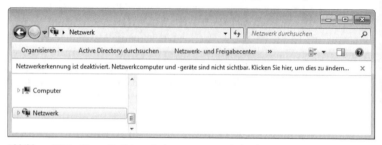

Abbildung 15.2 Wenn die Netzwerkerkennung ausgeschaltet ist, müssen Sie sie aktivieren, damit andere Computer und Geräte angezeigt werden

Sofern Sie über die erforderlichen Berechtigungen verfügen, können Sie jeden Computer und jedes Gerät, das im Netzwerk-Explorer zu sehen ist, näher untersuchen. Klicken Sie das Symbol eines Computers mit einem Doppelklick an, wenn Sie auf seine freigegebenen Ressourcen zugreifen möchten. Klicken Sie das Symbol eines Geräts mit einem Doppelklick an, wenn Sie auf seine Verwaltungsschnittstelle zugreifen oder seine Ressourcen untersuchen möchten.

Auf der Symbolleiste des Netzwerk-Explorers finden Sie mehrere Optionen:

- *Netzwerk- und Freigabecenter* Wenn Sie den Netzwerkstatus anzeigen oder Netzwerkeinstellungen verwalten möchten, öffnet ein Klick auf *Netzwerk- und Freigabecenter* das Netzwerk- und Freigabecenter. Mehr dazu im nächsten Abschnitt, »Verwenden des Netzwerk- und Freigabecenters«.

- *Drucker hinzufügen* Startet den Druckerinstallations-Assistenten, mit dem Sie lokale oder Netzwerkdrucker, drahtlos vernetzte Drucker oder Bluetooth-Drucker installieren können.

- *Ein Drahtlosgerät hinzufügen* Startet den Assistenten zum Hinzufügen von Drahtlosgeräten, mit dem Sie Drahtlosgeräte anschließen können, die zwar erkannt, aber noch nicht konfiguriert wurden.

Verwenden des Netzwerk- und Freigabecenters

Das Netzwerk- und Freigabecenter (Abbildung 15.3) zeigt einen Überblick über die aktuelle Netzwerkkonfiguration und den Netzwerkstatus an. In der Systemsteuerung können Sie das Netzwerk- und Freigabecenter öffnen, indem Sie auf *Netzwerk und Internet* und dann auf *Netzwerk- und Freigabecenter* klicken.

Überblick über die Netzwerkfunktionen von Windows 7   629

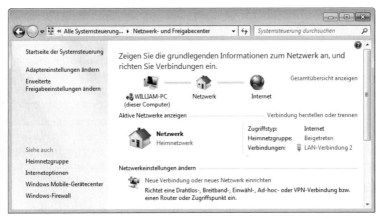

Abbildung 15.3 Verwenden Sie das *Netzwerk- und Freigabecenter* zur Anzeige des Netzwerkstatus und von Netzwerkdetails

Das Netzwerk- und Freigabecenter hat vier Hauptbereiche:

- **Netzwerk-Gesamtübersicht** Bietet eine bildliche Darstellung der Netzwerkkonfiguration und der Verbindungen. Der normale Zustand wird durch eine Linie dargestellt, die die verschiedenen Netzwerksegmente verbindet. Probleme mit der Netzwerkkonfiguration oder den Verbindungen werden durch Warnsymbole dargestellt. Ein gelbes Warnsymbol weist auf mögliche Konfigurationsprobleme hin. Ein rotes X zeigt an, dass es keine Verbindung zwischen den Netzwerksegmenten gibt. In der Abbildung 15.3 hat der Computer eine Verbindung mit dem lokalen Netzwerk und dem Internet. Ein Klick auf *Gesamtübersicht anzeigen* öffnet die Netzwerkübersicht, die eine erweiterte Darstellung des Netzwerks anzeigt, wie im nächsten Abschnitt, »Verwenden der Netzwerkübersicht«, beschrieben.

- **Aktive Netzwerke** Listet die momentan aktiven Netzwerke nach ihren Namen auf und bietet einen Überblick über die Netzwerke. Netzwerknamen werden in Fettschrift rechts neben dem Netzwerksymbol angezeigt. Wenn Sie doppelt auf das Netzwerksymbol klicken, können Sie den Netzwerknamen eingeben und das Netzwerksymbol ändern. Der Link unter dem Netzwerknamen gibt die Kategorie des aktuellen Netzwerks an, zum Beispiel *Arbeitsplatznetzwerk*, *Heimnetzwerk* oder *Öffentliches Netzwerk*. Wenn Sie diesen Link anklicken, wird der Netzwerkstandorttyp angezeigt.

- **Zugriffstyp** Legt fest, ob und wie der Computer mit seinem aktuellen Netzwerk verbunden ist. Hat der Computer keinen Internetzugriff, lautet der Zugriffstyp *Kein Internetzugriff*. Das Feld *Verbindungen* zeigt die Namen der Verbindungen an, über die eine Verbindung zu den aktiven Netzwerken läuft. Wenn Sie eine Verbindung anklicken, wird das Statusdialogfeld für diese Verbindung angezeigt.

- **Netzwerkeinstellungen**   Enthält Optionen, mit denen Sie die Netzwerkeinstellungen des Computers konfigurieren können. Klicken Sie im linken Fensterabschnitt auf *Erweiterte Freigabeeinstellungen ändern*, um die Freigabe zu konfigurieren. Schalten Sie dann im Fenster *Erweiterte Freigabeeinstellungen* die Netzwerkerkennung ein oder aus, indem Sie die Option *Netzwerkerkennung einschalten* beziehungsweise *Netzwerkerkennung ausschalten* wählen und auf *Änderungen speichern* klicken.

Im Netzwerk- und Freigabecenter können Sie auch versuchen, für eine Warnung eine genauere Diagnose stellen zu lassen. Klicken Sie das Warnsymbol an. Dann wird die Windows-Netzwerkdiagnose gestartet, die versucht, das Netzwerkproblem zu erkennen und eine Lösung vorzuschlagen.

Verwenden der Netzwerkübersicht

Wenn die Gruppenrichtlinien eine Netzwerkübersicht zulassen und die Netzwerkerkennung aktiviert ist, bietet die Netzwerkübersicht eine erweiterte grafische Darstellung der Netzwerkkonfiguration und der Verbindungen (Abbildung 15.4). Sie können auf die Netzwerkübersicht folgendermaßen zugreifen:

1. Klicken Sie in der Systemsteuerung auf *Netzwerk und Internet* und dann auf *Netzwerk- und Freigabecenter*.
2. Klicken Sie im Netzwerk- und Freigabecenter auf *Gesamtübersicht anzeigen*.

HINWEIS   In einer Standardkonfiguration kann Windows 7 nur eine Netzwerk-Gesamtübersicht wie die Darstellung im Netzwerk- und Freigabecenter erstellen. Eine detailliertere Netzwerkübersicht ist nur erlaubt, wenn die Gruppenrichtlinien dies zulassen und die Netzwerkerkennung aktiviert ist.

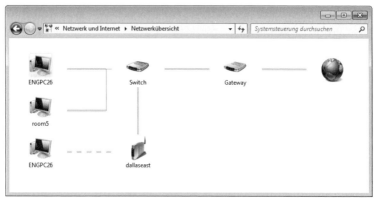

Abbildung 15.4   Die Netzwerkübersicht zeigt Ihnen eine erweiterte Darstellung des Netzwerks

Computer und Geräte, die erkannt und in die Grafik aufgenommen werden können, werden durch Linien miteinander verbunden, die ihre Netzwerkverbindungen darstellen. Computer und Geräte, die zwar erkannt werden, aber nicht in der Grafik angezeigt werden können, werden unter der Grafik mit der Überschrift »Die folgenden erkannten Geräte konnten nicht in der Übersicht platziert werden« aufgelistet.

In der Netzwerkübersicht werden alle Probleme mit der Netzwerkkonfiguration oder mit Verbindungen durch Warnsymbole gekennzeichnet. Ein gelbes Warnsymbol weist auf ein potenzielles Konfigurationsproblem hin. Ein rotes X kennzeichnet eine fehlende Verbindung für ein bestimmtes Netzwerksegment. Ein Klick auf ein Warnsymbol startet die Windows-Netzwerkdiagnose, die das Netzwerkproblem zu erkennen versucht und einen Lösungsvorschlag macht.

PRAXISTIPP Die Netzwerkübersicht kann in einigen Situationen recht nützlich sein. Da sie aber eine genauere Untersuchung des internen Netzwerks einer Organisation ermöglicht und somit ein gewisses Risiko für das Netzwerk bedeutet, wird die Netzwerkübersicht standardmäßig in den Gruppenrichtlinien deaktiviert. Die Gruppenrichtlinieneinstellungen für die Netzwerkübersicht stehen unter *Computerkonfiguration\Richtlinien\Administrative Vorlagen\Netzwerk\Verbindungsschicht-Topologieerkennung*. Damit ein Computer andere Computer für die grafische Darstellung erkennen kann, muss die Option *Treiber für die Zuordnungs-E/A (LLTDIO) aktivieren* in einem Gruppenrichtlinienobjekt aktiviert werden, das für den Computer gilt. Damit ein Computer von anderen Computern erkannt werden kann, muss die Option *Treiber für den Beantworter (RSPNDR) aktivieren* in einem Gruppenrichtlinienobjekt aktiviert werden, das für den Computer gilt.

Wenn Sie eine dieser Einstellungen oder beide aktivieren, können Sie auch genauer festlegen, wo die Funktion verfügbar sein soll. Dies soll gewöhnlich beim Anschluss des Computers an eine Domäne erlaubt, aber beim Anschluss an ein privates Netzwerk verboten sein. Erlauben Sie die Funktionen nur dann in einem öffentlichen Netzwerk, wenn es dafür einen zwingenden Grund gibt, und dann auch nur für den oder die Computer, die für eine Übersicht zur Verfügung stehen müssen.

Installieren der Netzwerkkomponenten

Wenn Sie einen Computer vernetzen möchten, müssen Sie die TCP/IP-Komponenten und einen Netzwerkadapter installieren. Windows 7 verwendet TCP/IP als Standardprotokoll für WAN-Verbindungen (Wide Area Network). Die Netzwerkkomponenten werden normalerweise bereits bei der Installation von Windows 7 installiert. Sie können die TCP/IP-Komponenten aber auch über Eigenschaften von LAN-Verbindungen installieren.

Verwenden von TCP/IP und des dualen IP-Stapels

Die Protokolle TCP und IP ermöglichen Computern die Kommunikation über verschiedene Netzwerke und über das Internet. Dafür sind allerdings Netzwerkadapter erforderlich, sei es als herkömmliche, fest eingebaute Netzwerkadapterkarte, als USB-Netzwerkadapter, als PC-Card-Adapter oder als Adapter, der bereits auf dem Mainboard integriert ist. Windows 7 verfügt über eine duale IP-Schichtenarchitektur, in der die beiden Protokolle Internet Protocol Version 4 (IPv4) und Internet Protocol Version 6 (IPv6) implementiert sind, welche die Transport- und Frame-Schichten gemeinsam nutzen.

IPv4 und IPv6 werden auf sehr unterschiedliche Weise verwendet. IPv4 arbeitet mit 32-Bit-Adressen und ist in den meisten Netzwerken die Hauptversion, die von IP verwendet wird, auch im Internet. IPv6 arbeitet mit 128-Bit-Adressen und stellt die nächste Generation von IP dar.

Die 32-Bit-Adressen von IPv4 werden gewöhnlich in Form von 4 Dezimalzahlen ausgedrückt, wie zum Beispiel 127.0.0.1 oder 192.168.1.20. Die 4 Dezimalzahlen werden auch Oktette genannt, weil sie jeweils 8 Bits der 32-Bit-Zahl darstellen. Bei IPv4-Standardunicastadressen stellt ein variabler Teil der IP-Adresse die Netzwerkkennung dar, und ein zweiter, ebenfalls variabler Teil der IP-Adresse ist die Hostkennung. Es gibt keinen festen Zusammenhang zwischen der IPv4-Adresse eines Hosts und der internen Maschinenadresse (MAC), die vom Netzwerkadapter des Hosts verwendet wird.

Die 128-Bit-Adressen von IPv6 werden in acht 16-Bit-Blöcke aufgeteilt, die jeweils durch einen Doppelpunkt voneinander getrennt sind. Jeder 16-Bit-Block wird hexadezimal dargestellt. Bei IPv6-Standardunicastadressen stellen die ersten 64 Bits die Netzwerkkennung dar und die zweiten 64 Bits die Netzwerkschnittstelle. Eine IPv6-Adresse könnte beispielsweise so aussehen:

FEC0:0:0:02BC:FF:BECB:FE4F:961D

Da viele Blöcke einer IPv6-Adresse 0 sind, werden aufeinanderfolgende Nullblöcke auch in der Form »::« angegeben. (Die Amerikaner nennen diese Schreibweise »double-colon«-Notation.) Die beiden Nullblöcke aus der obigen Adresse werden bei dieser Schreibweise folgendermaßen komprimiert:

FEC0::02BC:FF:BECB:FE4F:961D

Gibt es 3 oder mehr Nullblöcke, werden sie in derselben Weise komprimiert. Aus FFE8:0:0:0:0:0:0:1 wird dann zum Beispiel FFE8::1.

Wird bei der Installation des Betriebssystems Netzwerkhardware erkannt, werden IPv4 und IPv6 standardmäßig aktiviert und es gibt keinen Grund, nachträglich noch eine Komponente zu installieren, um IPv6 zur Verfügung zu haben. Die neue IP-Architektur von Windows 7 wird *Next-Generation-TCP/IP-Stack* genannt. Tabelle 15.1 beschreibt die wichtigsten TCP/IP-Erweiterungen, die im Next-Generation-TCP/IP-Stack implementiert sind. Tabelle 15.2 beschreibt die wichtigsten TCP/IP-Erweiterungen für IPv6.

Tabelle 15.1 Wichtige TCP/IP-Erweiterungen im Next-Generation-TCP/IP-Stack

Unterstützte Funktion	Beschreibung
Automatische Anpassung des Empfängerfensters	Optimiert TCP-Übertragungen für den Host, der die Daten empfängt, an die aktuellen Netzwerkbedingungen durch eine automatische Größenanpassung der Speicherpuffer (die »Empfängerfenster«), die für die eintreffenden Daten verwendet werden.
Automatische Erkennung von Black-Hole-Routern	Verhindert, dass TCP-Verbindungen beendet werden, weil zwischengeschaltete Router einfach große TCP-Segmente, erneute Übertragungen oder Fehlermeldungen verwerfen.
Automatische erneute Versuche, wenn das Gateway nicht reagiert	Sorgt dafür, dass ein nicht erreichbares Gateway regelmäßig daraufhin überprüft wird, ob es wieder verfügbar ist.
Erholung/Wiederherstellung nach Verlusten mit SACK-Informationen	Ermöglicht die Verwendung von SACK-Informationen zur Erholung nach Datenverlusten, wenn doppelte Bestätigungen empfangen wurden, und zur schnelleren Erholung, wenn mehrere Segmente nicht beim Empfänger eingetroffen sind.
Erkennung nicht erreichbarer Nachbarknoten für IPv4	Erkennt, wenn benachbarte Knoten und Router nicht mehr erreichbar sind, und informiert darüber.
Erweiterte selektive Bestätigungen	Erweitert die Art, wie selektive Bestätigungen (SACKs) verwendet werden. Ermöglicht einem Empfänger die Bestätigung des Empfangs von bis zu vier nicht aufeinanderfolgenden Datenblöcken und die Bestätigung von doppelten Paketen. Das erleichtert dem Sender die Überprüfung, ob er ein Segment unnötig erneut übertragen hat, und die Anpassung seines Verhaltens, um unnötige erneute Übertragungen zu vermeiden.
Erweiterte TCP-Daten	Unterstützt die Diagnose, ob der Flaschenhals bei einer Verbindung die sendende Anwendung ist, die Empfängeranwendung oder das Netzwerk.
Modifizierter schneller Wiederherstellungsalgorithmus	Bietet einen höheren Durchsatz, weil der Sender die Übertragungsrate auf andere Weise erhöhen kann, wenn in einem Datenfenster mehrere Segmente verloren gehen und der Sender eine Bestätigung erhält, aus der hervorgeht, dass nur ein Teil der Daten empfangen wurde.
Netzwerkdiagnose-Framework	Bietet ein erweiterbares Framework, das Benutzer bei der Behebung von Problemen mit Netzwerkverbindungen unterstützt.
Routingfächer	Verhindert die unerwünschte Weiterleitung von Daten zwischen Schnittstellen durch die Zuordnung einer Schnittstelle oder mehrerer Schnittstellen zu einer Anmeldesitzung, die über eigene Routingtabellen verfügt.
Übertragungswiederholungs-Timeout-Erkennung	Nimmt bei plötzlichen, temporären Erhöhungen der Übertragungswiederholungs-Timeouts Korrekturen vor und verhindert eine unnötige erneute Übertragung von Segmenten.
Verbund-TCP	Optimiert TCP-Übertragungen für den sendenden Host durch eine Vergrößerung der Datenmenge, die über eine Verbindung übertragen wird, wobei dafür gesorgt wird, dass andere TCP-Verbindungen nicht beeinträchtigt werden.
Windows-Filterplattform	Bietet APIs für die Erweiterung der TCP/IP-Filterarchitektur, die somit neue Funktionen unterstützen kann.

Tabelle 15.2 Wichtige TCP/IP-Erweiterungen für IPv6

Unterstützte Funktion	Beschreibung
DHCPv6-fähiger DHCP-Client	Erweitert den DHCP-Client, damit er IPv6 unterstützt und eine zustandsbehaftete automatische Adressenkonfiguration mit einem DHCPv6-Server ermöglicht.
IP Security	Erlaubt die Verwendung von Internet Key Exchange (IKE) und Datenverschlüsselung für IPv6.
IPv6 über Point-to-Point-Protokoll (PPPv6)	Erlaubt IPv6-Übermittlungen über Verbindungen auf PPP-Basis. Das wiederum ermöglicht Remoteclients die Verbindung mit einem Internet Service Provider (ISP) auf IPv6-Basis über Wählverbindungen oder PPPoE-Verbindungen (PPP over Ethernet).
Multicast Listener Discovery Version 2 (MLDv2)	Bietet Unterstützung für quellenspezifische Multicastübertragungen und entspricht dem Internet Group Management Protocol Version 3 (IGMPv3) für IPv4.
Symmetrische Netzwerkadressenübersetzung	Ordnet die interne (privaten) Adresse und Portnummer verschiedenen externen (öffentlichen) Adressen und Ports zu, je nach der externen Zieladresse.
Verbindungslokale Multicast-Namensauflösung (Link-Local Multicast Name Resolution, LLMNR)	Erlaubt IPv6-Hosts im selben Subnetz die gegenseitige Namensauflösung ohne DNS-Server.
Zufällige Schnittstellenkennungen	Verhindert das Scannen von IPv6-Adressen auf der Basis der bekannten Firmenkennungen der Netzwerkadapterhersteller. Standardmäßig generiert Windows 7 für nichttemporäre automatisch konfigurierte IPv6-Adressen zufällige Schnittstellenkennungen, auch für öffentliche und verbindungslokale Adressen.

Installieren von Netzwerkadaptern

Netzwerkadapter sind Hardwaregeräte, die zur Kommunikation in Netzwerken verwendet werden. Sie können Netzwerkadapter folgendermaßen installieren und einstellen:

1. Folgen Sie den Anweisungen des Herstellers. Vielleicht müssen Sie mit der mitgelieferten Software die Interrupt- oder Porteinstellung des Adapters ändern.
2. Wenn Sie eine interne Netzwerkkarte installieren, fahren Sie den Computer herunter, schalten ihn aus, trennen ihn vom Strom und installieren die Adapterkarte in einem passenden Steckplatz des Computers. Wenn Sie fertig sind, bauen Sie alles wieder zusammen, verbinden den Computer mit der Stromversorgung und schalten ihn ein.
3. Windows 7 sollte den neuen Adapter beim Start erkennen. Wenn Sie über eine separate Treiberdiskette für den Adapter verfügen, sollten Sie die Diskette nun einlegen. Andernfalls werden Sie vielleicht dazu aufgefordert, eine Diskette mit passenden Treibern einzulegen.
4. Falls Windows 7 den Adapter nicht automatisch erkennt, folgen Sie den Installationsbeschreibungen im Abschnitt »Arbeiten mit Gerätetreibern« in Kapitel 8.

5. Wenn keine Netzwerkdienste auf dem Computer installiert sind, installieren Sie die Dienste, wie im nächsten Abschnitt beschrieben.

Installieren der Netzwerkdienste (TCP/IP)

Falls Sie TCP/IP nach der Installation von Windows 7 nachträglich installieren, melden Sie sich mit einem Administratorkonto auf dem Computer an und gehen folgendermaßen vor:

1. Klicken Sie in der Systemsteuerung auf *Netzwerk und Internet* und dann auf *Netzwerk- und Freigabecenter*.
2. Klicken Sie im Netzwerk- und Freigabecenter unter *Aktive Netzwerke anzeigen* auf den Link für die Netzwerkverbindung.

   TIPP Ist die Netzwerkverbindung, die Sie bearbeiten wollen, nicht aktiv, können Sie auf *Verbindung mit einem Netzwerk herstellen* klicken. Klicken Sie dann im Fenster *Netzwerkverbindungen* mit der rechten Maustaste auf die Verbindung, die Sie bearbeiten wollen, und wählen Sie den Befehl *Eigenschaften*.

3. Klicken Sie im Dialogfeld *Status* auf *Eigenschaften*. Daraufhin öffnet sich das Eigenschaftendialogfeld für die Verbindung, in dem die Registerkarte *Netzwerk* ausgewählt ist (Abbildung 15.5).

Abbildung 15.5 TCP/IP installieren und konfigurieren Sie im Dialogfeld *Eigenschaften von LAN-Verbindung*

4. Sofern *Internetprotokoll Version 6 (TCP/IPv6)*, *Internetprotokoll Version 4 (TCP/IPv4)* oder beide nicht in der Liste der installierten Komponenten aufgeführt sind, müssen Sie diese Komponenten installieren. Klicken Sie dazu auf *Installieren*, dann auf *Protokoll* und auf *Hinzufügen*. Wählen Sie im Dialogfeld *Netzwerkprotokoll auswählen* das Protokoll aus, das Sie installieren wollen, und klicken Sie auf *OK*. Wiederholen Sie diesen Schritt, wenn Sie sowohl TCP/IPv6 als auch TCP/IPv4 installieren müssen.

5. Stellen Sie im Dialogfeld *Eigenschaften von LAN-Verbindung* sicher, dass folgende Elemente aktiviert sind: *Internetprotokoll Version 6 (TCP/IPv6)*, *Internetprotokoll Version 4 (TCP/IPv4)* oder beide. Klicken Sie auf *OK*.
6. Folgen Sie bei Bedarf der Anleitung im nächsten Abschnitt, um die LAN-Verbindungen für den Computer zu konfigurieren.

Konfigurieren von LAN-Verbindungen

Eine LAN-Verbindung wird automatisch erstellt, wenn ein Computer über einen Netzwerkadapter verfügt und mit einem Netzwerk verbunden ist. Sind mehrere Netzwerkadapter im Computer installiert und ist der Computer mit einem Netzwerk verbunden, so wird für jeden Adapter eine LAN-Verbindung angelegt. Ist keine Netzwerkverbindung verfügbar, sollten Sie den Computer mit einem Netzwerk verbinden oder eine andere Verbindungsart erstellen, wie im Abschnitt »Verwalten von LAN-Verbindungen« weiter unten in diesem Kapitel beschrieben.

Computer verwenden IP-Adressen für die Kommunikation über TCP/IP. Unter Windows 7 lassen sich IP-Adressen auf folgende Weise einstellen:

- **Manuell** IP-Adressen, die manuell zugewiesen werden, nennt man *statische IP-Adressen*. Statische IP-Adressen sind fest und ändern sich nicht, solange Sie es nicht tun. Gewöhnlich weisen Sie Windows-Servern statische IP-Adressen zu. Wenn Sie das tun, müssen Sie noch weitere Angaben machen, damit sich der Server im Netzwerk orientieren kann.
- **Dynamische** Dynamische IP-Adressen werden beim Start eines Computers von einem DHCP-Server zugewiesen, sofern es im Netzwerk einen DHCP-Server gibt. Diese Adressen können sich im Lauf der Zeit ändern. Dynamische IP-Adressierung ist die Standardkonfiguration.
- **Alternativ (nur IPv4)** Wenn ein Computer auf die Verwendung von DHCPv4 eingestellt ist und kein DHCPv4-Server verfügbar ist, weist Windows 7 automatisch eine alternative private IP-Adresse zu. Standardmäßig liegt diese alternative IPv4-Adresse im Bereich von 169.254.0.1 bis 169.254.255.254, wobei die Subnetzmaske 255.255.0.0 ist. Sie können auch eine benutzerdefinierte alternative IPv4-Adresse angeben, was für Laptopbenutzer besonders nützlich ist.

Konfigurieren statischer IP-Adressen

Wenn Sie eine statische IP-Adresse zuweisen möchten, müssen Sie dem Computer die IP-Adresse mitteilen, die er verwenden soll, sowie die Subnetzmaske für diese IP-Adresse und bei Bedarf auch das Standardgateway, das für die Internetkommunikation verwendet werden soll. Eine IP-Adresse ist eine numerische Kennung für einen Computer. Das IP-Adressierungsschema hängt von der Konfiguration eines Netzwerks ab. Gewöhnlich werden IP-Adressen so vergeben, dass sich bestimmte Netzwerksegmente ergeben.

IPv6-Adressen und IPv4-Adressen unterscheiden sich sehr voneinander, wie im Abschnitt »Verwenden von TCP/IP und des dualen IP-Stapels« weiter oben in diesem Kapitel beschrieben. In IPv6 stellen die ersten 64 Bits die Netzwerkkennung dar und die übrigen 64 Bits die Netzwerkschnittstelle. In IPv4 stellt eine variable Anzahl von Anfangsbits die Netzwerkkennung dar und die verbleibenden Bits die Hostkennung. Wenn Sie zum Beispiel mit IPv4 auf einem Computer im Netzwerksegment 10.0.10.0 mit der Subnetzmaske 255.255.255.0 arbeiten, bilden die ersten drei Bytes die Netzwerkkennung. Diese eindeutige Netzwerkkennung lautet 10.0.10.0. Der für Computerhosts verfügbare Adressenbereich reicht von 10.0.10.1 bis 10.0.10.254. Die Adresse 10.0.10.255 ist für Netzwerk-Broadcasts reserviert.

Wenn Sie in einem privaten Netzwerk arbeiten, das direkt mit dem Internet verbunden ist, sollten Sie private IPv4-Adressen verwenden. Tabelle 15.3 listet die privaten IPv4-Netzwerkadressen auf.

Tabelle 15.3 Private IPv4-Netzwerkadressen

Private Netzwerkkennung	Subnetzmaske	Verfügbarer IP-Adressbereich	Broadcastadresse
10.0.0.0	255.0.0.0	10.0.0.0–10.255.255.254	10.255.255.255
172.16.0.0	255.240.0.0	172.16.0.0–172.31.255.254	172.31.255.255
192.168.0.0	255.255.0.0	192.168.0.0–192.168.255.254	192.168.255.255

Alle anderen IPv4-Netzwerkadressen sind öffentlich und müssen gemietet oder gekauft werden. Wenn das Netzwerk direkt mit dem Internet verbunden ist und Sie von Ihrem Internetdienstanbieter einen IPv4-Adressenbereich erhalten haben, können Sie diese IPv4-Adressen verwenden.

Überprüfen einer Adresse mit dem Ping-Befehl

Bevor Sie eine statische IP-Adresse vergeben, sollten Sie überprüfen, ob die Adresse bereits verwendet wird oder für DHCP reserviert ist. Mit dem Befehl Ping finden Sie heraus, ob eine Adresse verwendet wird. Öffnen Sie eine Eingabeaufforderung und geben Sie **ping** ein, gefolgt von der IP-Adresse, die Sie überprüfen möchten.

Um die IPv4-Adresse 10.0.10.12 zu testen, würden Sie folgenden Befehl verwenden:

```
ping 10.0.10.12
```

Um die IPv6-Adresse FEC0::02BC:FF:BECB:FE4F:961D zu testen, würden Sie folgenden Befehl verwenden:

```
ping FEC0::02BC:FF:BECB:FE4F:961D
```

Wenn Sie von Ping eine Erfolgsmeldung erhalten, ist die IP-Adresse in Gebrauch und Sie sollten eine andere wählen. Ergibt sich bei allen vier Versuchen, die Ping durchführt, eine Zeitüberschreitung, ist die IP-Adresse gerade nicht im Netzwerk aktiv und wird vermutlich nicht verwendet. Allerdings kann eine Firewall Ihre Ping-Anfragen blocken. Außerdem sollte der zuständige Netzwerkadministrator Ihnen sagen können, ob eine IP-Adresse verwendet wird.

Konfigurieren statischer IPv4- oder IPv6-Adressen

Für jeden installierten Netzwerkadapter ist eine LAN-Verbindung (Local Area Network) verfügbar. Diese Verbindungen werden automatisch erstellt. Um für eine bestimmte Verbindung eine statische IP-Adresse einzustellen, gehen Sie folgendermaßen vor:

1. Klicken Sie in der Systemsteuerung auf *Netzwerk und Internet* und dann auf *Netzwerk- und Freigabecenter*.
2. Klicken Sie im Netzwerk- und Freigabecenter unter *Aktive Netzwerke anzeigen* auf den Link für die Netzwerkverbindung.
3. Klicken Sie im Dialogfeld *Status von LAN-Verbindung* auf *Eigenschaften*. Dadurch öffnet sich das Dialogfeld *Eigenschaften von LAN-Verbindung*.
4. Klicken Sie doppelt auf *Internetprotokoll Version 6 (TCP/IPv6)* oder *Internetprotokoll Version 4 (TCP/IPv4)*, je nachdem, welche Art von IP-Adresse Sie konfigurieren wollen.
5. Bei einer IPv6-Adresse tun Sie Folgendes:
   - Klicken Sie auf *Folgende IPv6-Adresse verwenden* und geben Sie dann im Textfeld *IPv6-Adresse* die IPv6-Adresse ein. Die IPv6-Adresse, die Sie dem Computer geben, darf im Netzwerk noch nicht verwendet werden.
   - Drücken Sie auf die TAB-Taste. Das Feld *Subnetzpräfixlänge* ist erforderlich, damit der Computer im Netzwerk kommunizieren kann. Windows 7 sollte im Textfeld *Subnetzpräfixlänge* einen Standardwert vorgeben. Wenn das Netzwerk keine variablen Längen für Subnetzpräfixe verwendet, sollte der Standardwert ausreichen. Aber wenn die Subnetzpräfixlänge variabel ist, sollten Sie den Wert so einstellen, wie es für Ihr Subnetz erforderlich ist.
6. Bei einer IPv4-Adresse tun Sie Folgendes:
   - Klicken Sie auf *Folgende IP-Adresse verwenden* und geben Sie als *IP-Adresse* die IPv4-Adresse ein. Die IPv4-Adresse, die Sie dem Computer zuweisen, darf im Netzwerk noch nicht verwendet werden.
   - Drücken Sie auf die TAB-Taste. Das Feld *Subnetzmaske* ist erforderlich, damit der Computer im Netzwerk kommunizieren kann. Windows 7 sollte im Textfeld *Subnetzmaske* einen Standardwert vorgeben. Wenn das Netzwerk keine variablen Längen für Subnetzpräfixe verwendet, sollte der Standardwert ausreichen. Aber wenn die Subnetzpräfixlänge variabel ist, sollten Sie den Wert so einstellen, wie es für Ihr Subnetz erforderlich ist.
7. Wenn der Computer Zugriff auf andere TCP/IP-Netzwerke, das Internet oder andere Subnetze braucht, legen Sie ein Standardgateway fest. Geben Sie im Textfeld *Standardgateway* die IP-Adresse des Standardrouters des Netzwerks ein.
8. DNS wird für die Namenszuordnung verwendet. Geben Sie in den entsprechenden Textfeldern die Adressen des bevorzugten DNS-Servers und eines zweiten DNS-Servers ein, sofern vorhanden.

9. Wenn Sie fertig sind, klicken Sie zweimal auf *OK* und einmal auf *Schließen*. Wiederholen Sie diesen Vorgang für alle anderen Netzwerkadapter und IP-Protokolle, die Sie konfigurieren möchten.
10. Für IPv4-Adressen konfigurieren Sie bei Bedarf WINS, wie im Abschnitt »Konfigurieren der WINS-Namenszuordnung« weiter unten in diesem Kapitel beschrieben.

Konfigurieren dynamischer und alternativer IP-Adressen

Auf Arbeitsstationen lassen sich zwar auch statische IP-Adressen einsetzen, aber die meisten Arbeitsstationen verwenden dynamische oder alternative Adressen oder beides. Sie konfigurieren dynamische und alternative Adressen auf folgende Weise:

1. Klicken Sie in der Systemsteuerung auf *Netzwerk und Internet* und dann auf *Netzwerk- und Freigabecenter*.
2. Klicken Sie im Netzwerk- und Freigabecenter unter *Aktive Netzwerke anzeigen* auf den Link für die Netzwerkverbindung.
3. Klicken Sie im Dialogfeld *Status von LAN-Verbindung* auf *Eigenschaften*. Dadurch öffnet sich das Dialogfeld *Eigenschaften von LAN-Verbindung* (Abbildung 15.5).

   HINWEIS Im Dialogfeld *Status von LAN-Verbindung* wird für jeden installierten Netzwerkadapter eine LAN-Verbindung angezeigt. Diese Verbindungen werden automatisch erstellt. Wenn Sie für einen bestimmten Adapter keine LAN-Verbindung sehen, überprüfen Sie den Treiber für diesen Adapter. Vielleicht wurde er nicht korrekt installiert.

4. Klicken Sie doppelt auf *Internetprotokoll Version 6 (TCP/IPv6)* oder *Internetprotokoll Version 4 (TCP/IPv4)*, je nachdem, welchen Typ IP-Adresse Sie konfigurieren.
5. Wählen Sie *IPv6-Adresse automatisch beziehen* beziehungsweise *IP-Adresse automatisch beziehen*, je nachdem, welchen Typ IP-Adresse Sie konfigurieren. Wählen Sie bei Bedarf *DNS-Serveradresse automatisch beziehen*. Oder wählen Sie *Folgende DNS-Serveradressen verwenden* und geben Sie dann in den entsprechenden Textfeldern die Adressen des bevorzugten DNS-Servers und eines zweiten DNS-Servers ein, sofern vorhanden.
6. Wenn Sie auf Desktopcomputern dynamische IPv4-Adressen verwenden, sollten Sie auch noch eine automatische alternative Adresse konfigurieren. Dazu wählen Sie auf der Registerkarte *Alternative Konfiguration* die *Automatisch zugewiesene, private IP-Adresse*. Klicken Sie auf die *OK*-Schaltflächen der beiden geöffneten Dialogfelder, klicken Sie auf *Schließen* und überspringen Sie die restlichen Schritte.
7. Wenn Sie auf mobilen Computern dynamische IPv4-Adressen verwenden, werden Sie die alternative Adresse gewöhnlich manuell einstellen. Wählen Sie dazu auf der Registerkarte *Alternative Konfiguration* die Option *Benutzerdefiniert*. Geben Sie dann im Textfeld *IP-Adresse* die

IP-Adresse ein, die Sie verwenden möchten. Bei der IP-Adresse, die Sie dem Computer zuweisen, sollte es sich um eine private IP-Adresse handeln, wie in Tabelle 15.3 beschrieben. Die Adresse darf im Netzwerk noch nicht in Gebrauch sein, wenn Sie die neuen Einstellungen übernehmen.

8. Vervollständigen Sie die Einstellung der alternativen Konfiguration für dynamische IPv4-Adressen durch die Eingaben für die Subnetzmaske, Standardgateway, DNS und WINS. Wenn Sie fertig sind, klicken Sie zweimal auf *OK* und dann auf *Schließen*.

HINWEIS Ausführlichere Informationen über die Konfiguration von Laptops finden Sie im Abschnitt »Konfigurieren des Netzwerks auf Laptops« in Kapitel 16.

Konfigurieren mehrerer Gateways

Um für eine gewisse Fehlertoleranz beim Ausfall eines Routers zu sorgen, können Sie Windows 7-Computer auch so konfigurieren, dass sie mehrere Standardgateways verwenden. Werden mehrere Gateways eingesetzt, entscheidet Windows 7 anhand der Gatewaymetrik, welches Gateway verwendet wird. Die Gatewaymetrik ist ein Maß für die Routingkosten, die bei der Verwendung eines Gateways entstehen. Das Gateway mit den geringsten Kosten (der kleinsten Gatewaymetrik) wird zuerst verwendet. Ist keine Kommunikation mit diesem Gateway möglich, versucht Windows 7 es mit dem Gateway, das die zweitniedrigsten Kosten verursacht.

Wie mehrere Gateways am besten konfiguriert werden, hängt vom Aufbau Ihres Netzwerks ab. Wenn die Computer DHCP verwenden, werden Sie die zusätzlichen Gateways wahrscheinlich im DHCP-Server einstellen. Verwenden die Computer statische IP-Adressen oder wollen Sie die Gateways in bestimmter Weise festlegen, gehen Sie folgendermaßen vor:

1. Klicken Sie in der Systemsteuerung auf *Netzwerk und Internet* und dann auf *Netzwerk- und Freigabecenter*.
2. Klicken Sie im Netzwerk- und Freigabecenter unter *Aktive Netzwerke anzeigen* auf den Link für die Netzwerkverbindung.
3. Klicken Sie im Dialogfeld *Status von LAN-Verbindung* auf *Eigenschaften*. Dadurch öffnet sich das Dialogfeld *Eigenschaften von LAN-Verbindung* (siehe Abbildung 15.5 weiter oben in diesem Kapitel).
4. Klicken Sie doppelt auf *Internetprotokoll Version 6 (TCP/IPv6)* oder *Internetprotokoll Version 4 (TCP/IPv4)*, je nachdem, welchen Typ IP-Adresse Sie konfigurieren.
5. Klicken Sie auf *Erweitert*, um das Dialogfeld *Erweiterte TCP/IP-Einstellungen* zu öffnen (Abbildung 15.6).
6. Sofern bereits Gateways manuell konfiguriert wurden, werden sie unter *Standardgateways* angezeigt. Bei Bedarf können Sie zusätzliche Gateways eintragen. Klicken Sie auf *Hinzufügen* und geben Sie im Textfeld *Gateway* die Gatewayadresse ein.
7. Standardmäßig weist Windows 7 dem Gateway automatisch eine Metrik zu. Sie können die Metrik auch manuell festlegen. Dazu löschen Sie das

Kontrollkästchen *Automatische Metrik* und geben im Textfeld *Metrik* den gewünschten Wert ein.
8. Klicken Sie auf *Hinzufügen* und wiederholen Sie die Schritte 6 und 7 für jedes Gateway, das Sie hinzufügen möchten.
9. Klicken Sie dreimal auf *OK* und dann auf *Schließen*.

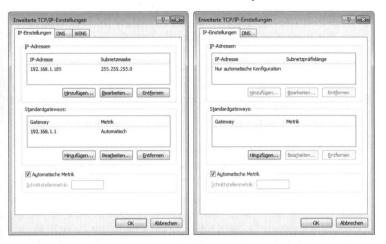

Abbildung 15.6 Verwenden Sie das Dialogfeld *Erweiterte TCP/IP-Einstellungen*, wenn Sie mehrere IP-Adressen und Gateways konfigurieren möchten (links die Version für IPv4, rechts die für IPv6)

Konfigurieren der DNS-Auflösung

DNS ist ein Namensauflösungsdienst, der dazu dient, die IP-Adresse eines Computers zu ermitteln, von dem der Hostname bekannt ist. Dadurch sind Benutzer in der Lage, mit Hostnamen zu arbeiten, wie zum Beispiel in *http://www.msn.com* oder *http://www.microsoft.com*, statt IP-Adressen wie 192.168.5.102 oder 192.168.12.68 verwenden zu müssen. DNS ist der bevorzugte Namensdienst für Windows 7 und das Internet.

Wie bei Gateways hängt auch die beste Konfiguration von DNS davon ab, wie Ihr Netzwerk aufgebaut ist. Wenn die Computer DHCP verwenden, werden Sie DNS wahrscheinlich im DHCP-Server einstellen. Verwenden die Computer statische IP-Adressen oder wollen Sie DNS für einen einzelnen Benutzer oder System festlegen, müssen Sie DNS manuell konfigurieren.

DNS-Grundeinstellungen

Die DNS-Grundeinstellungen können Sie folgendermaßen vornehmen:

1. Klicken Sie in der Systemsteuerung auf *Netzwerk und Internet* und dann auf *Netzwerk- und Freigabecenter*.
2. Klicken Sie im Netzwerk- und Freigabecenter unter *Aktive Netzwerke anzeigen* auf den Link für die Netzwerkverbindung.

3. Klicken Sie im Dialogfeld *Status von LAN-Verbindung* auf *Eigenschaften*. Dadurch öffnet sich das Dialogfeld *Eigenschaften von LAN-Verbindung* (siehe Abbildung 15.5 weiter oben in diesem Kapitel).
4. Klicken Sie doppelt auf *Internetprotokoll Version 6 (TCP/IPv6)* oder *Internetprotokoll Version 4 (TCP/IPv4)*, je nachdem, welchen Typ IP-Adresse Sie konfigurieren.
5. Wenn der Computer DHCP verwendet und Sie die DNS-Serveradressen per DHCP zuweisen möchten, wählen Sie *DNS-Serveradresse automatisch beziehen*. Andernfalls wählen Sie *Folgende DNS-Serveradressen verwenden* und geben in den Textfeldern die Adressen des bevorzugten und des zweiten DNS-Servers ein, sofern vorhanden.
6. Klicken Sie auf die *OK*-Schaltflächen der beiden geöffneten Dialogfelder und dann auf *Schließen*.

Erweiterte DNS-Einstellungen

Erweiterte DNS-Einstellungen nehmen Sie auf der Registerkarte *DNS* des Dialogfelds *Erweiterte TCP/IP-Einstellungen* vor (Abbildung 15.7). Verwenden Sie die Felder der Registerkarte *DNS* folgendermaßen:

- *DNS-Serveradressen in Verwendungsreihenfolge* Geben Sie in diesem Bereich die IP-Adressen der DNS-Server an, die zur Domänennamensauflösung verwendet werden sollen. Klicken Sie auf *Hinzufügen*, wenn Sie eine Server-IP-Adresse in die Liste eintragen möchten. Klicken Sie auf *Entfernen*, um die ausgewählte Serveradresse aus der Liste zu entfernen. Klicken Sie auf *Bearbeiten*, um den ausgewählten Eintrag zu bearbeiten. Sie können mehrere DNS-Server für die DNS-Auflösung angeben. Ihre Priorität ergibt sich aus der Reihenfolge in der Liste. Wenn der erste Server nicht auf eine Aufforderung zur Namensauflösung reagiert, wird der nächste Server aus der Liste verwendet, und so weiter. Wenn Sie die Position eines Servers in der Liste ändern möchten, wählen Sie ihn aus und verwenden dann eine der beiden Schaltflächen mit den nach oben und unten gerichteten Pfeilen.

- *Primäre und verbindungsspezifische DNS-Suffixe anhängen* Diese Option ist normalerweise vorgewählt. Verwenden Sie diese Option, um unvollständig angegebene Computernamen in der übergeordneten Domäne aufzulösen. Wird beispielsweise der Computername *Gandolf* angegeben und ist *microsoft.com* die übergeordnete Domäne, ergibt sich der vollständige Computername *gandolf.microsoft.com*. Ist der Computername in der übergeordneten Domäne nicht bekannt, schlägt die Abfrage fehl. Die übergeordnete Domäne ist die Domäne, die im Dialogfeld *Systemeigenschaften* auf der Registerkarte *Computername* angegeben ist. (Prüfen Sie diese Einstellungen, indem Sie in der Systemsteuerung auf *System und Sicherheit* und dann auf *System* klicken.)

- *Übergeordnete Suffixe des primären DNS-Suffixes anhängen* Diese Option ist standardmäßig vorgewählt. Wählen Sie diese Option, um unvollständig angegebene Computernamen in der Domänenhierarchie aufzulösen. Schlägt eine Abfrage in der direkt übergeordneten Domäne fehl, wird das Suffix von deren übergeordneter Domäne für die Abfrage verwendet. Dieser Vorgang wiederholt sich so lange, bis die Spitze der DNS-Domänenhierarchie erreicht ist. Wird beispielsweise in der Domäne *dev.microsoft.com* ein Computer namens *Gandolf* verwendet, würde DNS als Computernamen *gandolf.dev.microsoft.com* verwenden. Wenn das nicht funktioniert, würde DNS als Computernamen *gandolf.microsoft.com* verwenden.

- *Diese DNS-Suffixe anhängen (in Reihenfolge)* Wählen Sie diese Option, wenn Sie bestimmte DNS-Suffixe für die Namensauflösung vorgeben möchten, statt die Namen über die übergeordneten Domänen aufzulösen. Um ein Domänensuffix in die Liste einzutragen, klicken Sie auf *Hinzufügen*. Wenn Sie einen Eintrag aus der Liste löschen möchten, wählen Sie ihn aus und klicken auf *Entfernen*. Zur Bearbeitung eines ausgewählten Eintrags klicken Sie auf *Bearbeiten*. Sie können mehrere Domänensuffixe angeben, die in der angegebenen Reihenfolge verwendet werden. Führt das erste Suffix zu keinem Ergebnis, verwendet DNS das nächste Suffix aus der Liste. Schlägt auch das fehl, wird das nächste Suffix verwendet, und so weiter. Wenn Sie die Reihenfolge der Domänensuffixe ändern möchten, wählen Sie ein Suffix aus und verwenden dann eine der beiden Schaltflächen mit den nach oben und unten gerichteten Pfeilen, um die Position des Suffixes in der Liste zu ändern.

- *DNS-Suffix für diese Verbindung* Mit dieser Option legen Sie ein bestimmtes DNS-Suffix für die Verbindung fest, das Vorrang vor den DNS-Namen hat, die bereits für diese Verbindung konfiguriert wurden. Meist werden Sie den DNS-Domänennamen allerdings festlegen, indem Sie in der Systemsteuerung auf *System und Sicherheit* klicken, dann auf *System* und schließlich auf *Einstellungen ändern*. Klicken Sie im Dialogfeld *Systemeigenschaften* auf der Registerkarte *Computername* auf *Ändern* und dann auf *Weitere*. Nun können Sie das primäre DNS-Suffix für den Computer im entsprechenden Textfeld eingeben. Klicken Sie dreimal auf *OK*, um Ihre Änderungen abzuspeichern.

- *Adressen dieser Verbindung in DNS registrieren* Wählen Sie diese Option, wenn alle IP-Adressen für diese Verbindung unter dem vollständig angegebenen Domänennamen des Computers in DNS registriert werden sollen. Standardmäßig ist die Option vorgewählt. Dynamische DNS-Aktualisierungen werden im Zusammenhang mit DHCP verwendet, damit ein Client seinen A-Datensatz (Hostadresse) aktualisieren kann, falls sich seine IP-Adresse ändert, und damit der DHCP-Server den PTR-Datensatz (Pointer) für den Client auf dem DNS-Server aktualisieren kann. Der DHCP-Server kann auch so eingestellt werden, dass er die beiden A- und PTR-Datensätze für den Client aktualisiert. Dynamische DNS-Aktualisierungen werden erst auf DNS-Servern mit BIND 5.1 oder höher geboten sowie unter Windows 2000 Server, Windows Server 2003 und höheren Windows-Versionen. Windows NT Server 4 bietet das nicht.

- **DNS-Suffix dieser Verbindung in DNS-Registrierung verwenden**
  Wählen Sie diese Option, wenn alle IP-Adressen für diese Verbindung unter der übergeordneten Domäne in DNS eingetragen werden sollen.

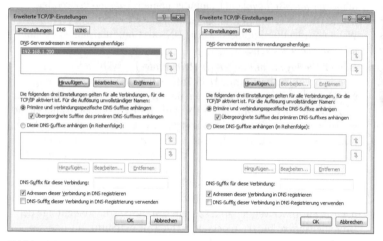

Abbildung 15.7 Verwenden Sie die Registerkarte *DNS* des Dialogfelds *Erweiterte TCP/IP-Einstellungen* für erweiterte DNS-Einstellungen (links die Version für IPv4, rechts die für IPv6)

Konfigurieren der WINS-Namenszuordnung

Mit WINS setzen Sie NetBIOS-Computernamen in IPv4-Adressen um. Sie können WINS einsetzen, damit die Computer eines Netzwerks die Adressen anderer Computer aus dem Netzwerk bestimmen können. Wenn im Netzwerk ein WINS-Server installiert ist, übernimmt dieser die Zuordnung der Computernamen. WINS wird zwar auf allen Windows-Versionen unterstützt, aber unter Windows 7 gibt es WINS hauptsächlich aus Gründen der Abwärtskompatibilität mit früheren Windows-Versionen.

Sie können Windows 7-Computer auch so einstellen, dass sie NetBIOS-Computernamen mit der lokalen Datei *LMHOSTS* auflösen. Allerdings wird *LMHOSTS* nur berücksichtigt, wenn die normalen Methoden zur Namensauflösung fehlschlagen. In einem sauber konfigurierten Netzwerk wird diese Datei kaum verwendet. Die bevorzugte Methode zur Auflösung von NetBIOS-Computernamen ist WINS mit einem WINS-Server.

Wie bei Gateways und DNS hängt die beste Methode zur Konfiguration von WINS davon ab, wie Ihr Netzwerk aufgebaut ist. Wenn die Computer DHCP verwenden, werden Sie WINS wahrscheinlich im DHCP-Server einstellen. Verwenden die Computer statische IPv4-Adressen oder wollen Sie WINS für einen einzelnen Benutzer oder ein System festlegen, müssen Sie WINS manuell konfigurieren.

Sie können WINS folgendermaßen manuell einstellen:

1. Öffnen Sie das Dialogfeld *Erweiterte TCP/IP-Einstellungen* und klicken Sie auf die Registerkarte *WINS*. Hier finden Sie das Feld *WINS-Adressen in Verwendungsreihenfolge* (Abbildung 15.8).

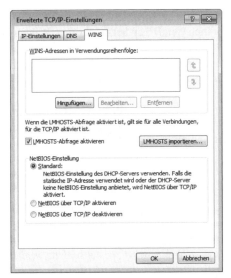

Abbildung 15.8 Verwenden Sie für IPv4 die Registerkarte *WINS* des Dialogfelds *Erweiterte TCP/IP-Einstellungen* zur Einstellung der WINS-Auflösung von NetBIOS-Computernamen

2. In der Liste *WINS-Adressen in Verwendungsreihenfolge* können Sie die IPv4-Adressen der WINS-Server angeben, die für die NetBIOS-Namensauflösung verwendet werden. Klicken Sie auf *Hinzufügen*, wenn Sie die IPv4-Adresse eines Servers in die Liste eintragen möchten. Klicken Sie auf *Entfernen*, um den ausgewählten Server aus der Liste zu löschen. Und wenn Sie einen Eintrag bearbeiten möchten, wählen Sie ihn aus und klicken auf *Bearbeiten*.

3. Sie können zur WINS-Namensauflösung mehrere Server angeben, die in der Reihenfolge kontaktiert werden, in der sie in der Liste stehen. Beantwortet der erste Server die Anforderung einer NetBIOS-Namensauflösung nicht, wird der nächste Server aus der Liste kontaktiert, und so weiter. Zur Änderung der Position eines Servers in der Liste wählen Sie den Server aus und verwenden dann eine der beiden Schaltflächen mit den nach oben und unten gerichteten Pfeilen.

4. Um *LMHOSTS*-Abfragen zu erlauben, wählen Sie das Kontrollkästchen *LMHOSTS-Abfrage aktivieren*. Wenn der Computer eine bereits vorhandene *LMHOSTS*-Datei verwenden soll, die irgendwo im Netzwerk liegt, rufen Sie diese Datei ab, indem Sie auf *LMHOSTS importieren* klicken und die Datei heraussuchen. Gewöhnlich greift man nur dann auf *LMHOSTS* zurück, wenn andere Methoden der Namensauflösung versagen.

5. Die WINS-Namensauflösung erfordert die Hilfsdienste für NetBIOS über TCP/IP. Wählen Sie zur WINS-Namensauflösung mit NetBIOS eine der folgenden Optionen:

- Wenn Sie DHCP und dynamische Adressierung verwenden, können Sie die NetBIOS-Einstellung vom DHCP-Server abrufen. Wählen Sie *Standard: NetBIOS-Einstellung des DHCP-Servers verwenden*.
- Wenn Sie mit statischen IP-Adressen arbeiten oder der DHCP-Server keine NetBIOS-Einstellungen liefert, wählen Sie *NetBIOS über TCP/IP aktivieren*.
- Wird im Netzwerk weder WINS noch NetBIOS verwendet, wählen Sie *NetBIOS über TCP/IP deaktivieren*. Das schaltet die NetBIOS-Broadcasts aus, die der Computer sonst im Netzwerk versenden würde.

6. Klicken Sie dreimal auf *OK* und dann auf *Schließen*. Wiederholen Sie diese Prozedur bei Bedarf für andere Netzwerkadapter.

TIPP *LMHOSTS*-Dateien werden lokal auf Computerbasis verwaltet, daher sind sie nicht besonders zuverlässig. Statt sich auf *LMHOSTS* zu verlassen, sorgen Sie besser dafür, dass Ihre DNS- und WINS-Server sauber konfiguriert und im Netzwerk verfügbar sind, damit die Namensauflösung zentral verwaltet und durchgeführt werden kann.

Verwalten von LAN-Verbindungen

LAN-Verbindungen ermöglichen es Computern, auf Ressourcen im Netzwerk und im Internet zuzugreifen. Für jeden Netzwerkadapter, der im Computer installiert ist, wird automatisch eine LAN-Verbindung erstellt. Dieser Abschnitt beschreibt die Verwaltung dieser Verbindungen.

Aktivieren und Deaktivieren von LAN-Verbindungen

LAN-Verbindungen werden automatisch erstellt und konfiguriert. Wenn Sie eine Verbindung deaktivieren möchten, damit sie nicht mehr benutzt werden kann, gehen Sie folgendermaßen vor:

1. Klicken Sie in der Systemsteuerung auf *Netzwerk und Internet* und dann auf *Netzwerk- und Freigabecenter*.
2. Klicken Sie im linken Fensterabschnitt des Netzwerk- und Freigabecenters auf *Adaptereinstellungen ändern*.
3. Klicken Sie im Fenster *Netzwerkverbindungen* mit der rechten Maustaste auf die Verbindung und wählen Sie den Befehl *Deaktivieren*.
4. Wenn Sie die Verbindung später wieder aktivieren möchten, klicken Sie die Verbindung wieder mit der rechten Maustaste an und wählen *Aktivieren*.

Wenn Sie die Netzwerkverbindung trennen oder eine andere Verbindung herstellen möchten, gehen Sie folgendermaßen vor:

1. Klicken Sie in der Systemsteuerung auf *Netzwerk und Internet* und dann auf *Netzwerk- und Freigabecenter*.
2. Klicken Sie im linken Fensterabschnitt des Netzwerk- und Freigabecenters auf *Adaptereinstellungen ändern*.

3. Klicken Sie im Fenster *Netzwerkverbindungen* mit der rechten Maustaste auf die Verbindung und wählen Sie den Befehl *Trennen*. Gewöhnlich haben nur RAS-Verbindungen eine *Trennen*-Option.
4. Wenn Sie die Verbindung später aktivieren möchten, klicken Sie in *Netzwerkverbindungen* mit der rechten Maustaste auf die Verbindung und wählen *Verbinden*.

Überprüfen von Status, Geschwindigkeit und Aktivität von LAN-Verbindungen

Um den Status einer LAN-Verbindung zu überprüfen, gehen Sie folgendermaßen vor:

1. Klicken Sie in der Systemsteuerung auf *Netzwerk und Internet* und dann auf *Netzwerk- und Freigabecenter*.
2. Klicken Sie im Netzwerk- und Freigabecenter unter *Aktive Netzwerke anzeigen* auf den Link für die Netzwerkverbindung.
3. Dadurch öffnet sich das Dialogfeld *Status von LAN-Verbindung*. Wenn die Verbindung deaktiviert ist oder sich das Netzwerkkabel gelöst hat, können Sie nicht auf dieses Dialogfeld zugreifen. Aktivieren Sie die Verbindung wieder oder stecken Sie das Netzwerkkabel wieder ein, um das Problem zu lösen. Versuchen Sie dann erneut, das Statusdialogfeld anzuzeigen.

Die Registerkarte *Allgemein* des Dialogfelds *Status von LAN-Verbindung* (Abbildung 15.9) zeigt nützliche Informationen über die Verbindung an:

- ***IPv4-Konnektivität*** Der aktuelle IPv4-Verbindungsstatus und die Verbindungsart. Gewöhnlich wird der Status als *Lokal* angezeigt, wenn eine Verbindung mit einem internen Netzwerk besteht, als *Internet*, wenn der Computer auf das Internet zugreifen kann, oder als *Kein Netzwerkzugriff*, wenn keine Verbindung mit einem Netzwerk besteht.
- ***IPv6-Konnektivität*** Der aktuelle IPv6-Verbindungsstatus und die Verbindungsart. Gewöhnlich wird der Status als *Lokal* angezeigt, wenn eine Verbindung mit einem internen Netzwerk besteht, als *Internet*, wenn der Computer auf das Internet zugreifen kann, oder als *Kein Netzwerkzugriff*, wenn keine Verbindung mit einem Netzwerk besteht.
- ***Medienstatus*** Der Zustand des Mediums. Weil das Statusdialogfeld nur verfügbar ist, wenn die Verbindung aktiviert ist, sehen Sie den Status gewöhnlich als *Aktiviert*.
- ***Dauer*** Gibt an, wie lange die Verbindung besteht. Wenn die Verbindung erst kurze Zeit besteht, hat der Benutzer erst vor Kurzem eine Verbindung hergestellt oder die Verbindung wurde kürzlich zurückgesetzt.
- ***Übertragungsrate*** Die Verbindungsgeschwindigkeit. Hier wird abhängig von der Verbindung *10,0 MBit/s*, *100,0 MBit/s* oder *1,0 GBit/s* angezeigt. Eine falsche Einstellung kann die Leistung des Computers beeinträchtigen.
- ***Bytes*** Die Anzahl der Bytes, die über die Verbindung gesendet oder empfangen wurden. Während der Computer Datenpakete sendet oder

empfängt, blinkt das Computersymbol, um den Datenverkehr anzuzeigen.

Abbildung 15.9 Die Registerkarte *Allgemein* des Dialogfelds *Status von LAN-Verbindung* bietet eine Zusammenstellung von wichtigen Informationen über die Verbindung

Anzeigen der Netzwerkkonfiguration

In Windows 7 können Sie die aktuelle Konfiguration von Netzwerkadaptern auf verschiedene Weise anzeigen. Um die Konfiguration mithilfe des *Status*-Dialogfelds anzuzeigen, gehen Sie folgendermaßen vor:

1. Klicken Sie in der Systemsteuerung auf *Netzwerk und Internet* und dann auf *Netzwerk- und Freigabecenter*.
2. Klicken Sie im linken Fensterabschnitt des Netzwerk- und Freigabecenters auf *Adaptereinstellungen ändern*.
3. Klicken Sie in *Netzwerkverbindungen* doppelt auf die Verbindung, die Sie überprüfen möchten. Dadurch öffnet sich das Dialogfeld *Status von LAN-Verbindung*. Wenn die Verbindung deaktiviert ist oder sich das Netzwerkkabel gelöst hat, können Sie nicht auf dieses Dialogfeld zugreifen. Aktivieren Sie die Verbindung wieder oder stecken Sie das Netzwerkkabel wieder ein, um das Problem zu lösen. Versuchen Sie dann erneut, das Statusdialogfeld anzuzeigen.
4. Klicken Sie auf *Details*, um ausführlichere Informationen über die IP-Adresskonfiguration anzuzeigen, unter anderem folgende:
   - *Physikalische Adresse*   Die Computer- oder MAC-Adresse (Media Access Control) des Netzwerkadapters. Diese Adresse ist für jeden Netzwerkadapter eindeutig.
   - *IPv4-Adresse*   Die IPv4-Adresse für die IPv4-Kommunikation

- *IPv4-Subnetzmaske*   Die Subnetzmaske für die IPv4-Kommunikation
- *IPv4-Standardgateway*   Die IPv4-Adresse des Standardgateways für die IPv4-Kommunikation
- *IPv4-DNS-Server*   IP-Adressen für DNS-Server, die für die IPv4-Kommunikation verwendet werden
- *IPv4-WINS-Server*   IP-Adressen für WINS-Server, die für die IPv4-Kommunikation verwendet werden
- *IPv4-DHCP-Server*   Die IP-Adresse des DHCPv4-Servers, von dem die aktuelle Lease bezogen wurde (nur DHCPv4)
- *Lease erhalten*   Ein Zeitstempel (mit Datum und Uhrzeit) für den Zeitpunkt, an dem die DHCPv4-Lease bezogen wurde (nur DHCPv4)
- *Lease läuft ab*   Ein Zeitstempel (mit Datum und Uhrzeit) für den Zeitpunkt, an dem die DHCPv4-Lease abläuft (nur DHCPv4)

Sie können sich die erweiterten Einstellungen auch mit dem Befehl Ipconfig ansehen. Dazu gehen Sie folgendermaßen vor:

1. Klicken Sie auf *Start* und geben Sie im Suchfeld **cmd** ein.
2. Drücken Sie die EINGABETASTE.
3. Geben Sie in der Befehlszeile **ipconfig /all** ein. Es werden ausführliche Informationen über alle Netzwerkadapter angezeigt, die auf dem Computer konfiguriert wurden.

HINWEIS   Die Eingabeaufforderung wird im Standardbenutzermodus geöffnet, sie ist keine Eingabeaufforderung mit erhöhten Rechten.

Umbenennen von LAN-Verbindungen

Windows 7 weist LAN-Verbindungen anfänglich Standardnamen zu. Auf der Seite *Netzwerkverbindungen* können Sie eine Verbindung umbenennen, indem Sie die Verbindung mit der rechten Maustaste anklicken, *Umbenennen* wählen und dann einen neuen Namen für die Verbindung eingeben. Verfügt der Computer über mehrere LAN-Verbindungen, hilft eine passende Benennung der Verbindungen Ihnen und anderen, den Überblick über die Bedeutungen der Verbindungen zu behalten.

Problembehandlung und Testen von Netzwerkeinstellungen

Zu Windows 7 gehören viele Programme, mit denen sich TCP/IP-Verbindungen testen und Verbindungsprobleme beheben lassen. Die folgenden Abschnitte beschreiben neben der automatischen Diagnose Standardtests, die Sie bei der Einrichtung oder Änderung der Netzwerkeinstellungen eines Computers durchführen sollten, und Verfahren zur Behebung von schwierigen Netzwerkproblemen, die sich im Zusammenhang mit DHCP und DNS ergeben können. Der letzte Abschnitt beschreibt eine recht ausführliche Netzwerkdiagnose.

Diagnostizieren und Beheben von LAN-Verbindungsproblemen

Gelegentlich werden Netzwerkkabelstecker versehentlich aus den Buchsen herausgezogen oder der Netzwerkadapter kann aus irgendwelchen Gründen zeitweilig nicht arbeiten. Nachdem Sie das Kabel wieder eingesteckt oder das Adapterproblem gelöst haben, sollte die Verbindung automatisch wiederhergestellt werden. Verbindungsprobleme im LAN können Sie diagnostizieren, indem Sie mit der rechten Maustaste auf das Netzwerkbenachrichtigungssymbol in der Taskleiste klicken und dann auf *Problembehandlung*.

Die Windows-Netzwerkdiagnose versucht dann, das Problem zu erkennen. Wie aus Abbildung 15.10 hervorgeht, werden einige mögliche Lösungen vorgeschlagen, sofern es erkennbare Konfigurationsprobleme gibt. Einige Probleme lassen sich automatisch beheben, indem man die vorgeschlagene Lösung anklickt. Bei anderen Lösungsvorschlägen sind zusätzliche Arbeitsgänge erforderlich, beispielsweise wenn Sie einen Netzwerkrouter oder ein Breitbandmodem zurücksetzen müssen. Wenn Ihre Aktion das Problem nicht löst, hilft Ihnen vielleicht ein anderer Lösungsvorschlag aus diesem Abschnitt zur Problembehebung weiter.

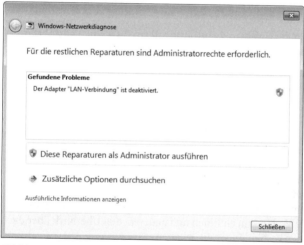

Abbildung 15.10 Versuchen Sie, das Problem durch eine passende Auswahl oder die vorgeschlagenen Aktionen zu lösen

Diagnostizieren und Beheben von Internetverbindungsproblemen

Da es so viele Abhängigkeiten zwischen Diensten, Protokollen und Konfigurationseinstellungen gibt, kann die Behebung von Netzwerkproblemen schwierig sein. Aber Windows 7 bietet ein leistungsfähiges Netzwerkdiagnoseprogramm zur leichteren Identifizierung von Problemen in folgenden Bereichen:

- Allgemeine Verbindungsprobleme im Netzwerk
- Internetdiensteinstellungen für E-Mail, Newsgroups und Proxys
- Einstellungen für Modems, Netzwerkclients und Netzwerkadapter

- DNS-, DHCP- und WINS-Konfiguration
- Standardgateways und IP-Adressen

Im Netzwerk- und Freigabecenter diagnostizieren Sie Probleme mit der Internetverbindung, indem Sie in der Netzwerkübersicht auf das rote X-Symbol klicken. Dann versucht die Windows-Netzwerkdiagnose, das Problem zu identifizieren. Liegt ein erkennbares Konfigurationsproblem vor, wird eine Liste mit Lösungsvorschlägen angezeigt. Einige Probleme lassen sich automatisch beheben, indem man die vorgeschlagene Lösung anklickt. Bei anderen Lösungsvorschlägen sind zusätzliche Arbeitsgänge erforderlich, beispielsweise wenn Sie einen Netzwerkrouter oder ein Breitbandmodem zurücksetzen müssen. Wenn Ihre Aktion das Problem nicht löst, hilft Ihnen vielleicht ein anderer Lösungsvorschlag aus diesem Abschnitt zur Problembehebung weiter.

Durchführen von einfachen Standardtests

Wenn Sie einen neuen Computer installieren oder die Netzwerkeinstellungen eines Computers verändern, sollten Sie anschließend die Konfiguration überprüfen. Der einfachste TCP/IP-Test ist, mit dem Befehl Ping zu überprüfen, ob der Computer eine Verbindung mit dem Netzwerk herstellen kann. Um Ping zu verwenden, geben Sie in einer Eingabeaufforderung **ping <Host>** ein, wobei <Host> entweder der Name oder die IP-Adresse des Computers ist, den Sie erreichen möchten.

Unter Windows 7 können Sie die Konfiguration auf folgende Weise mit Ping testen:

- **Versuchen Sie, IP-Adressen mit Ping zu erreichen** Wenn der Computer richtig konfiguriert ist und der Computer, den Sie erreichen wollen, im Netzwerk verfügbar ist, sollte Ping eine Antwort erhalten, sofern die Firewall des Computers die Verwendung von Ping zulässt. Kann Ping den Zielcomputer nicht erreichen oder wird Ping von der Firewall blockiert, meldet es eine Zeitüberschreitung.
- **Überprüfen Sie in Domänen, die WINS verwenden, NetBIOS-Computernamen mit Ping** Wenn NetBIOS-Computernamen von Ping korrekt aufgelöst werden, sind NetBIOS-Funktionen wie WINS richtig für den Computer konfiguriert.
- **Überprüfen Sie in Domänen, die DNS verwenden, DNS-Hostnamen mit Ping** Wenn vollständig angegebene DNS-Hostnamen von Ping korrekt aufgelöst werden, ist die DNS-Namensauflösung richtig konfiguriert.

Sie können auch die Navigation im Netzwerk auf dem Computer testen. Wenn der Computer Mitglied einer Windows 7-Domäne ist und das Suchen nach Computern in der Domäne zugelassen ist, melden Sie sich auf dem Computer bei der Domäne an und suchen dann mit dem Windows-Explorer oder dem Netzwerk-Explorer in der Domäne nach anderen Computern. Anschließend melden Sie sich auf einem anderen Computer bei der Domäne an und versuchen, den Computer zu finden, den Sie gerade konfiguriert haben. Diese Tests geben Ihnen einen guten Hinweis darauf, ob die

DNS-Auflösung in der lokalen Umgebung richtig durchgeführt wird. Wenn Sie die gesuchten Computer nicht finden können, überprüfen Sie die Einstellung des DNS-Dienstes und der Protokolle.

PRAXISTIPP Der Zugriff auf Netzwerkressourcen im Netzwerk-Explorer hängt vom Computerbrowser und den Einstellungen zur Netzwerkerkennung ab. Der Computerbrowser ist für die Auflistung der Computer zuständig, die im Netzwerk vorhanden sind. Wurde der Dienst angehalten oder arbeitet er nicht richtig, kann ein Computer nicht die Ressourcen sehen, die im Netzwerk verfügbar sind. Den Zustand des Computerbrowsers können Sie in der Computerverwaltung überprüfen. Erweitern Sie *Dienste und Anwendungen* und wählen Sie dann in der Strukturdarstellung *Dienste*. Der Status des Dienstes *Computerbrowser* sollte *Gestartet* sein. Ist das Feld mit der Statusanzeige leer, läuft der Dienst nicht und sollte gestartet werden.

Es kann vorkommen, dass der Computerbrowser zwar normal läuft, aber im Netzwerk-Explorer trotzdem keine aktualisierte Liste der Ressourcen verfügbar ist. Das kann sich so ergeben, weil der Dienst die Ressourcenliste nur in gewissen Abständen aktualisiert und das Netzwerk nicht ständig auf Änderungen überprüft. Wenn eine Ressource nicht aufgeführt wird, die Sie verwenden möchten, können Sie entweder warten, bis sie verfügbar ist (das sollte in den meisten Fällen weniger als 15 Minuten dauern), oder Sie stellen direkt eine Verbindung mit der Ressource her. Dazu verwenden Sie den UNC-Namen (Universal Naming Convention) oder die IP-Adresse der Ressource, wie im Abschnitt »Verwenden von freigegebenen Ressourcen« in Kapitel 13 beschrieben.

Gelegentlich ist die Erkennung und Freigabe auch so eingestellt, dass keine Erkennung erfolgen kann. Um dieses Problem zu lösen, müssen Sie die Erkennung zulassen. Tun Sie Folgendes:

1. Klicken Sie in der Systemsteuerung auf *Netzwerk und Internet* und dann auf *Netzwerk- und Freigabecenter*.
2. Klicken Sie im linken Fensterabschnitt des Netzwerk- und Freigabecenters auf *Erweiterte Freigabeeinstellungen ändern*.
3. Klicken Sie auf *Netzwerkerkennung einschalten*, falls die Netzwerkerkennung ausgeschaltet ist.

Beheben von IP-Adressierungsproblemen

Wie sich die aktuelle IP-Adresseneinstellung eines Computers ermitteln lässt, wird im Abschnitt »Anzeigen der Netzwerkkonfiguration« dieses Kapitels beschrieben. Wenn ein Computer mit dem Zugriff auf Netzwerkressourcen oder mit der Kommunikation mit anderen Computern Probleme hat, liegt das vielleicht an einer falschen Einstellung der IP-Adressen. Sehen Sie sich die eingestellte IP-Adresse genau an und überprüfen Sie auch die anderen IP-Adresseneinstellungen. Orientieren Sie sich an folgenden Hinweisen:

- Wenn die IPv4-Adresse, die dem Computer zugewiesen wurde, im Bereich von 169.254.0.1 bis 169.254.255.254 liegt, verwendet der Computer automatisch zugewiesene private IP-Adressen (Automatic Private IP

Addressing, APIPA). Eine private IP-Adresse wird dem Computer automatisch zugewiesen, wenn er für die Verwendung von DHCP konfiguriert ist und der DHCP-Client keinen DHCP-Server erreichen kann. Wenn Windows 7 APIPA benutzt, überprüft es regelmäßig, ob ein DHCP-Server verfügbar geworden ist. Sofern der Computer nicht irgendwann eine dynamische IP-Adresse anfordern kann, weist das gewöhnlich auf ein Problem mit der Netzwerkverbindung hin. Überprüfen Sie das Netzwerkkabel vom Computer bis zu dem Switch oder Hub, mit dem es verbunden sein soll.

- Stehen die IPv4-Adresse und die Subnetzmaske des Computers auf 0.0.0.0, ist kein Netzwerk angeschlossen oder jemand versucht, eine statische IP-Adresse zu verwenden, die im Netzwerk bereits in Gebrauch ist. In diesem Fall sollten Sie die Seite *Netzwerkverbindungen* aufschlagen und den Zustand der Verbindung überprüfen. Wurde die Verbindung deaktiviert oder getrennt, sollte dieser Zustand angezeigt werden. Klicken Sie mit der rechten Maustaste auf die Verbindung und wählen Sie nach Bedarf *Aktivieren* oder *Reparieren*. Ist die Verbindung bereits aktiviert, müssen Sie vermutlich die IP-Adresse der Verbindung ändern.

- Wurde die IP-Adresse dynamisch zugewiesen, überprüfen Sie, ob ein anderer Computer im Netzwerk dieselbe Adresse verwendet. Das können Sie tun, indem Sie von dem Computer, an dem Sie arbeiten, das Netzwerkkabel abziehen und die fragliche Adresse auf einem anderen Computer mit Ping überprüfen. Wenn ein Computer auf Ping antwortet, wissen Sie, dass ein anderer Computer dieselbe Adresse verwendet. Dieser Computer hat vermutlich eine falsche statische IP-Adresse erhalten oder die Adressenreservierung wurde nicht richtig eingestellt.

- Wenn die IP-Adresse anscheinend in Ordnung ist, überprüfen Sie die Einstellungen für Netzwerkmaske, Gateway, DNS und WINS. Vergleichen Sie die Einstellungen des Computers, an dem Sie arbeiten, mit den Einstellungen eines anderen Computers, von dem Sie wissen, dass er im Netzwerk einwandfrei arbeitet. Einer der größten Problembereiche ist die Netzwerkmaske. Wenn Subnetze verwendet werden, kann die Netzwerkmaske, die in einem Bereich des Netzwerks verwendet werden, der Netzwerkmaske aus einem anderen Bereich zum Verwechseln ähnlich sehen. So könnte die Netzwerkmaske in einem IPv4-Bereich beispielsweise 255.255.255.240 lauten und in einem anderen IPv4-Bereich 255.255.255.248.

Freigeben und Erneuern der DHCP-Zuweisung

DHCP-Server können viele Netzwerkeinstellungen automatisch zuweisen. Dazu gehören IP-Adressen, Standardgateways, bevorzugter und alternativer DNS-Server, bevorzugter und alternativer WINS-Server und mehr. Wenn Computer die dynamische Adressierung verwenden, dann mieten sie sozusagen für eine gewisse Zeit eine bestimmte IP-Adresse. Man sagt, sie erhalten eine Lease. Diese Lease gilt nur für eine bestimmte Zeit und muss regelmäßig erneuert werden. Wenn es soweit ist, kontaktiert der Computer den DHCP-Server, von dem er die Lease erhalten hat. Ist der Server verfügbar, wird die Lease erneuert und eine neue Leaseperiode gewährt. Sie können Leases bei Bedarf auch manuell erneuern, sei es auf den einzelnen Computern oder unter Verwendung des DHCP-Servers.

Bei der Leasezuweisung und -erneuerung können Probleme eintreten, die eine Netzwerkkommunikation verhindern. Wenn der Server nicht verfügbar ist und vor Ablauf der Lease nicht erreicht werden kann, kann die IP-Adresse ungültig werden. Wenn das geschieht, kann der Computer die alternative Adressenkonfiguration verwenden, wobei diese Einstellungen in den meisten Fällen aber nicht passen und keine einwandfreie Kommunikation ermöglichen. Um das Problem zu lösen, müssen Sie die aktuelle Lease löschen und die DHCP-Lease erneuern.

Ein weiteres Problem kann sich ergeben, wenn Benutzer zwischen verschiedenen Büros und Subnetzen der Organisation pendeln. Wenn sie den Ort wechseln, könnten ihre Computer die DHCP-Einstellungen vom falschen Server erhalten. Kehren sie dann ins Büro zurück, verhalten sich ihre Computer seltsam und arbeiten nicht mehr richtig, weil sie ihre Einstellungen am anderen Ort vom falschen DHCP-Server erhalten haben. Wenn das geschieht, müssen Sie die aktuelle Lease löschen und die DHCP-Lease erneuern.

Sie können DHCP-Leases folgendermaßen freigeben und erneuern:

1. Klicken Sie im linken Fensterabschnitt des Netzwerk- und Freigabecenters auf *Adaptereinstellungen ändern*.
2. Klicken Sie im Fenster *Netzwerkverbindungen* mit der rechten Maustaste auf die Verbindung, die Sie bearbeiten wollen, und wählen Sie den Befehl *Diagnose*.
3. Wenn der Computer über eine oder mehrere dynamisch zugewiesene IP-Adressen verfügt, sollte einer der Lösungsvorschläge *Neue IP-Einstellungen für den Netzwerkadapter "(Name)" automatisch ermitteln* sein. Klicken Sie auf diese Option.

Sie können die Einstellungen auch mit dem Befehl Ipconfig löschen und erneuern, und zwar folgendermaßen:

1. Öffnen Sie eine Eingabeaufforderung mit erhöhten Rechten.
2. Geben Sie in der Befehlszeile **ipconfig /release** ein, um die aktuellen Einstellungen von allen Netzwerkadaptern zu löschen. Erneuern Sie dann die Lease mit dem Befehl **ipconfig /renew**.
3. Wenn Sie einfach nur die DHCP-Lease für alle Netzwerkadapter erneuern möchten, geben Sie auf der Befehlszeile **ipconfig /renew** ein.
4. Sie können die aktualisierten Einstellungen überprüfen, indem Sie in der Befehlszeile **ipconfig /all** eingeben.

PRAXISTIPP Wenn Sie vergessen, die alten DHCP-Einstellungen freizugeben, bevor Sie die Anweisung geben, die DHCP-Einstellungen zu erneuern, versucht der Computer, die Einstellungen in dem Netzwerk zu erneuern, mit dem er zuletzt verbunden war. Ist der Computer an ein neues Netzwerk angeschlossen, gelingt es ihm unter Umständen nicht, eine Verbindung zu dem Server oder dem Gerät herzustellen, das ihm vorher seine DHCP-Einstellungen zugewiesen hat.

Wenn der Computer über mehrere Netzwerkadapter verfügt und Sie nur mit einem oder einem Teil der vorhandenen Adapter arbeiten möchten, können Sie das tun, indem Sie hinter dem Befehl *ipconfig /renew* oder *ipconfig /release* den Namen der Verbindung angeben, je nach Bedarf vollständig oder teilweise. Verwenden Sie das Sternchen (*) als Platzhalter für beliebige Zeichen im Verbindungsnamen. Wenn Sie zum Beispiel die Lease für alle Verbindungen erneuern möchten, deren Namen mit *Loc* beginnt, können Sie den Befehl *ipconfig /renew Loc** eingeben. Wenn Sie die Einstellungen für alle Verbindungen löschen wollen, in denen das Wort *Network* vorkommt, können Sie den Befehl **ipconfig /release *Network*** verwenden.

Registrieren von DNS-Einträgen und Leeren des DNS-Auflösungscaches

Der DNS-Auflösungscache führt Buch über die DNS-Anfragen, die durchgeführt werden, wenn ein Benutzer mit TCP/IP auf Netzwerkressourcen zugreift. Dieser Cache enthält Einträge für die Umsetzung vom Hostnamen auf IP-Adressen (Forward Lookup) und Einträge für die Umsetzung von IP-Adressen auf Hostnamen (Reverse Lookup). Sobald ein Eintrag für einen bestimmten DNS-Host im Auflösungscache eingetragen ist, braucht der lokale Computer nicht mehr externe Server abzufragen, um die DNS-Informationen für diesen Host zu erhalten. Er kann die DNS-Anfragen bereits mit seinen lokalen Informationen beantworten und somit schneller reagieren.

Wie lange Einträge im Auflösungscache zwischengespeichert werden, hängt von der verbleibenden Gültigkeitsdauer (Time to Live, TTL) ab, die dem Datensatz vom Quellserver zugebilligt wurde. Wenn Sie sich die aktuellen Einträge ansehen und die verbleibende Gültigkeitsdauer der Datensätze überprüfen möchten, können Sie in einer Eingabeaufforderung mit erhöhten Rechten **ipconfig /displaydns** eingeben. Als verbleibende Gültigkeitsdauer wird die Zahl der Sekunden angegeben, die ein bestimmter Datensatz im Cache bleiben kann, bevor er ungültig wird. Die Gültigkeitsdauer wird vom lokalen Computer kontinuierlich herabgezählt. Sobald der Wert auf 0 fällt, ist der Datensatz ungültig und wird aus dem Auflösungscache gelöscht.

Es kann sich die Situation ergeben, dass ein Auflösungscache gelöscht werden muss, um alte Einträge zu entfernen und die Computer in die Lage zu versetzen, aktualisierte DNS-Einträge abzurufen, bevor die alten Einträge abgelaufen sind und sowieso aus dem Cache gelöscht werden. Gewöhnlich ist dies der Fall, wenn sich IP-Adressen von Servern ändern und die aktuellen Einträge aus dem Auflösungscache noch die alten Adressen angeben und nicht die neuen. Gelegentlich stimmen die Einträge im Auflösungscache auch aus anderen Gründen nicht, zum Beispiel dann, wenn DHCP falsch konfiguriert wurde.

PRAXISTIPP Erfahrene Administratoren wissen, dass sie einige Wochen vor einer geplanten Änderung beginnen sollten, die Gültigkeitsdauer der DNS-Datensätze, die sich ändern werden, herabzusetzen. Gewöhnlich bedeutet das, die Gültigkeitsdauer von einigen Tagen (oder Wochen) auf einige Stunden herabzusetzen, damit sich die Änderungen schneller auf die Computer verbreiten, die die entsprechenden DNS-Datensätze zwischengespeichert haben. Sobald die Änderung durchgeführt ist, sollten die Administratoren wieder die ursprüngliche Gültigkeitsdauer einstellen, um die Zahl der Erneuerungsanforderungen zu verringern.

In den meisten Fällen können Sie Probleme mit dem DNS-Auflösungscache beheben, indem Sie den Cache leeren oder die DNS-Datensätze erneut registrieren. Wenn Sie den Auflösungscache leeren, werden alle DNS-Datensätze aus dem Cache gelöscht und erst dann neue Einträge erstellt, wenn der Computer wieder für einen bestimmten Host oder eine bestimmte IP-Adresse eine DNS-Abfrage durchführt. Wenn Sie die DNS-Einträge erneut registrieren, versucht Windows 7, die aktuellen DHCP-Leases zu erneuern, und führt dann für alle DNS-Einträge im Auflösungscache erneut DNS-Abfragen durch. Durch den erneuten Abruf der Hosts und der IP-Adressen werden die Einträge im Auflösungscache aktualisiert und registriert. Im Normalfall werden Sie den Auflösungscache einfach leeren und den Computer dann nach Bedarf die erforderlichen DNS-Anfragen durchführen lassen. Registrieren Sie die DNS-Einträge nur dann erneut, wenn Sie vermuten, dass es Probleme mit DHCP und dem DNS-Auflösungscache gibt.

Sie können mit dem Befehl Ipconfig auf folgende Weise den DNS-Auflösungscache leeren oder die DNS-Datensätze erneut registrieren:

1. Öffnen Sie eine Eingabeaufforderung mit erhöhten Rechten.
2. Um den Auflösungscache zu löschen, geben Sie in der Befehlszeile **ipconfig /flushdns** ein.
3. Um die DHCP-Leases zu erneuern und die DNS-Einträge erneut zu registrieren, geben Sie in der Befehlszeile **ipconfig /registerdns** ein.
4. Wenn die Arbeiten abgeschlossen sind, können Sie das Ergebnis überprüfen, indem Sie auf der Befehlszeile **ipconfig /displaydns** eingeben.

16 Verwalten von mobilen Netzwerken und Remotezugriff

Übersicht über das Kapitel:
Konfigurieren des Netzwerks auf Laptops 657
Mobile Netzwerke und Remotezugriff 663
Erstellen von Verbindungen für den Remotezugriff 666
Einstellen der Verbindungseigenschaften 676
Herstellen von Verbindungen 689
Drahtlosnetzwerke 694

Oft möchten Benutzer eine Verbindung zum Netzwerk ihrer Organisation mit einem Computer herstellen, der sich gar nicht am Standort der Organisation befindet. Dazu brauchen sie eine Wählverbindung, eine Breitbandverbindung, eine VPN-Verbindung (Virtuelles Privates Netzwerk) oder eine DirectAccess-Verbindung. Wählverbindungen ermöglichen den Benutzern, mit einem Modem über eine gewöhnliche Telefonleitung die Verbindung mit dem Netzwerk ihrer Organisation herzustellen. Breitbandverbindungen ermöglichen den Benutzern, mit ihren Computern über DSL-Router (Digital Subscriber Line) oder Kabelmodems eine Verbindung zum Netzwerk ihrer Organisation herzustellen. VPN und DirectAccess bieten Verschlüsselung, um über bestehende Verbindungen eine sichere Verbindung herzustellen, wobei es sich um eine LAN-, Wähl- oder Breitbandverbindung handeln kann. Zunehmend werden auch Drahtlosverbindungen verwendet. Bei einer Drahtlosverbindung stellen Computer die Verbindung mit speziellen Netzwerkadaptern her, die über integrierte Sende- und Empfangsvorrichtungen und Antennen verfügen und mit anderen Drahtlosgeräten dieser Art kommunizieren können.

Konfigurieren des Netzwerks auf Laptops

Die meisten Laptops brauchen mehrere Netzwerkkonfigurationen: eine für das Büro, eine für zu Hause und vielleicht noch eine für unterwegs. Im Büro verwendet der Laptop gewöhnlich eine dynamische IP-Adresse und erhält die Netzwerkeinstellung von einem DHCP-Server (Dynamic Host Configuration Protocol). Zu Hause verwendet der Laptop eine statische IP-Adresse und eine andere Netzwerkeinstellung in einem kleinen Netzwerk, zum Beispiel für den Zugriff auf einen freigegebenen Drucker und auf einen Breitband-Internetanschluss. Mancher Laptop muss vielleicht für eine Wi-Fi-Verbindung konfiguriert werden, wobei er eine Wi-Fi-Adapterkarte mit einer statischen IP-Konfiguration verwendet, wenn der Benutzer nicht an seinem Schreibtisch sitzt, und eine DHCP-Konfiguration, wenn der Laptop durch ein Kabel mit dem Netzwerk verbunden ist, oder umgekehrt. Wenn das System seine Hauptnetzwerkeinstellung mit DHCP erhält, können Sie eine zweite Netzwerkeinstellung für die Gelegenheiten vornehmen, bei denen kein DHCP-Server verfügbar ist, beispielsweise auf Reisen oder zu Hause. Systeme können Zweitkonfigurationen entweder automatisch oder benutzerdefiniert verwenden. In Versammlungsräumen oder unterwegs könnten Laptopverwender auch Bedarf an Verbindungen mit vernetzten Projektoren haben – eine Aufgabe, für die es den Assistenten zum Herstellen einer Verbindung mit dem Netzwerkprojektor gibt.

Verwenden des Windows-Mobilitätscenters

Das Windows-Mobilitätscenter ist ein zentraler Ort für die Verwaltung zusätzlicher Funktionen, die für mobile PCs typisch sind. Es umfasst eine Reihe von Steuerelementgruppen in Form kleiner Kacheln, die einen schnellen Zugriff auf die gebräuchlichsten Einstellungen für mobile PCs bieten. Auf einem Laptop oder Tablet-PC erreichen Sie das Windows-Mobilitätscenter, indem Sie das Energieversorgungssymbol im Infobereich der Taskleiste mit der rechten Maustaste anklicken und dann *Windows-Mobilitätscenter* wählen, oder indem Sie auf *Start*, *Systemsteuerung*, *Hardware und Sound* und schließlich *Windows-Mobilitätscenter* klicken.

Die Steuerelementkacheln des Windows-Mobilitätscenters ermöglichen Ihnen eine Änderung der ausgewählten Werte. Sie können beispielsweise die Helligkeit mit Schiebereglern einstellen, den gewünschten Energiesparplan aus einer Liste auswählen und die Präsentationeinstellungen mit einer Schaltfläche ein- und ausschalten. Welche Steuerelementkacheln verfügbar sind, hängt von der Art des mobilen PCs und vom Hersteller ab. Die gebräuchlichsten Steuerelementkacheln sind:

- *Akkustatus* Zeigt den Ladezustand des Akkus. In der angebotenen Auswahlliste können Sie bei Bedarf einen anderen Energiesparplan auswählen. Wenn Sie selbst Energiepläne definiert haben, sind auch diese verfügbar.
- *Helligkeit* Ermöglicht Ihnen die Einstellung der Helligkeit des Monitors. Wenn die Helligkeit auf Ihrem Computer einstellbar ist, stellen Sie die Helligkeit mit dem Schieberegler ein.
- *Externer Monitor* Ermöglicht Ihnen die Verbindung mit einem externen Monitor, der über ein Kabel angeschlossen wird, sofern die Hardware dies zulässt und es beispielsweise für eine Präsentation erforderlich ist. Klicken Sie auf *Monitor anschließen*, um den externen Monitor mit Bilddaten zu versorgen.
- *Präsentation* Ermöglicht es Ihnen, den Präsentationsmodus ein- und auszuschalten. Im Präsentationsmodus gehen das Grafiksystem und die Festplatte nicht in einen Ruhezustand über, wenn niemand am Computer arbeitet. Klicken Sie auf *Einschalten*, um den Präsentationsmodus einzuschalten.

- *Synchronisierungscenter* Ermöglicht Ihnen die Anzeige des Zustands der Dateisynchronisation und die Durchführung einer Synchronisation. Klicken Sie auf *Synchronisierung*, um eine neue Synchronisierung im Synchronisierungscenter einzuleiten.
- *Lautstärke* Ermöglicht Ihnen die Einstellung der aktuellen Lautstärke. Wenn die Lautstärke auf Ihrem Computer einstellbar ist, stellen Sie sie mit dem Schieberegler ein.
- *Drahtlosnetzwerk* Ermöglicht Ihnen die Anzeige und Verwaltung des Zustands Ihrer Drahtlosnetzwerkverbindung. Klicken Sie auf *Einschalten*, um Ihre Drahtlosverbindung zu aktivieren.

Die meisten Hersteller von Laptops und Tablet PCs passen das Windows-Mobilitätscenter an, indem sie ihre eigenen Steuerelementkacheln hinzufügen und so die Standardoptionen ergänzen. Zum Beispiel enthalten einige HP-Laptops eine Steuerelementkachel für den »HP Wireless Assistant«, in dem Sie Drahtlosnetzwerkeinstellungen für das integrierte Drahtlosgerät konfigurieren können.

Konfigurieren von dynamischen IP-Adressen

DHCP ermöglicht es, eine zentrale, automatische Vergabe von IP-Adressen einzurichten. Wenn es in Ihrem Netzwerk einen DHCP-Server gibt, können Sie die Netzwerkadapterkarten der Computer so einstellen, dass sie automatisch eine IP-Adresse und eine TCP/IP-Grundeinstellung erhalten. Anschließend überlassen Sie es dem DHCP-Server, für die erforderlichen Informationen zu sorgen. Wenn Sie dynamische IP-Adressen sowohl für IPv4 als auch IPv6 zuweisen wollen, müssen Sie separate DHCP-Dienste für IPv4 und IPv6 einrichten.

Gehen Sie folgendermaßen vor, um dynamische IP-Adressen zu konfigurieren:

1. Klicken Sie in der Systemsteuerung auf *Netzwerk und Internet* und dann auf *Netzwerk- und Freigabecenter*.
2. Klicken Sie im linken Fensterabschnitt des Netzwerk- und Freigabecenters auf *Adaptereinstellungen ändern*.
3. Das Fenster *Netzwerkverbindungen* zeigt eine Liste der verfügbaren Netzwerkverbindungen an, die auf dem Computer eingerichtet wurden. Klicken Sie mit der rechten Maustaste auf die Verbindung, die Sie einstellen möchten, und wählen Sie dann *Eigenschaften*.
4. Klicken Sie doppelt auf *Internetprotokoll Version 4 (TCP/IPv4)* oder wählen Sie *Internetprotokoll Version 4 (TCP/IPv4)* aus und klicken Sie dann auf die Schaltfläche *Eigenschaften*. Dadurch öffnet sich das Dialogfeld *Eigenschaften von Internetprotokoll Version 4 (TCP/IPv4)*, zu sehen in Abbildung 16.1.
5. Wählen Sie *IP-Adresse automatisch beziehen*. Bei Bedarf wählen Sie auch *DNS-Serveradresse automatisch beziehen*. Oder Sie wählen *Folgende DNS-Serveradressen verwenden* und geben in den Eingabefeldern dann die Adressen des bevorzugten und des alternativen DNS-Servers ein.

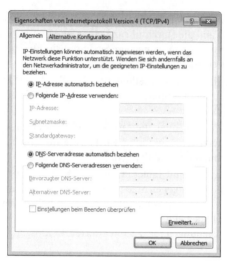

Abbildung 16.1 Für die Verwendung von DHCP stellen Sie den Computer so ein, dass er seine IP-Adresse automatisch anfordert

6. Klicken Sie auf *OK*.
7. Falls Ihre Organisation oder das Netzwerk IPv6 verwendet, können Sie doppelt auf *Internetprotokoll Version 6 (TCP/IPv6)* klicken. Wählen Sie *IPv6-Adresse automatisch beziehen* aus. Bei Bedarf können Sie auch *DNS-Serveradresse automatisch beziehen* auswählen oder die Option *Folgende DNS-Serveradressen verwenden* wählen und in den entsprechenden Eingabefeldern die Adressen des bevorzugten und des alternativen DNS-Servers eingeben. Klicken Sie auf *OK*.
8. Konfigurieren Sie bei Bedarf die alternativen privaten IP-Adressen (mehr dazu im nächsten Abschnitt).

Konfigurieren von alternativen privaten IP-Adressen

Nur IPv4-Verbindungen verfügen über alternative Einstellungen. Wenn Sie für eine IPv4-Verbindung DHCP verwenden, wird eine automatische private IP-Adresse (APIPA) zugewiesen, falls der DHCP-Server beim Start des Systems oder bei Ablauf der Gültigkeit der alten Adresse nicht erreichbar ist. Die automatische private IP-Adresse liegt im Bereich von 169.254.0.1 bis 169.254.255.254, die Subnetzmaske lautet 255.255.0.0. Da eine automatische private IP-Adresse keine Standardgateway-, DNS- oder WINS-Einstellungen umfasst, ist ein Computer, der eine alternative IP-Adresse verwendet, in einem separaten Netzwerksegment im APIPA-Bereich isoliert.

Wenn Sie sicherstellen möchten, dass ein Computer eine bestimmte IP-Adresse und eine definierte Netzwerkkonfiguration verwendet, wenn kein DHCP-Server verfügbar ist, müssen Sie die alternative Konfiguration manuell vornehmen. Einer der wichtigsten Gründe, sich mit alternativen Konfigurationen zu beschäftigen, sind Laptopbenutzer, die ihre Computer von der Arbeit mit nach Hause nehmen. Der Laptop eines Benutzers lässt sich so konfigurieren, dass er am Arbeitsplatz eine dynamisch zugewiesene IP-Adresse verwendet und zu Hause eine alternative IP-Adressenkonfiguration. Bevor Sie anfangen, sollten Sie den Benutzer nach der Netzwerkkonfiguration fragen, die er zu Hause verwendet, einschließlich IP-Adresse, Gateway- und DNS-Serveradressen, die vielleicht vom Internetprovider vorgegeben werden.

Zur Konfiguration alternativer privater IP-Adressen gehen Sie folgendermaßen vor:

1. Klicken Sie in der Systemsteuerung auf *Netzwerk und Internet* und dann auf *Netzwerk- und Freigabecenter*.
2. Klicken Sie im linken Fensterabschnitt des Netzwerk- und Freigabecenters auf *Adaptereinstellungen ändern*.
3. Das Fenster *Netzwerkverbindungen* zeigt eine Liste der verfügbaren Netzwerkverbindungen an, die auf dem Computer eingerichtet wurden. Klicken Sie mit der rechten Maustaste auf die Verbindung, die Sie einstellen möchten, und wählen Sie dann *Eigenschaften*.
4. Klicken Sie doppelt auf *Internetprotokoll Version 4 (TCP/IPv4)* oder wählen Sie *Internetprotokoll Version 4 (TCP/IPv4)* aus und klicken Sie dann auf die Schaltfläche *Eigenschaften*. Dadurch öffnet sich das Dialogfeld *Eigenschaften von Internetprotokoll Version 4 (TCP/IPv4)*.
5. Sofern Sie den Adapter bereits so konfiguriert haben, dass er seine IP-Adresse automatisch bezieht, müsste die Registerkarte *Alternative Konfiguration* verfügbar sein (Abbildung 16.2).

Abbildung 16.2 Auf der Registerkarte *Alternative Konfiguration* stellen Sie die privaten IP-Adressen für den Computer ein

6. Wählen Sie auf der Registerkarte *Alternative Konfiguration* die Option *Benutzerdefiniert*. Geben Sie dann im Feld *IP-Adresse* die IP-Adresse ein, die Sie verwenden möchten. Bei der IP-Adresse, die Sie dem Computer zuweisen, sollte es sich um eine private IP-Adresse handeln, die zu dem Zeitpunkt, an dem die Zuweisung erfolgt, nicht bereits anderweitig benutzt wird. Private IP-Adressen, die normalerweise benutzt werden, liegen in den Bereichen 10.0.0.1 bis 10.255.255.254, 172.16.0.1 bis 172.31.255.254 und 192.168.0.1 bis 192.168.255.254 (ausgenommen sind IP-Adressen, die für Netzwerk-IDs und Broadcasts reserviert sind).
7. Das Feld *Subnetzmaske* sorgt dafür, dass die Kommunikation der Computer im Netzwerk ordnungsgemäß erfolgen kann. Windows 7 sollte in diesem Feld einen Standardwert für die Subnetzmaske vorgeben. Wenn es im Netzwerk keine Subnetze gibt, sollte der Standardwert ausreichen. Werden aber Subnetze eingesetzt, müssen Sie die Subnetzmaske so anpassen, dass sie zum Zielnetzwerk passt.
8. Sofern der Computer auf andere TCP/IP-Netzwerke, das Internet oder andere Subnetze zugreifen soll, müssen Sie ein Standardgateway festlegen. Geben Sie im Feld *Standardgateway* die IP-Adresse des Standardrouters des Netzwerks an.
9. DNS-Server werden für die Namensauflösung in Domänen gebraucht. Geben Sie in den verfügbaren Feldern einen bevorzugten und einen alternativen DNS-Server an.
10. Wird im Netzwerk aus Gründen der Abwärtskompatibilität mit früheren Windows-Versionen WINS verwendet, legen Sie mit den verfügbaren Feldern einen bevorzugten und einen alternativen WINS-Server fest.
11. Wenn Sie fertig sind, klicken Sie zweimal auf *OK*, um die geöffneten Dialogfelder zu schließen.

Verbinden mit Netzwerkprojektoren

In vielen Versammlungs- und Konferenzräumen sind Netzwerkprojektoren verfügbar, die für Präsentationen eingesetzt werden können. Um diese Projektorart benutzen zu können, müssen Sie Ihren Computer mit dem lokalen Netzwerk verbinden und dann den Assistenten zum Herstellen einer Verbindung mit dem Netzwerkprojektor verwenden. Der Assistent unterstützt Sie bei der Suche nach den Projektoren im Netzwerk und bei der Herstellung einer Verbindung.

Sie können den Assistenten zum Herstellen einer Verbindung mit dem Netzwerkprojektor folgendermaßen starten und verwenden:

1. Klicken Sie auf *Start, Alle Programme, Zubehör, Verbindung mit Netzwerkprojektor*.
2. Falls Sie noch nie eine Verbindung mit einem Netzwerkprojektor hergestellt haben und die Windows-Firewall aktiv ist, klicken Sie auf *Kommunikation des Netzwerkprojektors mit dem Computer zulassen*, damit der Netzwerkprojektor durch die Windows-Firewall hindurch mit dem Computer kommunizieren kann.

3. Wenn Sie unter den Projektoren, die im lokalen Netzwerk verfügbar sind, einen Projektor auswählen möchten, klicken Sie auf *Nach einem Projektor suchen*. Der Assistent sucht im Netzwerk nach Projektoren und gibt seine Ergebnisse zusammen mit einer Liste der Projektoren an, die Sie zuletzt benutzt haben. Klicken Sie auf den Projektor, den Sie benutzen möchten, geben Sie bei Bedarf ein Kennwort für den Projektor ein und klicken Sie dann auf *Verbinden*.
4. Wenn Sie die Netzwerkadresse des Projektors kennen, klicken Sie auf *Die Projektornetzwerkadresse eingeben*. Geben Sie auf der Seite *Geben Sie die Netzwerkadresse eines Netzwerkprojektors ein* die Netzwerkadresse des Projektors ein, beispielsweise **http://intranet.cpandl.local/ projectors/confb-proj1**. Geben Sie bei Bedarf ein Kennwort für den Projektor ein und klicken Sie dann auf *Verbinden*.
5. Sobald eine Verbindung mit dem Projektor hergestellt ist, klicken Sie auf *Fertig stellen*, um den Assistenten zu beenden und mit dem Projektor zu arbeiten.

Mobile Netzwerke und Remotezugriff

Die Methoden unterscheiden sich zwar grundlegend, aber Direktwahl-Breitband-, VPN- und DirectAccess-Verbindungen ermöglichen Benutzern den Remotezugang zum Netzwerk ihrer Organisation. Bei einer typischen Direktwahlkonfiguration verwenden Remotebenutzer das Modem ihres Computers und eine normale Telefonleitung, um eine Verbindung mit einem Modempool im Büro herzustellen. Ein Windows-Server verwaltet den Modempool, authentifiziert die Anmeldekennung und das Kennwort mit dem *Routing- und RAS*-Dienst und autorisiert die Benutzer zum Zugriff auf das interne Netzwerk. Dann kann der Benutzer die Netzwerkressourcen verwenden, als wäre er vor Ort.

Abbildung 16.3 stellt Direktwahlverbindungen mit Modempools dar. Analogmodems verwenden reservierte Telefonleitungen, um Benutzer mit Übertragungsgeschwindigkeiten bis 56 KBit/s (Kilobit pro Sekunde) pro Kanal mit dem internen Netzwerk zu verbinden. Digitalmodems verwenden die Kanäle einer ISDN- oder T1-Leitung, um Benutzer mit Übertragungsgeschwindigkeiten bis zu 64 KBit/s mit dem internen Netzwerk zu verbinden. In einer Standardkonfiguration sind im Pool vielleicht 8, 12 oder 16 Modems vorhanden, von denen jedes über seine eigene Leitung oder seinen eigenen Übertragungskanal verfügt. Gewöhnlich gibt es eine spezielle Nummer für den Modempool, die von Benutzern angerufen werden kann. Unter dieser Nummer erhalten Benutzer eine Verbindung mit dem ersten Modem aus dem Pool. Wenn diese Nummer belegt ist, wird der Benutzer zur nächsten Nummer weitergeschaltet, die zu einer Verbindung mit dem nächsten Modem aus dem Pool führt, und so weiter. Auf diese Weise können Benutzer alle Modems des Pools unter derselben Nummer erreichen.

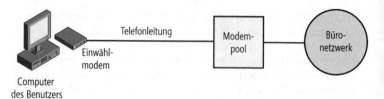

Abbildung 16.3 Die Verbindung mit dem Büronetzwerk kann mit einer Wählverbindung über einen Modempool erfolgen

Im Gegensatz zur Direktwahlverbindung, die im Prinzip direkt zum Büronetzwerk erfolgt, werden Breitbandverbindungen über das Netzwerk eines ISPs (Internet Service Provider) hergestellt. Der DSL-Router, das Kabelmodem oder das Mobiltelefonmodem des Benutzers stellt eine Verbindung zum ISP her, der wiederum den Benutzer mit dem öffentlichen Internet verbindet. Um eine Verbindung mit dem Büronetzwerk herzustellen, müssen Breitbandbenutzer eine VPN- oder DirectAccess-Verbindung zwischen ihrem Computer und dem Büronetzwerk herstellen. Abbildung 16.4 skizziert, wie VPN und DirectAccess funktionieren.

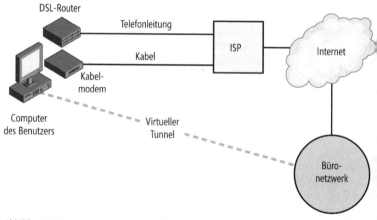

Abbildung 16.4 Die Verbindung zum Büronetzwerk kann auch über Breitbandverbindung und VPN erfolgen

Ein VPN ist im Prinzip eine Erweiterung des privaten Netzwerks, die über das öffentliche Internet erfolgt. Sobald ein Benutzer die Verbindung hergestellt hat, erscheint es ihm so, als wäre er direkt mit dem Büronetzwerk verbunden. Er kann die Netzwerkressourcen so verwenden, wie er es auch im Büro tun würde. Diese nahtlose Verbindung ist möglich, weil so etwas wie ein virtueller Tunnel zwischen dem Computer des Benutzers und dem Büronetzwerk eingerichtet wird. Dabei kümmert sich die VPN-Technologie um die Übertragung der Informationen über das öffentliche Internet. Gewöhnlich wird eine von zwei VPN-Technologien verwendet: PPTP (Point-to-Point Tunneling Protocol) oder L2TP (Layer 2 Tunneling Protocol). L2TP und PPTP bieten Verschlüsselung und Schutz vor Angriffen, aber nur L2TP verwendet IPSec (IP Security) zur besseren Verschlüsselung. Dadurch bietet es die höhere Sicherheit dieser beiden Varianten. Leider ist L2TP auch schwerer zu konfigurieren. Wenn Sie L2TP verwenden, müssen Sie die Microsoft-Zertifikatdienste oder Zertifikatserver von anderen Anbietern verwenden, um für jedes System Zertifikate auszustellen, das sich über L2TP mit dem Netzwerk verbinden will.

VPN können Sie aber nicht nur bei Breitbandverbindungen verwenden, sondern auch bei Wählverbindungen. Bei dieser Konfiguration stellen Benutzer erst eine Verbindung mit dem öffentlichen Internet her, wie in Abbildung 16.4 skizziert, und dann eine private Verbindung mit dem Büronetzwerk. Wenn das die Standardprozedur für alle Wählverbindungen wird, braucht Ihre Organisation keine privaten Leitungen mehr zu reservieren, beispielsweise für den Modempool.

DirectAccess ist ein neuer Ansatz für virtuelle Tunnel. Es unterscheidet sich zwar ganz erheblich von VPN, das Grundprinzip ist aber dasselbe: Eine DirectAccess-Verbindung ist eine Erweiterung eines privaten Netzwerks über das öffentliche Internet. Sobald ein Benutzer eine Verbindung aufgebaut hat (was automatisch passiert, wenn dieses Feature aktiviert ist), sieht es für ihn aus, als wäre er direkt mit dem Büronetzwerk verbunden. Er kann daher sofort auf Netzwerkressourcen zugreifen, so als würde er direkt im Büro arbeiten. Diese nahtlosen Verbindungen sind möglich, weil ein virtueller Tunnel zwischen dem Computer des Benutzers und dem Büronetzwerk aufgebaut wird, wobei die DirectAccess-Technologie selbstständig die Routinginformationen über das öffentliche Internet verwaltet.

DirectAccess ist eine Client/Server-Technologie, die IPv6 und IPSec voraussetzt. Clientcomputer müssen unter der Enterprise Edition von Windows 7 oder neuer laufen. Servercomputer müssen unter Windows Server 2008 Release 2 oder neuer laufen. Damit Sie DirectAccess nutzen können, müssen Sie IPv6 inklusive DNSv6 und DHCPv6 sowohl auf den Client- als auch den Servercomputern einrichten und konfigurieren, und zwar im gesamten Unternehmen.

Im Gruppenrichtlinienzweig *Computerkonfiguration\Richtlinien\Administrative Vorlagen\Netzwerk\Netzwerkverbindungen* können Sie mit der Richtlinie *Gesamten Datenverkehr über das interne Netzwerk weiterleiten* steuern, wie DirectAccess arbeitet. Wenn ein Benutzer eine Verbindung zum Arbeitsplatznetzwerk herstellt, greift der Computer des Benutzers in der Standardeinstellung auf Internetressourcen direkt zu, nicht über das Unternehmensnetzwerk. Wenn Sie diese Richtlinie aktivieren, verwendet der Computer des Benutzers das Unternehmensnetzwerk, um auf das Internet zuzugreifen.

Offensichtlich haben beide Ansätze ihre Vor- und Nachteile. Wenn Sie Internetverkehr nicht durch das interne Netzwerk weiterleiten, verringern Sie die Belastung und die Datenmenge in der Internetanbindung des Unternehmens. Dabei opfern Sie aber die zusätzlichen Sicherheitsmechanismen, die möglicherweise eingerichtet wurden, um das interne Netzwerk zu schützen. Leiten Sie den Internetverkehr dagegen durch das interne Netzwerk, erhöhen Sie die Belastung und die Datenmenge in der Internetanbindung des Unternehmens, und unter Umständen steigen Latenz und Reaktionszeiten gewaltig an, wenn der Benutzer mit Internetressourcen arbeitet. Andererseits stellen Sie sicher, dass alle zusätzlichen Sicherheitsmaßnahmen durchgesetzt werden, die das interne Netzwerk schützen.

Erstellen von Verbindungen für den Remotezugriff

Wie bereits beschrieben, können Sie Wähl- und Breitbandverbindungen für den Remotezugriff verwenden. Wenn Sie eine höhere Sicherheit wünschen, können Sie für diese Verbindungen VPN konfigurieren. Sobald Sie DirectAccess aktiviert haben, arbeitet es für den Benutzer völlig unbemerkt. Der Benutzer braucht lediglich eine Verbindung zum Internet aufzubauen, anschließend kann er sofort auf das Unternehmensnetzwerk zugreifen.

Microsoft Windows 7 bietet einen Assistenten für die Erstellung dieser Verbindungen. In den meisten Fällen werden Sie diesen Assistenten über das Netzwerk- und Freigabecenter starten. Klicken Sie dazu im Netzwerk- und Freigabecenter auf *Neue Verbindung oder neues Netzwerk einrichten*. Dann können Sie Wählverbindungen, Breitbandverbindungen und VPN-Verbindungen herstellen.

PRAXISTIPP Überlegen Sie, ob Sie Ihre Arbeit nicht durch Gruppenrichtlinien erleichtern können. Wenn Sie auf mehreren Computern dieselben Verbindungseinstellungen verwenden möchten, können Sie die Einwähl- und VPN-Verbindungen mithilfe von Gruppenrichtlinieneinstellungen erstellen. Außerdem ist es möglich, die Einstellungen in Gruppenrichtlinien zu importieren. Die Einstellungen sind dann für alle Computer verfügbar, auf die dieses Gruppenrichtlinienobjekt angewendet wird. Diese Methode können Sie verwenden zur Einrichtung von neuen Verbindungskonfigurationen, für die Aktualisierung von vorhandenen Verbindungen, sofern Änderungen erforderlich sind, und auch um vorhandene Verbindungen zu löschen und durch neue zu ersetzen.

Erstellen einer Wählverbindung

Windows 7 bietet zwei Optionen für Wählverbindungen. Sie können eine Wählverbindung zu einem ISP herstellen oder eine Wählverbindung zum Arbeitsplatz. Die Verbindungen werden zwar auf etwas unterschiedliche Weise eingerichtet, aber die Einstellungen sind weitgehend dieselben, mit folgenden Ausnahmen:

- Eine Wählverbindung zu einem ISP verwendet *nicht* die Komponente Client für Microsoft-Netzwerke und versucht standardmäßig eine Neuwahl, falls die Verbindung unterbrochen wird.

- Eine Wählverbindung zum Arbeitsplatz verwendet die Komponente Client für Microsoft-Netzwerke und versucht standardmäßig *keine* Neuwahl, falls die Verbindung unterbrochen wird.

Die Netzwerkkomponente Client für Microsoft-Netzwerke ermöglicht Windows 7-Systemen die Kommunikation in einer Windows-Domäne oder -Arbeitsgruppe. Da an den meisten Arbeitsplätzen Windows-Domänen oder -Arbeitsgruppen verwendet werden, bei einigen ISPs aber nicht, wird die Komponente für Umgebungen am Arbeitsplatz konfiguriert, und nicht für ISPs.

Die Erstellung von Wählverbindungen erfolgt in zwei Schritten. Bevor Sie eine Wählverbindung einrichten, sollten Sie die aktuellen Telefon- und Modemoptionen überprüfen, mit denen die Wählregeln festgelegt werden. Sobald die Wählregeln konfiguriert sind, können Sie eine Wählverbindung erstellen.

Arbeiten mit Wählregeln und Standorten

Wählregeln legen fest, welche Nummern Modems wählen sollen und welche zusätzlichen Dinge bei der Verbindung zu beachten sind. Die fertigen Wählregeln werden im Programm Telefon- und Modemoptionen als Standorte gespeichert.

Anzeigen und Einstellen des eigenen Standorts

Um den eigenen Standort (den Standardstandort) anzuzeigen und einzustellen, gehen Sie folgendermaßen vor:

1. Klicken Sie im Fenster *Systemsteuerung* in der Dropdownliste *Anzeige* auf *Große Symbole* oder *Kleine Symbole*.
2. Klicken Sie auf *Telefon und Modem*. Wenn Sie dieses Programm zum ersten Mal starten, erscheint das Dialogfeld *Standortinformationen* (Abbildung 16.5).

Abbildung 16.5 Wenn Sie das erste Mal *Telefon- und Modemoptionen* verwenden, müssen Sie den Standort angeben

3. Geben Sie die folgenden Daten ein, um den Standardstandort (eigenen Standort) zu konfigurieren:
   - *Land/Region* Legt das Land (oder die Region) fest, in dem Sie sich befinden, beispielsweise Deutschland.
   - *Ortskennzahl* Die Vorwahl Ihres Standorts, zum Beispiel 89.
   - *Netzkennzahl (falls erforderlich)* Hier können Sie ein Telefonnetz angeben, das für die Wahl und Herstellung der Verbindungen benutzt werden soll. Diese Angabe kann erforderlich sein, wenn Sie Ferngespräche oder internationale Verbindungen verwenden.
   - *Amtskennziffer (falls erforderlich)* Geben Sie die Nummer ein, die Sie brauchen, um ein Amt zu erreichen, sofern erforderlich. Dieser Code kann bei bestimmten Telefonanlagen oder in Hotels erforderlich sein.
4. Wählen Sie unter *Wählverfahren für den Standort* nach Bedarf *MFV (Ton)* oder *IWV (Impuls)*. In den meisten Gebieten dürfte die Tonwahl verwendbar sein.
5. Sobald Sie einen Standort definiert und auf *OK* geklickt haben, können Sie das Dialogfeld *Telefon- und Modemoptionen* sehen (Abbildung 16.6).

Abbildung 16.6 Überprüfen Sie, ob die Wählregeln richtig konfiguriert sind

Von diesem Zeitpunkt an brauchen Sie keinen Standardstandort mehr einzurichten.

Die für einen Computer konfigurierten Standorte werden in der Liste *Standorte* mit Namen und Ortskennzahl aufgeführt. Der Ort, von dem aus Sie anrufen, ist gewählt und wird durch Fettschrift hervorgehoben.

6. Anfangs wird der Standardstandort als eigener Standort festgelegt. Wenn Sie einen anderen Standort wählen, können Sie ihn zum aktuellen oder Standardstandort machen. Ich empfehle, den Standardstandort

(eigener Standort) zu überarbeiten und ihm einen Namen zu geben, der auch die Stadt oder den Standort des Büros enthält. Wenn Sie die Einstellungen für einen ausgewählten Standort überprüfen möchten, klicken Sie auf *Bearbeiten*. Um dem Standort einen anderen Namen zu geben, geben Sie im Feld *Standortname* auf der Registerkarte *Allgemein* den neuen Namen ein und klicken dann auf *OK*.

HINWEIS Von allen Wählregeln werden Sie vermutlich am häufigsten mit der Ortskennzahl zu tun haben. Bei der Installation des Betriebssystems ist vielleicht die falsche oder gar keine Ortskennzahl festgelegt worden. Und die festgelegte Ortskennzahl ist meistens nicht die Kennzahl, die der Benutzer braucht, wenn er von zu Hause aus eine Verbindung herstellen möchte.

Definieren von Wählstandorten

Sie können unterschiedliche Wählstandorte definieren, indem Sie für jede Ortskennzahl, die der Benutzer für seine Verbindungen benutzt, einen passenden Satz an Regeln festlegen. Einen Wählstandort definieren Sie so:

1. Klicken Sie im Fenster *Systemsteuerung* in der Dropdownliste *Anzeige* auf *Große Symbole* oder *Kleine Symbole*.
2. Klicken Sie auf *Telefon und Modem*. Klicken Sie im Dialogfeld *Telefon und Modem* auf der Registerkarte *Wählregeln* auf *Neu*. Daraufhin öffnet sich das Dialogfeld *Neuer Standort*.
3. Das Dialogfeld *Neuer Standort* hat drei Registerkarten:
   - *Allgemein* Legt den Standortnamen fest, das Land (die Region) und die Ortskennzahl. Auf dieser Registerkarte können Sie auch die Amtskennziffern für Orts- und Ferngespräche angeben, die Wartefunktion beim Wählen deaktivieren und zwischen Ton- und Impulswahl wählen. Achten Sie darauf, dass Sie einen leicht verständlichen Standortnamen vergeben. Gewöhnlich ist dies der Name der Stadt oder des Gebiets, in dem der Benutzer die Verbindung herstellt.
   - *Ortskennzahlregeln* Legt die Regeln für Verbindungen von einem Standort zu einem anderen und innerhalb des Standorts fest. Diese Regeln sind auch von Nutzen, wenn Verbindungen innerhalb des Kennzahlgebiets (oder Bereichscodes) je nach Präfix Orts- oder Ferngespräche sind.
   - *Callingcard* Legt die Callingcard für Anrufe von diesem Standort fest. Die Callingcardinformationen der größeren Telefongesellschaften werden angeboten. Sie können auch neue Callingcarddatensätze erstellen.
4. Wenn Sie einen Standort definiert haben, überprüfen Sie, ob der Standardstandort im Dialogfeld *Telefon- und Modemoptionen* noch stimmt. Vielleicht müssen Sie einen anderen Eintrag wählen. Klicken Sie auf *OK*.

Löschen von Wählstandorten

Einen Wählstandort löschen Sie folgendermaßen:

1. Klicken Sie im Fenster *Systemsteuerung* in der Dropdownliste *Anzeige* auf *Große Symbole* oder *Kleine Symbole*. Klicken Sie auf *Telefon und Modem*.
2. Wählen Sie im Dialogfeld *Telefon- und Modemoptionen* den Standort, den Sie löschen wollen, und klicken Sie dann auf *Löschen*. Wenn Sie zur Bestätigung des Vorgangs aufgefordert werden, klicken Sie auf *Ja*.
3. Wählen Sie den Wählstandort aus, den Sie als Standardstandort einstellen möchten, und klicken Sie dann auf *OK*.

Erstellen einer Internet-Wählverbindung zu einem ISP

Sie können folgendermaßen Wählverbindungen erstellen:

- Wenn Benutzer über einen ISP eine Verbindung herstellen, der seine eigenen Standorte (Point of Presence, POP) über das ganze Land (oder die ganze Welt) verteilt anbietet, konfigurieren Sie gewöhnlich Wählregeln und Verbindungen für bestimmte Standorte. Sie könnten beispielsweise einen Wählstandort namens *Seattle* erstellen und eine Wählverbindung namens *Verbindung mit ISP in Seattle aufnehmen*. In dieser Konfiguration würden Sie die Ortskennzahl für Seattle eingeben und die erforderlichen speziellen Wählregeln festlegen. Natürlich würden Sie auch alle weiteren Nummern und Zahlen festlegen, die in Seattle für die Verbindung mit dem ISP erforderlich sind. Außerdem müssten Sie den Benutzern noch zeigen, wie man den aktuellen Standort einstellt, wenn man durch das Land reist.
- Wenn Benutzer spezielle Nummern wählen, um beispielsweise per Ferngespräch Verbindung zum Modempool im Büro aufzunehmen oder einen speziellen Anschluss eines ISPs zu wählen, konfigurieren Sie normalerweise separate Verbindungen statt separater Standorte. In diesem Fall würden Sie eine Verbindung erstellen, die per Ferngespräch die gewünschte Verbindung herstellt, sowie eine Verbindung, die verwendet wird, wenn sich der Benutzer im lokalen Umfeld aufhält. Dann brauchen Sie nur einen Wählstandort.

Um eine Wählverbindung zum Internet herzustellen, gehen Sie folgendermaßen vor:

1. Bevor Sie die Wählverbindung erstellen, überprüfen Sie die aktuellen Telefon- und Modemoptionen, wie im Abschnitt »Arbeiten mit Wählregeln und Standorten« weiter oben in diesem Kapitel beschrieben.

   HINWEIS Wenn Sie für eine Verbindung Wählregeln und dann Ortskennzahl und Land festlegen, lässt sich die Verbindung eventuell auch für Ferngespräche benutzen, die unter Umständen sehr teuer werden können. Wenn Sie das verhindern möchten, sollten Sie diese Angaben noch einmal genau überprüfen.

2. Klicken Sie im Netzwerk- und Freigabecenter auf *Neue Verbindung oder neues Netzwerk einrichten*. Daraufhin wird der Assistent *Eine Verbindung oder ein Netzwerk einrichten* gestartet.
3. Wählen Sie den Eintrag *Wählverbindung einrichten* aus und klicken dann auf *Weiter*.
4. Geben Sie im Textfeld *Einwählrufnummer* die Telefonnummer ein, die für diese Verbindung angerufen werden soll.
5. Machen Sie nun die Angaben für das Konto. Geben Sie im Feld *Benutzername* den Namen des Benutzers ein und im Feld *Kennwort* das Kennwort. Durch die Wahl von *Dieses Kennwort speichern* können Sie zwar dafür sorgen, dass das Kennwort gespeichert wird, aber empfehlenswert ist das nicht, weil es jedem, der Zugriff auf den Computer hat, die Verwendung dieser Verbindung erlaubt.
6. Im Feld *Verbindungsname* geben Sie der Verbindung einen Namen, beispielsweise *Dienstanbieter*. Denken Sie daran, dass der Name zwar kurz sein sollte (50 Zeichen oder weniger), aber auch leicht verständlich.
7. Wenn die Verbindung für alle Benutzer des Computers verfügbar sein soll, wählen Sie *Anderen Benutzern erlauben, diese Verbindung zu verwenden*. Diese Option ist nützlich, wenn Sie die Verbindung über Gruppenrichtlinien verfügbar machen möchten und keine Benutzeranmeldeinformationen angegeben haben.
8. Klicken Sie auf *Verbinden*, um die Wählverbindung zu erstellen und eine Verbindung herzustellen. Klicken Sie dann auf *Schließen*. Um die Verbindung zu testen, folgen Sie der Beschreibung im Abschnitt »Herstellen von Verbindungen« weiter unten in diesem Kapitel.

PRAXISTIPP Die meisten Organisationen verwenden digitale Telefonsysteme, die keine externen Analogverbindungen zulassen. Wenn dies auch in Ihrem Büro der Fall ist, brauchen Sie Zugang zu einer Analogleitung, um die Verbindung testen zu können. Manche Digitaltelefone können mit Digital-zu-analog-Wandlern ausgerüstet werden, die Sie für den Test von Wählverbindungen verwenden können. Vielleicht finden Sie solche Konverter bei Konferenztelefonen oder Faxgeräten vor, oder Sie stellen fest, dass die Konferenztelefone oder Faxgeräte an analogen Telefonleitungen angeschlossen sind.

Erstellen einer Wählverbindung zum Arbeitsplatz

Eine Wählverbindung zum Arbeitsplatznetzwerk bauen Sie ähnlich auf wie eine Wählverbindung zum Internet. Gehen Sie folgendermaßen vor, um eine Wählverbindung zum Arbeitsplatz zu erstellen:

1. Klicken Sie im Netzwerk- und Freigabecenter auf *Neue Verbindung oder neues Netzwerk einrichten*. Daraufhin wird der Assistent *Eine Verbindung oder ein Netzwerk einrichten* gestartet.
2. Wählen Sie *Verbindung mit dem Arbeitsplatz herstellen* aus und klicken Sie auf *Weiter*. Sofern Sie schon eine Verbindung haben, können Sie die Konfiguration dieser Verbindung ändern oder eine neue Verbindung

erstellen. Üblicherweise erstellen Sie eine neue Verbindung, klicken Sie also auf *Nein, eine neue Verbindung erstellen*.
3. Klicken Sie auf der Seite *Wie möchten Sie eine Verbindung herstellen* auf *Direkt wählen*.
4. Geben Sie im Textfeld *Rufnummer* die Telefonnummer ein, die für diese Verbindung gewählt werden soll. Tragen Sie im Feld *Zielname* den Namen für die Verbindung ein, beispielsweise »Hauptniederlassung« oder »Büro Seattle«. Denken Sie daran, dass der Name kurz (höchstens 50 Zeichen), aber aussagekräftig sein sollte.
5. Wenn die Verbindung allen Benutzern des Computers zur Verfügung stehen soll, können Sie das Kontrollkästchen *Anderen Benutzern erlauben, diese Verbindung zu verwenden* aktivieren. Das ist besonders nützlich, wenn Sie die Verbindung über Gruppenrichtlinien zuweisen wollen und keine Benutzeranmeldungsdaten eingeben.
6. Aktivieren Sie *Eine Smartcard verwenden*, wenn Sie eine Smartcard für die Verbindung benutzen wollen.
7. Klicken Sie auf *Weiter*. Geben Sie die Kontoinformationen für die Verbindung ein. Tragen Sie den Benutzernamen und das Kennwort in die entsprechenden Felder ein. Sie können zwar mit dem Kontrollkästchen *Dieses Kennwort speichern* festlegen, dass das Kennwort gespeichert wird, das ist aber aus Sicherheitsgründen abzulehnen, weil auf diese Weise jeder, der Zugriff auf den Computer hat, die Verbindung nutzen kann.
8. Wenn Sie eine Verbindung zu einer Domäne herstellen, können Sie die Domäne, bei der Sie sich anmelden, im Feld *Domäne* eintragen.
9. Klicken Sie auf *Verbinden*, um die Verbindung zu erstellen und sich einzuwählen. In den meisten Fällen dürfte der Verbindungsaufbau fehlschlagen, weil Sie eine Verbindung für einen anderen Standort einrichten, etwa für die Internetverbindung zu Hause bei einem Benutzer; eine solche Einstellung funktioniert natürlich nicht im Netzwerk der Organisation. Deswegen haben Sie die Möglichkeit, auf *Überspringen* zu klicken, um den Test der Verbindung zu überspringen. Klicken Sie auf *Schließen*.

In den Gruppenrichtlinien können Sie Wählverbindungen mithilfe von Richtlinieneinstellungen im Zweig *Netzwerkoptionen* erstellen, bearbeiten und löschen. Gehen Sie folgendermaßen vor, um Richtlinien für Netzwerkoptionen zu konfigurieren:

1. Öffnen Sie ein Gruppenrichtlinienobjekt (Group Policy Object, GPO) zum Bearbeiten im Gruppenrichtlinienobjekt-Editor. Wenn Sie Einstellungen für Computer konfigurieren wollen, müssen Sie den Knoten *Computerkonfiguration\Einstellungen\Systemsteuerungseinstellungen* erweitern und dann *Netzwerkoptionen* auswählen. Wollen Sie dagegen Einstellungen für Benutzer konfigurieren, müssen Sie *Benutzerkonfiguration\Einstellungen\Systemsteuerungseinstellungen* erweitern und dann *Netzwerkoptionen* auswählen.

2. Klicken Sie mit der rechten Maustaste auf den Knoten *Netzwerkoptionen* und wählen Sie *Neu/Einwählverbindung*. Daraufhin öffnet sich das Eigenschaftendialogfeld für die Wählverbindung.
3. Wählen Sie in der Dropdownliste *Aktion* den Eintrag *Erstellen*, *Aktualisieren* oder *Ersetzen* aus.
4. Wählen Sie *Verbindung für alle Benutzer* aus, wenn die Verbindung allen Benutzern des Computers zur Verfügung stehen soll, oder *Benutzerverbindung*, wenn die Verbindung nur dem Benutzer zur Verfügung stehen soll, für den die Richtlinie verarbeitet wird.
5. Geben Sie einen Verbindungsnamen und die Rufnummer ein.
6. Legen Sie mit den Optionen auf der Registerkarte *Gemeinsam* fest, wie die Einstellungen angewendet werden. In vielen Fällen ist es sinnvoll, die Richtlinie nur einmal anzuwenden. Aktivieren Sie in diesem Fall *Nur einmal anwenden*.
7. Wenn die Gruppenrichtlinien das nächste Mal aktualisiert werden, wird das Einstellungselement angewendet, wie es im Gruppenrichtlinienobjekt festgelegt ist, in dem Sie das Einstellungselement definiert haben.

Erstellen einer Breitbandverbindung zum Internet

In mancher Hinsicht sind Breitbandverbindungen viel leichter zu konfigurieren als Wählverbindungen. Wenn Sie mit Breitbandverbindungen arbeiten, brauchen Sie keine Wählregeln festzulegen oder Standorte zu definieren. Sie brauchen sich auch keine Gedanken über Callingcards, ISP-Zugriffsnummern oder Wiederwahlprioritäten zu machen. Das macht die Verwendung von Breitbandverbindungen sehr viel einfacher.

Manche Breitbandanbieter geben ihren Kunden einen Router oder ein Modem, das die Benutzer für die Verbindung zum Dienstanbieter brauchen. Außerdem braucht jeder Benutzer einen Netzwerkadapter in seinem Computer, der dem DSL-Router oder Kabelmodem die Verbindung ermöglicht. In dieser Konfiguration ist es erforderlich, dass die Verbindung über das LAN erfolgt statt über eine bestimmte Breitbandverbindung. Daher ist es die LAN-Verbindung, die korrekt eingerichtet werden muss, damit eine Internetverbindung möglich wird. Eine spezielle Breitbandverbindung brauchen Sie nicht zu erstellen.

Bei Bedarf können Sie allerdings eine Breitbandverbindung einrichten. In manchen Fällen müssen Sie das tun, um bestimmte Anforderungen an die Konfiguration zu erfüllen, die der ISP stellt, beispielsweise sichere Authentifizierung, oder damit Sie den Benutzernamen und das Kennwort eingeben können, die der Breitbandanbieter verlangt.

Eine Breitbandverbindung mit dem Internet erstellen Sie folgendermaßen:

1. Klicken Sie im Netzwerk- und Freigabecenter auf *Neue Verbindung oder neues Netzwerk einrichten*. Daraufhin wird der Assistent *Eine Verbindung oder ein Netzwerk einrichten* gestartet.
2. Wählen Sie *Verbindung mit dem Internet herstellen* aus und klicken Sie auf *Weiter*. Sofern Sie schon eine Verbindung haben, können Sie die

Konfiguration dieser Verbindung ändern oder eine neue Verbindung erstellen. Üblicherweise erstellen Sie eine neue Verbindung, wählen Sie also *Nein, eine neue Verbindung erstellen* aus und klicken Sie auf *Weiter*.

3. Klicken Sie auf der Seite *Wie möchten Sie eine Verbindung herstellen* auf *Breitband (PPPoE)*, um eine Breitbandverbindung zum Internet zu erstellen.
4. Nehmen Sie nun folgende Einstellungen vor und klicken Sie auf *Weiter*:
   - Tragen Sie die Kontoinformationen für die Verbindung ein. Tragen Sie den Benutzernamen und das Kennwort in die entsprechenden Felder ein. Sie können zwar mit dem Kontrollkästchen *Dieses Kennwort speichern* festlegen, dass das Kennwort gespeichert wird, das ist aber aus Sicherheitsgründen abzulehnen, weil auf diese Weise jeder, der Zugriff auf den Computer hat, die Verbindung nutzen kann.
   - Tragen Sie im Feld *Verbindungsname* den Namen für die Verbindung ein, beispielsweise »Sichere Breitbandverbindung zum Büro Seattle«. Denken Sie daran, dass der Name kurz (höchstens 50 Zeichen), aber aussagekräftig sein sollte.
   - Wenn die Verbindung allen Benutzern des Computers zur Verfügung stehen soll, können Sie das Kontrollkästchen *Anderen Benutzern erlauben, diese Verbindung zu verwenden* aktivieren. Das ist besonders nützlich, wenn Sie die Verbindung über Gruppenrichtlinien zuweisen wollen und keine Benutzeranmeldedaten eingegeben haben.
5. Klicken Sie auf *Verbinden*, um die Verbindung zu erstellen und sie aufzubauen. Gewöhnlich schlägt der erste Test fehl, weil Sie eine Breitbandverbindung für einen anderen Ort einrichten, beispielsweise für die Internetverbindung, die der Benutzer zu Hause verwenden soll, und diese Einstellungen funktionieren nicht im Firmennetzwerk. Deswegen haben Sie die Möglichkeit, auf *Überspringen* zu klicken, um den Verbindungstest zu überspringen. Klicken Sie auf *Schließen*.

TIPP Um eine Breitbandverbindung zu testen, brauchen Sie einen DSL-Router oder ein Kabelmodem. Achten Sie darauf, dass Sie alle speziellen Konfigurationen vornehmen, die der ISP vielleicht verlangt, wie im Abschnitt »Einstellen der Verbindungseigenschaften« weiter unten in diesem Kapitel beschrieben.

Erstellen einer VPN-Verbindung

VPNs dienen zur Einrichtung von sicheren Kommunikationskanälen über eine vorhandene Wähl- oder Breitbandverbindung. Sie müssen die IP-Adresse oder den vollqualifizierten Domänennamen des Remotezugriffsservers kennen, mit dem Sie eine Verbindung herstellen möchten. Wenn die erforderliche Verbindung verfügbar ist und Sie die erforderlichen Angaben über den Host kennen, können Sie die Verbindung folgendermaßen einrichten:

1. Klicken Sie im Netzwerk- und Freigabecenter auf *Neue Verbindung oder neues Netzwerk einrichten*. Daraufhin wird der Assistent *Eine Verbindung oder ein Netzwerk einrichten* gestartet.
2. Um eine VPN-Verbindung zu erstellen, wählen Sie *Verbindung mit dem Arbeitsplatz herstellen* und klicken dann auf *Weiter*.
3. Wählen Sie *Nein, eine neue Verbindung erstellen* und klicken Sie dann auf *Weiter*. Der Benutzer muss eine Verbindung zum Internet herstellen, sei es als Einwähl- oder als Breitbandverbindung, bevor er das VPN verwenden kann.
4. Klicken Sie auf *Die Internetverbindung (VPN) verwenden*.
5. Geben Sie die IPv4- oder IPv6-Adresse oder den vollqualifizierten Domänennamen des Computers an, mit dem eine Verbindung hergestellt werden soll, wie zum Beispiel 157.54.0.1 oder *external.microsoft.com*. In den meisten Fällen dürfte es sich um einen Remotezugriffsserver handeln, den Sie für das Büronetzwerk konfiguriert haben.
6. Geben Sie der Verbindung im Feld *Zielname* einen Namen. Wenn der Computer so konfiguriert ist, dass die Authentifizierung mit Smartcard erfolgt, wählen Sie *Eine Smartcard verwenden*.
7. Wenn die Verbindung für alle Benutzer des Computers verfügbar sein soll, wählen Sie *Anderen Benutzern erlauben, diese Verbindung zu verwenden*. Diese Option ist am besten geeignet, wenn Sie die Verbindung über Gruppenrichtlinien verfügbar machen möchten und keine Benutzeranmeldeinformationen angegeben haben.
8. Klicken Sie auf *Weiter*. Ein Benutzer wird standardmäßig zur Eingabe seines Namens und eines Kennworts aufgefordert, wenn er eine Verbindung herstellen will. Wenn Sie eine Verbindung für einen einzigen Benutzer definieren und nicht wollen, dass der Benutzer zur Eingabe seiner Anmeldeinformationen aufgefordert wird, können Sie in den entsprechenden Feldern den Namen des Benutzers und das Kennwort eingeben. Geben Sie andernfalls nur den Benutzernamen ein und lassen Sie das Kennwort leer.

   Sie können zwar mit dem Kontrollkästchen *Dieses Kennwort speichern* festlegen, dass das Kennwort gespeichert wird, das ist aber aus Sicherheitsgründen abzulehnen, weil auf diese Weise jeder, der Zugriff auf den Computer hat, die Verbindung nutzen kann. Wenn Sie *Dieses Kennwort speichern* deaktiviert lassen, wird der Benutzer aufgefordert, sein Kennwort einzugeben.

9. Geben Sie im Feld *Domäne* die Anmeldedomäne an und klicken Sie dann auf *Verbinden*. Um eine VPN-Verbindung herzustellen, müssen Sie zuvor mit einer Wähl- oder Breitbandverbindung eine Verbindung hergestellt haben. Wenn die Verbindung nicht klappt, liegt es normalerweise daran, dass Sie eine VPN-Verbindung für einen anderen Ort einrichten, beispielsweise für die Wohnung des Benutzers. Die Einstellungen, die er für seinen Internetanschluss verwendet, funktionieren nicht im Netzwerk der Organisation. Deswegen haben Sie die Wahl, auf

Überspringen zu klicken, um die Aktivierung der Verbindung zu überspringen. Klicken Sie auf *Schließen*.

In den Gruppenrichtlinien können Sie VPN-Verbindungen mithilfe von Richtlinieneinstellungen im Zweig *Netzwerkoptionen* erstellen, bearbeiten und löschen. Gehen Sie folgendermaßen vor, um Richtlinien für Netzwerkoptionen zu konfigurieren:

1. Öffnen Sie ein Gruppenrichtlinienobjekt zum Bearbeiten im Gruppenrichtlinienobjekt-Editor. Wenn Sie Einstellungen für Computer konfigurieren wollen, müssen Sie den Knoten *Computerkonfiguration\Einstellungen\Systemsteuerungseinstellungen* erweitern und dann *Netzwerkoptionen* auswählen. Wollen Sie dagegen Einstellungen für Benutzer konfigurieren, müssen Sie *Benutzerkonfiguration\Einstellungen\Systemsteuerungseinstellungen* erweitern und dann *Netzwerkoptionen* auswählen.

2. Klicken Sie mit der rechten Maustaste auf den Knoten *Netzwerkoptionen* und wählen Sie *Neu/VPN-Verbindung*. Daraufhin öffnet sich das Eigenschaftendialogfeld für die Verbindung.

3. Wählen Sie in der Dropdownliste *Aktion* den Eintrag *Erstellen*, *Aktualisieren* oder *Ersetzen* aus.

4. Wählen Sie *Verbindung für alle Benutzer* aus, wenn die Verbindung allen Benutzern des Computers zur Verfügung stehen soll, oder *Benutzerverbindung*, wenn die Verbindung nur dem Benutzer zur Verfügung stehen soll, für den die Richtlinie verarbeitet wird.

5. Geben Sie einen Verbindungsnamen und die IP-Adresse ein. Stattdessen können Sie auch das Kontrollkästchen *DNS-Name verwenden* aktivieren und dann den vollqualifizierten Domänennamen eingeben.

6. Wählen Sie auf der Registerkarte *Sicherheit* die Option *Erweitert* aus. Legen Sie in der Dropdownliste *Datenverschlüsselung* fest, ob und wie Verschlüsselung eingesetzt werden soll. Gewöhnlich ist es sinnvoll, die Verschlüsselung erforderlich zu machen. Stellen Sie unter *Anmeldesicherheit* ein, welche Sicherheitsoptionen verwendet werden sollen.

7. Legen Sie mit den Optionen auf der Registerkarte *Gemeinsam* fest, wie die Einstellungen angewendet werden. In vielen Fällen ist es sinnvoll, die Richtlinie nur einmal anzuwenden. Aktivieren Sie in diesem Fall *Nur einmal anwenden*.

8. Klicken Sie auf *OK*. Wenn die Gruppenrichtlinien das nächste Mal aktualisiert werden, wird das Einstellungselement angewendet, wie es im Gruppenrichtlinienobjekt festgelegt ist, in dem Sie das Einstellungselement definiert haben.

Einstellen der Verbindungseigenschaften

Wenn Sie mit einer Wähl-, Breitband- oder VPN-Verbindung arbeiten, müssen Sie nach der Erstellung der Verbindung oft noch zusätzliche Eigenschaften festlegen. In diesem Abschnitt werden die wichtigsten Eigenschaften beschrieben, mit denen Sie es zu tun haben werden.

HINWEIS Vergessen Sie bei der Einstellung der Verbindungseigenschaften nicht, dass eine VPN-Verbindung auf eine vorhandene Wähl- oder Breitbandverbindung angewiesen ist und dass die Konfiguration der beiden Verbindungen unabhängig voneinander erfolgt. Was VPN betrifft, wird zuerst die Trägerverbindung mit den Einstellungen eingerichtet, die für sie erforderlich sind. Dann erfolgt der Versuch, darauf mit den VPN-Einstellungen eine VPN-Verbindung aufzubauen. Im Hinblick auf diesen Zusammenhang sollten Sie zuerst die Trägerverbindung einrichten und dann erst die VPN-Einstellungen vornehmen. Weichen Sie nur davon ab, wenn Sie versuchen, VPN-Probleme zu beheben. In diesem Fall sollten Sie mit der VPN-Konfiguration beginnen und sich dann bis zurück zu den Einstellungen für die Trägerverbindung durcharbeiten.

Einstellen der automatischen oder manuellen Verbindungen

Windows 7 kann so eingestellt werden, dass es Wähl-, Breitband- oder VPN-Verbindungen automatisch herstellt, wenn ein Benutzer Programme verwendet, die eine Internetverbindung brauchen, wie beispielsweise einen Webbrowser. Wie automatische Verbindungen funktionieren, hängt von den Einstellungen im Dialogfeld *Eigenschaften von Internet* ab. Folgende Optionen stehen zur Wahl:

- *Keine Verbindung wählen*   Benutzer müssen Verbindungen manuell herstellen.
- *Nur wählen, wenn keine Netzwerkverbindung besteht*   Die Verbindung wird bei Bedarf automatisch hergestellt, aber nur dann, wenn keine LAN-Verbindung besteht.
- *Immer die Standardverbindung wählen*   Die Standardverbindung wird immer hergestellt, wenn eine Internetverbindung gebraucht wird (selbst wenn bereits andere Verbindungen bestehen).

TIPP Die beste Einstellung für automatische Verbindungen hängt davon ab, wie Ihre Organisation arbeitet. Im Gegensatz zu dem, was viele Administratoren vermuten, sind Laptopbenutzer gewöhnlich weniger frustriert, wenn ihre Computer auf *Keine Verbindung wählen* eingestellt sind. Das liegt einfach daran, dass die Benutzer oft keine Wählverbindungen einrichten können, wenn sie nicht im Büro sind. Und es ist einfach lästig, wenn der Computer beim Kundenbesuch oder bei einer Präsentation ständig versucht, irgendwelche Telefonnummern zu wählen. Andererseits werden Benutzer mit Desktopcomputern in einem externen Büro oder zu Hause vermutlich automatische Verbindungen bevorzugen.

Um Computer auf eine manuelle Verbindung einzustellen, gehen Sie folgendermaßen vor:

1. Klicken Sie in der Systemsteuerung auf *Netzwerk und Internet*. Klicken Sie in *Netzwerk und Internet* auf *Internetoptionen*. Klicken Sie im Dialogfeld *Eigenschaften von Internet* auf die Registerkarte *Verbindungen* (Abbildung 16.7).
2. Wählen Sie *Keine Verbindung wählen* und klicken Sie dann auf *OK*.

Abbildung 16.7 Auf der Registerkarte *Verbindungen* stellen Sie ein, ob Verbindungen automatisch oder manuell hergestellt werden

Mit folgenden Schritten können Sie automatische Verbindungen einstellen:

1. Klicken Sie in der Systemsteuerung auf *Netzwerk und Internet*. Klicken Sie in *Netzwerk und Internet* auf *Internetoptionen*. Klicken Sie im Dialogfeld *Eigenschaften von Internet* auf die Registerkarte *Verbindungen*.
2. Wählen Sie *Nur wählen, wenn keine Netzwerkverbindung besteht*, wenn die Verbindungen automatisch hergestellt werden sollen, wenn keine LAN-Verbindung verfügbar ist. Wählen Sie *Immer Standardverbindung wählen*, wenn die Verbindungen immer automatisch hergestellt werden sollen.
3. Die Liste *Einstellungen für VPN- und Einwählverbindungen* zeigt die konfigurierten Wähl-, Breitband- und VPN-Verbindungen. Wählen Sie die Verbindung, die Sie bei der Herstellung von Verbindungen als Standardverbindung verwenden möchten, und klicken Sie dann auf *Als Standard*.
4. Klicken Sie auf *OK*.

Einstellen des Proxys für mobile Verbindungen

Wie die Einstellungen der Verbindungen lassen sich auch die Einstellungen für Proxyserver manuell oder automatisch durchführen. Bei der manuellen Konfiguration müssen Sie jede Eigenschaft selbst festlegen, Schritt für Schritt. Bei der automatischen Konfiguration kann der Computer versuchen, die Proxyservereinstellungen zu ermitteln und dann die Optionen festzulegen, oder er liest die Werte aus einem Konfigurationsskript.

HINWEIS Proxyeinstellungen für mehrere Systeme lassen sich in den Gruppenrichtlinien durchführen. Wenn Sie die Proxyeinstellungen nicht mit Gruppenrichtlinien vornehmen wollen, können Sie die Einstellungen für die Verbindungen einzeln durchführen, wie in diesem Abschnitt besprochen.

Konfigurationsskripts lassen sich auf dem lokalen Computer in einer Datei oder unter einer Internetadresse speichern. Die Verwendung von Konfigurationsskripts kann viel Zeit ersparen, da sonst jede Verbindung, die eingerichtet wird, separat konfiguriert werden muss. Außerdem können sich die VPN-Einstellungen von denen ihrer Trägerverbindung unterscheiden, da VPN-Verbindungen auf vorhandenen Verbindungen aufsetzen.

Zur automatischen Konfiguration der Proxys für eine Verbindung gehen Sie folgendermaßen vor:

1. Klicken Sie in der Systemsteuerung auf *Netzwerk und Internet*. Klicken Sie in *Netzwerk und Internet* auf *Internetoptionen*. Klicken Sie im Dialogfeld *Eigenschaften von Internet* auf die Registerkarte *Verbindungen*.

2. Wählen Sie im Listenfeld *Einstellungen für VPN- und Einwählverbindungen* die Verbindung aus, die Sie einstellen möchten, und klicken Sie dann auf *Einstellungen*. Dadurch erscheint ein Dialogfeld wie das *Einstellungen*-Dialogfeld aus Abbildung 16.8.

Abbildung 16.8 Proxyeinstellungen können automatisch gesucht oder aus Skripts gelesen werden

3. Wenn Sie eine automatische Ermittlung der Proxyeinstellung bei der Herstellung einer Verbindung wünschen, wählen Sie *Automatische Suche der Einstellungen*.

4. Soll ein Konfigurationsskript verwendet werden, wählen Sie *Automatisches Konfigurationsskript verwenden* und geben dann den Dateipfad oder die URL (Uniform Resource Locator) des Skripts ein. In Datei-

pfaden können Sie auch Umgebungsvariablen verwenden, wie zum Beispiel in *%UserProfile%\PROXY.VBS*. Wenn Sie eine URL angeben, achten Sie darauf, dass es die Computer-URL ist, wie in *http://proxy.microsoft.com/proxy.vbs*.

5. Um sicherzustellen, dass nur automatische Einstellungen verwendet werden, löschen Sie das Kontrollkästchen *Proxyserver für diese Verbindung verwenden*.
6. Klicken Sie zweimal auf *OK*.

Für eine manuelle Konfiguration der Proxys gehen Sie folgendermaßen vor:

1. Klicken Sie in der Systemsteuerung auf *Netzwerk und Internet*. Klicken Sie in *Netzwerk und Internet* auf *Internetoptionen*. Klicken Sie im Dialogfeld *Eigenschaften von Internet* auf die Registerkarte *Verbindungen*.
2. Wählen Sie im Listenfeld *Einstellungen für VPN- und Einwählverbindungen* die Wählverbindung aus, die Sie einstellen möchten, und klicken Sie dann auf *Einstellungen*.
3. Löschen Sie die Kontrollkästchen *Automatische Suche der Einstellungen* und *Automatisches Konfigurationsskript verwenden*, falls sie gewählt sind.
4. Wählen Sie *Proxyserver für diese Verbindung verwenden*. Das Kontrollkästchen *Proxyserver für lokale Adressen umgehen* wird nicht standardmäßig vorgewählt. In den meisten Fällen werden Sie aber für Abfragen bei Servern aus demselben Netzwerksegment keinen Proxy verwenden. Wählen Sie also auch noch *Proxyserver für lokale Adressen umgehen*. Wenn *Proxyserver für lokale Adressen umgehen* nicht gewählt ist, kann es geschehen, dass Benutzer für Zugriffe auf Intranetserver, die über Ihre Proxyserver erfolgen, zusätzliche Berechtigungen brauchen.
5. Klicken Sie auf *Erweitert*, um das Dialogfeld *Proxyeinstellungen* zu öffnen (Abbildung 16.9).
6. Geben Sie die IP-Adressen der Proxys in den Textfeldern des Bereichs *Server* ein. Dort gibt es zwei Spalten mit Textfeldern:

    - **Adresse des Proxyservers** Legt die IP-Adresse des Proxyservers oder der Proxyserver fest. Geben Sie für jeden Dienst eine IP-Adresse an. Wenn für einen bestimmten Dienst mehrere Proxys vorgesehen sind, geben Sie die IP-Adressen der einzelnen Proxyserver in der Reihenfolge ein, in der sie vom Webclient kontaktiert werden sollen, wobei die Adressen jeweils durch ein Semikolon voneinander getrennt werden. Soll für einen Dienst kein Proxy vorgesehen werden, geben Sie im entsprechenden Textfeld auch nichts ein.
    - **Port** Legt die Portnummer fest, auf welcher der Proxyserver auf Anfragen antwortet. Die meisten Proxyserver verwenden für alle Anfragen Port 80. Die Standardports sind Port 80 für Hypertext Transfer Protocol (HTTP), Port 443 für Secure Sockets Layer (SSL, aufgelistet als *Secure*), Port 21 für File Transfer Protocol (FTP) und Port 1081 für Socks. Fragen Sie den Webadministrator Ihrer Organisation nach den genauen Einstellungen.

Abbildung 16.9 Sie können für alle Dienste denselben Proxy verwenden oder mehrere Proxys einstellen

7. Mit dem Kontrollkästchen *Für alle Protokolle denselben Server verwenden* können Sie für die Dienste HTTP, SSL, FTP und Socks dieselbe IP-Adressen- und Porteinstellung verwenden. Sie haben folgende Optionen:

   - Wenn Ihre Organisation Proxyserver verwendet, die sich um alle Anfragen kümmern, aktivieren Sie das Kontrollkästchen *Für alle Protokolle denselben Server verwenden* und geben die IP-Adresse ein, die Sie verwenden möchten, sowie die Nummer des Ports, auf dem der Server antwortet.
   - Wenn Sie für jeden Dienst einen oder mehrere separate Proxyserver verwenden möchten, löschen Sie das Kontrollkästchen *Für alle Protokolle denselben Server verwenden* und geben in den Textfeldern dann die erforderlichen IP-Adressen und Portnummern ein.

8. Wenn Ihr Netzwerk aus mehreren Segmenten besteht oder wenn es bestimmte Server gibt, für die keine Proxys verwendet werden sollen, geben Sie in der Liste *Ausnahmen* die entsprechenden IP-Adressen ein. Die Einträge werden jeweils durch ein Semikolon voneinander abgetrennt. Das Sternchen (*) kann als Platzhalter für einen Adressenbereich von 0 bis 255 dienen, wie zum Beispiel in 192.*.*.*, 192.168.*.* oder 192.168.10.*.

9. Klicken Sie dreimal auf *OK*.

Einstellen der Verbindungsanmeldungsinformationen

Für jede Verbindung, die Sie erstellen, lassen sich die Anmeldeinformationen separat einstellen. Mit folgenden Schritten können Sie einen Benutzernamen, ein Kennwort und eine Domäne festlegen:

1. Klicken Sie in der Systemsteuerung auf *Netzwerk und Internet* und dann im Fenster *Netzwerk und Internet* auf *Internetoptionen*. Klicken

Sie im Dialogfeld *Eigenschaften von Internet* auf die Registerkarte *Verbindungen*.
2. Wählen Sie in der Liste *Einstellungen für VPN- und Einwählverbindungen* die Verbindung aus, die Sie konfigurieren wollen, und klicken Sie auf *Einstellungen*.
3. Geben Sie Benutzername und Kennwort für die Verbindung in die entsprechenden Textfelder ein.
4. Ist ein Domänenname erforderlich, geben Sie ihn im Textfeld *Domäne* ein.
5. Klicken Sie zweimal auf *OK*.

Die Einstellung der Anmeldeinformationen für eine Verbindung ist nicht der letzte Konfigurationsschritt. Sie sollten auch noch festlegen, ob Benutzer zur Eingabe der Anmeldeinformationen oder einer Telefonnummer aufgefordert werden. Ist zur Verbindungsherstellung eine Anmeldedomäne erforderlich, sollten Sie dafür sorgen, dass die Anmeldedomäne zusammen mit den anderen Anmeldeinformationen übermittelt wird. Standardmäßig ist der Domänenname nicht eingeschlossen.

Stellen Sie die zusätzlichen Optionen folgendermaßen ein:

1. Klicken Sie in der Systemsteuerung auf *Netzwerk und Internet* und dann im Fenster *Netzwerk und Internet* auf *Internetoptionen*. Klicken Sie im Dialogfeld *Eigenschaften von Internet* auf die Registerkarte *Verbindungen*.
2. Wählen Sie in der Liste *Einstellungen für VPN- und Einwählverbindungen* die Verbindung aus, die Sie konfigurieren wollen, und klicken Sie auf *Einstellungen*.
3. Klicken Sie im *Einstellungen*-Dialogfeld auf *Eigenschaften*.
4. Klicken Sie im Eigenschaftendialogfeld auf die Registerkarte *Optionen*. Nun können Sie die folgenden Optionen einstellen:

   - Sollen während des Verbindungsaufbaus Statusanzeigen erfolgen, wählen Sie *Status während des Wählens anzeigen*.
   - Damit bei Bedarf die Anmeldeinformationen vom Benutzer angefordert werden, wählen Sie *Name, Kennwort, Zertifikat usw. abfragen*.
   - Damit bei Bedarf der Name der Anmeldedomäne zur Verfügung steht, wählen Sie *Windows-Anmeldedomäne einbeziehen*.
   - Soll der Benutzer bei Bedarf eine Telefonnummer eingeben, wählen Sie *Rufnummer abfragen*.
5. Klicken Sie dreimal auf *OK*.

Einstellen der Wahlwiederholung und der automatischen Verbindungstrennung

Für Wählverbindungen können Sie Wahlwiederholungsoptionen festlegen, damit die Verbindungsversuche wiederholt werden, falls die Leitungen besetzt sind oder die Verbindung unterbrochen wird. Zur Einstellung der Wahlwiederholungsoptionen gehen Sie folgendermaßen vor:

1. Klicken Sie in der Systemsteuerung auf *Netzwerk und Internet* und dann im Fenster *Netzwerk und Internet* auf *Internetoptionen*. Klicken Sie im Dialogfeld *Eigenschaften von Internet* auf die Registerkarte *Verbindungen*.
2. Wählen Sie in der Liste *Einstellungen für VPN- und Einwählverbindungen* die Verbindung aus, die Sie konfigurieren wollen, und klicken Sie auf *Einstellungen*.
3. Klicken Sie im *Einstellungen*-Dialogfeld auf *Eigenschaften*.
4. Klicken Sie im Eigenschaftendialogfeld auf die Registerkarte *Optionen*. Stellen Sie die Wahlwiederholung mit den Optionen unter *Wahlwiederholungsoptionen* ein und klicken Sie danach auf *OK*:

   - **Anzahl der Wahlwiederholungen**   Legt fest, wie oft die Rufnummer automatisch angewählt wird. Soll keine automatische Wahlwiederholung erfolgen, geben Sie 0 ein.
   - **Zeit zwischen Wahlwiederholungen**   Legt die Wartezeit zwischen den Verbindungsversuchen fest. Einstellbar sind die Werte *1 Sekunde*, *3 Sekunden*, *5 Sekunden*, *10 Sekunden*, *30 Sekunden*, *1 Minute*, *2 Minuten*, *5 Minuten* und *10 Minuten*.
   - **Leerlaufzeit, nach der aufgelegt wird**   Gibt an, ob Windows 7 eine Verbindung automatisch trennt, wenn sie für den angegebenen Zeitraum nicht verwendet wurde. Verfügbare Einstellungen sind *Niemals*, *1 Minute*, *5 Minuten*, *10 Minuten*, *20 Minuten* (die Standardeinstellung), *30 Minuten*, *1 Stunde*, *2 Stunden*, *4 Stunden*, *8 Stunden* und *24 Stunden*.
   - **Wählvorgang wiederholen, falls Verbindung getrennt wurde**   Legt fest, ob Windows 7 eine Wiederherstellung der Verbindung versucht, wenn eine Verbindung unterbrochen wurde. Bei Verbindungen zum Arbeitsplatz ist diese Option normalerweise gelöscht. Im Normalfall werden Sie diese Option vermutlich wählen.

5. Klicken Sie im *Einstellungen*-Dialogfeld auf *Erweitert*. Aktivieren oder deaktivieren Sie das Kontrollkästchen *Verbindung trennen, wenn diese nicht mehr benötigt wird*, um festzulegen, ob Windows 7 die Verbindung trennt, wenn ein Benutzer alle Internetprogramme beendet hat, die andernfalls diese Verbindung benutzen.
6. Klicken Sie dreimal auf *OK*.

TIPP   Wenn sich Benutzer darüber beschweren, dass die Verbindungen während der Einwählsitzung getrennt werden, könnte das Problem bei den Trennungseinstellungen liegen. Sprechen Sie mit den Benutzern darüber, wie sie das Internet verwenden. Überlegen Sie dann, ob Sie die Einstellungen so ändern können, dass die Ansprüche der Benutzer besser berücksichtigt werden. Ein weiterer Grund für Trennungen kann darin liegen, wie die Option *Leerlaufzeit, nach der aufgelegt wird* eingestellt ist.

Einstellen der Wählregeln für eine Verbindung

Wählverbindungen lassen sich mit oder ohne Wählregeln konfigurieren. Wenn Sie keine Wählregeln verwenden, wird immer die Telefonnummer angewählt, die Sie der Verbindung zuweisen. Wenn Sie Wählregeln festlegen, bestimmt der aktuelle Wählstandort, ob die Verbindung als Ortsgespräch oder als Ferngespräch hergestellt wird.

Zur Anzeige und Einstellung der Wählregeln für eine Verbindung gehen Sie folgendermaßen vor:

1. Klicken Sie in der Systemsteuerung auf *Netzwerk und Internet* und dann im Fenster *Netzwerk und Internet* auf *Internetoptionen*. Klicken Sie im Dialogfeld *Eigenschaften von Internet* auf die Registerkarte *Verbindungen*.
2. Wählen Sie in der Liste *Einstellungen für VPN- und Einwählverbindungen* die Verbindung aus, die Sie konfigurieren wollen, und klicken Sie auf *Einstellungen*.
3. Klicken Sie im *Einstellungen*-Dialogfeld auf *Eigenschaften*. Daraufhin öffnet sich ein Eigenschaftendialogfeld.
4. Damit die Verbindung mit den vorgesehenen Regeln erstellt wird, wählen Sie auf der Registerkarte *Allgemein* das Kontrollkästchen *Wählregeln verwenden*, geben dann eine Ortskennzahl ein und wählen ein Land oder eine Region aus.
5. Sollen keine Wählregeln verwendet werden, löschen Sie das Kontrollkästchen *Wählregeln verwenden*.
6. Klicken Sie dreimal auf *OK*.

Einstellen der bevorzugten und der alternativen Rufnummern

Bei Wählverbindungen können Sie zwei Arten von Rufnummern konfigurieren: die Hauptnummer, die für einen Verbindungsversuch angerufen wird, und eine alternative Nummer für den Fall, dass die Verbindungsversuche mit der Hauptnummer fehlschlagen:

1. Klicken Sie in der Systemsteuerung auf *Netzwerk und Internet* und dann im Fenster *Netzwerk und Internet* auf *Internetoptionen*. Klicken Sie im Dialogfeld *Eigenschaften von Internet* auf die Registerkarte *Verbindungen*.
2. Wählen Sie in der Liste *Einstellungen für VPN- und Einwählverbindungen* die Verbindung aus, die Sie konfigurieren wollen, und klicken Sie auf *Einstellungen*.
3. Klicken Sie im *Einstellungen*-Dialogfeld auf *Eigenschaften*. Daraufhin öffnet sich ein Eigenschaftendialogfeld.

4. Die bevorzugte Telefonnummer wird im Textfeld *Rufnummer* angezeigt. Geben Sie bei Bedarf eine neue Nummer ein.
5. Klicken Sie auf *Andere*. Dadurch öffnet sich das Dialogfeld *Alternative Rufnummern*. Nun können Sie die bevorzugte und die alternative Rufnummer folgendermaßen bearbeiten:
   - Wenn Sie eine neue Rufnummer hinzufügen möchten, klicken Sie auf *Hinzufügen*. Dadurch wird das Dialogfeld *Alternative Rufnummern* geöffnet. Geben Sie dann im Textfeld *Rufnummer* die alternative Rufnummer so ein, wie man sie lokal wählen würde. Bei Bedarf können Sie einen Bindestrich verwenden, wie beispielsweise in 555-1234. Wenn Sie Wählregeln festlegen möchten, wählen Sie *Wählregeln verwenden*, geben dann eine Ortskennzahl ein und wählen ein Land oder eine Region. Klicken Sie auf *OK*.
   - Wenn Sie die Reihenfolge ändern möchten, in der die Telefonnummern gewählt werden, wählen Sie eine Nummer in der Rufnummernliste und ändern ihre Position in der Liste mit einem der beiden nach oben und unten gerichteten Pfeile. Die erste Nummer in der Liste wird die bevorzugte Rufnummer.
   - Zur Bearbeitung einer Rufnummer wählen Sie eine Nummer aus der Rufnummernliste aus und klicken dann auf *Bearbeiten*. Ändern Sie dann die Einstellung der Nummer im Dialogfeld *Alternative Rufnummer bearbeiten*.
   - Um eine Rufnummer zu löschen, wählen Sie die Nummer in der Rufnummernliste aus und klicken dann auf *Löschen*.
6. Wenn die alternativen Rufnummern automatisch verwendet werden sollen, wählen Sie *Nächste Rufnummer versuchen, falls Wählvorgang fehlschlägt*. Sie können auch dafür sorgen, dass Windows 7 eine erfolgreich verwendete Nummer an die Spitze der Liste stellt und zur bevorzugten Nummer macht. Wählen Sie dazu *Rufnummer bei Verbindung in der Liste nach oben verschieben*.
7. Klicken Sie viermal auf *OK*.

Einstellen der Identitätsprüfung

Eine zuverlässige Identitätsprüfung ist wichtig, um ein Netzwerk zu schützen. Wenn sich Benutzer ins Büronetzwerk einwählen, sollten Sie sicherstellen, dass sie wirklich die Personen sind, die sie zu sein vorgeben, sofern das überhaupt möglich ist. Dem entspricht die Standardeinstellung der Wählverbindungen. Bei den meisten Verbindungen können die Anmeldeinformationen der Benutzer im Klartext übermittelt werden. Wenn Sie verbieten, dass unverschlüsselte Kennwörter übertragen werden, versucht Windows 7, die Anmeldeinformationen mit einem sicheren Verfahren wie MSCHAP Version 2 oder Challenge Handshake Authentication Protocol (CHAP) zu übermitteln und nicht in Klartext. Sie können Verbindungen auch so einstellen, dass sie das Extensible Authentication Protocol (EAP) verwenden.

Bei Wähl- und Breitbandverbindungen können Sie eine dieser Optionen wählen. VPN ist dagegen nur mit sicheren Methoden möglich. Wenn Sie ein gesichertes Kennwort verlangen, können Sie auch den Windows-Anmeldenamen, das Kennwort und die Domäne automatisch übermitteln, die in der Konfiguration angegeben wurden. Die automatische Übermittlung der Windows-Anmeldeinformationen ist sinnvoll, wenn Benutzer eine Verbindung zum Büro herstellen und in der Windows-Domäne authentifiziert werden müssen. Bei beiden sicheren Validierungsmethoden können Sie die Datenverschlüsselung verlangen und Windows 7 dazu veranlassen, die Verbindung zu trennen, wenn keine Verschlüsselung möglich ist. Die Verschlüsselung erfolgt bei der Windows-Authentifizierung mit gesicherten Kennwörtern oder Smartcards automatisch.

Sie können die Identitätsprüfung folgendermaßen einstellen:

1. Klicken Sie in der Systemsteuerung auf *Netzwerk und Internet* und dann im Fenster *Netzwerk und Internet* auf *Internetoptionen*. Klicken Sie im Dialogfeld *Eigenschaften von Internet* auf die Registerkarte *Verbindungen*.
2. Wählen Sie in der Liste *Einstellungen für VPN- und Einwählverbindungen* die Verbindung aus, die Sie konfigurieren wollen, und klicken Sie auf *Einstellungen*.
3. Klicken Sie im *Einstellungen*-Dialogfeld auf *Eigenschaften*.
4. Klicken Sie im Eigenschaftendialogfeld auf die Registerkarte *Sicherheit*. Bei VPNs können Sie einstellen, welches Verbindungsprotokoll benutzt wird, oder die automatische Erkennung verwenden. Wenn Sie gesicherte Kennwörter verlangen, können Sie auch eine automatische Anmeldung einstellen und eine Datenverschlüsselung verlangen. Beide Optionen sind nützlich, wenn die Anmeldung an einer Windows-Domäne erfolgt. Allerdings müssen die Einstellungen unterstützt werden, sonst können sich Benutzer nicht anmelden und es kommt keine Verbindung zustande.

   Wenn Sie Smartcards verwenden, sollten Sie ebenfalls eine Datenverschlüsselung verlangen. Die Datenverschlüsselung ist unverzichtbar, um die Unversehrtheit und Sicherheit der Daten sicherzustellen, die zwischen Sender und Empfänger ausgetauscht werden. Wenn Sie unter *Datenverschlüsselung* den Eintrag *Erforderlich* wählen, die Verbindung aber nicht durch Verschlüsselung gesichert wird, bricht der Clientcomputer die Verbindung ab.
5. Wählen Sie die erlaubten Authentifizierungsprotokolle aus und klicken Sie auf *OK*.

Einstellen der Netzwerkprotokolle und -komponenten

Wie Netzwerkprotokolle und -komponenten konfiguriert werden, hängt von der Art der Verbindung ab. Wie aus Tabelle 16.1 hervorgeht, können Wählverbindungen das Point-to-Point Protocol (PPP) oder das Serial Line Internet Protocol (SLIP) als Verbindungsprotokoll verwenden. Breitbandverbindungen verwenden Point-to-Point Protocol over Ethernet (PPPoE). VPN-Verbindungen verwenden PPTP oder L2TP.

Tabelle 16.1 Verfügbare Verbindungsprotokolle bei unterschiedlichen Verbindungstypen

Verbindungstyp	Verbindungsprotokoll	Beschreibung
Wählverbindung	PPP	Dient zur Herstellung von Verbindungen mit Windows-Servern über Wählverbindungen.
Wählverbindung	SLIP	Dient zur Herstellung von Verbindungen mit UNIX-Servern über Wählverbindungen. Nur verfügbar, wenn Sie entsprechende Software von anderen Herstellern installieren.
Breitbandverbindung	PPPoE	Dient zur Herstellung einer Point-to-Point-Breitbandverbindung über Ethernet.
VPN	Automatisch	Erkennt automatisch, welches VPN-Protokoll verfügbar ist, und richtet mit diesem Protokoll einen virtuellen Tunnel ein.
VPN	PPTP-VPN	Richtet PPTP für VPN ein. PPTP ist eine Erweiterung von PPP.
VPN	L2TP-IPSec-VPN	Richtet L2TP für VPN ein. L2TP verwendet IPSec zur Verbesserung der Sicherheit.
DirectAccess	IPv6 over IPSec	Richtet über eine vorhandene Verbindung einen sicheren Tunnel zu einem Arbeitsplatz ein.

Für mobile Netzwerke werden drei Netzwerkkomponenten verwendet: Transmission Control Protocol/Internet Protocol (TCP/IP), Datei- und Druckerfreigabe für Microsoft-Netzwerke und Client für Microsoft-Netzwerke. Wie aus Tabelle 16.2 hervorgeht, hängt die Konfiguration dieser Komponenten von der Art der Verbindung ab, die ursprünglich erstellt wurde. Sie können diese Einstellungen nach Bedarf ändern. Bei Bedarf können Sie auch weitere Netzwerkkomponenten installieren.

Tabelle 16.2 Standardkomponentenkonfiguration bei unterschiedlichen Verbindungstypen

Wählverbindungskomponente	Beschreibung	Breitband	Standardwählverbindung	Wählverbindung ins Büro	VPN
Transmission Control Protocol/Internet Protocol (TCP/IP)	Für Netzwerkkommunikation erforderlich. Standardmäßig wird DHCP für Verbindungen verwendet, sofern dies nicht durch entsprechende Einstellungen geändert wird.	Ja	Ja	Ja	Ja
Datei- und Druckerfreigabe für Microsoft-Netzwerke	Ermöglicht die Freigabe von Druckern und Dateien über die Netzwerkverbindung. Ermöglicht die Zuordnung von Druckern und Laufwerken.	Nein	Nein	Nein	Ja
Client für Microsoft-Netzwerke	Ermöglicht Windows-Authentifizierung in Windows-Domänen. Ermöglicht es dem Computer, als Domänenclient zu arbeiten.	Nein	Nein	Ja	Ja

Zur Anzeige und Änderung der Netzwerkoptionen einer Verbindung gehen Sie folgendermaßen vor:

1. Klicken Sie in der Systemsteuerung auf *Netzwerk und Internet* und dann im Fenster *Netzwerk und Internet* auf *Internetoptionen*. Klicken Sie im Dialogfeld *Eigenschaften von Internet* auf die Registerkarte *Verbindungen*.
2. Wählen Sie in der Liste *Einstellungen für VPN- und Einwählverbindungen* die Verbindung aus, die Sie konfigurieren wollen, und klicken Sie auf *Einstellungen*.
3. Klicken Sie im *Einstellungen*-Dialogfeld auf *Eigenschaften*.
4. Klicken Sie im Eigenschaftendialogfeld auf die Registerkarte *Netzwerk*. Hier können Sie folgende Einstellungen vornehmen:
    - Aktivieren Sie Netzwerkkomponenten, indem Sie in der Liste *Diese Verbindung verwendet folgende Elemente* die entsprechenden Kontrollkästchen wählen.
    - Deaktivieren Sie Netzwerkkomponenten, indem Sie in der Liste *Diese Verbindung verwendet folgende Elemente* die entsprechenden Kontrollkästchen löschen.

    TIPP Falls eine der in Tabelle 16.2 aufgeführten Netzwerkkomponenten nicht verfügbar, aber für eine Verbindung erforderlich ist, können Sie die Komponente installieren. Klicken Sie auf der Registerkarte *Netzwerk* auf *Installieren*. Wählen Sie dann den Komponententyp, klicken Sie auf *Hinzufügen* und wählen Sie anschließend in der Auswahlliste die gewünschte Komponente aus.

5. Standardmäßig verwenden Verbindungen DHCP zur Konfiguration der Netzwerkeinstellungen, einschließlich der zu verwendenden IP-Adresse, der Subnetzmaske, des Standardgateways, der DNS-Server und der WINS-Server. Wenn Sie eine statische IP-Adresse zuweisen oder andere Einstellungen ändern möchten, wählen Sie *Internetprotokoll Version 4 (TCP/IPv4)* oder *Internetprotokoll Version 6 (TCP/IPv6)* aus und klicken dann auf *Eigenschaften*. Dadurch öffnet sich das jeweilige Eigenschaftendialogfeld, das Sie konfigurieren können, wie weiter oben in diesem Kapitel beschrieben.
6. Klicken Sie dreimal auf *OK*.

Aktivieren und Deaktivieren der Windows-Firewall für Netzwerkverbindungen

Bei Wähl-, Breitband- und VPN-Verbindungen möchten Sie dem Computer vielleicht einen zusätzlichen Schutz vor Angriffen geben, indem Sie die Windows-Firewall verwenden. Diese integrierte Firewall schützt Windows 7-Computer, indem sie die Informationsarten beschränkt, die ausgetauscht werden können. Durch die Einstellung entsprechender Beschränkungen können Sie die Wahrscheinlichkeit dafür verringern, dass jemand in Ihr System einbricht. Und die Beschränkung von Sicherheitsrisiken ist sehr wichtig, wenn Benutzer von außen durch die Firewall und durch Proxyserver hindurch auf das Netzwerk Ihrer Organisation zugreifen.

Standardmäßig ist die Windows-Firewall für alle Verbindungen aktiviert. Sie kann für jeden Netzwerktyp, zu dem der Benutzer eine Verbindung herstellt, einzeln aktiviert oder deaktiviert werden. Um die Windows-Firewall für einzelne Verbindungen zu aktivieren oder zu deaktivieren, gehen Sie folgendermaßen vor:

1. Klicken Sie in der Systemsteuerung auf *System und Sicherheit*.
2. Klicken Sie auf *Windows-Firewall*. Klicken Sie im linken Fensterabschnitt der Seite *Windows-Firewall* auf *Windows-Firewall ein- oder ausschalten*.
3. Auf der Seite *Einstellungen anpassen* sind die Windows-Firewalleinstellungen für jeden Netzwerktyp aufgelistet, zu dem der Benutzer eine Verbindung herstellen kann. Wählen Sie bei jedem Netzwerktyp entweder *Windows-Firewall aktivieren* oder *Windows-Firewall deaktivieren*.
4. Klicken Sie auf *OK*, wenn Sie fertig sind.

Herstellen von Verbindungen

Wie im Abschnitt »Einstellen der automatischen oder manuellen Verbindungen« weiter oben in diesem Kapitel beschrieben, können Wähl-, Breitband- und VPN-Verbindungen manuell oder automatisch hergestellt werden. Die manuelle Verbindung lässt den Benutzern die Wahl, wann eine Verbindung hergestellt werden soll. Bei der automatischen Methode wird die Verbindung hergestellt, wenn der Benutzer ein Programm startet, das auf den Netzwerkzugriff angewiesen ist, etwa einen Webbrowser.

Verbinden mit Wählverbindungen

Wählverbindungen werden zwischen zwei Modems über eine ganz gewöhnliche Telefonverbindung hergestellt. Zur Herstellung der Verbindung gehen Sie folgendermaßen vor:

1. Klicken Sie in der Taskleiste auf das Benachrichtigungssymbol des Netzwerks. Klicken Sie unter den Netzwerkverbindungen auf die Wählverbindung, die Sie benutzen wollen, und klicken Sie dann auf die Schaltfläche *Verbinden*.
2. Überprüfen Sie, ob der angezeigte Benutzername richtig ist, und geben Sie das Kennwort für das Konto ein, sofern es nicht automatisch angezeigt wird.
3. Falls Sie immer diesen Benutzernamen und das Kennwort verwenden möchten, wenn Sie diese Verbindung benutzen, wählen Sie *Benutzernamen und Kennwort speichern für* und *Nur für eigene Verwendung*.
4. Wenn dieser Benutzername und das Kennwort von jedem Benutzer verwendet werden soll, der die Verbindung herstellen möchte, wählen Sie *Benutzernamen und Kennwort speichern für* und dann *Alle Benutzer dieses Computers*. Verwenden Sie diese Option nicht, wenn Sie planen, die Verbindung durch Gruppenrichtlinien verfügbar zu machen, damit Ihr Kennwort nicht allgemein bekannt wird.

5. Die Dropdownliste *Wählen* zeigt die Nummer an, die gewählt wird. Standardmäßig wird die bevorzugte Nummer ausgewählt. Wenn Sie eine andere Nummer verwenden möchten, klicken Sie auf die Schaltfläche der Dropdownliste und wählen dann die gewünschte Nummer aus.
6. Klicken Sie auf *Wählen*. Wenn das Modem eine Verbindung mit dem ISP oder dem Büronetzwerk herstellen kann, wird eine Übertragungsgeschwindigkeit angezeigt. Diese Geschwindigkeit wird bei jedem Anruf neu ausgehandelt und hängt von der Leistungsfähigkeit der beteiligten Modems, vom verfügbaren Komprimierungsalgorithmus und von der Qualität der Verbindung ab.

Wenn Sie Probleme haben, Wählverbindungen herzustellen, helfen Ihnen vielleicht folgende Hinweise weiter:

- *Problem:* Das Modem wählt und erreicht das andere Modem, kann aber keine Verbindung herstellen. Es macht Geräusche, bis Sie den Vorgang abbrechen.

  Lösung: Gewöhnlich sind schlechte Leitungen die Ursache des Problems. Störgeräusche auf der Leitung können eine Verbindung verhindern. Überprüfen Sie die Verbindungen zwischen dem Modem und der Telefonsteckdose. Fragen Sie bei der Telefongesellschaft nach, ob die Leitung getestet und das Problem behoben werden kann.

- *Problem:* Das Modem wählt und scheint eine Verbindung herzustellen, aber dann wird die Verbindung zum ISP oder zum Büronetzwerk unerwartet unterbrochen. Es hat den Anschein, als sei die Verbindung gar nicht erst vollständig zustande gekommen.

  Lösung: Überprüfen Sie Ihre Netzwerkprotokolle und Komponenten, wie im Abschnitt »Einstellen der Netzwerkprotokolle und -komponenten« dieses Kapitels beschrieben. Wenn dort alles in Ordnung ist, überprüfen Sie, ob Sie Windows-Anmeldeinformationen und die Domäne übermitteln, denn das könnte erforderlich sein, wie im Abschnitt »Einstellen der Verbindungsanmeldungsinformationen« weiter oben in diesem Kapitel beschrieben.

- *Problem:* Der Benutzer erhält keinen Zugang zu den Ressourcen der Windows-Domäne.

  Lösung: Vielleicht ist der Client für Microsoft-Netzwerke für den Zugriff auf das Büronetzwerk erforderlich. Aktivieren Sie diese Komponente und sorgen Sie dafür, dass bei Bedarf die Domäne angegeben wird.

- *Problem:* Der Benutzer kommt nicht durch. Das Modem scheint die Nummer falsch zu wählen. Sie können hören, dass es zu viel oder zu wenig Ziffern wählt.

  Lösung: Überprüfen Sie die Wählregeln für die Verbindung und den aktuell gewählten Wählstandort. Sorgen Sie dafür, dass die Einstellungen für den aktuellen Standort des Benutzers stimmen.

- *Problem:* Das Modem zeigt an, dass es kein Freizeichen erhält, aber es scheint korrekt installiert und in Ordnung zu sein.
  Lösung: Überprüfen Sie das Verbindungskabel zwischen Modem und Telefonsteckdose und sorgen Sie dafür, dass die Stecker richtig sitzen. Manche Modems haben zwei Anschlüsse, einen mit der Beschriftung Phone/In und einen mit der Beschriftung Line/Out. Das Modemkabel von der Telefonsteckdose sollte mit dem Anschluss Line/Out verbunden werden. Manche Modemanschlüsse sind nur für Daten oder spezielle Leitungsarten vorgesehen, nicht für gewöhnliche Telefon- oder Modemverbindungen. Probieren Sie einen anderen Anschluss.
- *Problem:* Der Computer hängt, sobald der Benutzer das Modem verwendet.
  Lösung: Das liegt höchstwahrscheinlich an einem Gerätekonflikt. Orientieren Sie sich bei der Konfigurierung und Fehlerbehebung an den Beschreibungen aus Kapitel 8, »Verwalten von Hardwaregeräten und Treibern«.
- *Problem:* Manche Dienste hängen oder arbeiten nicht richtig.
  Lösung: Überprüfen Sie die Proxy- und Firewalleinstellungen. Diese Einstellungen können die verfügbaren Dienste einschränken.

Verbinden mit Breitbandverbindungen

Breitbandverbindungen werden mit einem Kabelmodem und einer speziellen Leitung eingerichtet oder mit einem DSL-Router und einer Telefonleitung. Um eine Breitbandverbindung herzustellen, gehen Sie folgendermaßen vor:

1. Klicken Sie in der Taskleiste auf das Benachrichtigungssymbol des Netzwerks. Klicken Sie unter den Netzwerkverbindungen auf die Breitbandverbindung, die Sie benutzen wollen, und klicken Sie dann auf die Schaltfläche *Verbinden*.
2. Überprüfen Sie, ob der angezeigte Benutzername korrekt ist, und geben Sie das Kennwort für das Konto ein, sofern es nicht automatisch angezeigt wird.
3. Falls Sie immer diesen Benutzernamen und das Kennwort für die Verbindung verwenden möchten, wählen Sie *Benutzernamen und Kennwort speichern für* und dann *Nur für eigene Verwendung*.
4. Wenn dieser Benutzername und das Kennwort von jedem Benutzer verwendet werden soll, der die Verbindung herstellen möchte, wählen Sie *Benutzernamen und Kennwort speichern für* und dann *Alle Benutzer dieses Computers*.
5. Klicken Sie auf *Verbinden*.

Wenn Sie Probleme haben, Breitbandverbindungen herzustellen, helfen Ihnen vielleicht folgende Hinweise weiter:

- *Problem:* Es lässt sich keine Verbindung herstellen. Die Verbindung scheint gar nicht zu funktionieren.
  Lösung: Überprüfen Sie die Netzwerkverbindungen. Sorgen Sie dafür, dass die Verbindungskabel zwischen dem Computer und dem DSL-Router oder Kabelmodem korrekt eingesteckt sind.
- *Problem:* Die Verbindung wird unerwartet unterbrochen. Es hat den Anschein, als sei die Verbindung gar nicht erst vollständig zustande gekommen.
  Lösung: Überprüfen Sie Ihre Netzwerkprotokolle und Komponenten, wie im Abschnitt »Einstellen der Netzwerkprotokolle und -komponenten« weiter oben in diesem Kapitel beschrieben. Wenn dort alles in Ordnung ist, überprüfen Sie, ob Sie Windows-Anmeldeinformationen und die Domäne übermitteln, denn das könnte erforderlich sein, wie im Abschnitt »Einstellen der Verbindungsanmeldungsinformationen« weiter oben in diesem Kapitel beschrieben.
- *Problem:* Manche Dienste hängen oder arbeiten nicht richtig.
  Lösung: Überprüfen Sie die Proxy- und Firewalleinstellungen. Diese Einstellungen können die verfügbaren Dienste einschränken.
- *Problem:* Sie erhalten keinen Zugang zu den Ressourcen der Windows-Domäne.
  Lösung: Vielleicht ist der Client für Microsoft-Netzwerke für den Zugriff auf das Büronetzwerk erforderlich. Aktivieren Sie diese Komponente und sorgen Sie dafür, dass bei Bedarf die Domäne angegeben wird.

Verbinden mit VPN

Eine VPN-Verbindung wird über eine bestehende LAN-, Wähl- oder Breitbandverbindung hergestellt.

VPN-Verbindungen werden als eigenständige Verbindungen neben Wähl-, Breitband- oder LAN-Verbindungen angezeigt. Um eine VPN-Verbindung herzustellen, gehen Sie folgendermaßen vor:

1. Klicken Sie in der Taskleiste auf das Benachrichtigungssymbol des Netzwerks. Klicken Sie unter den Netzwerkverbindungen auf die VPN-Verbindung, die Sie benutzen wollen, und klicken Sie dann auf die Schaltfläche *Verbinden*.
2. Wenn die Verbindung so konfiguriert ist, dass zuerst die Trägerverbindung hergestellt wird, versucht Windows 7, diese Verbindung herzustellen, bevor es die VPN-Verbindung herstellt. Wenn Sie dazu aufgefordert werden, die Herstellung dieser Verbindung zu bestätigen, klicken Sie auf *Ja*. Stellen Sie dann die Trägerverbindung her, wie im Abschnitt »Verbinden mit Wählverbindungen« weiter oben in diesem Kapitel beschrieben.
3. Sobald die Trägerverbindung besteht, sehen Sie ein *Verbinden*-Dialogfeld. Nachdem Sie den angezeigten Benutzernamen überprüft und das

Kennwort für das Konto eingegeben haben, sofern es noch nicht angezeigt wird, klicken Sie auf *Verbindung herstellen*.

Wenn Sie Probleme haben, Verbindungen herzustellen, helfen Ihnen vielleicht folgende Hinweise weiter:

- *Problem:* Es lässt sich keine Verbindung herstellen. Es scheint gar nichts zu funktionieren.

  Lösung: Überprüfen Sie die Netzwerkverbindungen. Sorgen Sie dafür, dass die Verbindungskabel zwischen dem Computer und dem DSL-Router oder Kabelmodem richtig eingesteckt sind.

- *Problem:* Es wird eine Fehlermeldung angezeigt, die den Hostnamen betrifft.

  Lösung: Der Hostname wurde vielleicht falsch angegeben. Überprüfen Sie, ob der Hostname in den Einstellungen vollständig angegeben wurde, zum Beispiel als *external01.microsoft.com* und nicht einfach nur als *external01*. Vielleicht funktioniert auch die DNS-Namensauflösung nicht richtig. Wenn das der Fall ist, geben Sie die IP-Adresse des Hosts statt seines Namens ein.

- *Problem:* Es wird eine Fehlermeldung angezeigt, in der von einer ungültigen IP-Adresse die Rede ist.

  Lösung: Überprüfen Sie die IP-Adresse oder geben Sie die Adresse neu ein. War die IP-Adresse korrekt, ist das TCP/IP-Netzwerk vielleicht falsch konfiguriert. Überprüfen Sie Ihre Netzwerkprotokolle und -komponenten, wie im Abschnitt »Einstellen der Netzwerkprotokolle und -komponenten« dieses Kapitels beschrieben. Vielleicht müssen Sie ein Standardgateway und eine statische IP-Adresse für die Verbindung festlegen.

- *Problem:* Es wird eine Meldung angezeigt, in der es heißt, das Protokoll werde nicht unterstützt, und die Verbindung kommt nicht zustande.

  Lösung: Stellen Sie das Protokoll auf automatisch, statt es explizit auf PPTP oder L2TP einzustellen. Prüfen Sie die Einstellungen für die sichere Anmeldung. Vielleicht ist die Einstellung so erfolgt, dass ein Kennwort statt einer Smartcard erforderlich ist, oder umgekehrt. Wenn die Einstellungen in Ordnung sind, überprüfen Sie, ob Sie Windows-Anmeldeinformationen und die Domäne übermitteln, denn das könnte erforderlich sein, wie im Abschnitt »Einstellen der Verbindungsanmeldungsinformationen« weiter oben in diesem Kapitel beschrieben.

- *Problem:* Es lassen sich keine Netzlaufwerke zuordnen und keine Drucker verwenden.

  Lösung: Für die Zuordnung von Netzlaufwerken und die Verwendung von freigegebenen Druckern ist die Datei- und Druckerfreigabe für Microsoft-Netzwerke erforderlich. Aktivieren Sie diese Komponente, wie im Abschnitt »Einstellen der Netzwerkprotokolle und -komponenten« dieses Kapitels beschrieben.

- *Problem:* Manche Dienste hängen oder arbeiten nicht richtig.
  Lösung: Überprüfen Sie die Proxy- und Firewalleinstellungen. Diese Einstellungen können die verfügbaren Dienste einschränken.

Drahtlosnetzwerke

Damit Benutzer ihre Laptops leichter zu Meetings und in andere Räumlichkeiten des Bürogebäudes mitnehmen und ans Netzwerk anschließen können, installieren viele Organisationen Drahtlosnetzwerke. Drahtlosnetzwerke (oder Funknetzwerke) können in verschiedenen Konfigurationen aufgebaut und verwendet werden. Dieser Abschnitt beschreibt die gebräuchlichsten Konfigurationen.

Drahtlosgeräte und Drahtlostechnologien

Wenn Sie mit Drahtlosnetzwerken arbeiten, sind *Drahtlosnetzwerkadapter* und *Drahtloszugriffspunkt* die häufigsten Begriffe, mit denen Sie es zu tun haben. Drahtlosnetzwerkadapter gibt es beispielsweise als PCI-Karten (Peripheral Component Interconnect) für Desktopgeräte und als USB-Geräte (Universal Serial Bus) für mobile Computer oder Desktops. Viele moderne Laptops haben bereits einen Drahtlosadapter eingebaut. Ein Drahtlosadapter kommuniziert mithilfe einer integrierten Sende- und Empfangsvorrichtung und einer kleinen Antenne mit einem Zugriffspunkt (access point). Im Normalfall ist ein Zugriffspunkt direkt mit dem herkömmlichen Netzwerk der Organisation verbunden und kann auch selbst als Netzwerkhub oder -switch dienen. Das bedeutet, dass er über Buchsen verfügt, die Kabelverbindungen ermöglichen, und dass er natürlich Drahtlosverbindungen herstellen kann. Für Zugriffspunkte gibt es auch noch andere Bezeichnungen, beispielsweise *Basisstationen* oder *drahtlose Gateways*.

Die gebräuchlichsten Drahtlosadapter und Zugriffspunkte basieren auf der IEEE-Spezifikation 802.11 (IEEE steht für Institute of Electrical and Electronics Engineers). Drahtlosgeräte, die auf dieser Spezifikation basieren, können Wi-Fi-zertifiziert sein, um zu beweisen, dass ihre Leistung und Kompatibilität sorgfältig überprüft wurde. Tabelle 16.3 bietet einen Funktionsvergleich der gebräuchlichsten Drahtlostechnologien, die auf IEEE 802.11 basieren. Die Tabelle beschreibt vier Standards. Jeder hat seine Vor- und Nachteile. An dieser Stelle sei darauf hingewiesen, dass Drahtlosgeräte nach 802.11a zwar nicht mit Geräten nach 802.11b oder 802.11g kommunizieren können, aber derzeit verwenden nur wenige Geräte den 5-Gigahertz-Bereich. Daher ist die Wahrscheinlichkeit für Störungen durch andere Drahtlosgeräte, die hauptsächlich im 2,4-GHz-Bereich arbeiten, geringer.

Tabelle 16.3 Technologien für Drahtlosnetzwerke

Drahtlos-standard	802.11a	802.11b	802.11g	802.11n
Geschwindigkeit	Bis zu 54 MBit/s	Bis zu 11 MBit/s	Bis zu 54 MBit/s	Bis zu 540 MBit/s
Sendefrequenz	5 GHz	2,4 GHz	2,4 GHz	2,4 GHz, 5 GHz oder beide
Effektive Reichweite in Gebäuden	Ungefähr 7 bis 22 Meter	Ungefähr 30 bis 45 Meter	Ungefähr 30 bis 45 Meter	Ungefähr 60 bis 90 Meter
Kompatibilität	Nicht kompatibel zu 802.11b und 802.11g	Drahtlosgeräte nach 802.11b können mit 11 MBit/s mit Drahtlosgeräten nach 802.11g kommunizieren. Drahtlosgeräte nach 802.11g können mit 11 MBit/s mit Zugriffspunkten nach 802.11b kommunizieren.	Drahtlosgeräte nach 802.11g können mit 11 MBit/s mit Drahtlosgeräten nach 802.11b kommunizieren.	Drahtlosgeräte nach 802.11n können mit 11 MBit/s mit Drahtlosgeräten nach 802.11b und mit 54 MBit/s mit Drahtlosgeräten nach 802.11g kommunizieren.

Zu den neueren Übertragungsspezifikationen in 802.11 gehört 802.11n. 802.11n bietet eine Geschwindigkeit von bis zu 540 MBit/s und kann mit 802.11b- und 802.11g-Geräten kommunizieren. Um eine hohe Übertragungsgeschwindigkeit zu erreichen, kann 802.11n mehrere Empfänger und mehrere Sender nutzen. Jeder Sender kann wiederum einen oder mehrere Datenstreams übertragen. Je mehr solcher Streams ein Gerät auf alle Sender und Empfänger verteilt, desto höher wird der Durchsatz. Viele Geräte nach dem Standard 802.11n, die mehrere Sender und Empfänger eingebaut haben, fassen allerdings schwache und reflektierte Signale in einem Datenstream zusammen, um die Reichweite zu erhöhen.

Zur Verbesserung der Sicherheit hat das IEEE den neueren Standard 802.11i definiert. Im Gegensatz zu den Standards 802.11a, 802.11b, 802.11g und 802.11n beschäftigt sich der Standard 802.11i aber nicht mit Übertragungsgeschwindigkeiten und Sendefrequenzen. 802.11i ist ein Sicherheitsstandard, durch den die vorhandenen Standards ergänzt werden. Genauer gesagt, er beschreibt zusätzliche Sicherheitsfunktionen für die Funkspezifikationen von 802.11a, 802.11b und 802.11g. Das bedeutet, dass Netzwerkadapter und Zugriffspunkte nach 802.11a die Sicherheitsfunktionen von 802.11i übernehmen können, wie auch die Drahtlosprodukte nach 802.11b und 802.11g.

HINWEIS   Beachten Sie bitte, dass manche Computer, insbesondere Laptops, bereits integrierte Chipsätze enthalten, die mehrere Drahtlostechnologien unterstützen. Wi-Fi Protected Access Version 2 (WPA2) ist die von der Wi-Fi Alliance zertifizierte Implementierung von 802.11i. WPA2 bietet alle Elemente, die der Standard 802.11i verlangt.

PRAXISTIPP   Beschäftigen Sie sich mit den Kompatibilitätsproblemen, die sich ergeben können, bevor Sie Geräte einsetzen, die nicht auf IEEE 802.11 basieren. Es gibt immer mehr Geräte im Handel, die sehr hohe Übertragungsgeschwindigkeiten erreichen. Einige dieser Geräte erreichen die höhere Geschwindigkeit durch Komprimierung und ähnliche Methoden, wobei sie sich im Rahmen der IEEE 802.11-Spezifikation bewegen. Andere verwenden vielleicht Spezialentwicklungen des Herstellers. Das kann bedeuten, dass Sie die Drahtlosadapter und Zugriffspunkte dieses Herstellers verwenden müssen, um die höhere Übertragungsleistung zu erreichen. Weitere Informationen über Drahtlosstandards und zertifizierte Geräte finden Sie unter *http://www.wi-fi.org*.

Sicherheit im Drahtlosnetzwerk

Die Absicherung eines Drahtlosnetzwerks unterscheidet sich wesentlich von der Absicherung eines herkömmlichen Netzwerks. Bei einem herkömmlichen Netzwerk erfolgt die Verbindung des Computers mit dem Netzwerk über ein spezielles Netzwerkkabel. Ein Benutzer muss ein Kabel verwenden, um seinen Computer elektrisch mit dem Netzwerk zu verbinden, und er braucht dafür Zugang zu einem der internen Switches oder Hubs. Schließt ein Unbefugter seinen Computer ans Netzwerk an, ist das ziemlich leicht zu erkennen. Folgt man dem Kabel, gelangt man irgendwann zum Computer des unerwünschten Eindringlings.

Wenn Sie dagegen ein Drahtlosnetzwerk installieren, hat im Prinzip jeder, der sich in Reichweite eines Ihrer Zugriffspunkte aufhält, Zugriff auf Ihr Netzwerk. Dann kann er nicht nur die ausgesendeten Signale empfangen, sondern auch versuchen, ins Netzwerk einzubrechen. Die schlechte Nachricht lautet, dass es schwierig ist, den Eindringling zu lokalisieren, weil es keinen Draht gibt, dem man nur zu folgen braucht. Und die richtig schlechte Nachricht lautet, dass ein Benutzer gewöhnlich bereits hinter der Firewall Ihrer Organisation ist, wenn es ihm gelingt, über einen Drahtloszugriffspunkt Zugang zum Netzwerk zu erhalten. Um das Netzwerk zu schützen, sollten Sie die Firewall konfigurieren, sofern eine verfügbar ist, und die Drahtlosgeräte so einrichten, dass alle Übertragungen verschlüsselt werden.

Die simpelste Verschlüsselungsmethode für Drahtlosgeräte ist Wireless Equivalency Protection (WEP). Wenn Sie WEP verwenden, werden die Daten mit einem geheimen Schlüssel verschlüsselt, der 40, 128 oder 152 Bit lang oder länger sein kann. Alle Daten werden vor der Übertragung mit einem symmetrischen Schlüssel verschlüsselt, der vom WEP-Schlüssel oder Kennwort abgeleitet wird. Jeder Computer, der die Daten lesen will, muss in der Lage sein, sie mit diesem Schlüssel zu entschlüsseln. In einem typischen herkömmlichen Netzwerk ist die Verschlüsselung mit einem gemeinsamen geheimen Schlüssel schon ausreichend, um die Daten zu schützen. In einem

Drahtlosnetzwerk mit hohem Übertragungsaufkommen ist es möglich, dass jemand den gemeinsamen Schlüssel knackt. Und weil sich der Schlüssel gewöhnlich über längere Zeit nicht ändert, kann sich der Eindringling dann Zugriff auf das interne Netzwerk Ihrer Organisation verschaffen.

Da WEP nur eine sehr simple Absicherung bieten kann, wird dringend von seiner Verwendung abgeraten, es sei denn, es gibt keine Alternative. Die bevorzugten Alternativen zu WEP sind Wi-Fi Protected Access (WPA) und Wi-Fi Protected Access Version 2 (WPA2). WPA wurde von der Wi-Fi Alliance als Interimsstandard übernommen, bevor der Standard 802.11i in Kraft trat. WPA2 beruht auf dem offiziellen 802.11i-Standard und ist vollständig abwärtskompatibel zu WPA.

WPA und WPA2 sind in der Lage, Schlüssel zu wechseln, um die Sicherheit zu erhöhen, und die Art zu ändern, wie Schlüssel abgeleitet werden. Durch den Wechsel der Verschlüsselungsschlüssel nach einer gewissen Zeit und dadurch, dass sie nicht immer in derselben Weise abgeleitet werden, bieten WPA und WPA2 gegenüber WEP eine wesentlich höhere Sicherheit. WPA- und WPA2-kompatible Geräte können in einem Enterprise-Modus oder in einem Personal-Modus (für kleine Firmen und Privatanwender) betrieben werden:

- **Der Enterprise-Modus bietet die Authentifizierung mit IEEE 802.1X und EAP** Im Enterprise-Modus verwenden die Drahtlosgeräte zwei Schlüsselsätze: Sitzungsschlüssel und Gruppenschlüssel. Sitzungsschlüssel sind für jede Assoziation zwischen einem Zugriffspunkt und einem Drahtlosclient eindeutig. Sie dienen dazu, eine virtuelle private Verbindung zwischen Zugriffspunkt und Client herzustellen. Gruppenschlüssel werden von allen Clients benutzt, die mit demselben Zugriffspunkt verbunden sind. Beide Schlüsselsätze werden dynamisch erzeugt und rotieren, um die Integrität der Schlüssel auch über längere Zeiträume hinweg zu schützen.

- **Der Personal-Modus bietet die Authentifizierung mit einem vordefinierten Schlüssel oder Kennwort** In einer Konfiguration für kleine Büros oder Privatanwender arbeitet WPA mit einem vordefinierten Verschlüsselungsschlüssel, statt den Verschlüsselungsschlüssel zu übertragen. Bei dieser Konfiguration gibt der Benutzer beim Zugriffspunkt einen Hauptschlüssel ein (den Gruppenschlüssel) und richtet dann alle anderen Drahtlosgeräte so ein, dass sie diesen Hauptschlüssel verwenden. Ein Drahtlosgerät verwendet den Hauptschlüssel als Ausgangspunkt, um nach mathematischen Verfahren einen Sitzungsschlüssel zu berechnen. Diesen Sitzungsschlüssel ändert es in gewissen Abständen, sodass derselbe Sitzungsschlüssel nie zweimal verwendet wird. Die Schlüsselrotation erfolgt automatisch und wird im Hintergrund durchgeführt.

WPA und WPA2 sind vollständig kompatibel zu 802.11a, 802.11b, 802.11g und 802.11n. Viele Drahtlosgeräte, die verkauft wurden, bevor es WPA und WPA2 gab, können durch ein Softwareupgrade kompatibel zu WPA und WPA2 gemacht werden. Was WPA betrifft, sind gewöhnlich keine weiteren

Modifikationen erforderlich. Für WPA2 gilt das nicht, denn manches Drahtlosgerät braucht vielleicht einen anderen Prozessor oder ein anderes Hardwareupgrade, um die rechenintensive AES-Verschlüsselung (Advanced Encryption Standard) durchführen zu können.

Beachten Sie bei der Arbeit mit WPA und WPA2 bitte Folgendes:

- Alle Produkte mit Wi-Fi-Zertifikat für WPA2 können mit Produkten zusammenarbeiten, die über ein Wi-Fi-Zertifikat für WPA verfügen.
- In WPA und WPA2 gibt es die Betriebsmodi Enterprise und Personal.
- WPA und WPA2 verwenden zur Authentifizierung 802.1X und EAP.
- WPA bietet eine starke Datenverschlüsselung nach dem Temporal Key Integrity Protocol (TKIP).
- WPA2 bietet eine erweiterte Datenverschlüsselung mit AES. Dadurch kann WPA2 den Federal Information Processing Standard (FIPS) 140-2 einiger Regierungsinstitutionen erfüllen.

HINWEIS WPA und WPA2 bieten beide eine hohe Sicherheit, um dafür zu sorgen, dass private Daten privat bleiben und nur autorisierte Benutzer Zugang zu einem Drahtlosnetzwerk erhalten. Nur WPA2 bietet eine starke Verschlüsselung durch AES, wie es von einigen Firmen und Regierungsinstitutionen verlangt wird.

Robust Security Network (RSN) ist eine weitere Sicherheitstechnologie, die von 802.11i-kompatiblen Geräten unterstützt wird. RSN ermöglicht es den Drahtlosgeräten, ihre Authentifizierungs- und Verschlüsselungsalgorithmen dynamisch zu vereinbaren. Das bedeutet, dass sich die Authentifizierungs- und Verschlüsselungsalgorithmen, die von RSN-kompatiblen Geräten verwendet werden, ändern können. Neue Authentifizierungsmethoden und -algorithmen können hinzugefügt werden, um Sicherheitsproblemen zu begegnen. RSN basiert auf EAP und AES.

Installieren und Konfigurieren eines Drahtlosadapters

Neben Notebooks mit eingebauten Drahtlosadaptern sind die beiden wichtigsten Arten von Drahtlosadaptern, die Sie verwenden werden, PC Card-Geräte für Notebooks und PCI-Karten für Desktops. Diese Adapter sind am einfachsten zu konfigurieren und nach meiner Erfahrung auch am zuverlässigsten. Außerdem sieht man immer wieder Geräte, die über ein USB-Kabel mit einem Notebook oder Desktopcomputer verbunden werden. Wenn Sie drahtlose USB-Geräte verwenden, denken Sie bitte daran, dass es zwei USB-Spezifikationen gibt, nämlich die ursprüngliche Spezifikation USB 1.0 und den Nachfolger, das schnellere USB 2.0. Ein Drahtlosgerät, das USB 2.0-konform ist, muss an einen USB 2.0-Anschluss angeschlossen werden, um richtig zu funktionieren und die Geschwindigkeit zu bieten, die Sie erwarten.

HINWEIS Die Technik ändert sich im Bereich der Drahtlosnetzwerke so schnell, dass Windows 7 die meisten Drahtlosgeräte vermutlich gar nicht erkennen wird. Das kann die Installation erschweren, denn auf Plug & Play kann man sich in diesem Fall nicht verlassen. Bei vielen Drahtlosgeräten, mit denen ich gearbeitet habe, muss man vor der Installation des Geräts ein Installationsprogramm von der mitgelieferten CD aufrufen. Das gilt besonders für USB-Geräte. Nehmen Sie sich auf jeden Fall die Zeit, die Dokumentation genau zu lesen.

Im Rahmen der Installation bietet der größte Teil der Installationssoftware seine Unterstützung bei der Einstellung des Drahtlosgeräts an. Dabei müssen Sie gewöhnlich den Namen des Drahtlosnetzwerks angeben, mit dem Sie eine Verbindung herstellen möchten, und den Modus, in dem das Gerät betrieben werden soll. Drahtlosadapter haben zwei Betriebsarten:

- **Ad-Hoc** Im Ad-Hoc-Modus stellen Sie den Drahtlosadapter so ein, dass er eine direkte Verbindung zu anderen Computern aufnehmen kann, die mit kompatiblen Drahtlosadaptern ausgerüstet sind.
- **Infrastruktur** Im Infrastrukturmodus konfigurieren Sie den Drahtlosadapter für den Einsatz in einem anders aufgebauten Drahtlosnetzwerk. Bei dieser Konfiguration erwartet der Adapter, eine Verbindung mit einem Zugriffspunkt herzustellen, also keine Direktverbindung mit anderen Computern.

Nach der Einstellung des Betriebsmodus müssen Sie vielleicht den Verschlüsselungsschlüssel eingeben, der verwendet werden soll. Wenn Ihre Organisation WEP verwendet, müssen Sie gewöhnlich den erforderlichen Verschlüsselungsschlüssel eingeben. Meistens wird dieser Schlüssel als Netzwerkschlüssel bezeichnet. Bei WPA/WPA2 werden Sie den erforderlichen Verschlüsselungsschlüssel höchstwahrscheinlich in Form eines Zertifikats oder einer Smartcard angeben.

Verwenden von Drahtlosnetzwerken und Drahtlosverbindungen

Sobald die Installation des Geräts abgeschlossen ist, sollten Sie eigentlich über das Drahtlosnetzwerk eine Verbindung herstellen können. Wie bei herkömmlichen Netzwerkkarten, für die LAN-Verbindungen definiert werden, gibt es für Drahtlosnetzwerkadapter eine Drahtlosnetzwerkverbindung, die für die Verbindung mit einem bestimmten Netzwerk zuständig ist, das als öffentliches, privates oder Domänennetzwerk ausgewiesen ist. Wenn ein Computer mit einer herkömmlichen und einer Drahtlosverbindung ausgerüstet ist, kann er zwei aktive Verbindungen haben: eine mit einem herkömmlichen Netzwerk und eine mit einem Drahtlosnetzwerk.

Bei Drahtlosnetzwerkverbindungen werden folgende zusätzliche Details über das Netzwerk und die Verbindung angezeigt:

- Der Name des Drahtlosnetzwerks (in Klammern nach der Verbindungstypangabe).
- Die aktuelle Signalstärke. Wird die Signalstärke mit nur einem Strich dargestellt, ist sie schlecht. Erfolgt die Darstellung mit fünf Strichen, ist die Signalstärke ausgezeichnet.
- Ein Link *Verbindung trennen* für die Trennung der Drahtlosverbindung.

Wenn Sie auf den Link *Status anzeigen* für die Drahtlosverbindung klicken, erscheint ein Dialogfeld wie in Abbildung 16.10. Sie können in diesem Dialogfeld *Status von Drahtlosnetzwerkverbindung* den Status der Verbindung überprüfen und die Verbindung in ähnlicher Weise einstellen. Außerdem wird angezeigt, welche Übertragungsrate die Verbindung bietet und wie lange sie bereits besteht.

Abbildung 16.10 Überprüfen Sie in diesem Dialogfeld den Status und die Signalstärke einer Drahtlosnetzwerkverbindung

Wie LAN-Verbindungen verfügen auch Drahtlosnetzwerkverbindungen über einstellbare Eigenschaften. Die Beschreibung der Konfiguration von LAN-Verbindungen gilt weitgehend auch für Drahtlosnetzwerkverbindungen. Sie können Folgendes tun:

- Netzwerkfunktionen für Clients, Dienste und Protokolle installieren oder entfernen. Klicken Sie im *Status*-Dialogfeld der Drahtlosnetzwerkverbindung auf *Eigenschaften* und dann nach Bedarf auf *Installieren* oder *Deinstallieren*.

- TCP/IPv6- und TCP/IPv4-Einstellungen für DHCP, statische IP-Adressen und dynamische IP-Adressierung durchführen. Klicken Sie im *Status*-Dialogfeld der Drahtlosnetzwerkverbindung auf *Eigenschaften* und dann mit einem Doppelklick auf *Internetprotokoll Version 6 (TCP/IPv6)* oder *Internetprotokoll Version 4 (TCP/IPv4)*.

- Drahtlosverbindungen deaktivieren oder überprüfen. Klicken Sie im *Status*-Dialogfeld der Drahtlosnetzwerkverbindung nach Bedarf auf *Deaktivieren* oder *Diagnose*.

Wenn sich bei der Erstellung von Drahtlosverbindungen Probleme ergeben und die automatische Diagnose die Probleme nicht lösen kann, helfen Ihnen vielleicht folgende Hinweise weiter:

- *Problem:* Eingeschränkte oder gar keine Verbindung mit dem Drahtlosnetzwerk.

  Lösung: Überprüfen Sie die Signalstärke. Wenn das Signal zu schwach ist, müssen Sie entweder näher an den Zugriffspunkt herangehen oder

Ihre Antenne neu ausrichten. Bei einer eingebauten Antenne müssen Sie vielleicht die Ausrichtung des Laptops zum Zugriffspunkt ändern. Das Problem könnte auch darin bestehen, dass das Netzwerk keine Verbindung herstellt und die Netzwerkadressen nicht richtig eingestellt sind. Prüfen Sie den Verbindungsstatus, indem Sie im Netzwerk- und Freigabecenter auf den Link der Verbindung klicken und sich den Verbindungsstatus im *Status*-Dialogfeld ansehen. Wird der Medienstatus nicht als *Aktiviert* angezeigt, können Sie auf *Diagnose* klicken und versuchen, das Problem mithilfe der automatischen Netzwerkdiagnose zu beseitigen.

- *Problem:* Sie können keine Verbindung mit einem Drahtlosnetzwerk herstellen.

Lösung: Wenn Sie sich außerhalb des Empfangsbereichs befinden, kann Ihr Computer keine Verbindung mit dem Drahtlosnetzwerk herstellen. Der Computer zeigt an, dass keine Drahtlosnetzwerke in Reichweite sind. Versuchen Sie, die Anzeige zu aktualisieren. Gehen Sie näher an den Zugriffspunkt heran oder ändern Sie die Position Ihrer Antenne oder des Computers in Bezug auf den Zugriffspunkt. Vielleicht ist der Computer auch nicht dafür konfiguriert, eine Verbindung mit diesem Netzwerk herstellen zu können.

TIPP Sie erreichen bessere Übertragungsgeschwindigkeiten bis hin zu dem Wert, der mit der verfügbaren Technik maximal erreichbar ist, wenn das Signal stark ist. Wenn das Signal zu schwach ist, wird die Übertragungsgeschwindigkeit vielleicht sehr stark nach unten angepasst. Versuchen Sie, die Signalstärke zu erhöhen, indem Sie die Antenne des Adapters besser ausrichten oder die Position des Computers relativ zum Zugriffspunkt verändern.

Verbinden mit Drahtlosnetzwerken

Jeder Drahtloszugriffspunkt, in dessen Sendebereich sich ein Computer befindet, sollte für einen Computer mit einem Drahtlosadapter erreichbar sein. Standardmäßig ist Windows 7 so eingestellt, dass es die geeigneten Einstellungen automatisch ermittelt. Benötigt eine Verbindung ein Kennwort oder andere Anmeldeinformationen, werden Sie aufgefordert, die Anmeldeinformationen einzugeben, sobald Sie versuchen, eine Verbindung zum Drahtlosnetzwerk herzustellen. Sie haben auch die Möglichkeit, Drahtlosverbindungen für Benutzer vorzukonfigurieren. Daher können Sie bei Bedarf eine andere Authentifizierung, eine andere Verschlüsselung und andere Kommunikationsoptionen konfigurieren.

Gehen Sie folgendermaßen vor, um eine Verbindung für ein Drahtlosnetzwerk vorzukonfigurieren:

1. Klicken Sie im Netzwerk- und Freigabecenter auf *Neue Verbindung oder neues Netzwerk einrichten*. Daraufhin wird der Assistent *Eine Verbindung oder ein Netzwerk einrichten* gestartet.

2. Wählen Sie *Manuell mit einem Drahtlosnetzwerk verbinden* und klicken Sie dann auf *Weiter*.

Sie müssen nun Informationen über das Drahtlosnetzwerk eingeben, mit dem Sie eine Verbindung herstellen möchten. Um welche Angaben es sich handelt, sollte Ihr Netzwerkadministrator Ihnen sagen können.

3. Geben Sie im Feld *Netzwerkname* den Namen des Netzwerks ein (auch als Netzwerkkennung oder SSID bezeichnet).
4. Wählen Sie in der Liste *Sicherheitstyp* die Art der Absicherung aus, die verwendet wird. Der *Verschlüsselungstyp* wird dann automatisch für Sie eingetragen.
5. Bei *WEP* und *WPA-Personal* müssen Sie im Feld *Sicherheitsschlüssel* den geforderten Schlüssel oder das Kennwort eingeben. Für einen WEP-Schlüssel gibt es zum Beispiel folgende Varianten:
    - 5 Zeichen mit Beachtung der Groß-/Kleinschreibung
    - 13 Zeichen mit Beachtung der Groß-/Kleinschreibung
    - 10 Hexadezimalzeichen ohne Beachtung der Groß-/Kleinschreibung
    - 26 Hexadezimalzeichen ohne Beachtung der Groß-/Kleinschreibung
6. Standardmäßig wird die Verbindung automatisch hergestellt, wenn sich der Benutzer anmeldet. Soll der Computer auch dann versuchen, eine Verbindung mit dem Netzwerk herzustellen, wenn das Netzwerk nicht erreichbar ist, weil es vielleicht zu weit entfernt ist, wählen Sie *Verbinden, selbst wenn das Netzwerk keine Kennung aussendet*.
7. Klicken Sie auf *Weiter* und dann auf *Schließen*.

Sofern Sie sich in Reichweite eines Drahtlosnetzwerks befinden, ist es nicht nötig, eine Verbindung vorzukonfigurieren. Stattdessen können Sie die Verbindung direkt herstellen, wobei Windows die richtigen Einstellungen selbst ermittelt. Gehen Sie folgendermaßen vor, um eine Verbindung zu einem Drahtlosnetzwerk herzustellen:

1. Klicken Sie im Netzwerk- und Freigabecenter auf *Verbindung mit einem Netzwerk herstellen*. Standardmäßig werden alle verfügbaren Netzwerke mit Namen, Status und Signalstärke aufgelistet. Wenn ein Netzwerk nicht aufgeführt wird, das eigentlich zu sehen sein sollte, klicken Sie auf die Schaltfläche *Aktualisieren*.
2. Wenn Sie den Mauszeiger auf den Eintrag eines Drahtlosnetzwerks schieben, erscheint ein kleines Hinweisfeld mit Angaben über den Namen des Netzwerks, die Signalstärke, den Sicherheitstyp, den Funktyp (unterstützter Drahtlosstandard) und die SSID des Netzwerks.
3. Nun können Sie die Verbindung zu einem Drahtlosnetzwerk herstellen oder trennen:
    - Stellen Sie die Verbindung zu einem Drahtlosnetzwerk her, indem Sie das gewünschte Netzwerk auswählen und auf *Verbinden* klicken.
    - Trennen Sie die Verbindung zu einem Drahtlosnetzwerk, indem Sie das gewünschte Netzwerk auswählen und auf *Trennen* klicken.

Verwalten und Problembehandlung von Drahtlosnetzwerken

Sie verwalten Drahtlosnetzwerke im Fenster *Drahtlosnetzwerke verwalten*. Dieses Fenster öffnen Sie, indem Sie im Netzwerk- und Freigabecenter auf *Drahtlosnetzwerke verwalten* klicken. Das Fenster *Drahtlosnetzwerke verwalten* listet die Drahtlosnetzwerke in der Reihenfolge auf, in welcher der Computer versuchen sollte, die verfügbaren Netzwerke zu erreichen. Das Netzwerk, das die Liste anführt, wird vor allen anderen ausprobiert. Wenn der Computer keine Verbindung mit diesem Netzwerk herstellen kann, wird das nächste Netzwerk aus der Liste ausprobiert, und so weiter.

Wenn Sie die Reihenfolge der Einträge in dieser Liste ändern möchten, klicken Sie einen Eintrag an und verschieben ihn dann mit den Schaltflächen *Nach unten* oder *Nach oben* auf die Position, die er in der Liste erhalten soll. Klicken Sie bei Bedarf auf *Hinzufügen*, um ein neues Drahtlosnetzwerk zu definieren, das in die Liste aufgenommen werden soll. Wenn Sie einen Eintrag löschen möchten, klicken Sie ihn an und klicken dann auf *Entfernen*.

Windows 7 enthält zahlreiche Tools für Problembehandlung und Test der Netzwerkkonnektivität. Der Abschnitt »Problembehandlung und Testen von Netzwerkeinstellungen« in Kapitel 15 beschreibt Techniken für die Diagnose und Beseitigung von Netzwerkproblemen. Bei Drahtlosnetzwerken werden Sie mit ähnlichen Problemen zu tun haben. Neben den dort schon beschriebenen Problembehandlungstechniken können Sie Folgendes probieren:

- Prüfen Sie die Sicherheitskonfiguration für das Drahtlosnetzwerk und überzeugen Sie sich, dass die Einstellungen richtig sind. Geben Sie den Sicherheitsschlüssel erneut ein.
- Stellen Sie sicher, dass das Drahtlosgerät richtig aufgestellt ist und sich in Reichweite des Drahtloszugriffspunkts befindet. Sie können auch versuchen, den Computer näher zum Zugriffspunkt zu bringen.
- Stellen Sie sicher, dass keine Störungen von anderen Geräten ausgehen, die denselben Frequenzbereich verwenden, oder von Geräten, die magnetische Felder generieren. Versuchen Sie, Geräte wegzustellen oder auszuschalten, wenn sie Störungen verursachen.

17 Erledigen von Wartungs- und Supportaufgaben

Übersicht über das Kapitel:
Verwalten automatischer Updates 705
Verwenden der Remoteunterstützung zur Problembehebung 712
Erkennen und Beheben von Windows 7-Fehlern 717
Planen von Wartungsarbeiten 720
Sichern und Wiederherstellen eines Computers 725
Problembehandlung für Systemstart und Herunterfahren 739

In diesem Buch habe ich an mehreren Stellen Support- und Problembehandlungstechniken beschrieben, die Ihnen bei der Administration von Windows 7 helfen. In diesem Kapitel lernen Sie Techniken kennen, mit denen Sie den Support für Computer verbessern, auf die Sie keinen direkten Zugriff haben, und mit denen Sie bestimmte Problemarten beseitigen. Ich beginne mit einer Beschreibung der automatischen Updates und zeige dann, wie Sie mithilfe der Remoteunterstützung Probleme auch dann beseitigen, wenn Sie nicht selbst vor dem Computer des Benutzers sitzen. Vergessen Sie in diesem Zusammenhang nicht die Problemaufzeichnung (*Psr.exe*). Wie in Kapitel 5, »Verwalten von Benutzerzugriff und Sicherheit«, beschrieben, können Sie mit diesem Tool Details über ein Problem aufzeichnen, das bei einem Benutzer auftritt; dazu brauchen Sie selbst keinen Zugriff auf den Computer des Benutzers.

Verwalten automatischer Updates

Die Standardfunktion von Windows 7 für automatische Updates heißt *Windows Update*. Windows Update ist eine erweiterte Version der automatischen Updatefunktion aus den früheren Windows-Versionen. Windows Update wird nicht nur zur Aktualisierung des Betriebssystems verwendet, sondern auch zur Aktualisierung der Programme, die zum Lieferumfang des Betriebssystems gehören, und zur Aktualisierung von Gerätetreibern. Die folgenden Abschnitte beschreiben, wie Windows Update funktioniert und wie es Sie dabei unterstützt, den Computer auf dem neusten Stand zu halten.

Windows Update: Die Grundlagen

Windows Update ist eine Clientkomponente, die regelmäßig einen dafür vorgesehenen Server kontaktiert und ihn auf Updates überprüft. Sind Updates verfügbar, kann Windows Update je nach Konfiguration die Updates automatisch herunterladen und installieren oder Benutzer und Administratoren darüber informieren, dass Updates verfügbar sind. Die Serverkomponente, mit der Windows Update Kontakt aufnimmt, ist entweder die Windows Update-Website von Microsoft (http://windowsupdate.microsoft.com/) oder ein dafür vorgesehener Windows-Updatedienstserver, der von Ihrer Organisation eingerichtet und betrieben wird.

Im Unterschied zu den automatischen Updatefunktionen in älteren Windows-Versionen, die nur kritische Updates verteilen und installieren, unterstützt Windows Update die Verteilung und Installation folgender Typen:

- **Kritische Updates**   Updates, die als entscheidend für die Stabilität und den Schutz eines Computers eingestuft werden
- **Sicherheitsupdates**   Updates, die das System sicherer machen sollen
- **Update-Rollups**   Updates, die andere Updates enthalten
- **Service Packs**   Ein umfassendes Update des Betriebssystems und seiner Komponenten, gewöhnlich mit kritischen Updates, Sicherheitsupdates und Update-Rollups
- **Optionale Updates**   Updates, die möglicherweise nützlich sind, beispielsweise Updates für Treiber

Ein wichtiger Teil der Erweiterung besteht darin, dass Windows Update Downloads priorisieren kann, damit Updates in der Reihenfolge ihrer Wichtigkeit angewendet werden. Die wichtigsten Updates können also zuerst heruntergeladen und installiert werden, bevor die weniger wichtigen folgen. Außerdem können Sie einstellen, wie ein Computer überprüft, ob Updates vorliegen, und wie er Updates installiert. Üblich ist eine Prüfung in Abständen von 22 Stunden. In den Gruppenrichtlinien können Sie dieses Intervall ändern. Standardmäßig installieren Computer täglich nachts um 3 Uhr Ortszeit die Updates, die sie heruntergeladen haben. Sie können bei Bedarf die Installationszeit ändern und die Installation so einstellen, dass Sie informiert werden.

Windows 7 reduziert die Anzahl der nach Updates erforderlichen Neustarts, indem es zulässt, dass eine neue Version einer aktualisierten Datei installiert wird, während die alte Datei noch von einer Anwendung oder einer Betriebssystemkomponente benutzt wird. Dabei kennzeichnet Windows 7 die betreffende Datei für die Aktualisierung und ersetzt sie beim nächsten Start der Anwendung automatisch. Bei einigen Anwendungen und Komponenten kann Windows 7 die Daten der Anwendung speichern, die Anwendung schließen, die Datei aktualisieren und die Anwendung dann wieder starten. Insgesamt hat der Aktualisierungsvorgang also weniger direkte Auswirkungen auf Benutzer.

PRAXISTIPP   Automatische Updates verwendet den intelligenten Hintergrundübertragungsdienst (Background Intelligent Transfer Service, BITS) zur Übertragung der Dateien. BITS ist ein Dienst, der im Hintergrund Dateien übertragen kann und in der Lage ist, unterbrochene Übertragungen wieder aufzunehmen. BITS Version 3.5, das in Windows 7 vorliegt, verbessert den Übertragungsmechanismus so, dass die verfügbare Bandbreite effizienter genutzt wird. Das bedeutet auch, dass insgesamt weniger Daten übertragen werden und die Übertragung schneller erfolgt. Durch Gruppenrichtlinien lässt sich BITS so einstellen, dass Updates nur zu bestimmten Zeiten heruntergeladen werden und die verwendete Bandbreite begrenzt wird. Sie konfigurieren diese und andere Einstellungen mit der Richtlinie *Arbeitszeitplan zur Beschränkung der für BITS-Übertragungen im Hintergrund verwendeten maximalen Netzwerkbandbreite einrichten*, zu finden in den Gruppenrichtlinien unter *Computerkonfiguration\Richtlinien\Administrative Vorlagen\Netzwerk\Intelligenter Hintergrundübertragungsdienst*. Außerdem kann Windows 7 Updates mit BITS 3.5 von vertrauenswürdigen Partnern aus dem LAN (Local Area Network), von einem Updateserver oder direkt von Microsoft anfordern. Sobald ein anderer Computer im Netzwerk (ein »Peer«) über eine Kopie eines Updates verfügt, können andere Computer im LAN dies automatisch erkennen und das Update direkt von diesem Peer herunterladen. Das erforderliche Update braucht also im Prinzip nur einmal über das WAN (Wide Area Network) übertragen zu werden, und nicht Dutzende oder Hunderte Male.

Sie können automatische Updates auf verschiedene Weise benutzen. Das System lässt sich folgendermaßen einstellen:

- *Updates automatisch installieren* Bei dieser Einstellung ruft das Betriebssystem in einem einstellbaren Intervall (standardmäßig alle 22 Stunden) die verfügbaren Updates ab und installiert sie nach Zeitplan, standardmäßig nachts um 3 Uhr. Dieses Verhalten wurde gegenüber Windows XP geändert, denn es ist nicht mehr erforderlich, dass Benutzer die Updates akzeptieren müssen, bevor sie installiert werden. Stattdessen werden Updates automatisch heruntergeladen und dann nach Zeitplan installiert. Als Zeitplan lässt sich die tägliche Installation zu einem bestimmten Zeitpunkt oder die Installation an einem bestimmten Wochentag zu einem bestimmten Zeitpunkt einstellen.

- *Updates herunterladen, aber Installation manuell durchführen* Bei dieser Einstellung (der Standardeinstellung) ruft das Betriebssystem alle Updates ab, sobald sie verfügbar sind, und informiert den Benutzer, wenn sie zur Installation bereit sind. Der Benutzer kann die Updates dann annehmen oder ablehnen. Angenommene Updates werden installiert. Abgelehnte Updates werden zwar nicht installiert, bleiben aber auf dem System und können bei Bedarf später installiert werden.

- *Nach Updates suchen, aber Zeitpunkt zum Herunterladen und Installieren manuell festlegen* Bei dieser Einstellung informiert das Betriebssystem den Benutzer, bevor es Updates abruft. Entscheidet sich der Benutzer für das Herunterladen eines Updates, erhält er noch die Gelegenheit, es anzunehmen oder abzulehnen. Angenommene Updates werden installiert. Abgelehnte Updates werden zwar nicht installiert, bleiben aber auf dem System und können bei Bedarf später installiert werden.

- *Nie nach Updates suchen* Wenn automatische Updates deaktiviert sind, werden Benutzer nicht über Updates informiert. Allerdings können Sie Updates manuell von der Windows Update-Website herunterladen.

Wenn Windows Update so konfiguriert ist, dass es Updates automatisch herunterlädt und installiert, werden die Benutzer nur beiläufig über die Verfügbarkeit oder Installation der Updates benachrichtigt. Wenn Sie eine Benachrichtigung in der Taskleiste anklicken, erhalten Sie ausführlichere Informationen über ein Update.

Konfigurieren der automatischen Updates

Windows 7 unterteilt Updates in folgende Kategorien:

- **Wichtige Updates**   Umfasst kritische Updates, Sicherheitsupdates, Update-Rollups und Service Packs für das Betriebssystem und für Programme, die zum Lieferumfang des Betriebssystems gehören.
- **Empfohlene Updates**   Umfasst Updates für Treiber, die mit dem Betriebssystem ausgeliefert werden, sowie empfohlene optionale Updates.
- **Updates für Microsoft-Produkte**   Umfasst Updates für andere Microsoft-Produkte, die auf dem Computer installiert sind, sowie neue optionale Microsoft-Software.
- **Point-and-Print-Treiber**   Umfasst Updates für Treiber, die clientseitiges Rendering ermöglichen.

HINWEIS   In der Standardeinstellung umfasst Windows Update auch Updates aus Webkompatibilitätslisten von Microsoft. Die aufgelisteten Sites werden in der Kompatibilitätsansicht automatisch angezeigt. Sie können dieses Feature in *Computerkonfiguration\Richtlinien\Administrative Vorlagen\Windows-Komponenten\Internet Explorer\Kompatibilitätsansicht* konfigurieren.

PRAXISTIPP   Wenn Sie die Editionen Home, Ultimate oder Professional von Windows 7 einsetzen, setzt Windows Update die Suche nach kompatiblen Point-and-Print-Treibern auch dann fort, wenn es auf dem Computer selbst und auf der Windows Update-Site keine findet. Findet der Computer keinen geeigneten Treiber, versucht er, eine Verbindung mit irgendeinem verfügbaren Treiber herzustellen, der die Hardware unterstützt. Wenn Sie allerdings Windows 7 Enterprise Edition verwenden, müssen Sie explizit die Richtlinie *Point-and-Print-Verbindung auf die Suche in Windows Update ausdehnen* aktivieren, damit dieses Verhalten angewendet wird. Sie finden diese Richtlinie unter *Computerkonfiguration\Richtlinien\Administrative Vorlagen\Drucker*.

In der Standardeinstellung ist Windows 7 so konfiguriert, dass es wichtige Updates automatisch installiert. Gehen Sie folgendermaßen vor, um die automatischen Updates auf einem bestimmten Computer individuell zu konfigurieren:

1. Klicken Sie in der Systemsteuerung auf *System und Sicherheit* und dann auf *Windows Update*. Daraufhin öffnet sich die Seite *Windows Update*.
2. Klicken Sie im linken Fensterabschnitt auf *Einstellungen ändern*. Daraufhin öffnet sich die Seite *Einstellungen ändern*.
3. Stellen Sie ein, ob und wie Updates eingespielt werden sollen.

4. Aktivieren Sie das Kontrollkästchen *Empfohlene Updates auf die gleiche Weise wie wichtige Updates bereitstellen*, wenn Sie Updates aktiviert haben und Treiber sowie optionale Updates installieren wollen.
5. Aktivieren Sie das Kontrollkästchen *Allen Benutzern das Installieren von Updates auf diesem Computer ermöglichen*, wenn Sie Standardbenutzern erlauben wollen, Updates zu installieren.
6. Aktivieren Sie das Kontrollkästchen *Updates für Microsoft-Produkte beim Ausführen von Windows Update bereitstellen und nach neuer optionaler Microsoft-Software suchen*, wenn Sie auch Updates für Microsoft-Produkte und optionale Microsoft-Software erhalten wollen.
7. Klicken Sie auf *OK*.

In einer Active Directory-Domäne können Sie automatische Updates mit den Gruppenrichtlinien in *Richtlinien\Administrative Vorlagen\Windows-Komponenten\Windows Update* unter *Computerkonfiguration* oder *Benutzerkonfiguration* zentral konfigurieren und verwalten. Tabelle 17.1 fasst die wichtigsten Richtlinien zusammen.

Tabelle 17.1 Richtlinien zum Verwalten von automatischen Updates

Richtlinie	Funktion
Automatische Updates konfigurieren	Mit dieser Einstellung konfigurieren Sie Automatische Updates, wobei Sie ähnliche Optionen zur Verfügung haben, wie in diesem Kapitel beschrieben. Sie können auch den Installationszeitpunkt festlegen.
Automatische Updates sofort installieren	Wenn diese Einstellung aktiviert ist, werden Updates, die weder Windows-Dienste unterbrechen noch Neustarts des Computers erfordern, sofort nach dem Herunterladen installiert.
Clientseitige Zielzuordnung aktivieren	Mit dieser Einstellung kann ein Administrator eine Zielgruppe für das aktuelle Gruppenrichtlinienobjekt definieren. Durch die Einführung clientseitiger Zielgruppen können Administratoren kontrollieren, welche Updates auf bestimmten Computergruppen installiert werden. Bevor ein Update bereitgestellt wird, muss es für eine bestimmte Zielgruppe zugelassen werden.
Empfohlene Updates über Automatische Updates aktivieren	Ist diese Richtlinie aktiviert, werden neben den üblichen Updates auch empfohlene Updates und andere optionale Updates installiert, einschließlich Treiberupdates.
Erneut zu einem Neustart für geplante Installationen auffordern	Ist diese Einstellung aktiviert und Automatische Updates auf die Installation von Updates nach Zeitplan eingestellt, sorgt diese Einstellung dafür, dass der angemeldete Benutzer nach einer gewissen Zeit erneut auf den erforderlichen Neustart hingewiesen wird, falls er den letzten Hinweis ignoriert hat. Ist diese Einstellung deaktiviert oder nicht konfiguriert, beträgt das Standardintervall für den erneuten Hinweis 10 Minuten.
Internen Pfad für den Microsoft Updatedienst angeben	Ist diese Einstellung aktiviert, können Sie den vollständigen Domänennamen des Microsoft Updatedienstservers angeben, der von Ihrer Organisation eingerichtet und betrieben wird, sowie den dazugehörigen Statistikserver. Beide Dienste können auf demselben Server ausgeführt werden. ▶

Richtlinie	Funktion
Keinen automatischen Neustart für geplante Installationen automatischer Updates durchführen, wenn Benutzer angemeldet sind	Mit dieser Einstellung können Sie festlegen, dass der Computer nach der Installation von Updates, die einen Neustart erfordern, nicht neu gestartet wird, falls ein Benutzer angemeldet ist. Stattdessen wird der Benutzer darüber informiert, dass ein Neustart erforderlich ist. Nach dem Neustart des Computers wird die Installation des Updates abgeschlossen.
Neustart für geplante Installationen verzögern	Ist nach der Installation eines Updates ein Neustart des Computers erforderlich, wird der Computer mit einer Verzögerung von 5 Minuten neu gestartet. Um eine andere Verzögerung einzustellen, aktivieren Sie diese Richtlinie und legen dann die Verzögerungszeit fest.
Nichtadministratoren gestatten, Updatebenachrichtigungen zu erhalten	Ist diese Einstellung aktiviert, kann jeder Benutzer, der auf dem Computer angemeldet ist, Updatebenachrichtigungen erhalten, sofern dies in der Konfiguration der automatischen Updates vorgesehen ist. Ist diese Einstellung deaktiviert oder nicht konfiguriert, erhalten nur Administratoren Updatebenachrichtigungen.
Suchhäufigkeit für automatische Updates	Diese Einstellung legt das Intervall fest, in dem eine Überprüfung auf neue Updates erfolgt. Standardmäßig prüfen Computer alle 22 Stunden, ob neue Updates vorliegen. Wenn Sie diese Richtlinie aktivieren und ein anderes Intervall einstellen, wird dieses Intervall mit einer zufällig gewählten Abweichung von bis zu 20 Prozent übernommen. Wenn Sie also ein Intervall von 48 Stunden einstellen, hängt das tatsächlich verwendete Intervall vom Computer ab und liegt ungefähr zwischen 38 und 58 Stunden.
Windows Update-Energieverwaltung aktivieren, um das System zur Installation von geplanten Updates automatisch zu reaktivieren	Wenn diese Richtlinie aktiviert ist und der Computer für die automatisierte Installation von Updates nach einem Zeitplan konfiguriert ist, verwendet Windows Update die Energieverwaltungsfunktionen des Computers, um den Computer zur geplanten Updatezeit aus dem Energiesparmodus aufzuwecken und dann die Updates zu installieren. Dieser Prozess findet nicht statt, wenn der Computer im Akkubetrieb läuft.
Zeitplan für geplante Installationen neu erstellen	Ist diese Einstellung aktiviert, gibt sie an, wie lange nach einem Systemstart gewartet wird, bis eine noch ausstehende Installation durchgeführt wird.
Zugriff auf alle Windows Update-Funktionen entfernen	Wenn Sie diese Einstellung aktivieren, werden alle Windows Update-Komponenten aus der Benutzerschnittstelle entfernt. Automatische Updates werden deaktiviert und Benutzer können nicht auf Windows Update zugreifen.

Suchen nach Updates

Die Hauptseite *Windows Update* zeigt an, wann der Computer oder ein Benutzer die letzte Überprüfung auf neue Updates vorgenommen hat, wann das letzte Mal Updates installiert wurden und wie die automatischen Updates konfiguriert sind. Mit folgenden Schritten können Sie die Nutzungsdaten überprüfen oder eine manuelle Prüfung auf neue Updates vornehmen:

1. Klicken Sie in der Systemsteuerung auf *System und Sicherheit* und dann auf *Windows Update*. Sie sehen Angaben über die letzte Prüfung auf Updates, die letzte Installation von Updates und die aktuelle Updatekonfiguration.

2. Wenn Sie manuell eine Suche nach Updates durchführen möchten, klicken Sie auf *Nach Updates suchen*.
3. Wenn Sie optionale Updates installieren wollen, die möglicherweise verfügbar sind, können Sie den Link anklicken, der zeigt, wie viele optionale Updates verfügbar sind.
4. Wählen Sie auf der Seite *Zu installierende Updates auswählen* die Updates aus, die Sie installieren wollen, und klicken Sie auf *OK*.

Anzeigen des Updateverlaufs und der installierten Updates

Der Downloadmanager von Windows Update trägt erfolgreiche und fehlgeschlagene Updates in ein Updateprotokoll ein. Sie können dieses Protokoll folgendermaßen einsehen:

1. Klicken Sie in der Systemsteuerung auf *System und Sicherheit* und dann auf *Windows Update*.
2. Klicken Sie im linken Anzeigebereich auf *Updateverlauf anzeigen*. Dadurch öffnet sich die Seite *Updateverlauf anzeigen*.

Updates, die auf der Seite *Updateverlauf anzeigen* mit dem Status *Erfolgreich* angezeigt werden, wurden heruntergeladen und installiert. Updates, die mit dem Status *Nicht erfolgreich* oder *Fehlgeschlagen* angezeigt werden, wurden zwar heruntergeladen, konnten aber nicht installiert werden. Wenn Sie ein Update entfernen möchten, klicken Sie auf der Seite *Updateverlauf anzeigen* auf *Installierte Updates*. Klicken Sie dann auf der Seite *Installierte Updates* mit der rechten Maustaste auf das Update, das Sie nicht haben wollen, und wählen Sie *Deinstallieren*.

Entfernen von Updates zur Problembehebung

Machen Sie sich keine Sorgen, wenn ein automatisches Update auf einem System Probleme verursacht. Sie können ein Update in derselben Weise entfernen, wie Sie andere Programme entfernen. Gehen Sie folgendermaßen vor:

1. Klicken Sie in der Systemsteuerung auf *System und Sicherheit* und dann auf *Windows Update*.
2. Klicken Sie auf *Updateverlauf anzeigen* und dann auf *Installierte Updates*.
3. Um ein Update zu entfernen, wählen Sie es in der Liste aus und klicken dann auf *Deinstallieren*.

Ausblenden verfügbarer Updates

Im Lauf der Zeit sammelt sich bei einem Benutzer möglicherweise eine Reihe von Updates an, die absichtlich nicht installiert wurden, aber dennoch in der Liste der Updates aufgeführt werden, die für eine Installation zur Verfügung stehen. Wenn Sie, oder der Benutzer, ein Update geprüft und entschieden haben, es nicht zu installieren, können Sie es folgendermaßen ausblenden:

1. Klicken Sie in der Systemsteuerung auf *System und Sicherheit* und dann auf *Windows Update*.
2. Klicken Sie auf den Link, der angibt, wie viele Updates verfügbar sind.

3. Klicken Sie auf der Seite *Zu installierende Updates auswählen* mit der rechten Maustaste auf das Update, das Sie nicht installieren wollen, und wählen Sie den Befehl *Update ausblenden*.

Wiederherstellen abgelehnter Updates

Wenn ein Benutzer ein Update ablehnt, er nicht über Updates benachrichtigt werden möchte oder er Updates nicht automatisch installieren will, können Sie die Updates wiederherstellen, sodass sie manuell installiert werden können. Gehen Sie dazu folgendermaßen vor:

1. Klicken Sie in der Systemsteuerung auf *System und Sicherheit* und dann auf *Windows Update*.
2. Klicken Sie auf *Ausgeblendete Updates anzeigen*.
3. Wählen Sie auf der Seite *Ausgeblendete Updates anzeigen* ein Update aus, das Sie installieren möchten, und klicken Sie auf *Wiederherstellen*.
4. Windows 7 stellt abgelehnte Updates so wieder her, dass sie mit dem üblichen Benachrichtigungs- und Installationsprozess gewählt und installiert werden können.

Verwenden der Remoteunterstützung zur Problembehebung

Remoteunterstützung ermöglicht es den Supportmitarbeitern, den Desktop eines Benutzers einzusehen und zeitweilig die Kontrolle zu übernehmen, um bestimmte Probleme zu lösen oder den Benutzer durch komplexe Aufgaben zu führen. Sobald die Remoteunterstützung lokal konfiguriert ist, wie in Kapitel 5 beschrieben, oder über Gruppenrichtlinien eingerichtet wurde, wie in Kapitel 3, »Konfigurieren von Benutzer- und Computerrichtlinien«, besprochen, können Sie mit dieser Funktion arbeiten.

Funktionsweise der Remoteunterstützung

Remoteunterstützung ist unter Windows XP und neueren Windows-Versionen verfügbar. Nur Benutzer, die diese Betriebssysteme verwenden, können Remoteunterstützungseinladungen versenden und darauf reagieren. Im Unternehmen ist es am einfachsten, wenn Sie nach dem folgenden Prinzip mit der Remoteunterstützung arbeiten:

1. Stellen Sie sicher, dass Sie mit einem Benutzerkonto arbeiten, das Mitglied der lokalen Gruppe *Remoteunterstützungsanbieter* ist (oder einer Gruppe, die Mitglied dieser Gruppe ist).
2. Stellen Sie sicher, dass Windows-Firewallausnahmen für die ausführbaren Dateien *Msra.exe* und *Raserver.exe* eingerichtet sind und TCP-Port 135 für DCOM geöffnet ist. Normalerweise werden diese Einstellungen über Gruppenrichtlinien standardmäßig konfiguriert.
3. Stellen Sie sicher, dass der andere Computer so konfiguriert ist, dass er Remoteunterstützung erlaubt, und stellen Sie dann eine Verbindung zu diesem Computer her, indem Sie seinen Computernamen oder die IP-Adresse angeben.

In einer solchen Unternehmensumgebung gewähren Sie folgendermaßen Remoteunterstützung:

1. Geben Sie im Suchfeld des Startmenüs den Befehl **msra** ein und drücken Sie die EINGABETASTE.
2. Klicken Sie im Assistenten *Windows-Remoteunterstützung* auf *Einem Benutzer, von dem Sie eingeladen wurden, Hilfe anbieten*.
3. Geben Sie den Namen oder die IP-Adresse des Computers ein, dem Sie helfen wollen, und klicken Sie auf *Weiter*, um die Verbindung zu diesem Computer aufzubauen.

Benutzer leiten eine Remoteunterstützungssitzung ein, indem sie eine Einladung versenden. Das Supportpersonal leitet Sitzungen ein, indem es Benutzern Hilfe anbietet. Nachdem eine Sitzung zustande gekommen ist, können Helfer mit Benutzern kommunizieren, deren Arbeit auf dem Monitor verfolgen und, sofern es ihnen erlaubt wird, die Kontrolle über die Computer übernehmen. Remoteunterstützungseinladungen lassen sich in Dateiform erstellen oder als E-Mail versenden:

- **E-Mail-Einladung** E-Mail-Einladungen werden als E-Mails an die Adresse des Empfängers gesendet. Ein Anhang in der Nachricht dient zur Einleitung der Remoteunterstützungssitzung. Sie können eine Standardadresse für die E-Mails einrichten, wie zum Beispiel *RemoteAssist@ name_ihrer_firma.com*, damit Benutzer leichter ihre Hilferufe an das Supportteam absetzen können. Wenn diese Adresse in Microsoft Exchange Server als eine Verteilerliste konfiguriert ist, über die Einladungen an Mitglieder des Supportteams gelangen, oder als zusätzliche Mailbox für bestimmte Teammitglieder, kann das Supportpersonal Anfragen effizienter bearbeiten und die Benutzer verfügen über einen standardisierten Weg, Hilfe anzufordern.

- **Dateieinladung** Einladungen in Dateiform werden als Microsoft Remote Control Incident-Dateien (*.msrcincident*) gespeichert. Ein Doppelklick auf den Dateinamen leitet die Remoteunterstützungssitzung ein. Sie können Dateieinladungen verwenden, wenn Sie E-Mails versenden und die Einladung separat hinzufügen müssen. Sie können auch einen freigegebenen Ordner einrichten, der Benutzern automatisch als Netzlaufwerk zur Verfügung gestellt wird und auch für das Supportpersonal zugänglich ist. Geben Sie der Freigabe einen Namen, der auf die Verwendung für Hilfeanforderungen hinweist, beispielsweise *Hilfeanforderungen* oder *Unterstützungseinladungen*.

- **Easy Connect-Einladung** Benutzt PNRP (Peer Name Resolution Protocol), um eine Einladung zur Remoteunterstützung über das Internet zu senden. Easy Connect generiert automatisch ein Zugriffskennwort, das es dem Helfer ermöglicht, direkt eine Verbindung zum Computer herzustellen. Die Kontaktinformationen des Helfers werden gespeichert, sodass sie künftig ohne Kennworteingabe erneut verwendet werden können. (Diese Technik funktioniert nur, wenn sowohl der Helfer als auch der Benutzer, der Unterstützung benötigt, mit Windows 7 oder einer neueren Windows-Version arbeiten.)

Unter Windows 7 müssen Einladungen mit einem Kennwort erstellt werden. Das ist gegenüber früheren Windows-Versionen eine Änderung, die zur Erhöhung der Sicherheit beiträgt. Das Kennwort stellt in der Remoteunterstützungseinstellung einen zusätzlichen Sicherheitsfaktor dar, mit dem sich überprüfen lässt, ob die betreffenden Benutzer tatsächlich zur Remoteunterstützung autorisiert sind, weil sie das Kennwort kennen müssen. Sie sollten eine offizielle Richtlinie einführen, in der die Verwendung von Kennwörtern vorgeschrieben wird. Um den Vorgang zu beschleunigen, könnten Sie bestimmte Kennwörter definieren, die für Unterstützungseinladungen verwendet werden. Kennwörter sollten regelmäßig geändert werden. Außerdem sollten Sie erwägen, den verschiedenen Gruppen einer Organisation unterschiedliche Kennwörter zuzuweisen.

Damit die Remoteunterstützung funktioniert, muss eine Netzwerkverbindung zwischen dem Computer des Benutzers und dem Computer des Helfers vorhanden sein. Die Remoteunterstützung benutzt für die Kommunikation UPnP, SSDP, PNRP und Teredo. Weil die meisten Firewalls diese Kommunikation standardmäßig nicht erlauben, verhindert unter Umständen eine Firewall zwischen den beiden Computern die Unterstützungssitzung. Damit die Remoteunterstützung funktioniert, muss in diesem Fall eine Ausnahme für ausgehende Kommunikation vom Computer des Helfers zum Computer des Benutzers erstellt werden. Gehen Sie folgendermaßen vor, um die benötigte Windows-Firewallausnahme für Remoteunterstützung einzurichten:

1. Klicken Sie in der Systemsteuerung auf *System und Sicherheit*. Klicken Sie unter *Windows-Firewall* auf *Programm über die Windows-Firewall kommunizieren lassen*.
2. Blättern Sie im Fenster *Zugelassene Programme* nach unten, bis Sie *Remoteunterstützung* finden. Stellen Sie sicher, dass das Kontrollkästchen *Remoteunterstützung* aktiviert ist.
3. Wählen Sie aus, für welche Netzwerktypen die Remoteunterstützung erlaubt sein soll, und klicken Sie auf *OK*.

Die Remoteunterstützung funktioniert auch über NAT-Firewalls (Network Address Translation). Wenn Sie mit Remoteunterstützungssitzungen Support leisten, finden Sie integrierte Diagnoseprogramme vor, die Sie mit einem einzigen Klick starten können. Ist eine intensivere Betreuung nötig, können zwei Supporttechniker gleichzeitig eine Verbindung mit einem Computer aufnehmen. Dank der automatischen Wiederverbindung nach dem Start des Computers können Sie auch in einer Remoteunterstützungssitzung einen Neustart des Computers vornehmen, den Sie betreuen, und brauchen die Verbindung nicht manuell wiederherzustellen. Sobald der Computer hochgefahren ist, wird die Remoteunterstützungssitzung automatisch wiederhergestellt.

Erstellen von Remoteunterstützungseinladungen

Um eine Remoteunterstützungseinladung für E-Mail zu erstellen, gehen Sie folgendermaßen vor:

1. Klicken Sie in der Systemsteuerung unter *System und Sicherheit* auf *Probleme erkennen und beheben*. Klicken Sie im linken Fensterabschnitt des Fensters *Problembehandlung* auf *Einen Freund fragen*.
2. Klicken Sie im Remoteunterstützungs-Assistenten auf *Laden Sie eine Person ein, die Ihnen hilft* und dann auf *Einladung per E-Mail senden*.
3. Wenn Sie dazu aufgefordert werden, geben Sie ein sicheres Kennwort für die Verbindung mit Ihrem Computer ein und bestätigen es. Dieses Kennwort wird von der Person benutzt, die Sie einladen, und gilt nur für die Remoteunterstützungssitzung.
4. Wenn Sie auf *Weiter* klicken, startet Windows 7 Ihr Standardmailprogramm und erstellt eine E-Mail mit der Einladung. Geben Sie im Feld *An* die E-Mail-Adresse der Person ein, die Sie einladen, und klicken Sie dann auf *Senden*.

Wenn Sie eine Remoteunterstützungseinladung erstellen und in einer Datei speichern möchten, gehen Sie folgendermaßen vor:

1. Klicken Sie in der Systemsteuerung unter *System und Sicherheit* auf *Probleme erkennen und beheben*. Klicken Sie im linken Fensterabschnitt des Fensters *Problembehandlung* auf *Einen Freund fragen*.
2. Klicken Sie im Remoteunterstützungs-Assistenten auf *Laden Sie eine Person ein, die Ihnen hilft* und dann auf *Einladung als Datei speichern*.
3. Geben Sie einen Pfad und einen Dateinamen für die Einladung ein. Wenn Sie einen Pfad angeben, der auf einen Netzwerkordner verweist, ist die Einladung für einen Administrator, der Zugriff auf diesen Ordner hat, leicht zugänglich.
4. Übergeben Sie Ihrem Helfer die Einladungsdatei und das automatisch generierte Kennwort. Dieses Kennwort wird von der Person benutzt, die Sie einladen, und gilt nur für die Remoteunterstützungssitzung.

Gehen Sie folgendermaßen vor, um eine Einladung zur Remoteunterstützung mit Easy Connect zu erstellen:

1. Klicken Sie in der Systemsteuerung unter *System und Sicherheit* auf *Probleme erkennen und beheben*. Klicken Sie im linken Fensterabschnitt des Fensters *Problembehandlung* auf *Einen Freund fragen*.
2. Klicken Sie im Remoteunterstützungs-Assistenten auf *Laden Sie eine Person ein, die Ihnen hilft* und dann auf *Easy Connect verwenden*.
3. Teilen Sie Ihrem Helfer das Easy Connect-Kennwort mit. Dieses Kennwort wird automatisch generiert und gilt nur für diese Remoteunterstützungssitzung.

Standardmäßig gelten Remoteunterstützungseinladungen maximal 6 Stunden und ermöglichen es dem Helfer, einen Computer fernzusteuern. Diese Einstellungen können Sie im Dialogfeld *Systemeigenschaften* ändern, wie in Kapitel 5 im Abschnitt »Konfigurieren der Remoteunterstützung« besprochen. Nachdem Sie die E-Mail mit der Einladung gesendet oder die Einladungsdatei erstellt haben, wird das Dialogfeld *Windows-Remoteunterstützung* angezeigt (Abbildung 17.1). Hier stehen folgende Optionen zur Verfügung:

- *Abbrechen*   Beendet die Remoteunterstützungseinladung. Mit der Einladung ist keine Verbindung mehr mit dem Computer möglich.
- *Steuerung anfordern/Freigabe beenden*   Fordert die Steuerung an oder beendet die Freigabe des Computers.
- *An Bildschirm anpassen*   Passt die Größe der Darstellung des anderen Bildschirms an die Größe Ihres Fensters an.
- *Trennen*   Beendet die Unterstützungssitzung und trennt die Verbindung.
- *Einstellungen*   Ermöglicht die Konfiguration der Sitzungseinstellungen. Welche Einstellungen verfügbar sind, hängt von dem Computer ab, der Hilfe erhält. Standardmäßig beendet die ESC-Taste die gemeinsame Steuerung des Computers, es wird eine Protokolldatei der Remoteunterstützungssitzung gespeichert und die Bandbreite wird so beschränkt, dass kein Ziehen von Fenstern möglich ist und kein Desktophintergrund übertragen wird. Mit dem Schieber des Schiebereglers *Bandbreitenverwendung* können Sie die übertragene Datenmenge an die Übertragungsleistung der Verbindung anpassen.

HINWEIS   Standardmäßig wird das Protokoll der Remoteunterstützungssitzung im Ordner *%UserProfile%\Documents\Remote Assistance Logs* des Computers gespeichert, der die Remoteunterstützung anfordert.

- *Chat*   Öffnet ein Chat-Fenster für die Übermittlung von Nachrichten zwischen dem Helfer und dem aktuellen Benutzer des Computers.
- *Datei senden*   Überträgt eine Datei zum anderen Computer.

Abbildung 17.1   Verwalten von Remoteunterstützungssitzungen

Anbieten von Remoteunterstützung oder Beantworten einer Remoteunterstützungseinladung

Wenn Sie wissen, dass ein Benutzer Probleme mit seinem Computer hat, können Sie mit folgenden Schritten Remoteunterstützung anbieten, statt auf die Einladung oder das Easy Connect-Kennwort des Benutzers zu warten:

1. Geben Sie im Suchfeld des Startmenüs den Befehl **msra** ein und drücken Sie die EINGABETASTE.
2. Klicken Sie im Assistenten *Windows-Remoteunterstützung* auf *Einem Benutzer, von dem Sie eingeladen wurden, Hilfe anbieten*.
3. Klicken Sie auf den Link *Erweiterte Verbindungsoptionen für Helpdesk*.

4. Geben Sie den Namen oder die IP-Adresse des Computers ein, dem Sie helfen wollen, und klicken Sie auf *Weiter*, um die Verbindung zu diesem Computer herzustellen.

Wenn jemand bereits eine Einladung erstellt hat, können Sie die Einladung beantworten, indem Sie den betreffenden Anhang in der E-Mail oder die Einladungsdatei mit einem Doppelklick anklicken. Außerdem können Sie eine Einladung, die in einer Datei gespeichert wurde, folgendermaßen beantworten:

1. Geben Sie im Suchfeld des Startmenüs den Befehl **msra** ein und drücken Sie die EINGABETASTE.
2. Klicken Sie im Assistenten *Windows-Remoteunterstützung* auf *Einem Benutzer, von dem Sie eingeladen wurden, Hilfe anbieten*.
3. Klicken Sie auf *Einladungsdatei verwenden* und wählen Sie dann im Dialogfeld *Öffnen* die Einladung aus. Klicken Sie auf *Öffnen*.
4. Geben Sie das Kennwort für die Einladung ein, wenn Sie dazu aufgefordert werden.
5. Klicken Sie auf *Fertig stellen*. Sie werden nun mit dem Computer des Benutzers verbunden, der Hilfe benötigt, sofern dieser Benutzer die Einladung nicht widerrufen hat, die Einladung nicht abgelaufen ist und die Remoteunterstützung erlaubt ist.

Wenn jemand Easy Connect verwenden und Ihnen das Kennwort geschickt hat, beantworten Sie die Einladung so:

1. Geben Sie im Suchfeld des Startmenüs den Befehl **msra** ein und drücken Sie die EINGABETASTE.
2. Klicken Sie im Assistenten *Windows-Remoteunterstützung* auf *Einem Benutzer, von dem Sie eingeladen wurden, Hilfe anbieten*.
3. Klicken Sie auf *Easy Connect verwenden*. Geben Sie das Kennwort für die Einladung ein, wenn Sie dazu aufgefordert werden.
4. Klicken Sie auf *OK*. Sie werden nun mit dem Computer des Benutzers verbunden, der Hilfe benötigt.

Erkennen und Beheben von Windows 7-Fehlern

Auf einem Computer können Dutzende, in manchen Fällen Hunderte von verschiedenen Komponenten, Diensten und Anwendungen konfiguriert sein. Diese Komponenten alle am Laufen zu halten, kann durchaus schwierig werden. Die integrierten Diagnosefunktionen, die bisher in diesem Buch beschrieben wurden, sind bereits eine große Hilfe bei der Diagnose häufiger auftretender Probleme und deren Behebung. Wie in Kapitel 8, »Verwalten von Hardwaregeräten und Treibern«, beschrieben, werden bekannte Probleme in der Konsole *Problemberichte und -lösungen* erfasst. Wie die integrierten Diagnosefunktionen versucht auch diese Konsole, Lösungen für Probleme zu finden, sofern dies möglich ist. Aber nicht alle Probleme lassen sich automatisch erkennen und lösen. Das ist der Punkt, an dem die Protokolle über Fehler, die von Windows-Komponenten, Anwendungen und Hardwaregeräte gemeldet werden, nützlich werden.

Verwenden der Ereignisprotokolle zur Fehlerüberprüfung und Fehlerdiagnose

Windows 7 speichert Fehlermeldungen von Prozessen, Diensten, Anwendungen und Hardwaregeräten in Protokolldateien. Es werden zwei Arten von Protokolldateien verwendet:

- **Windows-Protokolle** Diese Protokolldateien werden vom Betriebssystem zur Aufzeichnung von allgemeinen Ereignissen aus den Bereichen Anwendungen, Sicherheit, Installation und Systemkomponenten verwendet.
- **Anwendungs- und Dienstprotokolle** Diese Protokolldateien werden von bestimmten Anwendungen oder Diensten zur Aufzeichnung von anwendungs- oder dienstspezifischen Ereignissen verwendet.

Einträge in einer Protokolldatei werden mit einer Warnstufe erfasst, mit der sich verschiedene Ereignistypen unterscheiden lassen, zum Beispiel Fehlermeldungen und Meldungen, die nur zur Information dienen. Sie werden folgende Arten von Einträgen vorfinden:

- **Informationen** Ein Informationsereignis, das im Allgemeinen auf eine erfolgreich durchgeführte Aktion hinweist
- **Überwachung erfolgreich** Ein Ereigniseintrag, der die erfolgreiche Ausführung einer Aktion beschreibt
- **Überwachungsfehler** Ein Ereigniseintrag, der die gescheiterte Ausführung einer Aktion beschreibt
- **Warnung** Eine Warnung, deren Informationen dazu dienen können, zukünftige Probleme zu vermeiden
- **Fehler** Eine Fehlermeldung, beispielsweise über einen fehlgeschlagenen Versuch, einen Dienst zu starten

Neben Warnstufe, Datum und Uhrzeit bieten die Übersicht- und Detaildarstellungen der Ereigniseinträge folgende Informationen:

- **Quelle** Die Anwendung, der Dienst oder die Komponente, die das Ereignis protokolliert hat
- **Ereignis-ID** Eine Kennung für das betreffende Ereignis
- **Aufgabenkategorie** Eine Ereigniskategorie, die manchmal verwendet wird, um die dazugehörige Aktion zu beschreiben
- **Benutzer** Das Benutzerkonto, dessen Anmeldeinformationen verwendet wurden. Wenn ein Systemprozess oder ein Dienst das Ereignis ausgelöst hat, ist der Benutzername gewöhnlich eine der Spezialidentitäten, beispielsweise *NETZWERKDIENST*, *LOKALER DIENST* oder *SYSTEM*.
- **Computer** Der Name des Computers, auf dem das Ereignis eingetreten ist
- **Details** In der Detaildarstellung steht hier eine Beschreibung des Ereignisses, gefolgt von dazugehörigen Daten oder Fehleranzeigen.

Anzeigen und Verwalten der Ereignisprotokolle

In der Computerverwaltung können Sie unter dem Knoten *Ereignisanzeige* auf Ereignisprotokolle zugreifen. Um die Computerverwaltung zu öffnen, klicken Sie auf *Start*. Wählen Sie dann *Alle Programme*, *Verwaltung* und schließlich *Computerverwaltung*. Falls das *Verwaltung*-Menü nicht zugänglich ist, können Sie auf die Computerverwaltung zugreifen, indem Sie auf *Start* klicken und dann *Systemsteuerung* wählen. Klicken Sie in der Systemsteuerung auf *System und Sicherheit*, *Verwaltung* und dann auf *Computerverwaltung*.

Auf die Ereignisprotokolle können Sie folgendermaßen zugreifen:

1. Öffnen Sie die Computerverwaltung. Standardmäßig sind Sie mit dem lokalen Computer verbunden. Wenn Sie die Protokolle eines Remotecomputers einsehen möchten, klicken Sie in der Konsolenstruktur (im linken Anzeigebereich) mit der rechten Maustaste auf den Eintrag *Computerverwaltung* und wählen *Verbindung mit anderem Computer herstellen*. Im Dialogfeld *Computer auswählen* geben Sie dann den Namen des Computers ein, auf den Sie zugreifen möchten, und klicken auf *OK*.

2. Erweitern Sie den Knoten *Ereignisanzeige* und dann den Knoten *Windows-Protokolle* oder *Anwendungs- und Dienstprotokolle* oder beide, um die verfügbaren Protokolle anzuzeigen.

3. Wählen Sie ein Protokoll aus, das Sie näher untersuchen möchten (Abbildung 17.2).

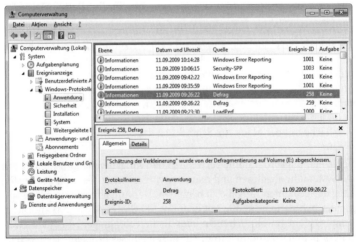

Abbildung 17.2 Die *Ereignisanzeige* zeigt die Ereignisse an, die im gewählten Protokoll aufgezeichnet wurden

Warnungen und Fehlermeldungen sind die beiden wichtigsten Ereignisarten, die Sie sich näher ansehen sollten. Wenn solche Ereignisse protokolliert werden und Sie die Ursache nicht kennen, klicken Sie den betreffenden Eintrag mit einem Doppelklick an. Dann öffnet sich das Dialogfeld *Ereigniseigenschaften* mit einer genaueren Beschreibung des Ereignisses. Achten Sie auf die Fehlerursache und versuchen Sie, das Problem mit den Methoden zu beheben, die in diesem Buch beschrieben werden. Um mehr über die Fehlerursache und die Methoden zur Fehlerbehebung zu erfahren, können Sie bei Bedarf auf den Link *Onlinehilfe* klicken, der in der Fehlerbeschreibung angegeben ist, oder die Microsoft Knowledge Base nach der Ereignis-ID oder nach Stichwörtern aus der Fehlerbeschreibung durchsuchen.

Planen von Wartungsarbeiten

Wenn Sie Desktop- oder Laptopsysteme verwalten, haben Sie viel mit Routinearbeiten zu tun, die in mehr oder weniger regelmäßigen Abständen anfallen. Dann können Sie den Aufgabenplanungsdienst verwenden, um einmal oder regelmäßig anfallende Arbeiten automatisch auszuführen. Zur Automatisierung von Arbeiten verwenden Sie Befehlsshellskripts, WSH-Skripts (Windows Script Host) oder Anwendungen, die die gewünschten Arbeiten durchführen. Im Gegensatz zu früheren Windows-Versionen gibt es in Windows 7 bereits eine umfangreiche Bibliothek mit vordefinierten Aufgaben. Damit lassen sich sehr viele Arbeiten automatisieren, angefangen bei der Deinstallation eines Bluetooth-Geräts über das Defragmentieren von Laufwerken bis hin zu Überprüfungen des Systems mit Windows-Defender.

Funktionsweise der Aufgabenplanung

Windows 7 bietet mehrere Programme für die automatische Ausführung von Aufgaben, wie zum Beispiel die Aufgabenplanung und das Befehlszeilenprogramm Schtasks (*schtasks.exe*). Beide eignen sich zur Planung von Aufgaben auf dem lokalen Computer und auf Remotecomputern. Die Aufgabenplanung umfasst mehrere Assistenten, mit denen Sie Aufgaben planen. In diesen Assistenten richten Sie die Aufgaben in einer grafischen Benutzeroberfläche mit der Maus ein. Schtasks ist dagegen ein Befehlszeilenprogramm.

Beide Planungsprogramme verwenden den Aufgabenplanungsdienst, um die Systemuhr abzulesen und dann zur vorgesehenen Zeit mit der Ausführung der geplanten Aufgabe zu beginnen. Der Aufgabenplanungsdienst meldet sich standardmäßig mit dem Konto *LOKALES SYSTEM* an. Dieses Konto verfügt gewöhnlich nicht über die Berechtigungen, die für Verwaltungsarbeiten erforderlich sind. Zur Lösung dieses Problems lässt sich jede Aufgabe so einrichten, dass sie mit dem Konto eines bestimmten Benutzers durchgeführt wird. Bei der Definition der Aufgabe legen Sie den Benutzernamen und das Kennwort fest. Achten Sie darauf, ein Konto zu verwenden, das über die erforderlichen Berechtigungen und Zugriffsrechte verfügt, um die vorgesehene Arbeit durchführen zu können.

HINWEIS Der Schwerpunkt dieses Abschnitts liegt auf der Aufgabenplanung, in Windows 7-Computern das wichtigste Programm zum Ausführen geplanter Aufgaben. Wenn Sie mehr über Schtasks erfahren möchten, geben Sie in einer Befehlszeile **schtasks /?** ein oder lesen Kapitel 9, »Scheduling Tasks to Run Automatically«, in dem Buch *Windows Command-Line Administrator's Pocket Consultant, Second Edition* (Microsoft Press, 2008).

In Windows 7 gibt es zwei verschiedene Arten von geplanten Aufgaben:

- **Standardaufgaben** Sie dienen zur Automatisierung von Routinearbeiten und zur Systempflege. Diese Aufgaben sind für Benutzer sichtbar und können bei Bedarf geändert werden.
- **Ausgeblendete Aufgaben** Sie dienen zur Automatisierung spezieller Systemaufgaben. Diese Aufgaben sind für den Benutzer normalerweise nicht zu sehen und sollten normalerweise auch nicht geändert werden. Manche ausgeblendeten Aufgaben werden durch ein dazugehöriges Programm erstellt und verwaltet, beispielsweise von Windows-Defender.

Unter Windows 7 ist die Erstellung und Verwaltung von Aufgaben wesentlich weiter entwickelt als zuvor. Jede Aufgabe lässt sich so konfigurieren, dass sie:

- nur ausgeführt wird, wenn ein Benutzer angemeldet ist, oder dass sie unabhängig davon ausgeführt wird, ob ein Benutzer angemeldet ist oder nicht;
- mit Standardbenutzerrechten ausgeführt wird oder mit den höchsten erforderlichen Rechten (einschließlich Administratorberechtigungen).

Da Aufgaben, die unter Windows 7 definiert werden, nicht zu anderen Windows-Versionen kompatibel sind, können Sie eine Windows 7-Aufgabe nicht einfach auf eine ältere Windows-Version kopieren und erwarten, dass sie funktioniert. Allerdings können Sie bei der Definition einer Aufgabe angeben, ob die Definition so erfolgen soll, dass sie zu früheren Windows-Versionen kompatibel ist. Dann könnten Sie die Aufgabe auf anderen Computern benutzen, auf denen frühere Windows-Versionen ausgeführt werden.

Aufgaben verfügen über viele Eigenschaften, wie zum Beispiel:

- **Trigger** Trigger legen die Umstände fest, unter denen die Ausführung einer Aufgabe beginnt und endet. Sie können eine Aufgabe beginnen nach Zeitplan, durch die Anmeldung eines Benutzers, durch den Start des Computers oder dadurch, dass sich der Prozessor im Leerlauf befindet. Die Ausführung einer Aufgabe kann auch ausgelöst werden durch Ereignisse, durch die Verbindung eines Benutzers mit einer Terminalserversitzung oder durch die Trennung dieser Verbindung, oder dadurch, dass ein Benutzer eine Arbeitsstation sperrt oder die Sperrung aufhebt. Tasks mit Ereignissen als Auslöser können sehr wichtig sein, weil sie die Möglichkeit bieten, automatisch auf Fehler und Warnungen zu reagieren.
- **Aktionen** Aktionen legen fest, was geschehen soll, wenn die Ausführung der Aufgabe ausgelöst wird. Es können Programme oder Skripts gestartet, E-Mails versendet oder Meldungen angezeigt werden.

- **Bedingungen** Damit können Sie die Bedingungen festlegen, unter denen die Ausführung einer Aufgabe begonnen oder eine begonnene Ausführung beendet wird. Sie können Bedingungen verwenden, um den Computer zur Ausführung einer Aufgabe zu aktivieren oder die Aufgabe nur auszuführen, wenn eine bestimmte Netzwerkverbindung verfügbar ist. Sie können Bedingungen verwenden, um eine Aufgabe auszuführen, zu beenden oder erneut zu starten, wenn sich der Prozessor im Leerlauf befindet. Vielleicht möchten Sie, dass die Ausführung einer Aufgabe nur begonnen wird, wenn sich der Prozessor seit mindestens 10 Minuten im Leerlauf befindet, dass sie beendet wird, wenn sich der Prozessor nicht mehr im Leerlauf befindet, und dass sie erneut begonnen wird, wenn sich der Prozessor wieder im Leerlauf befindet. Sie können durch Bedingungen auch festlegen, dass eine Aufgabe nur dann ausgeführt wird, wenn der Computer an der Steckdose betrieben wird, und dass die Ausführung beendet wird, sobald der Computer auf Akkubetrieb wechselt.

Anzeigen und Verwalten von Aufgaben auf lokalen und Remotesystemen

Die aktuellen Aufgaben, die auf einem Computer konfiguriert sind, sind in der Computerverwaltung unter dem Knoten *Aufgabenplanung* zugänglich. Sie können die für einen Computer geplanten Aufgaben mit folgenden Schritten einsehen und verwalten:

1. Öffnen Sie die Computerverwaltung. Standardmäßig sind Sie mit dem lokalen Computer verbunden. Wenn Sie die Aufgabenplanung eines Remotecomputers einsehen möchten, klicken Sie in der Konsolenstruktur (im linken Anzeigebereich) mit der rechten Maustaste auf den Eintrag *Computerverwaltung* und wählen *Verbindung mit anderem Computer herstellen*. Im Dialogfeld *Computer auswählen* geben Sie dann den Namen des Computers ein, auf den Sie zugreifen möchten, und klicken auf *OK*.

2. Erweitern Sie den Knoten *Aufgabenplanung* und dann den Knoten *Aufgabenplanungsbibliothek* und nach Bedarf die entsprechenden untergeordneten Knoten, um die konfigurierten geplanten Aufgaben einsehen zu können.

3. Wählen Sie eine Aufgabe aus, deren Eigenschaften Sie sich auf den zur Verfügung stehenden Registerkarten ansehen möchten (Abbildung 17.3). Wenn Sie die Aufgabe bearbeiten möchten, klicken Sie mit der rechten Maustaste auf die Aufgabe:

   - Löschen Sie eine Aufgabe, indem Sie *Löschen* wählen.
   - Deaktivieren Sie die Aufgabe, indem Sie auf *Deaktivieren* klicken.
   - Bearbeiten Sie die Eigenschaften der Aufgabe, indem Sie auf *Eigenschaften* klicken, im Eigenschaftendialogfeld die gewünschten Änderungen vornehmen und dann auf *OK* klicken.
   - Exportieren Sie eine Aufgabe in eine Datei, die auf einem anderen Computer importiert werden kann, indem Sie *Exportieren* wählen.

Nachdem Sie die Aufgabe exportiert haben, stellen Sie in der Computerverwaltung eine Verbindung mit einem anderen Computer her, klicken mit der rechten Maustaste auf den Knoten *Aufgabenplanungsbibliothek* und wählen dann *Aufgabe importieren*. Dann können Sie im Dialogfeld *Öffnen* die Aufgabendatei auf dem anderen Computer heraussuchen und öffnen.

- Führen Sie eine Aufgabe aus, indem Sie auf *Ausführen* klicken.
- Sofern die Aufgabe ausgeführt wird, können Sie die Ausführung mit einem Klick auf *Beenden* abbrechen.

HINWEIS Sie können zwar benutzerdefinierte Aufgaben ändern oder löschen, aber die meisten Aufgaben, die vom Betriebssystem erstellt werden, lassen sich weder konfigurieren noch löschen. Werden Betriebssystemaufgaben nicht angezeigt, können Sie diese Aufgaben sichtbar machen, indem Sie im Menü *Ansicht* den Befehl *Ausgeblendete Aufgaben einblenden* wählen. Wenn Sie Aufgaben exportieren, legt die Einstellung *Konfigurieren für* fest, in welchen Betriebssystemen die Aufgabe benutzt werden kann.

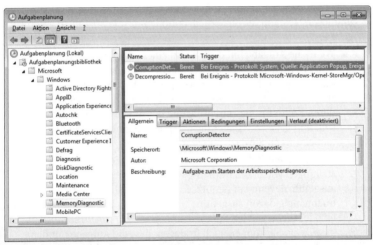

Abbildung 17.3 Anzeigen und Verwalten geplanter Aufgaben

Welche geplanten Aufgaben auf einem Computer ausgeführt werden, können Sie folgendermaßen überprüfen:

1. Öffnen Sie die Computerverwaltung. Standardmäßig sind Sie mit dem lokalen Computer verbunden. Wenn Sie die Aufgabenplanung eines Remotecomputers einsehen möchten, klicken Sie in der Konsolenstruktur (im linken Anzeigebereich) mit der rechten Maustaste auf den Eintrag *Computerverwaltung* und wählen *Verbindung mit anderem Computer herstellen*. Im Dialogfeld *Computer auswählen* geben Sie dann den Namen des Computers ein, auf den Sie zugreifen möchten, und klicken auf *OK*.

2. Wählen Sie den Knoten *Aufgabenplanung* aus. Klicken Sie mit der rechten Maustaste auf den Knoten *Aufgabenplanung* und wählen Sie dann *Alle aktiven Aufgaben anzeigen*.

Erstellen von geplanten Aufgaben

Gehen Sie folgendermaßen vor, um eine geplante Aufgabe zu erstellen:

1. Öffnen Sie die Computerverwaltung. Standardmäßig sind Sie mit dem lokalen Computer verbunden. Wenn Sie die Aufgabenplanung eines Remotecomputers einsehen möchten, klicken Sie in der Konsolenstruktur (im linken Anzeigebereich) mit der rechten Maustaste auf den Eintrag *Computerverwaltung* und wählen *Verbindung mit anderem Computer herstellen*. Im Dialogfeld *Computer auswählen* geben Sie dann den Namen des Computers ein, auf den Sie zugreifen möchten, und klicken auf *OK*.

2. Wählen Sie den Knoten *Aufgabenplanung*, klicken Sie diesen Knoten mit der rechten Maustaste an und wählen Sie *Aufgabe erstellen*. Dadurch wird das Dialogfeld *Aufgabe erstellen* geöffnet.

3. Geben Sie den Namen der Aufgabe auf der Registerkarte *Allgemein* ein und legen Sie dann die Sicherheitsoptionen für die Ausführung der Aufgabe fest.

    - Wenn die Aufgabe mit dem Konto eines anderen Benutzers ausgeführt werden soll, also nicht mit dem Konto des aktuellen Benutzers, klicken Sie auf *Benutzer oder Gruppe*. Wählen Sie im Dialogfeld *Benutzer oder Gruppe auswählen* den Benutzer oder die Gruppe aus, deren Konto für die Durchführung der Aufgabe verwendet werden soll, und geben Sie später die entsprechenden Anmeldeinformationen ein, wenn Sie dazu aufgefordert werden.

    - Nehmen Sie mit den verfügbaren Optionen die erforderlichen Einstellungen vor. Standardmäßig werden Aufgaben nur automatisch ausgeführt, wenn ein Benutzer angemeldet ist. Soll die Aufgabe unabhängig davon ausgeführt werden, ob ein Benutzer angemeldet ist oder nicht, wählen Sie *Unabhängig von der Benutzeranmeldung ausführen*. Sie können auch festlegen, dass die Aufgabe mit den höchsten Berechtigungen ausgeführt wird, und die Aufgabe für ältere Windows-Versionen konfigurieren.

4. Erstellen Sie auf der Registerkarte *Trigger* die gewünschten Auslöser. Um einen Trigger zu erstellen, klicken Sie auf *Neu*, konfigurieren den Trigger mit den verfügbaren Optionen und klicken dann auf *OK*.

5. Definieren Sie auf der Registerkarte *Aktionen* mit den verfügbaren Optionen die Aktionen, die durchgeführt werden sollen. Um eine Aktion zu definieren, klicken Sie auf *Neu*, konfigurieren die Aktion mit den verfügbaren Optionen und klicken dann auf *OK*.

6. Geben Sie auf der Registerkarte *Bedingungen* die Bedingungen an, die für Start oder Beendigung der Aufgabe gelten.

7. Nehmen Sie auf der Seite *Einstellungen* weitere Einstellungen vor, soweit sie für die Aufgabe erforderlich sind.
8. Klicken Sie auf *OK*, um die Aufgabe zu erstellen.

Problembehandlung für geplante Aufgaben

Wenn Sie Aufgaben definieren, die auf einem Computer automatisch ausgeführt werden sollen, können sich verschiedene Probleme ergeben. Manche Aufgaben werden nicht zum vorgesehenen Zeitpunkt ausgeführt. Andere Aufgaben werden gestartet und hören gar nicht mehr auf. Um den Status einer Aufgabe zu überprüfen, wählen Sie die Aufgabe in der Aufgabenplanung aus und überprüfen die Angaben unter *Status*, *Letzte Laufzeit* und *Ergebnis der letzten Ausführung*. Lautet der Status der Aufgabe *In Warteschlange*, dann wartet sie darauf, nach Zeitplan ausgeführt zu werden. Hat sie den Status *Bereit*, dann ist sie bereit zur nächsten Ausführung. Soll eine Aufgabe automatisch ausgeführt werden, aber unter *Letzte Laufzeit* wird *Nie* angegeben, sollten Sie die Eigenschaften der Aufgabe überprüfen, um herauszufinden, warum sie nicht ausgeführt wird. Steht unter *Letzte Laufzeit* eine Fehlermeldung, müssen Sie das angegebene Problem beheben, damit die Aufgabe normal ausgeführt werden kann.

Überprüfen Sie die Eigenschaften einer Aufgabe, indem Sie ihren Eintrag in der Aufgabenplanung anklicken. Die Registerkarte *Verlauf* bietet ausführliche Informationen über die Aufgabe, von der Erstellung bis hin zur letzten Ausführung. Verwenden Sie diese Angaben zur Behebung des Problems.

Eine Aufgabe, die als *Wird ausgeführt* gelistet wird, hängt vielleicht. Ob es sich um einen Prozess handelt, der hängt, können Sie mit der *Letzten Laufzeit* überprüfen, die angibt, wann die Ausführung der Aufgabe begonnen wurde. Läuft die Ausführung bereits länger als einen Tag, ist das normalerweise ein Hinweis auf ein Problem. Vielleicht wartet ein Skript auf eine Eingabe, vielleicht gibt es Probleme mit Schreib- oder Lesezugriffen auf Dateien, oder es ist einfach ein Fehler aufgetreten und die Ausführung der Aufgabe muss beendet werden. Um die Ausführung zu beenden, klicken Sie den Eintrag in der Aufgabenplanung mit der rechten Maustaste an und wählen *Beenden*.

Sichern und Wiederherstellen eines Computers

Windows 7 sieht die Konsole *Sichern und Wiederherstellen* als zentrale Konsole zum Sichern und Wiederherstellen eines Computers vor. Sie können diese Konsole öffnen, indem Sie auf *Start* klicken, auf *Systemsteuerung* und dann unter der Überschrift *System und Sicherheit* auf *Sicherung des Computers erstellen*. Andere Hilfsmittel zum Sichern und Wiederherstellen der Daten eines Computers sind Vorgängerversionen, Systemstartreparatur, Windows-Ladeprogrammfortsetzung, Systemwiederherstellung sowie Sicherungsstatus und -konfiguration. Diese Programme werden in den folgenden Abschnitten beschrieben.

Sichern und Wiederherstellen von Dateien und Ordnern mit Vorgängerversionen

Die Verwendung und Konfiguration von Vorgängerversionen wurde bereits in Kapitel 6, »Konfigurieren von Windows 7-Computern«, beschrieben. Vorgängerversionen sind zwar kein Ersatz für eine vollständige Sicherung des Systems, aber sie eignen sich zur automatischen Erstellung von Sicherungskopien von Dateien und Ordnern, die sich auf den überwachten Laufwerken ändern. Wird eine überwachte Datei oder ein überwachter Ordner versehentlich gelöscht oder geändert, können Sie die Vorgängerversion der Datei oder des Ordners wiederherstellen, wie in Kapitel 6 im Abschnitt »Wiederherstellen einer Vorgängerversion« beschrieben.

Wiederherstellen nach einer fehlgeschlagenen Reaktivierung

Wenn ein Computer, auf dem Windows 7 ausgeführt wird, in einen Energiesparmodus oder in den Ruhezustand übergeht, wird ein Abbild des aktuellen Zustands des Computers erstellt. Bei einem Energiesparmodus bleibt dieses Abbild im Speicher und wird im Speicher gelesen, wenn der Benutzer den Computer reaktiviert. Für den Ruhezustand wird dieses Abbild auf einen Datenträger geschrieben und dann vom Datenträger wieder eingelesen, wenn der Benutzer den Computer reaktiviert. Für beide Vorgänge ist die Windows-Ladeprogrammfortsetzung zuständig.

Probleme mit der Reaktivierung können sich aus verschiedenen Gründen ergeben. Das Abbild könnte fehlerhaft sein, der Arbeitsspeicher könnte Fehler aufweisen und der Datenträger natürlich auch. Ergeben sich bei der Reaktivierung des Systems nach dem Ruhezustand Probleme, zeigt die Windows-Ladeprogrammfortsetzung Ihnen eine Warnmeldung an, die ungefähr so aussieht:

```
Windows-Ladeprogrammfortsetzung
Der letzte Versuch, das System vom vorherigen Ort zu starten, ist
fehlgeschlagen. Erneut versuchen?

Systemausführung fortsetzen
Wiederherstellungsdaten löschen und zum Systemstartmenü wechseln.

Eingabe=Auswählen
```

Wenn die Windows-Ladeprogrammfortsetzung erneut versuchen soll, den Systemzustand zu laden, wählen Sie *Systemausführung fortsetzen*. Soll die Windows-Ladeprogrammfortsetzung den gespeicherten Zustand des Computers löschen und den Computer neu starten, wählen Sie *Wiederherstellungsdaten löschen und zum Systemstartmenü wechseln*. Obwohl die zweite Option, nämlich der normale Systemstart, das Problem gewöhnlich löst, kann sie den Verlust von Daten bedeuten, die vor dem Wechsel des Computers in den Energiesparmodus oder in den Ruhezustand nicht gespeichert wurden.

Reparieren eines Computers, um den Systemstart zu ermöglichen

Um das Betriebssystem ordnungsgemäß starten zu können, müssen Windows 7-Computer auf bestimmte Systemdateien zugreifen können. Lässt sich ein Computer nicht starten, weil eine bestimmte Systemdatei beschädigt ist oder fehlt, können Sie die Datei mit der Systemstartreparatur wiederherstellen. Manchmal reicht die Reparatur einer beschädigten oder fehlenden Datei aber nicht aus, um die Probleme des Computers zu beseitigen. Dann müssen Sie die Fehlersuche fortsetzen und versuchen, das eigentliche Problem zu erkennen.

Die meisten Startprobleme treten auf, weil etwas im System geändert wurde, beispielsweise wurde vielleicht ein Gerät falsch installiert. Die Systemkonfiguration oder die Registrierung wurde vielleicht falsch aktualisiert, sodass sich Konflikte ergeben. Oft lassen sich Startprobleme beheben, indem man das System im abgesicherten Modus startet und die Änderungen genauer untersucht, die zuletzt vorgenommen wurden. Wenn Sie die Arbeit im abgesicherten Modus abgeschlossen haben, überprüfen Sie das Ergebnis, indem Sie den Computer anschließend im Normalmodus starten. Dann sollten Sie wieder so mit dem Computer arbeiten können, wie Sie es gewohnt sind.

Im abgesicherten Modus lädt Windows 7 nur die wichtigsten Dateien, Dienste und Treiber. Zu den Treibern, die geladen werden, gehören die Treiber für Maus, Monitor, Tastatur, Massenspeicher und Basisvideo. Der Monitortreiber ist für die Grundeinstellungen und Modi des Monitors zuständig, der Basisvideotreiber stellt die Grundparameter und den Anzeigemodus für die Grafikkarte des Computers ein. Netzwerkdienste oder -treiber werden nicht geladen, sofern Sie nicht den abgesicherten Modus mit Netzwerktreibern wählen. Da im abgesicherten Modus nur eine Teilmenge der Konfigurationsdaten geladen wird, eignet sich dieser Modus gut zur Fehlersuche.

Mit folgenden Schritten können Sie einen Windows 7-Computer im abgesicherten Modus starten:

1. Ist der Computer eingeschaltet und das Betriebssystem hochgefahren, allerdings mit Fehlern, klicken Sie auf *Start*. Klicken Sie dann auf die Schaltfläche rechts neben *Herunterfahren* und dann auf *Neu starten*.

2. Drücken Sie beim Neustart des Computers auf F8, damit das Auswahlmenü *Erweiterte Startoptionen* angezeigt wird. Wenn mehrere Betriebssysteme auf dem Computer installiert sind oder wenn Sie die Wiederherstellungskonsole installiert haben, wird das Auswahlmenü *Windows-Start-Manager* angezeigt. Wählen Sie auf dem Bildschirm *Windows-Start-Manager* das Betriebssystem *Windows 7* aus und drücken Sie F8.

3. Wählen Sie mit den PFEILTASTEN den gewünschten abgesicherten Modus aus und drücken Sie dann die EINGABETASTE. Welchen abgesicherten Modus Sie brauchen, hängt davon ab, welche Probleme zu lösen sind. Zur Verfügung stehen folgende Modi:

- *Computer reparieren* Lädt das Tool Systemstartreparatur, wie im Abschnitt »Reparieren und Wiederherstellen eines Computers« weiter unten in diesem Kapitel beschrieben.
- *Abgesicherter Modus* Lädt in der Initialisierungssequenz nur die wichtigsten Dateien, Dienste und Treiber. Dazu gehören die Treiber für Maus, Monitor, Tastatur, Massenspeicher und Basisvideo. Es werden weder Netzwerktreiber geladen noch Netzwerkdienste gestartet.
- *Abgesicherter Modus mit Netzwerktreibern* Lädt die wichtigsten Dateien, Dienste und Treiber sowie Dienste und Treiber für das Netzwerk.
- *Abgesicherter Modus mit Eingabeaufforderung* Lädt die wichtigsten Dateien, Dienste und Treiber und öffnet dann statt der grafischen Oberfläche von Windows 7 eine Eingabeaufforderung. Es werden weder Netzwerktreiber geladen noch Netzwerkdienste gestartet.

TIPP Im abgesicherten Modus mit Eingabeaufforderung können Sie die Explorershell von der Befehlszeile aus öffnen, indem Sie STRG+UMSCHALT+ESC drücken, um den Task-Manager zu öffnen. Wählen Sie dann den Menübefehl *Datei/Neuer Task (Ausführen)*, um das Fenster *Neuen Task erstellen* Fenster zu öffnen. Geben Sie **explorer.exe** ein und klicken Sie auf *OK*.

- *Startprotokollierung aktivieren* Erlaubt die Protokollierung des Startvorgangs in einem Startprotokoll.
- *Anzeige mit niedriger Auflösung aktivieren* Ermöglicht den Start des Systems mit einer niedrigen Auflösung von 640 × 480 Bildpunkten. Das ist nützlich, wenn ein Grafikmodus eingestellt wurde, der sich nicht für den aktuell verwendeten Monitor eignet.
- *Letzte als funktionierend bekannte Konfiguration* Startet den Computer im abgesicherten Modus mit den Registrierungsdaten, die Windows 7 beim letzten Herunterfahren gespeichert hat. Nur der Hive *HKEY_CURRENT_CONFIG* (HKCC) wird geladen. Dieser Registrierungshive enthält Informationen über die Hardwarekonfiguration, die Sie beim letzten erfolgreichen Start des Computers verwendet haben.
- *Automatischen Neustart bei Systemfehler deaktivieren* Verhindert, dass Windows nach einem Absturz neu startet. Andernfalls startet Windows standardmäßig neu, wenn ein Absturz auftritt. Wenn Windows wiederholt neu startet, handelt es sich möglicherweise um ein Problem mit der Firmwarekonfiguration, wie in Kapitel 10, »Verwalten von Firmware, Startkonfiguration und Systemstart«, beschrieben.
- *Erzwingen der Treibersignatur deaktivieren* Startet den Computer im abgesicherten Modus, ohne die Richtlinieneinstellungen für die digitale Signatur von Treibern durchzusetzen. Ist ein Treiber

mit einer ungültigen oder fehlenden digitalen Signatur die Ursache des Fehlstarts, könnte dies das Problem vorerst lösen, sodass Sie den Computer starten und das Problem beheben können, indem Sie einen neuen Treiber installieren oder die Richtlinieneinstellungen für Treibersignaturen ändern.
4. Tritt das Startproblem beim Start im abgesicherten Modus nicht erneut auf, können Sie die Standardeinstellungen und die Basisgerätetreiber als Ursachen ausschließen. Ist ein neu installiertes Gerät oder ein aktualisierter Gerätetreiber die Ursache des Problems, können Sie das Gerät im abgesicherten Modus entfernen, die Aktualisierung rückgängig machen oder eine andere Version der Treibersoftware installieren.
5. Gibt es beim normalen Systemstart immer noch Probleme und vermuten Sie, dass die Ursache bei der Hardware, der Software oder bei den Einstellungen liegt, bleiben Sie im abgesicherten Modus und versuchen, vorherige Änderungen mit der Systemwiederherstellung rückgängig zu machen, wie im Abschnitt »Sichern und Wiederherstellen des Systemzustands mit der Systemwiederherstellung« gleich im Anschluss beschrieben.
6. Löst auch die Systemwiederherstellung das Problem nicht, versuchen Sie, die Startoptionen zu ändern, wie im Abschnitt »Verwalten der Systemkonfiguration und der Systemstartoptionen« von Kapitel 6 beschrieben.

Sichern und Wiederherstellen des Systemzustands mit der Systemwiederherstellung

Im Abschnitt »Die Registerkarte Computerschutz« von Kapitel 6 wurde die Systemwiederherstellung vorgestellt und ihre Konfiguration beschrieben. Wiederherstellungspunkte lassen sich zur Wiederherstellung von Systemen verwenden, auf denen sich nach der Durchführung einer Aktualisierung, nach der Installation von Software oder von Hardware oder nach anderen Änderungen Probleme ergeben. Die folgenden Abschnitte beschreiben, wie sich Wiederherstellungspunkte manuell erstellen lassen und wie das System mit Wiederherstellungspunkten wiederhergestellt werden kann. Diese Wiederherstellungsvorgänge lassen sich in den meisten Fällen rückgängig machen.

Grundlagen der Wiederherstellungspunkte

Die Systemwiederherstellung überwacht das Betriebssystem auf Änderungen und erstellt in regelmäßigen Abständen Wiederherstellungspunkte, bevor Änderungen durchgeführt werden. Dazu wird ein Abbild der Systemkonfiguration erstellt und auf den Datenträger geschrieben, damit sich dieses Abbild bei Bedarf zur Wiederherstellung des Systems in diesen Zustand verwenden lässt. Wichtig ist, dass die Systemwiederherstellung keine persönlichen Daten betrifft. Sie können ein System mit einem Wiederherstellungspunkt wiederherstellen, ohne die Anwendungsdaten, zwischengespeicherten Dateien oder Dokumente der Benutzer zu verändern. Die Systemwiederherstellung schreibt auch keine Informationen in den Dokumentordner.

Die Systemwiederherstellung überwacht und speichert Konfigurationsdaten für jedes Laufwerk eines Computers separat. Das bedeutet, dass auf jedem Laufwerk Speicherplatz für die Systemwiederherstellung reserviert wird. Außerdem können Sie die Überwachung von bestimmten Laufwerken bei Bedarf deaktivieren. Ist ein Laufwerk für die Systemwiederherstellung konfiguriert, können Sie es nach Änderungen wiederherstellen, falls sich Probleme ergeben sollten. Ist ein Laufwerk nicht für die Systemwiederherstellung konfiguriert, werden Änderungen nicht erfasst und das Laufwerk lässt sich auch nicht wiederherstellen, falls sich nach Änderungen Probleme ergeben. Auf den meisten Computern sollten Sie eine Systemwiederherstellung für das Systemlaufwerk einrichten, auf dem die Betriebssystemdateien liegen, und für alle Laufwerke, auf denen wichtige Anwendungen liegen.

Wiederherstellungspunkte lassen sich auf drei verschiedene Arten erstellen: als Prüfpunkte, nach Datum oder bei bestimmten Ereignissen. Einzelne Abbilder, die vom Betriebssystem erfasst werden, heißen Systemwiederherstellungspunkte. Wenn Sie Windows 7 installieren, wird automatisch der erste Systemwiederherstellungspunkt erstellt. Weitere Systemwiederherstellungspunkte folgen in Abständen von ungefähr 24 Stunden. Wird ein Computer ausgeschaltet, wenn der tägliche Prüfpunkt auf dem Plan steht, erstellt die Systemwiederherstellung den Prüfpunkt nach dem nächsten Start des Computers.

Manche Abbilder werden automatisch erstellt, wenn bestimmte Ereignisse eintreten, zum Beispiel bei Änderungen oder der Installation von Anwendungen. Der Einfachheit halber nenne ich diese Abbilder »Installationswiederherstellungspunkte«. Tatsächlich gibt es mehrere dieser Wiederherstellungspunkte und jeder hat eine andere Aufgabe. Auf Ereignisbasis werden folgende Wiederherstellungspunkte erstellt:

- **Installationswiederherstellungspunkte** Werden vor der Installation von Programmen erstellt, die mit kompatiblen Installationsprogrammen installiert werden. Sie können Installationswiederherstellungspunkte zur Kontrolle der Anwendungsinstallation verwenden und um einen Computer in den Zustand zurückzuversetzen, in dem er sich vor der Installation einer Anwendung befand. Die Wiederherstellung des Computerzustands bedeutet, dass alle Datei- und Registrierungseinstellungen für das installierte Programm verschwunden sind. Sie bedeutet auch, dass Programme und Systemdateien, die durch die Installation geändert wurden, wieder in ihre vorigen Zustände zurückversetzt werden. Anschließend funktioniert das Programm aber nicht mehr und Sie müssen es neu installieren, falls der Benutzer es wieder verwenden möchte.

ACHTUNG   Diese Wiederherstellungspunkte werden aus einem guten Grund *Installationswiederherstellungspunkte* genannt, und nicht *Programmdeinstallationswiederherstellungspunkte*. Durch die Wiederherstellung werden nicht alle Anwendungsdateien entfernt, sondern nur die Datei- und Registrierungseinträge, die sich auf die Arbeit des Computers auswirken können. Um ein Programm vollständig zu entfernen, müssen Sie die Konsole *Programme und Funktionen* aus der Systemsteuerung verwenden.

- **Wiederherstellungspunkte für automatische Updates**   Werden vor der Installation eines automatischen Updates erstellt. Weist ein Computer nach der Installation eines automatischen Updates Probleme auf, können Sie den Wiederherstellungspunkt verwenden, um den Computer in seinen vorigen Zustand zurückzuversetzen. (Sie können die Konsole *Programme und Funktionen* verwenden, um automatische Updates zu entfernen.)
- **Wiederherstellungspunkte zum Rückgängigmachen der Wiederherstellung**   Werden vor der Wiederherstellung eines Computers erstellt. Wenn Sie feststellen, dass Sie zum falschen Punkt zurückgegangen sind oder dass der Wiederherstellungspunkt nicht richtig funktioniert hat, können Sie diesen Wiederherstellungspunkt verwenden, um die Wiederherstellung rückgängig zu machen und den Computer in den Zustand zurückzuversetzen, in dem er sich vor der Wiederherstellung befand.
- **Wiederherstellungspunkte für nichtsignierte Gerätetreiber**   Werden vor der Installation eines nichtsignierten oder nichtzertifizierten Treibers auf einem Computer erstellt. Ergeben sich nach der Installation eines nichtsignierten oder nichtzertifizierten Treibers Probleme, können Sie diese Wiederherstellungspunkte zur Wiederherstellung des Computers in den Zustand verwenden, in dem er sich vor der Installation des Treibers befand. Was signierte und zertifizierte Treiber betrifft, sollte das normale Verfahren für die Wiederherstellung der Vorgängerversion des Treibers ausreichen.
- **Sicherungswiederherstellungspunkte**   Werden vor der Wiederherstellung von Dateien oder Systemdaten mit dem Sicherungsprogramm erstellt. Schlägt die Wiederherstellung fehl oder arbeitet der Computer nach der Wiederherstellung nicht richtig, können Sie die Änderungen rückgängig machen und den Computer in den vorigen Zustand zurückversetzen.

Benutzer können Wiederherstellungspunkte auch manuell herstellen. Diese Wiederherstellungspunkte werden *manuelle Wiederherstellungspunkte* genannt. Sie sollten Benutzern empfehlen, vor irgendwelchen Arbeiten, die ein Problem für das System mit sich bringen könnten, Wiederherstellungspunkte zu erstellen.

Sie können einen Computer wiederherstellen, wenn er sich im Normalmodus oder im abgesicherten Modus befindet. Im Normalmodus wird vor der Wiederherstellung des Computers ein neuer Wiederherstellungspunkt erstellt. Im abgesicherten Modus wird aber kein Wiederherstellungspunkt erstellt, mit dem der Vorgang rückgängig gemacht werden könnte. Änderungen, die Sie im abgesicherten Modus durchführen, werden nicht erfasst und lassen sich auch nicht mit Wiederherstellungspunkten rückgängig machen. Allerdings können Sie im abgesicherten Modus mit zuvor erstellten Wiederherstellungspunkten eine Wiederherstellung durchführen.

Erstellen manueller Wiederherstellungspunkte

Mit folgenden Schritten können Sie einen manuellen Wiederherstellungspunkt erstellen:

1. Klicken Sie in der Systemsteuerung auf *System und Sicherheit* und dann auf *System*.
2. Klicken Sie im linken Fensterabschnitt auf *Computerschutz*.
3. Wählen Sie das Laufwerk aus, für das Sie einen Wiederherstellungspunkt erstellen möchten, und klicken Sie dann auf *Erstellen*.
4. Geben Sie eine Beschreibung des Wiederherstellungspunkts ein, zum Beispiel »Vor der Installation des Monitortreiberupdates«. Klicken Sie auf *Erstellen*.
5. Warten Sie, bis der Wiederherstellungspunkt erstellt ist, und klicken Sie dann auf *OK*.

Wiederherstellen mit Wiederherstellungspunkten

Um einen Computer auf einen bestimmten Wiederherstellungspunkt zurückzuführen, gehen Sie folgendermaßen vor:

1. Klicken Sie in der Systemsteuerung unter *System und Sicherheit* auf den Link *Sicherung des Computers erstellen*.
2. Klicken Sie auf den Link *Systemeinstellungen auf dem Computer wiederherstellen*.
3. Klicken Sie auf *Systemwiederherstellung öffnen*. Die Systemwiederherstellung untersucht die verfügbaren Wiederherstellungspunkte auf dem Computer. Dieser Prozess kann mehrere Minuten dauern. Klicken Sie auf *Weiter*, wenn er beendet ist.
4. Die Systemwiederherstellung empfiehlt einen oder mehrere Wiederherstellungspunkte. Die Wiederherstellungspunkte werden unter Angabe von Datum, Uhrzeit, Beschreibung und Typ aufgelistet. Sie können feststellen, auf welche Programme die Wiederherstellungsoperation Auswirkungen hat, indem Sie einen Wiederherstellungspunkt auswählen und auf *Nach betroffenen Programmen suchen* klicken.
5. Aktivieren Sie *Weitere Wiederherstellungspunkte anzeigen*, wenn Sie sehen wollen, welche Wiederherstellungspunkte außerdem verfügbar sind.
6. Klicken Sie auf den Wiederherstellungspunkt, den Sie verwenden wollen, und klicken Sie auf *Weiter*.
7. Klicken Sie auf *Fertig stellen*. Klicken Sie auf *Ja*, wenn Sie bestätigen sollen, ob Sie die Systemdateien und Einstellungen des Computers mit dem ausgewählten Wiederherstellungspunkt wiederherstellen wollen.

Während der Wiederherstellung fährt die Systemwiederherstellung Windows 7 herunter. Durch den Abschluss der Wiederherstellung wird Windows 7 mit den Werten wiederhergestellt, die bei der Erstellung des gewählten Wiederherstellungspunkts galten. Nach dem Neustart des Systems wird ein Dialogfeld *Systemwiederherstellung* angezeigt. Lesen Sie die angezeigte Meldung und klicken Sie dann auf *Schließen*. Sollte Windows 7 immer noch nicht richtig arbeiten, können Sie einen anderen Wiederherstellungspunkt wählen oder den Wiederherstellungsvorgang rückgängig machen, indem Sie diese Prozedur wiederholen und diesmal die Option *Systemwiederherstellung rückgängig machen* wählen.

Problembehandlung der Systemwiederherstellung

Der Systemwiederherstellung gelingt es nicht immer, die Wiederherstellung fehlerfrei auszuführen. Wenn die Systemwiederherstellung es nicht schafft, den Computer auf den Zustand zurückzuführen, den er zur gewünschten Zeit hatte, können Sie den Wiederherstellungsvorgang erneut ausführen und versuchen, den Computer auf diese Weise wiederherzustellen. Wählen Sie diesmal aber einen anderen Wiederherstellungspunkt.

Erstellen und Verwenden einer Datensicherung

Die Windows 7-Editionen Professional, Enterprise und Ultimate enthalten das Tool *Sichern und Wiederherstellen*. Mit diesem Tool können Sie Datensicherungen automatisieren, sodass ein Computer vollständig gesichert wird. Sie brauchen ausreichende Berechtigungen, um Dateien auf einem Computer zu sichern und wiederherzustellen.

Konfigurieren von Datensicherungen

Windows 7 kann automatisch persönliche Datensicherungen und Systemabbildsicherungen erstellen. Persönliche Datensicherungen dienen dazu, Bilder, Musik, Videos, E-Mails, Dokumente und andere wichtige Dateien in regelmäßigen Abständen zu sichern. Systemabbildsicherungen sichern regelmäßig das Systemlaufwerk, das Systemstartlaufwerk und andere Laufwerke, die Windows benötigt. Sie können persönliche Datensicherungen benutzen, um Ihre Daten wiederherzustellen. Mit Systemabbildsicherungen stellen Sie einen Computer her, wenn er nicht mehr funktioniert.

Der Computer muss am geplanten Termin eingeschaltet sein, damit die automatisierten Datensicherungen funktionieren. Sie können Datensicherungen nicht auf den Systemdatenträger, den Startdatenträger oder auf Band speichern. Sie können persönliche Datensicherungen auf USB-Flashlaufwerke, CD/DVD-Laufwerke und Netzwerkspeicherorte schreiben, unabhängig davon, ob sie mit FAT oder NTFS formatiert sind. Systemabbildsicherungen können Sie allerdings nur in internen Laufwerken, Netzwerkspeicherorten oder USB-Flashlaufwerken speichern, die mit NTFS formatiert sind. Systemabbildsicherungen können Sie außerdem auf CD/DVD-Laufwerken speichern.

In der Standardeinstellung werden geplante Datensicherungen jeden Sonntag um 19:00 Uhr erstellt. In einem Unternehmen, wo die Computer über das Wochenende ausgeschaltet sind, sollten Sie diese Einstellung ändern.

Gehen Sie folgendermaßen vor, um automatisierte Datensicherungen zu konfigurieren:

1. Klicken Sie in der Systemsteuerung unter *System und Sicherheit* auf *Sicherung des Computers erstellen*.
2. Klicken Sie auf *Sicherung einrichten*, wenn Sie bisher noch keine automatisierten Datensicherungen konfiguriert haben. Klicken Sie andernfalls auf *Einstellungen ändern*.
3. Stellen Sie auf der Seite *Wählen Sie das Verzeichnis aus, in dem Sie die Sicherung speichern möchten* mit den verfügbaren Optionen einen Speicherort für die Datensicherung auf einem lokalen Datenträger, einem CD/DVD-Laufwerk, einem USB-Flashlaufwerk oder im Netzwerk ein und klicken Sie auf *Weiter*. Wenn Sie ein CD/DVD-Laufwerk verwenden und die Datensicherung nicht auf eine Disk passt, müssen Sie auf Aufforderung neue Rohlinge einlegen.
4. Nehmen Sie auf der Seite *Welche Daten möchten Sie sichern* folgende Einstellungen vor und klicken Sie auf *Weiter*:
   - Wählen Sie die Option *Auswahl durch Windows*, wenn Sie alle persönlichen Daten in Benutzerprofilordnern und Bibliotheken sichern und zusätzlich ein Systemabbild erstellen wollen.
   - Wählen Sie die Option *Auswahl durch Benutzer*, wenn Sie auswählen wollen, welche persönlichen und Systemdaten gesichert werden.
5. Falls Sie *Auswahl durch Benutzer* gewählt haben, müssen Sie nun mit den verfügbaren Optionen einstellen, welche persönlichen Daten gesichert werden. Sie können die Knoten *Datendateien* und *Computer* sowie deren Unterknoten erweitern, um bestimmte Ordner und Bibliotheken auszuwählen. In der Standardeinstellung ist das Kontrollkästchen *Systemabbild von Laufwerken einschließen* aktiviert, sodass Systemabbildsicherungen erstellt werden (was in den meisten Fällen sinnvoll ist). Klicken Sie auf *Weiter*, wenn Sie die gewünschten Einstellungen vorgenommen und unerwünschte Optionen gelöscht haben.
6. Klicken Sie auf der Seite *Sicherungseinstellungen prüfen* auf *Zeitplan ändern*. Richten Sie mit den verfügbaren Optionen den Zeitplan für die Datensicherung ein. In der Dropdownliste *Häufigkeit* stehen *Täglich*, *Wöchentlich* oder *Monatlich* zur Auswahl. Wenn Sie eine wöchentliche oder monatliche Ausführung wählen, müssen Sie den Tag in der Dropdownliste *Tag der Sicherung* auswählen. Stellen Sie schließlich in der Dropdownliste *Uhrzeit* ein, wann die automatisierte Datensicherung durchgeführt werden soll. Klicken Sie auf *OK*.
7. Sofern Sie die erste Datensicherung erstellen und den Datensicherungszeitplan speichern, müssen Sie auf *Einstellungen speichern und Sicherung ausführen* klicken, damit Ihre Einstellungen gespeichert werden und Windows die erste Datensicherung anlegt. Haben Sie dagegen schon

vorher eine Datensicherung für den Computer erstellt, heißt diese Schaltfläche stattdessen *Einstellungen speichern und Programm beenden*. Sobald Sie die automatisierten Datensicherungen konfiguriert haben, können Sie die Einstellungen verwenden, um jederzeit eine manuelle Datensicherung durchzuführen. Öffnen Sie einfach *Sichern und Wiederherstellen* und klicken Sie auf *Jetzt sichern*. Gehen Sie folgendermaßen vor, um von Hand eine Systemabbildsicherung zu erstellen:

1. Klicken Sie in der Systemsteuerung unter *System und Sicherheit* auf den Link *Sicherung des Computers erstellen*. Klicken Sie im linken Fensterabschnitt auf *Systemabbild erstellen*.
2. Legen Sie auf der Seite *Wo möchten Sie die Sicherung speichern* fest, in welchen Speicherort die Datensicherung geschrieben wird. Klicken Sie auf *Weiter*.
3. Auf der Seite *Welche Laufwerke möchten Sie in die Sicherung einschließen* ist das Systemlaufwerk des Computers standardmäßig ausgewählt. Sie können diese Auswahl nicht rückgängig machen, aber weitere Laufwerke zum Datensicherungsabbild hinzufügen, indem Sie die entsprechenden Kontrollkästchen aktivieren. Klicken Sie auf *Weiter*.
4. Klicken Sie auf *Sicherung starten*.

Verwalten von Datensicherungen und Beseitigen von Problemen

Sie können das Tool *Sichern und Wiederherstellen* benutzen, um Datensicherungen zu verwalten und Probleme zu beseitigen. Sie öffnen dieses Fenster in der Systemsteuerung, indem Sie unter *System und Sicherheit* auf den Link *Sicherung des Computers erstellen* klicken.

Sichern und Wiederherstellen zeigt Basisinformationen über Datensicherungen an, darunter den Speicherort und die Größe einer Datensicherung. Weitere Informationen darüber, wie die Windows-Sicherung den Festplattenplatz nutzt, erhalten Sie, indem Sie auf *Speicherplatz verwalten* klicken. Im Dialogfeld *Speicherplatz für Windows-Sicherung verwalten* haben Sie folgende Möglichkeiten:

- Lesen der Zusammenfassung zum belegten Speicherplatzverbrauch
- Durchsuchen des Sicherungsspeicherorts, indem Sie den Link *Durchsuchen* anklicken
- Verwalten der Datendateien, indem Sie auf *Sicherungen anzeigen* klicken und dann die Sicherungssätze auswählen, die gelöscht werden sollen
- Ändern der Einstellungen für Systemabbildsicherungen, um Platz zu sparen

Gehen Sie folgendermaßen vor, um den Ausführungszeitplan zu ändern:

1. Klicken Sie in der Systemsteuerung unter *System und Sicherheit* auf den Link *Sicherung des Computers erstellen*.
2. Klicken Sie unter *Zeitplan* auf *Einstellungen ändern* und wiederholen Sie dann die Schritte 3 bis 7 der Anleitung weiter oben, die beschreibt, wie Sie automatisierte Datensicherungen konfigurieren.

Gehen Sie folgendermaßen vor, um die automatisierten Datensicherungen zu deaktivieren:

1. Klicken Sie in der Systemsteuerung unter *System und Sicherheit* auf den Link *Sicherung des Computers erstellen*.
2. Klicken Sie im linken Fensterabschnitt auf *Zeitplan deaktivieren*.

Treten irgendwelche Probleme auf, während Dateien gesichert werden, bekommen Sie eine Warnung oder Fehlermeldung angezeigt, in der das Problem aufgeführt ist (Abbildung 17.4).

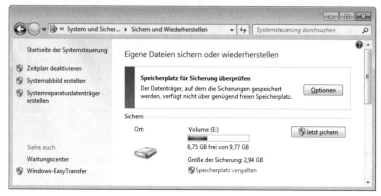

Abbildung 17.4 Verwalten von Datensicherungen im Tool *Sichern und Wiederherstellen*

Beginnen Sie die Problembehandlung, indem Sie auf *Optionen* klicken. Daraufhin öffnet sich das Dialogfeld *Windows-Sicherung: Problembehandlungsoptionen* (Abbildung 17.5). Welche Optionen darin angeboten werden, hängt von der Art der Warnung oder des Fehlers ab. Bei den meisten Benachrichtigungen haben Sie die Möglichkeit, die übersprungenen Dateien anzusehen und die Sicherungseinstellungen zu ändern. Bei den meisten Fehlern können Sie versuchen, die Datensicherung erneut auszuführen, oder die Datensicherungseinstellungen ändern.

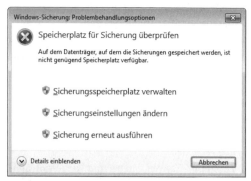

Abbildung 17.5 Beseitigen eines Problems bei der Datensicherung

Bevor Sie Ihre Wahl treffen, sollten Sie auf *Details anzeigen* klicken, um sich ausführliche Informationen über den Zeitpunkt und den Speicherort der Datensicherung anzusehen. War der Computer des Benutzers oder der Server, in dem die Datensicherung gespeichert werden sollte, zum geplanten Zeitpunkt der Datensicherung ausgeschaltet oder offline, ist die Datensicherung fehlgeschlagen. In diesem Fall können Sie einfach versuchen, die Datensicherung noch einmal zu starten. Ist im Speicherort der Datensicherung nicht mehr genug Platz frei, müssen Sie die Datensicherungseinstellungen ändern und einen neuen Speicherort wählen.

Wiederherstellen persönlicher Daten

Gehen Sie folgendermaßen vor, um persönliche Datendateien wiederherzustellen, die Sie vorher gesichert haben:

1. Klicken Sie in der Systemsteuerung unter *System und Sicherheit* auf den Link *Sicherung des Computers erstellen*.
2. Klicken Sie im Fenster *Sicher und Wiederherstellen* auf *Eigene Dateien wiederherstellen*.

Wenn die Elemente, die Sie wiederherstellen wollen, im aktuellen Datensicherungsspeicherort liegen, können Sie mit den Optionen im Fenster *Dateien wiederherstellen* sofort die Elemente auswählen, die wiederhergestellt werden sollen. Klicken Sie danach auf *Weiter* und folgen Sie den Anweisungen. Zum Auswählen der Elemente werden folgende Möglichkeiten angeboten:

- Klicken Sie auf *Nach Dateien suchen*, um in Ihrer Datensicherung nach den Dateien zu suchen, die wiederhergestellt werden sollen. Alle Dateien werden in der letzten Version wiederhergestellt.
- Klicken Sie auf *Nach Ordnern suchen*, um in Ihrer Datensicherung nach den Ordnern zu suchen, die wiederhergestellt werden sollen. Alle Ordner mitsamt Inhalt werden in der letzten Version wiederhergestellt.
- Klicken Sie auf *Suchen*, um nach den Dateien und Ordnern zu suchen, die wiederhergestellt werden sollen. Alle Dateien und Ordner werden in der letzten Version wiederhergestellt.
- Klicken Sie auf *Anderes Datum wählen*, um Dateien aus einer anderen Datensicherung wiederherzustellen. Das Dialogfeld *Dateien wiederherstellen* listet alle Datensicherungen nach dem Sicherungsdatum geordnet auf. Klicken Sie auf die Datensicherung, aus der Sie Dateien wiederherstellen wollen, und suchen Sie dann die Dateien aus.

Befinden sich die Elemente, die Sie wiederherstellen wollen, an einem anderen Speicherort, müssen Sie auf den Link *Andere Sicherung für die Wiederherstellung auswählen* klicken. Im Dialogfeld *Dateien wiederherstellen (erweitert)* sind alle Datensicherungen mit Informationen zum Sicherungszeitraum, Computer und Sicherungsort aufgelistet. Klicken Sie auf die Datensicherung, aus der Sie Dateien wiederherstellen wollen, und suchen Sie dann die gewünschten Dateien aus.

Reparieren und Wiederherstellen eines Computers

Wenn Sie Windows 7 installieren, wird automatisch eine Partition für die Windows-Wiederherstellungsumgebung (Windows Recovery Environment, Windows RE) erstellt. Mit Windows RE können Sie den Computer folgendermaßen reparieren:

1. Klicken Sie auf *Start*, wenn der Computer zwar läuft, aber Fehler auftreten. Klicken Sie im Startmenü auf die Schaltfläche rechts neben *Herunterfahren* und dann auf *Neu starten*.
2. Drücken Sie beim Neustart des Computers auf F8, damit das Auswahlmenü *Erweiterte Startoptionen* angezeigt wird. Wenn mehrere Betriebssysteme auf dem Computer installiert sind, wird das Auswahlmenü *Windows-Start-Manager* angezeigt. Drücken Sie in diesem Fall F8, während dieses Menü angezeigt wird.
3. Wählen Sie im Menü *Erweiterte Startoptionen* mit den Pfeiltasten den Eintrag *Computer reparieren* aus und drücken Sie die EINGABETASTE.
4. Der Computer lädt nun Windows RE. Wählen Sie im Dialogfeld *Systemwiederherstellungsoptionen* eine Sprache und das Tastaturlayout und klicken Sie auf *Weiter*.
5. Damit Sie auf die Wiederherstellungsoptionen zugreifen können, müssen Sie Sie sich mit einem lokalen Administratorkonto anmelden. Wählen Sie den lokalen Administrator aus, als der Sie sich anmelden wollen, geben Sie das Kennwort für dieses Konto ein und klicken Sie auf *OK*.
6. Sehen Sie sich im Dialogfeld *Systemwiederherstellungsoptionen* den Speicherort des Betriebssystems an und wählen Sie dann eine der folgenden Wiederherstellungsoptionen:

   - *Systemstartreparatur*   Wählen Sie diese Option, um Probleme zu reparieren, die verhindern, dass Windows startet. Das können fehlerhafte Einträge im Startkonfigurationsdatenspeicher sein, beschädigte Systemdateien oder beschädigte Start-Manager. Normalerweise wird dieses Tool automatisch gestartet, wenn Windows ein Problem erkennt, das sich beseitigen lässt.
   - *Systemwiederherstellung*   Wählen Sie diese Option, um die Systemwiederherstellung zu öffnen und Windows in den Zustand zurückzuversetzen, den es zu einem früheren Zeitpunkt hatte. Falls eine Konfigurationsänderung oder eine Anwendungsinstallation den Systemstart verhindern und Wiederherstellungspunkte verfügbar sind, können Sie mithilfe dieser Funktion Windows auf den Zustand zurückzusetzen, den es vor der Änderung hatte.
   - *Systemabbild-Wiederherstellung*   Wählen Sie diese Option, um eine vollständige Wiederherstellung des Computers aus einem Systemabbild durchzuführen, das Sie vorher erstellt haben. Wenn es nicht gelingt, den Computer mit Systemstartreparatur, Systemwiederherstellung und anderen Problembehandlungstechniken wiederherzustellen und Sie ein Systemabbild für die Wiederherstel-

lung zur Verfügung haben, können Sie den Computer aus diesem Datensicherungsabbild wiederherstellen.
- *Windows-Speicherdiagnose* Wählen Sie diese Option, wenn Sie den Verdacht haben, dass der Arbeitsspeicher des Computers einen Defekt hat, der nicht automatisch erkannt wird.
- *Eingabeaufforderung* Wählen Sie diese Option, um eine Eingabeaufforderung zu öffnen. Dort können Sie die Befehle und Tools ausführen, die in der Wiederherstellungsumgebung zur Verfügung stehen.

Wenn Sie Windows nicht auf anderem Weg wiederherstellen können, besteht die letzte Möglichkeit darin, Windows 7 neu zu installieren. Bevor Sie zu diesem drastischen Mittel greifen, sollten Sie versuchen, den Computer mithilfe von Systemstartreparatur und Systemwiederherstellung zu reparieren. Wenn das fehlschlägt, können Sie noch versuchen, den Computer aus einem Systemabbild wiederherzustellen.

Problembehandlung für Systemstart und Herunterfahren

Als Administrator haben Sie häufig mit Problemen zu tun, die sich beim Start oder beim Herunterfahren von Computern zeigen. Der folgende Abschnitt beschreibt, wie man solche Probleme angehen kann.

Schwierigkeiten mit dem Neustart und dem Herunterfahren des Systems

Normalerweise können Sie Windows 7 herunterfahren oder neu starten, indem Sie im Startmenü eine der Optionen neben der Schaltfläche *Herunterfahren* auswählen. Manchmal lässt sich Windows 7 aber nicht wie gewohnt herunterfahren oder neu starten und Sie müssen zusätzliche Maßnahmen ergreifen. Gehen Sie in solchen Fällen folgendermaßen vor:

1. Drücken Sie STRG+ALT+ENTF. Der Windows-Bildschirm wird angezeigt. Klicken Sie auf *Task-Manager starten*.
2. Suchen Sie auf der Registerkarte *Anwendungen* nach einer Anwendung, die nicht mehr reagiert. Werden alle Anwendungen normal ausgeführt, fahren Sie mit Schritt 5 fort.
3. Wählen Sie die Anwendung aus, die nicht mehr reagiert, und klicken Sie dann auf *Task beenden*.
4. Wenn die Anwendung nicht darauf reagiert, erscheint eine Meldung, in der Sie entweder die Aufforderung zur Beendigung der Ausführung abbrechen oder die Anwendung sofort beenden können. Klicken Sie auf *Jetzt beenden*.
5. Versuchen Sie, den Computer herunterzufahren oder neu zu starten. Drücken Sie STRG+ALT+ENTF, klicken Sie auf die Pfeilschaltfläche rechts neben dem Netzschaltersymbol und klicken Sie dann nach Bedarf auf *Neu starten* oder *Herunterfahren*.

Windows 7 meldet auch den aktuellen Benutzer ab und fährt das System herunter, wenn Sie den Netzschalter des Computers drücken. Falls irgendwelche Programme nicht reagieren, können Sie wählen, ob Sie die Abmeldung erzwingen oder noch einige Sekunden warten wollen, bis Windows selbst die Abmeldung erzwingt.

PRAXISTIPP Als letzten Ausweg müssen Sie das System vielleicht hart herunterfahren, indem Sie den Netzschalter des Computers länger gedrückt halten oder den Netzstecker ziehen. Wenn Sie das tun, wird beim nächsten Neustart wahrscheinlich die Datenträgerprüfung aktiv. Damit prüft der Computer, ob sich durch das harte Ausschalten vielleicht Probleme mit dem Dateisystem ergeben haben. Wird die Datenträgerprüfung nicht automatisch gestartet, empfiehlt es sich in solchen Fällen, sie manuell zu starten.

STOP-Fehler und ihre Bedeutung

Der Abschnitt »Konfigurieren von Systemstart und Wiederherstellung« in Kapitel 6 beschreibt, wie Sie Windows 7 konfigurieren, um Debuginformationen zu erhalten. Wenn beim Start von Windows 7, bei der Installation einer Anwendung oder einer anderen Operation ein größerer Fehler auftritt, sehen Sie eine STOP-Fehlermeldung, die den ganzen Bildschirm füllt. Lesen Sie die Angaben sorgfältig und schreiben Sie sich folgende Informationen auf:

- **Fehlerbezeichnung** Die Bezeichnung des Fehlers sollte in der dritten Zeile des Fehlerbildschirms in Großbuchstaben angezeigt werden, wie zum Beispiel `KERNEL_STACK_INPAGE_ERROR`.

- **Empfehlungen zur Problembehebung** An die Fehlerbezeichnung schließen sich Empfehlungen zur Fehlerbehebung an. Um welche Empfehlungen es sich handelt, hängt von der Art des aufgetretenen Fehlers ab. Die Empfehlungen geben allgemeine Hinweise zur Behebung des Problems.

- **Fehlernummer** An die Empfehlungen zur Fehlerbehebung schließen sich technische Informationen an. In der Zeile unter der Überschrift des Abschnitts mit den technischen Informationen sehen Sie das Wort STOP, eine Fehlernummer und eine Parameterliste. Die Fehlernummer hinter dem Wort STOP, wie zum Beispiel in `STOP: 0X00000050`, sollten Sie sich aufschreiben.

- **Treiberinformationen** Direkt hinter der Zeile mit der in STOP-Fehlernummer folgt eine Zeile mit dem Namen des Treibers, der den Fehler verursacht hat. Allerdings wird diese Angabe nur gemacht, wenn der Fehler auf einen bestimmten Treiber zurückverfolgt werden kann. Notieren Sie sich den Namen des Treibers.

Wenn das System so eingestellt ist, dass es STOP-Fehler ins Ereignisprotokoll einträgt, und dieser Eintrag vor dem völligen Absturz des Systems noch ausgegeben werden konnte, werden die Fehlernummer und die Fehlerparameter ins Systemprotokoll eingetragen, wobei *Save Dump* die Ereignisquelle ist. Der Ereigniseintrag gibt auch an, ob eine Absturzspeicherabbilddatei erstellt und wo sie gespeichert wurde.

PRAXISTIPP   Windows 7 enthält eine Online-Absturzanalysefunktion, die es ermöglicht, die Absturzspeicherabbilddatei an den Microsoft-Produktsupport zu senden. Wenn die Fehlerberichterstattung aktiviert ist, können Sie diese Debuginformationen nach dem nächsten erfolgreichen Start des Systems an Microsoft übermitteln. Sie haben die Wahl, die Debuginformationen anonym zu übertragen oder Ihr Microsoft Connect-Konto anzugeben. Wenn Sie die Debuginformationen mit Ihrem Namen und Kontaktinformationen über Microsoft Connect übermitteln, versucht vielleicht ein Techniker, weitere Informationen von Ihnen zu erhalten. Vielleicht kann er Ihnen auch entsprechende Vorschläge zur Behebung des Problems machen.

Nachdem Sie die STOP-Fehlerinformationen aufgeschrieben haben, müssen Sie das System vielleicht im abgesicherten Modus neu starten, wie im Abschnitt »Reparieren eines Computers, um den Systemstart zu ermöglichen« weiter oben in diesem Kapitel beschrieben. Dann können Sie auf folgende Weise versuchen, das Problem zu lösen:

- **Suchen Sie in der Microsoft Knowledge Base eine Beschreibung des STOP-Fehlers**   Besuchen Sie *support.microsoft.com* und suchen Sie in der Microsoft Knowledge Base nach der Fehlernummer als Schlüsselwort. Wenn mit der Fehlernummer ein bestimmtes Problem bezeichnet ist, sollten Sie einen entsprechenden Knowledge Base-Artikel finden. Orientieren Sie sich an der Beschreibung, um das Problem zu lösen.
- **Überprüfen Sie den Treiber (sofern Angaben über den Treiber gemacht wurden)**   Wenn Sie das System neu starten, überprüfen Sie, ob der Treiber digital signiert ist. Wurde der Treiber vor Kurzem aktualisiert, könnten Sie in Erwägung ziehen, die Vorgängerversion wiederherzustellen. Dass der Treiber als Fehlerquelle genannt wird, bedeutet aber nicht, dass der Treiber tatsächlich fehlerhaft ist und ersetzt werden muss. Der STOP-Fehler kann auch durch andere Faktoren verursacht worden sein.
- **Überprüfen Sie, was sich in der letzten Zeit geändert hat**   STOP-Fehler können durch Hardware und durch Software verursacht werden. Sehen Sie sich alle Programme und die Hardware genau an, die in der letzten Zeit im Computer installiert wurden. Wenn Sie neue Hardware installieren, dann achten Sie darauf, dass die Hardware richtig installiert ist, die neuesten Treiber installiert sind und die Hardware korrekt konfiguriert wurde. Wenn Sie neue Software installieren, dann achten Sie darauf, dass die Installation erfolgreich abgeschlossen wird. Überprüfen Sie auch, ob es Updates oder Patches für die Software gibt.
- **Überprüfen Sie die Systemressourcen**   STOP-Fehler können auftreten, wenn das System unter Speichermangel leidet, sei es im Arbeitsspeicher oder auf der Festplatte. Überprüfen Sie nach dem Start des Computers, ob auf den Laufwerken genügend Platz frei ist. Schaffen Sie bei Bedarf mit der Datenträgerbereinigung oder anderen Programmen Platz auf dem Datenträger. Öffnen Sie auch den Task-Manager, indem Sie STRG+ALT+ENTF drücken und dann auf *Task-Manager starten* klicken. Überprüfen Sie auf der Registerkarte *Leistung*, wie viel Speicher

frei ist. Wenn nur wenig Speicher verfügbar ist, überprüfen Sie, welche Programme so viel Speicher belegen. Überprüfen Sie auch, ob problematische Programme laufen, beispielsweise Adware oder Spyware.

- **Reparieren Sie die Systemdateien**   STOP-Fehler können ihre Ursache auch in beschädigten Systemdateien oder darin haben, dass die falschen Versionen der Systemdateien verwendet werden. Wenn Sie eine Systemdatei als Ursache vermuten und sich das System nicht richtig starten lässt, müssen Sie das Betriebssystem vielleicht wiederherstellen, wie im Abschnitt »Reparieren eines Computers, um den Systemstart zu ermöglichen« weiter oben in diesem Kapitel beschrieben.

- **Überprüfen Sie Hardware und Firmware**   STOP-Fehler können durch defekte Hardware verursacht werden. Stürzt ein Computer häufig ab, sollten Sie die Hardware genauer untersuchen. Überprüfen Sie zuerst die Hardwaretreiber, denn ein Treiber könnte Ursache der STOP-Fehler sein. Überprüfen Sie die Geräte. Sehen Sie sich insbesondere die Festplatten, das RAM, den Prozessor und die Grafikkarte genauer an. Eine Festplatte kann ausfallen, RAM kann Defekte haben, der Prozessor kann durch Überhitzung beschädigt werden und die Grafikkarte ist vielleicht zu Windows 7 inkompatibel. Überprüfen Sie auch die Firmware und ihre Einstellungen. Überprüfen Sie, ob vom Hersteller des Mainboards ein Update erhältlich ist.

Stichwortverzeichnis

$ (Dollarzeichen) 581
* (Stern) 654, 681
.NET Framework 62
128-Bit-Adressen 632
1394-Debuggen 427, 429
16-Bit-Anwendungen 374
16-Bit-Architektur 394
16-Bit-Treiber 374
32- und 64-Bit-Treiberspeicher 344
32-Bit-Adressen 632
32-Bit-Architektur 22, 24, 32, 65, 396
386-Modus 374
64-Bit-Architektur
    EFI 396
    Entwurf und Auswirkungen 27ff.
    Installieren von Windows PE 65
    MBR- und GPT-Partitionsstile 472
    Separates Auslieferungsmedium 24
    UEFI 396
    Windows 7 22, 32
802.11 *Siehe* IEEE 802.11

A

Abbilddienste 397
Abbruchfehler 237, 414, 740ff.
Abgesicherter Modus mit Eingabeaufforderung, Option 728
Abgesicherter Modus mit Netzwerktreibern, Option 727f.
Abgesicherter Modus, Option 395, 417, 431, 727f.
Abgesicherter Start, Option 220
Abhängige Dienste während Systemstart 413
Ablaufverfolgungsprotokollierung 108
Abmelden
    Deinstallieren von Software 381
    Dienste 321
    Remotedesktopsitzungen 196
    Skriptrichtlinien 133f.
    Synchronisieren von Offlinedateien 122f., 607
Absturzabbilddateien 237, 380, 741
Absturzabbildpartitionen 489
Absturzabbildvolumes 489
Abstürze 309, 741; *siehe auch* Problembehandlung
Abziehen von Komponenten 48
Abzweigungspunkte 372
ACL (Zugriffssteuerungsliste) 553
ACPI (Advanced Configuration and Power Interface) 396f., 404, 487
ACT (Application Compatibility Toolkit) 364, 370
Active Directory-Benutzer und -Computer-Konsole 45, 152, 157
Active Directory-Domänen 29, 152, 224, 450f.
Active Directory-Gruppenrichtlinien
    Anmeldebildschirme 172
    Bearbeitungszustände 143
    Beschreibung 107
    Erstellen und Bearbeiten von Einstellungselementen 146
    Gemeinsam-Registerkarte, Optionen 147
    Geräte, Tasks und Dienste 145
    Konfigurieren von Einstellungen 141–145
    Nicht angewendete Einstellungen 148
    Sicherheitskonfiguration 164
    Standort-, Domänen- und Organisationseinheitenrichtlinien 112–115
    Typen unverwalteter Richtlinieneinstellungen 139ff.
    Verarbeitungsreihenfolge 147
    Verwaltungsaktionen 141
    Zielelemente 149
Adapter 328; *siehe auch* Grafikkarten; Netzwerkkarten; Drahtlosadapter
Address Resolution Protocol Service Binding Protocol (ARPSBP) 398
Ad-hoc-Modus (Drahtlos) 699
ADM-Dateien 115
ADMIN$-Freigabe 577, 581
Administrative Benutzer, Anwendungen 363
Administrative Freigaben 581
Administrative Vorlagen *Siehe* ADMX-Dateien
Administratorbenutzeranwendungen 360
Administratorbenutzerkonten 42f., 158ff.
Administratorbestätigungsmodus 160–165
Administratorengruppe 153, 155, 551–569, 613
Administratorkonten 153, 160–165
Administratormodus 158f.
Administrator-Zugriffstoken 360, 363
ADMX-Dateien (administrative Vorlagen) 115ff.; *siehe auch* Richtlinieneinstellungen
Adressleiste 277, 281
Advanced Configuration and Power Interface *Siehe* ACPI
Advanced Encryption Standard (AES) 697
Advanced Encryption Standard 128-Bit Cyclical Bit Check (AES-128-CBC) 538
Advanced Power Management (APM) 487
Advanced Programmable Interrupt Controller (APIC) 430f.
Aero-Benutzeroberfläche 23, 37, 292, 295, 317

Aero-Peek, Feature 279
AES (Advanced Encryption Standard) 697
AES-128-CBC 538
Akkus
    Energiesparplanoptionen 248
    Energiewarnungen 258
    Firmwarekonfigurationsdetails 400
    Gesamtbetriebsdauer 260
    Hybride Laufwerke 481
    Ruhezustand 47
    Status 658
Aktionen (Aufgaben) 721, 724
Aktive Netzwerke 629
Aktive Partitionen 30, 411, 453, 488, 491, 508, 510
Aktive Volumes 488, 508
Aktivieren von Windows 40, 91, 203
Aktiviert, Gruppenrichtlinienzustand 116f.
Aktiv-Status (Wechseldatenträger) 488
Aktualisieren
    Datenträgerkontingente 617
    Dynamische DNS-Updates 643
    Offlinedateien 604–609
Alarm bei niedriger Akkukapazität 259
Alarme (Energiebenachrichtigungen) 258
Alle Programme-Menü 268f.
Alternative IP-Adressen 636, 639, 660
Alternative Shells 431
AMD Opteron-Prozessor (AMD64) 27, 231, 406
AMX (Manifestdateien) 344
Analogmodems 663, 671
Andocken der Taskleiste 278
Anfordern der Remoteunterstützung 131
Angeforderte Remoteunterstützung, Richtlinie 193
Anhalten von Diensten 324
Anhängen von Daten 66, 558
Anhebung
    Administratoranwendungen 361
    Administratorbestätigungsmodus 162
    Administratorkonten 43
    Anwendungsprivilegien 361
    Beschreibung 160
    Böswillige Software 158
    Fälschen von Eingabeaufforderungen 363
    Richtlinieneinstellungen 129
    Sicherheit und Benachrichtigung 162, 363
Anmeldeinformationen
    Anmeldeinformationen, Typen 173
    Anwendungsinstallation 367
    Datensicherung und -wiederherstellung 178
    Dienste 322
    Drahtlosnetzwerke 701
    Eingabeaufforderung 163
    Heimnetzgruppen oder Arbeitsgruppen 174

Anmeldeinformationen *(Fortsetzung)*
    Hinzufügen 174
    Kennwörter 176
    Löschen 179
    Netzwerkfreigaben 579f., 583
    Tresoreinträge bearbeiten 177
    Windows-Tresor 173
    Zertifikatbasierte 176
Anmeldeinformationsverwaltung 174, 176–179
Anmelden
    Anmeldebildschirme 171
    Aufgabenplanung 721, 724
    Benutzerkonten 43
    Dienstanmeldung 325
    Dienste 321
    Domänenkonten 157, 166
    Klassisch und einfach 137
    Lokale Anmeldung 157
    Remotedesktop 194
    Remotezugriff 681
    Richtlinien 136ff.
    Skriptrichtlinien 133f.
    Synchronisieren von Offlinedateien 123, 605, 607
Anonymous-Anmeldung, Identität 556
Antivirenprogramme 39, 310
Antwortdateien 30, 89
Anwendungen
    32-Bit und 64-Bit 28
    Administratorbenutzer und Standardbenutzer 360
    Administratorkonten 158
    Aktuell ausgeführte 380
    Anhebung 160
    Anzeigeprobleme 304
    Arbeitsverzeichnisse 275
    Aufräumen von Programmdateien 213
    Ausführen bei Anmeldung 137f.
    Ausführungsebene 363–367
    Ausführungslisten 137f.
    Ausführungsmodi 158
    AutoPlay, Feature 368, 389
    Autostartanwendungen 221, 271, 273, 275f.
    Befehlspfade 383–386
    Berechtigungen 558
    Dateierweiterungen und Zuordnungen 386–389
    Deinstallieren 381
    DEP 231
    Ereignisprotokolle 718
    Ereignissounds 284
    Fehler 321
    Fensteranordnung 285
    Fixieren auf Taskleiste 277
    Geräteprobleme 357
    Gruppenrichtlinieneinstellungen 115

Anwendungen *(Fortsetzung)*
    Installieren 367–372
    Integritätsebene 362
    Kompatibilität 53, 318, 374–379
    Legacy 304, 361
    Leistungseinstellungen 227
    Markieren 265
    Namen in Menüs sortieren 265
    Neuinstallation 29
    Offlineverwendung 602
    Priorität und Vorladen 482
    Privilegien 360f.
    Problembehandlung 53, 55, 318
    Problemberichterstattung 316
    Reagiert nicht 309, 739
    Remotedesktopverbindungen 198
    Reparieren 381
    Richtlinien 140, 142
    Setupprogramme 369
    Signierte 164, 215
    Standard 382
    Standard- und Administratormodus 159
    UAC-konform 360
    Umgebungsinformationen 208
    Unverwaltete Richtlinieneinstellungen 140
    Validierte 164
    Veröffentlichen 373
    Virtualisierung 361, 366
    Vor Kurzem geändert oder hinzugefügt 741
    Wiederherstellungspunkte 730
    Windows PE 74
    Zugriffstoken 158, 360
    Zuletzt verwendete 265
    Zuweisen 372
Anwendungseinträge (BCD) 425
Anwendungssteuerungsrichtlinien 367
Anwendungsverwaltungsdienst 321
Anzeige
    Auflösung 295, 302, 728
    Benutzerprivilegien 159
    Bildschirmdarstellung erweitern 302
    Bildwiederholrate 297, 303
    Energieeinstellungen 291
    Entmagnetisieren 305
    Externe 658
    Farbe und Darstellung 292–295
    Farbtiefe 302
    Fehler während Systemstart 409
    Firmware 400
    Flackern 305
    Herunterfahren 248
    Legacy-Anwendungen, Probleme 377
    Lesbarkeit anpassen 295
    Mehrere Monitore, Unterstützung 302
    Monitor wechseln 300
    Problembehandlung 304, 728
    Prüfen der Treiber 297

Anzeige *(Fortsetzung)*
    Remotedesktopeinstellungen 196
    Treiber ändern 298ff.
    Typen 300
    Windows PE 62
Anzeigen
    Ausgeblendete Aufgaben 723
    Ausgeblendete Dateien 591
    Benutzersitzungen mit Freigaberessourcen 582
    Berechtigungen 552f., 559
    Dateien mit Tastenkombination 592
    Dateierweiterungen 593
    Datenträgerkontingenteinträge 615
    Ereignisprotokolle 719
    Geerbte Berechtigungen 565
    Geplante Aufgaben 722
    Geplante Synchronisierungseinstellungen 606
    Infobereichsymbole 279
    Menüleisten 596
    Netzwerkkonfiguration 648
    Startbildschirmanzeige 431
    Symbolleisten 281
    Synchronisierungspartnerschaften 604
    Systemdateien 591
    Update- und Installationsverlauf 711
    Wählverbindungen, Speicherorte 667
APIC (Advanced Programmable Interrupt Controller) 430f.
APIPA (Automatic Private IP Addressing) 652, 660
APM (Advanced Power Management) 487
Application Compatibility Toolkit (ACT) 364, 370
Arbeitsgruppen
    Anmelden 43
    Dateifreigabeoptionen 547
    Erstellen von Freigaben 570–576
    Gespeicherte Anmeldeinformationen 174
    Heimnetzgruppen 41
    Informationen 203
    Kennwörter 168
    Konten 157
    Lokale Benutzerkonten 165
    UAC 41
    Wiederherstellung, Richtlinien 541
Arbeitsplatznetzwerke 626, 666, 671ff.
Arbeitsspeicher
    Abbruchfehler 741
    Angeben 417
    Arbeitsspeicher aus niedrigen Adressbereichen 430
    BCD-Speichereinträge 427f.
    Bildschirmschoner 289
    DEP 231, 431
    Diagnose 58, 423, 739
    Einstufungen 205

Arbeitsspeicher *(Fortsetzung)*
  Fehlermeldungen 355
  Firmwarekonfigurationsdetails 400
  Grafik 292
  Hinzufügen 329
  Informationen 203
  Legacy-Anwendungen 374
  Nicht ausführbare Abschnitte 231, 431
  Optimieren 482
  Physische Arbeitsspeicheradressen 429
  Priorität 481ff.
  Problembehandlung 308, 409
  Puffer 633
  Speicherlecks 54
  Startoptionen 221
  Startvorgang 399, 407
  Überschreiben 450
  Verringern 431
  Verschieben 429
  Windows 7, Voraussetzungen 32
  Windows PE-Anforderungen 73
  Windows-ReadyBoost 477–480
Arbeitsspeichernutzungspriorität 481ff.
Arbeitsspeicherzuweisungsdienste 397
Arbeitsstationen *Siehe* Computer
Arbeitsverzeichnisse 275
ARP (Address Resolution Protocol) 398
ARPSBP (Address Resolution Protocol Service Binding Protocol) 398
Assistent zum Aktivieren von Windows 40
Assistent zum Erstellen freizugebender Ordner 573f., 601
Assistent zum Initialisieren und Konvertieren von Datenträgern 490
Assistent zum Suchen neuer Hardware 346
Assoc-Tool 387
Audio aufzeichnen, Problembehandlungsmodule 318
Audiocontroller 399
Auf Datenträger brennen, Assistent 529, 532f.
Aufbrechen von Spiegelsätzen 513
Aufgaben, Richtlinien 140
Aufgabenplanung 53, 201, 720, 722
  Aufgabenplanung und Schtasks 720
  Ereignisprotokolle 718
  Funktionen und Anpassen 720–725
  Problembehandlung 725
  Typen von Aufgaben 721
  Unverwaltete Richtlinieneinstellungen 140, 145
  Verwalten von Aufgaben 722
Auflösen
  Synchronisierungskonflikte 608
  Variablen 576
Auflösung
  Ändern 302
  Drucken 295
  Grafikanzeige 429

Auflösung *(Fortsetzung)*
  Lesbarkeit 295
  Problembehandlung 296
  Treiberdetails 297
Aufwacheinstellungen 250, 256, 404–407
Aufwachen aus dem Ruhezustand, Eintrag 427
Aufwachereignisse 405, 710
Aufwecken
  Leistung 53f.
  Windows Resume Loader 726
Aufzeichnen von Problemen 190
Ausbalanciert, Energiesparplan 47, 247
Ausführbare Dateien *Siehe* Anwendungen
Ausführen
  Anwendungen 380
  Anwendungsprivilegien 361
  DISM 25
Ausführliche Ausgaben 220, 420
Ausführungsebene für Anwendungen 363–367
Ausführungsliste, Anwendungen 137f.
Ausführungslisten, einmal ausgeführte Anwendungen 137f.
Ausführungsschutz 231
Ausgeblendete Aufgaben 721, 723
Ausgeblendete Dateien 591
Ausgeblendete Geräte 343
Ausgeblendete Ordner 269
Ausgeblendete Skripts 134
Ausgeschaltet, Zustand 405
Auslagerungsdateien (Pagefile.sys) 228, 407, 477, 489
Auslagerungsdateipartitionen oder -volumes 489
Auswerfen von Geräten 358, 473, 480
Authenticode 363
Authentifizierte Benutzer, Identität 556
Authentifizierung
  Anmeldebildschirme 137
  Anmeldeinformationen 174
  BitLocker, Richtlinien 451
  Remotedesktopsitzungen 196
  Remotezugriff 685
  Startvorgang 408
  TPM-Methoden 455
Automatic Private IP Addressing (APIPA) 652, 660
Automatisch ausblenden, Feature 278
Automatisch optimierte Monitore 305
Automatische Anpassung des Empfängerfensters, Feature 633
Automatische Datensicherungen 734
Automatische Defragmentierung 523
Automatische Erkennung von Black-Hole-Routern 633
Automatische Installation 29f., 89
Automatische Netzwerkverbindungen 677

Automatische Neuverbindung 196
Automatische Synchronisierung 600, 605–608
Automatische Updates 708ff., 731
Automatischer Neustart 430, 728
Automatisches Neusenden bei ausgefallenem Gateway 633
AutoPlay, Feature 367f., 389, 460
Autostartanwendungen
    Aktivieren 221
    BCD-Speichereinträge 425
    Deaktivieren 221, 418
    Festlegen für Benutzer 273
    Hinzufügen und Deinstallieren 275f.
    Ordnerspeicherort 273
    Verknüpfungen 271–275
Autostart-Ordner 269, 273, 275f.

B

Bandbreite 716
Basisdatenträger
    Beschreibung 484
    Datenträgerverwaltung-Tool 474
    Funktionen 469–477
    Konvertieren in dynamische 470, 474, 493ff.
    Merkmale 483–495
    Notebooks 487
    Partitionen 30, 469–477
    Übergreifende oder Stripeset 501
    Vergrößern 503
    Verkleinern 503
    Volumes 488f.
Basisvideo, Option 220
Baudraten 427ff.
BCDBoot-Tool 60
BCD-Editor und BCD-Speicher
    Anzeigen gespeicherter Einträge 421–424
    Betriebssystemreihenfolge 432
    DEP 431
    Eintragseigenschaften 422
    Eintragswerte 426–431
    Erstellen von Speichern 424
    Exportieren des Inhalts 420
    Funktionen und Befehle 419f.
    GUIDs 422f.
    Importieren und Exportieren von Speichern 424
    Kopieren oder Erstellen von Einträgen 420, 425
    Legacy-Betriebssystemeinträge 423
    Löschen von Einträgen 425
    PAE-Konfiguration 432
    Problembehandlung 409
    Sichern von Daten 421
    Standardbetriebssystem, Eintrag 433
    Standardtimeouts 433
    Startablauf temporär ändern 434

BCD-Editor und BCD-Speicher *(Fortsetzung)*
    Starteinträge für gespiegelte Datenträger 526
    System und Nicht-System 421, 424
    Systemstart 394, 399
    Wiederherstellen 420
    Zusätzliche Betriebssystemeinträge 422
BCD-Registrierungsdatei 63, 395
Beantworten von Einladungen 717
Bearbeitungszustände 143, 149
Bedingungen (Aufgaben) 722, 724
Beenden
    Aufgaben 723
    Dateifreigabe 573
    Dienste 324
    Geerbte Berechtigungen 565
    Hängende Anwendungen 739
Befehlspfad 383–386
Befehlsshell-Batchskripts 132, 720
Befehlszeile 34, 60, 375
Begrüßungsbildschirm, Konfiguration 171
Benachrichtigungen
    Administratorbestätigungsmodus 162
    Akkuwarnungen 258
    Anpassen 279, 314–319
    Datenträgerkontingente 118, 120, 612
    Dienste 321
    Energiewarnungen 258
    Ereignisse 718
    Geräte-Manager 343
    Hardwarefehlermeldungen 354–358
    Infobereich 279
    Sicherungsprozess 736
    Synchronisierungscenter 608
    Updates 710
    Wartungscenter 37–40, 310
Benutzer *Siehe auch* Benutzerkonten
    Administrative, Richtlinien 116
    Anmeldeinformationen 173–179
    Anmeldungs- und Systemstartrichtlinien 136ff.
    Berechtigungen, Liste 554
    Dateibesitz 563
    Dateifreigabe 547
    Datenträgerkontingente 612, 615
    Ereignisprotokolleinträge 718
    Gruppenrichtlinieneinstellungen 114, 116
    Hilfe- und Supportfeatures anpassen 314
    Hinzufügen zu Gruppen 185
    Installieren von Anwendungen 371
    Lokale Benutzerkonten 41
    Netzwerkrichtlinien 128f.
    Neue Benutzer hinzufügen, Assistent 166
    Neue Konten 179
    Offlinedateirichtlinien 121–128
    Persönliche Bibliotheken 36
    Persönliche Ordner 36
    Profile 226, 538

Benutzer *(Fortsetzung)*
  Remotedesktopliste 195
  Remotezugriff 190–198
  Richtlinieneinstellungen 107
  Skriptrichtlinien 132–136
  Skriptzuweisungen 136
  Spezielle Berechtigungen 560
  Standardberechtigungen 551–569
  Unverwaltete Richtlinieneinstellungen 139ff., 146
  Updateinstallation 709
Benutzer, Identität 556
Benutzerdatenquellen, Richtlinien 140
Benutzerdefinierte Standbyoptionen 251
Benutzerdefinierter Systemstart 218, 417
Benutzer-Gruppe 156, 548
Benutzerkonten
  Aktivieren oder Deaktivieren 186
  Anmelden 43
  Anmeldenamen 152
  Deinstallieren und Zugriff verweigern 173
  Gastkonten 187
  Geplante Aufgaben 724
  Gruppenkonten 154ff.
  Hinzufügen 165
  Kennwörter 44–47, 153, 168
  Kennworthinweise 169
  Lokale Benutzerkonten 152ff.
  Löschen 189
  Neue Konten 179
  Remotezugriff 190–198
  Schnelle Benutzerumschaltung 44
  Standardgruppen 153
  Standardkonten 153
  Typ ändern 167
  UAC 158ff.
  Umbenennen 188
Benutzerkonten-Dienstprogramm 169
Benutzerkontensteuerung *Siehe* UAC (Benutzerkontensteuerung)
Benutzermodusausnahmen 429
Benutzernamen 681, 689, 691
Benutzer-Ordner 276
Benutzerprofile 226, 538
Benutzerprozesse 481ff.
Benutzerspezifische lokale Gruppenrichtlinienobjekte 109
Benutzerumgebungsvariablen 233, 414
Benutzervariable, Richtlinien 140
Benutzerzertifikate 542
Benutzte Dateien 706
Berechtigungen
  Anpassung 196
  Anzeigen 559
  Aufgabenplanung 721
  Dateibesitz 561
  Dateifreigabe 548
  Effektive 567

Berechtigungen *(Fortsetzung)*
  Empfehlungen 556
  Erweiterte Freigaben 573
  Gruppen 557
  Gruppenrichtlinieneinstellungen 107
  Installieren und Ausführen von Anwendungen 361
  Legacy-Anwendungen, Probleme 377
  Lesen oder Bearbeiten 559
  Netzwerkfreigaben 569, 575
  NTFS-Dateisystem 545, 551–569
  Öffentlich-Ordner 585
  Offlinedateien 603
  Prinzip der geringstmöglichen Rechte 557
  Problembehandlung 367, 377, 567, 584
  Sicherheit-Registerkarte 596
  Spezialidentitäten 569
  Spezielle Berechtigungen 557–561
  Standardfreigaben 571
  Vererbung 554, 563–567
  Verschlüsselung 539
  Verweigern und Vorrang 551, 554
  Wechseldatenträgergeräte 529
  Weitergeben 564
  Zugriffs- und Freigabeberechtigungen 546
Bereitstellen von Abbildern 66–71, 75
Bereitstellung
  Anwendungen 372
  Automatisieren 90
  BitLocker 448–452
  DISM 24ff.
  Erstellen von Windows-Abbildern 88–92
  Mastercomputer 90
  Skripts 90
  WIM-Dateien 88
  Windows PE 59–80
  Windows RE 80–88
Bereitstellung von Basisabbildern aufheben 75
Berichte
  Berichtswarteschlange konfigurieren 321
  Datenträgerbereinigung-Tool 213
  Energieeffizienzdiagnose-Bericht 245
  Energieprobleme 244
  Signaturprüfung-Dienstprogramm 216
  Systemintegritätsberichte 206
  Wartungscenterlinks 310
  Zuverlässigkeitsberichte 312
Berichte, Probleme *Siehe* Problemberichterstattung
Beschädigte Datei wiederherstellen 54f.
Besitz 439, 443, 553, 559, 561, 618
Betriebssysteme
  64-Bit-Unterstützung 28
  Anzeigen beim Systemstart 236
  BitLocker, Richtlinien 451
  Standard 432
  Startreihenfolge 432
  Startvorgang 399

Stichwortverzeichnis **749**

Betriebssystemkonfiguration *Siehe* Konfiguration; Betriebssysteme
Betriebssystemlaufwerk, Richtlinien 451
Betriebssystemordner 581
Betriebssystem-Startinformationen, Option 220
Bezeichnungen für Volumes und Partitionen 500, 507
Bibliotheken 36, 547
Bilddateien 286
Bildschirmanzeige *Siehe* Anzeige
Bildschirmschoner 284, 289f.
Bildwiederholrate 297, 303
BIND, dynamische DNS-Updates 643
Bindung (TPM) 436
BIOS (Basic Input/Output System) 27, 30, 394f., 411
BIS (Boot Integrity Services) 398
BitLocker To Go 46, 445, 460, 479
BitLocker To Go-Lesetool 460
BitLocker-Laufwerkverschlüsselung *Siehe auch* BitLocker To Go
  Benötigte Partitionen 461
  Bereitstellen 448–452
  Bereitstellung vorbereiten 453–456
  Deaktivieren oder Ausschalten 467
  Entsperren des Computers 466
  Funktionen 445–448
  Installieren von Software 453
  Konfigurieren 452
  Konsole 453
  Nicht-System-Volumes 457
  PIN 464
  Problembehandlung 465–468
  Richtlinien 450
  Richtlinieneinstellungen 450
  Speichern von Datensicherungsinformationen 451
  Status 465
  Systemvolumes 461–464
  TPM 437
  USB-Flashlaufwerk, Installation 458
  Verschieben von Datenträgern 514
  Versionen 449
  Wechseldatenträger, Systemstarteinstellungen 407
  Wiederherstellen von Daten 466
  Wiederherstellung, Richtlinien 541
  Wiederherstellungskennwörter 455
  Windows 7-Edition 23
BitLocker-Laufwerkverschlüsselung, Wiederherstellungskonsole 466
BITS (Intelligenter Hintergrundübertragungsdienst) 621, 706
Black-Hole-Router-Erkennung 633
Blockierte Anwendungen 363
Blockierte Datenträger-E/A-Operationen 308
Blockierte Herausgeber 363
Blockierte Laufwerkszugriffe 598
Blockierte Netzwerkerkennung 627
Blockierte TPM-Befehle 450
Bluetooth-Geräte 334–337, 340f.
Blu-ray, Unterstützung 530
Boolesche Werte, BCD-Speichereinträge 426
Boot Integrity Services (BIS) 398
Boot.ini-Datei 199, 399, 419, 492
Bootmgr-Datei *Siehe* Start-Manager
Bootsector (Windows-Startsektoranwendung) 419, 425
Bootsect-Tool 60, 79
Böswillige Software 158, 310, 360, 431
Branch-Cache 621–624
Breitbandverbindungen
  Anmeldung konfigurieren 681
  Aufbauen 691
  Automatische oder manuelle Verbindungen 677
  Beschreibung 664
  Erstellen 673
  Identitätsüberprüfung 685
  Netzwerkprotokolle und Komponenten 686ff.
  Problembehandlung 692
  Proxyeinstellungen 678–681
  Windows-Firewall 688
Brennen, Discs 529, 531, 533
Buildumgebungen 64–69

C

Cab-Dateien 74
Cacherichtlinien 122, 127
CDs und CD-Laufwerke
  AutoPlay, Feature 389
  Dateien öffnen 382
  Daten-CDs 529–534
  Datensicherungsgeräte 733
  Deinstallieren der Brennfähigkeit 595
  Freigabenamen 581
  Kein Medium, Laufwerksstatus 517
CHAP (Challenge Handshake Authentication Protocol) 685
Chat-Fenster (Remoteunterstützung) 716
Chkdsk.exe *Siehe* Datenträgerprüfung-Tool
Cipher-Dienstprogramm 448, 543
Client für Microsoft-Netzwerke, Komponente 666, 687
Clientsetuppakete 74
Cluster 485ff., 500
CMOS-Firmwareschnittstelle 400
COM (Component Object Model) 28, 321
Compact-Dienstprogramm 537
CompactFlash-Karten 478, 488
Complete PC-Sicherung, Feature 23
Component Object Model (COM) 28, 321

Computer
  64-Bit-Unterstützung 28
  Administrative, Richtlinien 116
  Anmeldungs- und Systemstartrichtlinien 136ff.
  Automatische Problemerkennung 310
  Automatische Updates 708
  Datei- und Datenverwaltungsrichtlinien 118–128
  Einstellungen für die Problemberichterstattung 315
  Ereignisprotokolleinträge 718
  Gruppenrichtlinieneinstellungen 114
  Namen 203
  Netzwerkrichtlinien 128f.
  Netzwerkzugriffstypen 629
  Offlinedateirichtlinien 121–128
  Registrierungsänderungen für Gruppenrichtlinien 116
  Remotezugriff 190–198
  Reparieren 738
  Richtlinieneinstellungen 107
  Skriptrichtlinien 132–136
  Spezielle Berechtigungen 560
  Unverwaltete Richtlinieneinstellungen 139ff., 146
  Windows-Leistungsindex 204
  Zuverlässigkeits- und Stabilitätsberichte 312
  Zuweisen von Dateibesitz 563
  Zuweisen von Skripts 135
Computername-Registerkarte (Systemeigenschaften-Dialogfeld) 224
Computerreparaturmodus 728, 738
Computerschutz-Registerkarte (Systemeigenschaften-Dialogfeld) 238–243, 732
Computersymbol 287
Computerverwaltung-Konsole
  Administrative Freigaben 582
  Aktivieren von Offlinedateien 601
  Beenden, Starten oder Anhalten von Diensten 324
  Dateifreigabeeinstellungen 573–576
  Dienste konfigurieren 323
  Ereignisprotokolle anzeigen 719
  Funktionen 200
  Netzwerkfreigaben 571, 582
  Remotecomputerverwaltung 203
Convert-Dienstprogramm 509
CRC (Cyclic Redundancy Checking) 397
Current-Registrierungswert 413
Cursordesigns 284
Cyclic Redundancy Checking (CRC) 397

D

Darstellung 227, 292–295, 318
Darstellung und Anpassung, Problembehandlungsmodule 55
Datagrammübertragung 548
Datei- und Druckerfreigabe für Microsoft-Netzwerke, Komponente 687
Datei- und Druckerfreigabe, Ausnahme 548, 583
Dateien
  Attribute 558
  Ausgeblendete 591
  Benutzte Dateien und Updates 308, 706
  Beschädigte MSI-Dateien 55
  Beschädigte wiederherstellen 54
  Beschreibungen 594
  Besitz 561
  Brennen auf CDs oder DVDs 529, 533
  Cluster 486
  Datenträgerbereinigung 213
  Deinstallierte Programme, Überreste 381
  Desktopspeicherort 285
  Einladungen zur Remoteunterstützung 713, 715
  Erweitern komprimierter 537
  Erweiterungen *Siehe* Dateierweiterungen
  Freigeben *Siehe* Dateifreigabe
  Gerätetreiber 344f.
  Größe 592
  Hintergrundübertragung 322
  Komprimieren 535
  Löschen 595
  Netzwerkberechtigungen 569
  NTFS-Berechtigungen 551–569
  Öffentlich-Ordner 585
  Offlinedateien *Siehe* Offlinedateien und Ordner
  Senden über Remoteunterstützung 716
  Signaturprüfung 215
  Spezielle Berechtigungen 561
  Unverwaltete Richtlinieneinstellungen 140
  Verknüpfungen 272
  Verschlüsselung 537–543
  Versionen 238, 600
  Vorschau 594
  Wiederherstellen von Vorgängerversionen 242, 726
  Windows-Explorer, Konfiguration 591–599
  Zuordnungen 386–389
Dateien für virtuelle Festplatten (VHD) 24, 199
Dateien öffnen 386–389
Dateien wiederherstellen-Fenster 737
Dateien, Richtlinien 140, 142
Dateierweiterungen
  Aktivierung 373
  Anzeigen 593
  Dateiverknüpfungen 386–389
  Dateizwischenspeicherung 122, 127
  Offlineverwendung 122
  Standardprogramme 382

Stichwortverzeichnis 751

Dateifreigabe
   Administrative Freigaben 581
   Aktivieren der Netzwerkfreigabe 548, 569, 593
   Ändern oder Deaktivieren 548, 573
   Computerverwaltung 573–576
   Entschlüsselte Dateien 542
   Gruppenrichtlinien 576
   Kennwörter 549
   Netzwerkfreigaben 569
   NTFS-Berechtigungen 551–569
   Öffentlich-Ordner 584ff.
   Offlineverwendung von Dateien 575, 601ff.
   Problembehandlung 583f.
   Sicherheit 545–551
   Typen 546, 569
   Überwachen und Verfolgen 586–589
   Verhindern 550
   Verschlüsselung 549
   Wechseldatenträger 529
   Windows 7-Edition, Unterschiede 23
   Zugriff auf Ressourcen 578–581
Dateifreigabe-Assistent 548, 571, 593
Datei-Menü entfernen 596
Dateinamen 374, 558
Dateipfade 383–386
Dateisignaturverifizierung 212
Dateisysteme *Siehe auch* FAT, NTFS
   Auswählen 499
   Basisdatenträger 469
   BitLocker 447
   Cluster 485ff.
   Formatieren von Festplatten 496, 505
   Konvertieren in NTFS 509
   Logische Laufwerke 487
   Reparieren von Fehlern 522
   Sicherheits- und Freigabeoptionen 545
   Verschlüsselung 540
   Wechseldatenträger 527
Dateisystemobjekt-Verknüpfungen 274
Dateisystemtest *Siehe* Datenträgerprüfung-Tool
Dateityp, Richtlinien 140
Dateitypen *Siehe* Dateierweiterungen
Dateiverknüpfungen 386–389
Dateiverwaltungsrichtlinien 118–128
Dateizuordnungstabellen 470
Daten nicht redundant, Volumestatus 518
Daten nicht vollständig, Volumestatus 518
Datenausführungsverhinderung (DEP) 231, 431
Datenpartitionen 31
Datenquellen, Richtlinien 140, 142
Datensicherung *Siehe auch* Sichern und Wiederherstellen
   BCD-Speicherdaten 421
   BitLocker-Wiederherstellungsinformationen 451

Datensicherung *(Fortsetzung)*
   Deaktivieren 736
   Einstellungen anzeigen 735
   Erstellen von Datensicherungen 733–737
   Konfigurieren von Datensicherungen 733
   Persönliche Daten 733
   Problembehandlung für Datensicherungen 736
   Systemabbilder 733
   Systemwiederherstellungstool 729–733
   TPM 441, 451
   Wiederherstellen persönlicher Daten 737
   Windows-Tresor 178
   WMI-Repository 211
Datensicherungstool 212
Datenträger
   Defragmentieren 212, 523ff.
Datenträgerbereinigung 212f., 516
Datenträgerfehler reparieren 519–522
Datenträgerfehlerdiagnose 57
Datenträgerformate *Siehe* Dateisysteme
Datenträgerkontingente
   Administration 612
   Aktivieren 614
   Aktualisieren 617
   Anpassen 616f.
   Deaktivieren 621
   Einträge anzeigen 615
   Erstellen von Einträgen 616
   Erzwingen 612
   Exportieren von Einstellungen 619
   Limits 612
   Löschen 618
   Warnstufen 612, 614
Datenträgermetadaten prüfen 57
Datenträgerprüfung-Tool 516, 519–522, 740
Datenträgersignaturen 490
Datenträgerverwaltung-Konsole
   Aktive Partitionen 30
   Basis- und dynamische Datenträger 493ff.
   Datenträger defragmentieren 523ff.
   Datenträgerkontingente 614–621
   Formatieren von Partitionen und Volumes 505
   Funktionen und Anzeige 473
   Gespiegelte Datenträger 512f.
   Initialisieren von Datenträgern 490
   Komprimieren von Laufwerken 535
   Laufwerkbuchstaben und -pfade 506
   Löschen von Partitionen oder Volumes 508
   MBR- und GPT-Datenträger 491
   Partitionen, Logische Laufwerke und einfache Volumes 497–501
   Statusmeldungen 516f.
   Übergreifende und Stripesetvolumes 501
   Verkleinern oder Vergrößern von Volumes 503ff.

Datenträgerverwaltung-Konsole *(Forts.)*
  Verschieben von Datenträgern 514
  Virtuelle Festplattenlaufwerke 199
  Volumebezeichnungen 507
  Volumestatusmeldungen 517ff.
  Wiederherstellen von Volumes 511
  Zugriff 202
Datenverwaltungsrichtlinien 118–128
Datenvolumes 452, 467
Datenwiederherstellungs-Agenten 448, 452
Datum 606
Dauer von Verbindungen 647
DCOM (Remoteunterstützungsanforderungen) 712
Deaktiviert, Gruppenrichtlinienzustand 116f.
Debuggen
  Abbruchfehler 740ff.
  Aktivieren 417, 420
  BCD-Speichereinträge 427
  Debuginformationen schreiben 237
  Globale Debugparameter 423
  Kernel 430
  Onlinecrashanalyse, Feature 741
  Privater Debuggertransport 430
  Startoptionen 221
Default-Registrierungswert 413
Defragmentierung 212, 516, 523ff.
Deinstallieren *Siehe auch* Löschen; Auswerfen von Geräten
  Anwendungen 381
  Geräte 343
  Gerätetreiber 353
  Systemwiederherstellung 731
  Unvollständige Deinstallation 369
Dekomprimieren von Daten 536
DEP (Datenausführungsverhinderung) 231, 431
Designs 37, 282–285
Designs-Ordner 285
Desktop
  Anpassen 285–288
  Dateien und Ordner 285
  Erweitern auf mehrere Monitore 302
  Freigeben 585
  Hintergrundbilder 284f.
  Sicherer und Standard 160
  Start-Schaltfläche 48
  Symbole 287
  Symbolleiste 281
  Taskleiste 277–280
  Verknüpfungen 271–275
Desktopbereitstellungstools 23
Desktopbilder (Energiesparplan) 248
Desktop-Ordner 273
DFS (verteiltes Dateisystem) 596
DHCP (Dynamic Host Configuration Protocol)
  Alternative Einstellungen 657
  DHCPv4, DHCPv6 und Dienstbindung 398

DHCP *(Fortsetzung)*
  DNS-Serveradressen 642
  Drahtlosnetzwerke 700
  Dynamische IP-Adressen 636
  Freigeben und Erneuern 653
  Konfiguration anzeigen 649
  Konfigurieren von WINS 644
  Mobile Computer, Einstellungen 659
  Standardnetzwerkeinstellungen 688
DHCPv6-fähiger DHCP-Client, Feature 634
Diagnosesystemstart 218, 417
Diagnosetools *Siehe auch* Problembehandlungsmodule; Problembehandlung
  Hardwarefehlermeldungsliste 354–358
  Integrierte 50, 52–55
  Remoteunterstützung und -desktop 190
  Systemstartkonfiguration 416
Dialogfelder, klassisch 294
Dialup, Identität 556
Diashow 248; *siehe auch* Projektoren
Dienste
  Aktivieren 222
  Anhalten von Geräten 357
  Anmeldung 325
  Beenden, Starten oder Anhalten 324
  Deaktivieren 222, 326, 418
  Ereignisprotokolle 718
  Gerätefehlermeldungen 356
  Konfigurieren 323
  Laden 218
  Neustart und Wiederherstellung 325
  Problembehandlung 409, 727
  Reaktionsgeschwindigkeit 228
  Startvorgang 408
  Supportdienste 319, 321–324
  SYSTEM-Konto 154
  Systemstartfehler 412
  Systemstartkonfiguration 324
  Unverwaltete Richtlinieneinstellungen 140, 145, 327
  Wiederherstellung, Richtlinien 308
Dienste für System Management BIOS (SMBIOS) 396
Dienste, Richtlinien 140
Dienste-Tool 202
Dienstkonten 560, 563
Dienststeuerungs-Manager 408, 414
Digital Video Interface (DVI) 301
Digital-Analog-Konverter 671
Digitale Hashwerte 624
Digitale Signaturen 215, 344, 728
Digitalmodems 663
Direct Memory Access (DMA) 208
DirectAccess, Feature 52, 129, 665, 687
DirectX 9-Grafikprozessoren 32, 292
DirectX-Diagnosetool 212
Direktwählverbindungen *Siehe* Wählverbindungen

Discmastering 530
Diskette 46, 170
Diskettenlaufwerke 599
DiskPart-Tool 35, 497
   Aktive Partitionen 492
   Auflisten der Datenträger 79
   Beschreibung 60, 477
   MBR- und GPT-Datenträger 491
   Startfähige USB-Flashlaufwerke 78
   Virtuelle Festplattenlaufwerke 199
DISM (Tool zur Abbildverwaltung für die Bereitstellung)
   Benutzerdefinierte Builds 69–78
   Unterbefehle 25f.
   Windows PE 60
   Windows-Editionen 23f.
DisplayPort-Adapter 301
Distributed Transaction Coordinator 154
DLLs (Dynamic-Link Library) 28, 321, 344
DMA (Direct Memory Access) 208
DNS (Domain Name System)
   Adresse automatisch abrufen 639
   Cache leeren 655
   DHCP-Adresse freigeben und erneuern 653
   Drucker 341
   Dynamische Updates 643
   Hinzufügen von IP-Adressen 642
   Konfiguration anzeigen 649
   Konfigurieren 641–644
   Netzwerkfreigaben 584
   Ping 651
   PowerShell 26
   Primäres DNS-Suffix 225
   Private IPv4-Adressen 662
   Prüfen von Einstellungen 225
   Registrieren von Adressen 643, 655
   Statische IP-Adressen 638
   Suffixe 642
Dollarzeichen ($) 581
Domain Name System *Siehe* DNS
Domänen
   Anmeldebildschirme 172
   Anmelden 43
   Anmeldenamen 152
   Anmeldung mit lokalem oder Domänenkonto 157
   Begrüßungsbildschirm 172
   Computer, Mitgliedschaft 224
   Datei- und Datenrichtlinien 118–128
   Dateifreigabeoptionen 547
   Deinstallieren von Konten und Zugriff verweigern 173
   Domänenbenutzerkonten 152
   Freigaben 570–576
   Informationen 203
   Kennwörter 45, 170
   Lokale Anmeldung 166

Domänen *(Fortsetzung)*
   Netzwerkverbindungsrichtlinien 129
   Remotezugriff 681
   Richtlinieneinstellungen 107f.
   Sicherheitskonfiguration 164
   UAC 42
   Updateserver 709
   Verschlüsselung, Wiederherstellungsrichtlinien 541
   VPN-Verbindungen 674
   Wählverbindungen 672
   Wiederherstellungsagenten 539
   Windows 7-Editionen 22
Domänenadministratorgruppe 613
Domänengruppenrichtlinienobjekte 110, 112–115
Doppelpunkte in IP-Adressen 632
Doppelte Geräte 357
DOS-Anwendungen 374
Double-Colon-Notation 632
Download
   Benutzerprivilegien 159
   Designs 282
   Öffentliche Downloads-Ordner 585
   Updates 33, 705–708
   Vertrauenswürdige Partner 706
   Windows AIK 64
DPI (Dots Per Inch) 295
Drahtlosadapter 698
Drahtlosgateways 694
Drahtlosgeräte 334–337, 340f.
Drahtlosnetzwerke
   Adapter 694
   Adapter installieren 698
   Energiespareinstellungen 251
   Notebookeinstellungen 657, 659
   Problembehandlung 700, 703
   Sicherheit 696ff.
   Signalstärke 699
   SSIDs 702
   Übertragungsstandards 694
   Verbinden 701ff.
   Verschlüsselung 696
   Windows 7-Edition 23
   Zugriffspunkte 694
Drahtlosnetzwerke verwalten-Tool 703
Drivers-Ordner 344
DriverStore-Ordner 344
Drucken
   Auflösung 295
   TPM-Kennwörter 441
   Wiederherstellungsschlüssel 458f., 466
Drucker 140, 159, 198, 337–341
Drucker, Problembehandlungsmodule 318
Druckerfreigabe 23, 549, 569, 581
Druckerinstallations-Assistent 338, 340
Druckertreiberupdates 708
Drvload-Tool 60

754 Stichwortverzeichnis

DSL-Router 664
Dual-Boot 457
Dual-IP-Schicht-Architektur 631
Dual-Link-DVI 301
Durchsatz 445, 479, 633
DVDs und DVD-Laufwerke
   AutoPlay, Feature 389
   Dateien öffnen 382
   Daten-DVDs 529–534
   Datensicherungsgeräte 733
   Freigabenamen 581
   Startfähige Abbilddateien 77
   Windows RE, startfähige Laufwerke 82
DVI, DVI-I, DVI-A, DVI-D (Digital Video Interface) 301
Dynamic Host Configuration Protocol *Siehe* DHCP
Dynamic-Link Library 28, 321, 344
Dynamische Datenträger und Volumes
   Beschreibung 484
   Datenträgerverwaltung-Tool 474
   Externe Festplattenlaufwerke 487
   Fehlerkorrektur 485
   Funktionen 469–477
   Gespiegelte Datenträger 485
   Konvertieren in Basisdatenträger 470, 474, 493ff.
   Merkmale 483–495
   Notebooks 487
   Partitionen 30, 469–477
   Stripeset-Datenträger 485, 501
   Übergreifende Datenträger 485, 501
   Vergrößern 503
   Verkleinern 503
   Verschieben in neue Systeme 514
   Volumes 470, 488f.
   Wechseldatenträger 487
Dynamische IP-Adressen 636, 639, 653, 657, 659, 700

E

E$-Freigabe 581
E/A-Priorität 481
E/A-Probleme 208, 308, 511, 516
EAP (Extensible Authentication Protocol) 685, 697
Easy Connect-Einladungen 713, 715
Echoanforderungen 548
EEPROM 409
Effektive Berechtigungen 567
EFI (Extensible Firmware Interface) 27, 31, 394, 412, 420
EFI-Bytecode, virtuelle Computer 398
EFI-Systempartition (ESP) 28, 31, 472
EFS (Verschlüsselndes Dateisystem) 23, 436, 537, 539, 541
Eigene Zertifikate, Speicher 176
Eigenschaften von BCD-Einträgen 422

Eigenschaftendialogfeld (Anwendungen) 375, 378
Eigenschaftendialogfeld (unverwaltete Richtlinieneinstellungen) 147
Eine Verbindung oder ein Netzwerk einrichten, Assistent 671, 673, 675
Einfache Volumes 470, 493, 497–501, 503ff., 511
Eingabe/Ausgabe (E/A) *Siehe* E/A-Probleme
Eingabeaufforderung für Bereitstellungstools 71
Eingabeaufforderung nach Updates 709
Einladung, Gültigkeitsdauer 131
Einladungen 130, 191, 193, 713, 715ff.
Einmal ausführen, Anwendungsausführungsebene 364
Einstellungen *Siehe* Unverwaltete Richtlinieneinstellungen; Richtlinieneinstellungen
Einstellungserweiterungen 148
Einstufungen 204
Einwählverbindungen *Siehe* Wählverbindungen
EIST (Enhanced Intel SpeedStep Technology) 406
Elektromagnetische Störung 305, 336, 703
Elemente lösen, Startmenü 268
E-Mail-Einladungen zur Remoteunterstützung 131, 713, 715
Emergency Management Services *Siehe* EMS
Empfänger (Drahtlos oder Bluetooth) 334
Empfangsfenster 633
Empfohlene Updates 708
EMS (Emergency Management Services) 420, 423, 427, 429f.
Energieeffizienzdiagnose-Bericht 245
Energieoptionen, Richtlinien 140
Energiesparen, Problembehandlungsmodule 318
Energiesparmodusereignisse 123
Energiesparpläne
   Aktive Pläne 244
   Auflisten 244
   Auswählen und optimieren 252ff.
   Einstellungen 206
   Erstellen 254
   Konfigurieren 247–251
   Löschen 244
   Richtlinien 140, 143
   Typen 247
   Windows 7-Optionen 47ff.
Energieverwaltung
   ACPI-Energiezustände 404–407
   Alarme und Benachrichtigungen 258
   Anzeige 291
   Befehlszeilenoptionen 244–247
   Benutzerprivilegien 159
   Bildschirmschoner 289f.
   Energiesparpläne 247–251, 254

Energieverwaltung *(Fortsetzung)*
  Energiezustände 404–407
  Gruppenrichtlinieneinstellungen 257
  Kennwortschutz 256
  Notebooks 243
  Problembehandlungsmodule 318
  Updates 710
Energiezustände 404–407
Energy-Report.html-Datei 245
Enhanced Intel SpeedStep Technology (EIST) 406
Enterprise-Mode-WPA 697
Entfernen
  Leerlaufzeit und Wählverbindungen 683
  Netzwerkfreigaben 579
  Remotezugriffsoptionen 683
  USB- oder FireWire-Laufwerke 473
  Verhindern 596
Entmagnetisieren, Monitor 305
Entschlüsseln, Dateien 467, 539, 542f.
Entsiegeln von Schlüsseln 437
Entsperren des Computers 466, 605
Entsperrte Laufwerke 457
EPIC 27
Erben von Einträgen (BCD-Speicher) 425
Ereignisanzeige 201
Ereignisdienste (UEFI) 397
Ereignisprotokolldiagnose 57
Ereignisprotokolle 718f., 740
Ereignisprotokollleser-Gruppe 156
Ereignisse 607, 718, 721, 730
Erholung/Wiederherstellung nach Verlusten mit SACK-Informationen, Feature 633
Erkennen
  Hardwareänderungen 343, 357
  IPv6-Adressen 634
Erkennen, Geräte 329ff.
Erkennung des Übertragungswiederholungs-Timeouts, Feature 633
Erkennung nicht erreichbarer Nachbarknoten für IPv4, Feature 633
Erleichterte Bedienung, Design 294
Erneuern, DHCP-Einstellungen 653
Erstellen von Abbildern 75ff.
Ersteller-Besitzer, Identität 556
Erstes Megabyte, Richtlinie 429
Erweitern komprimierter Laufwerke 536
Erweitern von Volumes, Assistent 504
Erweiterte Attribute 558f.
Erweiterte Bildschirmdarstellung 302
Erweiterte Freigabe 571, 573
Erweiterte Optionen für Windows-Betriebssystemlader 430
Erweiterte Ordneroptionen, Richtlinien 140
Erweiterte Partitionen oder Volumes
  Basisdatenträger 484, 493
  Beschreibung 469
  Datenträgerverwaltung-Tool 474

Erweiterte Partitionen oder Volumes *(Forts.)*
  Dynamische Datenträger 484, 493
  Einbauen eines Datenträgerns in ein anderes System 514
  Einfache und übergreifende Volumes 501
  Einschränkungen 503
  Erstellen 497, 503ff.
  Löschen 509
  MBR-Laufwerke 471f.
Erweiterte selektive Bestätigungen, Feature 633
Erweiterte Startoptionen, Menü 414, 727, 738
Erweiterte TCP-Statistiken, Feature 633
Erweiterte Zwischenspeicherung 603
Erweiterter Arbeitsspeicher 479
Erweitert-Registerkarte (Systemeigenschaften-Dialogfeld) 226
Erweiterung, Aktivierung 373
Erweiterungskarten 399
Erzwingen
  Datenträgerkontingente 612, 614
  Einstellungen 141
Erzwingen der Treibersignatur deaktivieren 395, 728
eSATA-Geräte und -Anschlüsse 48, 487
ESP (EFI-Systempartition) 28, 31, 472
Ethernet-Protokolle 687
exFAT-Dateisystem 485ff., 527, 540
Explicitly Parallel Instruction Computing 27
Explorer-Favoriten-Ordner 273
Explorer-Links-Ordner 273
Explorershell 274, 728
Exportieren
  BCD-Speichereinträge 420
  Datenträgerkontingenteinstellungen 619
  Zeitplan, Aufgaben 722
Extended-FAT-Dateisystem (exFAT) 485ff., 527, 540
Extensible Authentication Protocol (EAP) 685
Extensible Firmware Interface *Siehe* EFI
Externe Geräte 329, 487, 528, 658
Externe IP-Adressen 634
Externe Supportdienste 53

F
Failed-Registrierungswert 413
Fallback-Diagnose 58
Fälschen von Anhebungsaufforderungen 363
Farben
  Designs 284
  Farbtiefe 297, 302f.
  Fensterschnittstelle 292–295
  Flecken auf Anzeige 305
  Remotedesktopeinstellungen 196
  Stärke und Transparenz 294
  Verschlüsselte oder komprimierte Dateien 594

FAT, FAT16 und FAT32, Dateisysteme
    Beschreibung 496
    BitLocker 447, 457
    Bits 470
    Clustergröße 485ff.
    Dateisicherheit und -freigabe 545
    EFI-Shell 31
    Konvertieren in NTFS 509
    Vergleiche 486
    Verschlüsselung 540
    Volumebezeichnungen 507
    Wechseldatenträger 527
Favoriten-Menü 273
FAX$-Freigabe 577
Federal Information Processing Standard (FIPS) 452, 698
Fehler 58, 718
Fehler, Laufwerksstatus 511
Fehler, Volumestatus 518
Fehlerberichterstattung 308, 321f.
Fehlerfrei (Risiko), Volumestatus 518
Fehlerfrei (Unbekannte Partition), Volumestatus 518
Fehlerfrei, Volumestatus 518
Fehlermeldungen 438, 608, 736, 740ff.
Fehlerprüfungsanalyse 57
Fehlerredundanzstatus 525
Fehlertoleranter Heap 53
Fehlertoleranz (Datenträger und Volumes) 501, 512, 518
Fehlgeschlagene Dateizugriffe 589
Fenster (Schnittstelle) 273, 285, 292–295, 594
Fernsehen 585
Fest eingebautes Laufwerk, Richtlinien 451
Festplatten
    Auslagerungsdateien 229
    Basis und dynamisch 30, 483–495
    Computer-Konsole 473
    Datenträgerfehlerdiagnose 57
    Datenträgerverwaltung-Tool 473
    Defragmentieren 523ff.
    DiskPart-Tool 477
    Einstufungen 205
    Fehler während Systemstart 410
    Fehlererkennung 58
    Festplattenplatz, Voraussetzungen 32
    Firmwareschnittstelle 400
    Formate und Dateisysteme 495
    Freier Platz 516
    Fremde 517
    FSUtil-Tool 476
    Gespiegelte 411, 512f.
    GPT-Partitionen 396, 491
    Gültige Signaturen 517
    Herunterfahren 248
    Hybride 481
    Installieren und Initialisieren 490
    Interne und externe 329

Festplatten *(Fortsetzung)*
    Komprimierung 534–537
    Konfigurationstools 472–477
    Kontingente 611–621
    Konvertieren in NTFS 509
    Laufwerkbuchstaben und -pfade 506
    Leere 594
    Leistung 477–483
    Logische 497–501
    Löschen von Volumes oder Partitionen 508
    MBR und GPT 491
    Partitionen 469–477, 497–501
    Partitionstypen oder Volumes 488f.
    PE-Abbilder 79
    Problembehandlung 515–527
    Probleme bei Installation 35
    Remotedesktopverbindungen 198
    Reparieren 519–522
    Startvorgang 399
    Statusmeldungen 516f.
    Stripesetvolumes 501
    Systemstart 406
    Systemwiederherstellung 239
    Tools für Formatierung und Partitionierung 497
    Typen 469
    Übergreifende Volumes 501
    Verbergen 596, 598
    Vergrößern von Volumes 503ff.
    Verhindern des Zugriffs 597
    Verkleinern von Volumes 503ff.
    Verschieben in neue Systeme 514
    Verschlüsselung 449, 451, 537–543
    Volumestatusmeldungen 517ff.
    Wechseldatenträger *Siehe* Wechseldatenträger
    Wiederherstellen 511, 730
    x86- und Itanium-Computer 27
Festplattenlaufwerke *Siehe* Festplatten; Wechseldatenträger
Festplattenplatz
    Abbruchfehler 741
    Datensicherungen 735
    Datenträgerkontingentrichtlinien 118ff.
    Freier Platz und Leistung 206
    Speichergeräte 474
    Systemwiederherstellung 120, 240
    Windows 7, Voraussetzungen 32
File Transfer Protocol (FTP) 680
Filtermanager 483
FIPS (Federal Information Processing Standard) 452, 698
Firewalls
    Drahtlosnetzwerke 696
    Freigaben 583
    Geräte 336
    Konfigurieren von Verbindungen 688

Firewalls *(Fortsetzung)*
  Mehrere Netzwerke 51
  Netzwerkerkennung 626
  Remotedesktop, Feature 195
  Remoteunterstützung 714
  Richtlinien 128
  Status 310
  Wartungscenter, Warnungen 39
FireWire-Geräte
  Abziehen 48
  Aktiv-Status 488
  Dateisysteme und Formate 527
  Dynamische Datenträger 487
  Entfernen 473
  Installieren 331–334
  Kein Medium, Laufwerksstatus 517
  Nicht lesbar, Status 517
  Versionen 527
Firmware und Firmwareschnittstellen
  64-Bit-Architektur 27
  Beispiele für Schnittstellen 401–404
  Beschreibung 394
  Energiezustände und Verwaltung 404
  Fehler während Systemstart 409
  Firmwareschnittstellenabstraktion 50
  Kennungen 423
  Kennwörter 400
  Konfigurationsdetails 400
  Konfigurieren von Startoptionen 410
  Laufzeitdienste 395
  Manuelle Konfiguration 356
  Motherboardchipsätze 393
  Problembehandlung 409
  Schnittstellentypen 394
  Startvorgang 400, 407
  Systemstartdienste 395
  Systemstarteinstellungen 406
  Systemstartprozess 398
  Tastenkombinationen 403
  TCG-kompatibel 435
  TPM-kompatibel 435
  UEFI, Überblick 396ff.
  Update 394, 400
  Versionen 400
Firmware-Start-Manager 419
Fixierte Elemente 268, 277
Flashgeräte *Siehe* USB-Speicherstick
Flashspeicher 409, 481
Flimmernde Anzeige 305
Formatieren
  Partitionen und Volumes 499, 505
  Schnellformatierung, Feature 500
  Speichergeräte 474, 496
  Statusmeldungen 518
  Wechseldatenträger 527
Format-Tool 497
Fortsetzen, Dienste 324
Forward-Lookups 655

Fragmentierung 510
Freier Festplattenplatz
  Abbruchfehler 741
  Anzeigen 474
  Basis- und dynamische Datenträger 493
  Datensicherungen 735
  Empfohlene Menge 32
  Leistungseinstufungen 206
  Offlinedateien 609
  Problembehandlung 516
Freier Speicherplatz 493, 503
Freigabeberechtigungen 546, 551, 570
Freigaben
  Administrative oder spezielle 581
  Aktualisieren 577
  Ausgeblendete 581, 598
  Benutzersitzungen 582
  Computerverwaltung 573–576
  Erstellen 570–576
  Gruppenrichtlinien 576
  Löschen 577
  Name 572
  Offlineverwendung von Dateien 575
  Problembehandlung 583f.
  Standard und erweitert 571
  Systemfreigaben 577
  Überwachen und Verfolgen 586–589
  UNC-Pfade 572
  Verhindern der Pfadzuordnung 596
  Zugriff 569
  Zuordnen 578
Freigeben, DHCP-Einstellungen 653
Freigegebene Drucker 140, 339
Freigegebene Drucker, Richtlinien 140
Freigegebene Ordner-Tool 202
Fremde Datenträger 517ff.
Fremdherstellertreiber 73
Frist, Aktivierung 91
FSUtil-Tool 476
FTP (File Transfer Protocol) 680
Ftype-Tool 387
Funktionstasten 467

G

Gäste-Gruppe 153, 156
Gastkonten 153, 187
Gatewaydienst auf Anwendungsebene 154
Gatewaymetriken 640
Gateways
  Anzeigen 649
  Ausgefallene Gateways 633
  DHCP-Adresse freigeben und erneuern 653
  Drahtlos *Siehe* Drahtlosnetzwerke
  Konfigurieren 640
  Statische IP-Adressen 638
Geerbte Berechtigungen 552, 554, 556, 563–567, 589

Gehostete Caches 622
Gemeinsame Nutzung der Internetverbindung, Feature 128
Gemeinsame Schlüssel 696
Gemeinsam-Registerkarte (Hardware) 147
Generische Anmeldeinformationen 174
Geplante Aufgabe, Richtlinien 140
Geplante Aufgaben *Siehe* Aufgabenplanung
Geplante Datensicherungen 23, 734f.
Geplante Defragmentierung 523
Geplante Offlinedateisynchronisation 605
Geplante Updates 709
Geplante Wartung 53
Geräte *Siehe auch* einzelne Gerätetypen
  Abziehen 48
  Aktivieren und Deaktivieren 350, 354
  Ausgeblendete 343
  Automatisches Hilfesystem 308–328
  Doppelte 357
  Drahtlos, Netzwerk und Bluetooth 334–337
  Einschränken der Installation 351
  Energieinformationen 244
  Fehlererkennung 58
  Fehlermeldungsliste 354–358
  Firmwareschnittstelle 400
  Gerätetreiber 344–358
  Interne, USB oder FireWire 331–334
  Kontoprivilegien 159
  Legacy 356
  Löschen von Treibern 353
  Sicher entfernen 358
  Systemstamm 431
  Typen 328
  Unverwaltete Richtlinieneinstellungen 140, 145
  Vorhandene installieren 329ff.
Geräte, Richtlinien 140
Geräteklasse-GUIDs 351
Geräte-Manager 202, 342, 354–358
Gerätetreiber
  32- und 64-Bit-Treiberspeicher 344
  Abbruchfehler 740
  Aktivieren oder Deaktivieren 350, 353
  Automatisches Hilfesystem 308–328
  Dateiinformationen 345
  Deinstallieren 353
  Deinstallieren von Treibern 353
  Drahtlos, Netzwerk und Bluetooth 334–337
  Drucker 337
  Einschränken der Installation 351
  Energiesparanforderungen 244
  Fehlermeldungsliste 354–358
  Grafikkarte und Monitor 297–300, 304
  Hinzufügen zu Windows PE 73
  Installieren 329–334, 346–349
  Interne, USB oder FireWire 331–334

Gerätetreiber *(Fortsetzung)*
  Ladefehler, Richtlinien 430
  Neuinstallation 353
  Problembehandlung 304, 409, 727
  Signierte und unsignierte 345
  Startvorgang 407, 727
  Suchen 346
  Systemstartfehler 412
  Testumgebungen 348
  Update 333, 346–349
  Vorhandene Hardware 329ff.
  Vorversion wiederherstellen 352
  Wiederherstellungspunkte 731
  Wiederherstellungspunkte vor Update 333
Gesamtstrukturen 113
Geschwindigkeit
  Drahtlosgeräte 695, 701
  LAN-Verbindungen 647
  ReadyBoost-Geräte 479
  Systemstart 415
Gesperrte Dateien 566
Gesperrte Konten 186
Gesperrte Taskleiste 278
Gesperrter Computer 605
Gespiegelte Datenträger 411, 485, 512f., 518, 525f.
Ghosting nicht verfügbarer Dateien 600
Globale Debugparameter 420, 423
GPOs (Gruppenrichtlinienobjekte)
  Administrative Vorlagen 116
  Bearbeiten 111, 145
  Deinstallieren von Elementen 148
  Erstellen 110
  Fehlerverarbeitung 147
  Gruppenrichtlinienobjektverknüpfungen und GPOs 113
  Lokale Gruppenrichtlinien 109–112
  Standort-, Domänen- und Organisationseinheitengruppenrichtlinien 112–115
  Verknüpfungen und Objekte 113
GPT (GUID Partition Table)
  Benötigte Partitionen 472
  Datenspeicherungspartitionen 471
  EFI 396
  Itanium-Computer 27
  Kapazität von Partitionen 472
  Partitionsstile 471
  UEFI 396
  Wechseln zu MBR 472, 491
  Windows RE 84f.
GPUs (Graphics Processing Units) 292
Grafik (Spiele) 205, 247
Grafikchipsätze 400
Grafikkarten
  Bildwiederholrate 303
  Einstufungen 205
  Energiesparpläne 247
  Farbfähigkeiten 303

Grafikkarten *(Fortsetzung)*
　Problembehandlung 304
　Prüfen der Treiber 297
　Startvorgang 399
　Treiber ändern 298ff.
　Windows 7, Voraussetzungen 32
Grafikmodus 414, 429
Grafische Verbesserungen 226, 292
Graphics Processing Units (GPUs) 292
Größe ändern
　Dialogfeld- und Fensterelemente 294
　Symbole in Menüs 265
　Taskleiste 278
　Volumes und Partitionen 503
Gruppen *Siehe auch* Heimnetzgruppen;
　Arbeitsgruppen; Domänen
　Berechtigungszuweisungen 557
　Computer, Mitgliedschaft 224
　Dateibesitz 563
　Features 154ff.
　Lokale Gruppen 182ff.
　Löschen 189
　Mitglieder hinzufügen 185
　Netzwerkberechtigungen 570
　Planen von Updates 709
　SIDs 155
　Spezielle Berechtigungen 560
　Standardberechtigungen 551–569
　Standardkonten 153
　Typen 41, 154ff.
　Umbenennen 188
　Unverwaltete Richtlinieneinstellungen 140
Gruppenkonten *Siehe* Gruppen
Gruppenrichtlinien *Siehe auch* Richtlinien;
　Unverwaltete Richtlinieneinstellungen;
　Richtlinieneinstellungen
　Active Directory-Gruppenrichtlinien 107
　Bereitstellen von Anwendungen 372
　Computer- und Benutzerskripts 132–136
　Gemeinsam-Registerkarte, Elemente 147
　Konfigurieren 115–118
　Konflikte 108
　Lokale Gruppenrichtlinien 107, 109–112
　Reihenfolge der Anwendung 108
　Verarbeitungseinstellungen 147
Gruppenrichtlinienergebnis-Assistent 113
Gruppenrichtlinienmodellierungs-Assistent 113
Gruppenrichtlinienobjekt-Editor 110f., 114ff., 145
Gruppenrichtlinienverwaltung-Konsole 112f., 115
Gruppenschlüssel 697
GUID Partition Table *Siehe* GPT
GUIDs (BCD-Speicherkennungen) 422ff.
GUIDs (Geräteklassen) 351
Gültige Signaturen 517

H

Hacking, Vorbeugung 436, 445
HAL (Hardware Abstraction Layer) 344, 407, 409, 412, 430
Hardware
　Aktivieren und Deaktivieren 354
　Drahtlos, Netzwerk und Bluetooth 334–337
　Drucker 337–341
　Einstufungen 205
　Ereignisprotokolle 718
　Fehler während Systemstart 409
　Fehlererkennung 58
　Fehlermeldungsliste 354–358
　Geräte-Manager 342
　Gerätetreiber 344–358
　Hilfesystem 308–328
　Konfiguration 225
　Problembehandlung 55, 729
　Systeminformationen 208
　Systemintegritätsberichte 206
　Vor Kurzem geändert oder hinzugefügt 741
　Windows 7, Voraussetzungen 32
Hardware Abstraction Layer *Siehe* HAL
Hardware und Geräte, Problembehandlungsmodule 317
Hardware und Sound, Problembehandlungsmodule 55
Hardware-Assistent 346
Hardware-Registerkarte (Systemeigenschaften-Dialogfeld) 225, 596
Hardwareupdate-Assistent 343
Hart herunterfahren 740
Hauptbenutzer-Gruppe 156, 361
Hauptschlüssel 168
HDMI (High-Definition Multimedia Interface) 300
Heap, fehlertolerant 53
Heimnetzgruppen
　Arbeitsgruppen 41
　Dateifreigabe 547
　Gespeicherte Anmeldeinformationen 174
　Informationen 203
　Kennwörter 168
　Lokale Benutzerkonten 165
　UAC 41
　Wiederherstellung, Richtlinien 541
Heimnetzgruppennetzwerk, Problembehandlungsmodule 317
Heimnetzwerke 626, 657
Helpdesks 191ff.
Herunterfahren
　ACPI-Energiezustände 404–407
　Auslagerungsdateien löschen 231
　Fehler durch Geräte 358
　Hart herunterfahren 740

Herunterfahren *(Fortsetzung)*
  Leistung 53
  Problembehandlung 739
  Skriptrichtlinien 133f.
  Windows 7-Optionen 47ff.
High-Definition Multimedia Interface (HDMI) 300
Hilfe und Support
  Anpassen 314–321
  Dienste konfigurieren 323
  Neustart-Manager 309
  Problembehandlungsmodule 317ff.
  Probleme erkennen 308
  Supportdienste 319, 321–324
  Wartungscenterbenachrichtigungen 309–314
  Zuverlässigkeitsberichte 312
Hintergrund, Anmeldung 137
Hintergrundbilder, Desktop 248, 282, 284f.
Hintergrundprozesse 481ff.
Hintergrundsynchronisierung 122, 126
Hinweise, Kennwort 169f.
Höchstleistung, Energiesparplan 247
Hohe Priorität, E/A 481
HTML, Unterstützung 74
HTTP (Hypertext Transfer Protocol) 680
Hubs (USB) 528
Human Interface Infrastructure, Unterstützung 397
Hybrider Ruhezustand 244, 250
Hypervisorbinärdateien 430
Hypervisor-Debugeinstellungen 427
Hypervisorparameter 420, 423
Hypervisorstarttyp 430

I

IA64-Prozessoren (Itanium) 24, 27, 30f., 65, 399, 472
ICMP (Ping) 108, 548
Identitätsüberprüfung 685
IEEE 1394-Geräte *Siehe* FireWire-Geräte
IEEE 802.11 694
IEEE 802.11a/b/g 694f.
IEEE 802.11i 695, 697
IEEE 802.11n 695
IGMPv3 (Internet Group Management Protocol Version 3) 634
IKE (Internet Key Exchange) 634
ImageX-Tool 60, 66–70, 75, 89
Immer als Administrator ausführen, Anwendungen 364
Importieren von Datenträgerkontingenteinstellungen 619
Indizierte Dateidaten 595
Indizierungseinstellungen 206
INF-Dateien (Setupinformationen) 344, 368
Infobereich, Benachrichtigungen 279
Informationsereignisse 718

Infrastrukturmodus (Drahtlos) 699
INI-Dateien, Richtlinien 140
Initialisierung
  Physische Datenträger 490
  Problembehandlung 409
  Protokollierung 430
  Startvorgang 407
  Systemstartfehler 410
  TPM 437, 439
  Volumes 519
Initialisierungsdateien 49
Installationswiederherstellungspunkte 239, 730
Installieren von Hardware
  Drahtlos, Netzwerk und Bluetooth 334–337
  Drucker 337–341
  Einschränken mit Gruppenrichtlinien 351
  Gerätetreiber 346–349
  Interne, USB oder FireWire 331–334
  Netzwerkkarten 634, 698
  Netzwerkkomponenten 631–636
  Vorhandene Geräte 329ff.
  Wiederherstellungspunkte 730
Installieren von Software
  Administratorbestätigungsmodus, Einstellungen 162
  Alle Benutzer und ausgewählte Benutzer 371
  Anwendungsinstallation 367–372
  AutoPlay 367f.
  BitLocker 449, 453, 460
  Fehlerbenachrichtigungen 309
  Grafikkartentreiber 299
  Gruppenrichtlinienbereitstellungen 372
  Installieren beim ersten Aufruf 372
  Kompatibilitätsprüfung 370
  Netzwerkkomponenten 631–636
  Privilegien 361
  Probleme 367
  Setupprogramme 369
  TCP/IP 635
  Updates 705–708, 711
  Wiederherstellungspunkte 730
  Windows PE 61, 64
Installieren von Windows 7 *Siehe auch* Bereitstellung
  Aktivieren 40
  Automatische Installation 89
  Befehlszeile 34
  Installieren 32–35
  Interaktiv und automatisiert 29
  Neuinstallationen und Upgrades 29
  Problembehandlung 35
  Product Keys 34
  Vorbereitungen 29–32
  Vorherige Versionen 214
  Windows PE 59

Installierte Programme (Systemsteuerung) 381
InstallShield 369, 381
Integriertes Diagnosetool 212
Integritätsebene 362
Intel Quick Resume Technology Driver (QRTD) 406
Intel Xeon-Prozessoren 27
Intelligenter Hintergrundübertragungsdienst 154, 322, 621
Intel-Prozessoren, Energieeinstellungen 406
Interaktiv, Identität 556
Interaktive Installation 29, 33ff.
Interne IP-Adressen 634
Interne Laufwerke 329, 331–334, 599, 733
Internen Status prüfen 57
Internet
    Installieren von Software 369
    Netzwerk und Internet, Problembehandlungsmodule 55
    Routing, Richtlinien 665
    Sicherheit 39, 310
    Verbindung, Richtlinien 143
    Verknüpfungen mit Ressourcen 272
Internet Group Management Protocol Version 3 (IGMPv3) 634
Internet Key Exchange (IKE) 634
Internetkonnektivität, Problembehandlungsmodule 318
Internetprovider 666, 670
Internetverbindungsfirewall, Feature 128
Interruptanforderungen (IRQs) 208
IP-Adressen
    Alternative 639
    DHCP-Adresse freigeben und erneuern 653
    Drucker 341
    Dynamische IP-Adressen 639
    Hinzufügen 642
    Interne und externe zuordnen 634
    IPv4- und IPv6-Adressierung 632
    Konfiguration anzeigen 648
    Mobile Computer, Einstellungen 659
    Netzwerkgeräte 336
    Ping 651
    PowerShell-Remoteverwaltung 26
    Private und öffentliche Adressen 634
    Probleme beseitigen 652
    Proxyserver 680
    Prüfen 225
    Statische 636
    VPN-Verbindungen 674
IPC$-Freigabe 577, 581
Ipconfig-Befehl 649, 654, 656
IPSec (IP Security) 623, 665, 687
IPSecurity, Feature 634
IPv4 und IPv6
    Adressierung 631
    Alternative Adressen 636, 660

IPv4 und IPv6 *(Fortsetzung)*
    DirectAccess 665
    Drahtlosnetzwerke 700
    Dynamische oder alternative IP-Adressen 639
    Erkennen für Adressen 634
    Installieren 635
    Konfiguration anzeigen 648
    Mobile Computer, Einstellungen 659
    Next-Generation-DHCP 634
    Private IPv4-Adressen 637
    Probleme beseitigen 652
    Statische IP-Adressen 637f.
    Verbindungsstatus prüfen 647
    VPN-Verbindungen 675
    Windows PE, Unterstützung 62
IPv6 over IPSec-Protokoll 687
IPv6 over Point-to-Point Protocol (PPPv6), Feature 634
IRQs (Interruptanforderungen) 208
ISA-Interrupts 357
iSCSI, Unterstützung 397
ISO-Dateien 65, 77, 82, 529, 531
ISPs (Internetprovider) 666, 670
Itanium-basierte Systeme *Siehe* IA64-Prozessoren (Itanium)

J

Jeder, Identität 556
Jeder-Gruppe 548
JScript 132
Jugendschutz, Feature 23

K

Kabel 305, 336
Kabelmodems 664
Kaltstart 407
Kapseln (TPM) 436
Karten 328; *siehe auch* Grafikkarten; Netzwerkkarten; PCI; Smartcards
Kein GUI-Start, Option 220, 417
Kein Medium, Laufwerksstatus 517
Kennungen (BCD-Speicher) 422f., 425
Kennwörter
    Ändern 45
    Anmeldeinformationen 176
    Benutzerkonten 44–47, 153
    Bildschirmschoner 289
    BitLocker 451, 457, 459, 465
    Breitbandverbindungen 691
    Dateifreigabe 549
    Domänen 45
    Drahtlosnetzwerke 697, 701
    Firmwareschnittstellen 400
    Hinweise 169f.
    Lokale Konten 165, 168
    Öffentlich-Ordner 586
    Planen der Administration 449

Kennwörter *(Fortsetzung)*
  Remoteunterstützung 715
  Remotezugriff 681
  Rücksetzdiskette 45, 170
  Ruhezustand 250, 256
  TPM 438f., 441, 444
  Verschlüsselung 686
  VPN-Verbindungen 675
  Wählverbindungen 671, 689
  Wiederherstellen 170
  Zurücksetzen 46
Kennwort-ID-Wiederherstellungsschlüssel 466
Kennwortrücksetz-Assistent 47
Kennwortrücksetzdiskette 45, 169f., 196
Kerberos-Authentifizierung 174
Kernel 237, 407, 409, 412, 420, 430
Kernel Transaction Manager (KTM) 519
Klassischer Anmeldebildschirm 137, 171
Kleine Speicherabbilder 237
Kompatibilität
  16-Bit- und MS-DOS-Programme 374
  Anzeigeprobleme 304
  Application Compatibility Toolkit 364
  Aufgabenplanung 721
  Erzwingen 375
  Fehlermeldungen 356, 358
  Kompatibilitätsadministrator 370
  Kompatibilitätsdatenbank ausschalten 321
  Legacy-Anwendungen 361
  Manuelle Einstellungen 378
  Programmkompatibilität 321
  Programmkompatibilitäts-Assistent 53, 370, 376ff.
  Treiberprobleme 320
  Virtualisierung 361
  Webkompatibilitätslisten 708
Kompatibilitätsadministrator 370
Komponenten 208; *siehe auch* einzelne Komponententypen
Komprimierung
  Aktivieren 500
  Dateien und Verzeichnisse 534–537
  Erweitern komprimierter Laufwerke 536
  RDP-Daten 196
  Remotedesktopsitzungen 198
  UEFI, Unterstützung 397
  Verschlüsselung 540
  Windows-Explorer, Anzeigeoptionen 594
Konfiguration
  Aktuelles Betriebssystem, Kennung 423
  Anwendungsleistung 227
  Automatisches Hilfesystem 308–328
  Betriebssysteminformationen 203
  Computerverwaltung-Konsole 200
  DEP (Datenausführungsverhinderung) 231
  Energieverwaltung 243–261
  Erweiterte Systeminformationen 208

Konfiguration *(Fortsetzung)*
  Firmware 401–404
  Geräte-Manager 342
  Hardware 225
  Leistungsoptionen 226
  Letzte als funktionierend bekannte Konfiguration 413
  Manuelle Jumper- oder Firmwareeinstellungen 356
  Namen und Adressen von Computern 224
  Richtlinieneinstellungen 115–118
  Starten und Wiederherstellen-Dialogfeld, Optionen 415
  Startoptionen 236
  System- und Leistungsdaten 203–207
  System und Umgebungsvariablen 232–235
  Systemeigenschaften-Dialogfeld 224–243
  Systemfehler und Debuggen 237
  Systemkonfigurationsprogramm 217–224
  Systemsupporttools 200, 212–222
  Systemwiederherstellungseinstellungen 238–243
  Virtueller Arbeitsspeicher 228–231
  Wiederherstellungsoptionen 237, 730
  Windows PE-Dateien 62
  WMI-Steuerung 209ff.
Konfigurationsflags 430
Konfigurationsskripts 60, 679
Konflikte
  Fehlermeldungen 357
  Richtlinieneinstellungen 108, 110
Konfliktlösung (Offlinedateien) 600, 608
Konnektivitätseinstellungen 128–132
Konsolenunterstützung (UEFI) 397
Konten *Siehe auch* einzelne Kontentypen
  Anmeldeinformationen 173–179
  Anmeldenamen 152
  Deinstallieren und Zugriff verweigern 173
  Gesperrte 186
  Kennwörter 44–47
  Lokale Benutzerkonten 41
  Pseudokonten 153
  Servergespeicherte Benutzerprofile 174
  SIDs (Sicherheits-IDs) 152
  Willkommensseite 171
Kontextmenüs 265, 597
Kontingentgrenzen 118ff., 611–621
Kontrollkästchen in Windows-Explorer 593
Konvertieren
  Basis-/dynamische Datenträger 474, 493ff.
  FAT-Laufwerke in NTFS 509
Kopieren
  BCD-Speichereinträge 425
  Befehlspfad 384
  BitLocker-PINs oder -Schlüssel 465
  Dateien auf CDs oder DVDs 530
  Öffentlich-Ordner 546
  Verschlüsselte Dateien 540

Kritisch, Akkualarm 259f.
Kritische Updates 706
Kritischer Systemfehler 237
Kryptografie-Operatoren-Gruppe 156
KTM (Kernel Transaction Manager) 519
Kurze Dateinamen 374

L

L2TP (Layer 2 Tunneling Protocol) 664, 686
LAN 129, 622
Lange Dateinamen 374
Langsame Verbindung, Modus 126
Langsame Verbindung, Richtlinien 122
LAN-Verbindungen 636–647, 649–656
Laptops *Siehe* Notebooks und Tablet PCs
LastKnownGood-Registrierungswert 413
Latenz 663
Laufwerkbezeichnungen 495
Laufwerkbuchstaben
  Benutzte oder reservierte 507
  Verschobene Datenträger 515
  Windows PE 62
  Windows-Explorer 593
  Zuordnen zu Freigaben 578, 580
  Zuweisen 474, 495, 506
Laufwerks-E/A-Subsystem 487
Laufwerkspfade 474, 496, 506
Laufwerkzuordnungen, Richtlinien 140, 142
Laufzeitdienste 395, 397
Lautstärke 659
Layer 2 Tunneling Protocol (L2TP) 664, 686
Leases (DHCP) 649
Leere Laufwerke 594
Leeren von DNS-Caches 655
Leerlaufzeit 482, 605, 683
Legacy-Anwendungen 360, 370, 374
Legacy-Anwendungen, Ausführungsliste 137f.
Legacy-Betriebssystem, BCD-Speichereinträge 63, 419, 423
Legacy-Geräte 356
Legacy-Geräte, Interrupts 357
Legacy-Setuppakete 74
Legacy-Skripts 133
Leistung
  Anwendungseinstellungen 227
  Branch-Cache 621
  Darstellung 227
  Datenprotokollierung 431
  Einstufungen 203
  Energiesparpläne 248
  Fragmentierung 510
  Optionen einstellen 226
  PerfTrack 54
  Problembehandlungsmodule 318
  Probleme erkennen 308
  Problemerkennung 58
  Speichergeräte 477–483
  TCP-Statistiken 633

Leistung, Problembehandlungsmodule 318
Leistungsinformationen und -tools 205ff., 292
Leistungsprotokollbenutzer-Gruppe 156
Leistung-Tool 202
Lesbarkeit anpassen 295
Lesen-Berechtigung 553
Letzte als funktionierend bekannte Konfiguration 430, 728
Linkfavoriten 273
Links-Symbolleiste 281
Linkverknüpfungen 272, 274
Livedateisystem, CDs und DVDs 530, 533
Lizenz 23, 40
LLMNR (Verbindungslokale Multicast-Namensauflösung) 634
LLTDIO-Treiber 631
LMHOSTS-Dateien 644ff.
Logische Laufwerke
  Aktive Partitionen 492
  Basisdatenträger 484
  Dateisystemverwaltung 487
  Datenträgerverwaltung-Tool 474
  Erstellen 497–501
  Laufwerkbuchstaben und -pfade 506
  Liste anzeigen 475
  Löschen 508
  Wechseln zwischen Datenträgern 493
Lokale Administratorkonten 160–165
Lokale Benutzer und Gruppen, Richtlinien 140
Lokale Benutzer und Gruppen-Dienstprogramm
  Erstellen von lokalen Gruppen 182
  Hinzufügen und Deinstallieren von Gruppenmitgliedern 185
  Konten aktivieren oder deaktivieren 186
  Konten löschen 189
  Konten umbenennen 188
  Kontotyp ändern 167
  Verwalten von Benutzerkonten 151, 179
  Zugriff 202
Lokale Benutzerkonten
  Administratorbestätigungsmodus 160–165
  Aktivieren oder Deaktivieren 186
  Anmeldenamen 152
  Deinstallieren und Zugriff verweigern 173
  Domänenkonten 157
  Erstellen 179ff.
  Features 152ff.
  Gastkonten 187
  Kennwörter 168
  Lokale Anmeldung 165–173
  Löschen 189
  Optimieren der UAC 160–165
  Remotezugriff 190–198
  Typen 41, 167
  UAC und Anhebung 157–165
  Umbenennen 188

Lokale Computer 107
Lokale Drucker 140, 337–340
Lokale Gruppen 155, 182ff.
Lokale Gruppenrichtlinien 107–112, 115
Lokale Konten *Siehe auch* Lokale Benutzerkonten
   Anmeldeinformationen 173–179
   Anmeldung und Begrüßungsbildschirm 171
   Deinstallieren und Zugriff verweigern 173
   Domänenanmeldung 157
   Gruppenkonten 179–190
   Kennwörter 165
   Lokale Administratorkonten 160–165
   Lokale Anmeldung 165–173
   Lokale Benutzerkonten 179–190
   Löschen 189
   Remotezugriff 190–198
   Umbenennen 188
   Wiederherstellungsagenten 539
Lokale Sicherheitsautorität 408, 414
Lokale Sicherheitsrichtlinie-Konsole 164, 171, 187, 448
LOKALER DIENST-Konto 154, 322
Löschen
   ADMX-Dateien 117
   Anmeldeinformationseinträge 179
   Aufgaben 722
   BCD-Speichereinträge 425
   Benutzer aus Gruppen 185
   Benutzerkonten 173, 189
   Berechtigungen 553, 559
   Betriebssystemeinträge 219
   Dateien 595
   Dateifreigabeberechtigungen 573
   Datenträgerkontingente 618
   Designs 284
   Energiesparpläne 244
   Freigaben 577
   Geerbte Berechtigungen 565
   Geplante Synchronisierungseinstellungen 606
   Gerätetreiber 353
   Gespiegelte Datenträger 513, 526
   Gruppen 189
   Kennwörter 466
   Laufwerkbuchstaben oder -pfade 506
   Menüelemente 269
   Menüs 269, 596
   Offlinedateien 600
   Partitionen 487, 508
   Remotedesktopprivilegien 195
   Skripts 135
   Smartcardzuweisung 466
   Symbole 288
   Systemwiederherstellungsdaten 242
   Temporärdateien 610
   Umgebungsvariablen 235

Löschen *(Fortsetzung)*
   Unverwaltete Richtlinieneinstellungen 142
   Verknüpfungen 275
   Volumebezeichnungen 507
   Volumes 493, 508
   Wählstandorte 670
   Wiederherstellungsagenten 542
   Zwischengespeicherte Offlinedateien 122
Lösungen (Wartungscenter) 38, 310, 320

M

MAC (Computeradresse) 632, 648, 665
Managed Network Protocol (MNP) 398
Managed Network Service Binding Protocol (MNSBP) 398
Manifestdateien 344
Manipulationen *Siehe* Hacking, Vorbeugung
Manuelle Datensicherungen 735
Manuelle Netzwerkverbindungen 677
Manuelle Wiederherstellungspunkte 239, 731
Master Boot Record *Siehe* MBR
Masterdateitabelle (MFT) 496
Masterstartcode 471
Mausgeräte 284, 409
Mauszeigerdesigns 284
MBit/s, Übertragungsrate 527
MBR (Master Boot Record)
   Absturzabbildpartitionen oder -volumes 489
   Aktive Partitionen oder Volumes 488
   Auslagerungsdateipartitionen oder -volumes 489
   BIOS 396
   Fehler während Systemstart 411
   Festplattenfähigkeiten 471
   Installieren von Windows RE 84
   Kapazität von Volumes 471
   Laufwerke in GPT konvertieren 472, 491
   Partitionsstil 471
   Partitionstypen 471
   Startpartitionen oder -volumes 489
   Systempartitionen oder -volumes 489
   x86-Architektur 27
   Zahl der Partitionen 472
Medien, Unterstützung 397
Medienstatus von Verbindungen 647
Medienstreaming 549
Mehrere Monitore, Unterstützung 302
Mehrere Prozessoren 221, 356
Mehrere Starteinträge, Dateien 77
Mehrprozessorunterstützung 23
Menüleiste anzeigen 596
Menüs
   Anpassen 263–271
   Elemente anordnen und hinzufügen 267–271
   Hinzufügen und Bearbeiten 269
   Löschen von Elementen 269

Stichwortverzeichnis

Menüs *(Fortsetzung)*
  Löschen von Menüs 269, 596
  Menüverwaltung 270
  Sortieren von Anwendungen 265
  Unverwaltete Richtlinieneinstellungen 275
  Verknüpfungen für Elemente 271–275
  Windows-Explorer, Auswahl 593
Menüverwaltung 269f.
Message Signaled Interrupt (MSI) 430
MFT (Masterdateitabelle) 496, 510
Microsoft
  Absturzabbilddateien zusenden 741
  Produktupdates 708
Microsoft .NET Framework 62
Microsoft Data Access Component, Unterstützung 74
Microsoft JScript 132
Microsoft Knowledge Base 720, 741
Microsoft Office-Temporärdateien 214
Microsoft Remote Control Incident-Dateien 713
Microsoft Support-Diagnosetool (MSDT) 53
Microsoft Visual Basic Scripting Edition 132
Microsoft Windows 7 *Siehe* Windows 7
Microsoft Windows Installer 369, 381
Microsoft Windows Installer-Dateien (MSI) 373
Microsoft-Datensicherungstool 731
Microsoft-reservierte Partition (MSR) 31, 472
Microsoft-Zertifikatdienste 665
Mikrochips (TPM) 436
Mklink-Dienstprogramm 36
MLDv2 (Multicast Listener Discovery Version 2) 634
MNP (Managed Network Protocol) 398
MNSBP (Managed Network Service Binding Protocol) 398
Mobile Computer *Siehe* Notebooks und Tablet PCs
Mobile Netzwerke *Siehe auch* Notebooks und Tablet PCs
  Anmeldung konfigurieren 681
  Automatische oder manuelle Verbindungen 677
  Breitbandverbindungen 673, 691
  Drahtlosnetzwerke 701ff.
  Identitätsüberprüfung 685
  Netzwerkprotokolle und Komponenten 686ff.
  Neuwahl und Trennung 683
  Notebookkonfiguration 657–663
  Proxyeinstellungen 678–681
  Remotedesktop 197
  Remoteunterstützung 714
  Remotezugriffsverbindungen 666–676
  Telefonnummern 684
  Typen von Verbindungen 663
  VPN-Verbindungen 674, 692

Mobile Netzwerke *(Fortsetzung)*
  Wählregeln 684
  Wählverbindungen 663, 666–673, 689ff.
  Windows-Firewall 688
Mobiltelefonmodems 664
Modempools 663
Modems 663, 667–670, 673
Modifizierter schneller Wiederherstellungsalgorithmus, Feature 633
Modularisierung 50
Monitore *Siehe* Anzeige
Motherboardchipsätze 393, 399
MS-CHAP Version 2 685
MS-DOS 59, 374
MSDT (Microsoft Support-Diagnosetool) 53
MSI (Message Signaled Interrupt) 430
MSI-Dateien (Windows Installer) 55, 373
MSR (Microsoft-reservierte Partition) 31, 472
MsRcIncident-Dateien 713
Multicast Listener Discovery Version 2 (MLDv2), Feature 634
Multimedia-Energieeinstellungen 248

N

Nachholen von Updates 710
Named Pipes 581
Namen
  Anmeldung 152
  Computer 224
  SIDs 152
  Verknüpfungen 273
Namensauflösung 548, 641–646; *siehe auch* DHCP; DNS; WINS
Namespaces 210
NAT (Network Address Translation) 190, 714
Net Share-Befehl 570, 582
NetBIOS-Namen 26, 548, 644ff., 651
Netcfg-Tool 60
.NET Framework 62
NETLOGON-Freigabe 577
Net-Tool 60
Network Address Translation (NAT) 190, 714
Netzlaufwerke 473
Netzschalter 49, 249, 256, 264, 407
Netzwerk- und Freigabecenter
  Erstellen von Verbindungen 666
  Funktionen 625, 628
  Öffnen 41
  Problembehandlung für Freigaben 583
  Verbindungsstatus 51
  Windows 7-Edition, Unterschiede 23
  Windows-Zusammenarbeit 598
Netzwerk und Internet, Problembehandlungsmodule 55
Netzwerk, Identität 556
Netzwerkadressprotokolle, Unterstützung 398
Netzwerkauswertung 51

Netzwerk-Bridge 128
Netzwerkdiagnose 625
Netzwerkdiagnose-Framework, Feature 633
NETZWERKDIENST-Konto 154
Netzwerkdrucker 337, 340f.
Netzwerke
  Aktive 629
  Aktivieren der Freigabe 548
  Analysieren 52
  Arbeitsplatznetzwerke 626
  Auswertung und Erkennung 51, 626
  Branch-Cache 622
  Dateifreigabe 529, 569
  Dateiverknüpfungen 272
  Datensicherung speichern 733
  Diagnosetools 52
  DirectAccess, Feature 52
  Domänennetzwerke 626
  Drahtlos *Siehe* Drahtlosnetzwerke
  Firewalls 310
  Geschwindigkeit 646–649
  Heimnetzgruppen 41, 626
  Komponenten installieren 631–636
  LAN-Verbindungen 636–649
  Latenz 126, 623
  Mobiler Zugriff *Siehe* Mobile Netzwerke
  Netzwerk- und Freigabecenter 628
  Netzwerk und Internet, Problembehandlungsmodule 55
  Netzwerk-Explorer 627
  Netzwerkübersicht 630
  Öffentliche Netzwerke 626
  Offlinedateien 599–611
  Problembehandlung 55, 649–656
  Remotezugriff 666–676
  Richtlinien 128–132, 140
  Standorttyp 41
  Systemstart 407
  UEFI, Unterstützung 398
  Verbindungstypen 686ff.
  VPN-Verbindungen 52, 140
  Warten bei Systemstart/Anmeldung 137
  Wechseldatenträgergeräte 529
  Windows 7-Features und -Tools 625
  Zuordnen 629, 631
Netzwerkerkennung 51, 337, 549, 626f., 652
Netzwerk-Explorer 625, 627, 651
Netzwerkfreigaben *Siehe* Freigaben
Netzwerkfreigaben, Richtlinien 140, 142
Netzwerkkarten 318, 334–337, 631, 634, 648, 694, 698
Netzwerkkonfigurations-Operatoren-Gruppe 156
Netzwerkkonsole, Infobereich 279
Netzwerkprojektoren 657, 662
Netzwerkprotokolle 398, 686ff.
Netzwerkschlüssel 699
Netzwerksymbol 287

Netzwerkübersicht 625, 630
Netzwerkverbindungen
  Aufbauen 689–694
  Breitband 673, 691
  Drahtlos 701ff.
  Geschwindigkeit 690
  Konfiguration 648
  LAN 636–649
  Notebooks 657–663
  Problembehandlung 649–656
  Remotedesktop 197
  Remoteunterstützung 714
  Remotezugriff 666–676
  Typen 663
  Umbenennen 649
  VPN 674, 692
  Wählverbindungen 666–673, 689ff.
  Warnsymbole 629
  Zugriffstypen 629
Netzwerkzugriffsschutzclient 23, 310
Neue Aufgabe erstellen, Assistent 724
Neue Benutzer hinzufügen, Assistent 166
Neues einfaches Volume, Assistent 498
Neues gespiegeltes Volume, Assistent 512
Neuinstallation 29, 33
  Gerätetreiber 353
  Windows 7 739
Neustart
  Abgesicherter Modus und andere Optionen 727
  Automatische deaktivieren 728
  Automatischer Neustart 430
  BitLocker 448
  Dienste 324f.
  Nach Updates beschränken 706
  Verzögern nach Updates 710
  Windows PE, automatisch 62
Neustartkonfiguration 237
Neustart-Manager 55, 309
Neusynchronisierung, gespiegelte Datenträger 518, 525
Neuverbinden mit Freigaben 579f.
Neuwahl der Verbindung, Optionen 683
Next-Generation-TCP/IP-Stack 632ff.
Nicht angewendete Einstellungen 148
Nicht ausführbarer Arbeitsspeicher 431
Nicht erkannt, Laufwerksstatus 517
Nicht erzwungene Datenträgerkontingente 612
Nicht initialisiert, Laufwerksstatus 517
Nicht konfiguriert, Gruppenrichtlinienzustand 116f.
Nicht lesbar, Laufwerksstatus 511, 517, 526
Nicht synchronisierte Daten 519
Nicht verfügbare Dateien, Ghosting 600
Nicht vom Herausgeber verifizierte (unsignierte) Anwendungen 363
Nichtflüchtiger Speicher 409

Stichwortverzeichnis

Nicht-System-BCD-Speicher 421, 424
Nicht-System-Volumes 457
Nicht-Windows-Betriebssysteme 491, 517
Niedrige Priorität, E/A 481
Niemand, Freigabeoption 547
NLA (Network Location Awareness) 108
No-Execute-Schutz (NX), Prozessorfeature 231, 357, 424, 430, 432
Non-Uniform Memory Access (NUMA) 429
Normaler Systemstart 217, 417
Notebookcomputer *Siehe* Notebooks und Tablet PCs
Notebooks und Tablet PCs
   Akkuinformationen 246
   Alternative IP-Adressen 660
   Anmeldung konfigurieren 681
   Automatische oder manuelle Verbindungen 677
   Breitbandverbindungen 673
   Deckel, Energieoptionen 249
   Drahtlosadapter 694
   Drahtlosverbindungen *Siehe* Drahtlosnetzwerke
   Dynamische Datenträger 487
   Dynamische IP-Adressen 659
   Energieversorgungssymbol 247
   Energieverwaltung 243, 291
   Firmwarekonfiguration 400
   Identitätsüberprüfung 685
   Netzwerkprojektoren 662
   Netzwerkprotokolle und Komponenten 686ff.
   Netzwerkverbindungen 657–663, 677, 689–694
   Netzwerkzugriffsrichtlinien 130
   Offlinedateien 599
   Proxyeinstellungen 678–681
   Remotezugriffsverbindungen 666–676
   Ruhezustand 47
   Verbindungstrennung 683
   VPN-Verbindungen 674
   Wählverbindungen 666–673, 677, 684
   Windows 7-Edition, Unterschiede 23
   Windows-Firewall 688
   Windows-Mobilitätscenter 658
   Windows-ReadyDrive 481
NTFS-Dateisystem
   Berechtigungen 557–561, 567
   Beschreibung 496
   BitLocker 447, 457
   Clustergröße 485ff.
   Dateibesitz 561
   Dateisicherheit und -freigabe 545
   Datenträgerkontingente 118, 611–621
   Konvertieren von FAT-Laufwerken 509
   Selbstheilendes NTFS 519
   Standardberechtigungen 552–555
   Transaktionales NTFS 519

NTFS-Dateisystem *(Fortsetzung)*
   Verschlüsselung 540
   Versionen von NTFS 497
   Volumebezeichnungen 507
   Wechseldatenträger 527
   Windows RE 84
Ntldr (Windows-Legacybetriebssystem-Ladeprogramm)
   Ältere Windows-Versionen starten 419, 492
   BCD-Speichereinträge 423, 427
   Kennungen 423
   Startvorgang 399
   Windows 7 199
NTLM-Authentifizierung 174
NUMA (Non-Uniform Memory Access) 429
NX (No-Execute-Schutz), Prozessorfeature 231, 357, 424, 430, 432

O

OEM-Partitionen 472
Öffentliche Netzwerke 584, 626
Öffentliche Schlüssel 153, 538
Öffentlich-Ordner 546, 549, 551, 569, 584ff.
Offline, Laufwerksstatus 511, 516
Offlinedateien und -ordner
   Aufräumen 214
   Benutzen 603
   Benutzung verhindern 123ff.
   Dateifreigabe 575
   Funktionen und Prozesse 599–611
   Offlinedateirichtlinien 121–128
   Synchronisierung 126, 600, 604–609
   Systemwiederherstellung 242
   Unterordner 122
   Windows XP 125
Offlinedateien-Ordner 123ff.
Oktette 632
Online (Fehler), Laufwerksstatus 511, 516, 525
Online, Laufwerksstatus 516
Onlinecrashanalyse, Feature 741
Optionale Updates 706
Ordner
   Anordnen auf Bildschirm 285
   Anzeigen des Inhalts verhindern 599
   Attribute 558
   Ausgeblendete 269
   Bei Installation erstellte 36
   Besitz 561
   Deinstallierte Programme, Überreste 381
   Desktopspeicherort 285
   Erstellt in Windows PE 64
   Erweitern komprimierter 537
   Freigabe in öffentlichen Ordnern 546
   Ghosting 600
   Komprimieren 535
   Netzwerkberechtigungen 569

Ordner *(Fortsetzung)*
  NTFS-Berechtigungen 551–569
  Offline *Siehe* Offlinedateien und Ordner
  Spezielle Berechtigungen 561
  Standardordnerfreigabe 546
  Startmenü- und Programme-Ordner 267–271
  Symbolische Links 36, 372
  Symbolleisten 281
  Unverwaltete Richtlinieneinstellungen 140, 143
  Verknüpfungen 272f.
  Verschlüsselung 537–543
  Wiederherstellen von Vorgängerversionen 242, 726
  Windows-Explorer, Konfiguration 591–599
Ordner, Richtlinien 140, 142, 275
Ordneroptionen, Dialogfeld 592, 596
Organisationseinheiten (OUs) 107f., 112–115, 118–128
Oscdimg-Tool 60, 65, 77
Osloader-Eintrag 419, 425
OUs *Siehe* Organisationseinheiten (OUs)

P
PAE-Modus (Physical Address Extension) 231, 427, 431f.
Pakete in Windows PE 74f.
Papierkorb 215, 287, 595, 598
Parallelanschluss 337
Partitionen
  Absturzabbilder 489
  Aktive oder Startpartition 411, 488f., 491
  Auslagerungsdateipartitionen 489
  Basis- und dynamische Datenträger 493
  Bezeichnungen 500, 507
  BitLocker 449, 453, 461
  Datenträgerverwaltung-Tool 474
  Erstellen 497–501
  Formatieren 499, 505
  Funktionen 469–477
  IA64-Computer 31
  Laufwerkbuchstaben und -pfade 506
  Löschen 487, 508
  MBR und GPT 471f., 491
  Nicht erkannt 518
  Partitionsstile 471
  Probleme während Installation 35
  Separate Abbilder 87
  Standardstartpartitionen 219
  Startfähige Festplattenlaufwerke 79
  Startfähige USB-Flashlaufwerke 78
  System 489
  Typen 30, 469–477
  Wiederherstellen 511
  Wiederherstellungspartitionen 84
PATH-Variable 383–386

PC Card-Netzwerkkarten 631, 694, 698
PCA (Programmkompatibilitäts-Assistent) 53, 304, 321, 370, 375–378
PCI (Peripheral Component Interconnect) 221, 357, 397, 405, 417, 431, 694, 698
PCI Express 249
PCI-Energieverwaltung, Aufwachereignisse 405
Peer Name Resolution-Protokoll (PNRP) 713
Peripheral Component Interconnect *Siehe* PCI; PCI Express
Personalisierung 55, 205, 283f., 286, 293, 318
Personal-Mode-WPA 697
Persönliche Bibliotheken 36
Persönliche Daten 733, 737
Persönliche Ordner 36
Pfade
  BCD-Eigenschaften 422
  DISM-Einstellungen 72
  Laufwerkspfade 474, 496, 506
  Umgebungsvariablen 576
  Windows-Explorer 594
Phoenix Trusted-Core 401–404
Physical Address Extension *Siehe* PAE-Modus
Physische Angriffe 435–445
Physische Arbeitsspeicheradressen 429
Physische Datenträger 475, 484, 487, 490
PIN 446, 449, 451, 456, 462, 464f.
Ping (ICMP) 108, 637, 651
Pixel 302
Planen
  BitLocker-Bereitstellungen 449
  Dateiberechtigungen 556
  Sicherheitsadministration 449
Platzhalter bei Namensauflösung 654
Plug & Play-Geräte 62, 208
PnP-Geräte 62, 208
PNRP (Peer Name Resolution-Protokoll) 713f.
Point Of Presence (POP) 670
Point-and-Print-Treiberupdates 708
Point-to-Point Protocol (PPP) 687
Point-to-Point Tunneling Protocol (PPTP) 664, 686
POP (Point Of Presence) 670
Ports
  Dateifreigabe und offene Ports 548
  Debugports 428
  Druckerkonfiguration 337
  EMS-Ports 427
  Geräte 329
  HTTP, SSL, FTP oder Socks 680
  Netzwerkfreigaben 583
  Proxyserver 680
  Remoteunterstützung 712
  Zuordnen 634
POST (Power-On Self Test) 407, 409
Power-On Self Test (POST) 407, 409

PowerShell 2.0 25, 132f., 317, 322
PPP (Point-to-Point Protocol) 687
PPPoE (PPP over Ethernet) 634, 674, 687
PPPv6 (IPv6 over Point-to-Point Protocol) 634
PPTP (Point-to-Point Tunneling Protocol) 664, 686
Präsentationseinstellungen 658, 662
Preboot Execution Environment (PXE) 398
Premier Support 23
Primäre Partitionen 469, 471f., 484, 488, 492f., 497
Primäres DNS-Suffix 225
PRINT$-Freigabe 577, 581
Prinzip der geringstmöglichen Rechte 557
Priorität von Anwendungen 482
Private Hypervisorbinärdateien 430
Private IPv4-Adressen 637, 660
Private Kernel 430
Private Netzwerke *Siehe* VPN-Verbindungen
Private Schlüssel 153
Privater Debuggertransport 430
Privilegien 107, 159; *siehe auch* Berechtigungen
Problematische Geräte 208
Problemaufzeichnung 190
Problembehandlung
 Abbruchfehler 740ff.
 Aero-Leistung 295
 Anzeige und Grafikkarten 304
 Anzeigeauflösung 296
 Aufgabenplanung 725
 Benutzerspezifische Einstellungen 316
 Berechtigungen 567
 BitLocker 465–468
 Bluetooth 335
 Breitbandverbindungen 692
 Brennen von Dateien 533
 Dateifreigabe 583f.
 Datenträgerfehler 519–522
 Dienste 222
 Drahtlosgeräte 335
 Drahtlosverbindungen 700, 703
 Druckerverbindungen 340
 Energieproblemberichte 244
 Ereignisprotokolle 718
 Festplattenlaufwerke 515–527
 Gerätetreiber 352
 Gespiegelte Datenträger 513, 526
 Gruppenrichtlinien 108, 319ff.
 Herunterfahren 739
 Installation 35
 Integrierte Tools 50, 52–58, 317ff.
 Kompatibilitätsprobleme 376ff.
 Laufwerkbuchstaben oder -pfade 507
 Microsoft Knowledge Base 720
 Netzwerkverbindungen 52, 336, 633, 649–656

Problembehandlung *(Fortsetzung)*
 Partitionen 492
 Problemaufzeichnung 190
 Problembehandlungswerkzeuge 55–58
 Problemberichterstattung 39
 ReadyBoost 479
 Remoteunterstützung 191ff., 712–717
 Ruhezustand 48, 245, 726
 Sichern und Wiederherstellen 242, 511, 726, 733–737
 Startprozess 221, 416, 526
 SuperFetch 483
 Systemintegritätsberichte 206
 Systemstart 408–414, 727ff., 739
 Systemwiederherstellung 729–733
 TPM 438
 Updates 711
 Volumestatusmeldungen 517ff.
 Vorgängerversionen von Dateien 242
 VPN-Verbindungen 693
 Wählverbindungen 690
 Wartungscenter 37–40, 310
 Windows 7-Fehler 717–720
 Windows PE 60
 Windows-Tools 55–58, 318
Problembehandlungsmodule 317–320
Probleme und -lösungen, Feature 322, 354, 717
Problemberichterstattung 39, 315
Product Keys 24, 34, 40
Profilerstellung 72, 76
Programm zur Verbesserung der Benutzerfreundlichkeit 39, 320
Programme, Problembehandlungsmodule 55
Programme-Menü 273
Programme-Ordner 267, 273, 371, 381
Programmkompatibilität, Problembehandlungsmodule 318
Programmkompatibilitäts-Assistent *Siehe* PCA
Projektoren 657, 662
Protokolle
 Dateifreigabeaktivitäten 586–589
 Datenträgerkontingenteinträge 615
 Dienste 322
 Gruppenrichtlinien 108
 Kontingentgrenzen 118, 120
 Leistungsdaten 431
 Offlinedateiereignisse 123
 Problembehandlung 718
 Remoteunterstützungssitzungen 193
 Startprotokolle 220
 Systemfehler 237
 Überprüfte Dateisignaturen 215
 Warnstufen 718
 WMI-Fehler 210
Proxyservereinstellungen 678–681

Prozesse
  Beenden oder Starten 380
  Ereignisprotokolle 718
  Neue Fenster 594
  SuperFetch-Dienstprogramm 481ff.
  Task-Manager-Liste 380
Prozessoren
  APIC-Cluster 430
  Bildschirmschoner 289
  Einstufungen 205
  Energieoptionen 249
  Firmwarekonfiguration 400
  Firmwareschnittstelle 400
  Informationen 203
  Mehrere 431
  Startoptionen 221
  Startvorgang 399
  Windows 7, Voraussetzungen 32
  Zahl 417, 430
Prozessorzeitplanung 227
Pseudokonten 153
PXE (Preboot Execution Environment) 398

Q
QRTD (Intel Quick Resume Technology Driver) 406
Quelldateien (SYS) 344
Quellen in Ereignisprotokollen 718
Quick-Resume-Modus 406
Quick-Sleep-Modus 406

R
RAID-Controller 411, 485
RAM
  Abbruchfehler 741
  Fehler 423
  Hinzufügen 329
  Hybride Laufwerke 481
  Laden von Windows PE 61
  Optionen 423
  Virtueller Arbeitsspeicher 228
  Windows 7, Voraussetzungen 22, 32
  Windows PE laden 79
RDP-Dateien 196
ReadyBoost 477–480
Reaktionsgeschwindigkeit 54, 206, 228, 663
Reaktivieren, gespiegelte Datenträger 525
Recent-Ordner 273
Rechte Maustaste, Menüs 265, 597
Regionale Einstellungen, Richtlinien 140, 143
Regionseinstellungen (Telefon) 668f.
Registrieren von DNS-Adressen 643, 655
Registrierung 62, 116, 138, 140, 355, 357, 361, 366, 387
Registrierungs-Editor 352
Registrierungsrichtlinien 140, 142
Registrierungsstrukturen 57, 407, 412
Reichweite von Drahtlosgeräten 695

Remotecomputer
  Aufgabenplanung 720
  BitLocker 448
  Computerverwaltung-Konsole 203
  Datenträgerkontingente 613
  Energieplankonfiguration 246
  Geräte konfigurieren 342
  PowerShell-Verwaltung 26
  Systeminformationen 209
Remotedesktop, Feature 190, 194–197
Remotedesktopbenutzer-Gruppe 156
Remotedesktopdienste 154
Remoteprozeduraufruf (RPC) 154
Remoteserver-Verwaltungstools (RSAT) 112
Remoteunterstützung anbieten-Tool 212, 716
Remoteunterstützung, Feature
  Beschreibung 190, 212
  Chat-Fenster 716
  Deaktivieren 132
  Einladungen 130, 713, 715f.
  Funktionen und Features 712ff.
  Hilfe anbieten 716
  Konfigurieren 191ff.
  Problemaufzeichnung 190
  Richtlinieneinstellungen 130
  Senden von Dateien 716
Remoteunterstützungsanbieter-Gruppe 712
Remotezugriff
  Anmeldung konfigurieren 681
  Aufbauen von Verbindungen 689–694
  Automatische/manuelle Verbindungen 677
  Berechtigungen 551
  Branch-Cache 623
  Breitbandverbindungen 673
  Dateifreigabeeinstellungen 573–576
  Drahtlos Siehe Drahtlosnetzwerke
  Identitätsüberprüfung 685
  Protokolle und Komponenten 686ff.
  Proxyeinstellungen 678–681
  Remoteunterstützungsrichtlinien 130
  Richtlinieneinstellungen 129
  Telefonnummern 684
  Verbindungstypen 663
  VPN-Verbindungen 674
  Wählverbindungen 666–673, 683f.
  Windows-Firewall 688
Reparieren
  Anwendungen 381
  Computer 728, 738
  Datenträgerfehler 519–522
  Gespiegelte Datenträger 525f.
Replikations-Operator-Gruppe 156
Repositories (WMI-Statistiken) 210
Reservestromalarm 259, 261
Reservierte Laufwerkbuchstaben 507
Ressourcenmonitor 206
Ressourcenverbrauch 54, 355
Ressourcenzuweisung 343, 356

Resume (Windows Resume Loader) 419, 425
Reverse-Lookups 655
Richtlinien *Siehe auch* Gruppenrichtlinien;
  Unverwaltete Richtlinieneinstellungen;
  Richtlinieneinstellungen
  Anmeldung 136ff., 171
  Anwendungssteuerung 368
  Autostartanwendungen 276
  Befehlspfade 385
  Benutzerkonten 179, 181
  BitLocker 447, 450f., 454
  Branch-Cache 623
  Datei- und Datenverwaltung 118–128
  Dateifreigabe 550, 576, 586
  Dateityp und Zuordnungen 388
  Datenträgerkontingente 613
  Dienste 145, 327
  DirectAccess 665
  Domänen 112–115
  Drucker 341
  Energiesparplan 253, 255
  Energieverwaltung 257
  Funktionstasten 144
  Gemeinsam-Registerkarte, Anzeige 147
  Geräte 145, 350f.
  Gerätetreiber 346
  Gruppen 183, 185
  Konnektivität 128–132
  Konten 186, 188f.
  Lokale Drucker 338
  Menüs 275
  Netzwerkübersicht 579, 631
  Nicht signierte Treiber 345
  Offlinedateien 605
  Ordneransichten 595–598
  Organisationseinheiten 112–115
  Problembehandlung und Diagnose 319ff.
  Remotedesktop 196
  Remoteunterstützung 193
  Sites 112–115
  Skripts 132–136
  Softwareeinschränkungen 368
  Startmenü 266
  Systemstart 136ff., 171
  Tasks 145
  TPM 451
  UAC-Anwendung 366
  Umgebungsvariablen 233f.
  Updates 706, 709f.
  Verschlüsselung 538
  VPN-Verbindungen 676
  Wählverbindungen 672
  Windows-Explorer 595–598
  Zugriff 128–132
Richtlinien für Softwareeinschränkung *Siehe*
  Anwendungssteuerungsrichtlinien
Richtlinienbasiertes Quality of Service,
  Feature 23
Richtlinieneinstellungen
  Aktivierte 116
  Anwendungsreihenfolge 108
  Deaktivierte Einstellungen 116
  Konfiguration 115–118
  Konflikte 108, 110
  Lokale Einstellungen 109–112
  Nicht konfiguriert 116
Robust Security Network (RSN) 698
Rotierender Verschlüsselungsschlüssel 697
Router 633, 640, 673
Routing, Richtlinien 665
Routingfächer, Feature 633
Routingkosten 640
Routingtabellen 633
RPC (Remote Procedure Call) 154
RSAT (Remoteserver-Verwaltungstools) 112
RSA-Verschlüsselung mit öffentlichem
  Schlüssel 538
RSN (Robust Security Network) 698
RSPNDR-Treiber 631
Ruhezustand 244, 250, 404–407, 427, 710,
  726
  ACPI-Energiezustände 404–407
  Einstellungen 251
  Hybrider Ruhezustand 244, 250
  Kennwörter 250
  Planung 247
  Problembehandlung 726
  Typen 244
  Windows 7-Optionen 47ff.

S

S0–S5, Energiezustände 404–407
SACKs (selektive Bestätigungen) 633
SAL (System Abstraction Layer) 396
Schnelle Benutzerumschaltung 44
Schnelle Synchronisierung 127
Schnellformatierung, Feature 500
Schnellstartleiste 277
Schnittstellen, Firmware *Siehe* Firmware und
  Firmwareschnittstellen
Schreibgeschützte Dateien 540
Schreibzugriff 451, 553
Schriftarten 74, 159, 294f.
Schriftarten-Ordner 273
Schtasks-Tool 720
SCSI, Unterstützung 397
SD-Karten (Secure Digital) 478
Secure Digital-Karten (SD) 478
Secure Sockets Layer (SSL) 538
Seitenrahmennummern (Arbeitsspeicher)
  428
Sektoren 522
Selbstheilendes NTFS 519
Selektive Bestätigungen *Siehe* SACKs
Sendefrequenz (Drahtlos) 695
Senden an-Menü 273

Senden von Informationen an Microsoft 311, 321
SendTo-Ordner 273
Serial Line Internet Protocol (SLIP) 687
SERIAL-Debugeinstellungen 427, 429
Serielle Schnittstellen 198, 337, 429
Server 74, 123f., 621, 653, 663
Server Message Block (SMB) 548
Servergespeicherte Benutzerprofile 174, 538
Service Packs 344, 370, 706
Setupinformationsdateien (INF) 344
Setuppakete 74, 369, 381
Setupstatus prüfen 57
SHA-1-Hashing 538
SHA1-Thumbprints 196
Shellerweiterungen 596
Shellobjekt-Verknüpfungen 274
Sicherer Desktop 160, 162
Sicherer Speicherbereich 72
Sicheres Entfernen, Anwendung 358
Sicherheit
   Administratorbestätigungsmodus 162
   Anwendungszugriffstoken 360
   Benutzer- und Gruppenkonten 151–155, 179–190
   BitLocker 445–452
   Dateibesitz 561
   Dateifreigabe 545–584, 586–589
   Deaktivieren von Diensten 326
   Domäneneinstellungen 164
   Drahtlosnetzwerke 696ff.
   Gastkonten 187
   Geplante Aufgaben 724
   Gespeicherte Anmeldeinformationen 173–179
   IEEE 802.11i 695
   Internetrouting, Richtlinien 665
   Lokale Anmeldung 165–173
   Öffentlich-Ordner 584ff.
   Prinzip der geringstmöglichen Rechte 557
   Remotedesktop 194ff.
   Remoteunterstützung 191
   Remotezugriff 190–198, 685
   Signierte und unsignierte Anwendungen 363
   System und Sicherheit, Problembehandlungsmodule 56
   TPM-Features 435–444
   UAC und Anhebung 157–165
   Unverwaltete Richtlinieneinstellungen 148
   Wartungscenter 37–40, 310
   Webbrowsersicherheit, Problembehandlungsmodule 318
   Windows Update 706
   Windows-Protokolle 718
   WMI-Steuerung 210
Sicherheit-Registerkarte (Eigenschaftendialogfeld) 596
Sicherheitsgruppen 155
Sicherheitsschlüssel 702
Sicherheitsupdates 706
Sichern und Wiederherstellen 725, 733, 735ff.
Sicherungs-Operatoren-Gruppe 155, 561
Sichtbare Skripts 134
SIDs (Sicherheits-IDs) 152, 155, 188, 613
Signalstärke 699
Signaturprüfung 215
Signierte Anwendungen 164, 363
Signierte Gerätetreiber 345, 355, 731
Simple Netzwork Protocol (SNP) 398
Sitzungs-Manager 408f., 414
Sitzungsschlüssel 697
Skriptgesteuerte Diagnose 54
Skripts
   Bereitstellungsskripts 90
   Computer- und Benutzerrichtlinien 132–136
   DiskPart-Tool 477
   Lesen-Berechtigung 553
   Löschen 135
   Proxyservereinstellungen 679
   Richtlinientypen 132
   Typen 132
   Windows PE-Konfigurationsskripts 60
   Zuweisen 135f.
SLIP (Serial Line Internet Protocol) 687
Smartcards
   Administration 449
   Benutzerkonten 153
   Drahtlosverbindungen 699
   Verschlüsselung 450, 457, 459, 466, 686
   Wählverbindungen 672
   Zertifikate 447
SMB (Server Message Block) 548, 623
SMBIOS (Dienste für System Management BIOS) 396
SNP (Simple Netzwork Protocol) 398
Socks-Protokoll 680
Sofortige Updateinstallation 709
Software *Siehe* Anwendungen; Installieren von Software
Software Assurance 23
Software Quality Management (SQM) 54
Softwareaktualisierung, Assistent 299, 346f.
Software-Dienstprogramm 390
Softwareinstallationsprotokoll, Diagnose 57
Sortieren
   Dateien mit Tastenkombination 592
   Programme in Menüs 268
Sound 55, 259, 282, 284, 659
Sound abspielen, Problembehandlungsmodule 318
Spanning *Siehe* Übergreifende Volumes

Stichwortverzeichnis 773

SpeedStep 406
Speichergeräte *Siehe auch* Festplatten; Wechseldatenträger
  Basis und dynamisch 493ff.
  CD- und DVD-Geräte 529–534
  Computer-Konsole 473
  Dateisysteme 495
  Datensicherungsgeräte 733
  Datenträgerverwaltung-Tool 473
  Defragmentieren 523ff.
  DiskPart-Tool 477
  Firmwarekonfiguration 400
  Formatieren 495, 497
  FSUtil-Tool 476
  Gespiegelte Datenträger 512f.
  Hybride Laufwerke 481
  Installieren und Initialisieren 490
  Komprimierung 534–537
  Kontingente 611–621
  Laufwerkbuchstaben und -pfade 506
  Leistung 477–483
  MBR und GPT 491
  Partitionen oder Volumes 488f., 497–501
  Problembehandlung 515–527
  Statusmeldungen 516f.
  Stripesetvolumes 501
  Übergreifende Volumes 501
  Vergrößern oder Verkleinern von Volumes 503ff.
  Verschlüsselung 537–543
Speichern
  Branch-Cache 622
  Designs 284
  Optimierte Buildprofile 76
  Synchronisierungszeitpläne 606
  Wiederherstellungsschlüssel 458, 466
Speicherorte
  Benutzer 554
  Verknüpfungen 273
Spezialidentitäten 555ff., 569
Spezielle Berechtigungen 559
Spezielle Freigaben 582
Spiegelung, BCD-Einträge 420
split, ImageX-Befehl 69
Split-WIM-Dateien (SWM) 69
Sprache, Unterstützung 23, 75
Sprunglisten 266
SQM (Software Quality Management) 54
SRK (Storage Root Key) 436
SSIDs (Netzwerkkennungen) 702
SSL (Secure Sockets Layer) 538, 680
Staging-Dateien 211
Stammordner 563
Standardanwendungen 382
Standardanwendungsmodus 159
Standardaufgaben 721
Standardbenutzeranwendungen 360
Standardbenutzerkonten 42, 158ff., 163

Standardbenutzermodus 158
Standardbenutzer-Zugriffstoken 360
Standardberechtigungen 552–557
Standardbetriebssystem, Eintrag 433
Standarddesktop 160
Standardfreigabe 571
Standardgateways 638, 640, 649, 653, 662
Standardordnerfreigabe 546, 551, 569
Standardstartpartition 219
Standardstarttimeouts 433
Standbyleistung 53f.
Standbymodus 405
Standorte, Wählverbindungen 667, 669
Standortrichtlinien 107f., 112–115, 118–128
Startablauf temporär ändern 434
Startanwendungen 428f.
Starten, Dienste 324
Starten und Wiederherstellen-Dialogfeld 235–238, 415
Startfähige Abbilddateien 76–79, 82
Startkonfigurationsdatenspeicher *Siehe* BCD-Editor und BCD-Speicher
Startladeprogramm 407, 409, 411
Start-Manager
  BCD-Editor-Befehle 419f.
  BCD-Speichereinstellungen 395
  Fehler während Systemstart 411
  Problembehandlung 409
  Reihenfolge 432
  Reparieren 738
  Startvorgang 407
  TPM-Versiegelung 437
Start-Manager-Diagnose 57
Startmenü
  Anpassen 264–267
  Elemente anordnen und hinzufügen 267–271
  Fixierte Elemente 268
  Verknüpfungen 270, 273
StartMenu-Ordner 273
Startpartitionen 30, 411, 453, 489
Startprotokollierung 414, 416, 430, 728
Startreihenfolge 400, 406, 410, 419f.
Start-Schaltfläche 48
Startschlüssel 447, 449, 456, 462f., 465
Startsektoren 519
Startumgebung 49, 394
Startvolumes 489, 526
Statische IP-Adressen 636–639, 644, 653, 657, 688, 700
Statusmeldungen 682
Stern (*) 654, 681
Storage Root Key (SRK) 436
Störungen bei Drahtlosnetzwerken 703
Streaming, Medien 549
Stripesetvolumes 202, 485, 494, 501, 508, 511, 514
Subnetze 336, 638, 653

Subnetzmasken 636, 649, 662
Suchen
  Befehlspfadreihenfolge 384
  Dateiverknüpfung, Reihenfolge 387
  Gerätetreiber 346
  Indizierte Dateidaten 595
  Suchrichtlinieneinstellungen 598
SuperFetch-Dienstprogramm 481ff.
Support *Siehe* Hilfe und Support
Supportdienste, Liste 319, 321–324
SWM-Dateien (Split-WIM) 69
Symbole
  Anpassen 287
  Anzeige konfigurieren 595
  Dateiverknüpfungen 386
  Designs 282
  Hinzufügen 288
  Infobereich 279
  Löschen 288
  Menüs 265
  Netzwerkverbindungen 629
  Verbergen 288
  Verknüpfungen 273f.
  Windows-Explorer, Auswahl 593
Symbolische Links 36, 372
Symbolleisten 281
Symmetrische Netzwerkadressenübersetzung, Feature 634
Synchronisierungscenter und Synchronisierung
  Abmelden 123
  Auflösen von Konflikten 608
  Automatische Synchronisierung 605–608
  Berechtigungen 553, 559
  Details, Fehler und Benachrichtigungen 608
  Energiesparmodusereignisse 123
  Festplatteneinstellungen 609
  Hintergrund 126
  Konfigurieren von Richtlinien 122, 126
  Manuelle Synchronisierung 605
  Notebookeinstellungen 659
  Offlinedateien 126, 600
  Synchronisierungspartnerschaften 603f.
  Verschlüsseln von Dateien 610
  Verwalten der Synchronisierung 126, 600
  Vollständige und schnelle Synchronisierung 127
SYS-Dateien (Quelldateien) 344
System Abstraction Layer (SAL) 396
System und Sicherheit, Problembehandlungsmodule 56
Systemabbilder 32, 733, 738
Systemabbildwiederherstellungstool 32
Systemanwendungen 364
System-BCD-Speicher 421
Systemcache 477

Systemdateien
  Abbruchfehler 742
  Anzeigen 591
  Problembehandlung Systemstart 727ff.
  Reparieren 738
  Signaturprüfung 215
  Systemwiederherstellung 243
  Verschlüsselung 540
Systemdatenquellen, Richtlinien 140
Systemdatenträger prüfen 56
Systemdienste 408
SystemDrive-Umgebungsvariable 36
Systemeigenschaften-Dialogfeld 204, 224ff., 238–243, 732
Systemfreigaben 577
Systeminformationen 208
Systemkomponenten 718
Systemkonfiguration 212, 217, 219–222, 416ff.
Systemkonsole 203ff.
SYSTEM-Konto 154, 322, 325, 720
Systemmonitorbenutzer-Gruppe 156
Systemmonitor-Konsole 58
Systempartitionen 30, 489, 510
Systemprüfpunkte 239, 730
Systemstamm 431
Systemstart
  Ablauf 407
  Anwendungen *Siehe* Autostartanwendungen
  Automatischer Neustart 237
  Autostartanwendungen 221
  Beschleunigen 415
  Bildschirmanzeige 431
  Dienste 222, 324
  Dual-Boot 457
  Elemente laden 218
  Energiezustände und Verwaltung 404
  Firmwareschnittstellen 400
  Firmwarestarteinstellungen 406
  Gespiegelte Laufwerksprobleme 526
  Konfigurieren 236, 416ff.
  Leistungsdiagnose 54
  Medien 35
  Modi 217, 395, 414
  Problembehandlung 217, 408–414, 429, 727ff., 739
  Reparieren 738
  Richtlinien 136ff.
  Skriptrichtlinien 133f.
  Startvorgang 398, 407
  Systemstartprozess 398
  Tastenkombinationen 395
  Typen 417
  Unverwaltete Richtlinieneinstellungen 276
  Windows PE 62
Systemstartablauf *Siehe* Startreihenfolge

Systemstartdebugger 429
Systemstartdienste 395, 397
Systemstartkonfiguration
  Angeben beim Systemstart 219
  BCD-Editor 419f.
  BCD-Speicherverwaltung 421–424
  Mehrere Betriebssysteme 236
  Optionen 410
  Reparieren 738
  Starten und Wiederherstellen-Dialogfeld 415
  Startoptionen 219ff.
  Verwalten 416ff.
Systemstartprotokolldiagnose 57
Systemstartreparaturtool (StR) 31, 58, 492, 727ff.
Systemstartstatus, Richtlinie 430
Systemstartstatus, Text 57
Systemsteuerungseinstellungen, Richtlinien 141
Systemstruktur 358
Systemsupporttools
  Computerverwaltung 200
  Dateisignaturverifizierung 215
  Datenträgerbereinigung 213
  Leistungsinformationen und -tools 205ff.
  Liste 212
  Systeminformationen 208
  Systemkonfiguration 217–224
  Systemkonsole 203ff.
  WMI-Steuerung 209ff.
Systemumgebungsvariablen 233
Systemvariable, Richtlinien 140
Systemvariablen 232–235
Systemvolumes 452, 461–464, 467, 484, 489, 506, 526
Systemwiederherstellungstool
  Aktivieren oder Deaktivieren 120
  Beschreibung 32, 213
  Installationswiederherstellungspunkte 369
  Konfiguration 238–243
  Normaler oder abgesicherter Modus 731
  Problembehandlung 732
  Richtlinieneinstellungen 120
  Wiederherstellen von Systemen 732
  Wiederherstellungspunkte 729–733
SYSVOL-Freigabe 577

T

Tablet PCs *Siehe* Notebooks und Tablet PCs
Taskleiste 277–281
Task-Manager 206, 380, 739
Taskprioritätsdienste 397
Tastaturfehler 409
Tastenkürzel 274
TCG (Trusted Computing Group) 435
TCP/IP-Drucker, Richtlinien 140
TCP/IP-Konfiguration
  Drahtlosnetzwerke 700
  Filterungsarchitektur 633
  Komponenten installieren 631–636
  LAN-Verbindungen 636–646
  Mobile Computer, Einstellungen 659
  Netzwerk- und Freigabecenter 628
  Netzwerkerkennung 626
  Netzwerk-Explorer 627
  Netzwerkfreigaben 583
  Netzwerkübersicht 630
  Next-Generation-TCP/IP 632ff.
  Problembehandlung 649–656
  Richtlinien 129
  Standardkonfiguration 687
  Windows 7-Features und -Tools 625
TCP/IP-NetBIOS-Helper 154
TCP-Ports 548
Technischer Support *Siehe* Hilfe und Support
Telefon und Modem-Tool 667–670
Telefonnummern 682, 684
Telefonverbindungen, Richtlinien 140
Temporal Key Integrity Protocol (TKIP) 698
Temporärdateien 213, 532, 609f.
Teredo 714
Terminaldienste 197
Testcode, Signaturzertifikate 429
Testen von LAN-Verbindungen 649–656
Testumgebungen 348, 386
Textanzeige 259
Textlesbarkeit anpassen 295
Time To Live (TTL) 655
Timeouts 219, 415, 420, 433
Timer, Aufwacheinstellungen 250
TKIP (Temporal Key Integrity Protocol) 698
TLS (Transport Layer Security), Verschlüsselung 538
Tonwahl 668f.
Tool zur Abbildverwaltung für die Bereitstellung *Siehe* DISM
TPM (Trusted Platform Module)
  Authentifizierungsmethoden 455
  BitLocker 445, 453
  Funktionen und Implementierung 436–444
  Richtlinien 450
  Speichern von Datensicherungsinformationen 451
  Tools (tpm.msc) 438
TPM-Plattform, Validierungsprofile 451
TPM-Sicherheitshardware initialisieren, Assistent 438, 440
TPM-Sicherheitshardware verwalten, Assistent 441, 443
Tragbare Computer *Siehe* Notebooks und Tablet PCs

Tragbare Wechsellaufwerke *Siehe* Wechseldatenträger
Transaktionales NTFS 519
Transparenz 284, 293f.
Transport Layer Security (TLS), Verschlüsselung 538
Treiber *Siehe* Gerätetreiber
Treibermodell, Systemstartdienste 397
Tresore 173, 177f.
Trigger 721, 724
Triple-DES-Verschlüsselung 538
Trusted Computing Group (TCG) 435
Trusted Platform Module-Dienste *Siehe* TPM
TTL (Time To Live) 655

U

UAC (Benutzerkontensteuerung)
　Administratorbestätigungsmodus 160–165
　Ändern der Einstellungen 39
　Anheben der Privilegien 361
　Heimnetzgruppen, Arbeitsgruppen und Domänen 41ff.
　Installation erkennen 366
　Kennwörter 168
　Legacy-Anwendungen 361
　Optimieren 160–165
　Sicherheitseinstellungen 162
　Status 310
　UAC-konforme Anwendungen 360
　Verwalten von Benutzerkonten 151
　Virtualisierung von Schreibzugriffen 366
　Warnungen 39
　Zugriffstoken 360
Übergeordnete Domänen 642
Übergeordnete Ordner 563–567
Übergreifende Volumes
　Beschreibung 202, 470
　Daten nicht vollständig, Status 518
　Dynamische Datenträger 485
　Erstellen 501
　Löschen 508
　Verkleinern oder Vergrößern 503ff.
　Verschieben von Datenträgern in neue Systeme 514
　Wechseln zwischen Basis- und dynamischen Datenträgern 494
　Wiederherstellen 511
Übertragungsraten (Wechseldatenträger) 527
Übertragungswiederholungs-Timeout 633
Überwachung der Dateifreigabe 586–589
Überwachungsereignisse 718
Überwachungsmodus 87
UDF (Universal Disc Format) 78, 530, 533
UDP-Ports 548, 583
UEFI (Unified Extensible Firmware Interface)
　64-Bit-Architektur 27
　Funktionen und Dienste 396ff.
　Startprozesse 394

UEFI *(Fortsetzung)*
　Startvorgang 399
　UEFI-Standard 394
　Wiederherstellungspartitionen 85
Uhr 159, 279
UIAccess-Programme 164
Umbenennen
　Netzwerkverbindungen 649
　Ordner und Verknüpfungen 269
　Verschlüsselte Dateien 540
Umgebung, Richtlinien 140, 142
Umgebungsvariablen
　Auflösen 576
　Befehlspfad 385
　Fehlermeldungen 358
　Konfigurieren 232–235
　Ordnerpfade 576
　Startvorgang 408, 414
　Syntax 36
Umgehen von Proxyservern 680
Umschaltung, schnelle Benutzer- 44
Unattend.xml-Datei 63f., 89
Unbeaufsichtigte Installation, Antwortdateien 30, 89
Unbekannt, Volumestatus 519
UNC-Pfade (Universal Naming Convention) 123, 572
Unified Extensible Firmware Interface *Siehe* UEFI
Universal Disc Format (UDF) *Siehe* UDF
Universal Naming Convention (UNC) 123, 572
UNIX-Anwendungen, Unterstützung 23
UNIX-Server 687
Unsignierte Anwendungen 363
Unsignierte Gerätetreiber 345, 731
Unterbrochene Verbindungen 683
Untere Adressbereiche, Arbeitsspeicher 430
Untergeordnete Organisationseinheit 108
Untermenüs 265
Unterordner 122, 536, 553, 558, 561
Unterstützung *Siehe* Systemsupporttools
Unterstützungseinladungen 191
Unverfizierte Anwendungen 363
Unverwaltete Einstellungen *Siehe* Unverwaltete Richtlinieneinstellungen
Unverwaltete Richtlinieneinstellungen
　Bearbeiten von Elementen 146
　Bearbeitungszustände 143
　Erstellen von Elementen 146
　Erweiterungen 148
　Konfiguration 141–145, 147
　Nicht angewendete 148
　Typen 139ff.
　Verarbeitungsreihenfolge 147
　Verknüpfungen 271
　Verwaltungsaktionen 141
　Ziele 149

Stichwortverzeichnis   777

Update
  Abgelehnte Updates 712
  Ausblenden von Updates 711
  Automatische Updates 705–712
  Benutzerkontoprivilegien 159
  Benutzte Dateien markieren 308
  Deaktivieren von Updates 710
  Deinstallieren von Updates nach Installation 711
  Dienste 322
  Firmware 394, 400
  Freigaben 577
  Geräte-Manager 343
  Gerätetreiber 330, 333, 346–349
  Grafikkartentreiber 299
  Installationsmöglichkeiten 707
  Module 88
  Offlinedateien 601
  Problembehandlungswerkzeuge 319
  Richtlinieneinstellungen 709f.
  Rollups 706
  Suchen nach Updates 56, 710
  Updates während Installation herunterladen 33
  Updateserver 709
  Updatetypen 706, 708
  Verknüpfungen 275
  Vertrauenswürdige Partner 706
  Wartungscenter 37–40
  Webkompatibilitätslisten 708
  Wichtige Updates 706
  Wiederherstellungspunkte 333, 731
  Windows Update 705–708
Update Sequence Number (USN) 520
Upgrade von Windows 23f., 29, 33
UPnP (Remoteunterstützungsanforderungen) 714
URL-Verknüpfungen 272, 274f.
USB-Debugeinstellungen 427, 429
USB-Geräte
  Abziehen 48
  Auswerfen 473
  Benutzerdefinierte Standbyoptionen 251
  BitLocker 445, 447, 458, 468
  Dateisysteme und Formatieren 527
  Datensicherungsgeräte 733
  Drahtlosadapter 694, 698
  Drucker 337
  Dynamische Datenträger 487
  Entschlüsseln 468
  Hubgeräte 528
  Installieren 331–334
  Kennwortrücksetzdiskette 46, 170
  Netzwerkkarten 631
  ReadyBoost 477–480
  Systemstart 407, 410
  UEFI, Unterstützung 397
  Verschlüsselung 447

USB-Geräte *(Fortsetzung)*
  Versionen 527
  Wiederherstellungsschlüssel 458
  Windows PE, startfähige Laufwerke 78
  Windows RE, startfähige Laufwerke 82
USB-Hubgeräte 528
USB-Kartenlesegeräte 488, 517
USB-Speicherstick
  Auswerfen 473
  BitLocker 445, 447
  Datensicherungsgeräte 733
  Kennwortrücksetzdiskette 46, 170
  ReadyBoost 477–480
  Startreihenfolge 410
  Wiederherstellungsschlüssel 458
  Windows PE, startfähige Laufwerke 78
  Windows RE, startfähige Laufwerke 82
UserName-Umgebungsvariable 36
USN-Journal 520

V

Validierte ausführbare Dateien 164
Variable Länge, Subnetzunterteilung 638
Variablen 232–235, 576
VBScript 132
Ventilatorgeschwindigkeit 250
Veraltete COM-Objekte 321
Veraltete Daten, Volumestatus 519
Veraltete DLLs 321
Verbergen
  Anmeldenamen 171
  Benachrichtigungssymbole 279
  Festplattenlaufwerke 596, 598
  Freigaben 598
  Ordnerinhalt 599
  Symbole 288
  Symbolleisten 281
  Taskleiste 278
  Updates 711
Verbindung mit einem Netzwerkprojektor herstellen, Assistent 657, 662
Verbindungen
  Geräte auflisten 343
  Netzwerk *Siehe* Netzwerkverbindungen
Verbindungslokale Multicast-Namensauflösung (LLMNR) 634
Verbund-TCP, Feature 633
Verfizierte Anwendungen 363
Verfolgen der Dateifreigabe 586–589
Vergessene Kennwörter 45f.
Verknüpfung erstellen-Assistent 270
Verknüpfungen (Schnittstelle) 140, 265, 268, 271–275
Verknüpfungen (Techniken)
  Anzeigen von Dateien mit Tastenkombination 592
  Firmwareverknüpfungen 403
  Tastenkürzel 274

778 Stichwortverzeichnis

Verknüpfungen (Techniken) *(Fortsetzung)*
  Unverwaltete Richtlinieneinstellungen 144
  Updates 275
  Zugriff auf Startoptionen 395
Verknüpfungen in Menüs 265
Verknüpfungen, Richtlinien 140, 142, 271
Verlauf, Feature 277, 312, 711
Veröffentlichen von Anwendungen 373
Verschieben
  Dateien nach Datenträgerkontingentlöschung 618
  Dynamische Datenträger in neue Systeme 514
  Menüelemente 269
  Taskleiste 278
  Verschlüsselte Dateien 540
Verschlüsselndes Dateisystem *Siehe* EFS
Verschlüsselte Laufwerke automatisch entsperren 458
Verschlüsselung *Siehe auch* EFS (Verschlüsselndes Dateisystem)
  BitLocker 445–452, 460
  Branch-Cache 623
  Cipher-Dienstprogramm 543
  Dateifreigabe 549
  Dateisysteme 447
  Drahtlosnetzwerke 696
  Einladungen zur Remoteunterstützung 130
  Entschlüsseln von Daten 543
  Entschlüsselte Dateien 542
  Gruppenrichtlinien 538
  Kennwörter und Daten wiederherstellen 170
  Kennwörter und verschlüsselte Dateien 168
  L2TP und PPTP 665
  Next-Generation-TCP/IP 634
  Offlinedateien 122, 128, 610
  Remotedesktopsitzungen 196
  TPM-Prozess 436
  Überprüfungstechniken 686
  VPN-Verbindungen 676
  Windows-Explorer, Anzeige 594
Verschlüsselungsschlüssel 538
Verschlüsselungsstärke 450
Versiegeln von Schlüsseln 436
Versionen von Dateien 600, 608, 726
Versteckte Freigaben 581
Verteilergruppen 155
Verteilte Caches 622
Verteiltes Dateisystem (DFS) 596
Vertrauenswürdige Anwendungen 363
Vertrauenswürdige Partner 706
Verwalten von Elementen (Windows-Explorer) 596
Verwaltete Einstellungen *Siehe* Richtlinieneinstellungen
Verwaltungsaktion, Richtlinien 141

Verweigern-Berechtigungen 554, 567
VESA (Video Electronics Standards Association) 429
VGA-Anzeige 301, 431
VGA-Einstellungen 220, 431
VHD-Dateien 24, 199; *siehe auch* Virtuelle Computer
Video Electronics Standards Association 429
Video Graphics Array *Siehe* VGA-Anzeige; VGA-Einstellungen
Videoeinstellungen *Siehe* Anzeige
Videos 248, 549, 585
Viiv-basierte Computer 406
Viren 519
Virtualisierung 361, 366, 374
Virtuelle Computer 23f.
Virtuelle Festplattenlaufwerke 199
Virtuelle private Netzwerke *Siehe* VPN-Verbindungen
Virtuelle Tunnel 664, 687
Virtuelle Volumes 460
Virtueller Adressraum 430
Virtueller Arbeitsspeicher 54, 228–231
Visual Basic-Skripts 132
Visuelle Effekte 206, 226f.
Vollständige Synchronisierung 127
Volumeinhalt prüfen 57
Volumenlizenz, Keys 23, 40
Volumes *Siehe auch* Partitionen
  Absturzabbildvolumes 489
  Aktive Volumes 488, 492
  Aktivierung 91
  Auslagerungsdateivolumes 489
  Basisdatenträger 484
  Bezeichnungen 500, 507
  BitLocker 445
  Datenträgerkontingente 612
  Datenträgertypen 487
  Datenträgerverwaltung 474
  Dynamische Datenträger 470
  Einfache Volumes 497–501
  Formatieren 499, 505
  Gespiegelte Datenträger 513
  Größe 498
  Laufwerkbuchstaben und -pfade 506
  Liste anzeigen 475
  Löschen 493, 508
  Startvolumes 489
  Statusmeldungen 517ff.
  Stripesetvolumes 501
  Systemvolumes 489
  Übergreifende Volumes 501
  Vergrößern 474, 503ff.
  Verkleinern 503ff.
  Volumeabbilder 66–69
  Wechseln zwischen Basis- und dynamischen Datenträgern 493
  Wiederherstellen 511

Vom Administrator zugewiesene Ordner und Dateien 123, 125
Vom Herausgeber verifizierte (signierte) Anwendungen 363
Vor Kurzem geänderte Hardware 741
Vorgängerversionen von Daten 242, 726
Vorinstallierte Schlüssel 697
Vorlagen *Siehe* ADMX-Dateien
Vorschau von Dateien 594
Vorschaubilder 215, 593, 595, 597
Vorwahl 668f.
VPN-Verbindungen
  Anmeldung konfigurieren 681
  Aufbauen 692
  Automatische oder manuelle Verbindungen 677
  Benutzerkontoprivilegien 159
  Beschreibung 664
  DirectAccess 52
  Erstellen 674
  Identitätsüberprüfung 685
  Netzwerkprotokolle und Komponenten 686ff.
  Problembehandlung 693
  Proxyeinstellungen 678–681
  Richtlinien 140
  Unverwaltete Richtlinieneinstellungen 140
  Windows-Firewall 688

W

Wählregeln 667–670
Wählverbindungen
  Anmeldung konfigurieren 681
  Arbeitsplatznetzwerkverbindungen 671ff.
  Aufbauen 689ff.
  Automatische oder manuelle 677
  Erstellen 666
  Identitätsüberprüfung 685
  Internetproviderverbindungen 670
  Netzwerkprotokolle und Komponenten 686ff.
  Neuwahl und Trennung 683
  PPPv6, Unterstützung 634
  Primäre und alternative Telefonnummern 684
  Problembehandlung 690
  Probleme mit automatischer Einwahl 677
  Proxyeinstellungen 678–681
  Prozesse 663
  Unverwaltete Richtlinieneinstellungen 140
  Wählregeln 667–670
  Windows-Firewall 688
Wake-On-Lan-Einstellungen 405
Wallpaper-Ordner 285
WAN (Wide Area Network) 631
Warnungen 37–40, 162, 314–319, 354–358
Warnungen in Wartungscenter 310
Warteschlange, Aufgaben 725
Wartung
  Aufgabenplanung 720–725
  Automatische Updates 705–712
  Datensicherung 733–737
  Wartung, Problembehandlungsmodule 318
  Wartungscenter 37–40, 310
Wartungscenter
  Benachrichtigungen 309–319
  Fehler bei Anwendungen und Treibern 55
  Hardwarefehlermeldungen 354–358
  Infobereich 279
  Lösungen archivieren 312
  Probleme beseitigen 311
  Problemerkennung 310
  Skriptgesteuerte Diagnose 54
  Starten 37–40
  Symbol ausblenden 320
  Zuverlässigkeitsberichte 312
Watchdog-Timer 397
WDDM-Treiber 32, 292
Webbrowsersicherheit, Problembehandlungsmodule 318
Webseiten als Offlinedateien 214
Wechseldatenträger
  Aktiv-Status 488
  AutoPlay, Feature 389
  BitLocker, Richtlinien 451
  CD- und DVD-Geräte 529–534
  Computer-Konsole 473
  Dateien öffnen 382
  Dateisysteme und Formate 527
  Datenträgerkontingentrichtlinien 118
  Dynamische Datenträger 487, 493
  Kein Medium, Laufwerksstatus 517
  Leistung 477–483
  Schreibzugriff verweigern 448
  Systemstart 407
Wechseldatenträger, Richtlinien 451
Weitere Tools (Leistung) 206
WEP (Wired Equivalent Privacy) 159, 696, 699
Werte (BCD-Speicher) 426–431
Wide Area Network (WAN) 631
Wiederbeschreibbare Discs 530
Wiederherstellen
  BCD-Speicher 420
  Computer 729–733
  Dateien oder Ordner 242
  Desktopdesigns 283
  Dienste neu starten 325
  Geerbte Berechtigungen 566
  Kennwörter 170
  Persönliche Daten 737
  Startmenü 266
  Systemabbilder 738
  Systemdateien 738

Wiederherstellen *(Fortsetzung)*
  Systemwiederherstellungstool 729–733
  Volumes 511
  Vorgängerversionen von Dateien 238
  Wiederherstellungspunkte 732
  Windows-Tresor 178
  WMI-Repository 211
Wiederherstellung, Ablauf 429
Wiederherstellung, Systemsteuerungsapplet 81
Wiederherstellungsagent hinzufügen, Assistent 542
Wiederherstellungsagenten 539, 542
Wiederherstellungserweiterungen 451
Wiederherstellungskennwörter 450, 455
Wiederherstellungsmodus 445, 466
Wiederherstellungsobjekte 451
Wiederherstellungsoperationen 731
Wiederherstellungspartitionen 84
Wiederherstellungspunkte 369, 729–732
Wiederherstellungsschlüssel 445, 449, 452, 458f., 463, 465f.
Wiederherstellungstools 31f., 60
Wiederherstellungszertifikate 455, 541
Wiederholen der Synchronisierung 606
Wi-Fi Protected Access (WPA) 697, 699
Wi-Fi Protected Access Version 2 (WPA2) 696f., 699
Wi-Fi-Verbindungen *Siehe* Drahtlosnetzwerke
WIM (Windows Imaging Format)
  Aufzeichnen von PE-Builds 75
  Basisabbilder 69f.
  Bereitstellung 24, 88
  Erstellen 90
  Fehlendes PE Kit 69
  ImageX-Befehle 66–69
  Optimieren 76
  Startfähige oder installierbare 76
  Verteilen von Windows 50
  Windows RE-Abbilder 81
Win32-Subsystem 408
Windows 2000 126, 367
Windows 7
  Architektur 49–58
  BCD-Speicher 394
  Diagnose- und Problembehandlungstools 50, 52–55, 308
  Editionen 22ff., 203
  Energiesparpläne 47ff.
  Gruppenrichtlinieneinstellungen 115
  Hardwareunabhängigkeit 50
  Hardwarevoraussetzungen 32
  Hinzufügen/Deinstallieren Funktionen 390
  Installieren 32–35
  Konfiguration *Siehe* Konfiguration
  Modularisierung 50
  Netzwerktools 625

Windows 7 *(Fortsetzung)*
  Neuinstallation 739
  Neuinstallationen und Upgrades 29
  Problembehandlung für Fehler 717–720
  Remotedesktopsitzungen 194
  Versionsinformationen 203
  Vorbereiten der Installation 29–32
  Windows-Explorer-Einstellungen 598
Windows 7 Basis, Design 37, 294
Windows 7 Enterprise 22ff., 445, 665, 733
Windows 7 für Itanium-Systeme 24
Windows 7 Home Basic 22ff., 708
Windows 7 Home Premium 22ff.
Windows 7 Professional 22ff., 708, 733
Windows 7 Starter 22ff.
Windows 7 Ultimate 22ff., 445, 708, 733
Windows Aero *Siehe* Aero-Benutzeroberfläche
Windows AIK 61
Windows Anytime Upgrade 23f.
Windows Automated Installation Kit 61, 89
Windows Branch-Cache 621–624
Windows Hardware Quality Lab 345
Windows Installer Cleanup-Dienstprogramm 382
Windows Internet Naming Service *Siehe* WINS
Windows Klassisch, Design 37
Windows Management Instrumentation (WMI) 74, 202, 209ff., 322
Windows Media Center 23
Windows Media, Problembehandlungsmodule 318
Windows OEM Preinstallation Kit 61
Windows OPK 61
Windows PE (Windows Preinstallation Environment)
  Anforderungen 62
  Anwendung hinzufügen 74
  Arbeitsspeicheranforderungen 73
  Aufzeichnen von Builds 75
  Befehlszeilentools 60
  Benutzerdefinierte Builds 69–78
  Buildumgebungen 64–69
  Funktionen 59–62
  Installieren 64
  Komponente und Subsystem, Unterstützung 62
  Konfigurieren 62
  Neustart 62
  Pakete 74f.
  Startfähige Flashlaufwerke 78
  Systemstart deaktivieren 431
  Systemstart von Festplatten 79
  Windows-Bereitstellungsdienste 80
Windows PowerShell *Siehe* PowerShell 2.0
Windows Preinstallation Environment *Siehe* Windows PE

Windows RE (Windows-Wiederherstellungsumgebung)
  Funktionen und Anpassung 80–88
  Installationspaket 74
  Partitionen 450, 738
  Tools 31f.
  Verschieben während BitLocker-Installation 461
Windows Resume Loader 419, 425, 428f., 726
Windows Script Host (WSH) 74, 132, 720
Windows Server 2003 63, 126
Windows Server 2008 367, 394, 622, 665
Windows Update
  Ausblenden von Updates 711
  Benachrichtigungen 310
  Deinstallieren von automatischen Updates 711
  Konfigurieren von Updates 705–708
  Suchen nach Updates 710
  Verlauf und Installationsstatus 711
  Warnungen 39
  Wichtige Updates 706
  Wiederherstellen abgelehnter Updates 712
Windows Vista 29, 193, 367, 394, 422, 598
Windows Vista/Windows 7-Anwendungen 363
Windows XP 29, 63, 125f., 158, 364, 367
Windows.old-Ordner 32, 34
Windows-64-x86-Emulationsschicht (WOW) 28, 62
Windows-Abbilder-Dateien *Siehe* WIM
Windows-Anmeldeinformationen 174
Windows-Anmelde-Manager 408, 414
Windows-Authentifizierung 686f.
Windows-Bereitstellungsdienste 30, 74, 80, 83
Windows-Betriebssystemlader 428–431
Windows-Datensicherung 39, 310
Windows-Defender 721
Windows-EasyTransfer 29
Windows-Eingabeaufforderung, Systemstart 220
Windows-Einstellungen, Richtlinien 141
Windows-Explorer 408, 571, 591f., 595–598, 651
Windows-Fax und -scan 23
Windows-Filterplattform, Feature 633
Windows-Firewall *Siehe auch* Firewalls
  Datei- und Druckerfreigabe, Ausnahme 548
  Mehrere Netzwerke 51
  Netzwerkerkennung 337, 626
  Netzwerkverbindungen 688
  Remotedesktop, Feature 195f.
  Remoteunterstützung, Feature 712, 714
  Richtlinien 128
Windows-Legacybetriebssystem-Ladeprogramm *Siehe* Ntldr
Windows-Leistungsindex 204
Windows-Nachrichtendienst 193
Windows-Netzwerkdiagnose 52, 630, 650
Windows-ReadyBoost 477–480
Windows-ReadyDrive 481
Windows-Remoteunterstützung, Assistent 713, 716
Windows-Setup 30, 368, 718
Windows-Skripts 132
Windows-Speicherdiagnosetool 32, 58, 422, 427ff., 739
Windows-Speichertestprogramm, Eintrag 427
Windows-Startladeprogramm
  BCD-Speichereinträge 419, 422
  Einstellungen 423
  Fehler während Systemstart 411
  Funktionen 395
  Startvorgang 399
Windows-Start-Manager
  Abgesicherter Modus und andere Optionen 727
  BCD-Speichereinträge 419, 422, 428f.
  Einstellungen 423
  Funktionen 395
  Startoptionen 219ff.
  Startvorgang 399
  Systemstart konfigurieren 236
  Systemstartfehler 411
  Windows 7-Systemstart 49
  Windows PE 63
Windows-Startprotokoll, Diagnose 57
Windows-Startsektoranwendung 419
Windows-SuperFetch 481ff.
Windows-Systemabbild-Manager 30, 64, 89
Windows-Tresor 175, 177f.
Windows-Upgrade 213
Windows-Wiederherstellungsumgebung *Siehe* Windows RE
Windows-Zusammenarbeit 598
WINS (Windows Internet Naming Service) 644ff., 649, 651, 653, 662
Wird initialisiert, Volumestatus 519
Wird wiederhergestellt, Laufwerksstatus 525
Wired Equivalent Privacy *Siehe* WEP
Wired for Management Baseline (WMB) 396
Wireless Protected Setup (WPS) 335
Wise Install 369, 381
WMB (Wired for Management Baseline) 396
WMI (Windows Management Instrumentation) 74, 209ff., 322
WMI-Steuerung, Zugriff 202
WOW (Windows-64-x86-Emulationsschicht) 28, 62
WPA (Wi-Fi Protected Access) 697, 699
WPA2 (Wi-Fi Protected Access Version 2) 696f., 699
Wpeinit-Tool 60

WPS (Wireless Protected Setup) 335
WSH (Windows Script Host) 74, 132, 720
WS-Verwaltung-Protokoll 322

X

x64-Architektur 27, 396, 472
x86-Architektur 27, 30, 394, 472

Z

Zeichen in Volumebezeichnungen 507
Zeigegeräte 409
Zeigerdesigns 284
Zeit (Synchronisierung) 606
Zeitlimits
 Einladungen 131, 191, 715
 Skripts 133
Zeitsynchronisierung 322
Zeitzonen 159
Zertifikate
 Benutzerkonten 153
 Daten-Wiederherstellungsagenten 448
 Drahtlosverbindungen 699
 Kennwörter 168
 Remoteanmeldung konfigurieren 682
 Remotedesktop 196
 Testcode, Signaturzertifikate 429
 Verschlüsselungszertifikate 538
 Wiederherstellungszertifikate 541
 Zertifikatbasierte Anmeldeinformationen 174, 176
Zertifikatserver 665
Zertifizierte Treiber 344, 731
Zertifizierungsstelle 542
Zielbetriebssystem prüfen 57
Zielgruppen, Editor 149
Zielgruppenadressierung Elementebene 149
Zielpfade 73, 273
Zufällige Schnittstellen-IDs, Feature 634
Zugriff *Siehe auch* Berechtigungen
 Benutzer- und Gruppenkonten 151–155, 179–190
 Bereitstellung von Berechtigungen 551
 BitLocker 445–452
 Dateibesitz 561
 Dateifreigabe, Überwachung 586–589
 Dateifreigabeberechtigungen 551–569
 Dateifreigabeoptionen 545–551, 578–581
 Drahtlos *Siehe* Drahtlosnetzwerke
 Entschlüsselte Dateien 542

Zugriff *(Fortsetzung)*
 Gespeicherte Anmeldeinformationen 173–179
 Lokale Anmeldung 165–173
 Netzwerkfreigaben 569
 Netzwerkverbindung, Zugriffstypen 629
 Öffentlich-Ordner freigeben 584ff.
 Offlinedateien 599–611
 Prinzip der geringstmöglichen Rechte 557
 Remotedesktop 194ff.
 Remotezugriff *Siehe* Remotezugriff
 Richtlinieneinstellungen 128–132, 429
 TPM-Features 435–444
 UAC 157–165
 Verweigern auf Arbeitsstationen 173
 Windows-Explorer 591–599
 Zugriffsberechtigungen 546
Zugriffspunkte (Drahtlos) 694; *siehe auch* Drahtlosnetzwerke
Zugriffsrichtlinien 128–132, 429
Zugriffssteuerungsliste (ACL) 553
Zugriffssteuerungstest 57
Zugriffstoken 158, 360
Zuletzt verwendete Dokumente 273, 596
Zuordnen
 Freigaben 578
 Netzwerke 630
 Ports 634
 Verhindern der Laufwerkszuordnung 597
 Zusammenfassung, Netzwerkübersicht 629
Zurücksetzen
 Computer 397
 Kennwörter 46
 TPM 440
Zusatztaste 274
Zuverlässigkeitsberichte 312
Zwischenspeicherung
 Datenträgerkontingent, Abfragecache 613
 Digitale Hashwerte 624
 Leeren von DNS-Caches 655
 Netzwerkfreigabe von Dateien 573
 Offlinedateieinstellungen 603
 Prozessorzeitplanung 227
 Remotedesktopsitzungen 198
 Startvorgang 399
 Vorschaubilder 597
 Wechseldatenträgergeräte 529
 Windows Branch-Cache 621–624
 Windows-ReadyBoost 477

Der Autor

William R. Stanek (*http://www.williamstanek.com*) verfügt über mehr als 20 Jahre praktischer Erfahrung mit Computerprogrammierung und Softwareentwicklung. Er ist ein führender Technologieexperte, ein ausgezeichneter Autor (das können Sie wörtlich nehmen) und ein verdammt guter Kursleiter. Im Lauf der Jahre half er mit seinem praktischen Rat schon Millionen von Programmierern, Entwicklern und Netzwerkingenieuren auf der ganzen Welt. Er hat über 100 Bücher geschrieben. Einige seiner aktuellen Titel sind *Active Directory Administrator's Pocket Consultant, Windows Group Policy Administrator's Pocket Consultant, Windows PowerShell 2.0 Administrator's Pocket Consultant* und *Windows Server 2008 Inside Out* (alle erschienen bei Microsoft Press).

William R. Stanek ist seit 1991 in der kommerziellen Internetgemeinschaft tätig. Die Grundlagen seiner geschäftlichen und technologischen Erfahrung stammen aus über 11 Jahren Militärdienst. Er verfügt über beträchtliche Erfahrung in der Entwicklung von Servertechnologie, Verschlüsselung und Internetlösungen. Er hat viele technische Whitepapers und Trainingskurse über verschiedene Themen geschrieben. Als Experte und Consultant ist er sehr gefragt.

William R. Stanek besitzt einen B.S. (magna cum laude) in Informatik und einen M.S. (mit Auszeichnung) in Information Systems. Er lebt mit seiner Frau und seinen Kindern im pazifischen Nordwesten der USA.

William R. Stanek twittert unter dem Namen WilliamStanek. Ein reger Meinungsaustausch über seine zahlreichen Bücher findet auf seiner Website *www.williamstanek.com* statt.